北京大学刑事法治研究中心
北京冠衡刑事辩护研究院 主办

CSSCI来源集刊

CRIMINAL
LAW
REVIEW

Pluralism of Criminal Law

江溯 主编

刑事法评论 ㊹

刑法的多元化

北京大学出版社
PEKING UNIVERSITY PRESS

图书在版编目(CIP)数据

刑事法评论. 刑法的多元化 / 江溯主编. —北京：北京大学出版社，2021.9
ISBN 978-7-301-32391-5

Ⅰ.①刑… Ⅱ.①江… Ⅲ.①刑法—研究 ②刑事诉讼法—研究 Ⅳ.①D914.04 ②D915.304

中国版本图书馆 CIP 数据核字(2021)第 158162 号

书　　　名	刑事法评论：刑法的多元化 XINGSHIFA PINGLUN：XINGFA DE DUOYUANHUA
著作责任者	江　溯　主　编
责 任 编 辑	杨玉洁　靳振国
标 准 书 号	ISBN 978-7-301-32391-5
出 版 发 行	北京大学出版社
地　　　址	北京市海淀区成府路 205 号　100871
网　　　址	http://www.pup.cn　http://www.yandayuanzhao.com
电 子 信 箱	yandayuanzhao@163.com
新 浪 微 博	@北京大学出版社　@北大出版社燕大元照法律图书
电　　　话	邮购部 010-62752015　发行部 010-62750672　编辑部 010-62117788
印 刷 者	北京虎彩文化传播有限公司
经 销 者	新华书店
	730 毫米×980 毫米　16 开本　44.5 印张　922 千字 2021 年 9 月第 1 版　2021 年 9 月第 1 次印刷
定　　　价	138.00 元

未经许可，不得以任何方式复制或抄袭本书之部分或全部内容。
版权所有，侵权必究
举报电话：010-62752024　电子信箱：fd@pup.pku.edu.cn
图书如有印装质量问题，请与出版部联系，电话：010-62756370

《刑事法评论》编辑部成员

刑事实体法

王华伟　袁国何　陈尔彦　徐万龙　王芳凯
马天成　刘继烨　王　猛　李瑞杰

刑事诉讼法

杨　依　金飞艳　王星译

刑事政策、犯罪学

吴雨豪

主编絮语

本卷主题为"刑法的多元化"。本卷涵盖了近年来刑事法学研究中的多个重点和热点问题,其中不乏对国内外理论发展脉络以及研究方法的引介和梳理,许多论文还将实证调查作为主要研究方法,展现出刑事法学研究的多元化趋势。

在"刑法基础理论"专题中,德国著名刑法史学家托马斯·冯鲍姆的《历史与教义学上的片段性刑法》一文从德国的刑法理论出发,对德国刑法学中的片段性刑法的概念和历史进行了详细的梳理,在此基础上展望了未来可能的立法方向。该文指出,就德国而言,近年来威胁片段性刑法的因素很多,未来如果想维护片段性刑法,可以考虑借鉴议会绝对多数的修法机制或者引入刑罚限制学体系。应当认为,本文对于德国刑法制度近年来的发展趋势进行了较好的回顾,对于我国学者研究刑法修改的立场和思路具有一定的启发意义。敬力嘉的《功能视域下刑法最后手段性原则的教义学重述》一文,对于刑法最后手段性原则的内涵与理论定位进行了详细的介绍,同时敏锐地指出最后手段性原则的法治风险,并针对这一风险提出了有见地的教义学补正方案。该文指出,通过确立消极自由作为价值根基,将比例原则作为刑事政策的指导原则,明确法益保护原则等三重内在限缩标准,可以重新厘定刑法功能的教义学边界。在当今我国刑法立法活性化的背景之下,该文的研究成果富有理论和现实意义。德国刑法学者阿明·英格兰德的《人的法益理论与规范的个人主义》一文,为我们呈现了德国刑法学界近年来在法益理论上的最新进展。该文指出,人的法益理论是德国法益理论中的一种有力理论,该理论认为,只有在刑法所保护的法益能够还原成个人利益或者法益时,相关的刑法规定才能获得正当性。但是,英格兰德认为,人的法益理论存在重大缺陷,人的法益理论的支持者们如果要坚持这一立场,必须弥补这些缺陷。与英格兰德的立场不同,德国刑法学者乌尔弗里德·诺伊曼的《多数决可以替代论证?——对法益理论(后)现代批判之回应》一文则以人的法益理论为基础,从法益理论与其他理论的关系、法益理论的主要主张、法益理论的批判功能、法益理论与宪法之间的关系等角度出发,针对批判人的法益理论的观点展开了有力的回应。法益理论是刑法教义学的基础,两位著名德国刑法学者的论文可以帮助我们更为全面地把握当下德国学界对于法益理论的立场,对于推动我国学界的相关讨论具有重要价值。

在"刑法总论"专题中,段阳伟的《"量的构成要件"独立性地位之提倡》一文系统梳理了罪量问题的学术研究状况,并在此基础上提出了自己的理论构想。该文指出,在我国独特的"定性+定量"刑事立法模式下,罪量具有积极的入罪功能,"质的构成要件"和"量的构成要件"在犯罪构成体系中的地位和作用是不同的,"量的构成要件"具有综合性的特点,不仅包括反映行为客观危害程度的要素,还包括反映行为人主观可谴责程度的要素。该文在罪量问题的研究方面具有一定的创新性,对于推进我国罪量问题的本土化研究具有一定的价值。马卫军的《实行行为的概念和意义》一文,梳理了实行行为论的基本问题,指出实行行为理论是贯穿整个犯罪论的一条红线。该文认为,对实行行为的理解依然需要从形式和实质两个方面进行把握:一方面,实行行为意味着其是在形式上符合构成要件的行为;另一方面,实行行为是类型化的具有法益侵害性的行为,应当规范地、功能性地加以理解,同时需要注意实行行为具有类型化和违法性提示功能两种不同的意义和面向。实行行为是日本刑法理论的一个概念,在我国刑法学界也被广泛使用。晚近以来,无论是在日本还是在我国,对于是否应当维持实行行为概念,均存一定的争议。马卫军的论文对于理解实行行为概念具有重要的价值。郑泽星的《风险升高理论的规范保护目的限缩——自动驾驶汽车过失刑事归责的可能路径探析》一文,以自动驾驶汽车致损作为切入点,对风险升高理论进行了系统论证。该文指出,应当用规范保护目的理论对风险升高理论进行限缩,具体的归责过程可以分三个步骤进行:合规则的替代行为判断、风险升高判断以及规范保护目的的判断,进而确定应否对行为人进行归责。限缩论可以应用于自动驾驶汽车过失刑事责任的归责。该文立意新颖,言之有物,具有一定的学术价值。洪求华的《我国刑法中犯罪故意涵义的反思》一文,针对我国刑法中的犯罪故意理论进行了系统的梳理和论证。该文指出,犯罪故意的意志因素与认识因素二者的关系是驱动与被驱动、支配与被支配的阶梯式层级关系,即意志因素属于第一层级,认识因素属于第二层级,基于传统立法的不科学性,建议修改犯罪故意的条文。该文最后回归到立法论的研究路径,在犯罪故意理论的相关研究中并不多见,具有一定的创新性。

在"错误论"专题中,黄忠军的《论假想防卫过当》一文详细论述了作者对于假想防卫过当这一传统理论问题的新思考。该文指出,我国现行刑法中并无关于假想防卫过当的直接规定,但结合我国立法体例和相关规定,假想防卫过当在理论上应该属于事实错误的研究范畴。为了实现在个案中给予行为人均衡的刑罚处罚,该文在假定其他情形均相当的前提下,将假想防卫过当和普通的故意、过失犯罪以及假想防卫、防卫过当从罪责轻重的层面进行比较考量,建构了一个适用于各种类型的假想防卫过当的刑罚处罚原则的理论模型。张忆然的《同意错误的被害人自我答责——基于错误类型的再区分》一文指出，法益错误是一种事实错误，法益错误说存在规范与事实混淆、法益错误与动机错误模糊的弊端，无法解决紧急状态错误的"芒刺"问题。该文对被害人自我答责的可能性进行了内部视角的考察，借助自我答责原理，构建了一套行之有效的正面标准。德国刑法学者弗兰克·萨利格的《禁止错误的法哲学问题》一文站在法哲学的立场上，指出不法意识的对象是指刑法构成要件类型化的不法。在非实证主义法律概念的基础上，非法治国家也可能存在禁止错误。但若依指令的行为属于极端不法情形，则一般不能认定为排除责任。如果是因为客观法律状态的混乱造成的法律状态不明的情形，那么该刑法规定就不具有可适用性。若法律状态不明的情形比较轻微，则只有在行为人有充分理由证明自己处于不法怀疑时，才能认定其欠缺不法意识。

在"前沿理论"专题中，袁国何的《组织犯的教义学考察》一文针对近来备受关注的组织犯问题，指出组织犯所实施的组织、领导、策划、指挥行为乃是非实行行为，组织犯具有非实行行为性。组织犯被《刑法》第26条明确规定为主犯，具有确定的主犯性。组织犯比一般犯罪人承担更为宽泛的刑事责任，并且不得适用缓刑，具有处罚的严厉性。在我国，没有必要将组织犯界定为正犯。在双层区分制之下，组织犯在构成要件判断层面属于共犯，在量刑判断层面属于主犯。该文对于组织犯研究具有一定的意义。郑朝旭的《论中立帮助行为的限制处罚路径——基于实务与理论的互动性思考》一文指出，我国立法与司法实践基于对行为人之主观认识的重视，形成了在处罚范围上呈现不当扩张甚至全面处罚的局面。中立帮助行为具有不同于典型帮助行为的特征，应当在限制帮助行为成立范围的前提下，进一步考察行为人对于正犯结果是否具有促进意思来达到对中立帮助行为的限制处罚之效果。王若思的《实质责任论视野下的结果加重犯归责机制研究》一文指出，实质责任论强调的预防必要性能够解释结果加重犯的最高刑罚设定高于基本行为和加重结果的数罪并罚之和的原因，因而采取动态的责任主义理念就能够化解结果加重犯与责任主义的矛盾。德国刑法学者马库斯·德克·达博的《法人刑事责任的比较历史与比较理论》一文针对法人责任问题，运用比较法制史和比较法学理论的方法，对传统观点所认为的德国法和英美法中法人刑事责任之间的本质区别提出质疑，在分析德国法和英美法关于法人刑事责任的主要见解的基础上，总结了法人刑事责任的共性，具有一定的理论价值。林嘉珑的《"以刑制罪"的阐释与纠偏——兼论"以刑制罪"的控制机制》一文，针对近来讨论较多的"以刑制罪"问题进行了系统的梳理，在阐释和纠偏之后，该文指出，对"以刑制罪"的适用对象应当遵循"全面适用说"的观点，即应遵守每一个案件都适用"以刑制罪"的司法逻辑。针对"以刑制罪"存在的潜在危险性，可以贯彻多方法律主体"商谈"的理念，在审判过程中贯彻"听证"制度，以防止权力滥用。

在"刑罚论"专题中，赵兴洪的《缓刑适用实质要件的操作化》一文利用严谨的实证调查方法，对我国的缓刑适用问题进行了非常细致的调查研究。该文指出，《刑法修正案(八)》从形式上细化了缓刑适用实质要件,但是并未增加其可操作性。该文通过再犯危险评估工具,将其予以操作化。应当认为,该文在这一问题的探讨上论证周延,说理充分,具有一定的理论价值。

在"刑事程序"专题中,杨杰辉的《罪数论与程序法中的犯罪事实》一文指出,诉审同一与一事不再理原则中同一犯罪事实的范围并不完全相同,但两者相互影响。罪数论与犯罪事实之间的关系存在两种模式:一种是同一模式,另一种是独立模式。同一模式弊端明显,应该采用独立模式,即犯罪事实的范围不取决于罪数论,而取决于自然事实整体。为了实现罪数论的目的,罪数的规定应该适应程序法中犯罪事实处理的原理与方式。单子洪的《论量刑事实证明的原理》一文指出,定罪事实证明与量刑事实证明在证明目的、实体证明对象以及证明模式上均存在差异,量刑事实证明是以实现刑罚为根本目的,以量刑自由裁量权规范化为直接目的,且具有相对独立性的刑事证明活动,根据刑法理论,量刑事实证明的活动范围应当始于法定刑的选择。李昌盛的《从判决风险连带到审判结果中立》一文,利用实证研究的方法,针对公诉案件无罪判决中的各种问题进行了详细论证。该文指出,公诉案件无罪判决难是一个长期困扰我国司法实践的问题,整体而言,其所引发的结果是弊大于利的。解决问题的关键在于重塑刑事审判的制度环境,让法官能够并必须依法作出无罪判决,即让法官能够秉持一种结果中立的立场裁判案件。该文具有一定的理论意义。闫召华的《刑事简易程序四十年:文本、经验、问题及走向》一文,对刑事简易程序的历史进行了详细的梳理,总结了实践中的经验和问题,并对未来刑事简易程序的发展进行了展望。该文对于此问题的讨论具有一定的启发性。梁展欣的《论追缴》一文指出,我国《刑法》第 64 条是关于因犯罪事实而须追究行为人的财产责任的规定,但其中所列追缴、没收和责令退赔、返还财产等措施的性质及彼此的关系不够清晰,且与《刑事诉讼法》等相关规定缺乏衔接。该文从追缴与没收的区别出发,对追缴与责令退赔、返还财产进行区分,对追缴的相关争议进行了细致的论证,具有一定的理论与实践意义。

在"实证研究"专题中,徐剑的《减刑刑事政策实证研究——基于减幅与其影响因素的关系的分析》一文通过科学而又细致的实证方法,对于我国的减刑刑事政策的现状进行了准确的总结和归纳。单勇和阮丹微的《"芝加哥范式"研究的当代进展:基于 CiteSpace 的文献计量分析(2000—2018)》一文运用实证研究方法,探测"芝加哥研究"的文献分布、知识群落、主题演变及研究前沿。从知识图谱发现,"芝加哥范式"促成了城市犯罪学的兴起,助推计量犯罪学走向深入,以空间正义和城市权利指引"技术监管城市",提出"最好的城市治理政策就是最好的刑事政策",发展了犯罪的整体治理观。该文对于该领域的研究者具有重要的意义。崔海英的《铁路安全三级犯罪防控体系构建设想》一文运用实证研究的方法,提出构建我国铁路安全的三级犯罪防控体系的构想:第一层次是情境预防,第二层次是多部门协作的一体化预防,第三层次是社会预防。

在"专题研究"部分,蓝学友的《论非法经营罪的保护法益——破解"口袋罪"难题的新思路》一文指出,无论是出于规制本罪处罚范围的目的,还是基于适应现代市场经济的考量,都应当将非法经营罪的保护法益界定为市场基础秩序。在市场基础秩序法益观指导下,本罪的构成要件呈阶层递进式结构,先判断行政违法性再判断刑事违法性,先形式判断再实质判断,实质性判断程度逐层升高,分步实现处罚范围合理化。黄小飞的《自杀违法的辩护与新论说——作为参与自杀处罚路径的探讨》一文针对自杀违法这一传统理论问题,在梳理既有学说的基础上,展示了作者自己的构想,具有一定的理论意义。李昱的《"去识别化的个人信息"不受刑法保护吗?》一文指出,侵犯公民个人信息罪的法益既不是超个人法益,也不是混合法益或隐私权法益,而是个人信息权。个人信息权的核心包括两个方面:公民对"敏感信息"的支配权、自我决定权与防御权以及公民对于"一般信息"的防御权,该文在详细分析相关问题的基础上,建构了去识别化个人信息刑法保护的完善模式。

江 溯

谨识于北京大学法学院陈明楼304室

2021年5月1日

目 录

刑法基础理论

历史与教义学上的片段性刑法 / 〔德〕托马斯·冯鲍姆 文 黄礼登 译……… 1
    引 言 …………………………………………………………………… 2
    一、概念澄清 …………………………………………………………… 3
    二、历史角度 …………………………………………………………… 11
    三、展望 ………………………………………………………………… 24
功能视域下刑法最后手段性原则的教义学重述 / 敬力嘉 ……………… 28
    一、问题的提出：功能视域下刑法的最后手段性 …………………… 29
    二、刑法最后手段性原则的内涵与理论定位 ………………………… 30
    三、质疑刑法最后手段性原则的理论基础与法治风险 ……………… 33
    四、化解风险的前提：明确刑法的价值根基 ………………………… 41
    五、消除刑法最后手段性原则功能障碍的教义学进路 ……………… 44
人的法益理论与规范的个人主义 / 〔德〕阿明·英格兰德 文
    邓卓行 译 ……………………………………………………………… 50
    一、引言 ………………………………………………………………… 51
    二、人的法益理论的核心命题 ………………………………………… 52
    三、人的法益理论的还原论方案 ……………………………………… 53
    四、人的法益理论的利益论基础 ……………………………………… 55
    五、人的法益理论的约束力要求 ……………………………………… 59
    六、结论 ………………………………………………………………… 62

多数决可以替代论证？
——对法益理论(后)现代批判之回应 / [德]乌尔弗里德·诺伊曼 文 郑 童 译 …… 63
    一、导言 …… 64
    二、法益理论与其他理论的关系 …… 66
    三、法益理论的主张 …… 67
    四、法益理论的(批判)功能 …… 70
    五、法益理论与宪法 …… 72

刑法总论

"量的构成要件"独立性地位之提倡 / 段阳伟 …… 77
    一、问题之提出 …… 78
    二、罪量之表征 …… 80
    三、罪量之范围 …… 83
    四、罪质、罪量双层次犯罪构成体系之构建 …… 86
    五、结语 …… 92

实行行为的概念和意义 / 马卫军 …… 93
    一、问题所在 …… 94
    二、实行行为的概念 …… 95
    三、实行行为：贯穿整个犯罪论的一条红线 …… 111
    四、结论 …… 124

风险升高理论的规范保护目的限缩
——自动驾驶汽车过失刑事归责的可能路径探析 / 郑泽星 …… 126
    一、问题的提出 …… 127
    二、风险升高理论、规范保护目的理论的分别考察与限缩论的提出 …… 135
    三、风险升高理论的规范保护目的限缩论之应用 …… 146
    四、结语 …… 153

我国刑法中犯罪故意涵义的反思 / 洪求华 …… 154
    一、检讨《刑法》第14条第1款犯罪故意的内容 …… 155
    二、犯罪故意结构之反思 …… 159
    三、犯罪故意结构之重构 …… 166
    四、立法模式的未来选择 …… 173

错误论

论假想防卫过当 / 黄忠军 …… 175
  一、引言 …… 176
  二、假想防卫过当概述 …… 177
  三、假想防卫过当的罪过形式 …… 184
  四、假想防卫过当的刑罚处罚 …… 197
  五、余论:本文结论对司法判例结果之检视 …… 203

同意错误的被害人自我答责
  ——基于错误类型的再区分 / 张忆然 …… 205
  一、起点:法益错误作为事实错误 …… 206
  二、进路:同意效力的规范判断路径 …… 210
  三、视角:"间接正犯/被害人自我答责"的两极构造 …… 214
  四、构建:被害人自我答责的正面判准 …… 219
  五、结论 …… 232

禁止错误的法哲学问题 / 〔德〕弗兰克·萨利格 文　申屠晓莉 译 …… 235
  一、问题的范围 …… 236
  二、禁止错误的法哲学问题 …… 237
  三、结论 …… 246

前沿理论

组织犯的教义学考察 / 袁国何 …… 247
  一、组织犯的立法源起考据 …… 249
  二、组织犯的法定属性考察 …… 253
  三、组织犯的正犯属性否定 …… 257
  四、组织犯的共犯属性肯定 …… 267

论中立帮助行为的限制处罚路径
  ——基于实务与理论的互动性思考 / 郑朝旭 …… 269
  引　言 …… 270
  一、问题的提出:中立帮助行为概念之疑
    ——"中立"帮助行为? …… 270
  二、观点争鸣及评析 …… 274
  三、中立帮助行为在我国的立法、司法现状 …… 283

四、本文的立场 …… 288
　　五、结论 …… 297
实质责任论视野下的结果加重犯归责机制研究／王若思 …… 298
　　一、对调和结果加重犯与责任主义之间紧张关系的尝试 …… 299
　　二、以实质责任论为背景解释结果加重犯存在的合理性 …… 301
　　三、关于结果加重犯客观归因问题的讨论 …… 307
　　四、关于结果加重犯主观归责问题的讨论 …… 313
　　五、结语 …… 320
法人刑事责任的比较历史与比较理论／〔德〕马库斯·德克·达博 文
　　李本灿 译 …… 321
　　引言 …… 322
　　一、德国法：法人刑事责任的突然消失 …… 322
　　二、英美法：法人刑事责任突然获得承认 …… 331
　　三、法人刑事责任的相对共性 …… 340
　　四、结论：法人刑事责任与法治 …… 342
"以刑制罪"的阐释与纠偏
　　——兼论"以刑制罪"的控制机制／林嘉珩 …… 347
　　一、"以刑制罪"的概念阐释 …… 348
　　二、"以刑制罪"的合理性论证 …… 352
　　三、贯彻"以刑制罪"的必要性 …… 356
　　四、以刑制罪的适用范围 …… 357
　　五、"以刑制罪"的控制机制 …… 359
　　六、结语 …… 364

刑罚论

缓刑适用实质要件的操作化／赵兴洪 …… 365
　　一、问题意识：缓刑适用实质要件需要操作化 …… 366
　　二、缓刑实质要件操作化的模式选择 …… 367
　　三、缓刑实质要件操作化可通过再犯危险评估工具实现 …… 369
　　四、再犯危险评估预测因子的筛选 …… 372
　　五、缓刑实质要件操作化工具一：再犯危险评估量表 …… 380
　　六、缓刑实质要件操作化工具二：再犯预测回归模型 …… 389
　　七、结语 …… 393

刑事程序

罪数论与程序法中的犯罪事实 / 杨杰辉 ················· 395
    一、程序法中的犯罪事实 ································ 396
    二、罪数论与程序法中犯罪事实的两种关系模式 ············ 403
    三、罪数论与程序法中犯罪事实的关系 ····················· 408

论量刑事实证明的原理 / 单子洪 ·························· 414
    一、问题意识的交代：反思刑事证明 ······················· 415
    二、量刑事实证明特殊性的析出 ···························· 417
    三、量刑事实证明活动的范围 ······························ 422
    四、量刑事实证明活动的特殊原则 ························· 426

从判决风险连带到审判结果中立 / 李昌盛 ·················· 435
    一、引言 ·· 436
    二、两种判决的风险比较 ··································· 443
    三、风险连带下的判决选择 ································· 463
    四、风险连带下的无罪判决证明标准及影响 ················ 471
    五、走向结果中立 ··· 476

刑事简易程序四十年：文本、经验、问题及走向 / 闫召华 ···· 487
    一、刑事简易程序立法的文本考察 ························· 488
    二、实施中的刑事简易程序：经验与问题 ·················· 494
    三、刑事简易程序发展前瞻 ································· 507

论追缴 / 梁展欣 ··· 510
    一、追缴与没收 ··· 511
    二、追缴与责令退赔、返还财产 ···························· 524
    三、追缴作为唯一救济途径？ ······························ 531
    四、追缴赃物赃款与善意取得 ······························ 536

实证研究

减刑刑事政策实证研究
——基于减幅与其影响因素的关系的分析 / 徐 剑 ········ 542
    一、减刑刑事政策：宽严相济 ······························ 543
    二、减刑刑事政策实证研究的文献回顾 ···················· 545
    三、减刑刑事政策实证研究设计 ···························· 548
    四、减刑刑事政策实证研究结果与分析 ···················· 552

五、反思:减幅裁量的规范化 ………………………………………… 555
"芝加哥范式"研究的当代进展:基于 CiteSpace 的文献计量分析
(2000—2018)/ 单　勇　阮丹微 ……………………………… 558
　　一、"芝加哥范式"的提出及当代意义 ………………………… 560
　　二、"芝加哥研究"新进展的文献计量分析 …………………… 563
　　三、"芝加哥范式"的理论发展 ………………………………… 574
铁路安全三级犯罪防控体系构建设想/ 崔海英 ………………… 580
　　一、第一层次:情境预防 ………………………………………… 582
　　二、第二层次:多机构协作的一体化预防 …………………… 594
　　三、第三层次:社会预防 ………………………………………… 600
　　四、结语 …………………………………………………………… 611

专题研究

论非法经营罪的保护法益
　　——破解"口袋罪"难题的新思路/ 蓝学友 …………………… 612
　　一、问题提出 ……………………………………………………… 613
　　二、行政许可制度法益观之批判 ……………………………… 616
　　三、市场基础秩序法益观之证成 ……………………………… 625
　　四、结论 …………………………………………………………… 634
自杀违法的辩护与新论说
　　——作为参与自杀处罚路径的探讨/ 黄小飞 ………………… 635
　　一、问题意识 ……………………………………………………… 636
　　二、处罚参与自杀的合宪性与合理性 ………………………… 638
　　三、对不罚论两个观点的否证 ………………………………… 641
　　四、实务做法评析 ………………………………………………… 645
　　五、自杀违法论的反思与再造 ………………………………… 646
　　六、结语 …………………………………………………………… 654
"去识别化的个人信息"不受刑法保护吗?/ 李　昱 …………… 656
　　一、问题的提出 …………………………………………………… 657
　　二、论侵犯公民个人信息罪的法益 …………………………… 659
　　三、去识别化信息的刑法要保护性之证立 …………………… 673
　　四、去识别化个人信息保护的教义学建构 …………………… 683
　　五、结论 …………………………………………………………… 692

《刑事法评论》征稿启事 ……………………………………………… 693

[刑法基础理论]

历史与教义学上的片段性刑法[*]

[德]托马斯·冯鲍姆[**] 文
黄礼登[***] 译

要 目

引言
一、概念澄清
　　(一)总括意义上的片段性
　　(二)广义上的片段性
　　(三)狭义上的片段性
　　(四)小结
二、历史角度
　　(一)名称的由来
　　(二)理论(实质的犯罪概念)
　　(三)立法
　　(四)解释
　　(五)小结
三、展望
　　(一)立法
　　(二)刑罚限制学

---

[*] 本文是作者2011年在莱比锡举办的刑法学者大会上所作报告的文本再加上脚注。当时由于时间关系没有报告的部分,在此文中以小号字体的形式重新加入。[见本书第5页,考虑版式,字号未变,改为楷体。本文当年发表于整体刑法学杂志第123期,见 Thomas Vormbaum, Fragmentarisches Strafrecht in Geschichte und Dogmatik, ZStW 123 (2011), S. 660 ff. ,本文引起多国刑法学者的关注,已经被翻译成意大利语、西班牙语、土耳其语、日语和俄语。——译者注]
[**] 德国哈根函授大学教授。
[***] 西南财经大学法学院副教授。

摘　要[1]　罪刑法定原则决定了刑法的内部片段性，这是最狭义的刑法片段性。在此基础上加上刑法形式所决定的外部片段性，就构成了犯罪论框架内的狭义片段性。狭义片段性再加入入罪化过程中的程序选择机制以及刑罚论中的非刑罚化机制这两种外部要素，就构成了广义片段性。广义片段性加上省略三段论要素时，就形成了总括意义上的刑法片段性概念。从历史上看，片段性刑法的名称来自卡尔·宾丁（Karl Binding），但他要求在一定程度上消除刑法的片段性。从实质犯罪角度看，法益理论实际上开启了刑法扩张的大门，对于它是否能发挥限制刑罚、维护片段性的作用，学界并没有取得一致意见；从立法角度看，刑法膨胀的趋势总体上难以抑制；从刑法解释角度看，扩大解释不断被突破，法官填补漏洞的热情其实体现了他们对刑法漏洞的恐惧。威胁片段性刑法的因素很多，就未来而言，要想维护片段性刑法，可以考虑借鉴议会绝对多数的修法机制或者引入刑罚限制学体系。

关键词　片段性　附属性　补充性　教义学　漏洞　扩大解释　刑罚限制

> 世界和人生太过于碎片化！
> 我想去找一位德意志的教授。
> 他知道如何配置人生，
> 并且从中构造一套容易理解的体系；
> 他用睡帽和睡袍的碎片塞满了世界结构中的缝隙。
>
> ——海因里希·海涅[2]

引　言

格奥尔格·克利斯托夫·利希滕贝格（Georg Christoph Lichtenberg）曾说过，美德与清水有一个共同点，它们受到太多的赞美，但是很少被重视。[3]　片段性刑法也是这

---

[1]　摘要及后面的关键词为译者所总结，原文无此两项内容。——译者注

[2]　Heinrich Heine, Buch der Lieder (Die Heimkehr), in: Ders., sämtliche Werke. Düsseldorfer Ausgabe. Bd. 1.1. Hamburg 1975, S. 271;亦参见 Vormbaum, "Kraft mener akademischen Befugniß als Doctor beider Rechte" Heinrich Heine als Jurist, in: Ders., (Hrsg.), Recht, Rechtswissenschaft und Juristen im Werk Heinrich Heines (Juristische Zeitgeschichte Abt. 6[Recht in der Kunst]Bd. 27), Berlin 2006, S. 1 ff., 7;现亦载于:Ders., Diagonale-Beiträge zum Verhältnis von Rechtswissenschaft und Literatur. Münster, Berlin 2011, S. 93 ff., 99。

[3]　原文是:"清水和美德众多相似之处中，也许没有比这一点更相似的了，即它们受到太多的赞美但都很少被重视。"此处的引文来自:Kollath (Hrsg.), Georg Christoph Lichtenberg, 2×2 = 3 oder Vom fruchtbaren Zweifel. Ein Brevuer, Wiedsbaden 1952, S. 25. 也有一句箴言:"这太遗憾了，饮用清水是无罪的，一位意大利人高呼，它是多么甘美啊!"载于 Georg Christoph Lichtenberg, Sudelbücher, Heft F, Aphorismus 674, in: Ders., Schriften und Briefe. Band 1., 3. Aufl. München 1994, S. 552。

样,我们不看文献的数量时尤其会有这样的印象。尽管很多学者都提到过它[4],甚至它还出现在一些著作的标题中[5],但如果我没有看漏的话,只有少数文章[6]或者教科书[7]中的章节深入探讨过这个问题。

因此,笔者这样做应当是合理的,即第一部分尝试澄清一些概念,第二部分从历史的角度论述,第三部分结合前面概念上和历史资料上的分析结论提出一些自己的见解和建议。

一、概念澄清

(一) 总括意义上的片段性

在与法律和刑法相关的领域,"片段的"(fragmentarisch)一词被用于不同的现象,它们仅仅会在边缘地方发生重合。

1. 人们以"片段的"作为法学特征时,是在法学三段论完全不同于法律修辞学上的省略三段论这样一个意义上使用该词语的。前者的运用注重系统性,旨在达到完整

---

[4] 比如 Baumann / Weber / Mitsch, Strafrecht AT., 11. Aufl., 2003, S. 12; Kindhäuser, Strafrecht Allgemeiner Teil., 3. Aufl., 2008, S. 37; Rengier, Strafrecht AT. München 2009, S. 11; Wessels / Beulke, Strafrecht Allg. Teil. 40. Aufl., Heidelberg 2010, S. 3 Rn. 9; 此外在其第六条注释中亦有论及。Hilgendorf., in: Arzt / Weber / Heinrich / Hilgendorf., Strafrecht Besonderer Teil. 2. Aufl., 2009, S. 9; 很多教科书并没有提及这个问题,比如: Frister, Strafrecht AT., 2. Aufl., 2007; Krey / Esser, Deutsches Strafrecht AT., 4. Aufl., Stuttgart 2011, 以及由于体系原因——基于积极建构不法和犯罪理由的著作,特别如 Köhler. Strafrecht AT., Heidelberg 1997。

[5] 例如 Momsen / Bloy / Rackow (Hrsg.), Fragmentarisches Strafrecht. Beiträger zum Strafrecht, Strafprozessrecht und zur Strafrechtsvergleichung. Für Manfred Maiwald aus Anlaß seiner Emeritierung., 2000; Haas, Der Tatbestand des räuberischen Diebstahls als Beispiel für die fragmentarische Natur des Strafrechts, in: ebd. S. 145 ff.; Schilling, Fragmentarisch oder umfassend? Wege strafrechtlichen Zugriffs bei der Veruntreuung fremden Vermögens am Beispiel des deutschen und des italienischen Untreuestrafrecht. (Frankfurter kriminalwiss. Studien. 118)., 2009。

[6] 首先值得提及的是 Maiwald, Zum fragmentarischen Charakter des Strafrechts, in: Fschr. Für Maurach zum 70. Geburtstag. 1972, S. 9 ff.; Prittwitz, Funktionalisierung des Strafrechts, in: StV 1991, 435 ff. 437 1. Sp.; Ders., Das deutsche Strafrecht: Fragmentarisch? Subsidiär? Ultima ratio? Gedanken zu Grund und Grenzen gängiger Strafrechtsbeschränkungspostulate, in: Institut für Kriminalwissenschaften Frankfurt a. M. (Hrsg.), Vom unmöglichen Zustand des Strafrechts. (Frankfurter kriminalwiss. Studien 50)., 1995, S. 387 ff.; Kühl, Fragmentarisches und subsidiäres Strafrecht, in: Fschr. Für Tiedemann., 2008, S. 29 ff.; Ders., Punktuelle Ergänzungen des Persönlichkeitsschutzes im Strafgesetzbuch, in: Fschr. Für Schöch., 2010, S. 419 ff., insb. 423 ff.; zuletzt Hefendehl, Der fragmentarische Charakter des Strafrechts, in: JA 2011, 401 ff.

[7] 尤其是 Ebert, Strafrecht Allgemeiner Teil., 3 Aufl., 2001, S. 3 ff.; Roxin, Strafrecht AT 1., 4. Aufl., 2006, S. 8 ff.

的证明；而后者的运用仅仅基于挑选出的待证片段并且缺乏价值位阶。[8] 下文不会论及这个意义上的问题。[9]

2. 来自米兰的刑法学家法比沃·巴斯乐（Fabio Basile）在谈到有移民背景的人员因文化动机而犯罪的情况时也提到过刑法的"片段性"（frammentarietà）。[10] 刑法虽然是一个全球性现象，但是又分为很多国家的具体刑法。人从一个法秩序进入另一个法秩序，往往会带来那些大众皆知的问题——荣誉谋杀（Ehrenmord）、强制结婚（Zwangsheirat）、割礼（Genitalverstümmelung）等。美国刑法还发展出程序上的"文化辩护"（cultural defense）[11]制度。这种对片段性（Fragmentarietät）的理解，我更愿意称之为"片段化"（Fragmentierung），下文同样不会从这个意义上进行论述。

3. 我们还可以在具体的刑法制度中讨论"片段化"的问题。从某些视角看，附属刑法事实上遵循着一些不同于中心刑法典的规则，青少年刑法也有这个问题。在刑法典内部，"双轨制"也暗示着存在一套亚系统。这个意义上的片段性不属于——无论如何都不直接属于我要讨论的题目。

有了这三个问题域的区分，下文要讨论的内容将减少一个领域。而我们在总括意义上谈片段性刑法时，这个领域（参见文末附图）是不能缺少的。

（二）广义上的片段性

对要讨论的问题，我们还将压缩两个领域。当然，不压缩它们也是完全站得住脚的。压缩它们不仅仅是篇幅的原因，还有实质上的理由。

1. 首先，我们不讨论基于刑事程序选择机制产生的"摩擦损失"。这种"损失"始于发现嫌疑和排除嫌疑的选择，持续于证明不能——也可基于诸如证据方式禁令或证

---

[8] 2011年在哈根函授大学法学院由 Katharina v. Schliefen 等组织举行了一场主题为"省略三段论，法学的片段性秩序"的研讨会。在会议议程中这样写道："法律实践及其论证方式几乎没有被过去百年的方法论所吸收。反过来，人们在法律实践中虽然自觉接受了方法论的逻辑推理性，但对学术上的体系构建却没有产生影响。因此可以这样猜测，法学上的思维实践并非借助逻辑，它更适合通过修辞学来理解。"具体内容参见将要出版的会议集。

[9] 在大量的文献中参见 Viehweg, Topik und Jurisprudenz. 1953 u. ö.；Perelmann, Juristische Logik als Argumentationslehre. 1979；für das Strafrecht s. den Überlick und die Nachweise b. Lüderssen, Zum Strafgrund der Teilnahme. 1967, S. 29 ff. 从历史上看，这个问题应当与不断出现的对内容空洞、僵化机械的体系和层层包裹的概念不满有关，因此人们呼吁更多去考虑对象自身的规定性，要求通过问题思维打破体系思维。要掌握数量显著增长的法律材料，就需要压制抽象化和系统化，由此方得以突破（a. a. O. S. 36 Anm. 55）。著名的意大利法学学者 Tiberio Deciani（1509—1582）对建构总论及对其体系化的作用的论述参见 Lüderssen, a. a. O. S. 36, Anm. 56, 近来的详细论述参见 Pifferi, Generalia delictorum. Il "tractatus criminalis" di Tiberio Deciani e la "parte generale" del diritto penale. Mailand (Giuffrè) 2006.

[10] 参见 Basile, Immigrazione e reati culturalmente motivati, Il diritto penal nelle società multiculturali. Mailand (Giuffrè) 2010.

[11] 对此参见 Basile (wie Anm. 9), S. 262 ff.；De Maglie, Multikulturalismus und Strafrecht. Am Beispiel der USA, in: Jahrbuch der juristischen Zeitgeschichte 7 (2005/2006), S. 265 ff.

据主题禁令等规范性原因,终止于存疑有利于被告原则。下文也不会论及诸如加强追诉这样的反向机制,比如,刑事追诉机构与犯罪分子合作取得与税务有关的重要银行数据。[12]

2. 其次,我们不讨论的还有 20 世纪迅速增多的制裁排除(Sanktionsvermeidung)和制裁轻缓(Sanktionsmilderung)问题[13],亦即:酌定性减轻刑罚、法定性或者酌定性免除刑罚、个人刑罚排除事由(Strafausschließungsgründe)、刑罚消除事由(Strafaufhebungsgründe)、缓刑、所谓的"转向"(Diversion)、执行松缓(Vollzugslockerung)、假释、特赦、刑诉法第 153 条及其以下条款规定的程序终结方式。不讨论这些问题的理由在于我所建议的对犯罪化和刑罚化这两个概念进行区分,此处指的是非犯罪化和非刑罚化。第一个概念涉及对非犯罪化行为的定义,即(抽象的)可罚性,第二个概念涉及(具体的)处罚。[14] 我在下文要谈的刑法的片段性仅指法定的可罚性上的片段性,而非刑罚上的片段性。

对非犯罪化和非刑罚化进行区分,对于法制史学家深化认识也是有促进作用的,因为研究这两个领域发展轨迹之间的关系会开启一个有趣的视角:如果说 19 世纪前三分之二时期的特点是可罚性在缓慢缩减但同时保持着前后一贯的执行实践,那么从 19 世纪晚期以来这种关系正好反转过来了:整体上保持着可罚性增多的趋势——纳粹统治时期有所放缓但并未完全中断,同时形成了刑罚减少和刑罚轻缓化的趋势。出现这两种背道而驰的趋势并非偶然,因为像 20 世纪和 21 世纪初期急剧膨胀的刑法是不可能如同刑法典和附属刑法所规定的那样得到执行的。[15] 前面提到的两种趋势在最近几年是否同时呈现扩张化和严苛化是有争议的。[16]

刑罚化和非刑罚化的问题从功能上看当然不属于本文要讨论的主题。所以,我们援引刑诉法第 153 条、第 153a 条来解决问题时,不是将行为作非犯罪化处理,从而避免

---

[12] 对此参见 Schünemann, NStZ 2008, 305 ff.; Ostendorf., ZIS 2010, 301 ff.。

[13] 对此的概述参见 Schroeder, Das Strafgesetzbuch als Straffreistellungsgesetzbuch, in: Fschr. Eser (2005), S. 181 ff.。

[14] 对非犯罪化和非刑罚化的深入探讨参见 Andrezej Gaberle, Entkriminalisierung und Entpönalisierung in Polen-Illusion oder Wirklichkeit?, in: Lüderssen / Nestler-Tremel / Weigend (Hrsg.), Modernes Strafrecht und ultima ratio Prinzip, S. 39 ff.,作者在非刑罚化的范围内做了更细致的区分,首先是法定刑罚威吓的轻缓化和实际判处制裁的轻缓化之间的区分。笔者也深入研究了非犯罪化和非刑罚化的关系,比如深入分析每个非犯罪化处理都会带来非刑罚化处理的问题,正因为如此,波兰学者才主张非犯罪化就是非刑罚化的一种情形——笔者对此观点持反对意见(a.a.O. S. 41)。

[15] 由于时间关系,用小字打印的这一段在报告的时候省略过去了。非常感谢斯腾格(Streng)将这个问题带入了讨论。斯腾格还将下面我要介绍的关于无罪海洋中的刑法岛屿这张图表进行了扩展,即刑法的岛屿不仅大小不一,而且(在刑罚高度这个意义上)有的是平地有的是山区。

[16] 最近出版的研究成果中,海因茨(Heinz)得出了倾向于否定性的结论,参见 Heinz, NKrim 2011, 14 ff.。

让刑法更加具有片段性。可以参见联邦宪法法院关于大麻案判决的例子。[17]

将"选择机制"和"非刑罚化"从讨论域中排除,本文的主题就缩减了两个方面。只有加上这两个方面的内容,才谈得上广义上的片段性刑法。

(三)狭义上的片段性

现在剩下的就是片段性意义上的碎片化刑法,对此我想借助两个概念来阐释:一是外部和内部片段性;二是描述和规范片段性。

1. 外部和内部片段性

(1)我们先在一般意义上来谈。每个法律规范都是片段的、碎片化的,它只是局部性质的,因为每个法律规范借助于它的语句已经描述了一个适用范围,亦即现实生活中的一个部分。即便历史上慕尼黑苏维埃共和国时期的经典例子——"对革命原则的任何违反都应受处罚"[18],也是将那些没有违反革命原则的行为排除在外的。一部在这个意义上具有非片段性的刑法,是一部能涵盖所有人类行为的刑法,就一个严肃的体系而言,它是不可能存在的。因为即便是奥古斯汀[19](Augustinus)和路德[20](Luther)认为人从本质上讲是罪恶的存在,这也并不意味着人是时时处处罪恶的。

因此,法和刑法的片段性是必然存在的,我们可以将其称为外部片段性。

(2)除了这种外部片段性,刑法还具有内部片段性。我的理解是,当我们作实质观察时,实证的刑法规范不可能涵盖或不可能完整地涵盖每个领域。对此我随后将具体阐述。

---

[17] BVfG, Beschluss vom 9. März 1994, BvfGE 90, 145;对此参见 Nelles / Velten, NStZ 1994, 366 ff.;此外参见许乃曼毁灭性的批判:Bernd Schünemann, Das Rechtgüterschutzprinzip als Fluchtpunkt der verfassungsrechtlichen Grenzen der Straftatbestände und ihrer Interpretation, in: Hefendehl / von Hirsch / wohlers (Hrsg.), Die Rechtsgutstheorie. Legitimationsbasis des Strafrechts oder dogmatisches Glasperlenspiel? 2003, S. 133 ff., hier 145 ff。

[18] 1919年4月9日临时革命中央苏维埃关于任命革命法庭的通告;对此参见 Barreneche, Materialien zu einer Strafrechtsgeschichte der Münchener Räterepublik 1918/1919, hrsg. Von Wolfgang Naucke und Achim Seifert. 2004, S. 129, sowie die Einleitung von Naucke, ebd. S. XI ff., XIII。

[19] S. Zur Lehre von der Erbsünde: Augustinus, Vom Gottesstaat (De civitate Dei). Dt. Übers. W. Timme. Bd. 2 (Buch 11 bis 22). 4. Aufl. 1997, XIV. Buch S. 154 ff.

[20] Martin Luther, Das schöne Confitemini an der Zahl der 118. Psalm (1530), in: Kurt Aland (Hrsg.), Luther deutsch. Die Werke Martin Luther in einer Auswahl für die Gegenwart. Bd. 7 (Der Christ in der Welt)., 4. Aufl., 1991, S. 308 ff. "没有人曾经看到他真正深重的罪孽,因为他不信服、不尊重上帝,导致他不惧怕、不信任和不热爱上帝,像本来就应该那样,也看不到同样的内心罪恶,因为里面打上了真正的结。"

2. 描述和规范片段性

(1)描述片段性

描述片段性指的是刑法——无论是根据经验还是根据其作为法或者刑法的本质——是片段性的,是不完整的,简言之:它具有片段的性质。

a. 前面已经谈到外部片段性的特点,内部片段性也是类似的。

b. 约翰·洛克在他的著作《人类理解论》中正确地谈到了"语言天生的不完整性和文字使用中难以避免的模糊和混乱"。[21] 在一定程度上,该特点同样适用于法律规范的语言。法律规范使用概念,而概念是对现实的抽象——如果我们不囿于极端的柏拉图主义的话。我们总是不能避免一些因为抽象化而造成损害的情况:规范的字面意思没有将这些情况涵盖进去,尽管规范目的要求将其涵盖进去。

c. 如果刑法不适用罪刑法定原则,那么这种片段性问题是可以得到解决的。罪刑法定原则使受制于语言的片段性问题得以产生,罪刑法定原则会保证不因不确定的规范条文在立法者那里、不因类推或者援引习惯法在解释者那里、不因回溯既往的法律设定和法律适用同时在立法者和解释者那里而发生片段性问题。

笔者将这个视角归为描述片段的范围。虽然毫无疑问法律性原则(Gesetzlichkeitsgrundsatz)本来就含有规范的要素,但这些要素与片段性本身无关,而是涉及诸如可预见性、信赖保护、权力分立[22]和一般预防[23]等基本原则。如果对于立法者来说,关键在于,如果制定出不适应其规制目的并且充满漏洞的规则,这是令人感到奇怪的事。[24] 所以,片段性在这里不是罪刑法定原则的目标,而是其反映。

当然也存在这种情况,就是立法者有意识地创设了片段性的法律条文。但根据本文的界定,这种情况属于规范片段性的情形,因此我要介绍一下它。

(2)规范片段性

规范片段性(也叫规定片段性或者非本体片段性)不关心"刑法是片段性的"这样的确认,它关心"刑法应当是片段性的"这样的要求。

今天几乎没有人会反驳对刑法的这种要求,就像开始所提及的那样,这种要求

---

[21] 参见 Lock, Versuch über den menschlichen Verstand (Essay concerning human understanding). Drittes Buch: Über die worte. 10. Vom Missbrauch der Sprache. 根据 Julius H. Kirchmann (1872/73)的翻译,1962 年,第 119 页。

[22] 对此详细论述见 Grünwald, Bedeutung und Begründung des Grundsatzes nulla poena sine lege, in: Klaus Lüderssen / Fritz Sack (Hrsg.), Seminar: Abweichendes Verhalten. Band I. 1974, S. 232 ff。

[23] 众所周知,今天流行的表述——但只是部分表述——"法无规定不得罚"来自于费尔巴哈,是他在他的(消极)预防理论的框架中提出的。参见 Feuerbach, Lehrbuch des gemeinen in Deutschland gültigen peinlichen Recht. 2. Naudruck der 14. Aufl. 1847. Aalen 1986, S. 41。

[24] 持类似观点的见 Prittwitz, Das deutsche Strafrecht (wie Anm. 5), S. 405。

一般被赋予了积极的价值。[25] 相反的,当有人批评今日刑法出现"办不到"[26]或"令人沮丧"[27]的状况时,这种批评通常与刑法缺乏片段性或者片段性不足有关,也通常与刑事立法者和审判者的"无漏洞幻想"[28]有关。

现在对既成事实提出要求的意义并不大。规范片段性应当不同于描述片段性来进行构建。它应当怎样去构建,依赖于那些规范化的前提条件,它们是满足规范化要求的基础。一般来说,相比描述片段性,即结构上必要的片段性,规范片段性触及的领域更广。

此外,有这样一种语言形式,笔者称之为"非本体的直陈式"(deontischer Indikativ)[29],即在直陈式的语言中表达非本体性的内容,比如"人的尊严是不可侵犯的"这句话。这种语言形式使得我们对描述片段性和规范片段性的区分更为困难。当涉及刑法应当是片段性的这个假定时,有些刑法教科书中关于刑法片段性的论述就是这样。

这个假定的基本思想——至少在一个法治国中——就像金德霍伊泽尔(Kindhäuser)写的那样——是清楚无误的:"刑法是一种权力,就像任何权力一样是一把双刃剑,因此也是它所要保卫的自由的潜在敌人。"[30]从相反的视角看,如果一个法治国奉行"存疑有利于自由"(in dubio pro libertate)的原则,那么可以推断出,作为国家侵犯人格权的最严厉形式,对公民施加刑罚必须作为例外的情形。刑罚应当是自由海洋中的一个岛屿——佛罗伦萨的刑法学家弗朗西斯科·帕拉索(Francesco Palazzo)这样优美地形容道,他由此谈到了刑法的"海岛性"特征。[31] 要实现这个要求,应当依靠三个法律理念,即正义、法安定性和合理性。

a. 就正义而言,人们应当探寻什么是国家可以用合法方式施加刑罚的标准,换句话说:是什么构成了犯罪的本质?众所周知,人们将其称为实质的犯罪概念。当下,人们通过所保护的法益这个概念来理解它。但并非总是这样,笔者将在历史部分对其进行阐述。

---

[25] 近年来特别常见的是以这种形式,即批评立法者(或者判决)对片段性重视不足(参见最近 Hirsch 的批评)。他说最高法院的判决是在追求"将看起来值得处罚的、可以勉强归在某一刑法条款表述中的行为方式涵摄在该刑法条款之下"(H. J. Hirsch, zum Spannungsverhältnis von Theorie und Praxis im Strafrecht, in: Fschr. Tröndle. 1989, S. 19 ff., 26),同时还在追求完全拒绝刑法的片段性(Ders., Der Umgang des Gesetzgebers mit dem StGB und die Notwendigkeit der gesetzgeberischen Berichtigung unterlaufener gesetzestechnischer Fehler, in: Fschr. Für Puppe. 2011, S. 105 ff., 117)。
[26] 法兰克福刑法学研究所出版的文集就用了这个词作为标题(见前注[5])。
[27] Hellmann, Vom desolaten Zustand des deutschen (Wirtschafts-)Strafrechts, in: Fschr. F. Krey. 2010, S. 169 ff.
[28] 同前注[24]。
[29] 参见 Th. Vombaum, Einführung: Das Feindstrafrecht und seine Kritik, in: Ders. / Asholt (Hrsg.) Kritik des Feindstrafrechts. 2009, S. VII ff., hier S. XXX。
[30] Kindhäuser, Strafe, Strafrechtsgut und Rechtsgüterschutz, in: Klaus Lüderssen, Cornelius Nestler-Tremel, Ewa Weigend (wie Anm. 13), S. 29 ff., 37.
[31] 参见 Palazzo, Strafgesetzlichkeit. Transformation und Vielschichtigkeit eines „Fundamentalprinzips" (Rechtsgeschichte und Rechtsgeschehen. Kleine Schriften. 23). 2010, S. 37 u. ö。

b. 归责规则,特别是责任原则对实质的犯罪概念所限定的领域进行了再次限定。归责规则越严格,刑法就越具有(外部片段性意义上的)片段性。

c. 道德规范本身并不应当是刑法的规制对象,对二者的效力范围进行区分——根据现代法治观念——属于规范片段性问题。[32]

d. 刑法在这里还应当考虑显著性界限,即应当把轻微情形排除在外。[33]

e. 从法安定性原则可以推导出附属性(Akzessorität)原则或二次性(Sekundarität)原则。它们与实质的犯罪概念处于一个相互冲突的复杂局势中[34],直到今天仍然争议不断。根据此原则,刑法不应当对那些在一次法中,即在民法和公法中,没有被定义为不法的行为方式进行处罚。也就是说,刑法从其他法秩序中接受其规制对象。

附属性原则应当与补充性(Subsidiarität)原则相区分。[35] 根据补充性原则,一般应当在适用刑法规则前优先适用刑法外的规则。[36] 如果说附属性原则(或二次性原则[37])在适用上应不受限制——无论如何为了被指控人的利益——人们可以对补充性原则进行追问,在各种规制范围内,与刑法外机制相比,刑罚威吓是否呈现出更少的

---

[32] Maiwald, Fschr. 毛拉赫(Maurach, wie Anm. 5)在排除道德规范的做法中看到刑法片段性的一个表现形式。另外一个问题是,这是否属于聪明的政治家的要求,要追求道德和(刑)法规范最大程度的一致性。

[33] 笔者认为没有将基于理性立法传统制定的日用品盗窃的犯罪构成(刑法典旧版本第370条第1款序号5)降格为秩序违反行为,而是将其融合进盗窃罪的犯罪构成,用刑法典第248b条对相关行为进行规制,这是立法者一个错误的做法。

[34] 此外,问题还在于法益概念在刑法之外也可以遇到(参见 b. Amelung, Der Begriff des Rechtsgutes in der Lehre vom strafrechtlichen Rechtsgüterschutz, in: Hefendehl / von Hirsch / Wohlers [wie Anm. 16], S. 155 Anm. 1);问题总在于,刑法范围内的法益概念是否可以是属于整个法秩序的或者只是一个独立的刑法概念;对该问题的深入探讨参见 Guzmán Dalbora, Sul significato intrinseco e sul valore atttuale della teoria del bene giuridico nell opera di Birnbaum, in: Diritto penale XXI secolo Jg. IX (2010), S. 371 ff. [由 G. Fornasari 译自西班牙语,笔者从意大利语将其译为德语,题目是 Inhalt und aktuelle Bedeutung der Rechtsgutstheorie im Werk Johann Michael Franz Birnbaums, 载于 Johann Michael Franz Birnbaum, Zwei Aufsätze, herausgegeben von JoséLuis Guymán Dalbora und Thomas Vormbaum. Münster, Berlin (LIT) 2011, S. 67 ff.]. Guzmán Dalbora 的文章含有大量对 Birnbaum 著作的新的解释。

[35] 附属性、补充性、最后手段等概念并非总是可以清晰区别开的。笔者本人在整体刑法学杂志1995年第757期上也发文区分了补充性和最后手段,将前者事实上与附属性等同起来。如今笔者在文章中对附属性和补充性作了区分并且将后者作为最后手段原则的一项特殊运用情形,这就给出了一个清晰的界限。Prittwitz 也对补充性原则和最后手段原则作了区分,a.a.O., S. 390 ff.,但是他给出了另外的概念界定。

[36] 对于补充性原则的深入论述参见 Prittwitz, a.a.O., 他在"辅助性"意义之外还强调了"有益于"这个意义,但笔者对此并不赞同。

[37] 首先提出的是 Maurach, Deutsches Strafrecht Allgemeiner Teil. 1954, S. 21 ff., 其后版本亦接受:Maurach / Zipf., Strafrecht AT Teilband 1. 8. Aufl. 1992, S. 24 ff.; 此外深入的探讨参见 Lüderssen, Primäre oder sekundäre Zuständigkeit des Strafrechts?, in: Fschr. für Albin Eser. 2005, S. 163 ff。

控制强度[38]或更多的自由度[39]。一般来说,光是由于刑罚所带来的"社会伦理上的责难性"以及刑事程序带来的负累,人们都会对这个问题给出否定的回答。仔细分析下可以发现,补充性原则实际上是最后手段原则(ultima-ratio-Grundsatz)的一种特别表达。

f. 该原则首先是对立法者智慧的一个假定,即假定其是理性的。在那些符合或应当符合实质的犯罪概念和附属性原则的行为方式中——为了在刑罚理论上表现得更中立——应当由政治来选择哪些必须通过刑罚威吓和刑罚施加来回应的行为方式,因为政治负责解决合理性问题。在一个法治国中,政治上的行为当然必须遵循比例性原则,人们甚至——这尚有争议——将最后手段原则等同于比例性原则。[40]

立法者在法益保护框架中所作的限制也属于该原则的运用,无论是只对法益的特定部分或者方面进行规制,还是为犯罪构成该当性增添新的要素——特定的实施方式[41],比如诈骗中要求欺诈的方式或者要求特别的主观要素比如发财的目的(Bereicherungsabsicht),这样内部片段性就被有意识地扩大了。

就描述规范性而言还有其他的探讨视角,对规范片段性也有其他论证理由,但对于本文的目的而言,可以限于目前讨论的内容。

(四) 小结

描述片段性是对刑法性质的一种确认。外部片段性是指刑法规范反映的现实世界的一个局部,具有海岛性的特征;而内部片段性强调这种岛屿并非呈圆形闭合的图像,而带有大量的湾区和裂缝,甚至还有泄湖和内湖。由于罪刑法定原则,它们是不能被去掉的。

与此相反,规范片段性是一个先决条件。对于外部片段性,规范片段性的要求是岛屿不要发展成群岛或者扩展成大陆;对于内部片段性,规范片段性的要求是立法者

---

[38] Lüderssen 讨论了这种情况,即刑法外的规则可能会导致达到一个并不希望的控制强度,它最终会比促进自由效果的限缩性刑法承担更大的负累,后者在介入前是"无知的":Lüderssen, Autobiographie, in: Hilgendorf (Hrsg.), Die deutschsprachige Strafrechtswissenschaft in Selbstdarstellungen. 2010, S. 351 ff., 381。

[39] 此处可以这样说,刑法毕竟给了公民在合法与不法之间的选择权,因此比国家直接进行干预要更为自由;早就持此见解的是 Gaetano Filangieri, Scienza della legislazione / Gesetzgebungswissenschaft. 1784 (dt. Übers. von 1787),摘录引自 in: Vormbaum (Hrsg.) Strafrechtsdenker der Neuzeit. 1998, S. 179 ff., hier S. 183:"法律给了公民履行社会义务和失去社会权利的自由选择权,法定的刑罚就是这样的法律的一部分。"亦参见 Vormbaum, ZStW 1995, 748。

[40] 对此深入探讨的文章见 Böse, Grundrechte und Strafrecht als „Zwangsrecht",以及参见 Bunzel, Die Potenz des verfassungsrechtlichen Verhältnismäßigkeitsprinzips als Grenze des Rechtsgüterschutzes in der Informationsgesellschaft, in: Hefendehl / von Hirsch / Wohler (wie Anm. 16), S. 89 ff. Bzw. 96 ff。

[41] Stächelin, Strafgesetzgebung im Verfassungsstaat. 1998, S. 56 ff., unterschiedt zwischen „Rechtsgut" und „Angriffswegen"。

不要畏惧岛上的湾区,司法者对此要表示尊重。在操作层面,人们并不是直接地追求它——因为它形式上是消极性存在,人们是从实质的犯罪概念、附属性原则和最后手段原则等积极原则的背面来追求它的。

这意味着并不存在独立的片段性刑法教义学,但可以存在结果上支持片段性的理论和教义学。[42]

二、历史角度

(一) 名称的由来

第二部分首先要简单介绍一下"片段性刑法"这个名称的由来。

这个名称的创造者是卡尔·宾丁,他曾谈到过"刑法的片段性特征"。[43] 当宾丁批评没有哪个立法权的分支像刑事立法一样,以颁布大量的临时性法律来表现自己时,他并不是要批评立法者对刑法的轻易扩张。[44] 宾丁更多是谴责立法者的工作从来没有系统性。立法者的作品有一个巨大的瑕疵,那就是在以刑罚相威吓的犯罪之外,几乎到处都是与其有近缘关系的、直接相邻但为立法者所忽视的违法行为。没有比这些法律材料更需要通过解释,特别是通过类推来实现体系贯通的,这是正义的要求。[45]

宾丁向立法者精确地提了两个要求,一是要将刑法规则领域恰当地"修圆"(ausrunden);二是要在法律上赋予解释者不得已时通过类推来"修圆"的权力。换句话说,宾丁发现刑法存在(描述)片段性,他要求采取(规范)措施消除这种片段性。[46]

宾丁的意见表明,就"刑法应当是片段性的"这句话意义上的规范片段性而言,还存在一个与之相对的表达,即"刑法不应当是片段性的"。也许后者更有历史影响力。但宾丁针对的是内部的,即立法者并不热衷的描述片段性。因此,他坚定地反对类推

---

[42] 对于文末图表的补充提示:内圈(序号 4)表示将片段性问题限于罪刑法定原则的范围内。参见 Naucke, Strafrecht. Eine Einführung. 10. Aufl. 2002, S. 64, 亦参见 Prittwitz, (wie Anm. 5), S. 405, 他把"片段性刑法"的概念作为对罪刑法定原则的另一种表述,但是将其限定于本文所称的"内部片段性",同时他将本文所称的"外部片段性"视为是"受到严格限制的刑法"的问题。

[43] 参见 Binding, Lehrbuch des gemeinen deutschen Strafrechts, Besonderer Teil. Band 1. Neudruck der 2 Auflage 1902. Aalen 1969, S. 20。

[44] 对这一点存在不同的评论,参见 Maiwald (wie Anm. 5), S. 9; Prittwitz (wie Anm. 5), S. 338; Lassak, Begründungsdefizite in der aktuellen Strafgesetzgebung, in: Institu für Kriminalwissenschaften Frankfurt (Hrsg.), Irrwege der Strafgesetzgebung. 1999, S. 75 ff.; Braum, Europäische Strafgesetzlichkeit. 2003, S. 431; Kölbel, GA 2002, 404。

[45] Binding, a. a. O., S. 21. 对于当时的法律现状,宾丁至少是反对那些借助类推的人:"当然他们不好意思地戴着扩大解释的面具,试图将法律上并不禁止的行为置于刑罚之下"(a. a. O., S. 22)。

[46] 亦参见 Kölbel, GA 2002, 404, 他暗示宾丁的论述就首先具有(令人遗憾的)描述性特征。

禁令。人们在讨论外部片段性的广大范围和规范片段性的主要范围时通常会提及宾丁,但他其实对此根本没有作过论述。

结合更广泛的历史观察,我们可以发现,根据上面的阐释,片段性刑法只可能与导致刑法扩展和限缩的结构和事实有关,由此带来的结果是刑法呈现或多或少的片段性。

笔者接下来将讨论三个领域的问题,即刑法理论、立法、法律解释,但限于重要问题以及(或者)限于从阐释的角度去讨论。

(二)理论(实质的犯罪概念)

首先是刑法理论方面。这里对实质的犯罪概念进行描述是非常重要的。

笔者将从我们国家的法治时代的第一个三分之一时期谈起,亦即18世纪下半叶和19世纪前三分之一。我们可以发现这段时期关于实质的犯罪概念的三个关键词。

1. 社会契约论:确定和限制国家刑罚的合法范围是契约理论的中心内容之一。就像贝卡里亚所说的那样,刑罚权的范围只能覆盖个人通过社会契约所放弃的尽可能少的自由的总和。[47] 放弃自由是为了确保他人的和作为权利保障人的国家的权利。[48]

2. 康德和费尔巴哈的权利侵害理论。其发轫于康德的法权概念,在该概念中,权利等同于所有人共存的自由——实质的犯罪概念限于对主体权利的侵害。[49]

3. "益(Gut)侵害"理论。该理论是1834年约翰·米歇尔·弗朗茨·比恩鲍姆(Johann Michael Franz Birnbaum)提出的,其含义是:犯罪是对国家权力一视同仁所保护的益的侵害或威胁,如果不对其实施一定的刑罚威吓和刑罚执行就不足以对他人权利进行普遍的保护。[50]

这三个理论是否都源于启蒙思想[51],或者各自具有不同思想史上的和政治上的内涵,学界对此还有争议。阿梅龙(Amelung)强调它们各自的独立性。[52] 许乃曼则持相反意见,主张不能对它们的差异作夸张的认定,他倾向于——以辩证的方式——不把它们的差异看得太大。[53] 关键问题是怎么评价从权利侵害理论朝益侵害理论的转向。如果认为这个转变对于刑法的范围来说意义并不重大,那么益侵害理论从一开始

---

[47] Vgl. Beccaria, Von den Verbrechen und von den Strafen (1764). 2004 (seitenidentische TB – Ausgabe 2005), S. 10 f.

[48] Vgl. Amelung, Rechtsgüterschutz und Schutz der Gesellschaft. 1972, S. 20.

[49] Ebd., S. 28;亦参见批评性的意见 Schünemann, Das Rechtsgüterschutzprinzip als Fluchtpunkt der verfassungsrechtlichen Grenzen der Straftatbestände und ihrer Interpretation, in: Hefendehl / von Hirsch / Wohlers (wie Anm. 16), S. 133 ff.

[50] 节选自 Vormbaum, Moderne deutsche Strafrechtsdenker. 2011, S. 148 ff., hier S. 152。

[51] Vgl. Schünemann (wie Anm. 48), S. 139.

[52] 参见 Amelung (wie Anm. 47), S. 38 ff.,他从对权利侵害理论的批判中引出"益保护"理论。

[53] Vgl. Schünemann (wie Anm. 48).

就在承担限制刑法的传统角色,亦即发挥某种自由的功能,今天刑法学的主流亦认可这一点。但如果认为这种转向意义非常重大,那么反而证明了——就像西瓦·桑切斯(Silva Sanchez)在他的《刑法的扩展》一书中所分析的那样[54]——在益侵害理论的摇篮中并没有产生限制刑法的思想,反而产生了使刑法灵活化以及扩张刑法的思想。不管怎样,比恩鲍姆所说的"权利本身并不能被侵害,被侵害的是权利的基础,亦即相应的益"这个观点超出了侵害主体权利的范围,客观上开启了刑法扩张的大门——在19世纪首先涉及的是宗教犯(Religionsdelikte)和所谓的肉欲犯(Fleischdelikte)。[55] 益侵害理论从宾丁开始被称为法益侵害理论,如果我们不知道它曾经怎样地发展,那么它就不会在19世纪遭到拒绝。由它发展出某种集体权利侵害理论也未尝可知。它还在发展中,因此对它进行历史评价是很困难的。我们不知道,我们也不可能知道。笔者反对一切猜测性的历史虚构,对我来说,权利侵害概念比益侵害概念的扩张性无论如何都要强烈得多。

对比恩鲍姆来说,他首先关心的并不是刑罚的合法扩张。相比权利侵害理论,他的理论只会导致犯罪圈适度地扩大。经过几十年的沉寂期,益侵害理论进入由卡尔·宾丁所主导的时期。"法益"这个经他改造的名称盛行至今。在宾丁那里,法益去掉了其前实证的特征,从一个批判性的概念发生转变。不说变成了一个普遍用作肯定性表达的工具,它也至少成了一个有矛盾性的概念。宾丁将法益定义为"根据现实性的观察方式所发现的、成为健康共同体的实际条件"[56]。他当然是将这些实际条件的确定交给立法者来完成,创设新法益由此听凭于立法者的随意。弗兰茨·冯·李斯特(Franz v. Liszt)[57]将犯罪定义为是侵犯法律规范所保护的生活利益的反社会行为,他与宾丁的观点就大体趋同了。法益概念受到新康德主义的影响而愈加精神化[58],这就使得它与纳粹时期因反对法益概念而提出的义务侵害理论的差异缩小。阿梅龙曾

---

[54] Vgl. Silva Sanchez, Die Expansion des Strafrechts, Dt. 2003, S. 62 ff.

[55] 对此参见 Frommel, Strafjustiz und Polizei, in: Akten des 26. Deutschen Rechtshistorikertages. 1987, S. 169 ff., hier S. 191 ff。

[56] Binding, Die Normen und ihre Übertretung. Bd. I. 2. Aufl. 1890, S. 339 ff.

[57] 就像 Frommel 所揭示的那样,对于李斯特的观点应当根据他表达的时间和他是以法政治家或者以刑法教义学家的身份进行谈论而进行区分: Frommel, Präventionsmodelle in der deutschen Strafzweckdiskussion. 1987, S. 76 ff。

[58] 在与新康德主义的关联上,(Frommel)在讨论中认为,李斯特理论的继续发展存在另外一种可能性,即贯彻克尔劳习(Kohlrausch)路线[当然应当以艾博·施密特(Eb. Schmidt)路线对其进行补充]。这是可能的,但历史已经完结,另一种可能性并不能得以实现,因此这种假设性的历史考察作用并不大。对于潜在的另一条路线是否应当冠以拉德布鲁赫的名字,并非完全没有疑问。因他的名字而出名的1922年刑法草案虽然是以之前的草案(1909年、1911年、1913年、1919年)为基础,但它本身也带来了刑法的加强和扩张。1922年版刑法草案规定废除死刑,但其原因至少与奥地利已经通过宪法废除死刑这一事实有关,因为德国想与之保持协调一致;更进一步论述参见 Friederike Goltsche, Der Entwurf eines Allgemeinen Deutschen Strafgesetzbuches von 1922 (Entwurf Radbruch). Berlin 2010; Thomas Vormbaum, AngleichungsVO (wie Anm. 85), S. 60 f。

正确地评价道[59];纳粹刑法理论家的争论归根到底是一场误会,因为纳粹时期有不少人是主张法益保护思想的。

这个误会导致1945年以后法益概念受到重视,当然这中间还是经历了一段时间。其原因在于人们要反对联邦共和国初期保守甚至是反动的自然法。20世纪六七十年代法益概念盛极一时,在它的旗帜下很多过时的犯罪构成,首先是涉及性犯罪的犯罪构成被删除了,这是刑法史上有趣的一幕,因为19世纪拒绝权利侵害理论的理由之一——比如卡尔·约瑟夫·安同·米特迈耶(Carl Joseph Anton Mittermaier)[60]所提出的——恰好是所谓的肉欲犯犯罪构成的合法性无法得到权利侵害理论的支撑。

霍芬德尔(Hefendehl)等人出版的文集[61]值得称道,借此我们可以看到对法益侵害理论各个方面的分析,比如关于它的限制、扩展和补充。从"中心法益是事实上法律的有效性"[62]到"人格法益概念"[63];从为澄清法益概念提出标准的尝试[64]到"对法益作出一般性定义宣告失败"[65]的观点,再到用"伤害原则(harm priciple)"和"冒犯原则(offense principle)"[66]来代替或补充法益理论;以及要求法益对标宪法(分别要求

---

[59] Vgl. Amelung (wie Anm. 33), S. 160.

[60] 参见 Carl Josef Anton Mittermaier, Über die Grundfehler der Behandlung des Kriminalrechts (1819), Auszug in: Th. Vombaum (Hrsg.), Strafrechtsdenker (wie Anm. 49), S. 122;米特迈耶还在他主持的对费尔巴哈教科书再版修订中表达了反对权利侵害理论的观点;进一步内容参见 Thomas Vombaum, Einführung in die moderne Strafrechtsgeschichte. 2. Aufl. 2011, S. 60 Anm. 27. 费尔巴哈曾说过:应当杜绝的只是"违法满足性欲的行为,它们在概念中就包含着对他人实际权利的侵害"(Lehrbuch a. a. O., S. 719)。被视为是自由主义者的米特迈耶对费尔巴哈这段充满自由主义的论述所作的评论应当被我们了解,他说:"此处,每个犯罪都是对权利的侵害这个错误的观点,误导作者将所有的肉欲犯都置于违警罪的规制之下。如果我们观察道德(Sittlichkeit)对于国家的重要性,其实它并不缺乏一个牢固的法律基础,我们会想到国家应承担的义务,即保护国民免受反道德行为的侵害、对公共礼俗进行监督、对相应的违反行为进行惩罚以及保护未达法定年龄人(Unmündige)和未成年人(Minderjährige)免受诱惑,这样使用较重的刑罚去处罚某些种类的肉欲犯就具有正当化的理由,而不仅仅限于采取警察手段"(a. a. O., S. 719 f.);亦参见第738页关于"非自然地满足性欲"(费尔巴哈同样将其归为违警罪)的评论:"认为每个犯罪都是对权利的侵害的观点令人遗憾,这导致一些最新的法律将兽奸行为(Sodomie)从犯罪序列中剔除。"

[61] 参见 Hefendehl / v. Hirsch / Wohlers (Hrsg.), (wie Anm. 16); ergänzend Roland Hefendehl, GA 2007, 1 ff.;有关发展和现实立场很好很清晰的阐述参见 Sabine Swoboda, ZStW 2010, 24 ff., 33 ff.

[62] 持此立场的参见 Jakobs, Strafrecht Allgemeiner Teil. 2. Aufl., 1993, S. 35;持近似观点的是 Kindhäuser (wie Anm. 29);此外很出名的是雅各布斯在1985年刑法学家大会上的一句话:"坚持法益保护立场甚至会导致人们使用刑法手段去打击潜在犯罪人的危险思想,以及这种思想的源头。"Jakobs, Kriminalisierung im Vorfeld einer Rechtsgutsverletzung, in: ZStW 1985, 751 ff., 753.

[63] Hassemer / Naumann, NK StGB. 3. Aufl. 2010. Vor § 1 Rn. 131 ff.; Roxin, (wie Anm. 6), S. 16 und ff.

[64] 有关不同的观点参见 Roxin, AT/1 (wie Anm. 6), S. 47 ff。

[65] 比如 Schünemann, (wie Anm. 48), S. 135 f。

[66] 对此参见 Hirsch, GA 2002, 2 ff.; (erneut in: Hefendehl / von Hirsch / Wohlers (wie Anm. 16), S. 13 ff.); Wittig, Rechtsgutstheorie, „Harm Principle" und die Abgrenzung von Verantwortungsbereichen, in: ebd., S. 239 f.; Seelmann, Rechtsgutskonzept, „Harm Principle" und Anerkennungsmodell als Strafwürdigkeits-kriterien, in: ebd., S. 261 ff。

不同的强度)[67]和发挥比例性原则的完全效力。[68]

法益概念是否具有限制刑罚的、片段性的力量,或者是否可以被赋予这种力量,或者它是否仅仅是一个系统内在的方法上的辅助手段,这些问题是有争议的。在文献中,一小部分罪名[69]的合法性被学者所否定,其根据是缺乏有关联的法益或者法益是错误的,比如一系列所谓的"假法益",像"民众健康"[70]"保险经济的效能"[71]"公共和平"[72]"交通安全"[73]"感情"[74]"信任"和"安全"[75]。

(三)立法

1. 结构上的影响因素

在19世纪自由主义思潮的影响下——即便不是所有领域[76]或者不是直线型的——18世纪末期出现的适度限制刑法的情况不断持续。在一个干预型的国家形态日益上升且逐渐稳固的时代,最晚到19世纪70年代初期,刑法的范围又开始膨胀——这是一个间或中断但持续至今的历程。刑法的扩张有其社会经济上、技术上、思想史上和政治上的原因。笔者在此阐释将仅限于法律上的因素。对我而言,很重要的是,刑法的扩张——几乎符合进化论——首先从法典外的生境开始发展,然后从那里——直接或间接地——进入核心刑法。最重要的影响因素,从效力大小看,笔者排列如下:

---

[67] 参见 Hassemer, Darf es Straftaten geben, die ein strafrechtliches Rechtsgut nicht in Mitleidenschaft ziehen?, in: Hefendehl / von Hirsch / Wohlers (wie Anm. 16), S. 57 ff.; Otto Lagodny, Das materielle Strafreht als Prüfstein der Verfassungsdogmatik, in: ebd., S. 83 ff.
[68] 比较前注[39]的引证;亦参见联邦宪法法院的判决;关于联邦宪法法院"两次"比例性审查的问题参见 Swoboda, (wie Anm. 60), S. 44 ff.
[69] 被提及的罪名有刑法典第86a条、第129a条、第130条第3款、第168a条、第183条、第261条、第264条、第265条以及(至少部分的)麻醉品法第31条。
[70] Roxin, AT/1 (wie Anm. 6), S. 17.
[71] Ebd., ferner Schünemann (wie Anm. 48), S. 151.
[72] Swoboda, ZStW 2010, 39.
[73] Schünemann (wie Anm. 48), S. 152; Amelung, Rechtsgut (wie Anm. 33), S. 175.
[74] Roxin, AT/1 (wie Anm. 6), S. 22 f.; 威胁的感觉除外。
[75] Amelung, Rechtsgut (wie Anm. 33), S. 177.
[76] 例外领域除了政治刑法(卡罗维发利决议!)和宗教犯罪以外首推性刑法(在实质的犯罪概念发展过程中它发挥了重要作用);对此参见 Roth, Die Sittlichkeitsdelikte zwischen Religion und Rationalität. Strafrechtspraxis und Kriminalpolitik im 18./19. Jahrhunder, in: Reiner Schulze / Thomas Vormbaum / Christine D. Schmidt / Nicola Willenberg (Hrsg.), Strafzweck und Strafnorm zwischen religiöser und weltlicher Wertevermittlung. 2008, S. 195 ff.

a. 附属刑法。[77] 它追求超个体的法益，在规则技术方面，往往难以满足明确性要求，并且是过失犯、不作为犯、可罚性前置等形态发生扩张的起始地，在"一战"时期以及"一战"以后[78]其扩张势头不可遏制。

b. 1923 年以来的青少年刑法。它强烈追求灵活性，从其结构上看超越了罪责原则的限制范围。

c. 处遇法。1933 年 11 月法律首次对其进行规定。[79] 它不需要传统刑法上缘于行为的罪责，需要考量的是危险性，由此导致了制裁法的扩张——作为当然的结果，它也宣告了（今天的）刑法典第 2 条第 6 款规定的回溯既往禁令无效。[80]

d. 刑法典内以及刑法典外的经济刑法。它的产生源自于要实现刑事政策上的异质性目标，即面对"白领犯罪"（white collar crime）一方面需要建立一套社会刑法平衡机制，另一方面就经济而言又要避免产生除刑法外别的严苛和过度控制的监督和制裁系统。[81] 由于其具有广阔的调控目标，体系上它必然会干涉过广并且会产生不明确的犯罪构成。

e. 欧洲刑法。它与经济刑法紧密相关。由于其干预性的特性，它通常会导致犯罪化的扩张[82]，并成为德国 19 世纪法典统一化以及刑法大规模自由主义发展的一个逆进程。

f. 最后是所谓的"国际刑法"（Völkerstrafrecht）。其产生是基于很好理解的一个原因，即终结国家罪犯的豁免权。一系列法律制度由此出现松动，包括废除谋杀罪和灭

---

[77] 关于直至 1914 年的附属刑法：Robert Weber, Die Entwicklung des Nebenstrafrechts 1871 bis 1914 （Juristische Zeitgeschichte. Abt. 3 Bd. 5）. 1999; zum Wirtschafts-Nebenstrafrecht während der NS-Herrschaft: Werner, Wirtschaftsordnung und Wirtschaftsstrafrecht im Nationalsozialismus. 1991; 此外参见 Schmitzberger, Das nationalsozialistische Nebenstrafrecht 1933 bis 1945. 2008。

[78] 对此参见 Nauck, Über das Strafrecht des I. Weltkriegs, in: Ders., Die Zerbrechlichkeit des rechtsstaatlichen Strafrechts. Materialien zur neueren Strafrechtsgeschichte. 2000, S. 287 ff.; Richstein, Das „belagerte" Strafrecht. Kriegsstrafrecht im Deutschen Reiche während des Ersten Weltkrieges. 2000; zusammenfassend Vormbaum, Einführung in die moderne Strafrechtsgeschichte. 2. Auflage. 2011, S. 153 ff.。

[79] 对此深入探讨参见 Christian Müller, Das Gewohnheitsverbrechergesetz vom 24. November 1933. 1997; s. Auch Ders., Verbrechensbekämpfung im Anstaltsstaat. Psychiatrie, Kriminologie und Strafrechtsreform in Deutschland 1871–1933. 2004。

[80] 对刑法典第 2 条第 6 款的批评参见 Dannecker, LK 12 Aufl. Bd. 1 Berlin 2006, § 2 Rn. 135; Hassemer / Kargl. NK StGB. 2010, § 2 Rn. 57 ff., insb. Rn. 60。

[81] 对此清晰的论述参见 Tiedemann, Strafrecht in der Marktwirtschaft, in: Fschr. Stree / Wessels. 1993, S. 527 ff.。

[82] 在为数众多的文献中参见劳克的文章：Naucke, Europäische Gemeinsamkeiten in der neuren Strafrechtsgeschichte und Folgerungen für die aktuelle Debatte, in: Jahrbuch der juristischen Zeitgeschichte 2（2000/2001）, S. 1 ff.; Lüderssen, GA 2003, 71 ff. m. w. Nachw. in Fußn. 90 ff.; Donini, Subsidiarität des Strafrechts und Subsidiarität des Gemeineschaftsrechts, in: Ders., Strafrechtstheorie und Strafrechtsreform. Beiträge zum Strafrecht und zur Strafrechtspolitik in Italien und Europa. 2006, S. 151 ff.; Ders., Ein neues strafrechtliches Mittelalter? Altes und Neues in der Expansion des Wirtschaftsstrafrechts, in: ebd., S. 203 ff.

绝种族罪的追诉时效，即实行终生追诉制度，这与人道主义刑法格格不入。"否定大屠杀"会受到刑罚惩处就是这样的例子。[83]

2. 例子

这些影响因素或快或慢地在核心刑法中得到响应，对此笔者试举两个导致核心刑法发生扩张的修订刑法典的例子。

a. 1876年的修订

刑法典首次超过50个法条的大规模修订——主要是在刑法扩张或者刑法严苛化的意义上被修订或者新增加的——是1876年的《刑法典修正及补充案》(Gesetz zur Änderung und Ergänzung des Strafgesetzbuch)。[84] 从中我选取两个条款。

通过新增的第49a条——所谓的杜歇斯勒条款(Lex Duchesne)——第一次突破了未遂的参加犯(versuchte Teilnahme)原则上无罪的规定——即便对此存在多重限制。今日第30条第2款规定的这类大幅度被前置的行为方式尽管受到严格限制，但仍然首次被赋予了刑事可罚性。[85] 众所周知的是，人们并没有坚持这种严格限制。[86]

新增了危险的身体伤害这个犯罪构成，这标志着刑法扩张性发展的开始；1912年该罪扩展到虐待被监护人(Misshandlung Schutzbefohlener)的情形[87]，该情形经过多次扩展在1933年成为一项独立的罪名[88]；从1940年开始，检察机关可以忽略对简单身

---

[83] 更多介绍参见 Th. Vormbaum, Vergangheitsbewältigung im Rechtsstaat, in: Fschr. Amelung. 2009, S. 783 ff.；关于国际刑法中的敌人刑法因素参见 Fronza, Feindstrafrecht und Internationale Strafgerichtsbarkeit, in: Vormbaum / Asholt, Kritik (wie Anm. 28), S. 413 ff.；关于大屠杀否定参见（包括比较法上的）Dies., Der strafrechtliche Schutz des Gedenkens. Bemerkungen zum Tatbestand der Holocaust-Leugnung, in: Jb. d. Juristischen Zeitgeschichte 11 (2010), S. 243 ff。

[84] 1871年5月15日关于德意志帝国刑法典规定修正案及其补充. Vom 26. Februar 1876. RGBl. 1976, 25, in: Vormbaum / Welp, Das StGB. Sammlung der Änderungsgesetze und Neubekanntmachungen. Bd. 1. 1999, S. 92 ff.

[85] 关于其背景的综述参见 Asholt, in: Vormbaum / Welp, Das StGB, Supplementband 3. 2006, S. 100。刑法典第49a条将要求他人实施重罪或者要求他人参加重罪或者他人接受这样的要求置于刑罚处罚之下，此外还有愿意实施重罪的要约以及接受该要约——条件是它是书面发出的，要求他人实施重罪或者发出愿意实施重罪的要约与提供某种利益相关联。更多内容参见 Jost-Dieter Busch, Die Strafbarkeit der erfolglosen Teilnahme und die Geschichte des § 49a StGB. jur. Diss Marburg 1964；概况参见 Vormbaum, Die strafrechtsangleichungsverordnung vom 28. Mai 1943. 2010, S. 22 ff.

[86] Dazu sogleich.

[87] 《刑法修正案》(Gesetz betreffend Änderung des Strafgesetzbuchs), 1912年6月19日(RGBl. 1912, S. 395), Nr. 3 (als § 223a Abs. 2)。

[88] 《刑法条款修正案》(Gesetz zur Abänderung strafrechtlicher Vorschriften), 1933年5月26日(RGBl. 1933, S. 295), Nr. 15 (als § 223b)。

体伤害告诉才处理的要求[89];1969年危险的身体伤害未遂入罪[90];未遂的简单身体伤害入罪化发展通过《第六个刑法改革法》达到了顶点[91]——在片段性刑法意义上应该是达到了最低点。

b. 1943年的协调法令(Angleichungsverordnung)

我的第二个例子是所谓的1943年刑法协调法令。[92] 它在刑法典中增加了对未遂酌定减轻处罚的做法。这导致1876年开始的可罚性扩张向参加犯的前置阶段延伸。此外它还增加了虚构犯罪行为罪,增加了和今日胁迫罪结构相同的内容,规定了虚假未宣誓陈述的可罚性以及将伪造文书的犯罪构成延伸到预备阶段。该法令甚至触及边缘性问题——未遂的帮助犯的可罚性[93],所有这些提到的规定在刑法典中一直延续到1945年以后,保留至今。[94]

在这个方向上还有其他的个别修订。我要重点谈谈1935年的修订,它对类推禁令进行了限制,允许选择性认定(Wahlfeststellung)。我后面将结合刑法解释来阐释它。

3. 加速

20世纪60年代到70年代经过了一个短暂的自由主义时期,在这段时期内"去犯罪化"的概念盛行一时。但在20世纪最后三分之一的时期,一直到今天,刑法重新走上扩张的道路。反映这种扩张以及刑法片段性在缩减的一个指标,就是刑法典修订的纯粹数量的增加。1871年以来刑法典进行过差不多240处修订,其中有59处发生在1871年到1949年的近80年间,而不少于180处修订发生在1949年至今的差不多60年间。[95]

当然存在一些其他因素使得这些数量的意义相对弱化。修订的数量并不完全等同于新罪名的数量,新罪名的数量并不等同于可罚性扩张的数量,此外还有单纯从附属刑法转移到刑法典中的情况。但再仔细分析,可以看出这些情况对刑法扩张趋势的

---

[89] 《修订过失杀人、身体伤害及交通事故后逃逸的刑法条款法令》(VO zur Änderung der Strafvorschriften über fahrlässige Tötung, Körperverletzung und Flucht bei Verkehrsunfällen),1940年4月2日(RGBl. 1940, S. 606), Nr. 3。

[90] EGStGB. Vom 2 März 1974 (BGBl. I 1974, S. 469), Art. 19 Nr. 94b.

[91] 《第六个刑法改革法》(6. Gesetz zur Reform des Strafrechts),1998年1月26日(BGBl. I 1998, S. 164, Nr. 37)。

[92] 对此参见 Vormbaum, (wie Anm. 85)。

[93] 1953年8月4日的《第三个刑法修正案》(3. Strafrechtsänderungsgesetz)通过第2条序号8将其删除。

[94] 关于刑法典第240条第2款将"健康的民众感觉"改为"谴责性"以及联邦法院关于"健康的民众感觉"的判决(BGHSt 1, 84 ff.; BGHSt 5, 256)参见 Dencker, NS-Justiz vor Gericht, in: Requate (Hrsg.), Recht und Justiz im gesellschaftlichen Aufbruch (1960-1975). 2003 S. 93 ff.

[95] 数字是经过分析的,参见 Vormbaum, 130 Jahre Strafgesetzgebung – Markierungspunkte und Tendenz, in: Ders. / Jürgen Welp, Das Strafgesetzbuch. Sammlung der Änderungsgesetze und Neubekanntmachungen. Supplementband 1. 2003, S. 456 ff., hier S. 481 f., auch zur Zunahme der sog. Bekämpfungsgesetze;亦参见 Hefendehl, ZStW 2007, 816 ff., 817 Anm. 6。

影响其实微不足道。修订内容中既有新的罪名,也有扩大原有可罚性的内容,还含有处罚加剧的内容。我要提示的是,所谓的《第六个刑法改革法》对有关侵占罪"小纠正解释"(kleine berichtigende Auslegung)或"大纠正解释"(große berichtigende Auslegung)的争议甚至作出了比"大纠正解释"还要宽泛的修正。1998年的修订促进了一项立法技术的运用,即所谓的"例示规则(Regelbeispiele)"。例示规则的产生与20世纪60年代的改革立法有关,这项技术对于片段性刑法来说是灾难性的。"原罪"在第243条[96],很多其他法条也效仿了这种做法[97]。大家可以竞猜一下,什么时候轻罪领域的加重情形将全部通过例示规则来代替,这一点联邦司法部曾经考虑过。

(四)解释

对很多犯罪构成都可以做历史解释,但在这里将仅限于几个具体的历史角度。[98] 笔者选取了三个要点,通过它们在纳粹统治时期的作用阐明其共同之处。

1. 类推禁令

罪刑法定原则在19世纪的刑事立法中得到了贯彻,最后也被写进了帝国刑法典。虽然它在具体地方产生了一些困难[99],但是类推禁令在总体上得到了认可。众所周知,帝国法院在19世纪末拒绝将偷电的行为归入盗窃罪的犯罪构成。[100] 宾丁本人也反对在修订刑法典之前借扩大解释之名行类推适用法律之实。[101] 但1935年纳粹立法者显然改变了这种原则。我们可以看到纳粹刑法中有大量的规定——从习惯犯法到波兰人刑法法令(Polenstrafrechts VO)——由于不具有明确性而几乎不需要这种原则。这种立法看起来并没有引起什么轩然大波,很平常地就出台了。[102]

---

[96] 参见 Scheffler, Strafgesetzgebungstechnik in Deutschland und Europa. 2006, S. 36。

[97] 通过第六次刑法改革,例示技术被补充了参照(Verweisung)内容,导致出现了"明显不合理"的规定;Scheffler, a. a. O.; Schünemann, in: LK, 11. Aufl. § 266, Rn. 177。持批评意见的有 H. J. Hirsch (wie Anm. 24)。

[98] 纳入观察视野的不仅仅是那些当时就引人注目的有意思的理论和判决,还有往后几十年才慢慢被人注意到的那些。受到 Friedrich Christian Schröder 关于雷雨案(Gewitterfall)的那本薄书的启发,Nauck 以杀人罪为例,展示了19世纪以来,教义学上的问题是如何从分论转移到总论,由此带来的抽象性导致了可罚性的扩张。在这种情况下,"致命性"这个属于杀人罪的概念被遗忘了,总则中描述结果的"引发死亡后果"这个概念占据了支配地位;Naucke, Rezension Schroeder, Der Blitz als Mordinstrument, in: Journal der jur. Zeitgeschichte 5 (2011), 24 ff。

[99] 对此参见 Dannecker, Die Entwicklung des strafrechtlichen Rückwirkungsverbots und des Miderungsgebots in Deutschland, in: Jahrbuch der jur. Zeitgeschichte 3 (2001/2002), S. 125 ff.; Seebode, Streitfragen des strafrechtlichen Rückwirkungsverbots im Zeitenwandel. Das Rechtsgutachten für den Reichstagsbrandprozess, in: ebd., S. 203 ff。

[100] RGSt 29, 111; RGSt 32, 165.

[101] 同前注[44]。

[102] Vgl. Naucke, Die Aufhebung des strafrechtlichen Analogieverbots 1935, in: Ders., Zerbrechlichkeit (wie Anm. 77), S. 301 ff.

司法判决是怎么面对这种可罚性可能扩大的情况的,在我看来,这个问题还没有得到广泛探讨。个别研究表明司法判决对于这个新工具更多持一种谨慎的态度。其原因可能在于害怕真正突破几十年来沿袭的传统原则。当然我们也不必由此为司法判决编织一顶花环。我们来看看帝国法院一项在涵摄问题上声名狼藉的"功劳"吧。我指的是对所谓的《血统保护法》(Blutschutzgesetz)实施法令第11条的处理[103]——学者中也存在对此赞同的声音,比如理查德·朗格(Richard Lange)。[104] 根据法令,《血统保护法》第2条中德意志人与犹太人之间被禁止的"交往"仅指"性交"。但是帝国法院不再限于"性交",而是将所有与异性发生的与性相关的活动——只要根据其行为方式可确定行为人至少部分是为了满足性欲——涵摄到"交往"这个特征下。[105] 犯罪既遂由此甚至不再需要身体的接触。[106] 这种理解并不是通过法律的类推适用来支撑的,相反的是:帝国检察院提出的这个适用类推的建议被法院拒绝了,后者援引该法条的标题——保护德意志血统和德意志荣誉——表明该法条具有双重保护目的。对于"解释"的这种理解,我们当然可以放弃援引刑法典第2a条(后来的刑法典第2条)。

帝国法院明确不要类推而采取保守态度也表现在那些政治影响较小的领域。对于一系列的案件,帝国法院认为如果要施加刑罚只有通过类推才能实现,但之后的联邦法院通过解释就达到了同样的目的。[107] 甚至有一些很边缘性的案件,帝国法院认为即便通过类推也无法施加刑罚,但之后的联邦法院仍然肯定可以通过解释来实现。[108] 这说明——用谨慎的方式来说——在1945年以后,人们仍然习惯性地认为"解释"不受拘束。

如果帝国法院更多地援引当时允许的类推,也许情况会更好一些,因为在1945年以后重新引入类推禁令时,也许对区分解释和类推会采取更为严格的标准。在帝国法院关于"偷电"的判决和联邦法院在1957年将载重汽车(LKW)也归为驾辕车(bespanntes Fuhrwerk)的判决[109]之间,经历的并不是一个任意的60年,其间经历了纳粹统

---

[103] 深入探讨—包括当代史和法制史的背景—参见 Ogorek, „Rassenschande" und juristische Methode. Die argumentative Grammatik des Reichsgerichts bei der Anwendung des Blutschutzgesetzes von 1935, in: KritV 2003, 280 ff.

[104] 参见 Richard Lange, in: Kohlrausch / Lange, StGB mit Nebengesetzen und Erläuterungen. 36. Aufl. 1941. (wie Anm. 77), S. 301 ff.

[105] 1936年12月9日的判决;Leitsatz RGSt (Gr. Senat) 70, 375. 概要参见 Vormbaum, Die Rassengesetzgebung im nationalsozialistischen Deutschland, in: Garlati / Vettor (Hrsg.), Das Recht und die Rechtsschändung. 70 Jahre nach dem Erlass der italienischen Rassegesetze. 2010, S. 167 ff., 177; Ders., Einführung in die moderne Strafrechtsgeschichte. S. 198 f。

[106] So z. B. in RGSt 73, 94 ff., 96.

[107] 更多参见 Priester, Zum Analogieverbot im Strafrecht, in: Koch (Hrsg.), Juristische Methodenlehre und analytische Philosophie. 1976, S. 155 ff., hier S. 175 ff。

[108] Priester, a.a.O., S. 178 ff.

[109] BGHSt 10, 375.

治和类推效力的修订。[110]

2. 选择性认定（Wahlfeststellung）

同样，通过 1935 年的修订，选择性认定以"防止不当地宣告无罪"这个官方理由不受限制地被纳入了刑法。[111] 对刑法典的这个全新的第 2b 条，法学理论界和司法判决有的含蓄有的清楚无误地表示欢迎。但是帝国法院却坚持只能在同一犯罪之内适用选择性认定，到 1934 年也仅仅扩大到了在盗窃和窝赃的关系上允许适用选择性认定。这让帝国法院"自由主义的"、"理性的"和"形式主义的"判决受到批评。[112] 1935 年修订之后出现了那个有名的判决，允许在未遂的堕胎和诈骗之间适用选择性认定。[113] 1945 年之后，司法判决再也没有回到 1935 年前帝国法院的立场，而是从科尔劳斯（Kohlrausch）那里接受了著名的"法律伦理上和心理上的可比性"公式，由此 1935 年的做法可以放心地被放弃了。[114]

3. 事实的观察方式

第三个要点涉及附属性原则。当刑法外的法律规范作出一个无价值判断后再适用刑法时，附属性原则就对刑法适用起到限缩的作用。在近代法制史中，该原则的效力在大多数情况下是一个棘手的问题，直到今天都还有争议。如果立法者设定某个罪名时没有充分遵循附属性原则，那么刑事法官在碰到这个罪名时，当然不能谴责这个罪名。但可以要求他在刑事立法者已经建立了附属性规则的地方，不能基于推测的理由或者犯罪政策上的真实理由而忽视刑法二次性特性。然而，这种忽视通常在所谓的事实的观察方式下发生。这个立场在 1938 年被汉斯-于尔根·布鲁恩斯（Hans-Jürgen Bruns）以纲领性的方式写进了他的著作《从民法思维中解放刑法》（Die Befreiung des Strafrecht vom zivilistischen Denken）。[115] 这本书远远超越了与它同时代的内容空洞的

---

[110] 1945 年前后，在这一点上人们也提出法院审判人员连贯性的问题；对此参见 Rottleuthner, Karrieren und Kontinuitäten deutscher Justizjuristen vor und nach 1945, 2010。在讨论中库伦（Kuhlen）批评文中的陈述具有片面性并且指出，法官在日常审判实践中往往会不考虑需罚性而是服从于法定化原则（Gesetzlichkeitsgrundsatz）。我并不否认这一点，虽然我并不能判断法官在多大程度上会这样做。我的问题是，"痛觉阈限"在哪里？我的感觉是，它总是向外扩大——当然这并不意味着它违反了类推禁令，它与解释之间的界限的确不太清晰。看来应当在此处提示，面对所有关于个案判决的正确批评以及它们弥补可罚性漏洞的灾难性冲动，我们不能忘记，目前刑事立法的状态事实上开启了一种完全不一样的可能性，即扩张解释。如果我们总体上证明了司法判决在运用它的工具时是谨慎的，批评就会转向另外一个地方，即立法者那里。民主法治国中的刑法，其根基不再是对权力的信任，而是对它的不信任，也包括对法官的不信任。

[111] 后面的内容借鉴了弗里斯特的阐述：Frister, NK StGB. 3. Aufl., Nach § 2。

[112] Frister, a.a.O., Rn. 3 m. Nachw.

[113] RGSt 69, 369; 71, 44; 此外参见 Frister, a.a.O., Rn. 5.

[114] 通过管制理事会法（Kontrollratsgesetz）第一号废除的。1946 年 1 月 30 日（Amtsblatt des Kontrollrats Nr. 3, S. 55），Artikel 1。

[115] Bruns, Die Befreiung des Strafrechts vom zivilistischen Denken. 1938.

著作,被作为理论工具服务于纳粹政治。布鲁恩斯要求解释要对标健康的民众情感和具体秩序中的思维;他批评"实证的概念枷锁、法治国下自由主义的宠儿"。今天事实的观察方式首先借助"经济上的观察方式"的外表得以实现——比如将有限责任公司事实上的业务执行人纳入刑法典第14条第1款[116],以及有损有限两合公司(GmbH & Co KG)的背信罪。[117]

上面谈到的三个方面的问题以不同的方式——既在司法判决中也在学术文献中——表明了其趋向填补漏洞的特征。这种倾向在纳粹统治时期得以展开或强化,在1945年以后仍然存在。在这个问题上,福格尔(Vogel)的论证是站得住脚的。他认为那个时期的刑事立法和刑法学与之前或之后相比并没有太大的不同,它们更多的是一种激进的发展,这种发展贯穿了整个20世纪。[118]

4. 宪法判决

人们本可以希望联邦共和国建立以后宪法法院会成为片段性刑法的护卫者。但这个希望总的来说是落空了。

a. 法院在财产税问题上甚至细致到半分原则(Halbteilungsgrundsatz)都紧盯着立法者。[119]它在判决中一直承认立法者在颁布刑法规范时拥有权衡的空间。它反对从宪法中推导出实质的犯罪概念——具体而言:反对推导出对法益的保护[120],并由此推导出外部片段性的成立。

b. 对内部片段性来说情况也好不到哪儿去。法院以最小的硬币为对价出卖了明确性原则,它特别肯定这种做法:对于不符合明确性要求的刑法规范通过长期稳定的判决来整改——经典的例子是寻衅滋事罪(grober Unfug)(刑法典旧版第360条第11项)。[121]

c. 值得注意的是,当非犯罪化涉及违宪时,联邦宪法法院对刑法规范无效的恐惧(horror nullitatis)就被突破了。对法院来说,基本权利也是客观价值秩序的一种表达。凭着这种理念,法院宣称颁布或维护刑法规范是宪法义务——比如它对第一个堕胎案

---

[116] 对此参见 Büning, Die strafrechtliche Verantwortung faktischer Geschäftsführer einer GmbH. 2004, m. w. Nachw。

[117] 参见 Lüderssen, Fschr. Eser (wie Anm. 36), S. 175. Zur Kritik am wirtschaftlichen Vermögensbegriff der Rechtsprechung s. H. J. Hirsch, Fschr. Tröndle (wie Anm. 24), S. 32 ff。

[118] Vgl. Vogel, Einflüsse des Nationalsozialismus auf das Strafrecht, ZStW 2003, 638 ff.; erweiterte Buchfassung unter demselben Titel: Berlin 2004, S. 43 ff。

[119] BVfGE 93, 121, 136 ff。

[120] 首先体现在关于刑事处罚兄妹乱伦的合宪性判决上(BVfGE 120, 224)。

[121] BVfGE 26, 41;法院在这里认为应当发挥有利于公民作用的基本原则发生了不利公民的作用是无关紧要的;参见刑事程序中的瑕疵消除(Rügeverkümerung)宪法判决 BvfGE 122, 248; Bertheau, NJW 2010, 973 ff。

的判决。[122]

(五) 小结

第二部分的小结是：不管是理论上、刑事立法上还是刑法解释上，刑法——至少从 19 世纪末期开始，都呈现出不断扩张且不断加速扩张以及去形式化的趋势，同时它的片段性特征以同样幅度在缩减。弗朗西斯科·帕拉索所说的自由大海中的刑法小岛，它们事实上已经变成了群岛，有些已经不再只有萨摩亚群岛、夏威夷群岛的大小，而达到了马达加斯加岛、婆罗洲或者古巴的大小。

刑法扩张的原因——不光就德国刑法而言——是众所周知的。我仅提最重要的几条，当然它们是相互关联的：

1. 技术的发展——从个人交通的机械化到核技术的产生。现代社会发生技术或者人的错误时将造成巨大的危险。

2. 现代机制国、干涉国和保护国（Anstalts-, Interventions-und Schutzstaat）[123]理念的实践发展，其将刑法用作它们的调控工具。

3. 支撑从家庭到亚文化的——首先是社会和宗教的——环境的固定社会结构和社会条件在解体，由此带来社会首要控制机制的深刻弱化。新的道德提倡者（Moralunternehmer）包括政党会提出入罪化的要求来填补这个真空。每个人都想分得一份长久以来不再稀缺的刑法资源：保守主义者想得到国家安全刑法；社会民主党人和社会主义者想得到经济刑法；绿党人士想得到环境刑法；女权运动者想得到性刑法；自由主义者想得到打击滥用社会福利的刑法。

4. 这些因素又会因为对犯罪的渲染效应得到强化。犯罪效应渲染得不到任何犯罪统计数据的印证，却会被媒体进一步放大，然后常常会使政治人物感到有采取行动的必要。[124]

---

[122] 讨论中我补充提及了宪法法院关于航空安全法的判决（BVfGE 115, 118），它应当因宣布一项正当化事由违宪而受到欢迎。Zopfs 同仁在发言中认为那项正当化事由虽被废除，但它能够阻却国家针对具体人员实施的（事实上致命的）行为的违法性，毕竟存在特殊性。这事实上涉及问题的另一个方面，这里应当提示一下，刑罚威吓的对象恰好也是刑法片段性所针对的对象。但我们应当区分：拒绝给予国家击落一群人的权利在性质上与那让人生疑的去片段性是不一样的，比如近些年在腐败犯罪领域实施的去片段性——包括欧洲范围，去片段性中的大量案件涉及低位阶决策者和中位阶决策者的错误。

[123] 参见 Vormbaum, ZStW 1995, 740 ff., sowie Müller, Verbrechensbekämpfung（wie Anm. 78）；ferner Herzog, Nullum Crimen Sine Periculo Sociali oder Strafrecht als Fortsetzung der Sozialpolitik mit anderen Mitteln, in: Lüderssen / Nestler-Tremel / Weigend（wie Anm. 13）, S. 105 ff。

[124] Herzog（wie Anm. 122）, S. 114.

三、展望

最后我就立法和法律适用谈几点片段性思考。

(一) 立法

当我们谈刑事立法时,不要忘了,即便在民主的立法程序中也有很多矢量最终会导致一系列不同的后果,政治上的妥协乃至多数人决定在此都会以合法的方式发挥重要作用。这是问题的一方面。另一方面是刑法对公民权利干涉具有特别的强度,这引发人们思考应在这个问题上对政治随意性作出限制。艺术或宗教完全不受议会多数决定,人们希望刑罚领域不要与此类似,完全脱离议会多数决定,原因在于该领域本质结构的实质标准自身在科学上都还是有争议的。[125] 于是我们可以考虑形式上的设计。阿梅龙曾借鉴俄国刑法学家亚林斯基(Jalinski)的理论提出过一个建议[126];制定刑法规范应当要求达到像修改宪法那样的议会多数。在意大利,有诸如吉乌塞皮·洛萨皮奥(Giuseppe Losappio)这样的学者持赞成意见。[127] 事实上这确实是有问题的,如果差不多代表 50.1%选民的议员可以有法律效力地宣布某项行为在社会伦理上是应受谴责的,而另外 49.9%的选民却认为它不是应受谴责的——这会影响到相关公民的自由和名誉。

这样的一种规则会引来大量理论上和实践上的追问,这是显而易见的。根据基本法第 79 条第 3 款的规定,对此必须进行基本法的修订。刑法典因此应当正式成为基本法的附件。第一个追问也许是,是否相反的行动,即刑法条文的删除或者轻缓化修改也应当需要修改宪法那样的多数票。此外我们还应当阻止,那些不适用这个规则的法律领域不要成为低级领域,特别在程序保障方面。所有这些都属于另外一个研究范围。对我而言,只是将这个建议从脚注提到正文中来阐述一下。

---

[125] 对民主与对刑法学贵族式的自我认知之间的关系进行追问的参见 Massimo Donini, Demokratische und wissenschaftliche Methode einer Verbindung von Strafrecht und Politik, in: Jahrbuch der juristischen Zeitgeschichte 3 (2001/2002), S. 408 ff., dann auch in: Neumann / Prittwitz (Hrsg.), Kritik und Rechtfertigung des Strafrechts. Frankfurt a. M. 2005, S. 13 ff.

[126] 参见 Amelung, Rechtsgut (wie Anm. 33), S. 164。

[127] Giuseppe Losappio, Feindstrafrecht, Freundstrafrecht, Feinde des Strafrechts, in: Vormbaum / Asholt (wie Anm. 28), S. 127 ff., 139; Kindhäuser 在 2009 年汉堡刑法学者大会的专家论坛上也提过这样的建议。Zaczyk 在其报告中对此进行了深入探讨(s. in diesem Heft S. 691 ff.) - Karl Lackner, NJW 1976, 1233 ff., 1234 f. 他认为以占绝大多数比例通过刑法是符合传统的。1976 年以后这个原则是否还通用,应当进行考察。可以肯定的是,这个建议的实际影响会很小——特别是在这样一个时期,即没有哪个党派会允许别人怀疑她在与犯罪做斗争中落在别的党派之后的这样一个时期。当然也可能存在不一样的情况,当小党意识到它的同意是必不可少的时候,它就可能秉持另外一种立场。

(二)刑罚限制学

最后我想再次探讨一个建议——一个不太精确的建议[128],我同意沃尔夫冈·劳克(Wolfgang Naucke)的观点[129],将其称为刑罚限制学。该建议区分刑罚与刑法,赋予后者限制社会与政治现有追求的任务,同时将刑罚(与处遇措施)作为理所当然和看起来更经济的控制手段来使用。当劳克为这个建议创建了自然法上的基础或者在康德的自由概念那里去求根(radizieren)时,我更愿意把这个建议视为验证模式意义上的一个操作指南。关于它的具体化和结构化,我建议参见拉德布鲁赫的三要素理论,即正义-法律安全-符合目的性。犯罪构成及其解释不应当产生非正义、不符合目的的以及不满足法律安全要求的结果。监督应当在"有利于大多数"的意义上来进行;如果上面三个要素之一没有得到满足,那么立法上和法律解释上的入罪化就应当停止。在这三个要素中,就操作意义而言,正义和符合目的性自身既含有扩张性也含有限制性的潜能,而法律安全性通常只发挥限制性作用。在现在这个历史时刻,出现在我面前的是目的性思想,即将刑法政治化,它构成了对限缩性和片段性刑法最大的危险。但历史上也有过这样的时期,比如18世纪末期或20世纪六七十年代,在这个时期符合目的性的讨论主要在片段性刑法这个意义上产生影响。

从操作意义上理解刑罚限制学这个理念意味着对其进行辩证的——更好的表达是:对话式的——理解,亦即与追求刑罚处罚的愿望去对话,根据存疑有利于自由(in dubio pro libertate)原则,举证责任由对方承担。[130] 这个理念的消失点(Fluchtpunkt)——即便仅仅在消失点——是去犯罪化,它同时也是片段性刑法的极限点(Grenzpunkt)。

对这个建议的落实,由于时间关系,我只提示大家可以参见我在较早一次刑法学者会议上发表的观点。[131] 对于解释问题,我谈几个关键词或者提几点思考意见:

1. 对于"实质的犯罪概念",在片段性刑法的意义上谈,目前没有比法益理论更好的理论。[132] 寄希望于宪法本来是有很好的实质上的理由的,但是鉴于联邦宪法法院

---

[128] 参见 Vormbaum, ZStW 1995, 746 ff。
[129] 参见 Naucke, KritV 1993, S. 137; Ders., GA 1998 263 ff., 271; Ders., Autobiographie, in: Eric Hilgendorf (Hrsg.), Die deutsche Strafrechtswissenschaft in Selbstdarstellungen. 2010, S. 417 ff., 442 f。
[130] Nacke 1988 年在一篇文章中也进行了辩证法上的考虑(Naucke, Die Modernisierung des Strafrechts durch Beccaria, in: Ders., Über die Zerbrechlichkeit des rechtsstaatlichen Strafrechts. 2000, S. 13 ff., 27),但是就我看来,他后来没有再回到这一点。
[131] Vgl. Vormbaum, ZStW 1995, 734 ff., 744 ff.
[132] 在讨论中克莱尔(Köhler)建议不要把法益与实质的犯罪概念等同,而是要对其进行进一步的限制(参见正文第一部分中的"规范片段性")。如果由此带来对概念重心的新界定,这没有问题。另外一个问题是,法益概念能否满足对实质的犯罪概念所提出的内容合法的要求,基于康德法权理论的权利侵害概念是能够满足这样的要求的;这个问题还有待讨论。

的立场,目前很遗憾,要么我们选择顺从,要么"我们仍然持剑直面世界这一刻"[133]去反抗现状。重要的是,为了研究吕德尔森(Lüderssen)的话[134],人们非对称地援引了法益观点,亦即目的不在于扩大解释。

2. 与刑法对于一次法而言的附属性或者二次性特性相关联的地方,上面的论述仍然有效。

3. 在寻找体系内在的法益时,解释的目的在于发现一个保护方向,也就是说不允许使保护方向倍增,就像在第 164 条那里所发生的那样。[135]

4. 在存在多个解释可能时,应考虑适用"遇有疑义从轻解释"原则。

5. 应避免以所谓的可罚性漏洞来进行论证,因为同样存在无罪漏洞。[136]

6. 在系统分析犯罪构成时,谨慎的态度是适宜的,因为人们很容易去尝试宾丁所说的"修圆"。[137]

7. 以法律系统学(Gesetzessystematik)进行论证时也应如此,但不是在总则部分[因为在那里它作为法系统学(Rechtssystematik)是自由保障的一个因素[138]],而是在分则部分,尤其在以"法益保护体系"进行构造的地方。这样一个体系倾向于去填补可能的漏洞。[139]

---

[133] 德国诗人 Gottfried Benn 在《Dennoch die Schwerter halten》诗中的一句。——译者注
[134] Lüderssen, Fschr. Eser (wie Anm. 36), S. 170.
[135] 参见 Vormbaum, ZStW 1995, 754; speziell zu § 164 Langer, Die falsche Verdächtigung. 1973, S. 44 ff. (支持单一的保护司法); H. J. Hirsch, Zur Rechtsnatur der falschen Verdächtigung, in: Gde. schr. Schröder (1978), S. 307 ff., und Vormbaum, Der strafrechtliche Schutz des Strafurteils, S. 455 ff. (支持单一的个人保护)。
[136] 在讨论中库伦提出异议,认为片段性刑法以可罚性漏洞存在为前提。应当说,他的观点使我大为惊愕。但对文章中所主张的常规—例外关系进行翻转的异议(也许并非认真)是存在的:如果可罚性是例外,那么无罪是常规,因此不可能存在可罚性漏洞,只可能存在无罪漏洞。对此参见我的短评《可罚性漏洞》,in: JZ 1999, 613. 不考虑这个结构性问题,文章中所表达的批评实际并不是针对"可罚性漏洞"本身的(如果人们承认有这样的漏洞的话),而是针对那种填补漏洞的倾向。
[137] 这样做的原因是判决会陷入一种危险,即会违反基本法第 20 条第 3 款关于遵守法律(Gesetz)和法(Recht)的规定,并过于宽泛去理解它的任务: H. J. Hirsch, Fschr. Tröndle (wie Anm. 24), S. 19 ff., 38;科瑞(Krey)1989 年在特里尔召开的刑法学者大会上引用了君特·奥茨特(Gunter Arzt)的话谈到"科学的系统思维"并不会去适应法律: Volker Krey, ZStW 101 (1989), 838 ff., 872; (他提示了君特·奥茨特的一则引用是不能被找到的)。可纳入思考的是对第 240 条上有关暴力和威胁的选择性规定进行体系化梳理,以这种方式建构起胁迫行为方式的"体系",即"暴力"是施加可感知的"恶害"(联邦宪法法院作出"困境"判决[BvfGE 73, 206, 242 f.] 的审判庭一半法官认为此做法不侵害基本权利);对其的批评参见 H. J. Hirsch, Fschr. Tröndle (wie Anm. 24), S. 21。此处——在分则中——其规则应当是"法律走在体系前面"。
[138] 对此参见 Rainer Zaczyk, ZStW 2011, 691 ff。
[139] 此处仍然可以对宾丁的观点提出批评意见。立法者从日常生活中挑选出眼前的行为,然后他轻松地对其进行处理,人们当然可以批评这种工作方式缺乏理性。但是宾丁批评立法者的做法缺乏系统性,这是有问题的。无论如何,刑法典的立法者应当受到表扬,因为他们——与 1909 年草案的起草者不同——并没有对分则部分进行系统化的分类,而是构建了一个较为松散的,但也不是随意排列的罪名群。

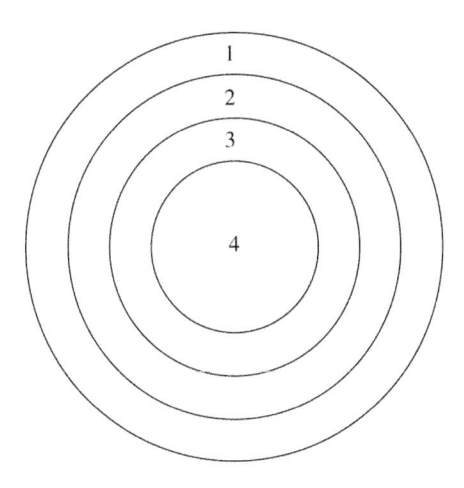

最后我想对第一部分的结论进行一点相对化的修正。我曾经说过,无论如何,都不存在一个实质上的片段性刑法教义学。但从前面所提出的观点看,就我的理解而言,仍然是存在类似片段性刑法教义学的,虽然它不是实质上而是操作层面上的。

1. 总括意义上的片段性(刑)法或者片段性法学(包括省略三段论以及外部和内部片段性)
2. 广义意义上的片段性刑法(包括事实上和程序上的选择机制以及非刑罚化)
3. 狭义意义上的片段性刑法＝非犯罪化意义上的外部和内部片段性
4. 最狭义意义上的片段性刑法＝仅内部片段性(罪刑法定原则的问题)

功能视域下刑法最后手段性原则的教义学重述*

敬力嘉**

> **要 目**
>
> 一、问题的提出:功能视域下刑法的最后手段性
> 二、刑法最后手段性原则的内涵与理论定位
> (一)刑法最后手段性原则的内涵
> (二)刑法最后手段性原则的理论定位
> 三、质疑刑法最后手段性原则的理论基础与法治风险
> (一)理论基础:风险刑法与预防刑法
> (二)法治风险:引入"风险"概念与解构刑法功能教义学边界
> 四、化解风险的前提:明确刑法的价值根基
> (一)安全与自由的对立是伪命题
> (二)作为价值根基的消极自由
> 五、消除刑法最后手段性原则功能障碍的教义学进路
> (一)确立比例原则作为刑事政策的指导原则
> (二)确定法益保护原则的限缩标准
> (三)明确责任原则的消极防御面向

摘 要 在功能视域下,刑法积极参与社会治理具备必要性与合理性,关键在于应明确社会治理机制中刑法的功能边界。刑法的最后手段性原则是界定刑法功能边界的基本原则,与罪刑法定原则是一体两面的关系,核心内涵在于刑法适用,亦即行为的刑事可罚性应当具备明确而确定的判断标准,在教义学层面即已发生的具体行为的

---

* 本文系教育部哲学社会科学研究重大课题攻关项目"提高反恐怖主义情报信息工作能力对策研究"(项目编号:17JZD034)、2018 年中国博士后科学基金第 64 批面上资助项目(资助编号:2018M642886)以及 2019 年中国法学会部级研究课题青年调研项目"'深度伪造'问题的刑事规制与限度研究"[资助编号:CLS(2019)Y04]的阶段性研究成果。

** 武汉大学法学院副教授。

不法与责任,由比例原则、法益保护原则与责任原则共同贯彻。在风险刑法与预防刑法理论语境下,以犯罪风险预防为正当性依据,相应教义学原则受到功能化解构,刑法的最后手段性原则也受到质疑。在将刑法视为社会治理机制重要组成部分的前提下,仍应坚持刑法的最后手段性原则。通过确立消极自由作为价值根基,将比例原则作为刑事政策的指导原则,明确法益保护原则的三重内在限缩标准,包括以保护宪法基本权利为法益内涵确定的价值标准、刑法以处罚法益侵害抽象危险为限、允许对抽象危险的反证,以及维持责任原则的消极防御面向,可以重新厘定刑法功能的教义学边界。

关键词 功能视域 最后手段性原则 刑法功能边界

一、问题的提出:功能视域下刑法的最后手段性

近年来,随着我国刑事立法的活性化与刑事处罚的日趋前置化,"功能主义"的刑法观[1]在刑法学研究领域获得了越来越多的关注。刑法的功能,应指刑法以其结构和运作所能产生的功效。而基于"刑法,是对于所实施的犯罪行为或社会危害行为,赋予其法律效果之刑罚或保安处分的法律规范体系"[2]的认识,可认为刑法的功能应当是指其社会功能。所谓功能主义的刑法观,实质是指并非纯粹基于理性思辨,而是从社会现实问题出发,追求实现刑法的社会功能、实现对社会问题积极回应的刑法观。

传统通说观点在本来意义上将刑法的功能界定为保护法益和保障人权。而在安全优先的价值导向下,面对新型、复杂的犯罪,例如信息网络犯罪、恐怖主义犯罪等,犯罪预防被从刑罚的附随效果提升为为了国家刑事政策主动追求的目标,也就是刑法功能。[3]但实质问题并不在于本体论意义上刑法功能的争议,而在于刑法的功能属性。"社会是一个由不同部分组合运作中产生稳定与团结的复杂系统"[4],所谓刑法功能属性,应当是指刑法在社会治理机制中的角色定位,也就是刑法应当是社会治理的最后手段,还是优先选择。

首先需要明确的是,有关这一问题,本文在司法论而非立法论的层面探讨。在传统概念中,为了避免刑罚恣意发动而对公民的自由、财产和生命进行不正当的限制与剥夺,刑法被认为是社会治理的最后手段,应当具备最后手段性。在司法论层面,界定刑法功能边界的是行为的刑事可罚性,刑法的最后手段性体现为行为刑事可罚性评价标准应当明确和确定的要求。但在当今时代,"犯罪已是如同空气污染和交通堵塞

---

[1] 参见劳东燕:《风险社会与功能主义的刑法立法观》,载《法学评论》2017年第6期,第19—21页。
[2] 梁根林:《刑事法网:扩张与限缩》,法律出版社2005年版,第1页。
[3] 同前注[1]。
[4] [英]安东尼·吉登斯:《社会学(英文影印版)(第6版)》,北京大学出版社2010年版,第23页。

一样普遍的日常风险"[5],学界多有观点赞同将刑事政策引入犯罪论体系,在应对新型、复杂犯罪时,推动以风险取代危害结果作为刑罚发动的基点,由此造成行为刑事可罚性评价标准的不明确和不确定,这也被视为现代刑法的基本特征。那么在刑法适用者认为应当将刑法作为社会治理的优先选择时,刑法可以被优先适用,刑事可罚性多被试图以"数额+情节"加以明确和确定,刑法的最后手段性原则在事实上被消解。随之产生的疑问是:刑法的功能边界可以完全由刑法适用者决定吗?更确切地说,行为的刑事可罚性可以完全由刑法适用者决定吗?本文拟在教义学的基本语境下重新审视刑法的最后手段性,以此探索对以上问题的解答。

二、刑法最后手段性原则的内涵与理论定位

(一)刑法最后手段性原则的内涵

首先需要厘清的是刑法最后手段性的内涵。基于对刑罚权这一最具强制力的国家权力的警惕,在近代以来产生了有关刑法功能应当谦抑的理念。我国刑法理论中使用的"谦抑性"概念直接来源于日本学者的论述。"二战"之前,宫本英修首先提出了刑法应当自我谦抑的基本理念,平野龙一将刑法谦抑性的概念总结为补充性、不完整性和宽容性,后两者与前者实质是一体两面的关系,这一概念被广泛接受。[6] 谦抑性被视为刑法的基本理念,其核心要求在于控制刑法的处罚范围。我国学界则普遍基于刑法二次规范的属性,认为刑法的谦抑性是指"只有在仅凭第一保护性规则之力难以有效保障被严重侵犯的调整性法律关系恢复正常的情况下,才有济之以刑事责任的追究与刑事制裁的启动,以补充第一保护性规则责任追究与制裁力量之不足的必要"[7],同时,对于已经认定的犯罪行为,若以较轻刑事责任足以评价,便不应赋予较重刑事责任,也就是要求控制刑法的处罚范围与刑罚的严厉程度[8],这事实上是对于刑法功能自我约束的要求。

日本刑法中的谦抑性是从德国法学理论中继受而来,直接翻译自德国法学理论中的辅助原则(Subsidiaritätsprinzip)。[9] 德国刑法学界一般认为,辅助原则是宪法中比

---

[5]〔英〕戈登·休斯:《解读犯罪预防——社会控制、风险与后现代》,刘晓梅、刘志松译,中国人民公安大学出版社2009年版,第216页。

[6] 参见〔日〕陶山二郎:《謙抑主義に関する一考察》,载森尾亮、森川恭刚、冈田行雄主编:《人間回復の刑事法学》,日本评论出版社2010年版,第67页。转引自简爱:《一个标签理论的现实化进路:刑法谦抑性的司法适用》,载《法制与社会发展》2017年第3期,第24页。

[7] 田宏杰:《行政犯的法律属性及其责任——兼及定罪机制的重构》,载《法学家》2013年第3期,第53页。

[8] 参见张明楷:《论刑法的谦抑性》,载《法商研究(中南政法学院学报)》1995年第4期,第55—62页。

[9] 参见王世洲:《刑法的辅助原则与谦抑原则的概念》,载《河北法学》2008年第10期,第6页。

例原则派生的指导性立法原则,基本内涵限于将刑法的任务界定为辅助性的法益保护。也就是说,如果国家有使公民负担更小的手段实现法益保护的,就没有必要动用刑法[10],这与日本及我国语境下的谦抑性内涵具有显著区别。对于刑法功能限度的探讨,德国刑法学界是在刑法的最后手段性原则(Ultima Ratio Prinzip)下展开的,相较于辅助原则,最后手段性原则是对宪法中的比例原则在刑法理论中的适用更客观、完整的阐释,其有双重基本内涵:第一,必须要在所有可用的社会控制措施中考察比较刑法与其他可能的替代措施;第二,由于在刑法适用过程中作为手段的刑罚是最为严厉的强制措施,它可能的错误适用会给公民个体和社会带来严重的负面后果,因此,刑法不能被作为纯粹的社会控制工具,对刑法的适用必须有法治控制机制的保障。[11]

最后手段性不是指穷尽前刑法规范的制裁手段而无力之后,才能适用刑法予以规制。这样的逻辑经不起检验,比如对于杀人行为来说,刑法当然是第一保护性规则。刑法的最后手段性应当是指,在有效性层面,应当与其他制裁措施衡量后才能确定是否适用刑法;在正当性层面,刑法的适用应当有明确的限定标准,不能成为社会治理纯粹的政策性工具。而只有明确了刑法适用的限定标准,才能够明确刑法处罚的范围,进而与其他制裁措施的处罚范围进行衡量,以确定其功能边界,从而针对具体犯罪行为确定应当适用的制裁措施。因此,刑法最后手段性的核心意涵应当是明确刑法适用的限定标准,以厘清刑法的功能边界。所谓"最后",是指基于刑罚的严厉性,与其他社会治理手段相比,刑法适用应最为谨慎,限定标准应最为明确与确定。在司法论层面,这事实上是指行为刑事可罚性的判断标准应最为明确和确定。

(二)刑法最后手段性原则的理论定位

当前,以安全作为优先价值基点,提倡为了充分发挥刑法的预防机能,应当否定刑法的最后手段性,以轻刑化、加强程序法保护等措施为努力方向,从"限制处罚走向妥当处罚"的观点,在我国学界变得愈加有力。[12] 而正如笔者在上文所厘清的,这类对刑法最后手段性的批判,是针对最后手段性的偏颇理解所展开,偏离了真正的问题所在:在功能扩张之后,刑法适用明确而确定的限定标准何在?提倡"妥当处罚"依然需要回答,评价是否"妥当"的标准是什么。换言之,"妥当处罚"依然内蕴"限制处罚"的要求。那么问题的实质不是是否应当突破刑法既有的功能边界,而是突破既有边界之后刑法的功能边界在哪里。解答这一问题是刑法学的基本任务,轻刑化以及加强程序法保障等措施不是这一根本问题的最终答案。

本文认为,相较于"谦抑性"对刑法功能消极内敛的单向要求,最后手段性跳出了

---

[10] Vgl. Claus Roxin, Strafrecht Allgemeiner Teil, Band I, 4. Aufl., §2, Rn. 98.
[11] Vgl. Klaus Lüderssen, Cornelius Nestler-Tremel, Ewa Weigend (Hrsg.), Modernes Strafrecht und ultima-ratio-Prinzip, 1990, S. 11.
[12] 代表性观点参见周光权:《积极刑法立法观在中国的确立》,载《法学研究》2016年第4期,第23页。

"谦抑性"语境下有关刑法应当积极还是消极的聚讼不休,并未否定刑法积极参与社会治理的必要性,而是在此基础上,清晰界定了社会治理体系中刑法的功能属性,明确了刑法应当具备明确而确定的功能边界,应当是确定刑法功能的基本原则。我国有学者认为,刑法谦抑性由于缺乏明确的内容与实质内涵,因此不能成为刑法的基本原则,应当定位为刑法的基本理念[13],这是由谦抑性概念缺乏功能面向这一内在缺陷决定的。在最后手段性原则的语境下,以行为刑事可罚性的判断标准为导向,将其内涵实质化的尝试一直都在进行。

德国学界有关最后手段性原则实质内涵的探讨,能够为我们提供有益的借鉴,其基本观点分为三类。第一类观点认为,刑法的最后手段性原则只能成为"指引法律政策的明智准则"[14],而不是刑事立法或司法应当遵守的原则或规则[15]。这也是我国学者在提倡积极适用刑法规制新型复杂犯罪时所依据的理论基础,但这一观点并未给行为刑事可罚性评价标准的抽象化提供限度,并不可取。第二类观点认为,刑法的最后手段性原则应当是判断行为刑事可罚性不可逾越的绝对界限。具体又有两种观点,第一种是 Herbert Landau 的观点,他认为体现刑法最后手段性的载体是责任原则,无责任则无刑罚,继而应当适用其他法律规范予以规制。[16] 第二种是 Wolfgang Frisch 的观点,他认为依据责任原则与比例原则的要求,只有在社会伦理的意义上可责(sozialethisch verwerflich)、社会无法忍受的行为,才能够被作为犯罪行为予以规制。[17] 这一观点实质是社会相当性理论内容的表述,属于阻却行为违法性的一般原则。第三类观点认为,刑法的最后手段性原则应当成为刑事立法与司法层面犯罪化的相对界限。具体也有两种观点,第一种是广为刑法学界接受的观点,那就是核心刑法(Kernstrafrecht)的范围应当限定于保护个人法益,例如公民个人的生命、身体健康、财产等[18],这一观点随着法益概念的抽象化与去实质化逐渐受到冲击。第二种观点逐渐有力,那就是刑法的最后手段性原则是宪法中的比例原则在刑法领域的具体体现。[19] 在以积极一般预防为刑罚发动正当根据的语境下,有学者就提出以比例原则取代责任

---

[13] 参见简爱:《一个标签理论的现实化进路:刑法谦抑性的司法适用》,载《法制与社会发展》2017 年第 3 期,第 26 页。

[14] Vgl. Klaus Ferdinand Gärditz, Demokratizität des Strafrechts und Ultima Ratio Grundsatz, JZ 2016, S. 641 ff.

[15] Vgl. Matthias Jahnund/Dominik Brodowski, Das Ultima Ratio-Prinzip als strafverfassungsrechtliche Vorgabe zur Frage der Entbehrlichkeit von Straftatbeständen, ZStW 129 (2017), S. 368.

[16] Vgl. Herbet Landau, Die jüngere Rechtsprechung des Bundesverfassungsgerichts zu Strafrecht und Strafverfahrensrecht, NStZ 2015, S. 665 ff.

[17] Vgl. Wolfang Frisch, Voraussetzungen und Grenzen staatlichen Strafens, NStZ 2016, S. 16 ff.

[18] Vgl. Jahn/Ziemann, Die Fraukfurter Schule des Strafrechts: Versuch einer Zwischenbilanz, JZ 2014, S. 943 ff.

[19] Vgl. Sven Großmann, Liberales Strafrecht in der komplexen Gesellschaft, 2017, S. 59 ff.

原则。[20]

从以上德国学者的探讨中可以归纳出两个基本的争议核心：第一，最后手段性原则应当是行为刑事可罚性的绝对还是相对界限；第二，它的具体内涵是什么。既然对于最后手段性原则应当是行为刑事可罚性的界限没有争议，那么最后手段性原则与罪刑法定原则应当是一体两面的关系，后者是形式要求，前者是实质要求。从这个意义上来讲，以上德国学者的观点都趋于片面。法益保护原则与责任原则，以及整体法秩序层面的比例原则，共同构成判断行为刑事违法性的实质标准，在教义学体系下共同构成了刑法功能边界的实质内涵。换言之，刑法的最后手段性原则是界定刑法功能的基本原则，这一结论应当能够证成。这样一来，在作为理念的刑法最后手段性同具体的刑法教义学原则之间，最后手段性原则承担起了中观层面指导原则的功能，成为限定刑法功能边界的规范保障。对刑法最后手段性原则的质疑，其依据主要在于在犯罪预防的刑事政策导向下，最后手段性原则产生的功能性障碍，从而为解构法益保护原则、责任原则与比例原则奠定了正当性与可行性基础。有关于此，将在下文进行进一步展开。

三、质疑刑法最后手段性原则的理论基础与法治风险

（一）理论基础：风险刑法与预防刑法

1. 风险社会与风险刑法的基本内涵

"风险社会"的概念由德国著名社会学家乌尔里希·贝克在其1986年出版的《风险社会》一书中提出，总体来讲，风险社会即"世界风险社会"。[21] 风险社会的基本特征是，在全球化背景之下，核灾、化学灾难、生态污染等后工业时代的风险，在危害的时间、地点和对象等方面都难以控制，风险具备普遍性、平等性、不可感知性、不可预知性以及人为建构性。[22] 基于后工业时代全球性技术风险的这些特性，人类在无法对风险进行全面准确认知的前提下，试图应对时所采取的控制措施会催生更多的风险。英国著名社会学家吉登斯则从"社会反思"的视角进一步指出，在风险社会的形态下应对风险并非既有知识越多，控制越强，人类基于既有知识对风险的干预与控制，会制造更

---

[20] Vgl. Günter Ellscheid/Winfried Hassemer, Strafe ohne Vorwurf. Bemerkungen zum Grund strafrechtlicher Haftung, in: Civitas. Jahrbuch für Sozialwissenschaften, Bd. 9, 1970, S. 44 ff.
[21] 参见[德]乌尔里希·贝克：《世界风险社会》，吴英姿、孙淑敏译，南京大学出版社2004年版，第24页。
[22] 参见孙万怀：《风险刑法的现实风险与控制》，载《法律科学（西北政法大学学报）》2013年第6期，第131—132页。

多危及社会系统存续的不确定风险。[23] 早在1993年,德国刑法学界已由Prittwitz开启了对"风险刑法"的规范探讨,着眼于厘清刑法能否运用它自由法治国属性的工具,应对现代社会人类所面临的生存风险。所得出的基本具有共识的结论是,刑法在应对现代生存风险的过程中不可或缺,但"只有在制造风险的决定可以被归咎于个人时,才有刑法介入的空间"[24]。

而在我国,劳东燕教授发表于《中国社会科学》2007年第3期的《公共政策与风险社会中的刑法》一文,正式开启了我国学界对于风险社会理论与风险刑法的学理探讨,在这一领域至今已产出丰富的学术成果[25],后文将针对风险与法益侵害危险的区分展开进一步探讨。

2. 预防刑法的基本内涵

"预防刑法"的概念在德国及我国的刑法理论中都存在,但内涵各不相同。在德国语境下,预防刑法与风险刑法属于预防国图像中两个不同阶段的刑法模式,都着眼于刑法功能边界的扩张,同属广义的预防刑法。两者的共性,在于刑法的基本模式由绝对报应型向目的导向型转变,刑法正在成为"全新的综合性安全框架"[26],换言之,也就是社会控制机制的一部分,刑法开始由对既有法益侵害结果的限制性报应,向着眼于预防法益侵害风险以实现社会控制的授权性预防转变。[27] 两者的区别在于对刑法的最后手段性,也就是对刑法功能应当有明确而确定的规范边界这一基本原则的背离程度,以及对限定刑法功能边界的相应教义学原则的解构程度。风险刑法所依托的社会背景是传统的工业社会,由于面对工业发展带来的技术风险、环境危害等社会问题,包括法律规范在内的既有正式社会控制机制应对不力,以及由于失业率上升、城市化带来的匿名化与社区解构等原因导致的非正式社会控制机制失效,以作为经验学科的犯罪学所作实证研究提供的科学测量标准为基础,在犯罪预防的刑事政策指导下,将刑法作为实现政策目标的工具。这一阶段刑法的主要变革在于立法,20世纪70年代以来德国刑法典中经济犯罪、环境犯罪、数据犯罪等着眼于预防的罪名的创设,充分体现了这一点。

而随着风险社会的到来,面对规模化、不可控且危及整体社会系统的技术性以及

---

[23] 参见[英]安东尼·吉登斯:《超越左与右——激进政治的未来》,李惠斌、杨雪冬译,社会科学文献出版社2009年版,第3页。

[24] Cornelius Prittwitz, Strafrecht und Risiko, 1993, S. 384.

[25] 劳东燕教授构建了我国风险刑法的理论基础,以风险社会为背景系统考察刑法学理论流变。她的《风险社会与功能主义的刑法立法观》一文,系统构建了以风险控制为基础的功能主义立法观及其法治风险的控制机制。

[26] 参见[德]汉斯·约格·阿尔布莱希特:《安全、犯罪预防与刑法》,赵书鸿译,载《人民检察》2014年第16期,第30页。

[27] Vgl. Peter-Alexis Albrecht, Kriminologie: Eine Grundlegung zum Strafrecht, 2005, S. 61.

制度风险,既有的正式与非正式社会控制机制应对无力的弊端愈加凸显,刑法以其惩罚措施即刑罚的即时可感性成为象征性政策的有力工具[28],用以表达国家对社会问题的关注以及对民众安全需求的回应,减少对于国家刑罚权规范约束的需求愈加强烈。预防刑法在理论上回应了这一需求,主要体现在以下三个方面:第一,新型犯罪的法益内涵去实质化,法益不再限缩国家刑罚权,而成为刑法功能扩张的根据[29];第二,责任原则功能化,刑事责任成为根据预防必要性的政策考量进行量刑的上限,丧失了作为决定刑罚是否发动的边界的内涵;第三,比例原则功能化,比例原则被简化为量刑的指导原则,刑法成为社会治理的优先选项。总体来看,德国语境下的预防刑法和风险刑法是试图以自由法治国作为刑法预防转向的正当化事由,但实质在解构刑法功能的教义学边界。[30] 例如,德国风险刑法的首倡者之一Prittwitz教授即明确提出,在当下的风险社会,刑法的图像应当已经从自由法治国转向限制自由的保护国。[31]

我国刑法理论中"预防刑法"的含义,实质与德国语境下广义预防刑法的内涵相同。目前能够形成共识的是,中国剧烈的社会变革与发展,导致我国刑法需要同时兼顾限制刑罚权恣意发动与优化社会控制机制的任务,因此,明确刑法的功能边界至关重要。

(二) 法治风险:引入"风险"概念与解构刑法功能教义学边界

1. 引入"风险"概念

以"风险"作为研究核心的我国风险刑法理论所带来的核心法治风险,在于将风险社会理论中的风险这一具有无限扩张之内在逻辑的概念引入了刑法学的学术视野,并以此为社会背景,塑造了犯罪预防刑事政策安全优先的价值导向,人为制造了安全与自由之间的对立。作为规范视野中的研究对象,风险概念对刑法理论范式的改变,实质是在预防刑法的语境下展开[32],有关于此下文将继续探讨。风险社会理论,其基本内涵是对20世纪中期以来人类社会现代性新特征的解释,它认为人类在追求进步过程中的理性决策制造了核泄漏、化学污染等重大风险,而全球化造成的社会空间紧缩使这些风险实现的概率、转化的结果以及影响范围的不确定性大为增加。这种风险的重大性以及不确定性,提升了对于社会环境安全的实然需求;与此同时,普通民众面对风险的恐惧,也激发了对于社会环境安全高于实际必要的强烈需要,促进了偏重社会

---

[28] Vgl. Albrecht, a. a. O., S. 59.
[29] 参见古承宗:《风险社会与现代刑法的象征性》,载台湾《科技法学评论》2013年第1期,第141页。
[30] See Henrique Carvalho, *The Preventive Turn in Criminal Law*, Oxford University Press, 2017, p. 38.
[31] Vgl. Cornelius Prittwitz, Das Strafrecht: Ultima ratio, propria ratio oder schlicht strafrechliche Prohibition? ZStW 129 (2017), S. 399.
[32] 劳东燕教授在《风险社会与功能主义的刑法立法观》一文中,已经实质进入了预防刑法的探讨。

环境安全保护,甚至只具有向民众确证社会控制机制依然有效的象征性刑事立法[33],即使这有可能导致严重的间接损害,包括公民个体自由和法治国保障的丧失。在此种对社会环境安全需求的驱使下,以预防危害结果发生为导向的风险控制,成为社会控制,包括犯罪控制的新范式。

以信息网络犯罪的规制为例,将当代网络化、数据化的社会描述为充满风险的社会,是犯罪预防刑事政策驱动下的叙事路径,为我国相关立法所继受,也随之将"安全"设定为相关领域问题定义、解决路径探讨和法律规范构建的基调。我国《网络安全法》的出台便是非常清晰的例证。在这一叙事路径下,信息网络犯罪风险的基本特质被描述为新型、普遍存在、不可预见、高频度与可衡量。[34] 风险社会理论为这一叙事路径提供了理论基础,"行为人随时随地可以对任何网络连接的对象实施犯罪行为",是对互联网环境下所面临犯罪风险的经典描述,以安全作为刑法适用的价值基点,这一主张似乎就因此获得了现实基础的支撑。由于近代以来构建成型的自由法治国刑法的基本使命是在公民个体面对国家这个庞大利维坦处于绝对弱势的情形下,限缩国家刑罚权以保障公民个体自由,在当下充满风险的互联网环境中,作为刑法适用的价值基点,社会环境安全与公民个体自由的冲突似乎愈加突出。

这一趋向在恐怖主义犯罪的刑事规制中也体现得非常显著。面对我国以及世界范围内较为严峻复杂的反恐形势,我国通过《刑法修正案(九)》增设了一批新的恐怖主义犯罪罪名[35],将与恐怖主义活动相关的多类预备行为进行了犯罪化。刑法理论中一般认为,独立处罚预备行为的依据在于行为人具备进一步引发实质法益侵害的主观目的、行为对法益的抽象危险以及类型化的构成要件行为[36],而"强制穿戴宣扬恐怖主义、极端主义服饰、标志罪""非法持有宣扬恐怖主义、极端主义物品罪"等罪名,恐怕难以符合以上三个基本要求,而是以引发恐怖行为的不确定风险作为处罚对象,带有浓厚的行政管制色彩。但"不以或主要不以保护法益为目的的社会管制"[37],应当主要属于警察法而非刑法的职能范围。对安全价值的追求与对公民个人自由的保障,二者之间无疑也存在着显著的价值冲突。

---

[33] Vgl. Albrecht (Fn. 27), S. 63.
[34] See Katharina Dimmroth, Wolf J. Schünemann, The Ambiguous Relation Between Privacy and Security in German Cyber Politics, in: (Edited.) Wolf J. Schünemann, Max-Otto Baumann, Privacy, Data Protection and Cybersecurity in Europe, Springer International Publisher, 2017, p. 101.
[35] 包括"准备实施恐怖活动罪""宣扬恐怖主义、极端主义、煽动实施恐怖活动罪""利用极端主义破坏法律实施罪""强制穿戴宣扬恐怖主义、极端主义服饰、标志罪""非法持有宣扬恐怖主义、极端主义物品罪"等。
[36] 参见敬力嘉:《实质预备犯语境下宣扬恐怖主义、极端主义罪的教义学重述》,载《当代法学》2019年第4期,第127—129页。
[37] 何荣功:《"预防性"反恐刑事立法思考》,载《中国法学》2016年第3期,第154页。

2. 解构刑法功能教义学边界

我国学者在立法论的层面高屋建瓴地厘清了预防刑法的法治风险,本文则拟从教义学的层面,进一步厘清预防刑法对刑法功能教义学边界的解构这一显著法治风险。

(1) 法益保护原则的功能化

首先应当考察的是预防刑法导致的法益保护原则的功能化。法益保护原则的功能化集中体现在新型犯罪的法益内涵抽象化、精神化,法益不再限缩国家刑罚权,而成了刑法功能扩张的依据。[38] 按照通说观点,法益理论被分为两大类,形式与实质的法益理论。[39] 前者内涵的经典表述是:"法益,就是被认可而体现在刑法法条中的立法者目的,最简短的表述。"[40] 然而,法益应当既有实在利益之维,也有价值之维,所谓价值之维就是指实在利益的顺序,真正决定法益内涵的是其价值之维。因此,这一形式的法益理论由于只是对实定法立法目的的描述,而缺乏对立法的价值批判功能,在"二战"之后逐渐被实质的法益理论代替。实质的法益理论主张法益的内涵不应只由立法目的决定,还应该有其他来源对其施加批判性影响。[41]

持实质的法益理论观点的学者希望通过价值评价保持对实定法的批判[42],然而价值标准具有开放性,法益内涵也就丧失了确定性,由个人法益向超个人法益不断延展,不断抽象化、精神化,刑事政策的考量也在越来越多地影响法益内涵,使之无法定型。在传统的工业社会形态中,刑法保持谦抑的规范路径便是坚持罪刑法定原则,原则上以对个人造成的法定危害结果或法定危害结果的危险作为刑法处罚对象,避免刑罚权恣意发动。当人类社会进入风险社会,公民个体的越轨行为本身,以及该行为能够造成的危害结果乃至危险,已经越来越难以定型化,具备显著不确定性。[43] 有鉴于此,以风险的衡量取代危害结果或现实危险的判断作为刑法处罚的根据,就成为愈加有力的声音,法益内涵的去实质化是实现这一转变的规范起点。

比如,有关信息网络犯罪所保护的新型法益,我国学界较为有力的一类观点即认为,从加强对网络空间的有效控制出发,应将"网络安全"[44]作为新的集体法益,全面纳入刑法的保护范围。然而"网络安全"作为公共安全的下位概念,除表示对刑法分则

---

[38] 同前注[1],第 21 页。
[39] Vgl. Armin Engländer, Revitalisierung der materiellen Rechtsgutslehre durch das Verfassungsrecht? ZStW 127 (2015), S. 616, 620 ff.
[40] Vgl. Richard Martin Honig, Die Einwilligung des Verletzten, 1919, S. 94.
[41] Vgl. Knut Amelung, Rechtsgüterschutz und Schutz der Gesellschaft, 1972, S. 273 ff.
[42] 如罗克辛教授就将法益描述为"是所有那些为个体的自由发展及其基本权的实现,以及为按此目标建立的国家制度的运转所必需的现实存在或目标设定"。Vgl. Roxin (Fn. 10), S. 16.
[43] 参见敬力嘉:《网络参与行为刑事归责的"风险犯"模式及其反思》,载《政治与法律》2018 年第 6 期,第 60—61 页。
[44] 参见孙道萃:《网络刑法知识转型与立法回应》,载《现代法学》2017 年第 1 期,第 125—126 页。

所有涉网络法益的前置性保护之外,没有任何独立意义。[45]

恐怖主义犯罪相关罪名更是如此,其所保护的"重大公共安全"[46]这一法益本身既无立法批判功能,也无解释论功能。例如在对"宣扬恐怖主义、极端主义、煽动实施恐怖活动罪""强制穿戴宣扬恐怖主义、极端主义服饰、标志罪""非法持有宣扬恐怖主义、极端主义物品罪"等罪名的解释适用中,很难认定对此类罪名的处罚具备法益关联性,刑法的责难似乎在急速移向为以行为为本位,从违法规范事实的本身似乎就足以推定危害结果存在。

"法益的功能从早先的消极排除功能,即没有法益侵害或没有社会危害就不应当入罪,蜕变为积极地证立犯罪的功能,即只要有法益侵害或社会危害就有必要做入罪化的处理。"[47]过度的精神化、抽象化,以及由此导致的政策化,作为刑法功能教义学边界的功能,法益保护原则逐渐无法承担。

(2)责任原则的功能化

其次值得关注的法治风险,是预防刑法导致的责任原则功能化。"无责任即无犯罪,无责任即无刑罚"(nulla poena sine culpa),这是责任原则在刑法学中的基本含义。以三阶层体系为基本语境,以刑事责任在刑法理论中的功能为视角,可以认为它具备三层内涵,那就是作为刑罚发动的正当根据、犯罪构成的要素以及刑罚衡量的基准。[48]在近代以来法治国的语境下,刑事责任一直被视作刑罚权发动的前提与基准,但具体内涵却在争议中经历了较大转变,整体的发展趋势是以对自由意志存在与否存在争议为理由,瓦解报应,或者说罪刑均衡(Schuldausgleich)作为刑罚正当根据的地位,以符合犯罪预防目的取而代之。

著名德国刑法学家罗克辛教授倡导要"完全摒弃刑罚中报应的成分"[49],通过以"法不允许"为核心标准的客观归责理论,以刑事政策的预防考量取代无法验证的基于自由意志的抉择,成为认定刑事责任的正当性根基。在他的实质责任论语境下,通过"适用刑罚预防犯罪的必要性大小和行为人罪责及其大小,可以实现对刑罚的双重限制"[50]。德国刑罚理论中,目前占据通说地位的是罗克辛教授主张的预防性综合理论。该理论本质是以积极一般预防理论为基底,认为刑罚的目的在于保护民众对法秩序存在与效力的信赖,强化其对法的忠诚[51],刑事责任作为预防刑的上限而存在。

[45] Vgl. Bernd Müssig, Schutz abstrakter Rechtsgüter und abstrakter Rechtsgüterschutz, 1994, S.217 f., 221.
[46] 参见王耀忠:《恐怖主义犯罪立法中的行为无价值与正当性》,载《法律科学(西北政法大学学报)》2018年第5期,第65页。
[47] 劳东燕:《风险社会与功能主义的刑法立法观》,载《法学评论》2017年第6期,第21页。
[48] Vgl. Hans Achenbach, Historische und dogmatische Grundlagen der strafrechtssystematischen Schuldlehre, 1974, S. 5.
[49] Vgl. Roxin (Fn. 10), S. 88.
[50] 陈兴良:《风险刑法理论的法教义学批判》,载《中外法学》2014年第1期,第117页。
[51] Vgl. Winfried Hassemer/Ulfrid Neumann, im Kindhäuser/Neumann/Päffgen. Strafgesetzbuch. 4. Aufl., 2013, Vorbemerkung zu § 1 ff., Rn. 154.

然而,确定这个上限的基准是什么?以积极一般预防作为刑罚发动的正当依据,基准在于法益侵害风险的计算与分级。在这个层面上,责任原则只具有指导量刑的意义[52],刑事责任的认定就是根据犯罪行为法益侵害风险等级的衡量,衡量的内容具体包括对犯罪行为人人身危险性的考量以及社会的安全需要[53],合比例地确定刑罚。那么,第一个悖论在于,适用刑罚预防犯罪这一目标的实现取决于罪刑是否均衡,也就是报应,积极一般预防无法成为刑罚发动的正当依据。第二个潜在的悖论在于,适用刑罚预防犯罪的必要性大小以及刑事责任能否成为预防刑的上限,取决于潜在犯罪行为侵害法益的风险是否能够被精确预测与衡量。如果不能,刑罚是否"合比例"就缺乏明确而确定的标准,会为权力的恣意专断制造巨大空间。[54] 而正如上文所指出的,这样的计算是无法保证科学性与准确性的。我国的相关论者寄希望于立法者在树立风险只能规制不能消除,将有限资源投入最能有效规避的风险类型,考虑不同群体间效果最佳的风险分配,这样"正确"的风险观的前提下,尽量依靠客观因素,通过第三方机构的大数据调研等手段实现对风险"科学客观的评估"[55],这不正是在用风险社会中不被信任的专家系统作出的风险计算,为放松对刑罚权的规范约束背书吗?这样的解决方案回应不了笔者对于"计算正义"的质疑。这样将犯罪预防引入刑事责任的概念中,是否能够进一步限制刑事责任的范围,取决于权力支配下的刑事政策导向,而没有明确的规范标准,刑事责任丧失了作为刑法对预防效果追求的限度,也就是刑法功能教义学边界的功能。将刑事政策的考量导入刑事责任,这是必然会产生的副作用。

在责任原则功能化的背景下,寄望于"以可责的不法之存在,来限制刑法的预防导向,不至于使刑事政策上的需罚性考虑完全凌驾于教义学层面的应罚性因素之上"[56],这样的设想可以说完全是空中楼阁。如对于信息网络犯罪的规制,我国学界有论者多年来倡导应根据打击犯罪的现实需要,在立法层面对新型犯罪行为先由司法解释予以规定,再由立法予以确认,在司法层面应根据网络空间中预备行为和帮助行为较大的危害性,突破传统理论,适用预备行为正犯化和帮助行为正犯化的解释路径,将具备"严重社会危害性"的行为入罪。[57] 这样的思路无疑是彻底否定了"刑法是刑事政策不可逾越的界限",通过刑事政策突破刑法功能的教义学边界,让刑法成为社会治理的纯粹工具。

---

[52] Vgl. Ellscheid/Hassemer(Fn. 20),S. 44.
[53] Vgl. Julia Maria Erber-Schropp, Schuld und Strafe: Perspektive der Ethik, Mohr Siebeck, 2016, S. 64.
[54] Vgl. Erber-Schropp, a. a. O., S. 183.
[55] 同前注[1],第25页。
[56] 同前注[1],第26页。
[57] 参见于志刚:《青年刑法学者要有跟上时代的激情和责任——20年来网络犯罪理论研究反思》,载《法商研究》2017年第6期,第7—10页。

(3) 比例原则的功能化

最后不应忽视的是预防刑法导致的比例原则功能化。比例原则发源于行政法,向来被视为公法领域的帝王条款。在1958年的"药房案"(Apothekenurteil)[58]中,德国联邦宪法法院首次适用比例原则,1969年德国联邦宪法法院正式在判决中宣布,"比例原则是所有国家行为的卓越标准",约束所有公权力,比例原则正式成为宪法层面的基本原则。[59] 我国《宪法》虽然没有明文规定比例原则,但相关条文已经蕴含了比例原则的精神。[60] 比例原则应当是贯穿刑事立法、司法与执行阶段的指导性原则。

在刑事司法阶段,对犯罪行为进行刑事归责时,比例原则应当具备两个方面的内涵:第一,在定罪阶段,不以刑法为本位,不以刑罚作为对犯罪行为唯一的回应手段,将非刑罚的制裁措施纳入将该行为犯罪化,以及定罪评价之前的规范判断,也就是说比例原则应当作为刑事政策的指导原则,为定罪评价中的"目的理性"提供方向指导;第二,在量刑阶段,行为人的刑事责任应当与所处的刑罚成比例,即将比例原则作为量刑指导原则。第一方面的内涵是比例原则能成为刑法功能教义学边界的关键,然而在法益内涵去实质化与刑事责任的功能化的背景下,比例原则也功能化了,丧失了以上第一方面的内涵,成了纯粹指导量刑的原则。在这个意义上,德国刑法学界20世纪70年代就出现了用比例原则替代责任原则的观点,具体的主张是"应当衡量需保护的公众法益与犯罪人的基本权利,若所处刑罚能够对双方都进行限制,从而使双方都分别可能继续实现的,此刑罚合比例"[61]。只要对犯罪行为人的处罚在最高法定刑以下就都是合比例的,是这一主张下必然的结论,比例原则也失去了作为刑法功能教义学边界的功能。

这一转变最为典型的体现,莫过于对电信网络诈骗犯罪的规制。所谓电信网络诈骗犯罪,即以非法占有为目的,利用电信网络作为工具实施各类骗取公私财物、数额较大的行为。互联网环境下诈骗行为轨迹获取困难,致使诈骗行为的罪过、因果关系等认定犯罪构成的关键要素确认困难,从而难以实现有效的法律规制,一段时间以来我国电信网络诈骗犯罪高发给人民群众造成了较大的经济损失,从而给社会管理秩序带

---

[58] BVerfGE 7, 377.

[59] BVerfGE 23, 127(133).一般认为,比例原则的内涵包括适当性原则,即是指法律或行政权的行使,若无法达到法定目的,则不适当;必要性原则,即指在能达到目的的所有措施中,应选择对公民权利减损最小的一种;以及狭义比例原则,即指实现目的必须之手段对公民权利的减损不能不成比例。

[60] 笔者认为我国《宪法》虽然没有明确规定比例原则,但其第5条、第10条第3款和第13条明确体现了比例原则的精神。

[61] Vgl. Ellscheid/Hassemer,(Fn. 20), S. 45.

来了较大风险。[62] 在这一背景下,最高人民法院、最高人民检察院、公安部联合出台了《关于办理电信网络诈骗等刑事案件适用法律若干问题的意见》,对电信网络诈骗犯罪从严打击。然而,对于被害人的经济利益而言,刑法所能实现的只能是补偿性保护,也就是通过它的强制力追回损失。但现实中赃款追回极难,而对犯罪人处罚愈重,则其退赔积极性愈低,被害人难以得到赔偿。即使量刑充分遵循比例原则的要求,也无法破除这一困境。如何以体系性思考为前提,合比例地综合运用社会治理机制应对电信网络诈骗犯罪,成为亟待解决的命题。

四、化解风险的前提:明确刑法的价值根基

以上所探讨的法治风险,催生了刑法最后手段性原则的功能性障碍。这些风险的实现会导致刑法功能的基础教义学边界被消解,从而形成对刑法本身的功能性障碍。毕竟,刑法的全能化就等于刑法功能的虚无化。要化解这些法治风险,首要前提是明确刑法的价值根基,更确切地说,是化解安全与自由的对立。

(一)安全与自由的对立是伪命题

法治风险的生成,按照传统理解,源自刑法所追求的自由与安全价值的对立。但本文认为,安全与自由的对立从来都是伪命题,真正存在紧张关系的是自由与秩序,紧张的源头是被用以维持社会秩序、具备强制力的权力。这一点,被我国学界主张"在秩序价值的基础上追求自由与安全的平衡"[63]的风险刑法观论者有意或无意地忽略了。认可刑法作为社会控制有效手段的传统自由刑法论者,延续了亚里士多德、柏拉图、康德以降追求具有同一性、确定的先验理性的哲学传统[64],认为刑法规范中的立法意志在法律形成并颁布实行以后,就脱离了立法者个体的个人意志,成为客观的理性存在,只要在保证刑法规范确定性和明确性的前提下,在文义的范畴内对法律条文进行

---

[62] 2016年1月至7月,全国共立电信诈骗案件35.5万起,同比上升36.4%,造成损失114.2亿元。2013年至今,全国共发生被骗千万元以上的电信诈骗案件104起,百万元以上的案件2 392起。参见赵志刚:《突破惩治网络犯罪'四难'困境》,载新浪网(http://news.sina.com.cn/o/2016-09-14/doc-ifxvukuq4408716.shtml),访问日期:2018年10月15日。

[63] 焦旭鹏:《自反性现代化的刑法意义——风险刑法研究的宏观知识路径探索》,载《政治与法律》2014年第4期,第72页。

[64] 古希腊哲学从外在宇宙寻找确定的"始基"。而随着科学技术发展,现代哲学向内在寻找人类理性作为人类存在发展的确定性根据,对自我进行实体化、功能化抑或绝对化的理解,都是为了寻找确定的"一",作为发展的价值支点。参见[古希腊]亚里士多德:《形而上学》,吴寿彭译,商务印书馆1959年版,第7页;[古希腊]柏拉图:《柏拉图全集》(第一卷),王晓朝译,人民出版社2002年版,第84页;[德]黑格尔:《精神现象学》(上卷),贺麟、王玖兴译,商务印书馆1979年版,第127—129页;[德]康德:《纯粹理性批判》,蓝公武译,商务印书馆1960年版,第287—290页。

解释适用,就能避免刑罚权恣意行使,进而保障公民自由。作为客观的立法理性的产物,"法律不应当被嘲笑",应当依据时代的发展变化对法条进行解释,这是客观解释论者的基本立场。

然而,在立法腐败[65]已然出现的当代社会中,这只是一个美丽的梦。在对立法理性应当保持质疑的前提下,网络发展、恐怖主义活动等现代风险给社会控制带来的难题,又不断对刑法自我克制的底限提出挑战,导致的结果是本文所指出的刑法功能教义学边界的解构。按照客观解释论者的立场,最终的走向是会回到古罗马法学家造法的时代,法学家的良心决定了刑法的功能边界。而对于安全刑法观论者而言,面对愈加弥散的生存风险,给约束刑罚权的规范机制松绑,使刑法积极回应社会的发展变化,更是应有之义。二者的发展殊途同归,在对秩序的追求中,实质消解了自由的元价值地位。

(二) 作为价值根基的消极自由

然而,自由能与权力控制下的秩序在犯罪预防的目的下统一吗?首先应当追问,自由的内涵是什么?自由如正义一般拥有一张普罗透斯之面,没有绝无争议的内涵。对于法律、政治权利范畴的自由,本文采最广为接受的分析范式,即积极自由与消极自由。所谓积极自由,即指人类的自我主宰与自我实现。[66]看似美好的追求,在社会共同体及其共享价值逐渐崩解的现代社会中,会导致对外在"理性"标准的依赖,蕴含了社会强制的风险。如何在避免这一强制风险的同时,避免社会因过度张扬个体自由而崩溃?答案唯有从消极自由中寻找。所谓消极自由,即将个体放在其所处的社会关系中考察保证其不受强制,核心诉求是避免个人自由取决于自我意愿以外的标准判断,因此"它是尊重人的学说,而非管教人的学说"[67]。

哲学、政治学领域内自由主义、社群主义、共同体主义、共和主义等诸学派,以消极自由忽视了共同体的价值共识,对消极自由的批判本文不予展开,总体的诉求是,在反思性现代化阶段应确认一个共同的价值标准,确保公民个体行为依据共同的价值标准作出,而不应消极无为。若不将法律视为一套规则,而是当作"人们进行立法、裁判、执法和谈判的活动;分配权利义务、并据以解决纷争、创造合作关系的活生生的程序"[68],便会理解,法律规范,包括刑法规范,其作用在于排除外在强制复归自由状

---

[65] 如郭京毅案,参见杨兴培:《反思与批评——中国刑法的理论与实践》,北京大学出版社 2013 年版,第 314—325 页。

[66] [美]E. 博登海默:《法理学:法律哲学与法律方法》,邓正来译,中国政法大学出版社 2004 年版,第 109 页。

[67] [英]以赛亚·柏林:《自由论》(《自由四论》扩充版),胡传胜译,译林出版社 2003 年版,第 178 页。

[68] [英]弗里德里希·奥古斯特·哈耶克:《自由宪章》,杨玉生等译,中国社会科学出版社 2012 年版,第 325 页。

态,处罚或预防犯罪,是为了给形成进步与发展的自由社会空间创造秩序条件。只有消极自由所表征的权利活动空间,而非任何权力行为或其结果的本身,才能为社会的持续发展以及对错误的修正提供可能。消极自由作为现代法治的基本精神,应当在当代社会的重构过程中继续处于元价值的地位。

当然,同样基于价值多元的背景,也有观点认为自由并不具有最高价值的地位,应以符合大多数人的利益为最高追求,在特定时空维度内安全可以高于自由。[69] 功利主义追求的实现大多数人利益,被作为这种论点最好的注脚,被用来论证安全价值及其权力之维的正当性,这其实是对边沁思想的极大误解。虽然边沁把法律理解为一个以追求"最大多数人的最大幸福"为目标的掌权者的意志产物,但这是他基于对古典自然法学建构方法的批判,而从霍布斯那里寻求"支援"。他认为只要有民主政治的公民选举和良好的法律统治,加上社会监督等辅助机制的制衡,掌权者就只能安于功利原则的制约,而无须假定公民有不服从的权利。"个人自由仍是边沁最神圣的信仰,他的立场是个人必然是最有利于自己幸福的最佳判断者。"[70]他的功利主义法学实质是继承消极自由理念前提下的实践智慧,仅探讨公民权利的实践方式,我们不能只取其操作性探索而忽略其价值前提。

从这个意义上说,重视理念启蒙的自然法学和作为实践智慧的分析法学,二者在法治理论上殊途同归,都追求实现消极自由。"人类社会的发展不是通过人类理智运用已知的方法去追求一个确定的目标实现的。"[71]因为"人类的理智既不能预知未来,也不能着意塑造未来。它的进步表现在不断发现错误"[72]。现有的讨论似乎都集中在公民个体自我决定的自由与社会整体发展需求的冲突,而忽略了非确定性中的发展之维,即发展的自由,或者说不受强制的权利空间。

在刑法视域内,确立消极自由作为刑法根基的最大意义,在于明确秩序,或者说安全本身不是刑法的目的。安全的概念只有在自由主体组成的社会语境下才有意义。个人自由是现代社会不确定性的源泉,却也是法律应当保障的对象。[73] 应当通过对权利的充分保护将个人导向合作,而不是压制性地实施控制。通过完善刑法对公民权利的保护,充分保护权利实现的自由空间,而非加强现有秩序的控制,才是社会持续良性发展的前提。

---

[69] 参见郝艳兵:《风险刑法——以危险犯为中心的展开》,中国政法大学出版社 2012 年版,第 61 页。
[70] 邓春梅:《消极自由与积极自由——伯林法价值理论及其发展研究》,湘潭大学出版社 2014 年版,第 2 页。
[71] 同前注[68],第 66 页。
[72] 〔爱尔兰〕J. M. 凯利:《西方法律思想简史》,王笑红译,法律出版社 2002 年版,第 303 页。
[73] See Carvalho, supra note 31, pp. 4-5.

五、消除刑法最后手段性原则功能障碍的教义学进路

以价值根基为依托,本文接下来将以比例原则、法益保护原则和责任原则为中心,试图对刑法最后手段性原则进行教义学重述,探讨是否能够消除它的功能性障碍,使之继续承担作为刑法功能边界的功能。

(一)确立比例原则作为刑事政策的指导原则

适用刑法防控犯罪风险,也就是对安全的诉求,在当下风险社会的治理中有其合理性与必然性。但防控犯罪风险只是限于在刑法理论的范畴内探讨刑罚应当如何发动吗?恐怕不然。基于国家不具备实施预防犯罪措施之排他权的基本认知,除了作为量刑指导原则,比例原则还应是设置预防措施之权能的分配原则,换言之,即整体刑事政策的指导原则。在此语境下,基于将犯罪作为一种社会现象,为了研究刑法规范在整体社会治理机制中对其适当反应[74]而展开的犯罪预防研究,给予了笔者很大启发。

在社会治理的层面,犯罪预防是指通过积极主动的措施减少未来犯罪发生,或者降低犯罪损害的结果[75],是犯罪控制的一种新模式,是中央政府从传统上承担的直接社会控制角色,转变到加重基层个人及组织之社会控制责任这一转型的组成部分。[76]换言之,应当从社会治理公共政策的层面来理解犯罪预防,其实质是试图将犯罪风险作为一种社会运行中的风险进行有效管理,合理分配,从而将其转化为实害的可能性尽可能地降低,或者分散犯罪行为造成的损害结果,法律规范只是可供选择的应对机制之一,绝非全部。

在当代风险社会的背景下,社会共同体对分配正义的关注重心,已经由财富分配正义向风险分配正义转变。因为在当下这个弥散高度不确定性和不可预见性犯罪风险的社会中,从某种程度上讲不可能完全防范或消灭犯罪风险,它是人类理性追求发展的必然产物,只能通过人类社会共同认可的行为准则[77]进行管理。

刑法规范也已经由对犯罪人实施惩罚的社会机制,转变为实现犯罪风险管理的社会机制之一,绝非全部。希望通过处罚部分犯罪预防所有犯罪,只能是一个美好的理想。[78] 本文关注的是,刑法规范作为一种犯罪风险管理的社会机制,是否可以通过激

---

[74] Bernd-Dieter Meier, Kriminologie, 2003, S. 2.
[75] 参见[挪威]托尔·布约格:《恐怖主义犯罪预防》,夏菲、李休休译,中国人民公安大学出版社2016年版,第5页。
[76] [澳]亚当·苏通、[澳]阿德里恩·切尼、[澳]罗伯·怀特:《犯罪预防——原理、观点与实践》,赵赤译,中国政法大学出版社2012年版,第5页。
[77] 不仅是法律规范,还包括道德规范、职业伦理等一切人类社会的行为规范。
[78] See Sarah Summers, Crhistian Schwarzenegger, Gian Ege, Finlay Young, *The Emergency of EU Criminal Law*, Hart Publishing, 2014, pp.114-116.

发其他的社会机制来确保而非抑制刑法规范对于犯罪风险的有效管理[79],同时避免刑法规范的运行抑制其他社会机制的积极作用。当然,本文关注的核心限于法规范领域内,不包括此外的综合应对措施。这种努力的核心,是要在刑法规范领域探讨犯罪风险预防时,摆脱以刑法为中心,选择性地将犯罪风险作为增加刑法在社会治理中话语权的理由的做法,以警惕刑罚权所具备强制力的谨慎态度,在明确刑法适用界限的前提下,基于对犯罪风险管理的整体考量,法规范对其整体的应然应对。

对于风险的管理,政府可以在预防性的社会公共政策指导下,综合运用各种手段进行前置性干预。而按照比例原则的要求,应当理顺非刑法规范中设定的法律责任,与刑法规范设定的刑事责任之间的关系,构建对犯罪风险的体系化应对机制。以电信网络诈骗犯罪为例,在整体管理电信网络诈骗犯罪风险的视角下,在刑罚适用层面可大幅、类型化减轻对犯罪行为人的处罚力度,以促进犯罪人积极退赔,而在赃款追回不得时,也能基于《侵权责任法》第 36 条和《消费者权益保护法》第 44 条等相关法律的规定,通过追究网络服务提供者的侵权责任来实现对被害人经济损失的补偿性保护。而鉴于我国民法领域并未给网络服务提供者创设普遍的一般安全保障义务,且《侵权责任法》第 37 条为宾馆、商场、银行、车站、娱乐场所等公共场所的管理人或群众性活动组织者所设置的安全保障义务是否能够对网络服务提供者适用,也尚未达成共识。若法律法规中没有为网络服务提供者创设相应的作为义务,根据具体情状,可以让网络服务提供者承担适当的公平责任。

(二)确定法益保护原则的限缩标准

1. 厘定法益内涵确定的价值基准

作为国家法秩序中的基本法,宪法所规定的基本原则蕴含的价值,应当是确定法益内涵的价值基准,这一点也为我国学界所认可。[80] 然而,如果只是较为抽象的原则,留给立法者、解释适用者的自由空间还是太大。本文认为,在现代法治国家中,宪法是刑法立法者进行立法活动的法定根据,而宪法保护的基本权利是法秩序体系中最基本、最重要的权利,因此,刑法所保护的法益应当从宪法所保护的基本权利中推导得出,也就是通过刑法所保护的法益应直接或间接地服务于宪法基本权利的保护。对于没有实然宪法解释与适用机制的我国,这不只是对立法者的要求,也是对刑法适用者的要求。对于并非着眼于个人,而是着眼于规制特定集体与情境以预防风险的新型罪名,包括信息网络犯罪,在立法创制与司法适用中都应当满足这一要求。在司法适用中,法益立法批判功能的体现,应当是在于检验相关罪名所保护的集体法益,是否能够

---

[79] See J. Elster, *Nuts and Bolts for the Social Sciences*, Cambridge University Press, 1998, pp. 124-134.
[80] 参见张明楷:《法益初论》,中国政法大学出版社 2000 年版,第 167 页。

间接保护宪法保护的公民基本权利。例如,基于信息自决权这一公民所享有的基本权利,应当将侵犯公民个人信息罪所保护的法益解释为法定主体的信息专有权,也就是法定主体对所占有信息的占有权限。[81]

明确性是现代刑法,特别是大陆法系刑法的原则性要求。将刑罚权发动的正当性求诸于刑罚的道德界限,并且强调只有一般社会公众才有权力判断行为是否"造成利益倒退而且侵权"[82],这是在英美法系注重"经验智慧"(practical wisdom)[83]传统语境下的选择,且有陪审团制度作为保障。对于当下日渐继受德日大陆法系传统的我国刑法学而言,只有明确将保护宪法层面的基本权利作为决定法益内涵的法定价值基准,才能使法益的内涵具备明确性,继而足以成为刑事归责的起点。而对宪法基本权利的解释以及衡量,有待于依照法定程序,结合经验科学的、多学科智识的碰撞加以确定。[84] 这属于立法论的范畴,本文对此不再继续展开。基本权利之间可能产生的冲突,除了人的尊严不可减损,其余则通过刑法所保护具体法益的衡量加以平衡。

2. 区分法益侵害风险与危险

明确了法益内涵的确立标准,还需对法益侵害风险与危险进行区分。对于我国刑法学界把风险社会理论简单理解为关于风险的理论,进而在刑法理论中对"风险"概念进行的错误继受,劳东燕教授已经进行了系统批判[85],笔者对其基本立场表示赞同,不再展开。

在此基础上,笔者进一步认为,风险社会理论中的风险,经过法益保护原则的过滤之后,在刑法教义学中体现为危险,继而成为预防性刑事归责中"不法"的基础。但是,风险控制,或者说法规范效力的确证,本身不能成为刑罚权发动的正当依据,法益侵害才是刑事不法的根基,在预防刑法中亦然。在法益保护原则的框架下,明确危险的规范结构,是运用刑法进行犯罪风险控制的基本界限。从这个角度来说,风险是指根据当前社会科学技术的发展水平与一般人的认知水平,无法判断其发生的盖然性、严重性以及影响广泛性的损害发生可能性;危险是指在法益保护的目的内,以比例原则作为限制,根据当前社会科学技术发展水平与一般人认知水平,通过可执行和证实的方法验证具备足够盖然性的损害发生可能性。[86] 刑法可以规制的,是已经发生了

---

[81] 参见敬力嘉:《大数据环境下侵犯公民个人信息罪法益的应然转向》,载《法学评论》2018年第2期,第122—127页。

[82] Joel Feinberg, *Harm to Others*, Oxford: Oxford University Press, 1984, pp. 51-55.

[83] Martin Loughlin, *Sword & Scales, An Examination of the Relationship between Law and Politics*, Hart Publishing, Oxford and Portland Oregon, 2000, p. 11.

[84] 〔德〕埃里克·希尔根多夫:《德国刑法学:从传统到现代》,江溯、黄笑岩等译,北京大学出版社2015年版,第219—238页。

[85] 参见劳东燕:《风险社会与变动中的刑法理论》,载《中外法学》2014年第1期,第70—102页。

[86] Vgl. Rüdiger Breuer, Gefahrenabwehr und Risikovorsorge im Atomrecht, Deutsches Verwaltungsblatt, 93. Jahrgang des Reichsverwaltungsblatt, 1978, S. 829-831.

的不法,也就是在法益保护原则的框架下,确证了法益重要性和侵害风险发生盖然性的法益侵害危险。

以帮助信息网络犯罪活动罪为例,技术支持、广告推广与支付结算等行为属于常态化的网络参与行为,并无任何实质技术门槛,本身具备促进犯罪分子实施犯罪行为的风险。但对于该罪处罚的正当化,仅以此类参与行为可能产生的危害性具有无限弥散特性,从而认定其具备独立处罚必要性为由,理由尚不充分,因为这本质上是以网络参与行为具备的风险作为认定行为不法的依据,无法益关联性,从而并未经过法益保护原则的判断,未以法益侵害危险作为处罚根据。

明确该罪处罚范围的前提,应当是明确该罪所保护的法益。基于法定主体的信息专有权应当是我国刑法所保护新型信息法益的认识,对于帮助信息网络犯罪活动罪条文中的"利用信息网络实施犯罪",应当限制解释为利用信息网络实施侵犯法定主体信息专有权的犯罪,那么该罪所处罚的是侵犯法定主体信息专有权的预备行为,而该罪属于刑法分则独立成罪的实质预备犯,应适用抽象危险犯的归责路径。[87]

准备实施恐怖活动罪也面临着类似问题。该罪规制"为实施恐怖活动准备凶器、危险物品或者其他工具""组织恐怖活动培训或者积极参加恐怖活动培训""为实施恐怖活动与境外恐怖活动组织或者人员联络""为实施恐怖活动进行策划或者其他准备"的行为。鉴于我国刑法虽然使用了恐怖活动的表述,却未界定恐怖活动的概念范畴,对这一概念的界定似乎只能参照《反恐怖主义法》和《全国人大常委会关于加强反恐怖工作有关问题的决定》,那么恐怖活动[88]的外延几乎无所不包,任何日常行为都可能具备准备实施恐怖活动的风险,而无法找到作为刑法处罚根据的类型化法益侵害危险。同时该罪虽规定了一系列预备行为构成的犯罪,但刑法中却未规定恐怖活动实行行为构成的犯罪,存在导致司法适用混乱的风险。在这一情形下,通过"直接有利标准",即基于特定犯罪目的,准备行为应直接有利于犯罪的实行[89],以及在此基础上适用抽象危险犯的归责进路,可以明确准备实施恐怖活动之预备行为的可罚性界限。

3. 对抽象危险犯进行限缩认定

基于对风险与危险进行区分的基本认知,刑法介入的最远边界应当是抽象危险犯。在法益保护原则的语境下,接下来需要探讨的便是对抽象危险犯的限缩认定标准。

我国通说一般认为,抽象危险犯就是行为犯,因为抽象危险是立法者基于现实考

---

[87] 同前注[43],第51页。
[88] 恐怖活动不仅包括刑法意义中的实行行为,还包括组织、策划、准备、宣扬、煽动、资助、协助、持有相关物品,强制穿戴相应服饰与标志以及组织、领导、参加恐怖主义活动组织的行为。
[89] 参见尚勇:《准备实施恐怖活动罪的法教义学分析——以处罚范围的限定为核心》,载《法律适用》2018年第19期,第96页。

虑和政策需求,从而犯罪化了的构成要件行为本身具备的类型化法定风险,抽象危险不是构成要件要素,而只是立法者考虑的要素。[90] 这种思路实质是将抽象危险作为法律拟制的危险,抽象危险犯的既遂只需要实行构成要件行为,而无须对法益侵害风险进行具体判断。

随着研究的深入,以上通说的观点因为存在着将抽象犯与所谓"形式犯"[91]等同视之,从而导致刑罚权被滥用的风险。基于避免将纯粹违反法规范,而不具有任何法益侵害危险的情形排除在处罚范围之外的考虑,关于抽象危险的认识因而在两条路径上被进一步深化:

第一,坚持法律拟制说的论者,认为抽象危险犯虽然不需要判断具体的、考虑了行为情状等要素的法益侵害危险,但仍然要判断构成要件行为需要具备的法定类型化风险是否存在。[92] 第二,否定法律拟制说的论者,认为抽象危险犯仍属于行为犯,但抽象危险是法律推定而非拟制的,应当允许反证。区别在于所有的抽象危险犯都允许反证,还是只在抽象危险犯保护的法益包含可以分解为个人法益的集体法益时,允许反证。[93]

笔者整体认可第二种理论进路,但在二元论法益观的框架下,不认可将集体法益划分为象征性集体法益与可分解为个人法益的集体法益,因为真正的集体法益不可再分解为个人法益,且集体法益皆应服务于对个人法益的保障。那么,保护集体法益的构成要件也要服务于具体对象的保护,具体案件中可以认定保护的对象是否存在客观危险时,应当认可对危险的反证;在行为不具有客观危险时,行为人当然不存在对危险的明知,这违背了责任原则的要求;抽象危险犯和具体危险犯的区别,只是程度或证明方式上的区别,这不会违背抽象危险犯的立法本意。

以通过互联网宣扬极端主义、恐怖主义为例,若行为人能证明其传播涉极端主义、恐怖主义的网络信息,并未实际"传播了"极端主义、恐怖主义,也就是并未制造恐怖活动的抽象危险,则不能认定行为人构成宣扬极端主义、恐怖主义罪。首先,笔者认同意识形态在国际恐怖主义活动的发展中所起到的关键作用。对此,有观点认为,网络空间受众的不确定性和信息复制传播的快速性,使在网络空间中宣扬恐怖主义、极端主义的危害性特别严重。[94] 但这能成为将所有通过网络信息传播极端主义、恐怖主义内容的行为都适用该罪进行规制的根据吗?恐怕不能。因为,在我国,恐怖主义、极端

---

[90] 参见马克昌:《犯罪通论》,武汉大学出版社1995年版,第204页。
[91] 陈京春:《抽象危险犯的概念诠释与风险防控》,载《法律科学(西北政法大学学报)》2014年第3期,第122页。
[92] 参见王永茜:《抽象危险犯立法技术探讨——以对传统"结果"概念的延伸解释为切入点》,载《政治与法律》2013年第8期,第10页。
[93] Vgl. Klaus Tiedemann, Tatbestandsfunktionen im Nebenstrafrecht, 1969, S. 162.
[94] 参见皮勇、杨淼鑫:《网络时代微恐怖主义及其立法治理》,载《武汉大学学报(哲学社会科学版)》2017年第2期,第76页。

主义的受众主要是反恐热点地区,主要指新疆的底层边缘化易感人群,极端思想全部是通过宗教来传播,"地下非法讲经点成为传授极端主义思想的策源地,和培植新一代恐怖活动人员的孵化器"[95]。换言之,在我国,恐怖主义、极端主义思想的受众非常集中,具有特殊性。考虑特定地区和特定受众,是对宣扬极端主义、恐怖主义罪处罚根据之抽象危险进行反证的具有现实有效性考量的根据。

(三)明确责任原则的消极防御面向

行为人所为行为的不法,也就是行为人所为行为造成法益侵害结果或具备法益侵害抽象危险,是刑事责任个别化的基准,是犯罪预防的刑事政策不可逾越的界限。[96]法益侵害社会化产生的不确定性,对行为不法这一刑事责任个别化基准的确定性提出了挑战。在明确了法益保护原则的三重内在限缩标准之后,行为不法的确定性有了规范保障。但是,在责任原则功能化的背景下,责任原则限制刑罚的消极意涵只限于量刑层面,已经失去了限制刑罚权发动的功能。

在刑法规范的视野中,刑事责任的功能应当是在定罪和量刑两个层面都为刑罚的发动提供明确而确定的标准,这是消极责任原则的完整内涵。作为刑罚发动的正当根据,报应,或者说罪责均衡的规范内涵本就与意志自由是否存在无关,而是将法益侵害结果或抽象危险归责于行为人的具体行为。通过对行为人所为行为之不法的合比例报应,也就是罪刑均衡,才能实现刑法的预防效果,同时避免犯罪人成为犯罪预防目的实现的纯粹工具。消极责任原则的完整内涵即在于刑事责任认定的前提是已发生具体行为的不法,因此是刑罚发动,或者说刑事归责的限定基准。只有完成上文对于比例原则和法益保护原则的理论重构,才能为行为不法的认定奠定明确而确定的规范基础,才能符合消极责任原则的要求。换言之,消极责任原则是维系刑法功能教义学边界的最后一道内在防线,明确了责任原则的消极防御面向,刑法最后手段性原则的功能障碍才能得以去除。

本文以功能视域考察刑法的最后手段性,所得到的结论并非以预防需求打破刑法的功能局限,反而是应以此为契机进一步明晰刑法的教义学边界,才能充分发挥刑法在社会治理机制中的功能。毕竟,"希望拥有自由者,必须要准备好承担只具有限制性功能的刑法所带来的代价,在并不是都以好人组成,但以自由作为基础价值的社会,希望通过刑法保障完全的安全,只能是一个不切实际的愿望"[97]。

---

[95] 何秉松主编:《后拉登时代国际反恐斗争的基本态势和战略》(上),中国民主法制出版社2013年版,第767页。

[96] Vgl. Erber-Schropp (Fn. 53), S. 183.

[97] Wolfgang Frisch, Sicherheit durch Strafrecht? Erwartungen, Möglichkeiten und Grenzen, in Duttge, Gunnar/Geilen, Gerd/Mever-Großner, Lutz/Warda, Günter (Hrsg.): Gedächtnisschrift für Ellen Schlüchter, 2002, S. 686.

人的法益理论与规范的个人主义[*]

[德]阿明·英格兰德[**] 文　邓卓行[***] 译

要　目

一、引言
二、人的法益理论的核心命题
三、人的法益理论的还原论方案
四、人的法益理论的利益论基础
五、人的法益理论的约束力要求
六、结论

摘　要　人的法益理论是德国法益理论的一种有力观点,该理论认为只有在刑法所保护的法益能够还原成个人利益或者法益时,相关的刑法规定才能获得正当性。但是,这一理论存在重大缺陷。首先,无论是利益还原主义还是法益还原主义,都无法否定刑法同时也保护超越个人利益的集体利益或者普遍利益。其次,人的法益理论没有给出明确的筛选标准,也就是根据什么标准来认定哪些利益可以成为刑法要保护的法益。最后,人的法益理论的支持者们想以宪法作为锚定点,并以此展开后续的论证。但是,从审查技术和观念史的角度来看,这一努力终归是少有成效的。综上所述,人的法益理论当前有很大的漏洞,如果该理论的支持者们想继续坚持自己的立场,那么就必须填补这些漏洞。

关键词　人的法益理论　还原主义方案　利益筛选标准　约束力要求[****]

---

[*]　本文出处:Armin Engländer, Personale Rechtsgutslehre und normativer Individualismus,载于弗兰克·萨利格(Frank Saliger)主编:《乌尔弗里德·诺伊曼教授古稀祝寿论文集》(Festschrift für Ulfrid Neumann zum 70. Geburtstag),2017年,第547—559页。译者已获得作者的翻译授权。感谢申屠晓莉博士、陈晰博士、唐志威博士和郑童博士对本文翻译的帮助。
[**]　德国慕尼黑大学刑法学、刑事诉讼法学、法哲学和法社会学教席教授。
[***]　北京大学法学博士。
[****]　摘要和关键词为译者所加。

一、引言

由温弗里德·哈塞默尔创立[1]，乌尔弗里德·诺伊曼发展并维护[2]的人的法益理论，是实质法益理论的一个版本。该理论提出了一项要求，即确定立法的可允许界限，并由此给立法者设定法律上或者至少是刑事政策上的预定标准。[3] 因此，该理论指向的是立法批判。[4]

所有实质法益理论的规范核心皆源自法益保护原则。因此，只有保护法益免受侵害和免遭危险的举止规范，才被允许用刑罚来加以捍卫。[5] 然而，各种实质法益理论之间的争议却在于：为了将保护客体视为法益，必须满足哪些条件。在这一点上，关于法益保护的讨论就与法哲学、国家理论、宪法理论以及社会理论的基本定位联结在了一起。

根据人的法益理论，只有"刑法上具有保护需求的个人利益"[6]才会被作为法益予以考虑。因此，这一理论的基础乃是一种个人主义的、基于利益的合法性概念。[7] 所以，和刑法联结在一起的对个体自由的侵犯，最终并不是通过像国家、民族、人民、阶级、社会……这样的集体"意志""利益"或"客观价值"，而是凭借人类个体[8]的主观

---

[1] 基本文献：Hassemer, Theorie und Soziologie des Verbrechens, 1973。进一步参见 ders., Grundlinien einer personalen Rechtsgutslehre, in: Philipps/Schmoller (Hrsg.), Jenseits des Funktionalismus, 1989, S. 85 ff.; ders., Strafrechtlicher Rechtsgüterschutz unter der Verfassung, in: Karras u. a. (Hrsg.), FS für Androulakis, 2003, S. 207 ff。

[2] Hassemer/Neumann, in: Kindhäuser u. a. (Hrsg.), Nomos Kommentar, Strafgesetzbuch, 4. Aufl. 2013, Vor § 1 Rn. 131 ff.; Neumann, „Alternativen: keine"–Zur neueren Kritik an der personalen Rechtsgutslehre, in: ders./Prittwitz (Hrsg.), „Personale Rechtsgutslehre" und „Opferorientierung im Strafrecht", 2007, S. 85 ff.

[3] 仅参见：Hassemer, Theorie (Fn. 1). S. 22; Marx, Zur Definition des Begriffs „Rechtsgut", 1972, S. 3; Roxin, Strafrecht Allgemeiner Teil, Band I, 4. Aufl. 2006, § 2 Rn. 12。

[4] 因此，该理论区别于形式的法益理论，后者只涉及法律构成要件的体系化和解释。对此，参见：Engländer, ZStW 127 (2015), 616, 620 f.

[5] 实质法益理论的支持者们达成的共识是，并非任意一个由刑罚所捍卫的举止规范的保护客体，都属于法益概念。这意味着至少在概念上可能的是，立法者表决通过的刑罚捍卫手段，面向的是没有保护任何法益的举止规范。

[6] Hassemer, Grundlinien (Fn. 1), S. 91; Hassemer/Neumann (Fn. 2), Vor § 1 Rn. 144; Neumann (Fn. 2), S. 85.

[7] Neumann (Fn. 2), S. 86 f.

[8] 在下文中，"人类"(Mensch)"个体"(Einzelner)"个人"(Individuum)"主体"(Subjekt)"人格体"(Person)以及"个人的"(individuelles)"主体的"(subjektives)"人格的"(personales)这些概念都是可以互换的。因此，毫无疑义的是，除了在这里研究的问题，对其他问题而言，可能就需要一种精确的区分。对此，参见 Günther, Die Person der personalen Rechtsgutslehre, in: Neumann/Prittwitz (Fn. 2), S. 15 ff。

愿望、目的以及偏好来获得正当性的。根据诺伊曼的观点,在规范的个人主义[9]中,这一基础不仅使人的法益理论独具魅力,而且还赋予了它强大的说服力。因此,诺伊曼甚至认为人的法益理论是不可替代的。[10] 这绝非微不足道的要求。本文将对这一要求进行批判性的检讨,看它能否被理所当然地提出。出于这一目的,首先要再简短介绍一下人的法益理论的核心命题(本文第二部分),接下来应该详细研究它的还原论方案(reduktionistisches Programm)(本文第三部分)、利益论基础(本文第四部分)和约束力要求(Verbindlichkeitsanspruch)(本文第五部分)。

二、人的法益理论的核心命题

如开篇所示,只有当举止规范保护法益免受侵害或免遭危险时,人的法益理论才认为捍卫该规范的刑罚具有合法性。[11] 同时,就像之前已经描述过的那样,这一理论在规范个人主义的基础上,将法益理解为"刑法上具有保护需求的个人利益"。[12] 根据哈塞默尔与诺伊曼的观点,这些利益当然不是被简单发现的,而是"通过规范的社会共识与社会的价值经验"产生的。[13] 因此,这些利益乃是社会建构过程的结果,它们具有历史、地理、经济和文化上的相对性。此外,它们还需要刑事立法者的进一步组织安排[14],不过在这一过程中,刑事立法者却始终与前法律的社会共识绑定在一起;刑事立法者从"社会的虚无"中创造不出任何法益。[15]

在哈塞默尔与诺伊曼看来,个人主义的、基于利益的基础,对刑罚合法性的边界有着显著影响。这或许与对整体法益的承认有关。[16] 倘若刑法的任务在于保护刑法上具有保护需求的个人利益,那么就必须"从个人,而不是从社会出发"来进行思考。[17] 因此,像环境这样的整体法益,就"应当从个体出发来实现功能化"。[18] 所以,只可以

---

[9] 规范个人主义的方案。参见 von der Pfordten, JZ 2005, 1069 ff。
[10] 参见 Neumann (Fn. 2) 的标题:„Alternativen: keine"。
[11] 当然,在保护法益方面,应当只涉及一种必要的,而非充分的值得动用刑罚的条件;参见 Hassemer, Theorie (Fn. 1), S. 214 ff.; ders., Grundlinien (Fn. 1), S. 88; Neumann (Fn. 2), S. 85.
[12] 参见注释[6]中的证明。
[13] Vgl. Hassemer/Neumann (Fn. 2), Vor § 1 Rn. 139 f.;对此详细的解释:Hassemer, Theorie (Fn. 1), S. 100 ff.
[14] Vgl. Hassemer, Theorie (Fn. 1), S. 212 f.; Hassemer/Neumann (Fn. 2), Vor § 1 Rn. 141.
[15] Vgl. Hassemer, Theorie (Fn. 1), S. 213.
[16] 对整体法益概念的澄清:Greco, Gibt es Kriterien zur Postulierung eines kollektiven Rechtsguts?, in: Heinrich u. a. (Hrsg.), Strafrecht als Scientia Universalis Bd. I, 2011, S. 199, 203. 进一步参见 Hefendehl, Das Rechtsgut als materialer Ausgangspunkt einer Strafnorm, in: ders. u. a. (Hrsg.), Die Rechtsgutstheorie, 2003, S. 119, 126 f. Koriath, GA 1999, 561, 564。
[17] Neumann (Fn. 2), S. 86. 可以找到的相反看待方式,例如 Binding, Die Norm und ihre Übertretung Bd. I, 4. Aufl. 1922, S. 353 ff。
[18] Hassemer, Grundlinien (Fn. 1), S. 90; Hassemer/Neumann (Fn. 2), Vor § 1 Rn. 132.

将这些整体法益理解为中介的和衍生的。只有在它们可以回溯到个人利益,或者对它们的保护也有助于个人法益的保护时,这些整体法益才应当得到承认。[19] 因此,比如以环境具有"自身价值"为由,动用刑法对其进行保护,就是不被允许的;法益只能是"人类生存条件的集合"。[20]

因此,从人的法益概念出发,就应当产生一种法益的价值等级秩序。[21] 倘若只有对个人利益有所助益,旨在保护整体法益的刑法规定才能获得正当性,那么相应的犯罪行为在合法性理论上就绝不会是实害犯,而只能是单纯的危险犯。例如,污染水域的行为造成了环境的损害,符合刑法第324条的规定,虽然这看起来是实害犯,但是在合法性理论上,按照人的法益理论,它却是一种(至多只是抽象的)对个体生命与健康的危险。根据哈塞默尔与诺伊曼的观点,这意味着,旨在保护整体法益的刑法规定,已经将处在侵害个人法益前阶段的行为犯罪化,就此而言,特别的合法性要求在左右着这些刑法规定。[22]

三、人的法益理论的还原论方案

整体法益要"从个体出发来实现功能化",并由此被理解为中介的和衍生的,通过这一要求,人的法益理论代表了一种还原论方案。该理论拒绝接受集体利益,因而采取了一种前后一贯的个人主义立场。这里的集体利益,是指超越集体成员的利益而存在的、值得用刑法去保护的利益。在更仔细的观察中,人的法益理论的支持者们在此宣扬的,乃是两种不同版本的还原主义。[23] 一种是他们想将普遍法益回溯至个人利益[24],另一种是回溯至个人法益。[25] 下文将第一种版本称为利益还原主义,将第二种版本称为法益还原主义。

哈塞默尔与诺伊曼认为,还原主义的这两种版本似乎是相同的,因此,他们时而依据这一种,时而依据那一种。但是,这两种版本事实上却截然不同。这表明,对于人的法益理论,当人们将其核心原则的可论证性纳入视野范围时,集体利益就不可以依据它的自身价值来获得保护,而是始终只能到这种程度为止,比如集体利益涉及的是人类自由发展的各种条件(在下文中,我们称之为工具主义原则)。

按照哈塞默尔与诺伊曼的观点,工具主义原则应当是还原论方案的结果。然

---

[19] Hassemer, Theorie (Fn. 1), S. 233; ders., Grundlinien (Fn. 1), S. 90ff.; Hassemer/Neumann (Fn. 2), Vor § 1 Rn. 132 ff.; Neumann (Fn. 2), S. 91.
[20] Hassemer, Grundlinien (Fn. 1), S. 92; Hassemer/Neumann (Fn. 2), Vor § 1 Rn. 136.
[21] Hassemer, Grundlinien (Fn. 1), S. 92; Hassemer/Neumann (Fn. 2), Vor § 1 Rn. 137.
[22] Hassemer, Grundlinien (Fn. 1), S. 92; Hassemer/Neumann (Fn. 2), Vor § 1 Rn. 137.
[23] 对此,还可以参见 Greco (Fn. 16), S. 204。然而,也许这是另一种形式的区分。
[24] Hassemer, Grundlinien (Fn. 1), S. 90 ff.; Hassemer/Neumann (Fn. 2), Vor § 1 Rn. 132.
[25] Hassemer/Neumann (Fn. 2), Vor § 1 Rn. 132; Neumann (Fn. 2), S. 91.

而,在更加确切的观察中却可以发现,利益还原主义无论如何也无法独自得出与之相应的结论。这是因为,倘若所有的利益都必须回溯至个人利益,那么这就意味着集体利益的值得保护性无法凭借其自身价值来获得正当性,这种自身价值应当在无关个人愿望、目的以及偏好的情况下与集体利益相适应。同时,援引与个人利益相分离的集体(国家、民族、人民、社会等)利益,也不能作为合法性的论证方案。虽然如此,但也绝不能得出结论,认为只要集体利益是个人追求目的的手段,个人就始终对这一利益有需求。例如:坚定的环境保护者之所以想完全保持环境的完好无损,不仅是由于他们认为健康是生存的前提,而且也因为他们将其理解为脱离于人类存在的目的本身。同样,虔诚的人们也愿意认为,对宗教价值的坚定尊重本身就具有价值,并且值得保护。不仅如此,人们还可能对社会禁忌的坚决维护产生一种非工具性的需求。[26] 基本上适用的是:原则上,个人利益能够指向任何一种事实[27];没有客体、身份、状况或者事件,可以被排除在个人利益的对象之外。[28] 此外,这也适用于情感的保护,实质法益理论经常以此为例,认为它违反了法益保护原则。[29] 因此,不能以此处基本不涉及个人利益为由,来论证集体利益的非正当性。

倘若从利益还原主义中推导不出工具主义原则,那么就意味着人的法益理论所采纳的法益价值等级秩序,也同样无法独自通过该主义来获得正当性。这是因为,只要个体对某种集体利益具有直接的、非工具性的需求,就不能用其中的个人利益价值来衡量集体利益价值,相反,二者毫无关联。所以,在这种情况下,无法确定集体利益的分量从属于个体的个人利益。[30] 进一步而言,集体利益的损害在这里绝不是一种对个体的个人利益的危险,因此相应的行为也就不是一种处在"实际"利益侵害前阶段的犯罪,倒不如说,它是对非工具性利益的直接侵害。例如:有这样一个环境保护者的法律共同体,他们希望为了环境本身而去保护环境,在该共同体中,水污染在合法性理论上乃是一种实害犯,这种实害犯是完全不取决于那些针对个体生命和健康的犯罪行为的。

只要这些集体利益不是个人追求利益的手段,人的法益理论的支持者们就可能以

---

[26] 恰当的论述参见 Kubiciel, Die Wissenschaft vom Besonderen Teil des Strafrechts, 2013. 70。
[27] 正确的观点参见 Hoerster, Wie lässt sich Moral begründen?, 2014, S. 95; Koriath (Fn. 16), 564。
[28] 可以自然而然想到的是,在一个确定的社会中,社会成员只在集体利益如何服务于其个人发展的范围内,才会事实上对集体利益有需求。于是,在这样的社会中,相对于其中所产生的利益,工具主义原则就可以被视为具有正当性。当然,相应的利益境况可能具有纯粹的个别性。因此,它并不能论证工具主义原则的普遍性。但是,这种普遍性却是人的法益理论所倡导的。因为,倘若人们以规范的个人主义为根据,那么工具主义原则就应该完全脱离于具体的利益境况,从而无例外地有效。
[29] 仅参见 Roxin (Fn. 3), § 2 Rn. 26 ff. (包括一种对于威胁感的例外)。
[30] 个体对集体利益的需求当然可以是纯工具性的——也可能经常如此。在这些情况下,人的法益理论所采纳的价值等级秩序就被证明是有根据的。但再次有效的是,相应的利益境况具有纯粹的个别性,因此不能普遍化。

基本上不合法为由,理所当然地拒绝集体利益的刑法保护需求,并由此坚持工具主义原则。(而且,他们也可能将一些主观需求,比如情感的保护,认定为基本上不具有值得保护性。)当然,这种观点以一种用于评价的规范性标准及其对个人利益的筛选为前提,因而无法从利益还原主义中产生出来,所以就可能还需要独立的根据(对此,很快就可以在下一部分中看到)。[31] 另外,就算人们一开始就这样定义"个人利益",即并不是每一种主观需求都是"个人利益",也不会产生任何改变。因为,在这种情况中无疑还需要单独的论证,也就是为什么"个人利益"只有在这种狭义的概念理解中,才应该值得用刑法去保护。

如果人们支持法益还原主义,而不是利益还原主义,那么情况又会如何呢?在此,展现的是另一种情况。倘若整体法益必须回溯至个人法益,而不是某种纯粹的个人利益,那么只有在刑法也能同时透过某种方式去保护个人法益的情况下,其保护才在事实上具有合法性。就此而言,工具主义原则和由此联结在一起的法益价值等级秩序,实际上都是从还原论方案中被推导出来的。然而,会立即产生的问题,却是应当如何论证这种法益还原主义。就像刚刚所看到的那样,对论证而言,规范个人主义的基本原则并不充分,因为个体完全可以对某些集体利益的保护有需求,而这些集体利益却又根本不取决于它们的工具价值,此处的工具价值,是指对集体利益的保护,有利于维护该集体中的个人利益(或者周边的个人利益)。如果不可以考虑这些需求,那么就意味着法益还原主义隐含地以规范性的评价标准为基础,该标准会筛选个人利益,并将人们对集体利益的非工具性需求认定为不具有合法性上的重要性,从而不予考虑。这又一次引起了关于这种标准的可论证性疑问,下一部分会对该问题进行研究。

到目前为止,作为思考的阶段性结论,无论如何都应该坚持的是:虽然,利益还原主义是从规范个人主义的基本原则中推导出来的,亦即,只有凭借人类的个人利益,限制自由的诫命和禁令才能获得正当性。但是,利益还原主义却并不足以论证人的法益理论的工具主义原则。相反,虽然法益还原主义可以赋予工具主义原则正当性,但是这一原则却并不是从规范个人主义的基本原则中产生的,其还需要独立的根据。

四、人的法益理论的利益论基础

就像上文已经说过的那样,倘若主观利益基本上能够指向任何一种世界状态(Weltzustand),那么根据规范个人主义的基本原则,原则上,每一种世界状态都会被首先视为值得保护的法益(至少在人类行为可以影响法益的存在或者不存在的范围内)。因此,问题在于,原则上可能成为法益的情况数不胜数,后面要由谁来决定,其中的哪些情况应当被实际提升到这样一种状态,也就是应当让它们成为法规范保护——必要

---

[31] 适当的论证参见 Kubiciel, (Fn. 26), S. 70。

时通过刑罚来捍卫——的对象。对该问题而言,一个初看上去十分明了的答案存在于这样一种主张之中,亦即在民主国家,议会制的或者直接民主制的立法者会挑选值得保护的利益。[32] 对此,倘若这个民主国家同时也是一个自由的宪法国家,那么通过个体的基本权利和其他宪法原则,立法者就会在其中受到一定条件的制约。[33]

当前,人的法益理论极力主张,要为立法者设定规范性的预定标准。根据这一理论设想,立法者的选择权能是有限的——也就是说,不取决于实证法上存在的宪法限制。立法者不能将任何一种个人利益创制为法益。尤其是立法者只可以在借助刑法规定的范围内保护普遍法益,就像对这一法益的保护也同时有利于对个人法益的保护那样。当然,这里的前提,是人的法益理论能够在规范个人主义的基本原则之外,提出有理有据的评价标准,这一标准会为刑事立法者的利益筛选设定合适的界限。因此,可以提出三个问题:①应当是哪些标准?②这些标准能否在事实上论证人的法益理论的观点?③这些标准自身能否被论证?

首先,人们可以在此思考一下基本的理性标准,也就是思考这样一些条件,它们是每个希望理性追求自己利益的人都必须予以重视的。之后,对于所有不符合这些标准的利益,都应该视为不值得保护者而加以排除。这或许会涉及一些利益,它们与更高层级的或者通常更重要的利益相冲突,也就是说,对这些利益的追求可能会妨碍后者的实现。此外,可能还有这样一些利益,它们隐含地以对现实的虚伪接受为基础,比如魔法力量的作用,等等。尽管人们可以认为,这种追求利益的基本理性标准具有良好的理由——对它们的无视只是以非理性为代价的——但是,为了使本质上广泛的、被人的法益理论所宣扬的刑事立法界限获得正当性,这些标准自然是不充分的。所以,比如环境保护者的非工具性利益,即为了环境自身而去保护环境,就绝不是理所当然的非理性[34];对此,倘若这对于环境保护者们是一种特别重要的目的,那么相反,对他们而言,投票支持刑法的保护便是完全理性的。

因此,为了论证人的法益理论,就需要其他筛选标准。倘若人们不想回溯至有疑问的自然法构想,即"客观上"值得保护的利益,那么又应当是哪些标准,以及这些标准应当来源于哪里?哈塞默尔使"规范的社会共识"这一思想在此发挥作用。[35] 与之相应,"社

---

[32] 这样的还有:BVerfGE 120, 224, 241 f. 特别强调这一点的有 Gärditz, Strafbegründung und Demokratieprinzip, Der Staat 49 (2010), 331 ff.; ders., Staat und Strafrechtspflege, 2015, S. 39 ff.; Pawlik, Das Unrecht des Bürgers, 2012, S. 102 ff.; Stuckenberg, GA 2011, 653, 658 ff., 该文因而将实质法益理论归属于前民主思想。实质法益理论观点的回应,参见 Hassemer/Neumann (Fn. 2), Vor § Rn. 119a.; Martins, ZStW 125 (2013), 234 ff.; Roxin, GA 2013, 443, 449 ff.

[33] 卢梭的传统民主理论揭示出民主国家和自由的宪法国家绝不是必然相伴而行的,该理论拒绝个体对民主共同体的防卫权。对此,参见 Engländer, Diskurs als Rechtsquelle, 2002, S. 112 ff.

[34] 例如,倘若利益以一种经验上对自然的不恰当理解为根据,那么对它的追求当然就是非理性的。这绝不是必然的情况。

[35] Hassemer, Theorie (Fn. 1), S. 221 ff.

会的价值经验"[36]和通过"历史性、连续性的结构"[37]来识别的、自我变化的"文化史语境"[38],就应当是法益构造的框架。本质上,哈塞默尔的论据有两个:一方面,立法不可能采取超越语境的立场,其必然在这种语境中活动。[39] 另一方面,无视社会价值经验的法益政策,会制造或者加剧冲突,而不会解决冲突。[40]

然而,"规范的社会共识"这一混乱的、摇摆于事实(Deskription)与规范(Präskription)之间的概念,却并不适于提供哈塞默尔所宣称的论证功能。[41] 首先,每种规范,以及由此而来的每一种法益构造,都是在一个特定的文化史语境下产生的,该情形只是一种社会事实,从中推导不出规范的预定标准。[42] 这一情形根本没有说明,在创制法益时,立法者应当在何种程度上——尽其所能地——反映、证实、改变或者完全超越"社会的价值经验"和"历史性、连续性的结构"。其次,认为与"社会的价值经验"相去甚远的刑法规定具有潜在的冲突这一观点,也不再是对立法者的建议,无法使立法者在其规则的可贯彻性方面,注意它们在规范接收者那里的可接受性。特别是,哈塞默尔根本就没有说明"规范的社会共识"的实际状况到底在多大程度上包含着人的法益理论;从上一部分所述的理由中,并不能充分看出当下的"社会的价值经验"与规范个人主义的基本原则相适应。[43]

在马丁斯那里可以找到进一步的论证建议。[44] 他想将法益理论和法的商谈理论[45]联结在一起。据此,利益的筛选应当在法律制定的民主商谈中实现。[46] 当然,不可以在相对主义的意义上将这一观点理解为,在放弃提出某些真理性、正确性要求的情况下,人们通过议会多数表决的方式,于不同观点中形成妥协的机械过程。[47] 倒不如说,在制定法律的商谈中,涉及的是一种根据特定商谈规则[48]的沟通,这种沟通具有社会广泛性,并且包括所有可能的相关人员在内。[49] 在这一沟通中,人们会对

---

[36] Hassemer, Theorie (Fn. 1), S. 226(多次提及); ders., Grundlinien (Fn. 1), S. 92 f.
[37] Hassemer, Theorie (Fn. 1), S. 230.
[38] Hassemer, Theorie (Fn. 1), S. 227 ff.
[39] Hassemer, Theorie (Fn. 1), S. 239 f.
[40] Hassemer, Theorie (Fn. 1), S. 241.
[41] 肯定的观点参见 Koriath (Fn. 16), 581 ff。
[42] 哈塞默尔可能有不同的看法,原因也许是他想放弃实然与应然的区分;参见 Hassemer, Theorie (Fn. 1), S. 103 ff。因此,当时他尤其在诠释哲学和所谓的批判理论的背景下,继承了一种广为流行的观点。对于这一观点的批评,参见 Keuth, Wissenschaft und Werturteil, 1989, S. 69 ff。
[43] 这种观点参见 Hassemer, Theorie (Fn. 1), S. 231 f。
[44] Martins (Fn. 32), 234 ff.; ders., Die personale Rechtsgutslehre als demokratische Schranke, in: Asholt u. a. (Hrsg.), Grundlagen und Grenzen des Strafrechts, 2015, S. 79 ff.
[45] 基本观点参见 Habermas, Faktizität und Geltung, 4. Aufl. 1994。
[46] Martins (Fn. 32), 253.
[47] Martins (Fn. 32), 241 f.
[48] Martins (Fn. 32), 245 ff.
[49] Martins (Fn. 32), 242.

实质正确性的要求进行磋商,同时,在刑法问题方面,人的法益理论还是一种"反馈机制"(reflexive Instanz)。[50] 个人法益的思想展现了一种"论证模式"[51],这种论证模式为"刑法规范的论证商谈理性化"作出了贡献。[52]

但是,这还是没有回答那个问题,即在制定法律的民主商谈中,应当根据什么标准来确定值得保护的利益。在此,马丁斯称之为利益的普遍化能力。[53] 只有拥有"一定程度普遍性"的利益才可能进入考虑范围。[54] 当然,属于这一范围的不应当只是那些在高标准道德意义上具有普遍可能性的利益。那些仅在某种生活形式——比如,在某种经济类型的语境下——的背景下才会产生的利益,也可能具有足够的普遍性。[55] 不过,情感保护的利益、贯彻某种伦理生活方式的利益或者保卫某种宗教观的利益,却都可能被排除在外。[56]

然而,这种论证方法却同样不具有说服力。首先,它将法的商谈理论建立在社会哲学和法哲学的构想之上,这一构想在原则上遭到了彻底的反对。[57] 其次,可普遍性要求也存在很多显著的困难。一方面,涉及的是它的内容。问题在于,什么时候认为某种利益能够普遍化。[58] 如果从每一个人的视角出发,多数个体都拥有相同的利益,是不是就足够了呢?在马丁斯看来,这是不够的。因为容易想到的是,多数人会对某些情感的保护、一定的宗教价值或者通常的文化价值的尊重有需求。按照马丁斯的观点,上述偏好应当恰好就是关于这样一些利益的事例,亦即,这些利益无法通过可普遍性的测试。倘若在商谈伦理学的道德原则[59]的意义上,不能要求一种高标准的可普遍性,那它们又必须满足哪些进一步的前提呢?在核心立场上,马丁斯的论证特别模糊不清。另一方面,这些困难还会涉及可普遍性要求的根据。可普遍性要求究竟应该从哪里产生?是从一般的商谈原则中?[60] 是从一般或者政治论证的"不具有欺骗

---

[50] Martins (Fn. 32), 249.
[51] Martins (Fn. 44), 88.
[52] Martins (Fn. 44), 83.
[53] Martins (Fn. 44), 94.
[54] Martins (Fn. 44), 94.
[55] Martins (Fn. 44), S. 94 f.
[56] Martins (Fn. 44), S. 94 f.
[57] 对此,详细的研究参见 Engländer (Fn. 33). 进一步参见 Gril, Die Möglichkeit praktischer Erkenntnis aus Sicht der Diskurstheorie, 1998; Steinhoff., Kritik der kommunikativen Rationalität, 2006。
[58] 对于二者的基础,即可普遍性的原则及其始终在道德领域内的意义类型:Mackie, Ethies, 1977, S. 83 ff。
[59] 对此,参见 Habermas, Diskursethik-Notizen zu einem Begründungsprogramm, in: ders., Moralbewusstsein und kommunikatives Handeln, 4. Aufl. 1991, S. 53, 73 ff。
[60] 参见 Habermas (Fn. 45), S. 138。

性的前提"中？[61] 是从商谈理论的民主原则中？[62] 还是从其他前提中？[63] 对此,马丁斯什么也没说。所以,他的普遍化要求在论理上就如同悬浮在空中一般。最后,同样不清楚的是,为什么对集体利益的非工具性需求理应是不具有可普遍性的。因此,对于人的法益理论的工具性原则和由此与之联结在一起的法益价值等级秩序,马丁斯也没能给出坚实的理由。

因此,人的法益理论的支持者们现在无法提供一个有理有据的利益筛选标准,在他们具有代表性的理解中,人的法益保护原则乃是建立在这种标准之上的。显然,这并没有最终反驳人的法益理论。在此,从所提出的反对这一理论的意见中,推导不出这样的结论,即根据规范个人主义,对人的法益理论的论证原则上是不可能的。不过,这些反对意见却揭示出当前存在的论证漏洞。如果人的法益理论的支持者们依然想坚持他们的立场,那么他们就必须说明,这些漏洞能够以及如何能够被填补。

五、人的法益理论的约束力要求

最后提出的问题是,哪种约束力要求是与人的法益理论联结在一起的。这是因为,人们想通过人的法益理论来为立法者设定界限,该界限可能一方面需要被理解为法律的限制,另一方面仅需要被理解为伦理的或者刑事政策的限制。遗憾的是,对人的法益理论的拥护者们而言,他们的看法在这一点上相当不明确。[64] 一方面,法益保护原则仅具有刑事政策的意义:在法益保护原则那里,涉及的只是一种理性刑事政策的要求。[65] 另一方面,哈塞默尔与诺伊曼解释道,不能"不借用"法益理论来作出关于

---

[61] 对此,参见 Alexy, Theorie der juristischen Argumentation, 2. Aufl. 1991, S. 233 ff.; Habermas (Fn. 59), S. 97 ff.
[62] Habermas (Fn. 45), S. 141.
[63] 在商谈伦理的道德原则那里,会产生相应的论证困难。自第一份论证文献开始,人们就在不同的文本中发现,伦理学的商谈论者们采纳了完全不同的前提,这些前提应当能够实现他们的推导。当然,在结果上,没有一种论证努力是有说服力的。对此,详细的论证参见 Engländer (Fn. 33), S. 70 ff.; ders., Diskursethik-Auflösung eines Begründungsprogramms, in: Hilgendorf (Hrsg.), Wissenschaft, Religion und Recht, 2006, S. 273, 279 ff.
[64] 有学者在法律上指责人的法益理论的支持者们在其论据中存在矛盾心理,同时,他们也批评其他实质法益思想的类型。Appel, Verfassung und Strafe, 1998, S. 351; Stuckenberg, GA 2011, 653, 657. 近似于实质法益思想类型的支持者们论证得也始终不清不楚。类似的表达参见 Roxin, Zur neueren Entwicklung der Rechtsgutsdebatte, in: FS Hassemer, 2010, S. 573, 584 f. 法益保护原则指向的"首先"是立法者,同时也会提出一项刑事政策的要求,从中推导出的结果并不能"在所有情况下"都主张宪法的约束力。
[65] Hassemer/Neumann (Fn. 2), Vor § Rn. 119a. 同样也谈及"刑事政策上的行为引导"的参见 Hassemer, Grundlinien (Fn. 1), S. 92。

刑法合宪性的决定[66];法益乃是刑罚威慑"必要的""宪法上坚实的"基础。[67] 因此,他们主张的并不只是一种刑事政策上的指引功能,而是(与联邦宪法法院相反[68])一种法益保护原则的法律约束力。哈塞默尔甚至进一步宣称,不保护法益的刑法规定就是"国家恐怖主义"[69]——当然,如果人们以一种形式的法益概念为基础,也就是有这样一些存在问题的刑法规定,刑事立法者根本不用它们去追求保护目的,就此而言,这些规定完全是恣意的,那么哈塞默尔的这一观点或许就是正确的。但是,这会使人产生一种极为夸张的感觉,亦即,人的法益理论的要求极高,一切没有满足该要求的刑法规定都会被立即打上"国家恐怖主义"的烙印。[70]

更强力的论点,无疑是对法律约束力要求的主张。因此,应当先对它进行研究。此处的问题在于,刑事立法者与人的法益保护原则在法律上的绑定,是以什么为基础的。首先可以想到的也许是一种前实证的论证方法。[71] 不过,该方法却暗含着自然法或者理性法的观察方式,在存在论和认识论方面,这种观察方式遭到了彻底的反对。[72] 作为没有这种哲学基本问题负担的替代方案,可以考虑一种宪法上的论证技巧。在人的法益理论及其他实质法益理论的追随者那里,这一论证技巧享有极大的声誉。所以,比如哈塞默尔就认为,法益保护原则可以与宪法上的禁止过度原则(Übermaßverbot)"无缝"衔接[73];要是没有法益保护原则的话,禁止过度原则在刑法上的重建就是不可能的。[74]

当然,问题是人们该如何理解这种以宪法为锚定点的想法。一方面,可以想到的是,人的法益保护原则应当从宪法中推导出来。它的功能是用一个概念去说明这样一种保护客体,根据基本法的预定标准,可以通过由刑罚所捍卫的举止规范来对其进行保护。然而,这一理解可能会导致的结论,是人的法益理论只概括出了其他有根据的宪法思考结果,却并没有为刑事立法的宪法界限作出独立的贡献。因此,对刑罚界限的根据而言,人的法益保护原则至少是可以放弃的[75];在该原则那里,最终涉及的

---

[66] Hassemer/Neumann (Fn. 2), Vor § Rn. 119d.
[67] Hassemer, Verfassung (Fn. 1), S. 223.
[68] BVerfG 120, 224, 241 f.
[69] Hassemer, Verfassung (Fn. 1), S. 223.
[70] 哈塞默尔在多大程度上想事实上提出这种主张,并不清楚,因为他没有充分区分形式的法益概念和实质的法益概念。
[71] 对于这种实质法益保护原则的基础,参见 Schünemann, Das Rechtsgüterschutzprinzip als Fluchtpunkt der verfassungsrechtlichen Grenzen der Straftatbestände und ihrer Interpretation, in: Hefendehl u. a. (Fn. 16), S. 133, 137 ff.
[72] 对此,详细的解释参见 Engländer, ARSP 2004, 86 ff.
[73] Hassemer, Verfassung (Fn. 1), S. 223.
[74] Hassemer, Verfassung (Fn. 1), S. 217.
[75] 对此,参见 Engländer (Fn. 4), 625 ff.; 同样在结果上参见 Hörnle, Grob anstößiges Verhalten, 2005, S. 19; Kaspar, Verhältnismäßigkeit und Grundrechtsschutz im Präventionsstrafrecht, 2014, S. 242。

只不过是一种关于处在其背后的宪法思考的"口号"而已。[76] 这种对人的法益理论的"谦逊"理解,难以符合其支持者们的意图;他们将一项清晰广泛的要求与自己的意图结合在一起。

另一方面,以宪法为锚定点这种说法可能意味着,人的法益保护原则作为一项不成文的宪法基本原则,应当属于刑法必须满足的宪法要求。在此,人的法益理论的支持者们提出了两点论据,第一点是审查技术方面的,第二点是观念史方面的。

首先来看审查技术方面的论据:根据哈塞默尔与诺伊曼的观点,只有当前提是作为基准点的法益时,宪法所要求的合比例性审查才是可能的;要是没有法益的话,合比例性审查就如同悬浮在空中一般。[77] 但是,人们却无法用这一思考来论证人的法益保护原则。这是因为,考虑到每种立法目的的任意性,合比例性审查不可能被贯彻执行。就此而言,前提只是立法者完全在用其规则去追求任何一种目标。[78] 这意味着:虽然在形式法益概念的意义上,合比例性审查取决于对法益的识别,但是在人的(或者其他实质)法益概念的意义上,却绝非如此。[79]

现在来看观念史方面的论据:为了论证人的法益理论在宪法上的重要性,哈塞默尔进一步提出,人的法益保护原则产生自启蒙哲学中的国家学构想,这些构想也许是基本法的观念史基础。[80] 因此,该思想表明,通过启蒙思想在宪法中的法典化,人的法益理论已经被并入这些构想之中了。不过,这种论证技巧也同样没有说服力。[81] 首先,为了论证法益保护原则,人们会概括性地参照——完全不统一的——启蒙哲学,可是在论据方面,上述论证技巧的支持者们却至今都没有超越这种参照[82];现

---

[76] Hörnle (Fn. 75), S. 21.
[77] Hassemer, Verfassung (Fn. 1), S. 217; Hassemer/Neumann (Fn. 2), Vor § 1 Rn. 119d. 同样参见 Martins (Fn. 44), S. 84;以及——在实质法益思想的近似版本方面——Hefendehl, GA 2007, 1, 2; Rudolphi/Jäger, in Systematischer Kommentar zum Strafgesetzbuch, 8. Aufl. Stand Dez. 2014, Vor § 1 Rn. 11。
[78] 这并非理所当然地表明,立法者在选择它的目标时,没有其他宪法规定能为其设定界限。因此,只能认为像这种合比例性审查的贯彻执行,绝不取决于对特定目的的限制(=人的法益概念意义上的法益)。
[79] 就此而言,如果联邦宪法法院在乱伦的判决中否定实质法益理论在宪法上的重要性,但同时又事先认为刑法是"法益保护的最后手段",那么就没有矛盾了;参见 BVerfGE 120, 224, 240。也就是说,此处运用的不是实质法益概念,而是形式的法益概念。但是,认为具有矛盾的学者有:Noltenius, ZJS 2009, 15, 17; Roxin, StV 2009, 544, 545; Rudolphi/Jäger (Fn. 77), Vor § Rn. 11。这一评价的原因也许可以是,在他们的思考中,实质法益理论的支持者们始终都没有充分区分形式的法益概念和实质的法益概念。
[80] Hassemer, Theorie (Fn. 1), S. 27 ff. 同样在实质法益概念的近似形式方面参见 Roxin (Fn. 64), S. 578; Schünemann (Fn. 71), S. 143.。
[81] 对此,详细的论证参见 Engländer (Fn. 4), 628 ff.。
[82] 对于法律中的实质法益理论,在对启蒙哲学的概括性纳方面,批评观点参见 Greco, Lebendiges und Totes in Feuerbachs Straftheorie, 2009, S. 316 ff.。

在,他们无论如何都还没有作出一种可以理解的推导关系说明。[83] 其次,要证明哪些具体的启蒙思想塑造了宪法,绝非易事,就像这种证明被部分地接受那样;总而言之,对基本法的具体设计而言,倒不如说启蒙哲学的影响是间接性的。因此,人们所宣称的观念史根基被完全证明,就显得十分可疑。最后,国家哲学的构想在很大程度上以宗教的或者(其他)形而上学的前提为基础[84],回溯到这一构想的做法难以和基本法的中立世界观协调一致。[85]

立法者与人的法益保护原则在法律上的绑定终归是应当被否定的。因此,只剩下一种可能,那就是应该将人的法益理论理解为理性刑事立法政策的指导思想。不过,它的前提却是要先填补现存的论证漏洞。当然,对该方案的支持者们来说,这一前提能否成功实现,目前尚无定论。

六、结论

即使人们要得出一个结论,该结论也是可疑的。人的法益理论的核心命题至今都没有或者没有被有理有据地充分证明过。诺伊曼认为,理性的刑事立法政策必须以规范个人主义的基本原则为出发点,如果人们与诺伊曼在这一点上是一致的,那么这种观点也恰好就是存在疑问的。

祝寿文集应当称赞诺伊曼教授令人印象深刻的法学创造力,在此背景下,希望寿星原谅我的这些批评意见。当然,将我们联结在一起的,是对批判理性主义[86]的基本赞同——尽管评价的具体细节可能不尽相同。批判理性主义无法在对承认的寻求中看到科学知识的动力,只有在批判性检视的原则下才可以看到它。[87] 只有通过实事求是的批判性讨论,我们才能更好地理解问题情境,并获得可供考虑的——暂时的——答案,也就是说,我们在一些情况中不能达成共识。[88]

---

[83] Schünemann, ZIS 2016, 654, 662. 当然,许乃曼认为"哲学的精致在契约主义的不同类型中"是不重要的,因此,他相信一般性地参照贝卡里亚的和法国革命宪法中的社会损害思想,可能就足够了。

[84] 例如,这涉及约翰·洛克或者伊曼努尔·康德的思想。前者以神创秩序中的前国家思考的个人权利为锚定点,后者从自我立法的实践理性的形而上学构想中,推导出法权原则。

[85] 对此,详细的论证参见 Huster, Die ethische Neutralität des Staates, 2002。

[86] 对法学中虚伪模型的可适用性的友好质疑参见 Neumann, Juristische Argumentationslehre, 1986, S. 39 ff.; ders., Wissenschaftstheorie der Rechtswissenschaft, in: Hassemer u. a. (Hrsg.), Einführung in die Rechtsphilosophie und Rechtstheorie der Gegenwart, 9. Aufl. 2016, S. 351, 356 ff。

[87] 参见 Albert, Traktat über kritische Vernunft, 5. Aufl. 1991, S. 35 ff。

[88] Popper, Duldsamkeit und intellektuelle Verantwortlichkeit, in: ders., Auf der Suche nach einer besseren Welt, 1987, S. 213, 225.

多数决可以替代论证?
——对法益理论(后)现代批判之回应*

[德]乌尔弗里德·诺伊曼** 文 郑 童*** 译

要 目

一、导言
二、法益理论与其他理论的关系
三、法益理论的主张
　(一)法益之建构
　(二)犯罪构成要件之批判
四、法益理论的(批判)功能
　(一)义务之损害
　(二)道德之违反
　(三)特定生活方式之背离
　(四)象征性刑法
五、法益理论与宪法
　(一)宪法可以替代法益理论?
　(二)法益理论对宪法的重要性
　(三)宪法对法益理论的重要性

摘 要 面对质疑法益理论的声音,诺伊曼教授以人的法益理论为基础,进行了一系列回应。首先,在行为犯罪化的标准上,"法益"理论不同于"权利侵害"理论、

---

* 本文德文标题为"Dezision statt Argumentation? Zur (post) modernen Kritik der Rechtsgutslehre",发表于《托马斯·菲舍尔祝寿文集》(Festschrift für Thomas Fischer)第183页至第197页。本文的翻译和发表得到了作者的授权。
** 德国法兰克福大学法学院刑法、刑事诉讼法、法哲学和法社会学荣休教授,国际法哲学与社会哲学协会(IVR)前主席(2011—2015)。
*** 德国慕尼黑大学法学院刑法学博士研究生。

"行动犯"理论和"规范违反"理论;但是,这些理论虽然在路径选择上存在差异,彼此之间却并非完全对立的关系。其次,法益是社会规范性共识的产物,其正当性建立在符合法秩序和宪法基本原则体系的基础之上;法益理论对犯罪构成要件缺乏正当性的批判,超越了合目的性的刑事政策场域,其关切点更加倾向为审查刑法条文的规范性品质提供论证标准,民主的本质在于论证,而不仅仅是多数人的决定。最后,法益理论与宪法并非二者择其一的关系,而是具有无法割裂的、事实上的关联:一方面,法益理论,尤其是体系超越的法益概念,在宪法比例原则的审查框架中发挥了重要的作用,否则比例原则的审查将会沦为一种循环论证;另一方面,宪法规范和宪法价值在当下也越来越影响着法益理论对法益的评价和权衡。

关键词 法益理论 立法批判 宪法 比例原则

一、导言

长期以来,法益理论在德国刑法学中居于通说地位,并在世界范围内拥有众多支持者。[1] 但是,批判法益理论的声音也在与日俱增,且尤其盛行于德国刑法学界内部。[2] 针对法益理论的批判,主要瞄准的是体系超越的(立法批判的)法益概念,而较少指向体系固有的(方法论的)法益概念。[3] 在那些最为激进的抨击声中,体系批判性的法益理论直接就被指责是"与宪法为敌"。例如,有反对者认为"对刑事立法者进行实质性约束"相当于"对人民主权的限制",因而"在本质上是有违民主的"[4],故论证法益理论"实则破坏性地背离了民主"。[5] 近期以来,即便是那些相

---

[1] 参见 Dubber, ZStW 117 (2005), 485; Young-Whan Kim, ZStW 124 (2012), 591(再版刊于 Young-Whan Kim, Rechtsphilosophie und Strafrecht in Deutschland und Korea, 2017, 227); Kaiafa-Gbandi 发表于 Prittwitz/Manoledakis, Strafrechtsprobleme an der Jahrtausendwende. Deutsch-griechisches Symposium Rostock 1999, 2000, 43, 45(法益理论"是德国刑法学为欧洲法律文化所奉上的最为重要的馈赠之一"); Tavares 发表于 Neumann/Prittwitz, „Personale Rechtsgutslehre" und „Opferorientierung im Strafrecht", 2017, 129 ff.(对哈斯默尔的"人的法益理论"提出了一些扩充性建议)。

[2] 引证可参见 Hassemer/Neumann, in NK-StGB, 5 Aufl. 2017, Vor § 1 Rn. 116 ff. 此外,还可参见 Engländer, FS Neumann, 2017, 547 ff.; Kubiciel, JZ 2018, 171 (173); Stuckenberg, ZStW 129 (2017), 349 ff.

[3] 怀疑体系固有之法益概念的实际功能的观点参见 Stuckenberg, ZStW 129 (2017), 349 (350);相似观点可参见 Kubiciel, Die Wissenschaft vom Besonderen Teil des Strafrechts, 2013, 51 ff. [本人对这些观点的反驳参见 Neumann, ZStW 129 (2017), 780 (782)。]

[4] Stuckenberg, ZStW 129 (2017), 349 (355) 针对"人的法益理论"支持者的主张,他认为法益侵害或者法益侵害的危险这个标准"阻碍了立法者在挑选由刑罚保障的行为规范和确定刑法上的行为义务时的自由衡量和管控的权能"(Hassemer/Neumann, in NK-StGB, 5Aufl. 2017, Vor § 1 Rn. 62);持相似批判观点的还可参见 Gärditz, Der Staat 49 (2010), 331 (352 f.)。

[5] Stuckenberg, GA 2011, 653 (660).

对温和的质疑,也开始愈加躁动,用立足于宪法学上的观点来反对法益理论。[6] 面对以上种种批判,法益理论有理由作出回应,以捍卫自身立场。

首先需要指出的是,"所谓的"法益理论,就像"所谓的"道德哲学或者"所谓的"刑罚目的理论一样,很难说是一个由完全相同之主张所构建的无差别体系。因此,一种常见的批判,即抨击法益理论的支持者们在"法益"概念之下实际秉持完全不同的主张,其实并未切中要害。仅因为"法益"这一形式对象包含了各种不同的解读方案,所以便指责"法益理论"具有模糊性;这就如同仅因为不能厘清对行为的道德评价究竟应该取决于行为的结果,还是遵从现行规范或者跟随上帝意志,所以便否定"道德哲学"的价值一样;或者如同仅因为"目的"包含了完全不一致的(其他)备选项,所以便拒绝"刑罚目的理论"一样:上述这些批判都是没有意义的。因为提出一个严谨批判的前提在于,不能把观点不同甚至立场明显相左的"法益"概念[7]混为一谈。例如,有一种解读方案认为,法益是"法律所保护的抽象的社会秩序价值"[8];另一种解读方案认为,法益是"法律上值得保护的人的利益"[9],很显然,前者比后者更加偏向于维护规范稳定的刑罚模式。

下文所讨论的基础,是将法益理解为利益,正是基于此种见解,温弗里德·哈塞默尔(Winfried Hassemer)最具贡献性地发展出了人的法益理论(personale Rechtsgutslehre)。相较于其他法益方案,例如将法益定义为"精神化的价值"[10]或"法律所保护的抽象的社会秩序价值"[11],人的法益理论的优点在于:将法益概念同现实生活经验联结了起来。人的法益理论反映出在自由民主的社会国中,刑法必须满足人的需求;人的法益理论能阻止法益概念走向消亡的危险,并且能遏制伴随法益概念消亡而来的模式异变的危机,此处的模式异变指的是,从一个主张对刑法边界进行限制的法益模式转变成一个对边界持续扩张的刑法进行正当化的模式。有观点在批判这种人的法益概念时主张,受保护的利益"即便遭受违法行为,亦维持原样没有变化"[12],然而,这种批判在我看来并没有说服力。因为,利益的损害(Verletzung)和利益的消除(Beseitigung)不是一回事。此处的逻辑结构与主观权利受到限制时的逻辑结构并无二致。例

---

[6] 参见 Kubiciel, Die Wissenschaft vom Besonderen Teil des Strafrechts, 2013, 51 ff。就此对法益理论进行辩护的观点参见,诸如:Heinrich, FS Roxin, 2011, 131 ff.;Martins, in Asholt ua, Grundlagen und Grenzen des Strafens, 2015, 79 ff.;Schünemann, FS Neumann, 2017, 701 ff。

[7] 对"法益"概念之不同定义的概述,参见 Roxin, Strafrecht Allgemeiner Teil, Bd. 1, 4. Aufl. 2006, § 2 Rn. 3。

[8] Jescheck/Weigend, Lehrbuch des Strafrechts Allgemeiner Teil, 5. Aufl. 1996, 257.

[9] Hassemer, in Scholler/Philipps, Jenseits des Funktionalismus, 1989, 85 (91).

[10] Baumann/Weber/Mitsch, Strafrecht Allgemeiner Teil, 11. Aufl. 2003, § 3 Rn. 18.

[11] Jescheck/Weigend, Lehrbuch des Strafrechts Allgemeiner Teil, 5. Aufl. 1996, 257.

[12] 出自 Hefendehl 最为人称颂的学术成果(Hefendehl, Kollektive Rechtsgüter im Strafrecht, 2002, 30)。同时也可参见 Roxin, FS Hassemer, 2010, 573 (591)。

如,针对物品的盗窃行为会损害被害人的所有权,但并不会消除物上的所有权。

本文所作之回应针对的是那些质疑人的法益理论的观点,它们在事实上或者(也)在明面上表达了自己的反对立场。[13] 据此,本文的结构如下,先简短概括人的法益理论和其他理论之间的关系(第二部分);再集中分析法益理论的主张(第三部分)和法益理论的批判功能(第四部分);最后,本文论证核心集中于当下最受关注的一个问题,即法益理论与宪法中关涉刑法的规定之间的关系(第五部分)。

二、法益理论与其他理论的关系

在学术理论层面,法益理论有许多竞争对手,其他理论奉行另外一套行为犯罪化的标准,有些采纳规范模式,有些使用分析模式。首先,有理论模式将犯罪定义为权利侵害,据此,行为犯罪化的标准就是侵犯了被害人的主观权利。[14] 其次,有行动犯(Verhaltensdelikt)理论模式,按照这种理论,行为犯罪化的标准并非(必须有)法益侵害,而是行为(无论如何都)与社会的价值观念和行动观念相违背。[15] 最后,还有理论模式认为刑法是维护规范稳定的工具,主张刑法的首要任务并非保护法益,而是保障重要社会规范的效力[16],所以,按照这种理论,在确定刑法处罚范围时,法益侵害的标准并不发挥任何作用。

法益理论与上述其他的理论模式,虽然路径选择各有不同,但彼此之间并不是完全对立的关系。根据人的法益理论,法益是法律上值得保护的人的利益,至少在刑法的核心领域,当法律上值得保护的人的利益遭受侵犯时,被害人的主观权利通常也会遭受侵犯。根据"行动犯"理论,即便不存在法益侵害或者法益侵害的危险,也可能证成某种行为的犯罪化;虽然在这一点上,法益理论与"行动犯"理论互不相容,但是在某些情况下,法益理论的支持者们会援引"行动犯"的部分理论作为其补充。[17] 至于法益理论和"维护规范稳定"理论之间,究竟在多大程度上存在对立关系[18],实际上取决

---

[13] 基础性文献参见 Hassemer, Theorie und Soziologie des Verbrechens. Ansätze zu einer praxisorientierten Rechtsgutslehre, 1973。

[14] Harzer, Die tatbestandsmäßige Situation der unterlassenen Hilfeleistung gemäß § 323 c StGB, 1999, S. 97 ff., 289 ff.; Naucke, KritV 1993, 135 ff.

[15] Stratenwerth, in Hefendehl/v. Hirsch/Wohlers, Die Rechtsgutstheorie. Legitimationsbasis des Strafrechts oder dogmatisches Glasperlenspiel?, 2003, 255, 257. 同时也可参见 Stratenwerth, ZStW 105 (1993), 679 (692 ff.); Stratenwerth, FS Lenckner, 1998, 377 ff。

[16] Jakobs, Strafrecht Allgemeiner Teil, 2. Aufl. 1991, 2/2; Jakobs, in Jakobs, Strafrechtswissenschaftliche Beiträge, 2017, 3 ff.; 概括性总结文献参见 Jakobs, System der strafrechtlichen Zurechnung, 2012, 13 ff.

[17] 参见 Hefendehl, Kollektive Rechtsgüter im Strafrecht, 2002, 52 ff。

[18] Jakobs 在其书中强调了这个问题,参见 Jakobs, Strafrechtswissenschaftliche Beiträge, 2017, 65 ff。

于:到底是把"维护规范稳定"视为法益保护的手段[19],还是将其视作自身之目的。[20]

三、法益理论的主张

(一)法益之建构

1. 法益的认识论地位

在论述法益理论的主张是什么之前,必须先明确法益理论的主张不是什么,这也正是被某些反对者所误解的内容。首先,法益理论并不主张用法益作为一种理念性的给定事实(Gegebenheiten)[21]来约束立法者。之所以强调这点,是因为最近有些批判法益理论的观点,指责法益"并不是一种仅由立法者发现并进而追随的本体论上的给定事实"。[22] 这个结论属于正确的废话。法益当然不是理念性的给定事实,它只是社会性的给定事实。换言之,法益是在社会沟通过程中被建构出来的;正如温弗里德·哈塞默尔所言,法益是社会共识的结果。[23] 当然,也有一些利益,可以被视为人类学上的恒定量,但即便是这些利益,也只构成经验层面的法益要素,对此还必须附加规范层面的评价,亦即将其视为法律上值得保护的利益。而规范层面的法益要素,其实根植于评价体系之中,这种评价又很大程度上受到不同文化和时代背景的影响。[24]

2. 法益的文化和历史相对性

法益具有文化和历史相对性,但恰恰在这一点上,法益理论又受到了批判。批判者的论据在于,一个基于宗教而建立的国家中,必然会存在一些刑法条文与另一个世俗国家中的规定有所区别的情形。这些犯罪构成要件的存在,并不是为了保护法益,而是为了惩罚违反社会核心规范的行为方式。所谓"行动犯"便是这种规范违反模式的典型代表,不同的社会存在各种完全不同的"行动犯"。对此,施特拉腾韦特(Stratenwerth)故意言辞刻薄地说道:"给亚马逊原始部落的最后一名成员介绍并推荐

---

[19] 持此观点的参见 Welzel, Das Deutsche Strafrecht, 11 Aufl. 1969, 1 ff.。
[20] 持此观点的参见 Jakobs, Strafrecht Allgemeiner Teil, 2. Aufl. 1991, 1/15 f.。
[21] 本文将 Gegebenheiten 译为"给定事实",亦有译为"现实存在"和"既成的被给予的事实"者。——译者注
[22] Gärditz, Der Staat, 49 (2010), 352.
[23] Hassemer, Theorie und Soziologie des Verbrechens. Ansätze zu einer praxisorientierten Rechtsgutslehre, 1973, 153 ff., 221 ff. Hassemer/Neumann, in NK-StGB, 5 Aufl. 2017, Vor § 1 Rn. 139 ff.
[24] 对此问题的深入研究(将利益范畴反馈至主观权利范畴)参见 Martins, in Asholt ua, Grundlagen und Grenzen des Strafens, 2015, 93 ff.

《德国基本法》……这完全没有意义。"[25]

的确,社会基本规范原则的文化和历史相对性值得再三强调。但是问题在于,社会标准的相对性真的可以当作一个论据来反对法益理论吗?事实上,这种相对性完全可以被法益理论纳入其理论建构之中。其实,人的法益理论明确将自身定义为自由主义的刑法理论,它并不能与那些将刑法作为规训公民之工具的威权主义刑法模式相兼容。[26]

换句话说,法益理论没有能力,也不试图去提供一种永恒的、放之四海而皆准的模式,以支持和反对某种行为样态的犯罪化。如果一个国家的意识形态明确基于特定的宗教或者"种族理论"而建立,那么对这个国家而言,法益理论势必毫无用武之地。所以,法益理论是一套世俗法治国的刑法理论,世俗法治国的根基在于:个人享有规范层面的优先地位,人的尊严位列宪法价值秩序的顶端。

3. 法益是社会共识的产物

当前,法益理论的自我限制再次成为反对者们展开批判的出发点,反对者主张在达成社会共识的过程中放弃法益理论的批判功能。这种观点认为,如果意图将法益理解为规范性共识的产物,那么就必须放弃对刑事立法的批判。因为法益理论在取向于社会共识的过程中,必然就会丧失对于这种社会共识本身的批判潜能。[27]

但是,这种指责太目光短浅了。因为相较于对各个刑法条文的共识而言,对法益的共识位于一个另外的、更深的层面,法益理论其实是在这个更深一层的维度中发挥其批判功能的。在检视各个刑法条文时,实际上涉及一种一致性审查,此时的关切点在于,相关犯罪构成要件是否符合作为法益基础的基本社会原则。而在讨论某些具体的、非普遍认同的法益之正当性问题时,彼时的关切点在于,法益是否符合法律和宪法基本原则的体系,这个原则体系是构建社会自我认知的基础。法益理论并不是为各个刑法条文(犯罪构成要件)和法益设定标准,(因为)设定出来的标准有可能会背离于社会。法益理论只是明确地解释一套标准,并在刑法条文或法益的适用过程中,对这套标准进行具体化地论证。在德国,这些刑法条文必须符合的原则尤其是指,个人相对于集体的优先性,以及刑事立法的理性和宗教中立性。当然,在审查某个犯罪构成要件的正当性时,这些原则必须顾及该构成要件的规范内容,由此进行具体化地论证。

(二) 犯罪构成要件之批判

体系超越的法益理论主张:无论是现行之法的犯罪构成要件,还是未来之法的犯

---

[25] Stratenwerth, in Hefendehl/v. Hirsch/Wohlers, Die Rechtsgutstheorie. Legitimationsbasis des Strafrechts oder dogmatisches Glasperlenspiel?, 2003, 255 (257).
[26] Hassemer/Neumann, in NK-StGB, 5 Aufl. 2017, Vor § 1 Rn. 132, 133.
[27] Stuckenberg, GA 2011, 653 (658).

罪构成要件,都可以区分为"能够令人信服地证成"和"不能令人信服地证成"两种。本文有意对上述表达进行了一种泛化处理。因为在针对法益理论的讨论中,当前亟待阐明的问题尚为:上述区分究竟位于哪个层面,以及区分的标准到底是什么。

1. "宪法和法政策"二者择其一?

法益概念的反对者们将法益理论置于必须从"宪法和法政策"中二选一的境地,他们试图通过让法益理论要么选择在法律层面质疑犯罪构成要件,要么选择在法政策层面质疑犯罪构成要件的方式,从而将其边缘化。[28] 在法律层面质疑犯罪构成要件只能基于宪法的权衡,而在宪法权衡的内部,法益理论却没有一席之地。从这个角度来看,法益理论只能属于法政策讨论的范畴[29],仅仅在讨论何为"政策的智慧之道"时发挥作用。[30]

但是,上述观点不仅误解了法益理论的主张,同时也误解了法益理论的批判功能。法益理论并不局限于违宪的层面和法政策诉求的层面。当然,法益理论在具体个案中可以得出结论:法条是违宪的,或者某个规范在法政策学上是不可欲的。但对法益理论而言,其主要关切点并不在于上述结论,而在于对犯罪构成要件的正当性加以论证。[31]

2. 法益理论作为民主商谈的组成部分

在民主国家中,对公民基本权利的干预,尤其是通过施加刑罚来进行的干预,必须向公民证立其正当性。因此,试图用民主原则来反对法益理论的观点[32],终究还是看问题不够深入。[33] 在民主商谈的文化中,正当化一个犯罪构成要件时,刑事处罚本身已经体现了行为的无价值,但不能认为[34],"仅从具有任意性、不融贯性和易变性的实证法"之中,就可以推导出这种行为的无价值。[35] 民主要求的是论证,而不仅仅是(多数人的)决定。法益理论的主张,恰恰在于确定论证的标准,立法者如果希望证立某个犯罪构成要件的正当性,就必须满足这个标准。

法益理论所关注的犯罪构成要件正当性问题,当然也具备法政策的面向。因为,在得出缺乏正当性的判定之后,便会要求从法体系中删除有问题的构成要件,或者说避免将有问题的构成要件纳入法体系之中。但是,如果像批评者那样,在此将法政

---

[28] Gärditz, Der Staat, 49 (2010), 365 ff.; Stuckenberg, GA 2011, 653 (660).
[29] Stuckenberg 概括性地认为:"所有未能达到违宪门槛的立法缺陷都只能在政治过程中被治愈。"参见 Stuckenberg, GA 2011, 653 (658).
[30] Gärditz, Der Staat, 49 (2010), 365 ff.
[31] 强调法益理论这个功能的观点参见 Martins, in Asholt ua, Grundlagen und Grenzen des Strafens, 2015, 84 ff.
[32] Gärditz, Der Staat, 49 (2010), 352 f.
[33] 详细论述参见本文的第五部分:法益理论与宪法。
[34] 相关批判参见 Zaczyk, Der Staat 50 (2011), 295 ff.
[35] Gärditz, Der Staat, 49 (2010), 353.

策限缩为一个合目的性的问题,那么,对犯罪构成要件缺乏正当性的判定,就超越了法政策的场域。[36] 合目的性的关切点在于什么样的规定是有效的,亦即有助于达成所要追求的目标,此种规定会导致什么样的附带后果,又会造成多大的财政负担。但当我们从法益保护的立场出发,主张一个特定的犯罪构成要件无法被正当化时,所关注的显然不是合目的性的问题,而是构成要件的规范性品质问题。法益理论的视野不局限于"单纯的"法政策。

四、法益理论的(批判)功能

一个学术理论所主张的内容,取决于该理论排除之对象的范围。这一标准,既适用于自然科学,也同样适用于法学理论。据此,法益理论的功能,也就取决于该理论能否类型化地将特定的(可能的或真实的)犯罪构成要件从正当刑事立法的范围中排除出去。

(一) 义务之损害

首先,法益理论排斥的是:对纯粹的义务损害行为施以刑罚。[37] 在以法益理论为基础的刑法范畴体系中,义务只居于从属的、道义派生的地位。公民有必要为保护法益而实施特定的行为,该必要性派生出了义务。这样的义务既可以是尊重法益的完整性(不作为犯),也可以是积极地对这些利益加以保护(作为犯)。虽然义务的道义元素在不作为犯中表现得尤为显著,但是即便如此,不作为犯的最终目的也是为了保障那些法律上值得保护的利益(法益)。因此可以得出以下结论,例如"义务冲突"的教义学概念,本质上必须被归于利益的冲突。[38]

(二) 道德之违反

其次,法益理论还排斥:对纯粹的道德违反行为施以刑罚。[39] 这可能并不是所有

---

[36] Stuckenberg, GA 2011, 653 (658).

[37] Hassemer/Neumann, in NK‑StGB, 5 Aufl. 2017, Vor § 1 Rn. 110, 112; Heinrich, FS Roxin, 2011, 132; Martins, ZStW 125 (2013), 234 (239 f.).

[38] 详细论述参见 Neumann, FS Roxin, 2001, 421 ff。

[39] Roxin, FS Hassemer, 2010, 573 (579); Heinrich, FS Roxin, 2011, 132. 其他不同观点的详细论证参见 Jakobs, Strafrechtswissenschaftliche Beiträge, 2017, 85 ff.; Stuckenberg, ZStW 129 (2017), 361。Stuckenberg 在第 361 页写道,法益理论针对"纯粹不道德"施以刑罚的批判是错误的,因为"利益总是体现了道德观念"。当然,这种说法的合理性,在这里(刚好反其道而行之)主要取决于他所谓的"道德观念"是否总是体现了(刑法上保护的)法益。

主张法益保护原则的观点都会得出的结论。[40] 如果主张一种极为宽泛的"法益"概念,就有可能把道德规范也宣称为"法益"。但如果坚持人的法益理论,主张法益是法律上值得保护的人的利益[41],就必然会排斥对纯粹的道德违反行为施加刑罚,因为顾名思义,"纯粹的道德违反"中并没有任何利益损害。

当然,很多损害值得保护利益(法益)的行为,可能同时也违反道德规范;至少在刑法的核心领域中,这是经常出现的情形。但是,以利益为基础的法益理论认为,对仅仅违反道德规范的行为,不应予以犯罪化处理。因此,如果用法益理论来检视,诸如为个人自用目的持有毒品罪(《麻醉品法》第 29 条)、乱伦罪(《刑法》第 173 条第 2 款)或者否认历史事实罪(《刑法》第 130 条第 3 款),这些罪名的犯罪构成要件,就都无法被证成。[42]

(三) 特定生活方式之背离

接下来,法益理论更加排斥赋予以下犯罪构成要件正当性:其唯一功能在于确保社会中行为样态的完全一致性。例如,如果认为,将持有大麻列为刑法禁令的原因在于,用刑罚来"严厉谴责"某种"生活方式"[43],那么从法益理论的视角出发,即便主张"社会之存续,以保障最低限度的道德为前提"[44],也不能证明这一犯罪构成要件的正当性。因为,社会外在的存续——例如联邦德国的存续,其既是保障个人法益的前提,又是保障被人的法益理论视为根基的刑法上值得保护之法益的前提——并不会因为废除这条禁令而受到威胁,在这一点上应该可以达成共识。如果有人说,一旦废除持有大麻的禁令,现在的社会便会丧失其自身(在当下)的认同,那么一方面,他必须能给出一些具有共识性的社会认同的标准,另一方面,他还要能证明,为了实现这一维持认同的目标,即便剥夺公民的自由或者迫使公民蒙受财产损失,也是正当的。但是,上述两项任务应该都难以完成。

(四) 象征性刑法

最后,法益理论还主张,那些不是为了保护公民利益,而是为了树立"立法者形象

---

[40] 参见 Hörnle, Grob anstößiges Verhalten. Strafrechtlicher Schutz von Moral, Gefühlen und Tabus, 2005, 19。Hörnle 在第 19 页写道:"并不能从各种常见的法益定义中立刻推出,应当排除违反道德的行为。"同时也可参见 Appel, KritV 1999, 278 (285)。
[41] Hassemer, in Scholler/Philipps, Jenseits des Funktionalismus, 1989, 85, 91.
[42] 对此(以及针对其他更多的,从法益保护观点出发,存在问题的德国刑法犯罪构成要件)参见 Roxin, FS Hassemer, 2010, 573 (579 f.)。
[43] 为这一犯罪构成要件之正当性进行辩护的文章参见 Jakobs, Strafrechtswissenschaftliche Beiträge, 2017, 99。
[44] Jakobs, Strafrechtswissenschaftliche Beiträge, 2017, 99.

或成功的'道德贩卖者'形象"[45]的刑法条文并不具有正当性。如果像托马斯·菲舍尔(Thomas Fischer)那样,把业务性促进自杀罪(《刑法》第 217 条)解读为"屈服于所谓的教会强权势力"[46],那么,第 217 条的构成要件便是一个象征性刑法在当前的[47]实例。如果这一条款和其他的"宣传式构成要件"[48]无法同时具备——在法律论证当中典型所需的——法益保护的功效,那么在法益理论看来,它们就不应当存在。[49]

五、法益理论与宪法

(一)宪法可以替代法益理论?

如本文开篇所言,目前针对法益理论的批判主要集中在宪法层面。部分批判观点认为,法益理论限制立法者权限的主张,在当下的德国完全没有意义;因为"在基本法的国家中","自 1949 年起,恣意禁止和比例原则就已经在所有部门法领域排除了立法者不受约束的纯粹好恶"。[50] 另外,还有更激进的批判观点主张,法益理论只是一种学术理论,却试图侵占依据法律由立法者专享的权限领域。法益理论试图为立法者划定界限,但此种界限原本只能从更高级别的法规范(宪法)中寻求。[51] 此处,仅因未得到宪法的确认,(鉴于宪法)法益理论就是没有批判功能的,就不能限制立法,从而以此来否定法益理论,这种立论是否成立很值得推敲。事实上,上述两点针对法益理论的批判都不成立。

1. 法益理论的批判立法功能是否多余?

众所周知,从威权的帝国时代起,历经魏玛共和国及法西斯专制统治,直至民主的

---

[45] Hassemer, NStZ 1989, 553 (558). 更详细的论述参见 Saliger, FS Neumann, 2017, 689 (696 ff.).
[46] Fischer, bei Fischer/Gerhardt ZRP 2015, 219 (221).
[47] 本文发表于 2018 年,之后,德国联邦宪法法院于 2020 年 2 月 26 日判决《刑法》第 217 条违宪。——译者注
[48] 将《刑法》第 217 条归入这种分类的观点参见 Hoven, ZStW 129 (2017), 334 (347)。Hoven 认为,这一构成要件的通过"也归因于教会之影响力,教会借此反对更自由的声音,并在民众中执行自己所坚持的谴责自杀帮助行为的观念"。Verrel 也怀疑,这一法案的支持者们"更多的是在大胆执行自己的道德观念和阶级观念,而不是所谓的预防自杀",参见 Verrel, FS Paeffgen, 2015, 331 (343)。同时还可参见 Neumann, in NK-StGB, 5. Aufl. 2017, Vor § 211 Rn. 49 a。
[49] 绝大多数的德国刑法学者都不主张适用第 217 条之规定。批判第 217 条的观点可参见 Fischer, 64. Aufl. 2017, StGB § 217 Rn. 2-3 d; Saliger, in NK-StGB, 5. Aufl. 2017, § 217 Rn. 3-8, 还有更多的批判观点参见上述两位学者各自进一步的引证。持批判观点的最新文献可参见 Kuhli, ZStW 129 (2017), 619 ff.
[50] Stuckenberg, ZStW 129 (2017), 355 m. Fn. 44.
[51] Gärditz, Der Staat, 49 (2010), 331 (352 f.); Stuckenberg GA 2011, 653 ff. 类似观点可参见 Appel, Verfassung und Strafe, 1998, 387 ff.

联邦共和国时期,男同性恋罪(旧版《德国刑法典》第175条)和"严重的卖淫中介罪"(旧版《德国刑法典》第181条)的犯罪构成要件都一直存续;这也就表明了,即便是具有民主正当性的立法者,在宪法的约束和宪法法院的审查之下,也可能制定出至少是值得怀疑的刑法条文。即便在联邦共和国时期,如果一位母亲允许20岁的女儿与其未婚夫在家中留宿,除非存在特殊情况,就必须被判处最高刑可达5年的监禁(《联邦最高法院刑事判例集》第6卷第46页),这不禁令人反思,具有民主正当性的立法者究竟是否值得信任?对于旧版《德国刑法典》第175条规定之男同性恋罪,尽管在当时就有观点主张其违宪且无效,但这一罪名直到1994年才被废除,在此期间,有上万人因这一条款而被处罚,其中一部分人还被判处长期监禁,这一罪名也得到了联邦宪法法院的确认。[52] 面对此种情形,再主张"自1949年起,恣意禁止和比例原则就已经在所有部门法领域排除了立法者不受约束的纯粹好恶"[53],就不免让人觉得太异想天开了。

一种可以设想的反对理由认为,当时的立法者恰恰就是在宪法法院的同意之下逾越了宪法界限,所以他们并非在行使立法自由,而是滥用了这种自由。这种观点是毋庸置疑的。因为显而易见,无论是基本法划定的界限,还是联邦宪法法院的审查,在当时那个年代都失败了。这应该能够证明,即便在一个民主国家中,通过法学理论来批判刑事立法也不是多余的。有观点主张,按照今天的观点来看,承继自纳粹体系的旧版《德国刑法典》第175条之规定,本可以通过立法者对基本法"更正确的"解释或者通过联邦宪法法院"更合理的"判决而在当时就失效的,但这种主张对该法条的众多受害者而言帮助甚微。最后,认为现今情形已经不同于联邦共和国早期,因而恣意入罪已不复存在的见解也非常幼稚。现行《德国刑法典》第217条之出现(前文已有论述)即为反面明证。

2. 法益理论是否侵犯宪法的专享权限?

指责法益理论侵犯了宪法的专享权限,这种批判最多只能发生在下述情形中,即把法益理论理解为自然法理论,认为其规范和原则优先于宪法。但显然,法益理论并没有这么主张。与之相比,法益理论的诉求要谦虚很多。它并不否认那些根据宪法规范和原则在形式和实质上都合宪的犯罪构成要件的法律效力。在法学讨论中,法益理论可能具备两种功能:第一,其将自身局限于法伦理和法政策层面的要求,进而法益理论对某些犯罪构成要件的(可能)批判,就并不针对这些刑法规范的法律效力(合法性),而只针对其正当性。第二,其希望对宪法规范的解释和/或适用产生影响,例如作用于宪法比例原则的具体化,此时,法益理论就成为宪法商谈(关于现行宪法规范内容

---

[52] 该观点由德国联邦反歧视工作组以法律意见书的形式提出,被德国联邦议院和联邦参议院认可,亦被德国联邦司法和消费者保护部接受。Burgi/Wolff. , Rehabilitierung der nach § 175 StGB verurteilten homosexuellen Männer, 2016.

[53] Stuckenberg, ZStW 129 (2017), 355 m. Fn. 44.

的商谈)的一部分,而如果承认这一主张,那么在判定相关规范之法律效力(合法性)问题时,也必须对法益理论加以考量。

在上述两种功能中,法益理论的主张都没有侵犯宪法的专属领域。如果法益理论仅适用于对立法正当性问题的讨论,那么从一开始就不会涉及宪法问题。如果将法益理论作为宪法商谈的组成部分,以此来决定犯罪构成要件的合宪性问题,那么其同样不会替代宪法,而恰恰只涉及宪法规范的适用。[54]

此外,对法益理论所谓"背离民主"[55]的批判,似乎将民主概念限缩在了实证主义的范畴,即把民主原则简化为了多数决的拘束力,并因此忽视了通过辩论发展的民主意志建构过程,这个过程对民主决定的形成恰恰具有建设性的意义。[56] 当法益理论质疑那些不能自证保护法益之犯罪构成要件的正当性(而非法律拘束力)时,实际上是试图促进民主商谈文化,正是在此过程中,社会对法规范的正当性达成了共识。[57] 当然,这里同样也并且恰恰就关注的是,对现行的刑法规定而言,哪些犯罪构成要件应当被删除(或者应当被补充)。[58]

3. 联邦宪法法院的立场(BVerGE 120, 224)

联邦宪法法院在判定乱伦罪(《德国刑法典》第 173 条第 2 款)之构成要件是否合宪时,明确拒绝援引法益理论来审查犯罪构成要件的合宪性。法院的多数意见似乎是首先从一种自然法意义上的法益理论出发,认为法益理论侵犯了立法者的主权,而必须加以驳斥。按照宪法法院的论证,"在基本法秩序下,判断必须用刑法手段来保护的法益,是具有民主正当性之立法者的任务",因此,诉诸一种"超实证主义的法益概念"必然会与此冲突。[59] 立法者制定刑法条文的界限,只能在宪法自身中寻求;而不能"援引前实定的法益,或者立法机关以外的机构'承认'的法益,对其加以限制"。[60]

同时,联邦宪法法院也拒绝了将法益保护概念纳入宪法审查框架。在其看来,法益概念"没有提供任何宪法必须采纳的实质性基准,使其能为立法者之规制权限划定

---

[54] 一种可以设想的反对理由认为,法益理论是刑法学的产物,而解释宪法是宪法学的任务,这就如同(布莱希特的《伽利略传》中)罗马天主教廷在反驳伽利略时所用的论据一样,解释圣经是神学家的任务——上述反驳完全忽视了负责解释宪法的法官也支持法益理论在宪法上的重要性。对于法学有必要突破传统教义学的边界进行"跨学科"研究的基本观点参见 Saliger, in Hilgendorf/Schulze-Fielitz, Selbstreflexion der Rechtswissenschaft, 2015, 117 ff.

[55] Stuckenberg, GA 2011, 658.

[56] Hassemer/Neumann in NK-StGB, 5. Aufl. 2017, Vor § 1 Rn. 119 a.

[57] 相关论述参见 Zaczyk, Der Staat 50 (2011), 295 以及 Martins, ZStW 125 (2013), 234 ff.;此外,还可参见 Neumann, ZStW 127 (2015), 691 (713)。

[58] 追问刑法构成要件"是否多余"[2016 年 11 月 15 日在科隆举办了以"构成要件是否多余"为主题的研讨会,会议成果刊载于 ZStW 129 (2017), Heft 2]同样也涉及构成要件之正当性的问题。因"多余"的构成要件而被施加监禁或罚金的处罚可以说并不正当。

[59] BVerfGE 120, 224 (242) = NJW 2008, 1137.

[60] BVerfGE 120, 224 (242) = NJW 2008, 1137.

外在界限"。[61]

(二) 法益理论对宪法的重要性

(联邦宪法法院第二庭)庭长哈斯默尔对此持不同意见,并通过对保护利益的详细论证,认定乱伦罪的犯罪构成要件违宪。[62] 虽然多数意见为未来的审判实践确立了方向,但是,在否认法益理论具有宪法重要性这一点上,多数意见却根本无法自洽。[63] 因为,在审查乱伦罪的构成要件(《德国刑法典》第173条第2款)是否符合比例原则的过程中,多数意见同样采取了法益保护的视角,来检视这一规范与所要保护的法益之间是否均衡(合比例)。[64]

在此,法庭是这样对待法益理论的:先是右手直接拿来用,随后左手却(至少部分)拒绝承认。[65] 这不禁令人怀疑,裁判文书是不是出了什么编辑错误。不过,该情形反过来也证明了在法益理论和宪法之间,确实存在无法割裂的、事实上的关联。而且,无论是判决还是研究文献,只要试图用宪法来驳斥法益理论,无论如何都会陷入自我矛盾,也印证了这一结论。例如,有学者一方面否认法益理论可以与宪法衔接[66];但同时又承认,从宪法的角度来看,法益理论突出了刑罚的工具性和目的性特征,因而是正确的。[67] 还有学者认为,将法益理论纳入宪法比例原则的审查中,既不被允许,也没有帮助;但随后却又提出,"法益保护概念背后的理论"应当"通过发展不同的……论证模式"来促进宪法的适用。[68]

实际上,无论如何我们都无法否认,法益理论在宪法比例原则的审查框架中发挥了重要的作用。[69] 这不仅适用于体系固有的法益理论,同样也并且恰恰就适用于体系超越的法益理论。原因在于,如果比例原则审查的对象,仅限于由立法者自身"创设的"法益,进而对这一法益重要性的判断又必须遵循立法者的理解,那么比例原则的审

---

[61] BVerfGE 120, 224 (242) = NJW 2008, 1137.
[62] BVerfGE 120, 224 (255 ff.) = NJW 2008, 1137 (Minderheitsvotum Hassemer).
[63] 同样参见 Stuckenberg, GA 2011, 656。
[64] BVerfGE 120, 224 (252 ff.) = NJW 2008, 1137.
[65] 在这一点上,联邦宪法法院的判决是否自我矛盾[肯定观点参见 Roxin, StV 2009, 544(545)]或者法院是否仅仅在形式意义上引用了法益概念[肯定观点参见 Engländer, ZStW 127 (2015), 616 (627 f.) m. Fn. 63]仍然充满争议。但是,即便对后一种情形而言,只要我们基于宪法不愿授权立法者用刑罚来规制任何随意的行为,那么同样要追问,某些法益在宪法上有效的标准何在(以及究竟什么是实质性的法益概念)。(参见 Hassemer/Neumann, in NK-StGB, 5. Aufl. 2017, Vor § 1 Rn. 119 d m. Fn. 240。)
[66] Gärditz, Der Staat, 49 (2010), 352 m. Fn. 118.
[67] Gärditz, Der Staat, 49 (2010), 352.
[68] Stuckenberg, GA 2011, 657.
[69] 宪法比例原则对刑事立法的意义,以及比例原则和罪刑法定原则之间的关系,参见各种不同的讨论,诸如:Gärditz, JZ 2016, 641; Jahn/Brodowski, ZStW 129 (2017), 363; Prittwitz, ZStW 129 (2017), 390。

查就是一种循环论证。尤其是在比例原则审查的规范性部分,亦即均衡性(Angemessenheit)层面,就将缺乏指引。如此,宪法审查就只能限缩于比例原则的"技术性要素"部分[审查刑罚规范的适当性(Geeignetheit)和(工具意义上的)必要性(Erforderlichkeit)]。[70]

此外,目前在宪法或刑法领域,尚不存在其他的、能够在结构化程度上同法益理论相提并论的替代性审查框架。假如,某种反对法益理论的"布道"最后确证的是:立法者"只受《基本法》规定的约束,此范围之内,(立法者)在法律上可以自由决定",这句话的意思并不是说"刑法学就应该不加批判地接受立法计划和立法结果,其实事实恰恰相反"[71];那么,即便最后的附加句惹人厌烦(怎么就"事实恰恰相反"呢?),这种解释也值得肯定。但是,假如这句话被理解成了:"刑法学的全部理论都应该作为专业知识的来源,为刑事政策的讨论输送学识"[72],这不禁令人回想起了那些批判法益理论具有"模糊性"的立论。

(三) 宪法对法益理论的重要性

以上,我们肯定了法益理论对宪法的重要性,与之相辅相成的是,法益理论在评价和权衡法益时,较之此往,也更加趋向宪法规范。倘若我们追随罗克辛,将法益理解为"所有对个人的自由发展、对基本权利的实现以及对基于此目标而建构的国家体系的运转来说必要的给定事实或目标设定"[73],那么顺理成章就会得出上述结论。此外,即便是那些最初在定义法益时没有考量宪法的法益概念,也从善如流地支持将法益模式整合到宪法的规范和论证关联之中。[74] 同时,那种以利益作为出发点的法益概念(人的法益理论正以此为根基),当其讨论利益在法律上是否值得保护的问题时,较之以往,也更加注重取向于宪法规范和宪法价值。[75]

托马斯·菲舍尔其人其学,都致力于倡导一种必然包含理性和批判检视标准的刑法学与刑法实践。凡此种标准遭受威胁之处,即便言辞尖刻,他也毫不退缩。对此,本人谨以此文向他致以崇高的敬意,表达我们之间的同事情谊。

---

[70] 有关"技术性"要素所蕴含的规范性特征的论述,参见 Neumann, in v. Hirsch/Seelmann/Wohlers, Mediating Principles. Begrenzungsprinzipien bei der Strafbegründung, 2006, 128, 130 ff.

[71] Stuckenberg, ZStW 129 (2017), 362.

[72] Stuckenberg, ZStW 129 (2017), 362.

[73] Roxin, Strafrecht Allgemeiner Teil, 4. Aufl. 2006, § 2 Rn. 7; Roxin, FS Hassemer, 2010, 578.

[74] Hassemer, in Hefendehl/v. Hirsch/Wohlers, Die Rechtsgutstheorie. Legitimationsbasis des Strafrechts oder dogmatisches Glasperlenspiel?, 2003, 57 ff.

[75] 主张整合法益理论和宪法的观点参见 Jahn, GS Vogel, 2016, 63, 79 ff。另外还可以参见 Burchard, Strafverfassungsrecht — Vorüberlegungen zu einem Schlüsselbegriff., GS Vogel, 2016, 27, 49。

[刑法总论]

"量的构成要件"独立性地位之提倡[*]

段阳伟[**]

要 目

一、问题之提出
二、罪量之表征
　（一）数额
　（二）情节
　（三）后果
　（四）混合型规定
三、罪量之范围
　（一）情节的范围之争
　（二）"四要件"犯罪构成体系很难准确界定罪量要素的范围
　（三）罪量包含反映违法与责任程度的所有要素
四、罪质、罪量双层次犯罪构成体系之构建
　（一）"量的构成要件"是成立犯罪未遂的必要要件
　（二）"量的构成要件"并不是犯罪故意的认识内容
　（三）"量的构成要件"并不决定共同犯罪的成立与否
五、结语

摘 要 德日等大陆法系国家普遍采用"立法定性、司法定量"的刑事立法模式,在此基础上建立的阶层式犯罪论体系并无罪量要素的"容身之地"。与之不同,在

---

[*] 本文系司法部中青年课题"预防性犯罪化立法对我国刑事立法模式的挑战及应用"（19SFB3017）、中国博士后科学基金第65批面上资助项目"行政处罚事实的定罪功能研究"（2019M653894XB）、国家社会科学基金一般项目"刑事法与反恐法视阈下的社会危险性研究"（18BFX093）、教育部规划基金项目"行为人刑法理论在定罪中的再生与限制研究"（20YJA820002）阶段性成果。
[**] 法学博士,西北政法大学反恐怖主义法学院（国家安全学院）博士后、讲师。

颇具我国特色的"定性+定量"刑事立法模式下,罪量具有积极的入罪功能。"量的构成要件"具有综合性的特点,不仅包括反映行为客观危害程度的要素,还包括反映行为人主观可谴责程度的要素。"质的构成要件"和"量的构成要件"在犯罪构成体系中的地位和作用是不同的,对于犯罪既遂、未遂的认定,是在"质的构成要件"是否齐备的基础上进一步考量"量的构成要件"的结果;犯罪故意的认定,只需要行为人明知是在实施符合"质的构成要件"的行为并希望或者放任危害结果的发生即可;在共同犯罪的认定中,应以"质的构成要件"为标准解决各参与人归责的范围问题,以"量的构成要件"为标准解决各行为人最终的责任承担方式问题。

关键词 罪量 罪质 犯罪未遂 犯罪故意 共同犯罪

一、问题之提出

"法律不理会琐细之事。"对于极其轻微的危害社会的行为,任何国家都不会将之作为犯罪处理。但是,对于犯罪成立"量的规定",世界各国或地区的刑事立法模式却并不相同,概括起来主要有两种:一是"立法定性、司法定量"的刑事立法模式。在这种立法模式下,刑事实体法普遍采用"单纯的行为类型"的立法方式,刑法明文规定的犯罪成立要件,只需要满足特定的行为类型即可,并不需要罪量[1]方面的要求;在司法实践中,通过警察的微罪处置、检察院的酌定不起诉以及法官的自由裁量权行使等程序方面的制度设计,为"微罪出罪"提供路径;在刑法理论界,则通过可罚的违法性、社会相当性等理论建构,为"微罪出罪"提供犯罪构成理论体系的支撑。[2] 二是"定性+定量"的刑事立法模式。在这种立法模式下,刑事实体法采取了"行为类型+行为程度"的立法形式,刑法直接将单纯表征社会危害程度的罪量要素规定在刑法分则具体犯罪的罪状中;在司法实践中,犯罪的认定既需要考虑行为是否符合特定的行为类型,也需要考虑行为的危害程度,罪量甚至成为同一类型的行为是犯罪行为还是一般违法行为

---

[1] 关于罪量,有以下两个问题需要说明:一是就罪量的内涵而言,所谓罪量,即是指犯罪成立"量的规定性",只关乎犯罪成立与否的问题,不涉及犯罪成立之后是否适用刑罚、适用何种类型的刑罚,以及刑罚适用轻重的问题。在许多文献中,使用的不是"罪量"而是"定量"这一概念。相对于定量而言,罪量更具规范性,具有影响犯罪成立的构成要件要素的意蕴。因此,本文选择使用罪量这一概念。但为了表述方便,有时也在与罪量相同意义上使用定量这一概念。参见柏浪涛:《罪量要素的属性与评价》,载《上海政法学院学报(法治论丛)》2017年第1期,第60页。二是就罪量的外延而言,主要是针对故意犯罪。因此,立法模式的不同主要指的是故意犯罪立法模式的不同;下文中犯罪既遂与犯罪未遂、故意犯罪的认识要素、共同犯罪等的讨论,也均以故意犯罪为前提。

[2] 参见王彦强(王强):《犯罪成立罪量因素研究》,南京师范大学2013年博士学位论文,第1页。

的唯一区别[3];刑法理论界则通常认为,犯罪的本质特征在于"严重的"社会危害性。

德国、日本、英国、美国等多数国家或地区普遍采用"立法定性、司法定量"的刑事立法模式。以盗窃罪为例,《日本刑法典》第 235 条规定,"窃取他人的财物的,是盗窃罪,处 10 年以下惩役或者 50 万元以下罚金"[4]。《德国刑法典》第 242 条(1)规定,"意图为自己或第三人不法之所有,而窃取他人之动产者,处 5 年以下有期徒刑或罚金"[5]。英国现在的盗窃罪分为轻盗窃和重盗窃,但这种区分只具有刑罚上的意义,并不影响犯罪的成立。1962 年美国《模范刑法典》的规定亦是如此,即"盗窃数额超过 500 美元或者盗窃发火武器或机动交通工具的,构成三级重罪;盗窃数额 50 美元以下的构成微罪;其他情况属于轻罪"[6]。由此可见,在"立法定性、司法定量"的刑事立法模式下,由于刑法并未就犯罪成立"量的要求"进行规定,因此,在犯罪成立阶段,并不需要考虑罪量的积极入罪功能问题,而仅仅是将罪量轻微作为消极的、不成文的、阻却犯罪成立的要素;只有在量刑阶段,才需要考察影响行为违法性或行为人有责性程度高的情节,将之作为对行为人从重或加重处罚的依据。

与之不同,我国实行"定性+定量"的刑事立法模式。从我国刑法分则有关反映社会危害性程度的"量"的规定来看,其主要发挥两方面的功能:一是作为构成要件要素,影响定罪;二是作为升格或降低法定刑幅度的要素,影响量刑。也就是说,在我国的刑事立法体系下,罪量在犯罪成立与否的判断中发挥着积极的入罪功能。例如,我国《刑法》第 264 条规定,"盗窃公私财物,数额较大的,或者多次盗窃、入户盗窃、携带凶器盗窃、扒窃的,处三年以下有期徒刑、拘役或者管制,并处或者单处罚金"。我国刑法分则中形成了正面积极的、成文的、规模化的、作为犯罪构成要件要素存在的罪量规定。如此,我国刑法分则中有关构成要件要素的哪些规定体现了犯罪成立的罪量要求?哪些情节可以影响罪量,从而可以在定罪过程中发挥积极的入罪功能?影响犯罪成立的罪量因素在犯罪构成体系中居于何种地位?刑法分则规定的罪量要素是犯罪的成立要件还是犯罪的既遂要件?罪量要素是否为犯罪故意的认识对象?罪量要素是否为成立共同犯罪的必要要件?等等,就成为我国刑法学界和司法实务部门不得不

---

[3] 在我国"定性+定量"的刑事立法模式下,关于行政违法行为与刑事犯罪行为的界限,学界存在质的差异说、量的差异说、质量的差异说之争,但这种争议主要是针对行政犯与行政违法行为的界限而言。不容置疑的是,在侮辱罪、诽谤罪、盗窃罪、诈骗罪等典型的自然犯与相应的违法行为之间,仅仅存在"量"的差异,而不存在"质"的不同。参见张明楷:《避免将行政违法认定为刑事犯罪:理念、方法与路径》,载《中国法学》2017 年第 4 期,第 50 页;孙国祥:《行政违法性判断的从属性和独立性研究》,载《法学家》2017 年第 1 期,第 52—54 页;王莹:《论行政不法与刑事不法的分野及对我国行政处罚法与刑事立法界限混淆的反思》,载《河北法学》2008 年第 10 期,第 26 页;高铭暄、孙晓:《行政犯罪与行政违法行为的界分》,载戴玉忠、刘明祥主编:《犯罪与行政违法行为的界限及惩罚机制的协调》,北京大学出版社 2008 年版,第 175—177 页。
[4] 《日本刑法典》,张明楷译,法律出版社 1998 年版,第 190 页。
[5] 《德国刑法典》(2017 年最新版),李圣杰、潘怡宏编译,元照出版公司 2017 年版,第 316 页。
[6] 储槐植、汪永乐:《再论我国刑法中犯罪概念的定量因素》,载《法学研究》2000 年第 2 期,第 35 页。

研究和解决的问题。

刑事立法的定量规定模式，可以说是我国刑事立法有别于其他多数国家或地区的特色。在我国刑法学界，既有学者对其予以高度肯定，认为这是我国刑事立法的独创，是世界刑事立法史上的创新[7]；也有学者持完全否定的态度，认为这是法治不够发达的表现，带来了一系列的理论和实践问题[8]。但多数学者还是认为，犯罪成立定量要素的规定有利有弊，两种刑事立法模式是两类不同的反社会行为应对体系，很难笼统地比较孰优孰劣[9]。但是，近年来，我国刑法学界着力对我国传统四要件犯罪构成体系的批判和改造，极力主张引进德日等国家三阶层的或二阶层的犯罪构成体系，而没有注意到我国刑事立法模式和德日等国家刑事立法模式的不同，没有注意到德日等阶层式的犯罪构成体系中并无积极的罪量要素的"容身之地"，从而或有意或无意地忽视了对我国刑事立法特有的罪量要素的研究。

对于"立法定性、司法定量"与"定性+定量"刑事立法模式的优劣问题，本文不予置评，而是以比较的视野，从我国刑事立法现状出发，力求在对我国刑法规定的罪量要素的范围进行明确的基础上，对罪量要素在犯罪论体系中的地位和作用等问题进行宏观解构，以求教于方家。

二、罪量之表征

罪量之表征，是指在我国刑法中，罪量有哪些表现形式。我国刑法学界普遍认为，我国刑法有关罪量之规定主要表现在两方面：一是《刑法》第13条"但是情节显著轻微危害不大的，不认为是犯罪"的但书规定；二是《刑法》分则有关犯罪成立数额、情节或后果要求的规定[10]。因此，在我国刑法中，能够影响罪量的要素主要指的就是数额、情节和后果。

---

[7] 参见储槐植：《我国刑法中犯罪概念的定量因素》，载《法学研究》1988年第2期，第27页。

[8] 参见宗建文：《刑法机制研究》，中国方正出版社2000年版，第66—67页；李居全：《也论我国刑法中犯罪概念的定量因素——与储槐植教授和汪永乐博士商榷》，载《法律科学》2001年第1期，第91页；陈兴良：《社会危害性理论：进一步的批判性清理》，载《中国法学》2006年第4期，第13页；沈海平：《犯罪定量模式检讨》，载《法学家》2015年第1期，第98页；孟凡君：《中国犯罪定量规定模式的反思与重构》，吉林大学2010年博士学位论文，第119页。

[9] 同前注[6]，第34页；李洁：《中日涉罪之轻微行为处理模式比较研究》，载《法律科学》2002年第4期，第116页；王勋勋：《定量因素在犯罪成立条件中的地位——兼论犯罪构成理论的完善》，载《政法论坛（中国政法大学学报）》2007年第4期，第152页；屈学武：《中国刑法上的罪量要素存废评析》，载《政治与法律》2013年第1期，第82页；阎二鹏：《论但书规制下的罪量要素的体系性定位——以扒窃型盗窃罪的规范解释为例》，载《政治与法律》2013年第4期，第42页。

[10] 参见刘为波：《可罚的违法性论——兼论我国犯罪概念中的但书规定》，载陈兴良主编：《刑事法评论》（第10卷），中国政法大学出版社2002年版，第67页；陈兴良：《论行政处罚与刑罚处罚的关系》，载《中国法学》1992年第4期，第30—31页。

(一) 数额

数额,是指我国刑法分则明文规定的,以一定数额(或数量)作为犯罪构成要件要素的罪量要素。

在"立法定性、司法定量"的刑事立法模式下,数额在犯罪成立与否的判断中意义不大——从形式上判断构成要件,即使是侵害价值极其微小的财物的行为,也可能具有构成要件符合性。[11] 而在"定性+定量"的刑事立法模式下,数额的大小在很大程度上决定了犯罪的成立与否。因此,可以认为,我国刑法分则有关数额的规定,只要是发挥定罪功能的,均应作为罪量要素。

从在我国刑法分则中的分布情况来看,数额主要见于破坏社会主义市场经济秩序罪、侵犯财产罪、贪污贿赂罪等章中。在这些贪利性或侵财性犯罪中,数额是衡量行为社会危害程度的主要指标,也是犯罪行为区别于一般违法行为的主要标志。从刑法规定的形式上看,数额主要有两种:一是明确型数额。如《刑法》第140条生产、销售伪劣产品罪规定的"销售金额五万元以上不满二十万元的"等;二是概括型数额,如《刑法》第164条对非国家工作人员行贿罪、第266条诈骗罪规定的"数额较大",第165条非法经营同类营业罪、第218条销售侵权复制品罪规定的"数额巨大"等。

(二) 情节

情节,是指我国刑法分则明确规定的,以情节严重或情节恶劣等类似规定作为犯罪构成要件要素的罪量要素。

通过分析我国刑法分则的条文就会发现,当条文对某一罪状的一般性描述不足以区分犯罪行为与一般违法行为时,就会通过增加某个要素,从而使得该行为的社会危害程度达到值得科处刑罚的程度。例如,《刑法》第257条有关"暴力"手段的规定、第142条有关"对人体健康造成严重危害"后果的规定等;刑法分则对"数额"的规定同样如此。当难以通过增加某个特定的要素,或者难以预见通过增加哪些要素,又或者即使能够预见但不能作简短、详细的表述使行为的社会危害程度达到值得科处刑罚的程度时,刑法条文就会作一个整体性的规定,即"情节严重"或"情节恶劣"的,以犯罪论处。[12] 由此可见,我国刑法分则有关"情节严重"或"情节恶劣"的规定,目的就是使犯罪行为与一般违法行为相区别,发挥影响社会危害性"量"的要素在定罪方面的功能。因此,同样可以认为,我国刑法分则有关"情节严重"或"情节恶劣"的规定,只要是具有定罪功能的,即应作为罪量要素。

在我国刑法分则中,情节的分布极为广泛,除第一章危害国家安全罪之外,其余

---

[11] 同前注[6]。
[12] 参见张明楷:《犯罪构成体系与构成要件要素》,北京大学出版社2010年版,第238—239页。

九章均有关于情节的规定。从表现形式上看,情节主要有两类:一是情节严重。如《刑法》第 120 条之六非法持有宣扬恐怖主义、极端主义物品罪,第 205 条之一虚开发票罪,第 246 条侮辱、诽谤罪,第 285 条非法获取计算机信息系统数据、非法控制计算机信息系统罪,第 387 条单位受贿罪,第 398 条故意泄露国家秘密罪等的规定。二是情节恶劣。如《刑法》第 255 条打击报复会计、统计人员罪,第 260 条虐待罪,第 448 条虐待俘虏罪等的规定。

(三) 后果

后果,是指我国刑法分则中明文规定的,以一定严重后果的发生作为犯罪构成要件要素的罪量要素。

不同于数额和情节,在实行"立法定性、司法定量"的国家或地区,行为所产生的结果在犯罪构成的判断中同样发挥着举足轻重的作用。过失犯自不待言,在故意犯中,特别是在犯罪既遂的认定中,依据结果的不同形态,可以将犯罪分为结果犯与行为犯、侵害犯与危险犯等。[13] 在这里之所以使用"后果"一词,就是为了将作为犯罪成立要素的、反映罪量要求的"后果",同作为犯罪既遂,而不是犯罪成立标志的结果犯中的"结果"区别开来。

从我国刑法分则的规定来看,后果主要分布于危害公共安全罪、破坏社会主义市场经济秩序罪、妨害社会管理秩序罪和渎职罪等章中。单从形式上看,不同于数额和情节具有表述清晰的标志词,我国刑法分则有关后果规定的用词极为混乱,大体来看也主要有两大类:一是较为概括型。如《刑法》第 128 条第 3 款非法出租、出借枪支罪规定的"造成严重后果的",第 286 条破坏计算机信息系统罪规定的"后果严重的",第 290 条聚众扰乱社会秩序罪规定的"造成严重损失的"等。二是较为具体型,如《刑法》第 142 条生产、销售、提供劣药罪规定的"对人体健康造成严重危害的",第 162 条妨害清算罪规定的"严重损害债权人或者其他人利益的",第 403 条滥用管理公司、证券职权罪规定的"致使公共财产、国家和人民利益遭受重大损失的"等。

(四) 混合型规定

在我国刑法分则中,还有一些规定罪量要素的犯罪,并非以数额、后果或情节的单一形式呈现,而是采取一种混合型的规定。混合型规定在我国刑法分则中的分布也较为广泛,从表现形式看,可划分为两大类。一是择一型。如《刑法》第 217 条侵犯著作权罪规定的"违法所得数额较大或者有其他严重情节的",第 186 条违法发放贷款罪规定的"数额巨大或者造成重大损失的",第 175 条之一骗取贷款、票据承兑、金融票证罪规定的"造成特别重大损失或者有其他特别严重情节的",第 158 条虚报注册资本罪规

---

[13] 参见陈家林:《外国刑法通论》,中国人民公安大学出版社 2009 年版,第 179—203 页。

定的"数额巨大、后果严重或者有其他严重情节的"等。二是并重型。如《刑法》第250条出版歧视、侮辱少数民族作品罪规定的"情节恶劣,造成严重后果的",第342条非法占用农用地罪规定的"数量较大,造成耕地、林地等农用地大量毁坏的"等。

此外,还需要注意的是,从外延上看,罪量的三种要素之间存在交叉的情形。例如,刑法分则和刑事司法解释有的条文直接将公私财产的重大损失这一数额要素作为认定后果严重与否的标准。而且,即使刑法分则条文和刑事司法解释并无明文规定,在认定后果是否严重时,也需要考量用数额计算的财产损失的大小;而行为造成的人身伤亡的后果,或者财产损失的大小也是判断情节是否严重或恶劣的重要标准。[14] 可以说,对罪量要素的划分是依据不同标准进行的,概念之间存在交叉也是不可避免的。

三、罪量之范围

我国刑法学界虽然普遍认为,刑法分则中表征罪量的要素包括数额、情节和后果。但是,与数额、后果作为犯罪客观方面的要素,具有相当程度的明确性不同[15],情节的显著特征在于其综合性、概括性和模糊性,具有一定程度的不明确性。而对于情节[16]的具体范围,我国刑法学界一直以来都存在较大争议,从而导致对影响罪量的要素的具体范围产生了不同的认识。

(一)情节的范围之争

大体来看,对于情节的具体范围,我国刑法学界争议的焦点集中在以下两个方面:一是作为罪量要素的情节,是仅限于客观方面的情节,还是也包括主观方面的情节;二是作为罪量要素的情节,是仅限于罪中情节,还是也包括罪前或罪后情节。

我国的传统刑法理论一直认为,社会危害性是犯罪的本质特征,而社会危害性是客观危害与主观恶性的有机统一体。情节本身就是一个综合性的概念,刑法分则条文将情节严重或情节恶劣作为犯罪成立的必备要素,就是为了使行为的社会危害性达到值得科处刑罚的程度。[17] 所以,情节就不限于客观方面的情节,同时也包含了主观方

---

[14] 我国有学者即将严重后果作为特定情节看待,从而将情节犯分为不纯正的情节犯和纯正的情节犯两类。参见陈兴良:《规范刑法学(上册)》(第二版),中国人民大学出版社2008年版,第197页。
[15] 数额自不待言,从我国刑事立法和司法解释有关后果的规定来看,主要指造成的人身伤亡和公私财产损失情况。这些多为行为的客观危害程度的表征,范围相对明确,认定相对清晰。
[16] 如无特别说明,有关"情节"的范围的争议,均指作为罪量要素的特定情节,而不泛指犯罪成立的任何情节,也不包括影响量刑的情节。
[17] 参见姚诗:《非法行医罪"情节严重"的解释立场与实质标准》,载《政治与法律》2012年第4期,第118页。

面的情节。[18]

但是,由于对行为人主观恶性内涵和外延认识的不统一[19],对于影响行为人主观恶性的情节是仅限于罪中情节,还是也包括罪前和罪后情节,我国刑法学界同样存在争议,主要有以下三种观点。一是罪中、罪前、罪后情节论。罪中、罪前、罪后情节论认为,反映行为人主观恶性程度的情节,不仅包括犯罪的故意和过失,行为人的动机和目的,还包括行为前行为人的一贯表现、被害人过错的大小,行为后行为人的表现和态度等。[20] 二是罪前、罪中情节论。罪前、罪中情节论认为,影响行为人主观恶性程度的情节,包括犯罪的故意和过失,行为人的目的和动机,以及行为前行为人的一贯表现,如行为人屡教不改、行为人受到民事或行政制裁后的态度等;但不包括行为后行为人的表现和态度。[21] 三是罪中情节论。罪中情节论明确指出,影响行为人主观恶性的情节只能是犯罪行为实施过程中的事实情况,如犯罪故意、过失,犯罪动机、目的等,犯罪手段在一定程度上也可以影响行为人的主观恶性;但是,犯罪行为实施过程以外的因素,如行为人实施行为前的一贯表现以及实施行为后的表现和态度等内容,不能作为定罪情节。[22]

与我国的传统刑法理论不同,近年来,我国刑法学界亦有学者从纯粹客观主义的犯罪论立场出发认为,在对行为是否成立犯罪进行认定时,社会危害性或法益侵害性的判断不应包括对主观的不法要素的判断。例如,有学者认为,"将主观要素作为行为的社会危害性的判断基础,背离了我国刑法所坚持的客观主义刑法观,必须从纯粹客观主义的立场出发,判断行为的社会危害性程度"[23];"以违法与责任相分离的阶层式犯罪论体系为视角,就应当认为,作为整体评价要素的情节严重中的情节,并不是指任何情节,只能是指客观方面的表明法益侵害程度的情节"[24]。

---

[18] 同前注[12],第242页。
[19] 有关主观恶性内涵与外延的争议,可参见马荣春:《人身危险性之界定及其与主观恶性、社会危害性的关系——基于刑法学与陈兴良教授商榷》,载《华南师范大学学报(社会科学版)》2010年第5期,第150页。
[20] 同前注[9],王政勋文,第161页;李洁:《论犯罪定量因素立法化对法定刑模式的要求——以抢劫罪为实例的研究》,载《当代法学》2008年第S1期,第10页。
[21] 参见刘艳红:《情节犯新论》,载《现代法学》2002年第5期,第77页;唐稷尧:《经济犯罪构成要件中定量因素研究》,载《四川师范大学学报(社会科学版)》2008年第4期,第28—30页。
[22] 参见王晨:《定罪情节探析》,载《中国法学》1992年第1期,第67页;赵廷光:《论我国刑法中的情节》,载《法商研究(中南政法学院学报)》1995年第1期,第22页;林竹静、徐鹏:《论罪后情节》,载《中国刑事法杂志》2004年第3期,第15页。
[23] 黎宏:《判断行为的社会危害性时不应考虑主观要素》,载《法商研究》2006年第1期,第99页。
[24] 同前注[12],第241—243页;余双彪:《论犯罪构成要件要素的"情节严重"》,载《中国刑事法杂志》2013年第8期,第30页。

(二)"四要件"犯罪构成体系很难准确界定罪量要素的范围

我国有关作为罪量要素的情节范围的争议,既有学者以犯罪本质的社会危害性为视角,从四要件的犯罪构成体系出发进行论述;也有学者以犯罪本质的法益侵害性为视角,从阶层的犯罪构成体系出发进行论述。但是,不论其视角或出发点如何,内部也都存在争议。[25] 因此,对罪量要素范围的认识,首先涉及从哪个视角出发进行研究的问题。

我国传统的刑法理论认为,犯罪的本质特征在于一定的社会危害性,犯罪是由客体、客观方面、主体、主观方面四个要件组成的。这种认识虽然描述了罪量要素的部分特征,但并未揭示其本质特征。其一,社会危害性本身就具有概念不清、指称不明、价值色彩过浓的不足,内涵过于宽泛模糊,在判断上还具有综合性、整体性的特征。[26] 将社会危害性作为罪量要素的本质特征,会使罪量要素原本的模糊性愈加严重。其二,平面耦合式的四要件犯罪构成体系,更不可能作为判断罪量要素范围的实质根据。"四要件犯罪构成体系最大的弊端就在于对危害行为'贴标签',即在形式上简单判断是否具有犯罪构成四要件之后就根据社会危害性得出实质上构成犯罪的结论,而一旦到了罪与非罪的模糊不清的界点上,构成要件的标准机能便全无用场,用一种难以描述的对社会危害性的体验来裁决。"[27]这一弊端在对罪量要素范围的说明上表现得更为明显。例如,从四要件的犯罪构成体系出发,何以认为行为人罪前的一贯表现或罪后的悔罪表现可以作为罪量要素,从而影响定罪?行为人的罪前或罪后表现属于犯罪构成四要件中的哪一要件?可否将行为人的一贯表现作为说明行为人身份的要素?这是否符合刑法学界有关犯罪主体的一般认识?从有关学者的论述来看,并不能得出明确结论,最终还是求之于犯罪本质特征的社会危害性概念,陷入了循环论证。

(三)罪量包含反映违法与责任程度的所有要素

从犯罪本质特征的社会危害性出发,以主客观要件来建构犯罪构成体系,采用描述性的手法来认识犯罪,是以自然主义为导向的。[28] 但是,认识犯罪是一项在规范意义上进行的价值评价工作,这已成为世界范围内刑法学界的共识。"认识犯罪的过程应当是,一个行为首先产生了一种恶害,然后就该恶害能否用刑罚来谴责行为人。恶害的产生表明行为具有违法性,能够谴责行为人,表明行为人具有责任。犯罪的实体

---

[25] 从阶层的犯罪构成体系出发,我国亦有学者认为,"罪量要素是违法的程度要素,虽然大多数的罪量要素都是客观的违法程度要素,但有些主观的违法要素也决定了违法的程度"。同前注[1],第63页。
[26] 参见陈兴良:《社会危害性理论——一个反思性检讨》,载《法学研究》2000年第1期,第16页。
[27] 冯亚东:《理性主义与刑法模式》,中国政法大学出版社1998年版,第181页。
[28] 同前注[1],第62页。

应由违法和责任构成。"[29]违法与责任的分离是刑法解释学中犯罪论的关键,对认识罪量要素的范围也具有指导意义。以此为视角,表明罪量的要素是仅限于违法要素,还是也包括责任要素?是仅限于反映行为客观危害程度的要素,还是也包括反映行为人主观可谴责性程度的要素?这就成为确定罪量要素的范围不得不研究的问题。

很显然,从纯粹客观主义犯罪论的立场出发认为在犯罪成立与否的判断中不应包含主观不法要素的观点,是以德日等国家"立法定性、司法定量"的刑事立法模式为出发点的,主要是借鉴了德日等国家阶层式犯罪论体系的相关理论,即认为违法性判断是责任判断的前提,而"违法是客观的,责任是主观的",作为影响犯罪成立与否的罪量要素只能是影响违法性的客观不法要素。但是,由于刑事立法模式的不同,对于德日等大陆法系国家刑法理论的借鉴,就不能仅仅从形式的角度出发,认为在德日等国家认定犯罪成立与否时不需考虑的情节,在我国也不得作为定罪情节。

在"立法定性、司法定量"的刑事立法模式下,由于对犯罪成立与否只需进行"定性"的判断,而不需进行"定量"的判断。因此,应当认为在德日阶层式的犯罪论体系下,"违法性判断是责任判断的前提"仅仅是就违法性判断与责任判断的"有无"而言的,而不涉及违法性判断与责任判断的"程度"问题,即在符合构成要件的前提下,行为具有违法性的,才可能进一步判断可否对行为人进行谴责;如果行为不具有违法性,则不可能对行为人进行谴责。但这并不意味着在违法性与责任的有无判断之后,在进行刑罚裁量时,也认为"违法性判断是责任判断的前提",即违法性程度高的,有责性程度也高;违法性程度低的,有责性程度也低——不论从德日等国家违法性本质之规范违反说或法益侵害说,责任本质之行为责任论、性格责任论或人格责任论出发,还是从我国犯罪本质特征之社会危害性与人身危险性之争议出发,均认为行为的客观危害程度与行为人的主观可谴责性程度存在一定程度的分离,行为的违法程度低的,行为人的可谴责性程度可能较高,行为的违法程度高的,行为人的可谴责性程度也可能较低。

因此,在"定性+定量"的刑事立法模式下,对影响犯罪成立罪量要素范围的确定,应以实质判断为视角。只要能够影响违法性与有责性程度的情节,能够说明行为的法益侵害性(或社会危害性)大或者行为人的有责性(或可谴责程度)高的情节,即使在德日等大陆法系国家不是作为定罪情节,在我国也有可能作为影响罪量的情节而具有积极入罪功能。换言之,即使某一行为的客观危害程度较小,也有可能因为行为人较大的主观可谴责性,而使行为的危害程度整体上达到应受刑罚惩罚的程度。

四、罪质、罪量双层次犯罪构成体系之构建

我国刑法学界有关罪量问题的讨论,主要是以比较法为视角展开的,是在"立法定

---

[29] 张明楷:《以违法与责任为支柱构建犯罪论体系》,载《现代法学》2009年第6期,第45页。

性、司法定量"和"定性+定量"两种刑事立法模式相比较的基础上进行的。既然如此,完全可以将犯罪构成要件分为反映社会危害性"质的构成要件"和体现社会危害性"量的构成要件"两部分。"立法定性、司法定量"刑事立法模式下的犯罪构成要件指的就是"质的构成要件","定性+定量"刑事立法模式下的犯罪构成要件则指的是"质的构成要件"和"量的构成要件"的统一。正如有学者所指出的,"任何犯罪,既包含法益侵害性,又包含法益的侵害程度。也就是说,任何犯罪都是质与量的统一";"从逻辑上说,判断一个行为是否构成犯罪,既要进行定性判断——行为是否符合刑法规定的某一犯罪类型的构成要件,又要进行定量判断——行为对法益的侵害程度是否达到应受刑罚处罚的程度"[30]。

我国"定性+定量"的刑事立法模式,将反映社会危害性"质的构成要件"和体现社会危害性"量的构成要件"一体化,罪量要素的模糊性、综合性等特点,无疑将导致构成要件实质化解释的结果。[31] 但是,在刑事立法对罪量要素的规定具有一定程度的不明确性,司法实践对罪量要素的积极评判尚缺乏有效制约机制的情形下,构成要件的实质化解释可能导致一般违法行为与刑事犯罪行为的界限愈加模糊,刑法的人权保障功能极其容易受到破坏。只有区别反映社会危害性"质的构成要件"和体现社会危害性"量的构成要件",坚持罪质、罪量双层次犯罪构成体系,在"质的构成要件"的基础上,坚持构成要件的形式化解释[32],赋予罪量在犯罪构成体系中独立的地位,"让上帝的归上帝、恺撒的归恺撒""各司其职、各尽其责",才能在刑法的法益保护机能和人权保障机能之间觅得平衡,妥善解决罪量要素在犯罪构成体系中的地位和作用问题。

(一)"量的构成要件"是成立犯罪未遂的必要要件

在我国"定性+定量"的刑事立法模式下,罪量要素的缺失意味着犯罪的不成立还是仅仅意味着犯罪既遂的不成立,刑法学界对此争议较大。以"数额较大型"盗窃罪为例,当盗窃数额未达到较大的标准时,我国刑法学界有的学者认为此时不构成犯罪,而

---

[30] 同前注[8],沈海平文。
[31] 参见张明楷:《实质解释论的再提倡》,载《中国法学》2010年第4期,第49页;刘艳红:《走向实质解释的刑法学——刑法方法论的发端、发展与发达》,载《中国法学》2006年第5期,第170页;唐稷尧:《罪刑法定视野下犯罪成立要件的实质化》,载《现代法学》2004年第3期,第112页;王昭振:《犯罪构成视野中定量因素研究》,载《中国刑事法杂志》2006年第3期,第31页。
[32] 参见陈兴良:《形式解释论的再宣示》,载《中国法学》2010年第4期,第27页;劳东燕:《刑法解释中的形式论与实质论之争》,载《法学研究》2013年第3期,第139页;陈小彪、田文军:《论形式解释论的坚守——基于理论与现实的双重考量》,载《西南民族大学学报(人文社会科学版)》2015年第2期,第98页。

有的学者则认为此时只是不成立盗窃既遂,还是有可能构成盗窃罪(未遂)的。[33] 导致这一问题的根源,在于将犯罪既遂、未遂的认定同"量的构成要件"的判断完全混为一谈,没有赋予罪量要素在犯罪既遂、未遂认定中的独立地位。

在"立法定性、司法定量"的刑事立法模式下,并不需要考虑罪量要素的积极入罪功能问题,犯罪既遂、未遂的认定也就不涉及罪量要素的判断问题——只要实行行为完成或者导致的危害结果发生的,即构成既遂;行为未完成,或结果未发生的,则是未遂。而在"定性+定量"的刑事立法模式下,犯罪成立与否的判断,均需要积极考虑罪量的要求,不论既遂或未遂。因此,"有必要区分行为未遂与犯罪未遂两个概念,只有具有刑事可罚性的行为未遂才是犯罪未遂"[34];"构成要件规定区别于构成要件该当行为的可罚性规定,未遂构成要件未必是可罚的构成要件"[35]。换言之,在"定性+定量"的刑事立法模式下,对于行为既遂、未遂的认定,应以"质的构成要件"是否齐备为要件;而对犯罪既遂、未遂的认定,是在行为既遂、未遂认定的基础上,进一步考量犯罪构成"量的构成要件"的结果。不论是犯罪既遂,还是犯罪未遂,均需达到犯罪成立的罪量要求。

但是,需要注意的是,如前文所述,我国刑法分则中有关罪量要素的规定主要体现在数额、后果和情节三个方面。在犯罪未遂的情形下,"数额较大""后果严重"这些表征社会危害性最为明显的罪量要素并未发生,只能通过寻找其他可能表征社会危害性程度的因素,作为判断该行为未遂是否已经达到应受刑罚处罚性的标准。[36] 如此理解,既符合我国相关司法解释的规定[37],也可以在一定程度上缓解将明确的数额和后果标准作为犯罪构成要件要素带来的法条适用僵化问题,有利于公平正义的实现。[38]

---

[33] 参见唐世月:《数额犯论》,法律出版社 2005 年版,第 117—119 页;张勇:《犯罪数额研究》,中国方正出版社 2004 年版,第 92 页;刘之雄:《数额犯若干问题新探》,载《法商研究》2005 年第 6 期,第 74 页;于志刚:《关于数额犯未遂问题的反思》,载赵秉志主编:《刑法论丛》(第 21 卷),法律出版社 2010 年版,第 62 页。

[34] 王志祥:《犯罪既遂新论》,北京师范大学出版社 2010 年版,第 253 页。

[35] 郑逸哲:《修正构成要件》,载《月旦法学教室》2006 年第 49 期,第 82 页。

[36] 参见王强:《罪量因素:构成要素抑或处罚条件?》,载《法学家》2012 年第 5 期,第 20 页。

[37] 例如,2001 年 4 月 9 日发布的最高人民法院、最高人民检察院《关于办理生产、销售伪劣商品刑事案件具体应用法律若干问题的解释》第 2 条第 2 款规定,"伪劣产品尚未销售,货值金额达到刑法第一百四十条规定的销售金额三倍以上的,以生产、销售伪劣产品罪(未遂)定罪处罚";2013 年 4 月 2 日发布的最高人民法院、最高人民检察院《关于办理盗窃刑事案件适用法律若干问题的解释》第 12 条规定,"盗窃未遂,具有下列情形之一的,应当依法追究刑事责任:(一)以数额巨大的财物为盗窃目标的;(二)以珍贵文物为盗窃目标的;(三)其他情节严重的情形";2011 年 3 月 1 日发布的最高人民法院、最高人民检察院《关于办理诈骗刑事案件具体应用法律若干问题的解释》第 5 条第 1 款同样规定,"诈骗未遂,以数额巨大的财物为诈骗目标的,或者具有其他严重情节的,应当定罪处罚"。

[38] 不同于数额和后果作为罪量要素的明确性,情节由于其综合性和概括性,具有一定程度的不明确性,是否以及如何区别作为既遂形态的情节严重或情节恶劣与作为未遂形态的情节严重或情节恶劣,具有进一步探讨之必要。

(二)"量的构成要件"并不是犯罪故意的认识内容

在"立法定性、司法定量"的刑事立法模式下,犯罪故意的成立只需要行为人认识到行为的性质及其产生的危害结果即可,并不需要对罪量要素的认识;而在"定性+定量"的刑事立法模式下,为了解决罪量要素在罪责原则中的贯彻难题[39],我国刑法学界提出了形形色色的观点。如"复合罪过说"[40]"客观处罚条件说"[41]"客观的超过要素说"[42]"区别对待说"[43]等。但是,"复合罪过说"认为一个犯罪行为的主观罪过形式既可能是故意,也可能是过失,不符合我国刑法关于故意犯罪、过失犯罪的明文规定;"客观处罚条件说"和"客观的超过要素说"不符合责任主义原则的要求,导致偶然责任或者结果责任;"区别对待说"将罪量要素割裂开来,不作为一个整体看待,导致认定上的混乱,徒增司法适用的难题。导致这一问题的根源,在于对"质的构成要件"和"量的构成要件"在犯罪构成体系中的地位和作用没有一个清晰的认识。

在"立法定性、司法定量"的刑事立法模式下,一方面,立法者在规定犯罪时,只对行为性质进行考察,不作任何量的规定,法律规范明确,犯罪种类繁多,这就在客观上做到了"预先晓谕",给予公民以"预测的可能性";另一方面,定罪权限留给司法人员,是否给予刑事处罚、给予何种性质的刑事处罚、给予何种程度的刑事处罚,则由法官定量处理,法官的这种处理只是在构成犯罪的前提下进行的。既然立法上有诸多规范明确的罪名已经"晓谕",公民就应该避免触犯,否则,企望法官在定量上"手软",毕竟不是良策,也不会给公民权利造成侵害。[44]

因此,在"立法定性、司法定量"的刑事立法模式下,犯罪故意的成立只需要行为人对行为的性质具有认识即可,并不需要认识到行为的具体危害程度。

"法律作为行为规范,其作用主要是引导国民的行为方向,即规定什么样的行为是被允许的,而什么样的行为是被禁止的。这种评价只能是对行为性质的评价,而不是对行为程度的评价。当然,任何行为都有程度的差别,但这种差别只是量差而不是质差,这种量差不能改变行为的性质。"[45]因此,在犯罪成立的认定过程中,"质的构成要

---

[39] 罪责原则在罪量要素中的贯彻难题主要针对的是故意犯罪。下文如无特殊说明,所述内容均以故意犯罪为视角。
[40] 同前注[6],第38页;王安异、毛卉:《我国刑法中的复杂罪过研究》,载《法学评论》2005年第6期,第26页。
[41] 参见熊琦:《论我国刑法的一个体系性困境——以中德刑法比较为视角》,载《武汉大学学报(哲学社会科学版)》2008年第4期,第549—551页。
[42] 参见张明楷:《"客观的超过要素"概念之提倡》,载《法学研究》1999年第3期,第27页。
[43] 同前注[36],第14页;王莹:《情节犯之情节的犯罪论体系性定位》,载《法学研究》2012年第3期,第143页。
[44] 参见李国如:《罪刑法定原则视野中的刑法解释》,中国方正出版社2001年版,第101页。
[45] 李洁:《中日刑事违法行为类型与其他违法行为类型关系之比较研究》,载《环球法律评论》2003年第3期,第287页。

件"和"量的构成要件"所发挥的功能并不相同。"质的构成要件"作为个罪行为类型化的征表,是从合法与违法的行为类型区分意义上作为犯罪成立要件的,限定公权力介入的领域范围;而"量的构成要件"是在违法行为类型确定的基础上,从刑事犯罪与行政违法的行为程度区分意义上作为犯罪成立要件的,是公权力处置的内部分工(刑事处罚抑或行政处罚)的标准。[46]

法律作为指引人们行动的规则,为了向国民明示行为基准,法规范必须统一地向国民宣告什么样的行为是被允许的,什么样的行为是被禁止的。至于视为违法的行为会带来什么样的法律后果,应由各个具体的法律领域根据其目的、政策的考虑分别加以决定。[47] 在我国"定性+定量"的刑事立法模式下,实行"刑事处罚+行政处罚"二元制裁机制,刑事犯罪行为与行政违法行为之间具有"质的同一性",违反刑事或行政法律规范的行为究竟会导致行政处罚还是刑事处罚,并不属于行为人主观认识的内容,行为人只需要认识到自己实施了违反法律规范的行为即可——行为人只要认识到自己的行为可能违反法律规范,就应该避免。由此可见,在罪质、罪量双层次犯罪论体系下,"质的构成要件"主要发挥的是行为规范的功能,作为指引人们行动的规则,为国民明示行为基准;而"量的构成要件"体现的是司法人员有关社会危害程度的积极判断,发挥的是裁判规范的功能,涉及公权力配置的分工问题,体现的是一种社会政治评价,针对的对象主要是司法人员而不是行为人。因此,在"定性+定量"的刑事立法模式下,犯罪故意的认定,只需要行为人明知是在实施符合"质的构成要件"的行为,并希望或者放任危害结果的发生即可,对于"量的构成要件"则不需要有明确认识,更不需要行为人认识到自己的行为是违反刑法规范的。如此理解,既不会导致罪过形式判断上的混乱,又不违反责任主义原则,还有利于国民规范认同的养成,能够圆满解决罪量要素在罪责原则中的贯彻问题。

(三)"量的构成要件"并不决定共同犯罪的成立与否

犯罪成立"量的规定性"可能导致在二人以上共同实施[48]同一行为时,不同主体之间入罪标准的不一致。以一则盗窃案为例。被告人龙某,因实施盗窃行为分别于2013年12月10日和2014年3月14日被福建省漳州市龙文区公安局予以行政处罚;2015年1月1日凌晨3时许,被告人龙某伙同刘某(未曾受过刑事或行政处罚)窜至厦门市海沧区新垵村东社332号出租房门口,盗走被害人王某停放在此的一辆"新大洲"牌助力车。得手后,被告人龙某、刘某将车推离现场至新垵村东社社区服务站附近时

---

[46] 参见王强、胡娜:《罪量要素的价值属性在共犯中的运用》,载《中国刑事法杂志》2012年第12期,第15页。
[47] 同前注[13],第275页。
[48] 这里的实施应作广义理解,不仅包括狭义的实行行为,也包括教唆、帮助等共犯行为。

被巡逻民警发现,人赃俱获。经鉴定,被盗助力车价值人民币2700元[49]。在这种情况下,龙某和刘某是否构成共同犯罪?可否追究刘某盗窃罪的刑事责任?如果龙某教唆、帮助刘某实施该盗窃行为,或者刘某教唆、帮助龙某实施该盗窃行为的,是否会影响对刘某或龙某刑事责任的追究?

对此问题,我国刑法学界存在较大争议,主要有"主犯性质决定说"[50]"区别对待说"[51]"违法身份说"[52]"责任身份说"等[53]观点。但是,我国刑法规定的主从犯,是在已构成共同犯罪的基础上解决各共同犯罪人的量刑问题,以主犯的性质决定共同犯罪的性质,便是先确定量刑情节,后认定犯罪性质,违反了罪刑认定顺序,"主犯性质决定说"和建立在其基础上的"区别对待说"具有比较明显的缺陷。"违法身份说"和"责任身份说"建立在大陆法系共犯理论"违法是连带的、责任是个别的"基本立场之上,然而即使是在德日等大陆法系国家,何种身份是违法身份,何种身份是责任身份,为什么违法身份是连带的、责任身份是个别的等问题仍然存在极大争议;"违法身份说"和"责任身份说"也没有注意我国和德日等大陆法系国家刑事立法模式的不同。因此,这些学说难言妥当地解决了罪量要素在共同犯罪成立中的地位和作用问题。

在德日"立法定性、司法定量"的刑事立法模式下,刑事实体法采用"单纯的行为类型"的立法形式,并未对犯罪成立的定量要素进行规定,源自大陆法系刑法的共犯理论也就不会在共同犯罪的认定过程中考虑罪量要素的问题,罪量判断应当是在共同犯罪成立之后,对各个共犯人进行刑罚裁量的阶段才会考虑的。而在我国"定性+定量"的刑事立法模式下,符合构成要件的客观违法行为不仅包括特定的行为类型(罪质),也包括行为程度要素(罪量),将两者不加区分地均掺入到共犯理论的判断过程是否可行,不无疑问。例如,就共犯的成立,特别是就狭义共犯的从属性来说,在"定性+定量"的刑事立法模式下,是否要求正犯行为必须达到刑法分则构成要件规定的"量"的程度?换句话说,当正犯行为没有达到犯罪成立"量"的要求时,共犯行为可否达到犯罪成立"量"的要求,从而出现正犯行为仅仅属于违法行为,而共犯行为属于犯罪行为的现象?这一问题不得不引起我们的关注。

应当认为,在我国"定性+定量"的刑事立法模式之下,为了解决二人以上共同实施同一行为而入罪标准不一致的问题,"质的构成要件"和"量的构成要件"在共同犯罪认

---

[49] 根据2013年8月1日发布的福建省高级人民法院、福建省人民检察院《关于我省诈骗、盗窃刑事案件执行具体数额标准的通知》,盗窃罪"数额较大"的标准为3 000元。
[50] 参见周光权:《论身份犯的竞合》,载《政法论坛》2012年第5期,第125页。
[51] 同前注[46]。
[52] 参见田文军:《前科入罪:一种新的立法现象——以盗窃罪为例》,载《福建警察学院学报》2016年第2期,第14—15页。
[53] 参见郑善光:《"行政前科降格入罪"现象之质疑与检讨》,载《重庆大学学报(社会科学版)》2017年第2期,第111页。

定过程中的地位和作用也是不同的——对于共同犯罪成立与否的判断,应以犯罪构成"质的构成要件"为标准进行,主要解决各参与人归责的范围问题;在此基础上,针对各个参与人分别考虑犯罪构成"量的构成要件",最终决定各行为人的责任承担方式——刑事处罚抑或行政处罚、轻刑抑或重刑。[54]

以之为视角,就上述案例来说,龙某和刘某共同实施盗窃行为,虽然构成盗窃罪的共同犯罪(第一阶段:共同犯罪成立与否的判断,主要解决客观归责问题),但由于龙某受到行政处罚的事实,两者的入罪标准并不统一,龙某达到盗窃罪数额较大的罪量标准,应以犯罪论处(起主要作用的,以主犯论处;起次要或辅助作用的,系从犯,从轻、减轻或免除处罚);而刘某因未达到盗窃罪数额较大的罪量标准,不论在共同犯罪中起怎样的作用,都不能以盗窃罪论处,只能交由公安机关予以治安处罚(第二阶段:罪量要素的公权力处置判断,主要解决主观归责问题)。

五、结语

"立法实践才是第一性的,法律解释论是立法实践的认识范畴;法律解释应当是以立法实践为基础,特别是对现行法的解释,必须以现行法规范的实际内容为根据。"[55]在我国"定性+定量"的刑事立法模式下,对犯罪成立与否的判断应坚持罪质、罪量双层次的犯罪构成体系,"质的构成要件"和"量的构成要件"在犯罪构成体系中的地位和作用是不同的——"质的构成要件"解决犯罪成立与否定性的问题,"量的构成要件"则解决犯罪成立与否定量的问题;在"质的构成要件"判断的基础上,进一步综合判断行为的社会危害程度是否达到犯罪成立量的要求,因此,"量的构成要件"就不仅包含表明违法程度的要素,也包括表明责任程度的要素,不仅包含反映行为的客观危害程度的要素,也包含反映行为人的主观可谴责程度的要素。应当区分行为的既遂、未遂与犯罪的既遂、未遂,对于行为既遂、未遂的认定,应以"质的构成要件"是否齐备为要件,而对犯罪既遂、未遂的认定,是在行为既遂、未遂认定的基础上,进一步考量犯罪构成"量的构成要件"的结果;犯罪故意的认定,只需要行为人明知是在实施符合"质的构成要件"的行为,并希望或者放任危害结果的发生即可,对于"量的构成要件"则不需要有明确认识;在共同犯罪的认定中,以"质的构成要件"为标准解决各参与人归责的范围问题,在此基础上,针对各个参与人分别考虑犯罪构成"量的构成要件",最终决定各行为人的责任承担方式。

---

[54] 同前注[46],第18页。
[55] 马克昌主编:《犯罪通论》(第3版),武汉大学出版社1999年版,第658页。

实行行为的概念和意义[*]

马卫军[**]

要 目

一、问题所在
二、实行行为的概念
    (一)面临挑战的传统定义
    (二)应当坚持实行行为概念
    (三)形式意义与实质意义上的实行行为概念
    (四)如何理解实行行为概念
三、实行行为:贯穿整个犯罪论的一条红线
    (一)实行行为与因果关系
    (二)实行行为与犯罪未遂
    (三)实行行为与共犯
    (四)实行行为与原因自由行为
    (五)构成要件过早实现的问题
四、结论

摘 要 实行行为概念自产生以来,经历了从形式化到实质化的过程,被赋予了类型化、因果关系起点、区分预备与未遂和区分正犯与共犯等诸多功能,这反而使得实行行为概念不堪重负。尽管如此,实行行为不要说的理由并不成立,应当坚持"无实行行为则无犯罪",对实行行为的理解,依然需要从形式上和实质上进行把握。一方面,实行行为意味着在形式上符合构成要件的行为;另一方面,实行行为是类型化的具

---

[*] 本文为作者主持的 2016 年度国家社会科学一般项目"风险社会背景下被害人行为的刑法意义研究"(项目编号:16BFX087)的阶段性研究成果。感谢匿名评审专家的宝贵意见。论文写作过程中,得到黄继坤博士和马浩丹老师无私的帮助,与柏浪涛博士的交流启发了部分内容的调整与写作,特此致谢。当然,文责自负。

[**] 兰州大学法学院副教授。

有法益侵害的行为。应当规范地、功能性地理解实行行为,同时需要注意实行行为具有类型化和违法性提示功能两种不同的意义和面向。实行行为是贯穿犯罪论概念的一条红线。在犯罪论具体问题的解决上,实行行为如影随形。

关键词 实行行为　规范化理解　功能化理解　类型化功能　违法性提示

一、问题所在

自欧洲启蒙思想以降,犯罪是行为,法律不惩罚单纯意图的观念逐渐深入人心。[1]《法国刑法典》《德国刑法典》和《日本刑法典》使用"实行"一词后[2],德日等大陆法系国家逐渐形成了以实行行为为中心的犯罪论体系。法国学者认为,构成犯罪的事实要件,就是行为或事实,而非结果。[3] 在德国,随着立法对"以实行行为为中心的犯罪论体系"的确认。理论上,有从冯·李斯特等人的"形式统合模式"[4]到主流的"混合主客观理论"[5]的演进,并进一步为罗克辛的行为支配说提供了基础。[6] 在日本,实行行为概念,经历了从形式到实质理解的过程。[7] 我国通说持形式的实行行为概念。[8] 马克昌教授则认为,实行行为是"实施刑法分则所规定的直接威胁或侵害某种具体社会关系而为完成该种犯罪所必需的行为"[9],这是从形式和实质两方面来理解实行行为的。[10]

---

[1] 参见陈兴良:《刑法的知识转型(学术史)》,中国人民大学出版社2012年版,第39页。
[2] 1810年的《法国刑法典》,规定了"实行的开始",以此区分未遂与预备。1871年的《德国刑法典》第43条第1款与第47条分别使用了"实行"一词(其中一个是名词形式Ausführung,另一个是动词形式ausführen)。日本1907年新刑法在未遂与正犯两个场合引入了"实行"概念。
[3] 参见〔法〕卡斯东·斯特法尼:《法国刑法总论精义》,罗结珍译,中国政法大学出版社1998年版,第214页。
[4] 参见吕翰岳:《实行行为概念之解构》,载《北大法律评论》2016年第17卷第2辑,第122页。
[5] 参见〔德〕约翰内斯·韦塞尔斯:《德国刑法总论》,李昌珂译,法律出版社2008年版,第341页。
[6] 同前注[4],第125页。
[7] 率先将实行行为引入日本的,是小野清一郎教授。他认为,"构成要件的核心问题是行为"(〔日〕小野清一郎:《犯罪构成要件理论》,王泰译,中国人民公安大学出版社2004年版,第70页)。团藤重光博士的定型说继承、发展了小野的理论。主张实行行为是"该当构成要件的行为"(〔日〕团藤重光:《刑法綱要総論》,創文社1990年版,第139页)。随着实行行为概念的实质化,对于引起法益侵害的危险性的判断,有"基于事前判断的'行为危险说'"(〔日〕大谷實:《刑法講義総論(新版第3版)》,成文堂2009年版,第139页)和"基于事后判断的'结果危险说'"(〔日〕淺田和茂:《刑法総論(補正版)》,成文堂2007年版,第381—383页)的争论。
[8] 通说认为,"所谓实行犯罪,是实施符合刑法分则所规定的某种具体犯罪构成要件的行为"。参见高铭暄主编:《中国刑法学》,中国人民大学出版社1989年版,第173—174页;熊选国:《刑法中行为论》,人民法院出版社1992年版,第67页。
[9] 马克昌主编:《犯罪通论》(第3版),武汉大学出版社1999年版,第180页。
[10] 相似观点,参见何荣功:《论实行行为的概念构造与机能》,载《当代法学》2008年第2期,第32—40页;钱叶六:《犯罪实行行为着手研究》,中国人民公安大学出版社2009年版,第44页。

在认定犯罪之时,首先要明确回答"是否存在该罪的实行行为"这一问题。[11] 一般认为,实行行为具有构成要件定型性、未遂的起点和区分正犯与共犯的功能。由此,用实行行为来统合整个犯罪论、试图通过这一概念一劳永逸地解决犯罪论领域诸问题,也成为德日等大陆法系国家的一种流行做法。但是,近年来,质疑实行行为能否承担这一重负之声日益增多。在日本,自平野龙一开始,山口厚等一批学者纷纷批判实行行为概念,甚至有彻底否认该概念的观点。[12] 随着对日本学说的引介,我国也有学者立足于结果无价值论的立场,旗帜鲜明地主张实行行为不要说。[13] 实行行为概念是否已经完成了历史使命,开始"崩溃""解构",还是继续作为犯罪论的基石乃至中心在发挥着作用呢?

二、实行行为的概念

(一) 面临挑战的传统定义

对于实行行为,主要有"形式"定义和"形式+实质"定义两种方式。"形式"定义认为实行行为是符合构成要件的行为。西原春夫教授的"形式+实质"的定义[14]是日本的通说[15],也为我国一些学者所主张。[16] 该说首先将实行行为定义为"符合构成要件的行为",这是罪刑法定原则的当然要求[17];其次,在实质上,实行行为具备法益侵害危险的特质,并以作为(构成要件的形式是以禁止为内容之时)或者不作为(构成要件的形式是以命令为内容之时)的方式表现出来。[18]

传统理论认为,实行行为有犯罪类型化、因果关系起点、区分预备与未遂、区分正

---

[11] 相对于实行行为的概念,构成要件行为的概念可能更为精确,但是,如果承认客观归责理论,构成要件行为就是创设风险的行为,只要肯定实行行为有创设风险的性质,那么,该行为就应该进入犯罪客观构成要件判断的范畴,在这个意义上,实行行为概念和构成要件行为概念的含义是相同的。对某个行为是否属于实行行为的判断,就可以运用客观归责论中行为风险创设、实现风险和构成要件范围的相关下位规则来进行判断。鉴于此,本文使用实行行为这一概念。

[12] 参见〔日〕平野龙一:《正犯と实行》,载团藤重光主编:《佐伯千仞博士还历祝贺:犯罪と刑罚》(上),有斐阁1968年版,第453—462页;〔日〕山口厚:《問題探究·刑法总論》,有斐阁1998年版,第5页;另有高山佳奈子、岛田聪一郎等学者主张实行行为不要说。

[13] 同前注〔4〕,第116—150页;周啸天:《实行行为概念的批判与解构》,载《环球法律评论》2018年第4期,第99—119页。

[14] 参见〔日〕西原春夫:《犯罪实行行为论》,戴波、江溯译,北京大学出版社2006年版,第13页。

[15] 参见金光旭:《日本刑法中的实行行为》,载《中外法学》2008年第2期,第234页。

[16] 参见张明楷:《刑法学》(第五版),法律出版社2016年版,第144—145页;范德繁:《犯罪实行行为论》,中国检察出版社2005年版,第48页;何荣功:《实行行为研究》,武汉大学出版社2007年版,第21页;同前注〔10〕,钱叶六文,第44页。

[17] 同前注〔14〕,第13页。

[18] 同前注〔7〕,大谷实文,第139页。

犯与共犯等诸多功能。但是，试图通过"实行行为"这一概念毕其功于一役，解决犯罪论中的各种问题的做法，受到了强烈批判。山口厚教授称实行行为概念隐藏了背后的实质性问题，没有明确得出实体的价值判断就仓促推导出结论，是"黑盒子"。[19] 尽管"形式+实质"的实行行为概念，被广为接受，但是，从学术史看，危险概念在充实实行行为概念的同时，也带来了实行行为理论的危机。[20] 甚至有人认为，"一旦接受危险思维便将走向实行行为的崩溃"[21]，实行行为概念应当被解构。[22] 实行行为概念的弊端在于：(1)其定义颠倒了逻辑次序；(2)抽象地讨论实行行为，不具有对偶然性事件的出罪功能；(3)该概念中的因果关系认识不要说，与刑法关于故意的规定背离；(4)将实行行为作为因果关系的起点，有害于因果关系的判断；(5)实行行为不具备预备与未遂的界分功能；(6)实行行为不具备正犯与共犯的区分功能；(7)实行行为难以解决构成要件结果的提前实现问题；(8)实行行为难以赋予原因自由行为以可罚性根据；等等。[23]

(二) 应当坚持实行行为概念

"实行行为这一概念……非常重要。"[24]仅因为该概念功能太多，就简单地让它"崩溃""解构"，是不负责任的。当然，用一个实行行为概念来解决犯罪论的所有问题，并不妥当。但是，无论作为结果判断问题的预备与未遂的区分、犯罪支配问题的正犯与共犯的区分，还是相当性问题的因果关系、责任评价问题的原因自由行为，在做诸个别判断时，无不围绕实行行为展开，既然如此，抛弃实行行为概念意义何在？事实上，不要说实行行为概念"项庄舞剑，意在沛公"，他们"对行为无价值才是犯罪的核心内容这一传统的犯罪观所抱有的高度的警惕"[25]才可能是真正的问题所在。

1. 应当坚持"无实行行为则无犯罪"这一理念

近代以来，刑法理论都在致力于回答如何理解行为（Handlung）概念，即便一些学者认为行为毫无体系价值，权威学者依然认为："作为构成要件适度性、违法性和罪责的术语的连接点，行为概念看来是必不可少的。即使'刑法解释论的骰子'在行为研究

---

[19] 参见〔日〕山口厚：《刑法総論（補訂版）》，有斐閣2005年版，第45页。
[20] 参见陈家林：《外国刑法理论的思潮与流变》，中国人民公安大学出版社、群众出版社2017年版，第145页。
[21] 同前注[4]，第142页。
[22] 同前注[13]，周啸天文，第104—115页。
[23] 同前注[4]，第116—150页；同前注[13]，周啸天文，第99—119页。
[24] 〔日〕西田典之：《刑法総論（第2版）》，弘文堂2010年版，第82页。
[25] 同前注[15]，第245页。

的后期才能投下。"[26] 行为概念具有分类功能、定义功能和界限功能。[27] "刑法是一部行为刑法。"[28] "在现代刑法理论中,行为的至尊地位牢不可破。一切欲作为犯罪处理的对象,无不在行为的概念中找到其立身之地,否则就难以成立犯罪。"[29] "行为在刑法理论中至尊地位的确定是近代刑法的最大成就。"[30] 作为行为概念下的实行行为概念,当然也应当受到重视。成立犯罪,必须要有符合构成要件的行为(实行行为)。否则,即便产生了严重后果,也不能武断地得出犯罪成立的判断。为此,首先需要解决"本案是否存在符合构成要件的实行行为"这一问题。在这个意义上,实行行为是判断犯罪成立的"王牌"。如果在某一具体事实中,欠缺"典型事实"(il fatto tipico)中所要求的"典型行为"(La condotta tipica),即"符合"(integrazione)犯罪规范的人的举止的话,所谓的犯罪就无从谈起。[31] 在积极意义上,实行行为表现为犯罪类型化和连结不法与罪责阶层的功能;在消极意义上表现为一旦否定了实行行为,除非是那些法益侵害非常严重的预备行为,原则上就排除了行为的犯罪性。构成要件符合性中要判断是否存在实行行为,违法性阶层需要判断有无阻却实行行为的违法性,有责性阶层也需要判断针对实行行为的罪责,在这个意义上来讲,除预备犯外,无论是未遂犯还是既遂犯,无论是单独犯罪还是共同犯罪,无论是亲手犯还是间接正犯,一定会存在犯罪的实行行为。实行行为俨然已成为贯穿整个犯罪论的一根红线。[32] 实行行为不要论,无非是在形式上不要这个概念而已,除了"为赋新词强说愁"外,似别无贡献,但是,它所具有的冲击力和破坏力,却需要正视。

2. 实行行为不要说有可能会扩大犯罪圈,处罚一些不值得刑罚处罚的行为

为了弥补否定实行行为之后留下来的空缺,实行行为不要说论者提出,可由危害行为概念来承担犯罪类型化的功能,由因果行为来承担因果关系起点的功能。理由是,与《日本刑法典》不同,在我国,立法者并非有意要创造"实行行为"这个名词。而《刑法》第 13 条明确规定了承担犯罪类型化功能的是危害行为。该概念涵盖了《刑法》

---

[26] 〔德〕汉斯·海因里希·耶赛克、〔德〕托马斯·魏根特:《德国刑法教科书》(上),徐久生译,中国法制出版社 2017 年版,第 298—299 页。
[27] 同上注,第 299 页。
[28] 黄惠婷:《刑法案例研习(一)》,新学林出版有限责任公司 2016 年版,第 5 页。
[29] 陈兴良:《本体刑法学》(第三版),中国人民大学出版社 2017 年版,第 192—193 页。
[30] 同上注,第 194 页。
[31] "典型事实"(il fatto tipico)、"典型行为"(La condotta tipica),是意大利刑法学中的概念,这与构成要件事实和实行行为能够大体对应。参见〔意〕杜里奥·帕多瓦尼:《意大利刑法学原理》(注评版),陈忠林译评,中国人民大学出版社 2004 年版,第 113、118 页。本文认为,此处用这两个概念更为形象、更为令人印象深刻。
[32] 即便持实行行为概念不要说的山口厚教授,在最新的教科书中也有限度地承认了实行行为概念,认为在因果关系领域,"作为构成要件要素的因果关系,要求的是实行行为与构成要件结果之间的关系"。在这个意义上,实行行为具有作为因果关系起点的意义。参见〔日〕山口厚:《刑法总论(第 3 版)》,付立庆译,中国人民大学出版社 2018 年版,第 50 页。

分则十章中的大类行为,在章之下又有节所规定的类行为,各法律条文又规定了具体行为,这样,直接源自立法规定的危害行为就承担了犯罪类型化、个别化的功能。危害行为概念,包括了基本构成要件行为与修正的构成要件行为。在因果链条中,并非所有发生于结果之前的行为都是可归责的行为,因果行为论中的行为划定了归责的起点。在有回避可能性产生于行为人具有行为意思之际,此刻的行为就是因果关系起点的行为。[33]

但是,这种方法,难言成功。

首先,在犯罪类型化功能上,用危害行为来代替实行行为概念,并没有实质性的进步。周光权教授指出,由于危害行为概念比较笼统、比较含糊,所以,应当使用构成要件行为,而不是危害行为概念。[34] 实行行为不要说极力构建金字塔状的危害行为概念群,从抽象到具体,似乎能够凸显犯罪类型化功能,其实不然。而实行行为则通过形式意义与实质意义得以彰显,并且在阶层犯罪论体系中有着独特的体系地位。学者指出,对实行行为概念的理解,需要首先解决究竟是形式判断优先还是实质判断优先这一问题,而危害行为概念则不存在这个问题。[35] 在危害行为概念之下,就会有这种倾向,只要判定该行为对社会具有"危害性",那么,该行为就具有了类型化的功能。但问题是,从"危害行为就是对社会有危害的行为",能否必然推出"该危害行为就具有了犯罪的类型化的特质,因此,就有可能值得刑罚处罚"呢?这中间的确存在一定的思维跳跃和循环论证,因为,"社会危害性"概念原本就是十分空泛的,不能提供自身的认定标准。如果仅根据"社会危害性"就确定危害行为,显然会不当扩大处罚范围。为此,在解决"社会危害性"问题之时,又需要以刑事违法性作为认定社会危害性的标准,在这种情况下,就出现了循环论证的问题[36];即有社会危害性的行为是刑事违法行为(犯罪的类型化),有刑事违法性的行为就是具有社会危害性的行为。如此看来,以危害行为概念来代替实行行为概念,用危害行为来承担犯罪类型化的功能,本来就是一厢情愿。以所谓的立法语言来搪塞,是逃避问题而不是正视问题,是走回头路而不是向前探索。在法律上,没有构成要件这一规定,构成要件概念,完全属于一个学理上的概念,但这不妨碍构成要件为学界所接受。以法学是本土性实践知识为由,认为危害行为代替实行行为,既有利于刑法知识生产的本土关照,又能够减少概念泡沫,廓清知识体系的想法[37],可能过于乐观了。正如所言,从危害行为到实行行为的转变,不仅仅是一个概念表述问题,而是浸入了对刑法上行为的不同理解。刑法教科书中实行行为概念的确立,表明我国刑法学逐渐地从苏俄刑法学的"危害行为"的桎梏中摆脱出来。

---

[33] 同前注[13],周啸天文,第 115—117 页。
[34] 参见周光权:《刑法总论》(第 3 版),中国人民大学出版社 2016 年版,第 102 页,脚注。
[35] 参见陈兴良:《刑法的知识转型(学术史)》(第二版),中国人民大学出版社 2017 年版,第 74 页。
[36] 参见陈兴良:《刑法的知识转型(方法论)》(第二版),中国人民大学出版社 2017 年版,第 196 页。
[37] 同前注[13],周啸天文,第 117 页。

吸收德日关于构成要件行为的学术资源,推进了我国刑法学中的行为理论的发展。正如陈兴良教授所言,"从危害行为到实行行为,这样一条清晰而明快的演进线索,使我的学术史的目光为之一亮,这不是一种'发现',而是活生生的'在在',这也是历史的魅力"[38]。

其次,由因果行为论来承担因果关系起点的功能,在理论上是倒退,在实践上可能会扩大处罚范围。因果行为论将行为理解为一种自然意义上的因果事实,作为生理的、物理的过程来把握。因果行为论有自然行为论和有意行为论两种学说。前者认为,行为是纯粹的包括身体"动"与"静"的肉体外部动作。这种动作是否有意识支配,该意识的内容是什么,属于责任的内容。因此,睡梦中的举动、单纯的反射性动作都是行为。后者认为,行为是在行为人意识支配下,表现在外的一种因果现象。行为是意识、身体动作、结果这一系列的必然发展过程。行为包括两个要素:一为有意性,一为有体性。该说将思想与单纯的反射举动排除在行为之外,实现了行为概念的诸多机能。实行行为不要说,应该是有意行为说。[39]

但是,第一,有意行为说的问题点在于仅仅说明行为需要意识,但没有说明意识的内容是什么,意识与意识的内容相分离,行为概念就成了毫无内容的、空洞的、抽象的概念。这难以说明过失的不作为犯。第二,将行为概念抽象化之后,就会出现结果也包括在行为概念中的情况,导致行为概念难以发挥界限机能。[40] 第三,"从纯粹因果关系观察角度出发的行为理论,由于没有能力把握人的活动所具有的这些个人的和社会影响上的含义,因此不足为论"[41]。第四,有意行为说也会出现因果关系起点难以判断的问题。在因果关系起点问题上,实行行为不要说提出"结果回避可能性"的概念,主张"在具有行为意思的那一刻,法益侵害的危险才产生,刑法才期待行为人避免结果的发生,在行为人能够避免结果而并不避免结果之际,结果便可归责于行为人"[42]。但是,能够避免结果的前提在于行为人知道或者可能知道自己行为的社会意义(即可能侵害法益),否则,何谈"结果回避可能性"呢?再则,在知道能够避免结果的场合,也会出现究竟哪个行为才是作为归责起点行为的问题。如甲站在自家房顶,发现邻居乙锁门外出,便起意盗窃乙家财物。在此过程中,从发现乙出门那一刻起甲就有了行为意思,甲从房顶上下来,向乙家走时,就应当具有了"结果回避可能性",按照实行行为不要说的逻辑,此刻就应当被认定为因果链条的归责起点。如此,设若行为就此停止,对于乙家财物已存在了抽象的危险结果,就有了结果样态。按照实行行为不要说的观点,"在锁定了结果样态之后,结果与行为之间是否有因果关系,则属于相

---

[38] 同前注[35],第 70 页。
[39] 同前注[13],周啸天文,第 117—118 页。
[40] 同前注[16],张明楷文,第 141 页。
[41] 同前注[5],第 47 页。
[42] 同前注[13],周啸天文,第 118 页。

当因果关系或者结果归责问题,而不变的是位于因果链条开端的作为归责起点的行为,即受行为意思所支配的身体动静"[43]。既有因果行为论意义上的行为,又有抽象的危险结果,同时又能够归责的场合,当然就可以处罚甲向乙家靠近的行为,显然,这种结论,意义有限。同样地,在甲撬乙家房门、进入乙家、寻找财物、拿上财物和离开乙家等行为中,随时都有"结果回避可能性",这样的话,这些行为都具有作为因果链条之归责起点的作用,都具有社会危害性,如果将这一系列行为都纳入危害行为考虑的话,才是真正地"徒增概念泡沫"了。因此,实行行为不要说的观点,既无法完成构成要件的类型化指引,也无从确定归责的起点,反而使得处罚范围漫无边际。

3. 实行行为不要说会导致刑法行为规范功能的丧失

作为行为规范,刑法是通过某种规范来禁止或指导人们的行为,进而达到对法益的保护。刑法规定某种犯罪与刑罚,不是仅指示对于违法者的行为如何评价,然后再反过来规制行为,而是先规定某种行为规范,让人们依照规范行事,从而保护法益。按照实行行为不要说,在 A 明确认识到 B 是人而开枪射击之时,A"有意性"的射击行为就是因果链条的归责起点,此时,这种具有"有意性"的射击行为因有剥夺他人生命的特质而被法律所禁止,这样,刑法的行为规范机能会得到彰显。同样地,如果在 A 误认为 B 是熊而射击的场合,因为 B 被射杀的危险是客观存在的,也会得出 A 的具有"有意性"的射击行为是因果链条的归责起点。[44] 既然两种情形下的法律效果是一样的——B 的死亡都能够归责于 A,那么,就满足了构成要件符合性。而这两种情形下都没有违法阻却事由,因此,就可以得出 A 的行为违法的结论。至于是故意的责任、过失的责任抑或没有责任,则交给责任论和错误论进行判断。但无论如何,在具有违法性的情况下,两种行为都应当被法律所禁止,这是实行行为不要论者的当然理论归结。这就使对那些导致意外事件的行为,也为刑法规范所禁止,即便行为人已经非常谨慎地对自己行为的可行性进行了审查判断。如此就会出现"最好什么事都别做,否则你的行为会被刑法评价为违法的"这种不良现象,从而使得为刑法所彰显的"哪些行为该做,哪些行为不该做"的行为规范功能丧失殆尽,国民时刻处于不知所措的状态之中。事实上,在行为规范功能的发挥上,必须结合行为人对于法规范的态度认真甄别。刑法规范必须表明,如果行为人在"敌视法规范"和"忽视法规范"的态度之下,实施某种具有法益侵害导向性的行为,就会受到刑法的否定性评价,除此之外,国民就可以实施他想要实施的任何行为。这样,刑法指引一般人的行为规范功能就得以发挥。

4. 实行行为不要说会导致刑法裁判规范的功能无所适从

按照实行行为不要说的观点,对于发现邻居外出而盗窃邻居的案例,从"结果回避

---

[43] 同前注[13],周啸天文,第 118 页。
[44] 同前注[13],周啸天文,第 118 页。

可能性"来看,行为人"有意识地"实施了从自家向邻居家走近、打开邻居家门、进入邻居家、物色财物、拿上财物、走出邻居家和回到自家等一系列行为,既然都是"有意识的行为",都是有"结果回避可能性"的行为,那么,它们都应该作为因果关系起点的行为,都应当受到刑法的否定性评价。这样,法官必须要一一评价这一系列行为,自然就会眉毛胡子一把抓,导致裁判规范功能的发挥无所适从。而按照实行行为必要说的观点,行为人实施的哪个行为是符合构成要件,是具有法益侵害迫切危险的行为,才是裁判规范评价的重心所在。

这样看来,实行行为对于裁判者的指引功能或者说刑法的裁判规范功能必须被重视。当然,这里涉及"危险"判断的问题。"危险概念是一个危险的概念。"[45]"危险"究竟应该是主观意义上的危险(可被感知的危险),还是客观意义上的危险(自然科学意义上的危险)。"危险"究竟是以"一般人的认识"为标准来判断(一般人标准),还是以数学上的"概率"为标准来判断(概率论)。不是没有争议。

这里会涉及刑法中主观与客观这对概念。在客观主义盛行的当代,一提主观,刑法学人就会本能地持怀疑乃至反感的态度。而刑法往往会因为一系列主客观理论的纠葛,使人"感到十分受折磨而认为:刑法理论不过是一连串的'主观与客观的迷思'"[46]。但是,以上主观意义上的危险、客观意义上的危险,一般人的认识、概率论,实际上是根据一般经验还是科学知识来判断危险的问题。对此,可能有"主观意义上的危险是主观的,而不是客观的判断"这种说法。但是,这种贴标签式的看法,并不妥当。因为,无论是一般人的认知还是个别人的认知,其实是不同层级上的客观标准。从刑法规范性评价的角度,这些都必须依据法规范目的的决定界限来进行,在这个意义上,不可能不是客观标准。只不过,"在不法的领域和罪责的领域,都有一般客观判断和具体客观判断的区别,而顾及行为人主观面的检验,会改变判断范围,即判断层级,可能影响判断结论的是判断对象在行为的主观面或客观面"[47]。在这个意义上,那种以一般人的认知是不科学的为由来反对"类型性",进而否定实行行为概念的做法,并不妥当。以自然科学意义上的不以人的认识为转移的客观危险来否定实行行为概念,则是以固定化、公式性的精确数理定律或者模式来解决刑法问题的努力,这种精神值得赞赏,但是,却忽略了人文社科领域与数理领域的问题存在本质性不同。在人文社科领域,多涉及价值判断,即便是"风险"这个概念,也带有价值判断的内容。一旦是刑法上有意义的"风险",则意味着该"风险"极有可能会因其具有"负价值"而被刑法所反对或者极力避免。但是,刑法中"危险"的判断,实际上就是一种经验判断。基于人类理性的有限性,"经验永远不赋予自己的判断以真正的或者严格的普遍性,而

---

[45] 木村龟二语,转引自张明楷,见前注[16],第166页。
[46] 许玉秀:《当代刑法思潮》,中国民主法制出版社2005年版,第436页。
[47] 同上注,第440页。

是只赋予它们以假定的、相对的普遍性（通过归纳），以至于原本就必须说：就我们迄今为止所觉察到的而言，这个或者那个规则还没有发生例外"[48]。同时，价值判断，因人而异、因地不同，本质上是一种"或多或少"的关系。相反地，自然科学的数理逻辑在其自身中包含着作为先天的综合判断。在数理逻辑看来，"在形体世界的一切变化中，物质的量保持不变；……在运动的传递中，作用和反作用在任何时候都必然彼此相等。……不仅必然性、从而其先天的起源，而且它们是综合的命题，这都是清楚明白的"[49]。自然科学的判断，本质上与价值无涉，大多是要么这样，要么那样的"零和关系"。以概率论或者自然科学意义上的危险来代替刑法上的危险，显然是将自然科学的思维方式生硬地套用到具有人文社会科学特征的法学上了。"人们从科学理论中获知，不能单以自然科学的标准和范畴，去观察和批判世界。人们甚至发现，即便在自然科学领域，也不可能处处排除知识的主体性。这尤适于也包括法学在内的理解性科学。"[50]应当看到，自然科学的逻辑属于存在逻辑上的概念，是在自然性的存在逻辑意义上使用的，自然科学意义上得出的结论，并不总能够当然适用于法律评价性的规范逻辑上面。诡异的是，在因果关系"相当性"的论述上，实行行为不要说认为"相当性"就是指通过因果关系引起结果的现实可利用性。对某行为施加刑罚的前提是有一般预防的必要，即"行为与结果之间的因果关系具备现实上的再次利用可能性"[51]，只不过是对实行行为肯定说的复述而已。

刑法中的实行行为具有法益侵害导向性，不具有法益侵害导向性的行为，不是犯罪的实行行为。[52] 刑法之所以将特定行为规定为犯罪，就是因为其具有为刑法所反对的结果之反复实现可能性。对于诸如"雷雨案"等实行行为成问题的场合，鉴于日常的劝说他人在雷雨天气到森林里散步的行为，不是风险创设行为，当然就否定了行为的实行性。在劝说行为不符合构成要件的前提下，当然就没有预防的必要性。刑法"相当性"的判断，一定要结合实行行为与侵害结果展开。实行行为、侵害结果与因果关系这三个概念，从来都不是井水不犯河水、老死不相往来的，既然如此，脱离实行行为来判断所谓的"相当性"，就成了无本之木，没有任何意义。

（三）形式意义与实质意义上的实行行为概念

传统学说的实行行为概念，应当得到赞同。对实行行为的理解，依然需要从形式上和实质上进行把握。一方面，实行行为意味着在形式上符合构成要件的行为；另

---

[48] 〔德〕康德：《纯粹理性批判》（注释本），李秋零译注，中国人民大学出版社2011年版，第30页。
[49] 同前注[48]，第40页。
[50] 〔德〕阿图尔·考夫曼、〔德〕温弗里德·哈斯默尔主编：《当代法哲学和法律理论导论》，郑永流译，法律出版社2002年版，第51—52页。
[51] 同前注[13]，周啸天文，第108页。
[52] 参见周光权：《新行为无价值论的中国展开》，载《中国法学》2012年第1期，第179—180页。

一方面,实行行为是类型化的具有法益侵害的行为。

1. 形式意义上的实行行为概念

从形式上来讲,实行行为是符合构成要件的行为,这是罪刑法定原则的要求,不应有任何疑问。无论是否承认实行行为概念,都不能否认,故意杀人罪一定要有"杀人行为",盗窃罪一定要有"窃取行为"。杀人行为抑或窃取行为,都是对于一定的行为类型的描述。处罚"杀人行为"或者"窃取行为",既不是泛泛地规定对"危害行为"予以处罚,也不是非常具体地规定对"用刀子杀人的行为"或者"进入被害人家中拿走他人的财产的行为"才予以处罚。在这个意义上,实行行为概念的形式界定意义不容忽视。[53] 只要能够认定存在特定犯罪的实行行为(类型化行为),基本上就完成了大部分构成要件符合性的判断。

而实行行为不要说认为,实行行为概念在我国没有立法上的根据[54],将实行行为定义为"符合构成要件的行为",具有颠倒入罪判断逻辑顺序的嫌疑。因为构成要件符合性是入罪判断的第一道工序,作为评价行为是否为犯罪行为的标准。先有评价标准,后有评价结论才是正常的逻辑次序,在构成要件符合性尚未确定的情况下,就已经有了具有符合构成要件的实行行为,显然并不妥当。如果在构成要件符合性待定之际,就要得出实行行为存在的结论,那么,只能根据一般人通常的想法或者根据刑法条文的通常含义得出,但这可能流于恣意。[55] 评价标准要先于评价结论,在构成要件符合性尚未确定之时,就已经确定了实行行为,这颠倒了入罪判断的逻辑次序。[56]

这种批判是没有道理的。不能否认,在构成要件符合性的判断当中,当然先要有评价标准,这个评价标准是由《刑法》分则条文中各罪名的罪状确定的,其中就有关于行为符合构成要件的标准。而在实践中要完成一个构成要件符合性的判断,首先要判断是否为行为,只有确定了是刑法上有意义的行为之后,再来对照罪状的规定,看是否具备了符合该罪状所确定的行为特点和要素,如果满足了,则得出这是某个犯罪的实行行为的结论。[57] 对于实践中某行为是否符合构成要件的审查判断,可参见下图。[58]

那种所谓的对实行行为形式概念的批判,实际上无视行为是否符合构成要件的审查次序与逻辑进路,所谓的颠倒逻辑次序,根本不存在。因为,在构成要件符合性之前

---

[53] 同前注[15],第234页。
[54] 同前注[15],第143页。
[55] 同前注[15],第105—107页。
[56] 同前注[15],第105页。
[57] 当然,在得出这个结论之际,一定有实质化的判断,而不仅仅是依靠实行行为的形式化定义完成,只不过为了论述的方便,这里做出了一般性说明。
[58] 本图表参考了林钰雄教授的成果。参见林钰雄:《新刑法总则》,元照出版公司2019年版,第122页。

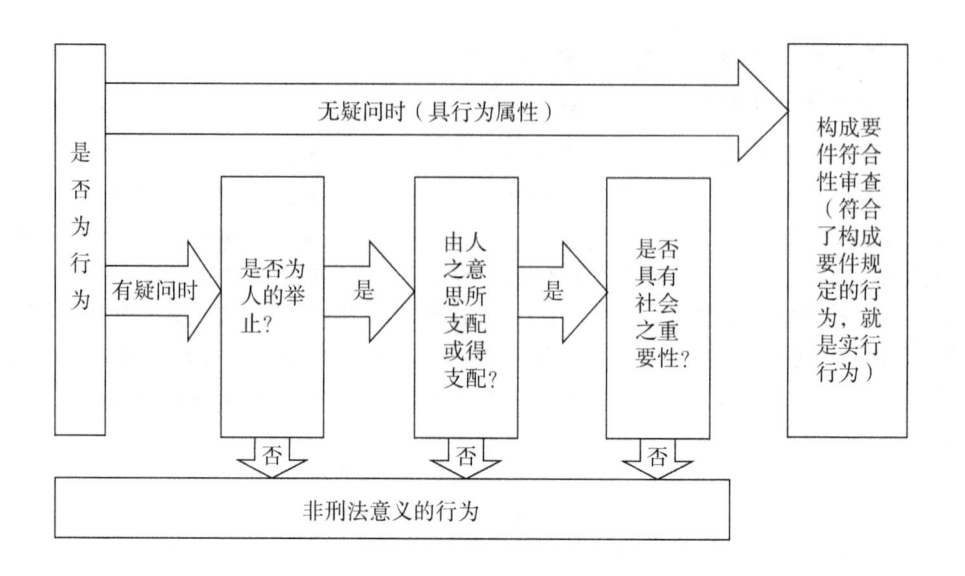

```
┌─────┐  无疑问时（具行为属性）                              ┌─────┐
│是否 │ ═══════════════════════════════════════════════════>│构成要│
│为行 │                                                      │件符合│
│为   │ 有疑问时 ┌────┐ 是 ┌────┐ 是 ┌────┐              │性审查│
│     │ ════════>│是否│═══>│由人 │═══>│是否│              │(符合 │
│     │          │为人│    │之意 │    │具有│              │了构成│
│     │          │的举│    │思所 │    │社会│              │要件规│
│     │          │止？│    │支配 │    │之重│              │定的行│
│     │          │    │    │或得 │    │要性│              │为，就│
│     │          │    │    │支配？│    │？  │              │是实行│
│     │          └────┘    └────┘    └────┘              │行为) │
└─────┘            │否        │否        │否              └─────┘
                   ▼          ▼          ▼
          ┌────────────────────────────────────┐
          │        非刑法意义的行为              │
          └────────────────────────────────────┘
```

的行为具有独立的体系地位，它将值得纳入刑法评价视野的行为挑选出来，作为犯罪构成要件的考察对象，这样，刑法实行行为的判断以行为的特定为前提，犯罪论体系沿着"行为的特定—构成要件符合性—违法性—有责性"这种顺序展开，就能够避免沿着实行行为的进路出发，选定刑法上的行为这种颠倒逻辑次序的批判，回避循环论证的逻辑错误。[59] 进而，在构成要件符合性待定之际，根据一般人的"通常"想法或者刑法用词"通常"含义的解读，直接得出某行为是符合某一构成要件的结论，具有很大的恣意性，这样的批判就根本是在搏击一个假想敌。事实上，在构成要件符合性判断之际，不是"这是杀人罪的实行行为，所以符合了杀人罪的构成要件"，而是"这是一个在刑法上有意义的行为，这个行为具备了故意杀人罪罪状所确定的行为特点和要素，所以是故意杀人罪的实行行为，符合了故意杀人罪的构成要件"。以上对实行行为形式定义的批判，忽视了行为阶层所具有的独立价值[60]，完全混淆了事实与价值的区分，将评价的对象等于对象的评价，得出所谓的颠倒逻辑顺序的结论，就不足为奇了。

实行行为不要说认为，"对实行行为内涵的理解，只能够从行为与法益侵害结果之间因果关系的角度出发，方才能正确把握"[61]。"行为本身就是一种结果。"[62] 的确，对作为类型化的实行行为内涵的理解，当然需要结合行为具有导致结果发生的危险来展开，这本来就是实质意义上实行行为所要考察的。行为与结果发生的危险之

---

[59] 同样的方法论，参见李世阳：《刑法中行为论的新展开》，载《中国法学》，2018年第2期，第149—152页。
[60] 相关论述，可参见上注。
[61] 同前注[13]，周啸天文，第105页。
[62] 同前注[13]，周啸天文，第106页。

间,当然需要因果关系,如果某行为根本没有类型化地导致结果发生的危险,那么,该行为当然就不具有实行行为性。实行行为、结果与因果关系,本来就是有密切关系的概念,都属于一个系统,相互独立又密切关联。构成要件符合性的判断,本来就是在判断是否存在实行行为、侵害结果(或者侵害危险)以及实行行为与侵害结果(或者侵害危险)之间的具有刑法意义的因果关联(客观归责)。在具体判断某行为是否为特定犯罪实行行为之际,当然需要结合侵害结果、因果关系来展开。一旦得出属于该罪实行行为的肯定结论,就需要进一步判断结果、因果关系等内容。需要指出的是,在实行行为的判断上,需要考虑结果发生的危险性、行为与结果之间的因果关联,并不是毕其功于一役,以一个实行行为的判断,代替了所有的判断。那种"实行行为的内涵是与结果之间的因果关系,对实行行为的判断实际上就是对因果关系与结果归属的判断"[63]的论断,显然是过分强调了实行行为、结果和因果关联之间的关系,而忽略了这三个概念之间的不同面向。而直接认为行为本身就是结果的论断,无限地扩张结果的概念,并不妥当。正如普珀教授所言:"我们法律概念的定义,无论如何当它以结果为导向时,某程度于概念形式上便是一种被冷冻的法条。"[64]

此外,在判断某一行为是否为实行行为时,不能只看到具有物理意义的可见和可被感知的行为,而应当做到无遗漏。设若只是判断(条件意义上的)因果关系,那么,用刀划破血友病患者手指,被害人不治而亡,无论行为人是否知道被害人的特殊体质,划破手指的行为,都是犯罪的实行行为,这显然不妥。实行行为不要说在此加上了结果归属的判断。即在知道的场合,结果归属于划破手指的行为,在不知道的场合,结果不归属于划破手指的行为。因此,刑法只处罚那些知道场合下的划破手指的行为。这样,实行行为不要说的"实行行为概念有以'行为'之名行'因果'之实的嫌疑"[65]这一说法,似乎颇有道理。但是,该说只看到了物理意义上的"用刀划破手指",将两种情形下行为人的行为都抽象为"用刀划破手指"这个行为,而没有注意到在知情的情况下,行为人还有"利用被害人特殊体质"这一行为,从而片面得出上述结论。如此看来,那种"抽象地讨论实行行为,不具有对偶然性事件的出罪功能"的批判[66],根本就是想当然。对刑法上有意义的行为评价,需要做到"全面而无遗漏、全面而不过分",而不是有意无意地剪裁案件事实,有选择地加以抽象,然后用于论证自己所心仪的结论。

需要说明的是,不能将思维过程与实行行为的判断混为一谈,否则,就会得出不妥当的结论。在具体案件的办理中,面对一个行为时,判断者可能有一个诸如"这是杀人行为"的预判,然后,再说该"杀人行为"符合了故意杀人罪的构成要件,这似乎就是批

---

[63] 同前注[13],周啸天文,第106页。
[64] [德]普珀:《法学思维小学堂——法学方法论密集班》,蔡圣伟译,元照出版公司2010年版,第10页。
[65] 同上注,第106页。
[66] 同前注[13],周啸天文,第107—108页。

判者所说的"颠倒次序"。其实,"这是杀人行为"的预判,就是诠释学意义上的"前理解"。[67] 前理解在解决"事物的本质"为何的问题上,具有重要的意义与价值。与传统的从一般到特殊、由部分进入整体的理解理论不同,在诠释学中,"解释学循环"或者"理解循环"是一个关键性概念。[68] "对于诠释者'演奏'(perform)文本而言,他必须'理解'文本:在他能进入文本意义的视域之前,必须预先理解主题和情境。只有当诠释者能够迈进文本视域的神奇循环(magic circle)时,他才能理解文本的意义。这就是神秘的'诠释学循环'(hermeneutical circle),没有此循环,文本的意义就不会显现。"[69] 在行为是否符合了犯罪的构成要件的判断过程中,都是在对案件事实进行抽象,对法律条文进行具体化,本质上是一个解释法律的过程。在这一过程中,一方面,完成了实行行为的判断,另一方面,法律透过语言被带出来了。必须要指出的是,"前理解"仅是思维过程中的一环,绝不是直接用以决定判断的结论。"相对于裁判的字义,法官在案件中有着先前判断与先前理解。法官有这些判断或理解,并不必对其责难。因为所有的理解都是从一个先前理解开始,只是我们必须把它——这是法官们所未作的——开放、反思,带进论证中,而且随时准备作修正。"[70] 由于"先前理解亦须及于各种社会脉络,包括各种利益情景及法规范指涉之生活关系的结构"[71],所以,如果先前理解(这可能是某罪的实行行为)并不符合法律条文所规定的某罪的实行行为之时,那么,就必须放弃它。前述批判,实际上将关于实行行为的前理解直接等同于实行行为本身,直接将思维的方法等同于用该方法所做出的是否为特定犯罪实行行为,从而满足了构成要件符合性的判断本身,谬误之处,彰显无遗。

2. 实质意义上的实行行为概念

在实质意义上,实行行为是类型性的具有侵害法益紧迫危险的行为。这里的难点在于究竟应该在哪一个时点来判断有该危险。实行行为不要说认为,司法实践都是从结果回溯行为的,在结果已经出现之后,行为的危险已经出现在结果之中了,要从结果之中析出一个危险,判断对象就不能只是独立的实行行为,而是由行为到结果之间的所有客观事实,如此,行为与结果就无法分离。此外,从事前来看,危险向结果的发展是流动的,在这个动态过程中,无法准确到哪一个时间点上才有具体而紧迫的危险,尤其是在具有一系列行为的情况下,更是难以判断。[72]

这种批判,并不成立。

---

[67] 对于哲学解释学上的"前理解",或者"前见",可参见〔德〕汉斯·格奥尔格·伽达默尔:《诠释学 I:真理与方法》,洪汉鼎译,商务印书馆 2010 年版,第 392—411 页。
[68] 参见潘德荣:《西方诠释学史》(第二版),北京大学出版社 2016 年版,第 311 页。
[69] 〔美〕理查德·E.帕尔默:《诠释学》,潘德荣译,商务印书馆 2012 年版,第 41 页。
[70] 〔德〕亚图·考夫曼:《法律哲学》,刘幸义等译,五南图书出版公司 2000 年版,第 58 页。
[71] 〔德〕卡尔·拉伦茨:《法学方法论》,陈爱娥译,商务印书馆 2003 年版,第 89 页。
[72] 同前注〔13〕,周啸天文,第 106—107 页。

首先,危险概念在充实实行行为概念内涵的同时,也鸠占鹊巢,成了犯罪论的一个核心要素,因此,如何定义"危险"是问题的关键。实行行为中的危险,一定与行为本身紧密相关,并具有类型化的特征,其是指作为行为属性的危险(该危险是法不允许的危险),也就是行为本身所具有的能够导致侵害结果发生的可能性,而不是某种实然状态。正如所言,正是从一种结果的造成中,得出一个构成要件的行为。[73] 事实上,给实行行为概念带来危机的是将危险概念独立于实行行为的做法,将危险概念理解为某种实然状态(作为结果的危险),而不是行为本身所具有的属性(行为危险),本质上不过是意图"以结果为中心"来重构刑法理论而已。[74]

其次,司法实践是从结果回溯行为的结论,有些仓促。的确,对于一个刑事案件来讲,往往是先有了结果,再去找是谁通过什么样的行为导致了这个结果,这是侦查破案的工作流程。但是,不能因此就想当然地认为无论侦查阶段、审查起诉阶段还是审判阶段都是在倒看纪录片。案件侦破,找出特定行为之后,对该行为如何评价(是否是具有危险实现的行为、是哪个罪的实行行为),还必须顺看纪录片,顺向来判断该行为符合了哪个罪的构成要件,是哪个罪的实行行为。[75] 也即,在侦查机关移送审查起诉后,不再是倒看纪录片,而是顺向审查判断,顺看纪录片了。在这个判断过程中,需要将具有结果发生危险的实行行为与实害结果进行关联,如果否定了实行行为概念,那么,将会出现无法判断的结局。

最后,实行行为不要说指出,在一系列危险行为之下要找出特定的危险行为、确定实行行为,也是标准不明的。比如,以用刀杀人为例,究竟是将刀拿在手中之时、做好刺杀准备之时还是刀接近身体要害部位之时,哪个时点,能够认定存在被害人死亡的现实危险?如果是前两者,就并未在严格意义上使用现实性危险这一用语;第三种情形严格遵循了文字本身的表述,但又会使得未遂犯的成立时点过迟。[76]

但是,以实行行为时点判断出现困难为由,来否定实行行为概念,完全是关公战秦琼,有无实行行为是一回事,实行行为之结果发生的危险如何精确判断又是另一回事,两者之间不存在必然的逻辑关联。这就如同在当前医疗水平之下,医生无法治好

---

[73] 参见车浩:《阶层犯罪论的构造》,法律出版社2017年版,第187—188页。
[74] 需要指出的是,陈家林教授认为,实行行为概念不要说"实质上是受到了德国客观归属论的影响,意图以结果为中心来重建刑法理论"。笔者认为,这可能并不准确。的确,在客观归责的理论框架下,构成要件行为(实行行为)不再是一个形式化的名称,而是具有了实质内涵。这个实质内涵是通过"创设法不允许的危险"来得到实质性定义的。这种危险的创设性,是内在于行为本身的,而不是实然意义上的"作为结果的危险"。对于实然意义上的结果,是客观归责理论第二阶层"实现危险"来解决的。既遂犯是实现了危险,未遂犯是有"实现危险"的可能性。如此看来,实行行为概念不要说是受到了结果无价值论"以结果为中心"架构犯罪论的影响,而不是客观归责理论。
[75] 此时,需要用前述图表的判断次序进行。
[76] 参见[日]中森喜彦:《実行行為の概念について》,载《鈴木茂嗣先生古稀祝賀論文集(上巻)》,成文堂2007年版,第192页。

一个晚期癌症重症患者,就反过来说该医生不是医生一样。无论能否精准认定实行行为时点,都不能够影响实行行为本身的客观存在。因噎废食,不是对待问题的科学态度。此外,尽管不能如同瑞士手表那样精准地界定实行行为的时点,但是,也能够相对地确定。刑法的目的是通过维护规范的有效性,进而保护法益。为了达到这个目的,就需要:第一,将有法益侵害危险的行为予以类型化,并作为构成要件由刑罚法规予以明示,以命令或禁止国民实施该行为;第二,指示或者命令裁判者如何裁定、判断特定行为是否成立犯罪、对犯罪行为如何科处刑罚。前者讲刑法规范是行为规范,后者是裁判规范。这就是大谷实教授所强调的,在刑法中,"万事先有实行行为"[77]。作为行为规范,刑法事先需要通过禁止或者命令某种行为试图防止结果的发生。这样,如果在行为当时看来,某行为会产生为刑法所力图避免的结果的话,那么,该行为就可以被认定为具有危险实现可能性的实行行为。具体的个案中,实行行为的判断,需要具体情况、具体分析。"判断究竟在什么阶段行为的危险性已经开始,不仅是故意,还应考虑行为计划,从与既遂结果发生之间在地点上、时间上的接续性、紧密性来看,根据在经验法则上有无实现结果之可能来判断。"[78]对此,可以借用客观归责中行为是否有创设风险、所实现的风险是否是行为所创设的风险以及该行为是否符合构成要件的射程来确定。如果能够得出肯定的结论,那么,该行为就是实行行为。在创设了有实现风险的可能性之际,实行行为就能够被确定。反之,"构成要件是犯罪的类型化描述,降低危险的行为,并不符合这种描述"[79],因此,就否定了该行为的实行行为性。此外,在判定某行为是否符合构成要件,是否是某罪的实行行为之际,还可以采取模拟推理的方式,看该行为是否满足了类型化的要求。同时,需要注意克服片面重视结果的"结果中心主义"可能带来忽视实行行为、扩张处罚范围的弊端。为了防止刑法过度干预公民行动自由,在判断实行行为之际,除了在正面考虑该行为本身所具有的"对法益有实质性的侵害危险"之外,还可以结合客观归责理论中的"法不允许"的界限来确定。[80]

(四)如何理解实行行为概念

本文认为,应当规范地、功能性地理解实行行为,同时需要注意实行行为具有不同的意义和面向。

---

[77]〔日〕奥村正雄:《论实行行为的概念》,王昭武译,载《法律科学(西北政法大学学报)》2013年第2期,第195页。
[78] 同上注,第197页。
[79] 林东茂:《刑法总则》,一品文化出版社2018年版,第91页。
[80] 同前注[73],第188页。

1. 应当规范化地理解实行行为

"立法者在应当一般性地禁止一个行为时,就会将这个行为规范化地规定在一个行为构成中。"[81]某行为被刑法所禁止或者命令,这样,为或者不为该行为,就会受到否定性评价。一旦符合了构成要件的要求,那么,该实行行为就具有价值评断的意义。如此,关键在于实质的价值判断,而不是行为是否具有物理外形。刑法问题,应当被规范地加以理解。眼见的事实固然重要,但是,刑法不能仅仅盯着这些事实,局限于这些事实,从而以事实性存在遮蔽了价值性评断。"对一个行为的定义,不是通过那种根据经验可以找到的东西(除非因果关系,有意志的举止行为或者目的性)来决定的,而是通过价值评价方面的同一性认识来决定的:当人们能够把一种确定的由人而发生或者也因他而不发生的作用,归咎于他这个人,就是他这个有思想的活动中心,从而使人能够谈论一种'做(tun)'或者'让做(lassen)',或者谈论与此有关的一种'人格表现'的时候,一个人就已经行为了。"[82]"由于缺乏规范论的视角,至今的中国刑法理论或多或少陷入了自然因果论的泥潭"[83],绝不是危言耸听。那种让因果行为论中的行为承担起因果关系起点的功能的观点[84],显然目光只是聚焦于存在论意义上,这会将事实判断与价值判断混为一谈,把自然意义上的归因与价值意义上的归责搅和在一起,在问题的解决上,理论贡献会大打折扣。对此,将在后文中详细展开。

2. 应当功能性地理解实行行为

经过百年发展,以存在论为基础的阶层式的犯罪论体系,出现了功能主义的倾向。因为以存在论为基础的犯罪论体系,从物本逻辑本身,即因果关系或人类意志出发为相关问题的解决提供方案,往往会得出难以令人满意的结论。"而令人满意的结论,往往是从理解现实的价值中引导而出,并不是存在本身就能自动回答。"[85]作为阶层理论自我进阶的功能主义犯罪论体系,就是想要在深奥精致的理论研究与实践之间搭建桥梁。其中,克劳斯·罗克辛和京特·雅各布斯的功能主义理论引人注目。采纳功能主义的理论,意味着构成要件阶层也要功能化。这必然意味着其中占重要地位的实行行为也要被功能化地理解。这就涉及刑法解释论中的传统解释论与功能主义的刑法解释论。传统刑法解释论表现为逻辑性、形式性、封闭性与回溯性,而功能主义的刑法解释论则具有目的导向性、实质性、响应性(或开放性)与后果取向性(或前瞻性)的特

---

[81] 〔德〕克劳斯·罗克辛:《德国刑法学 总论(第1卷):犯罪原理的基础构造》,王世洲译,法律出版社2005年版,第119页。
[82] 同上注,第133页。
[83] 冯军:《刑法问题的规范理解》,北京大学出版社2009年版,第38页。
[84] 同前注[13],周啸天文,第117—118页。
[85] 同前注[73],第131页。

点。[86] 功能主义的刑法解释论是一种实质导向的解释论。它将价值判断置于刑法适用中的中心地位并将其视为刑法解释的灵魂[87],特别强调实质的价值判断在整个体系中的协调性。因此,刑法体系不只是一个逻辑体系,更是一个价值体系。[88] 在解释时注重相关概念的实质,不拘泥于形式上的含义。[89] 一个案件的处理过程,实际上就是对刑法条文理解的过程。对行为人的行为是否为实行行为的判断,本来就是对刑法条文中关于实行行为规定部分的解读与反思。在这个过程中,功能主义解释论的目的导向性、实质性、响应性与后果取向性,体现出形式上的规定被价值判断所支配,形式上的规定服务于得出合理解释结论。关于实行行为的理解,一方面要包含"历史和现实的沟通"[90],另一方面,需要不断反思和论证。在具体判断某行为是否符合构成要件所规定的实行行为的要素之时,需要综合考虑该行为及其周边,并进行功能性的考虑。

3. 实行行为具有不同的面向

(1)作为发挥类型化功能的实行行为

实行行为不同于行为论中的行为,后者的功能在于排除那些不具有社会意义的行为于刑法的关注之外,从而实现行为概念所具有的基本要素机能。相反地,实行行为则是规范意义上的行为,本身是为刑法规范所确定地,其功能在于排除那些不具有构成要件该当性的行为,从而彰显罪刑法定原则。"一般来说,每个符合构成要件的行为都是违法的,原因在于这样的行为实现了一种法定的不法类型。"[91]对实行行为的有无,必须严格按照刑法分则构成要件的具体设定来加以认定。这就是作为类型化的实行行为之本义。

(2)作为发挥违法性提示功能的实行行为

按照违法类型说的主张,构成要件具有违法性指导功能。作为构成要件中非常重要的一个要素,实行行为当然就具有违法性提示的功能。符合构成要件的行为,原则上就是具有违法性的行为。违法性提示意味着通过刑法分则条文详细描述那些不能够被接受的行为举止,以明确什么是被允许的(合法的,可以为或者不为),什么是不被允许的(违法的,不可以为或者不为),进而使国民明白一般禁止规范或者命令规范对自己有社会意义的行为设定的自由度的边界和限制在哪里,从而给国民一个可以遵守的可能性和参照系。同时,对裁判者而言,意味着在裁判之时,一旦能够确定存在犯罪的实行行为,那么,原则上就会推定存在违法,除非存在违法阻却事由。在这个意义

---

[86] 参见劳东燕:《能动司法与功能主义的刑法解释论》,载《法学家》2016年第6期,第15页。
[87] 同上注,第18页。
[88] 参见前注[86],第20页。
[89] 参见前注[86],第19—20页。
[90] 冯军:《刑法教义学的立场和方法》,载《中外法学》2014年第1期,第184页。
[91] [德]埃里克·希尔根多夫:《德国刑法学:从传统到现代》,江溯等译,北京大学出版社2015年版,第191页。

上,符合构成要件的实行行为,是判断违法的根据。

三、实行行为:贯穿整个犯罪论的一条红线

通说认为,"犯罪是具有社会危害性、触犯刑法并应受到刑罚处罚的行为"[92]。有力学说认为,"犯罪是违反行为规范,进而侵害法益的行为"[93]。"从实质上说,犯罪是不法且有责的行为。"[94] 犯罪是一种规范违反,应当被理解为是一个可能导致侵害结果的行为举止或者义务违反,该行为举止或义务违反表明犯罪人认为在特定的情况下,特定的规范对自己是没有效果的。[95] 刑法规范所确立的惩罚性后果,意在通过以惩罚这种方式彰显规范。换言之:"犯罪是罪犯试图以极端的方式与社会相沟通,从而显示规范的不值得尊重;刑罚则是社会试图以独特的方式与罪犯相沟通,从而彰显规范的正确性,错误的不是规范,而是行为人,违反规范的行为是不值一提的。"[96] 在本体论上,从商谈—交往的角度来看,犯罪应当被理解为是对一个特定的违法举止或者义务违反的刑事负责性。从认识论上,犯罪的逻辑构造可以从两个方面加以建构:(1)认定刑事违法的所有要件(不法);(2)认定主体应该对行为举止或义务违反负责的所有要件(罪责)。不法与罪责的评价,就是主要围绕实行行为展开的,这本来就是"实行行为是贯穿整个犯罪论的一条红线"这个命题的应有之义。但是,这并不意味着犯罪论都是在判断实行行为之有无,实行行为是解决该领域问题的唯一依据和标准。"实行行为是贯穿整个犯罪论的一条红线"和犯罪论领域内的具体问题,是两个问题。解决犯罪论所面临的问题及方法,前提是存在实行行为。解决问题的前提与问题的解决是不同的。但是,不能仅以此为由,就否定两者的联系,更不能当然地"解构"前提。可以肯定的是,如果某事件中没有实行行为,那么就无须判断因果关系与客观归责,不用讨论犯罪的形态,更无须讨论共同犯罪。

(一)实行行为与因果关系

"因果关系的判断,是评价行为与结果之间的归咎关系。"[97] 对于实行行为是风险创出行为,为客观因果流程的起点这个命题,激进的实行行为不要说论者代之以诸如"行为样态"概念作为因果关系起点。松宫孝明教授认为,犯罪构成要件规定了特别的

---

[92] 高铭暄主编:《刑法专论》(第二版),高等教育出版社 2006 年版,第 124 页。
[93] 同前注[34],第 3 页。
[94] 同前注[16],张明楷文,第 89 页。
[95] 参见[德]乌尔斯·金德霍伊泽尔:《刑法总论教科书(第六版)》,蔡桂生译,北京大学出版社 2015 年版,第 41—42 页。
[96] 周光权:《刑法学的向度—行为无价值论的深层追问》(第二版),法律出版社 2014 年版,第 203 页。
[97] 同前注[79],第 83 页。

行为样态。例如,诈骗罪是欺骗他人使之交付财物,这也就使其区别于同样取财行为的盗窃。"但是,行为样态并非是与保护法益之侵害无关系的独自的行为违法性要素。"[98]纵观松宫孝明关于"行为样态"的描述,无非就是实行行为概念罢了(比如诈骗罪"欺骗他人使之交付财物",实际上就是对诈骗罪的实行行为的描述),不过是新瓶装旧酒,换了个名词而已。而以因果行为论承担因果关系起点功能,无疑是一种自然主义的思考。但是,众所周知,"自然主义在今日的法学界中几乎可说是全面地被打倒"[99]。为了避免这个问题,有关论者就对自然行为进行了限定,"在某行为具备行为意思之际,因为法益侵害可能性的存在,法规范才产生了行为人停止该行为并避免结果之发生的期待。如此看来,结果回避可能性产生于行为人具有行为意思之际,那么,位于因果链条之归责起点的,就应当是具有行为意思的行为"[100]。但是,这种限定,并不成功。在以开玩笑的意思与以恐吓的意思举枪指着被害人的场合,行为人都有"意思",按照结果无价值论的观点,这两种情况下客观上都存在结果发生的可能性(他人有可能被打伤或者打死),应该立即产生了让行为人停止该行为并避免结果发生的期待。换言之,在结果无价值论看来,这两种情形客观存在的危险性并无任何不同,因此,"举枪指着被害人"都应该是作为因果链条起点的行为,只不过在主观上一个具有杀人(或者伤害)的故意,有责任,另一个纯属玩笑,无责任而已。但是,实行行为不要说者认为,以恐吓的意思举枪指着被害人的场合,具有归责性,是归责的起点,这实际上是用所谓的"有意性"悄悄代替了"杀人(或者伤害)故意",本质上依然是在说实行行为是归责的起点而已。而在以开玩笑的意思举枪指着被害人的场合,如果发生了重伤以上的后果,那么,该"举枪指着被害人"的行为,又具备了可归责性,当然就成为了因果关系起点的行为,这样,同一个行为,一会儿是因果关系起点,一会儿又不是,难以令人信服。

引人注意的是,即便是激进的山口厚教授,也出现了理论转向。他的第 1 版教科书中,"不仅排斥使用实行行为这一用语,而且说到底,它也不是构成要件要素"[101],彻底驱逐了实行行为。在第 2 版教科书中他的态度放缓:"为肯定构成要件该当性,成为指向构成要件的因果关系起点的行为,并非无限定,而必须是引起构成要件结果的客观的危险性的行为。能够成为因果关系起点的行为,一般地,被称为实行行为。……认定实行行为以前的行为与构成要件结果的因果关系,是不足够的。"[102]在第 3 版教科书中他则明确提出:"虽说行为人必须是因为其行为而引起了构成要件的结果,但要想肯定构成要件该当性,成为指向构成要件结果的因果关系之起点的行为并非无所限

---

[98] 〔日〕松宫孝明:《刑法総論講義》,成文堂 2017 年版,第 60 页。
[99] 同前注[64],第 8 页。
[100] 同前注[13],周啸天文,第 118 页。
[101] 同前注[19],第 45 页。
[102] 〔日〕山口厚:《刑法総論》(第 2 版),有斐閣 2007 年版,第 50 页。

定,而必须是能够认定为具有引起构成要件结果的现实危险性的行为。此种成为因果关系之起点的行为,一般地,称为实行行为。"[103] 从实行行为不要说到直截了当地承认实行行为是引起现实危险性的行为,已经与"符合了构成要件具有法益侵害现实危险的实行行为概念"没有明显的实质性不同。所谓的"形式上山口厚教授似乎做出了妥协,但实质上却更彻底地解构了实行行为概念"[104]的说法,过于牵强。山口厚教授指出,以实行行为为犯罪本体的理解为背景,从重视解释论的形式上的整合性这一见地出发,在不同场合下都使用实行行为,但是,在不同的场合,实际上追问的不是同一个问题。因此,有必要明确这些实质性问题,并予以回答。[105] 这被视为在痛斥实行行为概念是"黑匣子"。但是,山口厚教授的"黑匣子"之说,实际上就是针对在犯罪论领域,以一个实行行为概念的判断,解决了所有问题这一现象而言的。仅仅用一个实行行为来代替所有问题的解决,的确是无视特定领域有特定的问题和解决方法的严重问题,但是,也必须看到,不同场合下讨论的这些问题,本来就是在有实行行为的前提之下才展开的,而不是即便没有实行行为,也能够展开的。不能因为这些问题不同,就反向说"这是假装维持形式统合的实行行为概念罢了",进而很激进地否定实行行为概念。无论如何,实行行为是因果关系的起点,当无疑问。

(二)实行行为与犯罪未遂

犯罪未遂涉及的是未遂犯的可罚起点的问题。《德国刑法典》第22条、《日本刑法典》第43条和我国《刑法》第23条是关于犯罪未遂的规定。[106] 这些条文中,关键词就是"着手""实行"(德国的构成要件之实现,也可理解为实行)。"实行的着手不仅是作为区分预备与未遂的临界点而存在,更重要的是,它作为不法的成立根据而承担着构建不法的任务。"[107] 正因为在法律条文中有"着手""实行"等词汇,日本学者认为,尽管否定实行行为这一概念具有一定的影响,但是,在为刑法关于未遂犯和共犯的条文中明确规定并在司法实务界所普遍接受的情况下,应当维持这一概念。[108] 我国通说认为,着手是实行具体犯罪构成客观行为要件的起点,是客观行为与主观实行犯罪的意图相结合的产物和表现。[109] 显然,通说主张"实行行为的开始=实行行为的着手=未遂"。

---

[103] 同前注[32],第50页。
[104] 同前注[4],第138页。
[105] 同前注[32],第51页。
[106] 《德国刑法典》第22条规定,"依其对犯行之想象,直接着手于构成要件之实现者,为犯罪之未遂"。《日本刑法典》第43条规定,"着手于犯罪之实行而不遂者,得减其刑"。我国《刑法》第23条规定,"已经着手实行犯罪,由于犯罪分子意志以外的原因而未得逞的,是犯罪未遂"。
[107] 劳东燕:《论实行的着手与不法的成立根据》,载《中外法学》2011年第6期,第1238页。
[108] 同前注[24],第82页。
[109] 同前注[92],第303页。

实行行为不要说认为:第一,着手有可能前置或者后置于实行行为,因此,着手并非实行行为的开始。前者如用枪杀人,扣动扳机才是实行行为,但是,瞄准行为就已经是着手了。后者如邮寄有毒食品杀人的隔离犯,行为人在被害人拿到食品之前实施完了所有行为,但是,未遂点却是被害人即将吃下有毒食物的时刻。第二,如果做出修正,即"实行行为=着手≠未遂",也存在缺陷。从立法上来看,着手决定着未遂的可罚性时点。对未遂可罚性判断是实质判断,对着手的判断也必然是实质判断,但是,这种修正却将着手与未遂分离,并将着手概念强行拉至形式层面以期与形式化的实行行为概念保持一致,这种解释方法显得极其生硬。[110] 既然实行行为概念无法发挥区分预备与未遂的功能,就应该被解构。[111]

首先,实行行为与着手是否能够分离,与是否承认实行行为概念是两个问题。通常情况下,实施了符合构成要件该当性的实行行为之时,原则上就能够认定存在结果发生的具体危险。只不过在一些特殊情形下,才会出现实行行为与着手的不一致的问题。仅仅因一些特殊事由,就全面否定实行行为概念,这就如同"为了搬走一块砖头而拆掉整个城堡",过于草率。正如在刑事诉讼法中,不能因为非法证据排除规则存在一些例外,就否定该规则一样。此外,对于实行的着手时点早于实行行为的场合,有时仅凭"作为结果发生的具体的危险性"这一实质性视角,尚难划定未遂犯的成立时点。因此,在形式上,还是应该一并要求实施与实行行为密切关联的行为。[112] 比如甲进入乙的家中,开始"物色"财物,此时不能因为该财物有被"拿走"的危险,就想当然地认为甲已经"着手"盗窃了。此时,还必须考虑甲的"行为计划",以及基于该行为计划所实施的与"基于非法占有目的的移转财物占有"相关联的其他行为,才能够得出是"着手"盗窃的结论。按照这种理解,的确也很难否定,实行行为对于未遂犯的成立与否而言,仍然具有非常重要的意义。

其次,必须考虑实行行为与着手究竟在解决什么问题。实行行为概念,具有违法性提示与行为类型化功能。而犯罪实行行为的着手,则作为不法成立的根据而承担着构建不法的任务。在这个意义上,讨论实行行为着手是划定预备与未遂标准的问题,就需要强调实行行为的违法性提示与实行的着手之间的逻辑关联,而不是目光聚焦于行为类型化功能与着手之构建不法的任务之间的关联。这样,在违法性提示上,实行行为概念对于实行的着手,具有观念上的指导意义。

最后,实行行为着手问题的判断,所指涉的绝非客观意义上的存在物,着手的时点会随着刑罚目的的调整和刑事政策的变动而变化。[113] 对于着手,主客观混合说认为

---

[110] 同前注〔13〕,周啸天文,第110页。
[111] 同前注〔13〕,周啸天文,第109—110页。
[112] 参见〔日〕桥爪隆:《论实行行为的意义》,王昭武译,载《苏州大学学报(法学版)》2018年第2期,第138页。
[113] 同前注〔107〕,第1241页。

"行为人依其对于犯罪的认识(或计划),而开始实行足以实现犯罪构成要件或招致法益直接受侵害的行为,即属着手"[114],客观结果说则认为"侵害法益的危险达到紧迫程度时,就是着手"[115]。无论实行行为不要说还是实行行为必要说,都在力图解决着手"认定的精确化"问题,都在设法找到一个可量化的精确"点"。这个"点",被赋予了区分预备与未遂、可罚与不可罚的功能,甚或被寄予了作为犯罪构成生命始点的厚望。无论主观未遂论还是客观未遂论,无论具体危险说还是客观危险说,都是如此的。力图用某个统一的方法和标准来解决所有案件中的着手问题,其志可嘉。但是,不能不悲哀地看到,如果落实到具体个案中,这种努力,并不成功。"尽管《德国刑法典》第22条中所规范的力图特征予以精确化的努力一直都没有停止过;但是必须清楚地知道,一个能够保证对于每种情况都能完全彻底地解决预备与力图之间划分问题的魔法公式,并不存在。"[116]劳东燕教授也指出:"任何一种规范学上的描述都无法为'着手'找到一个准确而普适的坐标点,……在构成要件的最开始即'着手'的认定,刑法理论陷入不断寻求精确但却适得其反的恶性循环。"[117]既然诸多刑法理论都难以真正准确界定预备与未遂的界限,那么,"最好的补救方法可能是,通过案例群来形象地说明应该如何进行区分"[118]。虽然如此,也并不意味着个案中着手的判断都无章可循。正如所言,从宏观层面看来,刑罚目的或机能的设定将为着手的判断奠定基本的判断框架。如果重视社会防卫与法益保护,那么,未遂犯的处罚范围就相对较宽,相应的着手的认定标准就较宽松,相反地,如果强调个体的自由保障,那么,就会倾向于限制未遂犯的处罚范围,认定着手的标准也就会越严格。在微观层面上,存在五个变量,受威胁法益的重大程度、与构成要件行为的密切程度、与构成要件结果实现之间的距离、行为人的主观意图与计划和刑事政策方面的考虑。这五个变量中,前四个变量与着手的成立与否大体成正相关关系,刑事政策则统摄与协调前四个因素。这些变量与司法者的认定与自由裁量联系在一起,是最终影响个案中对着手成立与否的判断的具体考虑因素。[119] 而在现代,着手理论则呈现出从客观论向主观论的发展走向和趋势。[120] 对于各个犯罪实行行为的刑法教义学的解释,固然需要结合刑事政策作出功能性的理解,但同时要受到罪刑法定原则形式侧面强有力的制约。既然如此,实行行为与着手问题出现分离,当属正常现象。仅看到实行行为与着手相分离,就想当然地认为实行行为概念应当被解构的观点,实际上将不同侧重点的问题等同看待,并不妥当。

---

[114] 同前注[58],第368页。
[115] 同前注[16],张明楷文,第342页。
[116] 同前注[5],第346—347页。
[117] 同前注[107],第1239页。
[118] [德]冈特·施特拉腾韦特、洛塔尔·库伦:《刑法总论I——犯罪论》,杨萌译,法律出版社2006年版,第263页。
[119] 同前注[107],第1240—1241页。
[120] 同前注[107],第1241—1250页。

(三) 实行行为与共犯

在共同犯罪中,有二元参与体系与单一正犯体系。尽管后者在理论界不乏强有力的支持者[121],但是,主流观点还是二元参与体系。如果采取主流观点,就会涉及正犯与共犯的区分问题。对此,多有主张根据有无实行行为来区分正犯与共犯。[122]

实行行为不要说认为:(1)实行行为不能说明共谋共同正犯与间接正犯的正犯性。共谋行为并非实行行为,如果肯定共谋共同正犯,就不得不将正犯行为与实行行为相分离。而以实行行为性作为间接正犯的正犯性根据,会推导出"命令5岁的孩子去盗窃与委托专业大盗去盗窃,后者更应当成立间接正犯"的荒谬结论。(2)实行行为不能解决不同身份者共同犯罪问题。如公司、企业工作人员与国家工作人员勾结,各自利用职务便利,共同侵吞本单位财产,就有职务侵占罪的实行行为和贪污罪的实行行为。在分别定罪说被司法解释所否定的情况下,以哪个罪名为全案定罪就成为难题。(3)在解决"有故意无身份的工具"问题上,以实行行为来认定正犯,会导致处罚漏洞。比如有国家工作人员身份的丈夫利用无该身份的妻子收受贿赂的,妻子尽管"收受了贿赂",但没有身份,不能成为受贿罪的正犯,而丈夫并没有实施符合构成要件的行为。为了避免"没有正犯的共犯"的尴尬局面,只能将丈夫认定为正犯,但是,这却不符合实行行为是符合构成要件的行为这一定义。如此一来,区分正犯与共犯的就并非实行行为。[123]

如果立足于观察物理上"行为人究竟实施了什么",间接正犯的幕后者实施的是利用行为,如果利用行为是实行行为的话,那么实施利用行为时,就具备了法益侵害结果发生的现实紧迫危险。这就会出现在利用幼儿实施盗窃与教唆成年人实施盗窃时,教唆犯更具有紧迫的现实危险的不妥当结论。而如果肯定共谋共同正犯概念,共谋行为肯定不是实行行为,为了处罚共谋共同正犯,就只能将正犯行为与实行行为进行分离。[124]

但是,犯罪不是纯粹的事实性存在,而应该被理解为法的存在。以纯粹的物理外在变化,来认定实行行为的做法,与19世纪古典体系的自然的(自然主义的,因果性的)行为概念毫无二致。按照这种方法,侮辱行为就是通过自己的嘴巴呼出空气,激起了空气震动而已。尽管自然的行为概念能够满足区分功能,但是,"把自然的行为概念

---

[121] 参见刘明祥:《论中国特色的犯罪参与体系》,载《中国法学》2013年第6期,第117—130页;江溯:《犯罪参与体系研究——以单一正犯体系为视角》,中国人民公安大学出版社2010年版;〔日〕高橋則夫:《共犯体系と共犯理論》,成文堂1988年版;等等。
[122] 同前注[7],团藤重光文,第372—374页。
[123] 同前注[13],周啸天文,第111—112页。
[124] 同前注[13],周啸天文,第110—111页。

作为基础因素是不很适宜的"[125],"这样一种被贝林自己描述为'无血的幽灵'的行为概念,与它所要承担的这个体系相比,具有太少的说服力(aussagekräftig)"[126]。间接正犯的场合,当然需要考察被利用人的行为。仅有利用行为,大多数场合尚不足以作为犯罪来予以处罚,除非利用者所欲实施的是法益侵害极其严重的犯罪行为。间接正犯不同于直接正犯之处在于,被利用人的行为成为利用者行为的组成部分,两者结合在一起产生了法益侵害结果,任何将利用行为与被利用行为机械割裂的做法,显然无视间接正犯的特殊之处。无论如何,能够成为刑法关注对象的行为(尤其是实行行为),一定是被规范化观察、实质性解读的。明确来讲,间接正犯的场合,是利用人的行为与被利用人的行为功能性地结合在一起,"支配"了结果发生。的确,间接正犯是"意思支配",考察间接正犯之时,就是在考察间接正犯如何通过自己的意思"支配"了结果的发生。但是,问题在于,这种"支配"的源头在哪里?没了"实行行为"这一概念,只好求助于已被证明难堪大任的自然行为,左支右绌的困境立马显现。

  共同正犯的场合,无非就是异心别体的各犯罪人如何将自己的行为与他人的行为功能性地结合在一起,"支配"了结果发生(这就是为何要"违法连带")。在讨论"支配"之际,如果否认实行行为概念,也只好返回头求助于自然行为。但是,并不是所有与侵害结果有因果关系的行为都会被纳入刑法评价对象,为了避免因否认实行行为所导致的处罚范围可能过大的问题,只好引入溯责禁止理论。但是,刑法保护法益的任务是通过对行为的控制来实现的。刑法必须向国民明文宣告哪些行为是被禁止的,哪些行为是被命令行使的,如果禁止规范或者命令规范被违反,达到值得刑罚处罚的程度,就对违反者给予相应的刑罚,从而彰显规范的有效性。这样,只能顺向来考察,某人(些人)的行为满足了特定犯罪构成要件行为(是实行行为),导致了什么结果,而不是从结果逆向找出行为。而溯责禁止理论则是从事后出发,逆向挑出那个"支配"了结果的行为,对此行为之前的行为不再归责。这就是山口厚教授的方法。即在正犯的判断上,以客观的相当性为前提,用溯责禁止理论为基础来判断正犯性。只不过,在正犯的判断上,周啸天博士走得更远。周博士坚持因果行为论,在归责判断上实际就是"条件说+溯责禁止理论"[127],与山口厚教授的"相当因果关系+溯责禁止理论"相比,溯责禁止理论所承担的任务,更加繁重。这样,仅仅考虑"如果自由且有意识的行为成为结果发生的条件,就禁止往前追溯原因",还是不够的。原因在于:第一,条件说本身侧重于事实归因,但众所周知,刑法因果关系领域,所讨论的重心是客观归责。第二,在做如此考虑时,又势必回到禁止往前追溯的原因,是因为已经有行为"支配"了结果的发生,这样就会出现"因为'支配'了,就'溯及禁止'了,因为'溯及禁止'了,就'支配'

---

[125] 同前注[81],第150页。
[126] 同前注[81],第151页。
[127] 同前注[13],周啸天文,第112、117—118页。

了"之类的循环论证的问题。第三,在做如此考虑时,将事实归因与客观归责混杂在一起,使得一个判断杂糅了事实与价值,影响了判断的条理性与逻辑,并不合理。所以,即便讲正犯与共犯的区别不在于实行行为,而在于谁"支配"了犯罪结果的发生,也离不开背后的实行行为概念。

共谋共同正犯概念意味着,从物理上看,"即便没有分担实行行为,也是共同正犯",因此,实行行为不要说表面上看似很有道理。但是,并非只要参与了犯罪计划,就一定是共谋共同正犯。共谋者之所以是共同正犯,原因在于他通过主体性地参与犯罪,对于结果的发生具有重要贡献,以至于该参与能够被评价为"在犯罪的共谋、准备或者实行阶段,共谋者在犯罪的实现上能够与实行行为的分担者相匹敌……"[128]。之所以如此,就在于"判断作为结果发生原因是否具有重要贡献时,包括共谋在内,行为人的行为全体会成为判断对象,并不是仅以共谋这一事实来判断"[129]。这被称为准实行行为说。共谋者之所以能够成为正犯,原因在于一定存在着与亲手犯相匹敌的"附加因子"。具体来讲:第一,行为人只参加共谋的场合,如果能够判断出其对共谋的形成发挥了主导性作用、对共谋的维持发挥了重要作用,就能够肯定其为共同正犯;第二,行为人在共谋之外实施了对犯罪实现具有贡献的望风、现场下达指示、迎送实行行为人等行为,如果该贡献达到了相当于实行行为那样的重要程度,其就是共同正犯。[130]

因此,在共同犯罪领域,除共谋共同正犯外,正犯、间接正犯和共同正犯的正犯性,表面是在讨论"支配"的问题,但是,该"支配"的源头还是"实行行为",脱离实行行为概念来讨论"支配",就成为无源之水、无本之木。共谋共同正犯的场合,在共同正犯成立与否的判断上,还需结合实行行为概念,从共谋者与实行者之间的关系、共谋者在谋议中发挥的作用、共谋者在犯罪的准备或实行阶段所发挥的作用的重要程度来分析。

实行行为不要说认为,在"公司、企业或者其他单位中,不具有国家工作人员身份的人与国家工作人员勾结,分别利用各自的职务便利,共同将本单位财物非法占为己有的"场合,以实行行为作为认定正犯标准,无法解决不同身份犯作为共同正犯的认定问题。尤其是在司法解释规定"按照主犯的犯罪性质定罪"的情况下,实行行为肯定说面临难题。[131]

本文认为,不能仅以此为由,就无端批判,让实行行为概念为此承担责任。

第一,司法解释是否妥当,有可被质疑之处,以此为由来否定实行行为概念,显然不妥。最高人民法院2000年6月30日《关于审理贪污、职务侵占案件如何认定共同犯

---

[128] 同前注〔24〕,第349—350页。
[129] 〔日〕佐伯仁志:《刑法总论的思之道·乐之道》,于佳佳译,中国政法大学出版社2017年版,第339页。
[130] 同上注。
[131] 同前注〔13〕,周啸天文,第111页。

罪几个问题的解释》和 2003 年 11 月 13 日《全国法院审理经济犯罪案件工作会谈纪要》中,确立了身份竞合的场合,"按照主犯的犯罪性质定罪"。张明楷教授曾以"核心行为"理论,维护了司法解释的结论——即以核心行为为标准,确定核心角色,从而解决共同犯罪的定性问题。而核心角色是根据综合主体身份、主观内容、客观行为和主要被侵害的法益来确立。[132] 但是,在共犯的本质上,张明楷教授由部分犯罪共同说转向构成要件行为共同说,随之,对于前述两个司法解释,张教授有了不同看法:首先,后一解释中"难以区分主从犯的,可以贪污罪定罪处罚"的规定,违反事实存疑时有利于被告的原则;其次,一般公民与国家工作人员相勾结伙同贪污者,都成立贪污罪的共犯,公司、企业人员更应与国家工作人员构成贪污罪的共犯;再次,在公司、企业或者其他单位中无国家工作人员身份的甲与国家工作人员乙相勾结,分别利用各自职务便利,共同将本单位的财产非法占为己有时,甲与乙同时触犯了贪污罪与职务侵占罪,应按贪污罪的共犯论处;最后,如果将甲认定为贪污罪的从犯,导致对其处罚轻于职务侵占罪的正犯(主犯)时,则将甲认定为职务侵占罪的正犯(此时,甲与乙虽然是共犯,但罪名不同)。[133] 张明楷教授的想象竞合犯说,具有相当的合理性。

第二,不能套用支配犯的思维模式来解决义务犯的问题。身份犯竞合问题之解决,义务犯理论有相当的优势,但这与否定实行行为概念无关。实行行为不要说关于身份犯的共同正犯的讨论,实际上是用支配犯的理念来解决作为义务犯的身份犯的问题,完全是文不对题。

克劳斯·罗克辛教授的犯罪支配说主张:凡是以故意的心理操纵、控制着整个犯罪流程,决定性地支配了犯罪的,就是正犯。正犯是犯罪实施过程中的"灵魂人物"。[134] "但是,犯罪支配说并没有很好地解决身份犯问题。"[135] 于是,罗克辛教授提出了义务犯理论,认为身份犯都是义务犯。[136] 这样,区分正犯与共犯的标准,在支配犯领域,是"支配"的问题,而在义务犯领域,则是"义务违反"的问题。[137] 需要指出的是,身份犯与义务犯概念不是等同概念,两者是交叉关系。身份犯可以分为作为支配犯的身份犯与作为义务犯的身份犯。作为支配犯的身份犯的正犯原理是"支配",作为义务犯的身份犯的正犯原理是"义务违反"。而在义务犯领域,"义务违反不仅是正犯准则,也是可罚性基础和归属原理"[138]。在雅各布斯教授看来,义务犯违反的是积极义务,也就是"与他人建设一个共同世界的义务",而支配犯违反的则是消极义务,也就

---

[132] 参见张明楷:《刑法的基本立场》,中国法制出版社 2002 年版,第 281 页。
[133] 同前注[16],张明楷文,第 442 页。
[134] 同前注[81],第 10—80 页。需要指出的是,本文用为学界较广范围内接受的"支配"一词,代替了该译本中的"控制"。
[135] 周光权:《论身份犯的竞合》,载《政法论坛》2012 年第 5 期,第 123 页。
[136] 参见何庆仁:《义务犯研究》,中国人民大学出版社 2010 年版,第 288 页。
[137] 同上注,第 192—196 页。
[138] 同前注[136],第 289 页。

是"不得侵害他人利益的义务"。义务犯违反的是"制度管辖",支配犯违反的是"组织管辖"。[139] 从义务犯的法理出发,身份犯的场合,重要的不是身份,"重要的总是,是支配犯还是义务犯!"[140]

回到"公司、企业或者其他单位中,不具有国家工作人员身份的人与国家工作人员勾结,分别利用各自的职务便利,共同将本单位财物非法占为己有"的问题,不难发现,这属于义务犯问题域。但是,如果仅仅停留于此,问题还没有得到解决,因为,按照义务犯都是正犯的理论,此两类身份者都是正犯,依然遗留有究竟应该定哪一个罪名的问题。义务重要者正犯说主张,在身份犯竞合时,当某种身份所对应的义务相对而言显得特殊和重要时,违反该义务者就是正犯;而其身份不可能直接违反该重要义务者,只能成立共犯。[141] 具体讲,在身份犯的义务重要性不同的场合,行为人分别成立各自义务犯的同时犯;义务重要者成立重罪的正犯,义务次要者同时成立轻罪的正犯和义务重要者身份犯的共犯,按想象竞合来处理。[142] 这样,实行行为不要说所担心的如何定罪的难题,迎刃而解。

在"有故意无身份的工具"的场合,比如公务员甲利用无身份者妻子乙收受贿赂,并不是如同实行行为不要说那样存在处罚漏洞的问题。按照义务犯理论,受贿罪是作为义务犯的身份犯,身份是不能连带的,这样,一个基本的结论就是:无身份的乙并不能成立受贿罪的正犯,而只是共犯。这里存在两种可能性,即乙知道是贿赂和不知道是贿赂。在乙不知道是贿赂的场合,是间接正犯的问题,甲的利用行为与乙的收受钱财的行为功能性地结合在一起,构成甲的受贿行为。如此,所谓的"没有正犯的共犯"并不存在,同时,甲的正犯性原理并不是"支配了对职务行为不可收买性的侵害",而是不要收受钱财,"与他人建设一个共同世界的义务"之违反。在乙知道是贿赂的场合,基于违法连带的原理,乙收受钱财的行为,连带给甲,同时,甲又具有国家工作人员的身份,因此,甲成立受贿罪的正犯。相反地,鉴于身份不能连带,乙收受钱财的行为,只不过是使得甲收受钱财的行为变得更为容易,成立受贿罪的帮助犯。

(四)实行行为与原因自由行为

尽管是一个小理论点,但是,关于原因自由行为的讨论,却有极大的理论价值,它涉及罪刑法定原则与责任主义原则之间的矛盾与协调。前者需要讨论实行行为的定型化问题,后者需要解决"实行行为与责任同在"的问题。如何在两者之间进行取舍、平衡,说

---

[139] 参见[日]平山幹子:《不作為犯と正犯原理》,成文堂2005年版,第132—140页;同前注[136],第27—29页。
[140] 同前注[136],第291页。
[141] 同前注[34],第363页。
[142] 同前注[34],第363—364页。

明原因自由行为的可罚性,"成为刑法理论中一道无法回避的难题"[143],稍有不慎,可能会使研究者精心构建的理论大厦出现逻辑上难以克服的矛盾。

关于原因自由行为的可罚性,有诸多理论。例外模式将"行为与责任同在原则"进行了目的性限缩(teleologische Reduktion)。按照例外模式,原因行为是预备行为,结果行为是实行行为。但是,例外模式与罪刑法定原则存在冲突,也与责任不兼容。扩张模式则肯定"行为与责任同在原则",只要在做出最终意思决定之时,存在责任能力,就满足了"行为与责任同在原则"。[144] 扩张模式扩张了责任范围,实际上将先行行为中的"结果可避免性"作为行为的可罚性依据,有违反责任主义原则的嫌疑。构成要件模式则认为,在行为人已经在原因行为的时点具有实现构成要件的故意或者过失的情况下,总体的构成要件的实现就被提到任意地造成无责任能力的时点,即原因行为是实行行为、构成要件实现行为。[145] 构成要件模式又被称为间接正犯类似说,对之主要有两点诘难,即不能说明过失的原因自由行为和自陷限制责任能力障碍之下实施不法行为的可罚性。[146]

实行行为不要说认为,构成要件模式侧重于从实行行为的角度来解决问题,并不成功。其中,根据间接正犯类似说,在自己陷入无责任能力与陷入限制责任能力的场合,前者成立间接正犯处以通常之刑,后者不成立间接正犯反而可以从轻或者减轻处罚,这显失均衡。原因自由行为,与实行行为无关,是责任评价问题。[147]

但是,构成要件模式看到了原因自由行为与间接正犯的类似之处,并且在讨论完实行行为之后,再来考虑责任的问题,符合犯罪成立之阶层式的判断,原则上具有合理性。黄继坤博士的主张,值得关注,他认为:在论证原因自由行为的可罚性时,应当坚持构成要件模式之间接正犯类似说,将实施原因行为之时的人与实施结果行为之时的人视为两个不同的人,模拟犯罪参与来解释。[148] 同时,在进行评价的时候,应当坚持机能的规范性的评价,而不是纯粹的事实性认定。也就是说,根据事物的本质,如果能够得出各种表面事实不同但在规范上有着相同的机能的话,那么,就应当说它们本来就是具有同一性的相同事物。因此,当原因行为被评价为能够产生符合行为属性的效果,以至于需要法规范同时发出"停止实施该行为"的禁令时,那么,该先行行为就具有实行行为性。这种场合下,如果结果行为是基于原因行为而发生的,就应当认为结果

---

[143] 黄继坤:《原因自由行为研究——以醉酒的人犯罪为中心》,法律出版社2014年版,第86页。
[144] 比如对于《德国刑法典》第20条中的"行为时因疾病引起之精神障碍……,致不能辨识其行为不法或依其辨识而行为者"中的"行为"是先于构成要件的、与构成要件相关联的前行为(Vorverhalten),作为纯粹的预备行为被包括在责任构成要件(schuldtabestand)之中。
[145] 同前注[83],第199—206页。
[146] 同前注[143],第167页。
[147] 同前注[13],周啸天文,第113—115页。
[148] 同前注[143],第121—124页。

行为与原因行为具有同一性,结果行为就是原因行为的自然流出,结果行为本身无独立的法规范意义。[149] 对于过失的原因自由行为,只需要判断在实施原因行为之时,行为人是否违反了客观的注意义务即可认定其是否存在过失犯的实行行为。[150] 而对于自陷限制责任能力障碍之下的原因自由行为,在观念上可以通过模拟犯罪参与,认为实施原因行为之时的本人与实施结果行为之时的本人构成共同犯罪关系,从而适用"违法连带"原理。这样,原因行为与结果行为就机能地结合在一起,发挥着实行行为的作用。因此,那种仅仅认为"原因自由行为是一个对责任的评价问题而与实行行为概念无关"[151]的判断,显然过于轻视这个问题的复杂性与疑难性。无论如何,处罚原因自由行为,一定立足于有实行行为的存在这个前提,否则,就无违法性和责任的评价对象。怎么能够说原因自由行为的可罚性的讨论,"与实行行为概念无关"呢?

(五) 构成要件过早实现的问题

构成要件过早实现,也就是结果的过早发生,是指行为人计划在实施第一行为之后,再来实施第二行为,以引起构成要件结果的发生,但是意外地,第一行为却导致结果发生。在"氯仿案"[152]中,日本最高法院将数行为评价为"一体的实行行为",作为一个整体,认定了诸行为人构成杀人罪既遂的共同正犯。学者批判道,立足于禁止溯及,当行为人在内心保留了结果发生之后的故意行为时,因为没有认识到相当因果经过,所以不能承认既遂。[153] 另有观点以行为人对第一行为只不过是预备的认识,而非实行行为的认识,直截了当地认定行为人构成杀人预备罪与过失致死罪。[154] 实行行为不要说认为,将第一行为与第二行为作为"一体的实行行为",整体认定构成犯罪既遂,扩张了实行行为概念,并不妥当。因为,"既遂犯=未遂犯+结果实现"是将未遂犯的构成要件作为基本形态,把结果实现作为客观处罚条件或者作为加重形态,从而本末倒置了。根本原因就在于构成要件过早实现的问题是故意领域专属问题,而不是实

---

[149] 同前注[83],第 214 页。
[150] 同前注[143],第 168 页。
[151] 同前注[13],周啸天文,第 115 页。
[152] 本案案情:被告人 X 打算以制造事故的方式杀死丈夫 A,来骗取保险金。由 P、Q、R 把被害人引诱到车里,用氯仿让其失去意识(第一行为)。后把被害人运送到 2 公里之外的港口,让其跌落海中(第二行为)。A 死亡,但无法查明第一行为还是第二行为致 A 死亡。同时,本案第一行为导致被害人死亡的可能性存在,数名被告人对此没有认识。日本最高法院认为,由于第一行为与第二行为是紧密相接的两个行为,在第一行为的开始时点便已经存在发展至杀人的客观危险性,因而,在开始让被害人吸入氯仿之时点,便可认定已经存在杀人罪的实行的着手,进而,在行为人着手一连串的杀人行为,并达到目的的,即便有别于行为人的认识,被害人在坠海之前的某一时点,业已因吸入氯仿的行为而死亡,仍可认定行为人并不缺少杀人的故意,构成杀人既遂。参见[日]西田典之、山口厚、佐伯仁志:《判例刑法総論》,有斐閣 2010 年版,第 347—348 页。
[153] 同前注[19],第 194 页。
[154] 参见[日]曾根威彦:《刑法総論》,弘文堂 2008 年版,第 216 页;同前注[7],淺田和茂文,第 376 页。

行行为的问题。[155]

关于构成要件过早实现的问题,通常情况下是在故意或者未遂犯领域进行讨论的,但是,即便如此,在讨论这一问题时,也不可避免地要涉及实行行为。"一体的实行行为"就不用说了,将第一行为与第二行为分别考虑的也会涉及预备行为(或者未遂行为)与过失致人死亡行为。在讨论主观归责问题时,必须要解决的前提是,究竟是针对哪个客观构成要件进行归责的。而在第一行为究竟是预备行为还是未遂行为的判断上,会涉及实行的着手,这又不可避免地会一并考虑实行行为。所以,把构成要件过早实现仅仅局限于故意领域,认为所讨论的问题与实行行为无关,实行行为概念无法解决构成要件过早实现的问题,是一种割裂的做法。

构成要件过早实现,根据行为人不同的"行为计划",可以分为实行阶段的过早实现和预备阶段的过早实现。统一用"一体的实行行为"理论或是分开解决,都有可能带来不妥当的结论,为此应当具体分析。

第一,实行阶段的构成要件过早实现。比如甲意图用爆炸的方式杀死仇人乙,于是自制了一个爆炸装置,控制器上有 A、B、C 三个按钮,依次按下后才会发生爆炸。不料在按下 A 钮后,就发生了爆炸,乙被炸死。在按 A 钮的时候,否定甲的杀人行为,并不妥当。应当将三个按钮的行为进行一体评价,也就是说,只要实施了按钮行为,不管按下的是哪个钮,都能够被认定为杀人实行行为的开始,因为此刻行为人创设了故意行为的危险,有着手决意,实害结果能够归责于该危险,只不过这种危险实现的时间与行为人的设想不一致,但是,鉴于甲对此有概括认识,因此,乙死亡结果归属于杀人行为的现实化,甲构成故意杀人罪既遂。

此外,在危险的实现方式与行为人的计划不一致的场合,也应当用"一体的实行行为"理论。比如,甲捆绑乙,打算把乙从高桥上推入河中淹死,但是乙下落过程中碰到桥墩而死。这种场合,由于从高处下落本身就具备了"摔死"的风险,并且行为人对此也有所认识,在有着手决意的情况下,虽然最终构成要件结果的发生,与行为人设想的不一致,但是,也无妨将乙的死亡结果归属于杀人行为的现实化,甲构成故意杀人罪既遂。

第二,预备阶段的构成要件过早实现。比如,妻子甲意图毒死丈夫乙,就在乙的酒中投毒,然后放在冰箱里,打算在 2 天后,给出差归来的乙喝。不料乙当天下午回家,从冰箱中拿出毒酒一饮而尽,提前死亡。本案的主要问题在于能否主观归责。但是,究竟如何客观归责,也有讨论的必要。甲创设了故意行为的抽象危险,但是,尚无杀人实行行为着手的决意,同时,甲的行为,制造了过失行为的危险,并且该危险在最终的结果中实现了,因此,构成要件的实害结果不能归属于故意行为的危险,而应当归

---

[155] 同前注[13],周啸天文,第 112—113 页。

属于过失行为的危险。[156] 因此,妻子甲成立故意杀人罪的预备和过失致人死亡罪。

如果将以上案例稍作改变,设若妻子甲知道乙会提前回家喝酒,于是将毒酒放在冰箱里,乙中毒身亡。甲的行为构成故意杀人罪的间接正犯。是否意味着,无论甲是否知道乙会提前回家,投毒杀人的危险都已经实现了,都存在一个杀人罪既遂的实行行为,问题只不过是行为人主观上究竟是未遂故意还是既遂故意了。[157]

其实,这不是故意的问题,而是犯罪形态的问题。

首先,将犯罪故意机械割裂为未遂故意和既遂故意,意义有限。无论是未遂故意,还是既遂故意,在构造上都包括认识因素与意志因素。认识因素是"明知自己的行为会发生危害结果",意志因素是"希望或放任该结果发生"。之所以被最终认定为未遂犯或者既遂犯,根本在于二者对应的客观构成要件要素的实现程度不同——即一个是存在现实的危险,一个是产生了实害结果而已。但是,这已经不是未遂故意与既遂故意自身的区别了。因此,严格讲,"未遂故意"应被称为未遂时追求既遂的故意。所以,未遂犯与既遂犯的主观构成要件在整个犯罪阶段没有区别[158],都是针对"实行行为——危害结果"这一个动态的过程而言。将两种场合都交由主观归责领域,并不妥当。

其次,实行行为否定说忽略了在知道丈夫会提前回家喝酒的间接正犯场合下,行为人有"利用行为",从而将问题的解决推给了主观归责,这与结果无价值论者强调客观优先的方法论存在明显抵牾,与主观主义可能只有一线之隔。

总之,构成要件过早实现的场合,无论是一体的实行行为还是分别评价,本质上是如何认识、判断实行行为的问题,而不是是否存在实行行为的问题。实行行为不要说把是否存在实行行为与如何判断实行行为的问题混为一谈,将事物的本体论与对事物的认识论混为一谈。仅因为存在认识论上的困难,就反过来否认实行行为概念,这如同"我无法登上珠穆朗玛峰,因此,珠穆朗玛峰就不存在了"那样荒唐。

四、结论

青睐于实行行为强大的魅力,力图以一个实行行为概念来一劳永逸地解决犯罪论中的诸问题,并不适当。实行行为不要说因此就否定实行行为概念,也会出现"娜拉走后怎样"的问题。用危害行为概念代替实行行为概念,在换了个说法的同时,更可能因为危害行为概念本身的含糊性而损及罪刑法定原则。而以因果行为论作为实行行为的起点,是在走回头路。在逐步挣脱自然科学方法对人文社会实践学科方法强大的影

---

[156] 参见柏浪涛:《未遂的认定与故意行为危险》,载《中外法学》2018年第4期,第1033页。
[157] 同前注[13],周啸天文,第113页。
[158] 同前注[156],第1017页。

响力的情况下,又转回头拥抱自然主义,不是明智的做法。

无论如何,犯罪是行为,无行为则无犯罪。无论将实行行为称为什么,它都是犯罪构成要件中的一个至关重要的要素,是贯穿整个犯罪论体系的一条红线。在犯罪论具体问题的解决上,实行行为如影随形。正如所言,对于实行行为概念的强调,使得对行为无价值才是犯罪的核心内容这一传统的犯罪观所抱有的高度的警惕被激励,由此在结果无价值论阵营产生了实行行为概念不要说的立场。但是,行为无价值论可以考虑结果无价值,结果无价值论也同样可以考虑行为本身的危险性。[159] 从行为无价值出发,犯罪的本质是违反行为规范,进而侵害法益。刑法的目的是通过维护规范的有效性来保护法益。这样,重视实行行为概念是题中应有之义。按照结果无价值的立场,犯罪的本质是侵害法益,刑法的目的是保护法益。因此,为了有效地保护法益,从一般预防的观点出发,将刑法禁止哪些行为、命令该实施哪些行为这一行为规范提示给国民,应该说也是犯罪论的一个重要环节。

之所以出现对实行行为概念的质疑之声,考察学术史就可以发现,在旧派取得对新派的学派之争的胜利后,实行行为概念成为犯罪论的中心任务,实行行为概念由形式化逐渐实质化。在此过程中,"刑法机能性考察和危险概念的进展,成了导向实行行为概念崩溃过程"[160]。根据机能性的考察,实行行为与着手可以分离,而根据危险的概念,未遂的危险和实行的着手以及实行行为的危险可以分离。但是,"无论如何,根据'机能性的、危险关系性的实行行为概念'可推出对法益有危险的行为是实行行为,……实行行为必须置于作为行为规范违反的行为之地位"[161]。这样,实行行为是违反面向一般人的行为规范的行为,所以,实行行为性必须放在行为规范违反的"行为"中分析,不能脱离行为来讨论实行行为。山口厚教授从否定实行行为概念到有限度地承认实行行为概念的转向,根本不是表面的妥协换来的实质上更彻底地解构了实行行为概念。在这个意义上,"实行行为概念发展的历史,实际上也正是实行行为概念崩溃的历史"[162]的说法,并不成立。恰当的理解应该是:实行行为概念"不具有通过其本身就能解决犯罪论上诸多问题这种程度的机能,这已经是今天共通的理解,但刑法上诸多问题的解决,还是应该以这一概念为中心来考虑,只要采取罪刑法定原则,这就是必然的结论"[163]。

---

[159] 同前注[15],第 245 页。
[160] 参见[日]高桥则夫:《规范论和刑法解释论》,戴波、李世阳译,中国人民大学出版社 2011 年版,第 32 页。
[161] 同上注,第 33 页。
[162] 同前注[4],第 131 页。
[163] 同前注[76],第 199 页。

风险升高理论的规范保护目的限缩

——自动驾驶汽车过失刑事归责的可能路径探析[*]

郑泽星[**]

要 目

一、问题的提出
  （一）自动驾驶汽车：定义与分类
  （二）不同于传统汽车：自动驾驶汽车的突破
  （三）自动驾驶与刑事法的新课题
二、风险升高理论、规范保护目的理论的分别考察与限缩论的提出
  （一）风险升高理论：立场、质疑与辩驳
  （二）规范保护目的理论：立场及展开
  （三）风险升高理论与规范保护目的理论的结合：限缩论的提出
三、风险升高理论的规范保护目的限缩论之应用
  （一）限缩论在传统过失归责中的应用
  （二）自动驾驶汽车的过失刑事责任承担与刑事归责路径
四、结语

摘 要 自动驾驶技术的发展为刑法提出了新的课题，如何对可能的过失刑事责任主体进行归责即是其中之一。在过失犯的归责过程中，结果预见可能性和结果回避可能性理论的判断标准可操作性不强，并且不具有规范性。在客观归责理论的框架下，风险升高理论存在理论上的瑕疵，单独的合规则替代行为判断也难以达到理想的判断效果。因此，应当用规范保护目的理论对风险升高理论进行限缩，具体的归责过程可分三个步骤进行：合规则的替代行为判断、风险升高判断以及规范保护目的的判断。进而确定应否对行为人进行归责。限缩论可以应用于自动驾驶汽车过失刑事责

---

[*] 本文受国家留学基金委员会"国家建设高水平大学公派研究生项目"资助。
[**] 中国人民大学刑事法律科学研究中心博士研究生。

任的归责判断。

关键词 合规则的替代行为 风险升高理论 规范保护目的限缩论 自动驾驶 过失刑事归责

一、问题的提出

2018年3月18日夜间,美国亚利桑那州坦佩市发生一起交通事故,一辆正在行驶的优步自动驾驶汽车撞上一名正在横穿马路的行人,行人不治身亡,这被认为是全球首例自动驾驶汽车在公开路面撞击行人致死的案例。自动驾驶汽车撞击行人致死应当承担民事责任是确定无疑的。但是,基于自动驾驶汽车与传统汽车之间的差异,其刑事责任的承担以及归责的方式较传统汽车事故也有所不同,如何确定承担刑事责任的主体以及如何在教义学上进行归责成为亟待解决的问题。

(一) 自动驾驶汽车:定义与分类

自动驾驶汽车是指搭载先进的车载传感器、控制器、执行器等装置,并融合现代通信与网络技术,实现车与X(人、车、路、云端等)智能信息交换、共享,具备复杂环境感知、智能决策、协同控制等功能,可实现"安全、高效、舒适、节能"行驶,并最终可实现替代人来操作的新一代汽车。[1] 各国虽然对自动驾驶汽车定义的表述各不相同[2],但对于自动驾驶汽车的一般特征和分类却有着基本的共识。一般而言,各国都根据车辆

---

[1] 工信部、国家标准化委员会:《国家车联网产业标准体系建设指南(智能网联汽车)》,2017年12月。
[2] 根据美国高速公路安全局的定义,自动驾驶车辆是指在至少核心安全控制功能(如转向、油门、制动等)方面无须驾驶人员输入指令而可自动控制的车辆。See National Highway Traffic Safety Administration, Preliminary Statement of Policy Concerning Automated Vehicles. 德国联邦政府2015年9月公布的《自动驾驶汽车战略》中,虽未对自动驾驶汽车进行明确的界定,但强调了自动驾驶汽车的自动驾驶(Autopiloten)、实时数据通讯(Echtzeit-Daten-Kommunikation)以及与环境的互联(Vernetzung mit der Umgebung)特性。Vgl. Bundesregierung, Strategie automatisiertes und vernetztes Fahren: Leitanbieter bleiben, Leitmarkt werden, Regelbetrieb einleiten, URL: https://www.bmvi.de/SharedDocs/DE/Publikationen/DG/broschuere-strategie-automatisiertes-vernetztes-fahren.pdf?_blob=publicationFile. 2017年修订的德国《道路交通法》规定,具有高度或全自动化功能的汽车是指载有同时具备以下五种特性的技术设备的汽车:1.具备执行驾驶功能(包括纵向与横向),可以在启动后控制汽车;2.能够在高度或全自动化控制驾驶时遵守为汽车行驶制定的交通法规;3.驾驶人可在任何时候手动控制或终止自动驾驶设备;4.驾驶人能够意识到亲自控制汽车的必要性;5.能够对驾驶人亲自控制汽车的要求及时通过可视、可听或者可触的方式呈现给驾驶人。StVG § 1a.

自动控制的不同程度来划分不同的级别。[3] 自动驾驶汽车依其自动化程度高低可以分为智能辅助汽车、部分自动驾驶汽车、高度自动驾驶汽车和完全自动驾驶汽车。智能辅助汽车是指装备有可以为汽车启动、行驶和泊停提供辅助的系统的汽车,包括车距控制系统、车速管理系统以及自动泊车系统等。在智能辅助汽车中,各个辅助功能是相互独立的,并不具有互联性,并且在汽车从启动到熄火的全过程中,驾驶人应当对车辆进行监管。部分自动驾驶汽车是指在特定的时间和环境条件下可以自动驾驶的汽车,此种车辆装载有多种智能辅助系统并且各个系统之间能实现信息互联和协调,如汽车在交通拥堵路段开启的交通拥堵助理系统。在部分自动驾驶汽车的运行过程中,驾驶人应对车辆的状态进行监管。高度自动驾驶汽车是指在特定的时间和环境条件下,可以通过传感器感知外部状况、通过中央处理器实现对数据的分析和指令的输出,并且通过执行器实现对车辆的横向和纵向控制的汽车。在高度自动驾驶汽车行驶过程中,驾驶人无须对车辆进行监管,只有在高度自动驾驶系统发出接管指令或者出现难以控制的情形(如车辆爆胎)时,驾驶人才需对车辆进行接管。完全自动驾驶汽车是指完全不需要驾驶人,并完全由自动驾驶系统控制车辆的状态、应对外部环境变化的汽车。本文语境下的自动驾驶汽车是指高度自动驾驶汽车和完全自动驾驶汽车。

(二)不同于传统汽车:自动驾驶汽车的突破

1. 控制主体不同

自动驾驶汽车与传统汽车最根本的区别是汽车控制主体之别。传统汽车的控制主体是驾驶人,在汽车行进的过程中,由驾驶人根据目的地设定控制汽车的行驶状态、行驶速度以及行驶线路,驾驶人在汽车行驶全程应当对车辆的状态进行监管,在发生紧急情况时,驾驶人应当及时、有效地进行处置。因此,在汽车行驶过程中发生交通事

---

[3] 在我国,自动驾驶汽车根据车辆和驾驶员在车辆控制方面的不同职责分为"辅助控制类"和"自动控制类"。其中,辅助控制类主要指车辆利用各类电子技术辅助驾驶员进行车辆控制,如横向控制和纵向控制及其组合,可分为驾驶辅助(DA)和部分自动驾驶(PA);自动控制类则根据车辆自主控制以及替代人进行驾驶的场景和条件进一步分为有条件自动驾驶(CA)、高度自动驾驶(HA)和完全自动驾驶(FA),同前注[1]。在美国,根据国际自动机工程师学会(SAE International)对无人驾驶的分级定义,无人驾驶从低到高依次为六级。SAE 0级:人类驾驶员全权操作汽车;SAE 1级:车辆自动系统有时可协助人类驾驶员完成部分驾驶工作;SAE 2级:车辆自动系统可实际完成部分驾驶操作,然而人类驾驶员需要持续监控驾驶环境并完成其余部分的驾驶工作;SAE 3级:在某些情况下车辆自动系统可以实际完成部分驾驶操作并且可以监控驾驶环境,但是人类驾驶员必须做好准备在自动系统需要时接管车辆;SAE 4级:车辆自动系统可以完成驾驶操作并且可以监控驾驶环境,人类驾驶员无须接管车辆,然而该等自动系统仅可在特定环境和特定条件下方可运作;SAE 5级:车辆自动系统可以在人类驾驶员可操作的所有条件和环境下完成所有驾驶操作。在德国,自动驾驶汽车也被分为五个等级:驾驶辅助系统(Fahrerassistenzsysteme)、部分自动驾驶(Teilautomatisierten Fahren)、高度自动驾驶(Hochautomatisierter Fahrfunktionen)、完全自动驾驶(Vollautomatisierten Fahrfunktionen)以及无人驾驶(Autonomen fahrerlosen Fahren)。

故、应当承担刑事责任时,除生产者、销售者会因汽车本身的质量问题而承担产品责任之外,驾驶人、所有者也可能被要求承担相应的责任。而自动驾驶汽车在开启高度自动驾驶和完全自动驾驶模式的情况下,实际对汽车进行控制的是自动驾驶系统,由自动驾驶系统根据已设定的行驶目的地,在既定的或者自动驾驶系统决定的道路上行驶,并且对道路状况、交通状况、天气状况以及交通规则情况作出反应,及时调整车辆行驶状态;在发生紧急状况时,自动驾驶系统应当根据系统的设定及时进行处置或者及时要求驾驶人接管。因此,在自动驾驶模式下行驶的汽车发生的事故,可以根据事故发生的时点分为三类;其一,事故发生在自动驾驶系统控制车辆的过程中;其二,事故发生在自动驾驶车辆对驾驶人发出接管要求之后、驾驶人接管汽车之前;其三,事故发生在驾驶人根据自动驾驶系统的要求或者根据其个人判断接管汽车之后。对于不同情形下发生的交通事故,由于车辆实际控制主体的不同,在刑事归责判断中,应否承担刑事责任与可能承担刑事责任的主体也有所不同。第一种情形下,自动驾驶系统并非刑法意义上具有行为能力和责任能力的主体[4],因此,在自动驾驶系统控制汽车而发生事故的情况下,会否产生刑事责任?所产生的刑事责任由哪一或哪些主体承担?第二种情形下,自动驾驶车辆在对驾驶人发出接管要求后,是否意味着责任的转移?自动驾驶系统发出接管要求之后,驾驶人没有足够的时间接管汽车的情况下责任如何承担?自动驾驶系统发出接管要求,驾驶人有足够的时间接管而不接管时,责任如何承担?自动驾驶系统发出接管要求,驾驶人没有按要求进行接管,但是即使驾驶人及时接管也不足以防止事故发生的,是否产生刑事责任的承担问题?在第三种情况下,驾驶人已经按要求接管并做相应处置但并没有避免事故发生的情形下,责任如何承担?驾驶人已经按要求接管车辆,但是驾驶人的介入并不足以避免事故发生的情形下,责任如何承担?驾驶人已经按要求接管车辆,但并未及时作出相应处置进而导致事故发生,或者驾驶人已经接管车辆,并没有及时进行处置,但是即使其及时作出相应处置也无法避免事故发生的情形下,应当如何分配和承担责任?在汽车完全自动控制的情形下发生的交通事故,应当如何归责?这些问题,都是自动驾驶汽车相较于传统汽车在控制主体上的不同而为法律提出的新问题。

2. 风险源更加多元

对于传统汽车的驾驶而言,汽车是相对封闭的环境,其与外界的联系仅仅在于驾驶人对于外部环境的观察并据此作出的反应。传统汽车发生事故的可能风险来源主要是汽车硬件本身、驾驶人以及相关的外部因素。就汽车本身的角度而言,汽车的设计缺陷以及汽车各硬件的质量问题都可能导致交通事故;就车辆驾驶者的角度而

---

[4] 参见陈晓林:《无人驾驶汽车致人损害的对策研究》,载《重庆大学学报(社会科学版)》2017年第4期,第79—85页。

言,驾驶者本身技术不熟练、操作失误或者违反交通规则都可能是传统汽车发生交通事故的风险源;就相关外部因素的角度而言,道路状况、其他驾驶者的违章行为都可能成为导致交通事故的因素。相对于传统汽车,自动驾驶汽车的结构更为复杂、系统更为繁多,相应地,在自动驾驶汽车之上就集合了更多的可能造成交通事故的风险源。例如,自动驾驶汽车区别于传统汽车的主要特征是智能控制和信息互联。智能控制是通过程序和编程来实现的,即在自动驾驶的过程中,各种传感器所收集的相关数据,在既定的程序编程的处理下,接受分析以形成进一步的行动指令并传达至控制系统,以实现对汽车的横向控制和纵向控制;自动驾驶汽车的互联性体现在其与外界的信息互联,即通过无线网络,自动驾驶汽车可以随时将车辆状况和行驶数据上传至控制中心或者数据平台,并且获取实时道路交通状况、交通规则情况以及天气状况等信息以随时确定和调整行驶路线、行驶速度以及行驶状态。[5] 在这一背景下,发生交通事故的可能风险来源较传统汽车相对单一的风险来源变得更加多元。在车辆控制方面,智能程序控制下的汽车发生的交通事故既可能由程序本身的设计缺陷引起,也可能由第三方故意篡改程序或信息而引起,因此也就引出了自动驾驶系统的程序设计者的责任问题和第三方借助程序故意犯罪的问题。智能汽车中与智能控制有关的传感系统、决策系统和控制系统是其相对于传统汽车而言的新增部分,因此,每一个系统都可能出现失误,发生交通事故的风险提高,同时也增加了生产者、设计者承担刑事责任的可能。此外,自动驾驶汽车的互联性一方面使自动驾驶系统能够及时有效地针对道路交通状况变化、环境变化以及不同区域交通法规的变化调整行驶状态;另一方面也增加了在其行驶过程中系统被干扰、被入侵甚至被第三方控制以及信息泄露的风险,从而引发了在此种情形下互联服务提供者过失或者故意犯罪问题、第三方故意犯罪问题以及有关个人信息的犯罪问题。

总之,自动驾驶技术的发展以及自动驾驶技术的自身特点,使得介入自动驾驶并且可能影响自动驾驶进程的因素较传统驾驶变得更加多元。

3. 技术成熟度与民众接受度

自1886年德国人卡尔·本茨发明第一辆现代意义上的内燃机动力汽车起,汽车工业已经经历了一百多年的发展。一百多年间,汽车不仅发展出十数种不同功能用途的车辆类型,并且在技术和质量方面突飞猛进。人们充分享受了汽车时代所带来的便利,汽车成为人们生活中司空见惯、必不可少的工业品。虽然人们认识到汽车行驶过

---

[5] 根据工业和信息化部、国家标准化管理委员发布的《国家车联网产业标准体系建设指南(智能网联汽车)》,自动驾驶汽车可分为智能化与网联化两个层面,网络和传输层作为自动驾驶汽车五大基础层级之一,根据通信的不同应用范围,分为车内总线通信、车内局域通信、中短程通信和广域通信,同前注〔1〕。根据德国联邦政府发布的《自动驾驶汽车战略》,自动驾驶汽车的基本特性之一即为与环境的互联(Vernetzung mit der Umgebung),由此引起的信息技术安全(IT-Sicherheit)和数据保护(Datenschutz)问题应当予以重点关注。vgl. Bundersregierung(Fn. 2)。

程中产生的交通事故所造成损害的严重性[6],但很少有人认为传统汽车所引发的事故是不可思议和不能接受的,这说明人们认可传统汽车技术成熟度的同时,对于传统汽车可能发生的事故也有一定的接受度。相较于传统汽车,自动驾驶汽车自20世纪在美国和德国立项以来[7],虽然只经过了三十多年的发展,但是基于发展成熟的传统汽车技术并且有赖于人工智能技术在21世纪的飞速进步,自动驾驶技术在短时间内取得了极大的成功,有数据显示,自动驾驶汽车在安全性和舒适度方面已经超过传统汽车。[8] 但是,相较于人们对于传统汽车的接受和认同,仍有相当部分的人对自动驾驶汽车持不同程度的怀疑态度。[9] 究其原因,一方面,这与自动驾驶汽车的发展水平、普及程度相关。虽然自动驾驶汽车已经得到了较好的发展并且表现出较高的安全性和舒适度,但各国对于自动驾驶的规范和保障尚处于草创阶段。自动驾驶的未来路线虽然清晰,但不可否认的是,自动驾驶的发展尚处于初级阶段;此外,相对于传统汽车的普及程度而言,自动驾驶汽车还是较为新鲜的事物,并没有为大多数人所认知,人们关于自动驾驶的认知往往源于新闻报道和猎奇文章,在此背景下要使人们在心理上完全接受自动驾驶显得相对困难。另一方面,人们之所以难以接受与自动驾驶相关的交通事故,其根源在于人们对于人工智能技术的不信任。在本文看来,这种不信任一方面源于人工智能决策技术的不透明性[10],另一方面源于与人的尊严相关的"人的

---

[6] 根据世界卫生组织的报告,2013年全球有125万人死于道路交通事故并且这一数据呈稳步上升的趋势,其中31%的死亡者为车辆驾乘者。参见世界卫生组织:《道路安全全球现状报告(2015)》,载世界卫生组织网站(http://www.who.int/violence_injury_prevention/road_safety_status/2015/GSRRS2015_Sunnmary_CH.pdf?ua=1),访问日期:2020年10月26日。

[7] 1984年,卡内基梅隆大学推动Navlab计划与ALV(Autonomous Land Vehicle)计划,旨在生产用于自动驾驶和辅助驾驶的计算机控制车辆;1987年,梅赛德斯—奔驰与德国慕尼黑联邦国防大学共同推行尤里卡普罗米修斯计划,投资7.49亿欧元用以研发无人驾驶汽车。这被视为真正意义上的自动驾驶的开端。

[8] 截至2018年2月,谷歌旗下的Waymo自动驾驶汽车已经在公共道路交通上安全行驶500万英里(约800万公里)。据美国学者的研究结果,虽然尚不能得出自动驾驶汽车的事故率小于传统汽车的结论,但是可以肯定的是,到目前为止(2015),自动驾驶汽车所涉及的任何碰撞事故中,自动驾驶汽车均没有过错,并且涉及自动驾驶车辆的碰撞事故的严重程度要低于传统汽车。See Brandon Schoettle & Michael Sivak, A Preliminary Analysis of Real-World Crashes Involving Self-Driving Vehicles, p. 18.

[9] 根据益普索(Ipsos)2018年3月发布的调查报告,全球有51%的受访者认为自动驾驶会使得驾驶更加安全,42%的受访者希望拥有一台自动驾驶汽车,16%的人表示不会使用自动驾驶汽车,其中35%的德国受访者表示其不会使用自动驾驶汽车。Public Opinion on a Future with Driverless Cars, Ipsos (March 2018), http://www.ipsos.com lsites ldefault lfiles/ct/news/documents/2108-03/driverless_cars-2018.pdf.

[10] 在部分自动驾驶汽车的行驶过程中,驾驶者应当依照车辆驾驶系统的指令接管汽车或者在紧急情况下主动接管汽车,在此种情形下,驾驶者对于由此产生的事故应否承担责任应当根据具体情形确定:在驾驶者遵守注意义务规范并且及时依指令或者依自主判断接管汽车,并且在后续的操作中无操作不当的情况下,即使发生了损害结果,也不产生刑事责任。如果驾驶者未遵守相应的注意义务规范,在行驶过程中在规定的应当接管汽车的情形下没有或者没有及时接管汽车,或者接管汽车之后的后续操作不当而导致事故发生的,则仍可能产生驾驶者的刑事责任。

自治"。[11]

(三) 自动驾驶与刑事法的新课题

1. 交通肇事罪的局限性

在部分自动驾驶的情形下发生的交通事故,如果属驾驶者的过失责任,则可以以交通肇事罪定罪处罚。但是,在完全自动驾驶的情形下,实际控制汽车的是自动驾驶系统。从行为能力方面来看,虽然自动驾驶系统可以根据与环境的互联对不同的道路状况作出反应,但本质上是在执行设计人员的指令,其并非刑法意义上的行为人,自动驾驶系统根据预设的程序对汽车所进行的操控也非刑法意义上的行为。从责任能力方面来看,自动驾驶系统并不具有行为人所具有的辨认能力和控制能力,因此也不具有承担刑事责任所必须具有的刑事责任能力。此外,如果对自动驾驶系统施以刑罚,如有学者所主张的删除数据、修改程序以及永久销毁等[12],也并不能实现刑罚报应和预防的效果。对计算机程序而言,删除数据、修改程序、永久销毁等刑罚并不会使之感受到犯罪人接受刑罚处罚时所感受到的报应之苦。销毁了此计算机系统程序,设计制造人员可以马上设计、制造出相同的甚至更加先进的程序系统,因此,刑罚的预防效果也无从谈起。因此,在自动驾驶汽车发生交通事故的情况下,不能简单依交通肇事罪对实际上没有实际控制汽车的驾驶人员定罪处罚。

2. 刑事责任主体多元化

在传统汽车发生事故时,除有特别情况外(如天气原因、路况原因、第三方责任等),一般的责任主体为驾驶者。在部分自动驾驶汽车的刑事责任承担中,驾驶者可能要承担一定的刑事责任。但是对于作为自动驾驶汽车发展趋势的完全自动驾驶汽车,其在发生事故时,责任主体则呈现多元化的特点。一方面,就自动驾驶汽车的内部因素而言,事故可能由软件设计缺陷、汽车本身设计缺陷以及软件或者汽车本身质量存在的缺陷而引起,因此自动驾驶汽车控制软件的设计人员、汽车的设计人员以及软件、汽车的生产者都可能成为潜在的刑事责任承担主体。另一方面,自动驾驶汽车通过与环境的互联并通过控制系统的分析和调节实现对汽车的控制,其互联性增加了系统被入侵的风险,并且环境因素的干扰也可能成为自动驾驶汽车发生事故的原因,因此,自动驾驶汽车控制系统的入侵者、病毒植入者以及环境干扰因素的制造者,也可能成为承担刑事责任的潜在主体。

---

[11] "人的自治"的基本含义在于:凡是与人有关的决定,无论是合法的还是非法的,都应当由人作出。而在很多人看来,自动驾驶汽车是将人的生命、健康交由人工智能决定,因而超出了其能够接受的范围。
[12] 参见刘宪权:《人工智能时代的"内忧""外患"与刑事责任》,载《东方法学》2018年第1期,第134页。

3. 刑事归责亟待刑法教义学支撑

自动驾驶汽车发生事故后的刑事责任承担面临着两个问题：其一，刑事责任主体的确定。随着自动驾驶技术的发展和自动驾驶汽车的普及，会有更多的自动驾驶汽车在道路上行驶，并且不可避免地会发生更多与自动驾驶汽车相关的道路交通事故，根据上文的分析，在驾驶者缺席或者驾驶者仅仅作为乘客而乘坐自动驾驶汽车的情况下，可能导致自动驾驶汽车出现事故的因素很多，如何确定事故发生的原因并借此确定是否存在刑事责任以及刑事责任的承担主体是一个难点。众所周知，安装在传统汽车上的行车记录仪在交通事故处理过程中为警察和争议各方提供了可供查证的依据，从而大大减少了各方争执不下的情形，为公正便捷执法提供了依据。自动驾驶汽车在技术上较传统汽车更为复杂、系统更为庞杂，仅仅依靠行车记录仪的记录往往难以确定事故发生的真正原因、以达到明确责任、定分止争的效果。因此，较为理想的方案是在自动驾驶汽车上安装行驶数据信息记录仪，记录自动驾驶汽车各系统的实时数据，在发生事故时，可以据此确定事故发生的原因。同时，由于各种行车数据的详细记录成为可能，刑事责任的判断和分配会呈现精细化的特点。例如，在完整记录行车信息的情况下，可以得知汽车在发生事故时的行驶速度和反应时间，从而更加精确地确定应当承担刑事责任的主体以及承担刑事责任的范围。其二，刑事责任的归责。对故意引起交通事故并致人伤亡或者导致财产损失的犯罪，其归责过程相对容易。除故意犯罪之外，与自动驾驶相关的过失犯罪也存在刑事归责的问题。对于过失犯罪而言，一般要求行为人违反注意义务并且具有结果预见可能性和结果避免可能性。[13] 但是据此对违反注意义务规范的自动驾驶汽车可能的刑事责任主体，如软件设计者、制造者，或者汽车设计者、制造者，以及其他导致事故发生的介入因素的引起者的过失犯罪进行归责，至少面临两个方面的困境：其一，在行为人违反注意义务的情况下，结果预见可能性不能作为认定因果流程的标准。一方面，从规范论的角度来看，过失犯中预见可能性的内容只限于行为本身所具有的危险性，而不包括对发生在行为完结之后的事物发展过程的判断。[14] 而结果无价值的评价规范所采取的事后评价标准则决定了具体因果流程的发展与行为人事先的判断并无关联。另一方面，就实践层面而言，预见可能性的判断往往为注意义务违反的判断所代替[15]，这使得结果预见可能性成为注意义务违反的重复判断，既虚化了结果预见可能性的判断价值，也将主观判断

---

[13] 参见江溯：《自动驾驶汽车对法律的挑战》，载《中国法律评论》2018年第2期，第180页；另见刘艳红：《注意规范保护目的与交通过失犯的成立》，载《法学研究》2010年第4期，第133页。

[14] 参见陈璇：《论过失犯中注意义务的规范保护目的》，载《清华法学》2014年第1期，第31页。

[15] 一般认为，结果预见可能性的判断方法是应当注意而不注意。根据应注意的标准不同又分为折中说和个别说：折中说认为应注意的判断应当以一般人的判断能力为标准；个别说则认为应注意的判断应当以行为人的判断能力为标准。但是二者的判断最终往往都落脚到是否违反注意义务的判断。参见陈奕廷：《刑法总则》，元照出版公司，2015年版，第116页。

和客观判断混为一谈。有鉴于此,本文认为进行结果预见可能性的判断时,可以引入规范保护目的(Schutzzweck)的判断。规范保护目的理论认为,在其他归责条件均满足的情况下,只有在规范保护目的范围之内的损害才能归责于行为人。规范保护目的判断方法事实上可以实现结果预见可能性的判断目的,但是相较于简单地将结果预见可能性等同于注意义务违反的判断方法,规范保护目的判断方法一方面避免了判断上的简单重复,另一方面在逻辑上也更加畅达。其二,过失犯判断理论中,结果避免可能性的判断也并非精细化的判断,其判断逻辑是在行为人不实施行为的情况下是否会发生损害结果,但是这样的判断逻辑并不清晰,法官以何种思维逻辑进行判断并没有得到清晰的展现,这使得其在判断过程中难免会受到主观随意性的干扰。德国刑法理论中的合规则的替代行为(rechtmäßiges alternativverhalten)的判断方法可以相对清晰地解决结果避免可能性的判断问题。[16] 合规则替代行为的基本方法是判断在行为人在实施不违反注意义务规范的行为时损害结果能否避免,如果不能避免,则排除对行为人的归责,如果可以避免,则可以对行为人归责。可见,合规则替代行为的判断思路与结果避免可能性的判断思路是一致的,只不过合规则替代行为的判断方法在逻辑上更加清晰规范,实践中使法官在判断时有据可循,从而最大限度避免了判断的随意性。

创设不容许的风险是客观归责理论的第一个下位规则,在风险创设阶段的判断中,罗克辛教授提出了风险升高理论,以解决合规则的行为本身存在容许的风险(erlaubtes Risiko),但是违反注意义务的行为升高了这种风险的状况下,即使行为人采取合规则的替代行为,损害结果仍有可能发生的情形。汽车驾驶本身即蕴含着发生交通事故并且致人伤亡或者财产损失的风险,自动驾驶的相关刑事责任主体违反注意义务的行为则升高了这一风险,客观归责框架下风险升高理论可以作为自动驾驶汽车刑事归责的判断起点。因为风险升高理论本身存在缺陷,所以仅仅以风险升高理论作为判断依据并不周全。合规则的替代行为的判断方法能够很好地解决结果避免可能性的判断问题,但仅仅依此判断也很难得出令人信服的判断结论。规范保护目的理论能够起到限缩归责范围的作用,但是仍需在客观归责的框架内进行判断。因此,本文将在客观归责理论的框架下,分别对风险升高理论以及规范保护目的理论进行考察,在此基础上尝试以后者对前者的判断结论进行限缩,以探寻对自动驾驶汽车可能的责任主体进行过失刑事归责的教义学路径。

---

[16] 参见车浩:《假定因果关系、结果避免可能性与客观归责》,载《法学研究》2009年第5期,第149页。

二、风险升高理论、规范保护目的理论
的分别考察与限缩论的提出

(一)风险升高理论:立场、质疑与辩驳

1. 客观归责理论的基本立场与风险升高理论的体系定位

客观归责理论是由罗克辛教授发展并完善的,其基本立场是:若行为人借由侵害行为对行为客体制造了法所不容许的风险,这个不法风险在具体结果中实现了,且这个结果存在于构成要件的效力范围之内,那么,这个行为所引起的结果才可以算作行为人的成果而归责给行为人。[17] 其中包含三个下位规则:创设不容许的风险[18]、实现不容许的风险以及在构成要件效力范围内。创设不容许的风险是客观归责理论的第一个下位规则,也是客观归责判断的第一步。要理解何为不容许的风险首先应当明确何为容许的风险。根据罗克辛教授的阐释,容许的风险可以理解为,行为创设了一个法律上相关的风险,但是一般而言(根据具体案件而定)该风险是被容许的,并因此不同于客观归责进程中的正当化事由。[19] 容许的风险涉及公共交通(空中、雪上以及水上交通)、工厂的运行(尤其是危险设备)、进行有风险的体育运动以及特定范围内的医疗行为。[20] 在我国,周光权教授将容许的风险划分为两类:其一,行为本身带有特定的危险性(如体育运动、医疗行为);其二,社会发展过程中不断产生的风险[如矿山开采、水(核)电站的建立等]。[21] 客观归责理论框架下的容许的风险,是指社会生活不可避免而又为人们所接受的风险。诚如张明楷教授所归纳的:客观归责理论的基本逻辑是,由于某类行为必然有危险,而社会的发展不可能禁止这类行为,所以,这类行为的危险应当被允许,行为因而不符合犯罪的客观构成要件。[22] 可见,在上述容许的风险的框架下,并非所有风险都是被允许的风险,只有当立法者基于重大的社会利益(如享用现代工业设施或产品的利益),而容许具有危险倾向的某些行为时,其因此

---

[17] 参见林钰雄:《新刑法总则》(第三版),元照出版公司2011年版,第163页。
[18] 林钰雄教授将罗克辛教授所言的 Unerlaubtes Resiko 译作"法所不容许的风险",在对法做宽泛理解的情形下(将法理解为规范的总和而非狭义的法律),这种翻译也是可取的,但在本文的论述中,倾向于将其直译作"不容许的风险"以保持这一概念的开放性。
[19] 根据罗克辛教授的论述,作为正当化事由的容许的风险包含三种情形:推定的同意(Die mutmaßliche Einwilligung)、实现正当利益(Wahrnehmung berechtigter Interessen)以及与表达自由和艺术自由有关的利益实现。Vgl. Claus Roxin, Strafrecht Allgemeiner Teil, Band I, 4. Aufl. , 2006, §18A, Rn. 1 ff.
[20] Vgl. Claus Roxin(Fn.19), §11B, Rn. 66-67.
[21] 参见周光权:《行为无价值论与客观归责理论》,载《清华法学》2015年第1期,第136页。
[22] 参见张明楷:《也谈客观归责理论——兼与周光权、刘艳红教授商榷》,载《中外法学》2013年第2期,第315页。

造成的结果,才被认为是允许的风险。[23]

　　罗克辛教授认为合规则的替代行为下,损害结果仍有可能发生,但是,行为人违反注意义务规范的行为导致损害结果发生的风险升高的,则仍可对其进行归责。该理论用以解决实践中即使行为人遵守了注意义务,损害结果仍然不能完全避免的情况下的归责问题。风险升高理论是客观归责理论下位规则中创设不容许的风险的一个补充。在遵守注意义务的行为不具有风险而违反注意义务的行为具有风险时,在客观归责的风险创设阶段应判断为创设了不允许的风险。[24] 在遵守注意义务行为本身即包含有风险时,则应判断违反注意义务的行为是否增加了法益侵害的风险。

2. 风险升高理论质疑的述评

　　风险升高理论是与合规则的替代行为相联系的。合规则的替代行为的判断可能出现两种情形:其一,以山羊毛笔案[25]为例,即使行为人实施合规则的替代行为,仍然无法避免损害结果发生,则损害结果不可归责于行为人。在此案例中,无论是通说还是风险升高理论都会得出相同的结论,即行为人的行为不可归责。其二,以卡车超车案[26]为例,即使行为人实施了合规则的替代行为,损害结果仍然有可能发生。在此情形下,可避免理论(Vermeidbarkeitstheorie)认为,只有能够确定行为人实施合规则的替代行为时损害结果不会发生的,才能对行为人进行归责。风险升高论者则认为,载重汽车的司机在超车时没有保持规定的安全距离,因而升高了自行车骑行者意外死亡的风险,故此骑行者的死亡结果可以归责给载重汽车驾驶员。其三,以自行车骑行案[27]为例,如果后一骑行者乙采取合规则的替代行为,即在骑行时点亮车灯,则可以避免前车骑行者甲与来车骑行者丙的相撞,按照风险升高理论,乙的行为当然升高了结果发生的风险。但不应就此肯定对乙的归责,而应进行进一步的判断,下文将详细论述。

---

[23] 同前注[17],第166页。
[24] 需要指出的是,大多数遵守义务的行为本身大都包含着风险,因此,大多数情况下,风险创设的判断应为风险升高的判断。
[25] 山羊毛笔案中,毛笔制造厂厂主没有按照规定程序进行消毒就将作为原料的山羊毛交给工作人员用以制作毛笔,四名女工因羊毛中带有炭疽病毒而感染身亡。事后的研究表明,消毒程序中规定的消毒剂对于彼时在欧洲并没有被发现的炭疽病毒并不起作用。RGSt 63, 211.
[26] 卡车超车案中,卡车司机在超越一个自行车骑行者时,超车间距只有0.75米至1米,小于法律规定的大于1.5米。在卡车超车时,自行车骑行者因处于醉酒状态突然左闪,跌落到卡车的后轮并被碾压。可以确定的是,即使卡车司机遵守驾驶规则保持超车的安全距离,事故仍然可能发生。BGHSt 11, 1.
[27] 自行车骑行案中,甲、乙两位骑行者分别骑着无车灯的自行车前后骑行。骑行者甲由于没有车灯而与相向而行的丙相撞。如果后一骑行者乙能在骑行时打开车灯,则可以避免事故的发生。RGSt 63, 392

风险升高理论虽然获得了越来越多的支持[28],但其并没有获得实务界的认同[29],并且在学术界也受到了较多责难。其中,学术界的批评主要集中在风险升高理论限制了罪疑从轻原则的适用以及混淆了实害犯和危险犯。关于风险升高理论限制了罪疑从轻原则的适用,批评者认为,在不能确定不被容许的风险会实现的情况下,对行为人应当依照罪疑从轻原则宣告无罪。而在风险升高论者的论述中,上述卡车超车案的处理并不能体现罪疑从轻原则。[30] 要判断风险升高理论是否有违罪疑从轻原则,首先应当明确罪疑从轻原则的定位和内涵。虽然学者往往集中从程序法视角讨论罪疑从轻原则,但是实际上罪疑从轻原则兼具刑事程序法和刑事实体法的双重品格。罪疑从轻原则在刑事实体法上是与有利于被告人相联系,并且体现在定罪环节[31],也即罪责确定阶段上的。[32] 也正是基于罪疑从轻原则的双重品格,我国台湾学者林钰雄教授指出:风险升高论者并未否定罪疑从轻原则的适用,但是区别其使用的范围,针对有待澄清的事实情况,也就是实际发生的事实部分,可以适用罪疑从轻原则,反之,与假设性的事件流程结合的部分,不明时不得作对被告人有利的推定。[33] 在本文看来,在事实认定过程中可以适用罪疑从轻原则是不言自明的,在假设的因果流程的判断中,假设本身均带有"疑"的特性,如果在假设因果流程的判断中仍然坚持罪疑从轻原则,那么,则失去了假设因果流程判断的意义和价值。如果在假设因果流程的判断中适用罪疑从轻的原则,则不啻径直作出不具有因果关系的判断,这就使得假设因果流程的判断本身失去其独立的意义。

关于混淆实害犯和危险犯的质疑,反对论者认为,尽管损害结果是真实存在的,风险升高理论将行为主体作为可能的犯罪人(potentielle Täter)与行为客体的危险性相联系,因此使得过失不可罚的危险犯非作为符合构成要件的危险犯而仅作为虚构的危险犯而可以归责。[34] 易言之,风险升高理论使危险犯非因符合构成要件而可归责,而因存在危险而可归责,故而混淆了实害犯和危险犯之间的界限。周光权教授认为,风险升高理论使得对于实害结果的归责而言只需要一个可归责的危险,从而隐蔽地改造了

---

[28] Vgl. Claus Roxin (Fn.19), §11B, Rn. 66-67.
[29] 在卡车超车案中,联邦法院(BGH)认为,只有可以确定在遵守交通规则驾驶(verkehrsgerechtes Verhalten)的情况下不会发生损害结果的,才可以认为不遵守交通规则的驾驶(verkehrswidriges Verhalten)是造成损害结果的原因。故此,在卡车超车案中,自行车骑行者的损害结果不可归责于卡车司机。BGHSt 11, 1(7).
[30] Struensee, Objektive Zurechnung und Fahrlässigkeit, GA, 1987, S. 104.
[31] 根据邱兴隆教授的阐释,在刑法解释领域,应当排除违背立法精神的不利被告解释,允许不违背立法精神的有利被告解释;在定罪环节,应当坚持"疑罪从无"与"罪疑惟轻"的规则;在量刑环节,应当排除违背立法精神的重刑选择,而允许不违背立法精神的轻刑选择。参见邱兴隆:《有利被告论探究——以实体刑法为视角》,载《中国法学》2004年第6期,第146页。
[32] 参见林山田:《刑法通论(上册)》(增订九版),元照出版公司2005年版,第141页。
[33] 同前注[17],第175页。
[34] Vgl. Duttge, in: Münchener kommentar zum StGB, 3. Aufl. , 2017, §15, Rn. 182.

过失犯作为结果犯的本质。[35] 关于风险升高理论混淆危险犯和实害犯的批评实际上可以概括为一点：在合规则的替代行为不能阻却结果发生时，事实上已经否定了行为与结果之间的关联，而在此情形下，风险升高理论仍能对行为人进行归责。针对这一质疑，罗克辛教授作出的回应是：危险犯与实害犯的不同在于，在实害犯中，不容许的风险实现了构成要件意义上的侵害结果，而在危险犯中，危险仅仅在需要根据不同要求确定的危险实现中得以完成。[36] 有学者据此批评道，在合规则的替代行为已经在逻辑上证明这种关联性并不确定的时候，修辞上的掩饰就显得苍白了，在这种情况下如果非要进行归责，则违背了罪疑从轻原则。[37] 在本文看来，实害犯的实现需要构成要件意义上的侵害结果的实现，在实害结果已然存在的情形下，虽然在合规则的替代行为的判断方法下不能肯定升高的风险与实害结果之间的规范关联，但是并不能说明实害结果与升高的风险之间不具有关联，风险升高理论的提出也正是为了解决这一问题，只不过在风险升高理论应用的过程中，需要进行进一步的修正。

　　风险升高理论面临的另外一个批评是风险升高理论的适用与刑法中存在的"禁止转移证明责任"的原则相违背：风险升高论者将合规则的替代行为下仍然会导致相同的损害结果（即，合规则的替代行为不能阻却损害结果发生）的证明责任转嫁给行为人。[38] 申言之，在行为人违反注意义务并且出现损害结果时，依据可避免理论所作的判断是只要行为人实施合规则的替代行为不能阻却结果的发生，就不能对行为人进行归责，此时判断的方向是反向的。而在风险升高理论的判断过程中，除非能够证明行为人实施合规则的替代行为时损害结果仍能发生进而排除归责，否则就可以依风险升高理论对行为人进行归责，此时的判断方向是正向的。在判断实施合规则的替代行为情形下能否发生损害结果时，判断的结果包含三种可能：能阻却结果，可能阻却结果（可能不能阻却结果），不能阻却结果。在反向判断中，可能阻却结果（可能不能阻却结果）被归入不能阻却结果之列，从而不能对行为人进行归责，因果关系的不确定性在判断中作为利益由行为人获得。在正向判断中，可能阻却结果（可能不能阻却结果）虽也被归入损害结果不能发生之列，但此时可以对行为人进行归责，因果关系的不确定性在判断中作为负担由行为人承担。在本文看来，违反"禁止转移证明责任原则"的批评实际上是"限制罪疑从轻原则适用"批评的延伸，其核心的论点均在于在判断过程中因果关系的不确定性是作为利益由行为人获得（反向判断），还是作为负担由行为人承担（正向判断）。因此，对于这一批评也可以作出与"限制罪疑从轻原则适用"相同的回应，即在事实判断中，不允许证明责任的转移，而在因果流程的判断中，这种证明责任

---

[35]　参见周光权：《客观归责与过失犯论》，载《政治与法律》2014年第5期，第25页。
[36]　Vgl. Claus Roxin (Fn. 19), §11B, Rn. 93.
[37]　同前注[16]，第156页。
[38]　Vgl. Jäger, in: Systmatischer Kommentar StGB, Band I, §§1-37 StGB, 9. Aufl. , 2017, Vor §1, Rn. 117.

的转移是应当被允许的。

3. 可避免理论的质疑

虽然风险升高理论存在理论上的困境,但风险升高理论的反对论者所支持的可避免理论并非无可挑剔。可避免理论的基本观点是,在判断因果关系的过程中,仅借助合规则的替代行为进行判断,只有当合规则的替代行为能够避免损害结果发生时,才能进行归责,否则只能排除归责。在本文看来,仅仅依据可避免理论进行判断进而确定应否对行为人进行归责不乏可质疑之处。

首先,合规则替代行为的判断结论难以体现刑法的行为规范属性。刑法规范具有裁判规范(Sanktionsnorm)和行为规范(Verhaltensnorm)的双重属性,作为裁判规范,刑法规范为裁判者的裁判活动提供依据;作为行为规范,刑法规范又为社会大众的活动提供行为模式。[39] 作为裁判规范,刑法规范为法官确定行为人的罪责以及判处刑罚提供依据;作为行为规范,刑法规范宣示何种行为为刑法所不允许,从而指示人们如何正确行为。但是根据可避免理论所作的判断并不足以承担刑法的行为规范属性。例如,在卡车超车案中,如果不能对违反注意义务的卡车司机进行归责,其在行为规范意义上即指示了在道路交通中,如果发现行人或者驾乘人员醉酒,行为人无须特别注意以防止违反交通规则,因为在此种情形下即使发生损害后果,也无法对行为人进行归责。又如,在海浪滔滔案[40]中,行为人 B 阻止行为人 A 向溺水的 E 扔救生圈,根据可避免理论,即使行为人 B 不阻止行为人 A 的施救行为,溺水者 E 仍有可能溺亡,因此,排除了行为人 B 的行为与溺水者 E 的溺亡结果之间的因果关联,不能对 B 进行归责。从行为规范的角度来看,这样的结果无疑鼓励了见危不救甚至见危不许他人救的行为。

其次,在风险由行为人的合规则行为引起,违反注意义务的行为升高风险的情形下,仅仅以合规则的替代行为作为判断依据而排除归责,不能不认为是在刻意回避既存的因果关联。例如,在上述的卡车超车案中,固然,在骑行者醉酒的情形下,即使卡车司机实施了合规则的替代行为,仍然可能无法避免结果的发生,这是基于骑行者的实际情况所作的判断。在卡车司机实施合规则的替代行为的情形下,基于骑行者醉酒的状况,可能发生损害结果,也可能不发生损害结果。发生损害结果,可能是由骑行者醉酒的自身原因而引起的,即自行车骑行者因为醉酒失去意识或者意识不清,而在卡车司机在规定的超车间距内超车时发生误操作,进而发生损害结果。也可能是由于骑行者在醉酒的情况对于卡车司机的超车行为所做的应激反应,即自行车骑行者在看到

---

[39] 参见刘志远:《二重性视角下的刑法规范》,中国方正出版社 2003 年版,第 111 页。
[40] 泳客 E 在北海溺水,A 见状正欲将救生圈掷给 E 时,B 却拉扯 A,阻止其掷救生圈,不久后 E 溺毙。根据事后鉴定,由于 A 与 E 的距离颇远,且当时北海巨浪滔滔,因此,纵使 B 没有阻止 A 的救援,E 还是有可能溺毙。同前注[17],第 175 页。

卡车司机超车时本能地躲避，但是由于处于醉酒状态，意识不清，行为能力下降，在紧急情况下发生误操作，进而发生损害结果。从卡车司机行为的角度判断，损害结果不仅可能发生在卡车司机实施合规则行为时，也可能发生在卡车司机违反注意义务时（即小于规定的超车间距超车），并且后者发生的可能性高于前者，因为根据常识判断，虽然醉酒的自行车骑行者的辨识能力、判断能力和应激反应能力有所下降，但其仍具有对危险作出反应的能力，并且危险越迫近，其作出反应的可能性就越大，同时，出现失误的可能性也就越大。进一步追问，如果卡车司机不超车（包括遵守注意义务的超车和违反注意义务的超车），则损害结果不会发生[41]，或者至少不会在其超车的时间节点上发生。因此，从某种意义上而言，卡车司机的超车行为（包括遵守注意义务的超车和违反注意义务的超车）不仅可以说增加了结果发生的风险，甚至可以说与结果之间具有必然的因果关联。如果不考虑上述情况，仅仅依照可避免理论的判断而排除卡车司机的归责，则其判断结果很难使人信服。

行文至此，可以得出初步结论：可避免理论无论是从刑法的行为规范机能的角度来看，抑或是从实际的判断结果的角度来看，都难以得出令人满意的判断结论。风险升高理论存在理论的瑕疵，但这种瑕疵并非不能克服。在本文看来，风险升高理论的实践困境在于，其在以风险升高为依据的判断过程中，容易过分扩大归责的范围。但是与此同时对于风险升高理论进行限制的尝试[42]往往不具有可操作性，因此，在限缩风险升高理论的视域下，有必要对规范保护目的理论进行考察。

（二）规范保护目的理论：立场及展开

1. 规范保护目的理论的基本立场

规范保护目的理论（Schutzzweck der Sorgfaltsnorm）的基本观点是，在确定过失犯的损害与行为之间的因果关联时，应当探求注意义务规范，即在违反注意义务的前提下，只有损害结果是注意义务所规范的损害结果时才能进行归责。[43] 易言之，结果归责不能应用于采取尽责行为（sorgfaltsgemäßiges Verhalten）时结果确定不会发生的情形以及相比于合义务行为（pflichtgemäßiges Verhalten），义务违反行为（pflichtwirdiges Verhalten）升高了结果出现风险的情形，而仅仅适用于行为人对在结果中具体实现的危险

---

[41] 当然，如果醉酒的骑行者一直在道路上骑行，仍然可能有另外一辆卡车超车，发生相同的损害结果，但是，其后发生的结果不属于本案例所讨论的范围。

[42] 陈璇教授提出升高的风险应当占据优势的标准，即只有合义务替代行为的结果避免可能性达到了占据优势，即超50%的程度，才能认为注意义务违反与法益侵害结果之间具有关联。在本文看来，这种规范化的初衷是好的，但是如何判断结果避免的可能性是否超过50%，是一个问题。参见陈璇：《论过失犯的注意义务违反与结果之间的规范关联》，载《中外法学》2012年第4期，第697页。

[43] Vgl. Thomas Fischer, Strafgesetzbuch, 65. Aufl., 2018, §15, Rn. 16c.

负有责任的情形,即行为人的注意义务与所对应的确切现实危险因素相一致的情形。[44] 详言之,在过失犯罪归责的过程中,只有违反注意义务规范的行为所造成的损害结果在注意义务规范保护目的的范围内时,才能对行为人进行归责。反之,如果损害结果在注意义务规范保护目的范围之外,则属于注意义务的反射性保护效果(Schutzreflex der Sorgfaltspflicht)而不能纳入归责范围。[45] 举例说明,在自行车骑行案中,问题在于受害者身后的骑行者应否因为其未遵守"夜间骑行时应当打开车灯"的规定,而承担导致事故发生的责任。根据合规则的替代行为判断,当后一位骑行者乙打开车灯时,就会照亮受害骑行者甲,从而使相向驶来的骑行者丙可以看见甲而避免事故的发生,进而符合"行为人实施合规则的替代行为时,损害结果不会发生"的判断规则,可以将事故的结果归责给骑行者乙。根据风险升高理论,骑行者乙违反注意义务的行为(没开车灯)导致骑行者丙撞上骑行者甲的风险升高,在损害结果(丙与甲相撞)出现的情况下,可以对骑行者乙进行归责。但是,根据规范保护目的理论,乙虽然违反"夜间骑行时应当打开车灯"的规定,但是规定"夜间骑行时应当打开车灯"的规范保护目的并非是为了保护与骑行者无关的其他骑行者或者其他交通参与者的安全,而是为了保护骑行者自身的安全或者与骑行者相关的交通参与者的安全,因此,对骑行者乙而言,骑行者甲的安全不在"夜间骑行时应当打开车灯"规定的规范保护范围内,据此不应对乙进行归责。

2. 规范保护目的理论的展开

规范保护目的指的是注意义务规范的保护目的,在确定注意义务规范的保护目的之前,首先应当确定注意义务规范的范围。在以何依据确定注意义务规范的范围问题上存在两种不同的观点。不容许的风险说认为应当在"不被法益允许的风险"中寻求注意义务规范:法益保护和行为自由调整的必要性派生出必须明确事先能或者不能做什么样行为的要求,而这种调整是通过行为规范起作用的。既然行为规范具有法益保护和行为自由调整的机能,是否导致不被法益允许的风险就成为了行为规范"违反"的标志。申言之,凡是不被容许的风险即是注意义务规范所意在阻却的情形,导致了不被允许的风险即是注意义务违反的标志,因此,不被容许的风险可以作为确定注意义务规范的依据。[46] 这种观点的合理之处在于,在客观归责的理论框架内,二者同属风险创设阶层,并且两者都揭示了行为无价值。但事实上,这一主张的逻辑缺陷也是十分明显的:一方面,如李波教授所指出的,此种观点颠倒了注意义务规范与不被容许的风险的关系。[47] 注意义务规范的违反是判定是否创设了不容许的风险的依据,两

---

[44] Vgl. NJW 1984, S. 1425 ff.
[45] Vgl. Krüpelmann, Schutzzweck und Schutzreflex der Sorgfaltspflicht, FS-Bockelmann, 1979, S. 447.
[46] 参见[日]高桥则夫:《规范论和刑法解释论》,戴波、李世阳译,中国人民大学出版社2011年版,第84页。
[47] 参见李波:《规范保护目的理论与过失犯的归责限制》,载《中外法学》2017年第6期,第1442页。

者之间的逻辑关系是注意义务规范的确定在先,不容许的风险的创设在后。如果颠倒二者的关系,以不容许的风险创设作为注意义务违反的依据,那么,其首先面临的一个问题就是何为不容许的风险。如果反过来重新确定何为不容许的风险,势必要重新求助于注意义务规范的确定,这种循环的相互确定体现了该观点逻辑上的缺陷。另一方面,即便忽略注意义务规范与不容许的风险之间的逻辑关系,以不被允许的风险确定注意义务规范范围的论断也有违"法的明确性"原则。以不被允许的风险判断注意义务的范围,使得人们在行为时必须首先判断行为是否包含着不容许的风险,并且在此认识的基础上作出判断和实施行为。这一方面加重了人们的判断负担;另一方面,并非人人都有足够的智识进行正确的判断,因而难免存在误判的可能。是否是不容许的风险不能由行为人自主判断,而应当由具有专业能力、掌握信息优势的行政机关或者立法机关制定规范,给人们可供遵守的规则即可。

特别规范说则认为,应当在刑法之外的特别规范中寻求注意义务规范的内容,这也是我国刑法学界和实务界的基本共识。在德国刑法学界,虽然存在不同的声音[48],但大多数的学者也都认同将刑法之外的特别规范作为注意义务规范的来源。[49] 陈璇教授在其论文中更是进一步论证了刑法之外的特别规范作为注意义务规范的依据。[50] 本文看来,在刑法规范之外,特别规范当然可以作为注意义务的来源。首先,如上文所述,以不容许风险的创设作为确定注意义务来源的依据不仅存在逻辑上的错位,并且仅从内容方面进行的考量也应当予以摒弃。其次,刑法之外的特别规范因其在制定时是与专门法规(如"交通运输管理法规""安全管理规定"等)相联系的,因此其相对而言更具有专业性,对于各自的生产、生活领域可能发生的风险具有较为明晰的认识,在注意义务规范的确定中直接予以借鉴和适用,不仅尊重了客观事实规律,而且也在最大程度上保证了归责的科学性。最后对于类似杜格教授所提出的批评,也是不难反驳的:法律的滞后性表现在,其只能通过对过去事实的归纳来面向未来无穷尽的事实,这也就决定了法律永远不可能与现实生活中出现的状况一一对应。可见,法律的滞后性是不可避免的。此外,如果不借助事先制定的规范,而在行为后果发生之后,再确定是否进行归责以及如何进行归责,则难以避免事后法的批评。

在确定了以刑法之外的特殊规范为确定注意义务规范基础的共识之下,基于在探

---

[48] Duttge 教授认为,各种特殊规范揭示的常常是基于经验和思考的、对可能出现的危险进行全面预测的结果,他们的存在仅仅表明在违反注意义务规范的情况下"发生事故的可能",而其他很多的可能性只有在事故发生之后才能确定,因而并没有在制定规则时予以考量。Vgl. Duttge, in: Münchener Kommentar zum StGB(Fn.34), §15, Rn. 114-116.

[49] Fischer (Fn. 43), §15, Rdn. 16; Lackner/Kühl, Strafgesetzbuch, 28. Aufl., 2014, §15, Rn 35.

[50] 陈璇教授在其文章中提出了特别规范作为注意义务依据的三点理由:其一,过失犯不法构成要件的明确性需要借助特别规范加以实现;其二,通过特别规范限定注意义务规范的范围,并不会不当扩大或者缩小过失犯的处罚范围;其三,我国的刑事立法实践也肯定了特别规定具有充实过失犯注意义务内容的功能。同前注[14],第39—41页。

寻刑法保护目的过程中具体立场的不同,理论上产生了形式保护目的论和实质保护目的论的分野。其中,形式保护目的论的基本观点是,注意义务保护目的的判断限于刑法规范和刑法之外的特殊规范判断。而实质保护目的论者则主张,在探求注意义务保护目的时,不仅要考虑刑法规范和刑法之外的特殊规范的规定,也要探求规范的实质合理性。

形式保护目的论者认为,人们制定规范以防止特定危险实现,在规范所确定的特定危险实现的场合,即实现了特定规范的保护目的,反之,则不能认为是符合规范的保护目的。不容许的风险实现一直是关于由容许的风险所限定的注意规范的保护目的,而不是关于构成要件行为的保护目的的。[51] 法律不给任何利益以绝对保护,因此,问题在于:在具体案件中,某一利益所遭遇的特定危险是否发生在被违反的规则的保护范围之内。[52] 简言之,在判断不容许的风险实现与否时,应当以注意规范的内容为依据。刘艳红教授即持此观点:注意规范保护目的中的所谓注意规范,既包括刑法规范及其注意义务,也包括刑法规范的下位规范;注意规范的保护目的,既包括刑法的法益保护目的,也包括交通规范的保护目的。对于交通过失犯罪"行为基准"的设定借助于是否遵守了交通法规,恰恰不仅可以避免司法人员对于过失行为的认定漫无边际,同时也使司法实践对交通过失犯的认定更加容易也更加有章可循。[53] 但是,形式保护目的的理论面临着诸多批评:首先,立法者的本意不能为人们所知,而据此在特定的归责流程中限制规范的适用范围是不可取的。[54] 其次,立法者并非全知全能,虽然所有的注意义务规范都是由不同生活领域的专业立法者制定的,但在具体的案件中,立法者并没有也不可能将注意义务规范的所有内容都在法律条文中予以规定,在已经制定的规范中,往往也不可避免地会出现与现实抵牾的情形。如果仅仅囿于规范的形式保护目的意涵,则不足以应对现实生活中复杂的具体案件。最后,社会生活是不断变化的,法律也因此不断发展,但是法律的权威性决定了法律不能被频繁修改。因此,既然文字是规范向外界传达其内容的唯一载体,既然法律必须直面不断变化的社会生活、必须应对层出不穷的复杂个案,那么它从生效的那一刻起就不可能再拘泥于立法者一对一的内心想法[55],并且随着时间的推移和社会生活的变迁,规范的意涵也往往会发生变化。虽然在刑法规范和特别规范的条文中寻求规范保护的范围和规范保护的目的,不失为一种最为直接和可靠的方法,但是,仅仅探求形式的注意义务规范保护目的则难以协调社会生活的发展与法律变迁之间的内在矛盾。

---

[51] Vgl. Roxin (Fn. 19), §11B, Rn. 87.
[52] 同前注[47],第1448页。
[53] 同前注[13],刘艳红文,第138页。
[54] Vgl. Ingeborg Puppe, Die adäquate Kausalität und der Schutzzweck der Sorgfaltsnorm, FS – Bemmann, 1997, S. 232.
[55] 同前注[14],第41页。

鉴于形式保护目的论的诸多缺陷,实质保护目的论得以提出并发展。实质保护目的论者主张,要探求注意义务规范,一方面应当探求注意义务规范的保护目的,另一方面也应当探求注意保护规范目的的实质意涵。在探寻注意义务规范保护目的的实质意涵时,一方面应当确认规范是否具有保护某一法益的能力,另一方面,也应当对相同或者近似的法益在不同规范中的保护进行协调。[56] 美国学者宾厄姆也持类似的观点:归责判断的关键是行为人是否负有注意义务以防止结果的发生,该义务既可能来自法律规定,也可能来自法律之外。[57] 克鲁普曼教授认为,规范保护目的的考察应基于一般的行为规范,但是也要考虑具体案件中的不同情形,即考量"来自行为人和受害人之间发展出的具体义务关系",其认为"受害人的具体状况作为注意义务的存在与否以及具体内容的伴生依据,是保护目的考量不可避免的问题"。[58] 普珀教授则将规范保护目的的判断转化为对注意规范阻却结果发生的一般能力的判断,认为判断注意规范是否具有阻却结果发生的一般能力应当依照两个偶然性进行判断:结果出现偶然性和防止结果发生的偶然性。[59] 这一理论将规范目的的考察重点由注意规范本身转移到规范的客观功能,可以说是向实质的规范保护目的理论的迈进,但是这一判断过于抽象并且判断的过程过于主观化,使得其在具体应用的过程中,难以避免"先确定结果,后论证过程"的批评。陈璇教授的提倡"规范的合理功能"理论认为,规范保护目的的确定应当分为两个步骤:首先找出在防止结果出现的过程中起决定作用的因素。接下来讨论积极促成该因素的出现是否属于注意义务规范应有的功能。在后一步骤的判断中,一方面要考察规范条文所表达的含义,另一方面也要从实质角度考察规范的正当化依据,即规范的实质解释应当符合必要性的条件。[60] 可见,根据实质保护目的论者的主张,注意义务规范条文作为确定保护目的最直接和最明白的方式也为实质保护目的论者所接受,所不同的是,在注意义务规范之外,实质目的保护论者试图寻求实质的规则来解决仅仅通过规范条文判断保护目的可能存在的不足,对受害人状况的考察以及对规范必要性的考察都是实质保护目的论的尝试。当然,实质保护目的理论不可避免遭受的一个批评就是实质侧面的考察不具有规范性。限于本文的主旨,此处不再展开。

3. 小结

在本文看来,由于社会生活的多样性远远超过法律规定的多样性,并非所有案件判断中的规范保护目的都可以在规范条文中寻得,因此,在实际的案件处理过程中,根据需要,可以对规范保护目的进行实质层面的考察。举例说明,在自行车骑行案中,规

---

[56] Vgl Bernd von Heintschel-Heinegg, MK-StGB, 3. Aufl. Vor § 13, Rn. 163 ff.
[57] 同前注[47],第1447页。
[58] Vgl. Krüpelmann(Fn. 45), S. 447.
[59] Vgl. Puppe (Fn. 54), S. 234.
[60] 同前注[14],第43页。

范保护目的的确定不能从条文中获得,而只能考察规范的保护范围和该规范保护目的与其他规范保护目的的协调。如果"夜间骑行时应该打开车灯"的规范保护目的范围包括照亮他人而避免其与第三人发生碰撞,则无疑过分加重了行为人的负担,并且根据常识判断,也超出了行为人的能力范围。

(三)风险升高理论与规范保护目的理论的结合:限缩论的提出

风险升高理论在客观归责判断中有其理论价值,但是往往会受到扩大归责范围的诟病;规范保护目的理论能够起到限缩归责范围的作用,但其需要依托客观归责的理论框架进行判断。因此,在客观归责理论框架之下,宜将规范保护目的理论与风险升高理论结合,以规范保护目的理论限制风险升高理论的归责范围,一方面可以克服风险升高理论扩大归责范围的趋向,另一方面,也使得归责过程更加规范。具体的归责判断流程包括三个步骤:合规则的替代行为判断、风险升高判断以及规范保护目的判断,具体判断步骤如下(图1):

1. 合规则的替代行为判断

在此步骤中,应以合规则的替代行为的判断方法判断行为人实施合规则行为时能否阻却损害结果的发生,如果即使行为人实施合规则的替代行为仍然无法阻却损害结果的发生,那么,行为人的行为与损害结果之间不具有因果关联,可以直接排除对行为人的归责。如果行为人实施合规则的替代行为,可以阻却损害结果的发生,则可以因此确定行为人的行为与损害结果之间的关联,无须进行第二步风险升高的判断即可直接进入第三步规范保护目的的判断。如果在行为人实施合规则替代行为的情形下,损害结果仍有可能发生,则进入下一步风险升高的判断。

2. 风险升高判断

在上一步判断的基础上,即行为人实施了合规则的替代行为,损害结果仍有可能发生的情况下,应当继续判断行为人违反注意义务的行为是否升高了结果发生的风险。如果行为人的行为没有导致结果发生的风险升高,则可以就此排除对行为人的归责。如果行为人违反注意义务的行为导致结果发生的风险升高,则进入下一步规范保护目的的判断。

3. 规范保护目的判断

在上述两个判断步骤的基础上,即在合规则的替代行为情形下仍有发生损害结果的可能,并且行为人的规范违反行为升高了结果发生风险的情况下,应当进一步判断损害结果是否发生在规范的保护目的范围之内,如果受损的法益在行为人所违反的注意义务规范的规范保护目的范围内,则可以对行为人进行归责。如果受损的法益不在行为人所违反的注意义务规范的规范保护目的范围内,则应当排除对行为人的归责。如果第一个判断步骤得出的结论是合规则的替代行为能够阻却损害结果的发生,则下一步直接进行规范保护目的判断。如果受损法益在注意义务规范的规范保护目的范围内,则确认对行为人的归责。反之,则排除对行为人的归责。

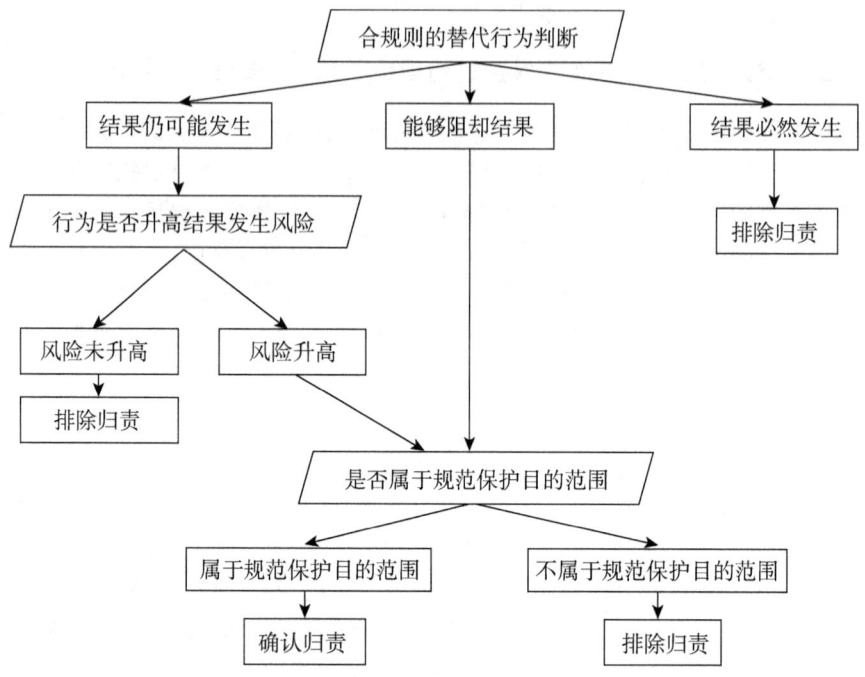

图 1 风险升高理论规范保护目的限缩论的判断

三、风险升高理论的规范保护目的限缩论之应用

(一)限缩论在传统过失归责中的应用

风险升高理论的规范保护目的限缩可以适用于相关过失犯罪案件的归责。下面我们依据这一方法分别审视上文中提及的案件。

山羊毛笔案中,首先进行第一步的判断,判断在合规则的替代行为下是否仍然会发生损害结果,由于事后证明消毒程序中规定的消毒剂对于彼时在欧洲尚没有被发现的炭疽病毒并不起作用,因此,即使行为人采取合规则的替代行为,即按照规定的消毒程序对山羊毛进行消毒,也不能阻却损害结果的发生。据此,在合规则的替代行为判断阶段就应当排除对行为人的归责,判断流程也至此结束。

牙医案[61]中,首先进行第一步的判断。判断在合规则的替代行为的情形下损害结果能否避免。牙医在得知女病人的心脏有问题的情况下,按照规定应当请医生对其进行检查。但是事后证明即使内科医生对病人进行检查,也无法发现女病人心脏存在的问题。因此,即使牙医按规定请内科医生对女病人进行检查,内科医生的检查结果也不会导致牙医改变对女病人全身麻醉进行拔牙的医疗方法,因此,虽然内科医生的检查相对而言拖延了女病人的死亡时间,但是并不能阻却女病人因为全麻状态导致的心力衰竭而引起的死亡后果。因此,本案例中,可以认定合规则的替代行为不能阻却损害结果的发生,因此可以直接排除对行为人的归责。[62]

自行车骑行案中,在合规则的替代行为判断中,后车的骑行者乙如果安装了能够正常使用的车灯并且打开,则可以照亮前车骑行者甲,并且阻却甲、丙两位骑行者相撞的后果。因此,可以认定,在行为人实施合规则的替代行为时,损害结果不会发生。因此,无须进行风险升高的判断而可以直接进入第三步的判断,即判断损害后果是否属于规范保护目的范围。如上文所述,自行车行驶中必须安装车灯的规范保护目的是避免发生与骑行者本人相关的事故,而不是为了照亮其他道路交通的参与者并且避免其与第三方车辆相撞。[63] 所以,不能认定骑行者乙违反注意义务规范的行为属于注意义务规范的规范保护目的范围,因此,在第三步中,即规范保护目的阶段的判断中,应当排除对行为人的归责。

卡车超车案中,首先进行合规则替代行为的判断,判断在合规则的替代行为下能否避免损害结果的发生。如果卡车司机在超车过程中遵守与骑行者相距1.5米以上的行驶规范,由于自行车骑行者处于醉酒状态下,认识能力和反应能力下降,仍有可能发生自行车与卡车相撞的事故。因此,第一步的判断结果为即使卡车司机遵守注意义务规范,损害结果仍然可能发生,应当进入风险升高的判断。在第二步的判断中,要判断行为人的行为是否升高了结果发生的危险。卡车司机在超车时没有严格遵守超车时车与自行车间距1.5米以上的规定,在超车时距自行车骑行者的距离小于法律规定的安全距离(1.5米)。根据常识判断,卡车行驶时距离自行车骑行者越近,发生碰撞危险的可能性就越高:一方面缩短的超车间距使事故发生时自行

---

[61] 一名牙医在女患者全麻的状态下为其拔出两颗白齿,后来患者死于全麻状态下的心力衰竭。尽管患者事先已经告知医生她的心脏存在问题,但医生并没有按规定的要求请内科医生进行检查。然而事后查明,即使内科医生进行了检查,女患者的心脏问题也不会被发现。但是,女患者可以因为内科医生的检查而延迟麻醉手术并推迟死亡。BGHSt 21, 59.

[62] 值得注意的是,在许多学者看来,牙医案的判断核心在于规范保护目的的判断。持该主张的学者认为,手术前对可能存在内科病症的病人进行内科检查的规定的规范保护目的并非是推迟手术并且短时间内延长病人的生命,因此,病人虽然较合规则的替代行为情形下提前死亡,但是病人的提前死亡并不在规范的保护目的范围之内,故此应当排除对牙医的归责。但在本文看来,基于合规则的替代行为的判断即可排除牙医的归责。Roxin (Fn. 19), §11B, Rn. 85. 另参见前注[14],第44页。

[63] Vgl. Ingeborg Puppe, Strafrecht Allgemeiner Teil, 3. Aufl., 2016, § 3, Rn. 31.

车骑行者的反应距离相应缩短,从而升高了损害结果发生的风险;另一方面缩短的超车间距增加了自行车骑行者的心理负担,从而增加了发生误操作进而导致发生损害后果的可能性。因此,在风险升高判断步骤中,可以得出"卡车司机没有遵守交通法规关于超车间距规定的行为升高了损害结果发生的风险"的结论。因此,可以进入规范保护目的的判断,判断损害结果是否属于规范保护目的的范围。卡车司机超车时应当遵守的"与骑行者保持一定间距"的交通规则属于道路交通法规,道路交通法规的规范保护目的应当是保护道路交通参与者以及道路交通设施的安全,其中道路交通参与者的安全当然既包括卡车司机的安全,也包括其他道路交通参与者的安全。醉酒的自行车骑行者显然属于其他道路交通参与者,其骑行安全当然属于道路交通法规的规范保护目的范围。因此,在第三步的判断中,应当得出可以确认对卡车司机归责的结论。

(二) 自动驾驶汽车的过失刑事责任承担与刑事归责路径

对于本文所观照的自动驾驶汽车发生事故时的刑事归责问题,本文拟在假设案例[64]的基础上,尝试分析高度自动驾驶汽车(HA)(驾乘人员应准备随时接管汽车的控制权)事故情形下,可能的刑事责任以及归责路径,当然这一分析是建立在上文所主张的风险升高理论的规范保护目的限缩论(以下简称限缩论)基础之上的。应当指出的是,采用假设案例的方法,并不能穷尽现实生活中自动驾驶汽车可能出现的状况之万一,难免举一废百、挂一漏万。但就自动驾驶的责任主体在承担刑事责任时可能的归责路径而言,假设的案例能够揭示其普遍的构罪方式以及归责模式,因此,以假设案例的方式进行探讨是必要的,也是可行的。

1. 基本案情假设

基本案情:甲在天气寒冷的东北地区乘某款高度自动驾驶汽车(HA)出行,在设定目的地并开启自动驾驶模式后,甲即躺在汽车座椅上睡着。自动驾驶汽车在行驶过程中撞上突然横穿马路的行人O,致其当场死亡。其间,在检测到突然横穿马路的行人时,自动驾驶系统曾经要求甲接管汽车的控制权,甲因为处于睡眠状态而没有及时接管。

关于事故原因:经鉴定,除行人的因素外,事故发生的原因与汽车主控制芯片在寒冷气候环境下性能下降有关,主控制芯片在寒冷环境下性能下降导致自动驾驶汽车从检测到突然闯入的行人到采取制动措施的反应时间延长,从而导致事故发生。

关于芯片性能和事故技术原因:根据相关技术标准,自动驾驶汽车从发现有碰撞

---

[64] 2017年12月,工信部、国家标准化委员会公布《国家车联网产业标准体系建设指南(智能网联汽车)》,并据此建立我国自动驾驶汽车的标准系统。就目前状况而言,自动驾驶汽车相关的技术标准并不完善。案例中的相关标准均为假设,以供学术探讨。

危险的情况到采取紧急避让或者制动措施的最长反应时间为 N 毫秒。该车行驶信息记录系统的数据显示,该车从发现行人到采取避让措施的实际用时为 N+100 毫秒。经过技术鉴定,由于天气寒冷,芯片性能下降,进而导致该自动驾驶汽车的主控制系统反应变慢。经技术鉴定和现场模拟,如果该自动驾驶汽车以正常 N 毫秒的反应时间紧急避让则可以避免撞上行人 O 的后果。针对汽车行驶过程中曾经要求驾乘人接管,经鉴定测算,即使驾乘人甲在自动驾驶系统的要求下及时接管汽车的控制权,也无法避免事故的发生,因为按照一般人类驾驶员的反应时间,在上述情形下,无法避免汽车与行人相撞的结果。

芯片设计人员乙在设计自动驾驶汽车的主控制芯片时,在有相关技术标准的情况下因疏忽而没有考虑到芯片在低温环境下性能会下降的问题。汽车设计人员丙对芯片进行常规检测时在没有按要求进行低温环境测试的情况下,即将该款芯片应用于其自主设计制造的该款自动驾驶汽车的控制系统之中。事后的试验表明,即使汽车设计人员丙对芯片进行低温检测,依照现有的检测方法和检测流程也可能不会发现上述问题。汽车质量监测员丁在依照规定对整车进行测试时,虽按照规定的测试方法和流程进行了寒冷环境测试,但其在测试时因故没有达到规定的测试时长,因此,质量监测员丁未能发现汽车存在上述问题。如果丁在测试中按照规定的测试时长进行寒冷环境测试,则可能会发现汽车芯片存在上述问题。

2. 承担责任主体

在现阶段,人工智能作为刑事责任承担主体的观点尚不能为人们普遍接受。[65]事实上,人工智能"无论以何种方式承担责任,最终的责任承担者都是人"[66]。在本文看来,在自动驾驶汽车发生事故时,自动驾驶系统以及自动驾驶汽车本身并非可能的刑事责任承担主体因而不能被列入考量范围。

汽车的驾乘人员应否作为刑事责任的可能主体应当分别讨论。本文将上述案例中的自动驾驶汽车设定为高度自动驾驶汽车,在高度自动驾驶汽车行驶过程中,驾乘人员无须进行操作,但是应当随时准备在发生危险或者紧急状况的情形下接管汽车,或者在自动驾驶汽车发出接管要求时接管汽车。如此时驾乘人员未及时接管汽车,则应对由此产生的损害后果承担责任。在驾驶辅助(DA)和部分自动驾驶(PA)以及有条件自动驾驶(CA)的场影下,驾驶人员承担了更高的注意义务,因而在发生严重事故时,应承担更高的责任。在完全自动驾驶汽车(FA)的场景下,汽车实现了完全的自动控制,驾乘人员无须随时准备接管汽车,因此,在发生损害后果的情况下,也无须

---

[65] 相关的观点参见叶良芳:《人工智能是适格的刑事责任主体吗?》,载《环球法律评论》2019 年第 4 期,第 67—82 页;李爱君:《人工智能法律行为论》,载《政法论坛》2019 年第 3 期,第 176—183 页;冀洋:《人工智能时代的刑事责任体系不必重构》,载《比较法研究》2019 年第 4 期,第 123—137 页。

[66] 郑戈:《人工智能与法律的未来》,载《探索与争鸣》2017 年第 10 期,第 78—84 页。

追究驾乘人员的责任。

在自动驾驶汽车发生严重事故时,应当追究所有者、使用者、设计者以及生产者的责任。[67] 本文假设案例中的芯片设计人员乙、汽车设计人员丙以及汽车质量监测人员丁只不过是上述责任承担主体的缩影,在查明事故原因的前提下,其归责的路径具有一致性。故此,本文以乙、丙、丁为例,尝试阐明此一类主体承担刑事责任时的归责路径。

3. 归责路径

就汽车的驾乘人甲而言,其可能成为承担刑事责任主体的原因在于,在自动驾驶汽车发出接管的要求时,甲并没有及时接管汽车。根据限缩论的判断方法,对甲的归责判断应当从合规则替代行为的判断开始,即判断当甲实施符合法律规范要求的行为时,损害结果会否仍然发生。在上述案例中,虽然在自动驾驶汽车要求甲接管汽车的控制权时,甲并未及时接管,但是根据事后的鉴定测算,即使甲在规定时间内及时接管汽车的控制权,也不能避免该汽车与行人相撞。因此,合规则的替代行为无法避免结果发生,在合规则的替代行为判断中,即可排除对甲的归责。在上述案例中,我们假设甲接管汽车控制权之后仍无法避免碰撞结果的发生。但现实生活中往往无法直接判断或者无法确切得到驾乘人员如果接管汽车,会否发生碰撞结果的结论。在上述情况下,合规则的替代行为的判断并不能得出确定结论,因此应当进入风险升高的判断。自动驾驶在规范判断中属于允许的风险,要判断行为是否升高了结果发生的风险,就应当判断行为是否在允许风险的发展主线上有所加功。自动驾驶汽车本身包含着在道路行驶的过程中撞上行人的风险,而要判断驾乘人员在自动驾驶车辆发出接管要求后,没有按要求进行接管的行为是否升高了上述风险,首先应当判断接管行为的目的为何(此时与第三步的规范保护目的判断有重合之处)。自动驾驶汽车在特定情形下要求驾乘人员接管车辆的控制权,其目的在于处理自动驾驶汽车无法处理的紧急、复杂情况(如车辆本身发生故障、极差的道路状况以及极差的可视情况等),而紧急情况下避让行人应当是自动驾驶汽车最基本的"能力",而且相比较而言,在紧急情况下,智能程序的反应时间也短于一般人类驾驶员的反应时间。因此,就这一意义上而言,甲没有在规定时间内接管汽车的控制权并没有提高车辆与行人碰撞的风险。所以在上述情形中,即使在第一个判断步骤中无法排除对汽车驾乘人员甲的归责,在第二个判断步骤中,也可以因为甲未及时接管车辆控制权的行为并未升高车辆与行人发生碰撞的风险,而排除甲的归责。

就芯片的设计人员乙而言,本文在上述案例中假设乙在芯片设计有相关的技术标准的情况下,没有考虑到芯片受低温影响可能导致性能下降的问题。乙在应当考虑相

---

[67] 参见时方:《人工智能刑事主体地位之否定》,载《法律科学(西北政法大学学报)》2018年第6期,第67—74页。

关技术标准的情况下未予考虑,因而违反了相关的注意义务规范,故而应当对乙进行归责判断。首先第一个步骤,判断合规则的替代行为下能否阻却损害结果的发生。设计人员采取合规则的替代行为,即考虑到低温对芯片性能的影响并且依照相关的技术标准改进芯片的设计时,可以使芯片的性能即使在低温环境的影响下有所降低,但仍然可以达到相关的技术标准。在实际的行驶过程中,即使系统在低温环境下运行,也不会因此导致反应时间高于技术标准,进而致使案例中事故的发生。并且技术鉴定和现场模拟的结果已经表明,只要汽车以正常 N 毫秒的反应时间紧急避让或者紧急刹车,就可以避免撞上行人的结果。因此,可以判定,在乙实施合规则的替代行为时可以阻却损害结果的发生。根据上文述及的判断规则,在第一个判断步骤能够得出确切的阻却结果的结论时,可以不经风险升高的判断而直接进入规范保护目的判断。在规范保护目的的判断中,应当判断损害结果是否在规范保护目的的范围之内。在上述假设案例中,应当查明的是自动驾驶汽车主控制芯片设计技术规范的规范保护目的。芯片设计技术规范的规范保护目的应当依芯片的用途确定,例如,应用于手机通信的主芯片,其技术规范的保护目的应当是通信畅通和通信安全;应用于电脑的主芯片,其技术规范的保护目的应是电脑正常功能的发挥以及使用者的使用安全(例如防止过热爆炸等);家庭电子门锁的控制芯片,其技术规范的保护目的应为保证门锁应特定指令开关并防止其被非正常开关;应用于银行自动存取款机的控制芯片,其技术规范的规范保护目的应当是资金安全以及用户信息安全。[68] 根据此种判断方法,应用于自动驾驶汽车主控制系统的芯片,其技术规范的保护目的应为保障道路交通安全,其中既包括自动驾驶车辆驾乘人员的安全,也包括道路交通中可能与自动驾驶车辆发生联系的其他参与者(包括其他车辆驾乘人员以及行人)的安全,还包括交通设施以及其他相关设施的财产安全。保障横穿马路行人的人身安全当然属于自动驾驶汽车主控制芯片的任务之一,因此也当然属于主控制芯片技术规范的保护范围。因此,在规范保护目的的判断中,可以认定损害结果属于规范保护目的的范围,并可以据此对芯片的设计人员乙进行刑事归责。

就汽车的设计人员丙的责任而言,首先应当确定车辆设计人员在设计过程中应否对上游的芯片质量进行完整检测,如果相关的技术标准不要求汽车的设计人员对上游芯片的质量进行检测,那么,汽车的设计人员丙不存在违反注意义务的情形,故而无须对其进行刑事归责。如果相关的技术标准要求汽车的设计人员在汽车的设计过程中应当充分了解芯片性能,并据此将芯片应用于自动驾驶汽车整车控制系统的设计中,那么,在汽车设计人员丙没有依照相关的规范要求对芯片进行检测的情形下,可以认为丙违反了注意义务规范,并进行进一步的归责判断。在合规则的替代行为判断

---

[68] 基于现代科技的集成特性,一款设备可能集成多种不同的芯片,每种芯片的作用也并不单一,因此在分析芯片设计制造所依据的技术规范的规范保护目的时,不能忽视其复杂性。

中,如果丙实施了合规则的替代行为,即依照相应的检测标准和检测流程对芯片进行检测,(依照上文的假设)仍可能不会发现芯片的上述问题,因此,车辆与行人相撞的损害结果仍有可能发生,根据限缩论的判断规则,在不能得出确定结论时,应当进入风险升高的判断。因此,在下一阶段的判断中,应判断行为人的行为(不作为)是否升高了结果发生的风险。风险升高判断步骤中需要判断的是,丙没有对芯片进行检验的行为是否增加了自动驾驶车辆与行人相撞的损害结果发生的风险?在上述情形下,丙没有对芯片进行检验的行为仅仅维持了芯片设计人员乙所创造的风险,而没有加强这种风险,因此,在风险升高的判断步骤中,并不能得出肯定的判断结论,判断流程就此结束,应当否定对汽车设计人员丙的归责。在此,我们可以假设另外一种情形,即相关的技术规范要求汽车设计人员在将芯片应用于其所设计的汽车时,应当对芯片进行全面检测,而如果汽车设计人员丙依照现有的检测标准和检测流程完全能够检测出芯片的上述问题,并且能够因此避免损害结果的发生,在此种情形下,应当首先进行合规则替代行为的判断,在得出合规则的替代行为能够阻却损害结果发生的结论时,直接进入规范保护目的的判断。根据上文的论述,应用于自动驾驶汽车的主控制系统的芯片,其技术规范的保护目的应为保障道路交通安全,其中既包括自动驾驶车辆驾乘人员的安全,也包括道路交通中可能与自动驾驶车辆发生联系的其他参与者(包括其他车辆驾乘人员以及行人)的安全,还包括交通设施以及其他相关设施的财产安全。因此,在规范保护目的的判断步骤中,应当肯定对行为人的归责。根据上述分析可以得出一般性的结论:在对自动驾驶车辆设计者(包括汽车各零部件的设计者以及整车的设计者)、生产者的归责过程中,对于上游流程的责任人员所制造的风险,下游流程的责任人员一般可以排除归责,其依据在于下游流程的责任人员的规范违反行为往往仅维持了上游流程的风险,而不会升高此风险。例外情形是,当下游流程的责任人员实施合规则的替代行为时损害结果不会发生,此时,在符合规范保护目的判断步骤的情况下,则可以肯定对下游流程责任人员的归责。

对于汽车质量监测员丁的责任,虽然其依规定的程序和方法对汽车进行了寒冷环境测试,但是并没有达到规定的测试时长,因此,丁违反了注意义务规范的要求,在发生损害后果时,应当对其进行归责判断。在合规则的替代行为的判断中,如果丁实施合规则的替代行为,即对汽车的寒冷环境测试达到规定的时长,根据事后试验,丁可能发现汽车存在上述问题,因此在合规则的替代行为判断阶段并不能得出确定的结论。根据判断规则,应当继续进行风险升高的判断。在风险升高判断中,与对上文中关于丙的论证类似,丁的行为仅仅维持了由芯片设计人员甲所制造的风险,而并没有通过其违反注意义务规范的行为升高上述风险,因此在风险升高的判断阶段应当排除对丁的归责。本案例中,假设当丁实施合规则的替代行为时,可以发现芯片在低温环境下可能存在的质量问题,则在合规则替代行为的判断阶段可以认为丁的合规则的替代行为能够阻却损害结果的发生。依限缩论的判断规则,应当进行规范保护目的的判断。

对汽车进行整车质量监测的目的当然包含道路交通中行人的安全,在规范保护目的的判断中,可以得出肯定结论,因此可以肯定对丁的归责。假设即使丁实施合规则的替代行为,也不能发现芯片在低温环境下的质量问题,则在合规则的替代行为的判断阶段即可排除对丁的归责。

四、结语

基于成熟发展的传统汽车技术以及有赖于人工智能技术在 21 世纪的飞速进步,自动驾驶技术虽然仅有 30 多年的发展历史,但在短时间内取得了极大的成功。但是有关于自动驾驶汽车的技术标准和法律规范并不能谓之完善,自动驾驶可能引起的刑事风险会在自动驾驶推广普及的过程中进一步显现,这一过程必然要求刑法理论不断提出可供参考的解决方案。本文尝试通过假设案例的方式为自动驾驶可能出现的刑事归责问题提供可供参考的范式。但是,自动驾驶可能产生的刑法问题并非一个案例即可涵括的,自动驾驶对刑法教义学提出的问题也非一种理论构想就能解决的,仅仅通过假设也并不能完全发现和阐明自动驾驶可能存在的刑事风险。解决之道,只能根据自动驾驶发展过程中不断出现的现实状况,进行进一步的反思和探寻。

我国刑法中犯罪故意涵义的反思

洪求华[*]

> **要 目**
>
> 一、检讨《刑法》第 14 条第 1 款犯罪故意的内容
>   （一）检讨《刑法》第 14 条第 1 款犯罪故意的认识内容
>   （二）检讨《刑法》第 14 条第 1 款犯罪故意的意志内容
> 二、犯罪故意结构之反思
>   （一）犯罪故意认识要素之反思
>   （二）犯罪故意意志要素之反思
> 三、犯罪故意结构之重构
>   （一）犯罪故意认识内容的重构
>   （二）犯罪故意意志内容的重构
>   （三）认识要素与意志要素层级的重构
> 四、立法模式的未来选择

摘 要 犯罪故意包括认识因素和意志因素，但我国刑法总则规定的犯罪故意的认识内容不甚科学，应将认识内容界定为犯罪的构成要件事实；总则规定间接故意的意志因素是放任也不甚科学，应改为容认，并赋予其更多的内涵。犯罪故意的意志因素与认识因素二者的关系是驱动与被驱动、支配与被支配的阶梯式层级关系，即意志因素属于第一层级，认识因素属于意志活动的第二层级。基于传统立法的不科学性，建议修改犯罪故意的条文。

关键词 认识因素 意志要素 容认 层级关系

犯罪故意是刑法对行为人主观面的规范评价，分为认识因素和意志因素。犯罪故意问题，尤其是间接故意与有认识过失的分界问题，是刑法中最困难、最具争议的问题

---

[*] 中央司法警官学院讲师，刑法学博士，主要研究方向中国刑法学、德日刑法理论。

之一,正如德国刑法学者韦尔泽尔(Welzel)所言:"这个问题难在意欲是一种原始的、终极的心理现象,它无法从其他感性或知性的心理流程中探索出来,只能描述它,却无法定义它。"[1]由于我国现行《刑法》第14条第1款关于犯罪故意的规定兼具内涵的质朴性和外延的宽广性,我国学者针对故意的讨论愈加混乱与无序。本文力图在检讨《刑法》第14条第1款的规定的基础上,反思我国刑法中犯罪故意的结构,然后再重构犯罪故意,并做出立法模式的未来选择,进行一次全新的尝试。

一、检讨《刑法》第14条第1款犯罪故意的内容

我国《刑法》第14条第1款规定,明知自己的行为会发生危害社会的结果,并且希望或者放任这种结果发生,因而构成犯罪的,是故意犯罪。刑法将犯罪故意明确分为认识因素和意志因素,据此笔者将检讨我国刑法中犯罪故意的认识内容和意志内容,以说明其存在的问题与不足。

(一)检讨《刑法》第14条第1款犯罪故意的认识内容

我国《刑法》第14条第1款规定犯罪故意的认识内容是指明知自己的行为会发生危害社会的结果。该规定主要存在以下值得商榷之处:

1. 将危害结果作为认定犯罪故意的必备要素实属不妥

根据《刑法》第14条第1款的规定,立法者明确将行为的危害结果作为一切故意犯罪成立的必备要件。由于该规定的存在,刑法理论界产生了极大的争议,争议的焦点在于认定犯罪故意的成立,危害结果是否是必要的认识要素。主流观点对此持肯定的态度(称为肯定说),认为行为的结果是指危害社会的结果,这是故意犯罪认识的核心内容。[2] 该说认为危害结果是犯罪行为危害社会具体的、客观的表现。某种行为之所以被认定是犯罪行为,就是因为行为客观上给社会造成或可能造成危害的结果。该说甚至认为行为人对其行为的性质等客观事实情况的认识,都是由对危害结果有认识这一点派生出来的。[3] 反对者对上述观点持否定说,认为法律规定的危害结果只能是法定构成要件的结果,并认为刑法总则规定的法定定义没有涵盖刑法分则全部有关条文。[4]

肯定说与否定说根本性的分歧点在于:前者认为行为的结果是对社会有危害的结果,一切危害社会的结果都是犯罪故意的认识内容;后者认为刑法上的行为结果,只能

---

[1] Welzel, Das deutsche Strafrecht, 11. Aufl., 1969, S.69.
[2] 参见陈兴良:《刑法哲学》,中国政法大学出版社1992年版,第160页。
[3] 参见马克昌主编:《犯罪通论》(第3版),武汉大学出版社1999年版,第330页。
[4] 参见储槐植:《建议修改故意犯罪定义》,载《法制日报》1991年1月24日,第4版。

是具体犯罪构成要件中规定的结果,对法定构成要件以外结果的认识不属于犯罪故意的认识内容,成立犯罪故意也不需要有这种认识。

首先,肯定说所认为的危害结果是指行为对犯罪客体造成的损害,是广义上的危害结果。[5] 从哲学意义上看,人在具体实践活动中所进行的一切活动都可能对社会造成损害,这种损害是任何人都无法避免的。肯定说就是把这种哲学意义上的损害结果看成刑法意义上的危害结果。但将这种哲学意义上的损害结果直接纳入到刑法规范中是值得质疑的,因为法规范规定的危害结果是必须经过法规范的分析、过滤才能得来的,没有经过法规范过滤的"裸"结果,是不能迈过刑法规范的门槛的。刑法学者将哲学意义上的损害结果生搬硬套地、强行地解释为法规范规定的危害结果并将其作为认定犯罪故意的必备条件,会损害构成要件的定型性,进而会损害构成要件的故意限制机能。若如此,罪刑法定原则就会流于形式,刑法的自由保障功能就会丧失殆尽。

其次,将构成要件法定结果以外的危害结果纳入到犯罪故意的认识内容里也是不必要的。对于行为犯、持有犯、举动犯来说,肯定说所认为的广义上的危害结果完全可以被包含在对构成要件事实要素的社会意义的认定范围内。行为人非法将他人强行关押于某个地方,就已经认识到了自己拘禁他人的行为造成了侵犯他人自由的结果,对这种危害结果的认识就已经被包含在非法拘禁行为的社会意义范围内;行为人非法持有毒品时就了解到了其持有毒品的行为是对社会有害的,持有毒品对社会有害的认识被包含在持有毒品行为的社会意义之中;行为人在公共场合编造、损害、诋毁、污蔑国家政权和社会主义制度的事实就蕴含于损害国家政权和社会主义制度的社会意义之内,行为人认识了这种损害的社会意义,就认识了这种危害结果。

最后,按照立法精神和肯定说,对危害结果的认识会采用双重认定标准,这是不合理的。对于构成要件中规定了犯罪结果的,则以构成要件中规定的结果作为认识对象,故意的成立以认识构成要件的结果为限,不考虑构成要件的结果之外的结果;对于构成要件中没有规定犯罪结果的,故意的成立则必须要认识到构成要件之外的损害结果,这就使人产生了一种困惑:对于结果犯,为什么故意的成立不考虑构成要件之外的结果?对于行为犯、持有犯、举动犯,为什么故意的成立必须考虑构成要件之外的结果?对于结果犯而言,其构成要件之外的结果与行为犯、持有犯、举动犯中构成要件之外的结果,二者的性质是相同的,为什么前者不纳入故意认识因素的范围而后者必须纳入故意认识因素的范围?肯定说对此无法做出合理的解释。

综上,笔者认为危害结果并不是一切故意犯罪所必须具备的认识内容,立法将危害结果设置为所有故意犯罪必须具备的认识内容实属不妥。

---

[5] 同前注[3],第331页。

2. 将因果关系作为认定犯罪故意的必备要素也实属不妥

《刑法》第 14 条第 1 款规定,危害行为与危害结果之间的因果关系是犯罪故意认识内容的必备要素,对此,理论界也存在极大争议。全部肯定说认为危害行为与危害结果间的因果关系是一切犯罪故意的认识内容,同时认为这一所谓的危害结果,并非限于狭义上的危害结果——即刑法分则明确将其作为犯罪构成必要条件的危害结果,而是指广义上的危害结果——即行为在客观上给某种社会关系造成危害或可能造成危害的结果。[6] 部分肯定说认为,因果关系不是所有故意犯罪的认识内容的必备要素,只有对于结果犯来说,行为人对因果关系的认识才是成立犯罪故意的必需条件,有学者认为:"在结果犯中,对犯罪结果发生的表象也不可缺少,因而,也需要因果关系的认识。"[7] 全部肯定说在我国刑法学界是主流观点,但支持该观点的前提是必须承认危害结果是所有故意犯罪的构成要件的必备要素,把危害结果理解为最广义的结果,这种结果是哲学意义上的损害结果。毫无疑问,由行为与这种哲学意义上的结果间产生的引起与被引起的因果关系也是哲学意义上的因果关系,这种哲学意义上的因果关系由于没有经过法规范的检验、过滤,是不能直接纳入刑法领域的。目前在德国、日本刑法理论界基本上不存在这种见解。

部分肯定说在日本是通说,但遭到町野朔、前田雅英的反对。前田雅英认为,对因果关系有无认识,并不能决定犯罪类型是否特定,即不考虑对因果关系的认识,也能确定犯罪类型。[8]

对于结果犯来说,在笔者看来,由于其故意的成立要求行为人对行为的内容、行为的社会意义以及构成要件的法定结果具有认识,行为人自然会利用因果法则来造成构成要件的结果,没有必要将行为与危害结果之间的因果关系作为故意的独立认识内容。例如,张某明知自己向王某头部开枪的行为会发生王某死亡的结果,开枪行为仅造成了王某的轻伤,但王某在去医院的途中落水身亡。这种情况,不能否认张某具有杀人的故意,张某只要能够认识其杀人行为的内容、行为的社会意义以及杀人死亡的结果,就足以确定杀人行为的性质,至于张某应否对死亡结果负责,则是属于因果关系与结果归属判断的客观内容[9],故因果关系的认识没有必要作为故意的独立认识内容。

因此,因果关系也不应成为所有故意犯罪的认识要素。当前刑法总则将其纳入犯罪故意中,也不甚合理。

---

[6] 参见高铭暄主编:《刑法专论》(上编),高等教育出版社 2002 年版,第 261 页。
[7] 〔日〕大塚仁:《刑法概说(总论)(第 3 版)》,冯军译,中国人民大学出版社 2003 年版,第 206 页。
[8] 参见张明楷:《外国刑法纲要》(第 2 版),清华大学出版社 2007 年版,第 213 页。
[9] 参见张明楷:《刑法学》(第五版),法律出版社 2016 年版,第 258 页。

3. 将认识程度作为认定犯罪故意的必备要素也实属不妥

《刑法》第14条第1款对于认识程度的立法措辞是"明知会发生"。学理上一般将"会发生"解释为结果发生的必然性或者可能性。刑法规定要求行为人对"结果发生的必然性或者可能性"的明知,实际上就是要求行为人对结果发生的概率以及对因果流程的经过具有明知。该规定的合理性遭到了质疑,德日刑法理论界普遍赞同"因果流程的具体经过"不属于犯罪故意的明知范围。如大塚仁认为,因果关系的细节不需要预见;[10] 川端博认为,因果关系的详细认识并不必要。[11] 我国刑法理论界也普遍赞同"不要求行为人详细认识因果关系发展的具体经过和全部情况"[12]。

在笔者看来,要求行为人对结果发生的概率进行认识,实属不必要,因为行为引起结果发生的必然性或者可能性对于行为人而言,有时是无法明知的,同时行为引起结果发生的可能性是属于因果关系的问题,依赖客观归责理论来解决,而且行为引起结果发生的概率在司法实践中是由司法机关来认定的,行为人是否认识该概率的发生对于犯罪故意的成立无关轻重。因果关系的具体流程是千变万化的,司法实践中,行为人认识的因果流程不可能与现实发生的因果流程相一致,因为现实发生的因果流程总是受到各种不可预测的因素干扰,如果刑法要求行为人必须认识到具体的因果流程的发生,会导致无法认定行为人的犯罪故意。因此刑法对认识程度的规定也实属不必要。

(二) 检讨《刑法》第14条第1款犯罪故意的意志内容

我国刑法将犯罪故意分为直接故意和间接故意,前者的意志因素是希望,后者的意志因素是放任。从《刑法》第14条第1款的规定来看,犯罪故意的意志因素存在以下值得检讨之处。

1. 对直接故意意志因素的检讨

我国刑法规定直接故意是指明知自己的行为必然或者可能发生危害社会的结果,并且希望这种结果发生的心理态度。针对结果犯的故意犯罪来说,刑法作此规定是合理的。但对于行为犯、持有犯、危险犯以及举动犯等各种其他故意犯罪类型来说,其构成要件要素只有行为以及相类似的持有、举动等内容,并没有结果。对于这些犯罪,行为人只要对行为的危险有认识,并且实施这一行为,就应当认为具有故意,这是一种行为故意。概言之,对于行为犯、持有犯、危险犯以及举动犯等各种故意犯罪,只要行为人明知行为的性质以及其社会意义并有意实施,一般都被划入直接故意。

---

[10] 同前注[7],第180页。
[11] 参见〔日〕川端博:《刑法总论讲义》,成文堂1997年版,第172页。
[12] 高铭暄主编:《刑法学原理》(第二卷),中国人民大学出版社1993年版,第25页。

故将希望这一意志因素只局限于结果犯的故意犯罪上,实则过于狭窄。

2. 对间接故意意志因素的检讨

我国刑法规定间接故意是指明知自己的行为可能发生危害社会的结果,并且放任这种危害结果发生的心理态度。针对该规定,学界普遍认为间接故意只存在于结果犯的故意犯罪中,并且认为间接故意犯罪不存在中止、未遂的可能性。

将间接故意限定于结果犯的故意犯罪中是科学的,但认为间接故意犯罪不存在中止、未遂的犯罪停止形态,是值得质疑的。

主流观点认为,间接故意的放任心理是由其所包含的客观结局的多样性和不固定性所决定的,因为客观上出现的此种状态或彼种结局都是符合其放任心理的。在间接故意杀人的场合,或死、或伤、或无任何实际危害结果,这些结局都是行为人放任心理所包含的内容。[13]

笔者认为,问题的关键在于间接故意总是依附于行为人的其他目的而存在,若其他目的实现了,间接故意就被隐藏在其他目的的后面,不会引起人们在意。例如,行为人用枪瞄准猎物时,发现猎物旁边有人,但抱有为了射中猎物即使射中人也在所不惜的故意开枪,幸好没有打中人。对于行为人是否有间接故意的行为,根本无从证实。但是在特定情况下,如果行为人的间接故意能够被证实、肯定时,间接故意的未遂能否成立?例如对同一个被害人具有伤害的直接故意和杀人的间接故意时,成立间接故意杀人未遂并非没有实际意义。有时认定行为人具有间接故意杀人的未遂可能会更加符合刑事政策的要求。换言之,如果间接故意的未遂能够吸收直接故意既遂的不法内涵时,这种情况认定间接故意未遂是有意义的。同样,对同一个被害人具有伤害的直接故意和杀人的间接故意时,行为人实施实行行为之后,顿生怜悯之意,遂将被害人送往医院救治,最终被害人被治愈。此时认定行为人成立间接故意杀人的中止,比认定行为人成立故意伤害的既遂可能会更加符合刑事政策的要求。综上,如果存在间接故意的未遂、中止能够吸收直接故意既遂的不法内涵的情形,应当承认间接故意的未遂和中止存在的空间。

另外,放任一词用于说明间接故意的意志因素,具有不合理性,因为放任一词既无法涵盖间接故意意志的内涵,也无法准确表达间接故意意志的内涵。

二、犯罪故意结构之反思

刑法中刑事责任的一个侧面可以被称之为主观责任,对应的是犯罪行为的罪过心理形式。主观责任的核心在于刻画社会对各种具体罪过心理形式的可谴责程度,对于

---

[13] 同前注[12],第272—273页。

故意罪过心理,刑法给予其较高程度的谴责;对于过失罪过心理,刑法给予其较低程度的谴责。犯罪故意的结构分为"知"与"意","知"是指故意的认识因素,"意"是指故意的意志因素。我国刑法中的犯罪故意概念出现上述众多问题,在笔者看来,很大一部分原因是立法者以及学界对于犯罪故意结构的认识存在偏差,故在此必须对我国刑法中的犯罪故意结构进行反思。

(一) 犯罪故意认识要素之反思

我国《刑法》第 14 条第 1 款规定犯罪故意"知"的内容是指"明知自己的行为会发生危害社会的结果",该规定明示犯罪故意的内容包括认识的内容和认识的程度。

1. 明知内容的反思

犯罪故意的本质是什么？德国刑法理论界少数知名学者主张,故意只有"知"没有"欲"[14],要么认为"知""欲"相同[15],要么认为"欲"的对象不是结果而是身体的活动[16]。我国刑法学者对于犯罪故意的本质是"知"或者是"意",抑或只有"知"没有"意",抑或"知"是基础,"意"是本质,也是存在极大争议的。无论争议如何激烈,大家对于犯罪故意必须具有"知"这一点是没有争议的。但对于"知"包括哪些内容同样存在极大争议:"知"是只包括事实要素,或者既包括事实要素又包括评价要素？事实要素包括哪些内容？评价要素包括哪些内容等。之所以存在这些争议之处,与现行《刑法》第 14 条第 1 款规定明知的内容不甚明确、不甚合理是有较大关系的。

我国大多数刑法学者认为,犯罪故意包括认识因素和意志因素,并认为认识因素是基础,意志因素是关键。目前,国内学者总体认为故意的认识内容包括事实性认识和评价性认识,但对于事实性认识因素包括哪些内容,评价性认识因素包括哪些内容,刑法理论界众说纷纭,可谓纷繁复杂。在此本文想结合国内学者们的一些观点略加分析。

(1) 事实性认识。事实性认识到底包括哪些内容？以传统的四要件犯罪构成理论为基础,在刑法理论界大致存在一要件说、二要件说、三要件说。

一要件说认为故意认识的事实只包括犯罪客观方面的事实,即危害行为(包括行为方式、行为性质、行为对象、行为时间以及地点等)、危害结果、行为与结果之间的因果关系等客观方面的所有事实。[17] 但是,故意的成立并不要求行为人认识到所有的客观事实,易言之,有些客观事实或者要素超出了故意的认识范围[18],至少如结果加

---

[14] Vgl. Engisch, Untersuchungen über Vorsatz und Fahrlässigkeit, 1964, S. 116 ff.
[15] Vgl. Klee, Der dolus indirectus als Grundform der vorsätzlichen Schuld, 1906, S. 33.
[16] Vgl. v. Hippel, Die Grenze von Vorsatz und Fahrlässigkeit, S. 14 ff.
[17] 参见高铭暄、王作富主编:《新中国刑法的理论与实践》,河北人民出版社 1988 年版,第 240—243 页。
[18] 同前注[9],第 261 页。

重犯的加重结果等"客观的超过要素"[19]、逃税罪中的"两次行政处罚"、盗窃罪中的"多次盗窃"等事实,与犯罪故意的成立是无关的;危害结果并非所有犯罪构成要件的要素,行为犯、危险犯、举动犯、持有犯这些犯罪是不需要犯罪结果的,这些犯罪的故意成立也是与结果无关的;行为与结果之间的因果关系针对结果犯而言,是具有一定的合理性的,但对于行为犯、危险犯、举动犯、持有犯而言,这些犯罪的构成要件没有包括法定的结果,又为何认为这些犯罪的故意成立需要认识行为与结果之间的因果关系呢?

二要件说认为故意的认识内容包括犯罪客体以及危害行为、危害结果、危害行为与危害结果之间的因果关系等所有犯罪客观方面的事实,概言之,就是对犯罪客体和犯罪客观方面两个要件事实的认识。[20] 犯罪客体是指犯罪行为侵犯的被我国刑法所保护的社会关系,抑或是指受刑法保护而被行为人所侵犯的法益。但犯罪客体是立法者将某一具体犯罪设置于刑法分则哪一章、节的依据,是刑法学者对犯罪本质的深层次论述,是法律工作者对犯罪行为的本质分析,普通人很难认识到这种社会关系或者法益。况且,司法实践中,行为人对犯罪客体认识的欠缺并不能阻却犯罪故意的成立,如贩卖毒品罪的领域,普通人很难认识到实行行为侵犯的社会关系或者法益。

三要件说认为犯罪故意的认识内容包括犯罪主体、犯罪客体以及犯罪客观方面。有学者认为:"行为的主体、行为的客体与行为的状况是构成要件要素,所以,故意的成立要求对这些要素有认识。"[21]构成犯罪的主体要件包括刑事责任能力和身份犯中的身份两个方面。刑事责任能力又分为年龄和精神状态两个部分。刑事责任能力不是行为人的主观判断,不随行为人的主观意识的变化而发生变化,即使行为人误认为自己没有达到刑事责任年龄而实施犯罪,这种错误认识也不能阻却故意的成立。如行为人已经年满14周岁,但却误认为自己只有12周岁,对他人实施抢劫行为,不能因为行为人对年龄的错误认识而否认行为人的抢劫行为构成犯罪。行为人在实施危害行为时是否具有正常的精神状态,是由具有鉴定精神病资质的相关单位来确定的,与行为人的认识无关。

另一个相关的问题是,身份犯的特殊身份是否是认识因素的内容之一?有学者认为主体的身份是违法性的基础,因而也是构成要件要素,故意的成立需要认识到行为人的主体身份。[22] 但是,"身份犯的身份并不是决定犯罪性质的关键,而利用身份的权力才是决定犯罪性质的要素,不过利用权力已不是犯罪主体的特征,而是犯罪客观方面的特征,所以犯罪主体的特征,哪怕是特殊主体的特征也不是犯罪故意的认识内

---

[19] 同前注[9],第261页。
[20] 参见甘雨沛等主编:《犯罪与刑罚新论》,北京大学出版社1991年版,第132—139页。
[21] 同前注[8],第213页。
[22] 同前注[8],第213页。

容"[23]。例如,国家机关工作人员在收受贿赂时并不需要认识到其特殊身份就可以构成受贿罪,特殊身份的认识与否,应当由司法机关依法认定,行为人欠缺特殊身份的认识也不阻却犯罪故意的成立。

(2)评价性认识。构成要件要素分为记述的构成要件要素和规范的构成要件要素,属于记述的构成要件要素的事实,行为人认识到单纯的事实同时就能认识行为的社会意义,这在刑法理论界基本上没有争议;但对于规范的构成要件要素,行为人在认识到单纯的事实时,却不一定能够认识到行为的社会意义。同时,对于行为的社会意义是否应当包含社会危害性认识或者违法性认识内容,这在理论界同样存在争议。

首先探讨社会危害性认识或者违法性认识是否应当包含在行为的社会意义之中?一种观点认为,"违法性认识首先应当作为犯罪故意的规范评价要素加以讨论"[24]。另一种观点认为,规范性构成要件要素的规范性是指要素体现的社会意义不包括违法性认识。[25] 实际上,行为人对犯罪事实的认识可以分为几个阶段,以故意伤害罪为例:①认识到用棍子打击别人的腿部(单纯的事实认识);②认识到上述事实是"伤害人"的行为(社会的、规范的意义的认识);③认识到伤害人是坏的(社会危害性、违法性的认识);④认识到符合刑法第xx条(具体条文的刑事违法性认识)。在记述的构成要件要素的场合,上述①②③不可分割地联系在一起,一般人只要认识到①,就能够认识到②与③。但对于规范的构成要件要素而言,上述①和②是分离的。以传播淫秽物品罪为例,①单纯的事实认识只是对传播书刊、影片、音像、图片或其他物品的认识;②社会的、规范的意义的认识是对淫秽性的认识;③社会危害性、违法性的认识是对具有社会危害的、违法的淫秽物品的认识;④具体条文的刑事违法性认识是对该行为符合《刑法》第363条的认识。很明显,对上述①的认识是必要的,对④的认识是不必要的,对上述②与③的认识是应当分离的。故这里探讨的规范的构成要件要素只限于行为的社会意义,不包括对行为的社会危害性或违法性的认识。在笔者看来,故意是属于构成要件阶段讨论的问题,而对社会危害性或违法性的认识是属于有责性阶段探讨的问题。故本文不再探讨对社会危害性或者违法性的认识问题。

对于规范的构成要件要素,行为人在认识规范的构成要件要素的单纯事实之后,如何判定行为人能否认识行为的社会意义,刑法理论界普遍承认适用 Mezger 提出的行为人所属常人领域中平行性评价(Parallelwertung in der Laiensphäre)理论。[26] 该理论认为,对行为社会意义的认识不要求是刑法规范概念的认识,只要求行为人认识到规范概念所指示的与犯罪性相关的意义即可,也即行为人的认识内容与规范概念的

---

[23] 姜伟:《犯罪故意与犯罪过失》,群众出版社1992年版,第111页。
[24] 同前注[6],第263页—269页。
[25] 参见[日]大塚仁:《犯罪论的基本问题》,冯军译,中国政法大学出版社1993年版,第191—192页。
[26] 同前注[7],第182页。

实质相当性即可。[27] 当一般人将刑法上的淫秽物品理解为"A片""毛片"等不能公开的黄色物品时，只要行为人认识到自己传播的是"A片""毛片"，就可以肯定行为人认识到了其传播的是淫秽影片，就可以认定行为人具有传播淫秽物品罪的故意。

2. 明知程度的反思

《刑法》第14条对犯罪故意作出"会发生"的明知程度规定，明知程度包括明知结果必然发生和明知结果可能发生。对于直接故意犯罪而言，明知的程度包括上述两种情形，这在理论界是没有争议的；对于间接故意犯罪来说，明知的程度是否包括结果必然发生的情形，在理论界存在极大的争议。一种观点认为明知行为必然发生危害结果而决意为之，就超出了间接故意认识因素的范围，应属于直接故意。[28] 持这种观点的理由是：放任心理只能建立在预见到事物发展中客观的多种可能性和不固定的基础上，行为人只有认为自己的行为可能发生，也可能不发生特定的危害结果，才谈得上放任心理存在的余地。[29] 这种观点将放任心理建立在放任词语本身应有的内涵中，有其合理性的一面，但没有考虑到间接故意的意志因素依附于直接故意的意志因素，间接故意的意志仅仅是针对直接故意追求的结果上所附带的结果持听之任之、漠然视之的心理态度，换言之，故意的认识因素与意志因素具有相对的独立性，即使间接故意的明知对结果的发生预测得非常清晰明了，达到了"必然发生的程度"，也不能否认行为人对直接故意所附带的结果具有听之任之、漠然视之的心理态度。

另一种观点认为，明知行为必然发生危害社会的结果并且放任这种结果发生的心理态度也是存在的。持这种观点的理由是：主观结果的必然发生和可能发生，是犯罪人对犯罪行为和危害结果之间的因果关系的认识，而希望或者放任则是行为人对必然或可能发生的危害结果的一种需要性的选择态度。由于犯罪故意的认识因素和意志因素具有相对的独立性，同一主观结果，从认识的程度上看，间接故意的犯罪人是可以明白其必然发生的，从选择态度上看，是可以对其放任的。[30] 这种观点认识到了间接故意的认识因素和意志因素具有相对的独立性，较为合理地解释了在认识因素中存在有认识危害结果必然发生的一面，在意志因素中存在有对危害结果必然放任的一面。但这种观点没有考虑放任的含义必须建立在对结果发生的多种可能性和不固定性的基础之上。

如何摆脱上述两种观点的困境，找到解决问题的突破口？在笔者看来，问题的关键在于"放任"一词的含义不能表达或者涵盖间接故意的意志特征。换言之，笔者对"放任"能否说明间接故意意志特征存在质疑。这个问题将放在后文细加探讨，这里不

---

[27] 参见〔日〕町野朔：《刑法总论讲义案I》，信山社1995年版，第225页。
[28] 参见高铭暄主编：《刑法学》，中央广播电视大学出版社1993年版，第173—174页。
[29] 同前注〔16〕，第271页。
[30] 同前注〔3〕，第342—343页。

做深入分析。

（二）犯罪故意意志要素之反思

我国刑法的犯罪故意分为直接故意和间接故意,直接故意的意志因素是"希望",希望是指行为人积极追求危害结果的心理态度,具有目的性、积极性、坚定性等特征。[31] 对于希望的意志,理论界没有争议。间接故意的意志因素是"放任"。关于放任的含义,我国刑法理论界存在极大争议,具体来说,主要存在以下观点。

1. "听任、漠然"说

此说认为放任的含义就是对结果"听之任之、漠然视之"的心理态度。具体来说,如有学者认为,"放任"是对结果的一种听之任之的态度。即行为人为了追求某种目的而实施一定行为时,明知该行为可能发生某种结果;行为人既不是希望结果发生,也不是希望结果不发生,但仍然实施该行为,也不采取措施防止结果发生,而是听任结果发生;结果发生与否,都不与行为人的意志相冲突。[32] 还有学者认为放任就是虽不希望、不积极追求结果的发生,但也不反对和不设法阻止这种结果的发生,行为人采取了听之任之、漠不关心的态度。[33]

此说采用"听任""漠不关心"的心理态度来表示放任的含义,符合放任在日常生活用语的含义,但此说仅仅阐明对结果"听之任之""漠然视之"的心理意志的选择态度,没有反映间接故意意志因素对结果是否坦然或者勉强接受结果的意志努力态度。而且,"听任""漠不关心"体现出的"不在乎"的心理态度由于没有意志努力态度的限制,其含义太广,因为任何发生了危害结果的行为,都可以认为行为人"不在乎";同时这种没有意志努力态度限制的"不在乎"的心理态度还会导致判断标准太广,很可能将一般的交通过失行为也认定为间接故意。

2. 纵容说

有学者认为放任就是听其自然,纵容危害结果发生,对危害结果的发生,既不积极追求,也不设法避免。[34] 还有学者认为"放任并非听之任之、漠不关心,而是有意地放纵危害结果的发生"。[35]

此说采用纵容的心理态度来解释间接故意的意志因素,看到了间接故意的意志中具有"纵容"的一面,具有其合理性。但企图将纵容的含义加到放任的词义中是徒劳

---

[31] 同前注[12],第43页。
[32] 同前注[9],第263页。
[33] 参见高铭暄、马克昌主编:《刑法学》(第2版),北京大学出版社、高等教育出版社2005年版,第111页。
[34] 参见何秉松主编:《刑法教科书》,中国法制出版社1997年版,第262页。
[35] 陈兴良:《刑法哲学》(修订3版),中国政法大学出版社2004年版,第178页。

的,因为放任的词义本身就无法包含纵容的含义,将放任解释为纵容,实则是对放任的曲解;同时纵容也只体现了间接故意对结果的意志选择性,没有体现对结果具有主动接受的意志努力态度。

3. 容忍、放任区分说

此说认为明知自己的行为必然发生危害结果的心理态度,不属于直接故意,但也不包含于放任的间接故意之中,于是独树一帜创建这种主观心理意志态度为"容忍",所谓"明知必然性而放任",既不属于"希望",也不属于"放任",而是介于这两者之间的另一种类型,称之为"容忍",并将容忍和放任作为间接故意的两种独立意志形态。为此进一步解释,"容"是完全肯定的,"忍"是不得已的、被动的,不是希望。[36]

此说看到了明知"结果发生的必然性"的心理态度具有特殊性的一面,独树一帜地创建了"容忍"的故意概念,可见其看到了问题的关键点,但正如论者所说,容忍也属于间接故意的一种形式,但容忍与放任之间真的会如此泾渭分明吗?容忍一词更多体现的是人的情感因素,将此纳入刑法领域,作为法律术语,实属欠妥。

4. 不违背本意说

此说认为放任结果的发生其实就是这样一种情形:行为人实施预定行为前,认识到自己的行为可能带来两种结果。一种是其所追求的目的结果;另一种是非行为人所追求的、依附于目的结果的危害结果(附加结果)。如果实施预定行为,追求目的结果的实现,就可能导致"附加结果"同时发生,而如果要切实避免"附加结果"的发生,就必须停止实施其预定行为,放弃对"目的结果"的追求。这样避免"附加结果"的发生与追求目的结果的发生之间就产生了矛盾。那么在此两者之间作何选择呢?行为人在经过内心权衡,觉得只有肯定后者才能满足自己的需要时,就会毅然决定实施预定行为,而一旦他决定实施预定行为,其对危害结果的发生就持一种听之任之的意志形态。结果没有发生,本来就不违背自己的心意;结果发生了,也不违背自己的心意。[37]

此说对间接故意的意志心态过程做出了较为完整的论述,但将间接故意的意志要素表述为"不违背本意",则过于笼统、抽象。要区分违背本意与不违背本意,是根本不可能的事情,因为违背其本意与否只是代表一个人做一件事情的局部性情绪状态;而且把这种局部性情绪状态当作构成间接故意的标准,在价值判断上也是有问题的。[38]

除上述观点外,对于间接故意放任含义的理解还有众多观点,基于文章篇幅原因,遂不在此一一罗列。面对众多观点,到底何种解释最为合理,恐怕至今也没有定

---

[36] 参见贾宇:《直接故意与间接故意的新探讨》,载《法律科学(西北政法学院学报)》1996年第2期,第154页。

[37] 参见迟杰、明庭强:《间接故意再探》,载《政法学报(河南政法干部管理学院学报)》1990年第1期,第78页。

[38] 参见黄荣坚:《基础刑法学(上)》(第3版),中国人民大学出版社2009年版,第293页。

论。笔者认为,要想使间接故意的概念获得公认,必须确定间接故意的意志内涵到底包括哪些内容,以及当前所使用的"放任"这个概念是否能够涵盖所有间接故意的意志内容。只有把这两个问题理顺明了,才能对间接故意作出一个较为合理的认定。对此将在下文做出分析,这里便不再探讨。

三、犯罪故意结构之重构

通过对我国刑法中犯罪故意结构的分析,笔者发现,我国刑法中的犯罪故意结构存在许多不足,应当对其进行重构。何为"结构"?法国结构主义者列维-斯特劳斯对此做出了精确的论述:"'结构'是要素和要素间关系的总和,这种关系在一系列的变形过程中保持着不变的特性。"[39]犯罪故意也是一种结构,它是一种被规范决定的心理结构。犯罪故意的心理结构是指,任何犯罪故意都指称一些实在的、具体的认识要素和意志要素间关系的总和。犯罪故意的心理结构由两个子要素构成,一是认识因素,一是意志因素。在笔者看来,对犯罪故意结构的重构就是指对犯罪故意心理结构的重构,即包括对犯罪故意认识因素中的认识内容、意志因素中的意志内容以及二者之间层级关系的重构。

(一)犯罪故意认识内容的重构

我国《刑法》第14条第1款将故意明知的内容确定为危害行为、危害结果以及危害行为与危害结果之间的因果关系,并认为危害行为、危害结果以及二者间的因果关系是所有故意犯罪认识内容中必须具备的必要要素。从哲学上看,共性是个性的一部分,共性必须在每一个个性中均有所体现;个性包含共性,个性的内容比共性丰富。[40]刑法总则规定的犯罪故意的认识内容必须在刑法分则中的每个故意犯罪的认识内容中均有所体现,而刑法分则中的每个故意犯罪规定的认识内容肯定比总则规定的内容丰富。然而,我国刑法总则规定的危害结果并非在所有故意犯罪的构成要件中均有所体现,如分则故意犯罪中的行为犯、持有犯以及举动犯等,它们的构成要件里均没有危害结果。因果关系对于故意犯中的结果犯来说是存在的,但对于结果犯之外的故意犯罪,因果关系是不存在的,况且即使是结果犯,对于因果关系的认识也是不必须要出现在犯罪故意的认识内容里的。因此,我国刑法总则不应将危害结果这一个性内容放入其中,也不应将因果关系纳入总则的犯罪故意内涵中。

从哲学上看,一般意志行为的意志过程大致分为三个环节:第一个环节是人在动机引导之下的目的预设;第二个环节是在所要达到的目的支配之下,对头脑中以往所

---

[39] [日]渡边公三:《列维·斯特劳斯——结构》,周维宏等译,河北教育出版社2002年版,第5页。
[40] 参见吴倬主编:《马克思主义哲学导论》,当代中国出版社2002年版,第131页。

储备的关于行为的知识和信息进行判断,找出可以达到目的的手段;第三个环节是形成最终的行为决意。故意犯罪行为也是一种意志行为,其犯罪的意志过程也具有上述三个环节,而犯罪故意的认识过程存在于上述第二个环节。在第二个环节中,法律不可能要求行为人在行为时像神人一样对所有客观事实全部具备认识,而且全面认识到行为时的所有事实也是不必要的。那么法律要求行为人至少要认识哪些事实才能构成犯罪?这一点在德日理论界基本上已经达成共识,即要求行为人在行为时明知犯罪的构成要件事实。

这里的"明知"一词本身是动词,其中"明"作为副词修饰"知",表示"知"的程度。在日常生活中,明知可以解释为"明明知道",就是强调确实知道。

这里的犯罪的构成要件事实包括以下内容:

(1)行为内容及其社会意义。这是所有故意犯罪都必须认识的要素,行为人对其行为的认识,不仅包括对外部行为的物理性质的认识,还必须包括行为的社会意义。即要求行为人知道自己在干什么,如知道自己的行为属于偷、属于抢、属于杀人或者属于伤害等。

(2)行为的结果。行为的结果不是所有故意犯罪都必须认识的要素,针对故意犯罪的构成要件事实中包含有结果要素的来说,对行为结果的认识才是必要的。换言之,对结果的认识必须是对构成要件的结果的认识。同时对构成要件结果的认识并不要求非常具体。例如故意杀人时,只要求行为人认识到会有人死亡即可,不要求其认识到死亡者是谁,以及死亡的具体时间、地点等。

(3)某些故意犯罪还要求行为人认识刑法规定的特定事实,如行为的对象、行为的手段、方式,以及行为的时间、地点等。例如非法持有、私藏枪支、弹药罪,其持有、私藏行为的对象必须是枪支、弹药;又如我国《刑法》第 340 条规定的非法捕捞水产品罪、第 341 条第 2 款规定的非法狩猎罪,分别以"禁渔期""禁猎期"规定了时间要件;以"禁渔区""禁猎区"规定了地点要件;以"禁止使用的工具、方法"规定了手段、方法要件。

为了成立故意,对于某些犯罪行为人还需要认识规范的构成要件要素。例如贩卖淫秽物品罪,除了要认识到贩卖的是物品之外,还必须认识到其贩卖的物品具有"淫秽性"。对于规范的构成要件要素的认识,可以根据 Mezger 提出的行为人所属常人领域中平行性评价理论来认定。但若行为人不认为其贩卖的是淫秽物品,也不认为其贩卖的是黄色物品(如"A 片""毛片"等),甚至认为其贩卖的是具有科学价值的艺术物品,但他认识到一般人可能将其贩卖的物品评价为淫秽物品时,这种情况无法适用 Mezger 提出的理论。这种情况应根据行为人在行为时是否认识到了一般人的评价结论来判断其是否具有故意。换言之,只要行为人在行为时认识到其贩卖的物品被一般人认为是淫秽物品,而且行为人事实上也在贩卖该物品,就应当认定行为人贩卖的物品是淫秽物品,进而认定行为人具有贩卖淫秽物品的故意。

因果关系,以及符合主观的构成要件要素的事实如目的犯的目的、常习犯的常习性等、责任能力、客观的处罚条件、一身的处罚事由、追诉条件、结果加重犯的重结果等都不属于明知认识的内容。

(二) 犯罪故意意志内容的重构

犯罪故意肯定包括"明知"所要求的认识内容,这意味着认识要素是故意必不可少的要素。但故意是不是只需要认识要素即足,以及故意的成立除了认识要素之外是否还需要意志要素,这是存在极大争论的。关于这一问题的争论,就是发轫于19世纪并持续至今的认识说和意欲说之争。这一争论至 Hippel 出版《故意与过失分界》一书后结束,从此"认识说"宣告沉寂。不过我国有学者对此提出怀疑,认为认定故意时可以放弃或者放宽意欲要素的要求[41];或认为故意犯罪的结果犯具有意欲要素,行为犯、持有犯、危险犯不具有意志要素,只具有认识要素。[42]

认识说本身的缺陷在于,其基本观点否认行为中认识活动和意志活动的必然联系性。认识说主张故意只存在认识因素,否认意志因素的存在,进而否认故意中的意志活动。在笔者看来,持此观点的学者只有承认人是没有意志的生物,其上述观点在逻辑上才是贯通的。可迄今为止,没有一位持认识说的学者宣称自己承认人是没有意志的生物。所以他们在对故意的认识上常常陷于左右摇摆,一方面坚持"对于故意的要素,除了'知'以外,再加上任何要素都是有害的"[43];另一方面又在自己的故意定义中偷偷地引入意志的要素:"行为人预见构成要件犯罪事实而'犹为之'的主观状态叫做故意。"[44]"犹为之"一词准确地刻画了持认识说的学者在故意要素的认识上陷入了左右为难的困境。

摒弃了认识说的错误观点之后,我们再来研究犯罪故意的意志要素。我国刑法的犯罪故意分为直接故意和间接故意,前者的意志因素是希望,后者的意志因素是放任。

希望意志,是指行为人在对自己行为的性质等内容有明确认识的基础上,利用自己的控制能力,有意识地控制自己行为的手段、方法,积极追求犯罪的构成要件事实发生的心理状态。不同于传统观点的是,行为人追求的不是单纯的危害结果的发生,而是犯罪的构成要件事实的发生。这样规定能够涵盖刑法分则中所有故意犯罪的情况。对于直接故意的意志因素含义,刑法学界基本上没有任何争议。

间接故意的意志因素是放任,刑法学界对于间接故意的意志内涵应当包括哪些内容,至今没有达成共识。放任一词能否承载间接故意的意志内涵,在学界也是存在极

---

[41] 参见劳东燕:《犯罪故意理论的反思与重构》,载《政法论坛》2009年第1期,第88页。
[42] 参见陈兴良:《刑法中的故意及其构造》,载《法治研究》2010年第6期,第6页。
[43] 黄荣坚:《刑法问题与利益思考》,中国人民大学出版社2009年版,第9页。
[44] 同前注[43]。

大争议的。放任的本来含义是"听其自然、不加干涉"。[45] 放任这个术语在德日刑法理论中并无涉及,主要见诸苏联以及当时东欧社会主义国家的刑法条文中,我国刑法间接故意的"放任"概念主要是来自苏联的刑法条文。即使在当前,除了在刑法学中放任作为一个判断罪过因素的概念被独立使用外,其不仅在心理学研究中遍寻无踪,而且在法学的其他学科和相关的法律法规中也都显得无足轻重。

笔者认为,刑法学者在研究放任的含义时,不管赋予放任多少法律上的含义,其都不能违背放任的本来含义,即"听其自然、不加干涉"。而间接故意的意志因素确实还包含了诸如"纵容""不计后果"等含义,这些含义是放任一词无法承载的。同时放任体现的"听其自然、不加干涉"只是说明行为人对行为的"附带结果"持"听之任之、漠然视之"的心理态度,没有表达行为人对"附带结果"的坦然或者勉强接受危害结果的心理态度。换言之,放任在体现意志因素的"我要什么"时是残缺不全的,是不能表达间接故意意志的心理过程的。基于此,笔者主张用"容认"来取代"放任"。容认对结果的发生所体现的含义比放任广,根据放任词语的含义,其体现的对结果发生的意志态度是"发生也好,不发生也罢,无所谓";而容认除包含放任的含义外,还可以包含"允许接受、坦然认可、勉强接受"等含义。概言之,容认能较好地体现间接故意的意志心理态度。

根据间接故意"明知"危害结果发生可能性的不同内容,可以将间接故意分为可能发生危害结果的故意和必然发生危害结果的故意。下文以此分类为基础,展开对容认意志结构的重构。

1. 可能发生危害结果的意志

可能发生危害结果的意志,是指明知自己的行为可能发生危害结果时,行为人可能持"听之任之、漠然视之"的意志、可能持"侥幸"的意志、可能持"不计后果"的意志,还可能持"纵容"的意志。这些意志都从属于容认的内涵。

(1)"听之任之、漠然视之"的容认。所谓"听之任之、漠然视之",是指行为人为达到其既定目的,决意实施该行为,对阻碍危害结果发生的障碍不去排除,也不设法阻止危害结果的发生,对于结果的发生抱着"顺其自然"或装着没看见、"结果发生也好,不发生也罢,都无所谓"的态度,结果发生与否,行为人主观上都能勉强接受。譬如行为人在山中狩猎,举枪朝一头野猪射击时,发现野猪旁边有人,行为人认识到自己射杀野猪时有可能打死野猪旁边的人,但行为人为了能够射杀野猪,对自己的行为可能致旁人死亡的结果抱着"死不死都无所谓"的态度,最后将野猪旁边的人杀死。

(2)"侥幸"的容认。所谓"侥幸",是指行为人为了实现其预定目的,对其预定目

---

[45] 参见中国社会科学院语言研究所词典编辑室编:《现代汉语词典》(修订第3版),商务印书馆1996年版,第359、1076页。

的的随附结果是否发生抱着"可能运气好,结果不会发生吧"的心理态度,行为人不希望随附结果发生,也不采取措施阻止随附结果的发生,结果发生了也不后悔。譬如甲想杀死自己的仇人乙,某日,甲举枪射击乙时,发现他的朋友丙恰好从乙的旁边经过,甲想朋友丙离乙有点距离,于是甲抱着"也许不会打着丙吧,假如打着了,也不后悔"的心理态度,朝乙开枪,结果把丙杀死。

(3)"不计后果"的容认。所谓"不计后果",是指行为人为了追求某种目的,明知该目的的附随结果可能发生,但为了实现其预定目的,不计后果地接受附随结果的发生,行为人既不希望结果发生,也不采取措施阻止结果发生,同时也不是对结果"听之任之",而是平常所说的"干!管不了那么多了"。譬如丈夫知道妻子在外面偷情,遂在米饭里投毒杀死妻子。他知道如果在米饭里下毒,很可能导致孩子也被毒死,但为了杀妻,解其心头之恨,对孩子的死亡抱着"管不了那么多了,也许死了更好!"的态度。

(4)"纵容"的容认。"纵容"不等于行为人对结果"听之任之、漠然视之",而是倾向于坦然接受结果,但不是"坚决接受"结果,对预定目的的附随结果持肯定的态度,对于附随结果的发生不抱有"犹豫、彷徨"的态度。譬如丈夫想投毒杀死妻子,发现在米饭里投毒可能毒死儿子,但丈夫想儿子平日也很烦他,如果这次儿子被毒死了,也算"活该"。

在具体的司法实践中,某些行为人可能只具备上述四种心理态度中的一种,有些可能同时具备两种,有些可能同时具备三种,甚至有些可能同时具备四种心理态度。譬如上述投毒杀妻的例子,丈夫可能对孩子的死亡抱有四种态度,即"孩子死不死无所谓","儿子命大,可能死不了","为解心头恨,孩子的死管不了那么多了","儿子平时也烦,死了也活该"。

上述四种意志态度,其中"听之任之、漠然视之"的容认与"侥幸"的容认对结果的发生倾向于勉强接受,发生了也不后悔;而"不计后果"的容认和"纵容"的容认对结果的发生倾向于坦然接受,发生了一点儿也不后悔。

2. 必然发生危害结果的意志

必然发生危害结果的意志,是指明知自己的行为必然发生危害结果时,行为人可能持"不计后果"的意志态度,也可能持"纵容"的意志态度。

明知自己的行为必然发生危害结果时,行为的预定目的与行为的附随结果是紧密联系在一起的,行为人如果不想使附随结果发生或者想采取措施阻止附随结果发生,唯一选择就是放弃行为的实施。基于此,行为人不可能对附随结果抱有"听之任之、漠然视之"的意志态度,因为对附随结果"听之任之、漠然视之",就会影响行为的预定目的实现,就会影响行为人对预定目的的积极追求;行为人也不可能对附随结果抱有"侥幸"的意志态度,因为行为预定目的的结果与附随结果紧密联系在一起,二者要么同时发生,要么同时不发生,不存在目的结果发生而附随结果不发生的情形,此刻行为人对附随结果不可能抱有"侥幸"的意志态度,"侥幸"意志在这里已经失去了生存空间。下面就苏联著名刑法学家A.H.特拉伊宁举出的一个被奉为必然发生危害结果的经典案例,来分析不存在上述两种意志心理态度。

一座楼房正在修建,依万诺夫和谢敏诺夫两个工人同在10层楼房顶的脚手架上工作,脚手架用粗麻布绳捆扎固定。公民罗曼诺夫(依万诺夫的仇人)企图害死依万诺夫,为了这个目的而割断捆着脚手架的绳索。结果两个工人都跌下来摔死了。[46]

由于谢敏诺夫的死与依万诺夫的死紧密联系在一起,如果罗曼诺夫对谢敏诺夫的死抱着"听之任之、漠然视之"的态度,必然会影响罗曼诺夫对依万诺夫的死亡的积极追求态度,会导致对依万诺夫的死亡的积极追求无法实现,此时"听之任之、漠然视之"的心理态度已经被行为人的积极追求的希望态度压倒性地吞并,已经没有生存的空间;公民罗曼诺夫对谢敏诺夫的死亡也不可能抱有"侥幸"的意志态度,因为罗曼诺夫不可能对谢敏诺夫抱有"也许谢敏诺夫命大,不会死"的心理态度,这种心理态度如果存在,必然会影响到明知的内容——"危害结果必然发生"的定性。除非罗曼诺夫具有非理性的心理,否则在这种情况下不可能抱有"侥幸"的意志心理。

(1)"不计后果"的容认,是指行为人为了积极追求预定目的的结果,明知预定目的的结果的实现必然会导致附随结果的发生,但行为人为了预定目的的实现,不计后果地接受附随结果的发生。行为人既不希望附随结果发生,也无法对附随结果的发生采取阻止措施,同时也不愿采取措施阻止附随结果的发生,而是平常所说的"干!管不了那么多了"的心理态度。上述A.H.特拉伊宁所列举的经典案例,正说明了公民罗曼诺夫对谢敏诺夫的死亡抱有"不计后果"的意志态度。

(2)"纵容"的容认,是指明知行为预定目的的结果实现,必然导致行为的附随结果发生,行为人对附随结果的发生不是希望,而是倾向于坦然接受;不是抱有"彷徨、犹豫"的迟疑态度,而是持肯定接受,但不是"坚决接受"的态度。是平常所说的"活该!该他倒霉!"的心理态度。譬如儿子甲平日游手好闲,整天无所事事,一次偶然机会他打听到母亲给自家(母亲与他不住在一起)居住的房子投了财产保险。甲想以放火烧房子的方式诈骗这笔保险金,但他知道母亲这些日子一直重病卧床不起,一旦放火烧房子,母亲必定被烧死。但他因为急于得到这笔保险金,对他母亲的死亡抱着"活该!该她倒霉!死了还省得麻烦!"的心理态度,结果放火把他母亲也烧死了。

应当说明的是,"不计后果"的容认与"纵容"的容认对于危害结果的发生都是持肯定接受的态度,可以说是坦然接受,这两种意志态度与希望的意志态度极为接近;而"听之任之、漠然视之"的容认和"侥幸"的容认对于危害结果的发生都是持不后悔的接受态度,可以说是勉强接受,这两种意志态度比"不计后果"与"纵容"的意志程度要弱一些。

---

[46] 参见赵炳寿、向朝阳主编:《刑事法问题研究》,法律出版社2005年版,第95—96页。

(三) 认识要素与意志要素层级的重构

故意的心理过程包含两方面的活动,一是认识活动,二是意志活动,两种心理活动分别对应着认识要素和意志要素。故意中的认识要素和意志要素是如何相结合的?这个问题在刑法理论界几乎很少有人研究,即使有个别学者论及认识要素和意志要素的关系,其结论也值得怀疑。有学者将二者的关系解释为"我知道什么和我要什么,是可以区分的,但我知道什么,知道得多清楚,会影响意欲的强度,从而影响行动的决定,这是一般性认知与意欲的关系。在刑法上反映这种一般认识和意欲关系的,是间接故意的形态……在直接故意中的认知与意欲关系刚好相反,是意欲影响认知"[47]。这种观点将认识活动与意欲活动的关系简单地解释为相互影响的关系,是一种含混不清的结论,等于什么也没说。

从心理学上看,意志活动是指"自觉地确定目的,并根据目的来支配、调节自己的行动,克服困难,实现预定的心理过程"[48]。根据这个定义,任何意志活动都起始于对目标的自觉确定,但此刻对目标事物的认识却不是意志活动的开始,这种认识活动只是没有任何方向地将外界事物以信息的方式储存于大脑,等待意志活动选择这些信息所代表的事物,为意志活动提供潜在的目标。由此可见,心理学意义上的一般认知活动并不是意志活动的组成部分,此时的认识活动属于意志以外的东西,但这并不意味着意志活动中没有认识活动的内容。通过分析意志活动的过程不难发现,当意志活动开始之后,即人自觉地确定目的之后,为达目的,必须展开一种认识活动,即认识、评估采取什么样的行为手段才能达到目的。这个在意志的直接指引支配之下的认识活动,才是意志活动中的认识活动。此时,认识活动受人的意志的直接驱动和支配,自然成为意志活动的内容。但此刻,意志活动并非消极被动地,而是积极能动地将认识活动摄入自己的结构中作为自己的内容,意志活动才建立起自己与认识活动的真正联系。此时的认识活动可以被称为"意志内的认识活动",意志活动和认识活动之间的联系是一种驱动与被驱动、支配与被支配的联系。认识活动与自己所从属的意志活动之间具有明显的层级差异,在这个层级中,意志活动是整体的,是第一层级;认识活动不过是意志内的认识活动,属于第二层级。

犯罪故意也是一种意志活动,其同一般的意志活动的区别在于它们在内容上存在差异,但二者在性质上没有差异。关于一般意志活动中的认识活动和意志活动的关系的理论完全可以适用于犯罪故意的认识活动和意志活动的关系。换言之,犯罪故意中的意志活动和认识活动也有一种层级关系,意志活动是第一层级,作为意志内的认识活动属于第二层级。即意志要素属于第一层级,认识要素属于第二层级。似乎从表面

---

[47] 许玉秀:《当代刑法思潮》,中国民主法制出版社2005年版,第273—274页。
[48] 《辞海(1999年版缩印本)》,上海辞书出版社2000年版,第5769页。

上看,我国刑法对"明知"的规定只是表达了一种单纯的认识活动,但这是一种误解。将故意中的明知单纯地理解为认识活动,这从根本上颠倒了故意中意志活动和认识活动的顺序,也歪曲了明知的性质。通过之前的分析,我们了解到意志活动中总是意志活动先行,然后驱动认识活动;认识活动也不是单纯的认识活动,而是之前意志活动的产物。在犯罪故意中同样也是如此,犯罪的意志内容先行,然后才是受犯罪意志驱使而产生的对行为手段的判断和认识。

在直接故意中,行为人首先设定侵害法益的目的,然后选择实现目的的手段行为,再认识、判断、评估用以实现目的的手段行为是否可行、合适,其间设定法益侵害的目的这种意志活动驱动着认识活动。因此,直接故意中的意志要素和认识要素存在层级关系这当属无疑。

在间接故意中,似乎其意志要素与认识要素的层级关系不甚明显。但从心理学上看,意志活动所能包括的内容不仅仅限于行为的目的,凡是在意志活动中影响目的达成的一切因素均属于意志活动的内容,均应属于行为人的意志。心理学这样来描述意志活动:意志对行动具有调节作用,这种调节作用包括发动和抑制两个方面,前者是指促使人从事带有目的性的必要行动;后者是指制止与预定目的相矛盾的愿望和行动。在意志活动的过程中,行为可能导致并不属于目的所追求的结果的产生,行为人如果并不乐于看见这个并非目的之内的结果出现,就会产生心理冲突,要达到预定目的,行为人必须克服这种心理冲突,这个克服心理冲突的过程就是意志对行为的调节过程。[49] 由此可见,即使行为可能导致的结果不属于目的的范围,但它仍然是意志活动的内容,仍然是行为人意志的作品。刑法的间接故意中可能出现的危害结果,尽管不在行为人的目的之内,但是对危害结果的坦然接受或者勉强接受都是行为人为达目的,克服心理冲突的意志努力的结果,因此仍然能够被归属于间接故意的意志。只不过在间接故意中。驱动引导认识活动的意志要素,并不是间接故意所要求的、指向特定危害结果的意志活动,而是指向这个特定危害结果之外的目的,这一点是与直接故意不同的。据此,不能因为间接故意中认识活动不受针对特定危害结果的意志活动的驱动和引导,就否认其意志活动与认识活动之间的层级关系。

四、立法模式的未来选择

《刑法》第14条第1款规定的故意犯罪概念,将故意分为直接故意和间接故意,规定只有"明知"会发生危害"结果"的才成立故意犯罪,这表明只有发生了法定结果才能成立既遂罪,这与刑法分则规定的大部分罪名中确立的犯罪事实都不符合。同时,将危害行为与危害结果之间的因果关系,以及危害行为导致危害结果的程度纳入刑法总

---

[49] 参见黄希庭:《心理学导论》,人民教育出版社1991年版,第570—576页。

则的立法条文中,同样与刑法分则规定的大部分罪名确立的犯罪事实不相符合。另外,刑法总则采用的是"结果本位"原则,是消极刑法思想的反映。[50]

为避免当前刑法对故意犯罪的规定存在的上述众多问题,笔者建议,将来刑事立法时不将危害结果作为立法本位,更多考虑刑法总则共性的规定,体现刑法分则单个罪名个性的要求。在今后修订我国刑法的时候,可以考虑设立如下规定:

第××条　明知犯罪之事实,希望或者容认其发生,因而构成犯罪的,是故意犯罪。

故意犯罪,应当负刑事责任。

---

[50]　同前注[4]。

[错误论]

论假想防卫过当

黄忠军[*]

要 目

一、引言
二、假想防卫过当概述
　（一）问题由来
　（二）假想防卫过当的概念与认定
　（三）假想防卫过当的处理现状与问题
三、假想防卫过当的罪过形式
　（一）假想防卫过当罪过形式概述
　（二）假想防卫过当的特殊性与罪过形式类型化之解决路径
　（三）假想防卫过当罪过形式的存在类型
四、假想防卫过当的刑罚处罚
　（一）能否适用防卫过当减免处罚规定之争
　（二）假想防卫过当不能适用防卫过当减免处罚的规定
　（三）假想防卫过当的刑罚处罚原则
五、余论：本文结论对司法判例结果之检视

摘 要 我国现行刑法中并无关于假想防卫过当的直接规定，但结合我国立法体例和相关规定，假想防卫过当在理论上应该属于事实错误的研究范畴。在认定假想防卫过当成立的前提要件即客观上并不存在现实的不法侵害时，应该坚持客观不法，同时，假想防卫是否过当的判断应该遵循防卫过当的判断标准。因行为人对不法侵害的误认和对过当事实的认识均存在不同程度的差异，假想防卫过当的罪过形式既可能是故意也可能是过失，特殊情形还可能被评价为意外事件。假想防卫过当是假想防卫的假想性和防卫过当的过当性的结合形态，理论上存在责任程度具有明显差异的六种类

---

[*] 中国人民大学刑事法律科学研究中心博士研究生。

型。立足于我国刑事立法和司法现状,不能对假想防卫过当的行为人适用防卫过当减免处罚的规定。为了在个案中给予行为人均衡的刑罚处罚,本文在假定其他情形都相当的前提下,将假想防卫过当和普通的故意、过失犯罪,以及假想防卫、防卫过当,在罪责轻重的层面进行比较考量,建构了一个适用于各种类型的假想防卫过当的刑罚处罚原则的理论模型。

关键词 假想防卫过当 客观不法 判断标准 罪过形式 刑罚处罚

一、引言

法律规范是立法者基于对客观事实的观察,将具体事实确认为法律事实,进而从法律事实的内容中分离出法律概念单元,最后将法律概念单元分别加以组合,形成的各种同类或者不同类的法律规定。[1] 这种规定给我们确立的只是一个类型化的应然状态,但我们的生活总是围绕着具体的人而展开,情态万状的生活现象大多不能直接为法规范所涵盖。如现实的不法侵害实际上并不存在,而行为人错误地认为其存在,基于防卫意识对"不法侵害者"实施了"防卫"反击,即使反击行为没有明显超过必要限度,但最终给无辜者造成了严重损害,也不能被认定为是法规范所确立的正当防卫行为。我国刑法学界则称其为"假想防卫",日本和德国刑法学也分别有"误想防卫"和"Putativnotwehr"等与其相对应的概念。[2] 与此现象相比,在我们的现实生活中还有一种现象更具复杂性,即现实的不法侵害实际上是不存在的,但是行为人错误地认为其客观存在,而实施了"防卫"反击,但即使这种不法侵害是客观存在的,造成的重大损害后果和不当的防卫手段也明显不符合正当防卫的限度要求。[3] 日本刑法学界称此现象为"误想防卫过剩",一般将其放在广义的误想防卫的范畴下,作为一种复杂情形进行重点讨论。[4] 虽然我国刑法学界对此还存有一定程度的争议,但是我们一般称其为"假想防卫过当"。

由于假想防卫过当和假想防卫有着千丝万缕的联系,德日刑法学界以及我国台湾地区的刑法学者都将其和假想防卫一起放在错误论中进行研究和分析。[5] 虽然我国现行刑法规定了犯罪故意,但并没有关于认识错误的规定,因此在我国,错误论主要是

---

[1] 参见柯耀程:《刑法竞合论》,中国人民大学出版社2008年版,第99页。
[2] 参见刘明祥:《错误论》,法律出版社、成文堂1996年版,第211页;vgl. Wessels/Beulke/Satzger, Strafrecht Allgemeiner Teil, 43. Aufl., 2013, 351 f.
[3] 参见刘明祥:《刑法中错误论》,中国检察出版社2004年版,第131页。
[4] 参见〔日〕内藤谦:《刑法讲义总论(中)》,有斐阁1996年版,第352—354页,转引自同上注,第134页。
[5] 参见林钰雄:《新刑法总则》,中国人民大学出版社2009年版,第263—268页;vgl. Kindhäuer, Strafgesetzbuch Lehr-und Praxiskommentar, 7 Aufl., 2017, §35.

通过理论建构起来的。[6] 假想防卫过当和假想防卫作为错误论的重要内容,在我国现行刑法中并无规范与之对应,而且究其本身的特殊性和复杂性,再加上行为人的行为大都是基于维护社会正义的善意,案件结果的合理性与公众朴素的法感情容易产生紧张和对立。近年来我国因蔡永杰假想防卫过当案、谢立强假想防卫过当案以及王长友过失致人死亡案等[7]典型案例引发的激烈争议,使得假想防卫过当在学界受到了广泛的关注。尽管还有极少数的学者对于假想防卫过当有无独立存在的意义仍持否定和怀疑态度[8],但学界几乎一致地对其存在的必要性和意义持肯定态度,对此近年来司法实践在判例中也予以了肯定。本文将在此背景下,将假想防卫过当的认定作为前提进行阐述,并在对假想防卫过当的罪过形式进行类型化讨论的基础上,试图为假想防卫过当案件的处理提供一个可供参考的刑罚处罚原则。

二、假想防卫过当概述

(一) 问题由来

正当防卫客观上需具备起因条件和限度条件,这是被普遍认可的,我们把缺乏正当防卫限度条件,即造成不应有的严重后果的行为称为防卫过当,这种行为在我国现行刑法中已经得到了规范上的确认。虽然缺乏正当防卫前提条件的假想防卫、防卫不适时、防卫第三者的情形未被现行刑法予以规范上的确认,但理论上将这类行为称为"防卫不当"。[9] 假想防卫作为防卫不当的一种典型形态,学界也将其作为防卫错误的一种类型进行探讨。[10] 假想防卫和防卫过当也是司法实践中常发而且理论研究比较深入的两种案件类型。为了方便讨论,以下将通过一组案情来引出一种在司法实践中相对少见,与两者都有密切关联且更加复杂的案件类型。

案情1:2014年10月31日凌晨,被害人陈某有事要出门,却发现楼下大门已锁,遂要求已经和自己5岁孩子入睡的值班保安杨某开门,杨某说锁拉一下就开了让陈某自己开,陈某却怎么也拉不开门锁,因此特别生气和杨某对骂起来并且

---

[6] 参见江溯:《规范性构成要件要素的故意及错误——以赵春华非法持有枪支案为例》,载《华东政法大学学报》2017年第6期,第50页。
[7] 上述三案例的详情分别见于潘爱华:《驾车拦"匪"撞死无辜,"见义勇为"成故意伤害》,载《南方法治报》2013年12月20日,第08版;江苏省无锡市北塘区人民法院刑事判决书,(2001)北刑初字第33号;最高人民法院刑事审判第一庭、第二庭编:《刑事审判参考》(总第20辑),法律出版社2001年第9辑,第9页。
[8] 参见吴亚娥:《对假想防卫的再认识——兼评"假想防卫过当"》,载《安康学院学报》2011年第5期,第26页。
[9] 参见陈兴良:《正当防卫论》(第2版),中国人民大学出版社2006年版,第146页。
[10] 同前注[3],第117—118页;vgl. Rengier, Strafrecht Allgemeiner Teil, 2009, §32.

踢门进入值班室,杨某因担忧孩子受到伤害误以为陈某进来会实施伤害行为,用扳手打向杨某头部致其重伤。事后查明:陈某踢门进入值班室当时只是为了和杨某理论并要求其给自己开门。[11]

案情 2:被告人蒋小某和其子蒋某搭乘出租车时,发现了被被害人张某伙同另外二人盗窃的自己的摩托车,于是要求出租车司机加速拦车,蒋某和蒋小某回家取扁担和水果刀,在张某骑摩托车必经的路口等着夺回摩托车,等到张某驾驶摩托车驶近之时,蒋小某要求张某停下未果,张某继续前行,于是蒋小某挥动扁担向张某横扫一扁担,张某被击中,扁担断为两截,但张某仍驾车离去。几日后发现张某的尸体,后公安机关确认系蒋小某的防卫行为致张某的颅脑损伤死亡。[12]

案情 3:2011 年 9 月 19 日上午,被告人蔡永杰驾驶自己的小客车去加油站准备加油,正好遇到身穿加油站工作服的唐某追赶手持挎包的管某,唐某边追边喊"抓住他",且该事发点也是抢劫犯罪的高发区,蔡永杰误以为管某是正在逃跑的抢劫犯,因而为了制止"犯罪",开车追赶并碰撞管某,没有及时刹车制动,最终导致管某被拖行约 13 米,致使管某重伤,抢救无效死亡。事后查明:唐某追赶管某系因精神病发作,管某本是加油站的工作人员。[13]

解析案情 1 不难发现,杨某因为陈某来势汹汹误认为其正欲实施暴力侵害行为,并且基于对孩子安危的考虑采取"先下手为强",是为了自我"防卫"和保护孩子的安危,但是事后查明陈某当时并无实施暴力侵害的意欲,最终法院认定杨某致陈某重伤的行为成立假想防卫,应该承担过失致人重伤的罪责。我国刑法理论上,假想防卫是指事实上并无紧迫的不法侵害,而行为人错误地认为其现实存在,而实施"防卫"反击,造成无辜者重大损害的行为。[14] 在案情 2 中,蒋小某是为了夺回被张某窃取的自己的摩托车,虽然摩托车已在张某的实际控制之下,但蒋小某在当时张某即将驾车逃走、自己无法及时获得公权力救济的情况下,采用自力救济的手段是被法律所允许的。但法律赋予公民的自我防卫权并非是毫无限制的,蒋小某为了夺回自己的摩托车而伤人性命,明显构成对正当防卫权的滥用,法院认定其行为构成防卫过当,应该承担故意伤害(致死)的罪责,可以说在此并无疑问。并且对于防卫过当的概念特征现行刑法都有较为具体的规定,在此不再赘述。接下来我们对案情 3 展开分析:蔡永杰将精神病患者追逐他人的行为,错误地认为是被害人正在追击"劫匪",从这一点来看其和案情 1 中的杨某的行为性质相同,对于不法侵害的假想和误认符合假想防卫的概念特征。但

---

[11] 该案情详见于贵州省贵阳市云岩区人民法院刑事判决书,(2015)云刑初字第 574 号。
[12] 该案情详见于广西壮族自治区桂林市中级人民法院刑事判决书,(2007)桂市刑终字第 42 号。
[13] 该案情详见于刘晓星:《误将经理当劫匪撞死赔偿 60 万判三缓四》,载《广州日报》2013 年 12 月 20 日,A7 版。
[14] 参见高铭暄、马克昌主编:《刑法学》(第 6 版),北京大学出版社、高等教育出版社 2014 年版,第 131 页;同样可见前注[3],第 120 页;前注[9],第 146—147 页。

是即便事实如蔡某某所臆想的那样,即有人正在追击劫匪,采用开车碰撞并拖行致其死亡的行为,也明显超过了必要限度,造成了重大损害。

从上述三个案例的对比评析来看,案例3既具有案例1所呈现出的假想防卫的假想性,又具有防卫过当中过当性的一面。这种情形既不能完全被假想防卫或者防卫过当单独评价,但也并不是假想防卫和防卫过当的简单叠加。这种案件类型不仅在事实的认定上极为复杂,现有法规范也没有具体的规定,理论研究的不足又无法为司法实践提供实质性的理论依据,因而对于具体案件应该如何处理就在司法实践中引发了激烈的争论,亟待理论研究对此作出有力的回应。

(二) 假想防卫过当的概念与认定

1. 假想防卫过当的概念

诸如前述案情3所呈现的这种现象,在我国刑法理论上被称为"假想防卫过当",即紧迫的不法侵害事实上并不存在,但行为人错误地认为其真实存在,但即使如行为人假想的那样,不法侵害是客观存在的,行为人给不法侵害者造成的重大损害结果也是不适当的,同时防卫行为也明显超过了必要限度。[15]

从假想防卫过当的概念中不难发现,其是相较于假想防卫和防卫过当的一种更为复杂的形态。它具有对正当防卫前提事实存在的假想性、主观意识上的防卫性以及防卫手段和结果上的过当性。[16]

2. 假想防卫过当的具体认定规则

理论研究和司法实践的最终目的都是为了对犯罪行为进行准确的认定和评价,最终给予行为人应有的刑罚。这一过程必须遵循定罪量刑的基本逻辑,即事实判断先于价值判断,客观判断先于主观判断。[17] 而究竟何种行为才能被认定为假想防卫过当?我们首先应该肯定只要存在行为人对不法侵害事实的误认,就能够肯定行为人主观上具有防卫意识。因为只要行为人错误地确信自己正面临着现实的不法侵害,无论他是出于何种目的都不能否认他确信自己在与不法侵害行为作斗争,这种与不法侵害抗争的精神应该获得法律上的积极评价。[18] 因此,假想防卫过当的具体认定就变成了在某些成立了假想防卫的场合,需要进一步判断行为是否过当的问题。而现行刑法并未对假想防卫过当进行规范上的确

---

[15] 参见陈兴良:《教义刑法学》(第2版),中国人民大学出版社2014年版,第380页。
[16] 参见苏雄华:《假想防卫与其他不当防卫的竞合形态分析——以假想防卫过当为中心》,载《哈尔滨工业大学学报(社会科学版)》2010年第2期,第61页。
[17] 参见陈兴良:《规范刑法学(上册)》(第2版),中国人民大学出版社2008年版,第90—91页。
[18] 参见陈璇:《论防卫过当与犯罪故意的兼容——兼从比较法的角度重构正当防卫的主观要件》,载《法学》2011年第1期,第119页。

认,因此假想防卫是否过当的判断,应该采用防卫过当的判断标准来处理。[19] 而防卫过当判断标准不是本文讨论的核心问题,在此不再论及。假想防卫的成立范围作为前提性问题,笔者作如下简要梳理。

关于假想防卫的成立范围,目前学界大致有以下三种观点:最广义说认为,假想防卫包括不法侵害错误的假想防卫、防卫时机错误的假想防卫和防卫对象错误的假想防卫[20];广义说认为,假想防卫不仅包括不法侵害错误这一种情形,防卫对象错误也应该属于假想防卫的概念范围[21];狭义说认为,假想防卫只存在客观上根本无不法侵害存在,而行为人误认为其真实存在并对臆想中的"不法侵害者"实施了"防卫"反击,这一种情形[22]。

以上三种观点的分歧主要在于防卫时间错误和防卫对象错误是否应该被认定为假想防卫。对此有学者认为上述争议不存在概念混淆的问题,只是表述方法和认识事物的方式有别,持广义说和最广义说的学者强调行为人对不法侵害都存在错误认识的共性,而持狭义说的学者,则更多地关注假想防卫应该是本质上不存在不法侵害的个性,但是从概念体系的完整性来说,还是应该将假想防卫和防卫不适时、防卫第三者严格区分开来。[23] 不过应该明确的是,无论是在防卫时间错误还是在防卫对象错误的场合,现实的不法侵害都是客观存在的。客观上根本不存在现实的不法侵害,而行为人误以为其真实存在是假想防卫成立的根本前提,将防卫第三者和防卫不适时纳入到假想防卫的范畴,不仅会不适当地扩大假想防卫的范围,也会造成概念上的混乱,更不利于案件的正确处理。[24] 因此,应该说狭义说的观点才是最为可取的。

但问题止于此的话,对于假想防卫的具体认定是没有实质性指导意义的。刑法上的错误泛指客观存在的事实与行为人的主观认知不一致的情形。[25] 虽然这涉及主客观两方面的内容,但是在具体的判断中,仍然只是一种纯客观的判断,即客观上行为人反击的对象是否正在实施不法侵害行为。因此,问题的关键就变成了如何界定作为正当防卫对象的不法侵害的语义范围。

行为人实施侵害行为无论是基于故意、过失的心理,抑或作为或者不作为的行为方式,都是正当防卫对象意义上的不法侵害,对此应该说并无争议。[26] 但是无责任能力的人实施的侵害行为能否成为正当防卫的对象一直存有争议。在我国传统刑法理

---

[19] 参见劳东燕:《防卫过当的认定与结果无价值论的不足》,载《中外法学》2015年第5期,第1344页。
[20] 参见姜伟编著:《正当防卫》,法律出版社1988年版,第112—113页。
[21] 参见张明楷:《犯罪论原理》,武汉大学出版社1991年版,第323—334页。
[22] 同前注[15],第380页。
[23] 参见彭卫东:《正当防卫论》,武汉大学出版社2001年版,第114—117页。
[24] 同前注[3],第122—123页。
[25] 参见林山田:《刑法通论(上)》(增订10版),北京大学出版社2012年版,第269页。
[26] 参见张明楷编著:《外国刑法纲要》(第2版),清华大学出版社2007年版,第159页。

论上，广义的不法侵害包括无责任能力者实施的侵害行为。原则上，对其实施的反击行为应该认定为正当防卫，但是出于刑法精神和社会道义的考虑，应该对此加以限制。[27] 但也有学者认为精神病人的侵害行为是一种病态反应，而未成年人的侵害行为只是一种年幼无知的表现，应将这种情形作为假想防卫的一种类型。[28] 上述观点的分歧根源于学界争论已久的主观不法论与客观不法论的立场对立。主观不法论要求行为人实施行为时主观上需具备罪责或者过错，而客观不法论只要求行为人事实上造成了危害结果或者制造了法益的危险状态。如果将正当防卫对象的不法侵害中的"不法"限定为主观不法，实际上就要求行为人在面临侵害危险时，必须作出谨慎的判断之后方能实施防卫反击。一般而言，即便是法官事后进行有无罪责的判断也不是一件容易的事情，而要求行为人在紧迫而危急的瞬间作出如此准确的判断，未免强人所难。另外，正当防卫的最终目的是为了在无法获得公权力救济时，及时有效地保护法益，而不是惩罚犯罪。因此成立防卫并不要求侵害者对自己实施的行为是有责的，只要这种侵害对于结果的发生是紧迫的、客观上是违反法秩序的，均可以对其进行防卫反击。[29]

同时，传统理论对于针对无责任能力者的正当防卫基于道义上的限制也是不妥当的，因为我们不能忽视的是人内心的道德感和同情心是因人而异的，法律标准的设定不能站在道德制高点去要求每一个人，毕竟法律不像道德那样要求大家都做好人，它只是站在社会共同体整体利益的角度要求人们不要做坏事。应该克服"道德洁癖"，在正当防卫成立的判断时，避免不合理地剥夺或者限制公民的防卫权。[30] 从正当防卫的成立条件来看，其并不以"补充性要件"[31]为必要，当行为人面临紧迫的不法侵害时，要求行为人躲避或者退让的话，一方面不合理地限制了人们的行动自由；另一方面，实际上也就出现了被侵害者需要屈从于侵害者，侵害者的利益比被侵害者的利益更加优越的不合理现象。[32] 与主观不法论相比，客观不法论具有明确的规范判断标准，在实证逻辑上也更具合理性。[33]

---

[27] 同前注[14]，高铭暄、马克昌书，第132页。
[28] 同前注[3]，第130—131页。
[29] 参见[德]汉斯·海因里希·耶赛克、[德]托马斯·魏根特：《德国刑法教科书（上）》，徐久生译，中国法制出版社2017年版，第456—457页。
[30] 参见陈璇：《克服正当防卫判断中的"道德洁癖"》，载《清华法学》2016年第2期，第55页。
[31] 所谓"补充性要件"，是指在紧急避险的情形下，为了避免危险，尽管允许侵害与此毫无关系的他人法益，但这种侵害必须是为了避免危险所必要且不可或缺的。但是正当防卫并不要求必须是出于不得已的情况。
[32] 参见[日]山口厚：《正当防卫论》，王昭武译，载《法学》2015年第11期，第81—82页。
[33] 参见陈兴良：《刑法教义学与刑事政策的关系：从李斯特鸿沟到罗克辛贯通：中国语境下的展开》，载《中外法学》2013年第5期，第978页。

(三)假想防卫过当的处理现状与问题

假想防卫过当的案件在实践中虽然不属于高发的犯罪类型,但是一旦发生就会在司法实践中引起极大的争议。而且这类案件不仅在处理阶段各方意见不一,而且往往处理结果也饱受争议。笔者试图从司法实践的处理现状出发,来归纳出引发争议的焦点问题,并进一步探讨引发争议的理论根源。

1. 问题之一:复杂的认知心理给罪过形式的判断带来的难题

(1)罪过形式的判断在典型案例中的意见分歧。谢立强假想防卫过当案的基本案情以及对其定性的争议:1999年12月6日约夜晚11时,行为人谢立强见一陌生男子史某(事后查明为送奶员)骑车经过其家门口,谢立强觉得史某形迹可疑,于是跟踪发现史某停下自行车并正在打开另一户人家的窗户,谢立强上前盘问史某是干什么的,史某回答:"你管我是干什么的。"谢立强认为史某是小偷,便跑到邻居家喊捉贼,顺手从门后取了一根晾衣铁杈返回现场时,发现史某正欲骑车离去,为了防止其"逃跑",谢立强用铁杈打向史某的头部,致其7颗门牙脱落。邻居赶到后谢立强才发现史某是送奶员而且自行车倒地后有牛奶流出。事后经过法医鉴定,确认谢立强的伤害行为已经导致史某重伤。对于本案的定性,法院和检察院存在巨大的分歧,一审和二审法院均以行为人对不法侵害产生了认识错误,进而实施"防卫"反击,给他人造成重伤的严重后果,认定行为人成立过失致人重伤罪。但检察机关在起诉以及抗诉阶段,均认为应当对谢立强以故意伤害罪定性处理。该判决也引起了不少学者的关注和质疑,认为这是一起刑法理论上很少讨论的假想防卫过当的案例,应该定性为故意伤害罪。[34]

(2)问题根源于行为人复杂的认知心理。很明显,法院将此案整体上作为假想防卫予以认定而定性为过失致人重伤罪,这显然忽视了案情中行为人"防卫"手段与行为后果的过当性,此案中出现了重伤的严重后果,行为人用铁杈击打"不法侵害者"头部的行为本身也明显超过了必要限度,因此即使史某是即将离去的小偷,在当时的场景下也没有必要采用如此激烈的手段。至于假想防卫过当如何定性即罪过形式的判断,是一个极其复杂的问题。就此案而言,行为人对不法侵害的误认具有过失,对于结果的过当性具有明确的认识,应该认定为故意,此种情形如何对行为人合理定性也是值得深入探讨的。

而且从理论上探讨,假想防卫过当远不止此种情形,行为人对不法侵害的误认可能是过失也可能是因为这种误认具有不可避免性,而对于过当结果可能有认识,也可能是过失,甚至还存在连过失都没有的情况,这就会导致假想防卫过当在现实生活中

---

[34] 参见黎宏:《论假想防卫过当》,载《中国法学》2014年第2期,257—259页;冉巨火:《假想防卫也存在过当——从一则案例谈起》,载《河南公安高等专科学校学报》2010年第5期,第67—68页。

的复杂多样。假想防卫过当的现象不仅复杂多样,兼具假想性和过当性的两个特征,是假想防卫和防卫过当两者竞合的典型形态,而且几乎各国刑法都无明文规定。在具体案件的定性过程中,要同时考虑行为人的两个心理事实:对不法侵害的错误认识和对过当事实的认知情况。我国现行《刑法》第14条和第15条是关于故意犯罪和过失犯罪的规定,是我们在对行为人进行归责时的规范评价标准。透过规范来分别评价行为人对不法侵害事实的误认的罪过心理和过当部分的心理状态,对于这两种罪过心理的混合交错,最终是应该认定为故意还是过失,理论上应该穷尽一切可能之情形,分别展开分析。

2. 问题之二:责任刑重而预防刑轻的矛盾导致刑罚处罚"失轻失重"

(1)案例对比中凸显出严重的罪刑不均衡现象。前述案情3中蔡永杰假想防卫过当案,检察机关以故意伤害罪起诉蔡永杰,法院也认定蔡永杰构成故意伤害罪,应该说定性上并不存在争议,但是法院最终判处蔡永杰3年有期徒刑并且宣告缓期4年执行的量刑,不禁让人产生了诸多疑虑。故意伤害罪并且有致人死亡的结果加重情节,按照现行《刑法》第234条第2款的规定,其法定刑是10年以上有期徒刑、无期徒刑或者死刑。虽然事后行为人有自首的情节以及家属积极赔偿等酌定从宽情节,也不至于直接从10年以上有期徒刑减至缓刑。

而反观王长友过失致人死亡案,当晚行为人王长友一家三口已经入睡,却听见屋外有人唤王长友及其妻子的名字。王长友于是起来到外屋察看,只见一人已经将窗户上塑料布的一角扯掉,正从玻璃缺口处把手伸进来打开门闩,王长友随即用拳头打那人的手,那人缩手就跑,王长友未来得及出屋追赶,也未认出此人是谁,就回屋取了一把木柄尖刀并锁上门,然后和妻子一起到村支书家告知此事,两人接着又到村委会打电话报警。因当时他们10岁的儿子仍在家中睡觉,报警后二人急忙赶回家,发现门窗前有两个人影(事实上是本村村民齐满顺、何长明来串门,发现没人正欲离去),王长友及妻因为没有认出此二人,而误以为是刚才正要侵入其住宅的人,在其正向王长友走来之时,王长友以为他们马上要过来对自己实施伤害行为,顺手用手中的尖刀刺向走在最前面的齐满顺(被害人)的胸部,何长明见状立即抱住王长友,并说自己是何长明,王长友闻声方知出了大错,但齐满顺因失血性休克当场死亡。最终一审和二审法院都以过失致人死亡罪,判处王长友7年有期徒刑。虽然对于两审法院的裁判结果,最高人民法院业务庭认为将此案认定为假想防卫是值得肯定的。[35] 但是对于具有通常理解能力的一般人,在当时的情景下,被害人走过来时手上并未持任何工具,也并未表现出将要实施严重暴力侵害行为的迹象,即使如行为人所想的那样,不法侵害是现实存在的,采用如此激烈的防卫手段也不是必需的,是明显超过必要限度的,应该

---

[35] 同前注[7],最高人民法院刑事审判第一庭、第二庭编。

被认定为假想防卫过当。但是置身于行为人当时的处境,行为人在内心极为紧张和恐慌的情况下,无法理智地控制自己"防卫"手段的强度,法院认定为过失致人死亡罪在定性上也是能被接受的。

仔细审视不难发现,这两个案件在情节上极具相似性,都有对不法侵害的误认,都错误地实施了足以导致无辜者伤亡的"防卫"手段行为,两被告人都有自首的情节和良好的悔罪表现。而两被告人在最终的刑罚处遇上为何会有如此巨大的差异?即蔡永杰被认定为故意伤害(致死)罪,判处有期徒刑 3 年而且最终还被处以缓刑,而王长友被认定为过失致人死亡罪,却被顶格判处有期徒刑 7 年。出现刑罚如此严重不均衡的现象,明显不符合现代法治国家坚持责任主义的要义。对于假想防卫过当的案件而言,要在合理定性的基础上做到准确量刑,真正做到罪刑相适应,实现个案正义,就必须在理论上去发掘导致罪刑不均衡现象的根本原因。

(2)责任刑重与预防刑轻之间难以做到合理兼顾。对假想防卫过当的两个典型案例进行对比,之所以在刑罚处罚上呈现出如此不均衡的情况,是源于在处理此类案件时,法官面临量刑时的两难困境。由于假想防卫过当的案件结果不是重伤就是死亡,这就决定了从报应的刑罚视角看行为人的责任刑重,而行为人主观上基于对不法侵害的错误认识,为了防卫社会的正义目的,实施了"防卫"行为,行为人的人身危险性低,从功利的预防角度看行为人的预防刑轻。而量刑必须以责任为基础,综合考虑反映行为人预防必要性的各种因素。[36] 这种责任刑重而预防刑轻的情形,正是法官在量刑时的为难之处。这一矛盾在理论上,被有些学者称为"刑罚目的的二律背反"[37]。

而这类案件往往也会受到大众的广泛关注,处理好这一矛盾,既要符合社会大众的正义感,同时也不能背离责任主义。我国刑法理论目前大都基于假想防卫过当具有防卫过当的过当性,试图从是否可以适用现行《刑法》第 20 条第 2 款,即防卫过当减免处罚的规定来解决这一难题,目前来看这种尝试已经陷入瓶颈,无法得出让人满意的结论,有必要另辟蹊径。

三、假想防卫过当的罪过形式

(一)假想防卫过当罪过形式概述

对于防卫过当的罪过形式这一理论界素有争议的问题,有学者曾经基于其问题的复杂性,而将其评价为正当防卫理论中观点最为混乱的问题之一。[38] 而假想防卫过

---

[36] 参见张苏:《量刑根据与责任主义》,中国政法大学出版社 2012 年版,第 137 页。
[37] 张明楷:《责任刑与预防刑》,北京大学出版社 2015 年版,第 94 页。
[38] 参见陈兴良:《刑法适用总论(上卷)》(第 2 版),中国人民大学出版社 2006 年版,第 300 页。

当作为一种法律无明文规定的、相较于假想防卫和防卫过当都更为复杂的案件类型,其罪过形式问题的复杂性比防卫过当有过之而无不及,学界对此一直存有激烈的争议。

假想防卫过当是相较于假想防卫和防卫过当更为复杂的形态,行为人对于没有明显超过必要限度的那部分损害结果的心理态度对应的是假想防卫的罪过形式,而对于明显超过必要限度的那部分损害结果的心理态度对应的是防卫过当的罪过形式。理论上假想防卫过当可能的罪过形式,实质上就是对这两种心理态度复杂交错可能出现的各种情形,应该如何合理定性的问题。因此,在探讨假想防卫过当的罪过形式之前,必须首先厘清假想防卫以及防卫过当的罪过形式。

1. 假想防卫的罪过形式

(1)学理上的梳理与辨析。在德日刑法学界,假想防卫的罪过形式问题因为对故意的认识内容是否包括违法性认识(可能性)而存在分歧,争论不息。在我国虽然也存在一定的争议,有的学者认为假想防卫的情形中行为人对损害结果是有明确认识的,因此假想防卫的罪过形式只能是故意[39];也有的学者认为,既可能是故意也可能是过失,还可能是没有罪过的意外事件[40];但学界的主流观点还是认为,假想防卫的责任形式不可能是故意,有可能是过失,在特殊的情形下可能被认定为意外事件[41]。

假想防卫是行为人基于对不法侵害的错误认识,出于保护自身或者他人合法权益的目的,对"不法侵害者"实施的"防卫"反击,由此给无辜者造成了不应有的损害。尽管行为人不仅对自己实施的行为有认识,同时对损害结果必然或者可能发生也存在明确的认知,但是对行为的性质产生了错误的认识,虽然客观上给无辜者造成了重大损害,但在行为当时行为人却认为自己是在与不法侵害作斗争,是在实施有益于社会的行为。这种行为虽然事后被法律予以了否定评价,但是不能因行为人对自己所实施的行为事实有认识就认定构成故意犯罪,必须对行为人所有的认知情况作规范的评价。而持故意说的学者明显采用了日本严格故意责任说的分析路径,即只要行为人对其实施的行为事实有认识,即使其对该行为事实的性质出现了认识错误也不影响故意的成立。[42]但根据我国现行《刑法》第14条对故意犯罪成立条件的规定,成立故意犯罪既要求对构成要件的事实有明确的认识,同时又要求对行为的社会危害性有认识,是对故意概念实质性的规定,有别于仅对构成要件事实有认识的形式的故意。[43]而且从

---

[39] 参见朱音:《假想防卫刑事责任的探讨》,载《法学》1982年版第1期,第24页。
[40] 参见王者香:《析假想防卫》,载《法学》1984年第8期,第23—24页。
[41] 同前注[14],高铭暄、马克昌书,第131页;前注[9],第150—152页;前注[3],第124—127页;冯军、肖中华主编:《刑法总论》(第3版),中国人民大学出版社2016年版,第265页;前注[23],第123页。
[42] 参见[日]大塚仁:《犯罪论的基本问题》,冯军译,中国政法大学出版社1993年版,第41页。
[43] 参见蔡桂生:《论故意在犯罪论体系中的双层定位——兼论消极的构成要件要素》,载《环球法律评论》2013年第6期,第71页。

支撑不法的事实逻辑来看,行为人对作为正当化事由前提事实的误认和对构成要件事实的误认,应该具有同等的阻却故意成立之效果。[44] 因此假想防卫的行为人对自己的行为的社会危害性产生了错误的认识,不符合我国《刑法》对于故意犯罪的规定,不具有刑法意义上的故意,其罪过形式不可能是故意。

但也不能就此认定行为人主观上无罪过,行为人对不法侵害事实的误认这一心理事实,不能直接作为主观罪过的判断依据。只有行为人具有违反意思决定义务的非难可能性,站在法秩序的对立面时,才能认定有可归责于行为人的主观罪过。[45] 因此,我们就要进一步追问,导致行为人对不法侵害事实产生错误认识的根本原因。一般而言,行为人产生错误认识可归结于两种原因:一是疏忽大意的过失,二是不可避免的意外。[46] 在很多情形下,对于行为人而言,只要尽到应有的注意义务,就能认清事实的真面目,就不会给无辜的"不法侵害者"造成损害。应该承认人是一种理性的群居动物,我们大部分的行为都不只是出于一种本能,而更多的是基于事前的相对谨慎的判断,人类的发展就决定了其相互之间依存度越来越高,如果不遵守各种谨慎的注意义务就很容易对他人的合法权益造成不必要的损害。因此这种谨慎义务的违反是不为法秩序所容忍的,在刑法分则对此有明文规定的情形下,行为人就可能被认定具有疏忽大意的过失。在有的情形下,即使行为人尽到了谨慎的注意义务,但是也不可避免地会产生对不法侵害事实的误认,这是一种典型的缺乏期待可能性的情形,应该整体作为意外事件处理。

因此,假想防卫的罪过形式只能是疏忽大意的过失,在某些特殊情形下也可能行为整体上被认定为意外事件,对行为人作无罪处理。

(2)注意义务之违反的判断标准。假想防卫的行为人可能被认定成立疏忽大意的过失犯罪,也可能因案件整体被认定为意外事件而作无罪处理,这就涉及行为人在当时是否尽到了谨慎的注意义务的判断标准问题。

理论上对上述问题存在"抽象一般人标准"和"行为人标准"的分歧[47],前者是从行为当时的视角分析,以具有通常理解和判断能力的一般人在当时具体的情形下是否会作出相同的认知和反应,作为判断的标尺。如果通常理性的一般人在当时的场景都会产生认为发生了不法侵害的误认,则可以认为行为人尽到了谨慎的注意义务,或者说即使尽到了谨慎的注意义务,这种错误认识不可避免地会发生;否则,可以认为行为人违反了谨慎的注意义务。后一标准则是以行为人当时的认知和判断能力为准,考虑到某些人的特别能力,对其提出更高的注意义务的要求。

---

[44] 参见〔德〕乌尔斯·金德霍伊泽尔:《刑法总论教科书(第六版)》,蔡桂生译,北京大学出版社2015年版,第279页。
[45] 同前注[16]。
[46] 参见高铭暄主编:《刑法专论》(上编),高等教育出版社2002年版,第445页。
[47] 参见〔德〕约翰内斯·韦塞尔斯:《德国刑法总论》,李昌珂译,法律出版社2008年版,第394—395页。

如果说前者是客观化的一般人尺度,那后者对应的就是主观的个别人尺度。正如有学者所言,对所有人的注意义务要求"一刀切",都采用同一尺度,就相当于要求每个人的智力水平、后天的经历和受教育程度都处于同等水平,这种要求明显不现实也缺乏正当性。[48] 而主观的个别人尺度又存在每人一个标准,实质上就是没有标准,而且还存在认知能力这种纯主观的东西难以认定的问题。因此,笔者认为有必要实行区分处理,根据人的智力水平和社会经历分别处理,如对智力水平明显要比正常人低但仍然具备责任能力的人,在注意义务的要求上比一般人要低;对有特殊经历或者因为从事特定职业对客观事实有特别认识的人,在注意义务的要求上要比一般人要高。

2. 防卫过当的罪过形式

对于防卫过当的客观构成要件,我国现行刑法作了较为具体的规定,但是对于防卫过当的罪过形式,规范中只字未提。但从"应当负刑事责任"的表述来看,行为人至少主观上要有过失的罪过心理,至于究竟是故意还是过失或者是两者兼而有之,还有待对行为人对于过当事实的认知情况进行规范上的评价。这种法律上的无规定性,直接导致了司法判例对此观点不一,刑法理论界对此更是歧见纷呈、观点各异。

有学者基于现行《刑法》"明显超过必要限度造成重大损害"的规定,认为正常人都能明显地感知到防卫行为已经过当、不符合正当防卫的限度要求,而且行为人对过当结果的发生也存清楚的认识,而执意实施这种防卫行为,因此主观上不可能是过失。行为人在追求防卫效果的同时,对过当结果的发生持放任的态度,并非有意识地追求过当结果的发生,不具有直接故意的心理。因此认定防卫过当的罪过形式只能是间接故意。[49] 也有学者认为,如果坚持防卫意识必要说的立场,防卫者认为自己实施的是与不法侵害者作斗争而有利于社会的行为,而从我国现行刑法的规定来看,成立故意犯罪不仅要求行为人对行为事实有认识,还要求行为人对行为性质有正确的认知,两者明显有着本质的差异,因此防卫过当的罪过形式不可能是故意。而且如果认为防卫过当的罪过形式可以是故意,就会导致假想防卫过当的罪过形式无法协调解决的难题,因而认定防卫过当的罪过形式只能是过失。[50] 也有少数学者认为,法律并未明文限制防卫过当成立的主观罪过形式,而现实生活中各种罪过形式所对应的心理状态都有可能客观存在,因此防卫过当的罪过形式既可能是故意(包括直接故意和间接故意),也可能是过失(包括过于自信的过失和疏忽大意的过失)。[51] 学界主流观点则认为,防卫过当的罪过形式只能是过失和间接故意,而不能是直接故意。[52]

---

[48] 参见车浩:《法定犯时代的违法性认识错误》,载《清华法学》2015年第4期,第33页。
[49] 参见王政勋:《刑法的正当性》,北京大学出版社2008年版,第284—286页。
[50] 参见胡东飞:《论防卫过当的罪过形式》,载《法学评论》2008年第6期,第155—156页。
[51] 同前注[23],第103—107页。
[52] 参见高铭暄主编:《刑法学原理》(第二卷),中国人民大学出版社1993年版,第233—235页;马克昌主编:《犯罪通论》(第3版),武汉大学出版社1999年版,第768页。

上述观点的分歧主要在于以下两点:一是防卫意识和犯罪故意能否兼容;二是行为人对于过当事实是否可能存在过失的罪过心理。对此笔者基于以下理由都持肯定态度:第一,持过失说观点的学者,主要理由是防卫目的与追求犯罪结果的动机不可能同时存在,而这种观点的误区在于过分强调防卫过当的防卫性,而弱化了其本身的犯罪性,现实生活中不乏在追求防卫效果的同时放任或者希望过当的犯罪结果发生的情形。如下适例,行为人顾某下班回家,发现房门已被撬开,而且屋内有响声,认为肯定是有人入室盗窃。于是顾某顺手在屋外拿起一根木棍,进屋发现确有一陌生人在翻抽屉,遂悄悄地从其身后对其头部猛击,致使小偷因脑颅严重受损而死。在此适例中,面对入室盗窃的盗贼,行为人在盗贼身后本可以选择击打其非要害部位的防卫手段,但行为人采用了直接向其头部猛击的防卫手段并且造成死亡的过当后果。行为人对自己的行为手段会出现严重的死亡结果明显是有认识的,而且在能采用更为缓和的防卫手段的情况下却执意选择如此激烈的手段,对过当结果的出现主观上至少存在放任的故意心态。但是盗贼的入室盗窃的行为是客观存在的,即便防卫行为明显过当也不能排除行为人主观上的防卫动机。由此可见,过失说的观点明显与防卫过当的事实情况不符,应该承认防卫过当的罪过形式可能是故意。至于学界对于防卫过当的罪过形式能否是直接故意的争议,从规范的角度看,立法者将直接故意与间接故意同时规定在同一条文之中,说明二者只是故意的不同表现形式而已,并无本质上的差异。同时这一争议对于本文的研究而言,并无实质性的影响,在此不再赘述。第二,持故意说的学者认为防卫过当不可能由过失构成的主要理由是,既然现行刑法要求的是明显超过必要限度造成重大损害,那么行为人对于自己的行为过当理所当然是有明确认识的,因此不可能是疏忽大意的过失,而且对过当结果的发生持放任的态度,也不可能是过于自信的过失。笔者认为现行《刑法》对限度条件的修改,只是在客观上扩大了正当防卫的成立范围,主观上行为人因惊愕和恐慌而未认识到防卫行为明显超过必要限度,或者过于自信能够掌控防卫手段的强度而失手造成并不希望看到的损害结果的情形,都是是客观存在的。例如行为人在追赶小偷的过程中,捡到一木棍,因情急之下未发现前端有铁头,而将小偷胳膊肘打断造成重伤的情形,即是适例。另外,防卫过当的案件在实践中虽然大部分被定性为故意犯罪,但也不乏部分案件被认定为过失的情形。[53]这在一定程度上是对我国现行刑法关于防卫过当要求明显超过必要限度的限度要求,并未完全排除过失防卫过当的成立空间的逻辑实证。

基于上述分析,笔者认为防卫过当的罪过形式可能是故意也可能是过失。

3. 假想防卫过当罪过形式之争

目前来看,刑法学界对于假想防卫过当的罪过形式,存在故意说、过失说以及二分

---

[53] 参见黎宏:《论防卫过当的罪过形式》,载《法学》2019 年第 2 期,第 27 页。

说三种观点的分歧。

（1）持故意说观点的学者认为，虽然在假想防卫过当的情形下，行为人的心理事实包括对不法侵害事实的误认以及对于过当事实有无认识，但在两种心理事实中只有对于过当事实有无认识的心理事实才对罪过形式的认定起决定性作用，并认为行为人对于过当事实都是存在认识的。因此，该说认定行为人具有刑法意义上的故意，而认定假想防卫过当的罪过形式只能是故意。[54]

（2）持过失说观点的学者认为，决定行为人最终罪过形式的是对不法侵害的误认这一心理事实，假想防卫过当的行为性质整体上仍属于假想防卫，行为人对不法侵害的误认存在过失且在刑法分则有明确规定的情形下成立相应的过失犯罪，因此，假想防卫过当的罪过形式只能是过失。[55]

（3）持二分说观点的学者认为，单纯的故意说或者过失说都存有偏颇，对于行为人对不法侵害误认的心理事实，以及对过当事实的认识有无应该同等程度地加以考虑。在行为人对不法侵害事实和防卫必要限度都有错误认识的情形下，主观罪过形式应该排除故意，在刑法分则有规定的情况下，可能构成过失犯罪。而在行为人只是单纯对不法侵害事实有误认，但是对过当事实有明确认识的情形下，主观罪过形式应该是故意。因此，假想防卫过当的罪过形式既可能是故意也可能是过失。[56]

分析以上三种观点不难发现，学者们对于假想防卫过当罪过形式的争论存在一个共识和一个分歧。共识是对于假想防卫过当，行为人对于不法侵害的误认和对过当事实的认识有无，都是在罪过形式的认定过程中必须考虑的两个心理事实；分歧是究竟哪个心理事实对于罪过形式的认定起决定性的作用，或者是对两者应该同等看待，进行整体分析。进而问题的症结就在于如何正确看待行为人的两个心理事实。

在假想防卫过当罪过形式的认定过程中，我们既要尊重客观实际，又要符合责任主义的要求。从规范层面而言，将客观发生的结果归责于行为人，必须遵循责任主义原则，既要避免主观归罪又要做到全面准确，在我国就必须坚持主客观相一致的原则。从这一点来说，过失说将所有的假想防卫过当作整体性评价，认为其性质上与假想防卫相同，主观上只可能是过失。而问题就在于在行为人对过当事实有明确认识的情况下，仍然认定行为人的主观罪过形式是过失，这明显与过当事实部分的实际情况不一致，有违我国刑法确立的主客观相一致原则。而就事实层面而言，假想防卫过当作为假想防卫和防卫过当的一种竞合形态，其行为人对于不法侵害事实的误认可能是过失，也可能是无法避免的意外事件，对于过当事实既可能有认识，也可能发生错误认识，这些都是我们应该考虑的行为人的心理事实。从这一点来讲，持故意说的学者认

---

[54] 参见孙立权、潘晓军、邢思利：《假想防卫过当辨析》，载《现代法学》1989年第3期，第23—24页。
[55] 同前注[8]，第27页。
[56] 同前注[34]，黎宏文，第265页。

为假想防卫过当的行为人对过当事实都是有认识的,而否认过当事实的出现也可能是因为行为人对自己"防卫"手段的强度发生了错误认识,这种观点明显没有尊重客观实际。

因此故意说和过失说的问题都在于以偏概全,二分说的结论具有合理性,既符合假想防卫过当的客观实际,也符合主客观相一致原则。而且司法判例中对于假想防卫过当既有认定构成故意犯罪,也有定性为过失犯罪的实例,可见二分说的观点也与司法实践的现状相吻合。

(二)假想防卫过当的特殊性与罪过形式类型化之解决路径

1. 假想防卫过当特殊性之具体考察

第一,与防卫过当不同,假想防卫过当在客观上根本不存在处在紧迫危险之中而需紧急保护之法益。防卫过当客观上是以现实不法侵害的存在为前提,客观上有需要急迫保护的法益,只是在防卫手段的选择和最终对不法侵害人造成的伤害结果上与法规范的限度要求明显不符。这也就决定了两者在性质上的根本区别,即假想防卫过当只是一种单纯的法益侵害行为,而防卫过当虽然也在客观上造成了法益重大损害,但是其同时对另一正在面临紧迫危险的法益的保护效果无疑是法规范鼓励与认可的。

第二,与假想防卫不同,假想防卫过当的行为手段和行为结果都明显逾越了法规范所容忍的范围。在假想防卫的场合,虽然不存在现实的不法侵害这一前提条件,但是在行为人真实地面临紧迫的不法侵害时,其反击行为都要受到法规范所确立的"没有明显超过必要限度"的限制,而在事实上根本不存在不法侵害而行为人只是基于客观情形产生了误认的场合,其采取的"防卫"手段及其产生的行为后果也应当被限制在相同的范围之内,否则就会得出正当防卫有限度而假想防卫无限制的荒谬结论。

第三,假想防卫过当既非假想防卫和防卫过当的竞合,也非行为性质错误与手段错误的简单竞合。有学者认为假想防卫过当属于假想防卫和防卫过当的竞合形态[57];也有学者从竞合性错误[58]的视角来论证,认为假想防卫过当属于行为性质错误与手段错误竞合的典型形态[59]。从文法和语义上分析,"竞合"是一个合成词,"竞"有"竞争、角逐"之意,而"合"有"汇聚、聚合"之意,而聚合或者汇聚只是过程,竞争获胜才是目标。[60] 而且刑法学上一般是在同一事实有两个以上的规范或者原则可

---

[57] 同前注[16],第60页。

[58] 竞合性错误是指行为人对同一危害事实,在主观上存在两次或者两次以上认识不一致的情形。理论上也称这种情形为"双重错误"或者"多重错误"。

[59] 参见张伟:《试论竞合性事实错误——以行为性质错误为契合点》,载《西南政法大学学报》2009年第5期,第79页。

[60] 参见叶良芳:《法条何以会"竞合"?——一个概念上的澄清》,载《法律科学(西北政法大学学报)》2014年第1期,第99页。

供适用,需要从中选择其一适用时方才采用"竞合"这一概念。但假想防卫过当属于一种特殊的复杂现象,不能单独适用关于防卫过当的规定或者假想防卫的处理原则,所以就不存在选择适用的问题。因此,不能将假想防卫过当简单地认定为假想防卫和防卫过当的竞合形态。而在某些假想防卫过当的情形中,行为人对其"防卫"行为的手段和过当结果都有明确的认识,这种情形下"防卫"手段的事实和行为人的认知具有一致性,不存在手段错误的问题。所以,关于假想防卫过当就是行为性质错误与手段错误的典型竞合形态的论断也是不能成立的。

第四,假想防卫过当是假想防卫的假想性和防卫过当的过当性的结合,具有主观心理事实的复杂性和客观损害结果的不可分性。假想防卫过当也是行为人基于对客观情形的误认,错误地认为存在现实紧迫的威胁,而引发了"防卫"行为。在这一点上其与假想防卫并无区别,但是行为手段与行为结果又超过了假想防卫的评价范围,其同时具有了防卫过当的过当性。因而,假想防卫过当的场合,行为人主观上就有影响罪责有无及其轻重评价的两种心理事实:对不法侵害的误认和对过当事实的认识程度。虽然心理事实并不是故意和过失的主观罪过本身,但是其作为罪过的外在表现形式,是罪过形式判断的基础,再加上行为人的行为整体上是受防卫意图所支配的,这导致假想防卫过当罪过形式的规范评价极其复杂。而且在假想防卫过当的结果归责上,也面临着事实上只有一个法益损害的后果,但在最终的责任非难评价上,又必须将该法益损害后果分为合理范围和超过必要限度的范围分开评价的问题,其特殊性就在于法益损害后果作为一个客观整体,难以进行明确的切割。

2. 二分说的不足之处与假想防卫过当罪过形式类型化路径的提出

在现实生活中,假想防卫过当除了故意和过失的情形之外,还存在一种因行为人主观上没有任何过错,即便客观上造成了重大损害结果,该损害结果也不能归责于行为人,案件整体应该被认定为意外事件,对行为人作无罪处理的情形。这种情形下行为人根本没有逾越尺度的预见可能性,虽然造成了严重的损害后果,但是主观上并无任何罪过,而不受刑罚谴责。[61] 具体而言,就是将任何具有正常理解能力的一般人置于当时的情景,都不可避免地会错误地认为自己正面临不法侵害的威胁,而且行为人处于极度的紧张和慌乱之中,根本无法期待他在当时的情形下,采用更为缓和的手段。显然二分说未能包含假想防卫过当的所有情形。同时,故意、过失不仅是违法事实与责任之间的连接桥梁,其本身也反映了行为人责任轻重程度的差异,即便都是故意犯罪,行为的非难可能性也存在着不同程度的区别。[62] 因此对于假想防卫过当这种复杂现象而言,二分说这种粗线条的分析路径,无法反映各种具体情形下,行为人可谴责程度的类型性差异。如同样都是过失的假想防卫过当,一种情形是行为人对不法侵害事实和过当事实的误认都有

---

[61] 参见黄荣坚:《基础刑法学(上)》(第3版),中国人民大学出版社2009年版,第155页。
[62] 参见[日]西田典之:《日本刑法总论》(第2版),王昭武、刘明祥译,法律出版社2013年版,第179页。

过失;另一种情形行为人对不法侵害事实的误认具有不可避免性而仅对过当事实的误认存在过失。两者虽然表现出来的都是过失的行为类型,但明显二者在责任程度上具有较大的差异。

而且假想防卫过当的复杂性源于它是假想防卫和防卫过当的复杂交错,而不是两者的简单叠加,行为人主观的假想性和客观结果的过当性,也决定了这类案件在现实生活中的复杂多样性。[63] 而现有理论提出的一些抽象概念[64],根本无法让我们对假想防卫过当存在的事实样态有比较清晰准确的掌握。但是不借助于概念去总结具体现象之间所呈现的共性,简单的现象描述又无法穷尽所有的事实情形。正如著名法学家卡尔·拉伦茨所言,当我们面临这种困境时,首先会想到的补助思考形式无疑是"类型"。[65]

对于假想防卫过当所呈现的复杂形态,显然抽象的一般概念不足以厘清其中的脉络。而对其进行类型化的分析,就成了理论研究必然的选择路径。类型比抽象概念更具体而精确,同时又是对相似情形的直观归结。对假想防卫过当进行类型化的处理,不仅在罪过形式的判断上,可以突破现有理论粗线条的分析路径在指导司法实践上的局限性,即各种类型下行为人应该承担何种责任都能够直观呈现,而且还能够反映出具体类型之间行为人责任刑轻重的差异,也有助于法官在量刑时进行协调考量,相当于给法官提供了一张直观的刑罚幅度参照表。

笔者接下来将按照类型化的分析路径,来探讨各种类型的假想防卫过当的罪过形式,以及如何对各种类型的行为人适用刑罚的问题。

(三) 假想防卫过当罪过形式的存在类型

过失是假想防卫的行为人唯一可能具有的罪过形式,行为人尽到足够的注意义务而不法侵害的误认仍然不可避免的情形属于意外事件,这与假想防卫过当行为人对未明显超过必要限度的那部分损害结果的心理事实相对应;防卫过当的罪过形式可能是故意也可能是过失,对应假想防卫过当行为人对过当部分损害事实的心理态度是故意或者过失,但是与防卫过当的情形不同的是,在假想防卫过当中还存在过当部分的损害事实不能归责于行为人的情形。因此这两种心理状态的复杂交错,假想防卫过当的罪过形式在理论上就存在以下六种类型。

---

[63] 参见刘宇:《论防卫错误的竞合形态》,载《长春理工大学学报(社会科学版)》2005 年第 2 期,第 85 页。
[64] 如现在也有学者会用到"故意的假想防卫过当"和"过失的假想防卫过当"这种抽象的概念,这看似是一种类型化的划分,但其实仍然停留在模糊的概念层面,因为它们不能直观地呈现现实生活中发生的具体样态。
[65] 参见[德]卡尔·拉伦茨:《法学方法论》,陈爱娥译,商务印书馆 2003 年版,第 337 页。

1. 类型一：对不法侵害的误认可避免，对过当结果有故意

类型一是指，在行为人尽到足够的注意义务的情况下，就不会发生对不法侵害事实的误认，而且基于错误认识产生防卫动机之后，对自己的"防卫"行为明显超过必要限度有明确的认识，同时对过当结果的发生并不排斥或者直接追求的情形。行为人对不法侵害的误认有过失，而对过当事实的心理态度是故意。如在黑夜之中误把想来借宿而正在翻越院墙的中学生当作小偷，对准其头部用木棒猛击致死的情形。即使真的是小偷翻墙入院被发现，对其头部用木棒猛击的防卫行为也明显过当，而且对可能产生过当的死亡结果，行为人也是有明确认识的。很明显从行为实施的整个过程来看，行为人对不法侵害事实的误认只是整个事件的起因，行为人的行为是在追求被害人重大伤害或者死亡结果的心理支配下完成的。在此情形下，行为人对自身行为的严重社会危害性具有明确的认知，在规范的评价上应该被认定具备故意的罪过心理，因对不法侵害事实误认而引起的防卫动机的存在，并不影响我们对行为人主观上具有违反法规范意识的认定，它只是作为对行为人量定刑罚时的一个重要考量因素。因此，在特定情形下行为人的防卫动机与犯罪故意是可以兼容的，在防卫过当是出于故意的情形下，无论行为人对假想防卫的心理态度如何，假想防卫过当的罪过形式都是故意。[66]

这种在一个犯罪过程中，行为人既有基于对不法侵害事实的误认而引发的防卫动机，又对"防卫"过当的事实存在故意，最终将行为认定为故意犯罪的情形，具有不同于普通故意犯罪的特殊性。在此，笔者将这种类型称为"对不法侵害的误认可避免，对过当结果有故意"的假想防卫过当，以此显示它不同于普通故意犯罪的特征，能够在一定程度上更为精确地反映行为人的罪过形态及其实际的心理变化，提醒法官在量刑时，不能将其和普通故意犯罪不加区分地处理。

2. 类型二：对不法侵害的误认不可避免，对过当结果有故意

即使行为人在当时已经尽到足够的注意义务，对于不法侵害事实的误认也不可避免地会发生，而且其对于自己实施的"防卫"行为明显超过必要限度有明确的认识，因而给无辜者造成了重大损害。这种情形下，行为人对不法侵害的误认是一种不可避免的意外，不能将未明显超过必要限度的那部分损害结果归责于行为人，仅在有认识的过当损害结果的范围内，承担相应的罪责，这种情形的假想防卫过当的罪过形式完全由行为人对过当事实的心理态度所决定，因为行为人对过当事实有明确认识，对结果的发生无论是持放任还是希望的态度，都是刑法意义上的故意，这种故意的假想防卫过当的责任范围限于过当的损害结果，因此本文称这种责任类型为"对不法侵害的误认不可避免，对过当结果有故意"，来区别于"对不法侵害的误认可避免，对过当结果有

---

[66] 同前注[18]，第125页。

故意"的假想防卫过当。

如下适例,行为人张某到达朋友开的便利店时,恰逢一陌生男子(孙某)拿着几条香烟从店里走出来而且速度很快,张某进入店内时发现店里无人,怀疑刚刚出来的孙某可能是小偷,于是追上去拉着孙某的胳膊盘问,不料孙某未出声甩手就跑,张某就更加确信孙某是小偷,遂紧追上去并用路边捡起的砖头向孙某的头部砸去,最终致使孙某头部严重受损,事后法医鉴定为重伤。事后查明,孙某为聋哑人且在见店中无人的情况下,拿走店内的香烟时已经按照平时购买的价钱将钱放在柜台上了,因此并不是张某所假想的小偷。但是,出于当时的情形以及被害人孙某足以让人确信是小偷的反应,任何理性的一般人都会产生同样的错误认识。但是,即使如张某所假想的那样,面对正在逃跑的并无任何暴力反抗迹象的小偷,用砖头砸向其头部的"防卫"手段也明显超过了必要限度,且造成了不应有的重伤后果。虽然行为人张某对不法侵害的错误认识是不可避免的,但是其对自己的"防卫"手段有可能造成重伤的结果是有明确认识的,基于责任原理应该对过当的损害结果承担故意的罪责。

3. 类型三:对不法侵害的误认可避免,对过当结果有过失

在行为人对不法侵害事实的误认原因没有尽到足够的注意义务,主观上存在过失,而且对自己实施的"防卫"行为明显超过必要限度虽然没有明确的认识,但是对此存在过失的情形下,或者即使行为人对过当结果可能发生有了明确认识,但是基于一定的客观理由坚信自己能够对行为进行合理的控制,但是仍造成重大损害后果的情形下,行为人整体上就具备了对不法侵害事实和过当事实的"双重过失"。这种类型的确有其特殊性,但是这种特殊性只能在量刑层面加以考虑,不可能成为过失升格为故意的条件。[67] 笔者也认为,"双重过失"仍然反映的是行为人对过当结果的出现持反对的心理态度,行为人对注意义务的违反仍然属于我国刑法中过失的评价范围。因此,"双重过失"本质上仍然是过失,只是相较于普通的过失来说,它是一种更加复杂的类型。在此为了能够反映这类假想防卫过当的特殊性,本文将其称为"对不法侵害的误认可避免,对过当结果有过失"的假想防卫过当。

如下适例,行为人陈某为一名建筑工人,在工地施工前方恰好有一骑在摩托车上的男子谢某拉扯一女子的手提包,而且该女子也紧抓不放,陈某以为谢某正在实施抢夺行为,于是拿起工地上的木块,跑过去砸向谢某的头部,谢某应声倒地,不久因脑颅严重损伤而死亡,原来木块上有一个钢钉,但是陈某事前并未发现而且也未检查。事后查明,被害人谢某与该女子是夫妻,因琐事发生争吵而出现前述的拉扯情景,事实上并无陈某所想象的抢夺行为。而且从当时的场景来看,谢某并未像通常骑车抢夺的罪犯那样抓到东西就驾车快速逃跑,该女子也未发出叫喊声。因此,只要当时行为人稍

---

[67] 同前注[3],第135页。

加注意,就可以避免产生这种误认。同时,即使是面对正在实施抢夺犯罪的行为人,对其头部用带有钢钉的木块进行防卫,并致其死亡的情形,无论是手段还是结果都明显超过了必要限度。虽然陈某对木块上有钢钉并无认识,但是作为一名建筑工人,其理应知道在施工现场的木块可能有钢钉,而没有尽到谨慎的注意义务,不可否认对于过当结果的出现存在过失的罪过心理。因此,行为人不仅对不法侵害的误认有过失,而且对过当结果的出现也存在过失,整体上仍承担过失的罪责。

4. 类型四:对不法侵害的误认不可避免,对过当结果有过失

在对不法侵害的误认不可避免地会发生,行为人对此没有过失,只是对自己"防卫"手段的过当性因疏忽而没有认识或者虽有认识轻信能够合理控制,最终导致过当结果产生的情形下,对未明显超过必要限度的那部分损害结果不能客观归责于行为人,行为人只对过当的损害结果承担过失的罪责,这类假想防卫过当中行为人的责任形式和过失的防卫过当相当。在此将这种类型称为"对不法侵害的误认不可避免,对过当结果有过失"的假想防卫过当。虽然这种情形在现实生活中发生的可能性较小,但是在理论上有必要作为一种可能的类型加以研讨。

如下适例,行为人宋某(系聋哑人)骑自行车过马路时,不小心碰到了正拎着花瓶赶路的姜某,致使花瓶落地摔碎,而宋某并未察觉到此事,姜某很是气愤地追上去拦住宋某,向他讨要说法,宋某因听不见姜某讲话,而不明原因,误以为姜某故意刁难自己,于是跳下车用曾经练过的跆拳道飞腿踢法,将姜某踢成重伤,直到行人围上来向其解释,宋某方才知道出了错。宋某因无正常的听觉能力,在当时的情形下发生不法侵害的误认,可以说是能够被理解和包容的,但是面对他人并无明显暴力威胁的阻拦行为,采用如此激烈的"防卫"手段致其重伤的严重损害后果,明显具有过当性,即使如行为人事后所陈述的那样,相信自己当时能够控制自己的力道,但对过当结果的发生也存在过于自信的过失心理;虽然对于不法侵害的误认没有过失,但仍应在过当的结果范围内承担过失的罪责。

5. 类型五:对不法侵害的误认可避免,对过当结果无故意也无过失

在对不法侵害事实的误认系因行为人没有尽到谨慎的注意义务,有可归责的过失心理,但是对于"防卫"手段的过当和结果的过当,行为人不仅没有认识,而且根本不存在认识的可能性的情形下,不能将过当的损害结果归责于行为人,行为人只在未明显超过必要限度的范围内承担相应的罪责。这种类型的假想防卫过当和过失的假想防卫并无实质上的差异,因此将这种类型称为"对不法侵害的误认可避免,对过当结果无故意也无过失"的假想防卫过当。在处理上与一般的假想防卫无异,行为人的所有行为都是在假想防卫过失的心理支配下实施的,应在未明显超过必要限度的范围内认定行为人可能构成相应的过失犯罪。

如下适例,梁某一行四人(皆是不务正业、游手好闲之徒)酒后在路边寻衅滋事,先

是无故拦住并殴打吴某,吴某见不是敌手,逃脱并躲在附近化工厂的废物房里,梁某见吴某已经逃脱接着无故殴打正走过来的叶某,叶某见状,为了逃避纠缠只能逃跑,巧合的是其也跑进了吴某躲藏的废物房,吴某以为是刚刚殴打自己的那些人又追上来了,待到叶某刚刚靠近自己时,用早已准备好的木棍击打叶某,致其双臂骨折,而且由于木棍上有剧毒物质,叶某因接触剧毒物质中毒死亡。事后查明,根据当时的情况,吴某只要稍加注意就能避免对叶某的误认,对此吴某是存在过失的责任心理的。但是,即使叶某是来追打自己的人,用剧毒致其死亡的行为也是明显超过必要限度的。但是,行为人吴某对于木棍上有剧毒不仅没有认识,而且在当时的情形下如果要求行为人还要对木棒进行有无剧毒的检查,显然强人所难。因此,虽然叶某的死亡结果与吴某的"防卫"行为之间的因果关系是客观存在的,但是吴某对其死亡这一过当结果并无预见可能性,吴某只在未明显超过必要限度的重伤范围内承担过失的罪责。

6. 类型六:对不法侵害的误认不可避免,对过当结果无故意也无过失

假想防卫过当还存在一种因行为人主观上无罪过不构成犯罪的特殊情形[68],即不仅对不法侵害事实的误认不可避免地会发生,而且行为人对于最终的过当结果既无故意也无过失。对于这种类型的假想防卫过当,行为人已经尽到了足够的注意义务,同时对于过当的损害结果客观上并无预见可能性,虽然客观上发生了严重的伤亡后果,但是行为人主观上并无可谴责的罪过心理。最终案件整体应该认定为意外事件,对行为人作无罪处理,但其应该承担相应的民事责任。在此将这种极为特殊的类型,称为"对不法侵害的误认不可避免,对过当结果无故意也无过失"的假想防卫过当。

如下适例,行为人甲深夜下班回家,在途经一个灯光昏暗的偏僻小巷时,听见有女子在路边痛苦地呻吟,行为人甲急步走过去发现一男子乙(被害人),正在用力揉着一女子的腹部,遂认为乙正在猥亵或者正欲奸淫该女子,于是厉声吓住乙,让其住手,但是在乙拿着手中的雨伞正准备起身的时候,甲误以为乙欲用雨伞攻击自己,遂捡起散落在地上的一个木块向乙砸去,不幸的是木块上有一个短而尖锐的铁钉,木块击中乙头部,致其脑颅严重损伤而死。事后查明被害人乙乃是该女子的男友,一同饮酒后该女子声称自己腹部疼痛,乙为了让其好受遂用手揉其腹部,而且该男子起身也只是为了向甲解释,毫无攻击的意思,因此事实上并无行为人甲所臆想的不法侵害,而且甲熟知此地段为犯罪的高发区,基于整个情形和甲的特别认识,应该认为任何正常理性的第三人在当时的情形都不可避免地会产生这种错误认识。同时,即使如甲所误想的那样,乙正欲起身用雨伞攻击自己,用带有尖锐铁钉的木块攻击其头部致其死亡的"防卫"行为也明显超过了必要限度,但是最终的过当结果既不是甲所希望的,而且在行为的一刹那我们也不可能期待行为人还要先检查一下木块。紧张与慌乱之时未认

---

[68] 同前注[34],黎宏文,第266页。

识到手段的过当性,发生了不可预见的死亡后果,过当的死亡结果也不能客观地归责于甲。因此,本案整体上只能作为意外事件,对行为人甲作无罪处理。

四、假想防卫过当的刑罚处罚

(一) 能否适用防卫过当减免处罚规定之争

假想防卫过当的场合,由于无辜者承受的是重伤或者死亡的严重后果,同时行为人虽然犯此等"重罪",但却是出于"见义勇为"或者"匡扶正义"的善意心理。这种严重罪行和较低的人身危险性在具体的处断刑中如何做到合理平衡,不仅是司法实践,也是理论研究的一大难题。而一直以来,刑法理论上对此都是基于其具有过当性的特征,从能否适用我国现行《刑法》第20条第2款关于防卫过当减免处罚的规定来展开讨论的,从现有的研究文献来看,目前主要有以下三种主张。

1. 类推适用说

持这种观点的学者认为,因假想防卫过当具有防卫过当的过当性,可以类推适用刑法关于防卫过当减免处罚的规定,即在假想防卫构成犯罪的情形中,在行为人对不法侵害事实的误认没有过失而对过当事实有过失的情形,可以完全类推适用《刑法》第20条第2款的规定,减轻或者免除处罚;其他构成犯罪的情形只能部分类推适用,即只能对行为人减轻处罚而不能免除处罚。[69]

2. 部分和有限度地适用说

持这种观点的学者从责任原则的立场出发,认为在对不法侵害事实的误认连过失都没有的场合,其与不法侵害客观存在的防卫过当并无实质性的差别,这种情形行为人的主观认识和防卫过当的情形完全一致,可以直接适用防卫过当的规定减免处罚;在行为人对不法侵害事实的误认有过失的情形中,其行为仍然是在防卫过当的心理支配下实施的,整体上仍可以看作防卫过当,但是由于普通的假想防卫不能适用防卫过当减免处罚的规定,为了避免出现刑罚不均衡的情况,这类情形下的假想防卫过当在适用防卫过当减免处罚的规定时,在刑罚减免的幅度上要受到一定程度的限制。[70]

3. 否定说

持这种观点的学者认为,假想防卫过当和防卫过当有着本质上的差别,如果对假想防卫过当的行为人适用防卫过当减免处罚的规定,不仅与鼓励同不法侵害作斗争的

---

[69] 参见张明楷:《刑法学(上)》(第五版),法律出版社2016年版,第214—215页。
[70] 同前注[34],黎宏文,第269—272页。

立法精神相悖，还可能出现严重的刑罚不均衡的现象。而基于以下理由，其认为假想防卫过当不能适用防卫过当减免处罚的规定：第一，在既对不法侵害事实的误认有过失又对过当事实有过失的假想防卫过当的情形下，行为人的主观恶性要比仅对不法侵害有误认的假想防卫大得多，若要对前者适用防卫过当减免处罚的规定，处以更轻的刑罚，这明显不合理；第二，还可能出现在其他情形都相同的情况下，对故意犯罪的假想防卫过当适用防卫过当减免处罚的规定，反而比过失犯罪的假想防卫处罚更轻的刑罚不均衡现象；第三，立法者规定防卫过当减免处罚，除了基于行为人对制止不法侵害所必需的那部分不负刑事责任的考虑以外，还蕴含有鼓励公民同不法侵害作斗争的立法精神，对假想防卫过当适用这一规定明显与这一立法精神不符。[71]

（二）假想防卫过当不能适用防卫过当减免处罚的规定

对比分析上述三种观点，不难发现类推适用说和部分和有限度地适用说都认为在行为人对不法侵害的误认连过失都没有的情形下，应该适用防卫过当减免处罚的规定。显然他们都认识到了在这种情形下，假想防卫过当的行为人和防卫过当的行为人一样只对过当部分承担故意或过失的罪责，因此假想防卫过当可以适用防卫过当减免处罚的规定。显然这种观点成立的前提是，防卫过当减免处罚的根据在于行为人给不法侵害者造成的损害中有一部分是合理的，这一部分应该从行为人的罪责中排除出去。[72]

我国刑法学界主流观点也认为，防卫过当之所以要减免处罚，是因为行为人系出于防卫社会的目的而获罪，主观上是为了保护合法权益、维护社会正义，并且客观的损害结果中有一部分是不法侵害人应该承受的，综合考虑防卫过当的主客观因素，行为人的人身危险性要比普通犯罪中行为人的人身危险性小。[73] 对此，笔者也认为在给不法侵害者造成的损害中，在防卫限度内的那部分损害结果属于不法侵害者自担风险的范围，应该在这一责任范围内对行为人减轻处罚。但刑法对于行为人应该减免处罚的规定所跨越的刑罚幅度之大，已经明显超过了合理损害所对应的行为人的责任范围，至少仅从这个角度而言不至于对行为人免除处罚。而在此立法者明显是从刑事政策的角度考虑，为了让人们敢于同不法侵害行为作斗争，在合法权益面临紧迫而现实的危险时，不至于"缩手缩脚""瞻前顾后"，即使在防卫行为明显超过必要限度造成重大损害的情况下，也要求法官对行为人必须从宽处理，因此才出现如此大幅度的刑罚

---

[71] 参见刘明祥：《论假想防卫过当》，载《法学》1994年第10期，第23页。
[72] 防卫过当虽然也是一种犯罪行为，但是它仍然具有正当防卫的防卫性，依然是正与不正的抗争行为，在行为人对不法侵害者整体造成的损害后果中，未明显超过必要限度的那部分是不应该归责于行为人的。如甲在制服小偷乙的过程中，故意将乙打成重伤，明显超过了必要限度，并造成了严重后果，但是为了有效地制止犯罪把小偷打成轻伤的后果是法律所允许的。
[73] 参见田宏杰：《刑法中的正当化行为》，中国检察出版社2004年版，第249页。

减免。学界将这种功利主义的价值需求融入到法规范的过程称为"刑事政策的立法化"[74]或者"刑法立法政策"[75]。因此,行为人对不法侵害的误认连过失都没有的假想防卫过当,也只是对没有预见可能性的那部分不负刑事责任,但因客观上并不存在不法侵害,本质上并不是在维护社会正义而是在伤害无辜,不能享受立法者设立防卫过当减免处罚时基于刑事政策考虑的优遇。如否定说所指出的那样,对其直接适用防卫过当减免处罚的优遇明显与立法精神相背离。

而在行为人对不法侵害事实的误认有过失的场合,虽然持部分和有限度地适用说的学者注意到了容易造成刑罚不均衡的现象,要求有限制地适用,这一点上明显回避了类推适用说的不足。但是,在行为人仅对不法侵害的误认有过失而对过当事实的误认不能归责于行为人的情形中,其与假想防卫并无二致,却仅仅因为客观上出现了更为严重的过当结果要对行为人适用防卫过当减免处罚的规定,虽然该说为了实现刑罚均衡加以了一定限制,但是明显有悖于情理。

从比较法的角度而言,对于假想防卫过当能否适用防卫过当减免处罚的规定,在日本刑法学界也曾一度引起了激烈的争论,并最终以判例的形式确定了假想防卫过当能够适用防卫过当减免处罚的肯定结论。[76] 但是日本的刑事立法和我国的立法现状存在巨大的差异。首先,我国对于防卫限度的规定是明显超过必要限度造成重大损害,而日本刑法规定的是超过必要限度,这就决定了一些在日本刑法上被认定为防卫过当的行为,在我国会直接认定为正当防卫。对于不法侵害不存在但行为人误以为其存在而实施"防卫"反击的某些情形,其在日本可能被认定为假想防卫过当,而在我国可能会被直接认定为假想防卫。其次,日本刑法对于防卫过当的规定是得减免制,而我国现行刑法规定的是必减免制。这就决定了在司法实践中,在日本即使对假想防卫过当的案件适用防卫过当减免处罚的规定,法官也可以针对具体案件的实际情况不减免处罚,即使是存在减轻处罚的情形,法官也可以基于自由裁量的空间,根据个案的特殊情况兼顾考量,不至于出现刑罚明显失衡的情况。[77] 即便如此,正如日本刑法学者山中敬一教授所言,不能够对假想防卫过当处以比单纯的假象防卫更轻的刑罚,裁定刑罚时必须对两者进行平衡考量以避免出现明显不均衡的刑罚。[78] 而我国现行《刑法》第20条第2款作出了必减免制的规定,严格限制了法官自由裁量的范围,因此在该问题上日本的做法对我国没有直接的借鉴意义。

从客观情势的角度而言,防卫过当的情形下,客观上存在现实的不法侵害,而且往

---

[74] 参见陈兴良:《刑法的刑事政策化及其限度》,载《华东政法大学学报》2013年第4期,第5—6页。
[75] 参见黄京平、王烁:《刑法立法政策评估指标体系解析》,载《法学杂志》2013年第6期,第79—80页。
[76] 同前注[2],刘明祥书,第212—213页。
[77] 同前注[62],第156页。
[78] 参见[日]山中敬一:《刑法总论》(第3版),成文堂2015年版,第541页,转引自陈家林:《外国刑法理论的思潮与流变》,中国人民公安大学出版社、群众出版社2017年版,第318页。

往事发突然、猝不及防,行为人在力量对比上经常处于劣势,为了有效地压制不法力量,很多紧急的情形下行为人难以合理地把控其所采用的手段和措施,因此给防卫过当的行为人以减免处罚的优遇符合实质正义和社会情理。而假想防卫过当的行为人虽然也是基于防卫社会的心理,但客观来看这纯粹是一种针对无辜者的侵害,臆想的不法侵害根本不存在,行为人在力量对比上处于绝对优势的情形下,给无辜者造成了如此重大的损害。虽然按照我国台湾地区部分持积极说的学者的观点,在假想防卫过当的场合,现实的不法侵害确实并不存在,但"防卫者"的恐惧、慌乱等心理状态与防卫过当的防卫者并无不同。[79] 总之,给行为人适用防卫过当减免处罚的做法,不仅忽视了假想防卫过当和防卫过当在客观情势上的根本差别,而且从惩罚效果而言显然不符合普通民众对社会的正义期待。

基于上述分析,否定说具有合理性,基于我国刑事立法的现状,假想防卫过当没有直接适用防卫过当减免处罚的余地。但是持否定说的学者,并未进一步探讨此类案件该如何对行为人处以适当的刑罚,具体案件中如何实现刑罚个别化的问题。而司法实践中的大部分案件,相较于罪名的认定,控辩双方及与案件有关的人更加关注的是量刑是否适当的问题[80],这也正是本文将要着力研讨的问题。

(三) 假想防卫过当的刑罚处罚原则

假想防卫过当不能适用防卫过当减免处罚的优遇,但其毕竟具有不同于普通的故意、过失犯罪的特殊性。行为人系出于防卫社会的善良动机,却不幸让自己处于沦为"阶下囚"的境遇,其主观恶性明显比普通故意、过失犯罪要小,表现出较低的人身危险性,而且很多情形中行为人只对损害后果承担部分罪责。另外,正如冯军教授所言,人们在越来越感觉到保护被害人法益的重要性的同时也越来越感觉到被害人自身的行为对犯罪成立的影响[81],大多数假想防卫过当的案件中被害人自身实施的行为本身直接使其陷入危险境地,其在一定程度上应该对损害后果进行自我答责。因此,虽然假想防卫过当不能适用防卫过当减免处罚的规定,但仍有在一定程度上对行为人从轻或者减轻处罚的余地,至于在何种程度上从轻或者减轻处罚,应该针对各种不同的情形来具体确定。而且这种确定也是相对的,即使是被我们归入到同一类型的情形,也不可能找到两个完全相同的案情,准确而合理的刑罚个别化离不开法官的经验和智慧。针对具体个案,想直接从行为人的责任推导出准确的刑罚是极其困难的,应当从累积的判例中,从对众多个案的比较中来发现刑罚与责任之间的比例关系。[82]

---

[79] 参见陈子平:《刑法总论》(2008年增修版),中国人民大学出版社2009年版,第183页。
[80] 参见江溯:《无需量刑指南:德国量刑制度的经验与启示》,载《法律科学(西北政法大学学报)》2015年第4期,第168页。
[81] 参见冯军:《刑法中的自我答责》,载《中国法学》2006年第3期,第99页。
[82] 参见冯军:《刑法中的责任原则兼与张明楷教授商榷》,载《中外法学》2012年第1期,第63页。

1. 假想防卫过当的责任限度与刑罚裁量因素

假想防卫过当的复杂性,主要表现在行为人的主观认识,以及最初误导行为人走向犯罪的千差万别的客观情况。就客观结果而言,重伤和死亡是假想防卫过当的两种客观损害结果,具体案件中有可能达到质和量的一致性,如过失致人死亡的假想防卫过当和普通的过失致人死亡案件,客观危害结果都是侵犯了他人的生命法益,这也是不同案件在量刑时能够进行刑罚均衡考量的客观基础。而现代刑法坚持"无责任就无刑罚"的消极责任主义,罪责内容和责任程度不仅是量刑的基准,更是不可逾越的刑罚上限。[83]

但在假想防卫过当的案件中,这种限度的确定因主观的复杂性和客观结果的不可分性变得极其不易。假想防卫过当的客观损害结果,理论上可以划分为合理部分[84]和过当部分。以造成重伤后果的假想防卫过当为例,轻伤即为合理部分而重伤则是对应的过当部分。但问题的复杂性就在于,一方面行为人对于合理部分损害结果的心理态度可能无罪过也可能是过失,对于过当部分损害结果的心理态度可能是故意也可能是过失;另一方面,在司法实践中将客观的损害结果泾渭分明地划分为两部分,明显不具备可操作性。[85] 这就决定了这种责任程度的确定具有相对性,实践中就需要法官根据办案经验,在责任程度相近、损害结果相当的案件中作出相对的平衡。这一过程确定的责任刑也是给予行为人适用刑罚的基准刑,法官接下来进行刑罚裁量时,无论是出于一般预防还是特殊预防的考量都不能超过这一基准刑,必须遵守这一责任限度。但这也只是从报应的角度给行为人确立的责任限度,具体给予行为人处以刑罚时,除了行为的客观危害、行为人的罪责程度以外,还要结合行为当时的情况和行为人的特点等因素进行综合考量。基于具体个案的差异可能会出现责任相当而处罚不同,以及有罪责但并不必须对行为人处以刑罚的情况。[86]

现行《刑法》第61条是我国在规范上对刑事司法确立的量刑依据。从其规定来看,对行为人裁量刑罚时,除了要对犯罪的事实、性质以及危害程度进行全面考虑,还需结合犯罪的有关情节。这里的"情节"既包括部分事中情节也包括事前、事后情节,是相对犯罪情节而言的一个更加宽泛的概念。[87] 而且量刑情节的多样化是司法实践中,每位法官、检察官、律师在理清刑事案件时必须面对的问题。[88] 相较于其他

---

[83] 参见梁根林:《责任主义原则及其例外——立足于客观处罚条件的考察》,载《清华法学》2009年第2期,第41页。
[84] 合理部分是指如果行为人臆想的不法侵害是客观存在的,则未明显超过必要限度造成的那部分损害结果也就是合理的。以下为了方便和避免重复描述均采用此表述。
[85] 同前注[18],第126页。
[86] 参见储槐植、何群:《论罪刑均衡的司法模式》,载《政法学刊》2014年第6期,第9—10页。
[87] 参见林亚刚、袁雪:《酌定量刑情节若干问题研究》,载《法学评论》2008年第6期,第18—19页。
[88] 参见黄京平、蒋熙辉:《量刑制度宏观问题研究》,载《政法论坛》2004年第4期,第60页。

普通的故意、过失犯罪类型,假想防卫过当在事中情节上有其特殊性,行为人因其对客观事实的误认而主观上有防卫社会的目的,而且多数情况下都是因为被害人自身可能存在某种容易引起误解的行为所致,这一情节必须在刑罚裁量时予以考虑,它反映了行为人较小的主观恶性和较低的人身危险性,刑罚适用时也应该适当从轻或者减轻。此类案件因其特殊性极易引起社会的广泛关注,社会舆论往往基于行为人防卫社会的善意而要求对行为人减免刑罚,同时法官又会面临被害人及其家属基于极度的报复心理要求严惩行为人的压力,事后任何不理性的声音都不能成为法官裁量的依据。至于在个案中都有可能存在的事前、事后情节,作为理论研究无法一一详细考虑,为了建立一个可供比较的理论模型,我们对于这些情节都作同等情况的假设,只有如此假设才能实现理论上的比较处理。

2. 假想防卫过当刑罚处罚原则理论模型的建构

虽然假想防卫过当因为具体的复杂情状,在刑罚裁量上会出现较大的差异,但是从实现罪刑均衡的角度来考虑,为了在客观上限制法官自由裁量权的空间,笔者试图在假定其他情节都相当的情况下,将假想防卫过当的各种类型和普通的故意、过失犯罪以及假想防卫、防卫过当进行比较协调处理,以此来建构一个普遍适用于各种类型的假想防卫过当的刑罚处罚原则的理论模型。

(1) 对于"对不法侵害的误认可避免,对过当结果有故意"的假想防卫过当,这种类型的行为人,虽然整体上因过失转化为故意的责任心理而被认定为故意犯罪,但是刑罚裁量时必须考虑到只能让他对过当部分承担故意的责任,而对合理部分的损害结果只能让他承担过失的责任。在其他情节都相当的情况下,加之其主观上出于防卫社会的目的,行为人的人身危险性相对较小,刑事责任较普通的故意犯罪要轻。但是,应该比"对不法侵害的误认不可避免,对过当结果有故意"的假想防卫过当的行为人的刑事责任要重,因为后者只对过当事实承担故意的罪责,而其他情节都基本相当。

(2) 对于"对不法侵害的误认不可避免,对过当结果有故意"的假想防卫过当,此种情形的行为人对合理部分的损害结果既无故意也无过失,其责任范围和不法侵害事实真实存在的防卫过当相同,只对过当部分的损害结果承担故意的罪责。但是毕竟不法侵害是行为人主观臆想的,客观上并无需要保护的正在遭受不法侵害的法益,故行为人不能享受减免刑罚的优遇,在其他情节都相当的情况下,行为人的刑事责任比故意的防卫过当的行为人要重。但因其责任范围仅限于过当部分的损害结果,其刑事责任比"对不法侵害的误认可避免,对过当结果有故意"的假想防卫过当要轻。

(3) 对于"对不法侵害的误认可避免,对过当结果有过失"的假想防卫过当,行为人虽然对不法侵害事实的误认和过当事实都存在过失,但这种双重过失的心理并不能成为法定刑升格的依据。在刑法分则明文规定处罚这种行为时,行为人构成相应的过失犯罪,而且行为人系出于防卫心理,具有比较小的非难可能性,在其他情节都相当的情况下,行为人的刑事责任相较于普通的过失犯罪要轻。但要比"对不法侵害的误认不可避免,对过当结果有过失"的假想防卫过当要重,因为后者只对过当事实承担过失的罪责,而其他情节都基本相当。

(4)对于"对不法侵害的误认不可避免,对过当结果有过失"的假想防卫过当,因不法侵害的误认不可避免地会发生,而合理部分的损害结果不能归责于行为人,行为人对过当事实虽然没有认识,但是存在可归责的过失心理,因此行为人仅对过当部分的损害结果承担过失的罪责,行为人的刑事责任要比"对不法侵害的误认可避免,对过当结果有过失"的假想防卫过当的行为人要轻。但由于客观上并不存在现实的不法侵害,不能适用防卫过当减免处罚的规定,相较于不法侵害客观存在的过失的防卫过当,在其他情节都相当的情况下,行为人的刑事责任要重。

(5)对于"对不法侵害的误认可避免,对过当结果无故意也无过失"的假想防卫过当,虽然客观上造成了严重的损害结果,但是对于过当事实行为人既无故意也无过失。行为人对不法侵害事实的误认存在过失,因此仅对合理部分的损害结果承担过失的责任,这种情形在处理上和过失的假想防卫并无实质的差异。应该按照过失的假想防卫进行处理,考虑到行为人主观上具有防卫意识,非难可能性较普通的过失犯罪要小,因此行为人的刑事责任比普通的过失犯罪要轻。

五、余论:本文结论对司法判例结果之检视

前述案情3蔡永杰假想防卫过当案是一个典型案例,笔者试图按照本文相关的研究结论,对该案的事实部分予以认定,并在准确定性的基础上,来探讨如何适用本文的处罚原则对行为人处以合理的刑罚。

事实认定:根据前述案情,蔡永杰驾车到加油站时,正好看到加油站员工追赶手持挎包的被害人,且听见"抓住他",同时该区域又是抢劫犯罪的高发区(包括蔡永杰在内熟悉此区域的人都熟知),结合当时的情形和蔡永杰的特别认知,任何具有通常理解能力的一般人都会产生正在发生抢劫犯罪的误认,而事后查明追赶被害人的唐某是系精神病发作,客观上并不存在现实的抢劫行为,因此该行为应该被认定为假想防卫,同时这种误认不可避免地会发生,行为人对此并不存在过失的罪过心理。虽然行为人假想的是抢劫犯罪,但是从当时的情形来看,"抢劫犯罪"已经既遂,"犯罪人"正在逃跑且并未持任何凶器也没有明要实施暴力反抗的迹象。因此,行为人对被害人实施驾车撞击并拖行致其重伤,抢救无效死亡,在结果上明显过当,为了保护财产法益牺牲的是被害人的生命健康权利,有被认定为过当的可能性。进一步对其"防卫"手段进行分析,对于并无任何暴力伤害行为的正在逃跑的"抢劫犯",采用最高车速为35.9km/h的开车撞击的行为,显然不是当时所必需的,行为人完全可以采用其他缓和的手段,行为上也明显超过了必要限度,因此该行为应该被认定为假想防卫过当。

该案的定罪量刑:作为一个具有多年开车经验的人,行为人对于如此车速会造成重伤甚至死亡的后果,主观上是有明确认识的,应该认定行为人对重伤的结果负故意的罪责,对于死亡结果是因处于紧张和慌乱之中未及时刹车所致,在此宜认定为过失,因此,应该认定行为人构成故意伤害(致死)罪。根据我国《刑法》第234条第2款的规定,故意伤害致人死亡的,法定刑为10年以上有期徒刑、无期徒刑或者死刑。但是因为行为人对不法侵害的误认无过失,因此仅对过当部分的损害后果承担相应的罪责,是典型的"对不法侵害的误认不可避免,对过当结果有故意"的假想防卫过当,在其他情节都相当的情形下,比普通的故意伤害(致死)罪的行为人的刑事责任要轻,因此考虑到行为人较低的人身危险性,可以考虑在3年以上10年以下判处刑罚,但是应该比防卫过当的故意伤害(致死)罪的行为人的刑事责任要重,在防卫过当减轻处罚时,可以减轻至3年,但是此种情形的假想防卫过当只能适当地减轻,至少应该在3年以上(不包括3年)10年以下判处刑罚,因此法院最终判处行为人有期徒刑3年缓刑4年,这一判决结果明显偏轻。

同意错误的被害人自我答责

——基于错误类型的再区分[*]

张忆然[**]

> **要 目**
>
> 一、起点:法益错误作为事实错误
>   (一)规范与事实的混淆
>   (二)法益错误与动机错误界限模糊
>   (三)"紧急状态错误"的芒刺
> 二、进路:同意效力的规范判断路径
>   (一)客观真意说的任意性判断
>   (二)客观归责论的规范性答责
>   (三)从条件关系到客观归责(被害人自我答责)
> 三、视角:"间接正犯/被害人自我答责"的两极构造
>   (一)间接正犯的认定排除被害人自我答责
>   (二)通过错误的支配
> 四、构建:被害人自我答责的正面判准
>   (一)财产法益场合的自我答责能力
>   (二)人身法益场合的家长主义介入
>   (三)被害人未履行查明真相的义务
>   (四)行为人不负有查明义务或保证人义务
> 五、结论

摘 要 法益错误是一种事实错误。法益错误说存在混淆规范与事实、模糊法益

---

[*] 本文为2018年度"海峡两岸暨第十二届内地中青年刑法学者高级论坛"参会论文,并得到与会专家学者的鼓励和肯定,特此致谢。
[**] 复旦大学法学院博士后研究人员。

错误与动机错误的弊端,无法解决紧急状态错误的"芒刺"问题。客观真意说和规范性答责说的规范判断存在片断性的缺陷,且在法益错误的场合过分恪守法益错误说的结论。同意效力的判断应从"法益"视角转换到"因果性"视角,从法益错误说的事实性条件关系跃升至客观归责,着力考察被害人的自我答责可能性。从"间接正犯/被害人自我答责"的两极构造这一外部视角考察,行为人成立间接正犯可作为被害人自我答责的反面排除性判准,可解决"患癌弃疗"与紧急状态错误的问题。就被害人自我答责的可能性进行内部视角的考察,借助自我答责原理、自我决定权与刑法家长主义的关系以及被害人教义学,所构建的正面判准包括:其一,财产法益场合的自我答责能力。在财产法益的同质性交易和目的错误的场合,为最大限度地保证自治,同意有效。其二,人身法益场合的家长主义介入。在人身法益的目的错误中,家长主义撤出保护,同意有效;在不法原因给付错误中,家长主义介入保护,同意无效。其三,被害人未履行查明真相的义务。被害人在自己还能够管理危险时却强化了危险,原则上由被害人自我答责,同意有效。其四,行为人不负有查明义务或保证人义务,否则应根据"制度管辖"的原理排除被害人自我答责,同意无效。

关键词 被害人同意 法益错误 动机错误 自我答责 家长主义

有关被害人同意的错误问题,理论构建的目标是在同意出现错误时,合理判定同意的有效性。对此,传统上主要存在全面无效说(主观真意说)与法益错误说的争论。但是,这两种学说均存在难以自圆其说的缺陷。为了对这两种学说作出修正,德国学者阿梅隆在前者的基础上提出了新全面无效说。近年来,国内亦有学者在后者的基础上提出了客观真意说和规范性归责的学说,等等。这些新学说也存在若干值得商榷和完善之处。笔者受近来最新研究的启发,试图在对法益错误说的理论反思过程中,构建一种更加清晰完善的同意效力的判断规则。

一、起点:法益错误作为事实错误

法益错误说在日本和我国的刑法学界已居主流地位。法益错误说主张,被害人产生法益错误时同意无效,但产生与法益无关的动机错误时同意有效。所谓"法益错误",是指被害人对于所处分法益的种类、范围、危险性有误认的情形。[1] 但是,在这一定义之下,判断何为"与构成要件法益直接相关的事实",依然是一个相当抽象的指导原则。正因如此,学者们对法益错误的界定和探讨存在诸多误区。这主要体现为以下三点:

---

[1] 即被害人由于对争议中的法益侵害的种类、范围、结果存有误解,对承诺的意义和范围没有明确认识。参见〔日〕佐伯仁志:《被害者の承諾の取扱いをめぐって》,载〔日〕川端博主编:《現代刑法理論の現状と課題》,成文堂 2005 年版,第 98 页。

(一) 规范与事实的混淆

其一,法益错误的类型化处理存在规范与事实的混淆。例如,付立庆教授认为,法益错误中的一类是对法益侵害的事实欠缺认识,另一类是对法益的要保护性的误认(规范评价误认型)。对于后者,他举出如下几例:

案例1:在使物主误以为价值很高的茶壶是假货,从而致其同意毁掉该茶壶的场合,物主虽然对行为人将要毁坏自己的"这只壶"本身没有错误认识,但由于受骗而认为该壶不具有经济价值、不值得保护,此时欺骗者当然应构成故意毁坏财物罪。

案例2:在师傅欺骗女弟子,使女弟子认为和师傅发生性关系是自己修成正果的必备要件,自己为了得道只能如此的场合,被害人虽然对发生性关系这一点存在认识,但对自己性自主权的保护价值产生了认识错误;对此,若能理解为法益关系错误,就能肯定强奸罪的成立。

案例3:关于正当化状况的错误,也属于规范评价误认型错误。在猛兽事例、伪装搜查事例、伪装被追杀事例等场合[2],如果真存在欺骗的状况,则可以通过正当防卫、紧急避险或法令行为等事由使行为人的行为正当化,故而这种欺骗实际上使被害人以为自己失去了拒绝权、选择权,即以为相应法益失去了要保护性。[3]

其实,上述三个案例并不属于同一种错误类型。在例1中,是对于客体的交换价值产生认识错误;在例2中,并不是对性自主权的保护价值产生错误,毋宁说是对发生性关系的动机(修成正果)产生错误,这与某女以获赠跑车为动机与某男发生性关系的情形毫无区别;在例3中,所谓的正当化状况并非仅仅涉及行为事实,而是涉及一种容许性构成要件错误,即被害人误以为存在法定正当化事由。因此,有关同意效力的处理结论,在例1中关键考虑交换价值、经济价值是否为客体(法益)本身的组成部分;在例2中体现为目的错误(与经济交易无关的目的)是否影响同意效力,与法益本身无关;在例3中体现为一种独立的错误类型,而不仅仅有关法益侵害事实。

可见,付立庆教授所界定的法益错误其实同时包摄了事实错误与规范评价的错误,某种意义上可以说,这是一种规范与事实的混淆。如上所述,有关规范评价的误认,完全可以分解为法益的交换价值问题、动机错误问题、虚构其他正当化事由的问题,从而使法益错误的讨论还原成一个完全的事实性错误问题。法益错误作为事实错

---

[2] 猛兽事例:被害人因为被骗,以为自己饲养的猛兽逃跑了并对公众产生了危险,于是通过电话允许行为人将其射杀,但实际上该猛兽一直被关在笼子里。伪装搜查事例:行为人装作是合法搜查而出示了伪造的令状,从而得到屋主同意进入其家中。伪装被追杀事例:行为人装作遭到强盗追杀而闯入别人家中。参见付立庆:《被害人因受骗而同意的法律效果》,载《法学研究》2016年第2期,第158页。

[3] 同上注。

误,并不能容纳对于事实的规范性误认这一内容,否则会进一步模糊法益错误与动机错误的界限。

(二)法益错误与动机错误界限模糊

其二,法益错误与动机错误的区分存在模糊地带。学者们在讨论相关案例时,或将其归为法益错误,或将其归为动机错误,但这种归类是否确有根据,处理结论是否具有合理性,可能存在疑问。甚至,学者们广泛讨论的一些案例根本就不涉及同意的问题。即便就作为事实错误的法益错误内部而言,其实有相当一部分只不过是一种动机错误。例如,法益错误论者认为,致使被害人违反事实地认为自己罹患癌症而同意摘除肾脏的场合,同意无效;在被骗说要是提供肾脏就能得到报酬从而同意的场合,则同意仍然有效。[4] 然而,前一场合的法益错误从某种意义上也可以说是一种动机错误,即认为自己身患绝症,出于此种动机而自杀或自伤。正如井田良教授所指出的,按照法益关系错误说,欺骗被害人说:"你得了重病,命不久矣。"而致其自杀时,会认为同意无效而构成故意杀人罪。但在欺骗被害人说其最爱的人已死,使其认为失去了活下去的意义而自杀,或者向公司经理编造公司破产的谎言而致其自杀时,却只成立参与自杀罪。但井田良认为,看不出前一场合与后两个场合有什么本质差别,区别对待的结论并不均衡。[5]

黎宏教授对此解释说,(医生欺骗患者说:"你患的是癌症,剩下的日子不多了!"患者知道后,绝望至极,请求医生停止对自己的抢救措施,让自己死去的场合)尽管被害人完全明白"停止对自己抢救"意味着什么,只是对引起"停止对自己抢救"的原因(以为自己"来日无多")有误解而已,但由于这种错误是导致被害人同意他人剥夺自己生命法益的直接原因,因此,该种错误之下的承诺也应当无效。而在"相约自杀"等动机错误的场合,"这种轻信他人会信守承诺的错误和故意杀人罪的保护法益并不直接相关"[6]。然而,这种解释很难令人信服。因为"相约自杀"的场合或误以为提供肾脏就能取得报酬的场合,该错误也与处分自己生命、身体法益的事实直接相关,也属于导致被害人同意的条件或直接原因,以是否为处分法益的"直接原因"为标准,无法将此类动机错误与法益错误相区别。而在被害人以为自己"命不久矣"时自杀,这种所谓的法益错误也可以说只是影响而未压制到意思自由,只是使被害人产生悲观、绝望的情绪,失去了继续面对生活的勇气,对自杀造成的法益侵害结果并无错误,因而与故意杀人罪的保护法益并不直接相关,无法对同意的有效性予以排除。如此一来,就很难说是一种名副其实的法益错误。可见,所谓与构成要件法益"直接相关"与否,似乎仍然

---

[4] 参见〔日〕塩谷毅:《被害者の承諾と自己答責性》,法律文化社2004年版,第33页。
[5] 参见〔日〕井田良:《刑法総論の理論構造》,成文堂2005年版,第201页;〔日〕井田良:《講義刑法学·総論》,有斐閣2008年版,第325页。
[6] 黎宏:《被害人承诺问题研究》,载《法学研究》2007年第1期,第97页。

不是一个明确的判断标准。

对于这一质疑,付立庆教授亦未能进行实质意义的反驳。笔者认为,如果对法益错误内部加以更细致的区分,就可能导致法益错误中的大部分最终不过是沦为一种特殊类型的动机错误,只不过这种动机相对于普通的动机错误来讲,更具有决定性的意义。如此,便可能模糊法益错误与动机错误的区分标准,使法益错误说受到根本的动摇。

(三)"紧急状态错误"的芒刺

其三,法益错误说在处理"紧急状态错误"时显得捉襟见肘。多数的观点是,法益错误说在个案解释结论上会造成刑事政策的不妥当性。其实,这并不是一种普遍的现象,主要发生在以"角膜移植事例"为代表的紧急状态错误的情形下,笔者谓之"紧急状态错误"的芒刺问题。

> 【角膜事例】眼科医生 A 为了报复患者 C 的母亲 B,尽管 C 没有换角膜的必要,仍然谎称 C 必须接受角膜移植手术,而 B 的角膜最合适,B 表示同意,于是 A 对 B 实施了角膜摘除手术。但是,A 并没有将 B 的角膜用于 C 的眼病治疗。

显然,此案中母亲对处分自己的身体法益不存在错误,因而属于动机错误而非法益错误,根据法益错误说的结论,同意有效。但这样就会使医生的刑事责任得不到追究,因而结论不具合理性。为了走出这一困境,主张法益错误说的学者探寻了两条出路:一是为了得出同意无效的结论,强行将法益处分自由解释到人身等法益的内容中(这样,母亲处分身体法益的目的错误也变成了法益错误)。[7] 这显然是得不偿失的做法,容易导致法益概念的泛化和崩坏。[8] 二是另外进行任意性的规范判断,这是付立庆教授根据客观真意说提倡的观点。对于这一处理路径的合理性和效果,后文将展开探讨,此处先不赘述。

法益错误说以往受到的批评,通常仅限于上述第三点。其实,当前法益错误说中所存在的规范与事实界定不清、法益错误与动机错误界限不明的问题,更为致命。这些于法益错误说的理论构架中所隐匿的"裂痕"向深处延展,直至引发如此质疑:法益错误与动机错误究竟是否能够区分,区分的意义何在?这甚至动摇到法益错误说的立基之本。

---

[7] 持此观点的代表性学者如日本的山口厚教授。参见〔日〕山口厚:《刑法总论》(第 3 版),付立庆译,中国人民大学出版社 2018 年版,第 170 页;〔日〕山口厚:《「法益关系的错误」说的解释论的意义》,载《司法研究所论集》第 111 号,第 110 页。

[8] 相关的具体批评可参见前注[2],第 160 页以下;李世阳:《刑法中有瑕疵的同意之效力认定——以"法益关系错误说"的批判性考察为中心》,载《法律科学(西北政法大学学报)》2017 年第 1 期,第 70 页以下。

笔者认为,在解决同意的错误问题时,展开讨论的前提是区分事实判断与规范判断。

二、进路:同意效力的规范判断路径

将法益错误视为事实错误,并不当然排除规范判断。我们反对的只是将规范与事实相混淆的做法。将法益错误定义为一种事实错误之后,根据规范刑法学的观点,对同意效力还需进行规范判断。其实,目前已有学者意识到法益错误说缺少规范判断层次的局限,并从不同角度提出了对同意效力加以规范判断的路径。比较有代表性的学说就是付立庆教授所提出的客观真意说和陈毅坚教授所提出的规范性答责。然而,遗憾的是,这些既有学说虽然基于模糊的直觉洞察到了法益错误说中规范性判断的缺失,并提出了种种"补丁式"的解决方案,但似乎仍未做到在一个统一的层面明晰规范判断的需求。以下试就两种代表性学说加以分析,并进一步阐明笔者的立场。

(一)客观真意说的任意性判断

客观真意说在坚持法益错误说的基础上,在其后添加了一层"任意性"的规范判断。根据此说,同意效力的判断应当分为两个步骤:第一步,判断是否属于法益错误,法益错误直接导致同意无效;否则推定同意有效,进行下一步判断。第二步,考察同意是否具有任意性。当同意不具有任意性时,仍旧导致同意无效,因为同意的作出无法被规范地评价为自由意思的表达,即同意欠缺任意性(选择可能性)。任意性的标准如下:从一般人的视角看,能认为法益主体在存在选择可能的情况下,其基于自身的利益衡量作出了同意,则同意是任意的、有效的;相反,如果规范地看,被害人同意是在全无选择可能性或者自由意志受到很大压制的情况下作出的,则同意欠缺任意性,同意无效。[9] 经过法益错误说和任意性判断两层次的筛选之后,才可得出同意有效性的最终结论。

但是,这一任意性的判断标准仍旧是粗糙的。这体现在如下两点:

其一,该说未能从根本上解决紧急状态错误问题(以角膜移植案为代表)。在具体应用时,该说主张在类似紧急状态的错误场合类比受胁迫的同意,因为"危险在某种程度上是紧迫的,很难冷静地等待危险的现实化"[10],因而排除同意的任意性。笔者认为,这种处理未见客观真意说相较于法益错误说的高明之处。因为,此时客观真意说否定同意效力的直接理由,并非同意缺少任意,还是在于其类似于紧急避险的情境。

---

[9] 同前注[2],第164页。
[10] [日]森永真綱:《被害者の承諾における欺罔·錯誤(一)》,载《関西大学法学論集》第52卷第3号,第228页。

这样看来，客观真意说的任意性标准其实并未发挥实质性作用，而是与法益错误说一样，需另行借助类似紧急避险的原理，只不过是从任意性的角度进行了进一步的说理而已。这样，就很难认为任意性标准是一个明确有效、一以贯之的标准。

其二，该说在紧急状态错误之外的其他动机错误的场合，无法发挥作用。例如在利他动机的场合，德国学者罗克辛认为，同意并非出自法益主体的自律性，事件整体系欺骗者所造成，同意是他律的、无效的。[11] 付立庆教授却认为，从客观的、一般人的观点看，博爱、利他的动机不足以对法益主体的自由意志和自我决定产生实质影响，因此同意有效。[12] 笔者认为，这一看法有失偏颇。即使出于利他动机的场合，也要考察行为人的欺骗达到了什么程度，无法一概承认主体的自律性。例如，"大火烧车事例"中[13]，假设车内确实关的是驾驶员的妻子，则毫无疑问成立利他动机的被害人自陷风险；问题是，如果行人知道实际被关在车里的不是驾驶员的妻子而只是一条狗，则从一般人的观点出发，行为人无论如何也不会冒着生命危险予以救助。可见，行为人的欺骗已经导致被害人的法益衡量出错。虽然被害人对于爆炸、烧伤的危险有充分预测，对处分自己的法益本身没有错误，但对于冒生命之险将要换取的利益的认识确有错误。因此，难以说被害人受伤是在把自己将要损失的利益和可能保护的利益之间"经过衡量之后自愿舍生取义"的结果。显然，付立庆教授所构建的任意性标准是不全面的。该标准仅仅通过类比受胁迫的同意而得出，只能解决意思受强制的紧急状态错误问题，无法有效解决利他动机等其他场合的错误问题。

其实，上述两点的分析反映了客观真意说最根本性的弱点，那就是其将同意效力的判断僵硬地切割为法益错误说、任意性标准两个层次，而这是不合理的。这样的标准本质上是将同意的判断区隔为法益错误与非法益错误两类，认为有关法益错误时，根据法益错误说直接判定同意无效，无须再进行规范判断；而在非法益错误时需要另外考察规范的任意性。但是，很难说有关法益错误的场合，单凭法益错误说所得出的结论就一定是符合客观真意的。例如，在行为人欺骗被害人，说被害人患有不治之症，导致被害人绝望自杀的场合，法益错误说一概认为同意无效。但这种欺骗是否达到了完全压制被害人意思自由的程度，尚有疑问。实际上，这一场合的意思压制程度甚至并未达到像角膜移植案中的程度，因为后者毕竟存在一种紧急事态。既然连角膜移植案这种动机错误情形下的意思压制的程度都未达到，又如何能武断地仅凭其法益错误的性质，直接认定同意无效呢？换言之，不能认为法益错误说可以完全胜任法益

---

[11] 参见〔德〕克劳斯·罗克辛：《德国刑法学总论（第 1 卷）》(1997 年第 3 版)，王世洲译，法律出版社 2005 年版，第378 页。
[12] 同前注〔2〕，第 166 页。
[13] 所谓的"大火烧车事例"：明知汽车着火并有爆炸及烧伤人的危险，驾驶员却向路过的行人求助说要救出被关在车里的妻子，导致救火的行人被烧伤，但实际上被关在车里的只是一条狗。该案引自前注〔2〕，第 163 页。

错误场合的任意性检验要求,从而在法益错误场合完全取消掉任意性的规范判断。既然法益错误说不排斥任意性的探讨,以法益错误说得出的结论作为法益错误场合下唯一的检验标准,还是有些过于专断。也即,不仅在不存在法益错误时需要进行任意性判断,在存在法益错误时亦需要进行任意性判断,对此无法人为切割成先后两个层次。客观真意说的问题恰恰在于,第二层次的判断渗透不进第一层次所决定的领域(法益错误相关场合)。

如此来讲,客观真意说虽然弱化了法益错误说的地位,但仍有过于迁就这一学说的判断结论之嫌。正确的讨论思路应当是,不论是否是与法益相关的错误,都不能让法益错误说起到盖棺定论的作用。那么,问题的关键就是,如何在法益错误说之外,提出能够涵盖所有场合的、明确有效的任意性标准,对事实错误进行一个规范判断。

(二) 客观归责论的规范性答责[14]

这一路径的构建与客观真意说相似,也可分为两个层次的判断。第一层在以法益错误说进行判断后,已经得出同意无效的最终结论;后面一层是在非法益错误,即同意有效时的归责问题。[15] 但是,且不论后面一层规范答责的判断如何构建,这一思路已经下意识地将法益错误说作为同意有效性判断的终极标准。这样的处理使得在有关法益错误的场合,自由答责性的判断完全取决于法益错误说的结论,同意一概无效,归责于行为人,不存在同意有效而由被害人答责的可能性,不是真正的意思自由判断。也即,在运用法益错误说认定同意无效之后,实际已经同时敲定了规范归责问题(归属于行为人)。除此之外,该说虽然又另外添加一层客观归责的判断,形式上更加周延,但对于法益错误的场合,这实际上已经起不到什么效果,同意终归是无效的,结果归属是既定的。可见,这一学说与客观真意说一样,存在片断性地判断任意性(仅限于动机错误的场合),而在法益错误场合过分恪守法益错误说的结论这一缺陷。

至于第二层次的规范答责性判断,由于陈毅坚教授的文章主要针对捐赠诈骗,因而仅在利他动机错误的场合讨论了规范答责性。他认为在捐赠诈骗中,被害人明知财产处分具有财产损失的效果,仍然有意识地进行自我损害,对财产的减少是应当负责任的,因此是自我答责的。[16] 这一结论的得出借助了同意的错误理论,在利他动机错误的场合同意有效。陈教授认为,自由答责的判断应根据被害人同意的规则加以确

---

[14] 其实,所谓的"规范性答责",就是客观归责理论中被害人自我答责的下位规则。不过,该路径提出的答责性的判断方法不为本文所取。因此,为有别于后文中笔者所设想的自我答责性标准,笔者将陈毅坚老师所提出的规范判断路径称为"规范性答责"。

[15] 参见陈毅坚:《被害人目的落空与诈骗罪——基于客观归责理论的教义学展开》,载《中外法学》2018年第2期,第438页。

[16] 同上注。

定。[17] 可是,既然如此,第二层次的答责判断似乎只是沦为了一个空洞化的形式,而无实际存在的必要。因为最终仍要追问:何种情形下对法益侵害的同意才是有效的?是否任何的动机错误都排除自由答责的疑问就此而生:如果真按照这种思路,何不抛却所谓客观归责或者自我答责的理论外壳,还原成同意理论加以解决岂不更为简洁明了?

可以说,从判断过程和最终结论上看,所谓规范性答责的思路并未在客观真意说的基础上取得实质性推进,只不过是在规范答责的名目下予以讨论。其实,陈毅坚教授所进行的规范答责性判断是一个颇具启发性的视角。而遗憾之处在于,他在自由答责性的判断上,最终又回归到同意理论上去,借助法益错误说的原型和同意理论的规则,来得出自我答责性的结论。这样的处理显然是一种循环论证。被害人的同意是否有效,归根结底取决于该同意是否符合被害人的真实意思、被害人是否具有意思自由,而不取决于法益错误和动机错误的形式化区分。错误的类型性只是辅助性判断标准,而不是终极的同意效力根据。也就是说,被害人的意志自由状况是判断同意有效性的根据,而不是相反。陈毅坚教授的思路,其实不仅将法益错误与动机错误的形式区分作为同意有效性的根据,而且更进一步地,将同意有效性作为被害人是否具有意思自由的判断根据(错误性质决定被害人是否答责)。[18] 这是一种典型的以果推因、形式决定实质的逻辑错误。

当然,陈毅坚教授的这种处理方式受制于文章的目的导向,即该文的主题是在客观归责理论的框架下如何判定抽象的自我答责性问题,而不是探讨同意的错误问题,因而无可避免地会以较为成熟的形式性素材,如同意理论,作为解决答责性问题的判准。同时,这一以果推因的逻辑错误亦表明了,其在被害人自由答责性的判断上并未寻得明确的判准,因而只求助于某些形式化的既定规则。其实,如何判断被害人的自我答责性,如何根据自我决定权的法理发展出新的规范性答责的规则,而不是简单地回归到同意理论,这才是能使自我答责性的规范判断真正彰显其价值的努力方向。因此,笔者认为,规范性答责的路径值得借鉴,并应脱离同意理论本身的束缚,从被害人的自我决定权或意志自由出发,进一步具体发展和构建。

(三) 从条件关系到客观归责(被害人自我答责)

笔者认为,从因果性来看,不论全面无效说还是法益错误说,都是在错误与法益处分具有条件关系的意义上来思考问题的。而条件关系是一种等值关系,无法仅仅通过

---

[17] 同上注,第431页。
[18] 例如,陈毅坚教授指出,在动机错误的情形下,"如果存在紧急状态错误,由于类似于紧急状态的强制,因此没有自由选择的可能,从而排除被害人自我答责。但是在单纯利他性情况下,则都应当被害人自我答责。"也就是说动机错误的场合同意有效,且最终的答责性判断还是取决于动机错误的性质。同前注[15]。

条件关系来考察错误对于结果发生的重要性,最终只能着眼于"法益""结果"的概念来把握错误,这就是法益错误说出现的深层动因。法益错误说的理论根基是法益阙如原理和罪刑法定原则,但仅仅通过解释各个构成要件所保护的法益,根本无从明确法益错误的范围。其实,只要被害人出现错误,该错误都会与法益侵害具有条件关系,并或多或少地影响到法益侵害结果的种类和范围,因此,单凭法益侵害结果(法益)的种类和范围,无法对法益错误与动机错误进行有效的区分。最后,只能凭感觉将与构成要件法益关系密切、应当导致同意无效的错误设法解释成法益错误,而将不太重要、对意思自由影响不大的错误归类为动机错误。法益错误说在界定何为法益错误时,之所以掺杂了很多规范判断和动机错误的内容,就是因为对因果性的把握限于事实性的条件关系。笔者认为,要使这种局面改观,应然的思考路径是,从"法益""后果"的视角转换到"因果性"的视角,不凭借法益概念,而是凭借因果关系理论来解决同意的效力问题。

从因果关系理论入手,错误性质是否会影响同意效力、影响的程度,实则是一个规范性的归责问题,而不仅是一个事实性的条件关系有无的问题。对被害人同意有效性的判断,应当从条件关系的探讨跃升至客观归责的探讨,尤其应当着眼于被害人的自我答责可能性。更明确地说,被害人的同意与错误已不再作为单纯的主观内容,而是存在客观实体,成为因果流程中的介入因素。问题的核心是,被害人的错误需要重大到何种程度,才会阻断对先前行为人的欺骗行为的归责,而由被害人自我答责。反过来说,行为人的欺骗行为究竟对被害人的意思自由压制到何种程度,才足以排除被害人的自我答责,而归责于行为人。这是对本文所采的被害人自我答责路径的原理性说明。

三、视角:"间接正犯/被害人自我答责"的两极构造

(一)间接正犯的认定排除被害人自我答责

更进一步的问题在于,如何对被害人的自我答责可能性进行考量。其实,当被害人由于行为人的欺骗而陷入错误时,行为人基于这一错误,对被害人的意志决定施加影响,使被害人的行为在某种程度上受其操控。尽管被害人的同意从表面看出于己意,但如果错误十分重大,严重违反被害人真意,实际上整个法益侵害的因果流程都有可能由行为人所支配,使被害人完全丧失意思自由,沦为行为人所控制的工具和媒介。可见,当被害人因受骗而出现重大错误时,行为人与被害人的关系,类似于幕后者与直接实行人的关系,出现一个视域融合。这就使得可以将行为人与被害人的互动关系置于间接正犯(意思支配)的构造中予以考察。

从间接正犯的视角来思考,有可能将间接正犯的认定与被害人自我答责可能性相联系。在认定间接正犯的正犯性时,日本学者岛田聪一郎教授提出自律的决定论,主

张在被利用人对构成要件的结果存在自律性的决定的场合,背后者的间接正犯地位被否定。[19] 这一理论将间接正犯的正犯性作为结果归属的程度、因果关系的强度问题予以把握,依据被害人自我答责的原理,而非着眼于背后者的行为性质来认定间接正犯。[20] 在行为人与被害人共动性地引起法益侵害结果的场合,如果被害人"支配"了法益侵害结果的话,那么就会排除行为人的答责;如果行为人"支配"了法益侵害结果的话,那么行为人应自我答责。从这一理论出发并进行延展,就能为被害人自我答责性的判断提供一个新的考察视角,即按照犯罪事实支配理论,在行为人能够被评价为利用被害人的间接正犯的场合,当然就排除被害人自我答责。[21] 如此,被害人自我答责成为间接正犯认定的反面,两者融合为一体两面的问题,笔者称之为"间接正犯/被害人自我答责"的两极构造。

可见,行为人是否成立间接正犯,可以作为被害人自我答责的反面排除性判准。如果行为人对被害人的欺骗和支配,已经达到了间接正犯的程度,就排除被害人自我答责,同意无效。间接正犯与同意理论的联结点在于被害人错误。问题自然过渡到对间接正犯中错误性质和支配关系的探讨。根据犯罪事实支配理论,间接正犯主要有"通过认识错误的支配""通过强制的支配""通过有组织的国家机关的支配"三种类型。[22] 在被害人同意错误的场合,行为人成立间接正犯主要涉及的是"通过认识错误的支配"。以下笔者便以"间接正犯/被害人自我答责"的两极构造为理论模型,探讨同意错误场合下行为人成立间接正犯的具体情形。

(二) 通过认识错误的支配

根据德国学者罗克辛的分类,通过认识错误的支配可能存在于四种情形:

① 中介人的行为没有故意;

② 中介人具有构成要件故意,但存在由幕后人造成或至少是利用的认识错误;

③ 中介人知道自己实施了符合构成要件且违法的行为,但他认为存在可以排除其责任的情况;

④ 中介人负有刑法上的完全责任,但幕后人比中介人更清楚损害的性质或者范围。[23]

上述四种情形中,除第一种情形(无故意)之外,间接正犯的认定均存在很大争议。在通过错误的支配形式中,幕后人取得支配的主要理由是相对于实行人的优势认知。

---

[19] 参见[日]岛田聪一郎:《正犯·共犯论の基础理论》,东京大学出版会2002年版,第391页。
[20] 参见马卫军:《被害人自我答责研究》,中国社会科学出版社2018年版,第87页;陈家林:《外国刑法通论》,中国人民公安大学出版社2009年版,第520页。
[21] 同前注[20],马卫军书,第88页以下。
[22] 同前注[11],第21页。
[23] 同前注[11],第25页。

通常来讲,在被害人同意错误的场合,法益错误基本属于上述①的情形,即被害人由于行为人的欺骗,成为无故意的工具,因而行为人取得对因果流程的支配,成立间接正犯,排除被害人答责,同意无效。而动机错误属于被害人对法益侵害负有完全责任的情形,即上述④,难以一概承认幕后人成立间接正犯。但是,也有一些例外。例如以下情形:

1. 利用优势认知的支配

癌症弃疗案:医生欺骗癌症晚期患者,说其只能活3个月,患者深感绝望,只好同意医生停止对自己的医疗。

此案与前述行为人欺骗被害人说"你得了重病,命不久矣"而致其自杀,或者被害人以为自己患癌的情形有所不同。因为该案是处于医患关系的特殊场合。正如日本学者山中敬一教授所说:"患者对于手术的必要性方面的判断、决定,事实上不得不依赖于医生的说明、诊断,因此,医生在手术必要性方面的错误或者欺骗,实质上,直接就是患者的错误,承诺人只要受到医生的误导和欺骗,就可以说没有不陷入错误的自由。考虑到这种特殊情况,即便不是严格意义上的紧急状态,有关手术必要性的错误,也有必要按照这一点来考虑。"[24]黎宏教授也认为,在医患关系的问题上,病人和医生之间存在信息不对称的问题,医生处于绝对主导地位,而患者基本上处于唯命是从的从属地位。换言之,医生基本上操纵着患者的行为。[25] 其实,山中教授和黎宏教授的论述均指向医生作为幕后人所存在的支配。这种情况下,医生的欺骗已经达到了完全的意思压制程度,因为医生处于优势认知地位。不是强迫,而是广泛的知识,使得幕后人有可能控制性地操纵这个事件过程。这个间接实行人预见到什么是那个实施人所不知道的或所不愿意承认的。因此,他就能够在自己有较多认识的领域内,将实施人作为单纯的原因因素,纳入自己的计划之中。[26] 基于这种理由,可以认为该案中患者对医生停止医疗或者自杀的法益侵害后果有明确的认识,但由于被害人丧失了意思自由,行为人成立间接正犯,应排除被害人答责,同意仍然无效。

相反,如果是一个普通的、不具有特殊支配地位的人欺骗被害人其罹患绝症,被害人通常不可能受到支配,行为人不成立间接正犯,只是影响到被害人的意思自由,使其产生悲观、绝望的情绪,失去了继续面对生活的勇气,属于动机错误[27],同意有效。罗克辛认为,捏造一种无法治愈的疾病,导致被骗人自杀的,即使具有相应的故意,也不

---

[24] 〔日〕山中敬一:《被害者の同意における意思の欠缺》,载《关西大学法学論集》第33卷第3、4、5号合集,第271页以下。
[25] 当然,在具体案件中,医生和患者之间是不是存在上述"操纵关系",还必须结合具体情况加以判断。同前注[6]。
[26] 同前注[11],第25页。
[27] 传统法益错误说将该情形定义为法益错误。但是,正如笔者上文所探讨的,被害人明白自杀的意义,该情形究属法益错误还是动机错误并不明确,笔者更倾向于将其定义为动机错误。

能直接成为行骗人构成间接实行人的基础。行骗人使被害人处于抑郁的境地,并利用被害人精神上的迷惘造成一种在不能归责状态下实施的自杀时,就是这种情况。[28] 事实上,这种情形下患者亦没有合理理由相信行为人作出的欺骗,因而负有查明真相的义务。如果不积极履行这一义务而受欺骗,属于过于轻信的被害人,刑法无须对其进行保护,损害不应归责于行为人,而应由被害人自我答责。由此,便可解释前述对于法益错误说的某种质疑:其实,致使被害人违反事实地认为自己罹患癌症而同意摘除肾脏或自杀的场合,在被骗说要是提供肾脏就能得到报酬从而同意的场合,以及"相约自杀"的场合,并没有本质区别,也不存在所谓的法益错误与动机错误之分。结论的不同其实并不是缘于错误性质的事实界分,而是缘于意思自由的规范判断。

可见,传统的法益错误说一味将患癌弃疗的情形界定为"法益错误",从而一律认定同意无效,是僵化的处理。这一情形内部仍然存在诸多细微的差异值得重视。对行为人的支配性或因果力,以及被害人的答责可能性的考察,能够使这种场合的处理更加精确。从这个意义上讲,这的确涉及一种"公开的价值评价问题","不是根据呆板的规则",只有"根据具体案件中的具体案情才能评价性地查明"。[29]

2. "紧急状态错误"作为禁止性错误

以往法益错误说所广泛讨论的类似紧急状态错误,以"角膜移植事例"为代表。论者认为,虽然错误性质是一动机错误或目的错误,但不应认定同意有效。这是法益错误说的芒刺问题。但是,本质上讲,这种类似于紧急状态的错误并不是真正的紧急状态错误(正当化事由的错误),毋宁说是一种禁止性错误,是被害人对于规范评价的误认。典型的禁止性错误如猫王案[30],直接行为人基于幕后人的欺骗而相信,为了拯救成百万人的生命,可以杀死第三人,这是一种对"犯罪目的的禁止性错误"。[31] 在"角膜移植事例"中,情况也是如此。母亲基于医生的欺骗,以为只有移植自己的角膜才能挽救儿子的身体健康(眼睛复明),这是一种对"同意目的的禁止性错误"。这种动机错误导致直接行为人(或被害人)进行了错误的法益衡量,通过牺牲较小法益而挽救较大法益,因而陷入了一种类似于紧急避险的状态。

这种类似于紧急避险的所谓"紧急状态错误",与被害人受骗而直接陷入正当化事由的错误有别。被害人正当化事由的错误,属于容许性构成要件错误。如文章开头提及的猛兽事例、伪装搜查事例、伪装被追杀事例等场合,行为人通过欺骗,虚构了本不

---

[28] 同前注[11],第28页。
[29] BGHSt 35, 353 f.,转引自前注[11],第30页。
[30] 猫王案的案情为:H与P利用了直接实行人R的迷信,将R相信这样一种荒唐的说法,即如果不将一个"N模样的人当作祭祀物"供奉给"猫王","猫王"将毁灭上百万的人。实际上,H与P是出于憎恨与嫉妒,想以这种方式杀死N。R相信,为了拯救成百万人的生命,就可以杀N。
[31] 当然,猫王案并非被害人同意的问题,而是间接正犯中通过错误的支配问题。但是,该案与"角膜事例"在实行人或被害人出现禁止性错误的性质上是相同的。

存在的正当化事由,如正当防卫、紧急避险或法令行为等,使被害人以为自己失去了拒绝权、选择权。这种错误可以转用行为人的容许性构成要件错误的处理方式,即通过"法律效果转用的罪责论"阻却被害人同意的"罪责"。但类似紧急状态的错误则不同。这种情形虽然类似于紧急状态,但本质上不过是一种处于被压迫状态的、失真的法益衡量,不符合紧急避险的紧迫性要件,不属于虚构正当化事由的情形。[32] 因此,这种错误的处理只能作为禁止性错误,而不能直接转用容许性构成要件错误的原理。

问题就是,对于这种作为禁止性错误的"紧急状态错误"应当如何处理。如果类比行为人的禁止性错误,被害人的禁止性错误也应区分为不可避免的禁止性错误与可避免的禁止性错误两种情形处理。在造成不可避免的禁止性错误时,德国有观点认为,可以类比通过强制的支配,转用"责任原则"进行处理。所谓"责任原则",即在通过强制的支配中,根据《德国刑法典》第 35 条紧急避险的规定,如果直接行为人处于该符合紧急避险条件的状况中,就可以肯定意思自由的被压制状态从而免责,肯定幕后人的间接正犯地位。[33] 可见,是否达到《德国刑法典》第 35 条所规定的紧急避险的状态,是判断直接行为人意思是否受压制或胁迫的规范标准。当然,在造成可避免的禁止性错误时,是否可以同样适用"责任原则",是有理论争议的。德国司法实践主张"实行人观点",即排除"责任原则"的转用,不区分不可避免和可避免的禁止性错误,而将禁止性错误的情形一律地认定为间接实行人。[34] 不过,在此处"角膜移植事例"的事案中,并不涉及错误可避免性的问题。患者基于医生的优势认知地位,相信医生的专业性意见,这显然是一种不可避免的禁止性错误。如果转用"责任原则",由于医生虚构了对生命、身体或自由的现实危险,可以认定存在由于错误而产生的意思压制。因此,应认定幕后人即医生的行为支配,将其作为间接正犯处理,排除作为被害人的母亲的自我答责,其同意无效。

如此看来,采取间接正犯/被害人自我答责性的视角,能够运用统一的规范标准处理紧急状态错误的芒刺问题,而不会像法益错误说那样,出现理论逻辑与处罚需求的突兀与脱节。在笔者的理论中,这一案件的处理结论是适当的,而且是能够满足逻辑自洽的。

---

[32] 黎宏教授对紧急状态错误与紧急避险的区别作出了中肯的说明。他指出,"紧急状态错误"中的紧急状况,是类似于紧急避险的状况,和法定的紧急避险不完全相同。如在法定的紧急避险的场合,对无辜的第三人造成损害时,行为人通常是不和其商量,不用征得其同意的;而在紧急状态错误的场合,则很难说存在法定的紧急避险中的紧迫性的要件。同时,被害人的自主决定的自由,也很难和避险人的生命、财产或者其他利益进行比较衡量。同前注[6],第 99 页。
[33] 同前注[11],第 29 页,边码 78、第 21 页,边码 48。
[34] 同前注[11],第 30 页以下。

四、构建:被害人自我答责的正面判准

在本文的第三部分,笔者对被害人自我答责的判断采取了一个外部考察视角,即通过"间接正犯/被害人自我答责"的两极构造,借助间接正犯的外部规则,将同意错误场合下行为人成立间接正犯的情形排除出被害人自我答责的范围。当然,无法成立间接正犯的情形,并不当然应由被害人自我答责。间接正犯标准只是一个排除性的规则,而非建构性的规则。即使意思控制未能达到间接正犯的程度,也不代表同意的作出完全出于被害人的自由意思。这时,错误瑕疵多大程度上能够压制被害人的意思自由,从而使同意无效,仍然需要进一步探讨。基于此,当否定间接正犯成立之后,应就被害人自我答责的可能性再进行内部视角的考察,构建一系列自我答责的正面判断规则。

对于如何判断被害人的自我答责性,现有研究尚不充分。因此,笔者根据被害人自我答责的原理,同时借助中观层面自我决定权与刑法家长主义的关系框架,并糅合部分被害人教义学的内容,尝试在同意错误的特殊场合下,对被害人自我答责的正面判准进行一个创造性的标准构建。

(一)财产法益场合的自我答责能力

1. 自我决定权与自我答责

从被害人答责的角度来思考,受欺骗的被害人同意是否仍是被害人真意的体现、被害人是否自治,是思考的重心。在财产法益的场合,以往关于同意自治性的讨论执着于,法益处分自由是否是法益本身的组成部分。[35] 如果答案是肯定的,那么,由于欺骗所导致的对处分自由的损害也被视作法益侵害,使被害人缺乏自治,其同意无效;反之,则处分自由的丧失不影响法益侵害性和被害人自治性,其同意有效。但是,正如某些法益错误论者所批评的,普遍性地保护一般意思自由容易导致脱离构成要件定型性的疑问。况且,以法益侵害性有无的结论来判断被害人的自治性,究竟有何根据,这是法益错误说无法回应的逻辑断裂。其实,"法益处分自由"这一表述并不准确,法益处分自由在不同的场合以不同的形式体现。例如,在"交换关系错误"中,被害人的处分目的与经济交易有关,涉及财产利益的有形交换。在此场合,法益处分自由实际已经内含在法益的交换价值的行使当中,交换价值是法益处分自由的体现,两者具有内在同一性。而在"其他目的的错误"中,法益处分自由所涉及的不是法益的交换价值,而是与经济交易无关的处分目的和社会意义。显然,法益处分的社会目的无论如

---

[35] 例如,山口厚教授指出,法益处分的自由是法益的构成要素,而不是全然不同于法益的另外的东西。参见〔日〕山口厚:《刑法总论》(第2版),有斐阁2007年版,第159页;〔日〕山口厚:《刑法总论》(第2版),付立庆译,中国人民大学出版社2011年版,第160页。

何不可能从属于法益概念本身。可见,不应一般性地讨论法益处分自由是否是法益本身的组成部分,并以此为结论判断同意是否出于自治。不过,无论法益处分自由以何种地位和面目出现在被害人的法益处分决定之中,被害人的自我决定权和意思自由都是法益处分的前提。上位的、更具一般性的概念是自我决定权或自己决定的自由。这一自由是否在规范评价上被认定为受到侵害,是影响被害人自治、判断同意有效性的关键。因此,笔者主张使用"自我决定权"而非法益处分自由的概念,来表述同意中被害人意思自由的状态。原则上,被害人的自我决定权应当受到保护,只有在例外的情形下,根据家长主义原理或者法益的特殊性质,具有相较于自我决定权的更优越的利益时,对自我决定权的保护才应受到限制。换言之,对待具有普遍性的自我决定权,应当确立这样一种姿态,即自我决定权受保护是原则性的要求;如果在某种场合例外性地不去保护这种自由,则应具有充分的理由和根据。这与法益处分自由是否内在于法益的问题无关,是从自由主义的哲学根基当然衍生出来的最基本的原理性要求。

具体到财产法益而言,被普遍认可的是动态的财产概念。财产法益作为人格自由发展的手段,要使之充分发挥效用,就必须最大限度地认可其交换价值和处分自由。松原芳博教授强调财产法益服务于人格体的手段特性:"对于财产、自由等具有手段性价值的法益,由于处分的自由也内在于法益之中,法益主体的同意即意味着法益侵害本身不再存在,因此,可否定构成要件该当性。"他进一步阐释说,所谓手段性价值,是指法益作为达到其他目的的手段而具有的价值。例如,财产便属于典型的具有手段性价值的法益,通过利用财产,可以得到某种满足,或者,通过变卖财产,还可得到某种对价。[36] 佐伯教授也认为,在市场经济条件下,财产这一法益是作为经济性质的使用、收益、交换的手段而被保护的,尤其是金钱,其被保护的并不是本身的价值,而只有被作为交换手段、达成目的的手段才值得保护。[37] 因此,在财产法益的场合,应立足于自我决定权,保护被害人享有充分的自治。

正所谓"自我答责是自我决定权的影子"[38],承认被害人于财产领域的完全的自治权,必然导向被害人在具有自我答责能力时应自我答责。能够自我答责者,必须是一个适格的答责主体,具有一定的答责能力和特定的有权主体是被害人自我答责的主体性要求。[39] 自我答责能力本质上是自治权的问题,而该自治权的行使与实现,又与被害人自身的素质和能力相关联。[40] 也就是说,自我答责能力的判断不存在一个统一的标准,而是一个高度个别化的问题,极大程度上取决于当时的场景和被害人的个

---

[36] 参见〔日〕松原芳博:《刑法总论重要问题》,王昭武译,中国政法大学出版社2014年版,第96—97页。
[37] 参见〔日〕佐伯仁志:《被害者の錯誤について》,载《神戸法学年報》1985年第1号,第51页以下。
[38] 车浩:《过失犯中的被害人同意与被害人自陷风险》,载《政治与法律》2014年第5期,第32页。
[39] 同前注〔20〕,马卫军书,第47页。
[40] 同前注〔20〕,马卫军书,第55页。

人情况。一般而言,在处分财产法益的场合,对被害人只要求具有事实性的答责能力。[41] 车浩教授在论及盗窃罪中的被害人同意时指出,在盗窃罪的场合,需要的是一种自然状态下的同意,在行为人取消占有之前或过程之中的同意,具有纯粹事实和自然主义的性质,只需要一种纯粹自然的意思表达就足够了。被害人在事实上而非在规范上构建和表示了什么意愿,才是决定性的因素。[42] 由此,错误不影响盗窃罪中的同意。占有人只要认识到财物的占有转移给他人即可,无论是涉及回报的所谓动机错误,还是关于财物性质或价值的所谓法益错误,对于同意排除盗窃罪的构成要件该当性而言,不会产生影响。[43] 盗窃罪中同意的事实性质,其实便代表了财产法益场合所普遍要求的同意的性质,被害人只要具有事实性的同意(答责能力)即可。以此为前提,以下分两种类型讨论财产法益场合的同意错误。

2. 财产法益的同质性交易

这种情形即所谓"以财换财",被害人牺牲自己财产法益的目的是为了换取另外的财产性利益,属于一种财产的同质性交换关系。被害人的处分目的与经济交易有关,涉及有形利益的交换,是一种目的错误、动机错误,或许也可以称之为"交换关系错误"。对于与经济交易无关的目的错误,属于下一种类型。此处"交换关系错误"的典型情形如:

茶壶案:在使物主误以为价值很高的茶壶是假货,从而致其同意毁掉该茶壶的场合,物主虽然对行为人将要毁坏自己的"这只壶"本身没有错误认识,但由于受骗而认为该壶不具有经济价值、不值得保护。

传统法益错误说认为,这种情形属于法益保护价值的错误,也属于法益错误。对作为法益性依据的效用或者属性存在正确认识,是有效同意的前提。不仅是对物本身,如果对物的"作为法益性依据的效用或者属性"不存在正确认识,也能够否定同意的有效性。例如,将有用之物误认为是无用之物,或将价值昂贵的财物误认为是价值低廉的财物,而同意损坏该物,被害人即使对该物本身存在认识,但并未正确认识到作为财产法益之根据的使用价值或者交换价值,因而不能认为是有效的同意。[44] 但

---

[41] 学界对于被害人自我答责能力的探讨,基本是比照被害人同意能力来展开的。马卫军博士借鉴车浩教授对于被害人同意能力的研究,在纵向上将被害人自我答责能力认定为双层结构,即事实性结构与规范性结构。第一层次是自然意义的、事实性的答责能力,即法益主体对侵害自己法益的行为本身具有认识能力和控制能力;第二层次是规范意义的、抽象性的答责能力,即法益主体对行为及行为指向的法益损害的意义、后果等具有认识能力和控制能力。两个层次间的关系为,事实性答责能力是规范性答责能力的基础和前提,具备了规范性答责能力则必然具备事实性答责能力,但具备事实性答责能力则未必具备规范性答责能力。同前注[20],马卫军书,第51页以下;车浩:《论刑法上的被害人同意能力》,载《法律科学(西北政法大学学报)》2008年第6期,第115页。
[42] 参见车浩:《盗窃罪中的被害人同意》,载《法学研究》2012年第2期,第103页。
[43] 同上注,第104页。
[44] 同前注[36],第108页。

是,这种观点显然无限扩大了处罚范围。一方面,在处分财产法益的场合,对被害人只要求其具有事实性的答责能力;另一方面,此场合涉及日常生活的一般情形,茶壶属被害人自己所有的财物,且容易查明该茶壶的来源,因此,被害人对于自己的财物价值理应具有正确的认识。即使在认识不足的情况下,也被刑法期待有足够的能力和理由去进行调查核实(自我保护可能性),而非轻信行为人的谎言草率地将自己的财物"一毁了之"。从被害人自身的情况来看,其身处此场景的处分具有足够的理性,而不属于被害人心智不成熟、欠缺经验的情形,或者被强迫、胁迫的情形。从这些方面推断,被害人应具有规范答责能力。即使害人对法益的交换价值存在规范上的误认,也不能排除由被害人自我答责,其同意有效。行为人的行为不具有刑事可罚性,无须刑法介入。

文物案:行为人欺骗被害人,使其误以为其所持有的价值上万元的文物仅价值几百块钱而廉价处理给自己。

传统法益错误说认为,被害人只有处分价值几百元的物品的意思,而没有处分价值上万元的文物的意思,因此同意无效,行为人构成诈骗罪。[45] 值得注意的是,该案限定在经济交易、市场交往的场合,而非日常生活领域。在日常生活领域中,被害人由于受骗而陷入认识错误处分财产,因而遭受财产损失的,属于法益错误,瑕疵同意无效,行为人成立诈骗罪。而在某些经济交易、市场交往的场合,虽然被害人未认识到法益损害结果,没有放弃法益,但是,被害人对法益侵害的风险有清楚的认识[46],其处分财产的动机是获取等额甚至高额的回报,伴随着自甘风险的投机心理。这种情况下,同意是否仍由法益错误所致,需要仔细衡量其背后的法理依据才能作出最终的判断。根据一般的预设,市场经济的参与者均为熟悉行业规则的平等主体。匿名化、高度复杂化的经济交往环境充满了不确定性,现代社会中的交往,被害人对自己的财产交易安全应持谨慎小心的态度,这是一个交易者必备的品质。[47] 因此,在市场经济交易的场合,如果被害人对交易风险有确切认识,则应负有审慎查证的义务。当被害人不履行这种注意和查证义务,十分轻信、不假思索处分财产的,或者过于冒险和投机,根据被害人教义学的观点,属于具有自我保护可能性时放弃自我保护,因而丧失值得保护性,其所遭受的损害结果应由被害人自我答责,同意有效。

尤其是在一些金融投资、投机领域,如古玩市场、艺术收藏品交易领域,交易风险

---

[45] 同前注[6],第100页。

[46] 一般而言,被害人对交易风险的认识应达到"具体怀疑"的程度。德国学者哈赛默将被害人对行为人诈称事项的主观认知分为"主观确信""模糊怀疑""具体怀疑"三种情形。"模糊怀疑"是指被害人已经意识到不安全,有一点怀疑的感觉,但欠缺现实的可选择的行为,没有具体理由而不得不决定继续行为过程。"具体怀疑"是指被害人对特定相关事实的真实性产生了特定的、有依据的怀疑,但经过计算后,决定继续财产处分行为。参见申柳华:《德国刑法被害人信条学研究》,中国人民公安大学出版社2011年版,第360页。

[47] 参见车浩:《被害人教义学在德国:源流、发展与局限》,载《政治与法律》2017年第10期,第3页以下。

本来就非常大,作为一个意识到风险并主动涉入其中的理性人主体,被害人自愿进入这一风险领域从事交易便等同于危险接受。被害人不履行查证义务,实际上是由被害人对财产处分取得了完全的控制和支配,应由被害人自我答责。即使行为人比被害人具有更全面、更专业的知识,处于优势认知地位,但这一认知优势并不足以对被害人形成支配。市场交易中买卖双方均是平等主体,均具有一定的交易能力和鉴别能力,与医患关系的场合并不相同。况且,被害人具有认识导致结果发生的危险和阻止危险现实化的能力,并非愚钝、欠缺经验的人,具有一般人的理性,因而并不缺少答责能力。实践中,在古玩交易领域久已形成"不打假、不三包、出售赝品不算骗"的古玩交易的"行规",以及"买者自慎"的交易规则,就是体现。[48]

我国和德国的传统理论认为,被害人对行为人的欺骗行为有所怀疑,但出于各种动机和目的继续交付财产的,也属于诈骗罪中的认识错误(法益错误),其同意无效。笔者对上述财产交易场合的法益错误进行了限缩,被害人即使虽未明确认识到财产损失,但只要认识到财产损失的风险仍然处分财产,则应由被害人自我答责,其同意仍然有效。以往虽然也有论述讨论了诈骗罪中被害人产生"具体怀疑"的情形是否仍然属于"认识错误",并运用被害人自陷风险的原理予以说明[49],但是,诈骗罪中毕竟存在被害人的瑕疵同意,被害人在处分财产时具有处分意思。也就是说,该场合下,被害人同意与被害人自陷风险的理论关系并未得到清晰的说明。笔者认为,被害人自我答责是被害人同意效力的前置性判断规则,在被害人自陷风险("具体怀疑")而由被害人自我答责的情况下,其同意有效。

3. 财产法益的目的错误

此种情形属于与经济交易无关的目的错误。被害人对于财产损失的结果是有认识的,错误所指向的不是法益的交换价值,只是对与经济交易无关处分动机、社会意义有误认。例如,情感、友谊、道义慈善甚至个人偏好、声望等目的,无法用金钱加以衡量,应当如何转化为经济上的金钱价值,没有客观的明确标准,为了这些目的所进行的交换并不体现为财产的交换价值。[50] 典型情形如"目的落空"案件:

无用杂志行善案:本案的被告人声称其为了特定行善目的义卖杂志,而购买

---

[48] 参见武良军:《古玩交易中诈骗罪认定的难题与破解》,载《海南大学学报(人文社会科学版)》2015年第1期,第95页以下;黎宏、刘军强:《被害人怀疑对诈骗罪认定影响研究》,载《中国刑事法杂志》2015年第6期,第69页。
[49] 参见车浩:《从华南虎照案看诈骗罪中的受害者责任》,载《法学》2008年第9期,第51—60页。
[50] 同前注[15],第434页。以往的一些观点并未区分交换价值的错误与单纯的目的、意义的错误,例如张明楷教授认为,如果受骗者就"财产交换""目的实现"具有认识错误,也应当肯定存在法益关系错误(参见张明楷:《诈骗罪与金融诈骗罪研究》,清华大学出版社2006年版,第248页)。这种表述其实是将"财产交换""目的实现"视为同义词。然而笔者认为,法益的交换价值与法益处分的目的、意义有所不同,处理两种错误的法理基础亦有所区别。

者对订阅杂志本身并没有兴趣,只是为了支持所谓行善目的而订购。但其实价款并没有被用于行善。

等价杂志行善案:本案的行为人声称自己是监狱释放人员,曾经因为麻醉品犯罪入狱,为了支持自己再社会化而销售杂志。其中一位被骗者从行为人处订阅了杂志,因为他平时也会偶尔或者定期地购买该杂志,而现在订阅的价格也并没有提高。但实际上行为人并非刑满释放人员,最终所谓行善的目的并没有实现。

捐赠诈骗:行为人以帮助山区失学儿童为名募捐,但所筹善款并未用于捐助失学儿童,而是自己挥霍。

攀比案:本案的被告人是募捐征集者,其在捐赠名单上的已捐款项栏中分别填上了虚假的数字,希望借此提高捐赠者的捐赠热情。由于这种欺诈行为,其中部分捐赠者为了不在道德上落后于那些所谓的"高尚捐赠者",而作出了超出其自由意愿和经济实力的捐赠。

上述案件中,行为人的欺诈行为本身创设了针对财产的法不容许的风险,并且这种风险现实化为具体的财产损失结果。不过,被害人处分财产是出于利他动机,对财产损失的结果有认识,对遭受财损本身没有错误,对财产损失至少具有事实性答责能力。问题是,在"目的落空"的情形中,被害人只是在处分财产的目的上出现错误,属于规范层面的动机错误,对此被害人是否需要答责。笔者认为,关于"目的落空"的规范性错误,还要看该目的是否属于"作为交易基础的目的"。如果答案是肯定的,则被害人如果当初知道该目的将落空便不会处分财产,目的错误与处分财产之间有因果关系。行为人通过在作为交易基础的目的上对被害人施以欺骗,将法益侵害的因果流程掌握在自己手中,取得支配地位,财产损害后果应归责于行为人。至于与交易基础无关的目的,则不可能对被害人的财产处分产生决定性影响,被害人仍处于因果流程的支配地位,行为人未取得支配。此时被害人被规范上并不重要的交易事项或者情绪、道义所左右,这些并非诈骗罪规范所保护的内容,超出了诈骗罪的规范保护目的,被害人应对"目的落空"所导致的财损后果自我答责。德国学者亨吉尔(Rengier)认为,欺诈所针对的事实必须是作为交易基础而加以确定的履约目的。当行为人的欺诈行为延伸到与作为交易基础的履约目的无关的那些情况时,归责关联中断,结果在被害人自身的答责领域之内。[51] 梅尔茨(Merz)也认为,捐赠诈骗中,要肯定欺诈具有诈骗性质,就必须要求被害人所追求的目的是交易的基础,捐赠目的必须具有财产上的重要性。因此,捐赠诈骗是否可罚取决于作为交易基础的目的是否实现。[52] 需要澄清的是,这种对于处分目的的保护并非是在保护处分自由。笔者承认,诈骗罪的保护法益

---

[51] Vgl. Rengier, Gedanken zur Problematik der objektiven Zurechnung im Besonderen Teil des Strafrechts, in: FS-Roxin, 2001, S. 820 f.

[52] Vgl. Merz, Bewußte Selbstschädigung und die Betrugsstrafbarkeit nach § 263 StGB, 1999, S. 125 ff.

只是财产,而不包括交易自由之外的其他规范性目的和动机。但是,在这些目的成为交易基础时,对于该目的的欺骗已经形成了对财产法益的威胁,而不再仅仅涉及处分自由的问题。因此,若认为该场合笔者是在讨论诈骗罪规范是否保护了处分自由,则偏离了问题的中心。

据此,在上述无用杂志行善案、捐赠诈骗事例中,行善目的或利他动机起决定性作用,如果没有该动机,被害人就不会进行财产法益的处分。因此,这种目的是作为交易基础的目的,目的落空的财损应归责于行为人,被害人的同意无效。而在等价杂志行善案中,利他动机虽起重要作用,但是,由于被害人平时也会偶尔或者定期地购买该杂志,现在订阅的价格也并没有提高,虽然法益处分的社会目的落空,但该目的并不起决定性作用,无法作为交易的基础,因而财产损害后果由被害人自我答责,同意有效。在攀比案中也可同理得到解释。行为人对于善款用于利他目的没有欺骗,只是对于捐赠数额、人数进行了欺骗,被害人在攀比的动机下进行财产处分,这并不属于针对作为交易基础的目的的欺骗。或言之,这一点对于交易的达成并不起决定作用,因此应由被害人自我答责,其同意有效。

(二)人身法益场合的家长主义介入

在此场合人身法益牵涉其中。由上述可知,在财产法益的场合,财产法益只是一种目的和手段,与人身法益完全无涉,并不存在以人为手段的顾虑,因而排除家长主义干涉,完全属于公民的自治领域,同意的效力应在充分尊重公民自我决定权的基础上加以判断。换言之,于财产法益类犯罪而言,法益主体应当保留不受阻碍的、可期待的自我保护领域,只有在个人力量不足时才容许刑法干预。[53] 但是,在人身法益的场合,像在财产法益的场合那样完全遵从自我决定权得出的结论未必妥当。如冯军教授认为,国家和国家的刑罚都是普遍理性的客观表现,在本质上都是自由的,都服务于实现对自由的相互尊重。完全不存在否定自由和自我决定的国家和国家的刑罚,那些否定自由和自我决定的东西都不过是纯粹的暴力。"出于对自我决定权的尊重,刑法也不会去干涉被害人自我危害的自由。"基于此,他认为,把承诺杀人、教唆杀人或者帮助杀人视为杀人罪的刑事立法,都违反了"自由是法的存在根据"这一原则,都忽视了自我决定的绝对价值。[54] 可以说,这是一种立足于自由主义的对自我决定权的极端保护。但是,冯军教授的观点忽视了一个重要的维度,那就是,"即使在自我决定权发挥影响力的场合,它也从来都不是唯我独尊的东西,在它的对面始终矗立着家长主义"[55]。在人身法益的场合,由于法益的特殊重大性质,人的生命、身体不是作为人格

---

[53] 参见劳东燕:《被害人视角与刑法理论的重构》,载《政法论坛》2006 年第 5 期,第 128—136 页。
[54] 参见冯军:《刑法中的自我答责》,载《中国法学》2006 年第 3 期,第 95 页。
[55] 车浩:《自我决定权与刑法家长主义》,载《中国法学》2012 年第 1 期,第 89 页。

自由发展的手段,而是作为人格自由发展的基础和条件。人身法益的交换价值阙如,导致家长主义相对于自我决定权,成为了优越的原理。换言之,自我决定权的行使应受到家长主义的限制。这体现出"刑法家长主义干预自我决定权行使的一面,相对应地,自我答责原则也要受到压缩"[56]。

具言之,由于人身法益不允许交换,因此人身法益场合主要是目的错误,通俗来讲主要包括"以人换财"和"以财换人"两种情形。"以人换财",即被害人牺牲自己人身法益的目的是为了换取金钱报酬或其他财产性利益。典型情形如,以为提供肾脏就能得到报酬,因而捐献肾脏(捐肾案);因为获赠跑车的许诺而与行为人发生性关系,但事后未获得跑车(跑车案)。"以财换人",即被害人牺牲自己财产法益的目的是为了换取、收买他人性利益、人身法益。典型情形如,出于"一夜情"的目的而为酒托女买单(酒托诈骗案)。在这种人身法益与财产法益相交换的案件中,实际上被害人是把人身法益作为一种可资出卖的客体和金钱的对价来看待。如果在该种情形下认定同意无效,就意味着刑法保护这种对于受损法益本身并无错误认识,只是在回报期待上受到欺骗的同意,那么,这种保护可能会从反面以刑法方式助长一种人身法益"商品化"的趋势。因为这种保护实际上意味着刑法是在帮助稳固这种交易行为中双方的信任度,是作为靠山为买卖人身法益的行为撑腰,而这将起到刑法并不希望看到的鼓励效果。此外,刑法家长主义不能提供无限制的保障,现代的刑法家长主义要在强硬与溺爱之间保持平衡,有所为有所不为,对公民积极行使自我保护权起到引导作用。[57] 可见,立足于家长主义立场,而不是出于尊重被害人自我决定权的理由,此时应由被害人自我答责,同意仍然有效。在此,虽然必须引入家长主义根据来进行价值评判,但是,此场合中家长主义的姿态是逆向的撤出保护,而非介入保护,以引导、教育被害人在受挫中"吃一堑,长一智",学会正确对待自己的法益,在能够自我保护的场合积极进行自我保护。

另外,在不法原因给付错误的场合,基于家长主义的根据,应否定同意效力。如行为人欺骗被害人,说如果他愿意成为假车祸的受害人的话,其家属就能得到20万元的保险赔偿金(当然,不给20万元的话,被害人绝对不会冒此风险),结果被害人信以为真,被撞身亡(保险诈骗案)。在这种场合,被害人的交易目的是骗取保险金,这是一种不法目的。对于这种不法原因给付的案件,因为被害人从事交易的目的是不法的,不符合整体法秩序,被害人的法益处分自由不应得到保护;同时,应由家长主义介入,限制这种不法交易,否则就是纵容这种不法交易,为不法交易撑腰,不利于维护公序良俗和社会的底线伦理规范。因此,应认定被害人同意无效。在此,家长主义的姿态是正向的介入保护。与上述人身法益目的错误的场合不同,在卖淫嫖娼、买毒贩毒、贩卖枪

---

[56] 同前注[38],第32页。
[57] 同前注[55],第102页以下。

支和假币等不法原因给付的场合,家长主义介入保护(同意无效)而非撤出保护(同意有效)的理由在于,该场合并非仅涉及被害人个人生命、身体法益等被害人有处分权限的法益,其并非仅出于对被害人个人利益的考量,而是与社会、国家利益如法确证利益有关。根据被害人自我答责的原理,遭受损害的法益并不在被害人的处分权限之内,不能由被害人自我答责。[58] 不法原因给付的场合,被害人的法益处分直接挑战了国家的法秩序,有违公序良俗的道德要求,而"当代意义上的刑法家长主义已不可能抽空道德内涵"。刑法必须向公众表明其强烈反对和谴责的态度,以确证规范的有效性,促进刑法的一般预防,取得社会公众的规范认同。刑法通过捍卫包括一些基础性的道德伦理在内的底线规范,发挥维系社会共同体的功能,防止社会面临解体的危险。[59] 可见,刑法家长主义既能正向介入保护,又能逆向撤出保护,这说明在现代语境下,自我决定权与刑法家长主义的关系呈现出既有正向排斥又有逆向制约、既要积极保障又要拒绝溺爱性保护的复调结构。[60]

(三) 被害人未履行查明真相的义务

这一判准的理论基础在于被害人教义学原理中的自我保护可能性。被害人在具有自我保护可能性时必须履行审慎查证的义务。一个具有自我保护可能性,同时也被期待去自我保护的被害人,却放弃了自我保护的措施时,他就丧失了应保护性与需保护性。[61] "被害人的谨慎义务落实在被害人教义学原理上,即为对被害人的自我保护可能性和需保护性的评价和判断。"[62] 当然,被害人教义学的思考原点还是要追溯到自我决定权和自我答责的思想。当被害人具有自我保护可能性时,其能够履行查明真相的义务,刑法也期待其履行查明真相的义务,然而被害人过于疏忽或轻信,未履行查明义务,因受骗而处分了法益的,是被害人有意介入一个行为人所创造的因果流程,被害人在自己还能够管理危险时却强化了危险。如果被害人一直没有丧失对损害结果发生与否的控制,却违反自我保护义务,使损害结果发生的危险有所增加,以致可以认为损害结果是被害人自己行为的流出时,就应由被害人自我答责。[63] 德国学者库尔特在论及诈骗罪中的客观归责时指出,在被害人共同负责的情况下,虽然行为人通过实施骗术创设了一个法所不允许的风险,但最终的结果并不是这个风险的具体实现,而是由于被害人自己的疏忽所导致的,因而不能轻易地将此结果归责给行为

---

[58] 参见李兰英、郭浩:《被害人自我答责在刑事责任分配中的运用》,载《厦门大学学报(哲学社会科学版)》2015年第2期,第103页;同样可见前注[20],马卫军书,第74页。
[59] 同前注[55],第100页。
[60] 同前注[55],第89—105页。
[61] Schuenemann, Zukunft der Viktimodogmatik, in: FS-Faller, 1984, S. 357 ff.,转引前注[47],第10页。
[62] 于小川:《被害人对于欺骗行为不法的作用》,载《中国刑事法杂志》2012年第5期,第49页。
[63] 参见冯军:《刑法问题的规范理解》,北京大学出版社2009年版,第79页。

人。[64] 如果被害人对整个风险实现具有支配地位,则只能由被害人自我答责。据此,在诈骗罪中,如果欺骗手段相当拙劣、荒唐,通过简单的核实就能轻易验证的,比如孙中山案[65],行为人假称自己是孙中山,仍然在世,需要投资开发宝藏,骗取三位老人24万元,如此简单拙劣的欺骗,如果被害人能够多咨询一下家人或邻居,甚至无须专家论证就能识破骗局,被害人却如此轻信和草率地处分财产,难以否定被害人应自我答责,其同意有效。

应注意,在被害人未履行查明义务的情况下,如果行为人处于支配地位(间接正犯),直接实行人同时又是受支配而自我损害的被害人,也难以由间接正犯的成立直接否定被害人自我答责的可能性。因为,在被害人放弃履行查明义务和自我保护时,即使行为人存在支配,我们也认为这种被害人不值得动用刑法加以保护。这一处理方案不仅考虑到行为人的支配,更是考虑到被害人教义学的原理(值得保护性与需保护性),在行为人与被害人之间进行了风险分配的重新调整和划定。例如著名的天狼星案件[66],被害人受到行为人的欺骗,认为把电吹风放在浴盆就可以在另一副躯体里继续生存下去。被害人虽然也产生了法益错误,没有认识到自杀行为的意义,没有认识到其是在处分自己的生命法益,行为人同时存在支配;但这种迷信所导致的错误本来是被害人有能力和义务去查明的,是非常容易避免的,被害人却没有履行该义务,因此,不能以行为人具有支配为由,否定被害人的自我答责。此外,如前述,在行为人捏造无法治愈的疾病,导致被害人自杀的情况下,也有讨论查明义务的余地。"如果受骗的被害人对其自杀是有责任的,那么,行骗人就不能成立杀人的间接实行人了,因为被骗人通常能够让专家进行检查,自己是否真的有这种病,来揭穿这种捏造,因此,如果进行这种认定就会走得太远了。"[67] 可见,在被害人负有查明义务而未履行的情况下,"间接正犯/被害人自我答责"的两极构造呈现出一种例外性,即使行为人成立间接正犯,也应由被害人自我答责。其理由在于被害人因未履行查明义务积极进行自我保护,而丧失了刑法上的值得保护性。这一结论的得出并不是基于责任主义根据,而是以风险分配和积极的一般预防为功能导向的。

不过,利用邪教与利用迷信的情形有所不同。例如邪教自杀案,邪教教主对信徒

---

[64] 参见前注[47],第7页。

[65] 孙中山案的案情为:61岁的王某满头白发,外形酷似孙中山。王某以此为幌子,经常向别人宣称自己就是孙中山,为"大业"并没有真死,现在已经130多岁了。为了假戏真做,2001年,王某开办了一家"开发宝藏"的公司,鼓动一些老年人来投资。在高额回报的诱惑下,有三位老人共将24万元交给王某。2004年3月10日,王某在行骗时被当场识破。参见赵晓星:《竟敢冒充孙中山,说今年130多岁》,载《检察日报》2004年4月30日,第2版。

[66] 天狼星案件(Sirius-Fall)的案情为:一位据称来自天狼星的男子,出于保险诈骗的目的,想要杀死一名妇女。他利用该妇女迷信,当面欺骗她,说如果她将开着的电吹风放在浴盆里,以这种方式"与其旧躯体相分离",她就会在日内瓦湖边一间房子里的另一副高贵的躯体中重新苏醒过来。

[67] 见前注[11],第28页。

说，要想升天进入极乐世界，除了在特定时间、地点，采用特定方式自杀或者自残之外，别无他法。传统法益错误说认为，教主的欺骗行为使得信徒对自己行为的性质产生了误解，将侵害自己生命、身体利益的行为理解成了一种宗教仪式，其同意无效。[68]笔者认为，这一情形其实也属于目的错误，教徒对其自杀或自伤的行为性质并不存在误解，不过其自杀或自残是为了升天。但是，在邪教教主与教徒这种特定关系中，存在着意思自由的操纵和支配关系。在邪教高强度的精神思想控制模式之下，被害人完全处于一种失去独立思考能力的行尸走肉的状态，根本无法作出正确判断。可以说，其支配关系不是在行为时形成的，而是事前已然形成的。在这种使人丧失理智的极端控制下，被害人不可能具有查证的能力，因而不能让被害人负担查明真相的义务，绝对不能由被害人自我答责，其同意仍然无效。也即，在类似的医患关系、宗教蒙蔽等场合，不能让被害人负担查明真相的义务。正因如此，我国司法解释规定，利用邪教教唆、帮助成员自杀、自伤的，成立故意杀人罪、故意伤害罪。[69]

此外，可能存在的顾虑是，在被害人未履行查明义务时由被害人自我答责，是否会导致对于缺少经验、心智不健全等不具有自我答责能力的"弱者"，反而不予保护，从而使刑法的刑事政策导向出现偏差。其实，这一担忧是基于对被害人自我保护可能性的误解。被害人教义学的观点是，当被害人"有能力""可被期待"进行自我保护时，刑法才要求被害人进行自我保护；而不是强求不具有自我保护可能性的被害人进行自我保护，并在此范围内撤回刑法保护。因此，这里的前提是被害人是具有足够理性、足以自治的法益主体，一般是针对过于草率和轻信、具有重大过失的被害人，其不履行查明真意的义务，不进行充分的自我保护。德国学者黑芬德尔（Hefendehl）主张："当法益主体明明有行为选择可能性，却在明知的情况下提升了危险强度，此时，就有必要对构成要件做出限缩性解释。此时，不存在歧视那些有特殊保护需求者的问题，而是把那些能够独立负责的有意识进行风险决定的法益主体，从刑法的适用范围中排除出去。因此，进一步地出现了这样的建议，即那些轻信或者有重大过失的被害人，不再受到诈骗罪构成要件的保护。"[70]也就是说，轻信的人未必就是愚蠢的人，他们之所以受骗上当，往往不是由于愚蠢或智力缺陷，而是由于不积极运用自己的智力进行审慎的判断。[71] 由此，在适用查明义务的判准时务必要注意区分两类被害人。被害人由于个体性差异，囿于生活经历和社会知识等个体性因素，如果不能准确判断自己行为所导

---

[68] 同前注[6]，第 100 页。
[69] 最高人民法院、最高人民检察院《关于办理组织、利用邪教组织破坏法律实施等刑事案件适用法律若干问题的解释》第 11 条规定："组织、利用邪教组织，制造、散布迷信邪说，组织、策划、煽动、胁迫、教唆、帮助其成员或者他人实施自杀、自伤的，依照刑法第二百三十二条、第二百三十四条的规定，以故意杀人罪或者故意伤害罪定罪处罚。"
[70] Hefendehl, in: MK StGB, 2014, §263, Rn. 28.，转引自前注[47]，第 13 页。
[71] 参见 Amelung, Irrtum und Zweifel des Getaeuschten beim Betrug, GA 1977, 9 f.，转引自前注[47]，第 4 页。

致的后果,不能强求其为之答责。相反,如果被害人具有丰富的经验和必备的知识,对结果具有充分的预见可能性,便能够自我答责。[72]

(四)行为人不负有查明义务或保证人义务

行为人的查明义务或保证人义务,是与上述被害人的查明义务相对应而言的。当被害人负有查明义务而不履行时,由被害人自我答责;当行为人负有查明义务或保证人义务而不履行时,则由行为人答责,排除被害人自我答责。这样思考的根据在于,从规范的角度看,根据"制度管辖"的原理,行为人基于保证人义务,应对损害结果的发生负责。"制度管辖"是指因当事人的制度性团结而生的照料和合作。[73] 由"制度管辖"而滋生的是积极义务,即"和他人建设一个共同的世界"的团结义务,制度则是强化团结的基础。[74] 因制度性照料而生的保证人义务的基础也就是:针对受保护的利益做出相应积极努力,并为此特别地答责。[75] 因此,行为人负有保证义务时,结果是否为被害人自己所创设并不重要,重要的是行为人不履行法秩序所设定的特定的义务而否认了规范的效力。[76]

从本质上讲,在同意错误的场合,行为人的保证义务还是来源于被害人的自我决定权。例如,"知情同意原则"[77]是"自我决定"在医疗领域的体现。在信息严重不对称的医患关系中,患者的自我决定必须以他知悉了可能影响其决定的所有资讯为前提。"知情"成为判断患者"自我决定"的真实性的基础,也是医生承担"告知义务"的伦理和法律根据。[78] 在负有救助义务的医生不充分告知病人病情以及其他与医疗行为相关的信息时,病人产生认识错误而同意治疗,造成损害结果的,医生有可能成立默示的欺骗。阿梅隆在他的"双层结构"的同意理论里,就额外设定了探知真意的义务。比如在认知上占据优越地位的人,或者负有特殊义务的人,应当在同意人处分法益的时候,进一步确认意思是否真实。典型代表如医生,既在认知上占据较高地位,又基于职业负有特定义务。[79] 这一情况也可与医患关系场合下行为人具有支配的情形对应来考虑,行为人基于优势认知的支配和行为人负有保证人义务均可成为排除被害人自

---

[72] 同前注[20],马卫军书,第55页。
[73] 参见[德]乌尔斯·金德霍伊泽尔:《刑法总论教科书(第六版)》,蔡桂生译,北京大学出版社2015年版,第375页。
[74] 参见何庆仁:《义务犯研究》,中国人民大学出版社2010年版,第27页。
[75] 同前注[73],第375页。
[76] 同前注[20],马卫军书,第75页。
[77] "知情同意",是指医生对患者详细说明其病情,并充分地说明将要进行的检查或者治疗的方法等,患者在理解了医生的说明并且未受到任何强制的自由立场下,选择了检查或者治疗的方法,医生根据病人的同意实施治疗行为。参见杨丹:《医疗刑法研究》,中国人民大学出版社2010年版,第174页。
[78] 同前注[77]。
[79] 参见曹斐:《刑法上瑕疵同意的处理规则——从阿梅隆的方案论向传统刑法视角回归》,载方小敏主编:《中德法学论坛》(第14辑·下卷),法律出版社2018年版,第49页。

我答责的有力根据。当然,这种情形下,也非一概排除由被害人答责。如下例:

被害人甲原先被告知如果捐献肾脏,可以获得一笔钱财。于是在医生乙的安排下,于 2015 年 10 月 31 日被实施右侧肾脏切除手术。第二天甲却被告知等待肾脏移植的人身体不好,可能无法进行移植手术,因而甲拿不到钱。被害人自觉受骗,趁机逃出并委托路人报警。[80]

该案例中,被害人甲出于得到金钱对价的动机捐献肾脏,但事后并未得到对价,属于动机错误。但是,被告人作为医生,负有告知和披露的义务,在摘取甲的器官前应告知其存在对方拒绝手术及付款的可能风险,并确定甲出于自愿作出了处分自己器官的决定。即使等待肾脏移植的人无法进行移植手术的情况是一种不可预见的因素,错误并非由行为人的欺骗所致,而是源自外部情况的变化和其他意外因素,但如果行为人长期从事此类器官捐献和移植手术,或者之前出现过类似情况的先例,无法认为行为人不具有预见可能性。医生仍有义务审核和避免该风险,如果未履行查明和告知义务,则医生应被归责。

总而言之,当行为人负有特别义务时,如果是故意地不告知被害人风险,构成欺骗,被害人不论是出现法益错误还是动机错误,都应当归责于行为人;如果是过失地不告知风险,或者没有认识到风险,不构成欺骗,但仍应归责给行为人。此时的归责根据就是特殊义务,被害人有权信赖医生"以实现患者的利益作为其义务和责任"。[81] 反之,如果医生履行了查明和告知义务,患者在获得了充分的风险告知之后作出了同意的意思表示,即意味着患者对医疗行为及其风险的承担,以及进而容认了风险实现的结果,属于危险接受,应由被害人自我答责,其同意有效。[82] 因此,在上述案例中,应认为被告人作为医生而未告知风险的行为属于"欺骗他人捐献器官",根据我国《刑法》第 234 条之一第 2 款,存在成立故意伤害罪的可能性,而不仅仅像法院判决的结论那样成立组织出卖人体器官罪。[83]

---

[80] 该案例改编自河北省三河市人民法院刑事判决书,(2016)冀 1082 刑初 144 号。案例来源:同上注,第 55 页以下。
[81] 深究下来,这种医生的告知义务最初能够从"一切托付于我"的父权主义思想中推导出来。这种父权式的医疗必须以医患之间的充分信赖作为前提。参见陈子平:《医疗上"充分说明与同意(Informed Consent)"之法理》,载《东吴大学法律学报》2000 年第 1 期,第 50 页。
[82] 同前注[77],第 187 页。
[83] 其实,这种情况是否成立组织出卖人体器官罪,亦有待商榷。因为一对一的、单次的、自愿且不存在中介的器官买卖行为不符合组织出卖人体器官罪中的"组织"这一构成要件要素。[参见张明楷:《刑法学》(第五版),法律出版社 2016 年版,第 864 页;张明楷:《组织出卖人体器官罪的基本问题》,载《吉林大学社会科学学报》2011 年第 5 期,第 92 页以下;熊永明:《组织他人出卖人体器官罪争点问题研究述评》,载《法治研究》2012 年第 7 期,第 50 页]不过,单个的器官买卖也可能以违背公序良俗或者不法原因给付的理由否定同意效力,不能阻却故意伤害罪的成立。由此也暗合了本文的结论。

五、结论

根据笔者的理论,传统上对于法益错误与动机错误的区分出现重大变动。许多传统上被认为是法益错误的情形,被笔者归类为动机错误,并通过动机错误的类型化,进一步区分讨论。具体对比和结论参见(表1)。通常来讲,法益错误的情形下,被害人由于行为人的欺骗成为无故意的工具,因而行为人取得对因果流程的支配,成立间接正犯,排除被害人答责,其同意无效。这一结论与传统法益错误说基本是一致的。问题主要出现在动机错误的场合,通过人身法益与财产法益的区别,借助被害人答责的原理,本文主张对动机错误的效力予以具体认定。不过,在涉及被害人与行为人负有查明义务和保证人义务的场合(第三、四条正面判准),法益错误与动机错误的区分已经没有必要。如果能够认定被害人未履行查明义务,就应由被害人自我答责;或者如果认定行为人负有保证义务,就应排除被害人自我答责。即使在法益错误的场合也不例外。在具体应用时,除了间接正犯成立排除被害人答责的外部标准之外,可能先要适用第三、四条正面判准来判断答责性,不符合第三、四条情形的,再考虑究竟是法益错误还是动机错误,通过第一、二条正面判准来判断同意效力。

按照本文的规范进路,笔者所构建的同意学说展现出四个重大的理论转向:

其一,由事实判断转换到规范判断,构建规范化的判断路径。针对法益错误说混淆规范与事实,以及缺少规范判断层次的局限,笔者主张在法益错误说之外,构建一个涵盖所有场合的、明确有效的标准,对事实错误进行规范判断。这就是规范性答责(被害人自我答责)的路径。

其二,由法益视角转换到因果性视角,不凭借法益概念,而是凭借因果关系理论来解决同意的效力问题。"当人们在进行法益处分时,不得不将其放在与其他事项的关联中,衡量其所具有的价值及重要性,以及与某种目的的关系。"只有突破从事实性条件关系来把握错误的局限,通过规范归责的考量,才能彻底解决法益错误说所存在的问题。

其三,引入"间接正犯/被害人自我答责"的两极构造,对于能够认定间接正犯的支配的情形,对被害人自我答责进行外部排除。以错误为联结点,实现间接正犯中通过错误的支配与同意理论的对接,重新界定不同类型的错误以及对同意效力的影响程度。行为人与被害人的互动关系被置于间接正犯(意思支配)的构造中予以考察。

其四,借助被害人视角的理论工具,构建新的自我答责性判断的正面规则。笔者认为,脱离同意理论本身的束缚,从被害人的自我决定权或意志自由出发,根据被害人自我答责的原理,同时借助中观层面自我决定权与刑法家长主义的关系框架,并糅合部分被害人教义学的内容,才能决定被害人的答责能力和答责范围。被害人自我答责是被害人同意效力的前置性判断规则,只有对答责性判断完毕之后,才能得出同意是否有效的最终结论。

总之,本文对于同意效力的认定,是在进行事实层面的错误性质和规范层面的答责归属的判断之后,才能最终得出的结论,因而其原理不仅涉及法益阙如或法益要保护性欠缺,还涉及被害人的值得保护性与需保护性、被害人的自我决定与自我答责,以及风险和损害在行为人与被害人之间的分配,从而走向以风险分配和积极的一般预防为功能导向的被害人教义学原理。归根结底,同意瑕疵的处理规则实际上要解决的是如何在同意者和侵犯者之间进行风险分配。[84] 由此,最终导致的结局毫无疑问是,被害人同意的理论根据或合法性基础被部分解构或全面颠覆。当然,这又是另外一个问题。

表 1

法益性质	错误类型	法益错误说	本文观点	法益错误说的结论	本文的结论	法理根据
人身法益	癌症弃疗案	法益错误	动机错误	无效	原则上有效;但医患关系场合利用优势认知的支配:无效	间接正犯中利用优势认知的支配,排除被害人自我答责
	紧急状态错误(角膜移植案)	动机错误	禁止性错误(不可避免)	有效[85]	无效	类比间接正犯中通过强制的支配,转用"责任原则",排除被害人自我答责
	人身法益的目的错误	动机错误	动机错误	有效	有效	自我答责原则缩限;家长主义撤出保护

---

[84] 同前注[79],第 44 页。
[85] 注意,一些法益错误说论者也认识到了"角膜事例"中同意有效的结论是不妥当的,法益错误说存在困境。但这些论者认定同意无效时,是另外借助了紧急避险的原理,"无效"并非根据法益错误说本身所能得出的结论。因此,应当认为,纯粹根据法益错误说得出的结论只能是同意有效。

(续表)

法益性质	错误类型	法益错误说	本文观点	法益错误说的结论	本文的结论	法理根据
财产法益	财产法益的同质性交易	法益错误	交换关系错误（动机错误）	无效	有效	答责能力；自我保护义务；危险接受
	财产法益的目的错误	动机错误	动机错误	有效	作为交易基础的目的：无效；非作为交易基础的目的：有效	答责能力；规范保护目的
	不法原因给付的错误	动机错误	动机错误	有效	无效	超越处分权限；家长主义介入保护

禁止错误的法哲学问题[*]

[德]弗兰克·萨利格[**] 文 申屠晓莉[***] 译

要 目

一、问题的范围
二、禁止错误的法哲学问题
　（一）不法意识的对象
　（二）非法治国家的禁止错误
　（三）法律状态不明与不法怀疑
　（四）不可避免的禁止错误之路径——法律咨询
三、结论

摘 要 不法意识的对象是刑法构成要件类型化之不法。在非实证主义法律概念的基础上,非法治国家也可能存在禁止错误。但若依指令的行为属于极端不法情形,则一般不能认定排除责任。如果是因为客观法律状态的混乱造成的法律状态不明的情况,那么该刑法规定就不具有可适用性;若法律状态不明的情形比较轻微,则只有在行为人有充分理由证明自己处于不法怀疑时,才能认定其欠缺不法意识。要求行为人对获得的法律意见进行审查的义务必须是公平公正的、切合问题本身的、与生活休戚相关的。

关键词 禁止错误　不法意识　法律状态不明　不法怀疑

---

[*] 原文参见 Frank Saliger, Rechtsphilosophische Probleme des Verbotsirrtum, FS-Kindhäuser, 2019, S. 425-439。译者已获得作者的翻译授权,感谢邓卓行、郑童、陈多智、李夏菲、柳婷婷等挚友为本文翻译提供的帮助。本文的摘要和关键词乃译者所加。
[**] 德国慕尼黑大学刑法学、刑事诉讼法学、经济刑法学和法哲学教席教授。
[***] 浙江大学法学博士。

一、问题的范围

乌尔斯·金德霍伊泽尔(Urs Kindhäuser)是德国刑法学界为数不多的将法理学和刑法教义学充分结合的代表。寿星(乌尔斯·金德霍伊泽尔教授)也将这一罕见的能力多次运用于澄清禁止错误的相关问题。[1] 有鉴于此,基于禁止错误近来已经引发了层出不穷的讨论[2],在这些新挑战下,从法哲学层面观照其核心问题正当其时。

事实上,禁止错误回答的是一个法哲学上的刑法基本问题:公民必须从刑法秩序中了解到什么,从而能够在主观上谴责其违反刑法的行为,亦即对抗秩序的行为?国家学和刑事政策将此表述为:"在刑法的一般预防功能不会受到损害的前提下,国家和社会(能够)容忍行为人多大程度的无知?"[3]

对于上述问题,俗语迄今为止给出了如下回答:"不知法律不免罚。"[4] 也就是说,行为人对自己的犯罪行为承担责任,并不要求他在主观上对刑法秩序有所认识,法律错误不免责(error iuris nocet)。《帝国刑法典》的立法者也曾主张,对刑法的认识错误是不值一提的,虽然这种观点并没有在法条中体现出来。[5] 直到1949年,刑法的责任原则在业已生效的《基本法》的支配下被确立,法律认识错误才获得了基本的关注。这是因为,如果不重视法律认识错误,甚至在无过错的禁止错误中都允许刑罚存在的话,那么就违反了所有刑罚均以责任为前提的原则。因此,正当地进行责任非难,要求行为人已经认识到或本可以认识到行为的不法,尽管存在合法的替代行为,但其依然决定对抗法律。[6]

1975年以后,《刑法典》第17条关于禁止错误的规定确立了不法认识和责任原则之间的联系。据此,只有在禁止错误不具有避免可能性时,才能排除责任,而在具有避免可能性时,则能减轻刑罚。[7]《刑法典》第17条明确了有关不法认识和责任之间关系的核心问题。所以,当立法者将不法意识作为责任的独立要素,而非故意的内容时,就遵循了责任理论。[8] 此外,立法者已经澄清,责任原则并不要求现实的不法意

---

[1] 参见 Kindhäuser, GA 1990, 407; ders., FS-Streng, 2017, 325; allgemein ders., AT, 8. Aufl., 2017, §28。

[2] 例如参见 Leite, GA 2012, 688; Gaede, HRRS 2013, 459; Cornelius, GA 2015, 108; Pawlik, FS-Neumann, 2017, 994。

[3] Jakobs, Strafrecht AT, 2. Aufl., 1993, 19/33.

[4] 参见 Schmitt-Wiegand, Deutsche Rechtsregeln und Rechtssprichwörter, 1996, S. 329。

[5] BGHSt 2, 194, 204。

[6] 早在1952年的基本观点 BGHSt 2, 194, 200 ff。

[7] 关于承认法律认识错误的发展进程,参见 Heger, in: Sinn (Hrsg.), Menschenrechte und Strafrecht, 2013, 77, 80 ff。

[8] 通说观点,仅参见 Roxin, Strafrecht AT/1, 4. Aufl., 2006, §21 Rn. 1 ff.; Kindhäuser, AT, §28 Rn. 2 ff。

识。这是因为,若法律能够惩罚可避免的禁止错误,则符合将潜在的不法意识作为责任刑的前提。[9] 总而言之,立法者将附加避免可能性概念的禁止错误理解为"心理—规范"的混合概念,将不法认识中事实上的可能性和规范上的期待可能性相结合,就允许将责任也归属于那些不关心或者不知晓法律的行为人。[10]

但《刑法典》第17条并未对其他几个重要问题做出回答。比如,关于不法意识的对象[二(一)],非法治国家中的禁止错误[二(二)],法律状态客观不明时对不法怀疑的处理[二(三)],或者在征求法律意见后,禁止错误的不可避免性[二(四)]。前两个禁止错误的传统疑问建立在法哲学的根本问题之上:法律、道德和伦理的关系中,以及法律的内部结构中的不法意识的对象是什么;在非法治国家,法律的概念和被洗脑的行为人的禁止错误避免可能性。后两个问题最近特别具有实践意义。在欧洲的、跨国的和全球化的法律世界中,不法怀疑的急剧增加以及征求法律意见情况的持续增多,标志着对不断复杂化的国家(刑事)法律规范的回应。[11] 什么是合法,什么是不法,越来越不那么显而易见了。[12] 这从根本上挑战了禁止错误的概念。[13]

本文献给乌尔斯·金德霍伊泽尔,借此对学术上的合作以及经允许从他的文章中所汲取的不少敏锐的见解,表达深深的感谢。

二、禁止错误的法哲学问题

(一)不法意识的对象

早在1952年,刑事大法院就对此进行了阐述,这一论述至今仍深刻影响着主流观点:

"无论在何处,违法性认识都既不是对可罚性的认识,也不是对含有禁止规定的法律条款的认识。此外,行为人意识到自己的行为在道德上受到遣责,也不足以构成违法性认识。这其实是说,行为人不是在法律技术的评价中,而是在与之思想世界相应的一般价值判断中,必须认识到或者在应有的良知下本可以认识到其行为的不法性。"[14]

---

[9] Kindhäuser(Fn.8), § 28 Rn. 11; Neumam, in:Nomos Kommentar, StGB, 5. Aufl. ,2017, § 17 Rn. 53.
[10] 对此,参见 Schroeder, in Leipziger Kommentar, StGB, 12. Aufl. ,2007, § 17 Rn. 27; Neumann, in:Nomos Kommentar StGB(Fn.9), § 17 Rn. 55.
[11] Naucke, FS-Sohroeder, in Leipzigor Komentar Roxin, 2001, 514, 516 f.
[12] 早在1952年,刑事大审判庭就已经对此表示抱怨,见 BGH(G) St 2, 194, 202 f.
[13] 确信犯和良心犯是具备对法律禁令的常规认识的,而非处在禁止错误中,这方面的法哲学疑问并不在讨论范围内,因为这个问题仅仅靠禁止错误的规则无法被解释。对此,参见 Roxin(Fn.8), AT/1, § 21 Rn, 15; Neumann, in:Nomon Kommentar StGB(Fn.9), § 17 Rn. 40.
[14] BGH(G)St 2, 194, 202;也参见 BGH(G)St 11, 263, 266.

不法意识并不意味着可罚性认识[15]，这一点通过《刑法典》第17条的表述就能体现出来。因为该条文所表述的只是欠缺对不法行为的认识，而不是欠缺对行为可罚性的认识。[16] 在这个问题上，区分不法认识和可罚性认识是必要的。否则——除去核心刑法中诸如杀人罪、伤害罪或非法拘禁罪等重要罪名——事实上就只有刑法学家才可能对所有《刑法典》规定的罪名承担刑事责任。因为在通常情况下，一般的犯罪行为人都是既不了解《刑法典》的条文，更不了解刑事裁判的法律外行。据此，行为人甚至就部分核心刑法，例如赌博刑法，都可以因缺乏具体的可罚性认识而不可辩驳地被排除责任，更别说数量庞大的附属刑法了。希冀国家将所有的公民都培养成对刑法无所不知的行家并不能解决这个问题，因为这样的方法是不切实际的。可是，如果现实中只有刑法学家才面临蒙受刑法秩序下的所有犯罪惩罚的风险，那么这已然与法律面前人人平等的原则相悖了。

将可罚性作为不法意识的对象很难让人信服，将不法意识与道德、伦理相联系的观点也难以立足。虽然必须承认，核心刑法中如杀人罪、伤害罪等重要罪名也是基于道德和伦理设置的，因而违反道德伦理的认识和违法性的认识在很大程度上是并行不悖。然而，这种平行性不仅在道德中立的附属刑法（例如，资产负债表刑法、食品刑法和信息技术刑法）[17]中不存在，而且在核心刑法的很大一部分罪名中也不存在。并非一切违反道德或伦理的行为都会规定在核心刑法中进行处罚，比如通奸和鸡奸。反之，核心刑法中的诸多罪行也并不建立在违反道德伦理的基础上，例如未经许可开动核设备罪（《刑法典》第327条）或未经许可的赌博罪（《刑法典》第284条和285条），这两类行为都是因缺乏行政许可而被犯罪化的。

随着现代社会的多元化，刑法和道德的分离不断加剧。如果道德和伦理持续性地被改变，同时又丧失普遍约束力，那么刑法在未来可能会越来越少地依赖道德和伦理，这冲击了将道德的禁止认识和法律的禁止认识相等同的根基。就此而言，对行为违反道德伦理的认识尚且可能作为其同样知晓法律禁止性的依据。但是，对一个具有违法性的行为而言，是否认识到违反道德伦理并不产生任何关乎责任的诉求效果。[18]

在可罚性认识和违反道德伦理的认识被否定后，持续不断的分歧仍会产生。根据通说，不法意识是对为刑法构成要件所包含的特定法益侵害的认识[19]，以及对构成要

---

[15] 比如参见 Schroeder, in: Leipziger Kommentar StGB(Fn. 10), § 17 Rn. 7；类似的观点也参见 BeckOK-StGB/Heuchemer, Stand: 1.5.2018, § 17 Rn. 8。

[16] Roxin(Fn. 8), § 21 Rn. 13；以及 Neumann, in: Leipziger Kommentar StGB(Fn. 9), § 17 Rn. 22. 其他观点参见 Schroeder, in: Leipziger Kommentar StGB(Fn. 10), § 17 Rn. 7。

[17] 关于各领域的论述，参见 Esser u. a., Wirtschaftsstrafrecht, 2017。

[18] 参见 Roxin(Fn. 8), § 21 Rn. 12; Neumann, in: Nomos Kommentar StGB (Fn. 9), § 17 Rn. 13; Kindhäuser(Fn. 8), § 28 Rn. 8。

[19] BGHSt 10, 35, 41 ff.; 15, 377, 383; 45, 97, 101; BGH NJW 1999, 2908, 2909; Kindhäuser(Fn. 8), § 28 Rn. 7 f.

件类型化的不法[20]的认识,这种不法意识可能来源于违反任何一种法律规范的认识。[21] 与此相对,有一种值得注意的少数派观点认为,不法意识要求行为人认识到行为具有法律上的制裁可能性,这种制裁可能性有别于法律上的矫正可能性。[22] 如果行为人具备违反民事法律规范的认识而欠缺刑事制裁的认识,那么区分这两种观点的实际意义就得以体现:在这种情况下,主流观点排除禁止错误的适用[23],而少数派观点则是基于欠缺法律制裁可能性认识而肯定禁止错误。[24]

但是,这种分歧不应被夸大。首先,外行人可能多将法律禁止理解为刑法上的禁止,以至于不法意识常常会表现为一种可罚性认识。[25] 其次,责任原则事实上是否迫使人们将不法意识理解为对刑事制裁性的认识,尚且存疑。[26] 从法律咨询的实践中可以发现,通常公民只要存在民事违法性或行政违法性的顾虑,就足以推动他们去寻求刑事上的法律帮助。在这一点上,主流观点至少是具有代表性的。当然,不法意识中的可罚性参考仍然没有改变:如果行为人已经从一个预防性法律意见书中得到了否定不法的答复,并且基于不可罚而积极行事,那么行为人就不具有不法意识。[27]

(二) 非法治国家的禁止错误

禁止错误的第二个传统法哲学问题,是非法治国家的禁止错误。德国刑事司法在此前的纳粹统治时期和东德时期,就曾两次面临这一艰巨的任务,即追究身处非法治国家的行为人的责任。尤其是在处理东德问题时,刑事司法在绝大多数情况下都认定行为人需要承担刑事责任,并将此类情形认定为一种可避免的禁止错误。这尤其适用于联邦法院对于柏林墙守卫案的可罚性认定,即边防军官、国防委员会成员以及政治局成员枪杀越墙者的可罚性问题。[28]

这个褒贬不一的判决是以特定的、极具争议的法哲学假设为出发点的。[29] 对于一个误以为其行为与非法治国家的制定法、国家实践相符的行为人来说,认定禁止错

---

[20] OLG Stuttgart NStZ 1993, 344, 345.
[21] BGH NJW 2011, 1236, 1239; BGHSt 58, 15, 27.
[22] Neumann, in: Nomos Kommentor StGB(Fn.9), § 17 Rn. 21 ff.支持该观点的文献证据在边码 22(Rn. 22)脚注 77 处。
[23] 详细参见 BGH NJW 2008, 1827, 1830 中关于违反法律规定的押金投资的相关义务之认识(§551 Abs. 3 D-BGB)。
[24] Neumam, in: Nomos Kommentor StGB(Fn.9), § 17 Rn. 21.
[25] Roxin(Fn.8), § 21 Rn. 13.
[26] 有关这方面,参见 Zabel, GA 2008, 45; BeckOK-StGB/Heuschemer, § 17 Rn. 8.1。
[27] 参见 BGH NStZ 2013, 461; BGH NJW 2017, 1487, 1489; T. Walter, Der Kern des Strafrechts, 2006, S. 304。
[28] BGHSt 39, 1; BGHSt 39, 168; BGHSt 40, 218; BGHSt 40, 241; BGHSt 45, 270; BGH NJW 2003, 522.
[29] 持赞同观点的,参见 Werle, NJW 2001, 3001;持批判性观点的,参见 Neumann, in: ders., Recht als Struktur u. Argumentation, 2008, 163 ff。

误仍然需要满足很多条件。因为,只有在非实证主义法律概念的基础上才能实现合制定法性(Gesetzmäßigkeit)和违法性(Rechtswidrigkeit)的分离,就此概念而言,极端的实证性不正义就不是(有效的)法律。[30] 东德《边界法》第 27 条将杀害跨越东西德边境者的行为正当化,但联邦最高法院基于其不符合拉德布鲁赫公式而否认了这一规定的有效性,从而实现了对边境士兵的处罚。[31] 根据拉德布鲁赫公式,当制定法违反正义的程度达到了不能容忍的地步时,那么这一内容上不正义的制定法就不再具有效力。[32] 这一公式是非实证主义的,因为它将实定法的效力与基本的正义要求相联系,而非取决于规定,这在拉德布鲁赫看来体现为人权理念。[33]

除了拉德布鲁赫公式,联邦最高法院也从人权角度解释了东德的《边界法》。[34] 但这种外部和内部双重视角的结合,并没有改变联邦最高法院在总体上以非实证主义的形式来审查东德的法律。联邦宪法法院(BVerfG)和欧洲人权法院(EGMR)最终同意了这一审查。正如联邦宪法法院在明确提及拉德布鲁赫公式[35]时所说的那样:"在这种极其特殊的情况下……实质正义的规范也包括国际法所认可的人权,(不允许)适用一个所谓的正当化事由。那么,《基本法》第 103 条第 2 款规定的禁止溯及既往对信赖利益的严格保护就必须被撤回。"[36]对此,欧洲人权法院也认定,德意志联邦共和国法院的判决并未违反《欧洲人权公约》(EMRK)第 7 条第 1 款的罪刑法定原则。[37]

在以往制度不法的司法裁判中,这种非实证主义的法律概念确实优越于实证主义的法律概念。因为在实证主义法律概念的基础上,若新的立法者缄口不言,则要么只能惩罚过限行为,要么当实证主义的法律概念包含不复存在的国家实践时,就完全无法制裁体系化的犯罪行为。[38] 而针对非实证主义法律概念的质疑并没有起效。一方面,由于拉德布鲁赫公式的适用也只限于极端的例外情况,因此过度犯罪化并不会出现[39];另一方面,非实证主义的法律概念并未否定所有的禁止错误。有观点称,"不人

---

[30] 代表性观点,参见 Alexy, Mauerschützen. Zum Verhältnis von Recht, Moral und Strafbarkeit, 1993, S. 4.
[31] 仅参见 BGHSt 39, 1, 16 和 BGHSt 40, 241, 244。
[32] Radbruch, SJZ 1946, 107.
[33] Saliger, Radbruchsche Formel und Rechtsstaat, 1995, S. 26 f.
[34] BGHSt 39, 1, 23 ff. 以及 BGHSt 39, 168, 184 f.; dazu Schroeder, JR 1993, 47 ff.
[35] BVerfG NJW 1997, 929, 931.
[36] BVerfG NJW 1997, 929, 930.
[37] EGMR NJW 2001, 3035, 3038 ff.
[38] 赞同后一种情况的观点,参见 Jakobs, in: Isensee (Hrsg.), Vergangenheitsbewältigung durch Recht, 1992, S. 43 ff., 53, 64;赞同限制于过限行为的观点,参见 Lüderssen, Der Staat geht unter-das Unrecht bleibt?, 1992, S. 147, 150 f。
[39] BVerfG NJW 1997, 929, 931;在这个问题上与之相同的,参见 Radbruch, in: W. Hassemer (Hrsg.), Rechtsphilosophie III, Radbruch Gesamtausgabe Bd. III, 1990, S. 108.

道的犯罪(即核心刑法中的罪行)"是"一种违反人性的法律形态"[40],这一观点难以让人信服。不法意识的对象是犯罪构成要件类型化的不法。[41] 在非实证主义法律概念的基础上,形式合法性(符合法律规定)与实质合法性(按照拉德布鲁赫公式)在非法治国家可能是彻底分离的,禁止错误的可能性因这种分野而产生。因此,刑事法院在柏林墙守卫案中对边境士兵的设想是正确的,为阻止叛逃,他们可以按照指令射杀跨越边境者,这被视为禁止错误。[42] 因此,禁止错误在非法治国家也可能存在。[43]

目前尚未清楚的是,如何判断禁止错误的避免可能性。没有异议的是,避免可能性的检验——不同于一般原则——并不建立在行为人可能从一个非法治国家的议员代表那里获得哪些信息。这是因为,如此一来,非法治国家就能通过证明行为具有合法性,使得其领导人及追随者免受刑事追诉。[44] 但有争议的是,在极端的和明显的不法之间是否存在一种毫无例外的或者纯粹规范化的联系[45],或者说,鉴于非法治国家的意识灌输以及行为人的认知欠缺,禁止错误是否始终是不可避免的。[46]

必须区分依指令行为的禁止错误和其他情形。执行命令的下级行为人只有在命令明显具有违法性的情况下(根据《军事刑法》第5条第1款)才承担责任。柏林墙守卫案的判决在联邦宪法法院的批准下得以确定。因为持续射杀没有武装的越墙逃亡者是一种"如此可怕且没有任何合理正当性的行为……,即使是对于一个被洗脑的人,也毫无疑问能理解这是违反基本杀人禁令的行为"[47]。与之相应,如果是明显违反刑法的情况,那么原则上禁止错误也应是可以避免的。[48] 一些个体的特殊性,如其受到的基础教育和职业教育,其事业和其在命令层级中的地位(普通的边防士兵、主管士官、军官、国防委员会成员,等等),都应当在量刑中被考虑。[49]

反之,在非法治国家中,禁止错误的避免可能性在无指令行为中就仅仅是个别案件情况的问题。[50] 然而,在极端客观不法的情形中,免除责任的空间无论如何也会是

---

[40] Naucke(Fn.11), 515; 也可参见 BGHSt 2, 234, 237 ff.; A. Kaufmann, Das Unrechtsbewusstsein in der Schuldlehre des Strafrechts, 1949 (Nachdruck 1984), S. 155 ff。
[41] 见上文二(一)。
[42] BGHSt 39, 1, 35; BGHSt 39, 168, 188 ff. 有关国防委员会和政治局的成员不再分别认定为禁止错误,参见 BGHSt 40, 218, 238 ff.; BGHSt 45, 270, 305; BGH NJW 2003, 522, 527。
[43] Neumann, in: Nomos Kommentor StGB(Fn.9), § 17 Rn. 99 ff。
[44] 参见 BGHSt 39, 168, 189; Neumann, in: Nomos Kommentar StGB(Fn.9), § 17 Rn. 101。
[45] 关于前一种联系的观点,参见 Herzog NJ 1993, 3 f.; 赞同后一种联系的观点,参见 Alexy(Fn.30), S. 24 f。
[46] 参见该文献中三种不同意见 EGMR NJ 2001, 268, 272 ff.; 以及 Arnold, FS-Rottleuthner, 2011, 453 ff。
[47] BGHSt 39, 1, 34; BGHSt 40, 241, 251; BVerfG NJW 1997, 929, 933。
[48] BGHSt 39, 168, 191 f。
[49] 参见 BGHSt 39, 1, 35 f.; BGHSt 39, 168, 192 ff.; BGHSt 45, 270, 305; Saliger(Fn.33), S. 41 m. Fn. 171。
[50] 参见 BVerfG NJW 1997, 929, 933。

非常有限的。[51]

(三) 法律状态不明与不法怀疑

对禁止错误而言,法律状态不明及对应的不法怀疑的意义至今还未获得令人满意的解答。[52] 这一问题在很大程度上是与实践相关联的,原因是,随着国家法律制度的复杂化以及诸如欧洲法一类的多层次制度体系的影响,法律状态不明和相应的不法怀疑显著增多。[53] 包括附属刑法和核心刑法在内的整个刑法领域,都涉及法律状态不明的问题。

法律状态不明[54]可能由各种不同的原因导致:第一,《刑法典》的条文可能是不明确的或者是模棱两可的。随着立法者越来越多地通过刑法来寻求目的程式,从而取代条件程式(如洗钱罪),这种情况在国际规则的影响下不断增多,其使得规范越来越含糊不清。

第二,法律状态不明也可能是由于缺少将法律规范具体化的司法裁判。联邦宪法法院已经强调,鉴于无法避免地要适用需要价值补充的概念和刑法典中的一般条款,判例也能够被援用,并通过一种具体化和实践性的解释来为公民提供刑法规范的明确性保障。[55]

第三,越来越多的法律不明状态都源于不一致的司法判决。[56] 这不仅仅和不同级别的法院所作出的差异性判决有关,而且更频繁出现的情况是,最高级别的专门法院(比如,联邦宪法法院和联邦最高法院就刑事案件)所作出的不同裁判,甚至是同一高等法院的不同刑事审判庭所做出的不同裁判,这种情况下都无法从刑事大法庭获得一个澄清性的判决。[57]

第四,法律状态不明还可能是源于刑事规范的民事从属性或者行政从属性。如果用不完善的行政规章来规制刑事调控范围外的监管问题,那么此处就可能导致刑法规范的不可适用,这种情况出现在,比如在涉及德国的赌博刑事规定(《刑法典》第284条以下)案件中,针对一个私营的、在其他欧盟国家获得经营许可的体彩经营商的责任

---

[51] Neumann, in: Nomos Kommentar StGB(Fn.9), § 17 Rn. 102; Saliger(Fn.33), S. 41.
[52] 针对该问题最近的讨论有 Laite (Fn. 2), 688; Cornelius (Fn. 2), 101; Pawlik (Fn. 2), 985; Neumann, in: Nomos Kommentar StGB(Fn.9), § 17 Rn. 33 f. 以及 67 ff.
[53] Naucke(Fn. 11), 514, 516 f.; Heger (Fn. 7), 93 ff.
[54] Dimakis, Der Zweifel an der Rechtswidrigkeit der Tat usw., 1992, S. 169. 该文中提及了不真正的限制性不法意识。
[55] 具有代表性的观点,参见 BVerfG NJW 2010, 3209, 3211 f. Rn. 77 ff.
[56] 以下述文献代表全部;Neumann, in: Nomos Kommentar StGB(Fn.9), § 17 Rn. 67 ff.
[57] 最著名的案件是由联邦最高法院刑事审判庭根据旧版《刑法典》第73条,就毛利没收问题所做出的不一致判决;对此参见 Neumann, in: Nomos Kommentar StGB(Fn.9), § 73 Rn. 15 ff.

问题。[58]

法律状态不明情形的增多威胁到刑法基本的有效性和可贯彻性。如果具有不法意识并不影响归责后果，那么从客观层面讲，日益增多的明确性问题也不可能长期存在。主流观点至今仍然用一种烦难的方案来处理有条件的不法意识（das bedingte Unrechtsbewusstsein），从而掩盖这些影响。[59] 据此，一方面，行为人认识到行为可能违反法律同时又容认了这种可能性时，不法意识就已构成。[60] 另一方面，如果行为人基于事实上查明法律的努力，做出了这种有条件的不法意识的假设，那么此时司法实践也未必会严格地排除禁止错误的适用。[61] 比如行为人咨询了专业人士，并获得了合法结论，基于对这一法律意见的信任而行事，那么有条件的不法意识在该情形中就应当被排除。[62] 反之，如果行为人游走在合法的边缘，他所获得的是针对商业模式的法律建议，这些建议旨在规避可能具有可罚性的行为，那么就应当认定行为人存在有条件的不法意识。[63]

这种对有条件的不法意识的区别对待表明，这一规则处理法律状态不明和不法怀疑的效果是显著的，这种标准在客观上和主观上都区别于通说：客观而言，"一种极端不明确的法律状态的风险……并不应当只由受规范约束的一方"来承担[64]，这即是说，法秩序的规制缺陷不允许被作为一种认识缺陷，而由公民来背负其负面后果[65]；主观而言，在预想到行为可能具有不法性的情况下，行为人出于何种原因、在何种情形下仍然未劝阻自己，这对于非难可能性的范围是关键的。就此而言，存在不法怀疑时行为的非难可能性即使不能被完全排除，最起码也能被大大降低。[66]

上述两种标准在应对不法怀疑时具有如下意义：在讨论一个禁止错误的问题之前，首先必须审查不明法律状态的类型和结构。如果法律状态不明的原因是应由国家承担责任的规范或规则混乱，例如立法、行政和司法共同导致了法律状态不明的情况，那么这些造成混淆的规范因缺乏可确定性和出于宪法上的理由（《基本法》第103

---

[58] 对此，参见 Saliger/Tsambikakis, Neutralisiertes Strafrecht, 2017。
[59] 对概念进行批判的参见 Leite(Fn.2), 688。
[60] 固定的判例如下：BGHSt 27, 196, 202；BGHSt 45, 148, 156；BGHSt 58, 15, 27 Rn. 65。持赞同观点的，参见 Kühl, in: Lackner/Kühl Kommomtar StGB, 28. Aufl., 2014, § 17 Rn. 4。引起国际反响的，参见 Leite(Fn.2), 689 mit Fn. 12。
[61] 有关这种不一致性，参见 Warda, FS-Welzel, 512 ff.；Roxin(Fn.8), § 21 Rn. 34 mit Fn. 54；Kirch-Heim/Samson, wistra 2008, 82；Leite(Fn.2), 691 f.。
[62] BGH NJW 2007, 3078, 3079；OLG Stuttgart NJW 2006, 2422, 2423。
[63] BGHSt 58, 15, 27 f.；以及 BGH BeckRS 2008, 06865 Rn. 36；Kirch-Heim/Samson(Fn.61), 82。
[64] BGH NJW 2007, 3078, 3079；OLG Stuttgart NJW 2008, 243, 245。
[65] Neumann, in: Nomos Kommentar StGB(Fn.9), § 17 Rn. 72；Gaede(Fn.2), 459.
[66] 详细的分析，参见 Warda, FS Welzel, 1974, 505 ff。

条第2款)就已经不可适用了。[67] 假如国内刑法规范的适用与欧盟法相冲突,那么国内刑法规范就会因此失效。[68] 在这种情况下,也就不存在所谓的禁止错误了。

如果法律状态不明的情况比较轻微,那么就只有在行为人有充分理由证明自己处于不法怀疑的状态时,才可能不同于通说理论而否定不法意识。[69] 因为,有充分的依据证明不法怀疑的行为人,也就会充分相信自己的行为或许是合法的。[70] 而且,处于不明法律状态的公民在不能确定行为不受刑事处罚的时候,要求他始终对仅仅可能的禁止行为保持不作为,这一点难以让人信服。[71] 如果一种不能归咎于行为人的不明法律状态尚在持续且补正措施不明确,同时对行为人而言,出于合法利益(比如基本权利的行使)而无法指望获得一个最终的司法澄清,那么行为人就具备了充分的不法怀疑。[72] 行为人以没有最高法院的判决为由来期盼自己的行为不受处罚,这对不法怀疑来讲是无足轻重的。[73] 原因是,行为人应当弄清行为可罚的可能性,而非确定行为是不受处罚的。但是,倘若在不明法律状态下,行为人向特定的律师事务所进行了积极的法律咨询,甚至获得了国家法院毫无疑义的判决的支持,那么这种情况就不同于欧盟法院的判决[74],禁止错误是可能成立的。[75] 因为,从有资质的人那里获得可靠的法律意见是成立不法怀疑最充分的依据。

(四)不可避免的禁止错误之路径——法律咨询

这部分的问题是,在哪些具体的条件下,法律咨询会将一个有所怀疑的行为人引向不可避免的禁止错误。[76] 近年来,就行为人征求过法律意见的情况,联邦最高法院提高了认定排除责任的要求。具体而言,从行为人的角度看,法律答复和回答者都必须是可靠的,其中,答复必须包含否定不法的内容。[77] 可靠的法律答复是指,基于对事实情况和法律状态客观且谨慎的审查而得出的法律意见。这要求法律专家就一切既有事实和相关情形做全面的了解。假如存在复杂的事实情况或是明显疑难的法律

---

[67] 基本准确的论述,参见 Cornelius(Fn.2), 108 ff。在规范的核心区域和其扩散的边界区域之间,几乎没有便于操作的区分方式;也可参见 Gaede(Fn.2), 460。
[68] 详细可参见 Saliger/Tsambikakis(Fn.58), S. 27 ff。
[69] 同一方面的论述,参见 Puppe, FS-Rudolphi, 2004, 234 ff.; Leite(Fn.2), 702 f.; Pawlik(Fn.2), 994 ff.;以及 Zabel(Fn.26), 46 f.; Heger(Fn.7), 94 f.; Gaede(Fn.2), 454 f。
[70] Puppe(Fn.69), 236;也可参见 Warda(Fn.61), 504 f。
[71] Puppe(Fn.69), 235 f., Leite(Fn.2), 694 ff。
[72] 对此,参见 Saliger/Tsambikakis(Fn.58), S. 45 ff。
[73] 正如 BGHSt 58, 15, 28。
[74] EuGH NJW 2013, 3083, 3084 Rn. 37-39-Fall Schenker。
[75] 持反对观点的,参见 Eidam, ZStW 127 (2015), 123 f.;持批判性观点,还可参见 Bergmann, FS-Tolksdorf., 2014, 18 ff。
[76] 极具批判性的观点,参见 Dahs, FS Strauda BRAK, 2006, 99。
[77] BGHSt 58, 15, 29; BGH NStZ 2013, 461。

问题,那么通常而言,回答者就应当出具一份详细的书面意见。偏袒性法律意见,和那些明显粗浅的或者有缺陷的建议一样不可靠,而只具备单纯的掩饰功能。角度单一的法律答复同样也是不充分的。[78] 一个不明确、不清晰的法律意见无法提供否定不法的内容,这类法律意见是在没有对存在争议性的商业模式进行具体审查和了解的情况下做出的。[79]

回答者的可靠性是指,该主体担保其提供的回答是一种专业的、无偏见的信息,并且绝不会以此谋取私利。[80] 就此而言,一个律师出具的法律意见也并非是基于职业属性而必然值得信赖的。更具决定意义的是,从行为人的角度出发,该法律意见是否建立在仔细的审查和专业性知识的基础上。[81]

总体而言,上述征求法律意见的要求[82]是可以接受的,因为它并未过分要求行为人。然而,这并不适用于被判决所确认的再次审查义务。基本可以肯定的是,行为人无法借由征询法律意见来回避合法和不法的裁判。[83] 他之所以不能仅仅只信赖某一律师的见解,是因为这种见解对他是有利的。[84] 但是,倘若行为人出于其文化水平、经验阅历和职业等因素而无法轻易地相信对其有利的法律意见的正确性,同时也无法忽视与之相反的观点或判决,那么这样就倾向于存在不法意识。特别是当"行为的禁止性在基本的理智和良心下都能被明显察觉,或者行为人无法期许刑法尚未干涉该领域"[85]时,就不能理所当然地相信该法律领域中经验丰富的律师所出具的这份法律意见书。

在此,法院一方面低估了法学专业人士的说服力,另一方面又夸大了行为人作为法律门外汉的认识能力。[86] 所以,如果提供法律意见的人在形式上具备足够的资质,那么法院一般就不具有评估该法律意见专业性的元能力(Metakompetenz)。行为人该如何判断,一个专家是否已经分析了所有相互冲突的判例?虽然行为人仍然可能认识到,自己所获得的法律意见和终审法院的判决观点相悖[87],但是,要求行为人比正规有资质的专家更了解司法裁判,这对他而言是不合理的。[88] 通过第二个专家来检验第一个专家意见的可靠性,这种要求在此并非出路,因为这会导向无止境的专家意

---

[78] BGH (Z) NJW 2017, 2463, 2465; Kudlich/Wittig, ZWH 2013, 259.
[79] BGHSt 58, 15, 31; BGH NStZ 2013, 461; BGH (Z) NJW 2017, 2463, 2464 f.; Kirch-Heim/Samson (Fn. 61), 84 ff.
[80] 对此,详细的可参见 Kudlich/Wittig(Fn. 78), 256 f.
[81] BGHSt 58, 15, 30; BGH (Z) NJW 2017, 2463, 2464; Kirch-Heim/Samson(Fn. 61), 83 f.
[82] 立法者或者公共当局委托做出的专家意见也同样适用。
[83] BGHSt 21, 18 (21); OLG Frankfurt NJW-RR 2003, 263; Kirch-Heim/Samson(Fn. 61), 83.
[84] BGH NStZ 2013, 461; BGH NJW 2017, 1487, 1489; BGH (Z) NJW 2017, 2463, 2465.
[85] BGH NStZ 2013, 461; BGH NJW 2017, 1487, 1489; BGH (Z) NJW 2017, 2463, 2464 f.
[86] Kirch-Heim/Samson(Fn. 61), 83; Gaede(Fn. 2), 462 ff.
[87] BGHSt 21, 18, 22.
[88] 也可参见 Kudlich/Wittig(Fn. 78), 258。

见。确切而言(也是在经济上),法律意见的审查义务必须是公平公正的、切合问题本身的、与生活休戚相关的。[89] 诸如法律顾问经常性欠缺客观性[90]或者处于商业活动中的行为人通常具备禁止错误的避免可能性[91]等一揽子观点,在这里都不具有参考性,因为这些观点忽略了法律专业人士和普通人之间的知识不对称,以及不明法律状态日益增多的现实情况。

三、结论

不法意识的对象指的是刑法构成要件类型化之不法。在非实证主义法律概念的基础上,非法治国家的禁止错误是可能存在的,并且若依指令的行为属于极端不法情形,则一般无法认定免除责任。法律状态不明问题伴随着相应的不法怀疑应当这样被解决,即处于客观秩序混乱中的刑法规定是不可适用的。当法律状态不明的情形比较轻微时,如果行为人有针对不法怀疑的充分依据,那么就认定其欠缺不法意识。如果行为人获得了专业的法律意见,那么所要求的审查义务就必须是公平公正的、切合问题本身的以及与生活休戚相关的。

---

[89] 也参见 Gaede, HRRS 2013, 463。
[90] 例如 OLG Koblenz ZLR 1990, 177。言之有理的批判观点,参见 Kudlich/Wittig, ZWH 2013, 257。
[91] BGH (Z) NJW 2017, 2463, 2464。

[**前沿理论**]

组织犯的教义学考察

袁国何[*]

要 目

一、组织犯的立法源起考据
二、组织犯的法定属性考察
　（一）非实行行为性
　（二）确定的主犯性
　（三）处罚的严厉性
三、组织犯的正犯属性否定
　（一）组织犯的间接正犯性否定
　（二）组织犯的共同正犯性否定
四、组织犯的共犯属性肯定

摘 要 组织、领导犯罪集团进行犯罪活动的组织犯,是我国《刑法》所规定的较为特殊的共同犯罪人类型。组织犯所实施的组织、领导、策划、指挥行为,乃是非实行行为,组织犯具有非实行行为性;组织犯被《刑法》第26条明确规定为主犯,具有确定的主犯性;组织犯比一般犯罪人承担更为宽泛的刑事责任,并且不得适用缓刑,具有处罚的严厉性。凭借组织支配理论、利用无条件的犯罪决意理论而肯定组织犯的间接正犯性,或者将组织犯界定为共同正犯,会使正犯与共犯的界分标准过度实质化,即为了实现处罚的妥当性而扭曲了正犯与共犯的界分标准。在我国,没有必要将组织犯界定为正犯。在双层区分制之下,组织犯在构成要件判断层面属于共犯,在量刑判断层面属于主犯。

关键词 组织犯 非实行行为性 确定主犯性 处罚严厉性 共犯性

以区分制共同犯罪体系为基本框架,共同参与者被区分为正犯、教唆犯与帮助

---

[*] 复旦大学法学院副教授。

犯,这种三分法起源于1810年《法国刑法典》,后来在德国被1871年《德国刑法典》继承下来,也是当前《德国刑法典》的法定分类法,《日本刑法典》也继受了此种分类方法。与之不同,我国《刑法》第26—29条分别规定了主犯、从犯、胁从犯与教唆犯,被认为采取的是作用分类法为主、分工分类法为辅的区分方式[1],但是,我国刑法通说又认为共同犯罪人也可以在分工意义上区分为正犯、组织犯、教唆犯与帮助犯[2],其中,组织犯是德国、日本等大陆法系国家刑法立法和刑法学说中所欠缺的概念。

首先应当明确的是,我国学者虽多承认组织犯这一类型,但他们对组织犯的外延界定并不相同。有学者认为,组织犯乃是分工分类法细化过程中,从教唆犯、帮助犯中脱离出来的共同犯罪人类型,本质上仍然是以犯罪之分工职责为标准而加以界定的,与犯罪本身是否具备组织形式无关,组织犯不仅存在于犯罪集团之中,也广泛存在于一般共同犯罪之中[3];另有学者认为,组织犯就是组织、策划、指挥犯罪的人,包括犯罪集团中的首要分子和聚众犯罪中的首要分子,将组织犯与首要分子相等同[4]。马克昌教授指出:"我国刑法理论上的组织犯,是指组织、领导犯罪集团或者在犯罪集团中起策划、指挥作用的犯罪分子。……组织犯的组织行为,是针对犯罪集团而言的,在一般共同犯罪中,则不发生组织犯问题。"[5]陈兴良教授在其1992年出版的《共同犯罪论》中也将组织犯界定为"在犯罪集团中起组织、策划和指挥作用的"共同犯罪人。[6]马克昌教授认为,聚众犯罪中的首要分子不是组织犯,因为"聚众犯罪"是刑法分则规定的必要共同犯罪的一种形式,首要分子乃是聚众犯罪的构成要件或加重处罚条件,不属于刑法总论上的组织犯范围。[7] 在本文中,"组织犯"是指组织、领导犯罪集团进行犯罪活动的首要分子。

《刑法》对组织犯的规定,解决了很多司法实务中的难题,对此,陈兴良教授指出:

---

[1] 参见高铭暄:《中华人民共和国刑法的孕育诞生和发展完善》,北京大学出版社2012年版,第32页;陈兴良:《共同犯罪论》,中国社会科学出版社1992年版,第189页。

[2] 同前注,陈兴良书,第91页以下;马克昌主编:《犯罪通论》,武汉大学出版社2001年版,第541页。

[3] 参见路军:《论组织犯》,载吴振兴主编:《犯罪形态研究精要Ⅱ》,法律出版社2005年版,第449页以下;阴建峰、周加海主编:《共同犯罪适用中疑难问题研究》,吉林人民出版社2001年版,第240页;赵辉:《组织犯及其相关问题研究》,法律出版社2007年版,第89页以下;胡选洪:《组织犯研究》,四川大学出版社2013年版,第115页以下。

[4] 参见高铭暄:《论共同犯罪人的分类及其刑事责任》,载中国人民大学刑法教研室、资料室编:《中华人民共和国刑法(总则)论文集》(1984年),第458页。

[5] 同前注[2],马克昌书,第542页。

[6] 同前注[1],陈兴良书,第538页;陈兴良:《历史的误读与逻辑的误导——评关于共同犯罪的修订》,载陈兴良主编:《刑事法评论》(第2卷),中国政法大学出版社1998年版,第304页。

[7] 参见马克昌主编:《犯罪通论》,武汉大学出版社1999年版,第542页。类似地,陈兴良教授指出:刑法总则意义上的组织行为具有非实行性,尽管在集团犯罪和聚众犯罪中都存在起组织、策划、指挥作用的首要分子,但由于《刑法》分则对聚众犯罪进行了规定,聚众犯罪首要分子的组织、策划、指挥行为系实行行为,不具有非实行行为性,"只有在集团犯罪中起组织、指挥、策划作用的行为,才是组织行为"。参见陈兴良:《共同犯罪论》,中国人民大学出版社2006年版,第81页。

"从某种意义上说,组织犯这一概念是苏俄及我国刑法关于共犯规定中的唯一亮点。"[8] 在此意义上,有必要对组织犯展开系统的研究,尤其需要厘清组织犯与其他共同犯罪人具有何种本质差别。此外,我国《刑法》第 26 条第 1 款仅将"组织、领导犯罪集团进行犯罪活动的"组织犯规定为主犯的下位类型,组织犯的主犯性无可置疑;但是,《刑法》没有明确地将组织犯与正犯、教唆犯、帮助犯作为并列类型,因而,组织犯在正犯—共犯的区分制共同犯罪理论体系中究竟是正犯还是共犯,是需要考察、论证的。特别是近年来,有学者基于犯罪事实支配理论提出了"组织犯实质上是有组织支配的间接正犯"的命题。[9] 在这些背景下,深化对组织犯的研究具有相当的必要性。

一、组织犯的立法源起考据

在比较法上,作为立法概念的组织犯,可以追溯到 1952 年《阿尔巴尼亚人民共和国刑法典》(以下简称《阿尔巴尼亚刑法典》),[10] 该法典第 13 条第 1、3 款规定:"除实行犯和组织犯外,教唆犯和帮助犯也是共犯。""组织犯罪团伙、领导犯罪团体、制定犯罪计划或者指挥实施犯罪的人,是组织犯。"[11] 不过,依据 1952 年《阿尔巴尼亚刑法典》第 13 条第 3 款,在一般共同犯罪中制定犯罪计划、指挥犯罪实施的行为人也是组织犯;此外,1952 年《阿尔巴尼亚刑法典》没有区分主犯与从犯,组织、领导犯罪团体或策划、指挥实施犯罪也不是该法第 42 条规定的加重罪过的情节。

新中国成立以后,对我国刑事立法影响最大的是苏俄,苏俄也对组织犯作了规定。1958 年《苏联和各加盟共和国刑事立法纲要》(以下简称《立法纲要》)第 17 条第 2 款规定:"组织犯、教唆犯和帮助犯,都是与实行犯一起的共犯。"[12] 该《立法纲要》是苏俄立法史上第一次将组织犯作为法定的共同犯罪人类型的立法文件[13],尽管其没有

---

[8] 陈兴良:《教义刑法学》(第 2 版),中国人民公安大学出版社 2014 年版,第 669 页。
[9] 参见廖北海:《德国刑法学中的犯罪事实支配理论研究》,中国人民公安大学出版社 2011 年版,第 224 页。
[10] 同前注[8],第 669 页。根据我国学者的考察,吉尔吉斯斯坦和波兰刑法典中,也规定了组织犯,与阿尔巴尼亚和苏俄刑法典的组织犯概念相似。同前注[3],赵辉书,第 6 页。
[11] 《阿尔巴尼亚人民共和国刑法典》,全国人民代表大会常务委员会办公厅编译室译,法律出版社 1956 年版,第 6 页。
[12] 《苏联和各加盟共和国立法纲要汇编》,中国人民大学苏联东欧研究所编译,法律出版社 1982 年版,第 282 页。
[13] 需要说明的是,张中庸编写的《苏维埃刑法总则》出版于 1956 年,编者在该书中就已经将共同犯罪人分类为实行犯、教唆犯、帮助犯和组织犯;这是因为编者将当时《苏俄刑法典》分则第 58 之 11 及第 59 条之 3 所规定的建立反革命组织罪、盗匪罪(组织、参加武装匪团)等个罪罪名理解为了组织犯,并将其与实行犯、教唆犯、帮助犯相列,将这种正犯性的组织行为作为共犯行为加以理解是不恰当的。参见张中庸编:《苏维埃刑法总则》,东北人民大学出版社 1956 年版,第 122—124、128—129 页;《苏俄刑法典》,郑华译,法律出版社 1956 年版,第 27—30 页。

界定何谓组织犯,也没有区分主犯与从犯。随后,1960年《苏俄刑法典》第17条第4款明确规定:"组织实施犯罪或者指导实施犯罪的是组织犯。"[14]《苏俄刑法典》中的组织犯有两种组织活动:其一,组织具体的犯罪;其二,组织犯罪集团并指导其活动。[15]

或许有人认为,我国刑法理论将组织犯与实行犯、教唆犯、帮助犯并列的主张,受到了阿尔巴尼亚刑事立法的潜在影响,并最终影响到我国的刑事立法过程。但是,该等认知未必是事实。实际上,我国对组织犯的立法规定草案可以追溯到1950年,比1952年《阿尔巴尼亚刑法典》更早。1950年7月25日,中央人民政府法制委员会印发的《中华人民共和国刑法大纲草案》(以下简称《刑法大纲草案》)明确将共同犯罪人区分为正犯、组织犯、教唆犯、帮助犯,并赋予了组织犯以明确定义。该《刑法大纲草案》第15条第2、3款规定:"建立犯罪组织,指导犯罪组织,制定实施犯罪计划或者指导执行犯罪者,皆为组织犯。""按其所组织的犯罪及犯人的社会危险性之重轻处罚之。"[16] 1950年《刑法大纲草案》的该等规定与1952年《阿尔巴尼亚刑法典》对组织犯的规定几乎完全一致,组织犯也包括一般共同犯罪中的策划、指挥者。1950年《刑法大纲草案》没有区分主犯与从犯,法官应当个别性地考察组织犯所组织之犯罪及组织犯本人的人身危险性之大小,而个别性地决定组织犯的处罚。[17] 但是,不同于1952年《阿尔巴尼亚刑法典》,1950年《刑法大纲草案》第24条第1款第5项明确将组织犯作为"重的犯罪情节",其第4项还将"聚众或结伙实施犯罪者"也规定为"重的犯罪情节"[18],据此,一般共同犯罪中,组织犯应从重量刑;聚众或结伙犯罪中的组织犯,则具有双重从重量刑事由。概括起来,1950年《刑法大纲草案》具有如下特点:其一,采用分工分类法,明确将组织犯与实行犯、教唆犯、帮助犯相列,作为法定的共同犯罪人类型;其二,组织犯不仅限于组织、领导犯罪集团进行犯罪活动的人,也包括在一般共同犯罪中进行组织、策划、指挥的人;其三,聚众或结伙实施犯罪乃是法定从重事由,组织犯亦系从重处罚事由;其四,未明确规定犯罪集团中的组织犯应对犯罪集团所犯全部罪行承担刑事责任。

此后,1954年《刑法指导原则草案》(初稿)第7条第1款第1项规定:"(一)组织犯组织、计划或者指挥实行犯罪的人,叫做组织犯。组织犯是共同犯罪中的首恶分子。对于组织犯,应当比其他共犯从重处罚。"[19]这里的"计划",大体上是指"策划",而非

---

[14]《苏俄刑法典》,王增润译,陈汉章校,法律出版社1962年版,第6页。

[15]〔苏〕H.A.别利亚耶夫、〔苏〕M.И.科瓦廖夫主编:《苏维埃刑法总论》,马改秀、张广贤译,曹子丹校,群众出版社1987年版,第234页。

[16] 高铭暄、赵秉志主编:《新中国刑法立法文献资料总览》(第2版),中国人民公安大学出版社2015年版,第76页。

[17] 同上注,第76页。

[18] 同前注[16],第77页。

[19] 参见高铭暄、赵秉志主编:《新中国刑法立法文献资料总览》(第2版),中国人民公安大学出版社2015年版,第87页。

"预备";这里的"其他共犯"应当理解为"其他共同犯罪人",而非"教唆犯"与"帮助犯"。在此,组织犯仍然是与正犯、教唆犯、帮助犯相并列的分工分类法下的共同犯罪人类型;组织犯的定义尽管有所变动,但实质上仍然是认为一般共同犯罪和犯罪集团中均可成立组织犯;组织犯仍应比其他共同犯罪人从重处罚。不过,此种规定只是1954年《刑法指导原则草案》(初稿)的一种写法,在另一种写法中,第7条第1项规定:"组织、计划、指挥犯罪的人和实行犯罪的主要分子是主犯,对主犯应当比其他参加共同犯罪的罪犯从重处罚。"[20] 后一种模式放弃了分工分类法,不再区分正犯、组织犯、教唆犯与帮助犯,转而采用作用分类法,将共同犯罪人区分为主犯与从犯,并将组织、计划、指挥犯罪的人作为法定的主犯。1954年《刑法指导原则草案》(初稿)的两种规定模式,划定了此后二十多年共同犯罪人刑事立法争论的框架,1979年《刑法》和现行《刑法》实际上都是以第二种模式为基础发展起来的。

此后,1956年11月12日全国人大常委会办公厅法律室《中华人民共和国刑法草案》(第13稿)[以下简称《刑法草案》(第13稿)]大体采纳了1954年《刑法指导原则草案》(初稿)的分工分类模式,与1950年《刑法大纲草案》一脉相承。不过,1956年《刑法草案》(第13稿)第28条第1款规定的"组织犯",不再包含一般共同犯罪中的组织、策划、指挥者,而是专指"组织、领导犯罪集团进行犯罪活动的"共同犯罪人;依第28条第2款之规定,组织犯应当从重处罚。[21] 在1956年《刑法草案》(第13稿)中,组织犯系与正犯、教唆犯、帮助犯相并列的共同犯罪人类型。

之后,在1957年5月12日的草案中,立法机关又以"在总则中规定组织犯,容易扩大组织犯的范围,倒不如只在分则的有关条文中对其规定较重的法定刑"为由,删去了组织犯的相关规定。[22] 1957年6月27日全国人大常委会法律室《刑法草案》(第21稿)第24条将共同犯罪人区分为正犯、教唆犯和帮助犯,删除了关于组织犯的规定[23],第22稿承袭了该等规定。[24]

尽管第21、22稿都删除了组织犯的规定,但共同犯罪人仍然被区分为正犯、教唆犯与帮助犯,而非主犯与从犯,算是1950年《刑法大纲草案》和1954年《刑法指导原则草案》(初稿)分工分类模式的部分延续。但第22稿之后,我国刑法立法就放弃了分工分类模式,转而采用1954年《刑法指导原则草案》(初稿)中的作用分类模式。1962年12

---

[20] 同上注,第87—88页。
[21] 同前注[19],第97页。
[22] 参见高铭暄编著:《中华人民共和国刑法的孕育和诞生》,法律出版社1981年版,第51页;高铭暄:《中华人民共和国刑法的孕育诞生和发展完善》,北京大学出版社2012年版,第30页。
[23] 1957年《刑法草案》(第21稿)第24条规定:"共同犯罪的,包括正犯、教唆犯和帮助犯。"该稿第25—27条分别规定了正犯、教唆犯和帮助犯。参见高铭暄、赵秉志主编:《新中国刑法立法文献资料总览》(第二版),中国人民公安大学出版社2015年版,第110页。
[24] 参见1957年6月28日全国人大常委会法律室《中华人民共和国刑法草案(草稿)》(第22稿)第23—26条之规定。同前注[23],第121页。

月全国人大常委会办公厅《中华人民共和国刑法草案（初稿）》（第27稿）第22条规定："组织、领导犯罪集团进行犯罪活动的或者在共同犯罪中起主要作用的，是主犯。""对于主犯，除本法分则已有规定的以外，应当从重处罚。"[25] 其后，第30、33、36、37、38稿沿袭了这一修改[26]，并为1979年《刑法》所采；第34、35稿同样采用了作用分类法，但在"组织、领导犯罪集团进行犯罪活动的"之后增加了"首要分子"作为中心词[27]，不过，1979年《刑法》第23条的规定中未增加"首要分子"一词。

1979年7月1日，第五届全国人大二次会议审议通过了以第38稿为蓝本的《中华人民共和国刑法》（草案），其第23条规定："组织、领导犯罪集团进行犯罪活动的或者在共同犯罪中起主要作用的，是主犯。""对于主犯，除本法分则已有规定的以外，应当从重处罚。"最终放弃了对组织犯的立法规定，并采用了作用分类法，将共同犯罪人分为主犯、从犯、胁从犯，但保留了对分工分类法下的教唆犯之规定。在此，组织犯不再是法定的共同犯罪人类型，而是刑法理论中的概念。此后，1997年《刑法》在1979年《刑法》第23条的基础上，增加了犯罪集团的首要分子按集团所犯全部罪行处罚的规定，同时明确：犯罪集团首要分子以外的其他主犯，按照其参与或组织、指挥的全部犯罪处罚。

概而言之，在我国刑法立法过程中，组织犯之概念数易其稿，将组织犯与实行犯、教唆犯、帮助犯并列纳入刑法立法之中的尝试，在1952年《阿尔巴尼亚刑法典》颁布以前即已开始。在我国刑法立法演进过程中，组织犯的概念在不断缩小。在1950年《刑法草案大纲》和1954年《刑法指导原则草案》（初稿）中，组织犯是指在犯罪中扮演组织、策划、指挥角色的共同犯罪人；到1956年《刑法草案》（第13稿）中，组织犯被限缩为"组织、领导犯罪集团进行犯罪活动"的共同犯罪人；从1957年《刑法草案》（第22稿）开始，组织犯就不再是法律明文规定的共同犯罪人类型。

组织犯的立法命运，也随着共同犯罪立法规制从分工分类转向作用分类而跌宕起伏。1962年《刑法草案》（第27稿）以后，我国刑法放弃了通行的分工分类法，对共同犯罪人的分类改采作用分类法，并延续至今。这种以作用分类法为基础的共同犯罪立法体例与1952年《阿尔巴尼亚刑法典》及1960年《苏俄刑法典》的分工分类共同犯罪

---

[25] 同前注[23]，第132页。
[26] 参见1963年2月27日全国人大常委会办公厅《中华人民共和国刑法草案（初稿）》（第30稿）第23条、1963年10月9日全国人大常委会办公厅《中华人民共和国刑法草案（修正稿）》（第33稿）第23条、1979年3月31日《中华人民共和国刑法草案（法制委员会修正第一稿）》（第36稿）第22条、1979年5月12日《中华人民共和国刑法草案（法制委员会修正第二稿）》（第37稿）第23条及1979年6月30日《中华人民共和国刑法草案》（第38稿）第23条之规定。同前注[23]，第143、153、190、200、213页。
[27] 参见1979年2月《中华人民共和国刑法草案（修订二稿）》（第35稿）第21条、1979年3月31日《中华人民共和国刑法草案（法制委员会修正第一稿）》（第36稿）第22条之规定。同前注[23]，第164、177页。

立法体例相去甚远,而与我国《唐律》以来区分首从的立法体例颇具相似性。[28] 现行《刑法》第 26 条第 1 款中的"组织、领导犯罪集团进行犯罪活动"的共同犯罪人,通常被理解为组织犯,但其与阿尔巴尼亚、苏俄刑法中的组织犯概念有较大差别,且在后果上确定性地属于主犯。这些差别是组织犯比较研究必须重视的。

二、组织犯的法定属性考察

如前所述,在构成要件实现方式的意义上,组织犯首先是一个分工分类法视野下的共同犯罪人类型,但立法又明确赋予其主犯效果,将其作为主犯的一个类别。在应然层面上,如果要将组织犯界定为主犯,其定义中本应强调对共同犯罪所发挥的作用超越其他任何人,但这势必与"在共同犯罪中起主要作用"的主犯相重合;既然现行立法是通过界定行为方式而界定组织犯概念的,那么就应当像教唆犯一样,允许法官判断其在共同犯罪中究竟发挥了何种程度的作用,以决定其究竟应被认定为主犯还是从犯。可以说,《刑法》第 26 条第 1 款的规定,以分工分类法的标准确定了一种作用分类法下的主犯子类型,既界定了组织犯的行为模式,又确定性地将之归类为主犯,即在量刑上与"起主要作用的"等置。就此而言,组织犯兼具分工分类法与作用分类法的二元特征,这是组织犯在共同犯罪立法分类上的特征。

(一) 非实行行为性

《刑法》第 26 条第 1 款对组织犯的规定是"组织、领导犯罪集团进行犯罪活动",这显然是依照行为人在共同犯罪中所实施的行动定义的,而非依照其在共同犯罪中所起的作用大小定义的。因此,我国学者普遍认同组织犯是以分工分类法为基础进行分类的共同犯罪人类型,是与正犯、教唆犯、帮助犯并列的共同犯罪人,是分工分类法精细化的结果。[29]

在处罚行为人所依据的法律规范层面,处罚正犯的法律根据乃是刑法分则具体条文规定的罪刑规范,但处罚组织犯、教唆犯、帮助犯的法律根据则在于刑法总则对处罚范围的扩张。因此,正犯被认为是符合基本的构成要件,而组织犯、教唆犯、帮助犯则被认为是符合修正的构成要件。[30] 在适用关系问题上,刑法分则规范具有优先适用性,总则规范具有补充适用性,在能够直接符合基本的构成要件时,就不应当再认为行为人符合的是修正的构成要件。在此意义上,若刑法分则业已为组织行为规定了特别

---

[28] 值得注意的是,1962 年《刑法草案》(第 27 稿)改采作用分类法区分共同犯罪人时,采用分工分类法的 1960 年《苏俄刑法典》业已颁行,却并未影响我国当时及之后的刑法立法。
[29] 同前注[3],赵辉文,第 10 页;路军:《组织犯概念诸学说介评——从组织犯刑事立法出发的思考》,载《当代法学》2005 年第 3 期,第 86 页。
[30] 参见张明楷:《刑法学》(第 5 版),法律出版社 2016 年版,第 117 页。

的构成要件,则总则的组织犯不再适用。[31] 在上述意义上,组织犯具有非实行行为性,这是组织犯的最基本特征。

既然刑法分则业已将部分组织、领导犯罪集团的行为规定为单独犯罪,为什么还需要在刑法总则中再保留组织犯的规定?对此,笔者认为,可以从两个方面予以讨论。

其一,"法有限而情无穷",立法者只可能将具有典型性的犯罪集团之组织、领导行为予以类型化,而不可能事无巨细地将所有能够设想到的组织、领导行为都纳入刑法分则。质言之,刑法分则仅规定了几类典型的犯罪集团,而非所有的犯罪集团,对于刑法分则没有明文规定的犯罪集团的首要分子之处罚,仍需依《刑法》第26条第1款进行,这是以非实行行为性为基本特征的组织犯存在的必要性之一。

其二,刑法总则与刑法分则规定组织、领导犯罪集团之行为的预设目标并不相同,因此,不能以刑法分则规定了组织、领导特定的犯罪集团之行为为由,否定刑法总则规定组织、领导犯罪集团之行为的必要性。详言之,刑法分则特别规定组织、领导恐怖活动组织、黑社会性质组织等,旨在突破从属性原理而将该等行为单独作为犯罪处罚,而非从重处罚该类犯罪集团中的首要分子。将这类具有严重法益侵害性的行为单独规定为犯罪,就可以在组织成员并未实际进行恐怖活动或杀人、抢劫等黑社会性质行为时,有效惩处首要分子。刑法分则规定组织、领导特殊犯罪集团的行为,旨在解决该类行为的定罪问题,或者说旨在将处罚前置化;与此不同,刑法总则对组织、领导一般犯罪集团之行为的规制,旨在解决组织犯的量刑问题,将组织犯明确作为主犯处罚。由于刑法总则规定与刑法分则规定的出发点不同,即便在刑法分则明文规定的特定犯罪集团中,也可能需要援引《刑法》第26条第1款来确定其首要分子的刑罚,这表现在该等犯罪集团实施具体犯罪时,例如,当恐怖活动组织头目指令他人实施爆炸行为时,其在爆炸罪中成立主犯的根据在于《刑法》第26条第1款,而非《刑法》第120条第1款。[32] 这是以非实行行为性为基本特征的组织犯存在的必要性之二。

如果依据形式客观说区分正犯与共犯的话,非实行行为性就意味着行为人的共犯性;但是,如果秉持实质客观说,非实行行为性则未必意味着行为人成立共犯,例如,没有亲自实施实行行为的间接正犯就不是共犯,而是正犯。如后所述,即便以行为支配理论区分正犯与共犯,也未必适宜将组织犯界定为正犯。

(二)确定的主犯性

组织犯究竟是正犯还是共犯这一问题仍存争议,但是,组织、领导犯罪集团进行犯罪活动的组织犯的主犯性地位,在实定法上是无可争辩的,《刑法》第26条第1款对此作了明文规定。不同于《刑法》第29条对教唆犯的独立规定,"组织犯"被规定在"主

---

[31] 我国学者从实行行为与非实行行为的关系角度对此予以了探讨,同前注[3],胡选洪文,第52页以下。
[32] 同前注[3],赵辉文,第13—14页。

犯"的概念之下,与其并列的是"在共同犯罪中起主要作用的"主犯。

应当说,我国《刑法》第26条第1款将组织犯明文界定为主犯的做法,是较为独特的,这种独特性可以从三个方面得到体现:

其一,相较于其他共同犯罪人的独特性。通说认为,组织犯是与正犯、教唆犯、帮助犯并列的共同犯罪人类型[33],分工分类法对组织犯的行为方式的关注远甚于对其刑罚轻重后果的关注。依据《刑法》第29条,教唆犯应当"按照他在共同犯罪中所起的作用处罚",因而,其既可能成立主犯,也可能成立从犯;1979年《刑法》和现行《刑法》都没有明文规定正犯与帮助犯,通说也认为实行犯应当区分为主要的实行犯和次要的实行犯,前者为主犯,后者为从犯[34],实际上,帮助犯也应当根据其所起的作用不同,而分别成立主犯与从犯。[35] 在四类犯罪参与者中,刑法仅为组织犯规定了确切的处罚论归属,因而,组织犯在处罚论上具有相较于其他共同犯罪人的独特性。

其二,相较于普通主犯的独特性。显然,组织犯与普通主犯在定义模式上存在着根本差异,后者是依据其在共同犯罪中实际发挥的作用来确定的,因而是依据纯粹的作用分类法加以界定的概念,这同作用分类法体系下的主犯在逻辑与内涵上是一致的;相反,刑法对组织犯的界定并不关心其在共同犯罪中所发挥的实际作用大小,而仅关注组织犯在共同犯罪中实现构成要件的方式,因而,是在分工分类法视野中加以考量的,组织犯的定义方式与其所意图实现的决定刑罚轻重的目标是不匹配的。"就分工分类法而言,其功能在于解决共犯的定罪问题;而作用分类法的功能则在于解决共犯的量刑问题。"[36]两种分类方法的功能性定位,决定了其下位概念的界定标准完全不同。在不法论层面,定罪问题主要通过考察构成要件要素的具备与否来解决;在处罚论层面,量刑问题则主要通过考察蕴藏在各个构成要件背后的整体不法的轻重来解决。因此,分工分类法的分类标准乃是行为人实现犯罪的方式是自己亲手直接实现构成要件还是通过他人间接实现[37],作用分类法的分类标准则是行为人在共同犯罪中发挥的作用大小。无疑,《刑法》第26条第1款规定的"组织、领导他人进行犯罪活动"和《刑法》第29条第1款规定的"教唆他人犯罪"在结构和内容性质上完全一致,都是

---

[33] 同前注[1],陈兴良书,第91页以下;同前注[2],马克昌书,第541页。
[34] 参见高铭暄、马克昌主编:《刑法学》(第6版),北京大学出版社、高等教育出版社2014年版,第172、174页。
[35] 我国刑法理论大多认为《刑法》第27条第1款中的"辅助作用"是指帮助犯,该理解实际上是对立法的误解,《刑法》第27条第1款中的"次要作用"与"辅助作用"具有相同的内涵,而不是分别指次要的实行犯和帮助犯。行为对法益侵害的直接与间接之别,并不必然意味着其对法益侵害的贡献大小之差。在我国刑法理论和刑事司法实践中时常引发争论的放风行为者的定性与处罚,较好地体现了这一点。
[36] 陈兴良:《刑法的知识转型(学术史)》,中国人民大学出版社2012年版,第528页。
[37] 在实质客观理论之下,亲手实现构成要件与通过他人间接实现的区分也是有意义的。

典型的对具体分工的描述。[38] 可以说,从定义模式的角度来看,组织犯同主犯的作用分类法基色格格不入,而同隶属于分工分类法的教唆犯具有更强的亲缘关系。

其三,相较于他国立法中的组织犯的独特性。如前所述,1952年《阿尔巴尼亚刑法典》、1958年《立法纲要》及1960年《苏俄刑法典》都将组织犯规定为法定的共同犯罪人类型,都通过界定具体的行为方式确定组织犯的概念与内涵,但是,这三部法典没有类型性地为正犯、组织犯、教唆犯和帮助犯规定特定的刑罚裁量原则,而是规定"应当考虑每一个共犯参加犯罪的程度和性质"。[39] 尽管1958年《立法纲要》第34条第2项、1960年《苏俄刑法典》第39条第2项也将"有组织的结伙犯罪"规定为加重责任的情节[40],这并不是单独针对有组织的结伙犯罪的组织者的,而是针对有组织的结伙犯罪的全部四种共同犯罪人的。实际上,这三部立法根本未将共同犯罪人区分为主犯与从犯,也没有像《德国刑法典》或《日本刑法典》一样规定帮助犯应比照正犯之刑罚予以减轻。就此而言,我国《刑法》第26条第1款明文将"组织、领导犯罪集团进行犯罪活动的"共同犯罪人规定为主犯,是具有独特性的。

(三)处罚的严厉性

上文业已从与正犯、教唆犯、帮助犯对比的角度,阐明了一概被视为主犯的组织犯的处罚严厉性。除此之外,组织犯的处罚严厉性还有两个方面的表现:

其一,组织犯的负责范围。依据《刑法》第26条第3款之规定,组织犯应当对集团所犯全部罪行承担责任;与之相对,依据《刑法》第26条第4款,在犯罪集团中,除首要分子以外的其他集团成员仅对其亲自参与或亲自组织、指挥的犯罪承担刑事责任[41],一般共同犯罪中的各类共同犯罪人亦同。我国学者指出,"集团所犯的全部罪行"不仅包括犯罪集团首要分子知悉详情的罪行,也包括在首要分子总体性的、概括性的故意范围内的罪行,即便首要分子对该罪行的详细情形并不知晓。[42] 从组织犯需要对其概括故意之下的、未知详情的集团所犯罪行负责的角度来看,组织犯的负责范

---

[38] 在1952年《阿尔巴尼亚刑法典》、1958年《立法纲要》、1960年《苏俄刑法典》中,组织犯乃是同实行犯、教唆犯和帮助犯并列的共同犯罪人类型,而不是与从犯相对应。参见《阿尔巴尼亚共和国刑法典》,陈志军译,中国人民公安大学出版社2011年版,译者序第2页,第9页;高铭暄编著《中华人民共和国刑法的孕育和诞生》,法律出版社1981年版,第50页;《苏俄刑法典》,王增润译,陈汉章校,法律出版社1962年版,第6页。

[39] 《阿尔巴尼亚人民共和国刑法典》,见前注[11],第6页;《苏联和各加盟共和国立法纲要汇编》,见前注[12],第282页;《苏俄刑法典》,见前注[14],第6页。

[40] 参见《苏联和各加盟共和国立法纲要汇编》,见前注[12],第292页;《苏俄刑法典》,见前注[14],第16页。

[41] 尽管《刑法》第26条第4款所规定的负责范围是针对主犯而言的,但是,从犯仅对其参与组织、指挥的犯罪负责,乃是个人责任原则的当然要义。

[42] 同前注[30],第451页。

围上具有较为明显的处罚严厉性。

其二,组织犯的刑罚执行。在刑罚执行方面,依据《刑法》第74条之规定,犯罪集团的首要分子,不得适用缓刑。在犯罪集团中,实行者、教唆者、帮助者都未被明文禁止适用缓刑;在聚众犯罪中,《刑法》第74条也未针对聚众犯罪的首要分子排除缓刑的适用可能性;在一般共同犯罪中,正犯、教唆犯和帮助犯也未被禁止适用缓刑。另一类不得适用缓刑的共同犯罪人是累犯,不过,累犯的成立同其所犯之罪是否系共同犯罪毫无关系。因此,在共同犯罪层面,不得适用缓刑乃是组织犯所特有的,这无疑体现了组织犯处罚的严厉性。

三、组织犯的正犯属性否定

在共同犯罪领域,"正犯是行为事件的核心角色"被认为是区分制共同犯罪体系建构的方法论前提[43],而组织犯又毫无疑问会被视为犯罪组织的"核心人物",因此,有学者认为,"总则规定的'组织、领导犯罪集团进行犯罪活动'就是组织支配的类型"[44],试图借用组织支配理论等将组织犯划归到正犯范畴之中,而不是将其作为与正犯相并列的共犯,甚至明确提出"组织犯实质上是有组织支配的间接正犯"[45]。此外,一些学者提出,应当将《刑法》第26、27条规定的主犯、从犯分别解释为正犯、帮助犯[46],或者将《刑法》第26条的规定理解为关于共同正犯的规定[47],这也势必导致组织犯被归类为正犯或共同正犯。张明楷教授明确表示:"对于集团犯罪与聚众犯罪的首要分子,宜认定为正犯。"[48]

我国的组织犯与德国刑法学中所谓的利用有组织的权力机构实施犯罪的幕后者具有类似性,Roxin认为,集团性犯罪与几个个人所实施的犯罪具有巨大的差异,在利用有组织的权力机构实施犯罪的情形中,没有人会犹豫应否赋予命令发布者以整个事件中的关键地位(Schlüsselstelle)或核心地位(zentrale Stelle),这与几个个人实施的"通常"案件中的命令者有所不同。[49] 为了妥当地处理不法组织头目,Roxin提出并发展了利用有组织的权力机构的意思支配理论,并主张仅在国家不法与犯罪组织中适用组

---

[43] Vgl. Roxin, Täterschaft und Tatherrschaft, 9. Aufl., 2015, S. 25 ff.
[44] 陈毅坚:《作为组织支配的正犯后正犯——支配型共谋的德国理解与中国问题》,载《北方法学》2010年第4期,第46页。
[45] 同前注[9],第224页。
[46] 参见杨金彪:《分工分类与作用分类的同一——重新划分共犯类型的尝试》,载《环球法律评论》2010年第4期,第56页;何庆仁:《我国共犯理论的合法性危机及其克服》,载陈泽宪主编:《刑事法前沿》(第6卷),中国人民公安大学出版社2012年版,第182页。
[47] 参见张明楷:《共犯人关系的再思考》,载《法学研究》2020年第1期,第148页。
[48] 同前注[30],第392页。
[49] Roxin, Straftaten im Rahmen organisatorischer Machtapparate, GA 1963, 193, 200; ders. (Fn. 43), S. 244 f.

织支配理论[50],这与我国《刑法》第 26 条第 1 款仅将组织犯限定在犯罪集团的范畴内的做法如出一辙。不过,组织支配理论本身也被许多德国学者质疑,赞同组织头目应当认定为正犯的学者也提出了其他的间接正犯理论或共同正犯理论,还有部分学者认为这些组织头目仅成立教唆犯。

以区分制共同犯罪理论为基底,势必需要明确组织、领导犯罪集团的组织犯究竟是正犯还是共犯。接下来,本部分将首先对援引德国刑法理论论证组织犯的正犯性特征的方案作出分析,解构组织犯的正犯性。

(一)组织犯的间接正犯性否定

1. 基于组织支配理论的间接正犯性否定

基于对艾希曼案、斯塔辛斯基案的思考,Roxin 在 1963 年发表了《有组织的权力机构框架中的犯罪行为》一文,提出了利用有组织的权力机构的意思支配这一类型。[51] 后来,在其教授资格论文《正犯性与行为支配》中丰富了组织支配理论。[52]

Roxin 认为,当具备下述三个条件时,组织头目就可以凭借组织支配而成立间接正犯:其一,命令者必须是在一个组织框架内行使命令权,这种组织不仅包括国家,而且包括有组织犯罪集团、恐怖组织、内战当事方等非官方的权力架构;其二,该组织在其具有刑法上之重要性的活动领域内必须背离于法律;其三,直接执行者乃是可替换的,以便在一个执行者停止时另一个会取代他并确保服从命令。[53] Roxin 认为,在前述三个条件基础上,组织头目可以信赖近乎自动的流程将确保构成要件结果的实现[54],具体执行者的可任意替换性(Fungibilität)使得某个或某些具体成员拒绝执行犯罪命令丝毫不影响犯罪命令最终得到执行,因为其他组织成员随时可以顶替他来执行命令。就此而言,组织头目对构成要件的实现,并不依赖于具体被选任去执行命令的正犯的意愿。[55] Roxin 强调:"在此类案件中建构意思支配的决定性要素,在于执行者的可替换性,该要素使得它们成为明确区分于强制支配与错误支配的第三种间接正犯类型。"[56]

---

[50] Vgl. Roxin (Fn. 43), S. 249 f.
[51] Vgl. Roxin, GA 1963, 193 ff.
[52] Vgl. Roxin (Fn. 43), S. 242 ff.
[53] Vgl. Roxin (Fn. 43), S. 739;[德]克劳斯·罗克辛:《论利用有组织的权力机构建立的犯罪支配》,徐凌波译,载《中外法学》2016 年第 6 期,第 1647 页。
[54] Roxin, Bemerkungen zum Fujimori-Urteil des Obersten Gerichtshofs in Peru, ZIS 11/2009, 565, 566; ders., GA 1963, 200; ders. (Fn. 43), S. 245. Ähnlich siehe auch Schünemann, in: LK-StGB, 12. Aufl., 2007, § 25, Rdn. 122.
[55] Vgl. Roxin, GA 1963, 198 ff.
[56] Roxin, GA 1963, 200; ders. (Fn. 43), S. 245.

组织支配理论被提出后,得到了许多德国学者的拥护与支持。在司法实务中,德国联邦法院从 1994 年的民主德国国防委员会委员案(柏林墙射击案)开始逐步接纳了组织支配理论,并在判例中明确指出,肯定这些组织头目的正犯性根据之一即在于,利用有组织的权力机构的幕后者近乎确定地操控着其所追求的构成要件的实现。[57] 此后,德国联邦法院在一系列案件中适用并发展了组织支配理论[58],甚至以组织支配肯定经济企业领导者的间接正犯性。[59] 此外,组织支配理论也在阿根廷、秘鲁等国法院得到适用[60],也在国际刑事法院的判决中得到肯定。[61]

不过,运用组织支配理论肯定组织头目的正犯性的想法,是值得商榷的。笔者认为,组织支配理论存在几个难以消弭的问题。

其一,组织支配理论有悖于意思自主原则。根据组织支配理论,被组织头目命令去从事犯罪行为的台前者既没有受到强制,也没有受到欺骗,属于完全负责的直接正犯,组织头目本人则成立间接正犯。问题在于,一个能够自由地决定是否听从内心道德律令召唤的人,是无法被作为工具而加以利用的。既然组织支配是一种"意思支配",被支配者本人就势必相对于支配者存在意思瑕疵,这在凭借强制的意思支配和凭借欺骗的意思支配情形中得到了印证,然而,在组织支配情形中则不存在这种组织支配赖以建构的台前者的意思瑕疵。Gallas 指出:"在直接行为人系负完全责任的正犯的场合中,应当否定使得支持唆使者成为间接正犯的行为支配。"[62]当台前者在刑法上对犯罪行为负有完全的罪责时,幕后者就只能成为其共犯而加功于该犯罪行为,而不能将其作为工具加以利用,进而也就无法针对该犯罪行为成立间接正犯。[63] 如果在台前者具有完全清晰的认知与完全自由的意志时肯定幕后者的组织支配,就会模糊间接正犯与教唆犯之间的差别,就势必会冲击组织支配作为意思支配下位类型的理论定位。

其二,组织支配理论以可替换性标准肯定行为支配是不恰当的。直接行为人的可替换性是肯定组织头目的行为支配的最重要论据,Roxin 也正是凭借这一点而认为直

---

[57] Vgl. BGHSt 40, 218, 236.
[58] Vgl. BGHSt 42, 65, 68 ff.; BGHSt 45, 270, 296 ff.; BGHSt 48, 77, 90 f.; BGHSt 40, 307, 316 f.
[59] Vgl. BGHSt 40, 237.
[60] Vgl. Corte Suprema de Justicia de la República del Perú, ZIS 11/2009, 622, 630 ff.
[61] See ICC-01/04-01/07-717, 30 September 2008, pp. 167-175; ICC-01/05-01/08-14-tENG, 10 June 2008, p. 32.
[62] Gallas, Täterschaft und Teilnahme, in: Materialien zur Strafrechtsreform, Bd. I, 1954, S. 134. 与之类似,学者指出:为了成立间接正犯,直接行为人必须没有全部实现构成要件的前提。Vgl. Hoyer, in: SK-StGB, 8. Aufl., 2014, § 25, Rdn. 39.
[63] M. K. Meyer, Der Ausschluß der Autonomie durch Irrtum, 1984; Bloy, Die Beteiligungsform als Zurechnungstypus im Strafrecht, 1985, S. 347; Hruschka, Regreßverbot, Anstiftungsbegriff und die Konsequenzen, ZStW 110 (1998), 581, 606 ff.

接行为人的完全意志并不妨碍幕后者的行为支配。[64] 然而,用可替换性来肯定幕后者的组织支配至少存在两个问题。第一,在方法论上,直接行为人的可替换性标准使用了假定的第三人的判断方法,这在刑法上是不被允许的。[65] 组织支配理论的逻辑在于,如果某 A 不执行组织头目的命令,某 B 也会执行组织头目的命令,问题在于,"某 B 也会执行组织头目的命令"是一个未发生的假定事实,这实际上就是假定因果关系在该领域的复现;在刑法中,假定的因果关系是不应被考虑的,假定因果不影响归责[66],正因如此,直接正犯才可能符合构成要件。诚如阿伦特所言,"'齿轮'理论在法律上毫无意义",相反,"只要是犯罪……那么这部机器上的所有齿轮,不论其作用大小,在法庭上马上就变回行凶者,也就是说,还原成人"[67]。显然,不能一方面否定假定因果关系的归因能力与归责能力,另一方面又以其为基础肯定组织支配型间接正犯的成立。在法律上被评价的仅仅是组织头目通过某 A 实现了构成要件这一点,而不是组织头目也可以通过某 B 实现构成要件这一点。第二,组织支配理论在对比组织头目与教唆犯时没有保证对比标准的统一性,直接行为人的可替换性不是集团犯罪所特有的,也就不能以其为根据肯定组织头目的间接正犯性。Roxin 强调集团犯罪中直接行为人具有可替换性,一般的教唆犯则没有可任意替换的执行者;然而,这是因为 Roxin 在肯定组织支配时将执行者的数量设定得足够大,而在分析教唆犯时则将被教唆者的数量设定得相当有限。由于执行者数量多寡未保持一致,就不能说直接行为人的可替换性是集团犯罪所特有的属性,更不能以此为依据肯定组织头目的正犯性。实际上,直接行为人的可替换性所确保的所谓幕后者对构成要件实现的支配,只不过是潜在执行者众多而形成的构成要件实现几率的叠加,一般教唆犯不存在此种对构成要件实现的支配最多只能说明组织头目不是一般的教唆犯,却无法进一步说明组织头目就是正犯,其完全可能是特殊的教唆犯。

其三,组织支配理论脱离具体的构成要件行为而判断行为支配,最终背离了行为支配概念。Roxin 强调,组织支配是对构成要件实现的支配,而非对直接行为人的支配,间接正犯是支配事件流程者。[68] 但是,"行为支配"(Tatherrschaft)最初被 Hegler 表述为"构成要件行为的主宰"(Herr der Tat)[69],行为支配强调的是对构成要件行为

---

[64] Vgl. Roxin (Fn. 43), S. 739.

[65] Vgl. Renzikowski, Restriktiver Täterschaft und fahrlässige Beteiligung, 1997, S. 89.

[66] Vgl. Roxin, Strafrecht AT, Bd. I, 4. Aufl., 2006, § 11 Rdn. 58 ff.; Puppe, Der Erfolg und seine kausale Erklärung im Strafrecht, ZStW 92 (1980), 863, 863 ff.; 车浩:《假定的因果关系、结果避免可能性与客观归责》,载《法学研究》2009 年第 5 期,第 146 页。

[67] [美]汉娜·阿伦特:《艾希曼在耶路撒冷:一份关于平庸的恶的报告》,安尼译,译林出版社 2017 年版,第 308 页。

[68] Roxin, GA 1963, 198 f.

[69] Vgl. Hegler, in: Die Reichsgerichtspraxis im deutschen Rechtsleben, Bd. V, Strafrecht und Strafprozeß, 1929, S. 308.

(Tat)的支配(Herrschaft)。[70] 如果将组织支配界定为"对构成要件实现的支配"或"对构成要件的支配"(Herrschaft über den Tatbestand),组织支配就是一种结果支配(Erfolgsherrschaft),在根本上背弃了行为支配(Tatherrschaft)概念。德国学者敏锐地指出:"组织支配不再以对符合构成要件的行为的支配为前提,而仅仅以对符合构成要件的结果的支配为前提。"[71]犯罪总是由一定的具体构成要件行为而实现的,犯罪评价是以直接行为人为中心而展开的,判断间接正犯前总是要先明确指出该间接正犯"通过"哪一"他人"实现了构成要件,支配不同的"他人"去实施性质相同的构成要件行为在刑法评价上是不同的,尽管其实现的构成要件结果是相同的。就此而言,行为支配的判断应当是具体化的,而不是抽象化的。Roxin 以组织头目支配了构成要件结果的实现来论证组织头目的行为支配,是不恰当的。

综上,肯定组织支配有悖于意思自主原则,其所依赖的直接行为人的可替换性无法论证组织头目的正犯性,其以幕后者可以凭借自己意思来决定是否发生某个构成要件结果来肯定幕后者的间接正犯性的做法将行为支配变造成了结果支配,不能以组织支配理论为据肯定组织犯的正犯性。

2. 基于利用无条件的犯罪决意理论的间接正犯否定

Schroeder 并不赞同组织支配理论,在他看来,组织头目得成立间接正犯的理由在于,幕后者认识并利用了执行者在任务之前就已经具备的决心。[72] 德国联邦法院在柏林墙射击案中肯定幕后者的正犯性的另一根据也在于,作为台前者的直接行为人无条件地决心实现构成要件。[73]

在 Schroeder 看来,不法组织中的幕后者并没有太多的特殊性,他认为,这些组织头目只是利用了他人在先的行为决意,这是 Schroeder 在著名的 Dohna 案中发展起来的肯定正犯后正犯的标准。1929 年,Dohna 在《刑法与刑事诉讼法练习》(Übung im Strafrecht und Strafprozeßrecht)一书中设想了一个案例:

F 背叛了一个组织,组织决定派人杀死他;S 接受了组织的命令去杀死 F。F 得知,S 将于某晚在自己经常散步的路段的偏僻处伏击他。F 知道,Lu 长期追求 Li,但后者并未同意。于是,F 以 Li 的名义发信给 Lu,约 Lu 在 S 计划杀人的时间点前往 S 的伏击地。随后,Lu 在指定时间欣然前往伏击地,并被 S 杀死。[74]

这一教学案例是由 Dohna 提出的,因此,被称为 Dohna 案(Donha-Fall)。Schroeder

---

[70] 参见〔德〕克劳斯·罗克辛:《正犯与犯罪事实支配理论》,劳东燕译,载陈兴良主编:《刑事法评论》(第25卷),北京大学出版社 2009 年版,第 2 页,脚注[1]。
[71] Rotsch, Neues zur Organisationsherrschaft, NStZ 2005, 13, 16.
[72] Vgl. Schroeder, Der Täter hinter dem Täter, 1965, S. 152.
[73] Vgl. BGHSt 40, 236; BGH JZ 1995, 45, 48.
[74] Vgl. Dohna, Übungen im Strafrecht und Strafprozeßrecht, 3. Aufl., 1929, Fall Nr. 36, zitiert nach Schroeder (Fn. 72), S. 143.

认为,此类情形中,幕后者F成立正犯后正犯,其正犯性的关键在于,其利用了直接行为人S已经具备的犯罪决意,进而在自己的方向上控制着他人事前计划的犯罪。[75]

Schroeder认为,在战争犯罪和集中营犯罪中,"请元首下令,我们追随你"这一无条件的声明使得组织头目获得了权力工具,正是台前者的这种实施犯罪行为的无条件决意,使得幕后者得以利用直接行为人来实施犯罪,因而,幕后者得成立正犯后正犯,这一点广泛存在于战争犯罪和集中营犯罪中。[76] 就民主德国防委员会委员案,Schroeder认为,较之于Roxin的直接行为人的可替换性标准,对犯罪决意的利用这一标准更加恰当。[77]

应当承认的是,在Schroeder所描述的情形中,那些利用他人实现构成要件的无条件决心(或决意)的幕后者与一般的教唆犯有所不同。在这些情形中,利用者无须费尽心力去说服直接行为人,被利用的台前者接受命令的可能性非常之大,因为他们原本就时刻准备着去执行领导者的意志;在典型的教唆犯情形中,教唆犯必须努力说服一个原本没有犯罪意图的直接行为人,以使其产生一个全新的犯罪意图,而这种犯罪意图的产生在结果上是或然性的,教唆犯对此并没有十足的把握。在此意义上,将组织中的幕后者与教唆犯作一定的区分是可行的。

但是,集中营罪行、柏林墙射击案与Dohna案也具有明显的区别:在Dohna案中,被利用者的犯罪决意是不仅事先产生的,而且是具体的,而非抽象的,间接正犯对直接行为人的利用是通过认知瑕疵实现的。在集中营犯罪、柏林墙射击案中,尽管被利用者事前也具有服从领袖命令的决意,但该决意的内容并不一定具有非法性,其也完全可能是听从领袖命令以执行合法行动。在纳粹罪行事例中,士兵原本就无条件地同意执行希特勒的任何命令,不论该命令是否违法,但士兵事前的决意中仅具有一般性的违法倾向,而不具有具体的犯罪指向,最终去执行元首命令而杀害某个人之具体犯罪决意仍然是在命令下达后产生的。正因如此,Jakobs指出,在纳粹和斯塔辛斯基案中,都不存在对独立的犯罪决意的利用。[78]

纳粹高官在集中营罪行中对士兵的命令有别于一般教唆,但也与Dohna案中利用他人的具体对象认识错误有别。问题在于,何种差别是事实性的,何种差别是规范性的?哪种差异对区分正犯与共犯而言具有决定性的意义?在此,具有决定性意义的标准在于,直接行为人在实施构成要件行为时是否认识到自身行为的完整意义并自主决定实施该行为。

---

[75] Vgl. Schroeder (Fn. 72), S. 147 ff.
[76] Vgl. Schroeder (Fn. 72), S. 152.
[77] Vgl. Schroeder, Von Eichmann bis Fujimori-Zur Rezeption der Organisationsherrschaft nach dem Urteil des Obersten Strafgerichtshofs Perus, ZIS 11/2009, 569, 569.
[78] Vgl. Jakobs, Strafrecht AT: Die Grundlagen und die Zurechnungslehre, 2. Aufl., 1993, § 21 Rdn. 102 f., Fn. 190.

如前所述，在构成要件评价的意义上，重要的是具体的行为人指向具体的被害人的构成要件行为，而不是抽象地去实施某类行为。鉴于构成要件本身的个别性特征，事前的实现构成要件之无条件决意的说法是难以成立的。对于直接行为人的评价而言，重要的是，直接行为人在实施构成要件行为时是否认识到了其行为会实现构成要件，是否能够自主地决定实施该行为与否；只要直接行为人认识到自己的行为会实现构成要件，并且不具备违法阻却事由、罪责排除事由，即应肯定直接行为人成立负责的正犯。对于幕后者的评价而言，重要的则是，幕后者是否凭借台前者的认知偏差或意志欠缺而利用台前者实施构成要件行为，台前者本身是否成立犯罪则无关宏旨。

详言之，在具体的构成要件评价层面上，集中营罪行、柏林墙射击案中，士兵虽然在加入军队时即决心服从军令，但其实施具体的构成要件行为的决意仍然是在接到具体命令后形成的，这一点与接受教唆而决意实施被教唆之罪的情形具有规范的一致性。质言之，尽管存在着事前的一般性的无条件决意，直接执行者仍然掌握着临场否决执行某项具体命令的自由，例如，当领袖下令某成员杀死自己的"叛徒"妻子时，是否杀死妻子的最终决定权仍然掌控在该成员自己的手中，他很可能拒绝执行该项命令。因此，在集中营罪行、柏林墙射击案中被肯定的所谓"无条件决意"并不是真的无条件。Jakobs指出，在法律的判断中，一个负有责任的人可以被命令所腐蚀，但这样一个负责的行动恰恰是"自动性"的反面。[79] 事前的遵从命令的意愿只是增大了每个执行者在事中执行领袖命令的可能性，但没有根本性地改变这种"或然性"，而使其变为诸如强制支配情形中的"确定性"。

相反，在 Dohna 案中，S 先自主地形成了杀人的决意，而后被 F 通过调包的方式加以利用，S 在实施杀人行为时误以为自己杀害的对象是 F 而非 Lu。可以说，S 是基于一种对象认识错误实施构成要件行为的，尽管这种具体对象认识错误并不阻却 S 的故意，但正是他的这种认知瑕疵使得幕后者 F 得以利用他而实现自己的杀人意图，F 由此得以成立间接正犯。然而，这种意思瑕疵在集中营罪行、柏林墙射击案中是欠缺的，忽略这种差异而套用 Dohna 案的逻辑来证明纳粹高官等组织头目的正犯性，是值得商榷的。

综上，与 Roxin 的组织支配理论类似，Schroeder 提倡的利用无条件的在先决意理论，也难以越过直接行为人的自主意志，难以支配刑法分则所规定的构成要件行为，因而也难以证成幕后者的正犯性。

---

[79] Vgl. Jakobs, Anmerkung zu BGH, Urt. v. 26. 7. 1994-5 StR 98/94, NStZ 1995, 26, 27. Jakobs 在其教科书中指出，自主的（selbstständiger）犯罪决意违背了间接正犯所要求的领导原则（Führerprinzip）。Vgl. Jakobs（Fn. 78），21 Rdn. 103, Fn. 190.

(二) 组织犯的共同正犯性否定

Jescheck 和 Weigend 在不法组织的情形中也坚持负责原则,他们指出:只有在直接实施者自身不能被视为负有全部责任的正犯时,才能肯定将幕后者界定为正犯的见解。[80] 由于不法组织头目所利用的直接行为人构成了负全部责任的正犯,因此,他们否定了组织头目的间接正犯性。不过,他们并没有由此将视线移向共犯,而是试图将组织头目界定为共同正犯。在他们看来,由于不法组织中的幕后者控制了组织,可以成立共同正犯。不法组织中的幕后者与直接实施者的共同犯罪决意表现为,应当以符合领导意志的方式实施某一犯罪行为或者多个犯罪行为。[81]

与之类似,Jakobs 也在其教科书指出,在群体动力学看来,利用有组织的权力机构的确具有相对于个人的优势,但由此就肯定幕后者的间接正犯性不仅是过剩的(überflüssig),而且是有害的(schädlich)。他认为,在利用有组织的权力机构的案例中,应当借鉴先前的"思想上的引起者"(intellektueller Urheber)的概念,肯定幕后者与直接实施者的不同分工,进而肯定发布命令的幕后者的共同正犯性。[82] 此后,Jakobs 分析指出,在对柏林墙射击案中,直接行为人"并非工具,因为从他们的角度来看他们是完全负责地在行动,据此,命令者并非间接正犯",但是,支配的存在是不容置疑的[83],应当肯定幕后者的共同正犯性。在对藤森案的评论中,Jakobs 进一步指出:"藤森控制的并非不具责任的执行者,不是控制ács工具,而是自己与有责的犯罪人一起,如同他们是和他一起作为一个有责的犯罪人一起工作。"[84]

在日本,以重罚有组织犯罪头目为基础,司法实务广泛肯定共谋共同正犯,有组织犯罪或集团犯罪中幕后的"大人物"可以被作为支配型共谋共同正犯加以处罚。[85] 根据共谋共同正犯理论,并非只有实施了实行行为者才能成立共同正犯,当"共谋关系对于共同犯罪的实行行为形成了重要参与关系,以至于能够被评价为具有分担实行行为的性质"[86]时,亦即当共谋者"在事前的共谋阶段对犯罪计划的形成起到了重要乃至决定性作用"[87]时,就可以认定该等未实施实行行为者成立共同正犯。

上述学者虽然较为中肯地批评了将组织头目认定为间接正犯的做法,但他们将组织头目界定为共同正犯的主张,同样存在着根本性的问题。在柏林墙射击案中,德国联邦法院指出:"在类似黑社会的有组织犯罪情形中,负责(发布)命令的组织头目与直

---

[80] Vgl. Jescheck/Weigend, Lehrbuch des Strafrechts AT, 5. Aufl., 1996, S. 664.
[81] Vgl. Jescheck/Weigend, a.a.O., S. 670 ff.
[82] Vgl. Jakobs, Zur Täterschaft des Angeklagten Alberto Fujimori Fujimori, ZIS 11/2009, 572, 572 ff.
[83] Vgl. Jakobs, NStZ 1995, 27.
[84] Jakobs, ZIS 11/2009, 572.
[85] 参见刘艳红:《共谋共同正犯论》,载《中国法学》2012 年第 6 期,第 123 页。
[86] 同上注,第 122 页。
[87] 张明楷:《共同正犯的基本问题——兼与刘明祥教授商榷》,载《中外法学》2019 年第 5 期,第1140 页。

接行为人之间存在空间、时间和层级间隔,故无法为分工式的共同正犯提供支持。"[88] 值得注意的是,德国联邦法院并不强调共同正犯必须有实行行为[89],但是,它仍然否认组织头目的共同正犯性。笔者认为,将组织犯界定为共同正犯的主张,存在如下几项问题。

其一,将组织头目界定为共同正犯,偏离了"共同正犯"概念的字面含义。"正犯"(Täter)一词的字面意思是指构成要件行为者,"共同正犯"(Mittäter)一词的字面含义则是构成要件行为的共同行为人。在德国,《德国刑法典》第25条第2款将共同正犯界定为"共同实施犯罪行为"(Straftat)的多人,以限制的正犯概念为出发点,共同正犯定义中的"犯罪行为"应当是指构成要件行为[90],如此解释才能和《德国刑法典》第25条第1款保持一致,后者将直接正犯、间接正犯规定为"自己或者通过他人实施犯罪行为者"。尽管制定犯罪计划、下达犯罪命令等行为对于犯罪的完成而言的确发挥了重要的作用,甚至在重要性上未必逊色于直接行为人,但这些行为并非刑法分则规定的构成要件行为。就此而言,组织犯无法与直接行为人"共同实施犯罪行为",无法构成共同正犯。

其二,"思想上的引起者"概念无助于证成组织头目的共同正犯性。Jakobs 试图通过借鉴"思想上的引起者"这一概念肯定组织头目的共同正犯性,但是,早前的 intellektueller Urheber 概念对应的是教唆犯,而不是共同正犯。1770年,Boehmer 在刑法中引入了德国哲学家 Pufendorf 所谓的"物理上的引起"(causa physica)和"道义上的引起"(causa moralis)的区分。[91] 后来,Feuerbach 将二者分别称为"物理上的引起者"(auctor physice talis)和"思想上的引起者"(auctor intellectualis)[92],并在1880年以后被刑法学者广泛接受。再后来,根据 Mittermaier 和 Bauer 的建议,"正犯"(Täter)和"教唆犯"(Anstifter)分别替代了这两个术语。[93] 在日本,intellektueller Urheber 是指"无形的起因者"。[94] 因此,借助于 intellektueller Urheber 这一概念来肯定组织头目的共同正犯性,只会徒劳无功,因为共同正犯要求的是物理上的引起,而非思想上的引起。

其三,肯定组织犯与直接行为人构成共同正犯,违背了共同正犯中"分工"的本来含义。Jakobs 试图在价值评价上将物理上的引起和思想上的引起同等视之,进而主张

---

[88] BGHSt 40, 237.
[89] Vgl. BGHSt 37, 289, 292; BGHSt NStZ 1995, 122, 122.
[90] 参见陈兴良:《本体刑法学》(第2版),中国人民大学出版社2011年版,第432页。
[91] Boehmer, Meditationes in constitutionem criminalem Carolinam, 1770, § 2 zu Art. 177, S. 838 ff., zitiert nach Hruschka, ZStW 1998, 595, Fn. 33.
[92] Vgl. Feuerbach, Revision der Grundsätze und Grundbegriffe des pasitiven des peinlichen Rechts, Bd. II, 1799, S. 252 f., zitiert nach Hruschka, ZStW 1998, 595, Fn. 33.
[93] Vgl. Hruschka, ZStW 1998, 595 f.; Schünemann, in: LK-StGB, 12. Aufl., 2007, Vor § 25, Rdn. 1.
[94] 参见陈子平:《论共犯之独立性与从属性》,载陈兴良主编:《刑事法评论》(第21卷),北京大学出版社2007年版,第8页。

各共同正犯者的分工既可以是各自实施部分构成要件行为,也可以是思想与行动的分工。但是,由于对共同正犯概念的理解受到限制的正犯概念及《德国刑法典》第25条第2款的羁束,所谓"分工"(Arbeitsteilung)实际上仅指对构成要件行为的分工,必须是实行阶段的分工(Arbeitsteilung im Ausführungsstadium)[95],组织头目并不共同参与犯罪执行,因此,不存在共同的犯罪执行(gemeinsame Tatausführung)[96],无法成立共同正犯。类似地,《日本刑法典》第60条也将共同正犯界定为"共同实行犯罪者",强调共同正犯的"实行性"特征。

其四,组织头目并不与组织成员共同协商而形成共同行为决意。要成立共同正犯,各共同正犯须具有共同的行为决意(gemeinsamer Tatentschluss),更为重要的是,作为共同正犯成立前提的"共同行为决意",必须是意志平等的行为人共同协商而形成的,或者——在事中的共同正犯情形中——在实施过程中自愿地加入到业已形成的共同决意之中,各个共同行为人在共同意思的形成中处于平行地位,而非垂直地位。诚然,组织犯与直接行为人都认同相同的犯罪计划,具有共同的犯罪意思;但是,直接行为人只是接受组织头目的命令而实行犯罪,不是与组织头目协商而形成共同行为决意,组织犯与直接行为人在意思形成中呈现出典型的垂直关系。各个共同正犯之间的平行关系,乃是共同正犯的基本框架特征,组织头目与组织成员之间的隶属关系与此格格不入,"对命令的服从乃是共同正犯的共同的、融洽的决意表达的对立面"[97]。

此外,共同正犯中的共同犯罪意思还受到共同行为这一客观要素的羁束,确切地说,共同正犯中的共同犯罪意思是指分工协作、共同实施构成要件行为的意思。组织犯与直接行为人的共同意思,则是指由直接行为人按照组织犯的指示与命令执行后者事先制定的犯罪计划,这种共同意思也存在于教唆犯与直接行为人、帮助犯与被帮助者之间。共同正犯在主观上区别于教唆犯、帮助犯的特征,在于共同意思中对共同客观行为指向的要求。如果将共同正犯所要求的共同行为计划仅仅理解为共同犯罪意思的话,便无法将其与教唆犯、非片面的帮助犯区分开来。

其五,肯定组织头目的共同正犯性,与将其界定为教唆犯没有处罚上的差异。在共同正犯中,只要一部分共同正犯实施了分工行为,就应当认为所有共同正犯均已着手,进而可以作为未遂予以处罚。如果认为组织犯与直接行为人构成共同正犯,就势必需要变更这一规则,否则,只要组织犯完成了制定犯罪计划、下达犯罪指令的行为,就理应成立共同正犯之未遂。问题在于,直接行为人此时尚未接受命令,欠缺任何构成要件行为的人又如何能够称为"直接行为人"?又如何与下达命令的组织头目构

---

[95] Vgl. Roxin (Fn. 43), S. 292 ff.; ders., Literaturbericht. Allgemeiner Teil, ZStW 77 (1966), 214, 222 ff., 227 ff.; ders., Anmerkung zum Urteil des BGH vom 26.7.1994-5 StR 98/94 (BGHSt 40, 218), JZ 1995, 49, 51; ders., Organisationsherrschaft und Tatentschlossenheit, ZIS 7/2006, 293, 294 f.
[96] Vgl. Roxin, ZIS 7/2006, 294 f.; ders., ZIS 11/2009, 566.
[97] Vgl. Roxin, ZIS 7/2006, 294.

成"共同正犯"？为此，要肯定组织犯与直接行为人的共同正犯性，就必须将着手的界定标准确定为组织犯所指令的人接受该命令并已着手实施构成要件行为，通过强调"要求的是对构成要件结果的共同引起"来替代共犯从属性原则发挥限定功能。[98] 但是，如此的变造将使得此种共同正犯与教唆犯没有任何差异，也无法体现出共同正犯中"分工"的意义。

综上，将组织犯界定为共同正犯的主张，也是难以成立的。

四、组织犯的共犯属性肯定

限制的正犯概念是行为支配理论的逻辑前提。[99] 在限制的正犯概念之下，正犯应当被理解为实施了刑法分则所规定构成要件行为的人，共犯则是实施了刑法总则规定的教唆、帮助行为的人。不同的正犯理论实际上就是对构成要件行为的不同解释理论，行为支配理论作为正犯的判断标准，实际上就是构成要件行为的判断标准。行为支配，是指对构成要件行为的支配，而非对构成要件结果或构成要件整体实现的支配。

对间接正犯的正犯性判断，实际上就是如何将构成要件行为归属给幕后者。对行为的掌控可以通过两种方式实现：其一是对行为体素的掌控，即亲自实施或与他人共同实施行为；其二是对行为心素的掌控，即能够无视直接行为人的意志而作为最终的决断者决定是否实施及如何实施行为。直接正犯与共同正犯属于第一种情形，间接正犯则属于第二种情形。

对行为人心素的掌控又包括两种情形：其一是通过排除他人的自我决定意志，进而将直接行为人完全工具化；其二是通过欺骗的方式使他人误认自我决定之前提，进而在错误的认识基础上做出其在正确认知时不会做出的决断。利用强制手段排除他人的意志、利用对自身行为无控制能力的幼儿或精神病人，乃是排除他人的决定意志的典型，属于掌控行为人心素的第一种情形。在第二种情形中，由于要判断直接行为人在正确认知时是否仍会做出此种决断，重要的仅仅是其被诱发的错误认知是否足以影响这一决断的作出，而不在于该错误认知是否排除直接行为人的不法或责任，因此，直接行为人对所实施行为的事实意义与评价意义的认知乃是至关重要的。

"组织、领导犯罪集团进行犯罪活动"，尽管在组织规模宏大的情形中，具体实施犯罪行为的人在事实上乃是可替换的，但是，构成要件评价乃是以直接行为人为中心而展开的，收到犯罪命令的组织成员最终可以决定是否实施以及如何实施构成要件行为，因此，其是完全意思自主的主体，他最终决定着是否实施该次具体的犯罪命令。当

---

[98] 同前注[47]，第151页。
[99] 罗克辛指出，有鉴于正犯系行为事件的核心角色，应当拒绝扩张的正犯概念。Vgl. Roxin（Fn. 43），S. 28 ff.

然，在某个收到命令的组织成员拒绝执行命令后，组织犯可以改派其他成员执行该命令，但这已经是另一个构成要件行为了，而不再是同一个构成要件行为，即便该组织成员接受并执行了犯罪命令，也不能否定前次命令未被执行这一事实本身。组织成员的人数众多，确保了具体执行者的可替换性，替补人员执行了犯罪命令，保证了组织犯所意欲实现的结果最终很有可能被实现，但这并非对构成要件行为的支配，而是对构成要件结果的可能支配。即便援引利用他人的无条件实现构成要件之决意理论，也无法肯定组织犯的意思支配，因为组织成员针对被命令的具体犯罪的决意恰恰是在命令发出后产生的，该决意的产生没有受到任何强制或欺骗。因此，组织犯并不具有意思支配，不属于间接正犯。此外，共同正犯中的"分工"是指对构成要件行为的分工，由于组织犯并不实施构成要件行为，其也无法成立共同正犯。综上，至多只能将组织犯界定为共犯。

一方面，在德国、日本，刑法典对帮助犯的处罚都规定了必减主义，为了实现对组织犯的重罚就必须否认组织头目得成立帮助犯；另一方面，"人们不允许将'集团的首领'作为单纯的教唆犯加以惩罚"[100]，这或许是因为不少德国、日本学者主张为教唆犯规定得减主义[101]。对此，需要高度重视我国刑事立法与德国、日本刑事立法的差别，我国刑法既没有明确规定帮助犯必须减轻处罚，也没有规定教唆犯可以减轻处罚。相反，我国《刑法》第26条第1款明确规定"组织、领导犯罪集团进行犯罪活动的……是主犯"，由此，我国《刑法》可以在量刑阶段充分地、妥当地评价组织犯，组织犯的特别规定使得通过下达组织命令的教唆行为与普通的教唆行为得以区分开来，制订犯罪计划、领导犯罪活动这些在教唆犯中无法得到体现的行为贡献，也能够在组织犯中得到充分评价。

以我国刑法实定法为出发点，更有理由主张正犯与共犯在构成要件层面应进行相对形式化的区分，以维护罪刑法定原则，没有必要为了实现处罚的妥当性而肆意地、过分实质化地、以量刑结果为导向地变造正犯标准。

概言之，组织犯是共犯，而非正犯。

---

[100] Vgl. Roxin, Strafrecht AT, Bd. II, 2003, § 25 Rdn. 210.
[101] Baumman u. a., Alternativ-Entwurf eines Strafgesetzbuches, 1966, S. 62.

论中立帮助行为的限制处罚路径

——基于实务与理论的互动性思考

郑朝旭[*]

要 目

引言
一、问题的提出:中立帮助行为概念之疑——"中立"帮助行为?
二、观点争鸣及评析
　　(一)全面处罚说
　　(二)限制处罚说
三、中立帮助行为在我国的立法、司法现状
　　(一)立法条文
　　(二)司法解释
　　(三)判例分析
四、本文的立场
　　(一)帮助行为
　　(二)帮助故意
　　(三)本文的方案
五、结论

摘 要 中立帮助行为的可罚性是刑法学中充满争议却又亟待解决的问题,对其的处置历经全面处罚到限制处罚的历史转变,但学说上关于限制其处罚范围的各种主张并未得出理想的解决方案。我国立法与司法实践基于对行为人之主观认识的重视,形成了在处罚范围上呈现不当扩张甚至全面处罚的局面。中立帮助行为具有不同于典型帮助行为的特征,应当在限制帮助行为成立范围的前提下,进一步考察行为人对于正犯结果是否具有促进意思,以达到对中立帮助行为的限制处罚之效果。

---

[*] 中国人民大学刑事法律科学研究中心博士研究生。

关键词 中立帮助行为 帮助行为 帮助故意 客观归责

引 言

自《中华人民共和国刑法修正案（九）》[以下简称《刑法修正案（九）》]增设《中华人民共和国刑法》（以下简称《刑法》）第287条之二帮助网络犯罪活动罪后,关于中立帮助行为是否可罚,若其可罚则边界何在的问题再次吸引了学界的关注。事实上,这并非是刑法第一次就涉及中立帮助行为之事例作出规定,如2009年的《中华人民共和国刑法修正案（七）》所增设的《刑法》第285条第3款提供侵入、非法控制计算机信息系统的程序、工具罪。上述立法活动似乎表明,中立帮助行为的可罚性已得到我国刑法的全面认可,进而给学界探讨中立帮助行为提供了条文依据与实践经验。但是,且不论上述立法活动是否真的足以成为在中国刑法语境下展开讨论中立帮助行为的素材,单就中立帮助行为自身能否成为一个拥有独立学术价值的命题而言,其也并非毫无疑问。因此,有必要对中立帮助行为的学术史、概念、学术意义与实践操作进行全面的考察,从而在此基础上探讨中立帮助行为的限制处罚路径,这是本文的基本问题意识。

一、问题的提出：中立帮助行为概念之疑
——"中立"帮助行为？

关于中立帮助行为的称谓,域内外学界有着不同的表述。德国学界称中立帮助行为为"外部的中立的行为"[1],日本学界称其为"日常的行为"[2]"中立的行为"[3]等,我国台湾地区学者将之称为"中性帮助行为"[4]"日常生活的中性行为"[5]等,而我国大陆学界,则把其归纳为"日常生活行为"[6]"中立的帮助行为"[7]等。对上述表述,基本可分为两大类：一类从中立帮助行为系与职业活动密切相关出发,突出中立帮助行为的职业性；另一类则强调中立帮助行为的日常性、习惯性。虽然在表述上存在着些许差异及侧重点有所不同,但从内涵而言,学界基本将中立帮助行为概括为外

---

[1] Vgl. Marcus Wohlleben, Beihilfe durch Äusserlich neutrale Handlungen, 1996, S. 4.
[2] 参见〔日〕西田典之：《刑法总论》,弘文堂2006年版,第322页。
[3] 参见〔日〕松生光正：《由中立的行为所进行的帮助》,载《姬路法学》1999年第27、28合并号,第204页。
[4] 参见林钰雄：《新刑法总则》,元照出版公司2006年版,第457—459页。
[5] 参见林山田、许泽天：《刑总要论》,元照出版公司2006年版,第205页。
[6] 参见黎宏：《刑法学总论》（第二版）,法律出版社2016年版,第292—294页；陈兴良主编：《刑法总论精释》（下）（第三版）,人民法院出版社2016年版,第522—523页。
[7] 张明楷：《刑法学》（上）（第五版）,法律出版社2016年版,第424—425页；陈兴良：《教义刑法学》（第二版）,中国人民大学出版社2014年版,第699—701页。

观上正常无害,客观上却加功于正犯行为而促使特定构成要件结果发生的行为。[8]但是,这样的定义并没有准确展现中立帮助行为的全貌或问题点。理由在于:以刑法处罚行为人的前提是,行为人对基于自由意志所实施的侵害法益的行为及因该行为所导致的构成要件结果具有认知或认知的可能性,换言之,行为人对此具有故意或过失,否则,对行为人的处罚不过是结果责任的死灰复燃。中立帮助行为之所以进入刑法学的讨论视野,其根本原因便是行为人所实施的看似正常无害的行为加功于正犯的行为,且促成了特定构成要件结果的发生,即其行为与正犯结果之间具有因果关系,而行为人对于正犯所实施的行为及其后果均有认识甚至追求,只不过因为此种帮助行为常与日常生活行为、典型职业或业务行为相关联,若一概处罚之有过度侵犯国民自由之虞,故需为限制处罚范围而寻求理论上的正当化根据。既然如此,关于中立帮助行为的定义必须揭示行为人主观上对自身加功于正犯结果的行为及其危害的认知,而上述定义显然忽视了这一点。也正因如此,我国学者对中立帮助行为的定义提出了新的见解。如有的学者认为,"所谓中立帮助行为,是指那些主观上不追求非法目的、客观上属于不具有刑事违法外观的日常行为,但是实质上对他人的违法犯罪行为起到了助益作用的行为"[9]。相似的观点认为,"中立帮助行为是指在日常生活中,行为至少在外形上是中立的,即不存在犯罪的主观意思,但这种行为在客观上对正犯行为起到了促进作用"[10]。但是,将中立帮助行为纳入帮助犯的讨论范围,前提即在于行为人主观上对自身行为加功于正犯结果具备认识,并在此基础上予以放任甚至追求,因此,在行为人以日常生活行为或典型职业、业务行为加功于他人之正犯行为的场合,就规范评价的角度而言,行为人在具有实施日常生活行为或典型职业、业务行为之意思的同时,还伴随有加功于他人犯罪的意思,如此言之,所谓行为人"主观上不追求非法目的""不存在犯罪的主观意思"的观点非但没有准确描述中立帮助行为的特征,反而可能遮蔽了问题的关键点。还有的学者认为,"中立帮助行为,是指客观上被利用来助力他人实现构成要件规定的行为,是自始至终基于实现法律许可的且独立于犯罪或者犯罪人之外的目的而在社会生活上反复、继续实施的业务行为或日常生活行为"[11]。但笔者认为,该观点一方面存在忽视实施中立帮助行为之行为人主观上具有加功他人的正犯行为与结果之意思的缺陷;另一方面,若遵循该定义,则几乎所有的中立帮助行为都是不可罚的,因为既然帮助行为系被正犯所利用,且行为人是基于法律许可的、独立于犯

---

[8] 参见陈洪兵:《论中立帮助行为的处罚边界》,载《中国法学》2017年第1期,第189页;同上注,陈兴良书,第699页;同上注,张明楷书,第424—425页。
[9] 付玉明:《论刑法中的中立帮助行为》,载《法学杂志》2017年第10期,第64页。
[10] 刘艳红:《网络中立帮助行为可罚性的流变及批判——以德日的理论和实务为比较基准》,载《法学评论》2016年第5期,第40页。
[11] 白丽煊:《中立帮助行为的可罚性——以客观归责理论为路径的展开》,载陈兴良主编:《刑事法评论》第38卷,北京大学出版社2016年版,第120页。

罪的目的实施行为,则应仅由正犯单独对特定的构成要件结果负责。然而,这并不符合学界探讨中立帮助行为的初衷。

对中立帮助行为之定义尚存的第二个疑问是,行为人所实施的帮助行为与日常生活行为或典型职业、业务行为紧密结合,从外观来看系属为社会观念、法律所容许的行为,且行为人主观上亦有实施日常生活行为或典型职业、业务行为的意思,因此与典型的帮助行为有所不同,有着独立于犯罪行为的一面,故称"中立"帮助行为。也基于此,学界尝试从不同角度切入,为区分可罚的中立帮助行为与不可罚的中立帮助行为提供理论支撑。但是,从规范评价的立场出发,实施中立帮助行为的人对于自身行为加功于他人的侵害法益的行为及其结果至少具有间接故意,而该行为事实上又具备与特定构成要件结果的因果关系,作为帮助犯处罚存在理论上的自洽性,只不过一概处罚的立场面临着过度侵犯国民生活自由的诘难。因此,如何在罪刑法定原则的前提下,对不具有可罚性的中立帮助行为与可罚的中立帮助行为予以明确区分,是中立帮助行为的理论焦点。[12] 然而,区分不可罚的中立帮助行为与可罚的中立帮助行为的此种区别说或二分说的前提,是肯定中立帮助行为在一定条件下具有可罚性,既然如此,具有可罚性的中立帮助行为本来即充足了帮助犯的成立要件,而排除在可罚范围之外的中立帮助行为则属于与犯罪行为无关的日常行为或中立行为,根本不具有刑法上的评价价值。如此一来,所谓的中立帮助行为的"中立"又何在?换言之,"中立"帮助行为这个概念本身即具有混淆性,其既不能表征原本就属于帮助犯范畴的可罚中立帮助行为,也不当地将不应置于刑法评价场域内的中立行为纳入其中。此外,论及行为"中立",当然是指行为人不意欲加功于犯罪行为,只不过在单纯地实施日常生活行为或典型职业、业务行为,即与犯罪行为无任何的关联。事实上,只要按照某一立场确定中立帮助行为的处罚边界,纳入其中的行为即失去了"中立"色彩,而属典型的帮助犯行为,除此之外的行为不再具有刑事处理的意义。因此,笔者认为,所谓的"中立帮助行为"并非一个严谨的学术概念,其失于对行为典型特征的概括——看似中立然实则助益犯罪。因此,若以"外观的中立行为"替代之,或许有助于更清晰地把握问题的实质。当然,在确切了解所讨论的问题之情况下,用语上的些许瑕疵并不影响理论探讨,且鉴于学界的约定俗成,本文继续沿用"中立帮助行为"这一概念。

那么,为什么在中立帮助行为事实上助益于法益侵害行为的情况下,要特别地在理论上探讨它的出罪路径呢?其正当性何在?学界的主流见解认为,由于中立帮助行为以日常生活行为或典型职业、业务行为的形式出现,行为人在主观上也并非完全出于助益法益侵害行为的意思,若一律将其作为帮助犯的行为处罚,则难免导致公民行为的萎缩,甚至整个社会交往的瘫痪。[13] 此外,假若不对中立帮助行为的处罚范围进

---

[12] 参见王鑫磊:《帮助犯研究》,吉林大学法学院2014年博士学位论文,第128页。
[13] 同前注[8],陈洪兵文,第190页。

行限制的话,那么实施日常生活行为或典型职业、业务行为的人都需要特别谨慎地预防、避免自己的行为参与到法益侵害行为之中,这等于是给国民增加了担任社会警察的负担。还有观点指出,就犯罪圈的划定而言,刑事政策在处理边缘化的犯罪中起着决定性作用。[14] 将哪些行为纳入犯罪圈及犯罪圈的大小,当然是一个需要在刑事政策上考量的问题。中立帮助行为的中立外观因涉及国民的生活、行为自由,在决定将其中哪些行为纳入刑事处罚的范围时也无疑应该特别慎重。但是,上述基于刑事政策来限制中立帮助行为处罚范围的论断,并没有指出刑事政策在此处是以什么理由来划定可罚之中立帮助行为的范围的,如果只是基于一般预防的立场,则问题并没有得到实际的解决——学界正是因为全面处罚中立帮助行为于一般预防无益,才从理论上考察如何限制其处罚范围的。因此,缺乏具体说理与判断规则的刑事政策视角不能恰当说明中立帮助行为的正当化理由。但是,从一般预防视角的切入,也给了我们一个启发,即将与日常生活行为或典型职业、业务行为紧密相关的中立帮助行为作为犯罪处理,是否违背国民的法律观念或导致法律强人所难呢?例如,将父母明知子女容留他人吸毒而依然将住处提供给子女的行为作为帮助犯处理,违背国民的常识、常情、常理,进而使国民产生法律强人所难的质疑,也违背了期待可能性理论对国民之悲悯。[15] 与这样的启发相契合的观点即认为,可以将期待可能性作为中立帮助行为的出罪根据。论者进一步指出,中立帮助行为谋求的是正当的生活利益或业务利益,这属于法律上的"正",而其所助益的正犯行为所侵害的法益也是法律上的"正",因此,在中立帮助行为的场合,自始便存在着"正"与"正"的法益冲突,进而将中立帮助行为定位于责任阻却事由。[16] 但是,笔者认为这样的观点不无商榷的余地。首先,将(不可罚的)中立帮助行为定位于责任阻却事由,则承认了其自始具有违法性,但是,从有利于行为人的角度而言,否定其充足帮助犯的成立要件是更加理想的方案,而不是在肯定其充足帮助犯的成立要件后在责任阶段再以期待可能性为根据排除罪责;其次,一方面认为中立帮助行为具有法益侵害性,另一方面又以行为目的的合法性承认其在法律上的正当性,这难以自圆其说——既然难以否认中立帮助行为对正犯行为及结果的加功,且在事实上行为人对此有认识的情况下,所谓谋求正当生活利益与业务利益的说法并不能得出中立帮助行为系法律上的"正"这一结论;最后,将中立帮助行为作为责任阻却事由,会导致中立帮助行为被驱逐出共犯理论的界域,但理论上探讨中立帮助行为的处罚界限问题就是因为依据传统的共犯理论难以提供合理的限制处罚方案,因此需对共犯理论进行反思,以期说明部分中立帮助行为为何不符合帮助犯的成立要件,然而将该问题转移到责任阻却事由之中的见解,有规避问题的嫌疑。

---

[14] 参见丑丽、杨波:《对基于特殊关系的中立帮助行为的出罪思考》,载《学理论》2012年第36期,第114页。
[15] 参见丑丽、杨波:《对基于特殊关系的中立帮助行为的出罪思考》,载《学理论》2012年第36期,第113页。
[16] 参见马荣春:《中立帮助行为及其过当》,载《东方法学》2017年第2期,第4—5页。

行文至此,笔者认为,对中立帮助行为的定义必须从客观不法与主观责任两个角度展开,详言之,刑法之所以讨论中立帮助行为的可罚性问题,重点在于将部分看似具有客观不法、主观可谴责性的"帮助"行为排除在帮助犯的范围之外。此外,纳入处罚范围的中立帮助行为,其自始便充足帮助犯之成立要件,也就无所谓"中立"可言,不过是以中立为名而行助益法益侵害行为之实。所以,所谓中立帮助行为,是指行为客观上表现为日常生活行为或典型职业、业务行为,但行为人主观上明知该行为会加功于他人之法益侵害行为及结果而仍实施的行为。

二、观点争鸣及评析

域外关于中立帮助行为是否成立帮助犯的探讨早在 19 世纪便已展开,而我国大陆学界对其较为深入的探讨则始于晚近十几年。早在 1840 年之时,德国学者基特卡 (Kitka) 就针对中立帮助行为提出了以下案例:B 与 C 在一家五金店门口发生斗殴,B 随即入店购买一把菜刀,店主 A 虽然意识到 B 极有可能使用此刀杀死 C,但依旧将菜刀卖给 B,后 B 果真用此刀杀死 C,此时店主 A 是否构成帮助犯?[17] A 售卖菜刀的行为并不为法律所禁止,属日常经营行为,但其事实上又在具有侵害法益之认识的情况下加功于 B 的杀害行为,此时按照帮助犯处罚是否合理?若不合理的话,又该如何说明其不符合帮助犯的成立要件?于 1904 年发生的律师案及其他实务案件进一步推动德国学界对中立帮助行为的广泛讨论。律师案的案情为:在犯罪嫌疑人的亲属咨询律师帮助受羁押的犯罪嫌疑人脱逃是否构成脱逃罪之时,律师因忽视当时《德国刑法典》第 120 条的规定,认为亲属不构成该罪,随后该亲属被作为该罪的帮助犯追诉。德国帝国法院认为,给予法律意见是律师职业上的业务,只有当律师超越职业上的界限,具有促进犯罪的意思之时,方成立帮助犯。本案律师自一开始只是在遵循律师的义务给予法律意见,并无促成犯罪的意思,因此不构成帮助犯。[18] 此后经过一百多年的理论发展与实践检验,德国刑法学界对中立帮助行为的处理由全面处罚转向限制处罚,而限制处罚立场的展开得益于理论上针对中立帮助行为从多视角切入探讨限制处罚的理由。受德国刑法影响颇深的日本,在介绍、借鉴德国相关学说的基础上,通过本土的案例深化了对该问题的研究,并得出了丰富的理论成果。

不但大陆法系的刑法理论对中立帮助行为进行了深入的研究,英美刑法学界亦有关于中立帮助行为之可罚性的讨论。在 1913 年发生于英国的 R v. Lomas 一案引起了

---

[17] Vgl. Joseph Kitka, Über das Zusammentreffen mehrerer Schuldigen bei einem Verbrechen und deren Strafbarkeit, 1840, S. 61 ff.
[18] Vgl. RGSt 37, 312.

基于民事义务归还物品、商品买卖是否成立共犯的争论。[19] 而在美国,勒尼德·汉德(Learned Hand)法官与佩克(Pecker)法官就成立共犯是仅限于"蓄意"的主观心态还是可以包括"明知"的主观心态在内的争论,也以自由贸易或个人责任与犯罪预防之间的紧张关系为背景。争论的结果是,《模范刑法典》采纳了勒尼德·汉德法官的意见,认为仅在"蓄意"支配下的共犯行为方具有可罚性,因此,该结果表明了维护自由贸易或个人责任胜过犯罪预防的立场。[20]

作为一个争议极大的问题,中立帮助行为从被提出开始就具有复杂性与模糊性。一方面,关于中立帮助行为的定义、内涵、性质等均存在较大的争议;另一方面,这一问题不只是在共犯理论的范围内讨论,还涉及故意、过失的认定以及囊括众多下位判断规则的客观归责理论。如此一来,有关中立帮助行为的学术争鸣之势甚为浩大。宏观视之,对于中立帮助行为的规制,可分为两大立场、两大阵营,即全面处罚的立场(全面处罚说)与限制处罚的立场(限制处罚说),以及限制处罚说内部的主观说、客观说两大阵营。

(一) 全面处罚说

德国早年就中立帮助行为的可罚性采取全面处罚的立场,即只要充足帮助犯的因果要件与具备故意,就可以帮助犯论处。如有观点认为,"一个'中立'的行为,如五金商店出售一个螺丝刀,如果售货员清楚地知道该螺丝刀不久将会被用作入室盗窃的工具的话,同样可能成为帮助行为"[21]。此外,从刑事政策的角度出发,全面肯定中立帮助行为之可罚性具有合理性,且如果将中立帮助行为排除在《德国刑法典》第 27 条[22]的适用空间之外,恐怕会产生不可容忍的处罚漏洞。限制中立帮助行为处罚范围的主张并未提出令人信服的论据,故应当在全面肯定其可罚性的前提下,在量刑和程序中解决可能过于严厉的处罚问题。[23]

但是,笔者认为,全面处罚说的主张难以成立。其一,刑法是最为严厉的法律,对于任何行为的处罚都必须追问其背后的实质根据,而不能仅根据刑事政策的需要就得出处罚的结论;其二,刑事政策不能任意地基于预防犯罪的需求而逾越罪刑法定原

---

[19] 参见〔英〕J. C. 史密斯、〔英〕B. 霍根:《英国刑法》,李贵方等译,法律出版社 2000 年版,第 154—162 页;〔英〕鲁珀特·克罗斯、〔英〕菲利普·A. 琼斯著,〔英〕理查德·卡德修订:《英国刑法导论》,赵秉志等译,周叶谦校,中国人民大学出版社 1991 年版,第 406—410 页。

[20] 参见储槐植、江溯:《美国刑法》(第 4 版),北京大学出版社 2012 年版,第 139—140 页。

[21] 〔德〕汉斯·海因里希·耶赛克、〔德〕托马斯·魏根特:《德国刑法教科书》(下),徐久生译,中国法制出版社 2017 年版,第 943 页。

[22] 《德国刑法典》第 27 条规定:"1. 对他人故意实施的违法行为,故意予以帮助的,是帮助犯。2. 对帮助犯的处罚参照正犯的处罚,并依第 49 条第 1 款减轻其刑罚。"参见《德国刑法典》,徐久生译,北京大学出版社 2019 年版,第 13 页。

[23] Vgl. Körner/Dach, Geldwäsche: ein Leitfaden zum geltenden Recht, 1994, Rdn. 36.

则,在缺乏对中立帮助行为的可罚性予以充分说理的情况下即主张全面处罚之,必然面临着不当扩大处罚范围的质疑;其三,全面处罚的立场导致每个国民在实施日常生活行为或典型职业、业务行为时均需了解其行为是否加功于法益侵害行为,这无疑将本应由国家承担的预防犯罪的责任转嫁给国民,且极易导致社会交往的停滞;其四,全面处罚说未对限制处罚说提出有说服力的批判。鉴于全面处罚说的缺陷,其基本退出了当今的学术争鸣,绝大多数的学者都是在限制处罚说的立场内寻求限制中立帮助行为处罚范围的理论依据的。

(二) 限制处罚说

虽然学者们就应限制中立帮助行为的处罚范围取得了共识,但是针对如何合理、恰当地说明限制处罚的根据,则众说纷纭、莫衷一是。从帮助犯的构造而言,成立帮助犯要求存在帮助行为、帮助故意与具备因果关系,所以各种学说基本上系就此三者展开自己的见解,从而达到限制处罚范围的效果。

1. 主观说

持主观说的学者认为,行为人的主观要素系划分中立帮助行为处罚范围的关键因素,并大致基于主观要素的"认识"与"意欲"分为三种不同的路径。

(1) 促进意思说

该说认为,成立帮助犯,行为人不仅要认识到正犯的法益侵害行为,还必须具备促进正犯行为及其结果发生的意思。因此,可依据部分中立帮助行为人不具有促成犯罪的意思而否定其构成帮助犯。该种观点在早年为德国帝国法院所采纳,前述律师案的判决即适用了该观点。[24]

(2) 未必故意否定说

该说认为,由于可以将故意区分为确定故意与未必故意,虽然成立帮助犯要求行为人具有帮助故意,但应仅限于确定故意,只具有未必故意不能成立帮助犯,德国联邦最高法院即采此说。[25]

但是,笔者认为,无论是促进的意思说还是未必故意否定说,都并不符合《德国刑法典》第 27 条的规定。详言之,该条规定出于故意帮助正犯行为之人即为帮助犯,也就无所谓确定故意与未必故意之分,更未要求附加促进正犯之意思。即便将促进意思理解为确定故意之中的积极追求法益侵害结果的意思,但在认识到正犯行为却仍予以

---

[24] 参见蔡蕙芳:《著作权侵权与其刑事责任——刑法保护谜思与反思》,新学林出版股份有限公司 2008 年版,第 348—349 页;洪兆承:《中性行为与帮助犯》,台湾政治大学法律学研究所 2009 年硕士学位论文,第 36—39 页。

[25] 同上注[24],洪兆承文,第 40—41 页;林育骏:《从"中性行为"论帮助犯的成立要件——以帮助因果性与帮助故意为中心》,台湾大学法律系 2011 年硕士学位论文,第 17 页。

加功的情况下,难以将未必故意排除在处罚范围之外,否则就于法无据。此外,主观说之所以重视从主观要素的视角限制处罚范围,根本原因在于其认为在中立帮助的场合,客观的修正构成要件已然充足,无法否定帮助行为及其与特定构成要件结果之间的因果关系。但是,在尚未充分考察是否可将这些中立行为认定为帮助行为及限缩归责范围的情况下,便直接进入到对主观要素认定的阶段,既无法明确故意的认识对象,也不利于准确考察故意的存在与否,甚至可能仅因为具有侵害法益的意图就将客观上并不具有违法性的行为作为帮助犯处理。因此,笔者并不赞成上述二说的见解。

(3)印象说基础上的主观说

日本学者曲田统是规范违反说的支持者,其认为行为若给社会生活共同体造成了危险性的印象,便属于制造了不被允许的危险。就该观点在中立帮助行为中的展开而言,基于确定故意所实施的中立帮助行为原则上应被认定为帮助犯,但该原则不适用于在提供食物、衣服等一般而言并不会对犯罪起到直接作用的场合;基于未必故意所实施的中立帮助行为原则上不应被认定为帮助犯,但该原则同样存在例外,即在中立帮助行为被正犯利用的可能性很高且行为人对此有认识的场合,仍然可以成立帮助犯。[26]

笔者认为,该说并不可取。其一,关于犯罪本质的立场与基于确定故意、未必故意限制中立帮助行为之处罚范围之间并无必然联系;其二,将确定故意与未必故意纳入客观归责的判断框架之中,在方法论上是有疑问的。

2. 客观说

主观说的弊端使得学者们将眼光转向从客观的角度来探讨中立帮助行为的限制处罚路径。着眼于帮助行为、结果及因果关系等客观要素,一些学者提出了社会相当性说、职业相当性说、利益衡量说、基于利益衡量的客观说、义务违反说、正犯不法连带说、综合考量方案、客观关联性与主观关联性的双层次标准等主张。此外,客观归责理论作为探讨构成要件符合性的一种方法,其亦被视为一种构成要件阻却事由。学界的有力观点认为,就中立帮助行为的限制处罚而言,应该在构成要件阶段就排除其违法性。因此,有许多学者以客观归责理论为背景寻求问题的解决方案,诸如禁止溯及说、犯罪意义关联说、由业务通常性导致的行为规范后退说、假定的替代原因说、危险重大变更说等即是该观点的代表性主张。

(1)社会相当性说

由韦尔泽尔(Welzel)所提出的社会相当性说认为,于社会生活之中历史性地形成的为社会伦理秩序所认可的行为,即使导致了构成要件结果,也不应该认为其属于构

---

[26] 参见〔日〕曲田统:《日常的行为と従犯—ドイシたおしする議論を素材にして》,载《法学新报》2004年第111卷第3、4号,第195页。

成要件行为。[27] 虽然韦尔泽尔并非针对中立帮助行为提出该理论,但该说后被学者们借用来作为论证部分中立帮助行为中立不可罚的根据。详言之,中立帮助行为系在实施日常生活行为或典型职业、业务行为之时加功于正犯行为,但这些行为本身是被社会伦理秩序所认可的行为,所以不应被作为犯罪行为来对待。

社会相当性说的最大弊病在于,其并未提供认定行为是否具有社会相当性的标准,从而导致所谓的社会相当行为具有不确定性与难操作性。借用该理论来区分中立帮助行为也自然存在着区分标准暧昧的问题,进而带来丧失法的安定性与任意解释的质疑。正如西田典之教授所批判的那样,社会相当性理论与其说提供了一个解释的理论,倒不如说只是得出了一个解释结论而已。[28]

(2) 职业相当性说

德国学者哈塞默(Hassemer)在社会相当性说的基础上所提出的职业相当性说认为,按照被社会所接受的规则操作的行为,可被认为具有职业上的相当性,其并非刑法关注的对象,也即不具有构成要件符合性。换言之,只要该种职业行为系为了实现国家和社会所认可的任务,并且是依照不与刑法规范相冲突的职业规范操作的,则不能将这种行为视为违反刑法的行为,进而认定即便该行为助益了正犯行为,行为人也不构成帮助犯。[29]

虽然职业相当性说将判断行为是否具有社会相当性的标准与法律、职业规范、社会交往规则等结合起来,较之社会相当性说有所明确,但一方面,职业规范与刑法规范并不具有相同的认定规则与规范目的,在二者冲突或者不相符的场合,应从刑法规范出发判断依据职业规范实施的行为是否合法,而不是在符合职业规范的情况下直接得出不构成帮助犯的结论;另一方面,职业规范本身是否合法需要经过法秩序的验证,在以符合职业规范为名而事实上实施犯罪行为的场合,职业规范所导致的后果非但不利于限制处罚范围,反而会轻纵犯罪。此外,为何要特别地以职业规范为根据排除归责,这并没有充分的根据,甚至存在着将职业作为刑法上免罪身份的嫌疑,不符合现代法治的平等原则。

(3) 利益衡量说

利益衡量说认为,应当在立法论的层面寻找中立帮助行为的限制处罚根据,并分为以下两种路径:黑芬德尔(Hefendehl)认为,应当基于实施日常生活行为或典型职业、业务行为的自由与法益保护之间的衡量来判断中立帮助行为是否可罚,具体而言,中

---

[27] Vgl. Hans Welzel, Das Deutsche Strafrecht, 11. Aufl., 1969 (1940), S. 55 f.,转引自周漾沂:《风险承担作为阻却不法事由——重构容许风险的实质理由》,载《中研院法学期刊》2014年第14期,第179页。

[28] 参见[日]西田典之:《日本刑法总论(第2版)》,王昭武、刘明祥译,法律出版社2013年版,第114页。

[29] 同前注[26],第159页。

立帮助行为具有的反价值性越大,则对其的限制也就越强[30];克拉尔(Krahl)认为,对中立帮助行为的解释也必须在比例原则之下展开,也即结合适当性、必要性、相当性三者进行考量[31]。

利益衡量说舍弃在构成要件阶段判断中立帮助行为是否具有构成要件符合性,将问题放在违法性阶层解决,且不说这样的方案会带来限制行为自由的疑问,单就判断的客观性而言其也存在问题,毕竟价值衡量若非在同一阶的价值之间、明确的判断规则之下展开,则难免存在过于抽象的缺陷。因此,利益衡量说也并没有提出一个操作性很强的方案。

(4)基于利益衡量的客观说

该说认为,虽然商品交易行为、日常生活行为具有可能加功于犯罪行为的一面,但是在这些行为之中又蕴含着国民日常交易交往的自由,为了在自由保障与法益保护之间保持平衡,只要行为人之中立帮助行为不违反相关法律、法规和行业规范的要求,行为人便不负有法益保护义务和危险源监督义务,此时就不能将这种行为评价为帮助行为,且无须再过问行为人对他人之犯罪行为是否有认识,即可径直将其排除在帮助犯的成立范围之外。[32]

笔者认为,虽然该说将问题置于构成要件阶段解决这一点相较于前述的利益衡量说可谓更准确地把握住了问题的关键点,但是,自由保障与法益保护之间孰优孰劣的判断在缺失一个根本理念与具体判断规则的情况下,操作性本身即存在疑问。此外,难言实施中立帮助行为的行为人对于被害人负有法益保护义务或危险源监督义务,如此一来,就不必在中立帮助行为之中讨论不作为犯。

(5)义务违反说

义务违反说由德国学者安德列亚斯·兰西克(Andreas Ransiek)所提倡,其认为,义务违反不仅是对不作为犯与过失犯进行归责的要素,也是对故意结果犯进行归责的要素,将义务违反作为共犯处罚的要件也是理所当然的。就中立帮助行为而言,必须考察中立帮助行为与特定构成要件结果之间是否存在义务违反,也即义务违反是帮助犯与被害人之间的关联,由此得出的结论是帮助者对法益的侵害不是来源于正犯的不法行为,而是自身的义务违反不法。因此,即使帮助者在具有认识的情况下助益了正犯行为,且存在促进结果发生的因果关系,但若该行为并未违反社会共同生活规则,也就

---

[30] Vgl. Roland Hefendehl, Missbrauchte Fabkopierer, JURA 1992, 376 f.,转引自[日]山中敬一:《中立的行為による幫助の可罰性》,载《关西大学法学论集》2006年第56卷1号,第74页。
[31] Vgl. Oliver Löwe-Krahl, Die Verantwortung von Bankangestellten bei illegalen Kundengeschäften, 1990, S. 40 ff.
[32] 同前注[8],陈洪兵文,第198—199页。

不存在义务违反,自然不构成帮助犯。[33]

义务违反说存在的问题是:其一,认为故意犯也存在义务违反的观点难以成立;其二,将刑法以外的规范所规定的义务作为刑法上的义务违反,并不能当然地得出构成犯罪的观点。

(6)正犯不法连带说

由许乃曼(Schünemann)所倡导的正犯不法连带说认为,共犯的不法与正犯的不法有所不同,仅仅只是故意地、因果性地促成他人之法益侵害行为及结果还不够,共犯行为还必须具有自身特有的反价值性,即帮助行为与正犯行为连带形成的为社会所难以容忍的印象。换言之,帮助者的行为与正犯行为之间是否具有连带性,系决定是否成立帮助犯的重要考量因素。就具体判断而言,首先,"与正犯行为之间的距离"是决定中立帮助行为是否构成帮助犯的重要标准,所谓"与正犯行为之间的距离"是指从客观上看中立帮助行为对正犯行为的助益是在正犯行为实施之前还是之后,若是在正犯行为实施之后予以助益的,既具有"与正犯行为的接近性",进而产生社会心理学上的危险印象,由此形成"与正犯行为的连带性"。当然,并非所有在正犯行为实施之后予以助益的,都会产生上述效果,关键还要看该中立帮助行为是否触及正犯行为的不法核心,与正犯行为的"距离远近"只是征表正犯不法连带的事实。此外,是否与正犯行为连带,还需看中立帮助行为是否脱逸于通常的生活方式或典型的职业、业务规则。只要行为符合通常的生活方式或典型的职业、业务规则,就不需要考虑主观要素而可径直将其排除在与正犯行为的连带性之外。[34] 从这一点来说,许乃曼教授的观点与社会相当性说有着紧密的联系。

但是,笔者认为,许乃曼教授只是将与正犯行为的接近性作为考察正犯不法连带的素材,但为何该接近性能对成立共犯起到举足轻重的作用,许乃曼教授并未给出充分的说理。对于帮助犯的成立而言,重要的是行为事实上对于正犯行为及其结果的促进,只要有这种效果的存在,即便行为外观具有社会相当性,也难以直接将其排除在处罚范围之外。

(7)综合考量方案

该种方案的论者认为,是否成立帮助犯,应当从正犯行为的紧迫性,中立帮助行为是否具有明显的法益侵害性,是否对正犯行为具有重大的物理、心理因果性影响,行为人对于正犯行为及其结果的认识程度等方面进行综合的考察。[35] 该方案似乎全面地考察了成立帮助犯的要素,但是其缺陷在于,并没有明确各个要素之间的关系与权重。

---

[33] 参见 Andreas Ransiek , Neutrale Beihilfe in formalen Organisationen,〔日〕佐伯和也译,载〔日〕山中敬一监译:《组织内犯罪与个人的刑事责任》,成文堂2002年版,第109—110页。

[34] 参见陈家林:《外国刑法理论的思潮与流变》,中国人民公安大学出版社、群众出版社2017年版,第622—623页。

[35] 同前注[7],张明楷书,第425页;同前注[6],陈兴良书,第523页。

(8)客观关联性与主观关联性的双层次标准

该说认为,对于中立帮助行为是否构成帮助犯的讨论最终应还原到帮助犯的构造上来,应从客观和主观两个层面对中立帮助行为与正犯行为之间的因果关联性进行考察。详言之,在客观关联性层面,采取"行为人替代标准",即将正犯置于中立帮助行为人的立场,假定由该正犯实施中立帮助行为之时,是否会对犯罪起到实质的促进作用(与犯罪的紧密关联);在主观关联性层面,要求行为人具有帮助正犯行为的目的,即行为人确切认识到正犯的犯罪意图,且其自身也认识到帮助行为对正犯行为具有助益作用。在行为对犯罪起到了实质的促进作用,行为人主观上也具有帮助目的之时,方可将其作为帮助犯处罚。[36] 但是,在按照传统的见解否认成立帮助犯的场合,如妻子明知丈夫将要实施抢劫仍为其做饭,也就无须另行提出"行为人替代标准"。

(9)禁止溯及说

雅科布斯(Jakobs)教授主张以禁止溯及理论来否定中立帮助行为与正犯行为之间的关系,认为虽然中立帮助行为助益于他人之犯罪行为,但若行为本身即具有独立的社会生活意义,而并非取决于正犯的行为,则禁止将正犯行为及其导致的结果回溯到帮助者的行为上去,只能由正犯单独对法益侵害结果负责。[37] 雅科布斯教授的禁止溯及说针对的是制造风险的判断规则,在中立帮助行为的场合,帮助者并未制造危险,故应否定帮助者的可归责性。[38]

雅科布斯教授的观点导致几乎所有的中立帮助行为都不可罚,但这并不妥当,因为"行为本身即具有独立的社会生活意义"并不能否定该行为在事实上助益于正犯行为,遑论这样的论断稍显模糊。此外,即便按照规范维护论的立场,明知他人要实施犯罪行为却仍予以助益的,当然是对规范效力的漠视与挑战,既然如此,作为帮助犯处理亦未尝不可。

(10)犯罪意义关联说

罗克辛(Roxin)教授是犯罪意义关联说的典型代表人物。罗克辛教授将中立帮助行为问题与行为危险的判断结合在一起,认为只有在行为制造或增加法不容许的风险之基础上,方具备归责的前提。进一步而言,将该行为与行为人的主观认识联系起来,具体可分为两种场合:其一,在帮助者确切地知道正犯行为的场合,帮助者具有确定的故意;其二,在帮助者对于自己的行为被正犯利用仅具有可能的认识或推测的场合,帮助者具有未必的故意。在确定故意的场合,需进一步检验是否具备犯罪意义的关联性。所谓犯罪意义的关联性,是指参与不法侵害行为是正犯所计划的犯罪的前提条件,且帮助者对此是明知的。进而,只有能够肯定犯罪意义的关联性,方可作为帮助

---

[36] 参见方鹏:《论出租车载乘行为成立不作为犯和帮助犯的条件——"冷漠的哥案"中的法与理》,载陈兴良主编:《刑事法判解》(第13卷),人民法院出版社2013年版,第66—67页。
[37] 同前注[24],洪兆承文,第97—104页。
[38] 参见许玉秀:《主观与客观之间》,春风煦日论坛编辑小组1997年版,第28—29页。

犯处罚。而在未必故意的场合,则可以援用信赖原则,排除客观归责,即信赖自己的行为不会参与到法益侵害行为的进程中,此时由于已无法充足客观不法构成要件,也就无须再讨论帮助者是否有故意的问题了。[39]

罗克辛教授的方案存在着以下缺陷:首先,犯罪关联性的认定需要求之于帮助者认识到正犯的犯罪意识,以此作为判断标准并不明确;其次,犯罪关联性的判定依赖于正犯的目的,但这种主观上的要素对于帮助者而言难以察知,并且事实上使得以正犯的目的来决定帮助行为的性质,这并不合理;再次,又因正犯存在明显的犯罪倾向,即便帮助者仅有未必的故意也对帮助者予以处罚,合理性存疑;最后,与主观说一样,确定故意与未必故意的区分就共犯的法律规定及处罚而言并无实益。

(11)由业务通常性导致的行为规范后退说

主张该说的松生光正教授认为,要回答中立帮助行为是否构成帮助犯,考察中立帮助行为"在具体的行为情状之中对正犯行为是否有促进意义"这一点十分重要。中立帮助行为所表现出的日常生活行为或典型职业、业务行为是受到法秩序与社会之认可的,法秩序与社会对这些行为存在着"规范的行为预期",即预期这些行为与正犯行为无关。与此相关,帮助犯与正犯所违反的行为规范并不一致,前者违反了不得促进他人之法益侵害行为的补充性行为规范,而后者违反的是禁止侵害法益的行为规范。因此,对帮助犯的规范违反而言,必须存在着促进正犯行为的内容,但若存在切断与正犯行为联系的行为预期的话,则不能认定其促进了正犯行为的实施。"对于业务行为这种存在社会通常的行为预期的行为,只要该行为在实施的具体状况中没有脱离通常的业务行为,就不属于帮助犯。不过,如果该业务行为违反了某种规则或脱离了通常的业务形态,那么就存在成立帮助犯的可能。"[40]

该说的问题在于,首先,所谓的具体行为情状与通常的业务形态并不明确,难以成为判断的素材。其次,无论基于何种共犯处罚根据,认为帮助犯与正犯具有不同规范违反的观点都难以成立。

(12)假定的替代原因说

日本学者岛田聪一郎认为,帮助犯的成立应考虑帮助行为是否升高了正犯行为造成结果的危险性。详言之,在判断中立帮助行为是否升高了结果发生的危险时,必须将存在该帮助行为的场合与不存在该帮助行为的场合进行对比。对于假定的替代原因的考察而言,原则上考虑具备高度盖然性的事实的介入。不过,不能将犯罪行为作为替代原因进行考虑。[41]

笔者认为,就现实发生的结果而言,归责的判断对象是行为与特定构成要件结果之间的

---

[39] 同前注[24],蔡蕙芳书,第349—355页;萧宏宜:《数位时代著作权刑法的挑战与因应》,台湾东吴大学法律研究所2008年博士学位论文,第181—182页。
[40] 同前注[3],第294页。
[41] 参见[日]岛田聪一郎:《正犯·共犯諭の基礎理論》,东京大学出版会2002年版,第360页。

联系,而不是行为与虚拟、抽象的结果之间的关系。要言之,在假定的因果关系的场合,除了对比的结果相同外(如依法执行死刑使得受刑人"死亡"与抢先于执法人员之前射击受刑人而造成其"死亡"),不同情形在造成结果的方式、流程、原因上并不一致。"抽象性结果在刑法上并无意义,是因为刑法规范的任务,是在不法构成要件的范围之内保护被害人的特定法益,因此,刑法上的归责,只能针对具体的不法构成要件的结果。"[42]

(13)危险重大变更说

该说认为,中立帮助行为的可罚性应该从该行为是否导致正犯结果的重大变更,是否强化了正犯行为的侵害性角度进行判断。具体而言,站在事后观察的角度,看行为是否加大了正犯造成法益侵害结果的危险,如果得出肯定答案,则可以认为该行为对导致正犯结果有实质性的贡献,成立帮助犯,反之,就否定帮助犯的成立。例如,在出租车司机运送杀人犯的案件中,除非只有出租车司机知道路线或者只有这一辆出租车可供使用,否则在交通便利的当下社会,出租车具有极大的可替代性,也就难言运送行为对杀人行为有实质性的贡献。将菜刀卖与杀人犯也一样,菜刀并非一种稀缺的资源,也就难言其对杀人行为有重大的助益。[43] 由此可见,该说事实上也采用了假定的替代原因的观点,因而也就难以避免前说存在的缺陷。

三、中立帮助行为在我国的立法、司法现状

中立帮助行为在我国并非只是一个学理上的问题,事实上,无论从立法条文、司法解释还是判例之中,均能发现中立帮助行为的身影。这既为我们提供了实定法上的讨论根据,又有助于我们从司法实务的视角考察、反思理论的适用是否能得出恰当的结论。

(一)立法条文

在我国《刑法》之中,可能涉及中立帮助行为的条文如下:第 244 条第 2 款[44]、第 285 条第 3 款[45]、第 287 条之二第 1 款[46]、第 310 条第 1 款(窝藏罪)[47]、第 350 条第

---

[42] 车浩:《阶层犯罪论的构造》,法律出版社 2017 年版,第 158 页。
[43] 同前注[6],黎宏书,第 293 页。
[44] 《刑法》第 244 条第 2 款规定:"明知他人实施前款行为(强迫劳动——笔者注),为其招募、运送人员或者有其他协助强迫他人劳动行为的,依照前款的规定处罚。"
[45] 《刑法》第 285 条第 3 款规定:"……明知他人实施侵入、非法控制计算机信息系统的违法犯罪行为而为其提供程序、工具,情节严重的,依照前款的规定处罚。"
[46] 《刑法》第 287 条之二第 1 款规定:"明知他人利用信息网络实施犯罪,为其犯罪提供互联网接入、服务器托管、网络存储、通讯传输等技术支持,或者提供广告推广、支付结算等帮助,情节严重的,处三年以下有期徒刑或者拘役,并处或者单处罚金。"
[47] 《刑法》第 310 条第 1 款规定:"明知是犯罪的人而为其提供隐藏处所、财物,帮助其逃匿或者作假证明包庇的,处三年以下有期徒刑、拘役或者管制;情节严重的,处三年以上十年以下有期徒刑。"

2款[48]、第363条第2款[49]。事实上,除了上述法条之外,还可在一些条文之中发现中立帮助行为成立帮助犯的空间。例如,《刑法》第358条第4款[50]。

首先,需要考察的是,上述行为是否均属于对正犯行为的帮助行为。通观上述法条所规制的行为,其本身并不属于其所助益之行为的构成要件行为。运输被强迫劳动之人的行为,提供侵入、非法控制计算机信息系统的程序、工具的行为,帮助网络犯罪的行为,窝藏行为,运输制毒物品的行为,提供书号的行为等,均不是强迫劳动行为,侵入、非法控制计算机信息系统行为,网络犯罪行为,脱逃行为,制造毒品行为,出版淫秽书刊等行为本身。当然,理论上存在着对其中一些规定究竟是属于帮助行为正犯化的规定,还是帮助犯之量刑规则的争论。例如,就《刑法》第244条第2款的性质而言,既有赞成该条属于帮助行为正犯化的观点[51],也有认为该条系帮助犯的量刑规则的见解[52]。但无论哪种观点,都是在承认上述行为系帮助行为的立场上展开的。其次,上述行为是否属于具有中立色彩的帮助行为。笔者认为,就制毒物品而言,我国的管控是相当严厉的,普罗大众也基本知晓毒品所具有的危害性及其被法秩序所严厉禁止的现状。在明知是制毒物品而仍予以运输的场合,即便是从朴素的正义观与法律观出发,也能认为行为人的行为并非中立,而是逾越了社会容忍的界限。事实上,这样的立场在涉及违禁品的场合基本都能得到解释与贯彻,实施相关助益行为的人都会明知其行为并不为法秩序所认可,如《出版管理条例》第25条第7项即明文禁止发行淫秽出版物,即便行为人并不是专门从事出版业务的人,也能知道我国禁止刊行淫秽出版物的事实。就窝藏行为而言,法秩序所不能认可的是使脱逃人难以被追捕的行为,也即窝藏行为必须是更有利于脱逃人潜逃的行为,而事实上一些提供衣食住行的行为难言必定具有上述效果。当然,由于窝藏行为已独立成罪,所以完全可以在对构成要件行为的解释中,将这些行为排除在外。与此相对,运输行为或提供技术、服务行为等通常都具有合法性,即便其与正犯行为相结合,也必须着眼于其能够事实上加功于正犯行为。因此,在事实上助益于正犯行为的场合,由于这些行为具有日常生活行为或典型职业、业务行为的外观,也就成为了我们讨论的重点——中立帮助行为。最后,笔者认为,《刑法》第244条第2款、第285条第3款、第287条之二系关于中立帮助行为的

---

[48] 《刑法》第350条第2款规定:"明知他人制造毒品而为其生产、买卖、运输前款规定的物品的,以制造毒品罪的共犯论处。"

[49] 《刑法》第363条第2款规定:"……明知他人用于出版淫秽书刊而提供书号的,依照前款的规定处罚。"

[50] 《刑法》第358条第4款规定:"为组织卖淫的人招募、运送人员或者有其他协助组织他人卖淫行为的,处五年以下有期徒刑,并处罚金;情节严重的,处五年以上十年以下有期徒刑,并处罚金。"虽然可认为该条文是将帮助犯作为正犯处罚,但其仍牵涉对运输行为这样典型日常生活行为的处罚。

[51] 参见周光权:《刑法各论》(第三版),中国人民大学出版社2016年版,第54—55页。

[52] 参见张明楷:《刑法学(下)》(第五版),法律出版社2016年版,第904页;黎宏:《刑法学各论》(第二版),法律出版社2016年版,第257页。

典型立法例。

(二) 司法解释

就我国司法解释的规定而言,在涉及中立帮助行为的场合,行为人所实施的日常生活行为或典型职业、业务行为本身即便符合社会观念或业务操作规范,如运输行为,生产、买卖行为,提供工具、技术、场所、资金、支付服务,履行民事合同等,但只要其主观上对于对方实施犯罪行为存在认识(明知),即可作为犯罪处理,且在某些犯罪中甚至是作为正犯来处罚的。[53] 事实上,笔者认为,司法解释在此处的逻辑是,行为的社会意义并不在于行为本身从外观上观察是否与特定领域内的一般人理解相一致,而在于具体实施行为之人的目的。因此,只要行为人明知对方实施的是犯罪行为,且知道自己所实施的行为将助益于犯罪行为的实施及特定构成要件结果的发生却依旧实施的,即可成立帮助犯。我国刑事立法与司法解释的规定在传统帮助犯的框架内是可以得到充分的说明与支持的,主观说的见解亦能为其提供理论上的背书,所以,笔者认为我国的法律规定是持主观说的立场。但是,理论的主张并不能一劳永逸地解决问题,我们必须反思所适用的理论在现实世界中会产生何种效果,这样的结果是否能够契合我们对于处罚公正与人权保障的追求。申言之,当我们将这样的立场贯彻到实务

---

[53] 典型的例子有:《关于办理生产、销售伪劣商品刑事案件具体应用法律若干问题的解释》第9条规定:"知道或者应当知道他人实施生产、销售伪劣商品犯罪,而为其提供贷款、资金、账号、发票、证明、许可证件,或者提供生产、经营场所或者运输、仓储、保管、邮寄等便利条件,或者提供制假生产技术的,以生产、销售伪劣商品犯罪的共犯论处。"《关于办理非法生产、销售烟草专卖品等刑事案件具体应用法律若干问题的解释》第6条规定:"明知他人实施本解释第一条所列犯罪,而为其提供贷款、资金、账号、发票、证明、许可证件,或者提供生产、经营场所、设备、运输、仓储、保管、邮寄、代理进出口等便利条件,或者提供生产技术、卷烟配方的,应当按照共犯追究刑事责任。"《关于办理危害食品安全刑事案件适用法律若干问题的解释》第14条规定:"明知他人生产、销售不符合食品安全标准的食品,有毒、有害食品,具有下列情形之一的,以生产、销售不符合安全标准的食品罪或者生产、销售有毒、有害食品罪的共犯论处:(一)提供资金、贷款、账号、发票、证明、许可证件的;(二)提供生产、经营场所或者运输、贮存、保管、邮寄、网络销售渠道等便利条件的;(三)提供生产技术或者食品原料、食品添加剂、食品相关产品的;(四)提供广告等宣传。"《关于办理敲诈勒索刑事案件适用法律若干问题的解释》第7条规定:"明知他人实施敲诈勒索犯罪,为其提供信用卡、手机卡、通讯工具、通讯传输通道、网络技术支持等帮助的,以共同犯罪论处。"《关于办理利用信息网络实施诽谤等刑事案件适用法律若干问题的解释》第8条规定:"明知他人利用信息网络实施诽谤、寻衅滋事、敲诈勒索、非法经营等犯罪,为其提供资金、场所、技术支持等帮助的,以共同犯罪论处。"《关于办理危害药品安全刑事案件适用法律若干问题的解释》第8条规定:"明知他人生产、销售假药、劣药,而有下列情形之一的,以共同犯罪论处:(一)提供资金、贷款、账号、发票、证明、许可证件的;(二)提供生产、经营场所、设备或者运输、储存、保管、邮寄、网络销售渠道等便利条件的;(三)提供生产技术或者原料、辅料、包装材料、标签、说明书的;(四)提供广告宣传等帮助行为的。"《关于办理环境污染刑事案件适用法律若干问题的解释》第7条规定:"明知他人无危险废物经营许可证,向其提供或者委托其收集、贮存、利用、处置危险废物,严重污染环境的,以共同犯罪论处。"《关于办理组织、利用邪教组织破坏法律实施等刑事案件适用法律若干问题的解释》第13条规定:"明知他人组织、利用邪教组织实施犯罪,而为其提供经费、场地、技术、工具、食宿、接送等便利条件或者帮助的,以共同犯罪论处。"

案件之中时,是否导致了处罚范围不当扩张的风险。以下,笔者将结合实际案例予以探讨。

(三)判例分析

案例一:赵某某寻衅滋事案。被告人宋某某、赵某某二人系夫妻,宋某某因不满其子被列为通缉犯,遂以滞留于公安局政委办公室吃睡等行为要求公安部门取消对其子的通缉。在滞留期间,赵某某给宋某某多次送饭,后被法院认定为构成宋某某寻衅滋事罪案的从犯。[54]

案例二:陈某销售不符合安全标准的食品罪案。被告人洪某某收购了大量无屠宰检疫及动物产品检疫证明的狗肉,陈某在猜测洪某某所收购之狗肉可能为不合法的情况下,依旧将狗肉运输至某冷藏库储存。法院审理认为,陈某明知洪某某所收购之狗肉不符合食品安全标准,仍帮助其运输狗肉,因此构成销售不符合安全标准的食品罪的共犯。[55]

案例三:杨某贩卖毒品案。被告人杨某以从事运载业务为生。杨某于2007年8月至10月之间,明知乘车人杨梅系在贩卖毒品,依然数次运载杨梅向吸毒人员沙某贩卖毒品,每次收取运载费10元。法院审理认为,被告人杨某明知他人在贩卖毒品却依然为其提供运载服务,故构成贩卖毒品罪的帮助犯,根据从犯情节予以从轻处罚。[56]

案例四:李某某强奸罪案。被告人李某某系出租车司机。李某某于2009年12月31日凌晨驾驶已载有李某的出租车继续招揽被害人小薇乘车前往A地。李某于途中使用暴力将小薇摁倒,强行与之性交。在此期间,小薇向李某某求救并要求停车,李某某闻言后出言劝说李某停止施暴,但反被李某威胁。此后,李某某提醒快到A地了,但李某要求其继续行驶,李某某遂绕路驾车直至李某完成罪行。法院审理认为,李某某之行为已触犯《刑法》第236条第1款强奸罪之规定,但鉴于其被胁迫参与犯罪,故依法减轻处罚。[57]

案例五:曹某某、祝某某窝藏罪案。被告人曹某于1997年杀死被害人夏某某后潜逃,后于2001年夏季前往其父母曹某某、祝某某处居住。曹某某、祝某某明知曹某之犯罪事实,依旧为其提供食宿。法院审理认为,二人在明知曹某系犯罪的

---

[54] 参见黑龙江省五常市人民法院(2016)黑0184刑初30号刑事判决书。
[55] 参见浙江省温州市鹿城区人民法院(2013)温鹿刑初字第1133号刑事判决书。
[56] 参见马超杰、肖波:《明知他人贩毒仍提供运载服务者构成毒品共犯》,载《人民法院报》2011年6月23日,第7版。
[57] 参见《温州"冷漠的哥"获刑两年定罪强奸 法官详解原因》,载中国网络电视台(http://news.cntv.cn/20110521/103738_2.shtml),访问日期:2019年4月24日。

人之情况下帮助其藏匿,构成窝藏罪。[58]

案例六:李某窝藏罪案。刘某在杀害他人之后逃至好友李某家中并告之实情,要求李某返还之前自己借给李某的钱款,李某将钱款返还,后刘某逃匿。法院审理认为,李某明知刘某犯下杀人罪行却仍然返还钱款,致使刘某得以潜逃,故构成窝藏罪。[59]

案例七:快播案。被告人王某所创立的快播公司以自主研发的"快播"播放器为其用户提供视频播放与下载服务。其间,王某在明知有大量网络用户利用"快播"播放、下载淫秽视频的情况下,并未采取措施阻止淫秽视频的传播,导致大量淫秽视频被传播到互联网上。法院审理认为,王某在明知上述情况之下,并未采取适当措施阻止淫秽视频的传播,构成传播淫秽物品牟利罪。[60]

梳理上述案例可以发现以下共同点:其一,实施中立帮助行为的行为人明知或已猜测到行为助益对象的犯罪行为;其二,行为的社会意义并不取决于其是否符合社会观念或职业、业务规范,而是与行为人的主观认知紧密结合,也即行为人的特别认知对行为的意义起到了关键的评价作用;其三,在存在法律规范或法律秩序冲突的场合,行为人应当优先履行回避参与犯罪行为的义务,而不能以履行其他法律义务作为免责事由;其四,一旦知晓他人的罪行,且行为人所实施的行为只要对其罪行有所助益的,则一概认定为帮助犯。

应当说,判例采取了与我国刑事立法与司法解释相一致的立场,即只要能够确定行为人明知自身行为参与到犯罪行为之中的,即纳入处罚范围。这样的司法实践虽然与主观说有着相符之处,但是深究案例可以发现,其甚至存在着超越主观说所限制的处罚范围的空间。理由在于,无论是未必故意否定说抑或促进意思说,都要求只有在行为人确切地知道他人之罪行时方可被作为帮助犯处罚。例如,在案例四与案例七中,李某某与王某均明知他人之犯罪行为,亦明知自己的行为将助益他人罪行及结果却继续实施行为。可是,在案例二中,陈某某对于洪某某所收购的狗肉可能不合法的事实最多只是一种大致的猜测,所谓的"明知"根本无从谈起,将其作为帮助犯处罚的理由便是将"可能知道却漠不关心或放任"包含于"明知"的范围之内。此外,判例在确定行为人明知他人之罪行而仍予以行为助益的情况下,并不追问行为人是否具有促进正犯行为及其结果之意思,亦不追问该中立帮助行为对于正犯行为是否起到了实质的帮助作用,而径直以帮助犯论处。例如,在案例一中,赵某某只是为其丈夫送饭,本身

---

[58] 参见安徽省高级人民法院(2004)皖刑终字第215号刑事附带民事裁定书。
[59] 参见金首峰:《向犯罪分子归还欠款助其逃匿的行为如何定性?》,载《江苏法制报》2006年12月13日,第3版。
[60] 参见北京市海淀区人民法院(2015)海刑初字第512号刑事判决书。

并无鼓励、怂恿其丈夫继续滞留于公安局的意思,所提供的饮食也难言对于宋某某滞留办公室起到实质的助益作用;同样的,在案例五中,虽然曹某某与祝某某明知其子曹某之杀人事实,但并无通过提供饭食与住宿的行为来坚定、支持曹某继续潜逃的意思,客观上也并未增加公安机关追捕曹某的难度。还需注意的是,即便行为人确实具有履行其他法律义务的事实,但一旦介入到犯罪行为之中,亦无法将义务履行作为抗辩事由。例如,在案例三与案例六之中,杨某、李某履行民事义务的行为只要介入到他人罪行之中,而行为人对此也明知,则不能再免除帮助犯的罪责。由此可见,我国刑事立法、司法解释、判例对所谓的"明知"承袭了"明知"包括"知道"或"应当知道"的一贯立场,比主观说的未必故意否定说向扩大处罚范围更往前迈出了一步,再结合不追问是否具有促进正犯意思的司法操作,对中立帮助行为的处罚基本上与全面处罚说十分接近了。

四、本文的立场

通说对于帮助犯成立要件的理解是,行为人主观上明知正犯实施犯罪之意思或事实,基于帮助故意在客观上对犯罪结果起到促进作用之时,作为帮助犯处理并无不当。[61] 这样的见解在典型帮助行为的场合并无太大的缺陷,但是,就中立帮助行为而言,其具有较之于典型帮助行为的不同特点,即其比典型帮助行为多了一层日常性、中立性的色彩,而正是这层色彩导致价值中立的行为具有被作为犯罪行为对待的风险,故有必要将这些行为置于刑事规制范围之外以免侵蚀国民行动自由,这也是各种限制中立帮助行为处罚范围之学说探讨该问题的初衷。否则,只要行为人预见到他人的犯罪行为,所实施的日常行为客观上又确实被他人的犯罪行为所利用,就一概作为犯罪处理,这无疑是让国民承担甄别犯罪与牺牲行为自由预防犯罪的任务,进而造就"国民警察社会"。

笔者认为,中立帮助行为并非一个独立的学术概念,其归根到底是在探讨帮助犯的成立要件,也即仍然是在帮助犯的领域内处理可罚的帮助行为与不可罚的帮助行为之区分问题,这个问题归结起来便是帮助犯的构造(即帮助犯的成立要件)问题。在共犯从属性的立场下,帮助犯的构造围绕帮助行为、帮助故意与正犯构成要件符合性三者展开,而讨论中立帮助行为的前提便是正犯在实施构成要件行为之时利用了帮助行为,也即具有了正犯构成要件符合性,所以问题的重点便在于探讨帮助行为与帮助故意。不过,在具体探讨之前,笔者认为,必须先解决以下问题,即讨论帮助行为与帮助故意之时,是否有一个先后顺序。申言之,顺序的不同是否会影响到认定帮助犯的

---

[61] 参见高铭暄、马克昌主编:《刑法学》(第三版),北京大学出版社、高等教育出版社2007年版,第178页。

成立之论证过程或造成结论上的差异。正如四要件体系与阶层体系的差异一样,相较于阶层体系从违法到有责的判断顺序而言,四要件体系的排列顺序具有认定恣意与以主观恶性填补客观不法的缺陷。因此,就帮助犯的认定而言,笔者认为必须确定一个利于检讨帮助犯构造的次序,以此限定处罚的范围。就帮助行为、帮助故意与因果关系三者而言,应予优先讨论的是帮助行为。理由在于,帮助故意系犯罪故意的下位概念,而故意的成立并不要求认识到所有的事实,刑法上的故意是针对法益侵害事实及其要素而言的,故帮助的故意也就是针对客观的帮助事实展开的。所谓客观的帮助事实,便是帮助行为。因此,必须首先考察客观上是否存在一个帮助行为,这就涉及帮助行为的内涵与外延。只有在限定帮助行为的前提下,才能使得帮助的故意不成为在无尽客观事实里肆意奔跑的脱缰野马,也能从一开始将根本不可能成为帮助行为的情形排除在帮助行为之外,进而避免出现因行为人主观上对犯罪行为有认识而将其日常行为认定为帮助行为的不当结论。其次,在客观上存在帮助行为的前提下,应进一步讨论帮助故意的结构。换言之,所谓的帮助故意是否只需要对犯罪行为有认识并在此基础上予以加功,而不考虑其他因素。

(一) 帮助行为

与具有定型性的正犯行为不同,对于帮助行为的手段、方式并不存在具体的限制,只要行为能够起到帮助的效果,即可被归入帮助行为的范畴。例如,杀人行为必须是具有导致他人死亡之危险性的行为,而对杀人行为的帮助行为则只要有助于杀人行为实施即可,并不要求帮助行为本身具有导致他人死亡的危险。因此,几乎所有的行为都有成为帮助行为的空间或可能性。但是,虽然对帮助行为的具体形态并不附加限制条件,但这只是就帮助行为的手段、方式而言的,在此基础上还必须考虑在具体的案件之中帮助行为是否能够对正犯行为起到帮助(促进)的作用。笔者认为,虽然能否对缺乏定型性的行为做具体的限制可能存在疑问,但是既然意图将帮助故意的认识对象限制在帮助行为的范围内,就必须从一开始限制帮助行为的范围。因此,所谓帮助行为,系指加功于正犯行为及其结果的行为。那么,进一步需要追问的是,此种加功作用是否意味着帮助行为系对正犯行为而言必不可少的行为,而这涉及帮助犯的因果关系问题。

与正犯的因果关系奠基于条件关系不同,就帮助犯的因果关系之认定而言,学说上存在着并不要求因果关系的学说,由此导致理论上存在着较大的分歧。

1. 因果关系不要说

该说认为,因果关系并非帮助犯的成立要件,即便帮助行为并没有使得正犯行为的实施变得容易,但实施帮助行为本身就已经满足了"帮助"的要件。该说又进一步分为抽象危险说与具体危险说两类。抽象危险说认为,立法处罚帮助行为即意在禁止一切对犯罪行为的加功行为，帮助行为是否促进正犯行为并不重要，其本身就具有提高法益侵害的风险，因此是可罚的。该说对于共犯独立性具有极强的解释力，但采取该说的共犯从属性之学者为了理论上的自洽，认为帮助他人与自我预备（即为自己犯罪做准备）相比，具有较小的危险性，因此应当在正犯着手实施正犯行为之后方可处罚帮助犯。[62] 但是，该说面临着以下缺陷：其一，该说原本系共犯独立说的见解，将之适用在共犯从属性上存在体系上的不兼容性[63]；其二，帮助行为与自我预备相比并不当然地具有较小的危险性，如日本刑法即对帮助犯原则上采普遍处罚的立场，但仅处罚重罪的预备犯；其三，以危险替代实质作用判断，首先需要提供判断危险的明确标准，但该说并不提出这样的标准。具体危险说认为，帮助犯的可罚性在于其升高了正犯行为的危险[64]，但是这导致将缺乏法益侵害结果却仅有危险的场合也认定为帮助既遂的不当结论。因此，因果关系不要说并不合理。

2. 促进的因果关系说

该说认为，帮助行为与正犯行为之间只要具有促进或者导致正犯行为更容易被实施的效果即可，而无须具备条件关系。[65] 例如，王五得知李四将杀害张三而为李四提供了刀，但李四此后并未使用刀而是用手枪打死了张三，若王五的行为增强了李四的犯罪意思的话，则成立帮助犯。但此说面临的质疑是，因果关系并非帮助犯的特有问题，而是一切犯罪行为与结果之间的问题，为了这一问题而修改因果关系的内涵与外延，这本身存在体系上的疑问。[66]

3. 心理的因果关系说

该说认为，共犯之间的因果性在于心理的因果性而非条件关系的存在，换言之，只要共犯与正犯之间具有意思联络，也就具有促进正犯行为的效果，心理的因果性便得以确立。[67] 由此可见，在该说的立场下，心理的因果关系并非判断的难点，毋宁说成为了一种拟制性的存在，帮助犯的范围大小取决于对帮助行为的限定理解。但如此导致的问题是，在帮助犯的因果关系中，物理性的因果关系与心理性的因果关系都在讨论范围之内，忽略物理性因果关系的做法并无恰当的理由。[68]

---

[62] 参见〔日〕野村稔：《刑法总论総論（補訂版）》，成文堂1998年版，第421—424页。
[63] 参见〔日〕山中敬一：《刑法総論（第3版）》，成文堂2015年版，第984页。
[64] Vgl. R. D. Herzberg, Anstiftung und Beihilfe als Straftatbestände, GA 1971, S. 7, 转引自张明楷：《刑法学》（上）（第五版），法律出版社2016年版，第420页。
[65] 参见〔德〕罗克辛：《刑法总论（第2卷：犯罪的特别现象形态）》，〔日〕山中敬一监译，信山社2011年版，第259页。
[66] 参见〔日〕山中敬一，同前注[63]，第985页。
[67] 参见〔日〕林幹人：《刑法の基礎理論》，东京大学出版会1995年版，第167页以下。
[68] 同前注[63]，第986页。

4. 正犯结果引起说

在早期，该说认为，帮助犯的成立也必须符合条件关系，即帮助犯的成立也必须建立在如果没有帮助行为就没有正犯结果这一点上。但是这一严格的立场导致了帮助犯的认定范围过于狭小。例如，甲为乙的盗窃行为望风，但从始至终都没有任何人经过，无论是从物理因果关系还是从心理因果关系出发，都无法得出没有甲的望风行为就没有盗窃结果这一关系，于是只能对甲作无罪处理，这显然不合适。所以，修正的正犯结果引起说认为，如果站在事后的立场，可以得出帮助行为增加了正犯结果实现的危险而事实上该危险又在结果中实现，那么就应该肯定具有帮助犯的因果关系。[69]

本文支持修正的正犯结果引起说的立场。理由在于：首先，就因果共犯论的立场而言，之所以处罚共犯，系因为其以自己的行为介入了法益侵害事实之中，即诱使、促成了法益侵害结果的发生，既然如此，只有帮助行为从物理上或心理上促进了正犯结果发生的，方能为处罚帮助犯提供根据；其次，既然要在限制帮助行为的前提下讨论帮助犯的成立与否，就必须从一开始将不具有正犯结果促进作用的行为排除在讨论范围之外，而除修正的正犯结果之外，前述的其他学说均会扩大帮助行为的认定范围，因此并不可取；再次，帮助犯系刑罚扩张事由，因果关系当然是帮助犯的归责要件，既然如此，没有理由不认为对结果的加功系帮助犯的题中之意；最后，采取该说还有助于区分未遂的帮助行为与帮助犯，只要不能确定帮助行为对正犯结果有事实上的加功的，就不能将责任归于帮助者。

（二）帮助故意

在认识到他人实施犯罪行为而仍通过自己的行为予以加功的场合，是否即可直接肯定帮助故意的成立？笔者认为，这首先需要确定帮助故意的内容。

以促成正犯结果是否在帮助故意的射程之内为标准，理论上可分为两种立场。第一种立场（正犯行为促进说）认为，成立帮助的故意仅要求行为人认识到他人在实施犯罪行为，并在此基础上对自己的行为将使他人犯罪行为变得更为容易这一点有认识或容忍。[70] 第二种立场（正犯结果促进说）认为，除了有正犯行为促进说所要求的认识之外，帮助故意的成立还要求行为人认识到自身行为对正犯行为所实现的构成要件结果有促进。[71] 两种立场的区分体现在是否承认未遂帮助（帮助犯以使正犯行为终于未遂的意思而进行帮助）的可罚性，前者认为可罚，后者认为不可罚。笔者认为，帮助故意的成立要求行为人认识到其行为不但使得正犯行为更为容易实施，而且对正犯之构成要件结果也有促进作用。理由在于，在前述修正的正犯结果引起说立场下，一方

---

[69] 同前注[63]，第984页。
[70] 同前注[6]，黎宏书，第290页。
[71] 同前注[21]，第944—945页。

面,如果肯定了帮助行为与正犯结果之间的因果性,必然能够肯定帮助行为与正犯行为之间存在促进作用;另一方面,如果否定帮助行为与结果之间的因果性,则即便帮助行为确实促成了正犯行为的实施,也至多成立未遂的帮助犯,但对于未遂的帮助犯而言,其对法益侵害结果本身并无贡献,并不具有处罚的必要。

(三)本文的方案

回到中立帮助行为的问题上来,笔者认为,前述主观说、客观说之所以存在着各自的缺陷,一个很重要的问题即在于这些学说没有在限制帮助行为的前提下,结合帮助故意来区分典型的帮助行为与不可罚的中立帮助行为。因此,承袭上文观点,笔者认为,限制中立帮助行为之处罚范围的第一点在于从修正的正犯结果引起说出发,只要无法确定中立帮助行为对于正犯结果具有修正结果样态的贡献,则不能认为其是帮助行为,也就无须再进入行为人是否有帮助故意的考察阶段。申言之,即便行为人具有帮助意思甚至是积极的促进意图,但其行为对于正犯结果并无实质贡献的,则不能以行为人主观上的心态来反推帮助行为的成立。那么,如何判断此处的"实质贡献"呢?如前所述,虽然可以在修正的正犯结果引起说的基础上,将不具有因果关系的行为排除在帮助行为之外,但是,就刑法的评价而言,确定行为与结果之间的因果关系只是评价的前提,还必须在这个前提之下进一步判断,行为人造成特定构成要件结果的行为是否在客观上可对其进行归责。[72] 而作为一种构成要件理论,客观归责理论利用"制造法所不允许的风险""风险在结果中实现"为构成要件行为与构成要件结果填充了实质的内容与判断标准,从而表达了行为不法的真正意涵。[73] 因此,客观归责理论恰能够在因果关系的基础上进一步考察行为是否创造或升高了不被法秩序所允许的风险并将该风险在结果中予以实现的问题。就中立帮助行为的可罚性判断而言,在客观归责理论的判断三层次中,重点在于行为是否制造法所不允许的风险与风险是否在结果中实现二者。

1. 行为制造了法所不允许的风险

在展开判断之前,需要回答的问题是,什么是风险?明晰概念对于澄清问题至关重要。风险,系指结合科学法则或社会生活观念,在从事特定活动时所伴随的发生某种消极后果的盖然性。所以,刑法语境下的风险,就是指根据一般的经验知识,在实施这个行为之后很有可能出现一个以发生构成要件所描述之后果为重点的因果历程。[74] 社会生活充斥着竞争与危机,人们在从事各种各样的活动时总会面临着由竞

---

[72] 参见林山田:《刑法通论》(上册),台北兴丰印刷厂有限公司1999年版,第200页。
[73] 参见许玉秀:《当代刑法思潮》,中国民主法制出版社2005年版,第503页。
[74] 参见[德]乌尔斯·金德霍伊泽尔:《刑法总论教科书(第六版)》,蔡桂生译,北京大学出版社2015年版,第94页。

争或危机所带来的各种风险,但同时也在风险之中蕴含着成功的机遇,所以如果普遍地因为行为具有发生消极结果的风险而予以禁止的话,社会生活将停滞不前。在刑法之中,"是要讨论何种行为所隐含的危险程度可被允许。如果行为的危险性是被允许的,那么,所引发的后果就不能归咎于该类行为"[75]。换言之,若行为降低了发生构成要件结果的风险甚至没有制造不被法秩序所允许的风险,那么便可以排除归责。因此,在涉及中立帮助行为的场合,对行为的判断需要优先考虑该行为是否降低了构成要件结果发生的风险或根本就未制造不为法秩序所允许的风险,如果能够得出肯定结论,即当否定存在帮助行为。具体而言:

(1)行为降低了风险

存在着这样的场合,即原本要发生某一特定的构成要件结果(A结果),但因为行为人所实施的另一行为导致该特定构成要件结果没有发生,而是发生了较该特定构成要件结果更轻微之法益侵害结果(B结果),尽管这样的行为确实导致刑法对于行为之法益侵害性的关心,然而,由于这样的行为降低了原本所可能出现的对法益更为重大的损害,因此毋宁说是保护了法益,也就不能对该行为进行客观归责。"降低风险"具体可以分为三种类型:一是从程度上降低既存的危险;二是在时间上延缓危险行为造成结果;三是在方式上以更轻微的结果替代原本所要发生的结果。[76] 例如,甲男绑架了只有两岁的乙童,偶然得知该事实的丙女在甲男谎称乙童系自己外甥,因自己外出,所以希望丙女帮忙照看乙童几日的请求下,为乙童提供了几日必要的照顾。在该案例中,丙女本身对于他人的绑架事实有认识,客观上也对甲男绑架的罪行有所助益,其所实施的亦不过是提供饭食、照看安全等照顾儿童的日常行为,因此就形式上而言,满足了对于犯罪行为的帮助要求。但是,在该案中,丙女在甲男外出期间帮忙照看乙童的行为非但没有恶化乙童的生活状况,反而使得乙童得到了必要的照料,属于从程度上降低既存之危险的类型,因此排除对丙女的客观归责。

(2)未制造危险的行为

虽然发生了特定构成要件结果,但行为人并未就该结果的发生制造出具有因果性的危险,也就排除对其进行客观归责。换言之,"如果行为没有减少法益损害的危险,但也没有以法律上的重要方式提高法益损害的危险时,也不能将结果归责于行为"[77]。所以,在法律上没有重要意义的生活性活动,虽然其可能会导致一场不幸,但这些是与社会相当性理论所适应的最小限度范围内的风险,不为法秩序所关心,也就排除在归责的范围之外。[78] 在前述案例一中,赵某某的送饭行为不过是夫妻之间互助义务的具体体现,其并没有在宋某某寻衅滋事的结果中创设刑法规范意义上的风险,更遑

---

[75] 林东茂:《刑法综览》,中国人民大学出版社2009年版,第66页。
[76] 同上注,第66页。
[77] 同前注[7],张明楷书,第178页。
[78] 同前注[34],第179页。

论加功于寻衅滋事这一结果,也即该送饭行为根本不应该进入到刑法评价的视野之内。在案例二中,陈某虽然猜测到洪某某收购的狗肉可能系来源于不合法的渠道,但陈某只是从事单纯的运输业务,并不负有审查狗肉质量的义务,将狗肉送至冷冻库储存也并没有创设刑法规范上的危险。就案例三中同样从事运载业务的杨某而言,其运载杨梅的行为也并未维持或增设毒品被买卖的风险。事实上,本案的运输行为仅是缩短了杨梅向沙某贩卖毒品的时间与距离,并未在物理因果方面与心理因果方面对于毒品的顺利贩卖提供实质性的作用。对于案例五中曹某某、祝某某给曹某提供食宿的行为来看,其本身并未使得曹某的潜逃行为所造成的危险被进一步地扩大,换言之,提供食宿的行为既没有造成公安机关难以发现曹某,也没有使得曹某进一步坚定潜逃的信念。况且,曹某某、祝某某作为曹某的父母,即便是为自己潜逃的儿子提供食宿也完全能被社会观念所认同,且难以期待二人拒绝为曹某提供食宿,若将这样的行为作为窝藏罪处理,难以获得国民对于法律与判决的认同。就案例六而言,无论刘某是否犯罪,李某均有归还欠款的义务,因为法秩序并没有施予国民禁止向犯罪的人清偿债务之义务。《民法典》第7条规定:"民事主体从事民事活动,应当遵循诚信原则,秉持诚实,恪守承诺。"《民法典》第8条规定:"依法成立的合同,对当事人具有法律约束力。"也即法律是鼓励、倡导国民应切实全面地履行自己的合同义务的,所以,就此而言,虽然李某对于刘某潜逃的事实有认知,但其返还贷款的行为在法秩序看来并没有创设值得刑法关心的危险。况且,虽然有实务观点认为,在本案中,李某面临着归还欠款的义务与违背刑法禁止性规范的冲突,由于刑法的禁止性规范具有公共利益的性质,因此应当优先履行刑法禁止性规范所规定的义务,但是这样以义务冲突来认定李某构成犯罪的观点难以成立。理由在于:其一,刑法对本案科处的禁止性规范,是禁止李某以帮助的意思助益于刘某潜逃的行为,而李某本身只是在履行还款义务(一方面,李某不具有拒绝履行合同的抗辩事由;另一方面,不履行合同反而导致李某构成违约),并没有相助刘某潜逃的意思,之所以在形式上或客观上导致该行为有助于刘某潜逃,系刘某的行为所产生的效果。其二,即便认为应当在义务冲突的框架内解决行为人是否构成犯罪的问题,也必须追问的是,行为人偿还欠款的义务(作为义务)与禁止帮助他人逃避法律制裁的义务(不作为义务)之间是否成立义务冲突,若成立的话,应何者优先?笔者认为,在肯定作为义务与不作为义务成立义务冲突的情况下,李某履行偿还欠款的行为并未导致更为重大损害结果的发生(帮助刘某潜逃),因为禁止帮助刘某潜逃的义务并不当然地优于李某清偿债务的义务,法秩序在此处显然并未要求李某冒着违约责任去履行刑法义务;在否定作为义务与不作为义务成立义务冲突的情况下,上述观点自然也就失去了理论根基。此外,笔者认为,将李某清偿债务的行为作为犯罪处理可能存在的理由是进一步科处李某阻止犯罪的义务,即李某应该拒绝还款以阻止刘某,使其无法顺利潜逃,但这样的义务无疑超出了法律对国民的要求。

2. 行为所制造的风险为法秩序所允许

如何区分一种风险是否被法秩序所允许的呢？对此，存在着主观说与客观说的分野。前者认为，以行为人认识到的特别事项为基础，站在事前的立场进行风险判断；后者则认为，应该以社会一般人所可能认识到事项为前提，站在事后的角度进行风险判断。主观说的缺陷在于，其既可能导致行为人因为特别认知而使得原本并没有被法秩序所禁止的行为被认定为犯罪行为，又可能使得行为人以特别认知为由否定对风险存在认识。客观说的不足之处在于，如果站在事后的角度，几乎都会较为容易地得出结论认为中立帮助行为对于结果有促进作用，但事实上这些行为可能并不具有风险或是只具有为法秩序允许的风险。较为理想的方案是，以事后查明的所有事实为基础，站在行为当时的社会一般人而非纯粹自然科学的立场来判断行为是否创造了危险，也即法官应该站在社会上具有正常智力和知识水平的一般理性人的角度，以案件发生之时的所有客观事实为判断基础，运用一般人掌握的经验法则，从行为之时来考察行为是否创设了法秩序所不允许的危险。[79] 例如，汽油销售业者 Y 等人出于逃避缴纳汽油交易税的意图销售汽油，X 以低价从 Y 处购买了汽油。对此，法院认为 X 不构成帮助犯，理由在于：首先，销售汽油的行为是不缴纳税款罪的前提，仅仅作为这种交易的买主，不过系实现犯罪所必需的销售行为的必要相对方，不能认为（买主）具有实现自己的犯罪之意思；其次，X 并不是出于帮助 Y 等人的意思而与之交易的，其不过是为了谋求自己在交易上的利益而一如既往地从 Y 处购买汽油，尽管这样的行为确实发挥了助益 Y 等人实施犯罪这种作用，但应该认为，这种作用不过是 X 在追求自身利益之下所实施的交易活动之结果。[80] 如果从主观说的立场出发，则极容易因 X 对 Y 等人的犯罪行为有认识而认定 X 构成帮助犯；如果从客观说出发，则也可以 X 的行为对 Y 最终完成犯罪有所助益为由认定 X 构成帮助犯。但是，法院系从保障交易自由与贸易活动的角度出发，认为虽然 X 低价购买汽油的行为对于 Y 实施不缴纳税款罪有所加功，但这种危险从经济活动自由的角度来看处于被允许的危险之范围内（否则任何人都要穷尽手段调查交易相对方是否违法），况且法律本身并不处罚这种知情购买者，因此也就不成立帮助犯。

3. 正犯结果促进说立场下的帮助故意

限制中立帮助行为之处罚范围的第二点在于，在肯定客观上存在着典型帮助行为的情况下，还必须进一步考察行为人对于该帮助行为是否具备故意。在我国的刑法语境下，根据《刑法》第 14 条关于犯罪故意及《刑法》第 27 条关于从犯的规定，无论是出

---

[79] 参见陈璇：《论客观归责中危险的判断方法——"以行为时全体客观事实为基础的一般人预测"之提倡》，载《中国法学》2011 年第 3 期，第 159 页。

[80] 参见熊本地方裁判所平成 6 年（1994 年）3 月 15 日判时 1514 号判决，第 169 页。

于直接故意还是间接故意助益他人之犯罪的行为,都符合帮助犯的成立要件,因此也就无法根据区分确定故意(直接故意)与未必故意(间接故意)的学说来排除间接故意构成帮助犯的情形。但是,还必须追问的是,在中立帮助行为的场合,帮助犯的故意应当是一种怎样的构造?特别是在间接故意的场合,如何避免行为人因对法益的漠不关心而落入法网的窘境。如前所述,笔者认为,成立帮助犯除了具备自身行为便利他人犯罪行为的认识外,还必须具有其行为有助于他人实现特定构成要件结果的认识。在中立帮助行为的事例中,行为人在直接故意的场合对于他人的犯罪有着清晰的认识,且其本身也在积极地追求法益侵害结果的发生,如此一来,将行为人作为帮助犯处理当然是合乎法理与实定法的;而在间接故意的场合,行为人对于他人的犯罪行为只是存在猜测或者模糊的认识,对于法益侵害结果没有积极的促进意思,因此,除非是涉及重大法益或者法益侵害危险已经十分紧迫,否则不应将间接故意支配下的中立帮助行为纳入处罚范围。当然,对间接故意做如此宽宥处理可能面临的疑问是,既然已经肯定行为人所实施的行为是典型的帮助行为,那么即便行为人对于他人是否在实施犯罪只是猜测,但对于其行为有助于结果发生这一点是有着清晰认识的,所以就难以排除行为人的罪责。笔者认为,诚然,无法否认的是,在间接故意的情况下,行为人对于行为自身有助于实现法益侵害结果是具有认识的,但是,在实施中立帮助行为之时,行为人亦有实施日常生活行为或典型职业、业务行为的意思,其行为尚未完全脱逸于社会相当性的范围,只不过其中附带着对法益保护漠不关心的意思,是否实现犯罪完全取决于正犯,因此有必要在此处施加一定的限制。况且,笔者也并没有完全排除间接故意下成立帮助犯的空间,如果涉及重大法益的侵害或者法益侵害迫在眉睫,则仍有可能作为帮助犯论处。一言以蔽之,应当在直接故意与间接故意的场合,寻求处罚上的均衡。此外,对笔者上述立场所可能存在的另一质疑是,正犯结果促进意思与故意之间是什么关系?事实上,德国早期的主观说,其实就是在故意之外要求一种内涵不清的正犯结果促进意思,而该说因此广受批判。诚然,将促进意思作为故意之外的内容,既无法在法律规定上找到依据,也由于缺失明确的判断标准,导致其对划定中立帮助行为的处罚范围稍显无力。但是,笔者认为,将正犯结果促进意思理解为帮助故意的内容,则仍然可以发挥故意在区分可罚的中立帮助行为与不可罚的中立帮助行为上的意义。理由在于,其一,从主客观相一致的角度出发,既然采取修正的正犯结果引起说,就应当贯彻成立帮助犯需要对自身行为有助于构成要件结果实现具备认识的立场。其二,故意的内容本身即是行为人对法益侵害的行为具有认识,并积极促成或放任由该行为所导致的法益侵害结果,作为故意的下位概念,认为结果促进意思是帮助故意的内容,具有自洽性。其三,此处所谓结果促进意思,并非是指如直接故意那般对法益的积极加害意思,而是指认识到帮助行为不仅应当有助于正犯行为的实施,还应有助于构成要件结果的实现。其四,如前所述,德国早期的主观说是在没有限定帮助行为的前提下,优先从主观认识的角度考察帮助行为是否成立,而本文虽然在主观认识的要求上与该说有所相似,但优先考察的是客观的帮助行为是否存在,只有确认存在帮助行为的前提下,方可进一步讨论帮助故意。如此一来,既可以限定故意的认识内容,也可以尽可能地避免以主观恶性弥补、反推客观不法的实践操作。

五、结论

我国的立法与司法实践认为,只要行为人认识到他人在实施犯罪行为而予以加功的,即便行为表现为日常生活行为或典型职业、业务行为,也可以成立帮助犯。但中立帮助行为有着与社会生活息息相关的一面,一概作为帮助犯处罚,不利于保障国民的行动自由。因此,在限制中立帮助行为处罚范围的前提下,笔者认为,应该首先考察行为人之中立帮助行为是否具有典型帮助行为的特征,即其实质上有助于法益侵害行为的实施并导致特定构成要件结果的发生,然后再结合行为人的主观故意中是否具备对于促成法益侵害结果的认识,来认定中立帮助行为场合中帮助犯的成立范围。中立帮助行为虽然是共犯理论之中帮助犯下的一个话题,由帮助犯的成立要件展开却牵引出许多的范畴与理论,由此可见该问题的深度与复杂性。

实质责任论视野下的结果加重犯归责机制研究

王若思[*]

> **要 目**
>
> 一、对调和结果加重犯与责任主义之间紧张关系的尝试
>   （一）现行的规定与历史的诟病
>   （二）审视角度应当调整为以动态责任主义为背景
> 二、以实质责任论为背景解释结果加重犯存在的合理性
>   （一）对传统本质说与责任论的回顾
>   （二）实质责任论的内涵与构造
>   （三）实质责任论与危险性本质说的契合
>   （四）实质责任论适宜我国本土化的证成
> 三、关于结果加重犯客观归因问题的讨论
>   （一）结果加重犯客观归因问题的司法现状
>   （二）既往讨论尚不能解决因果关系的认定
>   （三）客观归因学说的选择：限制的条件说
> 四、关于结果加重犯主观归责问题的讨论
>   （一）结果加重犯主观归责问题的司法现状
>   （二）既往讨论尚不能解决主观罪过的认定
>   （三）主观归责学说的选择：过失必要说
> 五、结语

摘 要 实质责任论强调的预防必要性能够解释结果加重犯的最高刑罚设定高于基本行为和加重结果的数罪并罚之和的原因。因而采取动态的责任主义理念就能够化解结果加重犯与责任主义的矛盾。本文将在论证我国当前亟待引入实质责任理念之后，在此背景之下运用与实质责任论相契合的危险性理论对结果加重犯的客观归

---

[*] 吉林大学法学院讲师，博士后流动站研究人员，吉林大学司法数据应用研究中心研究人员。

因、主观归责问题予以探讨。

关键词 结果加重犯 实质责任论 客观归因 主观归责

一、对调和结果加重犯与责任主义之间紧张关系的尝试

(一) 现行的规定与历史的诟病

结果加重犯的刑罚设置超过基本犯和加重结果的刑罚之和,是世界范围内的普遍现象。以抢劫致人死亡罪为例,如下表:

中外抢劫致人死亡罪刑罚设置情况列举表

国家	抢劫罪基本犯	过失致人死亡罪	抢劫致人死亡罪
中国	3年以上10年以下有期徒刑	情节较轻的,3年以下有期徒刑;一般情节,3年以上7年以下有期徒刑	10年以上有期徒刑、无期徒刑或者死刑
德国	情节较轻的6个月以上5年以下,一般情节的处1年以上15年以下自由刑		终身自由刑或10年以上15年以下自由刑
日本	3年以上20年以下有期惩役	50万日元以下罚金	死刑或者无期惩役
俄罗斯	3年以上8年以下剥夺自由,并处或不并处数额为50万卢布以下或被判刑人3年以下的工资或其他收入的罚金	2年以下的限制自由或剥夺自由	8年以上15年以下剥夺自由,并处或不并处地数额为100万卢布以下或被判刑人5年以下的工资或其他收入的罚金
韩国	最高刑为15年有期徒刑	最高刑为2年有期徒刑	死刑或者无期徒刑
丹麦	不超过6年的监禁	罚金或者不超过4个月的监禁	不超过10年的监禁
挪威	5年以下监禁	3年以下监禁	21年以下监禁
奥地利	1年以上10年以下自由刑	1年以下自由刑	10年以上20年以下自由刑或者终身自由刑

从上表中我们能看出,第一,结果加重犯的刑罚在世界范围内都属于重刑,并且存在突破刑种,由有期自由刑向无期徒刑和死刑转化的趋势。第二,结果加重犯的量刑范围能够超出基本犯和过失致人死亡的刑罚之和。因此,结果加重犯与责任主

义的矛盾倍显突出,饱受诟病。例如"学者间有谓加重处罚不预见之结果而负加重之责任,乃古代刑法之遗物,有背刑事责任原则,无继续保存之价值"[1],或有称结果加重犯为"这个时代令人愤怒的污点",或者在法理上强烈的批评结果加重犯,此种理论"天真的无以复加""是最不幸的理论之一"。[2] 也有从宪法的角度探讨结果加重犯的合宪性,认为"单看条文的本身,结果加重犯的规定应属违宪"[3]。

在刑法史上似乎不可能找得到另一个比结果加重犯受更多委屈的归责原理。"结果加重犯不只像没娘的孩子,根本就是受亲生父母凌虐的孩子,在刑法学史上只获得了稀稀落落的公道话。结果加重犯受了这么多折磨,还能在法典上存活,而且逐渐获得一些肯定,这不能不说是一项生命的奇迹。"[4]

回顾结果加重犯本质理论的研究历史,目前展开的本质论有单一形态论、复合形态论、废除论、危险性论,这些学说围绕着基本行为与加重结果之间的关系展开探讨。有学者曾有力指出"迄今为止的各种学说,几乎都不能圆满说明结果加重犯的加重根据"[5]。在尚未废除结果加重犯立法的现阶段,如果本质论的研究不能为结果加重犯的存在正当性正名,那么对于现阶段实然存在于刑法典中并在司法中大量出现的结果加重犯的具体归责问题,便只能借用一般犯罪的归责模式。这忽视了结果加重犯所具备的特殊犯罪构成。可以说,解决结果加重犯本质的问题是指导实践中正确认定结果加重犯的前提。这也是本文为何在探讨归责问题之前要把结果加重犯的本质理论理顺的原因。

(二) 审视角度应当调整为以动态责任主义为背景

结果加重犯本质论的研究是针对结果加重犯的存在与责任主义关系的探讨。笔者认为解决结果加重犯本质问题的关键应当是转换思路,重新思考结果加重犯与责任主义的关系,理由如下:

第一,结果加重犯的存在合理性与责任主义的关系并不是两个并列的问题,结果加重犯的本质问题应当以责任主义为背景展开。德国著名刑法学家李斯特有一句名言:"罪责学说的发展是衡量刑法进步的晴雨表。"[6]从这句话中,我们可以进一步解读出两层含义,首先,刑法学说的发展应当以罪责学说为背景和参照,其次,罪责学说有很悠久的历史并且其发展并未结束。结果加重犯立法上的不断调整和限缩也是随

---

[1] 韩忠谟:《刑法原理》,北京大学出版社2009年版,第204页。
[2] 参见许玉秀:《前行为保证人类型的生存权?——与结果加重犯的比较》,载许玉秀:《主观与客观之间——主观理论与客观归责》,法律出版社2008年版,第322页。
[3] 黄荣坚:《刑法问题与利益思考》,中国人民大学出版社2009年版,第504页。
[4] 同前注[2],第321页。
[5] 张明楷:《严格限制结果加重犯的范围与刑罚》,载《法学研究》2005年第1期,第84页。
[6] [德]李斯特著、[德]施密特修订:《德国刑法教科书》(修订译本),徐久生译,法律出版社2006年版,第265页。

着责任主义的发展而不断变化的,因此探讨结果加重犯的本质应当以责任主义的动态发展为轴。

第二,对结果加重犯本质的研究需要借助刑事政策理论,而刑事政策进入阶层论的最佳路径就在罪责阶层。正如日本学者齐藤金作指出:"如果说,刑法史的道路是从结果责任到心理责任,并且以心理责任作为进化目标,那么在谈论结果加重犯时,它既是立法论问题,也是解释论问题,需要从偶然责任中抽离。"[7] 可以说,当谈论结果加重犯的本质时,这首先是解释论上的问题,探讨基本行为和加重结果之间具备怎样的关联,才能值得加重处罚。然而具备的"关联"并不是一个先验的存在,这是立法者的选择,立法者的选择包含两层含义,首先是选择哪一类犯罪作为结果加重犯,其次是结果加重犯的基本行为和加重结果之间具备怎样的关联才值得加重处罚。驱动立法者价值选择的原动力即是刑事政策。罗克辛明确提出只有允许刑事政策的价值选择进入刑法体系中去,以实现刑事政策和刑法之间的体系性统一,才是正确之道。[8] 刑法与刑事政策的融合,重点就在于有责性阶层。三阶层体系中,有责性是界定行为人罪责的有无及大小的最后一道工序,是罪刑法定原则的最后一道屏障,同时有责性也与定罪之后的刑罚裁量直接相关。可以说有责性是犯罪论和刑罚论之间的桥梁。因此,从责任主义的视角出发,能够引领我们摸索刑事政策的变化规律,进而考察结果加重犯理论变化的轨迹,同时这也成为寻找结果加重犯正当化依据的突破点。

以此为启发,本文以责任主义的动态发展为参照系,回顾传统的本质说。之后结合实质责任论论证结果加重犯存在的合理性,以此重新解读危险性理论的内涵,并探讨结果加重犯的客观归责、主观归责问题。

二、以实质责任论为背景解释结果加重犯存在的合理性

(一)对传统本质说与责任论的回顾

传统的结果加重犯本质论按照产生的先后顺序分别为:单一形态论、复合形态论和废除论。尽管对相关本质学说的阐述已然深入,但是结果加重犯与责任主义之间的关系依旧紧张。笔者认为这是因为过去的观察视角多将结果加重犯的某种本质论学说与相对更为进步的责任主义理念对应,进而使得本质学说无法跟随责任主义的先进步伐,然而若将某种本质论学说与同阶段的责任主义相对应,那么这种龃龉便不存在。

---

[7] [日]榎本桃也:《結果的加重犯論の再検討》,成文堂2011年版,第13页。
[8] 参见[德]克劳斯·罗克辛:《刑事政策与刑法体系(第二版)》,蔡桂生译,中国人民大学出版社2011年版,第16页。

1. 自陷禁区原则、单一形态说与结果责任论相适应

结果责任论认为,责任是客观的,当出现危害结果时,不必考察行为人的主观罪责,即可直接对行为人施以刑罚。结果责任主义背景下的结果加重犯本质论学说有自陷禁区原则(Versari in re illicita)和单一形态论。

自陷禁区原则起源于对神职人员的约束,当他们实施了不被允许的行为并产生了致人死亡的后果时,那么就判定他们不称职,剥夺他们的神圣资格。这个原则于公元13世纪被 Durantis 注释学派引入世俗法[9],该理论认为只要实施了不正当的行为并发生了加重结果,那么行为人就对结果构成故意犯。该理论被称为结果加重犯的雏形。这个理论带有明显的结果主义烙印。

单一形态论认为,结果加重犯是基本犯罪的单纯一罪,行为人对于加重结果不需要有认识以及认识的可能性,将加重结果作为客观处罚条件。直到18、19世纪,近代的刑事立法才出现单一形态的结果加重犯的痕迹。单一形态论在当时的社会背景下的进步意义在于,其把结果加重犯作为实质一罪,并且与结果责任主义完全契合,最大限度还原和呈现了自陷禁区原则。单一形态论的问题在于,一方面,其在刑事政策上重视预防,但是却不要求行为人对其行为的加重结果具有认识,那么预防功能便无法开启。另一方面,客观处罚条件说的本质就是对于毫无刑法上因果关系的引起与被引起的行为与结果,也要评价为加重结果。

笔者认为单一形态论的缺点在于该理论以结果责任为背景。因而,单一形态论先天性地会遭受结果责任在现代法治中受到的指责。现代社会的责任主义至少是心理责任主义,但单一形态论将加重结果理解为客观处罚条件,意味着基本犯罪发生了重大结果,即便行为人对此加重结果无预见及预见的可能,也可适用加重的刑罚,这当然就违反了现代社会的责任主义。故当现代社会选择以心理责任作为责任的评价基础时,结果责任主义时代势必落幕,单一形态论也就随着结果责任主义一起被新的理论所取代。

2. 复合形态论、废除论与心理责任论相适应

心理责任论认为,只有证明行为人对于犯罪行为具有故意或者过失的心理态度时,才能使其承担刑事责任。心理责任论相对于结果责任论是刑事法网进一步限缩的表现。在心理责任论立场上解释结果加重犯本质的观点,有复合形态论和废除论。

复合形态论认为结果加重犯是把故意的基本行为和过失的加重结果作为相互关联的复合形态,即使作为自然的一个行为,在构成要件上也必须分别加以评价,即结果加重犯是刑法上的数罪而仅仅在处理时作为一罪。[10] 复合形态论相比于单一形态论

---

[9] 参见[日]丸山雅夫:《結果的加重犯論》,成文堂1990年版,第192页。
[10] 参见高铭暄、赵秉志主编:《犯罪总论比较研究》,北京大学出版社2008年版,第290页。

的优点,其实质也是心理责任论相比于结果责任论的优点,那就是更注重判断行为人对于加重结果是否预见以及能否预见,以此作为责难的前提。那么复合形态论的缺点,也植根于心理责任论:其一,若把加重结果犯分解为基本行为和加重结果的结合或者复合形式,那么根据数罪并罚的理论,正好说明结果加重犯的刑罚上限不应该超过基本犯罪与过失犯罪的刑罚之和,显然复合形态论不能提供加重法定刑的依据。[11] 其二,在存在论意义上,结果加重犯是一个行为,导致了基本行为构成实现以后,又发生了加重结果,对于加重结果行为人不具有身体举动,故不能作为单独的实行行为。故把结果加重犯分解为两个独立实行行为的立论基础就是不妥当的。

站在心理责任论的立场上,废除论者认为结果加重犯过高的刑罚幅度违反了罪责原则和法律面前人人平等的基本原理,是违背宪法的,应当将这种立法模式废除。目前国内已无学者主张废除论。[12] 废除论存在的问题在于,第一,废除论拟采取想象竞合的加重主义解决方式来替代结果加重犯[13],这也就是说一边认为结果加重犯是故意与过失数罪的简单重叠,一边却认为采用实质一罪的想象竞合来处理,这本身就是矛盾的。某种程度上说结果加重犯的确属于想象竞合的特殊类型,但不能以此来否定结果加重犯的正当性。[14] 第二,有学者提出为了废除结果加重犯,可以把类型性危险作为"特别重大的事情"立法化。对此反对观点认为,什么是特别严重的事态,会流于法官主观臆断。即便把某种特别严重的事态不作为"犯罪成立要件"而作为涉及"量刑情况"的责任要素,那也缺乏规范。[15]

由上可见,复合形态论不能解释清楚结果加重犯的本质,废除论也提不出代替结果加重犯的举措,本文认为,这其中的根本原因就在于复合形态论和废除论的立论基础都植根于心理责任论的土壤。心理责任论的先天不足,复合形态论和废除论全部继承。第一,心理责任论将责任的基础定位于故意和过失的心理事实,这实际上是将罪责概念"故意过失二分化"[16],在这个理念之下,结果加重犯就是"故意+故意"或者"故意+过失"的拼接形态,而责任能力、责任年龄等责任阻却事由无处安放。第二,心理责任论下的复合形态论无法说明无认识的过失被追究责任的依据,因为当行为人对加重结果应当预见但是没有预见时,行为人欠缺对结果的心理关系,这就缺少了心理责任论归责的基础。

综上,基于心理责任论的复合形态说和废除论,将随同心理责任论一起被其他理

---

[11] 参见〔日〕香川達夫:《結果的加重犯の本質》,慶應義塾大学出版会,1978年版,第67—69页。
[12] 参见赵丙贵:《结果加重犯的本然、实然和应然》,载《当代法学》2009年第1期,第118页;〔日〕井上宜裕:《結果の加重犯と責任主義》,载《法政研究》2011年第12期,第348页。
[13] 同前注[3],第304页;许玉秀:《当代刑法思潮》,中国民主法制出版社2005年版,第697页。
[14] 参见刘灿华:《结果加重犯研究》,法律出版社2016年版,第280页。
[15] 参见〔日〕内田浩:《結果の加重犯の構造》,信山社2005年,第109页。
[16] 赵彦清:《结果加重犯的归责基础》,台湾政治大学1998年硕士学位论文,第50页。

论所取代。

(二) 实质责任论的内涵与构造

紧随心理责任论之后出现的责任主义观念是规范责任论。然而规范责任论除了相对于心理责任论添加了非难可能性这一规范评价要素之外,对于结果加重犯本质学说并无相关新的理论。故此处直接进入实质责任论的讨论。

罗克辛认为有责性阶层从一开始便刻上了刑事政策的烙印[17],通过将预防必要性纳入有责性阶层,罗克辛提出了实质责任论。罗克辛主张,刑事制裁的必要性不只取决于其实施合法行为的能力,也取决于立法者的刑事政策,将非难可能性与处罚必要性二者合并称为"负责性"(Verantwortlichkeit),负责性是有责性的上位概念,在负责性中包含了非难可能性的各要素,也包含了立法者的刑事政策考量——预防必要性,以此打通了犯罪论与刑罚论、定罪与量刑阶段,实现了刑事政策与有责性阶层的融合。[18] 自此在罗克辛的犯罪论体系内,责任与刑事政策理论紧密结合,这种体系的构造符合罗克辛关于有效益体系的标准:①概念性的秩序及明确性;②与现实相联系;③以刑事政策的目标设定作为指导。[19]

至于在负责性内部的责任和预防必要的关系,罗克辛认为,一个有责任的行为,一般而言,也具有预防制裁的必要性,因为立法者认为具备违法性及罪责的构成要件行为,通常是必须以刑罚的手段加以控制的,故预防的刑罚需求一般而言不需特别的论证,只要具备责任,原则上就具备了刑法的"负责性"。

从刑事政策的角度看,将预防必要性引入责任概念是更加有利于被告人的。刑罚以责任为前提,这是报应的理论;而刑罚又追求预防目的(个别预防与一般预防),这是功利的目的。以往在刑法理论中,坚持报应与预防的综合理论,以报应限制预防,然而这种限制仍然是外在的,是在犯罪成立以后考虑的。但罗克辛将预防必要性引入责任概念,在犯罪成立的环节就考虑预防必要性。在这种情况下,责任本身也演变成为一个报应与功利的复合概念。由于在责任概念中引入了预防必要性,对犯罪成立又增加了一个限制条件,显然是对国家刑罚权的限制,所以这样的刑事政策更加有利于被告人,有利于限缩入罪圈。

(三) 实质责任论与危险性本质说的契合

本文认为,罗克辛提出实质责任论,将预防必要性注入责任理论,以预防必要性和

---

[17] 同前注[8],第41页。
[18] 参见[德]克劳斯·罗克辛:《德国刑法学 总论(第1卷):犯罪原理的基础构造》,王世洲译,法律出版社2005年版,第562页。
[19] 同前注[8],第20页。

责任组成的"负责性"来回答刑罚的实质,这和探讨结果加重犯加重依据的危险性理论同出一辙,虽然危险性理论并不是直接源于实质责任论,但是其探讨结果加重犯加重本质的思路和实质责任论是一致的。

危险性理论的奠基人是德国刑法学家 Oehler,其在批判心理责任论对结果加重犯归责依据的基础上提出了危险性理论。[20] 危险性理论认为,结果加重犯并非是故意的基本行为和过失的加重结果的总和,而是另有处罚基础。因此,结果加重犯不是基本犯与加重结果之间的单纯外形上存在关联的犯罪类型,而是具备固有的不法内容,其能使基本犯与加重结果具有内在的密切关联和特定构造的犯罪类型。可以说,是否存在"类型性的危险"是竞合犯与结果加重犯的分水岭。[21]

危险性理论对于理解结果加重犯的本质,提供了两个方向。

第一,对于结果加重犯的立法选择,危险性理论认为,结果加重犯的本质是,立法者将高频率发生类型性加重结果的故意犯,事先挑选出来,作为特别形态的犯罪类型而加以规定。这个特别的犯罪类型,意味着行为人实施基本行为后发生加重结果的盖然性大,为了预防这类犯罪,以重刑处罚犯罪人,保护社会。[22] 因此像伤害罪、放火罪、抢劫罪、强奸罪这一类犯罪就会被加重刑罚,而盗窃罪、侵占罪、诈骗罪等就没有额外的加重处罚规定,即便这类犯罪也可能引起加重结果。[23] 可见,结果加重犯的挑选方式,是基于一般预防的考虑。

第二,对于结果加重犯基本行为和加重结果的关系,危险性理论认为,基本行为需要产生类型性的危险性,如果不具有类型性的危险性则不成立结果加重犯,例如金德霍伊泽尔指出,基本犯必须具备特定风险,"若行为人只是在故意地实现基本犯的同时,过失地设定了可能造成严重后果的原因,则尚不足以认定结果加重犯。更确切地说,必须已经在实现基本犯的时候,便已制造了导致加重后果的风险"[24]。藤木英雄认为,结果加重犯的基本犯罪具有故意,而且该加重结果须在基本行为所具有的"危险性射程"范围内和相当因果关系范围内所生,才对行为人进行归责。[25] 陈朴生认为,"结果加重犯的本质在于基本犯罪之内在危险,且此等危险之范围,系与其本来侵

---

[20] 该说最初由德国学者 Oehler、Hardwig 提出,后经 Krise 和 Engisch 等人发展。同前注[9],第133页。
[21] 参见〔日〕内田浩:《結果の加重犯の構造》,信山社 2005年版,第103页。
[22] 参见高铭暄、赵秉志主编:《犯罪总论比较研究》,北京大学出版社 2008年版,第290页;张明楷:《刑法学》(第三版),法律出版社 2007年版,第156页;卢宇蓉:《加重构成犯罪研究》,中国人民公安大学出版社 2004年版,第155页。
[23] 例如范某某盗窃案,被告人范某某多次在医院病房行窃,偷盗病患及其家属的财物,数额巨大,并且由于他的盗窃行为导致两名患者或因为抑郁放弃治疗,或因为丢了救命钱无法治疗,最终死亡。这也属于盗窃导致他人死亡,但是却不作为结果加重犯认定。这其中正是因为立法者不认为盗窃罪含有类型性的危险。此案情详见黑龙江省齐齐哈尔市龙沙区人民法院(2015)龙刑初字第250号刑事判决书。
[24] 〔德〕乌尔斯·金德霍伊泽尔:《刑法总论教科书》(第六版),蔡桂生译,北京大学出版社 2015年版,第351页。
[25] 参见〔日〕藤木英雄:《刑法講義(総論)》,弘文堂 1975年版,第93页。

害之客体与对象具有同一性及相当性,亦即以此为其界限"[26]。丸山雅夫认为"加重结果犯的基本行为,于经验上内涵类型、高度危险性,令该倾向现实化并造成死伤结果"[27]。例如,为了强盗而在物色财物时踩踏婴儿,这不是基本行为危险的实现,不能成立强盗致人死亡,最多只能以强盗未遂与过失致死罪数罪并罚处断。[28]

这样的危险性理论,是理解结果加重犯本质的重要线索,给我们指出了理解结果加重犯本质的方向,并诠释了结果加重犯存在的正当性。此说目前是德国和日本最有力的学说,同时在我国也属于主流观点。[29]

危险性理论和实质责任论均引用预防必要性来说明责任的来源,因而危险性理论和实质责任论是同本同源的。例如有学者认为:"危险性说认为结果加重犯规定的目的,是保护被害人,并追求一般预防和特殊预防的效果。"[30]也有学者认为:"结果加重犯是故意的基本犯和过失的加重结果的组合,在故意犯中含有会引发加重结果的典型危险,实施故意行为后危险就现实化为结果,因而为了一般预防而加重处罚。"[31]由上可见,危险性对加重根据的说明,是以一般预防的必要性为基础的。这个论调和实质责任论所主张的将预防必要性纳入罪责阶层考量是对应的,实质责任论也认为只是具有故意或者过失的主观责任不能确定行为人具有罪责,还需要加入一般预防的考量。因此在实质责任论的背景下,危险性理论能够解释结果加重犯加重处罚的依据,并且危险性本质说与实质责任论是契合的。

(四)实质责任论适宜我国本土化的证成

我国的犯罪论体系是在20世纪50年代从苏俄引进的,苏俄刑法中,初期并没有责任的概念,与之相类似的概念是"罪过",所谓罪过是"确定犯罪构成主观因素之存在,也即该有责任能力者对其所谓之犯罪行为在故意或过失形式上之心理的关系"[32]。在我国的四要件犯罪构成理论中,主观方面是指行为人既无故意也无过失便无责任,相反只要行为人有故意或者过失就需要承担责任。若以德日刑法中的责任论对比考察,可以看出我国的刑事责任论还停留在心理责任论阶段。

我国主流观点认为,在当前我国的四要件犯罪论体系中,最严重的问题之一,就是

---

[26] 陈朴生:《加重结果犯之责任要素》,载《法令月刊》1977年第3期,第4页。
[27] 同前注[9],第211—212页。
[28] 参见[日]丸山雅夫:《刑法の論点と解釈》,成文堂2014年版,第56页。
[29] 同前注[22],高铭暄、赵秉志书,第290页;同前注[22],张明楷书,第156页;同前注[22],卢宇蓉书,第155页。
[30] [日]長島和弘:《結果的加重犯についての諸問題》,帝京大学法学部2005年硕士论文,第137页。
[31] [日]山中敬一:《刑法総論》(第2版),成文堂2008年版,第172页。
[32] [苏]苏联司法部全苏法学研究所编:《苏联刑法总论》(下卷),彭仲译,大东书局1950年版,第366页,转引自陈兴良:《教义刑法学》,中国人民大学出版社2010年版,第388页。

没有贯彻责任原则,缺乏系统的责任理论。[33] 心理责任论的诸多弊病在于只依据主观心理事实的有无来确定刑事责任,不考虑行为人当时的客观附随情状,使得免责的紧急避险等责任阻却事由在我国的体系内没有合适的位置,自然也就没有研究超法规责任阻却事由的空间;心理责任论仅仅关注证成或证否故意或者过失的事实素材,而对促成这种故意和过失的原因不予关注,即便是行为人在没有期待可能性的情况下实施了违法行为,在四要件的主观方面中也难以排除其责任;在一些特殊案件的处理上,即便是法官想给行为人出罪,根据我国的主观方面,由于其只关注事实,无法容纳进行刑事政策上的价值判断的空间,所以难以在主观方面排除行为人的责任。如上种种,既是四要件体系的不合理之处,也是心理责任论的落后之处。

笔者认为,随着教义学理论的发展,责任主义也逐渐吸收刑事政策的预防目的,将之渗透进自己的体系。基于心理责任论的弊端诸多,应该以引进期待可能性理论为契机,将心理责任论改造成规范责任论,并适当结合实质责任论的预防必要性特征,将刑事政策的一般预防目的渗入到责任论的体系构建当中。这种做法的可行性在于,一般预防在刑法典中没有明确规定,而是通过国家发动与罪责相适应的刑罚来实现的。[34] 我国刑法典中对于责任虽然没有明确规定要有一般预防必要性,但是并没有排斥一般预防这一要素,从法律文本上看,我国《刑法》第 14 条规定"故意犯罪,应当负刑事责任"、第 15 条规定"过失犯罪,法律有规定的才负刑事责任",从这种表述上来看,立法并没有说只要具备故意或者过失就一定要负刑事责任,因而采取实质责任论并没有现行法律规范上的障碍。

在明确我国的责任主义改进方向是实质责任论之后,笔者认为危险性理论是最为契合实质责任论将一般预防注入责任考量的基本原理的,相比于单一形态论、复合形态论、废除论,危险性理论能够说明结果加重犯的加重依据。甚至有学者认为,在采取危险性理论的情况下,即使主观归责学说采用的是过失不要说,也不违反责任主义。[35] 本文接下来对结果加重犯理论的探讨,将以危险性理论的本质说为出发点,在危险性说的基础上,对结果加重犯的客观归因和主观归责予以限缩认定。

三、关于结果加重犯客观归因问题的讨论

(一)结果加重犯客观归因问题的司法现状

在结果加重犯的立法规定中,客观方面表述基本行为和加重结果的连接词是比较

---

[33] 参见冯军:《刑法中的责任原则——兼与张明楷教授商榷》,载《中外法学》2012 年第 1 期,第 44 页。
[34] 参见[德]汉斯·海因里希·耶赛克:《为德意志联邦共和国刑法典序》,载《德国刑法典》(2002 年修订),徐久生、庄敬华译,中国方正出版社 2004 年版,第 6 页。
[35] 参见[日]冈野光雄:《刑法要説総論》(第 2 版),成文堂 2009 年版,第 338 页。

复杂的,有"致""致使""造成",通过这些动词的运用,我们体会到的是基本行为和加重结果之间只需要具备引起和被引起的关系,或者说只要基本行为在因果链条上在加重结果之前,就可以确认基本行为和加重结果之间具有因果联系。而在我国实务中大量的案件也是这样裁判的,即便有异常介入因素,也因为加重结果是由行为人的基本行为引起的,而径行将加重结果归因于行为人。例如:

李某某非法拘禁案[36]。2015年10月16日左右,被告人李某某在长春市朝阳区解放大路自家平房内,为索要欠款限制被害人王某某人身自由,造成被害人在非法拘禁期间死亡。被告人李某某为毁灭证据,肢解尸体,将尸块浇筑在水泥内后抛弃到某立交桥下垃圾点处。经鉴定,该尸块左手捺印指纹与被害人左手中指指纹认定同一。被告人李某某辩称,被害人是吸麻古死亡的,辩护人认为,被告人李某某构成非法拘禁罪,但对王某某的死亡不应负责。一审法院认为李某某犯非法拘禁罪,致人死亡,判处有期徒刑13年。

上述判决对李某某的非法拘禁行为与被害人王某某的死亡结果之间关系未进行论述,由于尸体不全,鉴定结论无法证明被害人死因,无法知晓被害人究竟是非法拘禁行为导致的死亡还是如被告人辩解称吸食毒品死亡,故难以确定行为人的非法拘禁行为与被害人的死亡结果之间的因果关系。此判决只是因为行为人实施了非法拘禁行为,并且被害人发生了死亡结果,即将被害人的死亡结果归责于行为人的拘禁行为。

从上述案例中可以看出,我国刑事司法实践中采取的归因规则是条件说,不去细究基本行为与加重结果之间引起与被引起的关系是否是刑法上的因果关系,一旦出现加重结果就径直归责于基本行为,进而成立结果加重犯,笔者认为这种作法是在扩张结果加重犯的适用,因而有必要规范限定因果关系的成立范围。

(二)既往讨论尚不能解决因果关系的认定

对结果加重犯客观归因问题的讨论集中在如何将各种异常因果关系排除在归因以外。以下对传统学说进行梳理。

1. 条件说

条件说是早期的因果关系理论,主张行为与结果之间应存在"没有前者就没有后者"的条件关系,因此也被称为等值理论。条件说招致的主要批评在于其有可能导致对因果关系的无限追溯。[37]

为了限制条件说对刑法中因果关系的无限放大,学者们提出了新的理论。例如因果关系中断说,认为如果介入了一个新的独立的原因,就由此中断正在进行的因果关

---

[36] 参见吉林省长春市朝阳区人民法院(2016)吉0104刑初735号刑事判决书。
[37] 同前注[18],第243页。

系,这种新的、独立的原因既可能是他人故意或者过失的行为,也可能是自然力。[38]又如原因说,主张从引起结果的各个条件中,确定一个对于结果发生具有特别关系的条件作为原因。此学说曾经盛行一时,最终被抛弃,因为条件与原因仍然难以区别,因而在归责理论兴起后也不复通行。[39]

上述这些学说都在为限制条件说成立因果关系的范围做努力,试图将条件说无从下手的第三人介入行为、被害人自身因素、被害人行为等条件排除出结果加重的范围,所以这些学说并不对立于条件说,而是对条件说的修正。尽管在条件说之后兴起了相当因果关系理论和客观归责理论,但是由于条件说规则简单明了,易于实际操作,故在德国、日本以及我国的实务界对结果加重犯因果关系的判断均采该说。

2. 相当因果关系说

由于条件说备受批判,循着限制条件范围这一思路,产生了具有归责含义的相当因果关系说。相比于条件说,相当因果关系说的进步性在于可以借由相当性排除无法预见的和行为人没有过错的严重结果的条件。例如一个事故的肇事者,从此不再为他的被害人由于医院火灾而死亡的结果负责。

相当因果关系的一项重要功能是限制结果加重犯的责任。相当因果关系说通过判断行为是否具有导致结果发生的相当性、通常性,或者说是基本犯和结果之间的概然率[40],得出是否具有因果关系的结论。

相当因果关系说招致的批评在于其只能判断必然的因果关系,否认了偶然因果关系的存在,例如有学者认为:"相当因果关系忽视了必然和偶然的辩证关系。偶然性是必然性的一个方面,即与必然性一样,也是一种规律性。一个行为的不典型、不标准一般并不排除正是它在具体条件下使后果发生。真理是具体的,所以研究因果关系和一般地研究决定因素不是在抽象中,而是在该具体情况下进行。相当论忽略这一点将后果的原因仅仅缩小为典型行为。"[41]

由上可见,相当因果关系学说是在条件说的基础上,以一般人在行为时的预见可能性或者行为人的特别预见可能性为基础,判断加重结果可否归责于行为人的基本行为。因此,相比于条件说,相当因果关系说已经不再是归因学说而是归责的学说。尽管其判断标准不够明确,但是毕竟相比于条件说,通过"相当性"有时能够排除类似于"医院大火"或者"医生严重失职"导致被害人死亡的结果归责,故相当因果关系学说

---

[38] 同前注[6],第187页。
[39] 参见陈兴良:《教义刑法学》,中国人民大学出版社2010年版,第273页。
[40] Vgl. H. φ. Küpper, Der "unmittelbare" Zusammenhang, S. 20,转引自许玉秀:《主观与客观之间——主观理论与客观归责》,法律出版社2008年版,第323页。
[41] [俄]Н. Ф. 库兹涅佐娃、[俄]И. М. 佳日科娃:《俄罗斯刑法教程(总论)》,黄道秀译,中国法制出版社2002年版,第246页。

一直有一定的市场,该说目前在日本和我国台湾地区的理论界都是主流学说。

3. 客观归责理论

在以条件说确立的因果关系论的基础上,罗克辛发展出客观归责理论。客观归责理论的归责方式是以三个原则组成的:其一,是否制造了法所不容许的风险;其二,是否实现了法所不容许的风险;其三,实现的风险是否在构成要件的效力范围内。

客观归责理论的优点在于,相比于相当因果关系说,其更加明确地把因果关系的判断从归因上升为归责,在客观构成层面把因果关系偏离、第三人介入、被害人特殊体质导致加重结果发生等问题排除在构成要件之外。客观归责的缺点在于其下位规则众多,在三条原则性规则之外又有若干衍生归责原则,如风险实现、风险降低、信赖原则,等等。由于其内容庞杂,体系臃肿,逐渐成为融合各部分刑法理论的综合体。例如有学者指出:"客观归责理论像是一只有无数触角的巨大章鱼,包含越来越多的适用范围,这些范围以存在论的观点而言是非常歧义的。"[42]

将客观归责理论应用于结果加重犯,主要目的就是为了判定介入因素对因果关系是否有重要影响,然而客观归责理论对此问题不能给出明确的回答,例如在化粪池案中,行为人用铁棍重创被害人的头部后误以为被害人已经死亡,为了毁尸灭迹将尚未死亡的被害人推入化粪池,结果被害人是在化粪池内窒息而死。[43] 根据客观归责理论,行为人行为的介入因素影响了因果关系,如果说其不重要则不符合社会一般人的观念,因此这个介入因素导致了因果关系偏离,故被害人的死亡结果不能归咎于行为人的第一行为。[44] 这种解释方式又将判断基准定位在了社会一般人的观念,这和相当因果关系说判断"相当性"的标准非常相似,也属于判断标准难以明确。

故本文认为,客观归责理论由于其规范不明确,也不能为结果加重犯的因果关系限定范围。

4. 直接性法理

直接性法理认为,只有当基本犯与加重结果之间具有直接性关联时,才能认定为结果加重犯。从这种表述中可以看出危险性和直接性具有密切关联,讨论直接性法理的学者们也不断暗示这种关联性,例如库珀将基本犯中特有的危险性当作结果加重犯的本质,并主张因为重视特有的危险性,就必须要求特有的危险性要实现在加重结果里。库珀把这样的论点称为"直接性",将直接性表述为"missing link",即被遗忘的关

---

[42] 刘艳红:《客观归责理论:质疑与反思》,载《中外法学》2011年第6期,第1230页。

[43] 参见[德]克劳斯·罗克辛:《德国最高法院判例刑法总论》,何庆仁、蔡桂生译,中国人民大学出版社2012年版,第31页。

[44] 参见方鹏:《韦伯故意的推理及推论》,载陈兴良主编:《刑事法评论》(第28卷),北京大学出版社2011年版,第325页。

联。[45] 另外金德霍伊泽尔介绍直接性时,也主张必须是基本犯罪的特定风险决定性地引起了严重后果,才具备直接的关联。[46] 如果死亡结果的发生是由被害人自己或第三者的行为,而不是直接由伤害行为独特的危险所造成的,自然不能要求行为人就加重结果而负责。例如被殴打的妇女从阳台坠落而死亡,则行为人仍然不负伤害致死罪的刑事责任,因为伤害致死罪的规定是用来防止因伤害行为致加重结果的特别危险。[47]

德国实务界对于直接性原理的适用持犹豫不定的态度。有采用"直接性"相关表述的判决,例如德国联邦法院认为"被害人不是直接由于暴力的使用而死亡的,而是在追赶抢劫犯时摔死的,抢劫致人死亡也不应当适用"[48]。然而在另一些判决中,德国联邦法院又明确表明拒绝使用直接性原则,例如在猎台案中,行为人把一个设在森林里供打猎用的高台推翻了,使上面的被害人掉下来摔坏了。被害人当时仅仅造成了非致命性的踝骨骨折,但是最后因为医生的处理失误而死亡。德国联邦法院根据《德国刑法典》第226条对行为人予以处罚,拒绝使用直接性法理的理由在于,直接性不是准则,不能在被害人死亡的案件中为结果责任的界限提供一个恰当的标准。[49]

我国目前有学者提倡借鉴直接性法理解释结果加重犯。对于直接性法理的适用,有学者认为应当做一些本土化改良,并为其创设了两个具体规则。[50] 也有学者认为可以适用所有已被承认的归责原则与排除归责的事由,如法律上不重要的风险、规范保护目的范围之外的风险、被害人自我危害行为、反常的因果历程以及第三人的效力范围等。[51] 这些对直接性原理的运用方式,反映了直接性法理和客观归责体系的同一性。因此客观归责理论所招致的批评,例如体系庞杂,下位规则不明确,判断标准不一,也被直接性法理天然地予以继承。故直接性法理在其发源地德国没有被实务接受,在日本和我国的理论界也并非主流观点。

(三)客观归因学说的选择:限制的条件说

上述四种学说中,条件说以基本行为和加重结果之间引起和被引起的关系来判断结果可否由行为人承担,后三种学说在此基础上,用相当性、危险性或者直接性来限制条件说的范围。本文认为,如果适当运用条件说的"因果关系中断论",就可以将一部分需要排除的异常因素排除到因果关系链条之外,进而限制结果加重犯的成立范围。

---

[45] 同前注[9],第176页。
[46] 同前注[24],第352页。
[47] 同前注[3],第298页。
[48] 同前注[18],第219页。
[49] 同前注[18],第219页。
[50] 参见邓毅丞:《结果加重犯的基本原理与认定规则研究》,法律出版社2016年版,第119页。
[51] 参见郭莉:《结果加重犯结构研究》,中国人民公安大学出版社2013年版,第117页。

本文认为可以中断因果关系的是如下情形:第一,行为人实施基本行为之后,加重结果并未发生,之后第三方介入因素独立促成了加重结果的发生,此种情况下,加重结果不能归责于基本行为,因果关系中断。例如行为人实施殴打行为后,被害人轻伤住院,医院突发大火,或者医护人员严重失误导致被害人死亡。第二,行为人实施基本行为之后,加重结果并未发生,但是被害人自杀、自残的,不应将加重结果归责于行为人的基本行为,如果被害人过失导致自己陷入危险境地,行为人不履行救助义务的,可以按照故意杀人罪和基本犯罪数罪并罚,排斥结果加重犯的成立。例如行为人在野外强奸被害人后,被害人逃跑过程中掉入水中,行为人见死不救,应当否定基本行为和加重结果的因果关系,成立强奸罪和故意杀人罪。第三,行为人实施基本行为之后,加重结果并未发生,由于行为人的其他行为导致加重结果发生,则基本行为和加重结果之间的因果联系中断。例如行为人实施抢劫行为,对被害人实施殴打,误以为被害人死亡,将被害人扔到水中,被害人溺死,这种情况作为基本行为的抢劫行为和被害人的死亡结果之间不具有因果关系,应当认定抢劫罪和过失致人死亡罪数罪并罚。

因果关系中断论不能排除的是以行为人或者一般人的立场,在实施基本行为时可能预测到的因素导致加重结果发生的情形。这也是基于实质责任论一般预防的理念,重视结果加重犯本质属性在于防范公民创设类型性危险。具体来说,第一,行为人在实施基本行为时,被害人为躲避伤害的应激反应,导致加重结果发生的。例如行为人殴打被害人,被害人企图从阳台上逃到邻居家,结果不小心坠落死亡。这种情况下死亡结果应当由伤害行为负责。第二,行为人在实施基本行为时,被害人无意间磕碰到现场其他物件致死。例如行为人殴打被害人的时候,被害人随惯性撞到了门板上,导致死亡的,尽管行为人没有预测到被害人会撞到门框上,但是仍然要对结果负责。第三,被害人是特殊体质,行为人实施加害行为时尽管没有预测到,也需要对这个结果负责,例如被害人有血友病或者心脏病等,即便受到了轻微的殴打或者惊吓,这些病症也可能会发作进而导致死亡结果,这种情况下不能中断客观上基本行为和加重结果的因果关系。

由上可见,本文倡导的限制的条件说,不能将所有异常因素排除在结果加重犯的成立范围之外,但是笔者认为这也是这个规则的优点。因为这毕竟是客观层面的判断,一旦过多地将行为人的预见可能性和预见能力融入判断标准,则存在架空后续有责性阶层中故意或者过失的判断功能,如上文所举的不能排除基本行为和加重结果之间因果关系的情形,不代表就成立结果加重犯,其还可以在主观罪责阶层,以危险性理论所强调的预防必要性为理念,排除结果加重犯的认定。相比之下,相当性因果关系理论和客观归责理论为了在该当性领域解决所有异常介入因素的归责问题,而模糊三阶层犯罪构成体系,代价过大,而限制的条件说则不存在这个问题,仅在客观层面判断客观的问题,有利于犯罪构成阶层的划分清晰。同时,限制的条件说也要比客观归责理论更易操作,基于我国现今司法裁判现状,修正后的"限制的条件说"更适宜我国实务操作。结合前文所举的李某某非法拘禁案,如果能够证明被害人系吸食麻古而死,那么在被告人的非法拘禁行为与被害人的死亡结果之间就存在被害人自伤这一类能够中断因果关系的介入因素,那么对于被告人李某某应该排除客观层面的归因,不构成非法拘禁致人死亡的结果加重犯。

四、关于结果加重犯主观归责问题的讨论

(一) 结果加重犯主观归责问题的司法现状

在刑法总则中规定结果加重犯主观责任形式的大陆法系国家只有德国和俄罗斯,二者均明确要求行为人对加重结果至少具有过失。然而我国刑法未对结果加重犯的责任形式予以规定,进而在司法实践中的具体认定有不同做法。如以下两则案例:

罗某故意伤害案。[52] 2002年2月12日晚9时许,罗某与他人在办公楼顶层客厅内打麻将,被害人莫某某在旁边观看。罗某在打麻将过程中讲粗话,莫某某进行劝止,二人为此发生争吵,莫某某推了一下罗某,罗某即用右手朝莫某某的左面部打了一拳,接着又用左手掌推莫某某右肩,致使莫某某在踉跄后退中脑部碰到门框。在场的他人见状,分别将莫某某和罗某抱住。莫某某被抱住后挣脱出来,前行两步后突然向前跌倒,约两三分钟后死亡。经法医鉴定,莫某某的死因是生前后枕部与钝性物体碰撞及撞后倒地导致脑挫伤、蛛网膜下腔出血所致,其口唇、下颌部及额下损伤系伤后倒地形成。

法院经审理认为,被告人罗某故意掌推被害人莫某某致其死亡,其行为构成故意伤害罪。虽然被告人没有预见其行为会导致被害人碰到门框倒地死亡的严重后果,但是掌推行为仍然是其在意志支配下所故意实施,被害人死亡的后果与被告人的行为之间具有刑法上的因果关系。被告人主观上有伤害他人身体的故意以及致人死亡的过失,符合故意伤害致死罪的构成要件,应当以故意伤害致死罪追究责任。鉴于被告人具有自首情节,且积极赔偿死者家属,对其减轻处罚,判处有期徒刑6年。一审宣判后,被告人未提出上诉,人民检察院也未提出抗诉,判决生效。

张某某过失致人死亡案。[53] 2013年5月13日下午2时许,被告人张某某骑电动自行车险些与骑自行车的被害人甘某某相撞,两人为此发生口角。其间,甘某某先动手击打张某某,张某某使用拳头还击,打到甘某某面部致其倒地摔伤头

---

[52] 中华人民共和国最高人民法院刑事审判第一庭、第二庭编:《刑事审判参考》2003年第1辑,总第30辑,第226号案例,法律出版社2003年版。
[53] 中华人民共和国最高人民法院刑事审判第一、二、三、四、五庭主办:《刑事审判参考》2015年第3期,总第103集,第1080号案例,法律出版社2016年版。

部。甘某某于同月 27 日在医院经抢救无效死亡。经鉴定,甘某某系重度颅脑损伤死亡。

北京市第二中级人民法院认为,被告人张某某在因琐事与被害人发生争执并互相殴打时,应当预见自己的行为可能造成被害人伤亡的后果,由于疏忽大意未能预见,致被害人倒地后因颅脑损伤死亡,其行为已构成过失致人死亡罪。鉴于张某某到案后如实供述犯罪事实,积极赔偿被害方经济损失,取得被害人谅解,对其从轻处罚。判处有期徒刑 6 年。一审宣判后,检察院提出抗诉,认为应当认定故意伤害罪。二审法院裁定维持原判。

上述两则案例,都是被告人与被害人因琐事发生纠纷,二人相互推搡过程中,被告人对被害人实施了轻微的暴力行为,导致被害人死亡。罗某故意伤害案中的被害人是撞到门框导致颅脑损伤,张某某过失致人死亡案中的被害人是倒地摔伤致颅脑损伤,两则案例中的被告人均没有预见到被害人的死亡结果,裁判结果均为判处有期徒刑 6 年。表面看来刑罚是一样的,但是实际上是不同的,罗某故意伤害案中,法院认定被告人的行为是故意伤害致人死亡,故意伤害致人死亡的量刑起点是 10 年,由于被告人具有自首情节,才给予减轻处罚,判处 6 年有期徒刑。而张某某过失致人死亡案中被告人的行为被认定为过失致人死亡,过失致人死亡的量刑范围是 3 年到 7 年,被告人并无自首等减轻处罚的情节,故在过失致人死亡的量刑幅度内,判处 6 年有期徒刑。故案例一与案例二属于"同案不同判"。

这两则案例直观反映了我国司法实践对结果加重犯的主观归责问题存在争议。本文以下将首先梳理涉及主观罪过认定的传统学说,并在此基础上,以危险性本质论所内含的一般预防必要性为出发点,探讨适宜作为结果加重犯主观归责标准的学说。

(二)既往讨论尚不能解决主观罪过的认定

结果加重犯的主观归责理论讨论的问题是行为人需要对加重结果具备怎样程度的认识和意欲态度才能够将加重结果的发生归责于其主观认识。以下对传统学说进行梳理。

1. 无过失理论

无过失理论认为行为人对于加重结果无须具有故意或者过失,只要客观上具有因果联系即可成立结果加重犯。早期的刑法学者只在因果关系上寻求结果加重犯成立与否的答案,这种理论与单一形态论是一体两面的,与结果责任主义具有密切联系。有少数的日本学者认同过失不要说,因为《日本刑法典》第 38 条规定没有犯罪故意的行为不处罚,但法律有特别规定的,不在此限。其中"法律有特别规定"就为偶然的加重结果留出了适用的空间,在日本实务界也有伤害致死罪案件不要求行为人对加重结果具有过失的判例。[54]

和此观点相似,我国也有学者持过失不要说,认为行为人对基本行为是具有故意或者过失的,然而根据社会一般观念来看,没有基本行为也就没有加重结果,因而让行为人承担加重的刑罚是合理的,符合社会的公平正义观念。[55] 对此观点笔者表示反对。第一,此观点认为只要行为人对基本行为具有罪过,那么对于加重结果就应当负责,这种理念与早期的单一形态论是一致的,而单一形态论是以结果责任主义为背景的,与现代的心理责任论相违背。第二,我国刑法典虽然没有明确指出刑法"只"惩罚故意和过失犯罪,但是也规定了只有在意外事件和不可抗力的情况下,行为人才能免去责任,而意外事件和不可抗力正是行为人对结果的发生没有故意和过失。故从我国刑法的现行规定中能够推导出我国惩罚结果加重犯也是以行为人对加重结果至少具有过失为原则的。第三,将行为人是否需要对加重结果负责的认定,依赖于"社会一般观念",这个标准是不明确的,况且在现代法治国家,社会一般观念也应当转向排斥偶然结果加重犯,故社会一般观念无法成为支持偶然结果加重犯的依据。

2. 间接故意理论

间接故意理论发源于中世纪罗马法中的故意(dolus)概念,后来德国刑法通过继承意大利刑法将该理论引进。就间接故意与结果加重犯的关系而言,结果加重犯被认为是间接故意的"变体后代"。[56] 间接故意理论认为可以从行为人对基本行为的故意推导出行为人对加重结果的故意,如果基本行为含有引发加重结果的高概率危险,一旦出现加重结果,不考虑行为人对加重后果的意欲,就推定行为人对加重结果也具有故意,不得不说这种主观的归责方式仍然含有结果责任主义的余毒。

我国也有学者认为加重结果的罪过形式应当是间接故意。理由在于:第一,行为人认识到基础行为对加重结果的发生具有内在危险性时,应当无法说明行为人对加重结果的主观罪过是过失。第二,过失的心理要么产生在人们的日常生活之中,要么产生在人们所从事的业务中,不可能产生在一种犯罪活动之中。认为加重结果的罪过形式为过失,无疑是在承认犯罪过失的心理可以产生在犯罪活动之中。第三,结果加重犯具有严厉的法定刑,将加重结果的罪过形式理解为间接故意,为加重结果犯的严厉处罚找到了充分的依据。[57]

对此观点本文是反对的,第一,当行为人认识到加重结果可能发生时,其未必对结果的发生具有希望的意欲要素,行为人有可能是过于自信的过失。第二,犯罪活动也

---

[54] 参见[日]松宫孝明:《刑法総論講義》(第4版),成文堂2009年版,第17页。
[55] 参见周铭川:《结果加重犯争议问题探究》,载《中国刑事法杂志》2007年第5期,第44页。
[56] Vgl. Küpper, Der unmittelbare Zusammenhang, S. 16,转引自赵彦清:《结果加重犯的归责基础》,台湾政治大学1998年硕士论文,第63页。
[57] 参见陆诗忠:《结果加重犯之基本问题再研究》,载《学术论坛》2007年第11期,第145页。

是行为人意识支配下的肢体活动,犯罪过失的心理不能产生在犯罪活动之中,这是缺乏存在论依据的。第三,结果加重犯严厉的法定刑来源于立法者一般预防的需要,并且即便对加重结果具有故意也无法解释法定刑在量上的升高。故间接故意说在故意客观化的路上走得太远,无法解释加重结果的罪过,在大陆法系国家中被摒弃,也不适合我国的司法实践。

3. 由故意确定过失理论

由故意确定过失理论(culpa dolo determinata),也有翻译为确定故意与过失竞合的。[58] 这一理论由费尔巴哈提出,最早在费尔巴哈主持编纂的1813年的《巴伐利亚王国刑法典》中直接提出,在此之后1851年的《普鲁士刑法典》,与其后的1871年《帝国刑法典》也受此理论的影响。费尔巴哈认为间接故意其实是一种过失,因此应该以故意与过失组合取代间接故意,这也就是现在的"故意+过失"组合形式的前身。不过费尔巴哈是先将间接故意拆分为故意和过失两个要素,之后又将这两个要素融合为单一的概念,因此根据费尔巴哈的由故意确定过失的学说,结果加重犯是单一形态的犯罪。

由故意确定过失理论相比于间接故意的进步之处就在于,当无证据表明行为人对加重结果的意欲要素时,至少不会因为行为人对基本行为有故意而直接推定行为人对加重结果也具有故意,而是稍稍"降低"水平,推定行为人对加重结果具有过失。但这同样是罪责客观化的观点,等同于不要求行为人对加重结果具有罪责,故不符合现今罪责主义的要求。

4. 预见可能性说

预见可能性说主张,行为人实施基本犯罪产生了加重结果,只有行为人对于加重结果具有预见可能性才能将加重结果归责于行为人。至于"能预见"的标准,有客观说和主观说之争。客观说认为,判断预见可能性应当以一般人为标准,主观说认为,判断预见可能性应当以行为人的认识能力为标准。[59] 除了主观说和客观说之争以外,还有主张综合外在客观情况与内在主观能力的折中说,之后又发展出信赖原则以阻却预见可能性的成立。

预见可能性说也曾获得实定法的支持。最早体现预见可能性说的是1902年的《挪威刑法典》以及德国1909年《修正预备草案》。不过德国现今刑法放弃预见可能性说,转向了过失必要说。目前仍然以预见可能性作为结果加重犯罪责标准的是日本和我国台湾地区的"立法"。日本1975年《改正刑法草案》第22规定,因结果之发生加重

---

[58] 参见俞清松:《加重结果犯之研究》,台湾政治大学1980年硕士学位论文,第37页。
[59] 参见徐育安:《加重结果犯判决回顾》,载《台湾法学杂志》2007年2月,第162—164页;蔡惠芳:《伤害致死罪之适用——最高法院判例与判决之评析》,载《台湾法学杂志》2004年8月,第49页。

其刑之犯罪,如能预见该结果之发生,为加重结果犯科刑之责任基础。我国台湾地区现行"刑法"第 17 条规定,因犯罪致发生一定结果而有加重其刑的规定的,如行为人不能预见其发生则不适用。

本文认为,相较于之前的可以归属于单一形态论的学说观点,预见可能性说已经把结果加重犯理解为基本行为和加重结果的综合体,对于基本行为需要有罪责的要求,对于加重结果也要求主观上应当具有预见可能性,而不是仅凭行为人对基本行为的故意推定出行为人对加重结果也应当具有故意或者过失,在这一点上预见可能性说是具有进步意义的。但是预见可能性与过失的要求还有相当距离,仅因行为人能预见结果的发生,而在缺乏意欲要素的情形下,仍然将加重结果归责于行为人,这是否真正符合责任主义的要求,值得怀疑。

5. 过失必要说

过失必要说主张基本行为引发了加重结果,行为人必须对加重结果至少具有过失,才能将加重结果归责于行为人。若行为人对加重结果既无故意也无过失,则否认对行为人归责。过失必要说目前是中外学界和立法的通说,然而关于过失说与预见可能性之间的关系尚需要讨论。

有观点认为过失必要说和预见可能性说并无区别,如德国联邦法院曾有观点认为,预见可能性说与过失必要说二者的标准相同,在伤害致死罪中,对加重结果的预见可能性为过失的一般要件,预见可能性为唯一的具体要件。[60] 我国也有学者认为过失必要说等同于预见可能性说,预见可能性说想要排除掉的是行为人对于加重结果没有预见的情况,而不具有预见可能性,也就不具有过失,故和过失必要说要达到的效果是一致的,所以不应该对这两种观点区别使用。[61]

但是若认为过失还包含预见可能性以外的其他要素,则自然不会认同过失必要说等同于预见可能性说。例如魏根特教授认为,过失的不法构成包含两个方面,客观注意义务的违反是过失犯的行为不法,结果的发生、结果的造成以及结果的预见可能性是过失犯的结果不法。[62] 金德霍伊泽尔认为过失的要素为违反谨慎义务,其中分为内在谨慎和外在谨慎,内在谨慎是行为人注意到举止所附带的风险,外在谨慎是通过采取必要的预防措施将这种风险限制在一般容许的范围之内。[63] 也有学者将预见可

---

[60] Vgl. Sch/Sch/Cramer, § 15,25. Aufl.,Rn,120 ff.,转引自赵彦清:《结果加重犯的归责基础》,台湾政治大学 1998 年硕士论文,第 96 页。
[61] 相同观点可参见马克昌:《结果加重犯比较研究》,载《武汉大学学报(社会科学版)》1993 年第 6 期,第 121 页;又见前注[22],高铭暄、赵秉志书,第 296 页注释[2]。
[62] 参见[德]汉斯·海因里希·耶赛克、[德]托马斯·魏根特:《德国刑法教科书》,徐久生译,中国法制出版社 2001 年版,第 691、699 页。
[63] 同前注[24],第 330 页。

能性和结果避免可能性以及逾越社会相当风险作为违反注意义务的具体要件。[64] 无论具体要素如何排布,这些观点反对以结果预见可能性的判断代替过失的判断,因为过失的规范组成中除了预见可能性还具有注意义务、结果避免可能性等其他的要素。

本文倾向于认同金德霍伊泽尔教授将过失的内部构造设置为内在谨慎义务和外在谨慎义务的观点。只有既尽到了内在谨慎义务,又尽到了外在谨慎义务,还是不能避免结果出现的,才能排除过失的归责。其中内在谨慎的判断标准是是否具有预见可能性,外在谨慎的判断标准是是否尽到了回避结果发生的注意义务。这样的对过失要素的确认也符合我国传统理论中对过失结果的理解,即过失应当包含知和意两方面。其中知是认识因素,对应内在谨慎义务,用预见可能性回答的是行为人能否知道危害后果的发生。意是意欲因素,对应外在谨慎义务,仅仅以预见可能性不能回答行为人是否希望结果发生,当行为人履行了结果回避义务,结果仍然发生,则不能因为行为人预见到了结果发生而对行为人追究责任,此时行为人的行为不是过失的实行行为,即不具有过失责任。

因此,本文反对以预见可能性的判断替代过失的判断,预见可能性说不能等同于过失说的判断,预见可能性说要比过失说的归责范围大,过失说将行为人对加重结果的责任限定在过失以上,更加符合现代的责任主义。

6. 轻率

轻率这一罪责概念来源于德国刑法理论,在今天的文献中一般被认为是严重的过失,相当于民法典里的重大过失。[65] 罗克辛教授认为应该把"轻率作为一种跨越不法和跨越罪责的特征,首先应当用于一种特别危险的行为上面,而不是用于特别应受谴责的内心态度上"。并且通常是从"特别危险的行为"这个不法方面来使轻率的概念进一步具体化。例如在赛车比赛当中,作为赛车手的行为人实施疾驰的行为,就是特别危险的行为,那么如果出现了死伤的结果,他的主观罪过就可以被认定为轻率,而相反如果行为人是驾驶救护车进行紧急救援,尽管它们的风险是一样的,这种情况下就不应该是轻率。[66]

对于轻率这一概念,我国有学者认为"结果加重犯的规定如果还能合法地存在下去,在解释上一定必须添加其他的构成要件,加重结果之发生必须有轻率过失"[67]。笔者也认为,轻率的这一罪责理念之于我国也有参考价值。"轻率"这一概念,可以对应我国刑法中的过于自信的过失,这类过失犯罪的本质特征在于应当避免而没有避免。

---

[64] Vgl. Sch/Sch/Cramer, § 15,25. Aufl. ,Rn,120 ff. 转引自赵彦清:《结果加重的归责基础》,台湾政治大学1998年硕士学位论文,第96页。
[65] 同前注[62],第683页。
[66] 同前注[18],第732—733页。
[67] 同前注[3],第308页。

这和德国刑法理论当中作为轻率内涵的"特别危险的行为""毫无顾忌""残暴""放肆"等词汇具有相似性。将我国刑法中的罪责类型根据认识因素和意识因素的不同,罪责程度按照从高到低排序,依次为直接故意、间接故意、轻率的过失和疏忽的过失。将结果加重犯的加重结果的罪过从过失提高到轻率的过失,可以排除疏忽大意的过失,也排除了预见可能性说的适用,亦即如果行为人具有预见可能性,而事实上却没有预见,那么也不用对加重结果负责。如此一来,结果加重犯的范围又被缩小,符合限缩结果加重犯成立范围的理论趋势。

(三)主观归责学说的选择:过失必要说

结果加重犯主观归责的问题在理论界始终保持热度的原因在于,实务界希望降低加重结果主观罪责的证明难度,而学者们坚守无罪责即无刑罚的责任主义,学说的演变也是罪责证明主观化或者客观化的博弈史。上述介绍的六种学说中,过失不要说、间接故意说、由故意确定过失说,是站在单一形态论的立场,由基本行为的故意推定出行为人应当对加重结果负责,这种罪责证明的客观化倾向在1902年国际刑法学会之前几乎是各国的立法观点,显然是结果责任主义的立场,不足取。跳脱出结果责任,至少以现代的心理责任论为基础,意识到行为人应当对加重结果具有主观罪责要素方能归责的是预见可能性说、过失必要说和轻率说。

因此,当以实质责任论为背景,重视对基本行为产生类型性危险的一般预防,同时也要对一般预防的限度进行限制。本文认为,我国当前应当选择的结果加重犯归责理论是过失必要说。第一,过失必要说能够为结果加重犯立法目的中对类型性危险的预防设置上限。过失必要说要求行为人对加重结果具有预见可能性,这就排除了偶然结果加重犯的成立,同时根据过失必要说即便行为人对结果具有预见可能性,但是只要履行了结果回避义务,那么就不能认定行为人对加重结果具有"过失"。也就是说过失必要说将认定成立结果加重犯罪责的上限设置为行为人至少要对加重结果发生有预见可能性,同时行为人也没有实施任何结果避免行为。第二,过失必要说能够为结果加重犯立法目的中对类型性危险的预防设置下限。相比于轻率说,过失必要说并不区分认识的程度,已经预见但是轻信能够避免以及应当预见没预见这两种程度的过失都属于结果加重犯的罪责范畴。

由上可见,过失必要说在刑事政策上是一种宽与严之间的折中。若以危险性作为结果加重犯的加重处罚依据,对类型性危险进行一般预防的尺度应当根据当下刑事政策的需要来掌握。运用过失必要说确定结果加重犯的成立范围,在被害人体质特殊以及有其他介入因素的情形下能够得出和预见可能性说同样的结论。例如在前文所举的罗某故意伤害案中,客观上不能否定被害人死亡与被告人罗某推搡之间的因果关系,然而根据过失必要说,被告人罗某对自己的掌推行为可能造成莫某某死亡的结果不具备预见可能性,这从客观上罗某实施行为的暴力程度也能证明,因而被告人对被害人的死亡并不具备预见可能性,因而应当否定其成立故意伤害罪的结果加重犯。并且,相比于轻率说,过失必要说得出的结论更易于司法实践接受,毕竟司法实践目前还处在过失不必要说的状态,一步跃进到轻率说于当前的立法现状以及司法适用实际都是不适合的。

五、结语

结果加重犯的归责机制研究应当以对结果加重犯本质论的清晰认识为前提。只有确证了结果加重犯加重处罚的正当性根据,才能进一步规范化地探讨结果加重犯的客观归因问题和主观归责问题。通过梳理与分析,本文得出以下三点结论:

第一,当以动态的责任主义发展观为视角,能够发现所谓的结果加重犯与责任主义的紧张关系并不存在,每一阶段的结果加重犯本质学说放置在当时的责任主义理论背景之下都是合乎罪责原则要求的。随着责任主义的发展演变,需要将刑事政策一般预防的考量纳入到责任范畴内。结合我国的立法现状,笔者认为我国亟待引进实质责任论。当以实质责任论为背景考察危险性理论,能够看到危险性理论中立法者对于类型性危险的防范目的与实质责任论对一般预防的考虑是一致的。

第二,在结果加重犯的客观归因问题上,我国目前司法实务现状处于条件说阶段,通过对条件说、相当因果关系说、客观归责理论、直接性法理这些学说的梳理,笔者认为应当采取限制的条件说,仅将一部分异常因素排除在因果关系链条之外,分别是第三方介入因素,被害人自杀、自残情形,以及行为人的其他行为导致加重结果发生的情形。

第三,在结果加重犯的主观归责问题上,我国目前司法实务处于无过失理论阶段,通过对无过失说、间接故意说、由故意确定过失说、预见可能性说、过失必要说、轻率说这些学说的梳理,笔者认为结合危险性理论对预防必要性的强调,应当采取过失必要说确定预防目的的边界,并且明确过失的要素为具有预见可能性和未履行结果回避的注意义务,只有两者齐备才能认定行为人对加重结果具有过失罪责。根据过失必要理论,能够在被害人特殊体质等行为人预见不到的介入因素导致加重结果发生时,排除对行为人的主观归责,限定结果加重犯成立。

法人刑事责任的比较历史与比较理论[*]

〔德〕马库斯·德克·达博[**] 文　李本灿[***] 译

要　目

引言
一、德国法:法人刑事责任的突然消失
二、英美法:法人刑事责任突然获得承认
三、法人刑事责任的相对共性
四、结论:法人刑事责任与法治

摘　要　本文通过运用比较法制史和比较法学理论的方法,对传统观点所认为的德国法和英美法中法人刑事责任之间的本质区别提出质疑。如世人所熟知,在18、19世纪之交,英美法系和大陆法系中对于法人刑事责任的规定并不相同,如船只在黑夜中航行时擦肩而过:1800年以前,英美法系中未曾规定法人刑事责任;1800年以后,大陆法系中法人刑事责任规范则渐渐消亡。然而,若细致考究,便会发现,至少从中世纪以来,英美法系和大陆法系都普遍接受了法人刑事责任的设置;而且,1800年之前的英国和1800年之后的德国其实并没有对法人刑事责任予以否定。

关键词　法人刑事责任　比较法法制史　法学理论　英美法系　大陆法系　德国法　英美法

---

[*]　原文请参见 Markus D. Dubber, "The Comparative History and Theory of Corporate Criminal Liability", *New Criminal Law Review*, Vol. 18, 2013, pp. 203-240。

[**]　多伦多大学法学院教授。本文的早期版本于2012年5月12日至13日在多伦多大学举办的"企业人格和刑事责任"研讨会上发表,加拿大社会科学和人文研究委员会对此次研讨会提供了慷慨的财政支持。非常感谢研讨会与会者,特别是西蒙·斯特姆,以及约翰·科齐亚尔和萨拉·兰金的有益评论。除非另有说明,所有翻译皆为本人。

[***]　山东大学法学院教授、刑事合规研究中心执行主任。

引言

本文采用了比较法制史和比较法理论的研究方法。[1] 首先,笔者认为,对于大陆法系和英美法系法人刑事责任历史的传统认知存在错误,或者至少说传统理解是不完整的、孤立的、仅仅从比较层面出发的。其次,法人刑事责任的历史和理论具有象征性的法学意义,法学家们将其视为一些更基本现象的试金石,例如,用以研究罗马法与德国法或其他保障真理正义的刑法体系之间的相互影响。

初看之下,18、19世纪之交,英美法系和大陆法系的法人刑事责任理论像船只在黑夜中航行时交错而过:1800年以前,英美法系中没有法人刑事责任,而1800年以后,大陆法系中没有法人刑事责任。然而,更严谨的调查显示,至少从中世纪以来,英美法系和大陆法系国家都普遍接受了法人刑事责任。并且1800年之前的英国和1800年之后的德国都没有完全否认法人刑事责任。比较研究法揭示了英美法系与大陆法系之间的概念化的共同之处,而非鲜明差异,它追踪了作为基本治理模式的法律与警察之间的区别,这种治理模式在英美法系与大陆法系之中都可以找到。[2]

一、德国法:法人刑事责任的突然消失

一般认为,德国法中法人刑事责任过去未曾存在,现在不存在,将来也不会存在。然而,更仔细观察德国法历史之后便会注意到,事实并非如此简单——因为在某些时候,德国确实存在过法人刑事责任。更复杂的是,法人刑事责任虽然可能在过去某些阶段存留,但是现今已不再存在。(人们往往满足于模糊的历史记录,不再去详细探讨德国法人刑事责任存在的程度、持续时间和基础)因此,问题不再是"德国法律"中从未有或可能有法人刑事责任,而是"现代德国法律"中从未有或可能有法人刑事责任。

在历史文献中,启蒙运动时期不存在法人的刑事责任。因此,在19世纪之前,法人刑事责任无论存在过何种痕迹,都被德国刑法所建立的文明体系彻底抹去了。德国刑法所建立的文明体系在今天仍然存在,并且在过去的两个世纪中,通过德国刑事法科学(作为一般法律科学的一个分支,Rechswissenschaft)的发展,达到了更高的完美度

---

[1] 尴尬而准确地说,比较法制史与比较法理论不是仅介绍可供选择的法人刑事责任的历史或理论,而是关注现有的历史和理论。
[2] 关于法律与警察之间的区别,参见 Markus D. Dubber, *The Police Power: Patriarchy and the Foundations of American Government*, Columbia University Press, 2005;亦见本文结论部分。

和精准度。[3] 在现代、文明的刑法科学中,法人刑事责任不合逻辑、不可存在、不可想象,因为它与刑法科学最伟大原则之一的"罪过原则"("Schuldgrundsatz",拉丁语化"ex post",被称为"nulla poena sine culpa"[4])背道而驰。公司不能犯罪,因为他们没有罪过(societasdelinquere non potest)。

虽然,相对于上述从未承认法人刑事责任在德国存在过的观点而言,此种观点没有过于罔顾事实,但是这一论述过于简单化和专断了,以致它必然具有严重误导性与极度不完整性,不具备足够的说服力。更细致的观察发现,至少从中世纪以来,否认法人刑事责任的理由几乎没有变化。这些理由当然不会被认为是新论据。事实上,在1793年的一个主题为"delicta universitatum"的大学讲座中,该理由就已经被一位鲜为人知的、完全微不足道的研究罗马法的(名叫 Julius Friedrich Malblanc[5])德国教授讲授。这种观点随后又被两位德国法学之父引用,他们是保罗·约翰·安塞尔姆·费尔巴哈(德国刑法学之父)和弗里德里希·卡尔·冯·萨维尼(另一位罗马民法学者,很可能是他那个时期的德国法学之父)。这两位学者现在都享有盛誉,因为他们在启蒙运动中为整个德国法学,尤其是刑法学奠定了基础。[6]

事实上,只要略微仔细地观察一下我们就会发现,启蒙运动对法人刑事责任的攻击只是徒有表象,其实质是缺乏论据的(见马尔布兰克演讲),而且对费尔巴哈和萨维尼理论的引用也充满随意性,逻辑混乱,尽管这二位是公认的启蒙运动之父。他们完全没有提供任何理论支撑(仅仅提出了对法人预设性质、独立人格和刑事责任的否定而已)。更不用说,启蒙运动思想与否定法人刑事责任之间联系的匮乏,也明显说明了这一点:大陆法系/罗马法中不存在法人刑事责任的观点,萨维尼并未提出过。萨维尼毕竟是罗马法学派的思想先驱,而罗马法学派的全部法律渊源皆在于罗马法。然而,萨维尼关于罗马法渊源的论述尚不足够明确。

现今,任何一个稍微了解德国法律思想和历史的人都知道,罗马法学者和德国法学者的观点是相悖的——无论是对法律以及法律历史的态度,还是同一时期双方对于

---

[3] See Markus D. Dubber, "The Promise of German Criminal Law: A Science of Crime and Punishment", *German Law Journal*, Vol.6, No.7, 2015, p.1049, http://www.germanlawjournal.com/article.php?id=6i3.

[4] 请注意,这一较新的拉丁格言并没有出现在费尔巴哈所阐述的那些没有提及罪责的格言中:culpa (nulla poena sine lege, nulla poena sine crimine, and nullum crimen sine poena legali)。See Markus D. Dubber, "The Legality Principle in American and German Criminal Law: An Esay in Comparative Legal History", in: Georges Martyn, Anthony Musson and Heikki Pihlajamäki (eds.), *From the Judge's Arbitrium to the Legality Principle: Legislation as a Source of Law in Criminal Trials*, Duncker & Humblot, 2013, p.365.

[5] Observationes quaedam ad delicta Universitatum spectantes (Erlangen 1793). See generally August Ritter von Eisenhart, Malblanc, Julius Friedrich von, Allgemeine Deutsche Biographic, Band 20, Duncker & Humblot, 1884, S.129, http://www.deutsche-biographie.de/pndio42688I.html?anchor=adb.

[6] Vgl. Allgemeine Literatur-Zeitung vom Jahre 1800, Vol.1 (Jan.11,1800) 106,108 (Jena & Leipzig 1800) ("Man weiss, was überhaupt gegen die delica universitatum eingewandt wird...").

相同和相似内容的观点。实际上,基尔克(Otto von Gierke)毕生致力于论证:德国法的替代性概念是存在的,至少说,基于罗马法的平等性概念是存在的。他的代表作《德国合作社法》(Das Genossenschafsrecht)对这一点的论述极其详细,受到了包括弗雷德里克·梅特兰(Frederic Maitland)在内的众多学者的好评。基尔克认为,把公司定义为"合作社"[7](Genossenschaft),是德国法日耳曼性的核心,因为它在罗马法中是找不到的,而且,根据基尔克和与他持相同观点的日耳曼主义的同事的说法,该定义具有重要的法社会学和法教义学意义。梅特兰对这一论断深信不疑,无论在德国法律问题还是在英国法律问题上。他认为英国法律未能理解法人这一法律概念的核心作用,例如,梅特兰认为,"合作社"的概念,很大程度上是因为它创造性地使用了其所说的"非常宽泛的'信任概念'",而掩盖了法人实体在法律形式下的实质性意义。[8]

然而,基尔克的论断不仅具有历史意义,还有理论意义。他的研究不仅指出了否定法人刑事责任的深层历史渊源,也阐释了启蒙运动否定法人刑事责任的原因。基尔克此番论述的主要目的不是消极的,而是积极的。无论在马尔布兰克或费尔巴哈还是在萨维尼看来,自中世纪以来,罗马法就否定了法人的刑事责任。故而,尽管罗马法最终间接地成为了法人概念的正统渊源,基尔克并没有进一步对罗马法与法人刑事责任直接的关联进行阐述。基尔克试图不去揭露法人概念的正统根源——间接来说其起源于罗马法。罗马法自中世纪以来(不仅仅是自马尔布兰克或费尔巴哈,更不要说萨维尼)就否定了法人的刑事责任。根据基尔克的考据,法人概念在德国历史中长期占据不同寻常的主导地位,而不是作为一种受限的权利和义务,可为法律所任意定义或拟制。相反,基尔克将公司定义为一个实体,作为一个"权利和义务的承担者"(在梅兰特的描述中)——从这个意义上说,作为一个法人——除其他事情外,有能力同时成为犯罪的受害者(即其权利受到侵犯)和罪犯(取决于个人对刑法性质以及刑事和民事违法行为之间关系的看法)。[9]

值得一提的是,基尔克、萨维尼和马尔布兰克均不是刑法学者,其他著述法人刑事责任的人也大都不是。[10] 基尔克并非对法人刑事责任这一问题本身感兴趣,而是对

---

[7] 使用Tönnies大致同时期的区别来说,"合作社"更接近于社区而不是社会,Genosse经常被翻译成"伙伴"(comrade),Vgl. Ferdinand Tönnies, Gemeinschaft und Gesellschaft: Grundbegriffe der reinen Soziologie (1st ed. 1887)。Tönnies自己将合作社归类为一种社区,与比较少平等主义的统治形成鲜明对比。Vgl. Ferdinand Tönnies, Einführung in die Soziologie, Enke Verlag, 1931, S. 34-47.

[8] See Frederic William Maitland, "Translator's Introduction", in: Otto Gierke, *Political Theories of the Middle Age* (1900), Kessinger Publishing, 2008, p. 7.

[9] See Frederic William Maitland, "Moral Personality and Legal Personality", in: H. A. L. Fisher (ed.), *The Collected Papers of Frederic William Maitland* (Vol. 3), W.S. Hein, 1981, pp. 304, 307.

[10] 基尔克并不总是仔细区分民事和刑事违法行为,或(故意)侵权行为和犯罪行为。更普遍地说,从承认侵权行为、承担民事责任到承担刑事责任的简单过渡在文献和法理学中,在大陆法系和普通法系中都很常见。(Vgl. z. B., Franz von Liszt, Lehrbuch des Deutschen Strafrechts, 10. Aufl., 1900, § 27 n. 1); New York Central R. Co. v. United States, 212 U. S. 481 (1909).

其证据作用感兴趣。对他而言,唯有当法人刑事责任可有力地证明德国而非罗马有关法人的概念是存在的之时,他才会认可这一责任。就刑事责任——或者更确切地说是犯罪能力或假定的人格责任——而言,如果存在刑事责任,那么就意味着存在人格责任;因此,如果存在法人刑事责任,那么就存在法人人格责任。

然而,基尔克的论点是以刑事责任和犯罪能力的特定概念为基础的。但如果人格既不是刑事犯罪的先决条件,也不是刑事受害的先决条件,那么刑事责任的存在就不意味着人格的存在。基尔克将犯罪定义为对他人权利的侵犯,这一定义可能在他所处的那个时代盛行,但这并非意味着关于犯罪就只有这一种定义。事实上,类似的概念并不难找。例如,犯罪还可以被定义为对主权国家的和平的侵犯。在这一定义中,犯罪实施者不再是一个"人",无关集体或个人,无关虚拟或真实,无关法律拟制或自然属性。犯罪实施者,被定义为是对主权和平的威胁者。[11]

事实上,基尔克所说的大多数法人刑事责任例子涉及的是扰乱、违反和侵犯和平的行为,而不是侵犯(其他)人的权利的行为。基尔克执意将这些冒犯行为归类为犯罪,并将主权国家的回应视作是对冒犯者的惩罚[12],而非战争行为或"警察行动"。[13]例如,主权国家会对专断的市政机构实施惩罚。如今市政机构往往被称为"公共法人",但实际上公共法人并没有与"私人"法人明确区分开来。美国法律对此作了一定区分,但英国法律在此方面存在欠缺。在此需要弄清楚的是,这些对和平的冒犯是否仅仅是一种受"一般"刑法(其假定的人格要求)约束的特殊形式的犯罪——在此情况下,基尔克必须直面一种共识:对法人刑事责任的否认只适用于"真正的"犯罪,而不适用于"外围"(peripheral)犯罪或"监管性"(regulatory)犯罪(正如我们接下来所看到的那样,几十年来,这一共识一直是德国法律的基础[14])——或者需要弄清楚将犯罪定义为对和平的侵犯是否反映了另一种较为全面的犯罪观,即所有的犯罪行为都是对主权国家的和平的侵犯,而非是一个人对另一个人的权利的侵犯。

这一问题的关键不在于理论上的区别,而在于对犯罪的不同定义。由于对犯罪的定义不同,论者对主权、国家、权力和治理的定义也截然不同。例如,在对犯罪或罪责进行某种定义后,需要弄清楚的并非是一个法人是否能够满足刑事犯罪(或受害)的先决条件,即犯罪行为和犯罪意图,而是法人的刑事责任是否与其他对犯罪的定义相一致或是否反映了这种不同的定义。而这种不同的犯罪概念既不取决于人格,也不取决于关于人格的其他概念。换言之,问题不在于法人刑事责任是否可以旁证德国法或

---

[11] See Markus D. Dubber, "'The Power to Govern Men and Things': Patriarchal Origins of the Police Power in American Law", *Buffalo Law Review*, Vol. 52, 2005, p. 1277.

[12] Vgl. Otto von Gierke, Das Deutsche Genossenschaftsrecht Band, Antl, 1968.

[13] Vgl. Karl Engisch, Referat: Empfieht es sich, die Strafbarkeit der juristischen Person gesetzlich vorzusehen?, in: *I Verhandlungen des Deutschen Juristentages* 40 Juristentag 1953/54, 1954, at E7.

[14] 参见注释29—34所对应内容。

罗马法对于法人的定义,无论该定义特殊与否。关键是,法人刑事责任证明了有关犯罪及其惩罚(或其他制裁)概念的存在,以及有关主权和国家权力基本概念的存在。因此,法人刑事责任似乎并没有背离一些预先设定的刑法制度及其先决条件,而是为一种不同的刑事治理制度的存在提供了证据。该刑事治理制度以维持主权安宁为核心,即所谓的刑事警察治理制度。这种制度,与以权利及侵犯权利为核心关切的刑事治理制度相对立,即所谓的刑法治理制度。其与另一种以权利及对权利的违反(称之为刑法)为框架的刑事治理制度相对立。基尔克和萨维尼认为德国和罗马元素都竞相地影响德国法律,而梅特兰则认为英国和教规元素亦是如此。[15]

重申一下,法人刑事责任主要具有证据意义,而我们对其本身则不做讨论。它仍然是一种检验方式,用于检验是否存在其他的概念。换言之,可以在一个更广泛的概念框架内,或者从一个更为对立的层面来讨论法人刑事责任,而不仅限于罗马和德国有关法人刑事责任的不同定义。19世纪的德国人——特别是基尔克和萨维尼——都将注意力集中在了罗马和德国有关法人刑事责任的不同定义上。但现在两者的对立范围有限,仅限于时间和制度层面。可以肯定的是,这种差异性与英国法律史上英国法和罗马法(或教会法)之间的差异性类似。因此,可能是因为对英国法律史有所了解,在德国法律史上才有观点对德国法元素和罗马法元素进行区分。尽管论据薄弱,但的确并非是上述类似关联使得英美法和德国法中对法人刑事责任处理所进行的比较分析变得有价值。也就是说,并非是基于英国法律史上的类似关联性,梅特兰才对基尔克的著述予以关注。相反,梅兰特和基尔克最终关注的是关于法律在制度中的性质和地位,以及治理的概念,即关于主权和国家的政治或宪法问题。他们通过探讨法人人格问题——更狭隘地说是法人刑事责任问题——来解决这些更为根本的问题。

在第三节的比较分析中,我们将会回顾这些问题及这一方法,即从警察与法律的区别的角度来探讨法人刑事责任问题。谈完基尔克的观点的历史意义后,我们接着谈下其当代意义。我们要做的不仅仅是揭示显而易见的对法人刑事责任予以否认的启蒙前来源(pre-Enlightenment source)。研究者认为对这一责任的否认源于启蒙运动。基尔克的四卷研究于1868年至1913年间发表,与萨维尼的研究一样,也是一部有些年代的著作了。与萨维尼一样,基尔克也运用了历史法学的方法,即关于当前的法律史的历史以及有历史根据的法律记述,而不是法律史本身。萨维尼和基尔克的研究的区别不在于他们所采用的方法,而在于其叙述的内容:萨维尼从罗马法的角度来审视法律,而基尔克则从德国法的角度来审视法律;萨维尼和他的罗马法学者同僚却否认这一法律的存在。换句话说,基尔克并不满足于仅仅收录有关法人的各种概念,或者是

---

[15] 关于警察和法律之间区别的一般性讨论,see Dubber, supra note 2;Markus D. Dubber & Mariana Valverde (eds.), *The New Police Science: The Police Power in Domestic and International Governance*, Stanford University Press, 2006.

法人刑事责任对法人人格历史阶段性存在的旁证作用。相反,他注重的是收录考据这些法人刑事责任的深远影响,因为法人刑事责任的概念反映了德国法律的历史基本特征。相对应地,萨维尼也发现了罗马法拟制理论的持续影响:法人概念的意义可能随着时间的推移而有所变化,或更为突出,或逐渐消亡。基尔克的许多作品,包括他的代表作,都是有关现行法律的。所谓的现行法律指的是19世纪末20世纪初的德国法律。尤其是他的《法人理论与德国法学》,是一部大部头著作,足有1 000页之多,出版于1887年。德国人将这一时期描述为马尔布兰克-萨维尼启蒙运动时期,即罗马法拟制理论时期。由于罗马法拟制理论的影响,在一个世纪前(或者说数十年前,不同的人对其称谓不同),法人刑事责任的专断实践得以从现代德国法律中消除。

值得注意的是,本文旨在进行比较分析,而梅特兰在这一点上也遵循了基尔克的说法。梅特兰采用了基尔克的历史叙述(这一点在下文的"英美法法人刑事责任史"这一部分有所提及[16]),并效仿基尔克的《合作社法》[17],对英国法律史中有关法人的章节进行了修订(并重新进行了命名)。梅特兰翻译了《合作社法》其中的一些选段,并撰写了一篇长篇介绍性文章。[18] 此外,梅特兰还强调了在他看来一直含糊不清但却起着核心作用的法人概念。他从英国历史和时代环境出发(即19世纪末和20世纪初),强调在英国法律体系下,法人是"权利和义务的承担者"。

1881年,弗朗茨·冯·李斯特发表了关于德国刑法的第一版专著。在该著作中,弗朗茨·冯·李斯特对法人刑事责任予以支持。几年后,基尔克有关法人理论(Die Genossenschaftstheorie)的著作才发表。[19] 然而,李斯特之所以几乎与费尔巴哈齐名,之所以能坐上伟大的德国刑法学家的交椅,部分原因是他的刑法专著在接下来的半个世纪里成为了有关这一主题的最有影响力的著作。截止到1932年,也就是魏玛共和国的最后一年,该著作已出版了26版。(在19世纪之初,随着启蒙运动的到来)研究者认为德国法人刑事责任无论在事实上还是在科学上都已终结,而德国两位最著名的法律学者以及法人和刑法领域(法人刑事责任即为两个领域的交叉领域)的领军人物基尔克和李斯特却对此予以支持,这最起码表明了上述观点有夸大实际情况的嫌疑,即便有法院和评论员在不假思索地重复着那句空洞的拉丁文,即"法人不可能犯罪"。

相反,人们发现,那些致力于有关这一主题的理论或历史研究的人要么最终会认可法人刑事责任,要么就算不承认其可取性,也至少会承认其可能性。然而,那些重复着那句拉丁语的评论员在花费大量时间进行反思之后,要么勉强得出如下结论,即法

---

[16] 下文第二部分。
[17] See Frederick Pollock & Frederic William Maitland, *The History of English Law Before the Time of Edward I*, The lawbook change, ltd 1898. Vol. 1 at 486 n.1 (2d ed. 1898); see also Preface to the 2d ed., id. at v.
[18] See Maitland, supra note 8.
[19] Vgl. Franz von Liszt, Das Deutsche Reichsstrafrecht, 1. Aufl., 1881, §27.

人刑事责任是可能的,亦(多少)是可取的,要么改变了自己的观点。这种改变仅是形式上的改变(在实质上并没有什么改变)。这一事实也有力地证明了不论人们多么努力或多么希望认可法人刑事责任,但在德国法律中,法人刑事责任是站不住脚的。[20]

就拿厄恩斯特·哈夫特(Ernst Hafter)、理查德·布希(Richard Busch)和埃伯哈德·施密特(Eberhard Schmidt)的例子来说吧。哈夫特和布希在其著作中对法人刑事责任展开了极为细致的德国式研究。两人的著作分别发表于1903年和1933年。[21] 双方都对整个法律史上关于这个问题的各方观点进行了相当详细的讨论,并都得出结论:法人刑事责任既可能又可取。然而,几十年后,哈夫特在有关瑞士刑法的论文的两个版本中却改变了自己的立场。这两个版本分别于1926年和1946年出版。[22]

布希还继续坚持原来的观点,不过,就我们所讨论的主题而言,他的著作倒是和哈夫特的著作一样有趣,原因不仅仅在于他的著作出版于国家社会主义时期的第一年,还在于其在理论层面更有野心。布希和哈夫特一样都认可法人刑事责任,并对基尔克、萨维尼将法人拟人化的辩论予以批判。在德国和其他地方,有关这一主题的文献中常见这种批判。这种批判通常被认为是具有决定性意义的。尽管布希详尽、仔细的论证在形式和学识层面受到赞扬,但其实质内容却被大大忽视。[23]

布希的研究背离了明显正统的有关法人刑事责任不可能存在的论断,不仅如此,这一研究还跨越魏玛共和国向国家社会主义政权过渡的时期。尽管布希在1933年之前就完成了这本书的著述,但他在1933年出版的书的前言中预言,在即将到来的德国法律新时代,法人刑事责任将具有更大的意义,这一预言似乎有为他自己开脱的嫌疑:"如果一个国家不采取中立的立场,而是强调自己的价值观至高无上,并以教化所有的民族同志为己任,那么倘若没有一个对法人具有社会矫正作用的惩罚工具,这个国家就无法以法人的形式建立其政治和社会秩序。"[24]

然而,也许令人惊讶的是,国家社会主义政体既没有采纳布希的提议,也没有表现出对法人刑事责任的兴趣。事实上,法人刑事责任没能获得承认,有关法人刑事责任无法成立的理论依据的新发展(德国刑法吹嘘的"罪过原则"),在第二次世界大战后具有重大意义。战后,面对法律的实际命令与要求,无论法律赋予的职责多么令人讨

---

[20] Vgl. Hans‐Heinrich Jescheck, Die strafrechtliche Verantwortlichkeit der Personenverbände, ZStW 1953, 210.

[21] Vgl. Ernst Hafter, Die Delikts‐ und Straffähigkeit der Personenverbände, 1. Aufl., 1903; Richard Busch, Grundfragen der Strafrechtlichen Verantwortlichkeit der Verbände, 1. Aufl., 1933.

[22] Vgl. Jescheck, supra note 20, at 214 n. 14.

[23] Vgl. Engisch, supra note 13, at E7. 无论出于何种原因,布希没有接受大学的教职邀约,而是进入了司法部门,最终,战后在德国联邦法院任职。虽然继续偶尔发表一些关于其他方面的文章,但他并没有在这个问题上取得进一步的成果,在1945年后重新考虑法人刑事责任方面也没有发挥重要作用。

[24] Busch, supra note 21, at vi.

厌,法官都被频繁要求严格适用法律[25],即使在收到实在法的命令时亦是如此。在纳粹时期,一项税收刑法规定(《德意志帝国税法》第393条)曾遭到谴责,被认为实际意义微不足道。但是,据称正是此番批判使德国刑法学挺过了国家社会主义时期,从而得以从根本上完整地保存下来。上述谴责据称可以印证这一点。根据这一规定,可以在某些情况下对某些违反税法的行为进行法人刑事制裁。即便有这样的规定,德国司法部门和教授在战后依然坚定地选择真理和正义之路,而不是唯实在法的规定是从。[26]

很重要的一点是,由于否认法人刑事责任,德国刑法被认为坚持了正义和真理。法人刑事责任为人所诟病之处在于其试图通过推定行为(imputed act)而非行为本身来满足行为要件的要求,完全依赖教义性拟制,被称为彻头彻尾的"善意谎言"。[27] 但是,人们尚不清楚对于法律拟制的此种批判所触及的范围,或其也不清楚批判的缘由。不管怎样,即使在某些法律领域允许使用法律拟制,但刑法却对其极为抵触。具有讽刺意味的是,在目前的情况下,这种批评本身就是基于拟制而展开的,亦即,萨维尼对法人的拟制理论;只要法人是拟制的,归罪——从一个自然人到一个虚拟的人——就是拟制的。[28]

再来看一下第三个有关对法人刑事责任予以认可的例子。这也是最后一个例子,这一例子与埃伯哈德·施密特有关。之所以要提及施密特,是因为他是李斯特的论文的合著者,而在1932年前,施密特一直支持法人刑事责任。但和在他之前的哈夫特一样,他在这个问题上随后改变了立场。然而,不同于哈夫特,作为1947年至1949年间修订经济刑法的立法委员会主席[29],施密特成功地将法人"秩序处罚"(Ordnungsstrafe)以及罚款(Geldbuße)付诸实施。但是对法人进行的这样的制裁之所以获得批准并付诸实施,是因为此类制裁不属于"刑事处罚"。虽然被贴上了"Buße"的标签[30],但结果表明,这些制裁并不具有伦理意义。由于这些制裁没有从"伦理道德层

---

[25] See Markus D. Dubber, "Judicial Positivism and Hitler's Injustice", *Columbia Law Review*, Vol. 93, 1993, p. 1807 [reviewing Ingo Müller, *Hitler's Injustice: The Courts of the Third Reich* (1991)].
[26] 例如, Richard Lange, Zur Strafbarkeit von Personenverbänden, JZ 1952, 261; Fritz Hartung, Korreferat, in: 2. Verhandlungen des Deutschen 40. Juristentag 1953/54, 154, at E43, E45.
[27] Vgl. Water Seiler, Strafrechtliche Maßnahmen gegen Personverbände, 1. Aufl., 1967, S. 60.
[28] 还应指出的是,纳粹法律作者喜欢攻击自由主义理论家。自由主义理论家被认为喜欢任意虚构,将需要处理的,尤其是与纳粹意识形态、元首意志或者德国民众观念(具体的秩序思想)相一致的碎片化的事实(甚至是概念)重新组合。Vgl. Bernd Rüthers, Entartetes Recht: Rechtslehren und Kronjuristen im Dritten Reich, 1. Aufl., 1988。
[29] 关于施密特, vgl. Arnd Koch, Schmidt, Ludwig Ferdinand Eberhard, 23 Neue Deutsche Biographie 181 (2007), http://www.deutsche-biographie.de/pnd118759590.html。
[30] "Buße"通常被翻译成忏悔或赎罪,是基督教神学中的一个核心概念。在中世纪的法律中,"wergeld"指死亡赔偿,"botgeld"指轻伤赔偿;"'bootless' crimes"是那些严重到无法赔偿的犯罪(译者注:例如放火、入室盗窃、公开盗窃、密谋或无理由的杀人等)。See Pollock & Maitland, supra note, Vol. 2, at 464.

面"对有罪行为(或不作为)予以谴责的意味,亦没有预先假定这样的行为(或不作为),因此可以应用于像法人这样不能"自由负责的伦理自决"实体。[31] 这一方法最终在20世纪60年代被列入"违反秩序"的轻罪类别。最终这些都被从刑法中删除,而纳入了单独的违反秩序的法典中。该法典将初级刑法(junior penal code)简化为一般和特殊两部分(相应的处置程序也是简化性质的),可适用于法人,但法人所受到的处罚仅限于"罚款"(Buße),而非刑罚;同时,当某些法人代理代表法人犯罪或违反秩序时,该法人最多可被处以100万欧元的罚款。[32]

就违反秩序的行为所处的罚款不属于刑事处罚,而是属于"严厉的行政命令"(verschärfte Verwaltungsbefehle)[33]——该词常被法学文献所引用。其目的旨在揭示制裁的预期(而非惩罚性或可追溯)方向及其行政性质。事实上,罚款只是旨在提醒人们履行行政法或刑法中规定的(公法)义务。换句话说,根据定义,对违反秩序的行为所处分的罚款,与对犯罪行为所施加的刑事处罚性质截然不同。这种象征性的形式主义举动普遍存在于德国刑法中。例如,当前最受欢迎的惩罚根据是积极的一般预防,这种预防不同于报应、一般或特殊预防、剥夺资格或教育刑,但却结合了它们的所有优点。[34]

这种从惩罚到严厉提醒、从犯罪到违反秩序的转变是否反映了实质性的差异而不仅仅是形式上的区别还有待讨论。正是因为这样,如下的指责也就不足为奇了:当时反对法人刑事责任的人将这一举动斥为"Etiketenschwindel"——其字面意思是"标签性欺诈"(而不是相对温和的"虚假标签");指责他们通过不同的名字引入了法人刑事责任这一概念,但同时却极力否认是这样做的。[35] 在这方面,施密特改变了他的立场,但这种改变仅是形式上的,实质上并没有改变。然而,早在很久之前,就有学者对真正的刑法和行政刑法进行区分了。这种区分至少可以追溯到20世纪初的法学家詹姆斯·戈德施密特(James Goldschmidt)。詹姆斯·戈德施密特开创并命名了行政刑法及其研究,只是他虽才华横溢却在当时被忽视了。[36]

具有讽刺意味的是,那些指责施密特通过虚假标签耍花招的人,可能会提出一种

---

[31] BGHSt 2, 194, 200.
[32] Ordnungswidrigkeitengesetz (OWiG) § 30.
[33] Vgl. Jescheck, supra note 20, at 216-17.
[34] See Markus D. Dubber, "Theories of Crime and Punishment in German Criminal Law", *American Journal of Comparative Law*, Vol. 53, 2005, p. 679.
[35] Vgl. Hartung, supra note 26, at E44.
[36] Vgl. James Goldschmidt, Das Verwaltungsstrafrecht, 1. Aufl., 1902. 关于詹姆斯·戈德施密特,请参见 Dubber, supra note 2; Mireille Hildebrandt, "Justice and Police: Regulatory Offenses and the Criminal Law", *New Criminal Law Review* Vol. 12, 2009, p. 43; Daniel Ohana, "Administrative Penalties in the Rechtsstaat: On the Emergence of the Ordnungswidrigkeit Sanctioning System in Post-War Germany", University of Toronto Law Journal, Vol. 64, 2014, pp. 243-290. (译者注:作者引述该观点时论文尚未发表)。

依赖于同样策略的替代方案。这一点也许证明了德国法律思想中形式主义的泛滥。不过,他们没有对刑罚和非刑罚性罚款加以区分,而是对刑罚和"保安处分"(Maßregeln der Sicherung und Besserung)进行了区分:法人"刑罚"应称为"保安处分措施"(Maßregeln),而非"刑罚"(Buße)。[37] 对保安处分措施与刑罚进行区分是德国刑事制裁双轨制的基础。这种区分通常被认为是德国刑法学的重大成就之一。但更具讽刺意味的是,最初提出要对刑罚和保安措施本身加以区分时,这种区分形式却受到了谴责,被斥之为"标签性欺诈"。[38] 这毫不奇怪,很明显,这个词的关键在于"标签",即"Etikette",而非"欺诈",即"Schwindel"。

从更广义的历史和理论角度来看,对刑罚和罚款(以及对刑罚和保安措施)加以区分的做法似乎渊源已久:对警察和法律进行区分奠定了基本的治理模式。其中前一种模式源于启蒙运动,旨在保护主权安宁;而后一种模式则旨在彰显个人权利。在19世纪,随着"法治"或"法治国"(Rechsstaat)这类术语的出现和地位的提升,第二种模式对第一种模式形成了假定支配权(supposed dominance)。从这个意义上说,戈德施密特的行政刑法更像是将警察的主权"合法化"的一般性努力,即使这种权力受制于法律约束,这种约束源于自治人格(autonomous personhood)概念的假定中心地位。这种自治人格是启蒙运动的伟大发现。戈德施密特的努力探索,开创了"警察法"(Polizeirecht)这一新的矛盾的法律领域,并在这一领域得到了最明显、最明确的体现。警察法从表面上阐述和强调了一种可怕的挑战,即难以限制明显无边无际的自由裁量主权。这种自由裁量主权最终源于户主对构成其家庭的资源所拥有的父权和绝对权力。不论这些资源是有生命的还是无生命的,也不论其是人类还是非人类。[39]

与其以启蒙运动为分界线将德国法人刑事责任的历史分为两个阶段,倒不如将其理解为在这一问题上相互对立的观点之间的持续斗争和永久紧张态势,而这些对立的观点本身反映了德国法人刑事责任在国家、法律和刑法的性质方面的矛盾。从这个角度看,就法人刑事责任本身所反映的基本矛盾而言,值得在国内对法人刑事责任展开比较性地历史研究和理论研究。之后我们还会在其他章节和结论部分回顾这一分析。现在,我们先来看一下英美方面的情况。

二、英美法:法人刑事责任突然获得承认

传统上,德国法人刑事责任的历史以启蒙运动为转折点被分为两个不同的时期。

---

[37] Vgl. Hartung, supra note 26, at E50.
[38] Vgl. Eduard Kohlrausch, Sicherungshaft: Eine Besinnung auf den Streitstand, ZStW 1924, 21, 33.
[39] See Markus D. Dubber, "Preventive justice: The Quest for Principle", in: Andrew Ashworth, Lucia Zedner, Patrick Tomlin (eds.), *Prevention and the Limits of the Criminal Law*, Oxford University Press, 2013.

在启蒙运动之前,普遍认可法人刑事责任。在那之后,形势就发生了转变,没有人再对其予以支持。

传统上,英国法人刑事责任的历史以 19 世纪为转折点。在 19 世纪之后,普遍认可法人刑事责任。在那之前,却没有人这么做。

德国在这方面的历史颇为有趣,英国亦是如此,尽管其间的起伏没有那么大。

我们不妨从布莱克斯通着手。布莱克斯通很了不起。之所以这么说是因为他权威性地解决了法人刑事责任的问题,通过简单的声明性陈述就把英国就算没有几千年也有上百年的法律历史概括了。从那时起,他的论述就一直被引用。同时从他着手又会让人有所顾虑,因为倘若他的这些简单的声明性陈述被任何对英国法律史丝毫不感到好奇的人引用,就会产生误导。

此处,我们所需要谈论的问题如下:"尽管法人成员可能在个人能力范围内犯叛国罪、重罪或其他罪行,法人却不能在其法人能力内犯这些罪行。"[40]

除了该声明,其还引用了科克有关萨顿医院案例[41]的报告。这一案例是一个关于法人的法律性质的早期重要案例。然而,这份报告却表述了一些不同的内容:"法人没有灵魂,因此法人无法犯叛国罪,无法被剥夺法益,也无法被逐出教会。"这起案件讲的是两名男子以医院为借口实施的非法侵犯。这两名男子通过质疑法人是否成立来为自己进行辩护。如果法人不成立,那么法人就有可能不再是受害者,尽管这种表述有些过时。[42] 此外,该报告载于 1612 年。它既没有提及在此之前的法律,也没有提及在此之后的法律。而科克只不过打算将其作为法人是否成立的依据,而不是在刑事责任恰当确立后,将其作为判断刑事责任的依据。[43] 事实上,得益于基尔克和梅特兰的开创性工作,最早从 13 世纪起,英国(和德国)法律就触及了法人刑事责任,尽管少部分人并不这么认为。

但是,即便我们无视这些否定性的声音,仔细观察布莱克斯通曾错误引用的一段话,也可发现其对法人的刑事犯罪能力只字未提。在此,不妨审视一下科克的报告内容:"由于他们没有灵魂,因此他们(与单一法人相对的社团法人)不可能犯叛国罪,不可能被剥夺法益,也不可能被逐出教会。此外,他们也不能亲自出庭,而是要由其律师代为出庭(案件索引号 33 H. 8. Br. Fealty)。由于一个看不见的个体既无法现身,也无法发誓,因此一个由许多人组成的法人无法宣誓效忠(案件索引参见 Plow. Com.

---

[40] William Blackstone, *Commentaries on the Laws of England*, University of Chicago Press 1979; Vol. 1 P. 464 (1765).

[41] 10 Co. 23a, 32b, 77 E. R. 960, 973 (1612).

[42] 关于法人是受害者,而不是罪刑实施者,参见注释 81—82 所附的文本。在紧接本文之前的一句话中,布莱克斯通指出,"一个公司在它的运行体制中既不能实施不法,也不能被侵害",尽管是出于民事而不是刑事责任的目的;Blackstone, supra note 40, Vol. 1 at 464.

[43] 10 Co. at 32b, 77 E. R. at 976.

213;The Lord Berkley's case 245)。这一法人不受低能、自然人死亡和其他案件的影响。"

这份报告并没有提及法人不可能犯重罪或轻罪。它只表明了法人不可能叛国。然而,波洛克和梅特兰暗示对叛国罪和重罪的区分在英国法律史上渊源已久,叛国罪是典型的不忠的罪行。[44]"然而,不忠有着违背忠诚义务的特殊含义,而忠诚义务本身源于宣誓效忠的誓言。"[45]正如下一句话所说的那样,"由于一个看不见的个体既无法现身,也无法发誓,因此法人无法宣誓效忠"。既然法人无法宣誓效忠,那么他们就无法违背效忠的誓言。换言之,他们无法犯叛国罪。

这一解读足以表明,不管这段话是不是正式声明,它都是在讲叛国罪,而对法人刑事责任只字未提。但由于布莱克斯通误引的句子的其余部分以及随后的句子证实了上述解读,因此我们不妨对它们做一下研究。法人无法被"宣告非法"(outlawed),原因很简单:宣告非法是强迫一方出庭的诉讼手段;然而,由于法人无法"亲自出庭",而法庭又不能迫使他们做他们不可能做到的事,因此法庭无法强迫其出庭;最初,被告被要求亲自出庭;只有律师出庭是不够的。[46]

最后,由于法人明显没有灵魂,因此无法被"逐出教会"。但它们的无灵魂性和被逐出教会的可能性与它们是否应承担刑事责任无关,而只是会阻止它们被逐出教会。被逐出教会是教会法中的一种制裁形式,这种制裁形式与灵魂的存在或不存在以及是否有罪密切相关。[47]

在这种情况下提及教会法就很值得玩味了。教会法在基尔克关于法人拟制理论的历史的描述中也占有突出的位置。马尔布兰克和萨维尼认为法人刑事责任不可能存在并对其予以驳回,提及这一点时,就再次提到了法人拟制理论。在梅特兰之后,天主教会这种做法的根本目的是使自己免于承担刑事——或更确切地说——不法责任。早在教皇英诺森四世时期,教会就主张法人不同于构成法人的个体,原因在于个体可能会犯错和犯罪,而法人却无法这么做。教皇英诺森四世与布莱克顿(梅特兰称其为"现代法人理论之父"[48])处于同一时期,二者都处于13世纪。同时,法人本身只是一个无法犯错和犯罪的拟制实体。最初,根据基尔克和梅特兰的叙述,教会法学家认为教会是独立的,不仅区别于教会成员,而且区别于所有其他团体。随着时间的推

---

[44] See Pollock & Maitland, supra note 17, Vol. 2 at 502-04.
[45] 根据波洛克和梅特兰的说法,重罪最初也是指背叛忠诚,尽管随着时间的推移,这种意义变得模糊不清。造成这种情况的原因,也许是由于就罪刑的严重程度而言,重罪和轻罪之间区别的演变,也许是由于对罪刑严重程度性质特征认识的改变,因为叛国罪与违反效忠义务的联系更加明显;同上注。
[46] See, e.g., R. v. Birmingham and Gloucester Railway Co., 3 Q. B. 223, 114 E. R. 492 (1842); cf. Evans & Co. Ltd. v. London County Council, 3 K. B. 315 (1914)(法人在简易审判中的出现。例如,违警罪法庭)。
[47] See Cf. Blackstone, supra note 40, 465 (法人无灵魂意味着"也不应该被传唤到教会法庭")。
[48] See Pollock & Maitland, supra note 17, 494.

移,这种观点越来越难站得住脚,最终让位于认为法人为拟制实体的一般理论。正如给基尔克启发的梅特兰所说的下面这段话:

"教会是一个团体(universitas),而团体则是一个人(persona)。他们(教会法学家)还应该强调(就像13世纪的英诺森四世那样)所谓的人是一种虚拟人,但并非不自然。(由主教和教士或住持和僧侣组成的)有组织的团体不同于'教会';这种团体的意志可能并非教会的意志。为此,还必须补充一下,教会法学家所制定的法律不仅旨在就错误和犯罪行为进行惩罚、提出赔偿和惩罚措施,而且还关注罪恶和谴责(sinn anddamnation)。在他看来,唯有拟制的人(persona ficta)才无法犯罪,也无法被谴责。因此,团体不等于有组织的团体(organized group),而是一个虚拟的权利基础。这一理论认为法人既无法犯罪,也无法犯错,英诺森四世就是这么认为的;但他的学说不论在实践层面还是在理论层面都未得到承认。"[49]

这一段话内涵极其丰富,也揭示了法人所谓的不可惩罚性与在萨顿医院案例中顺便提及的其不可被驱逐出教会的特性之间的联系:刑罚与非难、罪行与罪恶以及犯罪意图与邪恶之间的联系。梅特兰指出,从教会法的角度来看,否认法人刑事责任是说得通的,原因在于教会法没有对罪恶与罪行进行分类,教会法关注罪恶而非罪行,谴责(或救赎,具体视情况而定)而非刑罚。从某种程度上说,英国的犯罪概念基于教会法中的犯罪的概念,其以犯罪意图作为罪恶的标志,如此一来,否认法人刑事责任就完全讲得通了。英国刑法中所谓的"犯罪意图要求"(其本身是以拉丁文形式"actus non facitreum, nisi mens sit rea"出现的)往往可追溯到教会法。[50] 因此,在英国刑法中,法人刑事责任的历史不仅包括有关法人的各种概念的历史,而且还包括犯罪意图的演变。这一演变引起了人们的广泛关注。比如,萨顿医院案、圣克拉拉县诉南太平洋铁路公司案[51](萨维尼和基尔克的研究以及由莫顿·霍维茨记录的[52]),引发了大致同时代的美国的争论。

归根结底,就像德国法律那样,英国法律中关于法人刑事责任的各种说法和立场都与英国法律中的犯罪意图的历史有关。这段历史本身反映了刑事领域两种治理模式之间的根本矛盾。这两种模式分别为:警察和刑法。其中,前者旨在维护主权(某些主权)和平,而后者旨在保护人的权利。借用梅特兰的话说,它们是"承担权利和责任的单位"[53];尽管可以通过当代英国和德国刑法以及它们的整个历史来了解这些概

---

[49] Ibid., at 502, 494.["我们现在(13世纪)开始聆听教义(所有英国法律人都知道这是一个粗俗的版本),团体既不能在当下这个世界受到处罚,下一个也不能,因为它没有灵魂和肉体可以谴责。"]

[50] See Francis Bowes Sayre, "Mens Rea", *Harvard Law Review*, Vol. 45, 1932, p. 974; Albert Levitt, "The Origin of the Doctrine of Mens Rea", *IIlnois Law Review*, Vol. 17, 1922-1923, p. 117.

[51] 118 U. S. 394 (1886).

[52] See Morton J. Horwitz, "Santa Clara Revisited: The Development of Corporate Theory", *West Virginia Law Review*, Vol. 88, 1986, p. 173.

[53] Maitland, supra note 9, 307.

念,但在具体方面这些概念仍然存在着重要的差异。在启蒙运动时期,对国家权力进行批判时,首次较为清晰地阐明了上述差异,因为启蒙运动时期人们认为,人具有独立于社会且能够自治的独特特征。刑法作为一种法律,致力于解决有关国家权力行使的矛盾。唯有当这种国家权力既可以彰显人的自主权,同时又通过刑罚从根本上干涉这种自主权时,这种权力才会被合法化。

英国的政治和法律史并没有以如此鲜明和特定的历史术语对警察和法律进行对比。启蒙思想与批判以及英国政治与法律史之间的关系,与法治国家与法治之间的关系一样复杂,一样存在争议。可以说,在英国的政治和法律话语体系中,还尚未出现一种以权利为基础而非以和平为基础的刑罚解释,直到今天,犯罪仍然被定义为对主权和平的侵犯。[54] 然而,在英国和其他地方,这样的解释可追溯到教会法对个人罪恶和拯救的思考,但这并非意味着由此提出了一种将犯罪视为对他人的权利甚或利益的侵犯的不同的个性化的犯罪概念。不过,从此,犯罪不再仅被定义为犯罪者对主权和平的威胁,个人罪责亦被考虑在内。[55]

在对德国法和英美法中的法人刑事责任历史进行比较分析(第三节)时,我们还会回顾这一点。但首先我们必须捋清英国方面的脉络。在19世纪工业化和铁路出现之前,除了上述萨顿医院案外,英国法律不承认法人刑事责任。有其他证据可证明这一点,这一证据是一句说不清道不明的注释。这一注释与1701年的一件霍尔特匿名案件有关。其他人曾指出这句话可能记述有误。否则,鉴于当时普遍存在的对法人进行刑事起诉的实践,它应该会被广泛引用。[56]

尽管在对教堂的法人性质有所反思的背景下,偶尔会有法人不可能犯叛国罪或犯罪的言论,但传统的观点是基于布莱克斯通对长达数百年的普遍法人刑事责任实践的误释而形成的。尽管如此,这种释义并不意味着法人刑事责任就此获得了承认。直到19世纪的社会变革时期,法人刑事责任才获得普遍认同。当时正处于我们所熟悉的工业革命时期。受到机车以及动力更加强劲的蒸汽机的驱动,工业革命席卷了英国(和美国)的乡村,与此同时也留下了死亡、毁灭和瓦解。长期以来,人们一直断然否认法人刑事责任。但随着法人影响的爆炸式增长,人们的观念发生了转变,认为法人刑事责任必然存在。原则让位于现实,权利让位于需要,逻辑让位于政策。然后,所需讨论的就只剩理论细节了,人们不再质疑其是否存在,也不再对此予以断然否认。接下

---

[54] See Dubber, supra note 39.
[55] 根据英国法律史上臭名昭著的"宽松"(再次引用梅特兰的说法)的犯罪意图概念,个人罪责的概念大门可能,但也并非必要地被打开了。试图以历史为依据对犯罪意图进行的解释,可参见 J. W. C. Turner, "The Mental Element in Crimes at Common Law", *Cambridge Law Journal*, Vol. 6, 1936, p. 32; Jeremy Horder, "Two Histories and Four Hidden Principles of Mens Rea", *Law Quarterly Review*, Vol. 113, 1997, p. 95。
[56] 12 Mod. 559 (1701) (整体上来说:"一个法人不可被起诉,但其特定成员可被追诉。")。有关讨论参见, e.g., Frederic P. Lee, "Corporate Criminal Liability", *Columbia Law Review*, Vol. 28, 1928, p. 4。

来，他们要弄清楚的就是它是以何种形式存在的。

英国刑法中的犯罪意图也是如此。从前面讨论的萨顿医院的案例中可以看出，犯罪意图和法人刑事责任之间存在历史性联系。事实上，如上所述，德国罪责原则的历史与法人刑事责任的历史同样紧密相连。特别是在第二次世界大战后更是如此。[57] 事实上，随着工业革命的到来，"非具本人罪过的行为不使人有罪"（actus non facitreum, nisi mens sit rea）这一原则也不再适用了。无论是否为法人，大城市现代经济和社会生活都面临着新的和更大的危险，这与前现代农村的古雅的、可能更安全的家庭生活相差甚远，因此推动社会进步的人不得不提高警惕。不履行注意义务的人就会受到刑事制裁。为了鼓励人们提高警惕，刑事制裁的适用也相对慎重。然而，考虑到潜在危害的严重性和受影响的活动的范围，如果有人要坚持诸如犯罪意图要求等过时的原则，这种新的监管体系就不可能有效。因此，人们摈弃了犯罪意图要件，同时也摈弃了几百年来对法人刑事责任的断然否认。大体情况便是如此。

此外，值得注意的是，被摈弃的原则曾经就算未被普遍接受，也是存在过的，而人们也将这一原则视为是理所当然的。然而，正如我们明确声明刑事责任是站不住脚的那样，相较于人们普遍认同的正统的解释，"非具本人罪过的行为不使人有罪"的原则也越来越站不住脚了。快速地回顾一下英国的法律史就不难发现，没有犯罪意图作依据的刑事责任与法人刑事责任一样都是站不住脚的。例如，所谓的法定犯罪不受犯罪意图要求的约束，这一点仅适用于不成文法，即司法惯例而非法定条文。议会可以根据自己的意愿自由地设置不需犯罪意图为要件的犯罪，法院的职权仅限于查明立法意图。故而犯罪意图已经没落为法定解释的工具，是一个推定而非原则。[58]

以重婚为例，重婚是一种典型的"严格责任"（即无犯罪意图）犯罪，早在1603年就被定为重罪。布莱克斯通将重婚列为"危害公共卫生、公共治安或经济的罪行"，并解释说"立法机关认为鉴于重婚严重违反了公共经济和良好的国家秩序，因此将其定为重罪是公平的"[59]。因此，他强调公共治理即警察治理。更值得一提的是，早在1889年，在著名的托尔森案（R. v. Tolson）中，布莱克斯通在一个世纪前提出的所谓的"绝对要求犯罪意图"的意义和来源就受到了司法审视。[60] 引用下詹姆斯·菲茨詹姆斯·斯蒂芬的观点（其他部分也经常被引用和引述）：像大多数法律相关的拉丁术语一样，我觉得犯罪意图这一术语意义太小了，没有多大的实用价值。事实上，它更像是

---

[57] 参见注释[25][26]对应内容。

[58] 同样的限制也适用于英国刑法的另一个铁定原则——行为要求。例如，事实证明，持有犯罪并没有违反犯罪行为的要求，因为它们是法定犯罪，而并非普通法上的犯罪。See Markus D. Dubber, "Policing Possession: The War on Crime and the End of Criminal Law", *Journal of Criminal Law and Criminology*, Vol. 91, 2001, pp. 915-916.

[59] Blackstone, supra note 40, vol. 4 163 (1769).

[60] 出于某种原因，布莱克斯通没有引用拉丁语，而是满足于用英语来表达这一原则："要构成违反人类法律的犯罪，首先必须有一个邪恶的意志；其次，基于这种恶意实施的非法行为。"; ibid., 21.

一篇论文的标题,而非一条实用的规则。我曾试图查明它的起源,然而却没有查到。[61]

就法定犯罪而言,犯罪意图要求不再是一条原则,而仅是一个推定,至多做法定解释用,用以对定罪时需要犯罪意图的立法意图进行可予驳回的推定。只要意图明确,议会大可以忽略犯罪意图要求。

当然,还有一个问题就是假定犯罪意图的范围已经弄清楚了,那么"犯罪意图"到底意味着什么呢?事实上,在托尔森案中,斯蒂芬的观点主要强调犯罪意图准则所不具备的含义,不再具备的含义,或不可能具备的含义,但正如许多例子所示的那样,这一准则在某种程度上确实有某种含义。斯蒂芬认为这些例子相互有出入,其用法也最终被混淆了。在斯蒂芬看来,犯罪意图不过反映了一种普遍的性格缺陷、恶意、邪恶和卑鄙。正是由于这些犯罪者才会被处以刑罚。然而,正是由于道德与罪过之间的这种联系,教会法才提出了犯罪意图的概念。正如梅特兰所说,教会法"不仅旨在就错误和犯罪行为进行处罚、提出赔偿和惩罚措施,还关注罪恶和谴责",即宗教层面和世俗层面的罪责。[62]

英国法关于犯罪意图的历史和理论花哨又冗长,在此就不做深究了。只需说明的是,我们很难准确地理解随着工业革命的到来,所谓的对犯罪意图原则的摒弃意味着什么。毕竟,这一原则既没有站得住脚的依据,其范围也不全面,也无法用作定义。它与假定的法人刑事责任不存在的原则拥有共同的特征,可以说,这一假定原则仅适用于对法人刑事责任予以否认的情况。"犯罪意图准则"(斯蒂芬并不视其为一项"原则")和对法人刑事责任的否认还有以下两个特点:尽管有不同的解释,但毋庸置疑的是在19世纪初它们就获得了认可,被奉为教条,而且和其他正当的教条一样,被翻译成"拉丁教条"。再次引用一下史蒂芬的名言:"非基本人罪过的行为不使人有罪"以及"法人不可能犯罪"(societas delinquere non potest)。也许自19世纪以来最显著的变化是,尽管(法定)严格责任犯罪激增,但只有前一条准则在英国法律中得以保存下来。不过,且勿论历史上如何,后一条准则仍然活跃于德国法律中,并与德国版本的"犯罪意图准则"(德文为 Schuldprinzip,拉丁语为 nulla poena sine cupa)得以共存。[63]

最后,可能由于工业革命的影响,19世纪,由来已久的行使刑罚权力的方法得以持续适用,而人们亦没有彻底背离被奉为圭臬的原则。因此,19世纪,包括重婚在内的"新"的法定犯仍被列为"危害公共健康、公共治安或经济罪"。布莱克斯通在《英国法释义》中把其中一些罪行进行了归类。他并未对犯罪者的"犯罪意图"或者他们的行为给予过多关注。他所言的罪行包括部分重罪和部分轻罪,比如重婚、滋扰行为、秘密婚

---

[61] R v. Tolson 16 Cox C. C. 629, 644 (1889) (Stephen J.).
[62] See Pollock & Maitland, supra note 17, vol. 2 p. 502.
[63] See, e.g., Klaus Günther, Nulla poena sine culpa and Corporate Personhood(未出版的手稿,2013)。

姻、懒职怠职(尤其是"懒职怠职的士兵和水手")、"假冒域外埃及人或吉普赛人""怪异的埃及人或吉普赛人"赌博、偷猎等。[64] 这里的重点不是这些违警罪不需要或无法要求"犯罪意图"(不管其定义如何),而是不论它们是否这么要求,都没有什么意义。

警察以维护主权的和平、主权及其权威和尊严为己任。从警察的角度来看,不管犯罪是否是以某种结合了"犯罪意图"的行为进行的,也不论是否只有犯罪意图而无任何行为[就像典型的叛国案件一样,叛国仅仅是通过"想象"君主的死亡而进行的(叛国法令1351——是另一项法令)][65],或者无论什么样态的行为都不存在(不做任何事情,例如懒职怠职),或者仅仅冒充某种人(例如冒充流浪者、吉普赛人等),或者仅存在非行为(持有)[66],都无关紧要。

从同样的角度来看,无论犯罪者是自然人还是拟制的人、个人抑或团体、还是仅仅是一群人,都没有什么区别。同样,无论对主权国家的和平以及对主权本身的威胁是来自即将到来的洪水、得了狂犬病的狗还是他人的拒不服从(来源于藐视的定义[67]),都没有什么区别。那么,在英国刑罚的安全治理模式(peace-police model of Englich penalty)中,没有任何东西会干扰主权国家的治安权。不论威胁的性质如何,警察拥有消除威胁、寻求和平的权利。从警察的角度来看,个人威胁可能和法人威胁是一样的。一方面,这意味着对法人刑事责任予以承认没有任何障碍(假设刑事权力是用于识别和消除威胁的)。另一方面,以自然人的形式存在的威胁在性质上与法人所造成的威胁没有任何区别。真正重要的不是犯罪者的权利、职责或自主能力,而是其危险程度(拒不服从、卑鄙、不忠诚和恶意)。法人及个人均不被视为"权利和义务承担单位"[68];无论是法人人格还是个人人格都是离题的。

对法人而非个人进行监管,或者说对二者进行监管,可能是为了谨慎或效率起见。作为一种中间性质的规范手段,对法人进行监管可能是一条捷径,执行起来更为方便。事实上,根据人们熟悉的对阴谋行为进行惩罚的理由,相较于其个体成员,法人所构成的威胁更大。然而,这些理由与法人的人格属性无关。法人被授予纪律惩戒权,那么法人行使纪律惩戒权时,也受到纪律规范审查的约束。就像国家主权机构只是作为宏观掌控者进行审查,行使微观掌控者只会在不称职(越权)领域进行审查。这种监管最初是独创性的,但随着权力的集中,演变成了授权性质的监管。

在下一节中,我们将对德国和英国的法人刑事责任历史进行比较分析,这种比较分析着重突出这两段明显不同的历史之间的相似性。在此之前,我们不妨先看一下英

---

[64] See Blackstone, supra note 40, vol. 4 at ch. 8; 讨论情况详见 Dubber, supra note 2。
[65] 25 Edw. 3 stat. 5 c. 2.
[66] See Dubber, supra note 58, 829; Andrew Ashworth, "The Unfairness of Risk-Based Possession Offences", *Criminal Law and Philosophy*, Vol. 5, 2011, p. 237.
[67] See, e.g., N. Y. Penal Law § 251-50.
[68] Maitland, supra note 9, 307.

国法律中法人刑事责任的扩张过程中的一个有趣特征。自从法人不能犯罪的教义被打破,法人刑事责任就以颠簸的状态进入英美法,从例外到原则,从边缘到核心,从现在到过去。

传统刑法将犯罪定义为故意侵害他人权益或者利益;从史学层面讲,犯罪最初就是这么定义的,但随着时间的推移,其范围从核心拓展到外围,不再限于界定特征,而是从作为(commission)延伸到不作为(omission),从犯罪意图延伸到严格责任以及从针对个人的犯罪延伸到公共福利犯罪。相比之下,典型的法人刑事犯罪则是一种因不作为而引起的严格责任公共福利性犯罪。其演变历史与犯罪相反,最初,唯有严格责任公共福利性犯罪(如未提交所需文件)被列为法人刑事犯罪,随后,故意的针对个人的犯罪(包括谋杀)亦被列为法人刑事犯罪。在法人刑事责任自成一格的体系中,不作为不是一种棘手的问题(作为的例外),而是一种优点(不必再费力解释法人行为),犯罪意图的缺失亦不是问题(要求犯罪意图的是特例),而是一种优点(不必再费力解释法人意图)。对没有对特定的人造成伤害甚至威胁的行为的犯罪化处理也不是问题(刑法的特殊部分的延伸),而是一种优点(标志着现代性,是一种进步。对公益的保护不再让位于自私的对个人权利的保护)。

法人刑事责任使得例外情况成为一种规则。在一些支持者看来,其标志着一种崭新的开始,一种新的范式的兴起。过时的准则不再阻碍法律进步,这意味着国家可以追求公共利益,而不再受那些仅仅是一种传统而实际没有任何根基的因素的约束,那些限制已经过时了,它们与现代的合法性理论没有明显的联系。现代社会是由团体和法人组成的,而非是由单个个体组成的,其衡量标准是作为义务,而不仅仅是禁令。在追求公益的伟大目标的过程中,它没有死板地坚持诸如"恶意"之类的并没有充足积极意义的形而上学的东西。[69]

这一模式到底是新的,还是不过是一种我们熟悉的基本的用一种政体("人民")取代另一种政体(家长和国王)的治理模式的延续呢?这个问题确实不好回答。人们可以对许多或者说全部政治和法律模式的转变抛出这个问题,包括美国革命。美国人认为尽管美国革命缔造了一个新世界,但这一新世界很快就让位给某种刑罚治理体系了,而这种刑罚治理体系即便没有在意识形态上,也在事实上与其意图取代的体系日益趋同。[70]

---

[69] See Francis Bowes Sayre, "Public Welfare Offenses", *Columbia Law Review*, Vol. 33, 1933, p. 55.
[70] 关于行使刑罚权方面的问题,see Markus D. Dubber, "'An Extraordnarily Beautiful Document': Jefferson's Bill for Proportioning Crimes and Punishments and the Challenge of Republican Punishment", in: Markus D. Dubber & Lindsay Farmer(eds.), *Modern Histories of Crime and Punishment*, Stanford University Press, 2007, p. 115。

三、法人刑事责任的相对共性

在德国和英美法中,有关法人刑事责任的历史不止这些。不过,就到此为止吧。现在是时候对这些比较分析总结一下了。

法人刑事责任的历史和理论至少在两个方面具有显著和明显的可比较性,因此,不妨采用比较法来对其进行研究,以便较好地达到研究目的。首先,梅特兰和基尔克有关法人历史的研究之间有着非常紧密的联系,这种联系构成了法人刑事责任历史的基础,并被用于检验罗马教会拟制理论和德英实体理论之间是否存在对立态势。在两位学者看来,正是这种对立态势推动着法人历史的发展。梅特兰对于英国法中法人历史的研究被运用到了比较法研究之中。他对这段历史的深刻的描述与基尔克对德国法律中法人的历史的描述几乎如出一辙,二者只有细微的区别,或者说只在形式上有所区别。其中最显著的区别关乎英国有关信托的概念。在梅特兰看来,由于德国律师对法人概念的解读与英国律师对信托概念的解读是一致的,因此就无须再强调信托这一概念了。[71] 尽管信托的概念看似有意义,但它却并不能揭示法人作为独立的"权利和义务承担单位"的实质。基尔克可以通过德国法律追溯这一实质性概念的起源和演变,而梅特兰则试图将其起源和演变记入英国法律史。然而,正如基尔克所记载的那样,借鉴德国法律的英国法律揭示了这一概念的实质、意义和演变。[72]

其次,第二次世界大战后德国被占领期间,法人刑事责任问题尤为突出,当时,由于英美刑法和德国刑法相互影响,因此在一小段时间内所适用的刑法为比较刑法学。在适用比较刑法的这一时期,德国法院和评论员不得不努力搞清楚英美法系的法律概念,反之亦然。[73] Adolf Schönke 曾于 1948 年对英美刑法进行了简短而翔实的总结。他在总结中指出,法人刑事责任是英美法中的一个"特例"。[74] 有趣且不足为奇的是,Schönke 还引用了我们现在熟知的公认的观点,即由于像德国法律一样,英国法律不承认法人刑事责任,因此,英国法律在这方面本来没有什么例外,但随着工业革命的到来,它渐渐承认法人刑事责任了。一篇对法人刑事责任进行比较的文章也重申了同样的观点。这篇文章发表于 1952 年,由汉斯·海因里希·耶赛克撰写,耶赛克是

---

[71] See Maitland, supra note 8.

[72] 梅特兰对法人历史的描述,也就是对法人刑事责任的描述,越来越像基尔克的描述,以至于他重新命名了《英国法的历史》一书中关于"公司和教堂"的一章,这是第二版和第一版之间为数不多的不同之处:"对基尔克博士的巨著 'Das deutsche Genossenschaftsrecht, Berlin, 1868-81' 的反复阅读,引起了这一部分许多变化,这一部分第一版的标题是'拟制人'(Fictitious Persons)。" See Pollock & Maitland, supra note 17, at 486 n.1; see also Preface to the 2d ed., id. at v.

[73] See, e.g., Adolf Schönke, Materialien zum englisch-amerikanischen Strafrecht, Deutsche Rechtszeitung 4, 1948. ("占领德国需要彻底研究和考虑外国法律。")

[74] Ibid., at 8.

Schönke 的继任者,并担任坐落于德国弗莱堡的马克斯普朗克外国与国际刑法研究所的所长。1953 年,颇具影响力的两年一次的德国法学家大会(Deutscher Juristentag)举行,该会议重新审议了法人刑事责任。[75] 在这次会议上所做的报告迄今为止仍被引用,这些报告反映了有关法人刑事责任的比较研究背景(和德国被占领的背景),如前所述[76],也触及了德国刑法的核心。同时该报告也使得比较分析在当时颇受欢迎。对德国刑法和占领者的刑法所进行的比较分析不仅反映了二者之间谁更为优越,而且肯定了纳粹时期德国刑法和德国刑法学对原则的坚守。因此,法人刑事责任再次成为一块试金石:否认法人刑事责任暗含对原则、科学和真理的坚守,而对其予以承认则就具有相反的含义了。

本文并非从特定的国内视角而是从更广的视角来进行比较分析的。本文同时试图通过一个国家中与这一主题有关的历史来研究另一个国家中与这一主题有关的历史,从而把两段历史讲明白。在德国法和英美法中,法人刑事责任的发展历史轨迹迥然不同,或者更确切地说,尽管二者所选择的道路是相同的,但方向却是相反的,仅在 19 世纪有交叉。据人们所知,在德国,在启蒙运动之前就存在法人刑事责任,但从那以后就销声匿迹了(德国从未有过法人刑事责任这样的激进的历史观点姑且不论)。相比之下,在英国,19 世纪前,并不存在法人刑事责任,但 19 世纪后,法人刑事责任就被频繁适用了。

然而,通过比较、更广的分析视角可发现两段历史并非是全然不同的,截然相反的是,两者存在相似之处。尽管 Schönke 和耶赛克并非对法律史特别感兴趣,但两人仍然注意到了这两段历史之间的相似之处,并基于正统英美法律史(standard Anglo-American texts)提出了这样的主张:在 19 世纪之前,英国和德国法律都拒绝承认法人刑事责任,直到工业革命爆发后,这一状况才发生转变。然而,如基尔克(和梅特兰)所记载的那样,早在 13 世纪英国和德国法律就普遍承认法人刑事责任了,尽管偶尔会有不同的说法。而 Schönke 和耶赛克的主张却忽略了这一点。Schönke 和耶赛克提出:为什么英国法律(以及美国法律)会放弃这一原则性立场,而德国法律却会坚持这一立场?即使在工业革命、两次世界大战和纳粹政权期间亦是如此?因此,从德国的角度来看,Schönke 和耶赛克的主张仍具有一定意义。

当然,梅特兰也注意到了英国法和德国法的相似之处,这些相似点足以证明将基尔克对德国法人刑事责任法律史的描述(用以检验有关法人的不同理论)应用于英国法是合理的。从专业法律史的角度来看,这么做可能有问题。然而,从更广的角度来看,梅特兰的叙述之所以具有吸引力,不仅是因为他纯粹是在比较,不带任何成见或自私的想法,也不仅是他认为在两段历史历经长期的相似之后不会突然出现无法调和的

---

[75] Vgl. Jescheck, supra note 20, at 221(拟制理论)。
[76] 参见注释[25][26]对应内容。

分歧,还因为他从更抽象的层面进行了历史研究和比较研究,其研究更有意义。

梅特兰所感兴趣的是法人(或其他任何称谓)在政治和法律史上所扮演的类似角色。总之,梅特兰关注"公法"的历史,他旨在揭示法人理论在国家理论中的重要性[77],而非强调有关法人的两种概念中哪一种更为优越或者更为普适(相比之下,基尔克的德国学者式的研究与此更为接近)。

基尔克对法人理论的思考是以罗马法学者和德国法学者在有关法律的概念方面的冲突为背景的。法人是一个真正的实体,而非拟制实体——这一概念可能是本土德国学者而非外来罗马学者对德国法律最具特色和最重要的贡献了,因此意义重大。对基尔克来说,由于法人刑事责任问题可反映是否受到了罗马或德国元素的影响——有法人刑事责任一说就表明受到了德国元素的影响,否则则表明受到了罗马元素的影响,因此这一问题也颇具意义。

总之,基尔克和梅特兰所感兴趣的是法人的性质,正是因为这一点,他们才对法人的责任性质展开研究。刑事责任可证明法人具备人格属性,或者说可有力地证明法人具有"真实"的人格,但法人的这种人格属性还可以通过其他方式加以证明。在基尔克看来,根据犯罪理论,承认法人具有侵权行为能力(狭义上的犯罪能力)却否认其具有犯罪能力的法人概念也可以看作是受到了德国法学者有关法人的概念的影响。[78]

撇开德国影响和罗马影响之间的矛盾不谈,暂且将焦点转移到法人刑事责任上来,如果将法人刑事责任视为刑法问题,而不是公司法问题,那么就会出现另一种潜在的矛盾——警察和法律之间的矛盾,特别是刑事警察和刑法之间的矛盾。前文曾数次提到这种矛盾,下面的结论部分会着重探讨这种矛盾。

四、结论:法人刑事责任与法治

正如德国元素和罗马元素之间是有区别的,作为两种不同的治理模式,警察和法律之间也是有区别的。正是因为这种区别,二者之间也存在着基本的矛盾,这些矛盾由来已久,其矛盾根源并非社会层面或国家层面的矛盾,而是权力概念的差异。这些权力概念可追溯到西方治理思想和实践的起源。[79] 当时的基本思想是自治与他治之间存在根本区别。最初的家庭治理与公共治理的区别就体现了这种区别。"私人"家庭领域就属于典型的他治,这种他治模式反映了统治者(户主)与被统治者(家庭成员)或治理主体与治理对象之间的绝对区别。相比之下,城市的"公共"领域则属于自

---

[77] Maitland, supra note 8;"然后,我们将理解一个国家的法人理论对社会、政治、宗教的重要性。"

[78] Vgl. Otto Gierke, Die Genossenschaftstheorie und die Deutsche Rechtsprechung, weidmann, 1887, s. 743.

[79] 关于各种制度和治理领域中的警察概念,see Markus D. Dubber & Mariana Valverde, supra note 15; Martin Loughlin, *Foundations of Public Law*, Oxford University Press, 2010, pt. V; Marc Neocleous, *The Fabrication of Social Order: A Critical Theory of Police Power*, Pluto Press, 2000.

治,通过身份来区分统治者和被统治者。唯有那些在他治私有领域拥有户主地位的人才有资格参与公共自治领域,自治意味着他治。由于户主具有他治能力,因此他就具有自治能力。家庭成员只能接受户主的管理,而不能管理他们自己或其他人。

在启蒙运动前,几千年来,人们从未对自治与他治以及公共治理和家庭治理之间的区别提出过任何质疑。到了启蒙运动时期,人们开始发现不仅拥有不寻常的(罕见的、较高的)社会地位的人拥有自治能力,其他人也拥有这种能力。既然所有人都拥有自治能力,那么被统治者就不再乐意受唯一的权力主体及户主的统治了。那么,一些人对其他人行使权力的行为是否合法就成了问题了,而这种合法性则是通过"自治"来衡量的。

在政治领域,通过自治实现合法化的新要求以一种内涵丰富的新范式呈现,德国人称这种新范式为"Rechtsstaat"(法治国),英美则称之为"rule of law"(法治)。这一范式源于家长统治下的最后的也是最为雄心勃勃的他治模式,即仁慈王子的警察国家,这位仁慈的王子称自己为以绝对的自由裁量权(谨慎地)统治人类家庭资源的仆人。他所谓的家庭包括整个国家,而他自己就是他的子民的家长。

刑事警察和刑法体现了刑事领域的警察和法律模式。从刑事警察的角度来看,犯罪是对一国之主和共和国人民的冒犯。君主享有广泛的自由裁量权,以维护其自身(或国家)的安宁以及其家庭的安宁。

在刑法中,犯罪是指一个人对另一个人的人格的侵犯。前者即犯罪者,而后者则为受害者。人格即自治能力。犯罪是指一个人对有悖另一个人的人格自治的事情行使这种自治能力。

在此,仅对这一区别作了简单描述,这一简单描述也表明刑事警察很容易承认法人刑事责任。既然犯罪者的人格不是惩罚的先决条件,那么法人的人格属性就无关紧要了。从刑事警察的角度来看,问题不在于对法人行使刑罚权力是否合法,而在于这种做法是否谨慎或有效。由于与其他地方一样,对有关警察的权力的限制的认知与警察的主权性质不一致,因此无论存在什么限制,这些限制都源于其自身,都属于自我监管性质。对法人进行监管,而不是对国家中的个体成员进行监管,这一做法可能比较明智。原因可能在于承认法人责任后,就不必再区分团体中各个成员所需承担的责任了,也可能在于唯有团体而非个人才会对和平构成重大威胁,也可能是由于其他种种原因,但这些原因皆与法人的人格无关。概括地讲就是,中央政府可以简单地将其维和职能委托给法人,然后对法人未能对其成员进行监督的行为进行监管。(见中世纪英国法律中公共和平约定的用法。[80])

与谨慎性原则(prudence)相反,法人刑事责任的合法性仅能从刑法角度来探讨。在刑法模式中,鉴于犯罪人和被害人的抽象身份,在确定法人是犯罪者还是受害者之

---

[80] See Dubber, supra note 39.

前，必须先确定其是否具有人格。值得注意的是，在这种情况下，在讨论法人刑事责任时，很少会提及法人的犯罪者身份与受害人身份之间的联系，而是将讨论重点几乎完全集中于法人的犯罪能力上。相比之下，作为另一种有可能具备人格的对象，动物几乎完全是以潜在的受害者身份被纳入刑法的话语体系的。问题的关键在于动物是否可被认定为刑事受害者（尤其是脱离其所有者直接拥有其他权利），而不是是否可被认定为刑事犯罪者。[81] 学术上有很多有关法人权利的讨论，包括平等保护权和言论自由权，美国宪法更是如此。然而，这些权利是否会受到刑事侵犯这一问题并没有引起太多关注。无论是《美国法典》第18编第242条等刑事民权法案，还是有关犯罪的笼统描述中，都没有对此给予太多关注。在其他情况下，特别是在欺诈等经济犯罪领域，法人往往会被假定具备受害人身份。例如，一名雇员会直接通过给法人雇主造成经济损失或者不忠诚行为（如众所周知的美国联邦"诚实服务"欺诈法所言）对法人雇主实施刑事欺诈。[82]

相较于英国法律，在德国和美国（以及法国[83]）的法律中，警察和法律的区别更为明显。德国的法律和政治历史是围绕着"警察"（Polizei）和"法律"（Recht）以及"警察国家"（Polizeistaat）和"法治国"的区别而展开的。随着时间的推移，由于"法治国"拥护者的批判，"警察国家"被赋予了消极的内涵，演变成了"福利国家"（Wohlfahrtsstaat）。从另一个角度来看，社会法治国（sozialer Rechtsstaat）试图通过对"警察"和"法律"进行定义或贴标签来缓和二者之间的矛盾。在法律理论领域也有同样的尝试。但在那个从表面看与警察法（其本身演变为了行政法，行政刑法是其分支）矛盾的政治意识形态领域却并非如此。[84]

不妨从警察和法律的区别出发，来看一下美国的法律和政治体系。毕竟革命的花言巧语（revolutionary rhetoric）也必须通过一种法律制度，而非人——或更确切地说国王得以表达。正如托马斯·潘恩在《常识》中所言："在美国，法律是至高无上的。因为在专制政府中，国王是至高无上的，因此，在自由国家，法律应该是至高无上的。"[85]然而，7年前，布莱克斯通就将警察权定义为至高无上的权力，也就是"pater patriae"。诸如"王国应有的监管和对其秩序的维护：国家的子民就像一个和睦的家庭中的家庭成员那样，要合乎规矩，与邻里友好相处，有良好的教养，举止得体，勤恳耕耘，不做害人

---

[81] See Jen Girgen, "The Historical and Contemporary Prosecution and Punishment of Animals", *Animal Law*, Vol. 9, 2003, p. 97; Markus D. Dubber, *Victims in the War on Crime: the Use and Abuse of Victims' Rights*, New York University Press, 2006, pp. 40-45 (dog criminal law); see also Liszt, supra note 10, at §27.

[82] 18 U.S.C. §1346（基于其他理由，在Skilling v. United States 一案中受到限制）。

[83] See, e.g., Paoli Napoli, Naissance De La Police Moderne: Pouvoirs, Normes, Société, La Découverte, 2003.

[84] See Dubber, supra note 39.

[85] Thomas Paine, Common Sense 46 (1776).

之事"[86]这样的话依然活跃于新世界。在美洲大陆,警察权行使活跃,而且很快就以出奇的不确定性、灵活性和范围而闻名,是包括刑事权力在内的国家最高的和最不可限制的权力最直接的体现。[87]

尽管布莱克斯通在《英国法释义》中关注警察权和各种"危害公共卫生和公共治安或经济的罪行"——"违反公共经济和良好秩序"[88],英国法律和政治话语体系却普遍抵触有关警察的概念。就像国家或公法一样,这一概念与法国法律和政府有关。直到20世纪,这一概念才获得承认,因此英国国家和公法历史的发展不免受到了阻碍,更不用说与之相关的理论了。[89] 因此,梅特兰才曾为同一目的试图挖掘法人概念:通过发明词汇甚至是借鉴"外来"概念或外来理论和历史,描述治理形式,而非对其加以模糊,从而使其与他眼中英国有关治理形式的历史达成妥协。[90] 例如,基尔克笔下的"合作社"(Genossenschaft)或布莱克斯通(以及亚当·史密斯和杰里米·边沁)所谓的法国的警察概念。

尽管英国人不愿意使用"警察"一词,但"家庭治理"的概念却贯穿于英国所有的法律和政治历史,尤其是英国的刑罚史,而所用的措辞往往不是警察而是和平:从中世纪的和平约定"维护和平和确保良好行为"的保证、对(皇家)和平的维护,到"和平、秩序和有作为的政府"[91](有关警察的一系列奇怪的同义词)等综合的殖民地宪法用语以及就违反国王的和平的行为而进行的刑事起诉。[92] 然而,所谓的和平即某个个体的和平,更确切地说是,某些户主的和平。[93] 因此,从这个角度来看,英国的法律和政治历史似乎是由维护整个皇室的和平到维护整个国家的和平的历史,和平的范围逐渐延伸到整个王国的和平,从维护一些大小家族的和平到维护微型家庭——即被授予皇室权力的场所(起码从理论上来说,要受越权审查)的和平。

法律与警察之间的关系反映了自治与他治之间的关系。启蒙运动时期,人们开始意识到所有人都拥有自治能力,由于人们的觉醒,上述关系开始受到质疑,长期以来人

---

[86] Blackstone, supra note 40, vol. 4 162.
[87] See, e.g., Dubber, supra note 2; William J. Novak, *The People's Welfare: Law and Regulation in Nineteenth-Century America*, Chapel Hill: University of North Carolina Press, 1996; Christopher Tomlins, *Law Labor, and Ideology in the Early American Republic*, Cambridge University Press, 1993.
[88] See Blackstone, supra note[86], Vol. 4 163.
[89] See Martin Loughlin, "Why the History of English Administrative Law Is not Written", in: David Dyzenhaus, Murray Hunt, Grant Huscroft (eds.), *A Simple Common Lawyer: Essays in Honour of Michael Taggart*, Hart Publishing, 2009, p.151.
[90] 关于史密斯和边沁的警察概念,see Dubber, supra note 2, at ch. 3 (2005)。
[91] See Mariana Valverde, "Peace, Order, and Good Government: Poicelike Powes in Postcolonial Perspective", in: Markus D. Dubber & Mariana Valverde, supra note 15, 73; see also Loughlin, supra note 79, pt. V.
[92] See Dubber, supra note 39.
[93] See Pollock & Maitland, supra note 17, Vol. 2, 454.

们熟知的统治者与被统治者之间的区别也随之消除。在后现代启蒙时代,法律与警察之间仍然存在着矛盾和范式冲突,这种矛盾在刑罚领域尤为突出,在刑罚领域,刑法与刑事警察尽管同时存在,却矛盾重重。

就法人刑事责任所进行的比较史学和理论研究也揭示了这种基本矛盾。其中一种比较研究对德国和英美法进行了鲜明的对比。在德国,在启蒙运动时期,人们不仅从法律的角度对刑事警察(和普通警察)予以批判,并通过肯定法律的合法性和警察的非合法性消除了警察与法律之间的矛盾。自启蒙运动以来,"法治国"理念拥有至高无上的地位,而德国刑法学则致力于研究刑法领域的法治(而非警察)细节。然而,由于法人不具有"自由负责的道德自决"能力[94](或"个人伦理罪责"[95]),不具有自治能力,因此刑法制度中没有法人刑事责任的位置。与此相反,由于英美刑法从未经历过启蒙时刻,也从未经历过刑法与刑事警察之间的矛盾,因此才没有对法人刑事责任提出异议,将其视为法治问题。

这种描述有几分道理,特别是它注意到了革命时刻——启蒙运动抑或其他革命时刻在美国刑罚史上的缺失。美国刑罚史经历了革命时期,而它的法律言辞却基本上没有受到影响。[96] 尽管如此,通过比较分析便可发现这些描述还是过于简单了:英美刑法没有脱离法律,德国刑法也没有脱离警察。[97] 由于现代法律观念以所有人都具有自治能力为基础,并以法治国以及法治为范式,因此启蒙运动具有重要意义。但它并非是德国和英美刑法突然在有关法人刑事责任的一般性和具体问题上产生根本分歧的决定性时刻。所谓的分歧即一种制度以法治为核心,而另一种制度则以警察为核心。

---

[94] BGHSt 2, 194, 200.
[95] Jescheck, supra note 20.
[96] See Dubber, supra note 70, at 115.
[97] Vgl. Wolfgang Naucke, Vom Vordringen des Polizeigedankens im Recht, d. i.: vom Ende der Metaphysik im Recht, in: Gerhard Dilcher/Bernhard Diestelkamp (Hrsg.), Recht, Gericht, Genossenschaft und Policey: Studien zu Grundbegriffen der Germanistischen Rechtshistorie, 1986, S. 177; Benno Zabel, Die ordnungspolitische Funktion des Strafreches, ZStW 2008, s. 68.

"以刑制罪"的阐释与纠偏
——兼论"以刑制罪"的控制机制

林嘉珩[*]

要 目

一、"以刑制罪"的概念阐释
 （一）"以刑制罪"的学术史考察
 （二）"以刑制罪"的内涵厘清
二、"以刑制罪"的合理性论证
 （一）"以刑制罪"的法理基础
 （二）"以刑制罪"不违背罪刑法定
三、贯彻"以刑制罪"的必要性
四、以刑制罪的适用范围
 （一）疑难案件说
 （二）竞合适用说
 （三）全面适用说
五、"以刑制罪"的控制机制
 （一）"以刑制罪"的司法控制机制
 （二）"以刑制罪"的立法控制机制
六、结语

摘 要 考察"以刑制罪"的学术史，有必要重新审视否定论者的批判，重新阐释"以刑制罪"这一概念。从"以刑制罪"司法逻辑的法理基础来看，其不违反罪刑法定原则。"以刑制罪"这一司法逻辑具有贯彻的必要性。在阐释和纠偏之后，对"以刑制罪"的适用对象应当遵循全面适用说的观点，即应遵守每一个案件都适用"以刑制罪"的司法逻辑。最后，针对"以刑制罪"存在的潜在危险性，可以贯彻多方法律主体"商

---

[*] 清华大学2020级法学博士研究生。

谈"的理念,在审判过程中贯彻"听证"制度,以防止权力滥用。当"以刑制罪"的司法逻辑的适用尚不足以达到罪刑均衡的最佳社会效果时,要有节制地求助于司法解释或立法修改。此外,在立法过程中,应当重视法律实证研究和社会调查的成果。

关键词 以刑制罪 司法逻辑 后果考察 控制机制 听证制度

罪刑关系是刑法中最基础的问题之一,传统的观点认为在司法论上"因罪生刑"是基本的逻辑路线,即犯罪与刑罚之间是决定与被决定的关系,其内涵是刑从罪生和罚当其罪。[1] 近年来发生的许多疑难案件,其判决结果和公众的期待却相去甚远,甚至引起轩然大波。应当反思和探寻的是,在这些疑难案件中,是否能够在教义学允许的多种可能之间,立足于量刑的妥当性而选择可供解释适用的法条。在此情况下,"以刑制罪""量刑反制定罪""因刑制罪"等观点应运而生。本文将考察现有观点,并在以往研究的基础上阐释本文对"以刑制罪"的理解。随后,提出对于立法和司法如何控制"以刑制罪"的见解。

一、"以刑制罪"的概念阐释

(一)"以刑制罪"的学术史考察

陈兴良教授是国内较早对罪刑关系进行反思和表述的学者。他曾在《本体刑法学》中指出,"罪刑均衡贯穿于定罪与量刑的整个过程,应当看到定罪对实现罪刑均衡的意义,罪刑均衡也同样制约着定罪"[2]。但这一论述仅指出罪刑之间的相互制约关系,未进一步分析。

冯亚东教授深化了对罪刑关系的认识,主张应突破从犯罪到刑罚的传统思维路径,采取逆向思维方法,从刑罚角度考虑应选择的罪名。他曾提到,"这种逆向的'以刑定罪'的思维方法,恰恰同立法者以不同调控手段划分部门法及行为归属的基本思路不谋而合,蕴含了人类社群生活中事实与规范、行为与制裁、目的与手段关系中,一种双向互动、相互修正、互为定义的规律性现象"[3]。但冯教授仅从立法和司法的角度对刑罚制约罪名的情况进行评价,论证"以刑定罪"的可行性,却未对该司法逻辑的具体应用作出展开和深化。

2006年许霆案发生,而后理论界对其定性的讨论络绎不绝。2008年高艳东教授倡导应当追求个案正义,激烈地批判了大陆法系"重定性、轻量刑"的缺陷,认为"判断刑

---

[1] 参见陈兴良、邱兴隆:《罪刑关系论》,载《中国社会科学》1987年第4期,第139页。
[2] 陈兴良:《本体刑法学》,商务印书馆2001年版,第81页。
[3] 冯亚东:《罪刑关系的反思与重构——兼论罚金刑在中国现阶段之适用》,载《中国社会科学》2006年第5期,第127页。

事责任是刑法的核心",提出了"罪名应当为公正的刑事责任让路"的观点,甚至认为"无需虔诚对待定罪,犯罪构成并非不可逾越的禁区"[4]。诚然,论者看到了刑罚妥当性对于被告人的重要意义,但这样的结论仅在立法论的语境中才能适用,而在司法领域中,罪名和罪状的逻辑关系是不能逾越罪刑法定原则的,否则所谓的量刑就会失去合法性的基础,从而成为众多否定论者的靶子。

2009年梁根林教授指出,许霆案中社会舆论和戏剧性的裁判结果彰显了社会普罗大众的主流价值和司法裁判思维之间的突出矛盾。同时他提出了一系列问题,即如何在罪刑法定的规则下,对许霆的行为进行符合个案正义的解释？在罪刑正向制约关系的架构之外,能否在具体疑难案件中逆向考察罪刑关系,而在教义学允许的多种可能性之间选择一个妥当的法条予以适用,从而形成量刑反制定罪的逆向路径？这种量刑反制定罪的逆向思维是否违反教义学,是否违反罪刑法定？刑法教义学外的公共政策是否能够参与？若能,以什么样的方式参与？[5] 这一系列的疑问引发了学界的讨论热潮。

为了回应理论界的关注,推进学术上的深入研究,《政治与法律》编辑部于2010年第7期"主题研讨"栏目中,对罪刑关系进行了探讨,收录了4篇关于以刑制罪的论文。分别是:金泽刚、颜毅的《以刑制罪的学理阐释》;赵运锋的《以刑制罪:刑法教义学与刑事政策学相互贯通的路径选择》;刘邦明的《论入刑思维在刑事司法中的影响和运用》;陈庆安的《论刑法漏洞的存在与补救——兼论"以刑入罪"之隐忧》。这4篇文章深化了罪刑关系的研究,讨论以刑制罪与罪刑相适应原则之间的关系、原则的具体适用问题,该讨论深化了罪刑关系的研究,为司法适用提供了具体参考,具有重要理论价值和实践意义。同时,也提出了对以刑制罪司法逻辑对于实现罪刑法定原则的隐忧。[6] 但受制于理论,这一讨论并未涉及以刑制罪的法理基础、结果论证等问题。

之后,理论界和实务界划分为肯定说和否定说两大阵营,对"以刑制罪"进行了讨论。持肯定论的学者有以下几点理由:其一,以刑制罪能有效调和罪刑矛盾关系。[7] 其二,以刑制罪表明具体犯罪中刑罚对于犯罪成立要件的解释具有反制的效果,是遵循现代刑法"从刑罚,到犯罪,再到刑法"逻辑的必然产物。其三,以刑制罪是中国刑事法官在转型时期的司法压力之下,进行的一种"法律非正式运作",有历史的必然性和

---

[4] 高艳东:《从盗窃到侵占:许霆案的法理与规范分析》,载《中外法学》2008年第3期,第459页。
[5] 参见梁根林:《许霆案的规范与法理分析》,载《中外法学》2009年第1期,第5页。
[6] 参见金泽刚、颜毅:《以刑制罪的学理阐释》,载《政治与法律》2010年第7期,第2—8页;参见赵运锋:《以刑制罪:罪刑关系的反思与展开》,载《政治与法律》2010年第7期,第9—18页;参见刘邦明:《论入刑思维在刑事司法中的影响和运用》,载《政治与法律》2010年第7期,第19—27页;参见陈庆安:《论刑法漏洞的存在与补救——兼论"以刑入罪"之隐忧》,载《政治与法律》2010年第7期,第28—34页。
[7] 参见赵运峰:《以刑制罪:罪刑关系的反思与展开》,载《政治与法律》2010年第7期,第10页。

现实的合理性。[8] 持否定说的学者则针锋相对地提出了批判,主要理由如下:其一,"以刑制罪"违背了司法三段论的基本规律,是一种先入为主的价值评判,极大地削弱了犯罪构成的人权保障机能,使得裁判结果具有随意性。其二,"以刑制罪"的态度似是而非,司法工作人员缺乏面对疑难案件阐释观点的勇气,终将导致司法独立的丧失。其三,"以刑制罪"是对罪刑法定原则的反动与颠覆,于刑事司法有百害而无一利,必须予以抛弃。[9]

近年来,支持"以刑制罪"的学者在说服反对阵营的路上孜孜不倦。基于此,学界对于"以刑制罪"的研究,逐渐转向探寻其理论支撑的法哲学研究。例如,有学者认为"以刑制罪"的思想根基是西方现实主义法学,该流派强调"行为和政治的因素,对作出司法判决至关重要"[10]。还有学者认为这是基于"后果主义考察"的刑法解释范式,这种考察方法能够确保刑法解释的合理性。[11] 当然在探寻"以刑制罪"的法哲学理论根基的同时,学界也对"以刑制罪"的适用路径和适用原则进行了探究和思考,这些问题主要包括:"以刑制罪"究竟在什么情况下能够适用?"以刑制罪"与罪刑法定原则处于同等地位抑或是处于补充性地位?其能否回归刑法教义学的基本立场?[12] 上述问题的解决有助于厘清"以刑制罪"的内涵和地位。以上是我国学者对于"以刑制罪"这一问题的讨论的基本脉络。

(二)"以刑制罪"的内涵厘清

从上述归纳来看,学者们的论述主要集中在司法层面,只有极少数学者在立法层面考虑"以刑制罪"的适用问题。笔者认为,"以刑制罪"这一概念具有丰富的内涵,需要从立法和司法两个层面剖析。"以刑制罪"是对罪刑关系的一种描述,对于罪刑关系的理解,不仅贯穿于司法者"目光在事实与法律之间往返流转"的司法过程中,也体现于立法过程中立法者对于应受惩罚行为的惩罚力度大小的考量。

1. 司法层面的"以刑制罪":一种司法逻辑

"以刑制罪"是隐藏于裁判者的裁判过程中,而被论者提炼出来的一种逻辑思维方式。这种新型罪刑观的基本思路,是根据刑罚适用的妥当性与必要性对构成要素进行分析,并遴选出符合罪刑法定原则与罪刑相适应原则的罪名,而后在这些罪名范围内选择适用刑罚效果最佳的罪名。刑罚的妥当性与必要性会影响行为的社会危害性判

---

[8] 参见周建达:《以刑定罪的知识生产——过程叙事、权力逻辑与制约瓶颈》,载《法制与社会发展》2015年第1期,第173页。
[9] 参见曹坚:《"以量刑调解定罪"现象应当杜绝》,载《检察日报》2009年12月21日,第3版。
[10] 赵运峰:《以刑制罪基本问题研究》,法律出版社2017年版,第6—7页。
[11] 参见姜涛:《后果考察与刑法目的解释》,载《政法论坛》2014年第4期,第96页。
[12] 参见孙道萃:《以刑制罪的知识巡思与教义延拓》,载《法学评论》2016年第2期,第109—118页。

断,危害性判断又与刑事政策的贯彻不可分割。对此,劳东燕教授指出:"正是通过对危害性评价这一支点产生作用,刑事政策在影响对行为的应受刑罚处罚必要性及其程度的判断的同时,反过来对刑法规范的解释构成制约。"[13] 在此,刑事政策与刑罚妥当性和必要性的考量便结合在了一起。

传统的司法逻辑方法是"三段论",三段论是坚持从大前提到小前提再到结论的过程。根据三段论司法模式,司法判断应遵循从犯罪构成到刑罚适用的过程,在这个过程中司法主体只能在规范下诠释规范内涵,其他的诸如个人前见、政治判断、民众诉求等规范外因素都不允许进入其中。适用三段论的优点显而易见,在三段论中,每个司法行为都是一个由纯粹逻辑演绎推理构成的判断的结果。在这种模式中,司法主体的能动性和创造性是被限制的,应当承认,这对于保证刑法的稳定性与保障公民行为的可预测性具有重要的意义。但三段论司法逻辑的不足之处也十分明显:当规范不足、规范滞后、规范模糊、规范竞合等情形出现时,司法若依然通过三段论进行裁量,就很难得出合法的结论。此外,司法裁量不仅是规范的适用过程,也是价值衡量、利益权衡的过程,然而,这些在三段论中都是被排斥的。

针对三段论的不足,且在刑法规范没有做出合理及时的修正的前提下,我们需要对大前提做出合理的理解和诠释,而这就需要从处罚的必要性、合理性及合情性等角度进行判断,以达到准确理解刑法规范的目的,这个过程就是"以刑制罪"的逻辑方法。这种逻辑方法的思维逻辑不是封闭的,而是一种开放的包含了价值判断的思维逻辑。在这种司法方式中,对犯罪构成的理解不再是被动消极的,而是积极主动的。它通过对规范外因素的考量,挖掘规范目的和立法精神,最终完成对刑法规范瑕疵的完善或补充。以王某故意伤害案为例:

2010年9月某日,被告人王某持刀架在其前女友刘某颈部,威胁被害人刘某父母以及围观群众不准靠近、报警,要求与刘某恢复恋爱关系。后王某被群众制服,被害人刘某被挟持过程中左面部、左颈部等部位受伤,经鉴定均为轻伤。公诉机关以绑架罪追究刑事责任。但一审法院认为被告人王某因不能正确处理与被害人的感情纠纷,致伤被害人身体并造成轻伤的后果,其行为已经构成故意伤害罪,应予惩处。被告人王某主观上无实施绑架人质行为的故意,客观上未提出勒索财物或其他非法要求,其行为不符合绑架罪的构成要件。最终判决被告人王某犯故意伤害罪,判处有期徒刑1年6个月。

从本案的司法过程可以窥见"以刑制罪"的思维模式,基于刑法的规定,绑架他人作为人质的,应当提出重大不法的要求,若不符合该要件则可排除在构成要件之外。因此,法院将"要求恢复恋爱关系"认定为一种轻微的行为,由此将本案的行为排除在

---

[13] 劳东燕:《刑事政策与刑法解释中的价值判断——兼论解释论上的"以刑制罪"现象》,载《政法论坛》2012年第4期,第39页。

绑架罪的犯罪构成之外,这是合理的。本案的裁判过程中,司法主体并没有机械遵循从罪名到刑罚的传统罪刑关系路径,而是从法定刑的严厉性与本案具体绑架行为的危害性出发,认定本案被告人不构成绑架罪而构成故意伤害罪,符合刑法的精神原则。这就是"以刑制罪"在司法上适用的例子。

2. 立法层面的"以刑制罪":是否"动刑"的考量

立法层面的"以刑制罪"是一个立法设罪的过程,在我国,刑事犯罪的本质特征是社会危害性、刑事违法性和应受惩罚性。其中社会危害性是最具本质意义的属性,刑事违法性仅是一种形式,应受处罚性是一种必然相随的后果。[14] 立法论上的"以刑制罪"是要考虑某一危害行为是否需要受到刑罚处罚,使犯罪与一般违法行为划清界限,因此立法论上的"以刑制罪"是一种是否动用刑罚,如何动用刑罚的考量。在立法层面,动刑的考量主要发生在法定犯领域。法定犯是由于社会、经济和政治制度的发展而产生的,法定犯危害性的考量并非由不法行为危害量的简单叠加即可成立,立法者还应当考量设立新罪后的处罚方式、处罚效果等因素。即除了考虑行为本身是否具有严重的社会危害性外,还应权衡行为主体是否"应受"和"能受"刑罚处罚。

在当下,刑事立法的主要任务是随着经济社会的发展不断地修改法律,使得法网趋于严密。在这个意义上,立法上的"以刑制罪"是司法上的"以刑制罪"的补充。司法上"以刑制罪"逻辑的运用是一种"出罪"或者称为"轻罪"的过程,而立法上的"以刑制罪"可以理解为一种"入罪"的过程,即把在当下根据现行刑法无法规制的行为类型化、规范化为新的罪名。例如,"组织刷单炒信"在网络购物发展的当下时有发生,有法院将这一行为认定为非法经营罪。此判决一经公开便引起了众多学者的讨论。有学者认为"组织刷单炒信"不构成非法经营罪,因为建立组织刷单炒信平台并收取费用的行为违反了《不正当竞争法》的规定,建立此种平台不属于提供经营性互联网信息服务,即使向有关部门申请也不可能发给经营许可证,因此不属于"违反国家规定"。[15] 还有学者认为本案判决的实旨和媒体宣传存在误差,行为人构成犯罪的是其违法组建收费平台的行为,而非"刷单炒信"行为本身,单纯"刷单炒信"不构成非法经营罪。基于此,有学者撰文指出,应当在我国引入"妨害业务罪"来规制"刷单炒信"的行为。[16] 诸如此类行为,现行刑法无法解决,但考虑到其社会危害性实则应当受罚,因而只能讨论是否通过立法来解决问题。这就是一种是否"动刑"的考量,也即笔者所认为的立法层面的"以刑制罪"的过程。

---

[14] 参见冯亚东:《罪刑关系的反思与重构——兼论罚金刑在中国现阶段之适用》,载《中国社会科学》2006年第5期,第126页。

[15] 参见陈兴良:《刑法阶层理论:三阶层与四要件的对比性考察》,载《清华法学》2017年第5期,第16页。

[16] 参见高艳东:《破坏生产经营罪包括妨害业务行为——批量恶意注册账号的处理》,载《预防青少年犯罪研究》2016年第2期,第14页。

二、"以刑制罪"的合理性论证

根据以上对"以刑制罪"的考察,立法层面的"以刑制罪"基本不存在合理性与合法性的质疑,但司法层面的"以刑制罪"却饱受诟病。笔者以下将提供作为一种司法逻辑的"以刑制罪"的正当化的法理基础,并在此基础上论证该"以刑制罪"不违背罪刑法定原则这一命题。

(一)"以刑制罪"的法理基础

西方现实主义法学的发展,法学方法论上从概念法学到利益法学、评价法学的变迁,刑法体系和刑事政策之间的关系从"李斯特鸿沟"到"罗克辛贯通"的飞跃,后果考察解释方法的提出以及德国晚近发展的"法感情"理论都为"以刑制罪"提供了理论基础。

1. 西方现实主义法学

《美国法律词典》对现实主义法学的定义是:一个强调行为和政治的因素,对司法判决的做出至关重要的法学流派。法律现实主义极为轻视抽象的法律规范和原则对具体案件判决的影响,因为法律规范既没有那么确定,也没有那么明晰。相反判决是以法官运用正确的规范和书面判断理由为基础的。从理论上来说,判决是建立在经验主义基础之上的。[17]

由此可见,现实主义法学既不否定"法律规范"的机制,也不否定三段论司法逻辑在司法裁判中的作用,但其轻视"抽象的法律规范和原则对判决具体案件的影响",并反对法律概念的封闭与司法三段论的僵化。西方现实主义法学是对传统的法律思维"由因及果"的挑战。可以见得,这种审慎对待法律信条的思想与"以刑制罪"的逻辑思考方式不谋而合。

2. 概念法学到法律方法论的变迁

概念法学最早是由耶林命名的,其本意是形式的、拘泥于字义的且与生活相背离的法律思维。对概念法学的批评,主要是指责其过度与片面地运用概念逻辑,过度强调逻辑与体系的一贯性,忽略裁判的实质妥当性。法条主义被认为是一种司法行为的时政理论,它假定裁判者都是被法律所制约的,而法律又可以通过运用逻辑思维的方式得到阐明。理想的法条主义是一个三段论的产品,法律规则是大前提,案件事实是小前提,而司法裁判即为结论。19世纪末20世纪初兴起了社会学法学,它反对概念主义和形式主义,认为法律发展的重心既不在于立法也不在于法律科学和司法判决,而

---

[17] 参见赵运峰:《以刑制罪基本问题研究》,法律出版社2017年版,第6—7页。

在于社会本身。这破除了概念法学对于封闭的"概念"体系的过度迷信,将法学由单纯的逻辑推演转为呼吁重视概念适用结果和判决结果。美国社会法学家认为,不考虑人类生活实际情况就不可能理解法律。法官欲圆满完成其任务,就必须对影响法律形成的社会因素和经济因素有充分的认识。[18]

如果说概念法学和法条主义是意图在司法实践中把法律变成类似于"自动售货机"的机械工具,那么司法能动主义就是对这一理念的质疑。若实践中的法官都成为了仅会"循规蹈矩""按部就班"的司法者,那么和当下推行的人工智能裁断有何区别?若不能发挥法官的能动作用,那么法官被机器替代的时代将不远矣。实际上,理论界在普遍肯定"法官不会被机器取代"之时,就同意了法官具有能动运用司法逻辑的权力。

3. 后果考察主义

后果考察是一种对某种解释方法及其产生的利弊进行客观评估,以确保刑法解释的合理性,进而形成一种结果取向的刑法解释。后果考察主张将"价值判断"通过利益衡量融入"刑法规范",是一个以客观判断制约解释者的主观意志以使其具有合理性的过程。这种考察思想是一种典型的功利主义刑法立场。有学者将后果考察的结论分为三种情形:(1)对某一具体案件本应适用刑法规范A,但适用刑法规范A会带来严重的不正义;若适用刑法规范B则更能满足罪责刑相适应的基本要求,就应当适用刑法规范B。(2)对某一个具体个案是否应适用刑法规范C,尽管刑法对此规定不够明确,但从后果主义判断,适用刑法规范C会带来更为积极的社会效果与法律效果,因而要考虑以目的性扩张的方式,依据刑法规范C处理本案。(3)当具体个案遭遇罪与非罪之临界点的争议时,应结合刑事政策意义上的需罚性,对罪责在"应罚性+需罚性"的模式下进行目的解释。[19] 学者将后果考察的对象分为两类:法律后果和社会后果。前者是立法者既定的,为刑法规范所涵射,强调法解释对其他法解释、法适用或是释义学的影响;后者是超越法律规定的影响,是一种对具体解释期待的影响,发生在未来时间与空间。一般来说,后果考察属于刑法解释的经验性分析范畴,这种"后果"并非哲学意义上一种原因引起的某种后果,而是指某种具体的刑法解释结论可能造成的后果。[20]

这种后果主义的考察方法,是逻辑学上的对三段论的修正。社会生活并非如同数学世界那样秩序井然,人不同于传统机器之处在于人可以依循规则,但也可以在不违反规则的前提下最大限度地灵活解释法规则,使其符合经验主义的预期。这种原理实

---

[18] 参见吴从周:《概念法学、利益法学与价值法学:探索一部民法方法论的演变史》,中国法制出版社2011年版,第3、41页,转引自赵希:《论量刑反制定罪》,北京大学2016年博士学位论文,第15页。
[19] 参见姜涛:《后果考察与刑法目的解释》,载《政法论坛》2014年第4期,第98—99页。
[20] 同前注,第99页。

际上就是司法逻辑上的"以刑制罪"所要追寻的,为"以刑制罪"的司法逻辑提供了理论来源。

4. 法感情思维对三段论逻辑的渗透

德国对于"法感情"的讨论已经历时 100 多年,这种讨论可追溯至 19 世纪末,并且在 20 世纪 20 年代达到最高峰。对法感情的讨论源于 19 世纪末心理学和生物学的飞速发展。此外,当时注重纯粹的逻辑加工的法学古典规范方法论,与司法实务的法适用中的情感和非理性因素之间存在很大分歧,这使学者们产生了研究的兴趣。

学者们针对"法感情"的本质提出各种观点:Gustav Rümelin 将法感情作为道德秩序驱动的一部分。[21] Erwin Riezler 将法感情理解为三层含义:第一层含义是法感情是法律专家们基于其所受的教育,以及职业特殊的社会化,对于案件进行"正确的"判决的一种直觉上的能力,侧重点在于理智因素;第二层含义是对于确定的符合感情的法律理念的倾向,它是以一个人的正义理念的形式出现的,表现为个人的正义理念对法律相关事实作出评价;第三层含义则是指对现行法秩序的尊重,必须严格实施法律,法秩序不应当依赖于个别的利益而被实现。[22]

由此可见,法感情并非一种单纯抽象的、感性的情感,而是法官基于其学习所获得的知识而产生的一种理智的认识。但这种理智又与严格从逻辑上演绎推理得出结果不同,是裁判者基于案件所产生的"刺激",是情感与客观案件交互过程中实际发生的。这种感情所产生的"正义理念",与普通民众产生的"朴素的法感情"不同,这种理念是裁判者在案件裁量过程中,基于案件对他产生某种特殊的意义,而通过寻找相关的法规范或原则试图对这种法感情进行正当化的理念。裁判者对于案件的裁判会产生两种情况:第一种情况是裁判者首先通过法感情产生预判,然后对法感情进行理性控制;第二种是,裁判者没有产生法感情,但是其得出的结论必须符合法感情的检验。[23]

法感情理论存在一定的弊端,例如所谓的法感情实际上非常抽象,无法实质定义。以刑制罪的思维逻辑在本质上与法感情是一致的,是一种对司法裁判模式的探寻,从某种程度上是对法感情理论的具体阐释。实际上,例如高艳东教授在对许霆案的规范分析中,就是由于产生了某种理智,因此极力地为自己的法感情寻找教义学的规范出路,即论证许霆是不是构成侵占罪,但由于其措辞激进有失偏颇,没有得到太多的认可。

以上是目前学界对于"以刑制罪"的合法性基础的理论探讨,可以看出不同的学者

---

[21] Vgl. Julia Valerie Tietze, Der objective Charakter des Strafgesetzes im Widerstreit zum subjektiven Rechtsgefühl, 2004, S. 61-68,转引自赵希:《论量刑反制定罪》,北京大学 2016 年博士论文,第62页。

[22] Vgl. Michael Bihler, Rechtsgefühl, System und Wertung, 1979, S. 15,转引自赵希:《论量刑反制定罪》,北京大学 2016 年博士学位论文,第 62 页。

[23] Vgl. Bihler, a. a. O., S. 64-84, 151-155,转引自赵希:《论量刑反制定罪》,北京大学 2016 年博士学位论文,第 71 页。

都在努力为"以刑制罪"寻找合法性的背书。笔者认为,无论是后果考察、现实主义法学还是法感情理论,都是意识到了传统的严格因循"形式逻辑"带来的弊端而提出的新的法律解释和适用方式。笔者认为,这种法律适用方式是在三段论的基础上展开的,因而并没有违反刑法解释论的要求。

(二)"以刑制罪"不违背罪刑法定

罪刑法定原则是刑法的基本原则之一,是裁判者在司法过程中必须遵循的原则。否定论者认为,以刑制罪不符合罪刑法定原则,罪刑法定原则要求先定罪后量刑,只有定罪正确才有可能正确量刑。[24]

但笔者认为实际上这种观点是对罪刑法定的误解,也是对"以刑制罪"的误解。诚然,罪刑法定原则是对司法权的制约,防止法官滥用司法裁量权。但这并非意味着法官是法律的机械操作者,这是旧的绝对罪刑法定的观念。新的罪刑法定原则中法官的法律解释权逐步获得了承认,适用刑法的过程就是解释刑法的过程。而传统仅简单将法律条文与案件事实对号入座的方法已在法律解释中彻底失败,因此必须转向一种能动解释刑法的方法。"以刑制罪"由于其表述存在的局限,难免使不了解者心生芥蒂。但应理解,这一司法逻辑仅强调在现有法规范的基础之下,寻找最契合案件实施的法律规范,这并非类推适用,更非任意解释,而是在构成要件的文义范围之内,寻找裁判的法律和社会效果最佳的解释方法。其不逾越罪刑法定原则关于禁止习惯法、禁止类推和扩张解释、禁止溯及既往、禁止不定期刑的要求。

此外,否定论者还从教义学的角度对此进行了批判,指责该司法逻辑使得价值判断凌驾于形式判断之上,脱离了刑法教义学形式判断优先于实质判断和事实判断优先于价值判断的思维方法。[25] 但实际上"以刑制罪"这一司法逻辑仍然是在刑法解释学的框架中展开的,以刑制罪并非漫无边际、毫无根据地对法律规定进行解释,而是根据教义学的解释框定了可能的解释范围,从后果考察的角度在这些可能的解释中进行选择和论证的过程。实际上是一种"戴着镣铐的舞蹈",这里的"镣铐"就是指刑法教义学的约束,以求在这一约束中寻找社会效果和法律效果最佳的平衡点。

三、贯彻"以刑制罪"的必要性

贯彻"以刑制罪"并非理论界的自我娱乐,而是具有较深的社会需求和根基的。

首先,当下的社会处于生产工具和生产方式剧烈转型的时期,利用新的生产工具和生产模式进行犯罪的案件不在少数,立法显示出了一种滞后性。此外,在过去的视

---

[24] 参见刘涛:《刑事司法当严守从定罪到量刑的逻辑顺序》,载《检察日报》2011年4月25日,第3版。
[25] 参见陈兴良:《教义刑法学》,中国人民大学出版社2010年版,第135页。

角中认为是犯罪的行为随着社会的发展可能会出现一些变化,这种情况多发生在法定犯领域,例如非法搭建VPN,组织进行网络刷单炒信,利用"撞库"获取他人密码盗刷资金,等等。这些新型的案件的出现导致了传统的犯罪构成要件的"盒子"无法与新兴的案件事实"相匹配"的情况。如果还是采用机械的由事实到法律的判断流程,就会产生社会公众无法接受的后果,当一个法律的判决无法被公众所接受,那么立法者就应当反思这一法律究竟是否为"良法",应当反思这样的司法方式是否为"善治"。近日,广东检察通报一85岁老人携带4瓶止咳露从深圳海关入境,被以走私毒品罪立案侦查,最终由于老人年事已高作不起诉决定的案例。虽然实务界对此举赞誉有加,然而这种不起诉决定实际上相当于"有罪决定"。试想,若携带这4瓶止咳露的是20岁出头的青年,那么其就将有可能由于携带毒品锒铛入狱,并且影响其今后的人生。若裁判者在从法律和事实的选择判断之间,稍加留心,考虑这一判断的法律后果和社会效果,则其可以通过三段论对构成要件的解释进行实质解释:止咳露中虽含有可待因,但止咳露的主要目的是为了治疗咳嗽的症状,难以期待行为人在购买药物时查明药物成分,因此可以阻却责任。这种逻辑思维方法就是"以刑制罪",从以上的分析来看,笔者并不认为该种解释方式违反了刑法教义学上的客观解释路径。

其次,法官审理案件任务繁重,加之经过长期的审判工作法官的"共情"力也会受到削弱,因此机械适用法律的情况不在少数。有学者听取了笔者上述的论证后,可能会提出质疑,既然以刑制罪仅为一种司法逻辑,那么这种逻辑方式就类似于王泽鉴先生提出的"眼光在事实和法律规范之间往返流转",是一种本身存在的理念,无须进行讨论和强调。诚然,笔者不否认这一司法逻辑实际上就是一种事实和法律规范之间的往返流转,但若理论界不形成一种自觉的方案,法官在面对纷繁复杂的案件时往往会忽略这一过程,而是仅仅机械地依照法律规范做出简单的裁判。"以刑制罪"的司法逻辑的提出和规范化,就是为了给法官的裁判提供一个依据来遵循。

基于以上原因,笔者认为贯彻"以刑制罪"的司法逻辑在当下中国具有重要的意义。诚然,当仅靠司法逻辑无法解决实践中面临的问题时,就应当动用立法上的"以刑制罪"来借以解决,这样就能够抵御反对论者对"以刑制罪"的诟病。

四、以刑制罪的适用范围

本部分以刑制罪的适用范围存在的讨论和争议空间,同样主要是司法逻辑上的以刑制罪。对于"以刑制罪"这样的司法逻辑的适用范围究竟如何圈定,理论界存在着不同的观点。

(一)疑难案件说

部分学者认为"以刑制罪"仅适用于疑难案件,故笔者称其为"疑难案件说"。例如,有学者认为由于法律语言的模糊性、法律规定之间存在冲突,法律体系不完整导致法律漏洞,社会发展导致了原有法律适用中合法与合理的冲突,由此引发的疑难案件给司法主体裁量案件带来不便和障碍,此时正向的思维无法应对实务,因此逆向的思维处置方式就会形成。这具体体现在犯罪构成符合性判断已经发生变化,从传统的由犯罪构成到刑罚裁量的路径转换为从刑罚适用到犯罪构成选择的路径。[26] 再如,有学者在其文章中提到:以刑制罪实际上是一种后果主义的论证方式,但这种论证并非一种常规和首选的解释方法,也并非在所有的解释活动中都可以加以运用。后果主义论证方法主要是在疑难案件的法律适用中发挥一种补充性的功能。据此,该学者提出了自己关于以刑制罪的逻辑思维展开方式:首先在刑法规范的可能文义射程范围内,如果解释者对于刑法规范的解释存在两种以上的方案,那么可以依据刑罚妥当性对解释方案作出选择。但若在刑法规范的可能文义射程范围内,解释者根据初次解释预见到刑罚后果的不妥当性,则应当据此反思对于法律规范的理解。解释者在刑法规范的可能文义射程范围内重新探索更为妥当的方案。[27]

(二)竞合适用说

有学者认为以刑制罪主要发生在法条竞合和想象竞合领域,笔者将其称为"竞合适用说"。例如有学者指出,以刑制罪的法律依据是刑法条文中规定的以"刑"之轻重来选择、确定罪名。例如《刑法》第149条第2款规定"生产、销售本节第一百四十一条至一百四十八条所列产品,构成各该条规定的犯罪,同时又构成本节第一百四十条规定之罪的,依照处罚较重的规定定罪处罚"。又如《刑法》第399条第4款,规定了"司法工作人员收受贿赂,有前三款行为的,同时又构成本法第三百八十五条规定之罪的,依照处罚较重的规定定罪处罚"。其认为,这种"以处刑较重的犯罪定罪处罚"的规定,为我国刑事立法和司法解释确立了一种思路,即定罪并非与量刑无关的活动,法定刑的轻重是定罪的参考标准,有时也是定此罪与彼罪的重要依据。[28] 再如,郑延谱在其文章中提到,量刑反制定罪的理论存在问题,仅在法律有规定的想象竞合犯和牵连犯的场合才能适用,其他的场合量刑反制定罪没有适用空间。[29]

(三)全面适用说

持此种学说观点的学者认为将以刑制罪的适用空间限制在疑难案件、经济犯罪

---

[26] 参见赵运峰:《以刑制罪基本问题研究》,法律出版社2017年版,第205—219页。

[27] 参见王华伟:《误读与纠偏:"以刑制罪"的合理存在空间》,载《环球法律评论》2015年第4期,第59—60页。

[28] 参见徐松林:《以刑释罪:一种可行的刑法实质解释方法——以对"组织卖淫罪"的解释为例》,载《法商研究》2014年第6期,第72—79页。

[29] 参见郑延谱:《量刑反制定罪否定论》,载《政法论坛》2014年第6期,第130页。

案件或者竞合案件的情形并不科学,也不符合以刑制罪的起源和产生经过。其认为以刑制罪需要常态化,其适用范围不应当人为限定。其认为以罪制刑和以刑制罪都以罪刑关系作为理论源头,具体涉及与犯罪本质相关的社会危害性、人身危险性与刑罚本质涉及的报应和预防等重要内容。这是罪刑关系内在的公正性标准与功利性标准的有机统一,服务于罪责刑均衡这一终极目标。由此,从理论源头看,以罪制刑和以刑制罪作为罪刑关系的实践适用模式,应当同时具有适用范围的普遍性和功能上的互补性,以维持完整的罪刑关系及其实践模型,保证社会危害性与人身危险性及其背后的公正与功利的有机呼应。以刑制罪不能仅作为以罪制刑的一种特定补充或特例情形,也不能被视为补充性的刑事司法思维方式或使用方法。否则,以罪制刑的教义化将寸步难行,甚至导致罪刑关系研究范式与体系的内部结构缺乏完整性和对称性。其进一步认为,以刑制罪如果仅针对一些特定个案或非典型量刑失衡案件,可能沦为《刑法》第63条规定的特殊减轻的"制度替补",甚至完全成为调解量刑均衡的一项"制度外因素",会导致以刑制罪无法进行教义化。因此其认为以刑制罪的适用范围不应当有所限制,而应当常态化。[30]

对于该问题,笔者赞同全面适用说的观点。首先,将"以刑制罪"这一司法逻辑贯彻运用到所有的案件中,有利于为"以刑制罪"正名。该司法逻辑并非有些学者所述的是为某些疑难案件寻找出罪的理由,也并非是寻找罪刑法定原则的突破口,因此将"以刑制罪"的司法逻辑运用于每一个案件的审判过程中,将有利于"以刑制罪"原则的常态化。疑难案件说的观点较为狭隘,也是招致反对论者攻击的薄弱点。其次,根据以上对于"以刑制罪"的法理基础的分析,其是对三段论的一种实质化的扩充。而三段论的司法逻辑无论在疑难案件的论证过程中,还是在普通案件的审理过程中,都是普遍适用的。因而,"以刑制罪"这一司法逻辑当然地可以适用在所有运用三段论做出裁判的案件中。最后,竞合适用说的观点本质上与"以刑制罪"的逻辑相违背,其本质上就是在反对这一司法逻辑的运用,因此并不可取。

五、"以刑制罪"的控制机制

(一)"以刑制罪"的司法控制机制

前文对于"以刑制罪"这一概念已经进行了重新的阐释并对反对论者进行了纠偏。但是提倡以刑制罪的论者同样也应当认识到以刑制罪存在的潜在危险。因为"以刑制罪"虽然没有突破三段论的解释界限和刑法教义学的解释论,但是其中所包含的实质主义、价值判断和目的思考可能会导致法官在实践中的滥用。因此,需要对"以刑

---

[30] 参见孙道萃:《以刑制罪的知识巡思与教义延拓》,载《法学评论》2016年第2期,第109页。

罪"进行立法和司法上的控制。本部分司法的控制机制的讨论,其最终的目的就是在遵守罪刑法定原则的前提下,最大程度上确保"以刑制罪"司法逻辑的适用,以达到最佳的社会效果和法律效果。论者已经提出了多种方式以控制"以刑制罪"。

1. "可能的语义"的约束

"可能的语义"的约束是从形式解释论和实质解释论的对立中得出的,前者更强调法律条文本身对于恣意的约束,后者强调对构成要件的解释必须明确该罪的保护法益,但后者同时特别强调解释结论必须在可能的语义范围之内。因此裁判者在法规范以及对法规范的适用所形成的教义学规则的范围内进行裁判。[31] 举例而言:对《刑法》第275条故意毁坏财物罪中"毁坏"的理解,对于将珍贵的鸟放飞的情形,该说采取效用侵害说来解释"毁坏",认为毁坏不限于从物理上变更或者消灭财物的形体,而是包括丧失或减少财物的效用的一些行为。在这里,实质解释论者认为"可能的语义"包含了两部分:一部分是日常生活中经常使用的语义,另一部分是并非普遍使用,但仍然属于语义范围的情况。但是后一部分的"语义"就可能包含解释者的主观心态,而且以正义、法益保护需要来作为解释的最终根据,说理并不充分。仍然会导致主观主义恣意的裁判后果。

笔者认为,"可能的语义"的控制固然重要,但是这种"可能"到底是在多大的范围内进行定义,是尚未被讨论的。对于"可能的语义",不同的裁判者会有不同的理解,正如"一千个读者有一千个哈姆雷特",因此笔者认为单独从裁判者的角度出发进行的"语义"的限制不足以对"以刑制罪"进行控制。

2. "类型思维"的约束

考夫曼曾指出"我们今日的法的不安定性,主要并非肇因于法律在概念上的掌握较以往拙劣,而是不再能确切无误地掌握位于法律概念背后的类型"[32],这句话表明考夫曼认为如果能够合理运用类型思维,将增加法的安定性,从而防止恣意。其指出,法律根本的核心问题是处理相同性的难题,即要求相同事物相同处理,不同事物不同处理。例如,以"故意杀人罪"为例,将故意杀人作为一种类型,这已预先存在于实定法之前,立法者以法条形式对这一类型进行规定。因此司法者在判决时,也要符合故意杀人这一类型。例如刀砍、斧劈等属于故意杀人,而故意饿死婴儿的行为从目的解释和类型化的角度出发考虑,同样也属于杀人行为,因此应当是故意杀人罪。[33]

但笔者认为,这种类型化思维的约束仍然存在问题,在此种类型化思维中,"刀砍"和"饿死"虽然存在相同的"故意杀人罪"的内涵,但是其外延范围是没有固定界限的。

---

[31] 赵希:《论量刑反制定罪》,北京大学2016年博士学位论文,第147—153页。
[32] 参见[德]亚图·考夫曼:《类推与"事物本质"——兼论类型理论》,吴从周译,台北学林文化事业出版社1999年版。转引自赵希:《论量刑反制定罪》,北京大学2016年博士学位论文,第27页。
[33] 同前注[32],第155页。

因此类型化并非一种精确的逻辑思维形式,其弊端与"可能的语义"的控制存在相似性。

3. "合宪性审查"的约束

在许霆案的讨论中,有宪法学者提出了宪法解决方案,认为刑法在这个案件中的无能为力是因为刑法对金融机构财产的特殊保护的做法缺乏正当性,他提出一种"宪法平等权规范"的介入,即《刑法》第264条对金融业的保护因为违反《宪法》第33条第2款"中华人民共和国公民在法律面前一律平等"的要求而违宪,认为盗窃金融机构的行为并不应当遭受比普通盗窃更为严厉的社会指责。同时论者指出,"许多法律问题必须脱出部门法教义学的范围,在整体的法教义学空间中才可能获得理解和解答,在这个过程中,宪法教义学将扮演重要角色"。[34]

但笔者认为合宪性审查对宪法尚未司法化的我国来说,也只是一种学术上的方法,纸上谈兵,无法付诸实践。也有学者提出不同于合宪性审查的"合宪性控制"方法,即法官在解释时要注意宪法中的基本规定,解释结论应当受到宪法的制约,但实际上这种方法有赖于法官在裁判时的"自我约束"和"自我控制"。[35] 并且,笔者认为刑法内部的解释逻辑还应当按照刑法内部的原则来解决,"罪刑法定"要求的是由《刑法》来约束,而非《宪法》,宪法教义学不应当肆意向刑法教义学扩张。

4. 综合控制手段

有学者认为,上述三种方式都指向的都是一种价值判断,混合了主观要素,埋下了裁判恣意的隐患,因此其提出了一种"综合控制手段",即认为控制恣意的一种更为务实的路径,不是想方设法设置一种纯粹"客观的标准",以求让法官消除其全部法感情,而是应当让法官认识到自己的法感情、分析这种法感情,进而控制这种法感情。正如三权分立原则是用权力限制权力一样,用他人的主观来限制裁判者的主观是一个防止恣意的好方式。该论者借助哈贝马斯的法律商谈理论进行理解,"法的合理性不在于孤独的主体性,而在于交往中多视角的主体间性",法律合法性最终依赖于一种交往的安排,作为合理商谈的参与者,法律同伴必须有可能考察一有争议的规范是否得到或有无可能得到所有相关者的同意。也即法官在审判过程中,除了要遵照自己内心的法感情,而且还需要与其他的参与者进行"商谈",从而得出符合预期的结果。在程序控制上,其认为判例式的案例指导制度、推进司法文书的改革、实行判决公开,尤其是要求法官在裁判文书中公开判决理由,有利于控制以刑制罪的逻辑思维。[36]

---

[34] 白斌:《刑法的困境与宪法的解答——规范宪法学事业中的许霆案》,载《法学研究》2009年第4期,第120页。
[35] 参见梁根林:《罪刑法定视域中的刑法适用解释》,载《中国法学》2004年第3期,第126页。
[36] 参见赵希:《论量刑反制定罪》,北京大学2016年博士论文,第158—162页。

5. "听证制度"的构建

通过对以上控制机制的介绍,可以看出无论是"可能的语义"约束还是"类型思维"的约束都是从裁判者自身出发来进行约束的,这些约束方式无法提出一个切实可行的方案,因此并不可取。综合控制方式的约束提出了一种"商谈"的立体控制机制,提倡多视角的参与者参与到法律的商谈过程中。这一综合控制方式的提出是非常具有启发性的,虽然论者没有继续详细阐释具体的商谈机制,但这一思想是值得借鉴的。笔者在此将因循这一思想,阐述关于"商谈机制"构建的具体办法。

笔者认为,可以在审判过程中增设"听证制度"。"听证制度"是指检察院在提起公诉的过程中或法院在审理案件的过程中,如遇必要的情形,可以请示检委会或者审委会启动"听证程序",或者由被告人主动提出申请启动"听证程序"。根据上文提到的"以刑制罪"的适用范围,笔者赞同全面适用说,因此"听证制度"当然可以适用在所有的案件当中,但必须满足一定的要求,这与全面适用说并不冲突。例如,在适用"简易程序"处理的案件,为了审理的便捷,则不适用"听证制度"。由于案件在审理的过程中一般需要免于舆论的干扰,这种"听证程序"必须是小范围的、私密的和非公开的,参与听证的人员的筛选可以参考人民陪审员的选拔过程。听证人员仅对事实做出判断,而不参与法律问题的专业论证。此举可以避免舆论过度干预司法,有利于法官独立地对案情做出实质化的判断。在听证过程中,司法机关向参与听证的人员报告具体的案情,并且向听证人员提供可罚性大小的判断选择,或者提供现有的定罪量刑方案供听证人员选择,根据听证结果得知公众对可罚性大小的判断,以此作为审理案件的参考。此外,在听证过程中,对于法规范的日常语义存在模糊之处,例如"故意毁坏财物"中"毁坏"这一词语的边界究竟为何,其日常语义的涵摄范围的大小这些问题,便需要专业人士向参与听证的人员进行解释,使得听证参与者能够在了解法律规范含义的基础上进行选择判断。由此,建立起多方参与的机制,能够有效控制"以刑制罪"的恣意适用。

(二)"以刑制罪"的立法控制机制

以上三部分讨论集中于对"以刑制罪"作为一种司法逻辑的合理性、必要性以及对其规范适用的论证。在结束这些论证后,为了确保"以刑制罪"这一概念论述的完整性,笔者在此将对"以刑制罪"的立法论问题展开论述。实际上,"以刑制罪"立法上的控制方式,是在解释论穷尽后但仍未能够达致预期的社会效果的一种补救方式。虽然刑法教义学和解释论的研究重点是在如何对现行的刑法进行最大化的解释以使其符合纷繁复杂的个案,但是当解释学穷尽之后若尚未解决问题,则应当求助于立法手段来使得定罪量刑符合社会预期效果。根据马克思主义哲学的观点,经济基础决定上层建筑。这里的经济基础包括飞速发展的社会生产力,例如计算机、网络、通信和交通,而上层建筑就包括法律规定。因此,在当下由新兴生产力催生的新型犯罪产生或者新的犯罪形式的出现超出了立法时考虑的范围的时候,如果单纯依照以往的法律无法良好地定罪量刑,则应当通过修法或者司法解释的方式,依据"以刑制罪"的原理进行完善。

  类似的法律实践不胜枚举。例如未成年人奸淫幼女的行为,如果严格按照刑法的规定,奸淫幼女的行为构成强奸罪,而已满十四周岁不满十六周岁的未成年人需要对八种严重的犯罪负刑事责任,其中包括了强奸罪。因此在未成年人奸淫幼女的情况下,严格依照刑法的规定,该未成年人构成强奸罪。但是在司法实践中,存在早恋的未成年男女发生性行为的案件,如果把这些案件中的未成年人的行为一律都认为是强奸行为未免有失妥当。因此2006年《最高人民法院关于审理未成年人刑事案件具体应用法律若干问题的解释》中第6条规定:"已满十四周岁不满十六周岁的人偶尔与幼女发生性行为,情节轻微、未造成严重后果的,不认为是犯罪。"此条规定就充分体现了刑罚裁量和刑事政策相结合的考量。再如,关于多次抢劫的限缩规定,根据《刑法》第263条对于抢劫罪的规定,多次抢劫属于抢劫罪的加重情节,严格按照规定需要处10年以上有期徒刑。但是实践中出现了许多按照次数计算行为人属于"多次抢劫",但是从其主观恶性和可责性程度来看并不符合立法原初关于"多次抢劫"的规定的本来含义的情形,因此2005年《最高人民法院关于审理抢劫、抢夺刑事案件适用法律若干问题的意见》第3条就对"多次抢劫"这一概念进行了限定,根据这一司法解释,对于行为人基于一个犯意构成犯罪的,或者基于同一个犯意,一般应认定为一次犯罪,不需要适用10年以上的法定刑。这一司法解释实际上也体现了司法者在裁判过程中由于遇到适用传统的规定会导致量刑失衡的情况,而做出的规定,本质上也体现了以刑制罪的司法逻辑。但应当注意,这种通过司法解释进行罪刑关系调整的方案只能是单向的,也即司法解释不能够通过其解释而扩大对刑法的理解,只能限缩地进行解释。

  若要对一种新兴的刑法尚未规制的行为施以刑罚,则需动用立法的方式。但笔者认为,立法必须是谨慎的,一方面要保证法律的稳定性,另一方面要使得立法具有效率性。也即不能频繁地修改法律,要力图使得修法后的罪名具有包容性和抽象性,能够适应较长时间内的社会变化发展。在立法过程中,笔者认为法律实证研究和社会调查的方法将给立法带来一定的参考价值。例如,对中国民众刑法偏好进行实证研究,通过3万多样本数据研究中国民众的刑法偏好,包括中国民众对目前犯罪圈大小的态度、中国目前刑罚量的轻重、罪刑关系的均衡性程度等方面的问题进行社会调查,并且根据调查结果分析中国民众为何为产生此种偏好,从而提醒裁判者应当对舆论加以警惕。同时也能够为未来的立法的刑罚关系的调整提供借鉴。[37] 再如在对受贿罪量刑影响因素的实证研究中,通过对法官集体判决的搜集和分析,就可以考察出法官在受

---

[37] 参见白建军:《中国民众刑法偏好研究》,载《中国社会科学》2017年第1期,第143页。

贿案件的审理过程中的平均理性,得出在法官量刑过程中对行为人量刑影响显著的因素,并且论证这些因素的合理性。[38]

总而言之,"以刑制罪"在立法层面上的适用是较无争议的一个话题,立法过程必然涉及刑罚均衡的考量,笔者在此单独提出是为了指明在司法实践中,对于以"以刑制罪"的司法逻辑的适用尚不足以实现罪刑均衡的最佳社会效果时,要有节制地求助于司法解释或者立法修改。此外,在立法过程中,应当重视法律实证研究和社会调查的成果。

六、结语

罪刑关系长期以来一直是刑法研究中十分重要的问题,自"以刑制罪"的司法逻辑提出之后,学界对这一问题就争论不休。本文在大量前人研究的基础之上进行梳理,从学术史考察的角度结合否定论者的批判,重新阐释了"以刑制罪"这一概念:在司法层面上其属于一种对三段论进行实质扩充的司法逻辑,而在立法层面上其属于一种是否"动刑"的考量。接着,笔者对"以刑制罪"司法逻辑的法理基础进行了归纳总结,并且论证了其不违反罪刑法定原则,也不会突破刑法教义学对构成要件解释的要求。由于新型疑难案件的高发和立法的滞后性,"以刑制罪"这一司法逻辑具有贯彻的必要性。在阐述了"以刑制罪"这一含义后,笔者对"以刑制罪"的适用对象在总结前人观点的基础上进行了讨论,认为应当遵循全面适用说的观点,在每一个案件中都适用"以刑制罪"的司法逻辑。最后,针对"以刑制罪"存在的潜在危险性,笔者主张贯彻多方法律主体"商谈"的理念,在审判过程中引入"听证"制度,以防止权力滥用。当"以刑制罪"的司法逻辑的适用尚不足以实现罪刑均衡的最佳社会效果时,要有节制地求助于司法解释或者立法修改。此外,在立法过程中,应当重视法律实证研究和社会调查的成果。

---

[38] 参见林嘉珩:《受贿罪量刑影响因素实证研究——基于全国 2014 年 4205 份判决书的研究》,载陈兴良主编:《刑事法评论》(第 39 卷),北京大学出版社 2017 年版,第 260 页。

[刑罚论]

缓刑适用实质要件的操作化[*]

赵兴洪[**]

> **要 目**
>
> 一、问题意识:缓刑适用实质要件需要操作化
> 二、缓刑实质要件操作化的模式选择
>   (一)细化列举模式的失败
>   (二)综合评估模式的提倡
> 三、缓刑实质要件操作化可通过再犯危险评估工具实现
>   (一)"没有再犯罪的危险"与"确实不致再危害社会"一脉相承
>   (二)实质要件四要素与再犯危险评估逻辑殊途同归
> 四、再犯危险评估预测因子的筛选
>   (一)筛选原则
>   (二)筛选方法
>   (三)再犯危险预测因子体系
> 五、缓刑实质要件操作化工具一:再犯危险评估量表
>   (一)量表内容及再犯危险等级
>   (二)再犯危险评估量表之效度检验
> 六、缓刑实质要件操作化工具二:再犯预测回归模型
> 七、结语

摘 要 《刑法修正案(八)》从形式上细化了缓刑适用实质要件,但是并未增强其操作性。"没有再犯罪的危险"与"确实不致再危害社会"一脉相承,实质要件四要素与再犯危险评估逻辑殊途同归,故缓刑实质要件可通过再犯危险评估工具予以操作

---

[*] 本文系作者主持的重庆市社会科学规划项目"缓刑适用与再犯危险评估"(项目编号:2017BS08)的阶段性成果。
[**] 西南大学法学院副教授,法学博士。

化。罪前、罪中、罪后、外在环境等四个方面的 25 个指标可以作为缓刑适用再犯危险评估的预测因子。基于裁判文书大数据研发的再犯危险评估量表和再犯预测回归模型,对规范和科学适用缓刑具有理论借鉴意义。

关键词 缓刑适用实质要件 操作化 再犯危险评估量表 再犯预测回归模型

一、问题意识:缓刑适用实质要件需要操作化

根据最高人民法院的司法统计资料,我国近年来每年适用缓刑的人数都在 35 万以上,缓刑适用率约为 30%(表 1)。不过令人吃惊的是,对于如此广泛适用的一种刑罚执行方式,刑法竟未确立一个操作性强的标准。1997 年《刑法》第 72 条规定:"对于被判处拘役、三年以下有期徒刑的犯罪分子,根据犯罪分子的犯罪情节和悔罪表现,适用缓刑确实不致再危害社会的,可以宣告缓刑。"在这个规定里,前提要件或者说对象要件是清楚的,但实质要件里的"犯罪情节"和"悔罪表现"却语焉不详,特别是"确实不致再危害社会"几乎不具操作性。在这种局面下,缓刑适用就可能面临以下风险或困境:①法官无法准确挑选出再犯危险低的被告人。如果对再犯危险高的被告人宣告了缓刑,则社区、社会将面临巨大安全威胁;如果对再犯危险低的被告人没有宣告缓刑,则被告人受到了不公正对待,而且增加了其再次融入社会的成本。②法官为了规避宣告缓刑的风险,会尽量追求"安全量刑"而非"科学量刑"[1],这不但可能降低缓刑宣告率,而且可能增加国家的刑罚资源投入。③缓刑适用标准模糊,法官自由裁量权过大,面临干涉或诱惑,蕴含了巨大的权力滥用风险。④缓刑适用标准模糊,平等适用刑法原则无法得到落实。因此,提高缓刑实质要件的操作化程度可谓缓刑司法的当务之急。

表 1 缓刑适用情况(2012—2016)

年份	生效判决人数	宣告缓刑人数	缓刑适用率(%)
2012	1 174 133	355 302	30.26
2013	1 158 609	356 523	30.77
2014	1 184 562	368 129	31.08
2015	1 232 695	363 517	29.49
2016	1 220 645	366 321	30.01

---

[1] 参见赵兴洪:《缓刑适用的中国图景——基于裁判文书大数据的实证研究》,载《当代法学》2017 年第 2 期,第 59 页。

二、缓刑实质要件操作化的模式选择

大体上说,缓刑实质要件操作化有两种模式:细化列举模式和综合评估模式。

(一)细化列举模式的失败

细化列举是指将缓刑实质要件要素进一步细化、类型化。比如将"犯罪情节较轻""有悔罪表现"进一步细化为具体的类型。如王秋良、李泽龙针对 1979 年《刑法》提出,可在原规定的基础上增加一款或一条,明确规定法官在判断行为人有无人身危险性从而裁量适用缓刑时,应考虑下列因素:①过失犯、中止犯、因防卫过当和避险过当构成犯罪。②胁从犯。③未成年犯。④情节一般之初犯。⑤因民事纠纷,特别是家庭、亲属、邻里之间的纠纷引起的犯罪中的罪犯,只要危害后果不大,均可考虑适用缓刑。⑥一般犯罪中的自首犯。⑦其他可以判处缓刑的情况。[2] 赖正直针对《刑法修正案(八)》提出,在《刑法》第 72 条后增加一条,作为第 72 条之一:"符合本法第七十二条的规定,且具有下列情形之一的,如需予以刑事处罚,可以宣告缓刑:(一)犯罪预备或中止后自首的;(二)自首后又有立功表现的;(三)胁从犯,没有造成严重后果的;(四)防卫过当,没有造成严重后果的;(五)避险过当,没有造成严重后果的;(六)实施造成较轻人身伤害的犯罪,能积极赔偿被害人的损失,并取得被害人谅解的。"[3]

我国立法机关一直钟情于细化列举模式。《刑法修正案(八)》对缓刑实质要件进行细化就是这一模式的最新实践。《刑法修正案(八)》规定:"对于被判处拘役、三年以下有期徒刑的犯罪分子,同时符合下列条件的,可以宣告缓刑,……(一)犯罪情节较轻;(二)有悔罪表现;(三)没有再犯罪的危险;(四)宣告缓刑对所居住社区没有重大不良影响。"对比修改前的条文不难发现,缓刑实质要件"确实不致再危害社会"被一分为四了,从形式上实现了细化。然而遗憾的是,细化并不一定能增强操作性。《刑法修正案(八)》施行多年后,司法一线人员仍然在抱怨缓刑实质要件缺乏操作性就是最好的证明。如宁夏回族自治区中卫市中院 2015 年的调研报告提出:"要将缓刑适用的条件、范围作出更加具体可操作的规定。"[4]有基层一线法官指出:"新规定的缓刑适用的四个实质条件还是不具体明确,还是过于抽象、笼统。何为犯罪情节较轻、有悔罪表现难以具体界定,没有再犯罪的危险更加难以判断,宣告缓刑对所居住的社区没有重大不良影响更加难以保证……而'没有再犯罪危险'和'社区影响'的主观性更大,缺乏

---

[2] 参见王秋良、李泽龙:《缓刑适用的立法完善》,载《法学》1996 年第 4 期,第 45 页。
[3] 赖正直:《细化缓刑适用条件的若干思考——〈刑法修正案(八)〉对缓刑适用条件的修改及其展开》,载《时代法学》2011 年第 5 期,第 42 页。
[4] 中卫市中级人民法院课题组:《关于中卫市两级法院近三年来缓刑适用情况的调研报告》,2014 年。

统一的评判标准,完全依赖法官的主观认识。"[5]如此看来,《刑法修正案(八)》提高缓刑适用操作性的目标算是落空了。原因何在?很重要的原因就在于立法者误将细化等同于操作化。细化有利于操作化,但毕竟不同于操作化。操作化(operationalization)是指为无法直接测量的变量找到对应的可以直接测量的变量的过程[6],是一步步将其从抽象层次(概念)下降到经验层次(指标)进而使概念成为可观察事物的实践过程。[7]换句话说,立法将缓刑实质要件细化了,但这些细化的要素仍然无法被直接观察和测量,缓刑实质要件的操作性并未因修法而得到提高。

(二)综合评估模式的提倡

综合评估是指从多个维度、根据多项指标对实质要件进行整体性、综合性评判。本模式的特点在于其综合性、定量性,且可以根据再犯规律设计操作化工具,其操作性、科学性十分突出。世界主要国家缓刑适用均采用这一模式,其制度载体是所谓的审判前调查,工具主要是再犯危险评估量表。笔者认为,我国现阶段也应采用综合评估模式。原因在于:

第一,缓刑实质要件及其四个要素,无法通过单一或少数几个指标进行准确判断,"单兵突进"注定要失败。我国学者正确地指出,对缓刑适用实质要件的明确化和具体化,主要是对犯罪人人身危险性判断根据的明确化和具体化,而不是对可以适用缓刑的具体情形的明确列举。因为判断犯罪人有无再犯罪的危险,是一个需要综合多方面的考量因素进行整体判断的过程,其一般并不可能在某一种具体情形中可以得到完整的体现。[8]

第二,细化列举存在列举不完、细化不足的弊端。只要采用列举方式,就会存在列举不完的情形;而一旦采取概括方式,又会存在细化不足、难以操作的问题。此外,由于需要同时具备四个要素,分别列举就存在多种排列组合,任何一个要素出现偏差,都可能导致整体判断出现偏差。

第三,不同要素的作用力不同。有些要素作用力大,有些作用力小;有些是正作用力,有些是负作用力,细化列举模式无法妥当体现各自的影响力。

第四,官方亦认识到综合评估的科学性并在全国监狱推行。2016年4月21日,司法部监狱管理局出台了《关于开展罪犯危险性评估工作的意见(试行)》,全面推行狱内

---

[5] 张春平:《基层法院缓刑适用问题研究——以江西省F县人民法院2009-2014年缓刑适用数据为例》,江西财经大学2016届硕士学位论文,第18页。
[6] 参见张小天:《论操作化》,载《社会学研究》1994年第1期,第54页。
[7] 参见胡仕勇、叶海波:《操作化流程及其在社会研究中的应用探讨》,载《武汉理工大学学报(社会科学版)》2003年第5期,第507页。
[8] 参见敦宁:《缓刑适用的规范化进路——以制度完善为中心的理论探讨》,载《法治研究》2014年第9期,第109页。

罪犯"危险性评估"。根据该意见,危险性评估是对"罪犯发生危及监狱秩序与稳定的脱逃、行凶、暴狱、抗改、自杀等行为以及再犯罪的可能性进行系统科学的评估和预测"[9]。该评估结果主要用于监狱管理、减刑、假释等领域,缓刑适用自然可以借鉴。

三、缓刑实质要件操作化可通过再犯危险评估工具实现

(一)"没有再犯罪的危险"与"确实不致再危害社会"一脉相承

1997年《刑法》规定的缓刑实质要件是"确实不致再危害社会",犯罪情节和悔罪表现只是判断"确实不致再危害社会"的资料。而所谓"确实不致再危害社会",是指根据犯罪情节和悔罪表现预测,犯罪分子在相当长时期内不会再次实施违法、犯罪行为。也就是说,判断"确实不致再危害社会"的实质就是进行再犯危险的评估、预测。现行刑法将缓刑实质要件一分为四,那么新的四个实质要件要素与"确实不致再危害社会"是什么关系?如果两者具有相同内涵,那就意味着评判新的缓刑实质要件本质上仍然是进行再犯危险评估。

笔者认为,新的四个实质要件要素与"确实不致再危害社会"具有相同的内涵,两者是一脉相承的。我们基于以下两方面理由得出这一结论:

第一,历史解释的必然结果。历史解释是指根据制定刑法时的历史背景以及刑法发展的源流,阐明刑法条文真实含义的解释方法。[10] 通过对缓刑适用条件立法文本的考察,我们可以清楚地看到,直到十一届全国人大常委会第十六次会议审议的《刑法修正案(八)(草案)》,"确实不致再危害社会"或"没有再犯罪的危险"与"犯罪分子的犯罪情节和悔罪表现"的关系都没有改变,后者只是前者的判断资料。《关于〈中华人民共和国刑法修正案(八)(草案)〉的说明》也明确指出,修改缓刑条件是因为"各方面认为,应当进一步明确缓刑适用条件,以利于操作"。也就是说,立法机关无意改变缓刑适用条件,而是要对实质要件进行细化,"没有再犯罪的危险"也只是"确实不致再危害社会"的学术化表述。但是在《刑法修正案(八)》正式文本里,"没有再犯罪的危险"突然被"降格"了。笔者推测,这应该是一个技术性失误,因为从文义上都可以看出,四个要素并不居于同一逻辑层面,且不互斥。因此,应对"没有再犯罪的危险"进行限缩解释,使其成为和犯罪情节、悔罪表现、社区影响并列的一个要素——笔者将在后文详述。如此解释,四个要素共同拱卫的还是同一个核心——"确实不致再危害社会"。值得注意的是,在《刑法修正案(八)》实施多年以后,不少法官仍然将"确实不致再危害社会"作为缓刑适用的实质要件。如(2017)川1124刑初4号、(2017)苏0891刑初

---

[9] 翟中东、孙霞:《罪犯危险评估的几个基本问题》,载《中国监狱学刊》2016年第3期,第5页。
[10] 参见张明楷:《刑法学》(第五版),法律出版社2016年版,第37页。

18号、(2017)冀0107刑初5号、(2017)晋0108刑初15号、(2017)鲁1523刑初5号等许多判决书都是如此。这也从另一个侧面证明了两者的历史联系。

第二,体系解释的必然结果。通过对比《刑法修正案(八)》通过前缓刑和假释的适用条件,我们可以清晰地看到这一点。缓刑和假释适用的对象不一样,但其最终的结局都是要实施社区矫正——《刑法修正案(八)》也同时对两者增加了"依法实行社区矫正"的规定。在我国,假释其实就是"重刑犯的缓刑"。也正因为如此,两者的实质条件几乎一致。在《刑法修正案(八)》之前,两者的核心要求都是"不致再危害社会";在《刑法修正案(八)》草案里,两者又一起被修改为人民法院认为其"没有再犯罪的危险",且同时增加"应当考虑其假释(缓刑)后对所居住社区的影响以及是否具备有效监管的条件"。在《刑法修正案(八)》正式文本里,假释实质条件基本维持草案的结构,"认真遵守监规,接受教育改造,确有悔改表现"仍然是"没有再犯罪的危险"的判断材料;而缓刑的实质条件则进行了微调。两相对比似乎也可以印证,缓刑适用条件的微调当属"临时起意"。

总之,从两个进路的考证可以发现,"没有再犯罪的危险"本来只是用来替换"确实不致再危害社会",结果由于立法机关特意强调"细化"缓刑条件,误将"没有再犯罪的危险"与其他三个要素并列,导致出现了逻辑混乱。我国学者敦宁指出,"确实不致再危害社会"与"没有再犯罪的危险"实际上并不存在性质上的差别,其都是作为是否可对犯罪人适用缓刑的综合判断标准而存在的。而"犯罪情节较轻"和"有悔罪表现"则都是用于确定犯罪人是否"没有再犯罪的危险"的具体判断依据。因此,将三者并列规定为是否适用缓刑的独立考察条件,明显存在逻辑错误。[11] 笔者深以为然。事实上1997年《刑法》的规定很好地体现了实质要件要素之间的逻辑关系——"根据犯罪分子的犯罪情节和悔罪表现,适用缓刑确实不致再危害社会的"。由于现行刑法规定与1997年《刑法》的规定从精神和实质上是一脉相承的,故"确实不致再危害社会"仍是缓刑适用的实质要件,而新的四个实质要素仍可由其统领。之所以不用更学术化的"没有再犯罪的危险"统领四个实质要素,一来为了避免和具体要素之一的"没有再犯罪的危险"重复和混淆,二来因为"危害社会"比"再犯罪"更加具有概括性,可以更好地涵盖"宣告缓刑对所居住社区没有重大不良影响"。

(二)实质要件四要素与再犯危险评估逻辑殊途同归

既然新的四个实质要件要素只是对"确实不致再危害社会"的细化,那么该如何理解"没有再犯罪的危险"与其他三个实质要件要素的关系呢?目前存在两种观点:第一,"递进+并列"关系。张明楷教授指出:"只有同时具备以下四个条件,才能适用缓刑:(1)犯罪情节较轻;(2)悔罪表现;(3)没有再犯罪的危险;(4)宣告缓刑对所居住的

---

[11] 参见敦宁,同前注[8],第107页。

社区没有重大不良影响。前三个条件的设定是基于法律理由,其中,(3)是实质条件,(1)与(2)是判断没有再犯罪危险的资料……第(4)个条件的设定是基于政策理由。"不难看出,张明楷教授虽然提到需要同时具备四个条件,但实际上并未同等对待四个条件,而是重新组合成了两个条件:法律条件和政策条件。其中,(1)和(2)是(3)的判断资料,(3)和(4)并列。第二,并列关系。权威统编教材和带有立法机关色彩的《中华人民共和国刑法解读》均持这个观点。[12] 笔者认为,这两种观点都有所不足。第一种观点明显改变了刑法规定的逻辑关系;根据刑法条文的表述,四个实质要素的关系只能是并列关系。第二种观点虽然正确地坚持了并列关系,但完全根据字面含义解释,导致"没有再犯罪的危险"与其他三个实质要素不在同一个逻辑层面,因为犯罪情节较轻、有悔罪表现是没有再犯罪的危险的判断材料或体现,而没有重大不良影响当然也包括没有再次犯罪造成的不良影响。

笔者认为,要解决上述难题,必须对"没有再犯罪的危险"进行限缩解释,下降其逻辑层次,使其与另外三个要素处于同一层面。此外,根据逻辑划分规则,这四个要素必须互相排斥而不能互相包容,否则就犯了"子项相容"的逻辑错误。那么到底该如何限缩解释呢?

经典犯罪学理论都认同,影响犯罪的因素既包括犯罪人本身的内在因素、人身危险性因素,也包括自然、社会环境等外在因素。如菲利认为,犯罪的原因包括人类学的、自然的和社会的原因。"无论哪种犯罪,从最轻微的到最残忍的,都不外乎是犯罪者的生理状态、其所处的自然条件和其出生、生活或工作于其中的社会环境三种因素相互作用的结果。"[13]李斯特也指出,任何一个具体犯罪的产生均由两个方面的因素共同使然,一个是犯罪人的个人因素,一个是犯罪人的外界的、社会的、尤其是经济的因素。[14] 显然,缓刑领域的再犯罪危险判断也无法脱离这个大的框架。在缓刑领域,外在环境因素主要就是社区矫正条件。"宣告缓刑对所居住社区没有重大不良影响"即体现了对环境因素的考量。而人身危险性因素又可以从多个方面反映、体现:①罪中因素,即犯罪本身及实施犯罪过程中体现的人身危险性情节(罪行危险性情节)。如是否属于过失犯罪、激情犯罪、无预谋犯罪,是否属于习性犯罪、职业犯罪,是否属于暴力犯罪,是否事出有因(被害过错、防卫过当、紧急避险过当),犯罪手段是否恶劣(是否使用杀伤性武器),犯罪组织性程度(松散型还是组织型),犯罪数量(一罪还是数罪;一次还是多次),是否中止犯罪等。②罪后因素,即罪后的人身危险性情节。如自首、立功、坦白、赔偿、退赃、挽回损失等。③罪前因素,即实施本次犯罪前存在的人身危险性情节。如违法犯罪前科、幼年经历等。④罪人因素,即犯罪人本身的危险

---

[12] 参见高铭暄、马克昌主编:《刑法学》(第六版),北京大学出版社、高等教育出版社2014年版,第285页;王尚新主编:《中华人民共和国刑法解读》(第三版),中国法制出版社2011年版,第100页。
[13] [意]菲利:《实证派犯罪学》,郭建安译,中国政法大学出版社1987年版,第27页。
[14] 参见[德]李斯特:《德国刑法教科书》,徐久生译,法律出版社2000年版,第9页。

性情节(罪人危险性情节)。如性别、年龄、工作学习情况、婚姻状态、教育程度等。通过以上分解,四个实质要件要素就能实现一一对应了:"宣告缓刑对所居住社区没有重大不良影响"对应社区矫正条件、外在因素(环境因素);"犯罪情节较轻"可对应犯罪本身及实施犯罪过程中体现的人身危险性情节(罪中因素)[15];"有悔罪表现"可对应罪后人身危险性情节(罪后因素);"没有再犯罪的危险"可对应剩余人身危险性情节,即罪前人身危险性情节以及犯罪人自身的危险性情节(罪前和罪人因素)。"没有再犯罪的危险"因而得到了限缩。可以看到,对"没有再犯罪的危险"进行限缩解释后,四个实质要素的关系更加融洽和合理了。首先,四个要素完全居于同一逻辑层面;其次,四个要素互不包容,互为补充,符合逻辑划分规则;最后,四个要素结合更加符合再犯规律,平衡了社会与社区利益。"犯罪情节较轻""有悔罪表现""没有再犯罪的危险"主要关注社会整体利益,"宣告缓刑对所居住社区没有重大不良影响"重点关注社区利益;前三个要素主要关注再犯罪危险,最后一个要素不但关注再犯罪危险,还关注其他"重大不良影响",即可能包含再次违法风险,如是否影响社区居民、被害人正常生活等。总之,进行限缩解释后,罪前、罪中、罪后人身危险性情节前后贯通,罪行、罪人情节有机结合,案内、案外(环境)因素一体考量,对实质要件的拱卫更加全面、准确和科学。也正是从这个意义上讲,缓刑实质要件四要素的判断与再犯危险判断的逻辑是完全一致的。

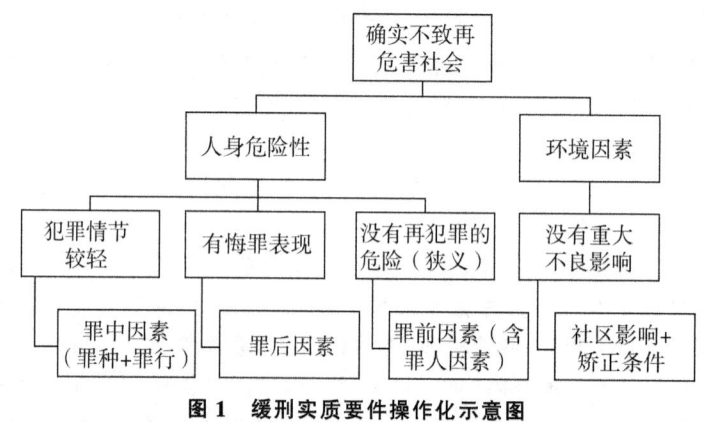

图1 缓刑实质要件操作化示意图

四、再犯危险评估预测因子的筛选

既然缓刑实质要件操作化的逻辑与再犯危险评估一致,那么就可以按照再犯危险

---

[15] "犯罪情节较轻"的争论和新解释可参见赵兴洪,见前注[1],第52页。

评估的方法来实现缓刑实质要件的操作化。再犯危险评估的关键是要研发再犯危险评估工具,而研制再犯危险评估工具的第一步则是科学确定再犯危险预测因子。

(一) 筛选原则

我国缓刑适用所依据的再犯危险预测因子筛选应遵循以下几项原则:

第一,和法律规定相协调。现行刑法从四个方面对"确实不致再危害社会"作出了规定,缓刑适用再犯危险评估自然要遵循这个框架。根据笔者的解读,四个实质要件要素分别代表罪前(含罪人)、罪中(罪种+罪行)、罪后和外在要素,与再犯(预测)规律吻合。再如,《刑法》第 74 条规定:"对于累犯和犯罪集团的首要分子,不适用缓刑。"此条系缓刑适用的消极要件。本规定对确定再犯危险预测因子及其权重具有重要的指引意义,即应将"类消极要件要素"作为实质要件判断的核心因子,赋予其最大权重。所谓"类消极要件要素",是指刑法虽然没有将其确定为消极要件,但其内核与消极要件相同或相近的要素。简单地讲,累犯是违法犯罪前科之极端代表,非累犯的违法犯罪前科就是"类消极要件要素";犯罪集团的首要分子是组织犯、职业犯、共同犯罪之极端代表,其他主犯、组织犯、职业犯就是"类消极要件要素"。刑法对消极要件要素作出了一律不适用缓刑的规定,这实际上对再犯预测提出了指引:"类消极要件要素"应该是仅次于消极要素的重要影响因子。也就是说,诸如非累犯的再犯、行政违法前科、犯罪集团成员、一般首要分子、一般主犯应该作为实质要件中权重最高的再犯危险预测因子。总之,累犯也好、犯罪集团首要分子也好,其实质反映的是犯罪的习癖性、高度组织性、职业性,因此,与犯罪习癖性、组织性、职业性有关的因素,都应该成为判断实质要件的高权重因子。

第二,注重理论指导。既要重视再犯理论研究成果,也要重视再犯危险预测理论研究成果。例如,"少数人对多数犯罪负责"就是重要的再犯理论。[16] 国外的多项实证研究表明,少数人实施了绝大多数犯罪。我国学者翟中东认为这一理论在中国也是成立的。因此,这少数人实际上就是再犯罪危险性最大的人群。这群人具有什么特征?"犯罪次数频繁"以及"犯罪危害大"(是重大犯罪的实施者)。据此,"违法犯罪史"和"犯罪本身的危险性"应该作为重要的预测因子。再如 Gendreau 等在对 131 项再犯预测研究进行荟萃分析(meta-analysis)后发现,犯因性需要(criminogenic needs,指支持反社会生活方式、行为的反社会态度),犯罪/反社会行为历史,社会性获得(social achievement,指婚姻状态、教育水平、就业情况、收入、地址变更等),年龄/性别/种族,家

---

[16] See Georgia Zara, David P. Farrington, *Criminal Recidivism: Explanation, Prediction and Prevention*, Routledge, 2016, p. 4;参见翟中东:《危险评估与控制——新刑罚学的主张》,载《法律科学(西北政法大学学报)》2010 年第 4 期,第 65 页。

庭因素是最强的预测因素。[17] 显然,这些理论成果有利于我们明确筛选方向,避免遗漏重要因子。

第三,借鉴优秀评估工具的危险预测因子。权威量表不仅有理论依据支撑,而且经过了实践的检验,因而参考价值更大。如美国的"水平评估量表"(LSI-R)被认为是最有用的量表[18],英国的"罪犯评估系统"(OASys)被认为是全世界同类工具中最先进的。[19] 根据LSI-R,权重最高的预测因子是犯罪史、教育或就业情况、使用酒精或者毒品情况。根据OASys,最重要的预测因子是犯罪本身的危险性、犯罪史和毒品滥用情况。

第四,借鉴我国已有危险评估工具的预测因子。我国尚未有专门的缓刑适用危险评估工具,但其他危险评估工具仍可作为借鉴。例如,强制措施危险评估工具和社区矫正人员再犯危险评估工具对缓刑适用评估借鉴意义最大。缓刑适用对象和取保候审对象、新进社区矫正人员在很多方面具有相似性,因此,预测因子也具有共通性。当然,借鉴时要注意各自的区别。比如:可能判处的刑罚对取保候审再犯有影响,而缓刑适用对象的刑期已经确定;社区矫正人员可能有第一次受刑情况,而大多数缓刑适用对象可能属于初犯。总之,参考的同时要注意进行个性化改造。

第五,不能颠倒因果关系。再犯危险评估是一种预测,即从已知推测未知。已知是因,未知是果。因此,再犯预测只能选取评估时已经存在的因素作为预测因子,而不能以未来可能存在的因素进行预测。但是这里的已知并不一定必须是现实。如张吉喜教授的取保候审再犯危险评估模型中含有"可能判处3年以上有期徒刑"这个因子。[20] 该因子显然是一个尚未确定的因素,但在司法实践中,根据相关犯罪事实和证据,基本能够做出准确推断,因而也可作为预测因子。再如缓刑适用对象的婚姻状态,如果其已婚,以已婚作为前提进行再犯危险预测是可以接受的,尽管其确实可能在缓刑考验期间离婚。有学者指出,"做缓刑或假释预测时释放后状况尚不知道,这就使得实际的预测难以操作"。[21] 这确实是一个操作问题,但只要不从根本上颠倒因果关系原则,实践中就可以采用推测、替代等变通方法。

第六,区分故意犯罪与过失犯罪。在国内外的危险评估工具中,这是一个未引起高度重视的问题。故意犯罪和过失犯罪的发生机理并不相同,因此,预测再犯理应区别对待。由于绝大多数再犯、累犯均为故意犯罪人,故应以预防、预测故意犯罪为主。

---

[17] See Poul Gendreau, Tracy Little, Claire Goggin, "A Meta-analysis of the Predictors of Adult Offender Recidivism: What Works!", *Criminology*, Vol. 34, No. 4, 1996, p. 575.
[18] Ibid.
[19] 参见翟中东:《缓刑适用中的再犯罪危险评估问题》,载《河南警察学院学报》2012年第2期,第44页。
[20] 参见张吉喜:《统计学方法在评估"逮捕必要性"中的运用》,载《广东社会科学》2014年第6期,第221页。
[21] 孔一:《再犯预测基本概念辨析与选择方法评价》,载《江苏警官学院学报》2005年第6期,第21页。

我国台湾地区"刑法"第 74 条明确规定,缓刑适用于:"一、未曾因故意犯罪受有期徒刑以上刑之宣告者。二、前因故意犯罪受有期徒刑以上刑之宣告,执行完毕或赦免后,五年以内未曾因故意犯罪受有期徒刑以上刑之宣告者。"这实际体现了对故意犯罪(人)作不利预测的理念。

第七,把握初犯预防与再犯危险评估的关系。这也是一个未引起重视的问题。并不是所有类型的犯罪都存在再犯的可能,有些犯罪主要由初犯构成,最典型的就是刑法分则第八、九、十章的"职务型犯罪"。因为这些犯罪多半要求具备特定的身份方能构成,而具备这些身份,必须没有犯罪前科;这些拥有特定身份的人一旦构成犯罪,其相应身份就要被剥夺。也就是说,先犯普通犯罪再犯"职务型犯罪"以及先犯"职务型犯罪"再犯"职务型犯罪"的几率几乎没有。[22] 他们最大的可能是先犯"职务型犯罪",在被解除职务后,再犯"非职务型犯罪"——而这又属于普通犯罪的再犯评估范围了。因此,对于"职务型犯罪"应强调初犯预防、初犯预测而不是再犯危险评估。比如,应该关注"是不是有内部违规违纪行为的人初犯概率更高"这类问题。

第八,以客观因素为主原则。完全或主要使用主观因素预测,既无法保证信度,也无法保证效度,而且程序还不简便。使用客观因素预测,相对而言更能保证效度和信度。当然,辅助使用部分主观因素也能有效提高预测的准确性,特别是邻居、同事、同学等对罪犯的"坏印象"往往能够准确指示高危险性。

第九,"动静结合"原则。加入动态预测因子是第三代危险评估工具的重大特色,并且确实提高了预测的准确性。因此,我们的预测因子也应该加入动态因子。

第十,简单易用原则。由于我国缓刑人司法数据统计和公开均比较落后,研究人员也很难获得大量具有全国代表性的适格样本[23],暂不具备使用数据挖掘和机器学习等新兴方法的条件。因此,研制简单易用的结构化量表辅以临床评估是现阶段最现实的选择。

(二)筛选方法

研发危险评估工具必须具备两个前提:知道哪些因素会影响再犯;知道各因素影响再犯的程度。[24] 前一个问题可以通过借鉴前人成果、个案归纳、理论演绎等方法实现。一个最简单的办法就是将各种类似危险评估工具特别是预测效果好的工具以及和预测目的最接近的工具包含的预测因子悉数纳入,再结合自己的预测对象和目的,删除明显不符合要求的预测因子即可。比如,刑释人员再犯研究要考察受刑经历,而缓刑适用对

---

[22] 因为存在不严格执行行政法律的情形,实践中确实存在例外,但属于小概率事件。
[23] 我国现有危险评估工具研发均基于地方性数据,尚未有基于全国性数据的系统;浙江警官职业学院研发的社区矫正人员再犯风险评估系统的基础数据来自刑释人员而非社区矫正人员——刑满出狱与假释、缓刑进入社区矫正的再犯情况可能会有所不同。
[24] 参见孔一:《再犯风险评估中的几个基本问题》,载《河南警察学院学报》2016 年第 2 期,第 31 页。

象可能没有受刑经历,这样的预测因子就可以排除。当然,这种做法也可能遗漏一些预测因子,但一般来说影响不大,因为之前的再犯危险工具不大可能遗漏了核心预测因子。比较难的是后一个问题。解决后一个问题的通常方法是选择一定范围的样本,建立实验组(再犯组)与对照组(未再犯组),进而采用统计分析的方法来确定各因素影响再犯的程度。比如要预测缓刑人是否再犯,就选择同一时期判处缓刑的罪犯做追踪调查,一定时期内再犯和没有再犯的自然形成实验组和对照组。在获取两组人员相关信息后,进行统计分析即可获得相关因素对再犯的影响力。[25] 不过这种做法实际上难以实施。因为在同期进入矫正的缓刑犯中,再犯样本往往太少。笔者搜集的北京市C区的543个社区矫正案例没有1起再犯,重庆市B区的273个社区矫正案例也只有2起再犯。没有足够多的缓刑再犯样本,统计结果就没有意义。这可能也是国内至今未有缓刑再犯危险评估工具的原因之一。为此,笔者采用了替代方法,即"核心因子+公因子+数据库验证+理论推导"四合一法。

所谓核心因子,是指各种危险评估工具公认最重要的预测因子。比如前科(犯罪前科、行政前科)在所有再犯评估工具里都是最重要的预测因子,因此我们的评估工具没有理由不纳入。

所谓公因子,就是类似数学上的公因式。我国目前的危险评估工具只有刑释人员再犯危险预测、取保候审再犯预测和社区矫正人员再犯预测三种。这三类工具的预测因子各不相同,即便同为刑释人员再犯危险预测工具,上海团队研发的就和浙江团队的不同。笔者的做法是,观察国内外权威量表的预测因子,并将它们的公因子提取出来。

所谓数据库验证,就是用笔者获取的全国裁判文书数据库[26]进行统计检验。该数据库既有初犯也有再犯、累犯,因此可以在数据库里得到验证——由于我们的数据库时间跨度过长,我们选取了2012年以后判决的案件作为样本,以期尽量减少社会大环境对再犯、累犯的影响。[27] 比如理论上认为"无业失业"的人更可能再犯,"无业失业"就被认为是一个非常重要的预测因子。我们可用裁判文书库为样本,对"无业失

---

[25] 参见张甘妹:《再犯预测之研究》,台北法务通讯杂志社1987年版,第2页。

[26] 该数据库由中国裁判文书网服务提供商北京法意科技有限公司提供,系根据全国各级人民法院公布的100余万份刑事裁判文书提取而成。该数据库有案、人、罪三个层次的分析单位,由于我们主要研究缓刑适用,故应以人为分析单位。该数据库共涉及1 310 024名被告人。裁判年度由1993年至2015年,其中2012年前的占25.9%,另有30.6%的案例裁判年度缺失,其余全系2012年之后的案例。其中,被判处3年以下有期徒刑、拘役的罪犯共1 013 254人;被判处3年以下有期徒刑的罪犯共743 796人,占73.4%;被判处拘役的罪犯共269 458人,占26.6%。案件审理法院分布在全国31个省(自治区、直辖市)。由于数据库如此之大,且未经人为筛选,代表性较好,可以视为全样本数据。

[27] 选择2012年以后的案件还有其他方面的考虑:一是2012年是《刑法修正案(八)》修改缓刑条件后实施的首年;二是因为最高人民法院2013年决定裁判文书上网,2013年前后的裁判文书上网情况较好。本数据库2012—2015年的案件中,共有罪犯674 483名。其中,累犯64 356人,累犯率为9.5%;再犯120 841人,再犯率为17.9%。

业"与"是否累犯"进行 X^2 检验,进而判断两者是否具有统计学意义上的相关性。需要说明的是,本文在筛选故意犯罪再犯预测因子以及建立回归预测模型时主要使用"是否是累犯"这个变量,其原因在于:①累犯也是再犯;②我国一般累犯成立的前后罪间隔时间为 5 年,假定前罪执行 1 年,这就意味着"非累犯再犯"实施前后两罪间隔至少在 6 年以上,6 年后再犯通常表明犯罪活跃程度较低;③经过 6 年以上时间,罪犯的个人情况和生活环境都会发生很大改变(比如犯前罪时年龄为 25,未婚;经过 6 年后,年龄变成了 31 岁,婚姻状态可能变成了已婚——不管是年龄还是婚姻状态,都可能经历了犯罪生涯的转折点),提前预测意义不大也不太可能准确;④累犯要求前后罪均被判处徒刑以上刑罚,因此累犯可以衡量再次犯罪的严重性程度;⑤累犯要求前后罪均是故意犯罪,因此对故意过失特别敏感;⑥以"是否是累犯"作为因变量,可以考察犯罪前科的影响,而以"是否是再犯"作为因变量,则无法考察犯罪前科的影响(因为"犯罪前科"与"再犯"是同一个变量)。⑦再犯、累犯都可能具有偶然性,但累犯的偶然性更低。总之,以"是否是累犯"作为因变量,除了预测再犯罪可能性,还包含了对再犯间隔、再犯严重程度的预测[28];考察累犯不同于非累犯的特征进而将其用于再犯危险预测,准确性更高。

所谓理论推导包含两层意思:一是不能仅注重形式上统计相关关系,必须要找到理论支撑。比如 A 因素与 B 因素高度相关,但又有违常理,那么我们就必须在理论上寻找支撑。如果无法寻找到理论支撑,就应该反思到底是理论和常识错了,还是另有他因。二是注重从理论和规范推导预测因子,特别是在无法验证的时候。

(三)再犯危险预测因子体系

遵循前述原则、方法,根据再犯预测理论,借鉴其他权威量表,笔者认为选取以下预测因子群是合适的:

第一组:罪前(含罪人)预测因子

①年龄;②性别;③文化程度;④前科情况;⑤学业情况(针对学生);⑥工作情况;⑦经济状况;⑧婚姻恋爱;⑨酒精与毒品使用。

第二组:罪中(犯罪和罪行)预测因子

①犯罪故意与犯罪预谋;②暴力犯罪;③习性犯罪;④犯罪工具与犯罪手段;⑤犯罪组织性。

第三组:罪后预测因子

①悔罪表现;②反法律追究。

第四组:环境(矫正条件、社区影响)预测因子

①居所与居住地;②家庭环境与社会关系;③被害人(含潜在被害人)因素;④社区

---

[28] 曾赟指出,风险评估之风险不仅仅包括可能性,还包括了属性、严重性、急迫性和频度,参见曾赟:《论再犯罪危险的审查判断标准》,载《清华法学》2012 年第 1 期,第 71 页。

(邻里、单位)评价。

为了不至于让本文过于冗长,我们仅以"年龄"为例来说明如何选定预测因子及预测因子发挥预测作用的方式。

年龄与犯罪的关系是犯罪学经典命题。早在 1831 年,Quetelet 根据法国 1826—1829 年的人身和财产犯罪数据发现,犯罪高峰出现在十几岁末期至二十几岁中期这段时间。[29] 据美国著名犯罪学家赫希(Hirschi)考证,这一年龄分布规律几乎是跨越时空的。[30] 我国的情况同样符合这一分布规律。图 2 是根据人民法院刑事审判数据绘制的作案年龄百分比(年龄段人数/年生效判决人数×100%)分布图。可以看到,作案年龄 60 岁以上、作案年龄 14 岁以上不满 16 岁的罪犯所占比例最低;由于最高人民法院的统计数据没有进一步细分,已满 25 岁至 60 岁的罪犯所占比例最高,但这个年龄段毕竟跨度过大;相对而言,作案年龄 18 岁以上不满 25 岁这个年龄段所占的比例较大。

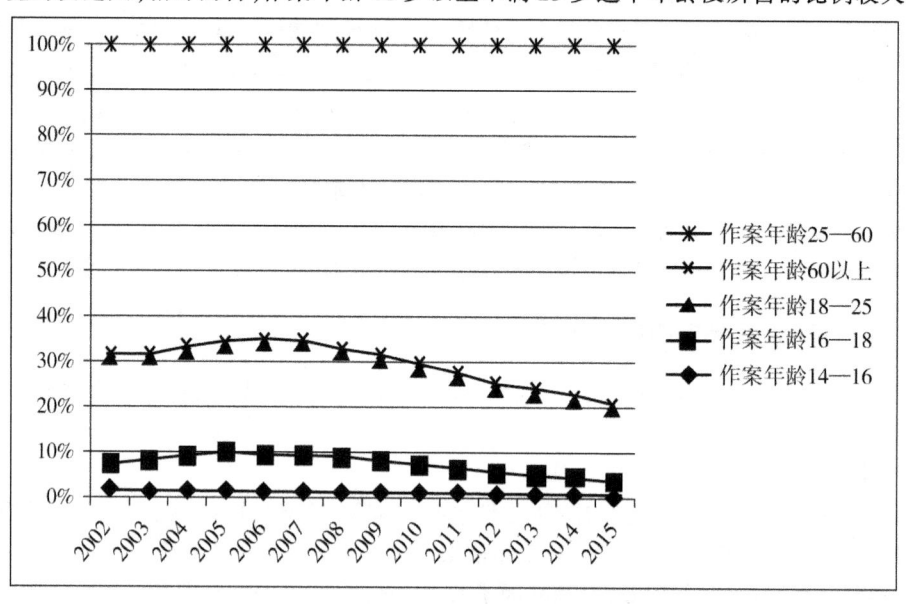

图 2 中国罪犯作案年龄分布图(2002—2015)

由于图 2 反映的不是再犯年龄分布,也不是单个罪犯犯罪生涯的年龄分布,因此,不能仅根据这一分布规律来制定犯罪预防措施。剑桥大学犯罪学家 Farrington 指出,最重要的犯罪生涯剩余时期(residual length)可能在 30—40 岁,而不是在顶峰

---

[29] See A. R. Piquero, D. P. Farrington, A. Blumstein, "Key Issues in Criminal Career Research: New Analyses of the Cambridge Study in Delinquent Development", Cambridge University Press, 2007, p. 7.

[30] See T. Hirschi, M. Gottfredson, "Age and the Explanation of Crime", *American Journal of Sociology*, Vol. 89, No. 3, 1983, pp. 552-584.

年龄。[31] 英国司法部的统计数据[32]表明,10—40岁罪犯的再犯率最高。在2014年罪犯同期群(cohort)[33]中,10—14岁组的再犯率最高,为39.5%;15—17岁组的再犯率紧随其后,为37.5%。在2004年罪犯同期群中,10—14岁组和15—17组的再犯率也是最高的。而在50岁以后,再犯率出现了显著下降,均在15%以下。

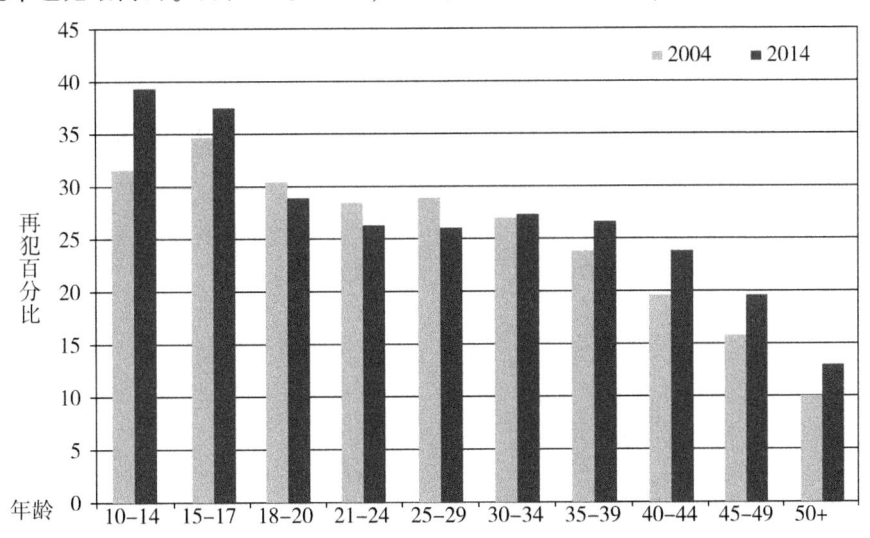

图3 英格兰和威尔士罪犯同期群(2004、2014)再犯率(根据年龄段分组)

许疏影对浙江省2012年社区矫正人员再犯罪情况的统计表明,重新犯罪年龄20—30岁的占33%,30—40岁的占24.5%,40—50岁的占20.8%,20岁以下的占15.1%,50—60岁的占3.8%,60岁以上的占2.8%。[34] 本文数据库也印证了这一规律。对2012—2015年间23 858名累犯的裁判年龄进行频次分析后发现:累犯裁判年龄均值为34.36岁,中值为33岁,众数为26岁,极小值为14岁,极大值为79岁。从年龄段来看,14—19岁阶段占0.7%,20—40岁阶段占72.7%,41—60岁阶段占26.1%,61岁以上阶段占0.5%。也就是说,20—40岁是累犯的高潮期,特别是26岁的人特别多;41—60岁为次高潮,61岁以上阶

---

[31] See D. P. Farrington, "Age and Crime", *Crime and Justice*, No. 7, 1986, pp. 189-250.
[32] See Ministry of Justice, "Proven Reoffending Statistics Quarterly: January to December 2014",载英国司法部官网(https://www.gov.uk/government/statistics/proven-reoffending-statistics-quarterly-january-to-december-2014),访问日期:2019年10月4日。
[33] 同期群研究和追踪研究都是纵贯研究方法。前者是对同一时期同一类型的研究对象随时间推移而发生的变化的研究,后者是对同一批研究对象随时间推移而发生的变化的研究。同期群研究注重的是某一类型,而不是某一个体的特征,追踪研究则注重个体特征。参见袁方主编:《社会研究方法教程》,北京大学出版社1997年版,第134页。
[34] 参见许疏影:《社区矫正人员重新犯罪调查报告——以浙江省为例》,载《青少年犯罪问题》2015年第1期,第51页。

段为低潮期。需要注意的是,前述英国数据表明,未成年人再犯率非常高,但本文统计结果为何未反映这一特点? 原因在于,根据《人民法院在互联网公布裁判文书的规定》,未成年人犯罪裁判文书不在互联网公布。此外,考虑到 19 岁以下罪犯的犯罪生涯剩余期限最长,其再犯危险非常高。据此,如果设计量表并赋值,大致可以分为三档:61 岁以上,0 分;41—60 岁,1 分;14—40 岁,2 分。[35]

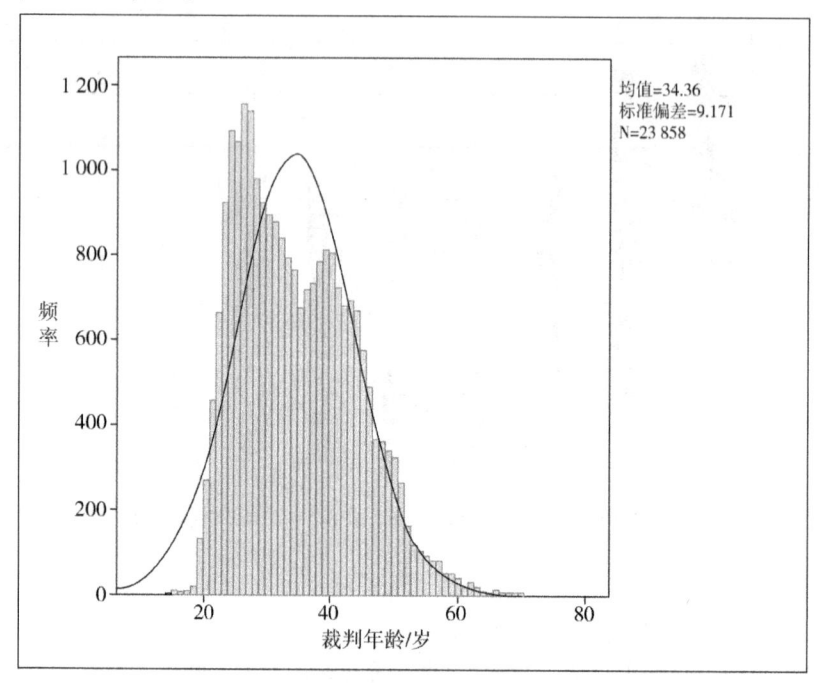

图 4 累犯(裁判时)年龄直方图(2012—2015)

五、缓刑实质要件操作化工具一:再犯危险评估量表

(一)量表内容及再犯危险等级

根据前述预测因子体系,笔者研制了缓刑适用再犯危险评估量表(Reoffense Risk Assessment for Probation,RRAP)并划分了再犯危险等级。

---

[35] 一般来说,二分变量可分别赋值"0 和 1"或"1 和 2"(如两个组均有再犯危险);如果变量存在两个以上属性且取值有递进关系,可分别赋值为"0、1、2……";对于再犯有明显促进作用的属性,也可采用大跨距赋值,如"是否被劳教","否"可以赋值为 0,"是"可以赋值为 3。参见孔一、黄兴瑞:《刑释人员再犯风险评估量表(RRAI)研究》,载《中国刑事法杂志》2011 年第 10 期,第 101 页。

表 2　缓刑适用再犯危险评估量表

序号	评估指标	属性	得分
1	年龄	≥61	0
		41—60	1
		14—40	2
2	性别	女	0
		男	1
3	文化程度	大专及以上	0
		中专、高中、技校	1
		初中以下	2
4	曾犯罪次数	0	0
		1	4
		2(毒品犯罪1次)	6
		≥3(毒品犯罪2次以上)	8
5	其他前科	无	0
		2次以上违纪、行政违法	1
		行政拘留	2
		劳动教养	3
6	学业	学业优良、表现正常	0
		学业糟糕、表现异常	2
	工作	稳定职业(含退休)	0
		半稳定职业(含务农)	2
		无业失业	4
7	经济状况	经济状况良好、收支平衡	0
		经济困难、巨额负债	1
8	酒精与毒品滥用	无	0
		酗酒;每月至少醉酒1次	1
		吸毒;本次犯罪涉毒	3
9	婚姻与恋爱	已婚	0
		未婚	1
		离异、分居、失恋	2

(续表)

序号	评估指标	属性	得分
10	犯罪故意与预谋	过失犯罪	0
		一般故意犯罪	4
		有预谋的故意犯罪	5
11	暴力犯罪	非暴力	0
		暴力	2
12	习性犯罪	非习性;非职业业务型	0
		习性;职业业务型	2
13	犯罪工具、手段、策略	无、普通工具;普通手段	0
		较大杀伤力工具;手段残忍;高智商策略;技术型	1
14	犯罪起因	被害方重大过错;防卫过当;紧急避险过当	-2
15	犯罪组织性	一人犯罪	0
		聚众犯罪首要分子、共同犯罪主要成员、犯罪集团一般成员	2
		犯罪集团首要分子、骨干	4
16	犯罪数量	一罪;一行为	0
		数罪;数行为	1
17	悔罪表现	中止;自动投案型自首	-1
18	对抗法律追究	无	0
		反侦查行为、打击报复证人、威胁执法司法人员	1
		脱逃、越狱	2
19	居所	固定住处(自有房屋;单位房屋;租房但固定)	0
		相对固定住处(租房但多次更换)	1
		无固定住处(居无定所;租房但频繁更换)	2
20	多地、异地犯罪	否	0
		是	1

(续表)

序号	评估指标	属性	得分
21	与家庭关系、联系	关系良好、联系紧密	0
		关系差、联系松散	1
22	家庭环境	正常	0
		异常(如离婚、违法犯罪前科、酗酒吸毒、虐待、遗弃等)	2
23	社会关系	无违法犯罪朋友	0
		有2个以下违法犯罪朋友	1
		有3个以上违法犯罪朋友	2
24	被害人(含潜在被害人)接触	接触机会少	0
		接触机会多	2
25	社区(邻里、同事)评价	与人为善	0
		令人害怕	2
	再犯危险等级	低(可以适用缓刑)	≤7
		较低(谨慎适用缓刑)	8–20
		中(例外适用缓刑)	21–34
		较高(不宜适用缓刑)	35–47
		高(不能适用缓刑)	≥48

关于RRAP,有以下几点需要说明:

第一,关于分值权重。如果制订量表的样本信息足够完整,完全可以根据各预测因子对再犯的实际影响来分配权重。但截至目前没有一个量表是完全按照预测因子对再犯的实际影响来分配权重的,因为理想的样本库无法找到。在此样本库里,某个预测因子可以得到很好的检测;在彼样本库里,另外的预测因子可以得到很好的检测。学者们往往将既有权威研究成果熔为一炉,平衡各预测因子的权重,以期尽可能地符合再犯规律。也就是说,权重并没有一个绝对的比例,而更强调其内外的相对比例。所谓外在比例,是指不同预测因子之间的比例。比如,犯罪前科几乎在所有研究、量表中都被视为最具影响力的预测因子,因此,我们即便给予其高权重,但如果不是最高权重,那么这个权重仍然是不合理的。所谓内在比例,是指单个预测因子内部不同属性间的比例和顺序。前文对"年龄"赋值时已有详细说明。总之,在编制量表这种模式下,权重只能是相对准确的——如果建立回归预测模型则不存在这个问题。权重也并非一成不变,其完全可以随再犯规律、地区等情势变更发生变化。本文权重设置考虑了以下因素：一是刑法的明确规定。前已述及，我国刑法规定累犯和犯罪集团的首要分子不得适用缓刑，本文对这两类预测因子均赋予较高权重。比如曾犯罪 3 次以上的赋值 8 分，占总分 60 的 13%。这是权重最高的预测因子。我们在下文对犯罪前科这个因子也进行了实测，其影响力远远超过其他所有预测因子。二是样本库的实测。如过失犯罪的再犯率为 3%，故意犯罪的再犯率是 22%；在再犯群体里，故意犯罪人占 99%，过失犯罪人占 1%。显然，故意犯罪应该占据非常高的权重。三是借鉴其他研究、量表的权重设置。

第二，关于再犯危险等级划分。RRAP 的再犯危险等级系根据正态分布比例（16%、22%、24%、22%、16%）与各项最高分绝对值之和（60）的乘积计算得出。其中，再犯危险等级低，表明适用缓刑较安全；再犯危险等级较低，表明可以适用缓刑，但如果分数偏高或存在其他特殊情形，适用缓刑可能存在风险；再犯危险等级中，一般不应适用缓刑，在例外的情况下可以适用缓刑；再犯危险等级较高、高的情形下，适用缓刑存在极大风险。这一划分标准不是固定的，而是可以根据具体情况进行适时调整：一是根据实测结果调整。假如我们实测发现得分 18 分的罪犯，再犯已经较普遍了，那么第二等级的上线就可以下调。二是根据刑事政策调整。比如国家准备扩大缓刑适用规模，那么第二档的上线也可以适当上调。

第三，关于使用手册。一般来说，量表需要同时配备使用手册、操作说明，对测量程序及相关指标予以说明。比如，RRAP 的"学业""表现"到底是指哪些情况，就可以进行详细解释。显然，编制使用手册、操作说明有利于提高量表的信度。本文暂时省略操作说明。

第四，关于量表与临床评估、经验直觉的关系。需要注意的是，根据量表计算出来的分数表明的是具备该种特征的罪犯的再犯概率，而不是该具体罪犯的实际再犯概率。也正因为如此，在危险评估实务中，临床评估和精算可以而且应当互为补充。[36] 精算评估工具是一种类型学（typology）模型，关注的是群体概率（group likelihoods）[37]，容易忽略个体差异，而临床判断正好可以弥补这一缺陷，发现个案特殊性。这里的特殊性既可能是给定罪犯的特殊性，也可能是与给定罪犯类别有关的特殊性。比如，根据量表测出的再犯危险等级较高，但罪犯因犯罪行为给自己造成了行动不便的重大残疾[38]或患有严重疾病，而这种特殊情形可能会从根本上降低其再犯可能性。再比如司法实践中信用卡诈骗的案子较多，且很多属于恶意透支型信用卡诈骗。针对这类罪犯，法官在决定缓刑适用时，完全可以查询该罪犯的信用记录——如果罪犯的信用记录非常差，则说明再犯危险

---

[36] 苏格兰风险管理组织也规定，精算型量表必须与结构性的专家评估量表结合使用，参见文姬：《人身危险性评估方法研究》，中国政法大学出版社 2014 年版，第 12 页。

[37] See D. Nussbaum, "Recommending Probation and Parole", in I. B. Weiner & A. K. Hess (eds.), *The Handbook of Forensic Psychology*, John Wiley & Sons Inc., 2006, p. 432.

[38] 参见张明楷：《责任刑与预防刑》，北京大学出版社 2015 年版，第 361 页。

较高,因而以不宣告缓刑为宜。此外,直觉判断在特定案件也具有重要参考意义。总之,结构化的危险评估、临床评估与经验直觉都能发挥很好的预测作用;当然,三者有机结合会有更好的预测效果。

(二)再犯危险评估量表之效度检验

量表设计以后,一般应进行信度(Reliability)和效度(Validity)检验。信度是指测量数据与结论的可靠性程度,即测量工具能否稳定地测量到它要测量的事项的程度。[39] 信度衡量的是采用同一工具、同样方法对同一对象进行重复测量所得结果的稳定性与一致性。RRAP尚未推广使用,暂不测量其信度。效度即正确性程度,是指测量工具确能测出其所需测量的特质的程度。效度越高,表示测量结果越能显示其所要测量的对象的真正特征。[40] 由于我国法院并未发布缓刑裁判跟踪数据,且难以获取大范围社区矫正数据——即便能获得小范围的数据,由于社区服刑人员再犯率约为0.2%[41],再犯样本数也较小——进行效度检验存在一定困难。下面根据两份来源不同的独立数据分别进行示范性检验。

1. 基于重庆市B区同期矫正人员信息的检验

本文首先以重庆市B区同期矫正人员信息进行效度检验。在该区273名在矫人员中,共有2人在缓刑考验期间犯新罪,其中一例的矫正开始时间为2015年4月21日,另一例的矫正开始时间为2016年4月25日。笔者搜集数据时,2016年人员入矫时间尚不足1年,故笔者选取2015年同期数据进行检验。笔者将2015年1—6月(因同期案例较少,时间范围稍宽)开始矫正的视为该再犯的同期矫正人员,因此,最晚进入监督考察的缓刑人也在2016年5月30日满一年。下表是同期矫正人员信息及评估得分情况(2016年的再犯案例亦列于表尾)。

从表3可以看到,2015年再犯案例的评估得分为23(年龄,1;性别,1;文化程度,2;曾犯罪人员,4;无固定工作,4;离异,2;有预谋诈骗,5;习性犯罪,2;数行为,1;多地作案,1),再犯危险等级为"中,例外适用缓刑";2016年再犯案例的评估得分为20(性别,1;文化程度,2;曾犯罪人人员,4;无固定工作,4;离异,2;有预谋盗窃,5;习性犯罪,2),再犯危险等级为"较低,谨慎适用缓刑"。后一案例未进入"中",但实际上只差1分。考虑到矫正人员许多信息尚未纳入,比如经济情况、家庭情况、交友情况、被害人情况、社区评价等,该案例跃入"中,例外适用缓刑"应该没有疑义。也就是说,根据RRAP进行测评,两人均不会被推荐适用缓刑。

---

[39] 参见袁方,同前注[33],第187页。
[40] 同上注,第192页。
[41] 参见郝赤勇:《大力加强教育管理 切实提高社区矫正工作水平——在全国社区矫正教育管理工作会议上的讲话》,载《人民调解》2015年第8期,第7页。

表 3 重庆市 B 区同期矫正人员评估得分

序号	年龄	性别	文化程度	婚否	犯罪前科	固定工作	吸毒	简要案情	固定住所	流窜、多地犯罪	矫正期间	再犯或违规	评估得分
1	61	男	初中	已婚	否	无	否	非国家工作人员受贿罪,有赔偿,有期徒刑2年6个月,缓刑3年	有	否	2015.01.27—2018.01.26	否	13
2	50	男	初中	离异	有	无	否	诈骗罪,2次,有期徒刑10个月缓刑2年,罚金8 000元	有	是、璧山、北碚	2015.04.21—2017.04.20	再犯	23
3	22	女	中专	已婚	否	无	否	诈骗	有	是	2015.06.26—2019.06.25	否	15
4	38	男	初中	已婚	否	有	否	非法买卖枪支罪	有	否	2015.03.24—2018.09.23	否	9
5	21	男	初中	未婚	否	有	否	故意伤害罪,有自首情节	有	否	2015.01.20—2017.01.19	否	15
6	23	男	职高	未婚	否	有	否	故意伤害罪,有自首情节,赔偿	有	否	2015.06.02—2016.12.01	否	11
7	59	男	文盲	已婚	否	无	否	交通肇事罪	有	否	2015.06.01—2019.05.25	否	7
8	40	男	初中	已婚	否	有	否	故意伤害	有	否	2015.02.25—2019.02.24	违规	16
9	28	男	大专	已婚	否	有	否	因交通事故主动报警、等待公安机关处理,有期徒刑3年,缓刑3年	有	否	2015.06.24—2018.06.23	否	3
10	27	男	大学	已婚	否	有	否	因过失致人重伤罪,在现场接受调查,自愿赔偿被害人120 000元,有期徒刑2年,缓刑2年	有	否	2015.04.11—2017.04.10	否	3
11	29	男	高中	已婚	否	有	否	交通肇事罪主动报警,自首,自愿认罪,死亡赔偿费15万元,不认定为自首,有期徒刑1年6个月。	有	否	2015.06.26—2016.12.24	否	4
12	42	男	高中	已婚	否	有	否	信用卡诈骗罪,自首,主动退赔被害单位全部款项,有期徒刑2年,缓刑3年,罚金人民币50 000元	有	否	2015.06.19—2018.06.18	否	7
13	21	男	高中	未婚	否	无	否	交通肇事罪,有期徒刑1年,缓刑2年	有	否	2015.06.16—2017.06.15	否	9
14	74	男	初中	离异	有	无	否	盗窃罪,有期徒刑6个月,缓刑1年	有	否	2016.04.25—2017.04.24	再犯	20

在剩余的12个案例中,得分最高的为16,该人同时存在违反监督考察规定行为;得分最低的为3分;有4人得分在7分以下,属于"低,可以适用缓刑"等级;有8人属于"较低,谨慎适用缓刑"等级。12人的平均得分为9.25,属于"较低,谨慎适用缓刑"这个等级。

总体来看,RRAP对重庆市B区2015年上半年同期矫正人员的再犯危险预测表现良好。

2. 基于北京市裁判文书数据的检验

笔者还从中国裁判文书网选取了北京市法院2016年办结的因再犯新罪、缓刑考验期违规被撤销缓刑的案件进行回溯检验。之所以选择2016年发布的案件,是为了保障检验案件独立于本文主数据库。之所以选择撤销缓刑的案件,是因为这类案件我们能够确信罪犯现在的情况——再次犯罪了。当然,这也就决定我们的检测主要是考察RRAP在"错误否定""正确否定"上的表现了。[42] 由于回溯检验需要知道前一次犯罪的信息,因此,我们还必须能够找到前一次裁判的信息。此外需要注意的是,由于裁判文书缺少较多预测因子信息(如文化程度、经济状况、婚姻状况、家庭联系、家庭环境、社会关系等,共计约30分左右,占总分值的一半),评估分数一般会较实际分值偏低(可见下文殷某案的进一步说明)。因此,如果评估分数≥8(根据RRAP,8—20分为谨慎适用缓刑等级),则基本可以认为RRAP实现了"正确否定"。

经在中国裁判文书网搜寻,截至2019年3月20日,笔者发现31对符合检测要求的案件。如中国裁判文书网2016年5月31日发布的(2015)房刑初字第1057号刑事判决书撤销了再犯新罪的被告人殷某的缓刑,我们同时还找到了殷某前一次犯罪的文书(2014)房刑初字第623号刑事判决书。由于殷某在前罪缓刑考验期内又犯罪,说明前次裁判的缓刑适用属于"错误否定"——即低估了殷某的再犯可能性。如果采用RRAP进行评估,殷某的再犯危险程度低,则说明RRAP效度差,无法准确评估再犯危险性;如果采用RRAP评估,殷某的再犯危险程度处于较低以上水平,则说明RRAP效度较好,能够准确评估再犯危险性。

殷某两案裁判文书提供的信息是:男,19岁,有预谋、故意伤害罪,共同犯罪,使用砍刀,投案,未婚(未达法定婚龄,本案案情为殴打前女友的现男友)。根据这些信息,我们根据量表记分为:性别,1分;年龄,2分;有预谋故意犯罪,5分;暴力犯罪,2分;犯罪工具,1分;投案,-1分;共同犯罪主要成员,2分;未婚,1分。根据现有信息计算的总分为13分,属于"较低,谨慎适用缓刑"等级。但事实上该案还可以推断:被告人没有大专以上文化程度(至少1分);根据后案裁判文书信息,其父母已离婚,家庭教育环境可能较差——该案案情为:其母亲与其母亲的男友发生冲突造成脸部受伤,殷某

---

[42] 标准的做法是要检测"正确肯定""错误肯定""正确否定""错误否定"四种情形。裁判文书样本决定了只能进行后两种检测。

邀约他人殴打其母亲的男友(2分);殷某有3个以上违法犯罪朋友(2分);可能没有稳定工作(4分)。也就是说,如果全部信息搜集全,殷某的再犯危险分数至少达到22分以上,进而属于"中,例外适用缓刑"的等级。

表4列举了全部案件的评估分值。可以看到,31起因再次犯罪、考验期违规撤销缓刑的案件中,根据裁判文书提供的信息进行评估,其中30人得分均在8分以上,再犯危险等级为"较低,谨慎适用缓刑";如果考虑其他可能的加分,罪犯的分数基本应在"中,例外适用缓刑"这个等级。据此可以认为,量表能够对绝大部分罪犯做出正确否定。当然,也有一人[(2015)房刑初字第650号]仅得了3分,RRAP做出了错误否定。该案中,我们只知道罪犯的年龄、性别,又由于罪犯实施的是重大责任事故罪,故评估分较低。如果案件判决时被告人确实不存在其他加分项,这可能意味着量表对过失犯罪人不够灵敏,需要进一步改进。

表4 北京市2016年度撤销缓刑案件逆向评估分值表

序号	前案案号	后案案号	RRAP分数
1	(2015)房刑初字第650号	(2016)京0107刑初404号	3
2	(2015)三刑初字第249号	(2016)京0116刑初146号	18
3	(2014)房刑初字第623号	(2015)房刑初字第1057号	13
4	(2014)临刑初字第566号	(2016)京0114刑初343号	14
5	(2015)许县刑初字第99号	(2016)京0112刑初221号	14
6	(2015)台刑初字第620号	(2016)京0101刑初385号	12
7	(2015)铜官刑初字第00197号	(2016)京0108刑初1951号	16
8	(2016)京0114刑初721号	(2016)京0102刑初531号	13
9	(2015)丰刑初字第428号	(2016)京0106刑初447号	8
10	(2015)顺刑初字第529号	(2016)京0113刑初681号	13
11	(2016)京0111刑初408号	(2016)京0106刑初772号	16
12	(2016)京0114刑初101号	(2016)京0101刑初847号	11
13	(2015)朝刑初字第3173号	(2016)京0106刑初1533号	19
14	(2015)顺庆刑初字第520号	(2016)京0111刑初756号	14
15	(2015)怀刑初字第182号	(2016)京0116刑初225号	10
16	(2014)房刑初字第794号	(2016)京0111刑初416号	9
17	(2015)朝刑初字第1427号	(2016)京0105刑初1945号	10

（续表）

序号	前案案号	后案案号	RRAP 分数
18	（2013）朝刑初字第 2969 号	（2015）东刑初字第 1193 号	10
19	（2016）京 0106 刑初 1017 号	（2016）京 0101 刑初 801 号	9
20	（2016）京 0112 刑初 152 号	（2016）京 0107 刑初 356 号	9
21	（2016）京 0111 刑初 673 号	（2016）京 0111 刑初 884 号	9
22	（2015）通刑初字第 481 号	（2016）京 0112 刑初 650 号	11
23	（2016）京 0113 刑初 3 号	（2016）京 0113 刑初 333 号	12
24	（2015）昌刑初字第 1313 号	（2016）京 0114 刑初 671 号	14
25	（2015）大刑初字第 921 号	（2016）京 0105 刑初 1147 号	12
26	（2015）金义刑初字第 176 号	（2016）京 0108 刑初 1366 号	10
27	（2016）京 0118 刑初 77 号[1]	（2016）京 0118 刑更 3 号	18
28	（2016）京 0118 刑初 77 号[2]张 1	（2016）京 0118 刑初 230 号	14
29	（2016）京 0118 刑初 77 号[3]张 2	（2016）京 0118 刑初 230 号	13
30	（2015）昌刑初字第 636 号	（2016）京 0114 刑初 717 号	13
31	（2014）肃刑初字第 185 号	（2016）京 0108 刑初 789 号	8

当然，我们的检验样本较少，检验条件不够完备，需要进一步进行信度、效度检验。在不断检验、调适的过程中，RRAP 的预测因子及其权重、指标分解都可以不断调整，逐步达到与实际情况更加吻合的状态。

六、缓刑实质要件操作化工具二：再犯预测回归模型

除了再犯危险评估量表，我们还可以通过回归模型来进行再犯预测，实现缓刑实质要件的操作化。为什么需要回归模型？因为回归模型更少受人为因素影响因而可能更客观和准确。比如，RRAP 涉及预测因子权重的问题，尽管我们已特别关注，但仍可能存在误差；再如年龄在 RRAP 里体现为年龄段，而在回归模型里可以精确到具体年龄。当然，回归模型也有局限。建立模型必须有代表性好的大数据，而且大数据能包含丰富的预测因子。此外，预测模型难以将主观预测因子纳入。总之，两种操作化工具各有优劣。但在司法大数据越来越容易获取，数据统计与机器学习、人工智能方兴未艾的时代，建立回归模型预测再犯显然值得尝试。

建立再犯预测回归模型的基本方法是：首先，用单个变量与"是否是累犯（再犯）"

进行 X^2 检验,确定预测变量(因子)是否有用;其次,用选定的多个预测变量进行 Logistic 回归分析,找到各变量对累犯(再犯)的影响力度;最后,根据回归分析结果,建立再犯预测模型。[43]

由于我国刑法规定的累犯是规范性概念而非事实性概念,为了更准确地检验影响累犯的因素,我们对数据库的范围进行了限定,即排除了过失犯罪和被判处拘役、管制的罪犯。我们用于检测累犯危险的数据库的特征为:判决于2012—2015年、被判处有期徒刑以上刑罚的故意犯罪案件。该子数据库共有438 439人,其中累犯63 627人,占14.5%;非累犯374 812人,占85.5%。就判决刑种而言,被判死刑的1 249人,占0.3%;被判无期徒刑的3 489人,占0.8%;被判有期徒刑的433 701人,占98.9%。就判决年度而言,2012年判决人数为70 060,占16%;2013年判决人数为98 199,占22.4%;2014年判决人数为257 126,占58.6%;2015年判决人数为13 054,占3%。就法院分布而言,全国各省级行政区均有分布,且东、中、西部省份均有占比较多的代表,如广东省判决的有41 005人,占9.4%;河南省判决的有36 492人,占8.3%;四川省判决的有18 486人,占4.2%。

首先,我们将第三部分的预测因子群在样本库里进行检验。据此,我们可以提出如下假设:

有犯罪前科、曾犯罪次数多的人累犯危险更高;

有违法前科(行政和劳教前科)的人累犯危险高于没有违法前科的;

犯罪严重程度高(实刑刑期)的人累犯危险更高;

年龄越大累犯危险越低;

无业失业人员的累犯危险高于有稳定工作的;

吸毒涉毒人员的累犯危险高于未吸毒涉毒的;

---

[43] 需要解释的是:①案例数据库里缺少一些案外因素,如婚姻状态、家庭情况等,在缺失这些信息的情况下,如何保证预测的准确性?笔者认为,由于前文预测因子群研究参考了多个再犯危险预测量表,因此,对可能的遗漏变量已经心中有数。因此,从统计层面讲,可以通过观察回归分析 R^2 来判断自变量能够在多大程度上解释因变量;从研究层面讲,变量的全面性确实会影响研究结果;从实践层面来讲,办案人员可以获得这些案外信息并进行临床评估。②根据前文不能颠倒因果原则,不能用未知事实进行预测。而从预测的角度讲,裁判文书里的再犯、累犯信息实际上是预测时的未知信息(后罪信息);初犯案件信息才算是已知信息,但其后面是否再犯的信息在数据库里无法体现。这确实是采用裁判文书数据库来建立再犯预测模型的难题。笔者认为,前述问题是在常规研究方法的基础上提出的。常规做法一般是搜集缓刑考察期内再犯和未再犯的样本分别作为实验组和对照组进行统计分析、建模,但我们采取的思路是:从整体上发现累犯的特征。累犯具备哪些特征,我们就用这些特征来预测其他人的累犯危险。因此,这是两种不同的预测思路。本文的做法实际上存在两个转换。一是整体思维的转换,二是前后罪信息的转化。整体思路的转换已如前述,前后罪信息的转化是初犯、再犯信息的同等对待。常规思路是用"前罪信息"预测"后罪信息"("再犯信息"),前后罪信息必须予以区分;我们的思路决定了并无区分前后罪信息的必要,因为我们关注的是累犯群体和非累犯群体有哪些不同。

流动人口(外地人口)的累犯危险高于非流动人口;
经济困难的人(接受法律援助)累犯危险高于经济宽裕的人;
男性的累犯危险高于女性;
文化程度越高累犯危险越低;
犯罪后自首的累犯危险低于没有自首情节的;
正当防卫或紧急避险过当的累犯危险低于不存在该情节的;
中止犯罪的累犯危险低于没有中止情节的;
实施数罪的人累犯危险高于实施一罪的;
主犯的累犯危险高于非主犯,从犯的累犯危险低于其他共犯;
案件共犯人(案件罪犯人数)越多的累犯危险越高;
犯罪集团成员的累犯危险高于非犯罪集团成员……

我们将这一系列变量与"是否累犯"进行 X^2 检验后发现,以下变量与"是否是累犯"存在统计学意义上的显著相关性:犯罪前科、行政拘留、劳教、裁判年龄、性别、文化程度、无业失业、外来人口、判决罪数、防卫过当、中止、胁从犯、经济困难(法律援助)、自首、立功、主犯、从犯、涉毒、涉黑、农民、共同犯罪、集团犯罪、被告人数。

我们再将这些具有统计相关性的变量与"是否累犯"进行 Logistic 回归分析,可以得到多个不同的回归模型。采用"向后:条件"法,步进概率"进入""删除"均设置为0.01,得到如下模型:

表5 方程中的变量

	B	S.E,	Wals	df	Sig.	Exp（B）
裁判年龄	-.013	.001	100.462	1	.000	.987
性别	-.365	.063	33.154	1	.000	.694
文化程度	-.066	.005	174.046	1	.000	.936
自首	-.383	.044	76.997	1	.000	.682
立功	.241	.077	9.735	1	.002	1.272
涉毒	.171	.032	29.091	1	.000	1.186
外来人口犯罪	.209	.031	44.333	1	.000	1.232
曾犯罪的人员	4.895	.042	13669.201	1	.000	133.618
无业失业	.878	.075	138.960	1	.000	2.407
农民	.711	.075	88.879	1	.000	2.035
常量	-4.298	.118	1332.318	1	.000	.014

从表 5 可以看到,裁判年龄、性别、文化程度、自首、立功、涉毒、外来人口犯罪、曾犯罪的人员、无业失业、农民等 10 个变量进入了方程。其中,B 为回归系数,正数表明正相关,负数表明负相关。也就是说,立功、涉毒、外来人口犯罪、曾犯罪的人员、无业失业、农民(无固定工作)等 6 个因素是累犯、再犯的促进因素;自首的人累犯危险小于没有自首的人;裁判年龄越大,累犯危险越小;男性罪犯的累犯危险大于女性罪犯(变量赋值男性为 1,女性为 2);文化程度越高,累犯危险越小。值得注意的是,立功是一个累犯促进因素,即立功制度可能被投机性犯罪分子利用了。

由于 B 系数均为非标准化回归系数,我们还需要根据公式"标准化回归系数＝非标准化回归系数×标准差/1.8138"计算标准化回归系数。10 个变量的标准化回归系数按绝对值降序排列如下:曾犯罪的人员,1.11;无业失业,0.24;农民,0.2;文化程度,－0.13;年龄和自首,均为－0.08;性别,－0.06;外来人口犯罪,0.04;涉毒,0.03;立功,0.02。也就是说,犯罪前科是最有影响力的预测因素,无业失业以及农民,其实表征的都是没有稳定工作,这也是非常重要的预测因素;立功是影响力较小的预测因子。

表格最后一列的 Exp(B)为优势比,表明自变量每增加一个单位,累犯危险增加的倍数。曾犯罪的人员的 Exp(B)为 133.618,表明有犯罪前科的人的累犯危险是没有犯罪前科的人的 133.618 倍;裁判年龄的 Exp(B)为 0.987,说明裁判年龄每增加 1 岁,累犯危险减少 0.013(0.987－1)倍。

该回归模型共有 94 584 个案例参与分析,Nagelkerke R^2 为 0.62,说明自变量能够解释因变量约 62%的变化。该模型的综合预测准确率为 88.9%,其中对累犯的预测准确率为 86.8%,对非累犯的预测准确率为 89.3%。这说明该模型的综合预测准确率和累犯预测准确率均表现良好。当然,模型对因变量的解释率仅为 62%,说明在前述预测因子之外,还存在其他有效预测因子——与前文的预测因子群对比也可以发现,我们的案例数据库缺少罪犯个人(如婚姻状态、学业、交友等)和家庭情况(如居住条件、父母关系等)等信息。

根据前述 Logistic 回归分析结果,我们可以建立累犯(再犯)危险预测评估模型:
$P=1/[1+e-1×(-4.298-X_1×0.013-X_2×0.365-X_3×0.066-X_4×0.383+X_5×0.241+X_6×0.171+X_7×0.209+X_8×4.895+X_9×0.878+X_{10}×0.711)]$。该模型由 Logistic 回归方程转换而成。Logistic 回归方程为 Logit $P/(1-P)=A+B_1X_1+B_2X_2+\cdots+B_nX_n$。通过将对数方程转换为指数方程,得出 $P=1/[1+e-1×(A+B_1X_1+B_2X_2+\cdots+B_nX_n)]$。其中,P 为累犯(再犯)风险值,取值在 0 与 1 之间,其值越大,累犯(再犯)风险越高;e 为自然对数的底,约等于 2.718282;X_1 至 X_{10} 分别代表裁判年龄、性别、文化程度、自首、立功、涉毒、外来人口犯罪、曾犯罪的人员、无业失业、农民。因此,如果我们知道这 10 个变量的具体情况,就可以将其代入方程,计算出 P 值。需要注意的是,如果变量为分类变量,如"外来人口犯罪",有则代入 1,无则代入 0;如果变量为连续变量,则代入实际数值,如"裁判年龄"可代入实际年龄,文化程度则代入事先赋予的数值。

我们假定罪犯甲的情况为:裁判时年龄为 26 岁,记为 26;男性,记为 1;文盲,记为 0(文化程度为连续变量,0 是本数据库对文盲的事先赋值);没有自首,记为 0;没有立功,记为 0;涉毒,记为 1;外来人口犯罪,记为 1;曾犯罪的人员,记为 1;无业,记为 1;非农民,记为 0。于是我们将前述数据代入方程:$P = 1/[1+e-1\times(-4.298-26\times0.013-1\times0.365-0\times0.066-0\times0.383+0\times0.241+1\times0.171+1\times0.209+1\times4.895+1\times0.878+0\times0.711)] = 1/(1+e-1.152) \approx 0.7599$。

该 P 值表明:一个流窜作案的、有犯罪前科的、涉毒的、26 岁男性无业文盲(故意犯罪)罪犯的累犯概率为 75.99%。因此,当法官面对这样的罪犯,如果经临床评估没有其他例外情况,不宣告缓刑当是明智之举。

我们假定罪犯乙的情况为:裁判时年龄为 40 岁,记为 40;女性,记为 2;大学文化,记为 17(17 是本数据库对大学文化的事先赋值);自首,记为 1;没有立功,记为 0;没有涉毒,记为 0;本地犯罪,记为 0;没有犯罪记录,记为 0;有固定工作,记为 0;不是农民,记为 0。我们将前述数据代入方程:$P = 1/[1+e-1\times(-4.298-40\times0.013-2\times0.365-17\times0.066-1\times0.383+0\times0.241+0\times0.171+0\times0.209+0\times4.895+0\times0.878+0\times0.711)] = 1/(1+e6.67) \approx 0.0013$。

该 P 值表明:一个没有犯罪前科、不涉毒、犯罪后自首、具有大学文化、有稳定工作的 40 岁本地女性(故意犯罪)罪犯的累犯概率为 0.13%。因此,当法官面对这样的罪犯,如果经临床评估没有其他例外情况,宣告缓刑当然是正确的选择。

总之,有了这样一个累犯(再犯)危险预测模型,当法官面临一个具体罪犯的时候,他就能够很快计算出同类型罪犯的再犯罪危险,进而能够做出更有科学依据的决策。与再犯危险评估量表相比,这个预测模型更加精确和敏锐。比如年龄因素在预测模型里可以精确到某一岁,而在量表里则体现为年龄段。不过预测模型也有不足之处,那就是预测变量的数目有限,而量表则可以将尽可能多的预测因子纳入。

最后需要说明的是,前述模型只是诸多累犯预测模型中的一个。如果我们能获得更有代表性的样本,如果每个案例能提供更丰富的预测因子,那么我们就能够拟合出预测效果更好、更接近再犯实际情况的模型来。总之,以上预测模型只是根据本文数据库拟合出来的较好模型之一,它不是一成不变的,也不是最好的——它可以而且应该不断生长和完善。

七、结语

《刑法修正案(八)》细化后的缓刑适用实质要件依然操作性不强,司法一线工作人员于是又再次呼吁通过立法或司法解释对缓刑实质要件进行细化,最高人民法院、最高人民检察院甚至也在《关于刑事案件速裁程序试点情况的中期报告》中提出要"细化缓刑适用条件"。本文认为,要提高缓刑实质要件的操作性,细化、分解的老路行不通，而只能采用综合评估方案，研发再犯危险评估工具。通过与再犯危险评估逻辑对接，本文对缓刑实质要件四要素进行了创造性的解构和重组，构建了由罪前、罪中、罪后、外在环境组成的四维操作化体系。以中国裁判文书大数据为基础，本文示范性地研制了再犯危险评估量表和再犯预测回归模型两种工具，实现了缓刑实质要件的操作化。

[刑事程序]

罪数论与程序法中的犯罪事实[*]

杨杰辉[**]

要 目

一、程序法中的犯罪事实
二、罪数论与程序法中犯罪事实的两种关系模式
三、罪数论与程序法中犯罪事实的关系

摘 要 诉审同一与一事不再理原则中同一犯罪事实的范围并不完全相同,但两者相互影响。对于罪数论与犯罪事实之间的关系,存在两种模式,一种是同一模式,一种是独立模式。同一模式具有明显弊端,应该采用独立模式,即犯罪事实的范围不取决于罪数论,而取决于自然事实整体。为了实现罪数论的目的,罪数的规定应该适应程序法中犯罪事实处理的原理与方式。

关键词 罪数论 犯罪事实 诉审同一 一事不再理

罪数论是有关犯罪个数的理论,是刑法中理论性最强、最为复杂的问题[1],是刑法中各项制度的交汇点[2]。犯罪事实是刑事诉讼法的核心概念,刑事诉讼自始至终都是围绕犯罪事实展开的。罪数论与犯罪事实均涉及犯罪(事实)的个数问题,那么罪数论与犯罪事实之间属于什么关系呢,这一问题关系到罪数论的建构、程序规则的设置以及实体法与程序法的关系等问题。本文拟对这一问题进行专门研究。

---

[*] 本文系作者主持的国家社科基金一般项目"刑事一体化视域下一事不再理的效力范围研究"(项目编号:20BFX092)的阶段性研究成果。
[**] 浙江工业大学法学院副教授,硕士生导师。
[1] 参见陈兴良:《刑法竞合论》,载《法商研究》2006年第2期,第100页。
[2] 参见叶良芳:《罪数论的体系性反思与建构》,载《浙江大学学报(人文社会科学版)》2007年第4期,第69页。

一、程序法中的犯罪事实

刑事诉讼是确认犯罪事实有无和刑事责任大小的活动，这一活动自始至终都是围绕犯罪事实展开的，犯罪事实是整个刑事诉讼的标的。[3] 但是，并非所有的犯罪事实都属于诉讼标的，即使成为诉讼标的，对其的处理也并非完全按照日常生活的逻辑进行，而是必须遵照程序的原理、按照程序的方式进行。[4] 近现代刑事诉讼法确立了两项基本原则，一项是诉审同一原则，一项是一事不再理原则，这两项基本原则构成了程序中犯罪事实处理的原理与方式，程序中犯罪事实的处理必须遵守这两项基本原则，按照这两项基本原则的要求进行。

诉审同一原则是指审判的对象应该与起诉的对象保持同一，起诉什么就只能审判什么，没有起诉的，就不能审判，审判的对象完全由起诉决定。实行诉审同一原则，意味着起诉的对象决定了审判的对象，包括现实的起诉对象（指起诉书上记载的对象）决定了现实的审判对象，潜在的起诉对象（指可以合并起诉或变更起诉的对象）决定了潜在的审判对象。一事不再理原则是指对于被告人已经被追诉过的犯罪事实不能再次进行追诉。该原则是一项古老的原则，早在古希腊、古罗马时期就已经出现，经过近千年的发展，其已经为绝大多数法治发达国家以及许多国际和地区性公约所确认。[5] 实行一事不再理原则，意味着国家对于被告人的同一犯罪事实只有一次追诉的机会，如果已经被追诉过，则不能再次追诉，这也就意味着国家对于被告人的同一犯罪事实必须尽力在一次追诉中实现其追诉目标，否则便不能再追诉而无法实现其追诉目标。

诉审同一与一事不再理原则均涉及对同一犯罪事实的理解问题，而且这一问题均是两原则的核心问题。那么两原则中同一犯罪事实之间属于什么关系呢？这一问题既决定了两原则之间的关系，也决定了程序中犯罪事实处理的具体方式。对于两原则中同一犯罪事实的关系，大多数学者都认为两者是同一关系，两者的范围相同，"同一案件之起诉事实是否同一，固决定审判之范围，同时亦决定一事不再理效力之范围"[6]。控诉范围、审判范围、防御范围、既判力、禁止重复追诉范围彼此间有一致性。[7] 但也有学者认为两者规范目的与方法不同，因此两者的范围并不相同。"审判之范围与既判力之范围，乃泾渭分明、截然不同之概念，应依不同之法理基础个别独立

---

[3] 参见樊崇义主编：《刑事诉讼法学》（第4版），法律出版社2016年版，第44页。
[4] 参见王亚新：《对抗与判定：日本民事诉讼的基本结构》，清华大学出版社2002年版，第78页。
[5] 参见张毅：《刑事诉讼中的禁止双重危险规则论》，中国人民公安大学出版社2004年版，第55页。
[6] 林永谋：《实务上关于起诉事实（犯罪事实）同一性判断之基准》，载《法官协会杂志》1999年第6期，第45页。
[7] 参见谢进杰：《审判对象的运行规律》，载《法学研究》2007年第4期，第98页。

判断。"[8]"因为法理基础截然不同,审判之范围不受既判力范围之影响;同理,既判力之范围,未必受审判范围之影响。"[9]"审判之范围与既判力之范围,二者之法源与法理基础既不相同,即不容混为一谈。"[10] 以下在比较法考察的基础上,对这一问题进行分析。

在大陆法系国家和地区,对于诉审同一中同一犯罪事实的理解,采用的是自然事实同一标准,即只要自然事实是同一的,那么不管对该事实的法律评价是否同一,两者都属于同一犯罪事实,在该自然事实范围内,法官可以自由地认定事实和适用法律,法官既可以变更检察机关指控的罪名,也可以将审判范围延伸至与该自然事实具有同一性的其他事实上去。[11] 如《德国刑事诉讼法典》第 155 条规定:"(一)法院的调查与裁判,只能延伸到起诉书中写明的行为和以诉讼指控的人员。(二)在此界限内,法官有权力和义务自行主动,尤其在刑法的适用上,法院不受提出的申请之约束。"[12] 我国台湾地区"刑事诉讼法"第 267 条规定"检察官就犯罪事实一部起诉者,其效力及于全部",第 300 条规定"前条之判决,得就起诉之犯罪事实,变更检察官所引应适用之法条"。[13] 对于一事不再理原则,大陆法系国家和地区是从确定力角度进行解读的,其认为刑事裁判一经确定,就产生一定的法律效力,这种效力就是确定力。裁判的确定力可以分为形式确定力与实质确定力,形式确定力是指一裁判在同一诉讼程序中不得再成为上诉的对象,诉讼系属关系终结,又称为裁判的"终结效力";实质确定力也就是裁判内容的确定力,实质确定力意味着刑事追诉的权力已经耗尽,对同一案件不得再次追诉和审判,因此实质确定力也就是"使已经确定判决之案件不得再为另一诉讼程序之标的"的效力,即一事不再理的效力。[14] 赋予生效裁判的一事不再理效力,目的在于保障生效裁判的权威性、法的安定性等。[15] 由于一事不再理是裁判内容的确定力,而裁判是对起诉对象、审判对象的裁判,因此一事不再理的效力范围与起诉对象、审判对象即诉审同一的效力范围相同。"法律效力确定之范围与诉讼标的者同。"[16] "法律效力之确定之影响及于整个诉讼标的","法律效力确定影响及于每一项法律观点下之犯罪行为"[17]。"关于实体确定力的物(犯罪事实)之范围,一言以蔽之,就是

---

[8] 王兆鹏:《一事不再理》,元照出版公司 2008 年版,第 162 页。
[9] 同上注,第 162—163 页。
[10] 同上注,第 164 页。
[11] 参见[德]托马斯·魏根特:《德国刑事诉讼程序》,岳礼玲、温小洁译,中国政法大学出版社 2004 年版,第 130 页。
[12] 《德国刑事诉讼法典》,李昌珂译,中国政法大学出版社 1995 年版,第 107 页。
[13] 参见我国台湾地区 2012 年"刑事诉讼法"。
[14] 参见[德]克劳思·罗科信:《刑事诉讼法(第 24 版)》,吴丽琪译,法律出版社 2003 年版,第 476 页。
[15] 参见陈运财:《犯罪之竞合与刑事裁判确定的效力》,载《月旦法学杂志》2005 年第 7 期,第 81 页。
[16] 同前注[14],第 478 页。
[17] 同上注。

诉讼对象即犯罪事实同一性之范围。"[18] 由此可见，在大陆法系国家和地区，诉审同一与一事不再理原则中同一犯罪事实之间属于同一关系，两者范围相同。

在英美法系国家，对于诉审同一原则中同一犯罪事实的理解，采用的是法律事实同一说，即不仅要求自然事实是同一的，而且要求对该自然事实的法律评价也是同一的，法官不仅在事实层面而且在法律层面均受制于检察机关，法官既不能变更起诉的事实部分，也不能变更对该事实的法律评价部分。[19] 比如在美国和英国，检察机关在起诉的时候必须明示诉因，诉因由事实与法律评价两部分构成，该诉因便是审判的对象，法官只能针对该诉因进行审判，他只能就该诉因的成立与否做出是与否的判决，既不能变更诉因中的事实部分，也不能变更诉因中的法律评价部分。[20] 但作为例外，法官可以将检察官指控的更重的罪名变更为具有包含关系的轻罪名，不过绝不允许逆向操作将轻的罪名变更为更重的罪名。[21] 对于一事不再理原则，英美法国家是从禁止双重危险的角度进行解读的，其认为一事不再理并不是实质确定力即裁判内容确定力的效力，其目的主要并不在于保障生效裁判的权威性、法的安定性等价值，而是程序本身的效力，主要在于保障被告人免受程序本身可能造成的损害，如美国联邦最高法院法官布莱克在格林诉美国（Green v. United States）一案的判决中所写的："（关于禁止双重危险的第5条宪法修正案）其宗旨在于保护个人免遭因某一被指控的犯罪不止一次地被强行置于审判的危险之中而被作出可能的有罪判决，……（禁止双重危险规则的）深层理念———一种至少在盎格鲁-美利坚的法律原则体系中深深根植的理念是，拥有各种资源和权力的国家不应当被允许因为一个公民一项被指控的犯罪，而反复作出试图使他得到定罪的努力，以致把他置于尴尬、消耗和使其意志遭受痛苦磨难的状态之中，迫使他生活在一种持续的焦灼和不安全状态之中，同时增加即便他无罪，但也会被判定有罪的可能性。"[22] 由于一事不再理不是裁判内容的确定力，而是程序自身的效力，因此一事不再理发生作用的时间就不取决于裁判的内容是否确定，而取决于是否已经遭受程序的危险[23]，一事不再理的效力范围也就不限于裁判内容的范围（即起诉与审判的范围），而是可能遭受程序危险的范围，即使不属于裁判的内容，但只要属于有可能遭受程序危险的范围，也可能属于一事不再理的效力范围。[24] 因此一事不再理原则中同一犯罪事实的范围要比诉审同一原则中同一犯罪事实的范

---

[18] 林钰雄：《刑事诉讼法》（上册），中国人民大学出版社2005年版，第468页。
[19] 参见杨杰辉：《刑事审判对象研究》，中国社会科学出版社2010年版，第39页。
[20] 参见同上注。
[21] See Charles. H. Whitebread, *Criminal Procedure—An Analysis of Cases and Concepts*, The Foundation Press, Inc, 1986, p. 737.
[22] Green v. United States, 355 v. s. 184(1957).
[23] 参见〔美〕约书亚·德雷斯勒、〔美〕艾伦·C.迈克尔斯：《美国刑事诉讼法精解：第一卷·刑事侦查（第四版）》，吴宏耀译，北京大学出版社2009年版，第283页。
[24] 同上注，第287页。

围大得多。以美国为例,关于一事不再理原则中同一犯罪事实的判断,要件同一与事件同一是采用最多的两个标准[25],无论是采用哪一标准,一事不再理原则中同一犯罪事实的范围都要比诉审同一原则中同一犯罪事实的范围大。根据要件同一标准,只要一罪的法定构成要件包含另一罪的法定构成要件,不管先审判的是构成要件更多的犯罪还是构成要件更少的犯罪,都不允许再次审判,也就是说,只要一罪的法定构成要件包含另一罪的法定构成要件,则两罪就属于一事不再理原则中的同一犯罪事实。[26] 但是如前所述,在审判过程中,美国只允许从构成要件更多的犯罪变更为构成要件更少的犯罪,而绝不允许从构成要件更少的犯罪变更为构成要件更多的犯罪,这也就意味着,只有前一种情形才属于诉审同一原则中的同一犯罪事实,而后一种情形则不属于诉审同一原则中的同一犯罪事实。可见,在要件同一标准中,一事不再理原则中同一犯罪事实的范围要比诉审同一原则中同一犯罪事实的范围要宽。根据事件同一标准中,所有源自同一事件的犯罪,都属于一事不再理原则中的同一犯罪事实,只要其中的一个犯罪被追诉过,则其他的犯罪都不能再被追诉。[27] 但是同样如前所述,如果检察机关只起诉了同一事件中的一个犯罪,则法院只能对该犯罪进行审判,而断不能对源自同一事件的其他犯罪进行审判,也就是说同一事件并不属于诉审同一原则中的同一犯罪事实。因此,在事件同一标准中,一事不再理原则中同一犯罪事实的范围要比诉审同一原则中同一犯罪事实的范围要宽得多。再以英国为例,其对一事不再理原则中同一犯罪事实的理解,采用的是两个判断原则:一个是康奈利原则(Connelly Principle),一个是滥用程序原则(abuse of process)。[28] 根据康奈利原则,一事不再理原则中同一犯罪事实是指构成该犯罪的事实以及该事实构成犯罪的法律特征两个方面都相同的情况,只要有一个方面不相同,都不属于一事不再理原则中的同一犯罪事实,都可以再次追诉。[29] 滥用程序原则的基本含义是,当被告人不可能受到公正审判时,或者虽然可能受到公正审判,但对他进行审判本身就不公正时,法官有权裁定终止诉讼。前一种包括被控犯罪的发生与审判之间时间跨度太大,潜在的证据已经灭失,或者开庭审理以前对案件进行了有偏见的公开报道等情形;后一种包括控方违背了不予起诉或终止追诉的事先诺言,以非法的或者极不公正的方式将被告人置于审判管辖之下等情形。当眼前的起诉书所指控的犯罪与先前使被告人遭受审判的起诉书中所指控的犯罪所基于的事实相同,或者眼前起诉书所指控的犯罪全部或部分与先前

---

[25] See Anne Bowen Poulin, "Double Jeopardy Protection from Successive Prosecution: A Proposed Approach", *Georgetown Law Journal*, Vol. 92, 2004, p. 1183.
[26] See Blockburger v. United States, 284 v. s. 299(1932).
[27] See Ashe v. Swenson, U397 v. s. 436(1970).
[28] See Nyssa Taylor, England and Australia Relax the Double Jeopardy Privilege for Those Convicted of Serious Crimes, *Temple International Comparative Law Journal*, Vol. 19, 2005.
[29] See Lissa Griffin, "Two Sides of a "Sargasso Sea":Successive Prosecution for the "Same Offence" in the United States and the United Kingdom", *University of Richmond Law Review.*, Vol. 37, 2003, p. 332.

起诉书中所指控的犯罪具有相同或相似的性质,就属于后一种情形,构成滥用程序。根据滥用程序原则,所有基于相同事实的犯罪都属于一事不再理原则中的同一犯罪事实。[30] 比较英国诉审同一原则中同一犯罪事实的范围与一事不再理原则中同一犯罪事实的范围,可以发现,采用康奈利原则,两原则中同一犯罪事实的范围是相同的,即都要求事实和法律评价两方面都必须同一。但是采用滥用程序原则,则两原则中的犯罪事实范围并不相同,一事不再理原则中同一犯罪事实的范围要比与诉审同一原则中同一犯罪事实的范围宽的多。综上所述,在英美法国家,诉审同一与一事不再理原则中同一犯罪事实的范围并不相同,一事不再理原则中同一犯罪事实的范围要比诉审同一原则中同一犯罪事实的范围要宽。

在日本,其诉讼模式经历了从职权主义向当事人主义的转变,但转变并不彻底,保留了部分职权主义模式的因素,在转变过程中,其对诉审同一与一事不再理原则的规定也发生了变化。在战前,其对诉审同一原则中同一犯罪事实的判断,采用的是自然事实同一标准,对一事不再理原则,是按照确定力理论进行解读的,一事不再理原则中同一犯罪事实的范围与诉审同一原则中同一犯罪事实的范围相同,也是自然事实同一。[31] 在战后,其在审判对象上引入了英美法的诉因概念,但同时保留了大陆法的公诉事实概念,现实的审判对象是诉因,但在公诉事实同一的范围内,检察机关可以变更诉因,公诉事实属于潜在的审判对象。[32] 虽然公诉事实属于潜在的审判对象,但只要检察机关没有变更诉因,那么审判对象就是诉因,而不是公诉事实。因此诉审同一原则中的同一是指诉因同一,而非公诉事实同一,也就是法律事实同一,而非自然事实同一。[33] 虽然诉审同一原则中同一犯罪事实的范围发生了变化,但是一事不再理原则中同一犯罪事实的范围并没有随之改变,而是仍然保留了公诉事实同一也就是自然事实同一标准。在审判对象发生变化的背景下,如果仍然采用确定力理论解读一事不再理原则,那么就无法说明为什么一事不再理原则的效力范围及于公诉事实而非诉因,因此为了能够合理解释这一问题,日本对一事不再理原则的解读从确定力理论转变到禁止双重危险理论,根据该理论,虽然审判对象是诉因,但由于在公诉事实同一的范围内被告人有面临被变更起诉的危险,因此一事不再理的效力范围及于公诉事实同一的范围,而非限于诉因。[34] 由此可见,在日本,一事不再理原则中同一犯罪事实的范围要比诉审同一原则中同一犯罪事实的范围宽。

从上述介绍可以看出,诉审同一原则与一事不再理原则中同一犯罪事实的范围并不一定相同。诉审同一与一事不再理属于两个不同的原则,两个原则的出发点是不

---

[30] Ibid.
[31] 参见[日]田口守一:《刑事诉讼法》,刘迪等译,法律出版社 2000 年版,第 307 页。
[32] 同上注,第 165 页。
[33] 同上注,第 167 页。
[34] 同前注[15]。

一样的;诉审同一原则的出发点主要在于防止权力滥用以及保障被告人的防御权等[35],而一事不再理原则的出发点主要在于防止冤狱、防止骚扰被告、提高诉讼效率、保障生效裁判的权威性等[36]。两个原则的出发点不同因此两个原则中同一犯罪事实的范围并不要求一定相同,而且要求两个原则中同一犯罪事实的范围相同,反而会不利于两原则目的同时实现:从两个原则各自目的的实现来看,同一犯罪事实的范围越窄,越有利于诉审同一原则目的的实现,越不利于一事不再理原则目的的实现,而同一犯罪事实的范围越宽,越有利于一事不再理原则目的的实现,越不利于诉审同一原则目的的实现。可见,在两原则目的的实现上,对同一犯罪事实范围宽窄的要求呈现出一种此消彼长的关系,在这种关系背景中,如果两原则中同一犯罪事实的范围相同,则两原则目的难以同时实现,而只能是取其一而舍其二了。而如果对两原则中同一犯罪事实的范围做不同的规定,对诉审同一原则中同一犯罪事实的范围规定更窄,对一事不再理原则中同一犯罪事实的范围规定更宽,则能较好地同时兼顾两原则的目的。英国和美国采用的就是这种做法,它们对诉审同一原则中同一犯罪事实的范围进行严格限制,要求事实和法律评价均相同,以更好地保障被告人的防御权,但是对一事不再理原则中同一犯罪事实的范围做宽泛理解,其范围明显大于诉审同一原则中同一犯罪事实的范围,以更好地保障被告人免受重复追诉的危险。可见,英国和美国通过对不同原则背景下同一犯罪事实范围的不同规定,同时实现了两原则的目的。[37]因此诉审同一原则与一事不再理原则中同一犯罪事实的范围并不需要一定相同,甚至也不应该相同。虽然同一犯罪事实在不同的原则背景下可以做不同的规定,但是这并不意味着两者是完全无关的两个东西,而是相互依存、协调一致的有机体,两者的范围虽然并不相同,但存在对应关系,这主要是因为:其一,现代刑事诉讼是理性的刑事诉讼,理性刑事诉讼的主要特征是平衡了各种价值的诉讼,即平衡了惩罚犯罪与保障人权等的诉讼。[38]虽然诉审同一与一事不再理两原则的出发点并不相同,但两原则本质上都是有利于被告人而不利于政府、有利于保障人权而不利于惩罚犯罪的原则,将两原则中同一犯罪事实的范围做相同规定,虽不利于同时实现两原则的目的,但正是这种此消彼长的关系,保障了惩罚犯罪与保障人权等诉讼价值的平衡:同一犯罪事实的范围窄,在诉审同一原则上有利于被告人而不利于政府,但在一事不再理原则上有利于政府而不利于被告人;同一犯罪事实的范围宽,则在诉审同一原则上不利于被告人而有利于政府,但在一事不再理原则上有利于被告人而不利于政府。而如果两原则中同一犯罪事实的范围不相同,如果两原则中同一犯罪事实的范围互不关联,那么就

---

[35] 同前注[18],第 212 页。
[36] 同前注[8],第 9—12 页。
[37] 同前注[8],第 166 页。
[38] 参见樊崇义:《迈向理性刑事诉讼法学》,中国人民公安大学出版社 2006 年版,第 2 页。

可能要么会出现犯罪事实无法被追诉而无法实现惩罚犯罪诉讼价值的情形,比如如果诉审同一原则禁止对源于同一事件的其他事实进行追诉,而一事不再理原则又禁止对源于同一事件的其他犯罪事实再次追诉的话,则会造成该犯罪事实无法被追诉;要么会出现同一犯罪事实被多次追诉而无法实现保障人权诉讼价值的情形,比如诉审同一原则允许对该事实进行追诉而一事不再理原则也允许对该事实再次追诉的话,则会造成该犯罪事实可能被多次追诉。因此,即使两原则中同一犯罪事实的范围不相同,但出于平衡惩罚犯罪与保障人权诉讼价值的考虑,两原则中同一犯罪事实范围各自的确定,应该与对方相协调。其二,一事不再理原则是指对已被追诉过,包括实际被追诉过以及在前一程序中可能被追诉的同一犯罪事实禁止再次追诉,如果没有被追诉过,或者在前一程序中不可能被追诉的,则不适用该原则,可以再次追诉。而是否追诉过以及在前一程序中是否可能被追诉的问题与诉审同一原则密切相关;是否追诉过的问题与诉审同一原则中同一犯罪事实范围的问题是同一个问题,属于诉审同一原则中同一犯罪事实的范围,也就是已被追诉过的犯罪事实;而在前一程序中是否可能被追诉的问题,则取决于诉审同一原则中潜在的起诉范围(合并起诉与变更起诉)问题,潜在的起诉范围有多大,则一事不再理原则中同一犯罪事实的范围就有多大,潜在的起诉范围越宽,则一事不再理原则中同一犯罪事实的范围也越宽,潜在的起诉范围越窄,则一事不再理原则中同一犯罪事实的范围也越窄。在英美法国家,虽然两原则中同一犯罪事实的范围不同,但可以非常清晰地看出两者之间的协调关系,一事不再理原则中同一犯罪事实范围的变化是与诉审同一原则中同一犯罪事实范围的变化密切相关的。[39] 在早期,诉审同一原则中的同一犯罪事实,采取极端严格的事实与法律同一标准,事实与法律只要有一丁点变化,都不属于同一犯罪事实,法官都无权审判,与此相呼应,其对一事不再理原则中同一犯罪事实的范围也采取了极端的事实与法律同一标准,允许以其他无关紧要的新事实或法律再次起诉。[40] 随着对诉审同一原则中同一犯罪事实范围的严格形式主义要求的放松,其对一事不再理原则同一犯罪事实范围的极端要求也被放松,其范围甚至放宽到同一事件,因为在同一事件范围内,检察机关可以合并起诉[41],也就是说,同一事件中的所有犯罪事实,都可能在前一程序中被

---

[39] See "Twice in Jeopardy" Citation, *The Yale Law Journal*, 1965, Vol. 75, p. 262.

[40] See Sir James Fitzjames Stephen, *A History of the Criminal Law of England*, Routledge Thoemmes Press, 1996, Vol. 1, p. 281.

[41] 如《美国联邦刑事诉讼规则》第 8 条规定:"如果被指控的罪行,不管是重罪还是轻罪,或既有重罪又有轻罪,属于同一性质或类似性质,或者基于同一行为或同一交易,或者虽是两个或两个以上的行为或交易,但相互联系或构成同一共同计划中的组成部分,那么在一份大陪审团起诉书或检察官起诉书中,可以对两个或两个以上的罪行分别提出指控。"英国《1971 年起诉书规则》第 9 条规定:"犯罪是基于同一事实的情况下以及是同一性质或者类似性质的连续的犯罪的一部分的时候,可以合并"。

同时追诉。[42]

综上所述,诉审同一与一事不再理是两个不同的原则,出发点不同,两原则中同一犯罪事实的范围并不一定相同,但为了更好地实现刑事诉讼惩罚犯罪与保障人权等诸价值的平衡,两原则中同一犯罪事实的范围应该互相协调,形成一个有机体,具体来说就是,一事不再理原则中同一犯罪事实的范围取决于诉审同一原则中同一犯罪事实的范围(包括现实的范围与可能的范围),诉审同一原则中同一犯罪事实的范围有多大,则决定了一事不再理原则中同一犯罪事实的范围有多大,一事不再理原则中同一犯罪事实的范围,一定是在前一次诉讼中已被追诉以及有可能被追诉的事实,绝不容许存在前一次诉讼中不可能被追诉却被禁止再次追诉的情形。两原则的确立及两原则中同一犯罪事实之间的这种关系,意味着程序中犯罪事实的处理必须遵循一次性处理的原则,即只要能够在同一个程序中一次性处理的犯罪事实,则原则上都必须在一个程序中一次性处理,而不允许通过多个程序、经过多次处理。在该原则的确立上,一事不再理原则提出了必须一次性处理的强制性规定,如果不一次性处理的话,则该原则将禁止再次处理,而诉审同一原则则提供了一次性处理的保障条件,即保障所有禁止再诉的事实都是能够在前一次诉讼中被追诉的事实。

二、罪数论与程序法中犯罪事实的两种关系模式

罪数论即有关犯罪个数的理论,也就是有关构成一个犯罪还是几个犯罪的理论。诉审同一与一事不再理原则中的同一犯罪事实指的是同一个犯罪事实,同一个犯罪事实意味着只有一个犯罪事实,如果有多个犯罪事实,则不属于同一个犯罪事实,因此程序法中也涉及犯罪事实的个数问题。那么实体法上犯罪的个数与程序法中犯罪事实的个数是不是一回事,两者属于什么关系呢?对于这一问题,存在两种关系模式,一种是独立模式,一种是同一模式。

大陆法系罪数论较为复杂,在典型一罪与典型数罪之间,存在许多不典型的罪数形态。虽然大陆法国家和地区罪数形态相似[43],诉讼模式相似,诉审同一与一事不再理原则间的关系相似,但在罪数论与程序法中犯罪事实的关系上,却存在显著差异,有的实行独立模式,有的实行同一模式。

在独立模式中,实体法上的罪数论与程序法上的犯罪事实是两个不同的概念,两者并没有什么依赖关系,两者的范围并不相同。采用这一模式的国家主要是德国。在

---

[42] See Yale Kamisar, Wayne R. LaFave, Jerold H. Israel, Nancy J. King, Orin S. Kerr, *Advanced Criminal Procedure*, Minnesota: West Publishing Co., 2008, pp. 1038-1039.
[43] 参见方鹏:《德国刑法竞合理论与日本罪数理论之内容比较与体系解构——兼及中国罪数理论的走向选择和体系重构》,载《比较法研究》2011年第3期,第81页。

德国，实体法上与程序法上均存在"行为"这一概念：在实体法上，行为被认为是专属于竞合论(即罪数论)的概念，用来解决行为符合数个犯罪构成要件如何处罚的问题，如果只有一个行为，则只构成一个犯罪，如果有数个行为，则构成数罪，由于行为不是单数就是复数，因此行为单数就成为德国竞合论的核心问题。[44] 在程序法上，"法院的调查与裁判，只能延伸到起诉书中写明的行为"，行为被用来解决诉审同一与一事不再理原则中同一犯罪事实的范围问题。[45] 那么实体法上的行为概念与程序法上的行为概念是什么关系呢？对此，德国的判例及主流理论均认为，两个行为属于两个不同的概念，两者之间没有什么联系，更没有什么依赖关系。"在区分时值得强调的是，事实上的和法律上的概念行为单数和程序法上的概念行为之间是互不联系的。"[46] "根据判例及理论上的多数见解，起诉书指控的行为的'行为'概念与实体法并无依赖关系。"[47] 程序法上的行为与实体法上的行为概念不同，"这一行为作为刑事诉讼法中的概念，与刑事实体法中的行为具有本质的差异"[48]。"诉讼之行为概念必须要与实体法上的行为的单一、行为复数以及结合犯加以区别。"[49] 实体法上的行为是指经过法律评价的行为，既包括经过构成要件的评价，也包括经过罪数的评价，而程序法上的行为是指"检察官于起诉时在起诉书中所载明的历史性的事实经过"，而非"一特定的法律构成要件或由检察官所认定的一犯罪事实的片段，而是在起诉时所指之整个过程"，但何为"历史性的事实经过"、何为"起诉时所指之整个过程"，德国尚无一致的看法，但已有新的判例从实际性与标准化的立场认为，"所有实际上无法分割并且交错复杂的事件经过均可视为一行为，而在实体法上实质竞合时可以分割的独立的数个事件，当其就其不法的内涵可相互进行比较，并且相互在时间及空间上有一紧密之关联性"[50]。由此可见，程序法上对行为的判断依据的是经验和常识，只要行为人的整体举止，根据自然的观点足以合成一个相同的生活过程，或者更通俗地说，成为一个故事时，便是程序法上的一个行为，程序法上判断行为个数的关键在于其间紧密的事理关联性，尤其是行为时间、行为地点、行为客体以及攻击的目的等，而与实体法上行为的个数无关，即使实体法上属于数个行为，但如果该数个行为之间构成一个紧密关联的生活过程，也属于程序法上的一个行为，而即使实体法上属于一个行为，但如果从自

---

[44] 参见柯耀程:《刑法竞合论》，中国人民大学出版社2008年版，第52页。

[45] 参见林钰雄:《新刑法总则与新同一案件——从刑法废除牵连犯、连续犯论诉讼中同一案件概念之重构》，载《月旦法学杂志》2005年第7期，第27页。

[46] 〔德〕汉斯·海因里希·耶赛克、〔德〕托马斯·魏根特:《德国刑法教科书》，徐久生译，中国法制出版社2001年版，第861页。

[47] 同前注[14]，第179页。

[48] 同上注，第179页。

[49] 同上注，第180页。

[50] 同上注。

然的观点看存在多个行为的话,也不属于程序法上的一个行为而是多个行为。[51]

在同一模式中,实体法上的罪数与程序法上的犯罪事实的范围相同,程序法上犯罪事实的个数取决于实体法上罪数的个数,实体法上构成几个犯罪,则程序法上存在几个犯罪事实。"犯罪事实是否单一,即犯罪个数之问题,应依刑法之理论定之。"[52]"犯罪的单一性是以实体法上的罪数为标准的。即,在罪数论中,单纯的一罪和科刑上的一罪关系中的数个事实是单一的,数罪并罚或者单纯数罪关系中的数个事实是非单一的。"[53]采用这一模式的主要是我国台湾地区和日本。在我国台湾地区,程序法中同一犯罪事实的判断主要采取两个标准,一个是自然事实同一,一个是法律事实同一。[54] 自然事实同一是指与实体法无关的社会事实的同一,只要社会事实相同,即使该事实在实体法上的评价不同,也仍属于同一个事实。不过我国台湾地区对同一犯罪事实的判断,并未全部采用自然标准,而是同时采用了规范标准即法律事实同一的标准,按照罪数论进行判断,即使自然事实是不同的,但如果这些事实在实体法构成一罪,那么仍然属于同一个犯罪事实,因此,实质上、裁判上一罪,基本事实虽不相同,但因在实体法上仅构成一罪,刑罚权仅有一个,在法律上的事实关系也仅有一个,因此仍属于同一犯罪事实。[55] 在日本,在审判对象上存在诉因与公诉事实两个概念,这两个概念均与罪数论密切相关:诉因是经过法律评价的犯罪事实,一个诉因只能记载一个犯罪,有几个犯罪就有几个诉因,犯罪的个数决定了诉因的个数,但是,法院只能对该诉因记载的事实进行审判,如果诉因只记载了一个犯罪的部分事实,则法院只能对该部分事实进行审判,而不能对构成一个犯罪的其他事实进行审判。但是,检察机关有权在公诉事实同一的范围内变更诉因,而公诉事实的同一性包括公诉事实的单一性和公诉事实的同一性(狭义)两个方面,其中公诉事实的单一性与罪数论密切相关,以实体法上的罪数为判断标准,实体法上有几个犯罪,则程序法上就有几个公诉事实,因此在罪数论中,单纯的一罪和科刑上的一罪关系中的数个事实是单一的,数罪并罚或者单纯数罪关系中的数个事实是非单一的。[56] 公诉事实的同一性既是诉因变更的范围,也是一事不再理原则中禁止再诉的范围,因此实体法上的罪数论既决定了诉因变更的范围,也决定了禁止再诉的范围。

英美法系与大陆法系罪数论不同,诉讼模式不同,诉审同一与一事不再理原则间的关系不同,罪数论与程序法中犯罪事实之间的关系较为复杂,依据一事不再理原则中"一事"的不同判断标准,两者呈现出不同的关系模式。英美法的罪数论没有大陆法

---

[51] 同前注[18],第 217 页。
[52] 陈朴生:《刑事诉讼法实务》,海天印刷厂有限公司 1981 年版,第 88 页。
[53] 同上注。
[54] 参见张丽卿:《刑事诉讼法理论与运用》,五南图书出版公司 2000 年版,第 150 页。
[55] 同上注,第 159—164 页。
[56] 同前注[31],第 180 页。

发达,主要采用法定构成要件标准,行为符合几个法定构成要件,则构成几个罪,因此,实施数行为自不必说,构成数罪,即使一行为触犯几个罪、一行为侵犯几个人的利益以及反复实施相同行为的,也均构成数罪,原则上既不会出现将数个行为评价为一罪的情形,也不会出现将构成数个罪的一行为评价为一罪的情形。[57] 因此与大陆法的罪数论相比,英美法只有典型一罪与典型数罪的情形,而基本没有介于两者之间的不典型罪数形态。英美法实行诉因制度,审判对象是诉因,诉因是经法律评价过的事实,一个诉因只能记载一个犯罪,有几个犯罪就应有几个诉因,这些都与日本相似,但与日本不同的是,日本除了诉因还有公诉事实的概念,而英美法并没有公诉事实的概念,因此也就没有诉因变更的问题,检察机关一旦起诉,诉因便是固定的,原则上不能变更。[58] 而且英美法在罪数上只存在典型一罪与典型数罪的情形,而不存在日本那样的形式上是数罪却当作一罪处理的不典型罪数形态,因此在英美法诉因就等于罪数,而不大会出现日本那种诉因只包含了一罪部分事实的情形,也就是说在英美法中,罪数论决定了诉因也就是审判对象。上文指出,在英美法中,一事不再理原则中一事的范围与诉因并不相同,而是大于诉因,而由于诉因等于罪数论,罪数论与一事不再理原则中一事的范围也不相同,比如在事件同一标准中,禁止再诉的范围并不取决于前后起诉的犯罪是否是一个犯罪,而是是否源于同一事件,即使前后起诉的犯罪在实体法上构成数罪,但只要它们源于同一事件,就不能再次起诉。因此,在同一事件标准中,罪数论与一事不再理原则中一事的范围无关。但是在同一要件标准中,情况则颇为复杂。英美法的一事不再理原则保护两方面的利益,一是禁止重复处罚的利益,一是禁止重复追诉的利益。前者的目的在于防止法院判处的刑罚超过立法机关允许判决的处罚,后者的目的在于防止程序本身对被告造成的危险。[59] 同一原则下的两种利益保护都涉及一事的理解,对于禁止重复处罚中的一事的判断,理论上争论并不大,联邦最高法院也在此问题上形成了稳定的判例,均认为应该采用罪数的标准,其判断完全取决于立法机关关于罪数的规定,如果立法机关规定的是一个犯罪,则法院只能判处一个刑罚,而如果立法机关规定的是数个犯罪,则法院可以判处并累计多个刑罚。[60] 但是对于禁止重复追诉中的一事的判断,理论上的分歧很大,联邦最高法院也在此问题上有反复,理论上和司法上的分歧主要在于,两种利益保护中的一事的范围是否应该相同,支持者认为同一原则之下一事的范围做不同的理解是怪异的,两者

---

[57] 参见储槐植:《美国刑法》(第三版),北京大学出版社2006年版,第112页。
[58] 同前注[19],第38页。
[59] See Anne Bowen Poulin, "Double Jeopardy Protection against Successive Prosecutions in Complex Criminal Cases: A Model", *Connecticut Law Review*, Vol. 25, 1992, p. 95.
[60] See Scott J. Sheldon, "Same Offense or Same Conduct: Double Jeopardy's New Course in Grady v. Corbin", *Seton Hall Constitutional Law Journal*, 1990, Vol. 1, p. 7.

应该相同[61],反对者认为,虽然均属于一事不再理原则的内容,但两者的目的是不一样的,因此应该在不同背景下对一事做不同的理解,尤其是应该对禁止重复追诉做更多的保护。[62] 联邦最高法院在布洛克伯格案中,正式确立了要件同一标准,需要注意的是,由于该案只涉及一事不再理原则中的禁止重复处罚问题,没有涉及禁止重复追诉问题,因此该标准最初是针对禁止重复处罚而确立的,根据该标准,当立法上确立的是一个犯罪还是数个犯罪不明时,解决的方式是看几个犯罪的构成要件是否具有包含关系,如果具有包含关系,则意味着立法机关确立的只是一个犯罪,如果不具有包含关系,则意味着立法机关确立的是数个犯罪,因此要件同一标准实际上是一个在立法意图不明情况下犯罪个数的判断标准。[63] 但是,联邦最高法院将这一标准延伸到禁止重复追诉的判断上,只要两罪的要件具有包含关系,则不仅不允许重复处罚,也不允许重复追诉。[64] 因此,按照要件同一标准,一事不再理原则中一事的范围与罪数的范围是相同的,其要受制于罪数的判断。对于要件同一标准,美国法学界进行了猛烈批判,认为联邦最高法院没有意识到现代实体法与程序法发生了巨大变化,仍然沿用早期的严格标准,根本无法保障一事不再理的利益。[65] 在实体法上,现代与早期完全不同,早期犯罪种类很少,每一犯罪涵盖的事实范围非常广,几乎不会出现一个行为或一个事件同时符合数个犯罪的情形,在此背景下,一个犯罪就等于一个行为或一个事件,采用要件同一标准与采用事件同一标准并无差异[66],但在现代社会,犯罪的种类非常多,一个行为或一个事件同时符合多个犯罪要件的情形非常普遍,如果仍然采用要件同一标准,则无法防止检察机关有意对同一行为或事件的分割起诉,因而无法保障被告人免受再次追诉的危险。[67] 在程序法上,现代与早期也完全不同,在早期,一个起诉书只能指控一个犯罪,而不能合并指控几个犯罪,而且起诉书上记载的每一个点,无论是事实点还是法律点,都具有绝对的法律效力,检察官和法官都无权变更,只要其中一个点无法证明,则指控就失败,只能判无罪。[68] 与这种起诉严格形式主义的荒谬做法相对应,早期对一事不再理中的一事也做了严格形式主义的要求,采用要件同一这一狭窄的标准,以弥补在起诉严格形式主义荒谬做法上给检察机关即惩

---

[61] George C. III Thomas, "The Prohibition of Successive Prosecutions for the Same Offense: In Search of a Definition", *Iowa Law Review*, 1986, Vol. 71, p. 323.
[62] Anne Bowen Poulin, supra note 59.
[63] Supra note 26.
[64] Supra note 27.
[65] See " Statutory Implementation of Double Jeopardy Clauses: New Life for a Moribund Constitutional Guarantee", *The Yale Law Journal*, 1956, Vol. 65, p. 339.
[66] Supra note 39.
[67] Supra note 65.
[68] Yale Kamisar, supra note 42, pp. 1036-1037.

罚犯罪造成的不利影响。[69] 但是在现代，早期的起诉严格形式主义的做法已经被取代，起诉书允许同时合并起诉数个犯罪，允许在不妨碍被告人防御权的情况下由检察官和法官变更起诉书，因此再对一事不再理中一事进行严格限制以补偿起诉的基础就不存在了。现代实体法和程序法的变化，使得仍然沿用要件同一标准，根本无法防止检察机关的切割起诉，根本无法保障被告人免受多重起诉，因此在一事不再理原则中的一事上，不应该采用罪数标准，而应该取决于是否能够在一个程序中一并解决，也就是事件同一标准。[70] 遗憾的是，虽然联邦最高法院确立了比要件同一标准范围更宽的其他标准，但没过多久就又回到了要件同一标准，至今仍未改变。[71] 采取不同的标准，导致罪数论与程序法中犯罪事实的关系不同，采取事件同一标准，意味着罪数论与程序法中犯罪事实的关系采取的是独立模式，两者的范围不相同，而采取要件同一标准，则意味着罪数论与程序法中犯罪事实的关系采取的是同一模式，两者的范围相同。

三、罪数论与程序法中犯罪事实的关系

同一模式之所以认为罪数论决定程序法中犯罪事实的范围，其主要理由是刑事诉讼的目的在于实现刑罚权。"诉讼之实体关系，乃国家与被告之具体刑罚权之关系。因为国家有权对被告之犯罪行为，科以处罚，而被告则居于被处罚之地位；此种处罚者与可能被处罚者之关系，即为诉讼之实体，以案件为其具体之表征。故案件实为诉讼之客体，乃以实体法上之国家刑罚权为其内涵。"[72] "既然实体法或是程序法，存在的意义都是受到刑罚权概念的拘束，则其所针对的对象系属同一个对象，即实体法上行为单数之事实与程序法上的单一案件的基本思维应该是一致的。"[73] "案件，系以刑罚权为其内容。故案件是否单一，应以其在诉讼上为审判对象之具体的刑罚权是否单一为断。详言之，即在实体法为一个刑罚权，在诉讼法上为一个诉讼客体，具有不可分之性质，方克相当。"[74] "在程序中对于一个刑罚权的实现时，也没法对于此一形成单一刑罚权关系的单一客体再行加以分割，故而在程序中系属于一个不可分割的单一案件。"[75] 由于刑事诉讼的最终目的在于实现刑罚权，因此将刑罚权的个数（即罪数）作为程序中犯罪事实个数的判断标准具有明显优势，"由于刑事诉讼乃具体实现国家刑罚权之程序，故依实体法上之罪数判断，作为设定审判之范围及诉讼程序之次数，有其

---

[69] Ibid., at 1037.
[70] Supra note 66.
[71] 同前注[23]，第 309—314 页。
[72] 同前注[54]，第 131 页。
[73] 张丽卿：《刑法修正与案件同一性》，载《月旦法学杂志》2006 年第 7 期，第 220 页。
[74] 同前注[52]，第 88 页。
[75] 同前注[73]，第 220 页。

概念上之意义及操作价值"[76]。这种做法不但可以符合罪刑法定原则的要求,而且便于实务操作。"这种不得不承认犯罪事实本质上从属于数案件的结构,系因立法的刻意整合将不同犯罪行为事实结合在一起的结合罪类型,在程序的处理中,亦仅能维持其单一性。这样不但可符合刑法罪刑法定之要求,同时亦可避免实务操作之纷扰。"[77]如果不采用这种做法,则很容易出现违反罪刑法定原则的情形。"换言之,刑诉法的犯罪事实概念,虽系指一个生活历程的具体事件,惟如果把实体法一罪的概念从诉讼上排除,无异等于允许法官推翻实体法上的立法意旨。因为倘实体法明文规定强盗杀人之结合犯系属一罪,若在程序法上完全不顾,则实体法原因论处一罪者,在诉讼上可能变成数罪,实有违反罪刑法定原则。"[78]但是,这种以保障刑罚权有效实现为目的的同一模式所持的理由并不具有说服力,为什么实体法上犯罪的个数就决定了程序法上犯罪事实的个数,虽然最终的判决要以实体法上关于罪数的规定为依据,罪数的规定决定判决结果,但根本无法据此就得出罪数的规定同时也决定了犯罪事实的处理过程以及犯罪事实的范围,而且这种做法也违背了先有程序后才形成实体的程序原理。[79]同一模式所持的刑罚权不可分的理由也是站不住脚的,不可否认,在典型的一罪中,由于这是构成一罪的最小单位,缺少任何一个事实,都无法构成犯罪,其具有不可分性,无法对其分割、将其分开在不同的程序中处理,但是这种不可分性对于那些非典型一罪并不适用,因为这些非典型的一罪,本来就是由多个形式上构成数罪的事实组成,本身是可以分开的,所以并不具有不可分性。而且同一模式以罪数论决定程序中犯罪事实的范围,这种做法存在明显的、无法克服的弊端,它导致程序的价值完全依赖于实体法,既不利于程序独立价值的实现,也不利于程序工具价值的实现:在程序独立价值实现方面,因为在现代社会刑事法网越来越严密,为了实现社会治理的需要,立法机关对同一事件或行为,从各个角度进行了规制,以严密刑事法网,在此过程中,一个行为或一个事件构成数个犯罪是一种普遍的现象,而如果将犯罪事实的处理完全依附于实体法,则很容易出现对同一个行为、同一个事件可以通过多个程序处理、对于被告人同一行为可以追诉多次的不合理现象;另一方面如果罪数的规定不合理,还会出现有些犯罪无法追诉的情况,因而实体上的打击犯罪的目标也无法实现,比如如果实体法上将事实上没有多少联系的数个犯罪规定为一罪,那么将这些事实在程序上作为一个犯罪事实处理,则既可能因为被告人无法预料这些事实而无法展开防御从而不利于保障人权,也可能因为检察机关、法院无法发现这些事实而无法进行追诉从而不利于打击犯罪。由此可见,同一模式由罪数论决定犯罪事实范围的做法既没有

---

[76] 陈运财:《论起诉事实之同一性》,载《月旦法学杂志》2000年第7期,第145页。
[77] 同前注[73],第220页。
[78] 同上注。
[79] 参见杨云骅:《刑法"牵连犯"及"连续犯"规定废除后对刑事诉讼法"犯罪事实"概念之影响》,载《月旦法学杂志》2005年第7期,第57页。

说服力,也存在无法克服的弊端。事实上,即使在实行同一模式的国家,程序中犯罪事实的范围也并非在任何时候都取决于罪数,有时即使在实体法上是一罪,程序中仍然按照数个犯罪事实处理,比如虽然实体法上只构成一个犯罪,但构成该犯罪的部分事实在判决时尚未发生,如果该事实在判决后发生并且构成犯罪的话,仍然可以对其进行追诉,这就是所谓的"裁判确定之阻断效应"。[80]

独立模式之所以认为罪数论与程序法中犯罪事实是两个完全不同的概念,其主要理由是两者的立法目的与方法不同。"实体法上罪数的考量和诉讼法上犯罪事实的概念,不管就规范目的或方法而言,皆未必相同:实体法上的罪数,着眼于犯罪的法律评价,尤其是罪质的高低。"[81] "纵使是实体法上的一罪,诉讼法上仍然有讨论其犯罪事实是否同一的空间,因为刑事诉讼之犯罪事实概念,还是应该回归控诉原则与一事不再理来探讨。"[82] 对此德国联邦宪法法院也明确表示:"罪数论的目的在于透过明确立法以缓和可能造成罪责不相当的过重处罚,而诉讼法上所采取的犯罪事实概念则在于实践基本法第一百零三条第三项明定之禁止二重处罚:任何人不得因为同一行为而遭受多次刑罚,借以保护被告免于再次的刑事追诉。"[83] 独立模式从程序自身的原理来理解犯罪事实,将程序中的犯罪事实视为是一个自然事实,一个在时空上具有紧密联系的整体事实,一个比实体法上典型一罪范围广得多的事实。本文认为这种模式具有合理性,程序中的犯罪事实的范围之所以不能取决于罪数而是一个自然事实整体,主要有以下几方面的理由:一是现代社会实行严而不厉的刑事立法政策,刑事法网越来越严密,犯罪的种类越来越多,一个行为或事件涉及的犯罪越来越多[84],如果程序中范围事实的范围取决于罪数论,则意味着程序一次性处理事实的范围很窄,对于由同一事实引起的多个犯罪,可以多次起诉、审判,不利于实现程序的独立价值。二是在一个自然事实整体范围内,由于事实之间具有紧密的时空关联性,发现一部分事实,通常就会发现另一部分事实,因此这些事实是能够同时追诉的。在职权主义诉讼中,对于这些事实,检察机关能够同时发现并起诉,即使检察机关只起诉了部分事实,法院在履行查清事实真相义务的过程中也能够发现其他事实,而在当事人主义诉讼中,对于这些事实,检察机关能够同时发现并合并起诉,或者能够在审判过程中通过追加起诉的方式一并追诉。[85] 三是如果以罪数决定程序中犯罪事实的范围,则如果罪数论规定不合理,就可能会出现部分犯罪无法被追诉而放纵犯罪以及侵犯被告人防御权的情形。诉审同一与一事不再理原则确立了程序一次性处理原则,即所有能够一次性处理

---

[80] 同前注[44],第 78 页。
[81] 同前注[18],第 215 页。
[82] 同上注,第 216 页。
[83] 同前注[79],第 57 页。
[84] 参见梁根林:《论犯罪化及其限制》,载《中外法学》1998 年第 3 期,第 51 页。
[85] 同前注[45],第 27 页。

的事实原则上都必须一次性处理,而能够一次性处理中的"能够",是一种现实的能够,而非一种抽象的能够,也即是一种能够现实实现的"能够",而不是一种只在理论上能够实现的"能够"。因此即使在法律上能够一次性处理,比如可以合并起诉、可以变更起诉等,但在事实上不可能一次性处理的话,如果禁止对该事实再诉的话,则可能会导致该事实无法追诉而有损刑事诉讼惩罚犯罪的目的;而且即使检察机关、法院能够发现这一事实从而一并处理,该事实对被告人来说也是无法预测的事实,因而无法对此展开有效防御而损害其防御权。[86] 比如立法上将数个独立的连续行为规定为一罪,同时规定检察机关只对一罪的部分行为起诉,法院应该对该罪的所有行为进行审判,虽然法律上有可能对构成一罪的所有行为进行一次性处理,但事实上因为该数个连续行为在事实上并没有什么关联性,检察机关很难发现所有的连续行为并进行同时追诉,法院也很难发现所有的连续行为而难以将审判的范围延伸至所有的连续行为,因此数个连续行为事实上不可能一次性处理,对该数个连续行为,如果事实上不可能一次性处理但又不允许再次起诉的话,其结果只能是导致部分连续行为无法被追诉。尤其是考虑到在现代诉讼中,涉嫌犯罪人的地位越来越高、权利越来越多,而侦诉机关的权力受到越来越多的限制,如果构成一罪的事实范围太广且联系不紧密的话,侦诉机关是很难发现并一并处理的,这更加剧了犯罪无法被追诉而被放纵的不合理现象。在日本和我国台湾地区之所以废除连续犯、牵连犯,其中一个很重要的理由便是侦诉机关的侦查权力受到很大限制,导致如果继续保留连续犯、牵连犯,则容易出现犯罪无法被追诉而放纵犯罪的情形。[87]

独立模式认为程序法中的犯罪事实与罪数论无关,因此采用独立模式,可能会面临实体法与程序法脱节,罪数论的目的无法实现以及程序处理麻烦等问题。比如实体法上是一罪,程序法上却按照数个犯罪事实处理,或者实体法上是数罪,程序法上却按照一个犯罪事实处理,这要么会导致罪数论的规定无法在程序法中实现,比如实体法上规定为一罪,程序法上却按照数罪并罚处理;要么会造成程序法上处理的麻烦,比如为了符合实体法上罪数的规定,最后不得不依赖于量刑调节的方式,在已有判决的基础上,后面的判决按照罪数论的量刑进行调节,使最终判处的刑罚与罪数论的量刑规定相符。[88] 为了防止实体法与程序法脱节,在实行独立模式的国家,罪数论与犯罪事实之间并非真的就毫无关系,并非真的就属于路归路、桥归桥的关系,在绝大多数情况下两者是同一的。[89] 比如在德国,由于竞合论中行为与程序法中行为的判断标准相似甚至重合,导致两者更多的是呈现出类似同一模式中的同一关系,也即在大多数情况下两者的范围

---

[86] 同上注。
[87] 参见[日]山口厚:《刑法总论(第3版)》,付立庆译,中国人民大学出版社2018年版,第403页。
[88] 同前注[45],第27页。
[89] 参见杨云骅:《刑事诉讼程序的"犯罪事实"概念——以所谓单一性之检讨为中心》,载《月旦法学杂志》2004年第11期,第47页。

其实是相同的,不相同的也只是例外情况。"虽然德国实务见解及学界通说严格区分实体法上之行为规定与程序法上犯罪行为的概念,但是事实上在具体个案的判断上,二者并非所有的案例均绝对截然不同,相反的,发生一致性的情况反而较为常见。"[90]德国犯罪竞合论的核心问题在于对行为个数的判断,对于行为的判断,德国主要存在自然意义的一行为、自然的行为单数、构成要件的一行为等几种标准,而根据这些标准确立的行为个数,绝大多数都属于程序法中行为的范围,竞合论中的一行为,基本上也就是程序法中的一行为,竞合论中的数行为,基本上也就是程序法中的数行为。[91]因此,即使是在独立模式中,程序中的犯罪事实也并不真的就完全与罪数论无关。

程序法是一个目的性展开过程,目标是实体形成,其首要任务就是获得一个依照实体刑法得出的正确裁判,在此过程中,如果"过度强调程序的独立价值而完全牺牲实体价值,最终只能架空实体法,并使程序自身失去存在的意义"[92]。因此,程序法的处理不能完全脱离实体法,程序法中犯罪事实也不能完全脱离罪数的规定,否则要么会出现违反罪刑法定原则、司法推翻立法、罪数论目的无法实现的问题,要么会出现程序上处理的麻烦等问题。但是,既要实现程序的独立价值,又要实现罪数论的目的,是应该采取程序法迁就实体法的做法,还是采取实体法适应程序法的做法呢?对于程序法迁就实体法做法的弊端,前面对同一模式的分析已有详细分析,这种做法既无助于实现程序的独立价值,也无助于实现罪数论的目的,因此不应该采用。"实体法只有在它通过程序得以实施之后才有意义……只有通过程序有效实施的才是真正的法。"[93]而"刑法的目的是否能够在某一具体的诉讼程序中实现,应更多地依赖于刑事实体法的质量而不是诉讼程序。"[94]因此在罪数论与程序中犯罪事实的关系处理上,罪数论应该适应程序中犯罪事实的处理原理与方式,罪数论的规定不合理,不仅在实体法上会损害罪刑均衡原则,而且会带来程序上的处理麻烦。比如连续犯、牵连犯,将构成数个犯罪的数个行为规定为一罪,不仅在实体法上违背罪刑均衡原则,而且会造成程序上处理的麻烦,会出现实体法上一罪程序法上却采用两个程序处理的问题,要么无法实现实体法上罪刑均衡的考虑(比如实体法上只构成一罪在程序法上却按数罪并罚处理),要么会造成实务的不便(比如要符合实体法罪刑均衡的考虑,后面的法院只能通过参考实体法规定采取量刑调节的方式处理)。因此,连续犯、牵连犯不仅从实体法的角度看不应该存在,从程序法的角度看也不应该存在。

综上所述,程序中的犯罪事实有其自身目的,即实现诉审同一与一事不再理原

---

[90] 同前注[79],第57页。
[91] 同前注[89],第47页。
[92] 程荣斌、陶杨:《刑法与刑事诉讼法关系的反思与前瞻》,载《人民检察》2007年第20期,第5页。
[93] 王钰:《客观处罚条件和诉讼条件的区分——兼论实体法和程序法的区别》,载《政治与法律》2016年第7期,第25页。
[94] 同前注[11],第14页。

则,而罪数论的目的在于实现罪刑均衡,因此两者范围并不完全相同,程序中的犯罪事实范围也并不取决于罪数论。实体法上构成几个犯罪是一回事,程序上如何处理又是另一回事,两者不能互相混淆。程序中的犯罪事实是一自然事实,是一在时空具有紧密联系的自然事实整体,是一总体上要比罪数范围更广的事实。罪数论的目的要实现,则其规定必须符合程序中犯罪事实处理的原理与方式,在规定构成一罪还是构成数罪时,除了考虑罪刑均衡外,还必须考虑事实之间的时空紧密联系度,尽量避免将不具有时空紧密联系的数个自然事实规定为一罪,否则要么其目的无法在程序中实现,要么会带来程序处理的麻烦。

论量刑事实证明的原理[*]

单子洪[**]

> **要 目**
>
> 一、问题意识的交代：反思刑事证明
> 二、量刑事实证明特殊性的析出
> 　（一）定罪事实证明与量刑事实证明的分野
> 　（二）量刑事实证明的特殊性
> 三、量刑事实证明活动的范围
> 　（一）刑法理论层面关于量刑范围的界定
> 　（二）量刑事实证明活动范围的界定
> 四、量刑事实证明活动的特殊原则
> 　（一）责任主义与刑罚个别化相结合原则
> 　（二）适当证明原则
> 　（三）法定证明与自由心证相结合原则
> 　（四）疑义有利于被告原则
> 　（五）禁止重复评价原则

摘 要 在量刑规范化改革后，学术界开始脱离传统的刑事证明理论，关注量刑事实证明的特殊证明规则构建问题。然而，理论上的探讨却忽视了对量刑事实证明之基本原理的解构。因此，有必要对量刑事实证明活动进行抽象的理论分析，为量刑证明规则的特殊化奠定根基。定罪事实证明与量刑事实证明在证明目的、实体证明对象以及证明模式上均存在差异，量刑事实证明是以实现刑罚为根本目的，以量刑自由裁量权规范化为直接目的，且具有相对独立性的刑事证明活动。根据刑法理论，量刑事实证明的活动范围应当始于法定刑的选择。量刑事实证明活动应当遵循有别于传统

---

[*] 本文系作者主持的 2019 年度国家社科基金后期资助项目"论量刑事实的证明"（项目编号：19FFXY002）的阶段性研究成果。
[**] 中国社会科学院法学研究所博士后，首都师范大学政法学院讲师。

定罪事实证明的特殊原则:责任主义与刑罚个别化相结合原则、适当证明原则、法定证明与自由心证相结合原则、疑义有利于被告原则以及禁止重复评价原则。

关键词 量刑事实证明　基本原理　证明活动范围　特殊原则

一、问题意识的交代:反思刑事证明

在职权主义诉讼模式之下,学界及实务界对于"刑事证明"一词的概念基本上已盖棺定论,即"国家专门机关,当事人和辩护人、诉讼代理人按照法定的程序和要求,运用证据揭示或认定案件事实的诉讼活动"[1]。从该定义出发,刑事证明具有两方面核心特征:"一个复杂的对犯罪案件的历史性回溯的认识活动,且这种回溯的真实性和准确性只能得以相对实现"[2]以及"必须遵循法定的程序和要求"[3]。就前者而言,出于人主观认识能力的限制,刑事证明可能无法在每一起案件中使得事实认定者的认识完全符合事实真相,由此产生了旨在科学、理性地认定事实的自由心证制度;基于后者,刑事证明的运作必须严格遵守法律规则,且作为证明手段的证据也必须符合法律规定的形式,由此形成了所谓严格证明的概念。

不难发现,现有的关于刑事证明概念与特征的论述均是从定罪的角度出发而进行的论证,正如有学者指出的:"传统的刑事诉讼理论将不公正的定罪视为主要的假想敌,并为此确立了诸如无罪推定、程序正义、有效辩护、严格证明等一系列的基本理念。"[4]但是,如若着眼于量刑事实的证明问题,《刑事诉讼法》及其司法解释的规定以及司法实践却产生了与传统刑事证明理论定义相左的现象:首先,一些证明量刑事实的信息和资料并不属于《刑事诉讼法》第50条确定的法定证据种类。最明显的例证莫过于未成年人诉讼程序中的社会调查报告。而"两院三部"的《关于规范量刑程序若干问题的意见》第18条明确规定未成年人的社会调查报告应当在法庭上宣读,并接受质证。宣读证据信息与质证属于中国法定的证明方式,因此社会调查报告应当毋庸置疑地被视作证据。问题在于,社会调查报告的内容是一份完整的评估被告人人身危险性的综合资料,其性质不同于书证也非鉴定意见,因此它不能被视作《刑事诉讼法》第50

---

[1] 陈光中主编:《证据法学》(第3版),法律出版社2015年版,第291页。需要指出的是,近年来有部分学者通过考证域外关于"刑事证明"的定义,提出当前通行的"刑事证明"的概念混淆了"查明""探明"的意义,不合理地将公安司法机关对案件的职权认知视为证明。然而,刑事法律规定以及实务界仍对通行的概念阐述奉若圭臬,且当前的概念并未使证明理论下的证明责任、证明标准诸内容在实践中造成混乱。故本文仍以经典"刑事证明"概念为立论依据。更多内容参见宋英辉、汤维建主编:《证据法学研究述评》,中国人民公安大学出版社2006年版,第281—292页。又见张建伟:《证据法要义》(第2版),北京大学出版社2014年,第331—336页。
[2] 卞建林主编:《刑事证明理论》,中国人民公安大学出版社2004年版,第42页。
[3] 同上注,第48页。
[4] 陈瑞华:《量刑程序中的理论问题》,北京大学出版社2011年版,第94—95页。

条规定的证据种类，但司法解释又肯定了其证据的性质，这就导致传统理论中"刑事证明遵循法定要求"的理念没有实现。其次，刑事诉讼规则确立了自由心证制度，《刑事诉讼法》第55条明确将证明标准设置为"排除合理怀疑"。但是，司法实践中对于一些量刑情节，量刑者并不考虑"证明标准"，而代之以"证据标准"操作。例如："对于累犯的证明，除了已查证的新的犯罪事实之外，尚需证明之前犯罪的刑事判决书、裁定书、释放证明、假释证明、保外就医证明、监外执行证明、赦免证明等。"〔5〕这意味着在量刑方面，由"回溯性"延伸出的自由心证制度受到了挑战，排除合理怀疑式的内心确信的事实认定方法不再适用，而代之以或有或无的法定性、确定性的认证方法。最后，尽管《最高人民法院关于适用〈中华人民共和国刑事诉讼法〉的解释》（下文简称《刑诉法解释》）明确规定："经过当庭出示、辨认、质证等法庭调查程序查证属实的证据，才能作为定罪量刑的依据。"〔6〕从而肯定了程序法定性与严格证明理论，然而近年的司法改革中的速裁程序与认罪认罚从宽机制却颠覆了严格证明的传统：在《关于在部分地区开展刑事案件认罪认罚从宽制度试点工作的办法》中明确规定速裁程序不进行法庭调查与法庭辩论。法律上速裁程序的规定虽可作为"但书"规定的特殊情况，不过理论上不进行法庭调查和辩论的证据却仍作为定案依据明显有违严格证明的原理。

司法实践中出现的有别于学术界传统定义的证明模式说明以定罪视角出发的刑事证明的传统定义存在着局限性，因此有必要反思刑事证明的现有定义与特征："诉讼证明的目的在于论证诉讼中的争议事实以维护己方的诉讼主张。"〔7〕诉讼存在的基本目的必然是为了消弭争议主体之间的纠纷，而这种定分止争又必然要建立在对纠纷以及纠纷成因正确认识的基础上，即纠纷的解决依赖于涉及纠纷事实的发现。对于刑事诉讼来说，其最重要的目的在于惩罚应负刑事责任的人，这种惩罚的适当性建立在犯罪人的主客观恶害性之基础上，只有合适惩罚的判断方能真正地实现诉讼定分止争之功用，而欲准确判断犯罪人的主客观恶害性则要依托于刑事证明。由是，刑事证明必须实现对刑事责任人的准确惩罚，因此所有的诉讼主张须紧绕惩罚的有无与多寡，而着眼点亦要延及犯罪前、犯罪中以及犯罪后整个过程。所以，刑事证明既包含"回溯性"，又包含"未来性"，而法律规范对二者可能要作出不同的要求。此外，刑法的构成要件理论锁定了定罪事实证明的范围，在此范围内传统的证明规则才得以建构。但是定罪之后必须要进行刑罚的裁量，才能最后实现刑事诉讼的目的。量刑的依据亦要依

---

〔5〕 最高人民检察院公诉厅编、彭东主编：《公诉案件证据参考标准》（最新修订版），法律出版社2014年版，第38—41页。
〔6〕 此项为《关于办理死刑案件审查判断证据若干问题的规定》第4条，而2013年《刑诉法解释》第63条规定："证据未经当庭出示、辨认、质证等法庭调查程序查证属实，不得作为定案的根据，但法律和本解释另有规定的除外。"《刑诉法解释》第63条规定来源于《关于办理死刑案件审查判断证据若干问题的规定》第4条规定，但是这里尤其要注意第63条规定的但书：不进行法庭调查与辩论的速裁程序定案应当适用但书，否则该制度本身就违背了程序法定原则与严格证明。
〔7〕 同前注〔2〕，第43页。

托于对量刑事实的证明,而司法实践中的情况显现出量刑事实的证明活动有别于定罪事实证明,需理论单独给予分析与论证。

伴随着"量刑规范化改革"的推进,学术界对量刑事实的证明规则进行了一些初步的界定和解释。然而,时至今日,大多数学者在界定和解释这些量刑事实证明规则之前几乎没有对量刑事实证明的基本理念、原理与定罪事实的证明关系进行充分的论证与阐述,而大多以"量刑程序诉讼证明的目的在于保证量刑的公正性,而这种公正更多是要求体现于个案中,这与刑罚个别化量刑政策的要求相一致。量刑程序虽然是定罪程序的延伸并统一于审判程序中,但其诉讼证明因诉讼目的相对于定罪程序来说有所不同而显示出特殊性"[8]等参照定罪事实证明基本理论的框架论述带过,而对于何谓量刑事实证明的特殊性,以及造成其特殊性的原因讨论却付之阙如。这样做不仅导致了量刑事实证明的基本理论缺位,还造成仅有的对于量刑事实证明规则(例如量刑事实的证明责任的分配、量刑事实的证明标准的设置等规则)的界定和解释缺乏说服力的问题。

对任何法律规则的界定和解读均离不开法学基本原理的支撑,不同的规则其背后的原理自然也不尽相同。因此,探索量刑事实证明的基本原理是搭建量刑事实证明理论体系的基础和开端。为填补基本原理的空白,本文欲在定罪事实与量刑事实证明的区别之基础上,从法解释学的角度将长期沉潜于定罪事实证明阴影之下的量刑事实的证明剥离出来,探求其本质与独特性。同时,结合量刑事实证明的本质,本文进一步探索量刑事实证明活动的范围及其所遵循的特殊原则的建构。

二、量刑事实证明特殊性的析出

现有刑事证明理论建构在定罪事实证明的基础之上,因此必须先要探究定罪事实证明与量刑事实证明之间的理论差异,才能析出量刑事实证明的特殊性。

(一)定罪事实证明与量刑事实证明的分野

1. 证明目的的差异

在刑事证明中对定罪事实进行证明所要实现的目的与量刑事实证明的目的截然不同。根据责任主义,惩罚的依据是被告人的责任,而惩罚的量也必须与被告人的责任相适应。那么为了惩罚被告人,准确认定被告人责任的有无和多寡至关重要。对责任量的评价实际上在定罪事实的证明中就涵盖了这一因素:在刑事诉讼中,公诉方通过提供证据对被告人的犯罪事实进行证明,并通过控辩双方的质证来让法官形成心证

---

[8] 张月满:《量刑程序论》,山东大学出版社2011年版,第206页。

便是确认被告人责任有无的过程。然而,正是因为定罪证明是确认被告人责任有无,奠定惩罚被告人的基础,那么纯化事实认定的基础便是定罪证明的首要任务。因此现代刑事司法理念对定罪证明提出了诸多的要求——证据裁判、无罪推定、充分保障被告人的辩护权、严格的证据可采性规则等。另外,在这些要求中,有一些基于政策性的价值不可避免地与准确认定被告人责任的价值背道而驰,但是现代刑事司法却要求司法者必须牺牲认定被告人责任的价值而实现其他的价值;反观量刑事实的证明,由于被告人的责任已宣告确认,因此证明的目的便是围绕如何实现适当刑罚的目的而展开,即如何使被告人的责任大小与惩罚程度相适应以及如何通过刑罚实现矫正、预防、再社会化、威慑等各种功利目的。为了实现如此多元化的目的,量刑者必须大量地接触能够帮助其作出裁量的证据或信息,因此严格的不可靠证据的防范措施便不宜适用于以多元化目的为基础的量刑事实的证明活动。相反,为了能够让量刑者准确裁量,量刑事实相关的证据和信息还应越多越好。此外,有时为了效率的考量,与定罪事实证明相反,量刑事实证明会牺牲发现真相的价值而确保量刑的快速作出,普遍存在于英美法系的辩诉交易便是很好的例证。

2. 证明对象的差异

因为定罪事实的证明与量刑事实的证明所要实现的目的不同,二者的实体证明对象完全不同。对于定罪的证明对象,依照传统刑法理论,是法定的犯罪事实的构成要件("四要件"耦合理论)以及犯罪事实的派生事实(如排除犯罪性事由、主犯从犯等)。只有证明被告人的行为符合刑法中某一罪名所包含的构成要件,并且运用证明排除无责任事实,才能依此认定被告人应当对其行为负有责任,也就是实现准确发现犯罪事实的目的。因此,定罪事实证明中对违法性与有责性的证明二者缺一不可。而量刑事实的证明对象则是刑罚正当目的具象化的各种因素,例如犯罪行为的残酷程度(此与"三阶层"理论下的违法性有责性并不相关)这一证明对象与是否认定罪责并不相关,但是却直接与报应刑大小相关,而自首、累犯、立功、退赃等证明对象则是预防刑的具体化。在这之中,之所以实践中会发生定罪证据与量刑证据相混同的情况是因为报应刑的刑罚目的本身便与定罪问题紧密联系;报应刑着眼于客观犯罪行为,而查明犯罪行为又是查明定罪事实最重要的一部分,由此导致了定罪与量刑的证据出现了混同的情况。不过,二者在证明上的意义根本不同,一是为实现罪责的认定,一是为判断报应刑的大小,所以理论上二者分属不同性质的证明对象。而预防刑要关注未然之罪的防范,因此其证明对象脱离犯罪行为而关注犯罪人本身,证明范围延伸至罪前与罪后。进而在形式上预防刑证明对象则体现出了独立性,与定罪证明对象完全不同。因此,能够得出定罪事实证明与量刑事实证明不同的结论。

3. 证明模式的差异

所谓证明模式,是指运用证据证明法律规定的证明对象存在与否的一系列因素的总和,具体而言包括证明方式、证明责任、证明标准以及证明程序等因素。由证明目的和证明对象的差异,进一步延伸出的便是定罪事实证明与量刑事实证明在证明模式上的不同。对于定罪事实来说,基于无罪推定的诉讼理念与严格证明原则,控方要承担证明被告人有罪的几乎全部的证明责任,并证明至排除合理怀疑的证明程度,并且这一证明过程必须严格依据法律的规定进行,以及过程中必须充分保障被告人的辩护权。而量刑事实的证明模式则颇为复杂。在英美法系国家,如果控方完成了证明责任,被告人被判有罪,那么无罪推定便丧失了其效力,基本上加重情节证明责任由控方承担,减轻情节证明责任则由辩方承担。而对量刑事实的证明也有独立的证明程序存在,这种证明程序虽归属于刑事程序但是与定罪程序完全不同。在大陆法系国家,虽然没有独立化的量刑事实证明程序,又由于自由心证规则的存在使得定罪事实和量刑事实证明标准的分野不明显,但是理论和实践均承认量刑事实的证明模式相对定罪更加放松。[9]

在证明理论价值中公正与效率是一对矛盾却同时存在的概念,定罪事实证明与量刑事实证明在证明模式上的差异体现了这一对矛盾的平衡与取舍。很显然,现代诉讼理念决定在定罪事实证明中公正价值更为优先,但应兼顾效率。在量刑事实证明中,正如英美法学者雷兹指出的:"量刑事实要比定罪事实更多且更主观。而在极其复杂的裁判环境和灰色地带,纷繁复杂的程序性规则所要花费的成本更多,且作用更小。"[10]量刑准确均衡是量刑事实证明所要实现的目的,为了使得大量证据信息进入量刑者的视野,也就必须采取更加有效率的办法冲淡严格证明模式的棱角,但与此同时却也必须保证证明过程的基本公正,因此可以说,这一对矛盾价值在量刑事实证明模式中体现为效率优先,兼顾公正。

(二)量刑事实证明的特殊性

基于以上论述,量刑事实证明的特殊性可归结为以下几点:

1. **量刑事实证明活动的根本目的在于实现刑罚的根据**

"量刑,是在认定犯罪性质及其法定刑的基础上,依案件情节和犯罪人的再犯罪危险性程度的不同,实行区别对待方针,具体选定适当的宣告刑或者决定免予刑罚处罚的审判活动。"[11]依据案件情节反映了报应的刑罚根据,并延伸出依据犯罪人的可归责性裁量刑罚。刑事司法的一项重要目的在于实现对犯罪人的惩罚,抵偿其通过犯罪行为获得的不利益。确定这种不利益的程度之根据便是犯罪人的责任,而根据责任来

---

[9] 参见陈瑞华:《量刑程序中的证据规则》,载《吉林大学社会科学学报》2011年第1期,第95—104页。

[10] Kevin R. Reitz: "Proof of Aggravating and Mitigating Facts at Sentencing", in Julian V. Roberts(ed.): *Mitigation and Aggravation at Sentencing*, Cambridge University Press, 2011, p. 230.

[11] 张明楷:《责任刑与预防刑》,北京大学出版社2015年版,第92页。

裁量刑罚便是量刑。同时，惩罚的量的确定还要着眼于其再犯危险性，即衡量什么程度的刑罚能够震慑犯罪人进而消弭其再犯的危险，树立其对刑法的尊重和敬畏。因此，量刑的实质便是将刑罚的根据具象化，体现了刑罚的具体作用。

亨海姆教授指出："就证据与量刑的关系来说，最为关键的理论即是刑事证明能够被视为关于刑罚与量刑的'共享镜像式的价值'的程度……对于理解刑事司法不同的理论分析会产生关于量刑程序中证据角色不同的观点……这样的观念可能需要考虑刑罚根据及其框架，还包括证明的规范与证明的目的。"[12]刑事证明服务于对犯罪人的惩罚之目的；反之，实现对犯罪人的惩罚又依托于刑事证明。因此刑事证明必然具有实现刑罚的功能。刑事证明分为定罪事实的证明和量刑事实的证明，而既然量刑的实质是刑罚根据的具象化，那么对量刑事实的证明则是这一具象化的过程。此外，量刑事实的证明并不局限于证明活动本身，什么样的事实需要量刑证明来实现亦是其题中之意。而决定什么样的事实是量刑事实、需要通过量刑证明实现则是依据报应刑与目的刑两种刑罚根据确定的。由此，不难得出量刑事实证明活动的根本目的便是实现刑罚的根据的结论。

2. 量刑事实的证明活动的直接目的是规范量刑自由裁量权

"刑法不可能将所有量刑情节法定化，不可能对各种量刑情节的裁量制定具体规则，不可能对各种量刑情节的作用予以数学式的量化。"[13]因此，量刑活动本身需要法官合理运用量刑自由裁量权来实现。同时，学界无人否认对量刑自由裁量权必须施以合理限制。正如有学者指出的："失去有效规范的法官量刑自由裁量权的滥用会破坏法律、司法的威信和公信力；同时，不受制约的法官量刑自由裁量权也为法官权力寻租提供了较大的空间，在一定程度上滋生了法官的腐败。"[14]而肇始于2004年由最高人民法院牵头的量刑规范化改革也是由各司法辖区的量刑自由裁量权行使乱象引起的，这也佐证了合理限制规范量刑自由裁量权的重要性。

如何具体地限制规范量刑自由裁量权？前述学者给出了一个答案："要求法官载明量刑理由，为量刑作出合理化说明；确立量刑基准点以及规定量刑刑事判例制度。"[15]实际上，不管是上述哪一种方法，其实现必须依赖于对量刑事实的证明：量刑理由的载明本身就是证明活动中心证公开原则的要求；确立量刑基准点实质便是将犯罪人的责任具体化到一"点"，具体化的过程不可能由法官恣意擅断而是要依托具体的

---

[12] Ralph Henham ed. *Sentencing and the Legitimacy of Trial Justice*, Routledge Press, 2017, p. 173. 虽然亨海姆教授在这一论述中点出了证明与量刑之间的关系，但对证明要寻求刑罚根据的观点持否定态度，因为这样会过分强调程序的工具价值，可能会损害程序正义原则。但本文坚持量刑事实的证明必须寻求刑罚根据的观点。

[13] 同前注[11]，第374页。

[14] 臧冬斌：《量刑自由裁量权制度研究》，法律出版社2014年版，第3页。

[15] 同前注[11]，第79—87页。

能够反映犯罪责任大小的事实来加以确定;量刑判例法的形成就更要依托于个案量刑的作出才能实现,个案量刑的前提就是以证实的量刑事实为基础的。

总之,量刑活动需要法官合理行使自由裁量权。这种合理性的保障基础便是运用具有证明力的证据通过合理的程序证明量刑事实主张。依托业已证明的量刑事实,法官方有充分发挥自由裁量权的空间。如果缺乏事实基础,量刑自由裁量权便成为空中楼阁,法官不可能在这种"高处不胜寒"的环境下合理发挥自由裁量权。因此,进行量刑事实证明活动的原因之一是为自由裁量权的发挥奠定基础,或者说,量刑事实的证明能够有效限制不合理的量刑自由裁量权。

3. 量刑事实的证明活动具有相对的独立性

定罪事实证明与量刑事实证明的差异性导致量刑事实的证明独立于定罪事实的证明。不过,这种独立不是绝对的,而是相对的,即量刑事实证明活动具有相对的独立性。

首先,量刑事实证明的相对独立性表现在内在独立与外在独立两个方面。内在独立是指量刑事实证明在性质上独立于定罪事实证明。前文已指出,量刑事实证明的本质是反映作为刑罚根据的报应刑与预防刑的要求,延伸出了对被告人的非难可能性以及实现预防之目的的需求。而定罪事实证明的本质是反映犯罪的法律构成要件,凸显罪刑法定原则在具体追诉犯罪过程中的意义。二者的目的、要求有所区别,而这种区别促使量刑事实证明在刑事证明活动中的独立化。然而,本质上的独立并不是绝对的而是相对的,具体是指因责任主义的要求,量刑事实证明中反映报应刑刑罚根据的事实源于具体的犯罪行为,从这个角度来说,报应刑事实与定罪的构成要件事实相辅相成,直接将其割裂也是不正确的。因此,在内在层面,量刑事实证明相对独立于定罪事实证明。

外在独立是指量刑事实证明在实践中的表现方式上独立于定罪事实证明的表现方式。此处的表现方式即指证据。现今的刑事诉讼学界不少观点均指出量刑证据具有特殊性:"在刑事审判过程中,法院对犯罪事实与量刑事实的认定既具有一定的交叉性,又带有一定的独立性。通常说来,被告人犯罪事实的成立,也成为法院对其适用刑罚的事实基础;法院对被告人犯罪事实的认定过程,客观上也是对犯罪行为的社会危害程度、被告人主观恶性以及被告人能否回归社会、有无再犯可能等事实的确定过程。在某种意义上,法院通过对被告人犯罪事实的法庭审理活动,客观上使部分量刑证据得到了举证、质证和辩论,部分量刑事实也就随之得到了当庭认定……而对于那些独立于犯罪事实之外的量刑情节,法院则需要在量刑审理程序中进行单独的调查和认定……定罪事实与量刑事实的交叉性和重合性,决定了法院对部分量刑事实的认定要遵循传统的证据理念。而定罪事实与量刑情节的独立性,则意味着法院在认定这部分量刑事实过程中不可能固守传统的理念,而应确立一些新的原则。"[16]这意味着,量刑证据与定罪证据既有交合又有分立,这也可以表现在外在形式,即证据方面量刑事实证明相对独立于定罪事实证明。

其次,量刑事实证明的相对独立性还体现在证明程序上。因为量刑事实证明在外在层面也就是量刑证据相对独立于定罪证据,因此二者在围绕着证据构建的一系列程序的规则上,例如举证、质证、认证以及证据规则也是有所不同的。在英美法系国家,在普通程序中经由陪审团确定被告人有罪后,则启动对被告人的独立的量刑程序。在这一程序中,一系列程序规则都有别于定罪的程序规则,例如传闻证据规则将不再适用,品格证据规则也是如此,证明标准有所降低,是否举行交叉询问则由量刑法官作出决定,等等。这些事实证明说明量刑事实证明在证明程序上独立于定罪事实证明。然而,不同于英美法系国家,我国既没有陪审团审判,也没有独立化的量刑程序,因此量刑事实的证明程序与定罪事实的证明程序相混合,亦即所谓的相对独立的量刑事实证明程序。这种相对独立性是由量刑证据的特性所决定的,与定罪证据相交叉的部分定罪程序就已经将其查明,无必要再展开额外的程序进行证明。而独立的量刑证据因为区别于定罪证据因此要有独立的证明程序予以查明。在程序上隔断两者充分说明了量刑事实证明的相对独立性。此外,此种相对独立性还表现在公正与效率的价值辨析上。定罪是对被告人犯罪行为的定性,因此程序必须严格且公正,最大程度上实现刑事司法正义,而量刑事实的查明是使量刑法官获得更多的量刑证据和资料,越充分的信息就可能使量刑越准确,因此量刑事实的证明程序更加关注效率。

三、量刑事实证明活动的范围

对于量刑事实的证明问题来说,区分定罪事实和量刑事实的证明活动范围十分重要,因为这种区分决定了量刑事实证明的逻辑起点——只有在定罪事实得以查明后才能开始量刑事实的证明。遵循着这一逻辑,量刑规范化改革才构建了所谓相对独立的量刑程序,同时划定了量刑事实证明活动的范围。具体而言,首先,区分定罪与量刑决定了量刑的证明对象,而量刑的证明对象则为量刑证明的主体提供了证明的指向。例如根据量刑规范化改革项目组对《量刑指导意见》的解读,量刑情节包括非犯罪构成事实、犯罪事实当中的非犯罪构成事实以及犯罪构成事实当中除基本犯罪构成事实以外的与犯罪构成有关的犯罪事实。亦即带有犯罪构成或改变犯罪构成性质的事实不可作为量刑情节而存在。[17] 其次,区分定罪与量刑决定了量刑事实的证明责任与证明

---

[16] 同前注[9],第 97 页。
[17] 最高人民法院量刑规范化改革项目组编写、熊选国主编:《量刑规范化办案指南》,法律出版社 2011 年版,第 57—58 页。

标准。如果某一事实被识别为是定罪的事实,那么毫无疑问地根据无罪推定原则,公诉方必须承担证明责任并要将其证明至排除合理怀疑的标准。反之,量刑事实的证明责任的分配则需要进一步的探讨,证明标准也要因为各种因素而不能被排除合理怀疑一元化。最后,区分定罪和量刑是将量刑程序独立化的基本条件,探索独立化的程序,必要一点就是厘清该程序要查明什么样的事实,如在量刑程序查明定罪事实就毫无意义。因此围绕着这一程序证明主体的举证也局限于量刑的相关事实而非定罪的事实,质证也是围绕着量刑的事实,而法官的最终认证也要将定罪部分和量刑部分予以区分。在法官对量刑事实的认证环节,区别定罪和量刑对禁止重复评价原则的行使有着关键性的影响。某一事实如果被识别为定罪的事实,那么该事实就不能作为量刑的依据被给予第二次评价。

假设量刑事实证明活动能够独立化,那么在具体裁判中,哪些活动属于定罪的证明,哪些活动属于量刑的证明?这样的区分有何现实意义?从量刑事实的性质出发,刑诉学界多数理论观点将量刑事实分为两种类别:"与定罪事实相交叉的量刑事实以及独立的量刑事实,前者因为与定罪事实混同所以程序上只要在定罪阶段查明即可,而后者具有独立的特征因此要在相对独立的量刑程序中查明。"[18]这种观点说明定罪和量刑的分野是建立在程序上而非实体上的。本文认为,这样的观点实际上忽视了两个概念在刑法实体法上的区别,但实体法上的关于定罪与量刑区别的论证却容易与诉讼证明理论割裂,从而欠缺证据法上的理论基础。因此,有必要从刑法理论层面梳理二者的关系,同时探寻二者的区别对证明活动的意义,方能得出合理的结论。

(一)刑法理论层面关于量刑范围的界定

刑法理论界将犯罪构成分为普通的犯罪构成与派生的犯罪构成。陈兴良教授指出:"普通的犯罪构成,又称独立的犯罪构成,是指刑法条文对具有通常法益侵害程度的行为所规定的犯罪构成。派生的犯罪构成,是指以普通的犯罪构成为基础,因为具有较轻或较重法益侵害程度而从普通的犯罪构成中衍生出来的犯罪构成,包括加重的犯罪构成和减轻的犯罪构成。"[19]这种刑法学观点受到了挑战。例如张明楷教授便不同意这种观点,他指出:"第一,刑法理论将犯罪构成分为普通的犯罪构成与加重、减轻的犯罪构成,同时认为犯罪构成是区分罪数的基本标准。既然如此,就意味着加重、减轻的犯罪构成不同于普通的犯罪构成;其二,'情节较轻'等减轻的犯罪构成只是为了区分不法和责任程度不同的分则上的犯罪,并非属于减轻的犯罪构成;其三,刑法理论使用了法定刑升格的概念,二者的内涵和外延不尽相同,不能单纯的将其混同起来……因此,中国刑法分则条文单纯以情节严重、恶劣或者数额数量巨大、首要分子、

---

[18] 李玉萍:《量刑事实证明初论》,载《证据科学》2009年第1期。
[19] 陈兴良:《规范刑法学》(第二版)(上册),中国人民大学出版社2008年版,第109页。

多次等条件作为法定刑升格条件时,只能视为量刑规则。而因为行为、对象等构成要件要素的特殊性使得行为类型发生变化,进而导致不法程度提升,并升格法定刑时,才属于加重的犯罪构成(或构成要件)。"[20]

根据张明楷教授的观点,传统上的派生性犯罪构成情节属于定罪的范畴,只有在定罪时予以考量。但是将派生性犯罪构成一律界定为定罪事实是不合理的,因为只有犯罪构成的构成要件发生了变化,才属于加重的犯罪构成,也就是定罪的事实。只有表明了违法行为类型的基本特征,区分了此罪和彼罪,才属于构成要件的要素。类似这样的犯罪构成必须具有法定性的特征。[21] 而使法定刑升格的如情节严重、数额巨大或特别巨大、首要分子、多次犯罪、违法所得等绝大多数情节虽然有可能表明了不法程度上的加重,但并不属于表明不法行为的特征。在数额犯和情节犯中,数额和情节的变化只是体现了量的程度上的变化,而非质的改变,换句话说,它们无法改变罪行的性质,也就是说它们只是量刑的规则。一言以蔽之,在刑法上,除了法律、司法解释规定的应当作为犯罪构成条件之外的加重或减轻的情节均表示为衡量犯罪人不法和责任程度的量刑情节。

除了情节加重之外,对于结果加重的情况也是如此。例如《刑法》第263条规定的抢劫罪的行为加重与结果加重犯。持枪抢劫行为无疑提升了抢劫罪的法定刑幅度,但是该行为却并没有改变抢劫罪本身的性质,抢劫致死无疑也提升了法定刑的幅度,但是该行为也没有改变抢劫罪本身的性质,也就是说,在没有法律规定改变犯罪行为的性质前提下,某一事实不能被识别为定罪相关的事实。一个相反的例子是,强奸杀人行为法律规定要数罪并罚,因为杀人行为改变了强奸行为本身的性质,侵害女子性权利的法益改变成侵害生命权的法益,基于两个法益的不同与犯罪行为本身性质的改变,要数罪并罚,而将强奸行为作为杀人行为的加重情节或者杀人行为作为强奸行为的加重情节都是不适当的。因此,结果意义上的加重或减轻情节,如果不作为法定构成要件或者想象竞合犯处断,那么它也应当被识别为量刑之范畴。

(二)量刑事实证明活动范围的界定

基于以上的论述,结合区别定罪和量刑在证明问题上的意义,本文赞同张明楷教授关于"改变犯罪构成要件的情节属于定罪范畴,没有改变的则属于量刑范畴"的观点,将该刑法理论观点结合于证明理论,在判断某一事实属于定罪事实还是量刑事实时,必须要关注事实对定性的终局性影响。具体而言,就是有了这一事实是巩固了犯罪的成立,还是加重和减轻了最终的刑罚?如果一事实影响了最终的刑罚的变化,则

---

[20] 同前注[11],第211—214页。
[21] 例如,《刑法》第345条规定了滥伐林木罪,而最高人民法院、最高人民检察院出台的《关于办理盗伐、滥伐林木案件应用法律的几个问题的解释》明确规定:"情节严重"是刑法规定盗伐、滥伐林木罪构成的必要条件,数量较大是"情节严重"的重要内容。这说明此处"情节严重"即为犯罪构成。

应当识别为量刑相关事实。因此从刑罚理论的角度出发,刑事诉讼参与者的量刑活动,始于法定刑的选择,延于责任刑的裁量,终于预防刑的判断:首先,法定刑选择背后的法理依据是对被告人的责任量的初步判断,亦即他应负刑事责任的多少决定了刑罚施加的量的多少。当制刑环节为个罪法定刑配以不同档次时,法官要根据与责任相关的事实判断选择合适的法定刑,这些事实虽然寓于具体的犯罪行为中,但其本质上属于量刑活动的范畴,所以依据量刑意义上的责任主义法定刑的选择应当被视作量刑活动。其次,在法定刑确定以后,量刑法官还会进一步根据被告人的责任在法定刑范围内裁量具体的责任刑。而在裁量责任刑时其依据与选择法定刑的依据是不同的,因为这种责任刑是具体的,随着个案犯罪行为的不同而产生变化。最后,一旦法官裁定了责任刑,他还要根据影响预防刑的各种情节,即反映被告人人身危险性以及再社会化的可能的情节来调整业已确定的责任刑,作出最终的宣告刑。刑事诉讼学界绝大多数关于量刑事实证明活动范围的论证都是围绕着定罪事实与量刑事实交叉和分立展开的,这种形式化的区分标准主要是建立在从预防刑到宣告刑的步骤上,而对于法定刑和责任刑的选定和裁量诉讼理论却鲜有涉及,这无疑不当地缩减了量刑的范围。

从实践层面上看,由于最高人民法院的《量刑指导意见》已经通过规范化的量刑方法指导量刑活动,因此量刑的作出实际上已不再遵从责任刑和预防刑的理论设定,而代之以基准刑到宣告刑的方法实现量刑规范化。然而,基准刑的作出是建立在量刑起点和增加刑罚量的基础上,量刑起点和增加刑罚量又建立在犯罪基本构成事实和影响基本构成事实的基础之上。这种做法首先缩减了责任主义在量刑时的功能,因为所谓基本构成事实明确指向的是行为的客观恶害,而多少忽视了主观罪责,主观罪责借由"年龄""动机"等量刑因素而被置于调节基准刑的量刑情节的地位,实际上人为地削弱了责任在犯罪行为转化报应刑过程中所起的作用,这一点表现在证明中,容易造成刑事诉讼参与者对责任刑量刑事实的忽视,因此,以基准刑与量刑情节两分来界定量刑事实证明活动范围,其结果恐怕将限缩量刑事实证明规则对实体法规范化的作用。

综上所述,决定量刑事实证明活动范围的基本法理是某一事实是否反映了刑罚的报应或者预防的正当化根据,或者某一证明活动是否以实现报应或者预防为目标。而非单纯地以刑诉学界以量刑证据的特征(交叉抑或独立)来划分,也非以《量刑指导意见》的规范化量刑方法对量刑事实证明活动的界定。当"情节严重"等情节或者结果加重的情节决定的是刑罚的多寡而非此罪和彼罪的区分时,它应当被定性为量刑事实证明活动的部分。因此量刑事实的证明活动始于法定刑的选择,一旦法官形成了犯罪行为系属刑法规定的某一罪后,其后的适用何种刑罚、如何调整并形成最终的宣告刑都是证明意义上的量刑。在明确划分这一范围的基础上,再对证明对象、证明责任以及证明标准等问题展开探讨,才是符合量刑事实证明理论的基本逻辑的。

四、量刑事实证明活动的特殊原则

罗斯科·庞德指出:"一个原则是一种用来进行法律论证的权威性出发点。各种原则是法律工作者将司法经验组织起来的产品,他们将各种案件加以区别,并在区分的后面定上一条原则,以及将某一领域内长期发展起来的判决经验进行比较,为了便于论证,或者把某些案件归之于一个总的出发点,而把其他一些案件归之于某个其他出发点,或者找出一个适用于整个领域的更能包括一切的出发点。"[22] 按照庞氏的观点,法律原则无外乎是法律工作者运用归纳推理将实务中的司法经验进行组织和总结,罗列出的具有一定普适性的上位规则。刑事证明亦不例外,需要遵循诸如证据裁判、无罪推定、自由心证等原则。然而,这些原则的归纳来源大部分是定罪的经验,而在呈现特殊性的量刑事实的证明活动中,这些原则是否还能得到适用需要画一个问号。本文认为,通过对实践的观察,量刑事实的证明确实存在着一些定罪证明原则不能全面适用,甚至完全与传统理念相左的处理方法。将这些实践归纳总结,量刑事实证明活动应当适用一些有别于定罪事实证明的原则,这些特殊的原则至少包括但不限于以下原则:责任主义与刑罚个别化相结合原则、适当证明原则、法定证明与自由心证相结合原则、疑义有利于被告原则以及禁止重复评价原则。

(一)责任主义与刑罚个别化相结合原则

责任主义与刑罚个别化贯穿刑罚裁量活动的各个方面,但是对于二者与量刑事实证明活动的关系学界却鲜有涉猎。本文以为,两项原则作为刑罚理论的上位原则,其与量刑事实的证明存在着不可分割的联系。

责任主义是刑法学界普遍承认的概念,在量刑层面,它被归结为消极的责任主义,即"无责任则无刑罚"。德国的罗科信教授将其解释为:"责任为刑罚的前提,刑罚的重轻不得逾越责任的范围;基于预防的考虑,有责的行为并非一律应科处刑罚。"[23] 莱西教授指出:"责任主义具有将犯罪行为侵害的严重性(死亡、人身伤害、财产伤害)与犯罪人的主观罪过等级(故意、疏忽、过失)有机结合的作用。它不仅为刑罚的根据提供了正当的理由,而且就犯罪行为与施加其刑罚的比例与公度性关系来说,它巩固了合适的量刑的正当性。"[24] 在量刑事实的证明活动中,贯彻责任主义是题中之意,因为只有通过准确判断犯罪行为人责任的"量",即准确评估其非难可能性,才能决定什么样的量刑是合适的,才能使得量刑者不逾越责任主义框定的范围。这一固定化

---

[22] 〔美〕罗斯科·庞德:《通过法律的社会控制》,沈宗灵译,商务印书馆 2010 年版,第 27 页。
[23] 张苏:《量刑根据与责任主义》,中国政法大学出版社 2012 年版,第 12 页。
[24] Allan Manson, Patrick Healy, Gary Trotter, *Sentencing and Penal Policy in Canada*, Tonto: Emond Montgomery Press, 2000, p. 35.

的范围亦固化了量刑事实证明活动的规则和范围。因此,于量刑事实的证明层面,责任主义约束量刑事实的证明规则。例如,既然责任主义要求司法机关准确判断犯罪行为的危害性,那么其基础就是准确查明犯罪行为是否存在,也就是说,与犯罪行为危害性相关的量刑事实的证明标准要与定罪事实的证明标准一元化。因此,责任主义需延伸至量刑事实的证明活动的各个层面。

刑罚个别化原则也是现代量刑实践活动的一项重要原则,它是指"在制刑、量刑和行刑的过程中,国家根据犯罪人人身危险性的大小,在报应观念所允许的对已然之罪适用的相当刑法区间内,设定、宣告和执行相应的刑罚的一项原则"[25]。翟中东教授指出:"刑罚个别化是一种以刑罚一般化为前提,以犯罪人的人身危险性为核心的刑罚理念,其理论根基在于'报应与刑罚个别化相统一'的刑罚目的说,中国法律应在统一说的基础上对其实事求是的进行评价。一般说来,刑罚个别化出于功利的目的,应预防未然之罪的需要而设置,与狭义的罪刑相适应,反映了刑罚适用的两种不同要求。"[26]可见,刑罚个别化原则源于预防刑论,但却主张刑罚实践中的报应与预防相统一。刑罚个别化原则要求准确评估以及预测被告人的人身危险性,从而做出合适的量刑。基于刑罚个别化对于人身危险性的预测之特点,量刑活动中刑罚的个别化也必须依托证明实现。例如,因为要实现个别化目的,必须对被告人的人身背景信息予以考量与调查,因此看似与定罪毫不相关的、"无证明价值"的背景信息也必须通过法定程序进行证明。同时,个别化的要求促使量刑者必须接触大量与被告人相关的信息资料。而这些信息资料的取得必然与定罪所需证据的准入标准相分离。因此刑罚个别化决定了一些量刑事实证明的规则要相对放松,放松的程度也取决于是否能够实现个别化的需求。

现代刑罚论奉行责任与个别化相结合的并合主义刑罚观,而二者的内部关系在理论界则众说纷纭。不过仅论在量刑事实的证明活动中,证明主体在进行证明时必须同时结合责任主义与刑罚个别化两项重要原则,不可偏废其一。因此,这也就影响了量刑事实相关证明规则的设置。具体来说,责任主义框定了证明活动的范围,即运用量刑证明对象锁定了证明主体所要努力的目的,而刑罚个别化则要求量刑者必须全面考量一切评价被告人人身危险性相关的资料和证据,同时证据收集程序的标准以及证据准入的规则亦要基于个别化的要求而设定。另外,作为规则的重要补充,在缺乏相关量刑事实规则的前提下,必须以考虑责任主义与刑罚个别化之目的进行量刑事实的证明也是该原则的应有之义。

---

[25] 翟中东:《刑罚个别化的蕴涵:从发展角度所作的考察——兼与邱兴隆教授商榷》,载《中国法学》2001年第2期。
[26] 同上注。

(二) 适当证明原则

准确认定事实与有效率地认定事实是证据法学必须追求的一对对立的价值取向，由此，依据证明严格程度的不同，大陆法系的证据法理论将证明划分为严格证明与自由证明。二者之间的区别亦已在大陆法系证据理论中盖棺定论——即"在证明手段上用以严格证明的证据手段必须是法律明确规定的手段，证据也必须具有证据能力；自由证明则以实务惯例选择适当证明手段且不限证据能力。在证明过程上严格证明必须以法律规定的法庭调查程序进行；而自由证明则由法官视具体情况裁量决定"。[27] 基于此，由于量刑情节具有实体量刑证明对象的特征，多数中国学者将量刑情节划归严格证明范围之属。[28] 但是，有学者却持完全相反之观点：量刑证据范围宽大，调查程序简便灵活，应当采用自由证明。[29] 不过，也有学者称："对量刑情节是采取严格证明还是自由证明需要具体分析……酌定情节是刑法没有明文规定，由法官根据立法精神和司法实践斟酌考虑的情节，这些情节法律既然委于法官斟酌考虑就不宜对有关信息的形式、来源等作过多的限制，而要对各种情况进行综合考虑。因此对酌定情节可采自由证明……法定量刑情节可分为对被告有利事实和不利事实，基于是否影响程序公正，对被告人有利的法定情节证明采取自由证明即可，对于不利于被告人的法定情节的证明须采取严格证明。"[30] 亦有学者称："多数量刑事实可采用自由证明的方式、部分量刑事实需进行严格证明。范围限于量刑事实中某些涉及犯罪构成以及刑罚加重等方面的事实。"[31]

本文认为，就严格证明与自由证明于量刑事实证明中的适用，以上观点均值得商榷。首先，基于量刑事实的实体证明对象化的特征就认为其应当归属于严格证明的范畴显然是不合适的。量刑事实的证明虽然与传统的定罪事实证明有所交叉，但基于根本目的和价值的区别，量刑事实的证明具有独立的特征，那么显然将其一律归属严格证明自然不利于析出量刑事实证明的独有特征。而且，实行证据法和量刑程序皆独立化的英美法系国家均认为严格的证据排除规则应当在量刑阶段予以放松，以便法官尽可能地接触更多的量刑证据从而实现刑罚个别化的目的。日本的团藤重光教授就指出："量刑事实是非类型化的，其与犯罪事实的证明难以同等对待，如果要求严格证明适用于量刑事实的证明，取得量刑资料将会变得极为困难。"[32] 而且日本最高法院的

---

[27]〔德〕克劳斯·罗科信：《德国刑事诉讼法》，吴丽琪译，三民书局1998年版，第236页。
[28] 参见卞建林主编：《证据法学》，中国政法大学出版社2000年版，第291页。
[29] 参见闵春雷：《论量刑证明》，载《吉林大学社会科学学报》2011年第1期，第110页。需要指出的是，作者在下一段笔锋一转，又认为量刑需要有针对性地引入"适当的证明"。
[30] 吴宏耀、魏晓娜：《诉讼证明原理》，法律出版社2002年版，第72页。
[31] 罗海敏：《刑事诉讼严格证明探究》，北京大学出版社2010年版，第122页。
[32]〔日〕大阪刑事实务研究会：《量刑实务大系 第4卷 刑の選択・量刑手続》，判例タイムズ社2011年版，第177页。

判例也认为:"只为量刑而用,并非与定罪事实认定相关的证据,没有必要实行严格的证据调查程序。"[33]因此将量刑事实的证明限缩在严格证明的框架内无疑会丧失很多宝贵的量刑信息,不利于法官的量刑判断。其次,严格证明与自由证明等理论概念的提出源于准确公正的价值与效率价值的取舍兼平衡。有学者比较了严格证明与自由证明的适用范围,提出:"区分严格证明与自由证明属于一种程序分流措施……其优点是理论适用范围更加广泛,并且能够较好地实现公正价值与效率价值的结合。"[34]自由证明的表征便是松弛程序法定主义与证据能力规则的束缚,将一些事实从快地进行认定。基于此,与限定的构成要件对象不同、量刑的证明对象可以说是无法穷尽的,它们随着个案情况的不同、刑事政策等因素的变化而变化,因此若将这些处在动态模式下的证明对象规定为严格证明的对象,那么证明效率将大打折扣,颇不现实。因此从合理性的层面予以考量,量刑事实的证明在多数情况下,或谓"原则上"也应当是自由证明。

然而,这并不意味着"有利于被告的量刑情节适用自由证明,而不利于被告的量刑情节适用严格证明"的观点就是考虑周全的。这种粗暴的两分法并未意识到量刑情节外延无限、动态变化的基本特征——不利于被告的量刑情节并不是都能被法律或者《量刑指导意见》所涵盖,譬如被告在定罪前被发现有多次行政违法的记录,这种记录既不能作为累犯亦不能作为再犯的指控,系属法官酌情认定的"劣迹"情节,记录的多少必然对加重的幅度产生影响。若把此种量刑情节规定为严格证明对象,那么程序的繁琐性可想而知;另外,有利于被告的量刑情节也不可能均适用自由证明。例如实践中最常见的从轻减轻情节自首,实际上刑事司法实践对自首的掌握标准颇为严格,在个别案件中甚至成为控辩双方的主要争点,而这恰好说明中国实践中的自首是严格证明的对象。言而总之,由于量刑事实复杂、非类型化的特性,导致有利和不利被告的事实基准难以确定,因此,这种模仿英美法系量刑事实的证明标准的"两分法"有失偏颇。

因此,提出一项新的标准自然是合理的进路。本文赞同对于量刑事实的证明应当适用"适当证明"之原则。"适当证明"是由日本刑事法集大成者平野龙一教授最早提出的概念。这一概念的核心特征在于赋予当事人争辩证据的机会,以当事人的意见为基础,实现严格证明与自由证明之间的过渡以及转化,即"折中的证明"[35]。平野龙一教授论述道:"通说认为刑之量定采取自由之证明即可,但是因为刑事责任仍有界限,不顾被告积极之异议,而采用无证据能力之证据认定之,这并不公正,在公判庭中,有必要聆听提示证据后之辩解意见……此种证明谓之'适当之证明'。"[36]之所以出现"适当证明"理论,是因为第二次世界大战后的日本的刑事诉讼开始走上当事人主义的道路。在这种诉讼制

---

[33] 最二小决昭 27.12.27 刑集 6 卷 12 号,第 1481 页。
[34] 同前注[30],第 61 页。
[35] 〔日〕白取祐司:《刑事訴訟法》,日本評論社 1999 年版,第 298 页。
[36] 黄东熊等:《刑事证据法则之新发展——黄东熊教授七秩祝寿论文集》,学林文化事业有限公司 2003 年版,第 513—514 页。

度框架中,充分赋予当事人争辩机会是必然的发展。实质上,这种重视当事人的诉讼活动的观点体现的恰是严格证明中的程序法定的因素——只有当事人在诉讼中有充分的程序事项(证据事项)选择权,方可得出程序合法的结论。"适当证明"的本质便是将松缓的证据能力规定与以自由证明为特征的"证明程序规定"一项收紧,形成严格证明中的程序法定的特征,即保证当事人对自由证明对象具有充分的争辩权。

正如"适当证明主张派"田宫裕教授指出的:"对于量刑情状,如果采严格之证明,对于证据资料加以限制,其结果可能是限制被告所提出之资料,反而导致对被告不利之后果……当被告提出积极的异议时,则不应采用无证据能力之证据而为认定,并应于公判庭中给予被告充分辩解之机会。"[37] 因量刑证明对象的复杂性、无穷性以及变化性,那么唯一的解决出路便是由个案中的控辩双方提出并争辩量刑事实,法官居中作出裁断。其背后的原理在于:不设强限制的自由证明能够保证法官接触更多量刑资料,但是如果被告人积极争辩证据能力,那么必须基于程序公正的理由"恢复"量刑资料的证据能力限制,而证据能力的判断自然要在"控辩两造对抗,法官居中裁断"的庭审格局中实现。[38] 因此,以自由证明为主导,可以有效率地认证来源广泛的各种量刑信息;同时,当控辩双方对某一量刑信息或证据产生巨大争议时,则应在法官的引导下,依照证据能力的相关规定以及严格的法定证明程序对该信息或证据进行充分的争辩与质证,保证量刑心证基础的纯化。所以,与适用定罪的严格证明以及适用程序事项的自由证明均不同,"适当证明"应当成为量刑事实独有的证明原则之一。

(三)法定证明与自由心证相结合原则

由适当证明原则延伸出来的另一项原则便是法定证明与自由心证相结合的原则。法定证明或者法定证据评价法则(Die gesetzlichen Beweisregeln)是兴起于神示证据制度灭亡后,与中世纪欧洲大陆的教会法中的纠问制度相伴生的证据制度。有学者指出:"法定证据制度的兴起很大程度上是与神明裁判的衰落后司法力量为追寻案件实质真实而导致的恣意司法密切相关……只要纠问官认为能够发现真实,一切方式方法都委诸于他的自由裁量……对这种情况的反省导致了抑制法官自由裁量的问题意识的产生,使得法定证据制度登上历史舞台。"[39] 可以说,法定证明的理论前提是将司法实践中共通性、普遍性的情况一般化为法律,以限制法官恣意。其于立法层面直接规定了证据的证明力,并说明在有什么样的证据的情况下可以确定被告人有罪;司法层面上强调法官机械地操作证据数量上的加减且不能运用任何的自由裁量权。只要法官把控方提供的证据加在一起形成完整的证明,他就必须作出有罪判决;反之,则要作出无

---

[37] 同前注[36],第 515 页。
[38] 同前注[32],179—180 页。
[39] 同前注[30],第 99—100 页。

罪判决。这种机械性完全泯灭了法官作为理性裁判者的内心确信,成为单纯的证据操作者,因此在后来的历史中被认为是非理性的,且又直接导致了刑讯逼供的盛行。在法国大革命后,新时代的自由心证制度几乎完全否定了法定证据制度,仅保留下来证据裁判原则。

或许从定罪的角度来看,要发现被告人是否实施了犯罪的事实,法定证明确实是非理性的选择——它否定了逻辑和经验等理性判断而直接由立法者通过规定机械操作案件,由于个案情况的不同,机械的规则必然导致处理结果的不正常和不理性。但是从量刑的角度来看,法定证明却并不是完全非理性的。因为量刑事实并不是像定罪事实那样只出现在犯罪的进行过程中,它覆盖到了犯罪前的情况以及犯罪后的情况,而发生在这些场合中,尤其是犯罪后的场合中,所谓的"事实"便落入了司法机关的掌控范围之内,在这一阶段,回溯性的自由心证制度便丧失了存在的必要性,典型的示例是退赃退赔以及立功。对于退赃退赔等情节,被告人如何退赃、退赔,退了多少、赔了多少,这些情节完全在司法机关的掌控之下,也就是能够直接通过被告人的罪后行为判断该事实的有无,因此自由心证制度便失去了作用。对于立功情节,被告人是否检举和揭发了他人的犯罪行为、是否提供了重要线索,是否证明他人的犯罪行为,是否有重大发明创造等,这些事实可以被司法机关直接感知,也并不需要自由心证去回溯过去事实。[40] 另外,发生在罪前的事实也可能是需要法定证明的量刑事实。典型的是累犯这一情节,构成累犯要求前一项犯罪必须是判处有期徒刑以上刑罚且自刑罚执行完毕未满5年的故意犯罪,实践中证明该事实的存在是前一项犯罪的生效判决书。生效的刑事判决书具有既判力,产生了法律上的约束性,也就等于默认事实被查明(不考虑审判监督等例外)。在这一条件下,累犯情节便不需要自由心证去回溯前一项犯罪事实是否存在。

此外,有一些法律直接规定证据标准的事实也属于法定证明的事实。在英美法系国家,最明显的莫过于辩诉交易。辩诉交易制度的核心特征在于一旦被告人作出有罪答辩,那么无论其实际是否有罪均按有罪处理。这是英美法系的法律规定。也就是说,法律直接规定了作出有罪答辩的被告人所陈述的事实就是实际的事实,无须通过复杂的程序与陪审团的心证判断来予以查明,实际上辩诉交易制度体现了典型的法定证明的特征。因被告人通过辩诉交易能够获得减轻刑罚的优惠,所以辩诉交易也可以视为一项量刑情节,其所陈述的事实也就是量刑事实。2018年《刑事诉讼法》引入了认罪认罚从宽制度。认罪认罚从宽制度规定被追诉人认罪认罚,并且同意程序适用的,检察机关在与被追诉人尽量协商一致的基础上,通过被追诉人的具结,向法院提出从宽量刑的建议,这使得认罪认罚无可争议地成为重要的量刑事实。而审前认罪认罚

---

[40] 这里需要指出的是,虽然立功中是揭发他人的犯罪行为,并且中国采立功实际效果论,也就是揭发行为或者提供线索必须查证属实,可能对于他人的犯罪行为的查证需要自由心证。但是若只关注立功人,评价的对象并非他人的犯罪行为本身,而是他的线索或揭发行为为查明他人的犯罪行为提供了多大的作用,其作用是能够直接被司法机关所感知的,因此立功也属于法定证明的事实。

的成立建立在控辩有限的量刑协商之基础上,那么司法机关对认罪认罚的情况自然了如指掌,在如此情况下自由心证制度也是毫无意义的。

以上示例说明,在需法定证明的量刑事实中,其核心特征是发生的时间点基本出现在定罪前或者定罪后,因为这意味着司法机关能够直接掌握事实甚至"控制"事实(认罪认罚),而无须通过烦琐的证明程序,以及证明标准相当高的自由心证制度完成对事实的回溯。其次,法定证明的量刑事实体现在具体的法律规定上,这些事实需要的是"证据标准"而非"证明标准",即只要实际的证据满足了法律规定,量刑法官必须直接认定事实的存在(累犯情节中,在定罪的前提下,如果通过前一项犯罪的判决书认定被告人构成累犯,则直接认定累犯事实的成立)。需要法定证明是量刑事实有别于定罪事实的一项重要特征,因此在证明量刑事实的过程中,必须考虑需法定证明的量刑事实的存在,即坚持法定证明与自由心证相结合的原则。它决定了量刑事实证明活动的诸多方面,比如识别量刑的证明对象、应当设置多元化的量刑事实证明标准等。

(四)疑义有利于被告原则

"疑罪从无"是无罪推定原则逻辑上的延伸。于诉讼理念层面,"疑罪从无"体现了"与其杀不辜,宁失不经"的司法之道,不仅利于人权保障,且利于抑制国家追诉权力的滥用。于证据理论层面,"疑罪从无"是作为承担证明责任的公诉方在没有完成证明责任时承担败诉风险的表现,它为司法机关在审查评价案件的过程中,证据无法达到法定的证明标准时如何处理案件提供了解决出路。

就"疑罪从无"的适用范围问题,林钰雄教授指出:"罪疑唯轻原则的在实体法上包括犯罪之成立、罪数、效果以及间接事实……关于犯罪之法律效果,包括狭义的刑罚以及保安处分在内,只要是科处该法律效果之前提事实有所疑问者,皆应使用罪疑唯轻原则。就狭义的刑罚部分,包括各种刑罚之量定与科处。"[41]显然,"疑罪从无"不仅适用于有罪无罪的定罪事实的判断,亦适用于量刑的判断。就其表现形式,"如果定罪事实的证明是要解决罪行的有无问题,那么量刑事实的证明则是要解决刑罚多少的问题"[42]。因此,在解决刑罚的量的过程中,与"疑罪"相对应的,决定刑罚多少的事实存在疑问的"疑刑事实"也必然会存在,而所谓"疑刑事实"亦可分为有利于被告的量刑事实与不利于被告的量刑事实,因此分配这些事实的举证不能的失败风险是量刑事实的证明无法回避的问题。根据"疑罪从无"的理念,当量刑事实存疑时应当作出有利于被告的判断,即"疑义有利于被告"原则,此举亦反映了刑事诉讼人权保障的基本价值。

1996年的《刑事诉讼法》第191条明确规定了"疑罪从无"。之后的两个"证据规定"以及2012年《刑事诉讼法》和司法改革均多次肯定"疑罪从无"的意义。然而,对于"疑刑

---

[41] 林钰雄:《严格证明与刑事证据》,新学林出版社2002年版,第150—154页。
[42] 同前注[16]。

事实"的处理问题,法律以及司法解释则语焉不详。2014年后,借"以审判为中心"的司法改革之浪潮,2016年"两院三部"发布的《关于推进以审判为中心的刑事诉讼制度改革的意见》第二项以及2017年最高人民法院公布的《关于全面推进以审判为中心的刑事诉讼制度改革的实施意见》的第四项第30条均规定,定罪证据确实、充分,量刑证据存疑的,应当作出有利于被告人的认定。这意味着于法律层面肯定了"疑义有利于被告"原则的效力,在"疑刑事实"出现时,对量刑者何去何从给出了结论。

然而,对于如何具体适用"疑义有利于被告"司法解释并没有做出解读。本文认为,此处的"疑义"是指对量刑事实的疑义。在适用该原则时,如果对不利于被告的量刑事实的证明无法达到法定的证明标准,那么就不能认定该不利于被告量刑事实的存在;如果对有利于被告的量刑事实的反驳无法达到法定的证明标准,那么就要认定有利于被告的量刑事实的存在;如果法官在履行证明职责时对某一量刑事实存有疑惑,那么就要做出有利于或偏向于被告的判断。由此可见,"疑义有利于被告"的原则虽然出发点是在证明中保障被告人的人权,并体现刑罚宽厚的传统理念,但是更重要的,"疑义有利于被告"解决了量刑事实存疑时如何处理的难题,这与设置证明责任的目的是一致的。同时,基于量刑事实的特殊性,以法定证据模式予以证明的量刑事实,由于无须以自由心证进行伦理和经验上的回溯判断,因此事实就不存在模棱两可的状况,此时结论只可能是"或有"与"或无"两种,因此在此种情形下"疑义有利于被告"不应予以适用。当法律规定了某一量刑事实的"证据标准"时,在达不到此标准时只得作出该事实不存在的认定,而无论其是否有利于被告人。

值得一提的是,在适用"疑义有利于被告"原则时,还要考虑量刑判断的构造。杉田宗久法官提出:"量刑的判断构造是在法定刑的大范围内确定量刑的基本幅度,而这一过程的实现要根据各种量刑要素进行综合判断。在这一过程中,即便缺少特定的量刑要素,从而使得量刑的幅度增加或缩小受到了影响,但是只要加入其他的量刑要素,在量刑幅度中作出最终的量刑判断也并非不可能……因此,疑义量刑事实应当在量刑上具有重要的意义,并且在只有剩下的量刑事实无法决定在法定刑中最终量刑的基本方向性的前提下,才应当适用'疑义有利于被告'的原则。"[43]量刑的判断构造不像定罪的判断构造那样是由犯罪构成要件划定的相对范围,它是在法定刑范围内确定特定的幅度或特定的点(中国的模式)后,再适用各种量刑要素对其进行调节而作出最终宣告刑。在这一过程中,若某种存疑的量刑事实并不会导致量刑结果产生巨大的变化,那么即便缺少这一事实,也不会使量刑结果不公正、不准确。因此,疑义有利于被告原则并非适用所有的量刑事实。只有在该事实对量刑具有重大的意义,以及缺少该事实后,会造成量刑上的困难时,该原则方能适用。由于我国刑事司法已经采用了规范化量刑方法,因此可以结合该量刑方法来使两个标准具体化:所有有重大意义的量刑事实,应当是由《刑法》以及《量刑指导意见》明确规定的量刑情节,这些量刑情节均

---

[43] 同前注[32],第168—170页。

带有调节基准刑的功能,因此相关事实自然应当清楚;缺少某一事实导致量刑困难应当特指使量刑方法变得困难。例如某一增加刑罚量的事实存疑,进而使得基准刑难以作出,此时可以考虑适用"疑义有利于被告"从而不予增加刑罚量。

(五)禁止重复评价原则

《量刑指导意见》规定:"对于同一事实涉及不同的量刑情节时,不重复评价。"此项规定意味着我国刑事司法在法律的层面上肯定了量刑中的重要原则——禁止重复评价原则。这一基本原则是为了杜绝导致一罪多罚或者轻罪重罚的现象而设置的。一罪多罚或者轻罪重罚等现象违背了罪刑相适应原则,且过重的刑罚亦严重侵害了被告人的人权,因此在实践中肯定和适用禁止重复评价原则具有重要的意义。

刑法上关于禁止重复评价原则的适用主要体现在两个方面:"作为符合犯罪构成的事实,已经在定罪因而在确定相应的法定刑时,起到了应有的作用,就不能在作为量刑情节考虑;当某种事实已经作为情节严重或者情节特别严重的根据,因而选择了情节严重或者情节特别严重的法定刑之后,如果再将该事实作为在选择的法定刑内从重处罚的情节,便将同一事实进行了双重评价,明显不当。"[44]在确定罪名时,如果某一情节系属犯罪的法定构成要件,那么不论如何都不能在量刑时利用该情节对被告人作出不利的评价;在选择法定刑时,若某一情节使得法定刑升格适用,那么在裁量责任刑与预防刑时该情节也不能再次考虑。因此,在适用重复评价原则时,对于量刑法官来说重点和难点问题在于辨别某一事实的性质,识别它是属于定罪构成要件,还是选择和升格法定刑的依据,还是裁量责任刑和预防刑的依据。

对于量刑事实的证明来说,审查判断证据从而对事实作出认定是证明的最终步骤也是最关键的一步,而禁止重复评价原则主要适用在这一阶段。换言之,准确识别量刑情节,遵守禁止重复评价原则,关键是量刑法官要准确判断某一量刑证据证明的量刑事实的性质如何。根据罪刑法定原则,刑法分则中所有的犯罪都有构成要件,这在证据法上被称为要素性事实,如果某一证据是用来证明这些要素性事实的证据,那么在量刑认证时就不能再考虑这一证据。同时,某一证据是用来判断法定刑的选择的,即情节或结果是否达到了严重或特别严重的程度、数额是否达到了巨大或者特别巨大的程度,那么这一证据便不能再作为裁量责任刑,也就是确认量刑基准的事实依据。例如,对于入户盗窃犯罪来说,入户行为是成立盗窃犯罪的构成要件,而证明被告人存在入户行为的证据则是用于定罪的证据,那么在量刑时入户行为便不能作为量刑证据使用。由此可见,能否合理地在量刑事实的证明中适用禁止重复评价原则,关键在于准确区分刑事庭审中的证据所对应的证明对象是属于定罪的构成要件还是量刑事实。

---

[44] 同前注[11],第266页。

从判决风险连带到审判结果中立*

李昌盛**

要　目

一、引言
二、两种判决的风险比较
　　(一)第一组风险:上诉与二审抗诉
　　(二)第二组风险:申诉和再审抗诉
　　(三)第三组风险:人情关系和"陌生人"关系
　　(四)第四组风险:自力抗争、上访和舆论
　　(五)第五组风险:服从与独立
　　(六)第六组风险:错案追究和裁判免责
三、风险连带下的判决选择
　　(一)风险的实体处理术
　　(二)风险的程序处理术
四、风险连带下的无罪判决证明标准及影响
五、走向结果中立
　　(一)尽可能切断判决结果与司法人员之间的利益链条
　　(二)逐步消除判决可能产生的诉讼外的不当风险
　　(三)对控方的诉讼权力进行适当限制
　　(四)努力阻却法院的风险转移行为
　　(五)改革错案追究制度

摘　要　公诉案件无罪判决难是一个长期困扰我国司法实践的问题。整体而言,它所引发的结果是弊大于利的。从裁判者的角度来说,公诉案件无罪判决难的根

---

* 本文系 2019 年度国家社科基金项目"证据的支撑力和区分力问题研究"(项目编号:19XFX006)的阶段性成果。
** 西南政法大学诉讼法与司法改革研究中心教授、博士生导师。

本原因在于审判者的利益与判决结果捆绑在一起，哪怕是依法作出的无罪判决，也可能使审判法官、法院承受极大的预期损失，法官成为自己作出的判决所引发的各种风险责任的连带者。解决问题的关键在于重塑刑事审判制度性环境，让法官能够并必须依法做出无罪判决即可，即让法官能够秉持一种结果中立的立场裁判案件。

关键词　无罪判决　风险连带　结果中立

一、引言

当裁判者无法从不同抉择的风险中解脱出来，他在判断的时候就不得不顾忌不同的裁判所导致的预期损失。如果选择某种裁判会导致判断者无法超然于事外，他通常就会从自身利益最大化的角度选择决策方案。如果存在强大的负面效果刺激他不去作出特定的选择，他就会采用各种替代性方案规避自己的裁判风险。其选择的公允性就难以得到保证。裁判者应当有一颗避免犯错的求真务实之心和谨慎谦恭之心，这无可厚非，它是社会对裁判者的基本期望。裁判者必须秉持自己的良心行事，尽力分清是非。他也可以在法律容许的限度内进行价值利益的权衡取舍。但他不能为了避免自己的损失在选择的天平上加注砝码。无论是往有罪判决的秤盘中加入个人的利益，还是往无罪判决的秤盘中投入自己的赌注，均会破坏判断的公正性。如果社会允许、纵容、强迫裁判者把个人的利益带入判决风险分配的天平之上，必将破坏法治的根基。法治在司法上的底线要求就是依照事实和法律作出判决，而不是遵照裁判者个人的好恶损益作出判决。

更可怕的是，如果裁判者无法超然于自己的裁判结果，则会进一步鼓励各种针对裁判者的风险施加行为，诱使或迫使法官作出特定的选择。如此一来，司法审判的结果端赖于不同力量主体的威胁指数。谁能够增加裁判的风险指数，谁就可能最终获胜。此时，裁判者就像是一个被劫持的受害者，他无法做出自己的公正判断，只是选择如何自保。如果劫持裁判者的力量是一种体制性力量，无论是源自宗教的威慑[1]还

---

[1] 神判废止之后，当时的欧洲大陆裁判者均患上了一种疑难案件的裁判恐惧症。他们担心错判了无辜者可能遭受天谴。不同于欧洲大陆，英国早在神判废止之前就已经产生了陪审团制度。神判废除之后，英国的法官迅疾发现了陪审团的价值。陪审团可以成为法官摆脱裁判风险的最佳候选者。英国法官为了避免误判有罪可能导致的上帝责罚，拱手将有罪无罪的裁判大权交给了陪审团。陪审团为了避免误判有罪之后可能给自己带来的风险，一个最保险的办法就是要求定罪的证据必须达到无懈可击的完美程度。这给当时的犯罪治理带来了严重的问题。在1785年，英国道德哲学家佩利对此大为恼火：
"陪审团过分小心、胆小怯懦，……尽管被告无辜的可能性微乎其微，但是，陪审团坚信，不宜判任何人有罪是保证良心安全的题中应有之义。他们的这一做法已给社会造成了巨大的伤害。"正是为了让怯懦的陪审员敢于宣告有罪，不用担心会遭受误判有罪的责罚，18世纪晚期的法官才发明了"合理怀疑"。一方面，它强调并非所有的疑点均可以作为无罪判决的依据，以免放纵犯罪；另一方面，它强调只要排除了合理的疑点就算是尽到了裁判者对上帝的承诺，可以"安全地"认定被告人有罪，免受上帝的责罚。排除合理怀疑最初的缘起是为了保护陪审团免受良心和上帝的惩罚，而不是为了保护被告免受错误追究刑事责任。参见〔美〕詹姆士·Q.惠特曼：《合理怀疑的起源——刑事审判的神学根基》（修订版），佀化强、李伟译，中国政法大学出版社2016年版，第313—335页。

是源自司法体制本身的威慑,都会导致法院的判决产生系统性的偏差。因此,要实现符合公正要求的审判结果,必须尽力铲除裁判者判决风险分配的自利化倾向,让他们可以对不同的裁判结果保持一种"无动于衷"的中立态度,按照事实、法律和法律容忍的公益权衡作出源于良知的选择。就规范层面而言,我国刑诉法明确规定,法院是唯一享有定罪权的国家机关,不但可以"依据法律"宣告被告人无罪,而且可以作出"证据不足、指控的犯罪不能成立的无罪判决"。[2]

按理说,除非侦控机关的侦查、起诉质量绝对上乘[3],禁受住辩护方的挑战和法院的严格审查,否则就可能会出现一定比例的无罪判决,以维持法院在诉讼程序中的"中心"地位。但司法实践表明,公诉案件无罪判决比例极低。

根据下文表1、表2和表3的统计结果,我国的无罪判决率一直非常低。从1988年至2017年长达30年的时间里,每年的无罪判决率基本维持在1%以下,只是在1996年《刑事诉讼法》实施后的1998年、2000年达到了略微超过1%的水平(1.03%)。从2000年以后,无罪判决率一路下滑,截至2012年《刑事诉讼法》实施前一年,降至25年最低水平0.06%。对比1979年《刑事诉讼法》、1996年《刑事诉讼法》和2012年《刑事诉讼法》背景下的无罪判决率,我们还可以发现:1979年《刑事诉讼法》背景下的无罪判决率年均约为0.40%,1996年《刑事诉讼法》背景下的无罪判决率年均约为0.47%,2012年《刑事诉讼法》背景下的无罪判决率年均约为0.08%。由于普遍认为1996年《刑事诉讼法》在制度层面提升了被告人的权利保障,尤其是确立了体现疑罪从无精神的证据不足宣告无罪的制度,所以我们本来应当期望1996年《刑事诉讼法》实施后会提高无罪判决率。现实情况表明,无罪判决比率在整体上没有显著提升。1996年《刑事诉讼法》实施后的前四年(1997—2000年)中,无罪判决率曾经一度有显著提升,但自2001年以后,无罪判决率稳步下滑。就2012年《刑事诉讼法》目前的实施情况来看,无罪判决率尚未达到1979年《刑事诉讼法》实施的水平。因此,就无罪判决率的情况来看,目前我们无法得出疑罪从无原则的确立对判决结果产生了显著影响的结论。

---

[2] 我国1979年《刑事诉讼法》并没有关于证据不足可以作出无罪判决的规定,而是规定法院可以退回检察机关补充侦查。1996年《刑事诉讼法》为了贯彻疑罪从无的法律原则,规定"证据不足,不能认定被告人有罪的,应当作出证据不足、指控的犯罪不能成立的无罪判决"。2012年和2018年《刑事诉讼法》延续了这一规定。参见1979年《刑事诉讼法》第108条、1996年《刑事诉讼法》第162条、2012年《刑事诉讼法》第195条和2018年《刑事诉讼法》第200条。

[3] 我国《刑事诉讼法》有一点值得肯定的地方,就是公安机关和检察院在审前侦查终结和起诉时使用的标准与法院的定罪标准在形式上是相同的。这有别于西方国家的法律制度。因此,如果制度运作良好,我国法院的无罪判决率确实应当要低于西方国家。因此,单纯以西方国家法院的无罪判决率与我国法院的无罪判决率进行比较,可能并不能够说明什么问题。因此,我们仅以我国的数据本身来说明判决风险问题。无论审前的过滤机制有多么强大,在我国有些地方长达几年甚至几十年都没有一起无罪判决,这本身就足以说明一些问题。

表1 公诉、无罪判决、免予刑事处罚情况统计表(1988—1996)[4]

年份	生效判决人数	免予刑事处罚人数	免处率	无罪判决人数	无罪率	提起公诉人数
1988	368 790	5 325	1.44	2 039	0.55	381 202
1989	482 658	6 035	1.25	1 582	0.33	520 275
1990	582 184	7 250	1.25	1 912	0.33	636 626
1991	509 221	7 587	1.49	1 983	0.39	550 455
1992	495 364	8 040	1.62	2 547	0.51	520 430
1993	451 920	6 371	1.41	2 000	0.44	505 714
1994	547 435	7 680	1.40	2 153	0.39	610 495
1995	545 162	7 911	1.45	1 886	0.35	596 624
1996	667 837	9 207	1.38	2 281	0.34	751 749
合计	4 650 571	65 406	1.41	18 383	0.40	5 073 570

表2 公诉、无罪判决、免予刑事处罚情况统计表(1997—2012)

年份	生效判决人数	免予刑事处罚人数	免处率	无罪判决人数	无罪率	提起公诉人数
1997	529 779	8 790	1.66	3 476	0.66	525 319
1998	533 793	9 414	1.76	5 494	1.03	584 763
1999	608 259	9 034	1.49	5 878	0.97	672 367
2000	639 814	N/A[5]	N/A	6 617	1.03	708 836
2001	746 328	N/A	N/A	6 597	0.88	845 306
2002	706 707	11 266	1.59	4 935	0.70	854 780
2003	747 096	11 906	1.59	4 835	0.65	819 216
2004	767 951	12 345	1.61	3 365	0.44	897 974
2005	846 879	13 317	1.57	2 162	0.26	981 009
2006	890 755	15 196	1.71	1 713	0.19	1 029 052

[4] 如无特别说明,本文的统计数据均来源于《中国法律年鉴》,部分数据是根据研究需要而依据《中国法律年鉴》中的基础数据计算所得。

[5] N/A 表示无法找到相应的数据(not available)。

(续表)

年份	生效判决人数	免予刑事处罚人数	免处率	无罪判决人数	无罪率	提起公诉人数
2007	933 156	15 129	1.62	1 417	0.15	1 113 319
2008	1 008 677	17 312	1.72	1 373	0.14	1 177 850
2009	997 872	17 223	1.73	1 206	0.12	1 168 909
2010	1 007 419	17 957	1.78	999	0.10	1 189 198
2011	1 051 638	18 281	1.74	891	0.09	1 238 861
2012	1 173 406	N/A	N/A	727	0.06	1 435 182
合计	13 189 529	N/A	N/A	51 685	0.47	15 241 941

表3 公诉、无罪判决、免予刑事处罚情况统计表(2013—2017)

年份	生效判决人数	免予刑事处罚人数	免处率	无罪判决人数	无罪率	提起公诉人数
2013	1 158 609	19 231	1.66	825	0.07	1 369 865
2014	1 184 562	19 253	1.63	778	0.07	1 437 899
2015	1 232 695	18 020	1.46	1 039	0.08	1 434 714
2016	1 220 645	19 966	1.64	1 076	0.09	1 440 535
2017	1 270 141	10 684	0.84	1 156	0.09	1 705 772
合计	6 066 652	87 154	1.446	3 833	0.08	7 388 785

从无罪判决率的整体走势比较来看(参见下文图1),1979年《刑事诉讼法》背景下的无罪判决率走势呈现的是高低起伏,总体不断提高的趋势。1996年《刑事诉讼法》背景下的无罪判决率在整体上则是一个几乎完全下行的趋势。这说明,1996年《刑事诉讼法》的修改在起初几年,确实可能发挥了一些实际效果,但制度变化非但没有解决无罪判决率过低的问题,反而随着时间的推移,使其变得越来越低。2012年《刑事诉讼法》无罪判决率的走势目前是小幅上升,但一直都在低位运行,远低于1979年《刑事诉讼法》的无罪判决率。若是从无罪判决率近30年(1988—2017年)的发展趋势来看,1996年《刑事诉讼法》修改后所确立的疑罪从无原则确实曾非常短暂地发挥了预期效果,但好景不长,没过几年,无罪判决率就下滑到了比1979年《刑事诉讼法》还要低的水平,且一直维持到目前(参见下文图2)。因此,从这30年的整体发展态势来看,证明标准和疑罪从无原则的确立对无罪判决结果的影响甚微,几乎没有多少关联性,可能是与裁判的证明标准无关的某些因素在影响法院选择不同的裁判方案。

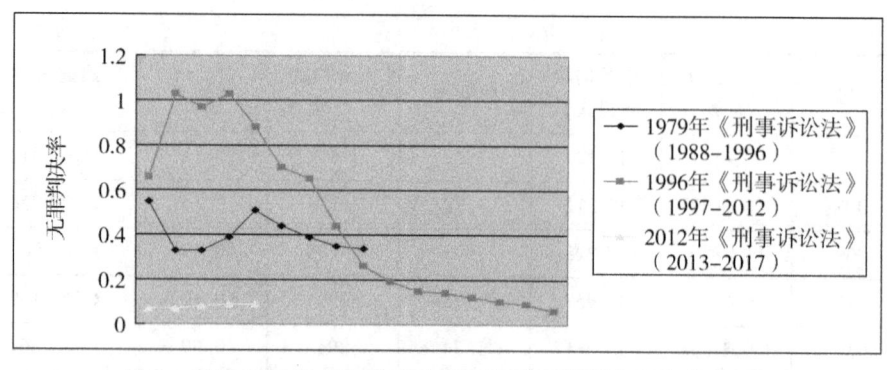

图 1　1979、1996 和 2012 年《刑事诉讼法》无罪判决率走势对比图

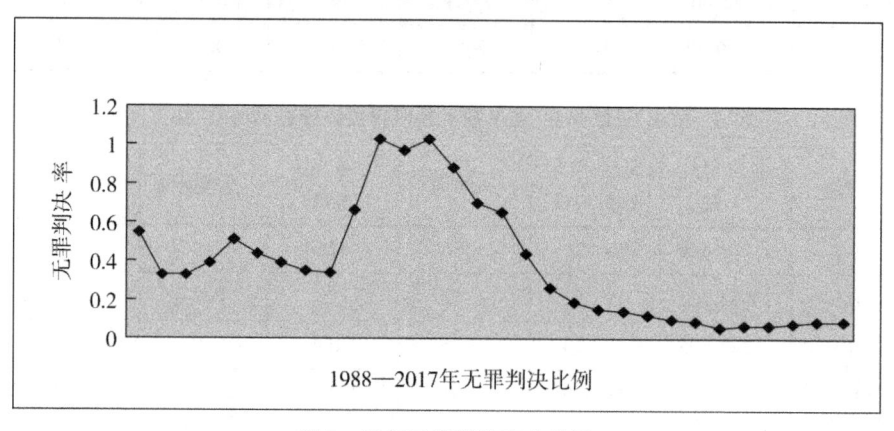

图 2　历年无罪判决率走势图

从 1998 年至 2012 年法院的生效判决人数与无罪判决率的走势来看(参见下文图 3),法院的生效判决人数呈现的是不断增加的趋势,而法院的无罪判决率呈现的则是不断下降的趋势。2012 年的生效判决人数(1 173 406 人)是 1998 年生效判决人数(533 793)的 2 倍多,而 2012 年的无罪判决率仅约为 1998 年无罪判决率的三成。假设案件起诉质量保持基本稳定,疑罪从无原则得到稳定一致的适用,生效判决人数越多,无罪判决比率也应当有所提升,但司法现状呈现的却是相反的景象。

法院生效判决人数与无罪人数,既包括了公诉案件,也包括了自诉案件。如果扣除无罪人数中的自诉案件人数,公诉案件的无罪判决率必定比前文统计的数值还要低。根据 2008 年至 2012 年的全国无罪判决人数情况(参见表 4),生效无罪判决人数总计为 5 196 人,其中公诉案件无罪人数为 2 562 人,自诉案件无罪人数为 2 634 人。公诉案件无罪判决人数要少于自诉案件无罪判决人数。

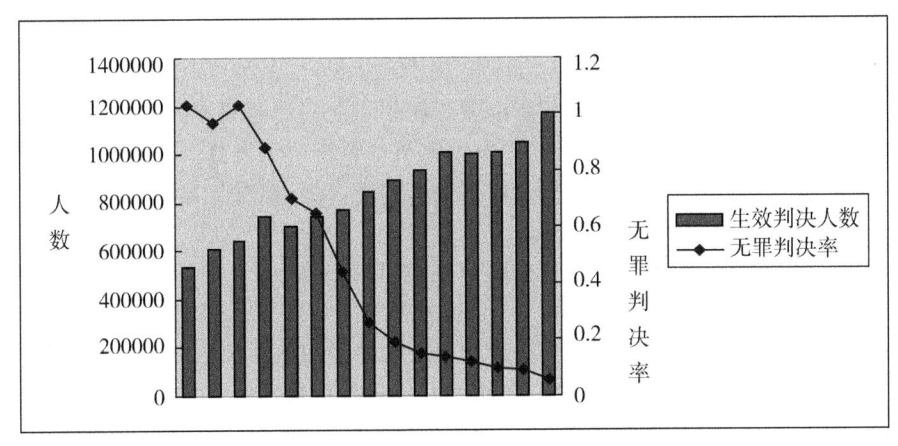

图 3 生效判决人数与无罪判决率走势(1998—2012)

表 4 2008—2012年全国无罪判决公诉案件和自诉案件比较[6]

年份	生效裁判人数	无罪判决人数	公诉无罪人数及比率		自诉无罪人数及比率	
2008	1 008 677	1 373	671	0.067	702	0.070
2009	997 872	1 206	572	0.057	634	0.064
2010	1 007 419	999	494	0.049	505	0.050
2011	1 051 638	891	479	0.046	412	0.039
2012	1 173 406	727	346	0.029	381	0.033
合计	5 239 012	5 196	2 562	0.493	2634	0.507

  C省1996年《刑事诉讼法》实施期间的情况同样如此(参见表5)。从2003年至2012年,除2012年公诉案件无罪判决人数超过自诉案件无罪判决人数,其他9年自诉案件无罪判决人数都超过了当年度的公诉案件无罪判决人数。10年累计公诉案件无罪判决人数为127人,自诉案件无罪判决人数为319人。公诉案件的无罪判决率也仅为0.05%。自诉案件无罪判决人数是公诉案件无罪判决人数的2.5倍。由于我们无法获得每年生效判决人数当中的公诉案件人数和自诉案件人数,所以无法统计各自对应的比率,只能以总人数作为参照对象。但是,根据B省某区基层法院所受理的自诉

---

[6] 有关自诉案件无罪判决人数的数据来自最高人民法院研究室马剑论文中的柱状图,参见马剑:《人民法院审理宣告无罪案件的分析报告——关于人民法院贯彻无罪推定原则的实证分析》,载《法制资讯》2014年第1期,第19页。由于其他年份的自诉案件无罪人数的数据无法找到,全国性的数据目前只能找到这几年的数据。不过,笔者有幸得到了C省2003—2012年的数据,可以作为佐证材料。具体情况,参见下文。

案件情况来看,2001 年至 2008 年共审理 145 件自诉案件。其中,2001 年 26 件、2002 年 18 件、2003 年 18 件、2004 年 19 件、2005 年 16 件、2006 年 13 件、2007 年 16 件、2008 年 19 件。自诉案件所占比例不到同期所审理刑事案件的 1%。假设全国的自诉案件比率与此相差不大,也就意味着已审结案件中大约 99% 属于公诉案件。因此,公诉案件的无罪判决率要远远低于自诉案件的无罪判决率。换言之,相对于自诉案件而言,公诉案件的无罪判决率呈几何级数降低。

于是,我们便能看到某些地方检察院连续几年甚至几十年保持无罪判决零纪录。[7] 这表明,要么进入审判程序的公诉案件质量无可挑剔,要么法院没有认真对待审判证明标准,排斥无罪判决,对有质量瑕疵的案件作出其他变通处理。从近年来媒体所披露的冤案情况来看,后一种可能性更大。这些变通处理的手段可谓名目繁多:针对轻罪,可能作出定罪免刑、缓刑等判决;针对重罪,可能作出定罪从轻(俗称"留有余地")判决,有时还可能采取拖延术久审不决,有时则可能商请检察机关撤回公诉。[8]

表5　C 省无罪判决和撤回公诉情况统计表(2003—2012)

年份	生效判决人数	无罪判决人数及比率		公诉无罪人数及比率		自诉无罪人数及比率		检察机关撤诉件数
2003	17 435	188	1.08	81	0.47	107	0.61	124
2004	17 970	68	0.38	11	0.06	57	0.32	50
2005	19 400	59	0.30	5	0.03	54	0.28	27
2006	17 928	32	0.18	11	0.06	21	0.12	21
2007	17 492	26	0.15	8	0.05	18	0.10	12
2008	22 124	38	0.17	2	0.01	36	0.16	9

---

[7] 由于每年可能有许多地方的检察院没有一起无罪判决,所以在中国就产生了许多长期保持无罪判决零纪录的检察院。根据媒体的报道,无罪判决零纪录的保持时间最短的为 5 年,最长的达到了 30 年。关于实践中各地无罪判决率零纪录保持情况,蒋湘华、罗昕:《桂林秀峰:无罪判决率连续 30 年为零》,载正义网(http://news.jcrb.com/jiancha/jcdt/200901/t20090105_121764.html),访问日期:2020 年 1 月 13 日;张胜平:《庄浪县检察院公诉案件保持无罪判决 18 年零记录》,载法制日报网(http://www.legaldaily.com.cn/dfjzz/content/2010-08/06/content_2229867.htm?node=21037),访问日期:2019 年 11 月 24 日;韩兵、郑雪冬:《黑龙江建华:公诉案件保持 10 年"零无罪"判决》,载正义网(http://www.jcrb.com/jcpd/jckx/201104/t20110425_534178.html),访问日期:2020 年 1 月 13 日;汪宇堂:《提起公诉零无罪判决 南阳市检察院已连续保持 7 年》,载《河南法制报》2013 年 3 月 7 日,第 20 版;李轩甫、蔡卓群:《海口秀英:无罪判决七年为零》,载《检察日报》2006 年 8 月 28 日,第 2 版;温建:《连续五年保持无罪判决为零的经验》,载《人民检察》2000 年第 12 期,第 37—39 页。

[8] 参见高通:《论无罪判决及其消解程序——基于无罪判决率低的实证分析》,载《法制与社会发展》2013 年第 4 期,第 71 页。

(续表)

年份	生效判决人数	无罪判决人数及比率		公诉无罪人数及比率		自诉无罪人数及比率		检察机关撤诉件数
2009	20 015	7	0.04	0	0.00	7	0.04	9
2010	31 094	14	0.05	1	0.003	13	0.04	10
2011	36 133	5	0.01	1	0.003	4	0.01	23
2012	36 441	9	0.03	7	0.019	2	0.006	14
合计	236 032	446	0.19	127	0.05	319	0.14	299

之所以造成这些现象,可以从不同的角度进行解释。但在笔者看来,实践中无罪判决稀少的主要原因是由于各种因素的综合作用,导致中国法官的个人利益与其所办理案件的结果捆绑在了一起。换言之,法官在选择作出判决的时候,必须要权衡对自己带来的利弊得失。从整体上而言,由于作出无罪判决的风险要大于作出有罪判决的风险,所以通常情况下,法官宁可冒险判决有罪,也不愿冒险判决无罪。

二、两种判决的风险比较

单纯从事实认定的角度来看,没有达到证明标准的证据不足案件,无论是选择判决有罪,还是选择判决无罪,都存在错误认定事实的风险。也正是由于这个原因,我国1979年《刑事诉讼法》并没有确立疑罪的裁判标准,而是期望办案机关一定要把真相调查清楚。当然,这个期望是违背认识规律和诉讼规律的,于是1996年《刑事诉讼法》终于在权衡利弊后确立了疑罪从无的裁判规则。但根据对1988年至2017年刑事司法数据的实证考察,我们发现这一规则在司法实践中并没有得到很好的遵行,没有通过我们所设计的三个指标的检验。那么明确到底是哪些因素导致疑罪从无原则在实践中无法落地生根,这是我们寻求解决办法的基本条件。从整体上来说,疑罪从无原则无法得到有效落实的主要原因在于各种因素的综合作用,导致中国法官的个人利益与其所办理案件的结果捆绑在了一起。换言之,法官在选择作出判决的时候,必须要权衡不同裁判方案给自己带来的利弊得失。从整体上而言,由于作出无罪判决的风险要大于作出有罪判决的风险,所以通常情况下,法官宁可冒险判决有罪,也不愿冒险判决无罪。其深层次的原因就是由于司法的权威性和独立性无法得到有效保障,进而促使司法的中立性难以维系并造成司法裁判的功利主义倾向,司法人员或司法机关作为一个理性的主体或组织,为了个人或组织利益最大化,会将疑罪从无的无罪判决作为最差选项。

在对判决风险进行分析之前,先要进行三点说明:

一是下文的分析是以1996年《刑事诉讼法》及其实践状况作为分析背景的。根据前文的统计数据,无罪判决难是一个横跨1979年《刑事诉讼法》和1996年《刑事诉讼法》的难题,但从趋势来看,1996年《刑事诉讼法》背景下的无罪判决呈现出越来越难的局面。即使2012年《刑事诉讼法》修改之后,这一迹象也没有明显好转。2019年3月,一位法官居然因为"顶住压力判无罪",被记二等功。《立功决定》指出,合议庭面对社会舆论压力和被害人亲属谩骂威胁,敢于做出无罪判决,实属难得。[9]

二是我们所分析的案件都是法院所认定的"疑难案件"。此处的"疑难"案件是指法院综合全案证据进行判断之后,无法肯定被告人有罪,也无法肯定被告人无罪的案件。同时我们也必须假设,对于有确实充分证据证明不构成犯罪的案件,法院会依法作出无罪判决。

三是为了比较有罪判决和无罪判决的风险,我们将判决所导致的法院(或者法官)损失可能性用R表示,以g表示有罪判决,以a表示无罪判决。

(一)第一组风险:上诉与二审抗诉

为了激励法院和法官高质高效地完成审判任务,目前全国各地的高级法院都制定了针对中、基层法院的绩效考核办法。中、基层法院也根据考核指标把任务分解到所在法院的每一个业务部门和法官身上。以H省《2013年度基层法院主要工作绩效考核规定》为例,与刑事审判直接相关的考核指标主要是"审判质效"指标,包括一审判决案件改判率、一审判决案件发回重审率、上诉率和一审服判息诉率等。[10] 因此,法官所判决的案件被上诉、改判、发回重审,将会使法院和法官处于风险之中。

在疑难案件中,如果法院判决有罪,被告人提出上诉的几率极高。从法律而言,疑难案件中法院不应当判决被告人有罪。不管被告人客观上是否有罪,这种有罪判决均属于"无效判决"。[11] 被告人提出上诉有充分的理由和根据。再加上上诉不加刑原则的保障,二审程序也不会引发加重处罚的风险,上诉也是低成本的。

如果法院判决无罪,被告人提出上诉的几率为零。但是,检察机关是否会选择抗

---

[9] 事实上此案之所以被立功表彰,乃因为宣告无罪后,最终真凶落网,并非只是因为合议庭敢于"依法"判决无罪,而在于已经表明他们避免了一起冤案。参见《顶住压力判无罪 法官被记二等功》,载《海南特区报》2019年3月11日,第A10版。

[10] 一审判决案件改判率是指被上(抗)诉改判(含变更)案件数与一审判决结案数的比值,每一个百分点扣0.15分。一审判决案件发回重审率是指被上(抗)诉发回重审案件数与一审判决结案数的比值,每一个百分点扣0.1分。上诉率是指上(抗)诉案件收案数与一审判决案件数的比值,低于30%的得满分,每超过一个百分点扣0.1分。一审服判息诉率是指1减去上(抗)诉新收案件数与一审结案数的比值,达到85%的得满分,每低一个百分点扣0.1分。

[11] "无效判决"案件也可以视为一种法律意义上的"错案"。不过,这种错案与客观意义上的错案不同,判决可能是无效的(违背证明标准),但却是真实的。参见〔美〕拉里·劳丹:《错案的哲学:刑事诉讼认识论》,李昌盛译,北京大学出版社2015年版,第13页。

诉？从理论而言，检察院抗诉与被告人上诉不同。检察院抗诉是行使法律监督权的体现，一要符合法定条件，即认为法院的裁判"确有错误"，不能像当事人那样可以进行无理由的上诉；二要秉持"客观、中立、公正"立场，不能像当事人那样为了追逐个人利益而任意上诉。最高人民检察院领导强调，"检察机关在刑事抗诉中始终站在客观、中立、公正的立场上，代表国家对法院确有错误的裁判实施法律监督"，以"纠正原审法院确有错误的裁判"。为此，抗诉工作要求"检察官不应站在当事人（控方）立场而应站在法律立场上为诉讼行为，兼顾对被告人'利'和'不利'两个方面，客观公正地处理案件"[12]。

由此看来，如果检察机关能够在抗诉权的行使中，秉持"客观、中立、公正"的立场，认真对待"确有错误"的抗诉标准，那么法院按照疑罪从无原则判决无罪，应当得到检察院的支持，法院也就不用担心检察院随之而来的抗诉。

抗诉权行使若要客观中立，必须依赖于检察院自身同法院的判决结果没有切身利害关系。假如法院的无罪判决会导致检察院承受有形的损失，期待检察院在行使抗诉权时具有客观、中立、公正的立场，就与组织理性和个人理性相悖。

无罪判决对检察官和检察院造成的损失至少表现在以下四个方面：一是如同法院存在考核法官和法院的考核指标，检察院内部也普遍存在捕后起诉率、有罪判决率等考核指标。法院的实体裁判会对检察院的考核产生重大影响。法院宣告无罪，会使公诉部门和检察院在年终考核中面临考核垫底甚至不合格的风险。考核的结果直接与检察长升迁、经费使用、评先评优等直接挂钩[13]，也与公诉部门的检察官的评先评优、晋升晋职、福利待遇等直接挂钩。法院判决无罪，并不只是一件依法而为的"公事"，而是可能直接损害到检察官、检察长的个人利益。二是检察机关作为逮捕批准和决定机关，需要承担错误逮捕的国家赔偿责任。按照《国家赔偿法》的规定，逮捕后宣告无罪的国家赔偿责任实行无过错责任，法院宣告被告人无罪的，检察院的逮捕将会因此被认定为"错误"逮捕，检察院也将成为"错误"逮捕的"赔偿义务机关"。同时，由于审前逮捕的适用率极高[14]，法院宣告无罪的案件中已经被逮捕的案件几率也必然很高。于是，法院宣告无罪的案件引发国家赔偿的几率也极高。三是为了增强检察官的办案责任心，检察机关也存在各地认定标准不一的错案追究制度。检察官提出公诉的案件，一旦被法院判决无罪，预示着办案质量存在瑕疵。包括批捕、起诉甚至侦查部门的检察官，都存在着被追究违法责任的风险。四是一个起诉经常被法院判决无罪的检察

---

[12] 朱孝清：《论刑事抗诉的属性》，载《检察日报》2010年11月5日，第3版。
[13] 一位省级检察院的检察官在接受媒体采访时说道，很多地方的考核指标规定，如果一年中出现三个无罪判决，主管检察长就要被免职。参见韩永：《防范冤假错案："疑罪"从谁》，载《中国新闻周刊》2013年12月6日。
[14] 关于中国1996年刑诉法背景下的逮捕率畸高的现象和分析，参见刘计划：《逮捕审查制度的中国模式及其改革》，载《法学研究》2012年第2期，第124—126页。

院,至少在检察系统的名誉会受到影响。

以上只是我们的理论分析,为了清楚地展现司法实践中抗诉权的性质,我们可以从以下几个问题入手并进行检验:一是抗诉案件的具体构成情况如何?检察院会选择哪些案件进行抗诉?它在选择抗诉案件时是秉持中立的立场,还是以部门利益最大化的方式进行抗诉?二是抗诉的准确性如何?如果检察官认真对待"确有错误"的抗诉标准,或者说以"客观"的精神进行抗诉,那么其抗诉的案件应当接近"有抗必赢"的状态。这是否符合事实?三是抗诉对被告人利益的影响程度如何?如果检察官对于有利与不利被告人的利益一并关注,那么抗诉案件的审判结果至少应当在有利、不利结果上持平或者相差不大。鉴于中国刑事审判重刑化和有罪判决率畸高的现实,我们甚至可以设想:抗诉权的良好运行状态应当是有利于被告人的抗诉结果多于不利于被告人的抗诉结果。那么抗诉的实际状况到底如何?

首先,让我们看一看抗诉案件的具体构成情况。从1998年至2012年,每年检察机关所提出的二审抗诉案件中,自侦案件的二审抗诉数,在绝对值上都少于由其他侦查机关所移送的公诉案件的二审抗诉数。仅此而言,似乎检察机关二审抗诉并没有部门利益牵绊,甚至更为重视"自家"单位以外的其他公诉案件。但是,检察院每年起诉至法院的案件中,贪污贿赂、渎职侵权等自侦案件的数量远远少于其他公诉案件的数量。如果我们不是比较绝对数,而是比较各自抗诉率,情形就大为不同。所谓各自抗诉率,是指每年起诉到法院的自侦案件和其他公诉案件,各自被提出抗诉的比率。这个数据才能准确地反映检察院的"态度"和"选择"。从图4可以看出,自侦案件二审抗诉率虽起伏较大,但相对于其他公诉案件而言,二审抗诉率一直处于"高位"运行状态。没有哪一年其他公诉案件二审抗诉率超过自侦案件二审抗诉率。相反,自侦案件的年均抗诉率(2.98%)几乎是其他公诉案件年均抗诉率(0.43%)的7倍(参见表6)。这不可能是法院每年的自侦案件审判质量过低(即错误较多)所致,而更可能是检察院的"选择性抗诉"所致。自侦案件直接关系到检察院自身的利益,检察院作为所有公诉案件起诉和抗诉主体,在精力、时间和资源有限的条件下,他们优先选择"自家"侦破的案件进行抗诉,而不是其他机关所侦破的案件。这充分说明,检察机关的抗诉是以维护本部门的利益为优先目标,而不是站在"公正"的立场进行抗诉。

表6 自侦案件与其他公诉案件二审抗诉率比较

年度	自侦案件提起公诉数	自侦案件二审抗诉数	自侦案件二审抗诉率	其他公诉案件提起公诉数	其他公诉案件二审抗诉数	其他公诉案件二审抗诉率
1998	2 2700	962	4.24%	380 455	2 478	0.65%
1999	21 408	849	3.97%	443 377	2 565	0.58%
2000	23 743	884	3.72%	456 376	2 554	0.56%

(续表)

年度	自侦案件提起公诉数	自侦案件二审抗诉数	自侦案件二审抗诉率	其他公诉案件提起公诉数	其他公诉案件二审抗诉数	其他公诉案件二审抗诉率
2001	24 219	889	3.67%	545 749	2 629	0.48%
2002	22 176	687	3.10%	561 579	2 183	0.39%
2003	19 848	570	2.87%	538 217	1 938	0.36%
2004	25 830	712	2.76%	586 960	1 954	0.33%
2005	24 808	651	2.62%	630 063	1 960	0.31%
2006	24 448	599	2.45%	646 279	2 147	0.33%
2007	20 496	524	2.56%	686 456	2 242	0.33%
2008	26 684	545	2.04%	724 250	2 348	0.32%
2009	26 514	617	2.33%	723 324	2 715	0.38%
2010	24 081	677	2.81%	736 256	3 728	0.51%
2011	21 722	712	3.28%	796 774	3 745	0.47%
2012	31 921	711	2.23%	947 796	4 553	0.48%
年均	24 040	706	2.98%	626 927	2 649	0.43%

其次，让我们看一看抗诉的准确性问题。从表7中可以看出，检察机关每年所提出的二审抗诉中，均有几百起案件被撤回抗诉，年均撤回抗诉率为16.68%。经过撤回抗诉过滤后，最终进入二审的抗诉案件中，三成多(36.77%)案件被法院维持原判。两者加起来，一半以上(53.45%)以上的抗诉属于"无效抗诉"。即使假设法院通过上下级请示消解了部分抗诉的效力，但是一半以上的案件均是无效抗诉的事实，也说明检察院并没有认真对待"确有错误"这个标准。合理的解释可能是，检察院并没有站在"客观"的立场上进行抗诉，而可能是以"不满意"裁判结果作为抗诉的标准。[15]

---

[15] 即使是针对已生效裁判的再审抗诉，检察机关也并不慎重，年均约有16.68%的案件被撤回抗诉，有的年份撤回再审抗诉率甚至高达31.5%，而再审维持原判率年均约为20%。如果把撤回再审抗诉率与再审维持原判率加在一起，再审年均无效抗诉率超过了三成(35.15%)。再审无效抗诉的大量存在愈加表明检察机关的抗诉权缺乏"客观"立场。再审抗诉具体情况，参见下文表9。

表7 二审抗诉情况表(1998—2012)

年度	提抗	撤诉	审结	维持	改判	发回重审	撤诉率	成功率
1998	3 440	417	992	401	472	119	12.1%	59.6%
1999	3 414	432	1 085	416	503	166	12.7%	61.7%
2000	3 438	490	1 096	468	475	153	14.2%	57.3%
2001	3 518	446	1 060	463	456	141	12.7%	56.3%
2002	2 870	373	921	414	383	124	13.0%	55.1%
2003	2 518	620	929	433	368	128	24.6%	53.4%
2004	2 675	842	1 378	627	562	189	31.5%	54.5%
2005	2 611	659	1 351	533	627	191	25.2%	60.6%
2006	2 746	575	1 675	608	742	325	20.9%	63.7%
2007	2 766	496	1 623	568	686	369	17.9%	65.0%
2008	2 893	385	1 856	567	786	503	13.3%	69.5%
2009	3 332	435	2 046	653	892	501	13.1%	68.1%
2010	4 405	480	3 016	856	1 258	902	10.9%	71.6%
2011	4 457	510	3 064	812	1 419	833	11.4%	73.5%
2012	5 264		3 627	779	1 813	1 035		78.5%
年均							16.68%	63.23%

最后,让我们再来看一看抗诉结果对于被告人的影响。根据最高法院的统计,从2006年至2011年这6年间,包括二审和再审抗诉在内的刑事抗诉案件改判人数共8 268人。从改判结果看,加重处罚的为4 984人,占60.28%;减轻处罚的为1 916人,占23.17%;免予刑事处罚的为140人,占1.69%;宣告无罪的为87人,占1.05%;其他为1 540人,占18.63%。最高法院的报告中总结道:"在改判的刑事抗诉案件中,加重处罚是最常见的改判结果。"[16]可见,检察机关的抗诉并没有做到中立,而是侧重于利用抗诉权最大限度地实现其控诉目标。

从抗诉案件的具体构成、抗诉无效率和抗诉结果来看,检察机关多是从维护自身控诉利益的角度选择抗诉。它更像是追逐部门或者个人利益的当事人,而不是公正客观中立的监

---

[16]《最高人民法院关于刑事抗诉案件审理情况调研报告》(法[2012]213号),第8页。

督者。[17] 由于无罪判决对检察院的利益所造成的损失极大,如果检察机关把抗诉权用作维护部门利益的手段,那么就不难想见检察机关可能选择如何作为。

因此,检察机关面对法院的无罪判决,通常可能都会认为"确有错误",并向二审法院提出抗诉,表现为"无罪必抗"。与被告人在疑难案件中对有罪判决提出上诉没有本质性的差异。如果用 $R_{上}^g$ 表示有罪判决(g = guilty)上诉所产生的风险,用 $R_{抗}^a$ 表示无罪判决(a = acquittal)抗诉所产生的风险。由于上诉、抗诉的风险是基本相同的,所以

$$R_{上}^g = R_{抗}^a \quad (1)$$

从公式(1)可以看出,在不考虑其他因素的条件下,疑难案件中法院判决有罪与无罪都会面临一个等价的风险。换句话说,只要法院作出判决,就难以避免上诉或者抗诉风险,且两种风险所带来的损失是基本相同的。

上诉、抗诉必然引发二审。二审的裁判可以分为三种形式:一是裁定驳回上诉或者抗诉,维持原判,二是改判,三是裁定撤销原判、发回重审。根据目前绩效考核指标和法官的声誉成本,后两者都会使法官和法院产生一定的损失。因此,我们还需要进一步考察上诉、抗诉的二审裁判结果如何。

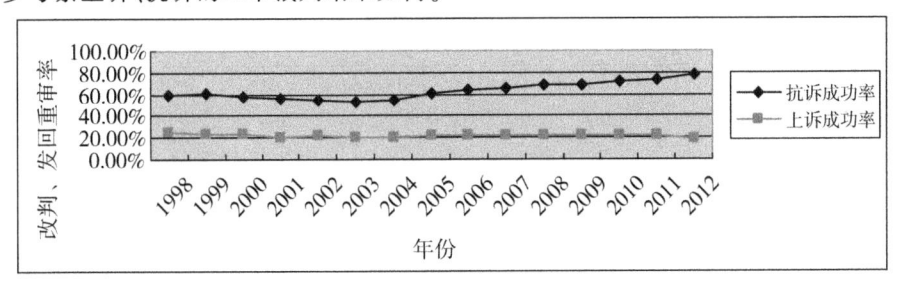

图5 二审上诉成功率和抗诉成功率对比图

表8 二审上诉情况表(1998—2012)[18]

年度	上诉	撤诉	审结	维持	改判	发回重审	撤诉率	成功率
1998	66 823	2 241	65 583	49 202	10 897	5 484	3.4%	25.0%
1999	75 448	2 848	72 581	55 670	11 231	5 860	3.8%	23.3%
2000	83 575	3 700	79 495	61 104	12 317	6 074	4.4%	23.1%

---

[17] 其他的实证研究成果,也可以证实本文所得出的结论,参见左卫民等:《中国刑事诉讼运行机制实证研究(五):以一审程序为侧重点》,法律出版社2012年版,第191—194页。

[18] 此处的统计结果是根据《中国法律年鉴》的已公布数据进行计算后得出的,具体计算方法为:上诉案件数=法院二审刑事案件受案数-提起抗诉案件数;撤回上诉=法院二审撤诉数-撤回抗诉数;维持原判/改判/重审数=法院二审维持原判/改判/重审数-抗诉维持原判/改判/重审数;审结案件数=维持原判数+改判数+重审数。因此,此处的上诉数据中实际包含了自诉人和附带民诉当事人的上诉,被告人上诉数量实际数值可能略低于此处数据,而上诉成功率也可能略低于此处统计数据。

(续表)

年度	上诉	撤诉	审结	维持	改判	发回重审	撤诉率	成功率
2001	95 393	3 836	90 501	71 515	12 540	6 446	4.0%	21.0%
2002	87 367	4 129	82 531	65 045	11 496	5 990	4.7%	21.2%
2003	95 061	3 991	89 893	71 355	12 033	6 505	4.2%	20.6%
2004	93 128	4 251	88 537	70 360	12 168	6 009	4.6%	20.5%
2005	94 962	5 034	88 616	69 832	12 404	6 380	5.3%	21.2%
2006	91 430	5 354	85 462	66 888	12 415	6 159	5.9%	21.7%
2007	88 745	6 060	82 907	64 219	12 491	6 197	6.8%	22.5%
2008	92 949	6 753	85 657	66 727	11 978	6 952	7.3%	22.1%
2009	97 215	6 780	89 940	70 197	12 532	7 211	7.0%	22.0%
2010	97 381	7 316	90 216	71 018	12 262	6 936	7.5%	21.3%
2011	94 480	7 543	87 062	68 528	11 314	7 220	8.0%	21.3%
2012	103 481		93 251	75 636	11 698	5 917		18.9%
年均							5.49%	21.71%

从图 5 可以看出,从 1998 年至 2012 年,被告人上诉之后的一审裁判改判、发回重审率均低于检察机关的二审抗诉成功率。上诉成功率一直低于 30%,而抗诉成功率一直高于 50%。从趋势上来看,上诉成功率呈总体下降趋势,而抗诉成功率呈总体上升趋势。根据表 7 和表 8 的统计结果,这 15 年的上诉年均成功率约为 22%,同期二审抗诉年均成功率约为 63%,抗诉成功率约为上诉成功率的 3 倍。因此,即使上诉、抗诉的几率基本相同,二者所导致的不利于法院的结果几率却是不同的。检察机关的二审抗诉更可能使法院处于不利风险之中。如果我们以 $R_{上改}^{g}$ 表示有罪判决上诉后的改判、发回重审的风险,以 $R_{抗改}^{a}$ 表示无罪判决抗诉后的改判、发回重审的风险,那么我们便可以得出:

$$R_{上改}^{g} < R_{抗改}^{a} \qquad (2)$$

合并(1)和(2)之后,我们可以得出:

$$R_{上}^{g} + R_{上改}^{g} < R_{抗}^{a} + R_{抗改}^{a}$$

因此,从二审上诉、抗诉的角度而言,疑难案件中判决有罪和无罪均会对法官和法院带来风险,但是判决有罪的风险整体上要小于判决无罪的风险。

(二) 第二组风险:申诉和再审抗诉

二审上诉或抗诉并不一定能够成功,二审法院有可能作出维持原判的裁定,除死刑案件外,一审判决也将随之生效。但是,中国并没有确立英美法系的"禁止双重危险原则",也没有确立大陆法系的"既判力原则"。生效判决无法产生终结性、安定性。依照刑诉法的规定,只要发现生效判决"确有错误",必须启动再审程序,对错误予以纠正。再审程序给法官所带来的风险主要是生效裁判进入再审率[19]、再审改判率、发回重审率等绩效考核指标,也包括国家赔偿和法官声誉成本,有时还会连带引起错案责任追究。

当二审法院维持一审有罪判决后,被告人在诉讼程序内挑战有罪判决的唯一方式是进行申诉。申诉只是再审的"材料来源"之一,并不能直接启动再审程序。它只有符合法律明确规定的五种条件之一,且被申诉机关受理,才能启动再审程序。受理被告人申诉的机关则是法院和检察机关。按照有关司法解释的规定,原则上被告人不能越级申诉,必须要先向作出生效判决的法院或者同级检察院申诉。越级申诉的,上级法院或者上级检察院也需要把被告人的申诉交由作出生效判决的法院或者同级检察院处理。完全可以想见,这种申诉模式下的申诉立案率必然不可能太高。检察院对其起诉成功或者抗诉成功的有罪判决案件,不太可能期望改判无罪;法院面对被告人的无罪申诉,更是缺乏动力受理并进行"自我纠错"。从目前我国已纠正的某些案件来看,很多案件当中的被告人及其近亲属长期申诉,但被成功受理的极少,只有等到"被害人复活""真凶再现"等无法否认的错误出现时,有关机关才会启动再审程序。[20]

当二审法院维持一审无罪判决后,检察机关在诉讼程序内则享有直接提出再审抗诉的权力。刑诉法并没有对检察机关再审抗诉设定多少不同于二审抗诉的条件。再审抗诉,不区分是否是有利于被告人的抗诉;既没有时间的限制,也没有次数的限制。检察机关提出再审抗诉的主要制度性障碍是级别因素。依照刑诉法的规定,提出再审抗诉的检察机关必须是生效裁判的上级检察院或者最高检察院。由于检察一体和无罪判决对检察机关所带来的损失,所以下级检察院通常有足够的利益驱动寻求上级检察机关的支持。[21] 更关键的是,检察机关的再审抗诉享有"自动"启动再审程序的能力,法院无权审查、否定检察机关的再审抗诉。检察机关在再审程序的启动权配置上与法院处于平起平坐的地位。

因此,我们可以轻松地得出以下结论:判决无罪后检察机关抗诉所引发的"生效裁

---

[19] 据某地绩效考核办法的规定,生效案件进入再审率是指所属中级法院再审收案数与基层法院一审案件结案数的比值,每一个千分点扣 0.1 分。

[20] 参见何家弘:《冤案的发现与认定》,载李学军主编:《证据学论坛》(第 18 卷),法律出版社 2014 年版,卷首语;郭欣阳:《冤案是如何发现的》,载《中国刑事法杂志》2007 年第 6 期,第 91 页。

[21] 参见晏耀斌:《无罪判决与反复抗诉的较量》,载《法律与生活》2004 年第 2 期,第 24 页。

判进入再审率"必然高于判决有罪后被告人申诉所引发的"生效裁判进入再审率"。如果我们以 $R_{申}^g$ 表示被告人针对有罪判决的申诉立案的风险,以 $R_{再抗}^a$ 表示检察机关针对无罪判决的再审抗诉立案的风险,那么我们便可以得出:

$$R_{申}^g < R_{再抗}^a \qquad (3)$$

表9 再审抗诉情况表(1998—2012)

年度	抗诉	撤诉	审结	维持	改判	指令再审	撤诉率	成功率
1998	351	27	112	35	58	19	7.7%	68.8%
1999	345	62	91	21	47	23	18.0%	76.9%
2000	360	76	114	30	59	25	21.1%	73.7%
2001	357	40	139	26	66	47	11.2%	81.3%
2002	276	46	72	14	34	24	16.7%	80.6%
2003	388	101	130	31	64	35	26.0%	76.2%
2004	388	143	182	56	82	44	36.9%	69.2%
2005	367	100	196	39	97	60	27.2%	80.1%
2006	415	95	236	44	117	100	22.9%	92.0%
2007	287	30	206	46	79	81	10.5%	77.7%
2008	355	27	227	41	77	109	7.6%	81.9%
2009	631	22	345	47	112	186	3.5%	86.4%
2010	1 020	25	864	79	248	537	2.5%	90.9%
2011	889	24	783	124	259	400	2.7%	84.2%
2012	932		842	71	309	462		91.6%
年均							15.32%	80.77%

生效案件进入再审程序后,是否会产生否定以前判决结果的可能性,也影响到法院对风险的评估。根据表9的统计结果,从1998年至2012年,检察机关启动再审程序后的抗诉成功率最低年份为1998年,成功率为68.8%,最高年份为2006年,达到了92%。由于最高法院没有公布过申诉立案后的改判、发回重审数据,我们无法统计被告人向法院申诉的数据。根据检察机关每年统计的"不服刑事判决"向检察机关申诉的情况来看,申诉成功率非常低(参见表10)。[22] 由于申诉的主体既包括被告人,也包

---

[22] 鉴于对待当事人的申诉,法院可能比检察院更为保守,此处向检察机关的申诉成功率可能比法院受理申诉案件后的成功率要高。由于此处的比率已经非常低,所以并不影响本文的结论。

括被害人,所以被告人的申诉成功率应当比此处统计的数据还要低一些。即使把此处数据全部算作被告人的申诉,申诉成功率的最高年份2010年,也仅为7.65%;有两年的申诉成功率为零。同时,每年的再审抗诉成功率都远远地超过了申诉成功率(参见图6)。15年内检察机关再审抗诉成功率达到了年均约为81%的水平,同一时期内不服刑事判决向检察机关申诉成功率年均约为0.72%。这是一个非常巨大的差距。即使假设检察机关一小部分再审抗诉是为了维护被告人的利益,也难以矫正二者之间的落差。

表10 不服刑事判决向检察机关申诉表(1998—2012)

年份	受理案件数	改变原决定数	成功率
1998	20 472	25	0.12%
1999	24 213	47	0.19%
2000	29 469	32	0.11%
2001	23 979	29	0.12%
2002	23 730	27	0.11%
2003	5 221	123	2.36%
2004	5 758	100	1.74%
2005	4 504	102	2.27%
2006	4 740	99	2.09%
2007	3 593	69	1.92%
2008	2 973	43	1.45%
2009	3 390	32	0.94%
2010	7 003	536	7.65%
2011	7 167	0	0.00%
2012	9 985	0	0.00%
合计	176 197	1 264	0.72%

如果我们以 $R_{申改}^{g}$ 表示生效有罪判决申诉后的成功率,以 $R_{再抗改}^{a}$ 表示生效无罪判决再审抗诉后的成功率,那么我们便可以得出:

$$R_{申改}^{g} < R_{再抗改}^{a} \quad (4)$$

同向二审法院上诉、抗诉相比,再审申诉和抗诉给法院所带来的风险主要来自检察机关,被告人所导致的风险均低于检察机关。合并(3)和(4)之后,我们便可以得出

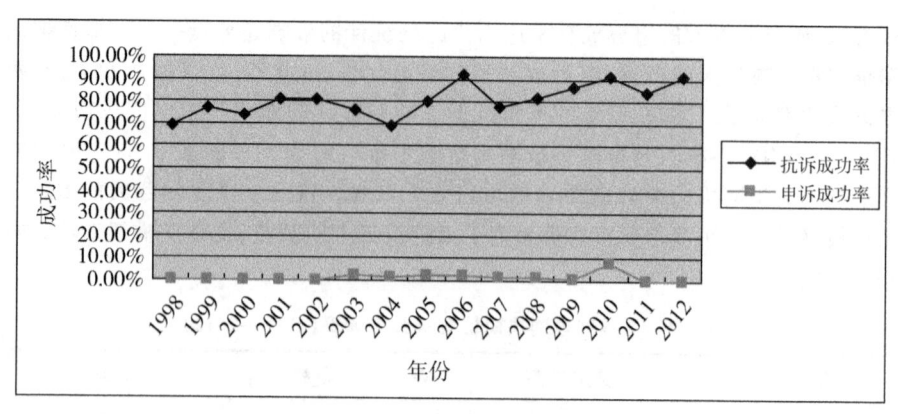

图 6　再审抗诉成功率与申诉成功率对比图(1998—2012)

再审程序给法院判决所带来的风险比较公式：

$$R_{申}^{g}+R_{申改}^{g}<R_{再抗}^{a}+R_{再抗改}^{a}$$

(三)第三组风险:人情关系和"陌生人"关系

中国社会是一个讲人情讲面子的关系社会。中国人对制度、理性和权力等概念的理解与西方社会存在差异。严格依照法律办事,会被视为"当真""当真的"和"动真格的",含有责备对方的含义(通俗讲叫"不够意思""不讲感情""不给面子")。于是,"似乎没有什么是不可以变通的"[23]。

公检法机关在日常权力运作和生活交往中,通常形成了各种各样的"关系"。从宏观而言,他们都属于维护社会稳定的"政法干警",在整体上属于"一家人"。从微观而言,公检法的领导和工作人员在日常生活中还可能存在同学、亲属、朋友、战友等社会关系。严格依照法律判决无罪,法院的行为就可能被检察机关、公安机关视为"不讲人情""不给面子"。

在调研中,法官几乎毫无例外地都谈到了维持"关系"对法院的判决所产生的影响。具有20多年刑事审判经验并担任过法院院长的访谈对象(2014-4)[24]说道：

> 法院不会为了被告人而破坏与检察院、公安之间的关系,依法宣告无罪本是一件正常的事情,但是直接宣告无罪会被视为不讲情理、不给面子。工作年限较长的法官,与当地的公安人员、检察官,通常都在工作场合之外建立了比较良好的社会关系,属于一个圈子里的人。法官严格依法判决无罪是对关系的破坏,可能导致在非正式场合下遭到各种形式的制裁。除非是法院的院长个性太强或者刚从外地调入还没有建立深厚的社会关系网,否则一般都不会直接依法宣告无罪。

---

[23] 翟学伟:《中国人的关系原理:时空秩序、生活欲念及其流变》,北京大学出版社2011年版,第161页。
[24] 2014-4 表示访谈时间,即 2014 年 4 月。下同。

法院同被告人之间的关系是"陌生人关系",两者之间通常并无任何社会关系基础。而同检察院、公安机关则是"熟人关系""一家人关系",需要长期共事和打交道。"对法官及法院而言,并不是果断处理完一件证据不足案件后,就不再和公安、检察、政法委以及人大打交道了,因此对公检的体贴与通达不可避免。"[25] 为了一个没什么关系的人的利益,破坏已经建立起来的关系,不符合中国人权力运作的基本逻辑。法院一旦"撕破脸"判决无罪,检察院和公安机关也可能将其视为"关系破裂"的表示。法院可能会因此而受到各种正式的和非正式的"关系性责罚"。人情是一种社会互动中的"交换行为"。[26] 当法院不给人情,检察院、公安也就可能不给人情,进而有可能会给法院带来各种损失。

第一种预期损失可以称为"消极配合"的风险。一位沿海发达地区分管刑事审判工作的副院长(2013-7)"诉苦"道:

> 我们有一起案件判决被告人无罪之后,将其当庭释放。检察院提出抗诉之后,我们发现被告人已经跑了。人找不到,没法开庭审判。于是我们就做出了逮捕决定,希望检察院和公安机关能够赶快把被告人抓回来。但是,检察院和公安局的人说:我们都已经把被告人缉拿归案,人是你放的,你既然有本事释放,就自己去抓人。这个案件一直到现在都没法审理,最近最高法院正在清理久审不决的案件,我们也不知道该如何办。我们劝说检察院撤回抗诉,检察院不干,他们坚决认为一审判决有错误。

依照刑诉法的规定,第一审人民法院判决被告人无罪的,如果被告人在押,在宣判后应当立即释放。[27] 这是为了"及时恢复无罪公民人身自由、名誉和人格尊严"[28]。但是,一审法院的判决并非生效判决,检察院依法可以提出抗诉。被告人一旦释放之后未采取任何强制措施,就可能导致被告人逃跑,二审程序也就无法顺利进行。面对在逃的被告人,法院纵使可以作出逮捕等强制措施决定,但是没有执行权,必须要由公安机关执行。公安机关消极配合,就可能导致法院的审判陷于被动之中。如果检察院"不给面子",坚持抗诉,法院就可能"自食苦果"。

第二种预期损失可以称为不予配合"违反程序"办案的风险。法官在审判活动中,由于时间、精力、考核等各方面因素的影响,有时候为了做到"表面"合法办案,也需要公诉人卖个"人情"。人情关系的基本互动方式就是"施"与"报",所谓"来而不往,非礼也"。为了确保人情关系的维系,必须要在合宜的情境中"还人情"。[29] 因

---

[25] 朱桐辉:《案外因素与案内裁量:疑罪难从无之谜》,载《当代法学》2011 年第 5 期,第 29 页。
[26] 参见翟学伟:《中国人的脸面观:形式主义的心理动因与社会表征》,北京大学出版社 2011 年版,第 326 页。
[27] 参见 2012 年《刑事诉讼法》第 249 条。
[28] 孙长永主编:《刑事诉讼法学》(第 2 版),法律出版社 2013 年版,第 371 页。
[29] 参见翟学伟:《人情、面子与权力的再生产——情理社会中的社会交换方式》,载《社会学研究》2004 年第 5 期,第 51—52 页。

此，检察官在法官遇到"难处"时，也会心领神会地予以配合。[30] 法院与检察院保持良好的人情关系，不仅可以在正式制度中得到检察院的配合（例如不抗诉），甚至可以在"违法"办案中得到检察院的配合，从而使法院的"违法"办案"合法化"。因为当一个人帮助过另一个人，他就会"期待后者表示他的感激并且在有机会时回报一次服务"[31]。

第三种预期损失可以称为关系性社会资源减少或者丧失的风险。法院的裁判权是一种相对消极被动性的权力，无法主动介入社会。与之不同的是，检察机关则具有某些主动影响他人利益的权力，公安机关的权力无疑更是如此。不可忽视的是，法院在审判活动中给予检察院、公安机关"面子"，还可以在刑事司法之外的个人事务中"分享"到其他机关的权力资源。当然，这通常只限于具有权力支配资格的领导。公安机关、检察院之所以愿意同法院分享某些权力资源，也是以人情关系为基础的。一位公安机关的副局长（2013-12）在访谈时说道：

> 如果法院动辄判决无罪，对他们也没有什么好处。作为地方法院，法官自己和他的亲戚朋友可能会遇到一些麻烦事。如果法院与当地其他政府部门的关系比较好，事情就比较好办。如果他们动不动就判决无罪，可能情形就不同了。

第四种预期损失是追究职务犯罪的风险。在 2018 年国家监察体制改革之前，中国的检察机关不仅负责所有公诉案件的批捕、起诉工作，还有另外一个令所有贪腐渎职官员惧怕的权力：职务犯罪侦查权。法院的法官涉嫌职务犯罪，当然也属于检察机关立案侦查的范围，并不享有任何特殊的职业豁免权。当然，对于清廉的法官而言，这并不构成威胁。但是，有学者指出，中国司法领域内目前暴露的腐败案件很少，但从整体司法环境来看，"中国司法正如人们所感知所批判的那样，处于高腐败均衡率状态"[32]。如果法院不顾检察院的感受和利益，径直依法判决无罪，导致检察院与法官的关系彻底破裂，就可能导致检察院进法院抓法官，这岂不是为了保护被告人的利益而"连累"了自己、同事和领导。[33]

H 省法官（2014-7））向我们说道：

---

[30] 参见吴小军、董超：《刑事诉审合意现象之透视——以撤回公诉和无罪判决为样本》，载《人民司法》2011 年第 15 期，第 66 页。

[31] ［美］彼德·布劳：《社会生活中的交换与权力》，孙非、张黎勤译，华夏出版社 1988 年版，第 4 页。

[32] 参见何远琼：《站在天平的两端——司法腐败的博弈分析》，载《中外法学》2007 年第 5 期，第 586 页。

[33] 在法官廉政问题上，法院实行领导连带责任制。根据最高人民法院《关于贯彻中共中央〈关于进一步加强政法干部队伍建设的决定〉建设一支高素质法官队伍的若干意见》，"正职领导对本部门、本单位廉政工作和审判纪律负全面责任，副职领导负主管责任，一级抓一级，层层抓落实。从 1999 年起，凡基层和中级人民法院年内发生一起法官贪赃枉法造成重大影响的案件，除对当事者依法严肃查处外，法院院长要到当地党委、人大和高级人民法院检讨责任。凡省、自治区、直辖市年内发生两起的，高级人民法院长要到省委、省人大和最高人民法院汇报查处情况，检讨责任。发生情节特别严重、造成恶劣影响、被追究刑事责任案件的，因严重官僚主义，用人失察，疏于管理而负有直接领导责任的法院院长要向选举或任命机关引咎辞职"。

> 检察院在中国拥有职务犯罪侦查权,如果你判决无罪,刁难他,他就可能会故意刁难你。中国目前的法官能有几个是完全干净的?他如果一天到晚盯着你,找到一些违法乱纪的证据并不困难。

在调研中,几个省曾经做出过无罪判决的法官都表达了类似的担忧,G省某中院的法官(2013-7)就是其中一位,他向我们说道:

> 我是法院当中思想偏右的一派,明明不构成犯罪,叫他(指检察院)撤诉,他不撤诉,我就只能作出无罪判决。我可不想办错案。但是,我知道得罪了他们。我现在属于被他们挂了号的。稍不留心,就可能会翻船。

在调研中,我们只发现一例确实因为法院判决无罪,导致检察院利用侦查权追究法院里其他法官责任的案件。当然,这与法院本身无罪判决率已经非常低有极大的关系,也与法院选择判决无罪的案件能够基本做到让检察院"心服口服"有极大的关系。[34] 但是,多数访谈对象都把职务犯罪侦查权作为判决无罪难的影响因素之一,表明法官在内心里是把它作为一种"潜在的"风险看待的。

由此可见,无罪判决对公检法之间人情关系的破坏,可能导致法院在正式司法活动中得不到检察院、公安机关的支持、配合,也可能导致法官的某些"违法"审判行为无法在公诉人的帮助下转变为"合法"审判行为,还可能导致法院(领导)的个人权力资源因关系破裂而无法得到"兑换",甚至有可能导致法院被"选择性地"追究刑事责任。可以发现,依照法治的原则而言,法院选择关系融洽所获得的某些"利益"恰恰是"不正当利益"。由于人情关系的紧张而导致的"损失"也是我们期望看到的损失。这本是法治社会所希冀的权力运作模式。我们必须指出,法院无罪判决难的问题,与法院自身追逐个人、部门利益甚至"违法"利益最大化密切相关,而不仅仅是外界逼迫所致。

同检察机关和公安机关的关系相比,法院与被告人通常没有什么需要予以维护的特殊关系。被告人只不过是法庭内"陌生"的"过客"。因此,从人情关系这个角度而言,法院径直选择判决无罪比判决有罪会给其带来更大的风险。如果我们以 $R_{关系}^{a}$ 表示判决无罪给法院所带来的公检法之间人情关系损失的可能性,以 $R_{关系}^{g}$ 表示判决有罪给法院所带来的法院与被告人之间关系损失的可能性,由于 $R_{关系}^{g}$ 几乎为零,那么可以得出:

$$R_{关系}^{g} < R_{关系}^{a}$$

(四)第四组风险:自力抗争、上访和舆论

在中国刑事诉讼中,被害人属于案件的当事人。被害人在诉讼中的利益诉求无非

---

[34] 法院面对判决所导致的人情关系风险时,会利用各种策略予以消解,例如私下协商、检察长列席审委会、提交政法委协调或者干脆判决有罪。具体分析,参见下文"风险连带下的判决选择"相关内容。

两个方面:一是期望获得相应的物质赔偿,二是期望被告人得到应得的处罚。法院判决被告人无罪,必然会让被害人所期待的刑事惩罚落空,也使被害人得到物质赔偿的可能性大大降低。无罪判决,可能会对被害人造成心理和经济的双重打击。在严重犯罪案件(如杀人或者致人死亡案件等)中,这可能会导致被害人产生强烈的不满情绪。

目前能够吸收被害人不满情绪的程序内救济渠道包括申请抗诉和申诉。各地也建立了标准不一的被害人补偿制度,以给予被害人一定的经济"安慰"。被害人申请抗诉或者申诉,均不具有直接启动救济程序的功能。而各地建立的被害人补偿制度,由于资金来源、财政保障不足等问题,所能给予的物质弥补极其有限。假如被害人得不到任何补偿或者补偿有限,同时诉讼程序内的救济渠道穷尽或者否定了他的请求,那么被害人的不满情绪就可能溢出到诉讼程序之外,导致法院将会面临更大的风险。有时候,由于被害人对司法系统缺乏信任,会直接放弃诉讼内的救济渠道,寻求自力抗争或者权威介入。

在2010年5月某中级法院所审理的一起故意杀人案中,审判当天被害人家属数十人打着"杀人偿命,血债血还"的横幅,聚集在法院门前,希望制造社会影响,对法院施加压力。[35] 此时,不要说判决无罪,哪怕是不判处死刑,都可能引发被害人家属进一步的过激行为。打横幅、聚会、静坐还是相对"理性"的方式。有时候,被害人由于无法控制情感,还可能会威胁"死在法院门口",或者寻找承办法官或者领导的联系方式,发短信滋扰、谩骂甚至进行人身威胁。我们在调研中遇到一起案件,法院领导特意让我们看了他的手机短信,一天收到十几条诸如此类的短信。这位领导(2012-8)不无感慨地说:"在中国,法官可真是弱势群体,谁想骂就骂,谁想吓就吓。"当然,他可能言过其实。但是,这对于法官的心理所造成的伤害无疑是客观存在的。如果案件中涉及的被害人众多(像非法吸收公众存款、非法集资、黑社会性质犯罪案件等),被害人还可能聚集在一起,对法院集体施压。法院处理稍有不当,就可能使刑事案件迅速演变为一起社会事件、政治事件。

不管被害人如何通过自己的力量直接向法院施压,毕竟还处于法院自己的控制范围内。但是,一旦被害人对法院丧失了信心,他就可能不再寻求自力救济,而是转向寻求权威介入。中国的信访体制和司法为民政策为他们提供了这种可能性。

寻求权威介入的第一种方式是进行上访。上访的渠道和方式众多,可能是向不同级别的政府、人大、政协等部门上访,可能是理性的逐级上访,可能是"越级集体访""过激防"。在中国目前的"双轨制"考核中[36],上访会给法院带来非常不利的后果,不仅

---

[35] 参见栗峥:《被害人抗争与压力型司法》,载《云南社会科学》2013年第2期,第139页。
[36] 关于法院绩效考核制度中的"双轨制"问题,参见艾佳慧:《中国法院绩效考评制度研究》,载《法制与社会发展》2008年第5期,第74—76页。

会在上级法院组织的年度绩效考核中扣分[37],还会在同级党委政府组织的绩效考核中扣分。因此,如果被害人不接受法院的无罪判决,并坚持通过上访的途径寻求救济,法院就必须消耗巨大的人力、物力、财力来安抚被害人。在河南李某案中,为了防止被害人上访,当地司法机关和政府,不惜花费重金安抚被害人。在上级法院多次撤销有罪判决后,为了防止被害人继续上访,当地法院甚而与被害人签署了所谓"死刑保证书",不仅承诺判决有罪,而且承诺将会判处极刑。[38]

寻求权威介入的第二种方式是诉诸"民意"。无论如何,被害人都是值得同情的人。法院判决被告人无罪,无疑进一步让人觉得被害人可怜。由于法院与普通民众的信息不对称、公检机关审判前的程序行为(如逮捕)、对司法的不信任,普通民众可能就会自然地"推定"法院判决无罪是在包庇罪犯。这在被告人具有一定社会地位、身份、权力的情形下,尤其如此。正如一位法院副院长所言(2013-7):"被告人越是没权没地位,处于社会底层,我们越是想方设法考虑他的利益,但如果被告人是有地位权势的人,我们反倒是不敢为他争取权利,我们都担心被外界猜疑有腐败行为。"

如果被害人能够寻求到足够多的支持者,就可能会产生一股强大的"民意"之流。它可能流淌在公开的群体性诉求之中(如佘祥林案200多人联名要求法院判决佘祥林有罪),也可能流淌在正式的媒体之中,还可能流淌在各种论坛、社区、博客、微博等自媒体之中。由于中国政法传统、当前的政法话语和现实的维稳需要,"民意"就可能转化为一种上级政法机关或者当地党委政府介入的"支撑理由"[39],从而使法院和法官承受巨大的社会压力和办案成本。

如果被告人及其近亲属无法通过上诉或者申诉等法定渠道改变一审判决结果,他们同样也可以像被害人一样,进一步寻求程序外的救济,其形式与被害人无异,即采取各种各样的自力抗争手段或者寻求权威介入。从理论上而言,被告人亲属所引发的风险与被害人诉诸程序外救济手段的风险基本持平。但是,被害人和被告人所引发的程序外风险在实践中并不一致。这是由于判决无罪和判决有罪之后实际承担风险的主体结构不同。

---

[37] 以H省《2013年度基层法院主要工作绩效考核规定》为例,涉诉信访工作共计15分,赴京涉诉信访工作为10分,到省涉诉信访工作为5分。以赴京涉诉信访工作为例,它共包括四个具体指标:赴京访量、赴京访案访比、最高法院季度涉诉信访通报排名和越级集体访、过激访的件数。赴京访量为4分,根据最高人民法院提供的到最高人民法院上访的案件数量进行排名,赴京访量最低的基层法院得满分,按照排名逐次递减。赴京访案访比为6分,根据各基层法院进京访案访比的排名,案访比最高的基层法院得满分,按照排名逐次递减。最高人民法院季度涉诉信访通报,进入"群众越级到最高人民法院上访数量前100位的基层法院"名单的,酌情扣1—4分。发生赴京越级集体访、过激访的,每件(次)扣0.2分;发生赴京个人过激访的,每件(次)扣0.1分。全年无进京上访的,加1—2分。该省基层法院的考核办法会把上述指标摊派给各个业务庭和法官。

[38] 参见田国垒、韩俊杰:《迟到十二年的"疑罪从无"》,载《中国青年报》2013年4月26日,第7版。

[39] 参见孙笑侠:《司法的政治力学——民众、媒体、为政者、当事人与司法官的关系分析》,载《中国法学》2011年第2期,第60页。

判决无罪之后,不仅可能会使被害人不满,而且还可能会使公安机关、检察机关不满。由于法院没有"配合"公检机关判决有罪,所以公检机关也可能不会协助法院处理被害人的抗争行动。法院可能因此被孤立,独自面对被害人一方所引发的风险。非但如此,由于公检机关与被害人在判决有罪方面利益的一致性,还可能使他们结合为一种新的共同体,联合抵制法院的无罪判决。

公检机关可以借助被害人的抗争和民意直接在正式的沟通中向法院施压。公检机关可能还会或明或暗地怂恿、鼓励被害人把事情闹大或者上访。例如,在李某案中,在法院以证据不足依法宣告被告人无罪后,在上级检察院下来视察的时候,"有个检察院的人员悄悄跑到受害人家属身边,让他们喊大声点,让领导听到"〔40〕。公检机关还可能"匿名"为被害人在网络上申冤叫屈或者揭露"法院判决真相",制造舆论压力。有一位级别较高的法院领导(2012-12)向我们说道:"有些重大案件判决无罪之后,公安机关和检察院有时候会直接利用网络对法院施压,甚至攻击法院的领导,我们都知道那种帖子不可能是被害人发出来的。"〔41〕

相反,法院在疑难案件中判决有罪是一种关照公检机关的行为。由于疑难案件判决有罪本来就存在一定的错误适用法律的风险,所以公检机关一般会积极协助法院应对被告人亲属的抗争行为。此时,法院就不再是单独面对风险,而是可以寻求到公检机关的协助,从而共同应对被告人亲属的抗争行为。在佘祥林案中,被告人哥哥因申诉上访被公安机关关进看守所41天,并威胁他"不要上诉,发现上诉就把你关起来"。佘祥林的母亲因为反复上访和申诉,提供无罪证据,被抓进看守所9个月,出所3个月后去世。〔42〕

判决无罪和有罪之后当事人双方所引发的自力抗争、上访、舆论等风险都是存在的,但是由于承担风险的主体结构不同,导致法院判决无罪后所承担的实际风险要大于判决有罪的风险。因此,如果我们以 $R_{访}^g$ 表示判决有罪后被告人及其亲属所引起的抗争、上访和舆论风险,以 $R_{访}^a$ 表示判决无罪后被害人及其亲属所引起的抗争、上访和舆论风险,那么通常情况下便可以得出:

$$R_{访}^g < R_{访}^a$$

(五)第五组风险:服从与独立

司法地方化和行政化是中国司法较为严重的现实问题。司法地方化是由于法院的财政拨款和领导职务任免与当地为政者密切相关,司法行政化是由于普通法官的前

---

〔40〕 卢美慧:《李怀亮案不予抗诉检方促警方再立案》,载《新京报》2013年5月9日,第7版。
〔41〕 李某案可以印证这种说法。在李某案中,法院以证据不足最终宣告无罪之后,"据内部人士透露,这些天不少检察院工作人员选择在网络上发声,声援受害者一家。"参见同上注。
〔42〕 参见张立:《愚人节这天,他"无罪出狱"》,载《南方周末》2005年4月7日,第5版。

途、未来与所在法院部门领导、院长和上级法院领导密切相关。从法官个人利益的角度,服从法院领导的意志通常是最佳选择。因此,判决的风险就取决于外部为政者和内部领导的价值偏好。从理论而言,他们的价值偏好完全可能是偏向于定罪,也可能是偏向于无罪,由此所带来的判决风险是中性的。但是,如果从实践来看,外部和内部指示都可能是一种偏向于定罪的偏好。

从当地为政者的角度来说,他们的中心工作是促进当地的经济建设和社会发展。维护当地的社会稳定是确保经济社会发展的必要条件。当地社会是否稳定和谐本身也是为政者执政能力的核心指标之一。维稳直接关系到当地为政者个人的核心利益。因此,通常情况下,出于维稳的需要,当地为政者可能会通过以下途径对审判的方向进行引导:一是执行国家层面或者地方层面的刑事政策。不管是以前的严打行动,还是现在的宽严相济政策[43],严厉打击犯罪是它们的共同特征。当地社会治安状况较差时,也可能由当地执政者发布针对某种类型犯罪的政策性指示或者文件,通常要求公检法协同完成打击任务。这是一种宏观上的倾向性。二是当对于某个案件的处理,法院与公检存在意见分歧时,当地执政者通常或主动或被动地介入个案的办理,以调停当地司法机关之间的紧张关系,确保达成共识。在意欲判决无罪的案件中,法院在协调会通常是形单影只,公检的立场和利益具有一致性。如果公安机关负责人是作为调停人的身份出现[44],法院判决无罪的可能性就极小。即使调停人是公检法三机关之外的其他领导,法院无疑也处于弱势地位。其一方面在人数上处于弱势地位,另一方面在维稳的话语权上也处于弱势地位。因此,通常处理结果是法院做出让步,公检也做出让步,妥协后的判决是法院判决有罪,给予被告人从轻处罚。三是当事人不断上访、申诉也可能导致某个案件直接成为当地执政者过问的案件,尤其是当事人的上访威胁到地方稳定时。由于中国的上访制度缺乏过滤有理上访或无理上访的功能,为政者不可能接受每一个上访公民的申诉。[45] 否则,他们将无法生活、休息、工作。通常他们所接触的信息都是经过各部门筛选的上访信息。由于前述第四组风险的存在,因此他们更可能接触到被害人方面的上访信息,而不是来自被告人亲属方面的信息。总而言之,不管是宏观的政策性要求,还是具体的个案批示,为政者都可能更倾向于定罪。

从法院内部来说,前述每一种风险不仅仅是办案法官所面临的风险,同时也是法

---

[43] 宽严相济之"宽"主要体现在量刑,而不是定罪,因此它并没有改变偏重于定罪的刑事政策方向。
[44] 这是指政法委书记兼任公安机关负责人的情形。鉴于政法委书记兼任公安机关负责人所带来的体制弊端,2010年4月,中组部下发文件,要求省级政法委书记不兼任公安厅(局)长,但同时规定省级公安厅(局)长要由政府领导班子成员或者政府党组成员兼任。关于政法委书记和公安机关负责人之间关系的历史演变,参见钱昊平:《政法委书记与公安局长的合合分分》,载《南方周末》2011年11月18日,第9版。
[45] 参见陈柏峰:《无理上访与基层法治》,载《中外法学》2011年第2期,第230—231页。

院领导所面临的风险。上诉、抗诉、改判、发回重审、进入再审、上访、舆论、公检法之间的人情关系的破坏、无法满足当地为政者的执政需要等风险,均是法院领导所面临的风险。从这个意义上而言,法院领导总是办案法官的连带风险承担者。甚至某些情况下比办案法官还承受更大的风险或者损失。例如,维持法院与公检之间的关系、满足当地为政者的执政需要、应对舆论压力、处理涉诉上访等问题,法院领导的风险可能更大。从前面的分析来看,不管是哪一组风险,法院判决无罪的风险均大于判决有罪的风险。因此,法院领导在整体上也可能更倾向于定罪,而不是判决无罪。

如果我们以 $R_{服从}^{\ g}$ 表示法官服从领导判决有罪所带来的预期损失,以 $R_{独立}^{\ a}$ 表示不服从领导判决无罪所带来的预期损失,由于 $R_{服从}^{\ g}$ 是一种风险收益,而 $R_{反抗}^{\ a}$ 是一种风险损失,判决无罪的风险无疑更大,所以:

$$R_{服从}^{\ g} < R_{独立}^{\ a}$$

(六)第六组风险:错案追究和裁判免责

错案追究制率先由秦皇岛市海港区人民法院于1990年确立。在1993年全国法院工作会议上,该制度得到最高法院的认可,并在全国推广。1998年8月26日最高人民法院公布了《人民法院审判人员违法审判责任追究办法(试行)》(下文简称《办法》)。此后,各地各级法院均根据该办法制定了具体的实施细则。对于造成错案的处罚,各地规定并不完全一致。但是,对于审判人员而言,都是相当不利的后果。以某省高级人民法院的规定来看,对故意违法审判或过失违法审判造成严重后果的,应按规定作出纪律处分。对受记大过、降级、撤职处分的,要同时调离审判岗位。对可能触犯刑律的,移送有关司法部门依法处理。对过失违法审判但未造成严重后果的,可根据情况分别作出责令检讨、取消评先资格、扣发奖金、通报批评等处理。1年内办2起错案的,责任人员离岗学习3个月;1年内办3起错案或2年内办4起错案的,责任人员调离审判岗位。[46] 近几年,有些地方的司法机关为了防止冤假错案,规定了"错案责任终身追究制"。这种强化了的没有追责期限限制的错案追究制,现已被中央政法机关认可。可见,这是法官在审理案件中面临的非常大的风险。

错案追究面临的第一个问题就是对"错案"的界定。《办法》所界定的错案范围较广,只要审判人员主观上违法审判或者执行,都可能被追究责任。与判决有关的错案认定标准主要是《办法》第14条所规定的"错案":"故意违背事实和法律,作出错误裁判的;因过失导致裁判错误,造成严重后果的"。因此,我们可以看出,错案责任追究并不完全按照结果进行认定,而是实行主客观相统一的责任追究原则。只有审判人员在

---

[46] 参见《海南省高级人民法院贯彻执行〈人民法院审判人员违法审判责任追究办法(试行)〉和〈人民法院审判纪律处分办法(试行)〉若干规定》(2000年5月9日海南省高级人民法院审判委员会第450次会议讨论通过)第7条。

主观上有过错,且导致裁判错误的,才可能会被追究责任。因此,错案追究制度对于确保审判人员办案时谨慎细心是有积极意义的。

众所周知,不管裁判者多么尽职尽责、谨慎细心,裁判错误的结果都是不可避免的。这在疑难案件中表现得尤为明显。所谓疑难案件,就是无法肯定有罪,也无法肯定无罪。不管判决有罪还是无罪,裁判者都有可能导致错误结果。裁判者此时的正确选择应当是判决无罪,因为刑诉法已经赋予了审判人员面对疑难案件时判决无罪的合法权力。即使事后新证据表明法官的选择有误,导致有罪的人逍遥法外甚至再次犯罪,法官也可以无主观过错予以抗辩,从而免除自己的责任。相反,如果法官选择判决有罪,他就会使自己陷入错案责任追究的风险之中。一方面,法官在存疑案件中判决有罪是主观上的违法行为,另一方面,证据不足判决有罪有可能导致无辜的人锒铛入狱,造成"严重后果"。因此,从错案责任追究的角度而言,疑难案件中有罪判决的风险通常要高于无罪判决的风险。

如果我们以 $R_{错案}^{g}$ 表示判决有罪被追究错案责任的风险,$R_{错案}^{a}$ 表示判决无罪被追究错案责任的风险,我们便可以得出:

$$R_{错案}^{g} > R_{错案}^{a}$$

三、风险连带下的判决选择

在理想的诉讼制度下,只要裁判者在审判中没有违法行为,判决结果符合法定的裁量幅度,裁判者就不会因判决结果而承受损失。但是,由于诉讼制度、文化传统、政法目标、司法体制和法官惩戒等因素的综合作用,中国法官的个人利益与其所办理案件的结果捆绑在了一起。即使完全依法办案,也可能给法官带来某种损失。在刑事诉讼中,可能让法官承受损失的主体包括当事人、检察机关、公安机关、法院领导、上级司法机关、当地为政者等。这是一个错综复杂的利益衡量活动,个案中的风险组合模式也可能并不相同,法官必须要学会识别、计算、权衡各种风险,才可能知道什么判决是最佳判决。刑诉法给予法官的选择是有限的,他们的选择是二选一题目:有罪判决或者无罪判决。但是,在疑难案件中,不管法官作出有罪判决,还是作出无罪判决,都面临一定风险。法官处于一种左右为难的境地(参见表11)。

表11 疑难案件判决风险来源和比较

	有罪判决(g)风险	无罪判决(a)风险	风险比较
上诉制度	$R_{上}^{g}+R_{上改}^{g}$	$R_{抗}^{a}+R_{抗改}^{a}$	$R_{上}^{g}+R_{上改}^{g} < R_{抗}^{a}+R_{抗改}^{a}$
再审制度	$R_{申}^{g}+R_{申改}^{g}$	$R_{再抗}^{a}+R_{再抗改}^{a}$	$R_{申}^{g}+R_{申改}^{g} < R_{再抗}^{a}+R_{再抗改}^{a}$
文化传统	$R_{关系}^{g}$	$R_{关系}^{a}$	$R_{关系}^{g} < R_{关系}^{a}$

(续表)

	有罪判决(g)风险	无罪判决(a)风险	风险比较
政法目标	$R_{访}^{g}$	$R_{访}^{a}$	$R_{访}^{g} < R_{访}^{a}$
司法体制	$R_{服从}^{g}$	$R_{反抗}^{a}$	$R_{服从}^{g} < R_{反抗}^{a}$
法官惩戒	$R_{错案}^{g}$	$R_{错案}^{a}$	$R_{错案}^{g} > R_{错案}^{a}$

换句话说,在疑难案件中法官无论如何依据法律作出判决,都无法避免可能导致的损失。对于法官而言,这几乎是一个必输无疑的决策。没有任何人愿意长期从事一项只有风险损失的职业。假设法官作为一个理性人,同样尽力追求个人利益的最大化,那么当面临预期损失时,理性的选择是尽可能规避、转移、降低风险。因此,在司法实践中,为了应对判决风险,法官已经发明了各种各样的风险处理术,巧妙地化解或降低判决风险。

风险处理术的核心包括两个方面:一是打破截然二分的无罪、有罪判决形式,寻求其他与风险相当的判决替代方案,从而规避必须要做出的选择。这可谓风险的实体处理术。二是舍弃或者扩充作出判决的权力,将风险转移给其他主体或者构筑一个规模庞大的风险共同体以分担、降低自己的风险。这可谓风险的程序处理术。

(一)风险的实体处理术

在判决结果不确定的条件下,无论选择哪一种方案,都会使法官面临风险。化解风险的最优策略是拒绝裁判。所谓拒绝裁判,就是不对被告人的实体罪责进行认定,既不宣告有罪,也不宣告无罪。法官通过拒绝裁判拒斥了判决可能为其带来的风险。

拒绝裁判的具体技术大致有三种:退、撤、拖。这三种处理术的核心在于"撤",即让检察机关撤回起诉

"退"是法院把事实不清、证据不足的案件退回给检察院,要求后者进行补充侦查。这是 1979 年《刑事诉讼法》明文认可的处理办法。当时甚至没有时间和次数的限制。法院可以把一起案件反复退回给检察机关进行补充侦查。佘祥林案就是当时此种处理模式的典型。1996 年《刑事诉讼法》废除了这个制度,但有关司法解释允许公诉机关在审判阶段进行"补充侦查"。审判阶段的补充侦查限于 2 次,每次最长时间不得超过 1 个月。如果检察机关没有在法定期限内提请法院恢复法庭审理,那么法院将把这种不作为看作检察机关撤回起诉的默认行为,从而成功地规避判决风险。

"撤"是法院直接建议检察机关把无法判决有罪的案件撤回。与补充侦查相比,撤回起诉是一种更为快捷便利的判决风险消解模式。补充侦查的案件还处于审理程序之中,法院可能会面临必须要做出决策的风险。建议检察机关撤回案件,等于是把决

策风险彻底转回给检察机关。法院可以借此置身事外。从司法实践的情况来看,以撤回起诉的方式规避判决风险,已经成为法院的首选技术。根据我们对C省2000年至2012年31件无罪判决的统计(参见表12),法院在判决无罪之前建议检察机关撤回起诉的案件为18件,其中一审新收公诉案件判决无罪的案件为7件,全部曾建议检察机关撤回起诉,建议撤诉率为100%。

从法院的实际处理结果来看,以C省2003年至2012年的数据来看,10年间判决被告人无罪的总人数是127人,同期撤回公诉的案件数则为299件。撤回公诉件数约为无罪判决人数的2.4倍。[47] 从图7可以看出,C省10年间无罪判决人数和撤回公诉件数整体趋势比较一致,但是每年撤回公诉件数均比同年度无罪判决人数多一些。[48] 由此可见,通过建议检察机关撤回起诉已经成为我国法院规避判决风险的常规方式。在某种程度上,它已经取代了法院的无罪判决,成为名副其实的第三种处理方式。这也是法院面临判决风险时最有利于法院的处理方式。

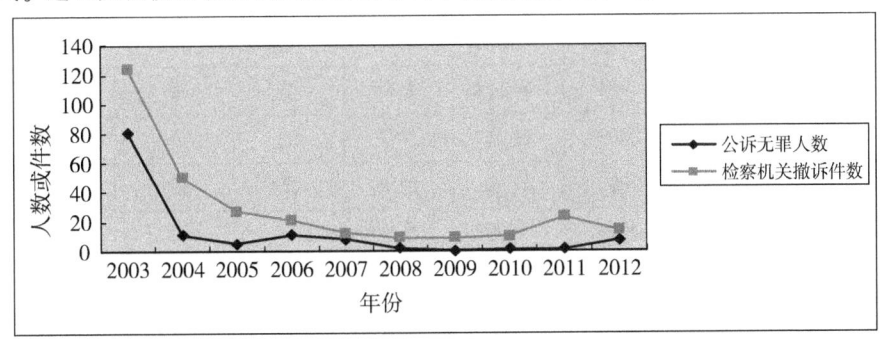

图7 C省公诉无罪人数与撤诉件数对比图(2003—2012)

表12 C省31件公诉案件无罪判决基本情况表

序号	罪名	判决生效时间	案件来源	结案方式	是否经审委会讨论	是否经政法委等部门协调	是否曾建议检察院撤诉
1	徇私枉法	2000	二审抗诉	维持	是	否	是
2	徇私枉法	2000	上诉	改判	是	否	是

---

[47] 由于无法获得撤回公诉案件的具体人数,此处撤回公诉的计算是以"件"作为单位。毫无疑问的是,由于件数必定会少于人数,所以实际撤回公诉人数应当比件数更多。因此,以人数为单位,两者之间的差距可能更大。

[48] 其他研究成果也可以印证本文的结论。例如,对广州市各检察院进行调查发现,2000年至2002年11月全市撤诉案件共302件,无罪案件24件。其中,"大部分撤诉案件是法院认为案件可能判决无罪并建议检察机关撤诉的"。参见广州市人民检察院课题组:《关于撤诉案件和无罪判决案件的调查报告》,载《中国刑事法杂志》2003年第5期,第107页。

(续表)

序号	罪名	判决生效时间	案件来源	结案方式	是否经审委会讨论	是否经政法委等部门协调	是否曾建议检察院撤诉
3	受贿	2000	二审抗诉	维持	是	否	是
4	徇私枉法	2000	上诉	改判	是	否	否
5	玩忽职守	2000	上诉	改判	是	否	否
6	非法经营	2000	上诉	改判	是	否	是
7	贪污	2000	上诉	改判	是	否	是
8	贪污	2001	一审公诉	判决	是	否	是
9	受贿	2001	二审抗诉	维持	是	否	是
10	受贿	2001	二审抗诉	维持	是	否	是
11	受贿	2001	二审抗诉	维持	是	否	是
12	走私普通货物	2002	新收	判决	是	否	是
13	受贿	2002	新收	判决	是	否	是
14	贪污	2003	上诉	改判	是	否	否
15	贪污	2003	二审抗诉	维持	是	否	否
16	虚报注册资本	2004	新收	判决	是	否	是
17	走私文物	2005	二审抗诉	维持	是	否	是
18	抢劫	2006	二审抗诉	维持	是	否	是
19	诈骗	2006	新收	判决	是	否	是
20	合同诈骗	2008	上诉、抗诉	改判	是	否	否
21	故意杀人、抢劫	2010	新收	判决	是	否	是
22	滥用职权	2010	上诉	改判	是	否	否
23	挪用公款	2010	上诉	改判	是	否	否
24	故意杀人	2012	新收	判决	是	否	是
25	交通肇事	2012	二审抗诉	改判	否	否	是
26	挪用资金	2012	指令再审	改判	是	是	否
27	合同诈骗	2012	二审抗诉	维持	否	否	否
28	徇私枉法	2012	上诉	维持	是	是	否

(续表)

序号	罪名	判决生效时间	案件来源	结案方式	是否经审委会讨论	是否经政法委等部门协调	是否曾建议检察院撤诉
29	非法经营	2012	上诉	维持	是	是	否
30	贪污、受贿	2012	上诉	维持	是	是	否
31	贪污	2012	上诉、抗诉	维持	是	是	否

1996年《刑事诉讼法》实行以后，法院在制度层面丧失了直接将案件退回检察机关的权力。因此，不管是建议补充侦查，还是建议撤回起诉，都必须征得检察机关的同意。假如检察机关不接受法院的建议，法官必将面临作出何种判决的问题。鉴于前文所分析的判决风险，法官此时就不得不寻求其他裁判技术化解风险。拖延术就是常规的处理方式，它是一种不在法定审理期限内[49]作出判决的裁判技术。它也是一种变相拒绝裁判的形式。当面临清理久审不决案件的活动时，法院还是必须要作出判决。因此，拖延判决作出时间只是一种"缓兵之计"，并不能像撤回起诉那样消除判决风险。由于通过各种正式、非正式程序化解风险[50]，通常需要一定的时间保障，拖延判决的主要功能是可以为疑难案件走程序争取时间。通常情况下，拖延判决的同时，法官也会通过请示、汇报、协调等途径寻求解决办法，以进一步说服检察机关撤回起诉。

不管是补充侦查，还是拖延判决作出时间，都只能暂时缓解法院的判决风险。法院规避判决风险最终能否成功，依赖于检察机关的撤诉决定。如果检察机关不予撤诉，法院必须要做出有罪或者无罪判决，那么法院就必须要权衡两种判决各自风险的大小，选择一种风险相对较小的判决。通过表11可以看出，选择判决无罪会在上诉、再审、人情关系、当事人抗争上访、社会舆论、政法目标实现等方面带来更大的风险，选择判决有罪只是在错案责任追究方面带来更大的风险。因此，选择判决无罪所带来的实际风险量要大于选择判决有罪，加之后文将会提到的程序处理术，法院可能还是更倾向于判决有罪。

判决有罪固然可以消除来自无罪判决方面的更大的风险，但是法官也面临来自被告人方面的风险。因此，为了降低或者消除来自被告人方面的风险，法院在作出有罪判决时，还会通过刑罚调节术，从而尽可能地减少未来的风险。刑罚调节术可以分为

---

[49] 违反法定审限在司法实践中不一定是直接违反立法明示的最长期限，也有可能是表面上合法但实际上"违法"的超审限情形，例如不符合延期审理的条件却采用各种变通方式予以延期审理。直接违反审限被称为"实超"，变相违反审限被称为"虚超"。由于近年来对超期羁押的内部控制较为严格，"实超"情形逐渐减少，但疑难案件中的"虚超"现象普遍存在。

[50] 参见下文"风险的程序处理术"相关内容。

轻罪和重罪两种模式。在轻罪案件中，法院通常采取免除刑罚、缓刑或者"比照量刑"[51]等方式宣告被告人有罪，同时宣布予以"释放"。在重罪案件中，法院通常采取从轻处罚方式给予被告人较大的量刑优惠，拒绝判处被告人死刑，以避免犯下无法挽回的错误，也就是通常所说的"留有余地"或者"疑罪从轻"。如果以西方国家的刑事协商或者答辩交易作为比较对象，我们可以把中国处理疑罪的刑罚调节术称为"职权性审辩交易"。之所以说它是"职权性审辩交易"，是因为通常最终的量刑减让结果不是审辩双方讨价还价相互协商的结果，而是审判机关依职权主动作出的。有时候，法院也会主动去做被告人及其辩护律师的工作，让被告人表示认罪，弥补证据不足的缺陷，让法院可以顺利地判决有罪，并暗示给予被告人缓免处罚。这可以看作是一种"协商性审辩交易"。[52]

同撤回起诉有具体的数据可以参照不同，到底在中国的刑事审判实践中有多少起案件是因为证据不足而作出量刑减让实体处理的，我们无法进行统计。但是在调研中，许多审判人员都曾表示，疑罪从轻是中国审判实践中的一种较为普遍的做法。媒体所报道的许多重大冤错案件，也可以证明如此。

利用刑罚来处理定罪问题，基本上可以化解法院当前所面临的来自控辩双方的风险。一方面，对于公诉方而言，由于证据本身存在一定问题，依法可能需要判处无罪，法院判决有罪已经对其做足了人情，他们当然不会再计较什么量刑公正或者罪刑相适应问题；另一方面，对于事实上有罪的被告人而言，量刑减让后的实际处罚结果要么让其不再承受监禁处罚，要么让其得到比预期更轻的刑罚，他们客观上也因事实疑点而得到了切实的好处，所以可能也不会再计较什么疑罪从无问题。[53] 也就是说，刑罚调节术可能会让控辩审三方都能够从中得到实际利益，达到某种博弈均衡的状态。

（二）风险的程序处理术

从理论而言，程序具有约束和保护的双重功能。由于程序规定了各种行为的步

---

[51] 所谓"比照量刑"是指"比照"被告人审前羁押的时间判处刑罚，审前羁押多久，监禁刑刑期就多久。判决作出后，被告人也就"刑满释放"。在调研中，有一位法官向我们讲述的他所办理的一起案件就属于这种情况。被告人在法庭上翻供，辩称自己无罪，是由于公安机关刑讯逼供，他才违心认罪的。同时，他还以专业的视角向法庭提出，自己所犯罪行较轻，审前已经关押了这么久，即使法官认定他有罪，也不会超过审前羁押的时间，他可以马上被释放。但是他认为自己是无辜的，希望法庭给他一个清白。该法官告诉我们，根据被告人的伤情和案件情况，这个被告人确实可能是无辜的。但是由于他的办案量太大，判决无罪会给他带来很多麻烦，导致工作量剧增，他还是"违背良心"判决被告人有罪，"比照"羁押期限判处了相应的刑罚。据该法官反映，这名被告人也没有选择上诉或者采取其他行动，但是这位法官感到"心里不舒服"。
[52] 参见孙长永、王彪：《刑事诉讼中的"审辩交易"现象研究》，载《现代法学》2013年第1期，第126页。
[53] 当然，这可能导致事实上无辜的人被错误定罪。我们将在讨论公诉案件无罪判决难的现实危害时再讨论该问题。

骤、方式和条件,所以对于程序主体而言,它是一种约束性装置;同时由于规定程序的各种步骤、方式和条件是非任意性的规范性系统,程序主体可以不考虑依照程序所为决定的意外后果,并豁免由此导致的责任,所以它也是一种保护性装置。两者结合在一起,产生程序"作茧自缚"效应。[54] 但是,从前文所述的各种判决风险来看,中国的审判程序无法为法官提供足够的风险防御保障,法官即使依照法定程序办案,也可能承受不利结果。缺乏了程序保护的法官,为了抵御判决风险,必然也会尽可能放弃法定程序的保护,以寻求程序外的保护。

程序处理术的核心在于审理者让渡自己手中的判决权,寻求更高级别权威的介入,以抵御外部可能产生的风险,并通过让渡判决权形成一个判决风险连带责任承受集体,从而分散乃至消弭了法官自身所承受的判决风险。

当合议庭遇到证据不足以定罪的案件时,实践中的习惯做法是先向所在业务部门领导请示。庭长会根据案件的具体情况召开庭务会议。庭务会议的规模与案件的风险大小成正比。风险越高的案件,庭务会议的规模通常也就越大。在庭务会议中,庭长会根据承办人的汇报以及庭务会中其他法官所发表的意见,给出自己的案件办理意见。对于难以判决有罪的案件,庭长会将案件提交给分管副院长讨论决定。

分管副院长接手之后,会召开承办人参加的院庭长会议。在院庭长会议中,同样是承办人先发表自己对案件的处理意见,然后由庭长发表意见,最后由分管副院长表达自己对案件的基本看法。对于确实难以认定有罪的案件,分管副院长会在院庭长会议之后,直接通过电话等形式,与检察院分管领导进行联系,阐明法院对案件的基本看法,并建议检察院撤回案件。

当法院分管副院长无法说服检察院撤回起诉时,案件可能会由院长提交审委会讨论决定,与此同时向上级法院进行非正式或者正式的请示汇报。审委会作为中国法院内部的最高决策机关,是刑诉法和法院组织法明确规定的讨论决定重大、复杂、疑难案件的机构。审委会的决定,合议庭必须要遵照执行。

法官通过汇报庭长、分管副院长、院长并将案件提交给审委会讨论可以一步步扩大判决主体的范围。这种被称为法院内部审判工作行政化的决策机制,将参与制作判决的主体扩大至整个法院。法官通过这种去司法化的决策模式,把判决风险分散、转移给庭长、院长以及审判委员会。[55] 当出现某种具体的风险时,法官就可以以领导或者组织决定作为盾牌,阻挡或者降低风险。这种内部行政化的判决决策模式,即使作出错误的有罪判决,也基本上消解了合议庭所需要承担的第五组风险(错案追究)。加之审委会属于集体决策组织,即使出现错误有罪判决,也会出现集体负责、无人负责的

---

[54] 参见季卫东:《法治秩序的建构》,中国政法大学出版社1999年版,第18—20页。
[55] 这种现象不但存在于难办的刑事案件当中,而且存在于法院所处理的其他类型案件当中。参见张洪涛:《中国法院压力之消解——一种法律组织学解读》,载《法学家》2014年第1期,第30—32页。

结果,从而使错案追究制无法得到贯彻。与此同时,法官通过与内部领导分享决策权力,也消解了法院内部不服从领导所带来的风险(第四组风险)。通过表12,我们可以发现,在31件宣告无罪的判决中,只有2件是未提交审委会讨论作出的。[56] 也就是说,宣告无罪判决几乎没有未经过审委会讨论就作出的。当然,这也是法官想方设法分担风险的倾向所致。

对于"可能判处被告人无罪的公诉案件",审委会召开会议时,还必须邀请同级检察院检察长列席审委会,并对案件的处理提出自己的意见。[57] 在调研中,我们发现,检察长列席审委会制度已经得到非常认真的贯彻。检察长列席审委会制度,可以让检察院在疑难案件中享有比被告人更多的发言权和参与机会,体现出法院对检察院拟判无罪案件的高度慎重。这可以视为一种裁判作出前的人情关系风险消解机制。它表明法院在作出判决之前,给予了检察院"最大的面子",让他们可以参与到法院内部的最高决策机构的决策过程,给予他们比被告人更多的优待和"话语权"。

针对证据不足的案件,审委会讨论决定之前或者之后,还可能进一步向上级法院进行请示汇报。同审委会讨论决定案件属于我国法律明确授权的决策机制不同,法院内部请示汇报机制违反了法院之间的上下级关系的基本要求,但在实践中长期存在,与下级法院所面临的不确定条件下的判决风险密切相关。我们在调研中发现,针对下级法院有关证据、事实问题的请示汇报,多数上级法院都会给出一个较为明确的答复。有的地方高级法院甚至明确要求特定类型的拟判无罪案件,必须要请示上级法院。通过请示汇报上级法院之后,判决的决策主体进一步延伸到两级法院系统。有时候,为了保险起见,还会向高级法院甚至最高法院进行请示。通过决策主体的进一步扩大,下级法院可以较为成功地规避第一组风险,也可以大大降低第二组风险。请示汇报上级法院之后,不管上级法院认为判决无罪或者有罪,被告人上诉或者检察院抗诉后改判或者发回重审的可能性几乎为零。[58] 同时,申诉成功的概率或者检察院再审抗诉的成功率也大大降低。这是法院规避、降低第一组、第二组风险的理性选择。

对于某些社会影响较大、被害人抗争强烈的案件,法院还可能提请政法委进行协调,以解决公检法三家在案件事实认定方面的争议。不过,诸如此类的案件在实践中并非常态,仅仅是个别现象。从表12中可以看出,经过政法委协调判决无罪的案件共计5件,占所有判决无罪的案件比例约为16%。不过,即使此类案件的实际比例并不是太高,通常都属于法院所遇到的风险最大的案件类型之一。提交政法委进行协调意

---

[56] 据我国调研的情况来看,接受调研的不同地区的所有法官均表示,拟判无罪的案件均是必须提交审委会讨论的案件。这是强制性的内部规定。

[57] 参见《关于人民检察院检察长列席人民法院审判委员会会议的实施意见》。

[58] 单就这一点而言,检察院同样也是"程序不公正"的"受害者",因此也对法院内部的请示汇报颇为不满。参见北京市海淀区人民检察院课题组:《刑事抗诉实证研究——以海淀区人民检察院五年来的刑事抗诉案件为视角》,载《法学杂志》2012年第8期,第124页。

味着法院自身已经无法完全消化案件中的压力和风险,通过公检法协调会达成的一致意见,尤其是政法机关领导的介入,来寻求更大范围决策主体的介入,从而把法院所面临的判决风险分散化。

图 8 是对法院疑难案件判决风险程序处理术的一个简单图示,J1—J2—J3—J4—J5—J6 是一个不断扩大了的裁判权实际分享主体。法官通过扩展决策主体的规模,在风险产生之前即把可能帮助法官降低风险的主体纳入裁判圈,从而形成一个庞大的外围权力决策结构,使法官能够"蜷缩"在权力结构中的内层,并把风险压力传递给系统内外的政法领导。

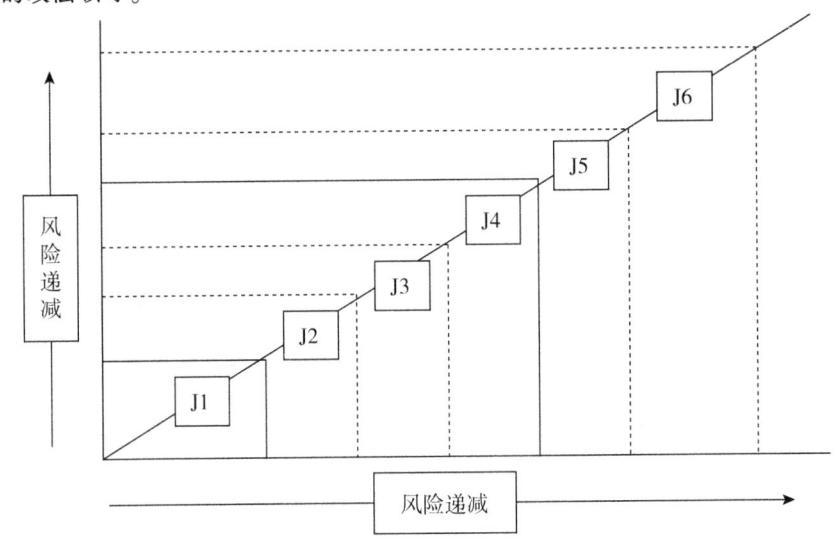

图 8　法院判决风险的程序处理术

说明:J1 = 合议庭;J2 = 庭务会;J3 = 院庭长会议;J4 = 审委会;J5 = 请示上级法院;J6 = 政法委协调会

四、风险连带下的无罪判决证明标准及影响

疑难案件判决风险的存在使中国刑事审判在实践中发展出了一整套应对策略。这些应对策略在实体上打破了有罪判决和无罪判决截然二分的法定决策模式,法院实际上享有判决无罪、判决有罪和撤诉三种裁判选择,而不是以法定的无罪判决作为唯一选择。与此同时,法官还通过让法院系统内外的权威人物或者机构参与决策程序,分享甚至让渡自己的决策权,从而使判决风险降低、转移。判决风险的实体处理术和程序处理术,可以看作是当前中国法官面对现实判决困境所进行的理性选择。其基本目标是通过降低判决风险从而实现自身利益的最大化。通过实体、程序双重缓解风险技术,法院所面临的实

际风险组合也将会随之发生改变。

疑难案件劝说、建议检察院撤诉是法院的最优选择。如果成功说服检察院撤回起诉,可以直接规避第一、二、三、五、六组风险。案件被检察院撤回之后,就相当于法院没有对该案的实体问题作出任何认定。当然也就不存在二审、再审的风险。与再审紧密相连的错案追究责任也可以成功避免。同时,由于案件被退回检察院之后,来自被害人和被告人的抗争风险,也随之转移给了检察院。事实上,撤回起诉也可以降低或者消除第四组风险。证据不足案件,未经与检察院沟通协调,依法直接判决无罪,是一种非常"不给面子"的行为。相反,撤诉相当于是通过"私下"沟通交流的合意方式处理案件,避免公开宣判给检察院形象所带来的伤害。通过院长与检察长之间的私下协商或者检察长列席审委会,进一步体现了法院对维系检法关系的态度,以此降低破坏人情关系的风险。当然,由于撤诉在功能上几乎等价于无罪判决,检察院并不一定会领法院的"人情",反而会要求法院作出判决。

如果检察院不撤诉,迫使法院必须作出判决,法院必须要进行第二次风险评估。法院第二次风险评估必须针对个案当中可能出现的六组风险进行再评估,包括二审(第一组风险)、再审维持判决的可能性(第二组风险)、错案追究的可能性(第六组风险)、当事人抗争的风险大小(第四组风险)、案件在当地社会的影响度(第五组风险)以及(公)检法之间的关系融洽程度(第三组风险)。前文已经指出,由于无罪判决所带来的风险在整体上大于有罪判决,而且由于各种实体、程序处理术的存在可以消除有罪判决可能产生的风险,通常情况下法院可能会选择判决有罪并给予从轻处罚。

当然,如果检察院不同意撤诉,法院必须要评估自己的事实认定在客观上正确的几率。如果被告人明显不构成犯罪,发生冤案的可能性极高,那么为法官分担风险的法院内部主体就可能会考虑判决无罪。此时,如果合议庭选择判决有罪,可能无法得到院庭长、审委会或者上级法院的支持,从而导致判决风险提高。当然,合议庭照样还是会通过请示内部领导或者上级法院,化解来自检察院、被害人等方面的风险。此时,虽然来自法院系统内部的二审、再审、不服从领导的风险降低,也基本转移或者消除了错案追究的风险,因为检察院即使提出二审抗诉或者再审抗诉,可能也无法改变结果,但是它必定会提高人情关系紧张风险、被害人抗争风险和社会舆论风险。因此,判决无罪是法院的最差选项。法院只能将其适用范围限制在一小部分确有可能不构成犯罪的案件。

可见,对于中国的法官而言,面对疑难案件,通常情况下检察院撤回起诉是最优选择,以从轻处罚作出有罪判决是次优选择,判决无罪是最差选择。三种选择各自对应的证据标准可能分别是证据不足、证据不足但内心(基本)确信有罪以及(基本)确定被告人不构成犯罪。也就是说,鉴于证据不足条件下的判决风险,法院事实上把法定的一元选择模式(判决无罪)发展为三元选择模式(撤诉、免予刑事处罚或者从轻处罚、判决无罪),以应对各种不同条件下的判决风险。

图 9 可以看作是我国法院在司法实践中实际把握的各种不同情形下的决策标准及其分布情况。在此坐标轴中,横轴表示法院实际把握的决策标准,纵轴表示不同类型的被告人在审判中通过证据所实际展现出来的犯罪事实情况。其中,I 曲线表示客观上没有实施犯罪的被告人在审判中可能展现出来的有罪概率及其分布情况,G 曲线表示客观上实施了犯罪的被告人在审判中可能展现出来的有罪概率及其分布情况。鉴于审前存在过滤掉客观上无罪被告人的机制,所以 I 曲线整体上必然位于 G 曲线的左边。假设中国的案件事实清楚、证据确实充分的定罪标准在实践中能够得到实现,那么其对应的概率值就是 1。只要达到了此值的被告人均会被认定有罪,也就是对处于区间 A 位置的被告人的罪行认定并不存在障碍。我们也可以发现,区间 A 中的被告人除了 G 曲线中的实质上有罪的被告人以外,还有 I 曲线中的一小部分被告人。这主要是因为法院对被告人罪行的概率判断是主观判断,所以有可能产生与客观事实不符的情形。

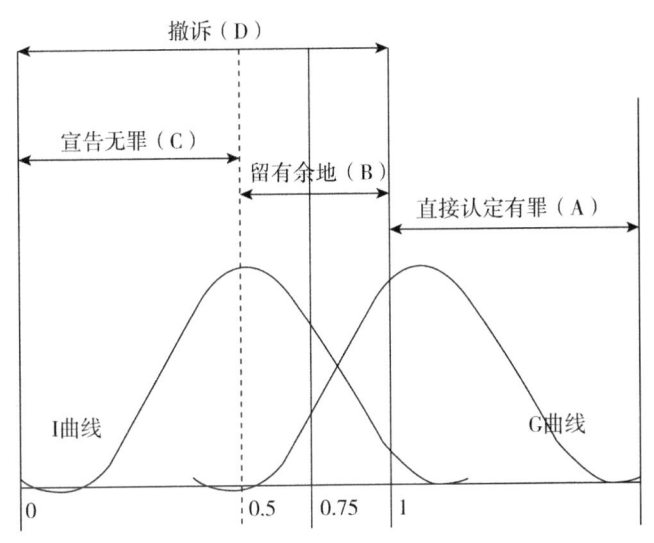

图 9 疑难案件法院决策标准示意图

按照我国刑诉法的规定,如果被告人在审判中所实际展现的罪行位于 A 区间的左边,那么就应当宣告无罪。也就是说,法院依法应当宣告位于区间 D 的被告人统统无罪。但是,由于前文所分析的原因,对于位于区间 D 的被告人,法院的最优决策不是判决无罪,而是让检察院撤诉。在检察院不撤诉的情况下,法院会进一步评估被告人证据不足的程度,通常情况下,只有被告人实际展现出来的罪行位于区间 C,法院才会判决无罪。对于位于区间 B 的被告人则可能选择有罪从轻判决模式。

当然,我们所制作的决策标准示意图并不能完全等同于现实中的司法状况,我们制作该图的主要目标是为了说明,法院在面对疑难案件时实际把握的决策标准的各自差异。该差异表明,同法律上关于无罪判决的标准是证据不足或者合理怀疑不同,现实中法院把握的无罪判决的标准大概位于 0.5 左右的位置,类似于民事案件的判决标准。

因此,实践中为数不多的无罪判决,通常不是因为法院发现了案件存在合理疑点而宣告无罪的,而是因为发现了不构成犯罪的"铁证"[59]或者至少有证据证明无罪的可能性大于有罪的可能性,法院才有胆量选择判决无罪,以确保自己的无罪判决禁得起"时间的考验"。我们在调研中的访谈结果可以佐证这个判断。一位分管刑事审判工作的副院长(2013-4)说道:

> 有的法官的职业素养不够,也是无罪判决难的原因。明明只是与检察院的认识问题,他却要提交给审委会讨论,主张判决无罪。我们怎么说服检察院呢?判决无罪是有技巧的,一定要抓住检察院案件的死穴,让他没有争辩的空间。逮住一个,就判他一个无罪。你只有让别人心服口服,才能判决无罪,才能让检察机关长点记性。

这位领导所谓法官职业素养的问题,就是对无罪判决证明标准的把握问题。也就是说,法官不能只看到某个疑点就准备判决无罪,而是必须要有较为十足的把握。由此可见,实践中法官所把握的无罪判决标准比纸面上的标准要高得多,可能需要达到民事诉讼中的优势证明程度。某法院另一位庭长(2013-3)的说法可以进一步印证我们的判断:

> 检察院起诉过来的案件,经过了公安的侦查、检察院的审查,明显不构成犯罪的案件,他们通常是不会移送到法院的。刑诉法规定,证据不足的,就应当要判决无罪。但是,到底什么是证据不足?怎么判断被告人是不是无罪的?即使存在某些特殊的案件,但是那些案件的有罪证据都比无罪证据多,判决无罪就可能会放纵罪犯。所以,我们只有确实认定被告人不构成犯罪,或者无罪的可能性大于有罪的可能性,才会判决无罪。

总之,由于法院面对判决的实际风险,为了尽可能地规避、降低、转移自己的判决风险,他们把无罪判决的标准拔高到一个近似于民事案件优势证据标准的高度。这可以看作是当前判决风险对证明标准的扭曲效应之所在。

按照我国刑诉法的定罪标准,只有在定罪证据达到案件事实清楚,证据确实、充分的程度,才能认定被告人有罪。否则,就应当宣告被告人无罪。从权威解释来看,所谓证据确实、充分是指对案件事实的判断符合客观事实。也就是说,定罪标准必须要在某种程度上达到绝对确定的程度。如果用概率来表示,也就是要达到或者几乎达到 1

---

[59] 此处也包括法律适用上的"铁证",即被告人的行为事实是清楚明确的,但是在法律评价上完全无法作为犯罪来处理。

的水平。这可以看作是保障每一个无罪的人不受刑事追究的诉讼目标在定罪标准上的体现。如果法院严格执行立法标准,那么由此导致的结果必然是大量的错误无罪判决的产生。

从图9可以看出,对于没有达到法定定罪标准的案件,法院并非一律宣告无罪,而是可能根据案件的具体情况作出定罪从轻处理或者撤诉处理,所以可以避免一部分事实上有罪的被告人得到与其罪行确定性程度相适应的惩罚,并可以把一部分尚未完全查清的案件发回公诉机关继续进行调查取证。也就是说,本来位于区间B的客观上有罪的被告人依法可能会被宣告无罪,但由于无罪判决对法院所带来的风险更高,法院可能判决他们有罪或者由公诉机关撤回并继续进行查证,从而避免了错误无罪判决的产生。

但是,无罪判决标准的提高在减少错误无罪判决的同时,也将会增加无辜的被告人被错判有罪的风险,让无辜的被告人成为风险利益权衡的牺牲品。如果法官具备不依赖证据而识别案件真相的能力,那么对于区间B的客观上有罪的被告人予以定罪,同时对于区间B的客观上无罪的被告人让检察院撤诉,那么这将是一个几乎完美的结果。没有哪一个法官具备这种能力,由于不管是客观上无罪还是有罪,两种类型的被告人在区间B所实际展现的罪行并无二致,所以法官通常无法作出准确判断。有一个结果是可以预见的:由于法官倾向于认定有罪,所以同依照法定标准进行判决相比,进入审判的无辜被告人被判决有罪的可能性增加。中国当前所发生的许多冤案无不与法院的这种选择存在直接联系。正如美国行为经济学家和心理学家卡尼曼所言:"人们在面临的抉择比较糟糕时会孤注一掷,尽管希望渺茫,他们也宁愿选择使事情更糟的较大可能性以换取避免损失的希望,这种做法常会使可控制的失误变成灾难。"[60]

当然,我们无法准确地判断出位于区间B的被告人到底有哪些实质上是无辜的,因此我们也无法计算出错判有罪的概率是多少。无论如何,在当前这种风险连带的现实背景下,同严格遵守法定标准相比,必然会导致更多实质上有罪的被告人被认定有罪(这是好结果),也连同导致更多实质上清白的被告人被认定有罪(这是坏结果)。这是完全可以预见的。无罪判决难的现实导致立法中有关两种错误判决的风险分配在实践中被第二次分配,导致无辜的被告人承受了更大的错判风险。无论如何,这是对法治基础的瓦解。我们可以说,正是由于裁判者在目前的政法体制和管理体制下无法将自己从判决的风险当中解脱出来,导致作为基本法律的《刑事诉讼法》有关错案风险分配的价值选择难以得到实现。如果我们期望建成社会主义法治,那么上述问题必须要予以解决。简而言之,解决问题的关键在于重塑刑事审判制度性环境,让法官能够并必须依法做出判决即可。

---

[60] 〔美〕丹尼尔·卡尼曼:《思考,快与慢》,胡晓姣等译,中信出版社2012年版,第291页。

五、走向结果中立

风险连带所导致的基于结果权衡的功利性审判,使法院的无罪判决权几乎被架空,进而使其无法承担制约不当侦查、起诉的职能,有可能沦为公诉案件的橡皮图章,增加了被告人被错误定罪的风险。为了使审判真正成为依法解决社会矛盾的样本和楷模,必须要让法院的无罪判决权复归到依法裁判的轨道,让裁判者可以对不同的裁判结果保持中立,而重塑司法环境和诉讼制度、吸纳合理利益诉求并坚决拒绝无理诉求则是基本前提。

(一)尽可能切断判决结果与司法人员之间的利益链条

由于各种因素的综合影响,当前的司法审判活动容易让裁判者成为自己所判决案件的"当事人",司法审判结果直接牵涉裁判者的个人利益。由于两种不同判决结果的风险损失存在差异,裁判者倾向于选择风险较小的处理方式,从而可能使审判沦为裁判者的个人利益衡量活动。为了化解此问题,必须尽力切断判决结果同司法人员之间的利益链条,让司法人员尽可能以证据和法律作为裁判的关键依据,而不是法官个人利益的得失。

第一,改革当前刑事诉讼的绩效考核机制,转变统计结果的功能。为了激励公安司法人员高质高效地完成诉讼职责,目前全国各地公安司法机关都仿效企业绩效考核机制,设定了名目繁多的考核指标,对公安司法人员的工作表现进行定量评估,并以考核结果作为奖惩依据。这对于提高审判人员的责任心和诉讼效率具有一定的积极意义,但是它同时也扭曲了诉讼活动的价值目标。考核结果直接关系到公安司法人员的切身利益,导致他们最大限度地追求考核效益的最大化,考核指标成为办案的指挥棒,在一定程度上成为代替法律标准的现实标准。

鉴于从诉讼结果上进行考核简单易行,现有考核机制通常把下一个诉讼阶段的处理结果作为衡量前一个诉讼阶段工作优劣的标准。例如,公安机关立案的案件,能否被批准逮捕和通过起诉审查;逮捕后的案件,能否被提起公诉;提起公诉的案件,能否被判决有罪;一审判决的案件,是否会被改判或者撤销。

一旦前一阶段的认定结果被后面诉讼阶段所否定,都可能意味着考核不利。这就使刑事诉讼从启动伊始,就可能被迫沿着某种既定的轨道运行。由于这个轨道始终是偏向于逮捕、起诉、定罪、维持有罪判决的,无罪判决难以产生就不足为奇。这种唯结果论的考核指标必须向法治指标转变,以便符合司法运行的本质要求。

具体来说,不能单以诉讼结果作为考核的主要依据,而是必须要以是否遵守法律作为奖惩的主要依据。任何一个机关的诉讼行为,只要没有违反既定的实体法和程序法,即使他们的认定结果被否定,也不得以此作出负面评价。例如,提起公诉的案件,由于在审判期间发现了新证据或法院的认识与检察院存在分歧,导致法院宣告无罪,不能以此对公诉行为作出负面评价;一审判决无罪的案件,由于二审期间发现了新证据,导致二审法院改判有罪,不能以此对一审审判行为作出负面评价。

与此同时,必须要改变绩效考核指标的功能,破案率、逮捕率、起诉率、有罪判决率、改判率或者发回重审率,可以为我们诊断特定时期刑事司法的整体运行状况,提供一个较为准确的定量分析依据,让我们可以发现侦查、起诉、审判工作中存在的问题,有助于科学研究、政策制定和法律修改。但是,任何时候,都不得单以诉讼结果作为奖惩司法机关和人员的依据。我们认为,除非存在违法或者违反职业伦理的情形,司法人员不受惩戒。只有这样,司法人员才能把诉讼重心放到合法性考量上,并关注自己的职业操守。一旦司法人员的关注点放置在合法性考量之后,无罪判决或者有罪判决就不存在谁难谁易的问题,依法裁判即可。

第二,破解关系主义藩篱,避免"人情"裁判。法院的法官尤其是领导人员与公检机关之间的亲密关系是阻碍法院判决无罪的另一个障碍。法院避免作出无罪判决通常是为了换取公检机关乃至当地为政者的各种关系性收益。其中,某些收益甚至可能是违法收益。这种带有深厚传统的关系性文化使权力变成一种交换性资源,通常会侵害作为"陌生人"的辩护方的利益。这是一个非常难以解决的影响无罪判决的问题。即使没有宪法或者刑诉法关于公检法三机关应当互相配合的规定,关系性文化的存在也必然会让长期有各种接触的公检法工作人员和领导产生配合倾向。

我们当前更为关注的是律师与司法人员之间的社会关系及其对司法公正的影响,并建立了一系列制度性措施予以防范,但是忽略了公检法之间的社会关系对司法公正的潜在影响,而且缺乏一套有效的制度予以防范。目前与此有关的制度可能仅有异地任职和轮岗制度,但是它们的效果都相当有限。一是因为这些制度只是针对司法机关的领导人员,无法作用于长期任职于某个司法机关的工作人员;二是因为它们都只能在短暂时间内让司法机关领导的人际关系"陌生化",工作时间一长,就必然会由陌生人关系转变为熟人关系。

因此,我们认为,减少关系主义所带来的人情裁判,可以考虑从以下两个方面入手:一是改革管辖制度,赋予辩护方选择审判组织的权利;二是改革审判组织,改变审判组织中的人员结构。

当前的刑事审判管辖缺乏对辩护方权利的保障,不管是法定管辖还是指定管辖,辩护方均无参与机会。一起刑事案件到底由哪个地方的检察院起诉和法院审判,辩护方只能被动地接受。一般来说,无罪判决难以产生的案件通常都是一些在当地具有一定社会影响的案件,法院无法摆脱地方法检和政府的影响,考虑到以后维护良好关系对开展工作的重要性,尽可能避免作出无罪判决。因此,为了让起诉者和裁判者能够从当地的关系中摆脱出来,同时也为了保障被告人接受公正审判的权利,可以尝试建立辩护方管辖权异议制度,让辩护方有权申请其他地域的审判机关审理案件。

当然，这只能在一定程度上缓解关系性文化对司法判决的影响，如果想要切实扭转审判人员的人情裁判局面，必须对我国的审判组织进行改革。众所周知，英美法系国家的陪审团审判可以较好地避免法官与检察官关系过于亲密而作出人情裁判的问题。陪审团审判组织中的成员不固定、随机产生、审判期间社会接触严格受限、独立认定犯罪事实，基本上可以消除法院作出"迎合性"裁判的可能性，破解关系主义藩篱。同中国文化较为接近的韩国、日本近期试点陪审制改革，就有打破亲密法检关系的目标。俄罗斯恢复陪审团审判之后，无2罪判决率的提升，也与破除法检之间的人情关系密切相关。[61]

考虑到直接引进陪审团制度可能面临的障碍，我们也可以对当前的人民陪审员制度进行改革，使其能够在一定程度上发挥控审双方的人情关系阻隔墙的功能。具体来说，就是可以考虑增加人民陪审员的数量，采用"大陪审"方式增加审判组织中的"陌生人"数量。[62] 2018年4月27日第十三届全国人民代表大会常务委员会第二次会议通过的《人民陪审员法》在扩大陪审员范围方面有所进步，增加了"由法官三人与人民陪审员四人组成七人合议庭"的大合议庭审判模式。但是为了使该制度发挥实效，还有如下两方面的制度必须要予以完善：一是要切实改变当前人民陪审员"陪而不审"的问题，使陪审员真正享有与审判员相同的事实认定权；二是要赋予辩护方审判组织选择权，辩护方可以申请以传统审判组织形式进行审判，也可以申请以大陪审方式进行审判。

第三，建立符合司法职业要求的法官职业保障机制，逐步消除法官的官本位意识。法官在疑难案件中不敢坚持自己的判断，动辄请示领导，提交审委会讨论或者政法委协调，既有转移风险的目的，也有服从领导、树立优秀下属形象的考虑，以避免让法院（领导）处于尴尬境地和影响自己以后的行政职务晋升。当前我国法官的工资、福利、待遇、地位同其职业能力、品质和级别有一定的关系，但是起决定性作用的还是法官的行政职务的高低，从而形成了法官群体的官本位意识。员额制改革后并没有从根本上解决这个问题。

法官职务晋升的主要决定者通常又是所在法院的领导或者地方为政者，为了不至于损害到晋升决定者的利益，也为了自己的政治利益，把决策权转移给院长领导的审委会或者地方为政者无疑是一个较好的选择。因此，为了向纵深方面推进员额制改革的综合配套机制，解决这个问题的关键就在于消除法官的官本位意识，让所有法官不

---

[61] See Gennady Esakov, "*The Russian Criminal Jury: Recent Developments, Practice, and Current Problems*", American Journal of Comparative Law. Vol. 60, No. 3, 2012, p. 665.

[62] 据悉，山东枣庄市峄城区人民法院作为人民陪审员制度改革试点法院，从2017年3月已经开始试点3+4陪审模式。"对于重大、疑难、复杂和发回重审的案件，峄城法院大胆推行'3+4'大合议庭陪审模式，最大限度地发挥陪审员社会阅历丰富、了解社情民意的优势，取得了良好效果。"参见黄凯：《试行3+4大合议庭陪审模式》，载《山东法制报》2017年3月10日，第1版。

再迷恋于自己行政职务的大小,而是关注法官职业等级的大小,让包括基层法院法官在内的所有法官都有机会通过自己的奋斗攀升到职业等级的较高级别。与此同时,法官的工资、福利、待遇、社会地位也应当主要取决于他们的职业等级,并确立以职业表现和职业伦理相结合的晋升机制,构建公平、合理的自动晋升程序。所谓自动晋升,是指对于没有违反职业伦理、表现称职的法官,在达到一定审判年限后自动晋升到上一等级法官的制度。

(二)逐步消除判决可能产生的诉讼外的不当风险

尽可能切断裁判者与案件判决结果之间的利益链条,可以为裁判者创造出一个相对中立的制度环境。但是,无罪判决客观上确实可能会对被害人、社会和国家治理带来一定的损失,所以我们还必须要同时注意他们的合理诉求,并采取有效措施消除无罪判决可能产生的不利影响。

第一,强化对被害人的权益保障,协助他们理性客观地对待法院的无罪判决结果。谁都不想遭受犯罪的侵害。但犯罪通常具有随机性,我们每一个人都有遭受犯罪侵害的可能性。当遭受严重犯罪侵害后,我们可能会陷入心理创伤之中无法自拔,也可能因此陷入经济困窘之中无法生活。假如我们没有其他的措施消除被害人所遭受的痛苦,法院的无罪判决必然会让某些被害人走上抵制、对抗判决的道路。

因此,我们认为至少需要从以下三个方面解决上述问题:一是给予被害人充分的参与机会,从立案、侦查、起诉到审判,除非有证据表明确实可能会妨碍诉讼顺利进行的,否则应当及时地把案件处理情况告知被害人,并尽可能让他们参与每一个诉讼阶段的决定过程。通过给予被害人实质性的参与权,可以让被害人感受程序的公正和透明,消除他们对司法机关和人员的无端猜疑,并有利于他们接受由此作出的合法裁判。二是建立全国统一的被害人补偿制度,将之纳入国家财政保障体系之中,使被害人不会因为无罪判决而变得"一无所有"。三是加强公安司法人员有关被害人学的培训,培养一批懂得心理危机应对能力的专业人士,让他们在办理案件的过程中,及时化解、疏导被害人的过激情绪和不良情绪,把他们引导到正常的心理轨道上来。在条件可行时,可以在全国各地建立被害人心理创伤社会工作中心,将遭受严重犯罪侵害的被害人送交治疗。

第二,法院在重大敏感案件当中需要及时公布案件处理结果并给予解释论证,严格禁止案件审结之前的定性报道,努力做到案件审理程序的公开透明。通常情况下,重大敏感刑事案件都会引起社会的关注。由于犯罪是对公共利益的侵害,每一个公民都有权看到"正义得到实现"。法院应当理性地对待舆论监督。但是,案件信息的不对称和媒体的倾向性报道,可能导致普通民众无法"理解"法院作出的无罪判决,进而引起舆论事件的发生。我们认为,为了实现公众的舆论监督权,同时对这种监督权予以合理引导,避免舆论风险的产生,有必要采取以下措施:

一是公安司法机关或者其他调查机关或者任何媒体,均不得在案件审结之前,向社会公布足以认定被告人有罪的证据、事实、侦破过程等内容,也不得直接向外宣称犯罪嫌疑人、被告人就是"罪犯",更不得对犯罪嫌疑人的人格横加指责。否则,犯罪嫌疑人、被告人可以诉诸民事诉讼,以名誉权受损为由请求法院判处侵权责任人赔偿损失;如果公开的内容已经严重影响到刑事审判的公正性,法院可以以犯罪嫌疑人的公正审判权受到侵害为由,依照情节分别作出从轻处罚、排除证据、驳回起诉等决定。通过严格限制审前媒体报道的内容,可以为法院创造一个相对宽松的舆论环境,避免社会公众先入为主地产生"确认性偏见"。二是对于可能引起较大舆论关注的案件,必须要最大限度地做到公开审判,把所有关注审判的民众吸引到正式的法庭审理之中,避免不公开或者公开范围过窄所引起的猜疑,让社会民众面对面地接触庭审,通过观察法庭审理中的事实调查活动,形成一个理性的判断。2010年11月8日最高人民法院审判委员会第1500次会议讨论通过的《关于人民法院直播录播庭审活动的规定》在不得进行庭审直播的案件中规定了一个具有巨大裁量空间的条款,即"其他不宜庭审直播、录播的案件"。哪怕这个案件属于"公开审理"的案件,法院照样可以"不宜直播"为由不予以直播。我们认为,只要当事人申请直播且符合公开审判条件的案件,法院就不得拒绝进行庭审直播,否则二审法院必须以一审程序违反公开审判原则为由撤销一审的判决。只有这样,庭审直播才能从单纯的普法转变为有效的程序约束,并使公开审判原则得到最大限度的落实。三是法院对于舆论关注较高的案件,应当在公布判决之时向社会阐释判决的理由,尤其是必须要以社会民众在法庭审理当中所看到的举证、质证结果作为依据。

第三,不同历史时期和不同地区的社会发展状况均不相同,因此国家或者某个地区可以根据社会治理需要制定相应的刑事政策或者进行所谓的专项行动。但是,除非立法本身已经被修改,否则当地为政者不管是为了执行宏观政策还是本地政策,均不得突破法律限制,直接就具体个案的处理结果发布命令或者进行所谓的"协调"。

长期以来,由于对当地为政者的政治能力评价以经济发展和社会稳定作为核心指标,当地为政者可能插手重大敏感案件的处理过程,导致法院不敢作出无罪判决。我们认为,在建设法治国家的过程中,当地为政者能否以法治思维和法治方式进行社会治理,是衡量其执政水平和执政能力的主要指标之一。仅仅要求当地为政者恪守权力边界和养成法治理念,可能无法达到预期效果。国家必须要改变当前对当地为政者的评价标准,必须要把是否具备法治工作方式列为与发展经济和维护社会稳定并列的指标,作为为政者政治水平的晴雨表的三个标准之一。

激励模式的转变只能起到引导作用,必须辅之以严格的追责机制,才可能有效阻止地方政法机关违法干预个案处理的行为。十八届四中全会《中共中央关于全面推进依法治国若干重大问题的决定》明确规定:"建立领导干部干预司法活动、插手具体案件处理的记录、通报和责任追究制度。任何党政机关和领导干部都不得让司法机关做违反法定职责、有碍司法公正的事情,任何司法机关都不得执行党政机关和领导干部违法干预司法活动的要求。对干预司法机关办案的,给予党纪政纪处分;造成冤假错案或者其他严重后果的,依法追究刑事责任。"为了使追责机制得到有效贯彻,其核心就在于能否建立一套违法干预案件的"证据固定"机制,即干预司法活动的"记录"机制。

这可以从以下几个方面入手:一是对于党政机关领导,不管是以个人名义,还是以组织名义对个案的批示、指示或者公函等书面材料,一律纳入法院的"内卷"。二是对于党政机关领导以口头形式插手具体案件办理的,应当制作电话记录或者工作记录,也纳入法院的"内卷"。三是对于政法委所召开的公检法协调会,一方面应当禁止讨论证据事实问题,另一方面必须制作正式记录,并由参与人员签字。四是为了增加地方党政机关未违法干预个案的风险和法院记录的勇气,必须使省级以下法院人财物统一管理制度尽快落到实处。

(三) 对控方的诉讼权力进行适当限制

整体而言,由于制度设计的不足,法院对公诉方滥用公诉权的行为缺乏有效的规制手段,导致刑事审判中控辩双方的影响判决能力出现失衡。同辩方相比,公诉方的强大已经使法院的天平倾斜到不利于被告人的位置。在此情形下,出现无罪判决难也就在所难免。因此,为了扭转这个局面和维护司法权威,有必要对公诉方的诉讼权力施加一定的限制,而不能仅止步于号召公诉方履行客观义务。

第一,建立公诉案件起诉审查制度,过滤不必要的冒险追诉行为。从 1996 年《刑事诉讼法》施行伊始,我国的公诉案件庭前审查模式开始从实质审查转向形式审查,只要公诉方所起诉的案件符合法定形式要件,法院无权不予受理。经过审查之后,即使采纳控方所提交的所有证据材料,也无法确定被告人罪行的,法院也无权驳回起诉。再加之还享有"反悔"(撤回起诉)的机会,公诉方无法做到谨慎起诉。对于一些明显不具备起诉条件的案件,或出于转移不起诉风险或者降低不起诉率的考虑,或出于滋扰被告人的目的,或出于冒险一搏的考虑,将其起诉到法院,客观上增加了法院的判决难度、浪费了司法资源。因此,我们认为,有必要在我国建立预审制度,赋予法院对公诉案件的实质性审查权,同时也可以附带解决证据可采性问题和庭前准备问题。

第二,废止检察长列席审委会制度。作为一种司法实践中诞生的自生自发的制度,检察长列席审委会具有消解控审冲突和缓解人情关系紧张的作用。但是,在拟判无罪的案件中,让检察长列席审委会讨论,甚而参与最终的决策,严重违背了控审分离原则,也不当地增加了合议庭判决无罪的难度。这种缺乏任何法律依据的制度,应当尽快予以废止。

第三,改革我国的再审制度,限制控方的再审启动权。同检察机关的起诉可以直接引发一审程序一样,针对生效裁判的抗诉也可以直接引发再审程序。前文已经分析指出,在实际运作中,公诉机关的抗诉权存在维护部门利益的倾向,难以做到客观中立准确。因无罪判决对检察工作所带来的负面影响,即使对检察工作绩效考核进行改革,在现有的制度框架下,也难以消除检察机关利用抗诉权维护控诉利益的倾向性,从而导致法院的无罪判决始终处于一种不安定的风险之中。

我们认为,在现有程序已经赋予检察机关二审抗诉权的条件下,可以对检察机关的再审抗诉权进行适度的规制。对当前这种不限时间、次数、类型和几乎不受审查的再审检察抗诉程序应当予以改革。与此同时,屡受学界诟病的法院自我启动再审程序也应当一并予以改革,并解决被告人、被害人所面临的申诉难问题。就这一点而言,可以与违法审判责任追究制度的完善一并考虑,理想的制度应当是由司法机关以外的其他国家机关负责再审案件的受理、审查和启动,并同时负责对违法办案的司法人员的惩戒工作。

从我国国家机关的权力配置和性质来看,全国人大和省级人大较为适宜担负此项工作。具体来说,应当废除法检的再审启动权,在全国人大、省级人大中设置刑事案件审查惩戒委员会,由德高望重的法律、法学专家型人大代表组成,负责受理、调查和启动再审程序和问责程序。

(四)努力阻却法院的风险转移行为

法官手中所掌握的判决风险转移策略,让法官可以成功地规避无罪判决并无须为此承担责任,享有较为游刃有余的退路。解决无罪判决难的问题,一方面需要强化法官的裁判权,另一方面也需要努力阻却转移责任的后路,从而使裁判者在享有权力的时候必须依法作出相应的裁判。

第一,规范撤回起诉的条件、效力和程序。

撤回起诉制度首见于1979年《刑事诉讼法》,1996年《刑事诉讼法》将其废除,并在刑诉法中明确规定"证据不足,不能认定被告人有罪的,应当作出证据不足、指控的犯罪不能成立的无罪判决"。但最高人民法院和最高人民检察院随后出台的司法解释均恢复了撤回起诉制度,对于可能判决无罪的案件,检察院可以选择撤回起诉。对于撤回起诉的时间、审查和辩护方的程序性保障,均缺乏明确的规定。实践中,撤回起诉制度已经成为控审之间秘密协商规避无罪判决的主要形式。

表面上看来,撤回起诉也可以让被告人免除刑事追究,起到与无罪判决功能上等价的作用。但是,同无罪判决相比,撤回起诉的效力具有不确定性。检察机关撤回起诉之后,有可能作出不起诉决定,也有可能重复起诉,还可能继续把案件退回侦查机关或者侦查部门,导致案件久拖不决。我们认为,对于这种缺乏明确法律授权的程序性处分,必须要予以严格规制。

首先,公诉案件不同于民事、自诉案件,一旦起诉到法院并开启审判程序之后,就不可以任由检察机关自由处分,法院有职责根据法律代表国家给予被告人一个明确的处理结果。

大陆法系国家将其称为诉讼系属于法院。任由检察机关撤回起诉不仅浪费司法资源,也不利于被告人的权利保障,还有损司法权威的确立。我们认为,撤回起诉必须要有时间上的限制,一旦法庭完成了法庭调查程序,已经对被告人的实体罪责进行了调查,就不得允许检察机关撤回起诉,法院必须要做出判决。

其次,撤回起诉目前只是被视作一种程序性处分,案件被撤回后到底如何处理,还需要检察机关根据案件的情况进行选择。我们认为,为了防止程序进一步倒流至侦查机关或者部门和诉讼拖延,必须赋予撤回起诉等同于不起诉的效力。检察机关撤回起诉的申请被批准之后,必须立即释放被告人。同时,对于撤回起诉的案件,原则上不得再次予以起诉,除非在撤回起诉之后发现了令人信服的新证据并足以证明被告人需要被追究责任。

再次,当法庭审理已经穷尽了一切可行的调查手段,没有办法澄清构成要件事实疑点时,就应当基于风险权衡的原理(宁可错放有罪的被告人,也不可错判清白的被告人)及时、权威地作出无罪判决,不得再任由检察机关处分所谓"诉权"。换言之,检察院必须在法庭调查结束之前向法院申请撤回起诉。如果法庭调查已经结束,原则上禁止检察院再以证据不足为由撤诉。

最后,必须要改变目前这种撤回起诉暗箱操作的局面,赋予辩护方参与权。简而言之,对于检察机关撤回起诉的请求或者法院撤回起诉的建议,必须同时告知辩护方,被告人及其辩护人有权要求获得一场公正的审判,否决公诉方的申请或者法院的建议,并要求法院按照法定程序进行审理和判决。

第二,防止法院以刑罚调节术规避无罪判决。

轻罪从免从缓和重罪留有余地是法院利用刑罚技术规避无罪判决的另一种方式。解决这个问题必须从裁决规则、判决书制度和上诉审查制度等方面入手。

首先,可以考虑改革当前的合议庭少数服从多数的裁决规则,这种源于政治制度的裁决规则,适用于需要权衡不同利益的价值判断时具有合理性,保障了多数人的利益,但是有罪还是无罪问题则是一个事实判断,假如合议庭中有一个成员不同意判决有罪并能够给出合理的解释,就表明案件当中还存在无法排除的合理疑点。此时,认定有罪无疑不符合立法有关定罪标准的规定。但是,按照现有规定却可以定罪,通常情况下可能会给予一定的从轻处罚。我们认为,为了贯彻法定证据标准,增加有罪判决的难度,减少疑罪从轻现象的出现,应当在合议庭达成一致意见时,才能认定有罪。

其次,对于存在合理疑点的案件,法院从轻定罪,通常都会面临判决书说理困难的问题。但是,由于长期以来我国的判决书在说理上缺乏严格的制度规范,法院通常可以采取回避辩方争点、概括性说理甚至牵强性说理等方式躲避外部审查。因此,一方面需要继续推进当前的裁判文书上网公开制度,以使有瑕疵的判决书能够得到包括法律界和法学界在内的所有人的审查;另一方面必须要构建强制性的疑点充分说理制度。对于案件中存在疑点或者被告人不认罪或者作出无罪辩护的,要求法院必须以证据为基础通过严密的逻辑推理消除疑点或者无罪意见,才能视为说理充分。否则,上级法院可以直接以说理不足为由撤销判决,不再对案件的实体事实进行调查。

最后,上诉审法院对于未达到证明标准的有罪判决上诉案件,应当直接作出证据不足的无罪判决,以防止发回重审后法院再次利用刑罚调节术规避无罪判决和上诉审查。

(五) 改革错案追究制度

错案追究是一种极具"中国特色"的法官责任追究制度。在西方法治国家,法官的裁判行为不受纪律惩戒是一个基本共识,以此保护裁判者独立行使判断权。同时,也对法官裁判外行为设定了苛刻的行为标准,并作为惩戒的依据,以此确保法官必须要遵守高于常人的道德标准,从而维护外界对司法者品质的信任。但是,由于冤假错案时有发生、法官行为与公务员行为混同、法官较低的职业准入门槛、司法腐败所导致的司法公信力不足、严格追究违法办案者司法责任的历史传统等原因,错案追究成为中国目前惩戒法官的主要手段之一。

错案追究把法官牢牢地绑在了自己的判断结果之上。没有人愿意被追究责任,法官亦是。对于普通人而言,当判断引起的责任较大,避免责任的最好方法就是不下判断,也不以该判断去行动。但是,法官却不得拒绝判断。他必须要行动,要对有罪与否给一个说法。此时,避免错误判断的最好方法,就是坚守"客观真实"标准,以做到"万无一失"。但是,法官无论如何判断,也只能确保自己的信念具备充分的理由,而不可能做到绝对符合真相。在所谓真伪不明的案件中,客观上已无查明真相的可能性。于是,他们就只能寻求错案评价者的事先评估,让凡是能够具备错案界定权的主体预先审查案件,以免除后顾之忧。当疑难案件出现时,法官首先想到的,不是充分施展自己的认知美德,做出一个让人信服的判断,而是把案件提交给庭长、院长、审委会,向上级法院请示汇报,提交政法委进行决策。通过把错案评价者纳入判决的决策程序,一方面,法官分解了自己的判断责任,另一方面,也为错案评价者事后问责,设置了难以逾越的自我追责难题。

但是,面对社会上时而披露的负面影响较大的冤案,社会民众和制度设计者非但不去反思错判有罪的核心原因就是法官承担了太大的审判责任(判决无罪可能导致的风险),反而要求继续加大对裁判者的责任追究,构建所谓"错案责任终身追究制",让法官以一辈子的时间保证自己裁判的正确性。这是对裁判者审判责任的"过度威慑"。所谓过度威慑就是从事特定行为所承担的责任超出了可以承受的水平。过度威慑导致的负面效果就是导致行为者为了降低责任风险,尽可能选择不作为。对于法官来说,当然就是主动地放弃独立判断的权力,让自己成为没有意志没有判断的接受命令的"机器",或者利用一切办法分散行动的风险与责任。

为了"确保法官依法独立公正履行审判职责",2015年9月,最高人民法院发布了

《关于完善人民法院司法责任制的若干意见》(以下简称《司法责任制意见》)。该意见为了让审理者裁判和让裁判者负责,对独任法官、合议庭以及审委会的审判责任进行了明确规定,以遏制转移以及分散裁判风险的可能性。总而言之,对错误判决结果持支持意见的法官,均在追责之列。与此同时,为了解决自我追责难以实际问责的难题,《司法责任制意见》还设立了法官惩戒委员会,赋予其惩戒失职法官的权力。但是,《司法责任制意见》并没有放弃严格追究"错案"责任的目标。根据《司法责任制意见》第 26 条第 7 项规定,故意违背法定程序、证据规则和法律明确规定违法审判的,或者因重大过失导致裁判结果错误并造成严重后果的,就必须承担违法审判责任。从《司法责任制意见》的整体内容来看,该项追责规定适用于事后确认违法审判的一切情形,只不过在依照再审程序改判的条件下,法官可以援引《司法责任制意见》第 28 条所规定的八种情形之一作为免责事由。[63]

依照现有的追责规定,一旦二审确认一审裁判存在违法审判事由的,无论是违反程序法、证据法还是实体法,一审法院基本上没有免责的余地。这是因为一方面免责事由只适用于"按照审判监督程序提起再审后被改判的",另一方面推定法官知法是现代法治的基本前提,一旦法官存在违反法律的审判行为,就可以直接推论他属于"明知故犯",即存在"故意"的主观心态,法官以不知晓法律如此规定辩解显然是无法令人信服的。在法律规定越来越细的今天,法官稍不留心,就可能成为自己案件的"被告人",这将会导致极其荒谬的结果。例如,假设一审法官在决定开庭审判后,将人民检察院的起诉书副本在开庭 7 日以前送达被告人及其辩护人。被告人在法庭审理环节也没有对迟延送达起诉书副本表示过任何异议。但是,在上诉二审法院之后,被告人和辩护人指出,一审法院审判程序违法,依照《刑事诉讼法》第 187 条的规定,人民法院决定开庭审判后,应当将人民检察院的起诉书副本至迟在开庭 10 日以前送达被告人及其辩护人。试问在这种情况下,一审法官是否要承担违法审判责任?法官能够以自己不知晓《刑事诉讼法》第 187 条的规定为由为自己的"违法审判"行为辩护吗?如果无法以此为由进行辩护,则法官必须要承担"违法审判责任"。且不说这种违法审判行为对实体结果可能并无任何影响,而且被告人和辩护人没有在一审中指摘违法,自愿接受违反法定程序的审判,是否也应当要承担一定的懈怠履行权利的责任呢?但是,这均不在免责的事由当中。假如法官迟延了 3 日送达起诉书副本,就必须要承担

---

[63] 《司法责任制意见》第 28 条规定:"因下列情形之一,导致案件按照审判监督程序提起再审后被改判的,不得作为错案进行责任追究:(1)对法律、法规、规章、司法解释具体条文的理解和认识不一致,在专业认知范围内能够予以合理说明的;(2)对案件基本事实的判断存在争议或者疑问,根据证据规则能够予以合理说明的;(3)当事人放弃或者部分放弃权利主张的;(4)因当事人过错或者客观原因致使案件事实认定发生变化的;(5)因出现新证据而改变裁判的;(6)法律修订或者政策调整的;(7)裁判所依据的其他法律文书被撤销或者变更的;(8)其他依法履行审判职责不应当承担责任的情形。"

"停职、延期晋升、退出法官员额或者免职、责令辞职、辞退等"责任[64]，哪一个法官还敢进行审判？

错案追究制建立的前提就是法官不能犯错论，犯错就可能要根据情况承担责任。但是，这个前提是存在疑问的。一方面，任何一个法官，无论他多么谨慎、细心，都不可能做到不犯错。另一方面，对于裁判错误，无论是法律适用错误，还是事实认定错误，均是立法容忍的错误，否则就没有建立上诉审制度和再审制度的必要。错案追究制度就是把按照正常程序纠正错误裁判的行为转变为一种针对法官的审判行为，这是对司法审判纠错和救济程序的严重误解和本末倒置。因为后者设立的目的恰恰是以承认裁判必然犯错的基础之上的。

我们并不全然反对对审判者的责任追究，而是怀疑直接将裁判者绑架在自己的案件上的责任追究制度的公正性。因为这种风险连带的模式，让法官成为自己案件的当事人。无论法官为了躲避风险，将天平倾向于哪一方，都将严重损害裁判的公平和公正，因为任何人都不能做自己案件的法官。因此，我们建议应当将审判责任严格限定在违反法官职业伦理的惩戒上，尤其是加大对索贿受贿、徇私舞弊和枉法裁判的惩罚力度。对于没有违反法官职业伦理的审判行为，不追究责任。只有这样，才能让法官真正从自己案件的当事人转变为公正的裁判者。

---

[64] 参见《司法责任制意见》第37条。

刑事简易程序四十年：
文本、经验、问题及走向[*]

闫召华[**]

要　目

一、刑事简易程序立法的文本考察
　　（一）1996年《刑事诉讼法》修改前：空白期
　　（二）1996年《刑事诉讼法》中的刑事简易程序：萌芽期
　　（三）2012年《刑事诉讼法》中的刑事简易程序：发展期
　　（四）2018年《刑事诉讼法》中的刑事简易程序：成型期
二、实施中的刑事简易程序：经验与问题
　　（一）概况
　　（二）刑事简易程序实施中的地方探索
　　（三）成效与问题
三、刑事简易程序发展前瞻

摘　要　独特的司法环境和诉讼模式决定了我国独具特点的刑事简易程序发展进路。而中央的政策引导和各地的实践探索不断推动着刑事简易程序以更加符合法理要求和现实需要为内在逻辑的制度变迁。刑事简易程序的运行情况也总体向好，在确保办案质量的前提下，促进了繁简分流，优化了司法资源配置，缓解了"案多人少"的矛盾。但在简化对象、简化程度、权利保障、职权控制等方面，还存在一些突出问题，极大地制约了刑事简易程序的实施效果。为此，我国应以促进全流程简化、明确简化底线、增强被追诉人程序参与为理念，进一步完善程序规则。而且，在认罪认罚从宽制度

---

[*] 本文系2020年度教育部人文社会科学研究青年基金项目"刑事司法中的运动式治理研究"（项目编号：20YJC820058）、重庆市教育委员会人文社会科学研究基地项目"程序性辩护中的被告人举证问题研究"（项目编号：16SKJD09）及中宣部全国文化名家暨"四个一批"人才专项经费资助项目"《刑事诉讼法》实施问题回顾与展望"的阶段性成果。
[**] 西南政法大学刑事检察研究中心教授，博士生导师。

不断完善的大背景下，须在基本定位和整体设计层面进一步梳理好刑事简易程序与速裁程序、从宽规则、正当程序的关系，使其更好地融入认罪案件快速处理程序体系。

关键词 刑事简易程序 文本考察 成效 问题 前瞻

刑事简易程序在我国入法较晚，直到 1996 年《刑事诉讼法》修改时才增加有关简易程序的 6 条规定。但是，这并不意味着在 1996 年之前我国刑事诉讼程序的设计没有考虑公正与效率的平衡问题，只不过，独特的司法环境和诉讼模式决定了我国独具特点的程序发展进路。而这种进路又进一步决定了我国刑事简易程序在必要性、程序定位、运行规则及实施方式上与域外的诸多不同。40 年来，从整体上看，我国刑事简易程序经历了一个从无到有、从简单到成熟的曲折而又漫长的发展历程。当前，特别是在 2018 年速裁程序入法后，刑事简易程序已经成为我国多元化刑事程序体系不可或缺的组成部分。因此，对我国刑事简易程序立法及实施情况的系统梳理，不仅有利于对刑事简易程序本身的理解、反思及下一步的改革完善，而且对于我国刑事诉讼程序整体性的解读与建构也颇有裨益。

一、刑事简易程序立法的文本考察

自广义上而言，刑事简易程序是刑事普通程序简化后形成的程序。普通程序简化审、速裁程序、不捕直诉、酌定不诉、自诉程序等，均可列入刑事简易程序体系之内。然而，需要特别注意的是，在《刑事诉讼法》及相关司法解释的文本意义上，刑事简易程序有其特定的内涵和外延，专指对部分事实清楚、证据充分案件的简化审理程序。鉴于本文研究的是刑事简易程序的立法及实施问题，且篇幅有限，相关讨论将重点以法律文本意义上的刑事简易程序为中心展开，只在不可避免的情况下，才兼及其广义。以《刑事诉讼法》相关规定的变迁为标准，我国刑事简易程序立法大致可分为四个阶段，即空白期、萌芽期、发展期和成型期。

（一）1996 年《刑事诉讼法》修改前：空白期

不管是中华人民共和国第一部刑事诉讼法典即 1979 年《刑事诉讼法》，还是中央主管部门组织草拟的《中华人民共和国刑事诉讼条例（草案）》《中华人民共和国刑事诉讼法草案（草稿）》以及《中华人民共和国刑事诉讼法草案（初稿）》，均未直接规定刑事简易程序。也就是说，对于所有刑事案件，无论是公诉还是自诉，不区分情节轻重和复杂程度，一概适用同一套刑事诉讼程序。之所以如此，同当时立法和司法技术的粗糙、重实体轻程序的诉讼观念、刑事程序类型化理论研究的不足以及作为立法重要参照的《苏俄刑事诉讼法典》对简易程序的轻视[1]等都有关系。但笔者认为,最为重要的因素是当时"案多人少"的矛盾尚不突出。一方面,中华人民共和国成立后到改革开放前,不同历史时期的犯罪情况虽然有一定的起伏,并分别于1950年、1961年、1973年等出现了几次犯罪高峰,但同改革开放后特别是1989年以后相比,犯罪总量并不高(详见表1:新中国成立后犯罪情况年度变化简表)[2],而且,在国家调整了相关政策后,发案数能够在一定程度上得到有效控制,并没有给司法机关带来太大的办案压力。另一方面,我国刑事诉讼一开始采用的就是职权主义的诉讼模式。较之于奉行对抗制的当事人主义,职权主义在经济性和效率方面本来就有优势。[3]而且,和大陆法系强调审判中心的职权主义不同,我国的职权主义是流水线作业或者说是层层把关式的,更加注重专门机关的协调、配合,更加仰赖书面的卷宗,更加重视国家的主导作用,从而最大限度地减少了来自辩方的对抗以及专门机关相互之间的牵制,使诉讼资源更加集中、有效地投入到专门机关主导的查明真相、惩罚犯罪的活动中去。因此,作为诉讼的一个环节,普通审判程序只是承担了一道把关工作,本来就不是那么拖沓冗长,效率优势非常明显。专门机关自然也对单独设立简易程序没有太强烈的现实需求。但需要指出的是,1979年《刑事诉讼法》虽然没有直接、明确规定简易程序,但是,也零星包含在符合一定条件时简化诉讼程序的条文,譬如,第105条自诉案件及其他轻微案件可以独任审判的规定,第108条人民法院对公诉案件审查后认为不需要判刑的可要求人民检察院撤回起诉的规定,第112条罪行较轻经人民法院同意检察机关可不派员出庭支持公诉的规定,以及第126条至第128条有关自诉案件程序的规定等,从而体现出根据情况当简则简、繁简分流的立法理念,可以在一定程度上缓解单一诉讼程序带来的机械和僵化。

表1 新中国成立后犯罪情况年度变化简表[4]

年 度	1950	1952	1955	1956	1959	1960	1961	1964	1965	1967
案件数	51	24	23	18	20.05	20.9	42	25	24	16
犯罪率	9.3	4.2	3.7	2.8	2.98	3.2	6.4	3.5	3.3	2.1
年 度	1972	1973	1977	1979	1980	1981	1982	1983	1984	1985
案件数	40	53.5	54	63.3	75	89	74	61	51	54

---

[1] 参见左卫民等:《简易刑事程序研究》,法律出版社2005年版,第155页。
[2] 参见康树华:《新中国成立以来的犯罪发展变化及其理性思考》,载王牧主编:《犯罪学论丛》(第一卷),中国检察出版社2003年版,第409—425页。
[3] 参见左卫民:《刑事诉讼的经济分析》,载《法学研究》2005年第4期,第129页。
[4] 该表根据中国法律年鉴以及前注[2]康树华文章汇总制作。案件数的单位为"万起",犯罪率是指每万人犯罪数。

(续表)

犯罪率	4.6	6	5.7	6.4	7.7	8.9	7.4	6	5	5.2
年　度	1986	1987	1988	1989	1990	1991	1992	1993	1994	1995
案件数	54	57	82	197	222	237	158	158	166	169
犯罪率	5.2	5.4	7.7	18.1	20.1	20.5	13.5	13.3	13.9	14
年　度	1996	1997	1998	1999	2000	2001	2002	2003	2004	2005
案件数	160	161	199	225	364	446	434	439	472	465
犯罪率	13.1	13	16	17.9	28.7	35	33.8	34	36.1	35.6
年　度	2006	2007	2008	2009	2010	2011	2012	2013	2014	2015
案件数	465	481	488	558	597	601	655	660	654	717
犯罪率	35.4	36.4	36.7	41.8	44.5	44.6	48.4	48.5	47.8	52.2
年　度	2016	2017	2018							
案件数	643	718	663							
犯罪率	46.5	51.7	47.5							

不少论者在追溯我国刑事简易程序的源头时都会提及1983年的"严打程序"。1983年,为了有效应对中华人民共和国成立以来的第4次犯罪高峰,全国人大常委会在通过一项"严打决定"的同时,也通过了一项"速审程序决定"[5],即针对严重危害社会治安的犯罪,建立了一种从快从严的审判程序。有人认为,尽管立法者对该程序并未明确定性,但它实际上就是简易程序。其实,把"严打程序"理解为广义上的刑事简易程序未尝不可。但应当指出,它与随后出现的法律文本意义上的刑事简易程序迥然不同,它并未体现繁简分流的诉讼规律,相反,却要求对最严重的刑事案件,即死刑案件较一般案件的处理还要简捷迅速,而它简化程序的方式也未充分顾及刑事诉讼在控审关系、人权保障等方面的底线要求。因此,与其说"严打程序"是一种法定速办程序,倒不如说是一项具有短期性、时效性、应急性的速办政策。1996年《刑事诉讼法》施行后,法定的"严打程序"已随之失效,但是,作为政策的"严打程序"在1996年"严打"、2001年"严打"乃至2010年"严打"中依然发挥作用。

(二)1996年《刑事诉讼法》中的刑事简易程序:萌芽期

在多方的推动下,1996年《刑事诉讼法》以1个专节6个条文正式确立了刑事简易

---

[5] 1983年9月2日第六届全国人大常委会第二次会议通过了《关于严惩严重危害社会治安的犯罪分子的决定》和《关于迅速审判严重危害社会治安的犯罪分子的程序的决定》。

程序。随后,最高人民法院和最高人民检察院又分别在实施《刑事诉讼法》的细则中以14条和7条规定对上述条文进行了补充和细化。[6] 概而言之,1996年《刑事诉讼法》中的刑事简易程序具有如下几个特点:(1)在基本思路上奉行了形式上的一元化,即只设置了一类通用于特定案件的简化审理规则,而且,只限于简化审理程序。(2)对于简易程序适用的案件范围作了严格限制,即仅限于可能判处3年以下有期徒刑、拘役、管制、单处罚金的公诉案件和部分自诉案件。(3)在(公诉案件)简易程序的启动上,采取了检法联动的职权式启动方式,即启动需经人民检察院建议、人民法院同意或者人民法院建议、人民检察院同意。(4)在主体简化方面,规定简易审案件全部适用独任制,公诉案件适用简易程序审理,检察院可以不派员支持公诉,而且,与1979年《刑事诉讼法》第112条不同的是,检察院此举无须经法院同意。(5)在程序模式上,采取了依附式的简化方法,即并没有在普通程序之外设计出一种完全独立的诉讼程序,而是在普通程序的基础上,适当简化某些步骤和环节。

应当看到,1996年《刑事诉讼法》设计的刑事简易程序的优势还是非常明显的。形式上的一元化和依附性的程序模式,既方便司法人员理解和把握简易程序,也能减少制度冲撞,更加通畅地衔接普通程序;职权式的启动方式和程序转换方式、独任制的采用、检察官的免于出庭等更能提高程序运作的效率;明确而有限的适用范围可以最大限度控制改革可能产生的负面效果;对于程序如何简化采用概括式的规定,保证了程序规则适用的灵活性;只简化规则,不限制被追诉人权利,不以被追诉人认罪或同意程序适用为前提,也不以减轻刑罚为适用简易程序的必然结果,体现出该制度并非一味追求效率,而是始终将公正摆在第一位。[7] 但不得不说,1996年《刑事诉讼法》创立的刑事简易程序还存在不少缺陷,而且,有的缺陷恰恰就存在于设计者所自恃的优势之中。首先,在一元化的简化模式下,过于严格地限制适用的案件范围虽然可凸显谨慎,但如果只是将简易程序作为"处理刑事案件的一种例外形式"[8],无疑会大大限制简易程序的功能及效果,不能真正满足实践需求。其次,不以被追诉人认罪为条件,看似更容易促成简易程序的适用,但如果被追诉人不认罪,轻罪案件也极有可能成为复杂、难办案件,简化法庭调查、法庭辩论或者公诉人不出庭的基础将会被大大削弱。有学者在立法修改研讨中确实也提出了将简易程序适用范围限定于"被告人已作出有罪供述的刑事案件"的建议,但最终未被立法者采纳。[9] 当然,最高人民法院、最高人民

---

[6] 即最高人民法院《关于执行〈中华人民共和国刑事诉讼法〉若干问题的解释(试行)》和《人民检察院实施〈中华人民共和国刑事诉讼法〉规则(试行)》。
[7] 参见刘根菊、温小洁:《对中外刑事简易程序中几个问题之比较研究》,载《政法论坛(中国政法大学学报)》1998年第6期,第82页。
[8] 汪建成:《刑事审判程序的重大变革及其展开》,载《法学家》2012年第3期,第94页。
[9] 参见李新建:《简易程序的选择和设计及问题》,载《政法论坛(中国政法大学学报)》1994年第4期,第91页。

检察院的实施细则在不适用简易程序案件的列举中已经对此作了一些弥补。再次,检察官不出庭支持公诉,虽然可以减少检察院的工作量,但容易打乱作为简易程序底线的基本诉讼结构[10],破坏正当的控审关系,导致法官不得不兼担控诉角色,使被追诉人更显孤立,而且,也不利于人民检察院行使审判监督职能。最后,检法联动的职权式启动方式虽然高效,但完全把被追诉人排除在外,被追诉人的程序选择权被漠视,不利于其诉讼主体地位的培养和程序利益的维护。

为了进一步规范公诉案件的刑事简易程序,最高人民法院、最高人民检察院和司法部针对上述问题,结合实践经验,于2003年联合颁行了《关于适用简易程序审理公诉案件的若干意见》(已失效)(以下简称《简易审意见》)。该意见除对简易程序法条的细化和对最高人民法院、最高人民检察院实施细则的总结及不一致规定的协调外,还以"强化被追诉人诉讼权利保障"为指向,在多个方面对我国的刑事简易程序进行了修补。但问题是,《简易审意见》中的上述进步实质上已经超越了法条的规定,而以司法解释突破《刑事诉讼法》的规定显然于法无据[11],有违程序法定原则。而且《简易审意见》在表述和内容上本身还存在不少问题。在制定《简易审意见》的同时,三机关还联合推出了《关于适用普通程序审理"被告人认罪案件"的若干意见(试行)》(已失效)(以下简称《普通程序简化审意见》)。该意见的主旨是,对于"被告人认罪案件",除非明确禁止的情形,都可以在适用普通程序审理时对程序适当简化,以进一步提高诉讼效率。但同《简易审意见》一样,《普通程序简化审意见》也面临着于法无据的尴尬。

(三) 2012年《刑事诉讼法》中的刑事简易程序:发展期

2012年《刑事诉讼法》"简易程序"一节虽然仅比1996年《刑事诉讼法》增加了两个条文,但在思路和内容上进行了非常重要的调整。虽然仍追求繁简分流,但其在繁简案件的确定上不再单纯考虑案件情节(可能判处的刑罚),转而以被追诉人是否"配合"为核心标准。而所谓的"配合"就是被追诉人认罪,对指控事实没有异议,以及同意适用简程序。从法理上看,轻微刑事案件不一定简单,严重刑事案件不一定复杂,关键在于在主要事实或基本问题上控辩双方是否存在争议,因此,以被追诉人对指控的态度为标准更为合理。而且,域外各国通常也将认罪与控辩合意作为适用简易程序的重要基准之一。围绕这一思路,2012年《刑事诉讼法》对刑事简易程序作出了以下调整:(1)修改适用简易程序的案件范围,突破原有的可能宣告刑的限制,扩大到基层法院管辖的所有事实清楚、证据充分且被追诉人"配合"的案件。范围之大甚至超出了

---

[10] 参见马贵翔:《刑事简易程序概念的展开》,中国检察出版社2006年版,第52—58页。
[11] 参见李海玲:《中国刑事简易程序的回顾与展望》,载《湖南警察学院学报》2015年第1期,第32页。

一些专家学者的预期。[12] 如此修改事实上也是将《简易审意见》和《普通程序简化审意见》上升为法律,起到了不少学者所呼吁的将"普通程序简化审与简易程序合并"的效果。[13] (2)修改简易程序的启动方式,将检法双向联动的职权式改为受被告人意见影响的单向职权式,凸显被告人的诉讼主体地位,对专门机关特别是检察机关的启动权作一定限制。(3)根据案件情节(可能判处的刑期)设计了简易程序的两种运作模式。可能判处3年有期徒刑以下刑罚的案件,可以由合议庭审理,也可以采用独任制,审限为20日;而可能判处的刑期超过3年的案件,只能采用合议制,而且审限可以延长到一个半月。(4)为了保证诉讼结构的完整性和检察监督的有效性,规定当公诉案件适用简易程序时,检察机关必须派员出庭支持公诉。(5)细化了审判人员对被告人的告知义务,强化了对被告人知悉权、选择权等的保障。(6)吸收司法解释中的相关规定,在法律层面直接明确了一些不宜适用简易程序的案件或情形,完善了简易程序维护诉讼公正的底线规则。

2012年《刑事诉讼法》对简易程序的重大调整提高了简易程序的案件分流能力,同时也强化了被告人的程序参与,体现出公正与效率更全面、更审慎的平衡。但也存在一些不足:其一,简易程序适用案件范围的扩大,意味着简易程序有可能适用于重罪案件,但重罪案件和轻罪案件相比,显然需要更加严格的权利保障规则,但从2012年《刑事诉讼法》的规定看,除合议庭和审限的差别外,并没有区别规定重罪、轻罪案件的人权保障规则,并没有为重罪案件规定更有力的保障措施,特别是在被告人获得法律帮助方面。在这种情况下,部分学者对重罪案件适用简易程序的质疑和担心[14]是有一定道理的。其二,在被告人对启动的参与权问题上,仅仅规定了被告人的异议权(或称否决权),并没有明确规定被告人的请求权——主动请求适用简易程序或者请求变更诉讼程序的权利。而且,即便是对于被告人的否决权,也规定得相当模糊。其三,在程序简化的思路上,虽然根据可能判处的刑期对简化的方式作了一点区分,但这种区分是细微的、内部的,二者简化方式都只是对普通程序的简略化,并没有实质改变我国广义上刑事简易程序的一元化。

(四)2018年《刑事诉讼法》中的刑事简易程序:成型期

2018年《刑事诉讼法》虽然未对"简易程序"一节作任何改动,但由于认罪认罚从宽制度的完善,特别是速裁程序的设立,在整体上进一步明确了刑事简易程序的性质

---

[12] 参见罗国良:《优先保障法官内心确信,兼顾被告人权利保护——论刑事诉讼法的再修改》,载《法律适用》2012年第3期,第12页。
[13] 参见张立锋、杜荣霞:《论普通程序简化审与简易程序合并的现实意义——兼论刑事简易程序改革的模式选择》,载《苏州大学学报》(哲学社会科学版)2008年第6期,第31页。
[14] 参见李昌林、顾伟品:《新〈刑事诉讼法〉简易程序实施研究》,载《四川警察学院学报》2013年第2期,第2—3页。

与功能,使其在我国刑事程序体系中的定位更加清晰、明确。

一方面,2018年《刑事诉讼法》吸收4年试点的经验,设立了速裁程序,并合理界定了其与刑事简易程序的关系,这标志着我国初步建立起了层次较为分明的刑事案件快速办理程序体系。速裁程序与简易程序同为普通程序之外的案件简化办理机制,同样只适用于事实清楚的案件,价值目标同样都是在确保公正的基础上提升诉讼效率,为此也均规定了程序简化措施和权利保障机制。二者在我国刑事案件快速办理体系中的层次性集中体现在二者的区别上:适用范围不同,适用的实体条件不同,对被追诉人程序选择权的规定、对阶段简化的规定以及对审判程序简化程度的规定也不同。

另一方面,2018年《刑事诉讼法》通过认罪认罚制度的完善,勾勒出简易程序与认罪认罚从宽制度的关系,厘清了简易程序与认罪案件诉讼程序、认罪认罚案件诉讼程序的关系,进一步明确了简易程序的立法定位。由于认罪(认罚)只是影响程序选择的因素之一,因此,认罪(认罚)的案件可能适用简易程序或速裁程序,也可能适用普通程序。速裁程序只有认罪认罚案件才能适用,是认罪认罚案件专用(不是必须用)诉讼程序。而简易程序和速裁程序则是狭义上认罪(承认自己所犯罪行,对指控的犯罪事实没有异议)案件专用(不是必须用)的诉讼程序,其中的速裁程序只能适用于同时符合认罚要求的案件。当然,认罪(认罚)案件即便不适用简易程序或速裁程序,较之于不认罪(不认罚)案件在程序上仍会有所简化。

二、实施中的刑事简易程序:经验与问题[15]

从1996年纳入《刑事诉讼法》,不断完善中的刑事简易程序业已历经20多年实践检验。刑事司法的现实需要催生了刑事简易程序,司法实践也推动着刑事简易程序以更加符合法理要求和现实需要为内在逻辑的制度变迁。

(一)概况

1. 简易程序适用率

二十多年来,简易程序的适用率整体上呈上升趋势。但具体到年度变化,简易程序适用率有动荡,有反复,而且受到地方性规则、各地法院及法官对繁简分流的不同理

---

[15] 本部分实证数据的主要来源有:(1)西南政法大学刑事诉讼法学科自2012年《刑事诉讼法》颁行后连续数年进行暑期年度调研获得的一手材料。(2)无讼案例网、中国裁判文书网等网络上的大数据材料。(3)中国法律年鉴中的数据。(4)其他刑事简易程序实证研究成果中的相关材料。需要特别指出的是,由于最高人民法院并未对外公布每年关于简易程序适用情况的具体数据,再加之课题组研究时间、精力限制,因此,虽然课题组力求实证材料的全面性、典型性,但依然可能与实际情况有一定的偏差;调研地区的实施情况不一定能代表其他地方,大数据的分析结果因为资料、取样及分析方法的局限性也不一定能反映全国准确情况。

解等各种主客观因素的影响,不同地方简易程序适用率有明显的差异,很难一概而论,但相对而言,刑事案件总量大的地区和经济发达地区简易程序的适用率要高一些。

1996年《刑事诉讼法》颁布后,法院对简易程序的态度经历了从排斥适用到逐渐理解和接受进而扩大适用的转变过程,简易程序适用率也从最初的10%升至20%,再逐步提升到后来的40%以上(参见表2)。数据显示,1997年,上海市简易程序在公诉案件中的适用率仅为10%,个别地方甚至只有5%[16],而安徽省公诉案件中简易程序的适用率也仅为8%[17]。当然,包含自诉案件的简易程序适用率一般要比单纯的公诉案件简易程序适用率高出几个百分点。

表2 1998—2005年简易程序适用案件数及适用率[18]

	1998	1999	2000	2001	2002	2003	2004	2005	2006	2007	2008
公诉案件总数	403 145	464 785	480 119	569 968	583 755	560 978	612 790	654 871	630 987	668 239	713 372
公诉案件适用案件数	68 591	85 565	95 487	129 301	148 289	158 623	206 342	239 723	249 420	267 340	286 259
公诉案件适用率(%)	17.01	18.41	19.89	22.69	25.40	28.28	33.67	36.61	39.53	40.01	40.13
全部案件适用率(%)	19.23	21.45	22.90	21.89	33.77						

2012年《刑事诉讼法》实施后,大多数法院简易程序的适用率都有不同程度的增长(参见表3),如北京市的基层法院在2012年简易程序适用率为59.47%,在2013年新法实施后适用率提高为68.68%。[19] 个别地方的法院(如J省N市基层院)简易程序适用率增幅甚至达到20%以上。但也有部分地区的法院(如A省H市基层院)简易程序案件所占比例在2012年刑诉法修改前后无明显变化。值得一提的是,极个别地方即

---

[16] 参见胡锡庆主编:《刑事诉讼热点问题研究》,中国人民公安大学出版社2001年版,第413页。
[17] 参见杨开江:《困惑检察机关执行新刑诉法的主要问题探究》,载《政法论坛(中国政法大学学报)》1998年第4期,第64页。
[18] 参见樊崇义主编:《公平正义之路——刑事诉讼法修改决定条文释义与专题解读》,中国人民公安大学出版社2012年版,第428页;刑事简易程序研究课题组:《刑事简易程序扩大适用问题研究》,载《华东政法大学学报》2011年第3期。
[19] 参见赵学军:《刑事简易程序启动与转化的程序规制》,载《天津法学》2014年第3期,第84页。

便在2012年《刑事诉讼法》实施后,简易程序的适用率也非常低,如吉林省长春市绿园区2014年简易程序适用率仅为10%左右,山西省忻州市2013年简易程序适用率则为9.9%,更有甚者,吉林省吉林市龙潭区2013年简易程序适用率为0%,根本未考虑简易程序的适用。[20]

表3　六地法院2012年《刑事诉讼法》实施前后简易程序适用率对比[21]

年度	J省W市辖区法院 简易案数	占比(%)	J省N市G区法院 占比(%)	J省N市Q区法院 简易案数	占比(%)	J省N市J区法院 简易案数	占比(%)	A省S市辖区法院 占比(%)	G省N市辖区法院 占比(%)
2015	2 164	77.9	71.9					51.36	
2014	4 550	76.9	76.5	452	68.38	221	79.7	45.11	46.14
2013	4 625	76.8	79.1	407	66.39	193	78.1	44.44	60.94
2012	3 747	59.7	65	380	52.92	148	48.3	38.11	61.55
2011				386	51.13	169	52.8	40.85	48.46
2010				409	55.65			30.71	38.42

2018年《刑事诉讼法》颁行后,简易程序的适用情况尚缺少系统的调研和统计数据。但几乎可以肯定的是,简易程序的适用率应该会有很大程度的下降,下降的原因不是简易程序本身的调整,而是有了一个功能强大、适用率极高的替代机制——速裁程序。据统计,目前,适用认罪认罚从宽制度的案件已几乎占到所有刑事案件的60%[22],其中,80%以上适用认罪认罚从宽制度的案件适用了速裁程序[23]。也就是说,在已占据刑事案件半壁江山的认罪认罚案件中,简易程序的适用率是比较低的。速裁程序减少了简易程序的适用空间。当然,认罪非认罚案件也有适用简易程序的可能性。以"无讼案例网"收录的判决书反映的情况为例。在2019年适用简易程序的约

---

[20] 参见贾志强、闵春雷:《我国刑事简易程序的实践困境及其出路》,载《理论学刊》2015年第8期,第105页。

[21] 参见孙长永、闫召华:《新刑事诉讼法实施情况调研报告(2015)》,载孙长永主编:《刑事司法论丛》(第3卷),中国检察出版社2015年版,第499页;西南政法大学刑诉法学科:《新刑诉法实施情况调研报告(2014)》(未刊)。

[22] 参见董凡超:《最高检副检察长孙谦解读修改后的刑事诉讼法有关问题:认罪认罚从宽贯穿整个刑诉程序》,载《法制日报》2018年12月13日,第3版。

[23] 参见胡云腾主编:《认罪认罚从宽制度的理解与适用》,人民法院出版社2018年版,第165页。

95 455个案件中,符合认罪认罚条件的有12 497件,约占13.09%。[24]

2. 适用案件情况

根据"无讼案例网"的数据,在2 526 568个涉及简易程序适用的案件中[25],就罪名的分布看,最主要的三类罪名是危害公共安全罪(醉驾等)、侵犯财产罪以及妨害社会管理秩序罪,分别约占简易程序案件总数的32.5%、32.3%和21.7%。此外,还包括侵犯公民人身权利、民主权利罪(8.9%)以及破坏社会主义市场经济秩序罪(4%)等罪名(参见表4)。从最终判处刑罚的情况看,判处有期徒刑以上刑罚的占62.2%,而从判处有期徒刑的简易程序案件的年度分布看,2013年后的案件占92.7%,这显然和2012年《刑事诉讼法》对简易程序适用范围的调整有关。数据显示,在2013年以后涉及简易程序适用的案件中,适用独任制审判的案件约占78.8%(参见表5),这在一定程度上能够反映出判处有期徒刑3年以上刑罚的案件比例。统计还发现,在所有涉及简易程序适用的案件中,采取了逮捕措施的案件比例约为50.8%,逮捕措施适用率呈现出逐年下降趋势(参见表6)。

表4 简易程序案件罪名分布情况

罪 名	危害公共安全罪	侵犯财产罪	妨害社会管理秩序罪	侵犯公民人身权利、民主权利罪	破坏社会主义市场经济秩序罪	其他
数量(占比)	821 573 (32.5%)	815 392 (32.3%)	548 908 (21.7%)	223 905 (8.9%)	101 956 (4%)	14 834 (0.6%)

表5 2013年后简易程序案件适用独任制占比

年 度	2013	2014	2015	2016	2017	2018	2019
独任制案件占比(%)	81.6	79.7	79.2	79	77.9	77.5	77.6

表6 2007年后简易程序案件适用逮捕措施比率

年度	2007	2008	2009	2010	2011	2012	2013	2014	2015	2016	2017	2018	2019
逮捕率(%)	75.9	71	60.9	56.7	56.2	52.9	51.1	51.1	52.3	50.8	50.3	48.2	44.9

---

[24] 数据来源于"无讼案例网"。"无讼案例网"的网址为:https://www.itslaw.com。数据统计时间为2019年8月7日。我们在提取和分析数据时主要采用了多重关键词交叉过滤的方式。该网收录刑事判决书的时间范围为1997年至今。

[25] 所谓涉及简易程序适用的案件,包括适用简易程序的案件,适用简易程序又转普通程序的案件,以及检、法建议适用简易程序但最终可能并未适用的案件。

3. 启动中的检、法主导

不管是 1996 年《刑事诉讼法》规定的双向互动式的职权启动,还是 2012 年《刑事诉讼法》构建的单向式的职权启动,法院均扮演着主导和决定的关键角色。但在实践中,检察机关在适用简易程序问题上似乎更加积极,特别是在法律未对检察院出庭支持公诉作出硬性要求之前。检察机关建议启动简易程序的案件在所有适用简易程序的案件中占比较高,检察机关在启动中起到了主导作用。据统计,检察机关建议适用与法院决定适用的比例约为 10∶1,有的地方比例更高[26],天津市 H 区检察院建议启动简易程序的案件曾一度占该区简易程序案件总数的 98%[27]。但在个别地方,检、法对简易程序适用条件的理解上有不小的偏差。例如,2013 年至 2015 年上半年,吉林省长春市朝阳区检察院建议适用简易程序的案件比率约为 70%,但法院同意适用的仅有 30% 左右,而长春市绿园区法院"拒绝"检察院适用建议的比例则高达 80% 左右。[28]

4. 辩护人的参与率

调查表明,在适用简易程序的案件中,辩护人的参与率并不高。在"无讼案例网"收录的 2 526 568 个涉及简易程序适用案件的判决书中,明确提及辩护人(或辩护律师)的仅有 375 583 个,约占 14.9%。要明显低于以相同标准计算出的基层法院一审刑事案件辩护人参与率,即 25.3%。另有数据显示,简易程序案件中被告人委托辩护人的比率为 20% 左右,其中,职务犯罪案件相对要高一些。[29] 在有辩护人参与的简易程序案件中,法律援助辩护占有一定的比例。

5. 对认罪的审查方式[30]

2012 年《刑事诉讼法》将被告人认罪作为适用简易程序的必要条件,这使得对认罪特别是认罪自愿性的审查成为保障简易程序适用正当性的重要手段和简易审判的核心内容。一旦被告人在简易程序审理中撤回"认罪",作无罪辩护,法院就必须转换为普通程序审理,这比直接适用普通程序还要复杂,导致司法资源的浪费。在认罪自愿性审查方面,法院主要是通过审查被告人的庭前供述及在庭审中的供述、有无翻供等情形来判断。通常分为两个步骤:第一步是在送达起诉书时,详细地询问被告人对指控事实、罪名的意见;第二步是在开庭时,详细地告知被告人适用简易程序的法律后果,询问其是否同意适用。对于故意伤害等案件,还会考虑被告人是否赔偿了被害人

---

[26] 参见王军、吕卫华:《我国刑事简易程序的若干问题》,载《国家检察官学院学报》2012 年第 4 期,第 111 页。
[27] 参见张静:《对我国刑事简易程序的思考——以新刑事诉讼法实施为视角》,载《湖北警官学院学报》2013 年第 7 期,第 156 页。
[28] 同前注[20]。
[29] 参见刘玫、鲁杨:《我国刑事诉讼简易程序再思考》,载《法学杂志》2015 年第 11 期,第 14 页。
[30] 同前注[21],孙长永、闫召华文。

的损失及赔偿数额的多少,有无得到被害人或被害人亲属的谅解,有无其他悔罪表现等情况综合认定。

6. 审理时间

适用简易程序案件的审理天数,各地差别不大,审理时间大多集中于10天到15天,如在J省N市G区法院,2013年、2014年、2015年简易程序案件平均审理天数分别约为13.93天、19.56天和10.76天,在J省W市辖区基层院,这3年简易程序案件审理的平均天数则分别约为12天、12.13天和13.34天。而根据最高人民法院2016年的一份数据,简易程序10日审结的案件约占27.31%。[31] 至于简易程序的开庭审理时间,调查显示,各基层法院适用简易程序审理的案件平均庭审时间约为10分钟到30分钟。以C直辖市5家基层法院为例,2013年简易程序案件平均开庭时间分别约为12.9、13.4、13.6、12.5及14.2分钟。[32]

7. 宣判方式

在简易程序案件当庭宣判率方面,最高人民法院2016年的一份统计数据显示为平均54.83%[33],但事实上,地区差异非常明显。如A省S市辖区法院、G省N市法院等基本上都能做到简易程序案件当庭宣判。A省H市辖区法院、G省G市辖区法院和J省N市G区法院当庭宣判率也能达到80%以上,但J省N市J区法院和Q区法院则反映,因简易程序案件大多为规范化量刑罪名,有关量刑要素提取、升降比例需进行电脑演算,故当庭宣判率并不高,J区法院2015年简易程序案件当庭宣判率只有27.3%。而对于当庭宣告的判决内容,司法责任制贯彻得比较到位的法院基本上均可根据权力清单由主办法官独立决定,但在有的地方,对拟判缓刑等一些特殊情形的案件,还要求上报审委会。

8. 程序转化情况

简易程序转化为普通程序即"简转普"主要是指人民法院决定启动简易程序后又发现不宜适用从而转化为普通程序。实践中,"简转普"案件总体上并不多。以C直辖市基层法院为例,据统计,2013年度适用简易程序案件数19 897件,转为普通程序案件数198件,"简转普"率仅为0.995%。当然,如果将建议适用简易程序而最终没有适用的案件也视为"简转普"的话,那"简转普"比率必然会有所提高。算上这种情况,根据"无讼案例网"的数据,"简转普"率约为3.93%。在开始速裁程序试点特别是2018年《刑事诉讼法》实施后,实践中又多了一种涉及简易程序的程序转化情形,即速裁程序

---

[31] 参见蔡长春:《刑事速裁程序试点两年办案质效双升:宽严相济"简"程序不"减"权利》,载《法制日报》2016年9月5日,第3版。
[32] 同前注[11],第93页。
[33] 同前注[31]。

转化为简易程序,但占比较低。

9. 上诉情况

实践中,简易程序判决后被告人上诉的很少。根据"无讼案例网"的数据,在 754 597 件由上诉(也可能同时包含抗诉)引起的二审刑事案件中,一审采用了简易程序的案件为 9 032 件,在所有二审案件中的占比约为 1.2%,在一审中简易程序案件数已超越了普通程序案件数的情况下,上诉的数量却远少于一审适用普通程序审理的案件。另有调查显示,简易程序案件的上诉率一般不超过 10%[34],远低于普通程序案件的上诉率。

(二) 刑事简易程序实施中的地方探索

自刑事简易程序入法以来,各地审判机关、检察机关及公安机关积极探索贯彻简易程序的工作机制,大力推进繁简分流,形成了很多宝贵的经验,也为简易程序的立法完善源源不断地提供着观念、思路和操作规则等各个层面的启发与支撑。

1. 集中办理模式

2012 年《刑事诉讼法》颁行后,不少法院特别是案件较多的地区的法院,考虑到简易程序适用案件范围的扩张,出于对诉讼效率的追求,纷纷采取集中审理或批量审理的庭审方式。法院的集中审理模式又可分为复杂集中与简单集中两种形式。[35] 所谓复杂集中,即打破每个案件审理流程的完整性,将多个案件的特定环节予以集中。其基本的庭审流程通常是:开庭阶段,在公诉人、各案辩护人到场的情况下,集中向各被告人告知法院审理简易程序案件的庭审程序及其在法庭上享有的诉讼权利,并询问各被告人是否同意适用简易程序审理。法庭调查、辩论及被告人陈述环节单独进行。后面的宣判再集中到一起进行。河北石家庄、浙江萧山等地探索的就是复杂集中审理模式。所谓简单集中,即是在保证每个案件审理流程完整性的前提下,将多个案件集中于同一特定时间段审理。浙江绍兴、广西灵山等地采取的主要是简单集中审理模式。但不管采取何种集中形式,一般情况下,每次集中审理案件 5 个左右,通常不会超过 10 个。

同步于法院对集中审理的探索,很多检察机关也采取了集中提讯、集中审查、集中起诉的审查起诉方式,甚至还要求公安机关对相关案件集中移送。对于检察机关的集

---

[34] 参见陈青:《刑事简易程序被告人上诉案件实证研究》,西南政法大学 2017 届硕士学位论文,第 4 页;樊崇义主编:《公平正义之路——刑事诉讼法修改决定条文释义与专题解读》,中国人民公安大学出版社 2012 年版,第 429 页;郭志媛、张建英:《关于刑事简易程序的调研报告》,载樊崇义主编:《诉讼法学研究》(第 11 卷),中国检察出版社 2006 年版,第 327 页。

[35] 参见马贵翔、蔡震宇:《简易程序案件集中审理初探》,载《国家检察官学院学报》2014 年第 6 期,第 125 页。

中起诉,《人民检察院刑事诉讼规则(试行)》(已失效)只有笼统要求,即可以对简易程序案件相对集中提起公诉,并建议法院相对集中审理。司法实践中的主要做法就是,对于符合简易程序适用条件的案件,检察机关向人民法院成批次地集中移送,在法院集中审理时统一由一到两名公诉人支持公诉。在安徽省池州市贵池区、天津市东丽区、山东省临沭县等地,为了与法院的集中审理更加有效地对接,检察院设有不具体承办案件只负责在法院出庭的"简易专职公诉人"。[36] 还有的地方采取值班公诉人出庭模式[37],即由不同公诉人定期轮流充当出庭公诉人。

简易程序案件的集中办理从规模中寻求办案效益,对于优化资源配置、缓解案多人少矛盾都有积极作用。特别是2014年速裁程序试点开始以后,集中办理模式探索又有了新的动力增长点。但集中办理模式也面临一些障碍:(1)发案的随机和程序倒流容易阻碍公安机关集中移送起诉。(2)在公诉人出庭模式的选择上,如果出庭公诉人必须是承办公诉人,对法院的分案机制会有较大影响,也会给公诉人带来很大压力;而如果出庭公诉人和承办公诉人分开,出庭公诉人不太了解案情,又会影响出庭质量和效果。[38] (3)个案差异及简易程序案件的当庭判决率可能阻碍集中审理。

2. 简案专办机制

各地司法机关创新简易程序工作思路和方法所普遍采取的第二项举措就是创建专人办理机制,推动实现简易程序案件办理的专人化。具体而言,就是由相对固定的检察官、法官集中精力做好简易程序案件事实和证据的审查,以及准备出庭预案、公诉意见、量刑建议或者开庭预案、庭审提纲、拟写判决等工作,这样既可确保简易程序案件办理的专业化水平,统一司法标准,缩短办案周期,又能大大减轻普通程序案件承办人的工作压力。相比而言,检察机关的专人办理机制整体上更加成熟些。在2013年,四川省就有160个基层检察院建立起了专人办理机制。[39] 在专人办理的具体形式上,各地略有不同。办案力量相对充足的地方,如广东省增城市检察院、江西省安福县检察院、福建省莆田市检察院、山东省临沭县检察院等成立了专门的简易程序办案小组。而在办案小组内,很多司法机关会进一步对办案人员进行分工,比如根据简易程序案件的复杂程度、可能判处的刑期、涉及的罪名或者案件类型等将案件分给经验、特长、阅历不同的司法机关工作人员。也有的地方在办案组内分工时主要是根据简易程序的工作环节。但是,有的地方由于办案人员数量较少,没有成立办案小组的条

---

[36] 参见吴俊明:《刑事案件简易程序集中审理制度完善的路径——以安徽芜湖、池州等地基层检察院的实际调研为视角》,载《法学杂志》2015年第5期,第97页。
[37] 参见谢登科:《论刑事简易程序扩大适用的困境与出路》,载《河南师范大学学报》(哲学社会科学版)2015年第2期,第67页。
[38] 参见王军、吕卫华:《〈关于办理适用简易程序审理的公诉案件座谈会纪要〉的理解与适用》,载《人民检察》2012年第21期,第21页。
[39] 同前注〔27〕,第158页。

件,只能采取指定特定办案人员的做法。[40]

简易程序案件专人办理机制的优势固然不容否认,然而在实施中也遭遇到一些制约因素:(1)由于简易程序案件数量较大,专门办理简易程序案件的司法机关工作人员面临着巨大的办案压力,特别是在缺少办案要求和流程简化等配套制度支撑的情况下,办理简易程序案件不一定比办理普通程序案件轻松。(2)不少推行专人办理机制的司法机关并未建立合理的绩效考核标准和办法,无法平衡办理不同类型案件检察官的付出与收益,容易挫伤办案人员的工作积极性。(3)专门办案人员长期固定,有利于专业化,但不利于专办人员办案素能的综合提升。(4)在速裁程序推行后,又产生了简易程序专办与速裁程序专办的协调整合问题。

3. 办案流程简化

各地司法机关为了充分发挥简易程序的功用,也积极探索办案方法和流程的简化方法。概括起来,主要表现为以下三个方面:

一是简化办案程序。各地司法机关对简易程序案件采取了诸多促进全程简化的举措。审判阶段较为普遍的做法是:在庭前准备环节,灵活、快速送达起诉书副本和权利义务告知书,及时确认被告人的认罪态度及有关程序适用的意见,迅速分案并确定审判组织,对可能判处3年有期徒刑以下刑罚案件尽量采取独任制;在庭审环节,法庭调查时简要宣读起诉书,如法庭核对的被告人身份和强制措施、前科等情况与起诉书一致的,公诉人可直接从"依法审查查明"部分宣读,公诉人根据具体案情决定简要讯问被告人、主要讯问量刑情节或者不讯问被告人,在举证时则采用打包举证或概括举证方式,对双方无异议的证据,仅就证据做简要说明。例如在广东省增城市等地,如被告人对起诉书指控的犯罪事实没有异议,且同意程序适用的,在公诉人宣读起诉书后可直接进入法庭辩论。[41] 法庭辩论时,双方主要围绕疑点和争点简明扼要发表意见,如双方对犯罪事实无争议的,公诉人可直接发表量刑建议。有的地方是先由被告人及其辩护人发表意见,需要公诉人答辩时才由公诉人发表答辩意见,否则,直接进入最后陈述阶段。[42] 然后,由法官当庭作出判决。为了提高当庭判决数量,确保判决质量,有的地方摸索出"拟判结果预审制度",即主办法官将部分需要审核的判决提前拟好意见提交审核,如庭审未出现特殊情况,则直接按拟判结果当庭宣判。[43] 部分地区

---

[40] 参见李贵平、石旭:《通道县检察院简易程序办案提高司法效率》,载怀化新闻网(http://www.0745news.cn/2015/1027/891455.shtml),访问日期:2019年8月7日;张雪松:《平度检察院建立简易程序公诉案"321办案模式"》,载半岛网(http://news.bandao.cn/news_html/201310/20131009/news_20131009_2273955.shtml),访问日期:2019年8月7日。

[41] 参见杨安琪:《增城:三项措施创新简易程序案件办案模式》,载广东省人民检察院阳光检务网(http://www.gd.jcy.gov.cn/xwys/jccz/201304/t20130402_1080210.html),访问日期:2019年8月7日。

[42] 同上注。

[43] 参见周腾:《一线司法理论与实证研究》(第二卷),广西民族出版社2012年版,第411页。

还充分利用现代信息技术,对简易程序案件尝试引入远程视频审判方式,实现了羁押区与审判区的无缝对接,被告人直接在看守所羁押区接受审判[44],再结合集中审理、简式开庭,大大节约了司法资源。在审查起诉阶段,在最高人民检察院2006年出台的《关于依法快速办理轻微刑事案件的意见》(已失效)等规范性文件的推动下,各地检察院普遍建立了简易程序案件的快速审查确认机制、办案时间节点控制机制、文书共享机制、案件审批流程的简化机制等多项保障机制,通过集中告知权利、快速确认适用程序、充分共享信息、简化听取意见、减少审批环节、严格流程控制等,缩短简易程序案件的办案时间。

二是简化法律文书。即对移送起诉意见书、审查起诉报告、讯问笔录、起诉书、公诉意见书、程序适用决定书、权利告知书、独任审理告知书、判决书等做简约化、格式化处理,减轻办案人员工作负担。有的地方如河北省广平县检察院,强调法律文书内容的适度简化、有所侧重,讯问笔录重点记录有罪供述的稳定性、一致性及对程序适用的意见,审查起诉报告重点摘录主要犯罪事实及核心证据,而公诉意见书则重点阐述量刑情节[45],力求兼顾简易程序案件审查起诉工作的质量和效率。也有的地方,如山东省平度市检察院、山东省临沭县检察院等,为简易程序案件审查起诉报告、讯问笔录、公诉意见等法律文书制作了统一模板,采取格式化套打的方式,承办人只需通过"填空"的方式即可快速完成,减少了重复工作量。[46]

三是公安司法机关之间的有效衔接。各地法、检、公三家(有的地方还有司法行政部门)会签轻微刑事案件快速处理意见的不在少数。这些意见名称各异,但主旨是一致的,即加强三机关在简易程序案件办理中的工作对接和沟通反馈,构建无缝对接的联动工作机制,统一认识,统一标准,从源头抓"轻""快"。[47] 当然,有效衔接不仅是工作机制上的、形式上的对接,也可以是处理方案上的、定罪量刑意见上的协调一致。不少地方所推行的简易程序量刑建议规则就是一套效果不错的提速增效措施。增强量刑建议对量刑裁判的柔性制约,不仅有利于激励被追诉人认罪和同意程序适用,也大大提高了审判效率,降低了上诉率。

(三) 成效与问题

二十多年来,刑事简易程序在实践中的运行态势总体向好,在兼顾刑事案件处理

---

[44] 参见林振华:《莆田市检察机关简易程序刑事案件集中办理机制初探》,载新浪网(https://news.sina.com.cn/o/2016-08-26/doc-ifxvitex9006287.shtml),访问日期:2019年8月7日。

[45] 参见《广平县院实化四项举措创新简易程序案件办理模式》,载河北省广平县人民检察院官网(http://www.heguangping.jcy.gov.cn/jcyw/201410/t20141024_1487570.shtml),访问日期:2019年8月7日。

[46] 参见卢金增等:《山东临沭检察院实行专人集中办理简易审公诉案》,载正义网(http://www.jcrb.com/procuratorate/jckx/201209/t20120921_952267.html),访问日期:2019年8月7日。

[47] 同前注[43]。

的公正与效率方面日益进步:首先,刑事简易程序的适用促进了繁简分流,优化了司法资源配置,缓解了"案多人少"的矛盾,大大提高了诉讼效率。自刑事简易程序入法以来,大多数法院简易程序的适用率有不同程度的增长,特别是2013年以后,各地法院简易程序适用率一般都保持在60%以上。在速裁程序创立以前,简易程序基本上可以应对绝大多数简单案件。各地司法机关以简易程序为基础,普遍建立起了轻微刑事案件快速处理机制,通过集中移送、集中审查、集中审理,以及简案专办、简案快办、简化流程,大幅缩短了庭审时间和结案周期,减少了案件积压。其次,刑事简易程序的适用并没有明显降低相关案件的办案质量。从最高人民法院发布的评估指标看,2010年至2014年,在简易程序适用率不断提升的情况下,人民法院的案件质量综合指数和公正指数稳中有升(参见表7)。之所以如此,与司法机关对简易程序适用条件特别是事实条件的严格把握有关,与不放松简易程序案件的证明标准有关,与对公诉人出庭的强调有关,与对被追诉人认罪自愿性和真实性审查的日益重视有关,与司法机关对轻微刑事案件质量经常性的自查自纠、评估考核、总结经验有关,当然,也与检察机关对简易程序案件办理过程的持续有效的法律监督有关。而且,从资源配置的角度看,正是大量简单案件的高效办结,才确保了司法机关有更多精力实现疑难复杂案件的公正处理。最后,刑事简易程序适用中的人权保障水平不断提升。简易程序案件的审前羁押率不断下降,不捕直诉率逐年提高[48],缓刑适用率不断提高,被追诉人的程序选择权得到了一定程度的尊重,而简易程序案件的刑事和解率、附带民事诉讼调解率均稳步增长。

表7　2010—2014年法院案件办理质量指数变化情况[49]

	2010年	2011年	2012年	2013年	2014年
质量综合指数	87.26	88.79	89.34	90.75	90.55
公正指数	87.60	89.46	89.24	90.12	90.18
效率指数	86.61	87.54	89.53	91.93	91.24

然而,调研发现,刑事简易程序在实施中还存在一些问题。在这些问题中,有些是自简易程序入法以来就一直存在的,有些则是2012年《刑事诉讼法》颁行之后才产生的。这些问题的存在,极大地制约了刑事简易程序的实施效果。

---

[48] 参见潘金贵等:《轻微刑事案件快速办理机制研究》,中国检察出版社2015年版,第188页。
[49] 参见严戈、袁春湘:《2014年全国法院案件质量评估分析报告》,载《人民司法》2015年第9期;严戈、袁春湘:《2012年全国法院案件质量评估分析报告》,载《法制资讯》2013年第9期;佟季、袁春湘:《全国法院2011年案件质量评估情况报告》,载《人民司法》2012年第11期;佟季、黄彩相:《2010年全国法院案件质量评估分析报告》,载《人民司法》2011年第13期。

1. 简易程序不简易

简易程序实际运行中的简易度还不够,出现"简而不'简'""简而不'易'""'易'而不'简'"等一系列问题[50],难以解决"案多人少"矛盾对简易程序繁简分流功能的现实期待。除了立法上的不足,目前,妨碍简易程序简易度的实践因素主要包括:(1)侦查环节简化难。就我国诉讼模式而言,在侦查阶段区分一个案件审判阶段可能适用的诉讼程序意义不大,因为,即便是对于将来可能适用简易程序审理的案件也不会降低侦查取证的标准。而且,由于对强制型取供机制的路径依赖,公安机关也不够重视简易程序适用或者从宽处罚对于被追诉人认罪的激励作用[51],认罪并未充分发挥出对侦查工作的简化功能。在我国彻底实现从侦查中心到审判中心的诉讼制度转型之前,如果侦查环节依然耗时耗力,简易程序的简化效果可想而知。(2)审查起诉和庭外工作耗费时间。首先,有些案件需要内部审批把关。尤其是拟判处缓刑、免罚的案件,如果提交审判委员会讨论决定的话,必然制约审判效率。其次,社区矫正的社会调查报告也会延缓简易程序,甚至使简易程序变得复杂。再次,附带民事诉讼的调解也可能影响效率。此外,简易程序案件也需要阅卷、写审查或审理报告等,要花不少时间。有法官甚至提出,只要法官需要对案卷负责,简易程序就很难真正简易。[52] (3)庭审程序"一刀切",对于部分案件而言还有简化空间。刑事简易程序运行方式是一元化的,不管案件的严重程度,不管当事人是否认罚,不管有没有辩护律师,不管案情是否简单,一律采取简化普通程序的方式,而不采取跳跃或省略的简化方式。[53] 这显然会导致司法资源的浪费。

2. 过度简化

有些地方对办案程序的简化已经超过合理限度,突破了公正底线。1996年《刑事诉讼法》规定审理适用简易程序的公诉案件,检察院可以不派员出庭。虽然法律规定的是可以,但实践中几乎没有公诉人出庭,导致简易程序庭审全部变成了双方构造,直接影响到举证质证的质量和辩护的效果。鉴于此,2012年《刑事诉讼法》改而要求,适用简易程序审理公诉案件,检察院必须派员出庭支持公诉。该要求虽然从理论上看似乎可以确保简易程序案件庭审构造和庭审环节的完整性,提高庭审质量,强化审判监督。然而,调研发现,公诉人出庭形式化的现象相当严重。公诉人即便出庭,举证时通

---

[50] 参见谷芳卿:《简易程序的"简"与"易"》,载360个人图书馆网(http://www.360doc.com/content/16/1215/11/22741532_614863752.shtml),访问日期:2019年8月11日。
[51] 参见孙展明:《论认罪认罚从宽制度在侦查阶段的构建》,载《湖南警察学院学报》2018年第4期,第89页。
[52] 同前注[21],孙长永、闫召华文,第501—502页。
[53] 参见孔令勇:《诉讼程序的"压缩"与"跳跃"——刑事简易程序改革的新思路》,载《北京社会科学》2017年第3期,第40页。

常也只是简单说明,辩论时也是能省则省,部分公诉人在法庭上惜字如金,相当消极,辩方质证和辩论依然没有方向,而法官对于证据的认证也不可能只是通过短暂的庭审完成。特别是在部分推行专职公诉人或值班公诉人的地方,公诉人与承办人分离,公诉人根本不了解案情,出庭只是走过场,与不出庭的效果并无二致。[54] 此外,有些地方对简易程序案件的办案程序特别是庭审程序一味简化,甚至应付了事,"如机械流水作业般草草处理案件的方式"[55],不仅不会实现简易程序的初衷,还有损法律的尊严。还有些地方片面追求简易程序案件的当庭宣判率,个别基层法院的当庭宣判率甚至一度达到100%。[56] 陕西省淳化县法院曾给各审判庭下达当庭宣判率要达到60%以上的指标,未达标者年终考核一票否决。据报道,实行该考核办法后,该院的当庭宣判率从最初的20%左右直接提升到65%以上。[57] 但问题是,当庭宣判的案件绝大多数并不是法官真正地通过庭审形成内心确信并作出判决,往往是法官先通过阅卷形成判决意见,甚至已经按照内部程序完成审批,当庭宣判变成了"先定后审",庭审完全流于形式。

3. 权利保障不力

其一,不能有效保障被追诉人认罪及同意简易程序适用的受益权。简易程序对诉讼效率的提升,是以被追诉人对指控的某种程度上的配合,以及放弃部分诉讼权利为代价的,从诉讼法理上讲,给予其适当的量刑补偿是合理的。2009年《人民法院量刑指导意见(试行)》(已失效)要求,对于自愿认罪并适用简易审的,应根据犯罪的性质、罪行的轻重以及悔罪表现等情况确定从宽的幅度。虽然还是没有明确标准,但毕竟指明了原则。然而,遗憾的是,最高人民法院随后的几版量刑指导意见又删除了上述规定。实践中,简易程序案件中被告人认罪及同意程序适用对案件实体处理影响不大,特别是同意程序适用,"基本没有任何影响"。[58] 而且,从简易程序案件强制措施适用情况看,虽然自1996年至今,简易程序案件中被追诉人的逮捕率呈现逐年下降趋势,但目前依然保持在50%以上,只是略低于普通程序案件。其二,不能充分保障被追诉人的辩护权。一方面,简易程序案件中辩护人特别是辩护律师参与率较低,在部分地区尚不足10%[59],辩护人的出庭率更低。而在较少的有辩护律师参与的案件中,有相当一部分属于法律援助辩护,委托辩护的特别少[60],其辩护效果可想而知。另一方面,大多数

---

[54] 同前注[11],第96—97页。
[55] 许秀立:《简易程序不可过度简化》,载《检察日报》2013年12月1日,第3版。
[56] 参见王润明、王大崇:《初论刑事当庭宣判的改革》,载成都法院网(http://cdfy.chinacourt.gov.cn/article/detail/2010/01/id/572139.shtml),访问日期:2019年8月12日。
[57] 参见吴晓文:《增加审判透明度 提高当庭宣判率》,载淳化县人民法院网(http://chxfy.chinacourt.gov.cn/article/detail/2009/12/id/4448526.shtml),访问日期:2019年8月12日。
[58] 同前注[29],第11页。
[59] 同前注[43],第420页。
[60] 参见杨宇冠:《我国刑事诉讼简易程序改革思考》,载《杭州师范大学学报》(社会科学版)2011年第2期,第24页。

被追诉人文化水平低,法律知识也极为有限,自行辩护能力较差,在缺少辩护人的情况下,很难针对公安司法机关的材料或者相关处理提出有效的辩护意见。其三,不能真正保障被追诉人的程序否决权和自愿认罪权。实践中,虽然绝大多数司法机关在形式上都能贯彻告知被追诉人权利及相关法律规定的要求,但告知的方法通常是书面告知或者念稿式发问,被告人直接签字或者回复"同意"或"没有意见",无法保证被追诉人知悉必要的信息并真正理解相关内容。

4. 程序启动与转化中的职权滥用

上已述及,在简易程序的适用率上存在着较为明显的地区差异。有学者在对东北三省简易程序适用情况调研后发现,这些地区性差异并不是全部由案件数量、案件类型等客观因素所决定的。[61] 至少在部分地区,真正决定简易程序适用率的是司法主体的主观因素,即基层司法机关的政策导向和考核指标,以及司法者对简易程序的个体认识。据调查,2013年J省J市L区法院之所以出现全年简易程序零适用,主要是因为该院刑庭法官排斥简易程序,在他们看来,简易程序简化了庭审环节,加大了错案风险,而在错案终身追责制下,产生错案对自己有重大消极影响。[62] 这显然是对简易程序的误解和偏见,但这恰恰反映出检察院、法院近乎垄断性地掌握着简易程序适用的权力,在某种程度上甚至可以"随心所欲"地行使,而被追诉人的否决权难以形成对该职权的有效牵制。此外,实践中,司法机关滥用程序转化权甚至违法启动和转化的情形也时有发生。如有的法官仅因感觉到审限紧张就决定转化为普通程序;也有的法官为了利用"简转普"重新计算审限的规定,对本来不符合简易程序适用条件的案件先启动简易程序,然后再择机转化为普通程序[63];还有的法官只要被告人或辩护人在法庭上针对指控事实提出任何辩解或异议,就一概转为普通程序[64]。

三、刑事简易程序发展前瞻

2018年《刑事诉讼法》刚刚颁行,该法并未对刑事简易程序进行任何改动,因此,短期内对刑事简易程序做大的立法调整几乎是不可能的。但是,从长远来看,想使刑事简易程序获得更大的生命力,就必须针对实施中暴露出的问题,推动必要的制度完善。

首先,要实现简易程序的全流程简化。简易程序不应仅仅局限于对审理程序特别是庭审程序的简化,而应囊括审判阶段的审前准备及审后程序,当然,还应建立审查起诉阶段、侦查阶段的简易程序适用机制(或简易程序适用准备机制)。目前的一些司法解释和

---

[61] 同前注[37],第65页。
[62] 同前注[37],第65页。
[63] 同前注[19],第86页。
[64] 参见徐松青、张华:《修正后刑事简易程序实务研究》,载《法律适用》2012年第6期,第70页。

各地的探索实践中虽然均涉及对审前程序和庭下工作的简化,但《刑事诉讼法》中却没有明确的规定,审前程序简易化探索处于"于法无据"的尴尬境地。而且,从整体上看,当前的审前程序简化机制思路简单,偏重于期限限制和规模化,尚未真正结合简易程序案件的特点,设计出合理、灵活的简化办理程序。

其次,通过一些具体规则和标准,明确简易程序简化的底线。层层把关式的诉讼模式和惩罚犯罪、保障人权并重的刑诉目的观决定了我国刑事简易程序的底线至少有两条:一是不能妨碍查明案件事实,因为如果连案件事实都没搞清楚,根本就不符合简易程序适用的前提条件。而且,如果实体公正已经荡然无存,再高的效率又有何用?反而是在快速地制造错案,危害更甚。二是不能强制性地恶化被追诉人的权利境遇,或者说,不能以单方面限制被追诉人的诉讼权利为代价,换取对犯罪的快速惩治,因为这既不符合基本的诉讼法理,也不符合我国刑事诉讼程序"尊重和保障人权"的发展方向。在遵守这两个底线的前提下,程序简化乃至公正保障的具体规则不宜一刀切。以公诉人出庭为例,从一概不出庭到每案必须出庭,很难说不是从一个极端走向另一个极端。

再次,完善当事人的权利保障规定。对于被追诉人而言,最重要、最核心的权利就是辩护权。在不能获得有效的法律帮助的情况下,被追诉人通常很难理解指控的犯罪事实和同意程序适用的法律意义进而作出自愿、明智的决定。针对当前简易程序辩护人参与率低这一问题,下一步可以首先考虑全面接轨值班律师制度,在被追诉人没有能力聘请辩护人的情况下,应当确保有值班律师为其提供法律帮助,只有在值班律师的见证下,才能完成被追诉人是否同意简易程序适用的确认程序。在条件成熟时,将刑事辩护律师的参与全覆盖扩展到简易程序案件,提高法律帮助的有效性。此外,还应在制度上体现对简易程序中被害人合法权益的保护。法律应当要求专门机关在各个程序环节注意听取被害人及其诉讼代理人的意见,并将其意见及被追诉人与被害人的赔偿、谅解、和解等情况作为程序决定和实体处理的考量因素之一。

最后,增强被追诉人的程序参与,加强对简易程序启动、推进和转化中职权行为的监督。可以说,在未来相当长的时期内,简易程序推进中的职权主导还是符合我国实际的,没有必要改变,也很难改变。但是,有必要强化被追诉人在简易程序运行中的程序参与,从而增强程序的民主性和程序简化的正当性。当务之急,应通过提高辩护人的参与率,促进被追诉人异议权的实质化。适时将"被告人对适用简易程序没有异议"修改为"适用简易程序必须征得被告人同意",将消极否决权改为积极否决权。同时,增加被追诉人的申请适用简易程序权以及建议转化普通程序权,以使被追诉人享有的程序选择权更加完整。[65] 被追诉人有效的程序参与不仅有利于维护其自身权益,还可以构成对职权行为的有力制约。当然,检察机关强化法律监督,也是防范简易程序推进中职权滥用的重要途径。

---

[65] 参见杨宇冠、刘晓彤:《刑事诉讼简易程序改革研究》,载《比较法研究》2011年第6期,第92页。

值得强调的是,在认罪认罚从宽制度不断完善的大背景下,刑事简易程序如果想要发挥出更大的作用,就必须在基本定位和整体设计层面进一步梳理好以下三重关系,以更好地融入认罪案件快速处理程序体系。

其一是简易程序与速裁程序的关系。速裁程序的出现已经在一定程度上弥补了刑事简易程序一元化的缺陷,形成了"速裁程序—简易程序—普通程序"的诉讼程序体系。然而,速裁程序与简易程序在基本的简化思路上还存在一些差异,这在客观上会妨碍我国认罪案件快速处理程序体系的完整性。而且,即便加入了速裁程序,我国认罪案件快速处理程序体系依然略显单一。实践中,认罪案件的形态是多样化的,而不同形态的认罪案件在诉讼程序的简化程度上理应有所分别。但显然,目前简易程序的制度设计尚未充分顾及这些因素。

其二是简易程序与认罪认罚从宽制度中从宽规则的关系。以从宽激励被追诉人自愿认罪和同意程序简化是认罪认罚从宽制度的基本精神。刑事简易程序中的从宽机制也是广义上认罪认罚从宽制度的必要组成部分。而在设计简易程序中的从宽机制时需要遵循下列原则:(1)简易程序中被追诉人的从宽幅度应与速裁程序中的被追诉人以及普通程序中认罪的被追诉人有所区分。(2)根据被追诉人认罪和同意程序适用的阶段或时点区分从宽幅度是合理的,即应建立所谓的阶梯式从宽量刑机制。唯有如此,才有可能使从宽变为认罪的有效激励,而不仅仅是同意程序适用的激励。(3)通过司法解释明确简易程序案件认罪从宽的标准,防止恣意任情从宽,保证司法机关对被追诉人从宽承诺的切实兑现。

其三是简易程序与正当程序的关系。效率的确是简易程序重要的价值追求,但这并不意味着简易程序否定了正当程序的基本理念。在任何时候,刑事程序对效率的追求都不能妨碍正义目标的实现,实现程序的经济性不能以牺牲公正与人权为代价。我国在设计简易程序时必须明确规定一些底线规则。而且,尤需注意的一点是,在我国亟待重视的不仅是简易程序本身的正当性问题。我国创立简易程序的制度背景与国外并不完全相同。国外通常都是在完成程序的正当化之后再来推进正当程序的简易化的,是"由繁入简"。而我国则是"由简到简",普通程序已经非常简单,在此之外又创立了更简单的简易程序和速裁程序。故而,在1996年简易程序入法时,刑诉法修改研究小组也"都希望把普通程序修改得接近现代刑诉普通程序的发展水平"。[66] "很难想象在没有成熟的普通程序的前提下能产生科学的简易程序。"[67]可以说,普通程序的正当化是简易程序完善的基石。

---

[66] 同前注[9],第90页。
[67] 刑事简易程序研究课题组:《刑事简易程序扩大适用问题研究》,载《华东政法大学学报》2011年第3期,第86页。

论追缴

梁展欣[*]

> **要 目**
>
> 一、追缴与没收
>   (一)刑法上的追缴与没收
>   (二)刑事诉讼法上的追缴与没收
>   (三)涉黑恶犯罪财产的追缴与没收
> 二、追缴与责令退赔、返还财产
>   (一)责令退赔、返还财产
>   (二)追缴与责令退赔
>   (三)追缴与返还财产
> 三、追缴作为唯一救济途径?
>   (一)肯定说
>   (二)否定说
> 四、追缴赃物赃款与善意取得
>   (一)追缴赃物与善意取得
>   (二)追缴赃款与善意取得

摘 要 我国《刑法》第64条是关于因犯罪事实而须追究行为人的财产责任的规定,但其中所列追缴、没收和责令退赔、返还财产等措施的性质及各自关系难谓清晰,且与《刑事诉讼法》等相关规定缺乏衔接。追缴违法所得是一项实体性的准刑罚措施;没收应区分特别没收和作为附加刑的一般没收。《刑事诉讼法》规定的违法所得没收程序中的"追缴""没收",系作为两个指示实体性措施且可以相互换用的术语,宜予修正。责令退赔、返还财产的性质均为刑事附带处理的民事责任方式,不宜具有相对于其他民事债务的优先性。追缴不是被害人针对占有型犯罪的唯一救济途径,应允许

---

[*] 法学博士,现任广东省高级人民法院审判员。

被害人就未被退赔的财产提起单独的民事诉讼。对赃物是否可以适用善意取得,宜区分是否基于原权利人的意思而丧失占有分别处理;对赃款虽一般可以适用善意取得,但应注意区分特殊情况。

关键词 追缴 没收 责令退赔 返还财产 占有型犯罪 赃款赃物 善意取得

我国《刑法》第64条规定:"犯罪分子违法所得的一切财物,应当予以追缴或者责令退赔;对被害人的合法财产,应当及时返还;违禁品和供犯罪所用的本人财物,应当予以没收。没收的财物和罚金,一律上缴国库,不得挪用和自行处理。"此为刑法关于因犯罪事实而须追究行为人的财产责任的基本规定。其中,追缴、没收和责令退赔、返还财产等措施的性质以及它们之间的逻辑关系难谓清晰,且在其内部以及与《刑事诉讼法》中的相关措施等均缺乏应有的协调,亟待厘清。立法部门的释义指出:《刑法》第64条规定"是对犯罪分子违法所得、供犯罪所用的本人财物以及违禁品的处理方法,而不是一种刑罚"[1]。笔者认为,《刑法》第64条前段规定的追缴、没收属于准刑罚措施,责令退赔、返还财产属于刑事附带处理的民事责任方式。根据最高人民法院《关于刑事裁判涉财产部分执行的若干规定》(以下简称《刑事财产执行规定》)第1条第1款的规定,刑事案件如涉及这些内容,人民法院一般应在判决主文中予以判定。

一、追缴与没收

在我国刑事法上,追缴与没收在刑法和刑事诉讼法上的意义存在一定的差异。

(一)刑法上的追缴与没收

《刑法》第64条同时规定了一个"追缴"和两个"没收",三者在对象范围上有所交叉,含义也不尽相同。

1. 追缴。依立法部门的释义,"所谓追缴,是指将犯罪分子的违法所得强制收归国有。如在刑事诉讼过程中,对犯罪分子的违法所得进行追查、收缴;对于在办案过程中发现的犯罪分子已转移、隐藏的赃物追查下落,予以收缴"[2]。追缴是将犯罪分子违法所得的一切财物(以下简称"违法所得")收归国有的准刑罚措施。在德国刑法上,追缴(Verafll)是指剥夺行为人因其犯罪行为为所得之物。对于追缴的范围,原采纯利原则,全称为"准不当得利返还请求的清偿措施",是指在没有个体的返还请求权人的情况下,剥夺行为人公法上的不当得利,但扣除其在取得或者保有不当得利过程中支付

---

[1] 郎胜主编:《〈中华人民共和国刑法〉释义》(第6版),法律出版社2015年版,第60页。
[2] 同上注,第66页。

的费用;后来改采毛利原则,即不考虑行为人可能的花费或者支出,而剥夺其全部的违法所得,就其中行为人付出的部分具有附加刑的性质。在满足特定的先决条件下,追缴的对象还可以扩展至非本罪的犯罪所得。[3]

有学者认为,《刑法》上追缴的性质应为程序性措施,强调有权机关对涉案财产的收集和实际控制,其后果既可能是返还被害人,也可能是没收上缴国库。[4] 笔者认为,追缴违法所得是一项实体性的准刑罚措施,原则上须由人民法院最终判定,而决定权不宜由人民检察院、公安机关等其他办案机关予以分享,此系由以审判为中心的诉讼制度改革理念所决定的。人民法院追缴违法所得,一般须以刑事判决的方式作出。根据《刑法》第312条第1款的规定,行为人被人民法院判定为有罪的,违法所得遂转换为"犯罪所得及其产生的收益"。根据最高人民法院《关于审理掩饰、隐瞒犯罪所得、犯罪所得收益刑事案件适用法律若干问题的解释》第10条第1款的规定,所谓犯罪所得,是指通过犯罪直接得到的赃款、赃物;犯罪所得所产生的收益,是指行为人对犯罪所得进行处理后得到的孳息、租金等,根据《刑事财产执行规定》第10条第2、3款和最高人民检察院、公安部《关于公安机关办理经济犯罪案件的若干规定》第54条第2款的规定,包括将赃款、赃物投资或者置业而形成的财产,将赃款、赃物与其他合法财产共同投资或者置业而形成的财产中与赃款、赃物对应的份额及其收益,以及第三人恶意取得的涉案财产。对于不能追缴的赃款、赃物,可以责令行为人交纳一定的金钱或者相应的财物。不能追缴包括事实上不能追缴和法律上不能追缴。前者是指原物被行为人消费、毁坏、丢失等,客观上已经不存在,如受贿收受的虫草已被食用;后者是指原物虽然客观上存在,但由于法律上的原因不能予以追缴,如第三人已经善意取得的财物。[5] 在司法实践中,对于违法所得不能追缴情形下如何续追的问题多予忽略,目前有明确规定的似仅见于对黑社会性质组织犯罪相关财产予以追缴、没收的场合。[6]

追缴违法所得的本质是刑事对物之诉,不以行为人被判定为犯罪为前提条件,该

---

[3] 参见〔德〕汉斯·海因里希·耶赛克、〔德〕托马斯·魏根特:《德国刑法教科书》,徐久生译,中国法制出版社2001年版,第952页以下;樊文:《德国刑法上的追缴与没收:规范的基础、结构及其适用》,载中国法学网(http://iolaw.cssn.cn/zxzp/200509/t20050906_4596976.shtml),访问日期:2019年4月20日。
[4] 相关观点参见曲升霞、袁江华:《论我国〈刑法〉第64条的理解与适用——兼议我国〈刑法〉第64条的完善》,载《法律适用》2007年第4期,第85—86页;刘振会:《刑事诉讼中涉案财产处理之我见——刍议对〈刑法〉第64条的理解与适用》,载《山东审判》2008年第3期,第92页;张磊:《〈刑法〉第64条财物处理措施的反思与完善》,载《现代法学》2016年第6期,第127页;刘贵祥、同燕:《〈关于刑事裁判涉财产部分执行的若干规定〉的理解与适用》,载《人民司法》2015年第1期,第24页。
[5] 参见张明楷:《论刑法中的没收》,载《法学家》2012年第3期,第57—58页。
[6] 此外,《全国部分法院审理毒品犯罪案件工作座谈会纪要》第13条第2款规定:"对毒品犯罪分子来源不明的巨额财产,依法及时采取查封、扣押、冻结等措施,防止犯罪分子及其亲属转移、隐匿、变卖或者洗钱,逃避依法追缴。"似亦寓有此意。

所得被确认为违法即为已足。[7] 违法所得是指犯罪分子通过实施犯罪直接或者间接产生、获得的任何财产,根据最高人民法院、最高人民检察院《关于适用犯罪嫌疑人、被告人逃匿、死亡案件违法所得没收程序若干问题的规定》(以下简称《违法所得没收程序规定》)第 6 条的规定,包括已经部分或者全部转变、转化为其他财产的财产,来自违法所得转变、转化后的财产收益,来自已经与违法所得相混合财产中违法所得相应部分的收益。根据最高人民法院、最高人民检察院《关于适用犯罪嫌疑人、被告人逃匿、死亡案件违法所得没收程序若干问题的规定》第 6 条的规定,只要该行为客观上符合一定的犯罪事实构成,人民法院即可追缴行为人的违法所得,而无须行为人有责地构成犯罪,也与犯罪行为的种类和严重程度无关,但不能简单扩及于一般的违法行为所得。[8] 行为人因不具有刑事责任能力,或者具有如正当防卫、紧急避险等违法阻却事由而不构成犯罪的,仍应追缴其违法所得。基于此,人民法院在追缴犯罪所得时,可以采取毛利原则;而在追缴非犯罪的违法所得时,则宜采取纯利原则。[9] 例如,在非法集资刑事案件中,最高人民法院、最高人民检察院、公安部《关于办理非法集资刑事案件适用法律若干问题的意见》(以下简称《非法集资适用法律意见》)第 5 条第 1 款规定,"向社会公众非法吸收的资金属于违法所得。以吸收的资金向集资参与人支付的利息、分红等回报,以及向帮助吸收资金人员支付的代理费、好处费、返点费、佣金、提成等费用,应当依法追缴。集资参与人本金尚未归还的,所支付的回报可予折抵本金"。又如,甲借乙的汽车去贩毒,乙因此得到 500 元,而此行该车磨损折旧价值 50 元,人民法院须追缴乙的违法所得 500 元,而不能因其汽车折旧了 50 元而只追缴 450 元。[10] 此外,对于本案中被害人非法所得或者基于非法目的而提供给行为人的财产,也可以一并追缴。

追缴违法所得的刑事诉讼证明标准,不应适用案件事实清楚、证据确实充分且排除合理怀疑的普通证明标准[11],而应适用高度盖然性的特别证明标准。例如,《违法所得没收程序规定》第 17 条第 1 款规定:"申请没收的财产具有高度可能属于违法所

---

[7] 在有的情况下,违法所得本身就是犯罪事实构成的内容。如最高人民法院、最高人民检察院《关于办理环境污染刑事案件适用法律若干问题的解释》第 1 条规定:"实施刑法第 338 条规定的行为,具有下列情形之一的,应当认定为'严重污染环境'……(九)违法所得或者致使公私财产损失 30 万元以上的……"第 17 条第 3 款规定:"本解释所称'违法所得',是指实施刑法第 338 条、第 339 条规定的行为所得和可得的全部违法收入。"

[8] 同前注[3],耶赛克等书,第 953 页。

[9] 我国司法解释中有采纯利原则的,如最高人民法院《关于审理非法出版物刑事案件具体应用法律若干问题的解释》第 17 条第 2 款规定:"本解释所称'违法所得数额',是指获利数额。"已被废止的最高人民法院《关于审理生产、销售伪劣产品刑事案件如何认定"违法所得数额"的批复》规定:"全国人民代表大会常务委员会《关于惩治生产、销售伪劣商品犯罪的决定》规定的'违法所得数额',是指生产、销售伪劣产品获利的数额。"

[10] 同前注[3],樊文文。张明楷教授主张追缴违法所得一律采取纯利原则;同前注[5],第 69 页。

[11] 参见《刑事诉讼法》第 55 条、第 200 条第 1 项、第 214 条第 1 款第 1 项、第 222 条第 1 款。

得及其他涉案财产的,应当认定为本规定第 16 条规定的'申请没收的财产属于违法所得及其他涉案财产'。"[12]在法律有特别规定时,可以推定相关所得为违法,而由行为人提出反证予以推翻。例如,《刑法》第 395 条第 1 款规定:"国家工作人员的财产、支出明显超过合法收入,差额巨大的,可以责令该国家工作人员说明来源,不能说明来源的,差额部分以非法所得论……财产的差额部分予以追缴。"[13]最高人民法院、最高人民检察院、公安部《关于办理电信网络诈骗等刑事案件适用法律若干问题的意见》第 7 条第 2 款规定:"涉案银行账户或者涉案第三方支付账户内的款项,对权属明确的被害人的合法财产,应当及时返还。确因客观原因无法查实全部被害人,但有证据证明该账户系用于电信网络诈骗犯罪,且被告人无法说明款项合法来源的,根据刑法第 64 条的规定,应认定为违法所得,予以追缴。"

关于违法所得的判断时点,学界主要有取得时说和裁判时说两种观点,其中以前者为通说。但有学者认为,为达成追缴违法所得系为取消行为人因犯罪而获得不当利益的目的,应依对象物品在此期间的价格波动是否对行为人产生利益而确定;对象物品在此期间的价格下跌的,宜采取取得时说;价格上涨的,则宜采取裁判时说。尤其是在价格上涨的情形下,如果将取得时说贯彻到底的话,其结局很可能就是所追缴的数额只占该对象物品很小的部分,行为人仍然获得巨额的不正当利益。可见,对于违法所得的判断时点似乎没有必要设定一元化的标准。由于剥夺取得时的利益是最起码的要求,所以当对象物品的价值因消费等而贬值时,按照取得时的价格追缴也就理所当然。同时,行为人基于取得财产而获得的利益也没有理由置于行为人手中,所以当对象物品的价格上涨时,应当按照处分时或裁判时的价格没收或追缴包含价格上涨在内的全部利益。[14]

在刑法上,包括罚金刑和没收财产刑(一般没收)在内的财产刑,在对象上具有涵

---

[12] 参与起草该司法解释的法官称该项证明标准为优势证据证明标准;参见裴显鼎、王晓东、刘晓虎:《违法所得没收程序三类证明标准的把握和适用》,载《人民法院报》2018 年 3 月 21 日,第 5 版。另如,最高人民法院《关于充分发挥审判职能作用为企业家创新创业营造良好法治环境的通知》第 2 条规定:"严格区分企业家违法所得和合法财产,没有充分证据证明为违法所得的,不得判决追缴或者责令退赔。"其中的"充分证据",即指高度盖然性的特别证明标准。

[13] 《违法所得没收程序规定》第 17 条第 2 款规定:"巨额财产来源不明犯罪案件中,没有利害关系人对违法所得及其他涉案财产主张权利,或者利害关系人对违法所得及其他涉案财产虽然主张权利但提供的相关证据没有达到相应证明标准的,应当视为本规定第 16 条规定的'申请没收的财产属于违法所得及其他涉案财产'。"

[14] 参见〔日〕金光旭:《日本刑法中的不法收益之剥夺——以没收、追缴制度为中心》,钱叶六译,载《中外法学》2009 年第 5 期,第 784 页。

盖追缴违法所得的意义[15]，因而在对行为人定罪的情形下，判处罚金刑和没收财产刑之外再判处追缴违法所得一般尚需特别之理由。但在涉及被害人和第三人利益保护时，追缴违法所得与责令退赔、返还财产具有并行的作用，因而即使在判处罚金刑和没收财产刑之外不再判处追缴违法所得，仍应优先保护被害人和第三人的民事法益，并在诉讼程序上给予充分的保障。此外，《刑法》第 53 条第 1 款后段关于罚金刑执行规定中的"追缴"，是指人民法院对没有缴纳或者没有全部缴纳罚金的被执行人，在发现其可供执行的财产时，予以追回上缴国库[16]，属于行刑措施；《刑法》第 201 条第 4 款、第 203 条关于追缴税款规定中的"追缴"，是指税务机关依职权对欠缴税款的追缴，属于行政处罚措施；均不同于《刑法》第 64 条前段规定的"追缴"。

2. 没收。没收是指将不属于国家所有的财产强制、无偿地收归国有；对于违禁品等，还应在收归国有后依法处理，如销毁等。《刑法》第 64 条前、后段各规定了一个"没收"，含义略有差别。前段规定的"没收"，对象为违禁品和供犯罪所用的本人财物，称为特别没收；后段规定的"没收"包含两种意义，除前一种意义以外，还指附加刑。作为附加刑的没收称为"没收财产"（又称为一般没收），对象为"犯罪分子个人所有财产的一部或者全部"（《刑法》第 34 条第 1 款第 3 项、第 59 条、第 60 条等）。一般没收的刑罚意涵颇受质疑。[17] 此外，《刑法》第 191 条第 1 款规定的"没收实施以上犯罪的所得及其产生的收益"中的"没收"，实与《刑法》第 64 条前段规定的"追缴"同义，似应修改为"追缴"。在比较法上，德国刑法上的追缴、没收（Einziehung）与我国刑法上的追缴、特别没收基本相当（在对象方面略有区别），前者的性质既不是刑罚，也不是矫正及保安处分，而是独立的制裁措施。[18] 我国刑法上的追缴、特别没收合起来，与日本刑法上的没收大致相当，后者虽被列为附加刑，但不具有刑罚的性质，而是刑罚以外的特别处

---

[15] 参见最高人民法院《关于适用财产刑若干问题的规定》（以下简称《适用财产刑规定》）第 2 条第 1 款前段规定："人民法院应当根据犯罪情节，如违法所得数额、造成损失的大小等，并综合考虑犯罪分子缴纳罚金的能力，依法判处罚金。"最高人民法院、最高人民检察院《关于办理侵犯知识产权刑事案件具体应用法律若干问题的解释（二）》第 4 条规定："对于侵犯知识产权犯罪的，人民法院应当综合考虑犯罪的违法所得、非法经营数额、给权利人造成的损失、社会危害性等情节，依法判处罚金。罚金数额一般在违法所得的 1 倍以上 5 倍以下，或者按照非法经营数额的 50% 以上 1 倍以下确定。"最高人民法院、最高人民检察院《关于办理侵犯公民个人信息刑事案件适用法律若干问题的解释》第 12 条规定："对于侵犯公民个人信息犯罪，应当综合考虑犯罪的危害程度、犯罪的违法所得数额以及被告人的前科情况、认罪悔罪态度等，依法判处罚金。罚金数额一般在违法所得的 1 倍以上 5 倍以下。"

[16] 同前注[1]，第 54 页。

[17] 参见张明楷：《外国刑法纲要》，清华大学出版社 1999 年版，第 401 页；谢望原、肖怡：《中国刑法中的"没收"及其缺憾与完善》，载《法学论坛》2006 年第 4 期，第 10 页。

[18] 同前注[3]，耶赛克等书，第 952 页。

分,其对象原则上限于有体物。[19]

一般没收与特别没收具有如下区别:首先,一般没收属于刑罚,系与犯罪相对应。一般没收的适用前提为行为人有责地构成犯罪,适用对象为犯罪人。如行为人不构成犯罪或者不承担刑事责任,则不能适用一般没收。特别没收属于准刑罚措施,本质上为对物的强制处分。特别没收的适用前提为客观上须符合一定的犯罪事实构成,而无须行为人有责地构成犯罪;适用对象为具体的行为事实(包括违禁品和供犯罪所用的本人财物),且对于该行为事实并不涉及任何评价的作用,与行为人的刑事责任和人格素行无关。[20] 在量处方面,一般没收须在责任之下考虑预防犯罪的需要,量处须与责任相适应;特别没收不存在与责任相适应的裁量问题,而只需遵循比例原则。有学者将特别没收大致归属于保安处分。[21] 唯保安处分之本旨在于犯罪预防,包含一般预防与特殊预防。在没收违禁品的场合,因具有一般预防的性质而可以归属于保安处分;在没收供犯罪所用的本人财物的场合,则与特殊预防并不完全对应。这是因为,不能由于行为人人身危险性的降低就免予没收供犯罪所用的本人财物。

其次,一般没收的财产范围是无限制的,只要是罪犯合法所有的财产均可予执行,而不问该财产与犯罪行为是否具有密切联系。特别没收的对象一般为违禁品和供犯罪所用的本人财物。依立法部门的释义,违禁品是指依照国家规定,公民不得私自留存、使用的物品,如枪支、弹药、毒品以及淫秽物品等;供犯罪所用的本人财物是指供犯罪分子进行犯罪活动而使用的属于他本人所有的钱款和物品,如用于走私的运输工具等。[22] 有学者主张,供犯罪所用的本人财物应限制解释为供犯罪使用并与违禁品相当的本人财物,包括犯罪工具与组成犯罪行为之物,其中即寓有依比例原则的考量。[23] 在比较法上,德国刑法中没收的对象须与犯罪行为具有密切联系,要么其形成或者目前的性能来源于犯罪行为之物,要么系行为人为实施犯罪行为而工具性地投入使用之物。只要行为产物和行为工具存在危险性关联,便可予以没收,而与该财产是否为犯罪分子本人所有无关。[24] 此系从特别没收的对象范围仅仅源自于犯罪事实本身作出的考量,值得借鉴。

唯特别没收之适用,具有一定的裁量性质。例如,在"王某某、刘某盗窃案"

---

[19] 根据《日本刑法典》,没收是指剥夺犯罪的构成物品、供用物品、生成物品、取得物品、报酬物品和代价物品(第19条第1款);追缴是指对不能没收之对象物(限于犯罪的生成物品、取得物品、报酬物品和代价物品),剥夺行为人相当于其价额的金钱(第19条第2款)。没收和追缴的对象,原系限于有体物,后来逐渐扩及于包括金钱债权在内的无形财产;追缴之条件也不限于不能没收的情形,而扩及于不宜没收的情形。同前注[14],第782页。

[20] 参见柯耀程:《犯罪不法利益剥夺手段的检讨与重建》,台北一品文化出版社2015年版,第56页。

[21] 同前注[5],第61页。

[22] 同前注[1],第66页。

[23] 同前注[5],第63页。

[24] 《德国刑法典》第74条规定:"第三人至少由于轻率而致使该物被利用为犯罪客体的,该可被没收。"

中，刘某在盗窃作案过程中使用本人所有的汽车作为运输工具，将盗窃所得赃物消防水带予以转移。北京市通州区人民法院认为，由于该汽车系刘某用于日常生活，此次系受王某某邀约，偶尔用于盗窃，该汽车与盗窃犯罪之间不存在经常性的联系，而且刘某参与盗窃的赃物价值仅仅数千元，与该汽车的实际价值悬殊甚大，在赃物已经全部起获发还被害人、被害人没有遭受实际损失的情况下，对该汽车不予没收。因此，判决已扣押红色轿车1辆，退回公诉机关处理。[25] 又如，在"康庭生非法拘禁案"中，广东省潮州市中级人民法院二审认为，"首先，康庭生平时主要将该车用于日常生产生活，本次作案只是应同案人之邀，偶尔将该车用于非法拘禁犯罪，没有证据证明该车是专门或主要用于非法拘禁犯罪的工具，也没有证据证明该车长期或多次被用于实施非法拘禁犯罪，即该车不是专门为犯罪而准备和使用的，该车与非法拘禁犯罪间不存在经常性联系或密切联系；其次，本案是轻罪案件，没有造成被害人的实际财产损失，社会危害程度相对较小，如果对康庭生所有的价值巨大、偶尔用于非法拘禁的汽车予以没收，有违立法本意，也显失公平、公正。因此，从相当性原则考虑，原审判决将随案移送的粤USU335（号牌——引者注）日产天籁小汽车予以没收不当，应予纠正"。[26]

针对一般没收，《刑法》规定了民事责任优先原则。[27] 该法第36条第2款规定："承担民事赔偿责任的犯罪分子，同时……被判处没收财产的，应当先承担对被害人的民事赔偿责任。"第60条规定："没收财产以前犯罪分子所负的正当债务，需要以没收的财产偿还的，经债权人请求，应当偿还。"所谓优先，是指犯罪分子须以其财产先承担对被害人的民事赔偿责任和其他正当债务，剩余的财产才承担没收财产刑。其中，"没收财产以前犯罪分子所负的正当债务"，是指犯罪分子在判决生效前所负他人的合法债务[28]，不包括本次犯罪对被害人形成的赔偿债务，盖因该项情形应优先适用《刑法》第36条第2款规定[29]。即使在没收财产刑执行完毕后，债权人向人民法院主张以犯罪分子须以被没收的财产偿还其债务的，人民法院仍应依《刑法》第60条规定从上缴

---

[25] 北京市通州区人民法院（2014）通刑初字第59号刑事判决；参见蒋为杰：《相当性原则在刑事涉案财物没收中的运用——王某某、刘某盗窃案》，载国家法官学院案例开发研究中心编：《中国法院2016年度案例·刑法总则案例》，中国法制出版社2016年版，第120—122页。

[26] 江瑾：《"供犯罪所用的本人财物"的司法界定——康庭生非法拘禁案》，载《法庭》2019年第9期，第63—64页。

[27] 参见《民法典》第187条。

[28] 参见《适用财产刑规定》第7条的规定。此前学说系将《刑法》第60条规定的"没收财产以前"解释为判决执行前；参见高铭暄主编：《新编中国刑法学》（上册），中国人民大学出版社1998年版，第349页。已废止的2012年最高人民法院《关于适用〈中华人民共和国刑事诉讼法〉的解释》（以下简称《2012年刑诉法解释》）第441条第2款规定系解释为判决作出前（现已删除）；另见已被废止的最高人民法院《关于财产刑执行问题的若干规定》第6条第2款的规定。

[29] 同前注[5]，第70页。此外，《刑法》第60条规定的"需要以没收的财产偿还"，是指债权人在没收财产判决作出后、执行前，向人民法院提出以被判决没收的财产偿还的请求。

国库的被没收财产中回转出来予以偿还。《刑事财产执行规定》第13条第1款规定："被执行人在执行中同时承担刑事责任、民事责任,其财产不足以支付的,按照下列顺序执行:(一)人身损害赔偿中的医疗费用;(二)退赔被害人的损失;(三)其他民事债务;(四)罚金;(五)没收财产。"其中的"没收财产",是指没收财产刑,不涉及特别没收。依上述法理,国家对被特别没收的财产系直接收缴,这不构成支付关系,故不宜纳入到承担民事责任和财产刑的财产范围之中。

至于追缴与特别没收的区别,追缴的对象是违法所得,如盗窃、诈骗、赌博获得的金钱;特别没收的对象一般须与犯罪行为本身具有密切联系,如假币、伪造的文件等。行为自身的必要对象或者仅仅与行为有关的中性对象不得没收,如交通肇事的车辆、搭乘飞机走私毒品时的机票等。在不同的犯罪阶段如何确定特别没收的对象,是司法实务中常见的问题。例如,借助电讯监听手段侦听到的谈话显示:甲和乙谈好了一笔毒品交易,甲提及其用于购买海洛因的10万元已经在某账户中准备好了,这笔资金应作为毒资而予以没收。又如,毒贩丙准备以2 000元向另一毒贩丁购买10克海洛因,交易时两人被抓获。对于当场缴获的毒品,无论系由丙还是丁持有,均应作为没收的对象。但对于当场缴获的2 000元,如果仍在丙身上,应作为毒资予以没收;如果丙已交给了丁,应予没收还是作为违法所得予以追缴,则存在争议。[30] 除上述区别以外,追缴与特别没收在结果上是相同的,均为收归国有(含依法处理)。

例如,最高人民法院、最高人民检察院《关于办理赌博刑事案件具体应用法律若干问题的解释》第8条规定："赌博犯罪中用作赌注的款物、换取筹码的款物和通过赌博赢取的款物属于赌资。通过计算机网络实施赌博犯罪的,赌资数额可以按照在计算机网络上投注或者赢取的点数乘以每一点实际代表的金额认定。赌资应当依法予以追缴;赌博用具、赌博违法所得以及赌博犯罪分子所有的专门用于赌博的资金、交通工具、通讯工具等,应当依法予以没收。"其中混淆了"赌资"与"赌博违法所得""追缴"与"没收"的含义。事实上,"赌资"属于"供犯罪所用的本人财物",包括当场查获的用于赌博的款物和代币、有价证券、赌博积分以及在赌博机上投注或赢取的点数等实际代表的金额[31],应适用特别没收,而不是追缴。"赌博违法所得"是指通过赌博赢取的款物,应适用追缴,而不是没收。对于行为人已经输掉的财物,不在本案中予以追缴或者特别没收。对于行为人随身携带的尚未直接用于赌博的金钱,一般不予以追缴或者特别没收,因为通常情况下金钱并不是主要或者通常用于犯罪的。对于行为人将贪污、

---

[30] 同前注[3],樊文文。对于后一例,樊教授系主张如果丙已将2 000元交给了丁,则应作为违法所得予以追缴,而非作为毒资予以没收。

[31] 参见最高人民法院、最高人民检察院、公安部《关于办理利用赌博机开设赌场案件适用法律若干问题的意见》第5条的规定。

挪用、职务侵占的公款作为赌资的,应当依法返还被害人。[32]

(二) 刑事诉讼法上的追缴与没收

我国 2012 年修正《刑事诉讼法》,新增第 5 编"特别程序"第 3 章"犯罪嫌疑人、被告人逃匿、死亡案件违法所得的没收程序"。2018 年修正该法,将该章移为同编第 4 章,具体条文内容未变。该章首条即第 298 条第 1 款规定:"对于贪污贿赂犯罪、恐怖活动犯罪等重大犯罪案件,犯罪嫌疑人、被告人逃匿,在通缉 1 年后不能到案,或者犯罪嫌疑人、被告人死亡,依照刑法规定应当追缴其违法所得及其他涉案财产的,人民检察院可以向人民法院提出没收违法所得的申请。"对照《刑法》第 64 条前段规定,其中的"违法所得"属于追缴的对象;"其他涉案财产"是指行为人非法持有的违禁品、供犯罪所用的本人财物[33],属于特别没收的对象。违法所得特别程序的本质是刑事对物之诉,而非对人之诉,即无须对行为人定罪而追缴其违法所得。依此,违法所得没收程序本可独立于刑事追诉,即不管行为人是否会被定罪,仍须对其违法所得予以追缴。可能是考虑到如此将会对以定罪量刑为主要目标的刑法及刑罚体系造成冲击,《刑事诉讼法》将本项特别程序的适用局限在对人之诉无法进行的前提下,如果对人之诉可以进行,则终止违法所得没收程序。[34]

在术语使用上,《刑事诉讼法》中的下列规定值得注意:(1) 该法规定的违法所得没收程序中的"追缴""没收",系作为两个指示实体性措施且可以相互换用的术语,与《刑法》第 64 条前段规定中的"追缴""没收"稍异其趣,似有不妥。笔者认为,考虑到追缴违法所得隐含返还被害人财产、赔偿被害人损失的另一层意义,故宜依《刑法》第 64 条前段规定,以"追缴"统辖特别没收,而非以"没收"统辖追缴。应将《刑事诉讼法》第 5 编第 4 章章名中的"没收"修改为"追缴",同时恢复追缴和特别没收各自的对象,其下条文亦同。(2) 依《刑事诉讼法》第 177 条第 3 款中、后段规定,人民检察院对于决定不起诉的刑事案件中的违法所得,不得径自予以追缴,而应移送有关主管机关处理(该款中段规定的"没收其违法所得",性质为行政处罚措施[35]);有关主管机关

---

[32] 同前注[5],第 68 页。在该文中,张教授欲围绕"没收"构建非刑罚处分的统一体系,即以"没收"包纳"追缴"。笔者对此不予赞同。
[33] 参见已废止的《2012 年刑诉法解释》第 509 条的规定(现已删除)。
[34] 参见《刑事诉讼法》第 301 条的规定。
[35] 《行政处罚法》(2017 年修正)第 8 条规定:"行政处罚的种类:……(三)没收违法所得、没收非法财物;……"

应当将处理结果及时通知人民检察院。[36] (3)2012年修正该法,将此前该法第198条第3款规定中的人民法院对赃款赃物及其孳息"一律没收,上缴国库",修改为"一律上缴国库"(现行该法第245条第4款后段),删除"没收"的措辞,无疑是十分正确的。[37]

最高人民法院《关于适用〈中华人民共和国刑事诉讼法〉的解释》中也有2处规定值得注意:(1)第176条后段规定:"追缴、退赔的情况,可以作为量刑情节考虑。"该段规定的"追缴"与《刑法》第64条前段规定的"追缴"意义相同。但是,作为量刑中需予考虑的追缴,只可能是针对在案(即已采取查封、扣押、冻结等保全措施;下同)的涉案财产的追缴,即所谓现实追缴;对不在案的涉案财产,即使经查明须予追缴,但仍不宜在量刑中予以考虑。至于退赔,由于实行在案退赔,故在效果上与现实追缴相一致。(2)第445条第1款的规定系与现行《刑事诉讼法》第245条第4款的规定相对应,前者对已被后者删除的"没收"的措辞仍予保留,是不妥当的。除此以外,《2012年刑诉法解释》第364条第3款规定,人民法院"经审查,不能确认查封、扣押、冻结的财物及其孳息属于违法所得或者依法应当追缴的其他涉案财物的,不得没收"。该款规定将"没收"视为"追缴"的后果,与《刑事诉讼法》第298条第1款规定同其误解,也与《刑法》第64条前段规定不相符合。所谓追缴"其他涉案财物",应指《刑法》第64条前段规定的没收"违禁品和供犯罪所用的本人财物",即特别没收。该款规定现已删除。

(三)涉黑恶犯罪财产的追缴与没收

我国1997年修订《刑法》,增设有关黑社会性质组织犯罪的规定。最高人民法院《关于审理黑社会性质组织犯罪的案件具体应用法律若干问题的解释》第7条规定:"对黑社会性质组织和组织、领导、参加黑社会性质组织的犯罪分子聚敛的财物及其收益,以及用于犯罪的工具等,应当依法追缴、没收。"所谓黑社会性质组织及其成员通过犯罪活动"聚敛的财物及其收益","是指在黑社会性质组织的形成、发展过程中,该组

---

[36] 有法官主张,人民检察院因犯罪已过追诉期限而不起诉的,仍应对违法所得予以追缴;参见裴显鼎、王晓东、刘晓虎:《〈关于适用犯罪嫌疑人、被告人逃匿、死亡案件违法所得没收程序若干问题的规定〉的理解与适用》,载《人民司法》2017年第16期,第36页。已被废止的最高人民检察院《关于检察机关受理后被告人死亡的经济犯罪案件赃款赃物如何处理问题的批复》规定:"人民检察院直接受理侦查的贪污、贿赂等经济犯罪案件,受理后,被告人死亡,按照刑事诉讼法第11条第5项的规定,不予立案,已经立案的,应当撤销案件。但应按照刑法第60条和全国人大常委会《关于惩治贪污罪贿赂罪的补充规定》第12条规定,对已经死亡的被告人贪污、挪用的公共财物一律追缴;贿赂财物和其他违法所得一律没收。追缴的贪污、挪用财物,退回原单位;依法不应退回原单位的和没收的财物收入,一律上缴国库,并在不立案或者撤销案件决定书中载明。"其中的"刑法第60条",对应于现行该法第64条。该观点似与《刑事诉讼法》第177条第3款规定相违背。

[37] 但是,此项修改未妥立法部门的释义所注意;参见王爱立、雷建斌主编:《〈中华人民共和国刑事诉讼法〉释解与适用》,人民法院出版社2018年版,第464页。

织及组织成员通过违法犯罪活动或其他不正当手段聚敛的全部财物、财产性权益及其孳息、收益"[38]。2012年修正《刑事诉讼法》增设了违法所得没收程序,其适用范围除包括贪污贿赂犯罪、恐怖活动犯罪以外,还包括危害国家安全、走私、洗钱、金融诈骗、黑社会性质的组织、毒品犯罪和电信诈骗、网络诈骗犯罪等重大犯罪。[39]

2018年年初,我国开展专门针对黑恶势力犯罪的扫黑除恶专项斗争。最高人民法院、最高人民检察院、公安部、司法部《关于办理黑恶势力犯罪案件若干问题的指导意见》第27条规定了7类应予追缴、没收的黑社会性质组织犯罪涉案财产,包括:组织及其成员通过违法犯罪活动或其他不正当手段聚敛的财产及其孳息、收益;组织成员通过个人实施违法犯罪活动聚敛的财产及其孳息、收益;其他单位、组织、个人为支持该组织活动资助或主动提供的财产;通过合法的生产、经营活动获取的财产或者组织成员个人、家庭合法资产中,实际用于支持该组织活动的部分;组织成员非法持有的违禁品以及供犯罪所用的本人财物;其他单位、组织、个人利用黑社会性质组织违法犯罪活动获取的财产及其孳息;其他应当追缴、没收的财产。第29条规定了违法所得不能追缴情形下的追缴财产类型:其他等值财产。该条规定:"依法应当追缴、没收的财产无法找到、被他人善意取得、价值灭失或者与其他合法财产混合且不可分割的,可以追缴、没收其他等值财产。"

最高人民法院、最高人民检察院、公安部、司法部《关于办理黑恶势力刑事案件中财产处置若干问题的意见》第4条规定明确提出全面追缴,即所谓"断血"原则:"要彻底摧毁黑社会性质组织的经济基础,防止其死灰复燃。"将涉黑恶犯罪财产区分为可予保全的涉黑恶犯罪财产和应予追缴的涉黑恶犯罪财产。可予保全的涉黑恶犯罪财产包括:黑恶势力组织的财产;犯罪嫌疑人个人所有的财产;犯罪嫌疑人实际控制的财产;犯罪嫌疑人出资购买的财产;犯罪嫌疑人转移至他人名下的财产;犯罪嫌疑人涉嫌

---

[38] 参见最高人民法院、最高人民检察院、公安部《办理黑社会性质组织犯罪案件座谈会纪要》第2条第3项的规定。最高人民法院、最高人民检察院、公安部、司法部《关于办理黑社会性质组织犯罪案件若干问题的规定》第17条第1款规定:"根据黑社会性质组织犯罪案件的诉讼需要,公安机关、人民检察院、人民法院可以依法查询、查封、扣押、冻结与案件有关的下列财产:(一)黑社会性质组织的财产;(二)犯罪嫌疑人、被告人个人所有的财产;(三)犯罪嫌疑人、被告人实际控制的财产;(四)犯罪嫌疑人、被告人出资购买的财产;(五)犯罪嫌疑人、被告人转移至他人的财产;(六)其他与黑社会性质组织及其违法犯罪活动有关的财产。"

[39] 参见《违法所得没收程序规定》第1条的规定。但是,《最高人民法院、最高人民检察院、公安部、国家安全部、司法部、全国人大常委会法制工作委员会关于实施刑事诉讼法若干问题的规定》第37条后段规定,"对于犯罪嫌疑人、被告人死亡,依照刑法规定应当追缴其违法所得及其涉案财产的,适用刑事诉讼法第5编第3章规定的程序,由人民检察院向人民法院提出没收违法所得的申请",对上述范围又似有所宽泛。立法部门的释义原来认为,违法所得没收程序"不宜扩大适用到其他的重大犯罪案件,这是考虑到贪污贿赂犯罪、恐怖活动犯罪对社会稳定与安全、经济发展危害严重,且又是我国参加的国际公约和相关义务要求的,……目前适用的范围不宜过大"(参见王尚新、李寿伟主编:《〈关于修改刑事诉讼法的决定〉释解与适用》,人民法院出版社2012年版,第289页),后在新版中被删除。

洗钱以及掩饰、隐瞒犯罪所得、犯罪所得收益等犯罪涉及的财产;其他与黑恶势力组织及其违法犯罪活动有关的财产(第6条)。应予追缴的涉黑恶犯罪财产包括:黑恶势力组织及其成员通过违法犯罪活动或者其他不正当手段聚敛的财产及其孳息、收益;黑恶势力组织成员通过个人实施违法犯罪活动聚敛的财产及其孳息、收益;其他单位、组织、个人为支持该黑恶势力组织活动资助或者主动提供的财产;黑恶势力组织及其成员通过合法的生产、经营活动获取的财产或者组织成员个人、家庭合法财产中,实际用于支持该组织活动的部分;黑恶势力组织成员非法持有的违禁品以及供犯罪所用的本人财物;其他单位、组织、个人利用黑恶势力组织及其成员违法犯罪活动获取的财产及其孳息、收益;其他应当追缴、没收的财产(第15条)以及上述财产中被第三人恶意取得的财产(第16条)。上述规定具有涉黑恶推定的性质,只在"有证据证明确与黑恶势力及其违法犯罪活动无关"(第17条第2项)时,才予以依法返还。追缴、没收其他等值财产须"有证据证明"(第19条第1款),且数额应与无法直接追缴、没收的具体财产的数额相对应(第21条)。

最高人民检察院副检察长陈国庆在解读该文件时,认为其特点之一是加大涉黑恶财产的审查、处置力度,指出:

> 实践表明,黑恶组织盘踞多年,其财产成分、类型和流转情况相当复杂,一定的经济实力是黑社会性质组织坐大成势、称霸一方的基础,要彻底摧毁其财产基础,就要从"已采取措施的涉案财产"查"财产属性"并决定如何处理,也要从审查认定的犯罪所得财产查"财产去向"等,并判断是否需要"追缴、没收其他等值财产"。要将两种方法有机相结合,才能有效解决司法实践中存在的"涉案财产属性难以认定"的问题,依法有效地对已采取措施的财产作出处理,必要时没收等值财产,最大限度地依法摧毁黑恶势力的经济基础。[40]

在比较法上,相对于普通刑法而言,1999年制定的《日本有组织犯罪处罚法》规定了针对有组织犯罪所得的没收、追缴措施,但解释上述措施的适用并不限于有组织犯罪。对应我国刑法上应予追缴的违法所得,《日本有组织犯罪处罚法》主要分为下列三种类型:(1)犯罪收益。包括:以获得财产上不当利益为目的实施一系列犯罪行为而产生或获得的财产,或者作为该犯罪行为的报酬而获得的财产;由特定的犯罪行为提供的资金;由违反《日本不正当竞争法》规定的特定犯罪行为提供的财产;《日本关于处罚以胁迫公众等为目的的犯罪行为提供资金等的法律》规定的特定犯罪行为涉及的资金。(2)来源于犯罪收益的财产。这是指作为犯罪收益的"果实"而获得的财产;作为犯罪收益的对价而获得的财产;作为以上财产的对价而获得的财产;基于保有或处分

---

[40] 参见赵利丽:《避免"黑财"转移藏匿!两高两部发布意见》,载中国长安网(http://www.chinapeace.gov.cn/2019-04/09/content_11593209.shtml),访问日期:2019年4月10日。

犯罪收益而获得的财产。(3)犯罪收益等。这是指犯罪收益、来源于犯罪收益的财产、上述财产与上述财产以外的财产混合而成的财产。此外还包括毒品犯罪收益、来源于毒品犯罪收益的财产和毒品犯罪收益等(第2条第2—7款)。《日本有组织犯罪处罚法》法不仅重视犯罪收益被用于将来的犯罪活动,还重视犯罪收益对合法的经济活动的不良影响。为此,增设了利用不法收益等支配法人经营罪(第9条)、隐匿犯罪收益等罪(第10条)和收受犯罪收益等罪(第11条)三种新的犯罪类型。此外,为真正实现对不法利益的剥夺,防止犯罪人转移不法收益,2007年日本还制定《日本关于防止转移犯罪收益的法律》,对处罚隐匿、收受行为和财产冻结,银行对顾客身份的确认、对交易记录的保存、对可疑交易的及时举报以及侦查机关对这些信息的有效利用等制度作出了全面规定。[41]

美国法上针对犯罪所得的没收制度,包括刑事没收(criminal forfeiture)和民事没收(civil forfeiture)两种类型。刑事没收系由《1970年有组织犯罪控制法》所确立,附带于刑事起诉程序作为刑事追诉的内容之一,以行为人被定罪为前提,由刑事法庭管辖。民事没收不以刑事追诉和追诉结果为前提,直接针对犯罪相关财产进行没收,性质上为刑事对物之诉,由民事法庭管辖。民事没收的适用范围涵括了绝大多数的联邦犯罪行为,尤其是如洗钱等联邦严重犯罪行为。到20世纪末,美国司法部每年通过民事没收所缴获的财产超过6亿美元。民事没收的对象一般是构成或者来源于因实施犯罪行为而获得的犯罪收益(criminal proceeds),无论该犯罪收益是动产还是不动产,占有人是行为人还是第三人,其对犯罪收益系直接获得抑或间接获得。针对恐怖主义犯罪,民事没收的对象扩及于犯罪分子个人所有或恐怖组织所有的全部财产,无论该财产与恐怖主义犯罪行为有无牵连、在国内还是国外,即使该财产中有部分为合法财产亦不作排除。此系旨在彻底剥夺恐怖主义犯罪分子再犯的能力,同时便于对恐怖主义犯罪活动的被害人给予赔偿。[42]

2017年4月颁布的《德国刑事资产征收改革法案》(Gesetzes zur Reform der stafrechtlichen Vermögensabschöpfung)确立了独立没收(Selbständige Einziehung)制度,规定对恐怖主义犯罪、组织犯罪、洗钱犯罪、逃漏税犯罪、非法入境犯罪、毒品犯罪等,追缴犯罪所得无须以涉案人有罪为前提。独立没收适用于下列对象:(1)因事实上的理由无特定人受追诉或受有罪判决,但该当于没收的构成要件之所得;(2)犯罪的追诉时效届满可独立宣告没收;(3)法院免除刑罚或者依据检察官、法院裁量终止或者双方同意终止后,对犯罪所得可没收犯罪所得及替代价额;(4)产自刑法与附属刑法规定的特定违法行为之物被刑事程序保全,但利害关系人未能因犯罪被追诉或被追诉有罪。[43]

---

[41] 参见《日本有组织犯罪处罚法》,载张凌、于秀峰编译:《日本刑法及特别刑法总览》,人民法院出版社2017年版,第346页以下;同前注[14],第789—792页。
[42] 参见王俊梅:《美国民事没收制度研究》,中国政法大学出版社2013年版,第25、50—52页。
[43] 参见林东茂主编:《德国刑法翻译与解析》,五南图书出版股份有限公司2018年版,第112—120页。

二、追缴与责令退赔、返还财产

《刑法》第 64 条前段规定的责令退赔、返还财产,性质上均为刑事附带处理的民事责任方式。[44] 其中,责令退赔属于损害赔偿方式,权利基础为债权;返还财产则属于物权保护方式,权利基础为物权。依该规定,人民法院可以主动追究犯罪分子的民事责任,而无须被害人向人民法院另行提起诉讼,故为民事纠纷告诉原则(即所谓"不告不理"原则)之例外。具有民事责任性质的责令退赔、返还财产,与刑事法上的追缴、没收等,无论在实体抑或程序上都有很大关联。

(一)责令退赔、返还财产

依立法部门的释义,《刑法》第 64 条前段规定的责令退赔"是指犯罪分子已将违法所得使用、挥霍或者毁坏的,也要责令其按违法所得财物的价值退赔"。[45] 有学者主张,责令退赔不涉及对于财物权利的实体性处分,是和追缴并列的程序性措施,其重心是"责令"而不是"退赔";责令退赔本质上是一种口头训诫措施,不意味着必然退赔,而退赔是将财物上交给办案机关,而不是返还被害人。[46] 笔者认为,责令退赔是以发生违法所得为前提条件的民事责任方式,与《刑法》第 37 条规定的责令"赔偿损失"意义相近,重心在于"退赔"而不是"责令";"责令"意味着其系一项实体性措施,而非口头训诫措施。[47] 在有被害人的场合,责令退赔应优先于追缴而适用。退赔的对象是被害人的"物质损失",[48] 即"刑事裁判认定的实际损失"。[49] 尽管这在释义上区别于民法上依完全赔偿原则(Total reparation;又译为全部赔偿原则)确定的普通民事赔偿范围,但被害人仍应作为直接受领人,而不宜要求被告人先将财物交给办案机关,然后再由办案机关"转手"给被害人。

返还财产是指被害人对其被行为人非法占有的财产回复占有。此为民法之概念,一般是指返还原物,[50] 也可以扩及于民事权利之恢复。返还财产须以特定财产以

---

[44] 同前注[28],高铭暄书,第 352 页。
[45] 同前注[1],第 66 页。
[46] 同前注[4],张磊文,第 128 页。
[47] 《刑法》第 36 条第 1 款规定:"由于犯罪行为而使被害人遭受经济损失的,对犯罪分子除依法给予刑事处罚外,并应根据情况判处赔偿经济损失。"其中的"赔偿"与责令退赔中的"退赔"意义相近,区别只在于后者系以发生违法所得为前提条件。
[48] 参见《刑事诉讼法》第 101 条第 1 款、第 103 条。
[49] 参见《刑事财产执行规定》第 10 条第 4 款。
[50] 参见我国《民法典》第 179 条第 1 款第 4 项。此对"返还财产"系采狭义说。原来立法上有采广义说的,即包括返还原物和适当补偿,如见原《民法通则》第 25 条。后来《民法典》第 53 条第 1 款的规定对此予以修改,统一采狭义说。

及被害人权利的现实存在为前提条件,返还的范围包括原物和孳息。如果特定财产已经灭失的,构成事实上不能返还,被害人不得请求行为人予以返还,而只能请求全部赔偿;已经毁损的,被害人可以请求行为人恢复原状,或者请求返还剩余财产而赔偿毁损的部分,或者请求全部赔偿而无须返还该财产。所谓返还,在一般情况下是对特定财产的转移占有,即行为人将被非法占有的财产转移于被害人的控制之下;在特殊情况下也可以经被害人同意,由行为人继续占有财产而视为返还。在财产为货币的情形下,如果该货币系经特定化而未与行为人的财产相混合的,可以适用返还;但如果该货币已与行为人的财产相混合的,则应适用责令退赔,而不适用返还。

《刑事诉讼法》第245条关于处理涉案财产的规定和第300条关于违法所得没收程序中处理涉案财产的规定中,在列举民事责任承担方式时,均仅涉及返还被害人财产,而不涉及责令退赔,似与《刑法》第64条前段规定不相一致,宜予修正。最高人民法院、最高人民检察院、公安部《关于办理非法集资刑事案件若干问题的意见》(以下简称《非法集资刑事案件意见》)第9条第4款规定:"根据有关规定,查封、扣押、冻结的涉案财物,一般应在诉讼终结后返还集资参与人。涉案财物不足全部返还的,按照集资参与人的集资额比例返还。退赔集资参与人的损失一般优先于其他民事债务以及罚金、没收财产的执行。"其中,前、中段规定系袭自《非法集资适用法律意见》第5条第4款的规定,后段规定则为新增的内容。对于前、中段规定中的"返还",由于对象为货币,一般情况下全部集资参与人(并非一律为被害人)的货币已经混合在一起而无法特定化,故应依后段规定解释为"退赔",而非"返还"。原来《非法集资适用法律意见》第5条第4款的规定和《非法集资刑事案件意见》第9条第4款前、中段规定中的"返还"有误,增加《非法集资刑事案件意见》第9条第4款后段规定系为纠正。

(二)追缴与责令退赔

1. 责令退赔的性质。《刑法》第64条前段规定追缴和责令退赔,前者是国家针对犯罪分子违法所得的积极追究,本质是犯罪分子与国家之间的公法关系;后者是国家命令存在违法所得的犯罪分子向被害人进行民事赔偿,本质是犯罪分子与被害人之间的私法关系。《刑事财产执行规定》第13条第1款规定,系赋予"退赔被害人的损失"相对于"其他民事债务"的优先清偿地位。其理由在于:"由于刑事案件的被害人对于遭受犯罪侵害的事实无法预测和避免,被害人对被非法占有、处置的财产主张权利只能通过追缴或者退赔予以解决,在赃款赃物追缴不能的情况下,被执行人在赃款赃物等值范围内予以赔偿,该赔偿优先于其他民事债务具有合理性。"[51]笔者认为,从风险分配的角度来看,很难认为被害人遭受犯罪行为侵害的机会高于遭受民事侵权或者其他民事侵害的机会。在"被害人对被非法占有、处置的财产主张

---

[51] 同前注[4],刘贵祥等文,第25页。

权利只能通过追缴或者退赔予以解决"的前提下,赋予"退赔被害人的损失"相对于"其他民事债务"的优先清偿地位,是可以理解的。但是,如果这一前提不能成立的话,上述结论便可存疑。从本质上说,"退赔被害人的损失"与"其他民事债务"均为民事债务,如无特别事由,似应平等而不宜区别对待。

责令退赔的性质为民事损害赔偿。对于民事损害赔偿,除依被害人所遭受的损害进行确定这一普通方法以外,还有所谓获利剥夺(disgorge or strip the gain)的特别方法,即依行为人通过不法行为所获利益来确定物质损失赔偿责任。此系专门针对获利型侵权行为(gain-based tort)而设,将救济被害人的角度从对损害本身的填补改为对不法获利的剥夺,又称为获利型损害赔偿(gain-based damages)。依《民法典》第1182条前段规定,"侵害他人人身权益造成财产损失的,按照被侵权人因此受到的损失或者侵权人因此获得的利益赔偿"。获利剥夺是一种确定物质损失赔偿的特别方法,但并非将行为人的获利直接等同于被害人所遭受的损害,而是借以实现损害赔偿一定的预防功能的方法,故与普通物质损失赔偿方法系处于平行的地位。民法上的获利剥夺与刑法上的追缴违法所得,在内容上具有一定的重叠关系。[52] 一般说来,民法上的获利剥夺系采取纯利原则,即损害范围的认定须扣除行为人的侵权成本;刑法上的追缴违法所得一般系采取毛利原则,即损害范围的认定无须扣除行为人的侵权成本,只在对行为人不定罪的情形下才予以扣除。因此,人民法院在依获利剥夺确定责令退赔的损害赔偿数额时,不宜径依刑事判决确定的违法所得数额来确定,而应先行扣除行为人的侵权成本。

值得注意的是,最高人民法院《关于被告人亲属主动为被告人退缴赃款应如何处理的批复》规定:"一、被告人是成年人,其违法所得都由自己挥霍,无法追缴的,应责令被告人退赔,其家属没有代为退赔的义务。被告人在家庭共同财产中有其个人应有部分的,只能在其个人应有部分的范围内,责令被告人退赔。二、如果被告人的违法所得有一部分用于家庭日常生活,对这部分违法所得,被告人和家属均有退赔义务。三、如果被告人对责令其本人退赔的违法所得已无实际上的退赔能力,但其亲属应被告人的请求,或者主动提出并征得被告人同意,自愿代被告人退赔部分或者全部违法所得

---

[52] 例如,《刑法》第217、218条规定以违法所得数额较大/巨大作为侵犯著作权罪、销售侵权复制品罪的事实构成之一,与《著作权法》第54条第1款关于侵犯著作权的民事赔偿对象的规定相同。就《刑法》第217条规定中的"有其他严重情节",司法解释认为包括"非法经营数额"的情形;参见最高人民法院、最高人民检察院《关于办理侵犯知识产权刑事案件具体应用法律若干问题的解释》第5条的规定。对于《刑法》第219条第1款规定的侵犯商业秘密罪的事实构成之一"造成重大损失",最高人民检察院、公安部《关于公安机关管辖的刑事案件立案追诉标准的规定(二)》(已被修订)第73条规定为包括"造成损失数额在50万元以上""违法所得数额在50万元以上"(第1、2项)等。人民法院对该规定可以参照适用;参见最高人民法院《关于在经济犯罪审判中参照适用〈最高人民检察院、公安部关于公安机关管辖的刑事案件立案追诉标准的规定(二)〉的通知》第1条的规定。

的,法院也可考虑其具体情况,收下其亲属自愿代被告人退赔的款项,并视为被告人主动退赔的款项。四、属于以上三种情况,已作了退赔的,均可视为被告人退赃较好,可以依法适用从宽处罚。五、如果被告人的罪行应当判处死刑,并必须执行,属于以上第一、二两种情况的,法院可以接收退赔的款项;属于以上第三种情况的,其亲属自愿代为退赔的款项,法院不应接收。"这主要规定了退赔的财产范围和义务主体,被告人的亲属在一定条件下也须承担退赔义务。

2. 追缴和责令退赔的适用关系。依《刑法》第64条前段的规定,由于责令退赔系以有被害人和在案财产为适用前提,故在满足该前提时,责令退赔优先于追缴而适用,即在责令退赔的财产范围内,人民法院不再予以追缴,而对超出退赔范围的违法所得,人民法院则予以追缴。例如,在"许显忠贷款诈骗案"中,许显忠从被害银行骗得借款25万元,用于购买1辆汽车,被害银行对该辆汽车享有抵押权。至案发时,许显忠仅归还借款18 199元,尚欠借款241 107.04元。上海市黄浦区人民法院判决:许显忠犯贷款诈骗罪,判处有期徒刑11年,并处罚金10万元。违法所得241 107.04元,除上述汽车变价后发还被害单位外,不足部分继续追缴发还被害单位。[53] 在本案中,由于追缴的违法所得与被害银行因该犯罪的直接损失[54]来源重合,故两者数额相等,均为241 107.04元(设为款项A)。人民法院应当判决:责令许显忠向被害银行退赔款项A。就已被保全的上述汽车,以不存在其他权利人为前提,人民法院可予以拍卖并将其中的款项A退赔给被害银行。但在上述汽车存在其他权利人的情形下,则须另作处理。

质言之,人民法院既不能将该辆汽车全部认定为赃物而予以追缴,也不能将其认定为被害人财产而直接返还给被害银行,但对属于许显忠个人合法财产的部分仍可纳入退赔的财产范围。许显忠购买上述汽车,实际价款高于违法所得款项A,故截至许显忠向被害银行偿还最后一笔款项时,该辆汽车中与款项A对应的部分(设为占$n\%$)为赃款的变形,属于违法所得,而非其合法财产。对该部分财产,可以排除恶意权利人的主张;另一部分,则为许显忠的个人合法财产。根据《刑事财产执行规定》第11、13条规定,在上述汽车存在其他权利人的情形下,人民法院在刑事判决的执行阶段拍卖该辆汽车,对所得款项区分不同部分分别进行处理:与违法所得对应的部分,直接退赔给被害银行($A \times n\%$)。对剩余款项(设为款项B),如果其他权利人为恶意的,也可以在款项A的范围内,继续向被害银行退赔;如果其他权利人为善意的,被害银行不能继续获得退赔,但可以就款项B单独提起民事诉讼。此时,被害银行可以主张的民事债权,应依民法上的完全赔偿原则,及于其全部债权中未受退赔的部分;对于款项B,被害银行仍可依抵押权主张优先受偿。

---

[53] 参见上海市黄浦区人民法院(2005)黄刑初字第147号刑事判决;参见朱铁军:《贷款诈骗罪中数额的认定与赃款赃物处理》,载《人民司法》2010年第20期,第63—64页。
[54] 原判决认为,被害银行的直接损失不包括合法利息。

对于相邻正犯的追缴和责令退赔，可以德国刑法上的下例予以说明。甲盗窃了被害人丁价值 100 万元的乐器，之后以 5 万元卖给了对此知情的乙，乙又以 7 万元卖给了窝赃者丙。案发时，乐器已不复存在，甲、乙、丙均对丁分别承担 100 万元额度的退赔义务。在侦查过程中，办案机关分别对甲、乙、丙作出价值 100 万元的保全。在此情形下，丁对甲要求 20 万元赔偿，对乙要求 80 万元赔偿。这样丁就行使了选择权，在民法上丁对丙不再有请求权。在满足丁的请求权后，针对甲、乙、丙各自被保全的 100 万元，须分别减去他们各自满足丁的请求权额度后，确定追缴的违法所得额度。甲、乙、丙须被追缴的违法所得额度分别为：80 万元、20 万元和 100 万元。[55] 这对于我国法上实施追缴和责令退赔具有较强的借鉴意义。

3. 民事制裁措施。原《民法通则》第 61 条第 2 款规定："双方恶意串通，实施民事行为损害国家的、集体的或者第三人的利益的，应当追缴双方取得的财产，收归国家、集体所有或者返还第三人。"第 134 条第 3 款规定：人民法院在审理民事案件中，"收缴进行非法活动的财物和非法所得"。[56] 原《合同法》第 59 条的规定延续原《民法通则》第 61 条的规定，但删除后者中的"追缴双方取得的财产"的内容。[57] 其中的"追缴""收归""收缴"均为民事制裁措施，与《刑法》第 64 条前段规定的"追缴"功能相近。有学者指出："我国司法实践中没有区分民事责任的补偿性和刑事责任的惩罚性，所以把民事司法混同于国家公权力的运用……具体表现为民事责任的'惩罚化'和'超强制化'，当事人意志得不到充分体现。"[58] 可能鉴于此，《民法典》第 179 条的规定均将原《民法通则》第 134 条第 3 款的规定予以删除，学者认为，"表明立法者已经采取了否定民事制裁的态度"。[59] 这似乎意味着人民法院在审理民事案件时，不得对行为人的违

---

[55] 同前注[3]，樊文文。
[56] 已被废止的《最高人民法院关于贯彻执行〈中华人民共和国民法通则〉若干问题的意见（试行）》（以下简称《民法通则意见》）第 151 条规定："侵害他人的姓名权、名称权、肖像权、名誉权、荣誉权而获利的，侵权人除依法赔偿受害人的损失外，其非法所得应当予以收缴。"已被废止的最高人民法院研究室《关于人民法院在审理经济合同纠纷案件时发现当事人有与本案有关的违法行为需要给予制裁问题的电话答复》（1988 年 4 月 2 日发布）第 1 条规定："对需要予以训诫、责令具结悔过、收缴进行非法活动的财物和非法所得，或者依照法律规定处以罚款、拘留的，人民法院可按照民法通则第 134 条第 3 款的规定直接处理，不必移送有关单位处理。采用收缴、罚款、拘留制裁措施，必须经院长批准，另行制作民事制裁决定书。被制裁人对决定不服的，在收到决定书的次日起 10 日内可以向上一级人民法院申请复议 1 次。复议期间，决定暂不执行。"该司法解释已根据最高人民法院《关于废止 1980 年 1 月 1 日至 1997 年 6 月 30 日期间发布的部分司法解释和司法解释性质文件（第九批）的决定》（以下简称《第九批废止司法解释决定》）而废止，废止理由是已被《合同法》（1999 年）代替。
[57] 在立法部门的释义中，该被删除的内容仍被保留；参见胡康生主编：《〈中华人民共和国合同法〉释义》，法律出版社 1999 年版，第 108 页。
[58] 张文显主编：《法理学》，法律出版社 1997 年版，第 154 页。另有法理学者不区分民事责任方式与民事制裁，将原《民法通则》第 134 条规定的内容全部归纳为民事制裁；参见孙国华等主编：《法理学》，中国人民大学出版社 1999 年版，第 390 页。
[59] 王利明：《侵权责任法研究》（上卷），中国人民大学出版社 2010 年版，第 619—620 页。

法所得进行追缴。

笔者认为,民事制裁措施的要义,在于代表国家公权力的人民法院对行为人不法行为之制裁,而非为救济被害人;其法律关系发生在国家公权力与行为人之间,与被害人并无任何关联。依立法部门的释义,由于民事制裁方式不属于侵权责任方式,因而不宜在原《侵权责任法》中规定,但这并不意味着人民法院不得对不法行为人采取民事制裁措施。[60] 现行《民事诉讼法》(2017年修正)第2条仍然保留"制裁民事违法行为"作为民事诉讼法的任务之一,而其实体法上的落脚点正是原《民法通则》的上述规定。在民事法律中,追缴/收缴的民事制裁措施可以适用于著作权侵权行为[61];在民事司法解释中,可以适用于违法行为(如无效期货交易行为等)、无效合同(如无效联营合同、无效存单合同、无效建设工程施工合同、无效技术合同等)、人格权侵权行为[62]和知识产权侵权行为[63]等。例如,在"无锡市掌柜无线网络技术有限公司诉无锡嘉宝置业有限公司网络服务合同纠纷案"中,人民法院在认定以向不特定公众发送垃圾短信为内容的合同无效的基础上,对上述合同所约定的服务费84 000元裁定予以收缴。[64] 这充分说明民事制裁措施在民事司法中仍然具有较强的实践意义。在《民法典》中,民事制裁措施内容中的一部分被归入到民事法律行为无效、被撤销的效果规定之中。该法第157条后段"法律另有规定的,依照其规定"的但书规定,即寓有此旨。[65]

(三) 追缴与返还财产

依《刑法》第64条前段规定,返还被害人财产排除追缴违法所得。此以被害人对违法所得所指向的财产具有返还请求权为前提条件,不管被害人是否事实上提出了返还的要求、是否有效地主张了他的权利、是否根本只是确认了他的权利。这一排除具

---

[60] 参见全国人大常委会法制工作委员会民法室编:《〈中华人民共和国侵权责任法〉条文说明、立法理由及相关规定》,北京大学出版社2010年版,第56页。《民法通则》第134条第3款规定中的部分内容,被《民法总则》归入到民事法律行为无效、被撤销的效果规定之中。后法第157条后段"法律另有规定的,依照其规定"的但书规定,即寓有此旨。参见石宏主编:《〈中华人民共和国民法总则〉条文说明、立法理由及相关规定》,北京大学出版社2017年版,第373页。

[61] 参见《著作权法》第58条"没收违法所得、侵权复制品以及进行违法活动的财物"。2019年修正《商标法》,增设"人民法院审理商标纠纷案件,应权利人请求,对属于假冒注册商标的商品,除特殊情况外,责令销毁;对主要用于制造假冒注册商标的商品的材料、工具,责令销毁,且不予补偿;或者在特殊情况下,责令禁止前述材料、工具进入商业渠道,且不予补偿"(第63条第4款)的民事制裁措施。此外,该次修正还增设"对恶意提起商标诉讼的,由人民法院依法给予处罚"(第68条第4款后段)的民事诉讼制裁措施。

[62] 参见已被废止的《民法通则意见》第151条。

[63] 参见最高人民法院《关于进一步加强知识产权司法保护的通知》(已失效)第2条的规定。

[64] 参见《无锡市掌柜无线网络技术有限公司诉无锡嘉宝置业有限公司网络服务合同纠纷案》,载《最高人民法院公报》2015年第3期,第46页。

[65] 同前注[60],石宏书。

有两重意义:一是防止国家对违法所得的快速干预而对被害人产生不利影响;二是保护行为人免受两次要求。在德国刑法上,这一排除存在如下一些例外情形:被害人不存在民法上的请求权或只有部分民法上的请求权;民法上的请求权被依法排除;被害人不能查明的或者请求在民法上不能被证明而不能履行;不明被害人享有民法上的请求权;被害人人数众多但每人只有很少的损失数额;存在返还帮助范围内的相邻正犯关系。[66] 此外,对被害人出于犯罪目的或严重违法目的而受到损害的财产应不予发还,如为行贿而被诈骗的钱款;对被害人来源不合法或严重违反有关规定的财产亦应不予发还,如截留国家专项基金所私设的小金库内被贪污的钱款。[67]

最高人民法院《关于适用〈中华人民共和国刑事诉讼法〉的解释》第139条前、中段规定:"被告人非法占有、处置被害人财产的,应当依法予以追缴或者责令退赔。被害人提起附带民事诉讼的,人民法院不予受理。"[68] 最高人民法院《关于适用刑法第六十四条有关问题的批复》(以下简称《第六十四条批复》)规定:"根据刑法第64条和《最高人民法院关于适用〈中华人民共和国刑事诉讼法〉的解释》第138条、第176条的规定,被告人非法占有、处置被害人财产的,应当依法予以追缴或者责令退赔。据此,追缴或者责令退赔的具体内容,应当在判决主文中写明;其中,判决前已经发还被害人的财产,应当注明。被害人提起附带民事诉讼,或者另行提起民事诉讼请求返还被非法占有、处置的财产的,人民法院不予受理。"此系针对占有型犯罪,采取永续退赔的做法。依此,被非法占有、处置的涉案财产只能在刑事诉讼活动中予以处理,无论该财产是否已被追缴,被害人均不得通过提起单独或者附带民事诉讼请求返还。有人认为,结合最高人民法院《关于适用〈中华人民共和国刑事诉讼法〉的解释》第176条前、中段的规定,对于被害人超出返还涉案财产本身,以请求被告人赔偿诸如利息、财物使用折旧等损失为由,单独或者附带提起民事诉讼的,人民法院应不予受理。[69] 但是,此似已明显超出了《第六十四条批复》规定的文义,盖因其只是禁止人民法院受理被害人提起的请求返还被非法占有、处置的财产的附带或者单独民事诉讼,而并无禁止人民法院受理被害人提起的请求赔偿损失的单独民事诉讼之意。

值得注意的是,已被废止的最高人民法院《关于贯彻执行〈经济合同法〉若干问题的意见》第1条第2项"1.要注意返还财产和追缴财产的区别"。"返还财产不是惩罚措施,而是消除无效经济合同造成的财产后果的一种法律手段。追缴财产才是一种惩罚手段。根据《经济合同法》第16条的规定,追缴财产只适用于故意违反国家利益或

---

[66] 同前注[3],耶赛克等书,第955页;又见前注[3],樊文文。此外,在德国刑法上,追缴实际上并不适用于所有导致民法上返还请求权的犯罪,如盗窃、诈骗和国库遭受损失的涉税犯罪等。
[67] 参见南英、高憬宏主编:《刑事审判方法》(第2版),法律出版社2015年版,第537—538页。
[68] 另见最高人民法院《关于适用〈中华人民共和国刑事诉讼法〉的解释》第179条第3款的规定。
[69] 参见黄应生:《〈关于适用刑法第六十四条有关问题的批复〉的解读》,载《人民司法》2014年第5期,第28页。

社会公共利益的无效合同,因为故意违反国家利益或社会公共利益的合同,其性质和损害后果,要比其他无效合同严重,用返还财产的方法处理不足以消除其造成的不良后果。《经济合同法》第 16 条规定:违反国家利益或社会公共利益的经济合同,如果双方都是故意的,应追缴双方已经取得或约定取得的财产,收归国库所有。如果是由一方的故意造成的,则故意的一方应将从对方取得的财产返还对方;非故意的一方已经从对方取得或约定取得的财产,应收归国库所有。""用返还还是用追缴的方法处理,大体上可以从导致合同无效的行为的性质、损害的对象、危害的后果等方面进行分析。属于违反法律和国家政策的,主要是违反工商企业登记和市场、财政、税务、金融、商标以及劳动管理等法规,妨害了国家对企业正常的经济管理秩序。这类情况中的过错方有的是明知故犯,也有的是由于法制观念淡薄或者缺少法律知识,不了解有关法律、政策,不懂得办理必要的法律手续。但违反国家利益或社会公共利益的,主观上一般都是明知故犯,并有牟取非法利益的动机,例如订立假经济合同或者利用经济合同买空卖空,购销内容淫秽的书画、录音带、录像带,购销质量低劣有损人民身体健康的药品或违禁品等。"[70] 这是对追缴和返还财产关系的全面规定,于今仍有参考意义。

总之,刑事裁判应当在判决主文中对追缴、责令退赔、返还财产以及没收等财产处理的内容予以明确,判项应当明确、完整、具体和便于执行。[71] 由于性质上均为财产处理,故判项中对于所涉具体财产的履行主体、对象和内容等,均须逐一予以明确。对于涉及多个民事主体的财产处理,还应明确各主体之间的责任划分。基于刑民分立的原则和民法上的完全赔偿原则,即使人民法院在刑事判决中对行为人的违法所得予以刑事追缴,但这原则上不影响人民法院对行为人民事责任的判定。人民法院判定民事责任时,行为人已经向被害人退赔或者返还财产的,应在判决主文中予以扣除并指明。行为人在民事判决实际执行前已经向被害人退赔或者返还财产的,则应在实际执行时予以扣除。由此可见,所谓刑事判决与民事判决的矛盾,完全可以在执行程序中予以解决,而无须影响甚至取消被害人行使民事诉权。

三、追缴作为唯一救济途径?

就追缴是否作为被害人针对占有型犯罪的唯一救济途径,司法实践中多数采取肯定说,少数则采取否定说。笔者采取否定说。

---

[70] 该司法解释已根据《最高人民法院予以废止的1999年底以前发布的有关司法解释目录(第三批)》而被废止,废止理由是 1999 年 3 月 15 日全国人民代表大会已经通过并公布了《合同法》,原依据《经济合同法》(1981 年制定,1993 年修正)有关规定作出的该司法解释不再适用。
[71] 参见《人民法院民事裁判文书制作规范》第 3 条第 8 款第 2 项。

(一) 肯定说

规定追缴作为被害人针对占有型犯罪的唯一救济途径的司法解释和司法解释性质文件，除前引最高人民法院《关于适用〈中华人民共和国刑事诉讼法〉的解释》第176条前、中段和《第六十四条批复》的规定以外，主要还有如下6个：

(1) 已被废止的最高人民法院、最高人民检察院、公安部、财政部《关于没收和处理赃款赃物若干问题的暂行规定》(以下简称《处理赃款赃物暂行规定》)第2条第6款规定："在办案中已经查明被犯罪分子卖掉的赃物，应当酌情追缴。对买主确实知道是赃物而购买的，应将赃物无偿追出予以没收或退还原主；对买主确实不知是赃物，而又找到了失主的，应该由罪犯按买价将原物赎回，退还原主，或者按价赔偿损失；如果罪犯确实无力回赎或赔偿损失，可以根据买主与失主双方具体情况进行调解，妥善处理。"[72]

(2) 已被废止的最高人民法院《关于失主向罪犯追索被盗被骗财物应如何处理的问题的复函》中指出："乌兰察布盟中级人民法院提出盗窃犯、诈骗犯将赃款赃物挥霍掉，判刑时已无法追缴，刑满释放后，失主仍向他们追索被盗、被骗财物，应如何处理的问题，经我们研究后，同意你院对此问题提出的处理意见。"其中的"处理意见"，是指罪犯已判刑处理，刑满释放后，不应再令其赔偿被害人的损失；但如在处理时，应予追缴而未追缴的赃款、赃物，现在仍在被告手中的，应退还原主。[73] 其中的"不应再令其赔偿受害人的损失"，寓有法院对涉及刑事追缴的民事案件不予受理之意。

(3) 已被废止的最高人民法院《关于未成年人盗窃财物被劳动教养，受害人要求其监护人承担赔偿责任，人民法院能否作为民事赔偿案件受理问题的函》中指出："关于梁剑文等四未成年人盗窃财物被劳动教养，受害人翁舜慧提起民事诉讼，要求其监护人承担赔偿责任，人民法院能否作为民事赔偿案件受理的问题。经研究认为，鉴于此案情况比较复杂，现行法律对此类问题，又无明确规定，如何适用法律，需要在审判实践中积累经验进行研究。因此，此案不宜采用提起民事诉讼的办法解决。"[74]

(4) 已被废止的最高人民法院《关于财产犯罪的受害者能否向已经过司法机关处理的人提起损害赔偿的民事诉讼的函》中指出："关于财产犯罪的受害人可否提起损害赔偿的民事诉讼问题，情况比较复杂，尚需在审判实践中积累经验进行研究。至于你

---

[72] 该司法解释已根据最高人民法院、最高人民检察院《关于废止部分司法解释和规范性文件的决定》而被废止，废止理由是《刑法》《刑事诉讼法》及相关司法解释、规范性文件对没收和处理赃款赃物的问题已作出明确规定。

[73] 该司法解释性质文件已根据最高人民法院《关于废止1979年底以前发布的部分司法解释和司法解释性质文件(第八批)的决定》而被废止，废止理由是最高人民法院《关于刑事附带民事诉讼范围问题的规定》(以下简称《附带民事诉讼范围规定》)已有规定，复函不再适用。

[74] 该司法解释性质文件已根据《第九批废止司法解释决定》而被废止，废止理由是已被刑事诉讼法及相关司法解释代替。

院请示报告中涉及的马占魁、王凌贵诈骗财产一案,应当设法继续追赃,不宜采用提起民事诉讼的办法。"[75]

(5)最高人民法院经济审判庭《关于个体经营人因诈骗罪判刑后被骗人能否再对其提起经济诉讼问题的电话答复》中指出:"一、姚建国诈骗机电公司预付款案,虽作为合同纠纷审理在前,但在实体判决前即中止审理,移送公安、检察机关查处。现全案已按刑事犯罪处理,姚建国因犯有诈骗罪被判处有期徒刑14年。故本案就不宜再作为经济纠纷案重复审理。原中止审理的法院在刑事终审后又恢复了对原案的审理,并作出了实体判决,对此,二审法院应当裁定撤销原判及原审法院制作的先行给付的裁定,发回重审。再由原审法院驳回原告的起诉。""二、关于刑事判决中未提及姚建国应当将赃款退赔机电公司的问题,可由作出刑事判决的法院裁定予以补正。对在发现犯罪移送前已裁定先行给付机电公司的1万多元及被告人姚建国尚未退赔的款项,应当依照《刑法》第60条规定退赔给机电公司。"其中的"《刑法》第60条",对应于现行《刑法》第64条。

(6)《全国法院维护农村稳定刑事审判工作座谈会纪要》第3条第5项中规定:"对因犯罪分子非法占有、处置被害人财产而使其遭受的物质损失,应当根据《刑法》第64条的规定处理,即应通过追缴赃款赃物、责令退赔的途径解决。如赃款赃物尚在的,应一律追缴;已被用掉、毁坏或挥霍的,应责令退赔。无法退赔的,在决定刑罚时,应作为酌定从重处罚的情节予以考虑。"[76]

肯定说的理由是:"如经司法机关追缴或者责令退赔,仍不能弥补被害人损失,通常表明被告人已无退还或者赔偿能力,被害人另行提起民事诉讼后,只会获得无执行可能的'空判',既增加当事人诉累,又影响裁判权威,影响案结事了,如发现被告人仍有违法所得未能追缴或者仍有退赔能力的,由司法机关继续依法追缴或者责令退赔即可,也不必由被害人另行提起附带民事诉讼。"[77]例如,在"邹志森诈骗案"中,广东省高级人民法院再审认为,原审人民法院在生效刑事判决主文中没有明确继续追缴或责令退赔的内容,属于遗漏判项,构成适用法律错误的再审事由,应当予以再审补判。[78]有法官进一步认为:"对于尚未追缴到案的违法所得,法院应当依法判决予以追缴或者

---

[75] 该司法解释性质文件已根据《第九批废止司法解释决定》而被废止,废止理由是已被《侵权责任法》代替。
[76] 有学者对其中"无法退赔的,在决定刑罚时,应作为酌定从重处罚的情节予以考虑"的规定表示反对,认为有违刑法立法精神;又见前注[4],第89页。
[77] 江必新主编:《最高人民法院刑事诉讼法司法解释理解与适用》(上册),人民法院出版社2015年版,第431页。该书的观点与其后论述存在矛盾之处,具体详后。
[78] 参见广东省高级人民法院(2017)粤刑再3号刑事判决书。

责令退赔。"[79]但是,对于经查明属于应予追缴的财产,可以依法判决予以追缴;而对于不在案的涉案财产如判决责令退赔,则有违在案退赔的处理原则。

(二)否定说

规定追缴是被害人针对占有型犯罪的救济途径之一而非唯一的司法解释和司法解释性质文件,主要有如下2个:

(1)已被废止的《附带民事诉讼范围规定》第5条第2款规定:"经过追缴或者退赔仍不能弥补损失,被害人向人民法院民事审判庭另行提起民事诉讼的,人民法院可以受理。"[80]理由是:"①从法律上讲,犯罪分子非法占有、处置被害人财产而使其遭受的物质损失,也是'被害人由于被告人的犯罪行为造成的物质损失',应当允许被害人提起附带民事诉讼。只不过为了防止刑事案件的过分迟延,考虑到这种情况在民事上也属于侵权损害赔偿,采取变通做法,让被害人另行提起民事诉讼。②追缴和责令退赔毕竟没有进入诉讼程序,允许被害人另行提起民事诉讼,有利于充分保护被害人的合法权益。③提起民事诉讼是当事人的诉讼权利,剥夺当事人的诉讼权利,没有法律依据。"[81]

(2)最高人民法院研究室于2008年7月30日向浙江省高级人民法院作出法研〔2008〕104号答复:"人民法院在刑事裁判中未对罪犯的违法所得作出追缴或者责令退赔的处理决定,被害人在刑事裁判生效后单独就民事赔偿问题向人民法院起诉的,人民法院应当受理。"[82]

此外,公安部《关于办理利用经济合同诈骗案件有关问题的通知》(以下简称《公安部经济合同诈骗通知》)第5条第2款规定:"行为人将诈骗财物已用于归还债务、货款或者其他经济活动的,如果对方明知是诈骗财物而收取,属恶意取得,应当一律予以追缴;如确属善意取得,则不再追缴。被害人因此遭受损失的,可依法提起附带民事诉讼解决。"

笔者赞同此说。从肯定说的理由来看,可以明显感觉到其中永续退赔与在案退赔

---

[79] 杨万明主编:《新刑事诉讼法司法适用解答》,人民法院出版社2018年版,第288页。相反的观点认为:"从审判的角度看,法院一般只应当对查封、扣押、冻结在案的违法所得进行处理。对于尚未追缴到案的违法所得,由于其实际存在与否以及具体的财物数量、数额都处于不确定的状态,故法院不宜判决予以追缴或者责令退赔。"江必新主编:《最高人民法院刑事诉讼法司法解释理解与适用》(下册),人民法院出版社2015年版,第984页。

[80] 该司法解释已根据最高人民法院《关于废止部分司法解释和司法解释性质文件(第十一批)的决定》而被废止,废止理由是已被最高人民法院《关于适用〈中华人民共和国刑事诉讼法〉的解释》及相关规定修改。

[81] 熊选国:《解读〈关于刑事附带民事诉讼范围问题的规定〉》,载张军主编:《解读最高人民法院司法解释·刑事、行政卷(1997—2002)》,人民法院出版社2003年版,第405—406页。

[82] 转引自李以游:《刑事诉讼中责令退赔问题的几点思考》,载《河北法学》2014年第11期,第197页。

之间的冲突。诚然,对于占有型犯罪,追缴或者责令退赔是包括人民法院在内的司法机关的法定职责,但不宜认定此为救济被害人的唯一途径。学者指出:"经过追缴、责令退赔后,仍然不能弥补被害人损失的,被害人可以另行提起民事诉讼进行救济";"人民法院对于违法所得没有进行追缴或者责令退赔的,也可以另行提起民事诉讼进行救济。也就是说,追缴、责令退赔救济手段的是另行提起民事诉讼,而不是刑事附带民事诉讼"。[83] 为了更加充分地保护当事人和利害关系人的合法权益,按照有限保全与在案退赔原则,人民法院在刑事诉讼活动中,只需就被告人在案的涉案财产予以退赔,而无须就被告人不在案的涉案财产予以退赔。如果被害人就被告人不在案的涉案财产提起民事诉讼的,人民法院应当按照刑民分立的原则予以受理,而不宜以该财产应在先前的刑事案件中予以处理为由而不予受理。例如,在"新疆国际置地房地产开发有限责任公司诉宏源证券股份有限公司乌鲁木齐市北京路营业部、宏源证券股份有限公司委托监管合同纠纷案"中,最高人民法院二审认为:"公司法定代表人与证券公司签订《委托书》,该《委托书》由该法定代表人个人签字,证券公司盖章,后法定代表人该行为被刑事裁定书认定为挪用公款的犯罪行为。尽管本案所涉款项自被挪用时起已为赃款,公司仍享有赃款返还请求权,已通过刑事追赃程序取回部分财产后,公司仍有权对民事责任人提起民事诉讼。"[84]

对于最高人民法院《关于适用〈中华人民共和国刑事诉讼法〉的解释》第176条前、中段规定的适用,似应区分相关的时间节点,同时应以能否全面保护被害人合法权益作为最终的判断依据。尽管有人认为这是关于刑事追缴或者责令退赔程序应优先于被害人提起民事诉讼的规定,但单从文义上似无法得出这一观点,而仅应作为被害人可以补充性地提起民事诉讼的情形规定。其中的"损失",应不包括被生效裁判责令返还或者退赔的部分。这与最高人民法院《关于适用〈中华人民共和国刑事诉讼法〉的解释》第139条前、中段的规定在文义上并不矛盾,后者只能解决在被追缴或者责令退赔范围内对被害人的赔偿问题,前者却是针对经过追缴或者责令退赔仍不能弥补被害人损失的情形。对于后一情形,应允许被害人就未予明确返还或者责令退赔的部分民事权利单独提起民事诉讼。唯有如此,方可全面保护被害人的合法权益。亦因此,即使在《附带民事诉讼范围规定》第5条第2款的规定已被废止的情况下,仍有法官主张应允许被害人就未被退赔的财产提起单独的民事诉讼。[85]

---

[83] 同前注[4],张磊文,第132页。
[84] 最高人民法院(2004)民二终字第59号民事裁定书,载最高人民法院民事审判第二庭编:《民商事审判指导》2005年第2辑,人民法院出版社2005年版,第224—228页。
[85] 参见江必新主编:《最高人民法院刑事诉讼法司法解释理解与适用》(上册),人民法院出版社2015年版,第434页。

四、追缴赃物赃款与善意取得

《刑法》第 64 条前段规定了国家对"犯罪分子违法所得的一切财物应当予以追缴或者责令退赔",其中包括对赃物、赃款的追缴。但是,如果适用民法上的善意取得制度,则会对追缴发生排除适用的效果。因此,对赃物、赃款能否以及如何适用善意取得制度,不无疑问。

所谓善意取得,是指无处分权人向他人转让不动产或者动产,善意受让人在一定条件下可以取得该不动产或者动产的所有权,原所有权人有权向无处分权人请求赔偿损失。善意取得可以扩及适用于所有权以外的其他物权。《民法典》第 311 条是关于善意取得的一般规定,该条第 1 款规定:"无处分权人将不动产或者动产转让给受让人的,所有权人有权追回;除法律另有规定外,符合下列情形的,受让人取得该不动产或者动产的所有权:(一)受让人受让该不动产或者动产时是善意的;(二)以合理的价格转让;(三)转让的不动产或者动产依照法律规定应当登记的已经登记,不需要登记的已经交付给受让人。"对于本条规定适用的对象,解释上系限于基于权利人的意思而丧失占有之物。尤其是在动产的场合,权利人依其意思使让与人占有其物,因而创造了一个可使第三人信赖的状态,对交易安全产生一定之危险性,理应承担其物被无权处分的不利益。[86] 其中所谓善意,是指受让人非因重大过失而不知道让与人无处分权;受让人明知或者因重大过失而不知道让与人无处分权的,即为恶意。[87] 于此场合,由于受让人受善意占有推定之保护,权利人主张其权利的,须对受让人之恶意承担证明责任。[88]

《民法典》第 312 条是关于权利人对遗失物的追回权的规定,其中涉及权利人不予追回或者无权追回的情形,属于上述善意取得一般规定的适用情形。该条规定:"所有权人或者其他权利人有权追回遗失物。该遗失物通过转让被他人占有的,权利人有权

---

[86] 参见王泽鉴:《民法物权》(第二版),北京大学出版社 2010 年版,第 476 页。

[87] 参见最高人民法院《关于适用〈中华人民共和国民法典〉物权编的解释(一)》(以下简称《物权编解释一》)第 14 条第 1 款;《德国民法典》第 932 条第 2 款;《日本民法典》第 192 条,我国台湾地区"民法"第 948 条第 1 项但书。我国现行司法解释中关于恶意的认定,可参见《物权编解释一》第 15、16 条,《刑事财产执行规定》第 11 条第 1 款,最高人民法院、最高人民检察院《关于办理诈骗刑事案件具体应用法律若干问题的解释》(以下简称《诈骗司法解释》)第 10 条第 1 款;最高人民法院、最高人民检察院、公安部、国家工商行政管理局《关于依法查处盗窃、抢劫机动车案件的规定》(以下简称《查处盗抢劫机动车规定》)第 17 条,《非法集资适用法律意见》第 5 条第 2 款,《办理经济犯罪案件规定》第 54 条第 2 款。有学者指出:"此所谓知之与否,非绝对之真事实,乃为最可能之盖然性。其主张不知,有背于诚信原则者,不得诿为不知。其不欲知之者,应视为已知。盖善意取得之制度,在于保护交易之安全,如依周围之情事,在交易上经验上,应可得让与人之无让与权利之结论者,应认为恶意。"参见史尚宽:《物权法论》,中国政法大学出版社 2000 年版,第 564 页。

[88] 参见《物权编解释一》第 14 条第 2 款,《日本民法典》第 186 条第 1 款,我国台湾地区"民法"第 944 条第 1 项。

向无处分权人请求损害赔偿,或者自知道或者应当知道受让人之日起二年内向受让人请求返还原物,但受让人通过拍卖或者向具有经营资格的经营者购得该遗失物的,权利人请求返还原物时应当支付受让人所付的费用。权利人向受让人支付所付费用后,有权向无处分权人追偿。"所谓追回,是指权利人向占有人或者受让人请求返还原物,学说上称此为"恢复/回复"。善意受让人在下列情形下可以取得该物之所有权:一是权利人不行使追回权,而直接向无处分权人请求损害赔偿;二是权利人丧失追回权,即权利人自知道或者应当知道受让人之日起2年内未向受让人请求返还原物。该条规定中虽对受让人是否须为善意未作明确规定,但解释上似应采取肯定说。[89] 同时,遗失物只是非基于权利人的意思而丧失占有的物的情形之一,本条规定应可类推适用于非基于权利人的意思而丧失占有的物的其他情形。

(一) 追缴赃物与善意取得

对于赃物能否适用善意取得,我国《民法典》未置明文,司法实务上原来系采取"一追(指追缴——引者注)到底"的否定说,如已被废止的最高人民法院研究室《关于对诈骗后抵债的赃款能否判决追缴问题的电话答复》(1992年8月26日发布;以下简称《诈骗赃款追缴答复》)规定:"赃款赃物的追缴并不限于犯罪分子本人,对犯罪分子转移、隐匿、抵债的,均应顺着赃款赃物的流向,一追到底……"[90] 后来则改采肯定说,已被废止的最高人民法院《关于审理诈骗案件具体应用法律的若干问题的解释》(以下简称《旧诈骗司法解释》)第11条规定:"行为人将诈骗财物已用于归还个人欠款、货款或者其他经济活动的,如果对方明知是诈骗财物而收取,属恶意取得,应当一律予以追缴;如确属善意取得,则不再追缴。"《刑事财产执行规定》第11条第2款规定:"第三人善意取得涉案财物的,执行程序中不予追缴。作为原所有人的被害人对该涉案财物主张权利的,人民法院应当告知其通过诉讼程序处理。"但是,其中对于原权利人就该物是否享有民法上之权利,以及其对该物之丧失占有是否基于其意思等,均未作区分,故有嫌未足。

1. 对于基于原权利人的意思而丧失占有的物,如诈骗物、侵占物等,应一律适用《民法典》第311条关于善意取得的一般规定。[91] 对此,司法实务上向来采取肯定说。

---

[89] 参见《瑞士民法典》第934条,《日本民法典》第193、194条,我国台湾地区"民法"第949条第1项。

[90] 该司法解释已根据最高人民法院《关于废止部分司法解释(第十三批)的决定》而废止,废止理由是已被《诈骗司法解释》《刑事财产执行规定》代替。

[91] 参见我国民国时期最高法院1933年上字第330号判例,我国台湾地区"最高法院"1951年台上字第704号判例;参见王泽鉴:《民法物权》(第二版),北京大学出版社2010年版,第496页。对此,德国、瑞士民法学说趋于严格,仅限于权利人"明知"而脱离占有的情形,如因错误、诈欺、胁迫等;对于非基于己意而脱离占有的情形,认为包括窃盗、遗失、遗忘、吹失、逸失、强制、侵占、天然灾变、丧失行为能力等;Vgl. Palandt-Bassenge, 39, Aufl, §935, (4) a. c; Berner Komm. aaO. Art. 934, Anm. 2. 转引自苏永钦:《动产善意取得若干问题》,载苏永钦:《私法自治中的经济理性》,中国人民大学出版社2004年版,第175页。

如《诈骗司法解释》第 10 条第 2 款规定:"他人善意取得诈骗财物的,不予追缴。"[92]

2. 对于非基于原权利人的意思而丧失占有的赃物能否适用善意取得,《民法典》未置明文,立法说明指出:"对被盗、被抢的财物,所有权人主要通过司法机关依照刑法、刑事诉讼法、治安管理处罚法等有关法律的规定追缴后退回。在追赃过程中,如何保护善意受让人的权益,维护交易安全和社会经济秩序,可以通过进一步完善有关法律规定解决,物权法对此可以不作规定。"[93]司法实务上向来采取一律适用善意取得的肯定说,主要有如下 3 个司法解释和司法解释性质文件:

(1) 最高人民法院《关于善意非直接由所有人手中取得之所有权应否保护的问题的复函》(1951 年 11 月 22 日发布)指出:"财物所有人遗失财物或被盗窃,并不影响其所有权,与汉奸出卖房产已转移其所有权的情形不同。来文中第二种意见比较妥当。因甲的猪是由于乙的窃取,再转手出售于丁,甲尚未失所有权;故虽丁是不知情的第三人,甲对丁买得的猪仍有请求返还之权。""再据来文,乙丙本不相识,丙亦不知乙是小偷,但当乙把三只猪在大雨中赶至非集市的某镇急于出售时,丙何以不问其来历是否清楚,就本于助人成事的精神介绍出卖,并用自己的图章代乙出具售货单?这些情节,很有可疑。依照来文所述情形,丙就不能不对丁负责;故丁一面对甲有返还失猪的义务,一面可按买猪时的具体情况,向丙给予补偿。只有这样可以教育社会上作不负责任的证明而消灭或减少社会上的不良现象,同时还可揭发乙丙间以至乙、丙、丁可能发生的暧昧情节。"其中,将盗赃物与遗失物并称,均得适用善意取得,同时肯定权利人享有追回权。

(2) 已被废止的《处理赃款赃物暂行规定》第 2 条第 6 项规定:"在办案中已经查明被犯罪分子卖掉的赃物,应当酌情追缴。对买主确实知道是赃物而购买的,应将赃物无偿追出予以没收或退还原主;对买主确实不知是赃物,而又找到了失主的,应该由罪犯按买价将原物赎回,退还原主,或者按价赔偿损失;如果罪犯确实无力回赎或赔偿损失,可以根据买主与失主双方具体情况进行调解,妥善处理。"

(3)《查处盗抢劫机动车规定》第 12 条规定:"对明知是赃车而购买的,应将车辆无偿追缴;对违反国家规定购买车辆,经查证是赃车的,公安机关可以根据《刑事诉讼法》第一百一十条和第一百一十四条规定进行追缴和扣押。对不明知是赃车而购买的,结案后予以退还买主。"其中的"《刑事诉讼法》第一百一十条和第一百一十四条",分别对应于现行《刑事诉讼法》第 137 条和第 141 条,都是关于收集证据材料的规定。

---

[92] 另见已被废止的《旧诈骗司法解释》第 11 条规定:"行为人将诈骗财物已用于归还个人欠款、货款或者其他经济活动的,如果对方明知是诈骗财物而收取,属恶意取得,应当一律予以追缴;如确属善意取得,则不再追缴。"《公安部经济合同诈骗通知》第 5 条第 2 款。

[93] 第十届全国人民代表大会法律委员会:《关于〈中华人民共和国物权法(草案)〉修改情况的汇报》(2005 年 10 月 19 日),载全国人民代表大会网(http://www.npc.gov.cn/npc/c/481/200510/5a05ca7af70343e18f2440cf952a2b3f.stml),访问日期:2020 年 9 月 10 日。

在立法例上,对于盗赃物、遗失物是否适用善意取得,分有肯定说、条件说和否定说。意大利民法采取肯定说,规定只要从非所有人处取得物品转让的人,在实行占有时具有善意且持有适当的所有权转移证书,那么就可以通过占有而取得该物的所有权,而对原权利人就物之丧失占有是否基于其意思未予区分。[94] 法国、瑞士、日本等国家和我国台湾地区等采取条件说,规定对于非基于原权利人意思而丧失占有的盗赃物、遗失物,在一定的时间内不适用善意取得,但金钱或者无记名证券,以及以公开拍卖方式出让的物仍可适用善意取得。[95] 德国民法采取否定说,认为对于非基于原权利人意思而丧失占有的盗赃物、遗失物,不适用善意取得,但金钱或者无记名证券以及以公开拍卖方式出让的物除外。[96] 在条件说的内部,存在原权利人归属说、善意占有人归属说、占有特别保护说等观点,以善意占有人归属说为通说。[97]《民法典》第312条的规定似与上述之条件说较为接近,解释上似可采取善意占有人归属说。依此,原权利人的追回权兼具请求权和形成权的双重性质。[98]

笔者认为,对于非基于原权利人的意思而丧失占有的盗抢物,可以类推适用《民法典》第312条关于遗失物追回权的规定。受让人欲取得盗抢物的所有权,除其须为善意以外,尚须满足该条规定的原权利人不予追回或者无权追回的条件,否则,其仍然无法取得该物的所有权。事实上,无论是原权利人对盗抢物的追回,还是国家的追缴,除考虑权利归属以外,还应考虑客观上是否可行和经济上是否合理。追回和追缴应以原物仍然存在并能返还为前提,如果原物已经灭失或者因原有形态发生重大改变而无法返还,就没有追回或者追缴的必要了。比如说,即使是赃物,但是已经盖到大楼里去了,就无法追回或者追缴了。[99] 对于赃物及其转化物,在刑事法上应一律予以追缴;如果与其他合法财产发生混合的,则应区分出其中的份额予以追缴,但应扣除被害人已获退赔的部分;被害人仍有损失的,应允许其提起单独的民事诉讼,请求行为人予以赔偿。

当然,善意取得存在不能的情形。例如,在"王微、方继民诈骗案"中,行为人通过伪造与机主资料相同的假身份证,在移动公司营业厅将移动号码非法过户到自己名下

---

[94] 参见《意大利民法典》第1153条。
[95] 参见《法国民法典》第2276、2277条,《瑞士民法典》第934、935条,《日本民法典》第193、194条,我国台湾地区"民法"第949条至第951条之1。
[96] 参见《德国民法典》第935条。
[97] 参见我国台湾地区"最高法院"1988年台上字第2422号判决;王泽鉴:《民法物权》(第2版),北京大学出版社2010年版,第500页。
[98] 参见《民法典》第313条。有学者采取原权利人归属说,如参见苏永钦:《善意受让盗赃遗失物可否即时取得?》,载苏永钦:《私法自治中的经济理性》,中国人民大学出版社2004年版,第195页以下。
[99] 参见王利明:《物权法研究(上卷)》(第3版),中国人民大学出版社2013年版,第456页。王教授在这里仅论及权利人对赃物的追回。笔者认为,这可以扩及于国家对赃物的追缴。

后,又转卖给他人,人民法院判决其行为构成诈骗罪。[100] 至于上述移动号码的下落,人民法院在判项中未予明确,事实上均已经返还原机主。在本案中,尽管行为人已经将移动号码非法过户到自己名下,但该号码并未脱离原机主的控制,原机主发现后可以随时将号码取回,故购买号码的被害人事实上无法取得该号码,其对该号码不适用善意取得。行为人采取虚构事实的手段,向被害人出卖其无权处分的财产(移动号码具有财产性质),造成被害人的经济损失,其行为构成诈骗罪。[101]

(二)追缴赃款与善意取得

对于赃款,我国法律上原不适用善意取得。《诈骗赃款追缴答复》规定:"人民法院对需要追缴的赃款赃物,通过判决予以追缴符合法律规定的原则。赃款赃物的追缴并不限于犯罪分子本人,对犯罪分子转移、隐匿、抵债的,均应顺着赃款赃物的流向,一追到底,即使是享有债权的人善意取得的赃款,也应追缴。刑法并不要求善意取得赃款的债权人一定要参加刑事诉讼,不参加诉讼不影响判令其退出取得的赃款。"后来则改采肯定说,如见已被废止的《旧诈骗司法解释》第 11 条规定等。[102] 例如,在"郭轶等合同诈骗案"中,青海省高级人民法院认为,郭轶向郑长青偿还合法债务 250 万元,"还款时郑长青对于此款系郭轶诈骗所得这一事实并不知情,郑长青占有此款属善意取得",依法不予追缴;郑长青的行为不构成掩饰、隐瞒犯罪所得罪。[103] 在比较法上,对于非基于原权利人的意思而丧失占有的金钱或者无记名证券,以及受让人以公开拍卖方式出让的物,应当适用善意取得,权利人不得主张追回权。[104] 盖因货币作为特殊的动产,原则上实行占有即所有的规则,具有不得请求返还的特性,当然亦可适用善意取得。即使受让人恶意取得货币的,原则上系发生损害赔偿责任,而非返还货币本身。对于无记名的有价证券,亦同。对此,我国《民法典》第 312 条仅规定了"通过拍卖或者向具有经营资格的经营者购得"的情形,而不及于金钱或者无记名证券,解释上应予扩张适用。可见,赃款尽管与赃物一样,都可适用善意取得,但两者在具体适用上还是存在一定区别的。

司法实践中有下列一些特殊情况值得注意:其一,行为人具有将赃款用于购买保

---

[100] 参见郑晓红、何毅:《王微、方继民诈骗案》(刑事指导案例第 591 号),载中华人民共和国最高人民法院刑事审判第一、二、三、四、五庭编:《刑事审判参考》2009 年第 6 集,法律出版社 2010 年版,第 36 页以下。

[101] 有学者认为,本案中对号码的购买者应适用善意取得,由于未造成其财产损失,故本案也不构成诈骗罪;参见陈兴良主编:《刑法各论精释》(上册),人民法院出版社 2015 年版,第 470—471 页。

[102] 同前注[4],刘贵祥等文,第 24 页。

[103] 参见青海省高级人民法院(2016)青刑终 70 号刑事判决。

[104] 参见《德国民法典》第 935 条第 2 款,《瑞士民法典》第 935 条,我国台湾地区"民法"第 951 条;全国人大常委会法制工作委员会民法室编:《〈中华人民共和国物权法〉条文说明、立法理由及相关规定》,北京大学出版社 2007 年版,第 195 页以下。

险等情形的,可以通过退保等民事手段予以追缴。在操作上,司法机关可以考虑通过为行为人提供条件向保险公司提出退保并办理手续,或者由人民法院直接要求保险公司办理退保手续,对保险公司退保返还的赃款予以追缴。其二,行为人基于正当交易之事由已将赃款支付给第三人,但因刑事案件案发未能继续正常履行合同,第三人并未支付合理对价,仅丧失交易机会的,对该赃款应予以追缴。其三,行为人用赃款向善意第三人偿还债务或者购买劳务的,原则上不予以追缴,但第三人获得的超出正常劳动报酬范围以外取得赃款的除外。[105]

---

[105] 同前注[67],南英等书,第541—542页。

[实证研究]

减刑刑事政策实证研究
——基于减幅与其影响因素的关系的分析[*]

徐 剑[**]

要 目

一、减刑刑事政策：宽严相济
二、减刑刑事政策实证研究的文献回顾
　（一）现有研究的视角
　（二）现有研究所存在的问题
　（三）仍待研究的问题
三、减刑刑事政策实证研究设计
　（一）样本及变量设计
　（二）研究思路
四、减刑刑事政策实证研究结果与分析
　（一）模型拟合度
　（二）回归系数
　（三）回归分析假定条件的检查
　（四）小结
五、反思：减幅裁量的规范化
　（一）减幅裁量当严未严的原因分析：规范化不足
　（二）加强减幅裁量的规范化

摘 要 我国减刑相关法律文件的发展变化展现了减刑刑事政策的宽严变化。

---

[*] 本文系赵国玲教授主持的2016年度国家社科基金项目"实证视角下中国刑罚执行制度完善研究"（项目编号：16BFX055）的阶段性研究成果。感谢恩师赵国玲教授的悉心指导，感谢北京大学刘爱玉教授和白建军教授耐心且细致地解答我提出的统计问题，感谢涂欣筠、汪晋楠、刑文升和周泰勇对数据录入的帮助，感谢徐然、李德胜、林毓敏、骆大洲、臧珏杨和蒋济泽对本文写作的帮助。
[**] 江苏省社会科学院法学研究所助理研究员。

目前部分减刑刑事政策实证研究存在方法不当的问题。借助回归分析,本文实证研究2014年至2016年间甲省、乙市、丙省和丁省罪犯的减刑幅度与其影响因素的关系后发现:虽然从宽影响因素在减幅裁量中发挥了应有的从宽作用,但是部分从严影响因素在减幅裁量中却未能发挥应有的从严作用。这表明司法实践中减幅裁量虽然做到了该宽则宽,但却存在当严未严的问题。减幅裁量存在当严未严的问题与其规范化不足有关。对此,未来应加强减幅裁量的规范化以便在减刑中更好地落实宽严相济的刑事政策。

关键词 减刑 宽严相济 刑事政策 减幅 影响因素 回归系数

一、减刑刑事政策:宽严相济

根据最高人民法院2010年颁布的《关于贯彻宽严相济刑事政策的若干意见》(以下简称《宽严相济意见》),宽严相济刑事政策是我国的基本刑事政策。据此,在刑事立法政策、刑事司法政策和刑事执行政策中都应当贯彻宽严相济的思想。作为刑事执行的重要一环,减刑在刑事政策上自然也应当贯彻这一思想,即在减刑中应当对罪犯实行区别对待,做到该宽则宽、当严则严。[1] 从法律文件上看,我国已经出台多个涉及减刑的法律文件,这些文件对减刑的宽严问题作了相应规定。这里不妨以最高人民法院出台的3个司法解释[2]为例,循着这些司法解释的发展变化便可感知减刑规定的宽严变化,具体来说:其一,减刑起始时间趋严。比如,《减刑、假释解释(三)》规定,被判处10年以上有期徒刑的罪犯须执行2年以上才能减刑,而原先司法解释规定执行1.5年以上就可以减刑。其二,减刑间隔时间趋严。比如,《减刑、假释解释(一)》规定被判处10年以上有期徒刑的罪犯的减刑间隔时间原则上须在1年以上,若1次减2至3年,再减刑须间隔2年以上,而《减刑、假释解释(三)》则规定原则上须在1.5年以上且不得低于上次减刑减去的刑期。其三,减刑幅度趋严。比如,《减刑、假释解释(三)》将具有悔改或立功表现的有期徒刑罪犯的减幅从1次不超过1年限缩为1次不超过9个月,将具有悔改并有立功表现的有

---

[1] 刑事政策的基本含义是犯罪对策,在内容上可分为刑事惩罚政策和社会预防政策。参见王牧:《犯罪学基础理论研究》,中国检察出版社2010年版,第225—245页;王牧:《职务犯罪预防的刑事政策意义》,载《国家检察官学院学报》2007年第1期,第89—91页;梁根林:《刑事政策:立场与范畴》,法律出版社2005年版,第3—23页。本文所研究的减刑刑事政策属于刑事惩罚政策。

[2] 这三个司法解释分别是:(1)《最高人民法院关于办理减刑、假释案件具体应用法律若干问题的规定》(以下简称《减刑、假释解释(一)》),该司法解释于1997年10月28日审议通过并于当年11月8日起施行,且于2013年4月8日起废止;(2)《最高人民法院关于办理减刑、假释案件具体应用法律若干问题的规定》(以下简称《减刑、假释解释(二)》),该司法解释于2011年11月21日审议通过并于2012年7月1日起施行,且于2019年7月20日起废止;(3)《最高人民法院关于办理减刑、假释案件具体应用法律的规定》(以下简称《减刑、假释解释(三)》),该司法解释于2016年9月19日审议通过并于2017年1月1日起施行。

期徒刑罪犯的减幅从1次不超过2年限缩为1次不超过1年,将具有重大立功表现的有期徒刑罪犯的减幅从1次不超过2年限缩为1次不超过1.5年。由此可见,减刑起始时间、间隔时间和减刑幅度在法律文件层面已经趋于严格。此外,相关法律文件还规定了一些影响减刑宽严的因素:

其一,影响减刑的从宽因素包括且不限于:第一,未成年犯在减刑时应当从宽把握。2006年《关于审理未成年人刑事案件具体应用法律若干问题的解释》第18条规定,对未成年罪犯的减刑,在掌握标准上可以比照成年罪犯依法适度放宽。第二,积极履行财产性判项的罪犯在减刑时应当从宽。《减刑、假释解释(二)》第2条规定,罪犯积极执行财产刑和履行附带民事赔偿义务的,可视为有认罪悔罪表现,在减刑时可以从宽掌握。第三,老年犯、病残犯在减刑时应当从宽。《减刑、假释解释(三)》第20条规定,老年罪犯、患严重疾病罪犯或者身体残疾罪犯减刑时,应当主要考察其认罪悔罪的实际表现。对基本丧失劳动能力,生活难以自理的上述罪犯减刑时,减幅可以适当放宽,或者减刑起始时间、间隔时间可以适当缩短。第四,过失犯、中止犯、胁从犯在减刑时应当从宽把握。这在2010年《宽严相济意见》第34条第3款中有明确规定。

其二,影响减刑的从严因素包括且不限于:第一,罪犯被判处某些特殊罪名时在减刑时应当从严。《减刑、假释解释(三)》第7条第1款规定,对符合减刑条件的职务犯罪罪犯,破坏金融管理秩序和金融诈骗犯罪罪犯,组织、领导、参加、包庇、纵容黑社会性质组织犯罪罪犯,危害国家安全犯罪罪犯,恐怖活动犯罪罪犯,减幅应当从严把握。第二,主犯在减刑时应当从严。这曾在《减刑、假释解释(一)》中有所规定,该司法解释虽已废止,但是根据《减刑、假释解释(三)》第2条,在办理减刑时应当考虑其犯罪情节,主犯仍是影响减刑的从严因素。第三,数罪并罚的在减刑时应当从严。虽然《减刑、假释解释(三)》第7条第2款规定数罪并罚且其中两罪以上被判处10年以上有期徒刑的罪犯,其减刑的起始时间、间隔时间和减刑幅度都要从严,但是,该条款对数罪并罚但不满足上述刑期要求的罪犯的减刑起始时间、间隔时间和减刑幅度是否从严并未规定。尽管如此,对两个罪犯而言,若其中一个人仅犯一罪,而另一个人与之犯了相同的罪,并且在此之外又犯了另一罪,这显然表明后者的人身危险性更大。进而相对于前者,后者的减刑应当适度从严。第四,累犯或有前科的罪犯在减刑时应当从严。累犯减刑从严、毒品再犯减刑从严在《减刑、假释解释(三)》第7条第1款中也有规定。这里的问题是,其他罪犯,即既非累犯,亦非毒品再犯,但具有前科的罪犯,减刑时是否应当从严呢?笔者认为,有前科的罪犯再次实施犯罪,表明其人身危险性较大,减刑时也应当从严把握。第五,罪犯具有其他较重犯罪情节、较大社会危害或恶劣影响的,在减刑时也应当从严。根据《减刑、假释解释(三)》第2条,犯罪的具体情节和社会危害程度是减刑必须考虑的因素。具有较重犯罪情节、较大社会危害性表明罪犯具有较大的人身危险性,那么对他们减刑时就应当从严把握。第六,罪犯被判处死缓、无期徒刑或10年以上有期徒刑的,在减刑时应当从严。《减刑、假释解释(三)》第7条第

2款规定因故意杀人、强奸、抢劫、绑架、放火、爆炸、投放危险物质或者有组织的暴力性犯罪被判处10年以上有期徒刑的罪犯,在减刑时应当从严。此外,2010年《宽严相济意见》第34条第2款还明确规定,对于因犯故意杀人、爆炸、抢劫、强奸、绑架等暴力犯罪,致人死亡或严重残疾而被判处死刑缓期2年执行或无期徒刑的罪犯,要严格控制减刑的频度和每次减刑的幅度。当然,这里司法解释和相关意见并未明确规定未犯上述特定犯罪但被判处10年以上有期徒刑、无期徒刑或者死缓的罪犯在减刑时也应当从严,但是根据区别对待原则和《减刑、假释解释(三)》第2条有关减刑应当考虑原判刑罚的规定,罪犯被判处死缓、无期徒刑或10年以上有期徒刑的在减刑时应当从严。第七,罪犯有能力履行财产性判项而不履行时减刑应当从严。这在《减刑、假释解释(三)》第7条第1款中也有所规定。第八,罪犯服刑时存在违纪现象在减刑时应当从严。根据《减刑、假释解释(三)》第2条,减刑需要考虑交付执行后的一贯表现。罪犯在服刑时存在违纪现象自然说明其尚需加强改造。

至此,以上所论述的是宽严相济刑事政策在减刑规定中的具体体现,于是随之而来的问题是,司法实务对罪犯的减刑是否做到了该宽则宽,当严则严呢?

二、减刑刑事政策实证研究的文献回顾

(一)现有研究的视角

目前,对减刑刑事政策的实证研究有以下几个视角:

其一,从罪名的视角关注减刑的宽严问题。如有研究对三类犯罪在减刑时出现的以钱买刑、权钱交易、提钱出狱等问题产生的原因进行分析,指出实践中存在监区、岗位分配不透明,计分考核规范性不足,执行机关裁量权过大,减刑材料弄虚作假,人为设置减刑比例,审判监督流于形式,检察监督滞后等问题,并在此基础上提出完善建议。[3] 另有研究针对三类犯罪减刑程序公平性的问题,该研究通过实证指出:"2013年以前数据显示,因职务犯罪、金融类犯罪等被定罪的三类罪犯的减刑系数较大,即在短时间内能获得较长时间的减刑。该发现一定程度上符合当事人能力理论,即在法律程序中,那些有钱人或有权人由于可以调动更多的社会资源,因此更容易在法律程序中胜出或占据优势。此外,减刑规范的模糊性和减刑程序的非公开性也一定程度上解释了'减刑阿富贵'的实证现象。2014—2015年的数据显示,在中央司法政策、规则修订及地方试点的合力作用下,针对三类罪犯的减刑系数反而表现出陡然下降的趋

---

[3] 参见陈雷:《对浙江省H市三类罪犯减刑、假释问题的调查报告》,载《中国刑事法杂志》2014年第6期,第116—123页。

势,且低于非三类罪犯的减刑系数。"[4]这篇文章的创新之处在于首次提出减刑系数这一概念,并试图通过这一概念来评估减刑操作的公正性。据此,上述这些研究实际关注的是三类犯罪在实务中当严未严的问题。

其二,不关注某个或某类罪名的减刑问题,而是一般性地研究减幅与某些影响因素的关系。比如有论者实地调研取得了河南省 Y 监狱 2008 年至 2011 年减刑案件数据,在减刑数据的基础上,论者通过回归系数对行政奖励、累计罚分、原判刑期和量刑情节(包括涉枪、涉毒、累犯、主犯)与减刑幅度之间的关系做了探讨,论者认为:"原判刑期与行政奖励对减刑结果呈正相关,其中,原判刑期对减刑结果的积极影响效果较大。量刑情节和累计罚分对减刑幅度具有消极影响,其中,量刑情节对减刑幅度的消极影响效果较大。由此可见,在司法实践中,计分考核制度中的行政奖励对减刑结果起到了一定的积极作用,但积极作用较微弱;累计罚分对减刑幅度具有一定消极影响,但影响作用也比较微弱。"[5]从该研究可以看出,量刑情节和累计罚分对减刑具有从严作用,行政奖励和原判刑期对减刑具有从宽作用。

(二)现有研究所存在的问题

对于上述研究,笔者认为林文和杜文存有如下问题:

1. 林文所存在的问题

其一,用于计算有期徒刑减刑系数的"减刑所经历时间"实际如何得出存有疑问。按照论者的观点,有期徒刑减刑系数是减幅和减刑所经历时间之比。"减刑所经历时间为两次减刑裁定之间的天数,若为首次减刑则为减刑计分起始日至首次减刑裁定日之间所经历的天数,减刑计分起始日一般是罪犯进入监狱开始执行刑罚的时间。"[6]但随后论者又指出:"当服刑监狱对罪犯启动第一次减刑时,也就会将减刑(与此同时,考核计分)的起算时间确定为罪犯交付执行刑罚的日期,这一日期还可以是判决确定之日、判决发生法律效力之日或生效判决书上所载明的日期。"[7]于是,减刑计分起始日究竟是指什么时间?是一般情况下将之确定为罪犯进入监狱开始执行刑罚的时间,特殊情况下又将之确定为判决确定之日、判决发生法律效力之日或生效判决书上

---

[4] 林喜芬:《中国减刑程序公平性的实证研究》,载《中国法学》2016 年第 6 期,第 133 页。
[5] 杜玉:《减刑、假释适用之实证研究——以河南省 Y 监狱为视角的考察》,沈阳师范大学 2012 年硕士学位论文,第 18—26 页。
[6] 请注意论者的用词,论者在说"减刑所经历时间"和"首次减刑"时都没有加"一般"这两个字,但是在界定"减刑计分起始日"时加了"一般"这两个字。同前注[4],第 136—137 页。
[7] 同前注[4],第 137 页。

所载明的日期？在计算有期徒刑减刑系数时对减刑计分起始日采取的又是什么时间？[8] 论者对此并没有交代清楚。于是，如果论者在实际计算中使用了多种日期作为减刑计分起始日，那么据此得出的减刑系数就不具有可比性。

其二，三类犯罪和非三类犯罪的减刑系数的均值是否存在差别缺乏统计检验。就网上搜集到的2014年和2015年A市B法院的减刑裁定书而言，正如论者所言，可能并不是该法院的全部减刑裁定书，即并非减刑裁定书全样本。进而，论者基于其搜集到的1 702份有期徒刑的减刑裁定书所计算出来的减刑系数均值就存在一个能否代表基于A市B法院2014年至2015年有期徒刑减刑裁定书总体所计算出来的减刑系数均值的问题。若答案是否定的，那么基于这1 702份有期徒刑的减刑裁定书所计算出来的减刑系数均值就仅仅反映的是此次样本的均值，而不能将之推论到B法院总体均值，更不能由此推论到A市的有期徒刑减刑情况。在这种情况下，即使样本均值不一样，也不能推论说两个子总体均值存在差别。在统计学上，检验两组独立的样本分别代表的总体均值之间是否差异显著，一般使用的是独立样本T检验。[9] 很明显，在无法确定所抽取的样本是否是全样本的情况下又没有进行独立样本T检验，进而直接拿样本均值作为总体均值来说明问题，其结论在统计方法上值得质疑。

2. 杜文所存在的问题

其一，未将行政奖励与累计罚分、原判刑期和量刑情节一起与减幅做回归分析。论者在论文中做了两次回归分析：第一次是以行政奖励为自变量、以减幅为因变量的回归分析；第二次是以累计罚分、原判刑期和量刑情节为自变量，以减幅为因变量的回归分析。于是，这里的问题是为何要分开做回归分析。很明显，论者在文章中提到这几个变量和减幅之间都具有相关关系，而在计算减幅时这几个变量在理论上都是要予以考虑的，于是，我们在探讨行政奖励与减幅的关系时就不应忽视累计罚分、原判刑期和量刑情节这些因素的影响，同样地，在分析累计罚分、原判刑期和量刑情节与减幅的关系时，也不应忽视行政奖励这个因素的影响。否则，如果人为地将某些原本对因变量具有影响作用的自变量排除在外来探讨其他某些自变量和因变量的关系，那么其所得到的这些自变量与因变量的关系也是不完整的。正确的做法应是将这几个自变量一起与因变量做回归分析，这样所得出的某一个自变量与因变量的关系其实是在控制其他自变量的影响之后该自变量与因变量的关系，进而这样得出的某个自变量和因变

---

[8] 如果论者将减刑计分起始日确定为罪犯进入监狱开始执行刑罚的时间，那么其在减刑裁定书中就能找到罪犯进入监狱开始执行刑罚的时间？当然，因为论者未说明其数据来源的省份，所以笔者无法探知这个问题的答案。但是就笔者所在的课题组所搜集的6个省份的减刑裁定书而言，笔者仔细查看后发现，罪犯进入监狱开始执行刑罚的时间在减刑裁定书中并不一定就能找到。于是，如果论者在其减刑裁定书中都能找到罪犯进入监狱开始执行刑罚的时间，那么这自然没有问题；但是如果论者找不到，那么其又是如何予以处理的？是缺省？还是用其他日期替代之？

[9] 参见白建军：《法律实证研究方法》（第二版），北京大学出版社2014年版，第79页。

量的关系才具有完整性。

其二,在分析回归方程时未对线性回归的前提检验予以说明。由于论者分析的因变量是减幅,其属于定距变量,所以其适用的回归分析应当是线性回归。既然是线性回归,那么变量就要满足回归分析的假定条件,对于自变量而言,其应当是随机变量;对于因变量而言,其应当具有独立、线性、正态和等方差性质。[10] 而论者在文中仅仅给出 SPSS 所输出的模型摘要表、ANOVA 表、回归系数表,并未对线性回归的假定条件予以检验。正确的做法应该是在给出回归分析结果后对回归分析假定条件的检验予以说明,这包括残差正态分布的检查、均方差性的检查、误差独立性的检查、共线性检查等等。

(三)仍待研究的问题

基于以上分析,笔者认为如下问题仍待研究:其一,三类犯罪减刑从严的证明问题仍待研究。前述林文通过减刑系数得出 2014 年至 2015 年三类犯罪减刑从严的结论,正如笔者所述,尚存疑问;并且该文所研究的仅是华东某地区的三类犯罪的减刑。进而,在 2014 年 1 月中共中央政法委发布《关于严格规范减刑、假释、暂予监外执行切实防止司法腐败的意见》后,三类犯罪的减刑是否真正得到从严呢?这个问题仍待数据确认。其二,刑种与减幅的关系仍待研究。杜文仅仅对刑期与减幅的关系予以研究,但未提及刑种与减幅之间是何关系,有必要对此进行研究。其三,行政奖励存有多个分类,这些具体的类别与减幅具有何种关系?这尚未得到探讨。其四,杜文并未单独研究累犯或有前科、数罪并罚与减幅的关系,于是,在实务中它们对减幅是否真正具有从严作用呢?这尚待探讨。其五,上述实证研究还未对减刑从宽的问题予以研究,进而应然层面的减刑从宽是否在实务中得到了真正的从宽?这尚需数据予以说明。

三、减刑刑事政策实证研究设计

(一)样本及变量设计

1. 样本筛选

承接以上研究,本文将以减幅与其影响因素的关系为视角来探明实务中减刑的宽严情况。由于减刑裁定书中包含了减幅与其影响因素的信息,所以本研究所依赖的样本就是减刑裁定书。在样本的来源上,减刑裁定书均从中国裁判文书网站上下载。选

---

[10] 参见刘爱玉等编著:《SPSS 基础分析教程》,北京大学出版社 2014 年版,第 266 页。

取中国裁判文书网主要是考虑到它的权威性,它是全国法院公布裁判文书的统一平台。当然,裁判文书网也有其局限性,即读者在该网站上每个页面最多可浏览20个裁判文书,并且目前最多可以浏览25页。需要说明的是,本文所欲研究的样本均来源于笔者所在的课题组的研究样本。在样本所属的地域上,课题组未研究中国所有的省份,而仅在东部、中部和西部地区分别选取两个省份予以研究,它们分别是东部的乙市[11]、戊省,中部的甲省、丙省以及西部的丁省、己省。在法院层级上,课题组所选取的减刑裁定书仅限于中级人民法院作出的减刑裁定书,也即研究的仅是有期徒刑的减刑,当然,如果罪犯原先被判处无期徒刑或死缓,在减为有期徒刑之后再减刑的,也在研究范围之内。在抽样方法上,课题组采取分层抽样的方法。具体来说,在裁判文书网站上的高级检索中进行如下设置:在"全文检索"中选择"判决结果"并输入"减刑",在"审判程序"中选择"刑罚变更",同时将"裁判日期"限定为2014年1月1日至2017年9月30日。在此基础上再用"省份"和"中级法院"进行筛选。然后在所筛选出来的结果中,就每个年份按照每个页面下载头两个减刑裁定书的方法,分别随机抽取50个减刑裁定书。对于所抽取的减刑裁定书,在剔除杂质和重复后,留下1 082个减刑裁定书。但本文并不以这1 082个减刑裁定书为最终研究样本,因为本文并不打算研究上述6个省份的减幅裁量情况,而仅选取其中4个省份(包括甲省、乙市、丙省和丁省)予以分析。这主要是考虑到删去的那两个省份的部分变量,特别是下面将要说到的行政奖励,与这4个省份存在较大差异,难以统一予以研究。进而本文在上述课题组筛选的样本的基础上将进一步对样本范围予以缩小:(1)样本地域仅限于甲省、乙市、丙省和丁省;(2)时间范围仅限于2014年至2016年;(3)进一步筛选不符合条件的样本:其一,删去法院不允许减刑以及减幅不明的裁定书;其二,正如下文所述,乙市的减刑裁定书中涉及两例司法部燕城监狱提出的减刑,考虑其与乙市其他减刑裁定书在行政奖励部分不一样,所以在具体分析时删去这两个减刑裁定书;其三,删去两个缺省重要变量信息的减刑裁定书。经过以上筛选后,最终留下500个样本,具体如表1:

表1 样本统计

	2014年	2015年	2016年	总计
甲省	17	46	48	111
乙市	43	46	17	106
丙省	45	45	45	135
丁省	49	49	50	148
总计	154	186	160	500

---

[11] 这里的"市"是直辖市。

2. 变量设计

为实现研究目的，本文将变量设计为减幅[12]、罪名、刑种、是否累犯或有前科、是否数罪并罚、是否具有其他从严情节、是否具有从宽情节、一级奖励、二级奖励和三级奖励。对于上述变量，具体说明如下：

其一，变量的测量尺度。减幅、一级奖励、二级奖励和三级奖励属于定距变量，刑种属于定序变量，其余的变量是定类变量。其二，罪名。其类别分为含三类犯罪的罪名和不含三类犯罪的罪名。含三类犯罪的罪名指的是含有三类犯罪的宣告罪名，即宣告罪名中若含有三类犯罪[13]，则将之归为含三类犯罪的罪名；反之，则属于不含三类犯罪的罪名。其三，刑种。其类别分为有期徒刑、无期徒刑和死刑（缓期执行）。其四，是否具有其他从严情节。这里的"其他从严情节"包括主犯、有能力履行财产性判项而不履行、服刑时违纪、犯罪情节严重和社会危害较大等裁判书中明确载明的从严情节。之所以未将这些内容单独设计为自变量，是因为它们各自样本较少，故将之合并为"是否具有其他从严情节"这个变量。其五，是否具有从宽情节。这里的"从宽情节"包括未成年犯、老年犯、病残犯、过失犯、中止犯和积极履行财产性判项等。未将这些内容单独设计为自变量也是考虑到它们各自样本较少，单独分析其与减幅的关系不合适。其六，相关奖励变量的设计主要是考虑到各个省份在奖励部分的规定不太一样。根据所抽取的减刑裁定书，甲省的行政奖励一般包括表扬、记功、狱级改造积极分子和省局级改造积极分子。乙市的行政奖励一般包括表扬、嘉奖和狱级改造积极分子。[14] 丙省的行政奖励一般包括表扬、记功、狱级改造积极分子和省局级改造积极分子。丁省的行政奖励一般包括表扬、综合记功、狱级改造积极分子。需要注意的是，甲省、乙市[15]、丙省和丁省的减刑所依赖的行政奖励有程度差别，按照程度由小到大排列。甲省：表扬＜记功＜狱级改造积极分子＜省局级改造积极分子。乙市：表扬＜嘉奖＜狱级改造积极分子。丙省：表扬＜记功＜狱级改造积极分子＜省局级改造积极分子。

---

[12] 减幅，即减刑幅度，指每次减刑的期限大小。其以月为单位，若实际减幅涉及天数，如减去 7 个月 15 天，则通过 1 月＝30 天的换算方法，将之换算为 7.5 个月，若遇到除不尽的情况，则四舍五入，保留两位小数。

[13] 根据 2014 年《关于严格规范减刑、假释、暂予监外执行切实防止司法腐败的意见》，三类犯罪是指职务犯罪、破坏金融管理秩序和金融诈骗犯罪，组织（领导、参加、包庇、纵容）黑社会性质组织犯罪等罪犯。其中职务犯罪是指《刑法》分则第八章、第九章规定的犯罪；破坏金融管理秩序和金融诈骗犯罪是指《刑法》分则第三章第四节、第五节规定的犯罪；组织（领导、参加、包庇、纵容）黑社会性质组织犯罪是指《刑法》第 294 条第 1 款、第 3 款规定的犯罪。如此界定，特别是职务犯罪的范围的界定，亦可参见 2014 年 4 月 9 日贵州省高级人民法院办公室《关于规范我省三类罪犯减刑幅度及减刑、假释起始时间、间隔时间等问题的通知》第 1 条。

[14] 这里需要特别说明的是在乙市减刑裁定书中原本有两份减刑裁定书涉及司法部燕城监狱，该监狱的行政奖励将表扬或计分表扬与单项表扬，记功或计分记功与单项记功做了区分。如前所述，这两个减刑裁定书排除在本研究样本之外。

[15] 排除两例司法部燕城监狱的减刑。

丁省:表扬<综合记功<狱级改造积极分子。为了统一研究这几个省份的行政奖励,笔者设置一级奖励、二级奖励、三级奖励和四级奖励,级数越大说明奖励越高级,这里一级奖励对应各省份的表扬,二级奖励对应记功或嘉奖,三级奖励对应狱级改造积极分子,四级奖励对应省局级改造积极分子。考虑到省局级改造积极分子的样本比较少且有很多缺省值,故此次研究不对之特别分析。

(二)研究思路

由于影响减幅的因素有多种,进而减幅实际上是综合多种因素考量的结果,单纯以某个因素存在与否来看减幅的差异而不考虑其他因素的影响,并不能正确地探析该因素对减幅的影响程度和方向。所以,关键是要找到一种能在控制其他影响因素的情况下探明某个因素和减幅关系的研究方法。

1. 回归系数的选择

本研究选择回归系数来探测减幅与其影响因素的关系。在多元线性回归中,回归系数有非标准化回归系数(B值)和标准化回归系数(Beta值)之分。这里,B值代表自变量每变化一个单位,因变量随之变化多少个单位。由于自变量存有多个,进而某个自变量的B值实际上反映的是在控制其他自变量的情况下该自变量和因变量的关系。在取值方向上,回归系数有正负之分,正回归系数表示因变量随自变量的增大而增大,而负回归系数表示因变量随自变量的增大而减小。但需要注意的是,回归系数在未标准化之前不能进行相互间的比较,这是因为回归系数的值和各变量所取的单位有关。在各自变量的测量单位不一致时,其回归系数的值之间不存在可比性。对此,如果要比较不同自变量对因变量的作用的相对大小,则需要将各自变量的回归系数予以标准化,即比较各自变量的标准化回归系数。[16]

据此,借助回归系数,本文中减幅与其影响因素之间的回归系数若为负数,则说明二者是负向关系,由于影响因素是原因,减幅是结果,所以该影响因素对减幅具有负作用,即具有从严作用,该影响因素的标准化回归系数的绝对值越大,说明其对减幅的从严影响就越大。同理,若减幅与其影响因素之间的回归系数是正数,则说明二者是正向关系,这表明该影响因素对减幅具有正作用,即具有从宽作用,该影响因素的标准化回归系数的绝对值越大,说明其对减幅的从宽影响就越大。以上的分析都是基于回归系数具有显著性这个前提而言的。回归系数显著性检验的零假设是两变量的回归系数为0,如果概率p值小于给定的显著性水平[17],则应拒绝零假设,说明二者之间具有线性关系;反之,如果概率p值大于给定的显著性水平,则应接受零假设,即可认为

---

[16] 参见郭志刚主编:《社会统计分析方法 SPSS 统计软件应用》(第2版),中国人民大学出版社2015年版,第59页。
[17] 本文显著性水平取0.05。

二者之间没有线性关系。据此,倘若减幅与其影响因素之间的回归系数不具有显著性,则表明该因素与减幅之间没有线性相关关系。但需注意的是,这仅仅是此次样本的结论,由于统计检验不显著可能是抽样误差导致的,进而减幅与该因素之间的关系就需要未来的研究进一步予以确定。

基于上述分析,我们可以对减幅裁量可能出现的宽严问题做如下设想:其一,倘若减幅与本应从严的因素之间的回归系数是正数且具有显著性,则表明该减幅裁量存在当严未严的问题;其二,倘若减幅与本应从严的因素之间的回归系数都是负数且具有显著性,则表明该减幅裁量不存在当严未严的问题;其三,倘若减幅与本应从宽的因素之间的回归系数是负数且具有显著性,则表明该减幅裁量存在该宽未宽的问题;其四,倘若减幅与本应从宽的因素之间的回归系数都是正数且具有显著性,则表明该减幅裁量不存在该宽未宽的问题;其五,倘若减幅与其影响因素之间的回归系数不具有显著性,则表明二者不存在线性相关,有关二者之间的具体关系尚需未来进一步研究。

2. 回归分析的可能性

由于因变量减幅是定距变量,而自变量虽然存在定类变量和定序变量,但其完全可以转换为虚拟变量,并且通过观察散点图发现因变量和自变量之间线性趋势明显,所以,减幅和其影响因素之间的关系完全可以通过多元线性回归来予以分析。

四、减刑刑事政策实证研究结果与分析

借助 SPSS 软件,以含三类犯罪的罪名、无期徒刑、死缓、累犯或有前科、数罪并罚、其他从严情节、从宽情节、一级奖励、二级奖励和三级奖励为自变量[18],以减幅为因变量构筑多元线性回归模型,具体统计结果及分析如下:

(一)模型拟合度

表 2 模型汇总

模型	R	R 方	调整 R 方	标准估计的误差	Durbin-Watson
1	0.690	0.476	0.466	3.32139	1.837

---

[18] 需要注意的是,含三类犯罪的罪名、无期徒刑、死缓、累犯或有前科、数罪并罚、其他从严情节和从宽情节均为虚拟变量,其中,含三类犯罪的罪名的参照类是不含三类犯罪的罪名,无期徒刑和死缓的参照类是有期徒刑,累犯或有前科的参照类是非累犯且无前科,其他从严情节的参照类是不具有这些从严情节,从宽情节的参照类是不具有从宽情节。

表 3　Anova

模型		平方和	df	均方	F	Sig.
1	回归	4908.613	10	490.861	44.496	0.000
	残差	5394.465	489	11.032		
	总计	10303.078	499			

本研究的相关系数 $R=0.690$,模型判定系数(或解释力)R 方 $=0.476$[19],回归方程判定系数的 F 检验值为 44.496,其显著性 $=0.000$,表明模型的判定系数具有统计学意义。

(二) 回归系数

表 4　回归系数

模型		非标准化系数		标准系数	t	Sig.	共线性统计量	
		B	标准误差	试用版			容差	VIF
1	(常量)	5.065	0.404		12.532	0.000		
	一级奖励	0.437	0.068	0.229	6.455	0.000	0.851	1.176
	二级奖励	3.556	0.215	0.646	16.558	0.000	0.704	1.421
	三级奖励	3.361	0.243	0.596	13.816	0.000	0.575	1.738
	含三类犯罪的罪名	-1.354	0.665	-0.070	-2.036	0.042	0.912	1.096
	无期徒刑	2.308	0.480	0.164	4.809	0.000	0.920	1.087
	死缓	2.165	0.629	0.117	3.441	0.001	0.930	1.075
	累犯或有前科	-1.267	0.565	-0.076	-2.243	0.025	0.940	1.063
	数罪并罚	0.029	0.401	0.003	0.071	0.943	0.760	1.316
	从宽情节	1.223	0.399	0.128	3.069	0.002	0.615	1.625
	其他从严情节	-1.808	0.428	-0.159	-4.227	0.000	0.753	1.328

注:因变量:减幅

就表 4 中的回归系数的显著性而言,除了数罪并罚之外,其余自变量的 p 值均低于 0.05,即具有统计上的显著性。这表明除了数罪并罚之外,其余自变量和减幅之间均

---

[19] 这表明模型拟合度接近 50%,对于人文与社会科学的定量研究来说,这个模型拟合度还算可以。关于模型拟合度的评价,可参见白建军:《基于法官集体经验的量刑预测研究》,载《法学研究》2016 年第 6 期,第 145 页。

存在线性相关关系。对于其余自变量 B 值的分析具体如下:

就罪名而言,由于含三类犯罪的罪名是虚拟变量,其参照类是不含三类犯罪的罪名,所以表 4 中的 B 值表示,在其他条件不变的情况下,含三类犯罪的罪名所导致的减幅比不含三类犯罪的罪名所导致的减幅少 1.354 个月。这表明含有三类犯罪的罪名对减幅具有从严作用。

就刑种而言,由于无期徒刑和死缓均是虚拟变量,其参照类是有期徒刑,进而表 4 中的无期徒刑的 B 值表示,在其他条件不变的情况下,无期徒刑所导致的减幅比有期徒刑所导致的减幅多 2.308 个月,死缓的 B 值表示在其他条件不变的情况下,死缓所导致的减幅比有期徒刑所导致的减幅多 2.165 个月。如前所述,在理论上死刑、无期徒刑对减幅应当具有从严作用,但司法实践中却具有从宽作用,这说明在刑种对减幅的影响上存在当严未严的问题。

就行政奖励部分而言,一级奖励的 B 值表示在其他条件不变的情况下,如果一级奖励增加 1 个,那么减幅将相应增加 0.437 个月,二级奖励的 B 值表示,在其他条件不变的情况下,如果二级奖励增加 1 个,那么减幅将相应增加 3.556 个月,三级奖励的 B 值表示,在其他条件不变的情况下,如果三级奖励增加 1 个,那么减幅将相应增加 3.361 个月。这表明一级奖励、二级奖励和三级奖励在减幅裁量中发挥了应有的从宽作用。

就从宽情节而言,由于其属于虚拟变量,其参照类是不具有从宽情节,所以表 4 中的 B 值表示,在其他条件不变的情况下,从宽情节所导致的减幅比不具有从宽情节所导致的减幅要多 1.223 个月。这表明从宽情节在减幅裁量中确实发挥了从宽作用。

就累犯或有前科而言,由于其属于虚拟变量,其参照类是非累犯且无前科,所以表 4 中的 B 值表示,在其他条件不变的情况下,累犯或有前科所导致的减幅比非累犯且无前科所导致的减幅要少 1.267 个月。这表明累犯或有前科在减幅裁量中发挥了应有的从严作用。

就其他从严情节而言,由于其属于虚拟变量,其参照类是不具有这些从严情节,所以表 4 中的 B 值表示,在其他条件不变的情况下,其他从严情节所导致的减幅比不具备这些从严情节所导致的减幅少 1.808 个月。这表明这些从严情节在减刑裁量中确实发挥了从严作用。

此外,通过观察标准化回归系数可知,相比其他影响因素,行政奖励对减幅裁量发挥的作用最大,特别是二级奖励、三级奖励的标准化回归系数分别达到 0.646 和 0.596。

(三) 回归分析假定条件的检查

对于回归分析假定条件的检查,首先是正态分布检验,这可以通过残差是否服从正态分布来检验,具体可从回归分析所输出的标准化残差的正态概率图来看,如果总体误差项服从正态分布,则散点将完全散落在原点出发的参照线上。经检验,本研究散点基本落在参照线上,由此可知,总体误差大体服从正态分布。其次是均方差性的检验,这可以通过以因变量为 X 轴、标准化残差为 Y 轴的散点图来看,经检验,本研究散点并未显示出递增方差或递减方差的趋势,基本可以认为残差方差没有异质性。再次是共线性检验,本研究的容差没有小于 0.1 的,VIF 均小于 10,这表明自变量之间不存在严重共线性问题。最后是误差独立性的检验,本研究的 Durbin-Watson 值是 1.837,经检验,误差不存在序列相关。

(四) 小结

上述统计结果表明:含三类犯罪的罪名、累犯或有前科、其他从严情节与减幅具有负向关系;无期徒刑、死缓、从宽情节、一级奖励、二级奖励、三级奖励与减幅具有正向关系;数罪并罚与减幅没有线性相关关系。这就是说,虽然从宽影响因素在减幅裁量中发挥了应有的从宽作用,但是部分从严影响因素在减幅裁量中未能发挥应有的从严作用。据此,在司法实务中这些省份在 2014 年至 2016 年间虽然在减刑从宽方面做到了当宽则宽,但是在减刑从严方面却存在当严未严的问题。

五、反思:减幅裁量的规范化

(一) 减幅裁量当严未严的原因分析:规范化不足

以上实证研究,应当承认,存在数据局限,特别是在年份上,实证数据仅限于部分省份 2014 年至 2016 年间的数据,对于 2017 年以后的数据却未能研究,也即本研究不能反映在《减刑、假释解释(三)》实施后减幅裁量的宽严情况,对于该减幅裁量的宽严情况仍需未来实证研究予以说明。对此,或许存在较为乐观的观点,即这些省份 2014 年至 2016 年间存在减幅裁量当严未严的问题,到了 2017 年或许会有所改观,不会再存在当严未严的问题,毕竟从本文第一部分看,新实施的《减刑、假释解释(三)》在减刑从严方面已有较新的规定。但笔者不会这样乐观,因为包括《减刑、假释解释(三)》在内的我国现有的减刑规定在减幅裁量的规范化问题上依然存有不足,难以完满解决减幅裁量当严未严的问题,具体而言:

其一,现有的减刑相关法律文件欠缺对减刑从严因素的详细规定。以刑种、刑期为例,《减刑、假释解释(一)》曾规定对确属应当减刑的,主要根据其改造的表现,同时也要考虑原判的情况,作出相应的决定。这里的"原判"应当包括刑种、刑期。但此规定过于笼统。相比之下,《减刑、假释解释(三)》则明确指出在办理"可以减刑"案件时所应综合考虑的因素包括原判刑罚,但是对于怎么考虑并未具体说明。虽然该司法解释第 7 条中提到暴力性犯罪被判处 10 年以上有期徒刑的罪犯以及数罪并罚且其中两罪以上被判处 10 年以上有期徒刑的罪犯的减幅从严问题,但是,对于其他一般性罪名,比如盗窃罪,在刑期较重时,例如被判处 10 年以上有期徒刑,是否也要从严把握其减刑,并未明确规定。此外,该司法解释第 9 条对被判处无期徒刑的特殊罪犯在减为有期徒刑后再减刑时规定了减幅从严,但是相较于原判被判处有期徒刑的罪犯,对非第 9 条涉及的罪犯在无期徒刑减为有期徒刑后再减刑时减幅是否要予以从严并未明确说明。类似地,该司法解释对于非第 11 条涉及的特殊罪犯在其死刑减为有期徒刑后再减刑时,减幅是否要予以从严也未明确规定。此外,地方出台的有关减刑的规定,如乙市出台的《关于对监所罪犯减刑工作的规定(二)》,对刑种、刑期等减刑时应予从严的因素也欠缺明确规定。因此,在法律对减幅从严规定较为原则或者说欠缺相应具体规则的情况下,减幅裁量就可能出现偏差。

其二,在出现多个影响因素时如何裁量减幅欠缺合理规定。我国目前并未有如量刑指导意见一样的法律文件来规定如何裁量减幅。最高人民法院出台的减刑相关规定仅仅对减刑的影响因素予以规定,但是对于具体怎么裁量欠缺详细规定。地方出台的减刑规定细则,如乙市的《关于对监所罪犯减刑工作的规定(二)》虽然细化了行政奖励可得减去的期限,特别是对未成年犯、老年犯、病残犯的行政奖励与减幅的换算有较细致的规定,但是,对于如何裁量减幅也没有具体的规定。据此,在出现多种影响因素时,由于法律对如何裁量减幅缺乏明确规定,所以,如何决定减幅就只能靠法官自由裁量,而法官在无具体法律可以依循的情况下如果简而化之地裁量减幅就很可能遗漏某些本应从严或从宽的因素,从前述实证数据来看,目前有的法官在减幅裁量时显然忽视了刑种的影响,难以做到当严则严。

(二)加强减幅裁量的规范化

有学者指出,罪犯可以减刑是"刑罚执行的特殊目的使然","根据再犯可能性考察,已经消除了人身危险性的犯罪人没有必要执行全部原判刑罚",而减刑需要有限度则"是刑罚执行的一般预防目的使然"。从报应的视角看,"刑罚的报应要求刑罚必须与犯罪相当,减刑作为重要的刑罚执行制度,追求功利的同时理应体现刑罚的报应原则,即对造成不同社会危害和具有不同程度主观恶性的犯罪人予以区别对待,使执行的刑罚与其犯罪行为的社会危害性相适应"。据此,一方面,"应在减刑量上有所限制,既不能一次性减得过多,也不能在总刑罚量上减得过多,应从整体上保证减刑后犯罪人能够得到足够的惩罚";另一方面,"应对不同社会危害行为、不同主观恶性的人采取不同的减刑标准、减刑幅度、减刑间隔时间"[20]。为贯彻此区别对待原则,当前我国减幅裁量的步骤大体分为两步:第一步确定减幅基准,第二步确定可得宣告的减幅。具体来说,以行政奖励为基础,依据事先规定好的行政奖励与刑期的换算关系,计算出

---

[20] 王作富、但未丽:《关于减刑制度的正当性思考》,载《法学家》2006 年第 6 期,第 45—52 页。

减幅基准[21],然后再根据各种从严或从宽因素对该减幅基准予以加减,最终计算出可得宣告的减幅。在此理论基础与减幅裁量步骤之下,笔者认为减幅裁量仍应注意以下两点:

其一,完善关于减幅影响因素及其影响幅度的规定。相关法律文件宜对从严、从宽因素以及它们所能调整的刑期幅度作出详明的规定。结合本文实证研究,有必要明确刑种、刑期对减刑幅度的从严影响。笔者认为,可依照刑期的长短梯次配置从严的幅度。比如,可以将有期徒刑刑期分为三档,第一档的上限是3年有期徒刑,第二档是3年到10年有期徒刑,第三档是10年以上有期徒刑,针对第一档、第二档和第三档可分别配置程度有别的从严幅度。从刑种上来说,承接第三档10年以上有期徒刑,可对无期徒刑和死缓分别规定更为严格的从严幅度。

其二,明确在出现多种影响因素时减幅裁量的方法。在法律对每个从严或从宽的影响因素规定好相应的调整幅度后,还应规定在出现多种影响因素时该如何裁量减幅。笔者认为,当同时出现从严、从宽因素时,原则上宜采取同向相加、逆向相减的方法予以处理。对于多个从严(或从宽)的因素,不能简单认为只要就某一个从严(或从宽)因素予以从严(或从宽)即可。

---

[21] 有些地区将行政奖励换算成奖励分,以该奖励分为基础,依据事先规定好的奖励分与刑期的换算关系,计算出减幅基准。

"芝加哥范式"研究的当代进展：
基于 CiteSpace 的文献计量分析（2000—2018）[*]

单　勇　阮丹微[**]

> **要　目**
>
> 一、"芝加哥范式"的提出及当代意义
> 　　（一）从"芝加哥研究"到"芝加哥范式"
> 　　（二）重温"芝加哥范式"的缘由
> 二、"芝加哥研究"新进展的文献计量分析
> 　　（一）"芝加哥研究"的文献分布
> 　　（二）"芝加哥研究"的知识群落
> 　　（三）"芝加哥研究"的主题演变
> 　　（四）"芝加哥研究"的研究前沿
> 三、"芝加哥范式"的理论发展
> 　　（一）本体论："芝加哥范式"促成了城市犯罪学的兴起
> 　　（二）方法论："芝加哥范式"助推计量犯罪学走向深入
> 　　（三）价值论："芝加哥范式"追求空间正义和城市权利
> 　　（四）实践论："芝加哥范式"发展了犯罪的整体治理观

---

[*] 2016 年度国家法治与法学理论研究项目"地理信息系统支持下的犯罪热点与空间因素相关性研究"（项目编号：16SFB3017）。
[**] 单勇，南京大学法学院教授；阮丹微，同济大学法学院硕士研究生。

"芝加哥范式"研究的当代进展：基于CiteSpace的文献计量分析(2000—2018)

摘　要　城市化是影响我国犯罪整体态势最深刻的结构性原因。"大国大城"时代，犯罪治理现代化的实现离不开对城市与犯罪关系的思考，须从"芝加哥研究"的最新进展中汲取智识思想。"芝加哥研究"致力于从城市视角、在城市场域、透过城市更新探究影响犯罪的城市变量，通过城市发展抑制犯罪，在从罪犯到地点的理论重建中，孕育了关注地点和环境对行为发生影响的"芝加哥范式"。对此，本文使用CiteSpace软件进行文献计量，探测"芝加哥研究"的文献分布、知识群落、主题演变及研究前沿。从知识图谱发现，"芝加哥范式"促成了城市犯罪学的兴起，助推计量犯罪学走向深入，以空间正义和城市权利指引"技术监管城市"，提出"最好的城市治理政策就是最好的刑事政策"，发展了犯罪的整体治理观。

关键词　芝加哥研究　芝加哥范式　文献计量　城市犯罪学　整体治理观

"城，以盛民也。"[1]改革开放40年来，人口向大城市及城市群集聚成为不可逆的时代大趋势[2]，城市化是影响我国犯罪整体态势最深刻的结构性原因。随着大城市的首位度、重要城市的集聚度日益加强，"城市如同磁场吸引了大量犯罪"[3]，层见叠出的城市高密度区域"加剧了城市安全的脆弱性，放大了社会安全及国民安全风险"[4]。探究影响城市犯罪的核心变量成为犯罪治理理论的核心议题。对此，犯罪治理如何贴合城市高密度空间特征、把握犯罪空间分布规律，离不开对城市与犯罪关系的系统思考，离不开对"犯罪是城市的问题"[5]论断当代意蕴的深入理解。为了更好地从城市视角、在城市场域、透过城市化进程揭示犯罪规律与实现智慧的犯罪控制，有必要重温芝加哥学派开创的"芝加哥研究"，尤其是从"芝加哥研究"21世纪的最新进展中汲取智识思想，数往知来、洞察趋势。

---

[1]〔东汉〕许慎：《说文解字》，九州出版社2001年版，第832页。
[2] 国家统计局数据显示，1978年末我国城镇常住人口仅有1.7亿人；2017年末城镇常住人口有81 347万人。城镇人口占总人口比重(城镇化率)从1978年的17.92%增长为2017年的58.52%。参见国家统计局：《城镇化水平显著提高　城市面貌焕然一新——改革开放40年经济社会发展成就系列报告之十一》，载国家统计局网站(http://www.stats.gov.cn/ztjc/ztfx/ggkf40n/201809/t20180910_1621837.html)，访问日期：2019年1月1日。
[3] 单勇：《犯罪热点成因：基于空间相关性的解释》，载《中国法学》2016年第2期，第280页。
[4] 单勇：《城市高密度区域的犯罪吸引机制》，载《法学研究》2018年第3期，第118页。
[5] Robert E. Park, *The City: Suggestions for the Investigation of Human Behavior in the City Environment*, 20 American Journal of Sociology 577, 577-612(1915).

一、"芝加哥范式"的提出及当代意义

(一) 从"芝加哥研究"到"芝加哥范式"

"芝加哥研究"始于20世纪初,是以芝加哥大学社会学系的学者为代表的一批学者对美国快速城市化、各国各族移民大量涌入导致城市犯罪暴增问题的犯罪学研究。罗伯特·帕克、威廉·托马斯、欧内斯特·伯吉斯、克利福德·肖、亨利·麦凯等学者围绕城市扩张、人口增长、社区关系、空间环境、土地利用对犯罪发生的影响进行了开创性探索。"芝加哥学派的兴起,是犯罪学理论逐渐摆脱哲学范畴,走向科学化的开端。"[6]

"芝加哥学派是一个前后相继的集体事业。"[7]威廉·托马斯将社会解组作为解释城市生活凝聚力的关键范畴,以此分析城市社区在移民涌入条件下原有秩序走向瓦解的原因。[8] 罗伯特·帕克认为,现代社会犯罪的主要策源地和案发地都是城市,而社区则是探讨城市生态体中犯罪问题的基本单位。[9] 欧内斯特·伯吉斯围绕居民流动的"侵入—统治—接替"过程提出著名的"同心圆理论",作为解释社会解组的理论模型。基于"同心圆理论",克利福德·肖和亨利·麦凯运用地图发现了"少年犯罪区",提出预防犯罪的"芝加哥区域计划"。上述研究开拓出一条思考城市与犯罪关系的道路,成为"芝加哥研究"的发端。"尽管后世对芝加哥学派的观点提出不少质疑,但它仍被看成是一个继续丰富现代犯罪学的金矿。"[10]

随着城市化在全球迅猛发展,"芝加哥研究"所开创的学术之路逐渐成为"显学",越来越多的学者加入这个学术共同体,运用社会分析、城市设计、犯罪制图、空间统计等方法,探讨城市更新、人口迁徙、居住形态、社区关系、道路类型、微观环境、空间结构等因素对犯罪发生及分布的影响机制,发展出社会解组、日常活动、理性选择、犯罪亚文化、犯罪目标区位、破窗理论、防卫空间、情境预防、热点警务等学说,提出一系列根植于城市治理的犯罪防控策略。[11] "芝加哥研究"推动犯罪学研究重心从罪犯向

---

[6] 曹立群、周愫娴:《犯罪学理论与实证》,群众出版社2007年版,第17页。

[7] 王琦:《当前中国城市犯罪治理研究——以芝加哥学派犯罪治理理论为视角》,中国人民公安大学2017年硕士学位论文,第6页。

[8] See Thomas W. I., *Social Disorganization and Social Reorganization*, in M. Janovitz (ed.), On Social Organization and Social Personality: Selected Papers, The University of Chicago Press, 1966, p. 3.

[9] See R. E. Park & E. W. Burgess, *The City*: Suggestions for the Investigation of Human Behaviour in the Urban Environment, The University of Chicago Press, 1967, pp. 1–3.

[10] George B. Vold &Thomas J. Bernard, *Theoretical Criminology*, Oxford University Press,1986, p. 183.

[11] 关于"芝加哥研究"在20世纪发展的详细梳理,参见单勇:《街面犯罪空间防控的学说演进与理论启示》,载陈兴良主编:《刑事法评论》(第33卷),北京大学出版社2013年版,第608—640页。

地点转变,有别于以往针对罪犯或行为人基础性罪因的心理、生理及社会分析,将犯罪视为城市的问题,从城市视角、在城市场域探究犯罪规律,关注发生犯罪行为的地点或空间环境,将研究视线指向犯罪发生的直接原因和条件,认为最好的城市治理政策就是最好的刑事政策。从罪犯到地点的"芝加哥研究"促成了罪因分析从远因到近因的转型,故这种关注近因的研究模式在实践中更具实效性。

从理论定位上看,"芝加哥研究"为犯罪学开创出一种公认的研究模式。这种模式并非是根据以往关注罪犯的研究模式的修改或扩展所延展出的,而是在透过城市视角把握犯罪规律基础上的理论重建。从罪犯到地点的理论重建不仅催生出全新的犯罪观,也带来研究方法和治理策略的改变,并孕育出全新的问题域、知识群落和理论体系。这种理论重建既具有坚实的实证基础,还具有哲学层次的抽象度和普遍指导意义。相对于以往关注罪犯的研究范式,"芝加哥研究"孕育出一种关注地点和环境对行为发生的影响、基于城市视角和立足城市空间的犯罪学研究范式,可称之为"芝加哥范式"。

从学科发展上看,"芝加哥范式"符合研究范式的两个基本特征,即"它的成就空前地吸引一批坚定的拥护者,使他们脱离科学活动的其他竞争模式。同时,这些成就又足以无限制地为重新组成的一批实践者留下有待解决的种种问题。凡是共有这两个特征的成就,便称之为'范式',这是一个与'常规科学'密切相关的术语"[12]。"芝加哥范式"的提出有效解决了以往犯罪学研究"理论过剩"[13]的问题,对以往城市与犯罪关系研究中庞杂繁多、层峦叠加的诸种理论学说做出综合性概括、一般性表述及体系化凝练。"芝加哥研究"的学术探索既是犯罪学研究范式发生转变的原因,又是范式转换的结果。"芝加哥范式"的提出标志着"一种范式通过革命向另一种范式的过渡,是成熟科学通常的发展模式"[14]。

(二) 重温"芝加哥范式"的缘由

21世纪前20年的城市化发展表明,"迈向城市社会正日益成为一种全球性趋势"[15]。当前,重温"芝加哥范式"的缘由有三:

第一,"大国大城"时代城市的集聚发展给犯罪治理带来严峻挑战。大国需要大

---

[12] [美]托马斯·库恩:《科学革命的结构》,金吾伦、胡新和译,北京大学出版社2003年版,第10页。
[13] 关于犯罪学研究的"理论过剩"问题,由美国学者特伦斯·索恩伯理(Terence P. Thornberr)提出。他认为,"在为犯罪分析提供更为全面和精ònc的解释方面,犯罪学目前缺乏对这些不同但重叠的理论见解做出综合的一般性表述"。参见 Loeber R. & Welsh B. C.,*The Future of Criminology*, Oxford University Press, 2012, pp. 46-54.
[14] 参见[美]托马斯·库恩:《科学革命的结构》,金吾伦、胡新和译,北京大学出版社2003年版,第13页。
[15] 何雨:《迈向城市社会:中国成就、经验与愿景》,载《上海城市管理》2018年第3期,第38页。

城,我国仍处于快速城市化进程中,应充分利用城市人口增长所产生的规模经济效应[16],城市发展的规律在于"从集聚中走向平衡"[17]。城市更新和空间重构给犯罪治理带来新的挑战,高密度城区的崛起形成了巨大的犯罪引力,城市空间环境对犯罪的影响愈发凸显,犯罪治理如何适应城市从单中心到多中心的空间重构,如何对城中村、城边村及商业区等犯罪热点区域进行精准防控,如何向城市治理借力以实现犯罪的整体性治理,犯罪治理如何从被动反应向以问题为导向的主动预警预测预防转型等问题亟待理论回应。这种理论回应离不开对城市与犯罪关系的系统性探究,离不开从"芝加哥研究"中获取学术资源和智识思想。

第二,面对"技术监管城市"的澎湃浪潮,技术治理的犯罪学反思迫在眉睫。在大数据时代,基于"物联网+互联网+AI"的三浪叠加,城市披上"数字皮肤""以信息技术为代表的科学技术向城市公共安全治理全面渗透,全景式监控城市、数据控制型社会初具规模"[18]。在"技术监管城市"实践的推动下,犯罪的技术治理蓬勃发展。技术治理在取得显著治理绩效的同时,也暴露出不少隐患,衍生出更多的新问题。例如,如何在全景式监控城市中实现空间正义,保障民众的城市权利,使技术治理走向善治;如何抵御"算法歧视"这一"看不见的非正义"[19]带来的技术风险,防范"黑箱社会"出现;如何消弭"数字鸿沟"引发的社会风险,保障民众对技术治理的知情、参与及监督;如何应对隐私弱化的法律风险等。对这些问题的回答离不开从城市犯罪学视角对技术治理上层观念和价值导向的深思,离不开从"芝加哥范式"对城市本质和城市精神的探究,离不开对"芝加哥研究"最新趋势的合理借鉴。

第三,20世纪八九十年代以来,"发达经济体的中心城市从衰败到转型复兴成为世界性现象"[20],为应对中心城市转型及空间结构变迁引发的阶层分化、居住隔离、社区重组、犯罪及社会冲突增长等问题,"芝加哥研究"在近20年获得迅猛发展,成为在更高水平和更高层次上实现犯罪治理现代化的学术富矿。学者对暴力犯罪、邻里关系、犯罪恐惧、公共安全、警务、社区、犯罪热点、社会解组、集体效能、移民、公共空间、青少年违法、恐怖主义、建筑环境、盗窃、失序、毒品、贫穷等问题进行了广泛且深入的研究,基于地理信息系统(简称 GIS)的犯罪制图成为空间分析的最常见方法。"芝加哥研究"在当代的标志性成就莫过于代表性学者大卫·威斯伯德和罗纳德·克拉克分别于 2010 年和 2015 年以犯罪空间分布规律研究和情境预防理论荣获斯德哥尔摩犯罪学

---

[16] 参见陆铭:《空间的力量:地理、政治与城市发展》,上海人民出版社、格致出版社 2013 年版,第 24—49 页。

[17] 陆铭:《大国大城:当代中国的统一、发展与平衡》,上海人民出版社 2016 年版,第 38 页。

[18] 单勇:《走向空间正义:城市公共安全的技术治理》,载《中国特色社会主义研究》2018 年第 5 期,第 74 页。

[19] 腾讯研究院等:《人工智能》,中国人民大学出版社 2017 年版,第 240 页。

[20] 陈恒、李文硕:《全球化时代的中心城市转型及其路径》,载《中国社会科学》2017 年第 12 期,第 73 页。

奖(犯罪学的国际最高奖项)。这标志着"芝加哥范式"受到国际学界的广泛认同。

二、"芝加哥研究"新进展的文献计量分析

为全景解读"芝加哥研究"近20年的新发展,把握"芝加哥范式"的当代意蕴,我们需要一种更为客观、科学的文献分析法,以透过林林总总的文献海洋梳理学术资源、绘制知识图谱、探测理论前沿、前瞻研究趋势。对此,基于Java语言开发的CiteSpace软件是一款以信息可视化方式实现文献计量的科学工具。文献计量法主要利用数理统计处理文献信息篇章之间的定量关系,得出的结论偏重概率规律,是从文献外部特征出发的定量分析方法。一表展春秋,一目了然。该方法通过信息可视化分析,绘制科学知识图谱,改变传统的理论梳理模式。[21] CiteSpace软件由华裔科学家陈超美教授开发,是目前国际学界最权威的信息可视化软件。该软件基于"科学知识本身是不断变化的"这一假设,通过共引分析和寻径网络算法,以搜索和解读两个步骤的信息觅食技术对特定领域文献进行计量,以探寻学科演化的关键路径及知识转折点,绘制可视化图谱形成对学科演化规律的分析和学科发展前沿的探测。[22]

(一)"芝加哥研究"的文献分布

1. "芝加哥研究"的历年发文量

本研究基于Web of Science综合学术信息平台,以犯罪、犯罪热点、犯罪地图、地理信息系统、地点警务、空间分析、情景预防等"芝加哥研究"的重要范畴为主题词,检索SSCI数据库,筛选出2000年1月—2018年3月期间的33 522篇文献。通过阅读摘要、关键词等信息,剔除无关文献,获取核心文献712篇,文献的历年分布情况如下:

图1 "芝加哥研究"历年文献量分布

图1反映出"芝加哥研究"在近20年呈明显上升态势。2000—2008年,"芝加哥研

---

[21] 参见王曰芬:《文献计量法与内容分析法的综合研究》,南京理工大学2007年博士论文,第1—2页。
[22] 参见陈悦、陈超美等:《引文空间分析原理与应用:CiteSpace实用指南》,科学出版社2014年版,第6—12页。

究"的文献发表数平稳,年均发文量 16.4 篇;2009—2013 年,处于缓慢上升期,发文 210 篇;2014 年后(2018 年仅统计到 3 月,故不包括 2018 年),文献数量呈爆发式增长,发文 324 篇,年均 81 篇。从趋势看,"芝加哥研究"吸引了越来越多的研究者,研究热度处于上升通道。

2. "芝加哥研究"的国别发文量

基于 CiteSpace 软件,获得文献作者所属国家或地区的聚类图。节点圆圈反映出不同国家在本领域学术影响力大小,节点所示颜色区间代表不同时间的文献数量,各节点圆圈的连线表示各国学者的合作发文状况。基于 HistCite 软件[23]生成图 2,文献作者的所属国别及影响力统计一目了然。美国近 20 年在发文量、TLCS、TGCS(含义参见表 2 的解释部分)三个指标上位居首位,远超第二名英国。美国在"芝加哥研究"中处于显著的领先地位,英国、加拿大、澳大利亚、以色列、荷兰、中国等国学者与美国学者保持紧密的学术联系。缘起于美国的"芝加哥研究"成功地吸引了各国学者,并产生了世界性的学术影响。

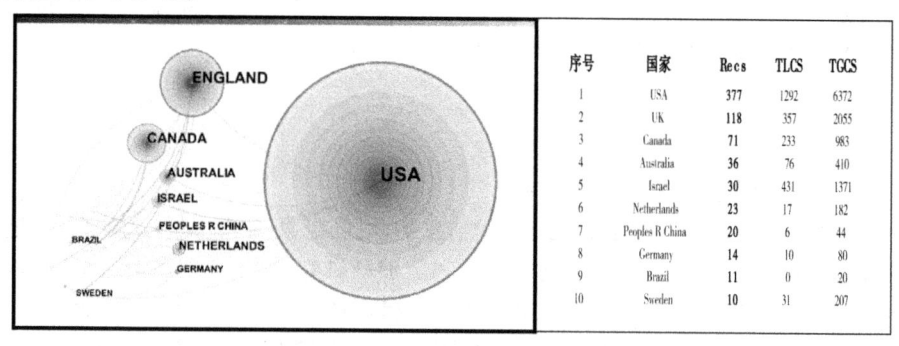

序号	国家	Recs	TLCS	TGCS
1	USA	377	1292	6372
2	UK	118	357	2055
3	Canada	71	233	983
4	Australia	36	76	410
5	Israel	30	431	1371
6	Netherlands	23	17	182
7	Peoples R China	20	6	44
8	Germany	14	10	80
9	Brazil	11	0	20
10	Sweden	10	31	207

图 2 "芝加哥研究"发文量的国家及地区影响力一览

3. "芝加哥研究"的机构发文量

机构发文量是判断某领域学术研究重阵的重要指标。712 篇核心文献涉及 200 个研究机构,结合文献的 TLCS 指标(同行被引)与 TGCS 指标(全部被引),获得"芝加哥研究"发文量前十机构,如表 1 所示,北美高校 6 所、欧洲高校 2 所、西亚高校 1 所、南美高校 1 所。10 所高校共发文 249 篇,其中北美高校发文 161 篇,天普大学、乔治梅森大学、辛辛那提大学的引用指数均在 100 以上,成为"芝加哥研究"的全球学术中心。

---

[23] HistCite 是一种文献索引分析软件,不仅可以自动引用关系分析出关键学者、关键研究,还可使用图谱的方式快速定位出某一领域的核心学者、重要文献和文献关系。

表1 "芝加哥研究"的机构发文量一览

字号	机构	发文量	TLCS	T GCS
1	simon Frassr Univ	37	175	536
2	Templ Univ	31	296	652
3	Hsbrew l Jniv Jarusalom	30	431	1371
4	George Mason Univ	29	258	750
5	Univ Cincinnati	27	149	743
6	Rutgers state Univ	23	33	287
7	UCL	21	129	517
8	Univ Cambridga	20	74	405
9	Griffith Univ	17	31	162
10	Louisiana State Univ	14	8	71

(二)"芝加哥研究"的知识群落

1. "芝加哥研究"的文献作者影响力

Recs、TGCS、TLCS是反映文献作者学术影响力的重要指标。Recs是作者被导入HistCite库中的文献数(作者发文数);TGCS表示作者所发文献在Web of Science信息平台中被其他文献所引用的数量,反映作者在整个学术界(包括跨学科、跨领域)的影响力,反映文献的全部被引用状况;TLCS表示该作者所发文献在当前数据库(HistCite库)中被引用的数量,即作者在本领域的同行影响力,反映文献被同行引用状况。TGCS和TLCS均为评判作者影响力的重要指标,但TLCS因反映同行被引,所发文献多涉重要的新发现、新方法及新解释,故更具参考价值。HistCite数据库共收录1 278位作者,按三个指标的降序排列,分别截取三个指标排名前十的作者,表2呈现出在全部被引、同行被引及总发文量上有较大学术影响的学者,韦斯伯德(Weisburd D)、安德烈森(Andresen MA)、雷切克利夫(Ratcliffe JH)、格洛夫(Groff ER)、布拉加(Braga AA)等是当代"芝加哥研究"的核心学者,其研究成果触及本领域的理论前沿,代表现阶段研究的最高水准。

表 2 "芝加哥研究"文献作者影响力一览表

TGCS 前十作者			TLCS 前十作者			发文量前十作者		
序号	作者	TGCS	序号	作者	TGCS	序号	作者	Recs
1	Weisburd D	1335	1	Wwelsburd D	421	1	Andresen MA	27
2	Eck JE	622	2	Grofr ER	187	2	Weisburd D	25
3	Ratcliffe JH	554	3	Ratclltte JH	183	3	Ratclffe JH	17
4	Braga AA	495	4	Andresen MA	171	4	Grofr ER	16
5	Andresen MA	490	5	Yang SM	154	5	Braga AA	12
6	Groff ER	469	6	Braga AA	146	6	Leltner M	11
7	Yang SM	455	7	Eck JE	129	7	Jonnson s D	9
8	Lum C	447	8	LumC	128	8	PIza EL	9
9	G ruenewald PJ	344	9	Bowers KJ	95	9	Caplan JM	8
10	Bowers KJ	336	10	Bushway s	93	10	Eck JE	8

2. "芝加哥研究"的作者合作关系

在当代"芝加哥研究"中,学者围绕核心作者和特定主题形成了较稳定且彼此联系紧密的学术共同体。基于 CiteSpace 软件,获得作者合作关系图(图 3),节点为作者,节点间的连线反映作者间的合作关系,连线越多,作者间的合作频次就越高,节点呈现的爆发圈反映作者间的高频率合作。以韦斯伯德为中心的学术共同体专注犯罪空间分布规律研究,以犯罪热点理论指导地点警务的实施;雷切克利夫研究智能警务、预测警务;布拉加的研究议题广泛,包括涉枪犯罪、帮派犯罪、犯罪热点控制等;格洛夫的研究包括地点及土地利用类型对犯罪的影响、微观地点上的重复犯罪、以 GIS 改善地点警务等。以布拉加为中心的学术共同体近年来的影响力日趋增强,这表明随着韦斯伯德临近退休,本领域研究的学术话语权正在发生转移。

文献关键词聚类在图中形成了特定的聚类标签,聚类标签是在众多关键词中具有最大代表性的关键词,其他关键词都围绕其展开研讨。图中的聚类标签显示了学术共同体常用研究方法(类实验设计、针对监控系统的循证分析)与主要研究对象(开放空间的犯罪问题)。类实验设计是一种类似于自然科学的实验研究方法,用于评估犯罪干预措施对目标人群、特定问题的治理绩效。例如以分组对照实验评估新泽西州纽瓦克市监控探头安装前后 13 个月枪击、汽车盗窃犯罪的变化。[24] 再如,2013 年芝加哥

---

[24] See Joel M. Caplan, Leslie W. Kennedy &Gohar Petrossian, *Police - monitored CCTV Cameras in Newark*, *NJ*: *A Quasi-experimental Test of Crime Deterrence*, 7 Journal of Experimental Criminology 255, 255-274(2011).

警察局针对涉枪犯罪进行预测性警务实验,该实验评估针对涉枪犯罪高危人群的预防性干预措施的有效性。[25] 此外,开放空间议题是指与封闭空间相对的公园、商场、街道等公共空间的犯罪治理。[26]

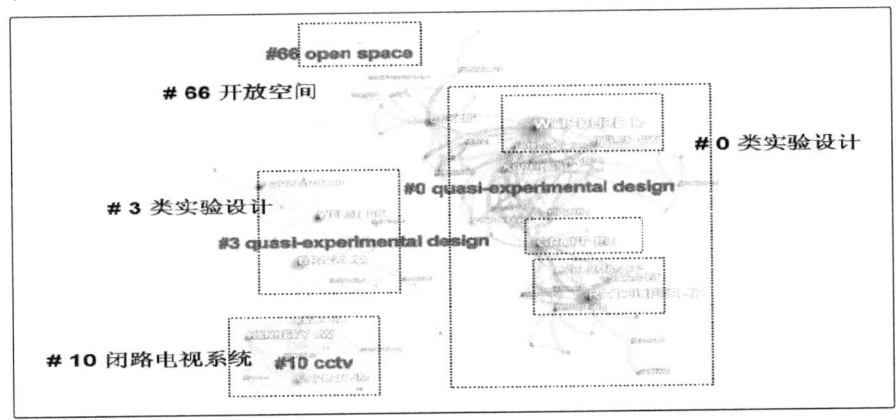

图 3 "芝加哥研究"作者合作关系图

(三)"芝加哥研究"的主题演变

1. "芝加哥研究"的关键词时间聚类

关键词是论文的标签,也是评判学术热点和主题演变的重要依据。"基于博特的结构洞理论,CiteSpace 软件能够揭示知识网络中的关键节点,发现知识转折点"[27],形成文献关键词时间聚类图(图4)。图中横列为关键词凸显和消隐的时间序列;纵列依次显示近 20 年十大文献关键词聚类标签,这些聚类标签在全部关键词中具有最大代表性,聚类中其他关键词都围绕聚类标签展开,但其并不一定在词频次数上最多。关键词聚类标签因包含时间序列,故对研判研究热点的变迁极具参考意义。

空间独立性、场所依赖、空间可视化等空间要素的关键词保持了 8 年以上研究热度,空间独立性在研究时段内自始至终保持热度,空间维度成为"芝加哥研究"的基本视角,实证分析、实验分析、循证分析不断推动城市犯罪学研讨走向深入。"芝加哥研究"多关注城市空间中社会问题引发的犯罪和越轨现象,实证分析多围绕贫困聚集、毒

---

[25] See Saunders J., Hunt P. & Hollywood J. S., *Predictions Put into Practice: A Quasi-experimental Evaluation of Chicago's Predictive Policing Pilot*, 12 Journal of Experimental Criminology 347, 347-371(2016).

[26] See Tompson L., Johnson S., Ashby M., et al., *UK Open Source Crime Data: Accuracy and Possibilities for Research*, 42 American Cartographer 97, 97-111(2015).

[27] See Chen C., *Searching for Intellectual Turning Points: Progressive Knowledge Domain Visualization*, 101 Proceedings of the National Academy of Sciences of the United States of America 5303, 5303-5310(2004).

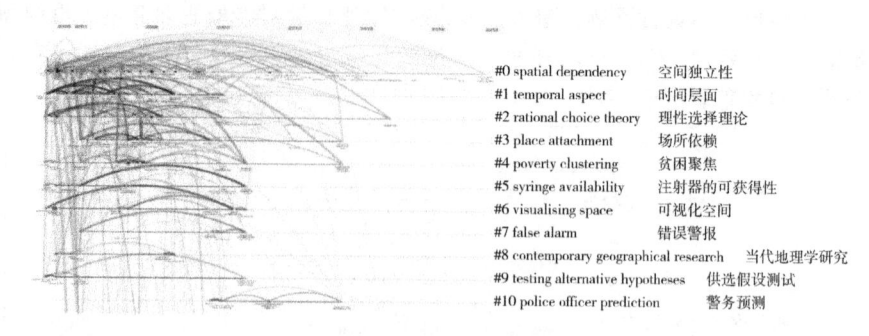

#0 spatial dependency	空间独立性
#1 temporal aspect	时间层面
#2 rational choice theory	理性选择理论
#3 place attachment	场所依赖
#4 poverty clustering	贫困聚焦
#5 syringe availability	注射器的可获得性
#6 visualising space	可视化空间
#7 false alarm	错误警报
#8 contemporary geographical research	当代地理学研究
#9 testing alternative hypotheses	供选假设测试
#10 police officer prediction	警务预测

图 4　关键词时间聚类图

品犯罪、警务模式、场所依赖展开,体现出极强的问题导向和应用导向。"芝加哥研究"并未仅停留于实证层面,还从城市空间视角推动了犯罪学理论的深入发展,如"理性选择理论"长达15年的研究热度。此外,实证分析恰到好处地融入理论研讨,这构成了"芝加哥研究"的学术特色。

2. "芝加哥研究"的关键词突变

突变意味着新的研究趋势生成,突变关键词反映了研究方向的转变与理论发展的趋势。基于CiteSpace软件,可获取近20年发生突变的23个关键词(图5)。关键词根据突变强度呈降序排列,与空间相关的关键词突变强度显著,"犯罪情景预防""空间动态"的突变强度在6.0以上。空间视角、犯罪空间受到高度重视,犯罪空间分析成为当代"芝加哥研究"的核心议题。关键词突变图反映出"芝加哥研究"的两个重要特征:

其一,"地理信息系统"的运用使"芝加哥研究"的科学性愈发增强。当代"芝加哥研究"高度依赖基于GIS的犯罪制图应用,GIS在2001—2008年的突变推动"芝加哥研究"在理论上向纵深发展,犯罪制图分析带来了新的理论发现,促成"犯罪情景预防"在2007—2012年间、"社会解组理论"于2015—2018年间、"犯罪学"理论在2016—2018年间发生持续突变。

其二,关键词的突变包括同步突变和交替突变两种模式。某些具有内在关联的关键词发生了同步突变,如热点分析、热点警务、利益、轨迹、威慑、警方等关键词在2010—2014年间,犯罪制图和GIS在2001—2007年间,越轨者、街道、影响、美国、社会解组在2015—2018年间均同步获得理论热议。还有些关键词在时间纵向上出现交替突变的研究趋势,如空间动态、犯罪预防、警务关键词的交替突变,这表明犯罪空间分布规律研究更新了犯罪治理思想,从而指导警务模式的革新。再如"区域"的突变时间为2006—2009年,"地点"的突变时间为2010—2011年,"轨迹"的突变时间为2010—2014年,"热点警务"的突变时间为2011—2014年,"街道"的突变时间为2015—2018年。这表明"芝加哥研究"在地理单位层级上发生了从地区到地点再到路段的微观转向,这种微观转向为犯罪精准防控提供了理论支持。

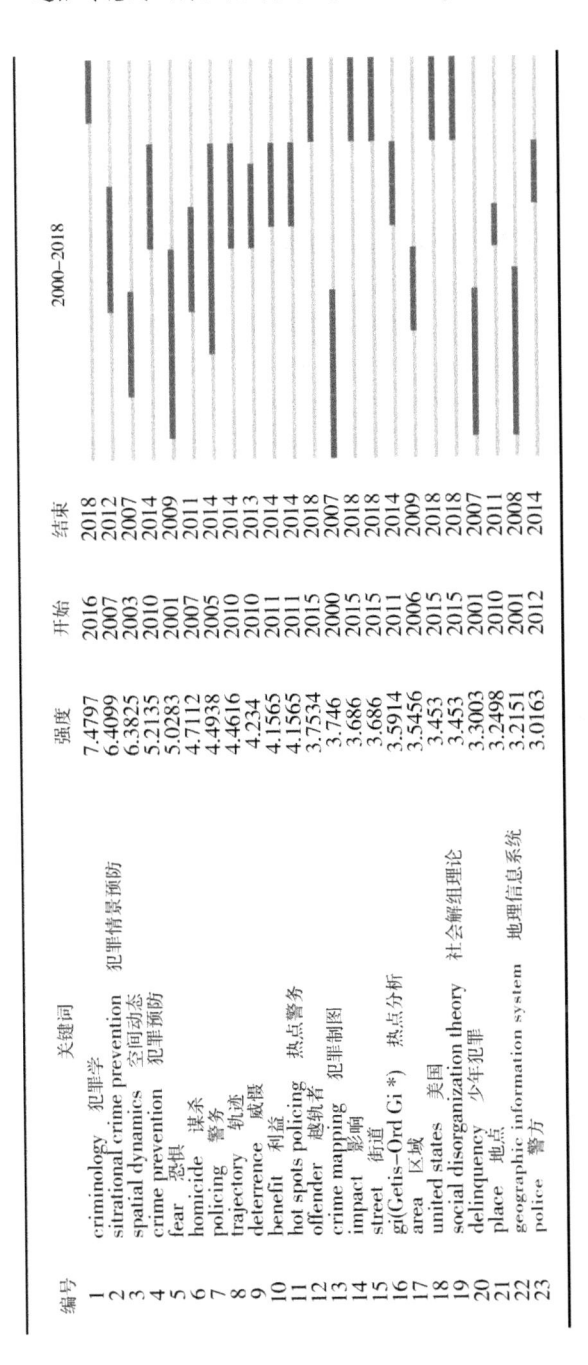

编号	关键词		强度	开始	结束	2000—2018
1	criminology	犯罪学	7.4797	2016	2018	
2	situational crime prevention	犯罪情景预防	6.4099	2007	2012	
3	spatial dynamics	空间动态	6.3825	2003	2007	
4	crime prevention	犯罪预防	5.2135	2010	2014	
5	fear	恐惧	5.0283	2001	2009	
6	homicide	谋杀	4.7112	2007	2011	
7	policing	警务	4.4938	2005	2014	
8	trajectory	轨迹	4.4616	2010	2014	
9	deterrence	威慑	4.234	2010	2013	
10	benefit	利益	4.1565	2011	2014	
11	hot spots policing	热点警务	4.1565	2015	2018	
12	offender	越轨者	3.7534	2000	2007	
13	crime mapping	犯罪制图	3.746	2015	2018	
14	impact	影响	3.686	2015	2018	
15	street	街道	3.5914	2011	2009	
16	gi(Getis-Ord Gi*)	热点分析	3.5456	2006	2018	
17	area	区域	3.453	2015	2018	
18	united states	美国	3.453	2015	2018	
19	social disorganization theory	社会解组理论	3.3003	2001	2007	
20	delinquency	少年犯罪	3.2498	2001	2011	
21	place	地点	3.2151	2001	2008	
22	geographic information system	地理信息系统	3.0163	2012	2014	
23	police	警方	3.0163	2012	2014	

图5 存在突变的23个关键词

(四)"芝加哥研究"的研究前沿

1. "芝加哥研究"的高被引文献

研究前沿作为一段时间内科学研究中最新、最具潜力的研究主题,表示一个研究领域的发展方向。[28] 研究前沿可通过高被引文献和突变被引文献两个指标量化。712 篇核心文献共包含 23 727 条有效引文,图 6 列举出被引频次排前十的引文,引文所对应的文献既是"芝加哥研究"最主要的知识基础,也是把握"芝加哥研究"发展脉络的基本依据。图中节点参数为文献,每个节点代表一篇文献,节点的大小反映文献被引频次的多少,节点对应的柱状图表示文献的发表时间,文献的共被引关系通过节点间连线表示。高被引文献的排序不仅参考被引次数,还要计算发表年度的远近,故这十篇高被引文献并非简单的频次排序。

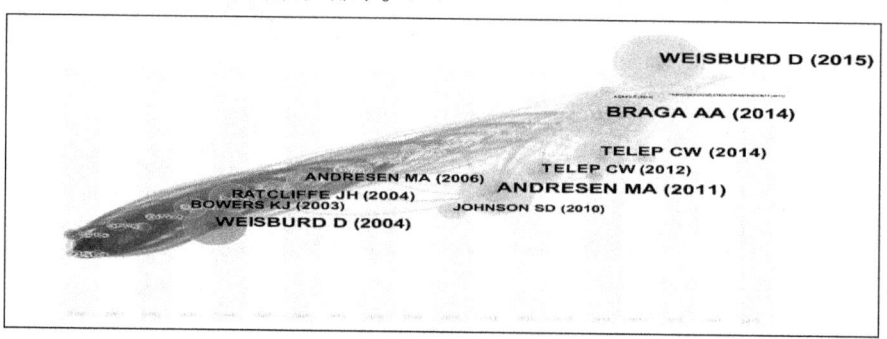

2014	BRAGA AA, 2014, JUSTICE Q, V31, P633.
2015	WEISBURD D, 2015, CRIMINOLOGY, V53, P133.
2004	WEISBURD D, 2004, CRI MI NOLOGY, V42, P283.
2011	ANDRESEN MA, 2011, J RES CRIME DELINQ, V48, P58.
2014	TELEP CW, 2014, JUSTICE Q, V31, P165.
2004	RATCLIFFE JH, 2004, INT J GEOGR INF SCI, V18, P61.
2006	ANDRESEN MA, 2006, BRIT J CRIMINOL, V46, P258.
2003	BOWERS KJ, 2003, J QUANT CRIMI NOL, V19, P275.
2012	TELEP CW, 2012, POLICE Q, V15, P331.
2010	JOHNSON SD, 2010, EUR J APPL MATH, V21, P349.

图 6 高被引文献图

---

[28] See De Solla Price, *Networks of Scientific Papers*, 149 Science 510, 510-515(1965).

这十篇文献在 Web of Science 数据库中被引 30 次以上,最多的达 295 次(Weisburd,2004)。这些高被引文献的思想、观点和研究方法具有如下学术特色:

第一,2010 年前的"芝加哥研究"主要以类实验分析揭示犯罪空间分布规律。被引 295 次的论文《基于地理单元的犯罪轨迹:一项西雅图街道的纵向研究》通过 GIS 的空间统计,研讨微观地点上的犯罪空间分布规律,验证了热点的稳定性。[29]《地理编码犯罪与可接受的最小地理编码命中率》被引 143 次,该文旨在探究什么是犯罪空间统计最科学的最小地理编码,以确定犯罪空间分析的地理单位。[30]《犯罪手段与犯罪活动的空间分析》被引 86 次,该文基于社会解组理论和日常活动理论,引入"环境人口参数",以加权转移系数分析风险人群,探讨温哥华的犯罪空间分布规律,测量犯罪的转移性。[31]

第二,2010 年后的"芝加哥研究"从类实验分析向理论体系建构和应用策略改善转型。在理论上,基于犯罪空间分布规律研究,城市与犯罪关系的传统理论获得更新,"芝加哥研究"的理论体系成为研究热点。《犯罪集中规律与地点犯罪学》被引 90 次,该文以"地点犯罪学"整合犯罪空间理论体系。[32]《检验犯罪模式的稳定性:对理论和政策的影响》被引 68 次,该文对传统"芝加哥研究"进行反思,探讨其对犯罪学理论与刑事政策的影响。[33]《有关犯罪集中规律的分析简史》被引 38 次,该文通过梳理犯罪聚集规律的理论研讨,对"芝加哥研究"的当代意义做出评价。[34] 在应用上,警务策略的优化始终是"芝加哥研究"的重点。《热点警务对犯罪的影响:最新的系统回顾和荟萃分析》被引 123 次,该文系统评估了各类热点警务策略的犯罪治理绩效。[35]《警察在犯罪热点地区应该花多少时间?一项警察机构在萨克拉门托进行的随机现场试验给出的答案》被引 60 次,该文通过分组对照实验,验证了干预犯罪热点的警务策

---

[29] See Weisburd D., Bushway S., Lum C., et al., *Trajectories of Crime at Places: A Longitudinal Study of Street Segments in the City of Seattle*, 42 Criminology 283, 283-322(2004).

[30] See Jerry H. Ratcliffe., *Geocoding Crime and a First Estimate of a Minimum Acceptable Hit Rate*, 18 International Journal of Geographical Information Science 61, 61-72(2004).

[31] See Andresen M. A., *Crime Measures and the Spatial Analysis of Criminal Activity*, 46 British Journal of Criminology 258, 258-285(2006).

[32] See David Weisburd, *The Law of Crime Concentration and the Criminology of Place*, 53 Criminology 133, 133-157(2015).

[33] See Andresen M. A. & Malleson N., *Testing the Stability of Crime Patterns: Implications for Theory and Policy*, 48 Journal of Research in Crime & Delinquency 58, 58-82(2010).

[34] See Johnson S. D., *A Brief History of the Analysis of Crime Concentration*, 21 European Journal of Applied Mathematics 349, 349-370(2010).

[35] See Braga, A. A., Papachristos A. V. & Hureau D. M., *The Effects of Hot Spots Policing on Crime: An Updated Systematic Review and Meta-Analysis*, 31 Justice Quarterly 633, 633-663(2014).

略对减少犯罪的有效性。[36]

2."芝加哥研究"的突变被引文献

突变强度高的被引文献代表了最新的研究主题,在相当程度上昭示着该领域未来的发展趋势。以 CiteSpace 软件突变探测功能分析突变被引文献,获得被引频次突变程度最强的 20 篇文献(图 7),之前 10 篇高被引文献中有 3 篇出现在突变被引文献中。从突变起止时间看,13 篇文献的突变始于 2010 年,6 篇文献突变早于 2010 年,1 篇文献的突变始于 2011 年。因此,以 2010 年为分界点,将突变被引文献分两个阶段解读。

2000—2009 年的突变被引文献包括《邻里不平等、集体效能与城市暴力的空间动态分布》《犯罪制图:理解犯罪热点》《测量地理转移和犯罪预防措施的效益扩散》《暴力犯罪地点的问题导向警务:一项随机控制试验》《整合日常活动和社会解组理论:分析单元与作为扩散进程的街头抢劫研究》等。上述研究发展了问题导向的警务模式,对警务活动改变社区内日常活动、治理城市问题、减少犯罪和混乱的有效性进行评估,验证警务干预不会导致犯罪转移;介绍基于 GIS 的犯罪制图应用,对犯罪制图的科学知识进行解读。此外,城市空间内集体效能对犯罪的抑制、犯罪转移的测量与微观地点的犯罪空间计量议题也开始成为研究热点。

2010—2018 年的突变被引文献包括《治理犯罪和骚乱热点:一项随机控制试验》《犯罪是否仅是在附近移动?犯罪控制效益扩散与犯罪空间转移的控制研究》《基于地理单元的犯罪轨迹:一项西雅图街道的纵向研究》《GIS 与犯罪制图》《为减少犯罪、混乱和被害恐惧,警察能做些什么?》《犯罪地理学的分析单元:历史沿革、关键问题和开放性问题》《费城枪击事件的重复模式》《热点矩阵:减少犯罪时空目标的框架》《犯罪测量与犯罪活动的空间分析》《行动在哪里:使用轨迹分析和 GIS 的测量青少年犯罪时空模式》等。

2010 年后突变被引文献在突变持续时间上呈明显的同步突变特征,突变大多始于 2010 年。首先,突变被引文献大多遵循类实验分析和循证警务的研究模式,《治理犯罪和骚乱热点:一项随机控制试验》一文针对犯罪热点的情景预防犯罪效果进行评估,验证了问题导向警务模式的有效性。《基于地理单元的犯罪轨迹:一项西雅图街道的纵向研究》一文基于微观地点和长时间观察,以轨迹分析法验证了微观地点上犯罪的聚集性和稳定性,为地点警务的可行性提供直接证据。这些学术成果具有很强的实践价值,在很大程度上影响到美国的犯罪治理策略。

---

[36] See Telep C. W., Mitchell R. J. & Weisburd D., *How Much Time Should the Police Spend at Crime Hot Spots? Answers from a Police Agency Directed Randomized Field Trial in Sacramento, California*, 31 Justice Quarterly 905, 905-933(2014).

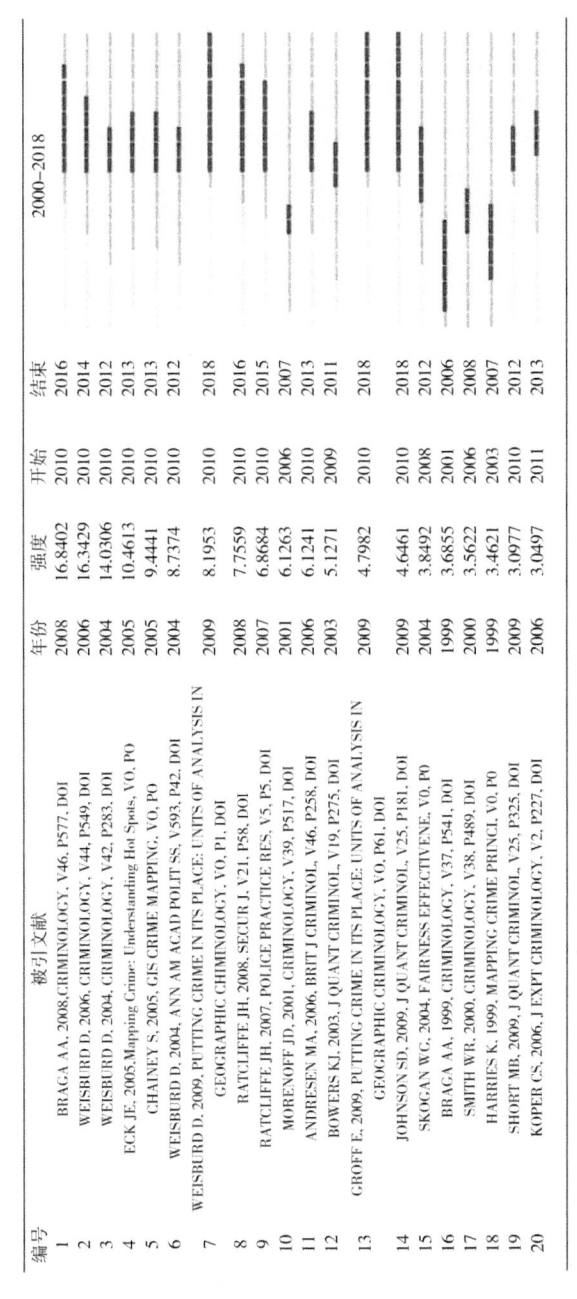

编号	被引文献	年份	强度	开始	结束	2000—2018
1	BRAGA AA, 2008, CRIMINOLOGY, V46, P577, DOI	2008	16.8402	2010	2016	
2	WEISBURD D, 2006, CRIMINOLOGY, V44, P549, DOI	2006	16.3429	2010	2014	
3	WEISBURD D, 2004, CRIMINOLOGY, V42, P283, DOI	2004	14.0306	2010	2012	
4	ECK JE, 2005, Mapping Crime: Understanding Hot Spots, V0, P0	2005	10.4613	2010	2013	
5	CHAINEY S, 2005, GIS CRIME MAPPING, V0, P0	2005	9.4441	2010	2013	
6	WEISBURD D, 2004, ANN AM ACAD POLIT SS, V593, P42, DOI	2004	8.7374	2010	2012	
7	WEISBURD D, 2009, PUTTING CRIME IN ITS PLACE: UNITS OF ANALYSIS IN GEOGRAPHIC CHIMINOLOGY, V0, P1, DOI	2009	8.1953	2010	2018	
8	RATCLIFFE JH, 2008, SECUR J, V21, P58, DOI	2008	7.7559	2010	2016	
9	RATCLIFFE JH, 2007, POLICE PRACTICE RES, V5, P5, DOI	2007	6.8684	2010	2015	
10	MORENOFF JD, 2001, CRIMINOLOGY, V39, P517, DOI	2001	6.1263	2006	2007	
11	ANDRESEN MA, 2006, BRIT J CRIMINOL, V46, P258, DOI	2006	6.1241	2010	2013	
12	BOWERS KJ, 2003, J QUANT CRIMINOL, V19, P275, DOI	2003	5.1271	2009	2011	
13	GROFF E, 2009, PUTTING CRIME IN ITS PLACE: UNITS OF ANALYSIS IN GEOGRAPHIC CRIMINOL, V0, P61, DOI	2009	4.7982	2010	2018	
14	JOHNSON SD, 2009, J QUANT CRIMINOL, V25, P181, DOI	2009	4.6461	2010	2018	
15	SKOGAN WG, 2004, FAIRNESS EFFECTIVENE, V0, P0	2004	3.8492	2008	2012	
16	BRAGA AA, 1999, CRIMINOLOGY, V37, P541, DOI	1999	3.6855	2001	2006	
17	SMITH WR, 2000, CRIMINOLOGY, V38, P489, DOI	2000	3.5622	2006	2008	
18	HARRIES K, 1999, MAPPING CRIME PRINCI, V0, P0	1999	3.4621	2003	2007	
19	SHORT MB, 2009, J QUANT CRIMINOL, V25, P325, DOI	2009	3.0977	2010	2012	
20	KOPER GS, 2006, J EXPT CRIMINOLOGY, V2, P227, DOI	2006	3.0497	2011	2013	

图7 突变强度最高的20篇被引文献

其次,在研究方法上,突变被引文献以空间计量模型的运用为特色。热点矩阵模型(《热点矩阵:减少犯罪时空目标的框架》)、基于空间回归分析的犯罪时空预测(《对重复入室盗窃效应进行测量和建模》)等各种空间计量方法的引入,使"芝加哥研究"经历了从经验描述到计量分析、从理论解释到犯罪时空预测的转型。

最后,在研究层级上,类实验分析的地理单位层级发生了从城市到社区再到路段的微观转向。不同于19世纪以国家和地区为单位的前科学研究,也有别于芝加哥学派在20世纪对城市社区的关注,研究视线已转向路段、街区、地点等微观地理单位,学者认为基于微观地点的犯罪空间分析更精准,也更具犯罪预防的可行性。[37] 如韦斯伯德以路段为单位的西雅图市犯罪轨迹研究[38],布拉加对马萨诸塞州洛厄尔市犯罪热点的微观分析[39],雷切克利夫对费城枪击事件以街区为单位的微观分析。[40]

三、"芝加哥范式"的理论发展

(一)本体论:"芝加哥范式"促成了城市犯罪学的兴起

21世纪是城市的世纪,城市化是改革开放40年来影响我国经济社会发展及整体犯罪态势最深刻的变化因素之一。"芝加哥范式"致力于在犯罪学最前沿的天际线上"拓荒",将犯罪视为城市发展中的社会越轨现象,从城市视角、在城市场域、透过城市更新的历史进程探究影响犯罪的城市变量,探索犯罪空间规律,感知和预测犯罪行为,干预失序场所,治理问题社区,通过城市发展抑制犯罪。"芝加哥范式"实现了城市和犯罪关系的理论整合与知识重建,开创出与犯罪社会学、犯罪心理学、犯罪经济学等分支学科并驾齐驱的城市犯罪学。这种城市犯罪学分析框架包括微观层面的"情景范式"和宏观层面的城市视角。

第一,微观层面的"情景范式"。[41] 情景范式在空间上主要指城市中发生犯罪的微观地点,基于犯罪制图等技术的加持,"芝加哥研究"所涉地理单位层级经历了从城

---

[37] See Weisburd D., Bruinsma G. J. N. & Bernasco W., *Units of Analysis in Geographic Criminology: Historical Development, Critical Issues, and Open Questions*, Springer, 2009, pp. 3-31.
[38] See Weisburd D., Bushway S., Lum C., et al., *Trajectories of Crime at Places: A Longitudinal Study of Street Segments in the City of Seattle*, 42 Criminology 283, 283-322(2004).
[39] See Braga A. A., Bond B. J., *Policing Crime and Disorder Hot Spots: A Randmized Controlled Trial*, 46 Criminology 577, 577-607(2008).
[40] See Ratcliffe J. H., Rengert G. f., *Near-Repeat Patterns in Philadelphia Shootings*, 21 Security Journal 58, 58-76(2008).
[41] "情景范式"是由美国社会学家安德鲁·艾伯特在1992年芝加哥大学社会学系100周年纪念大会上倡导的,他呼吁学界重新考虑芝加哥学派"情景范式"的学科意义。See Andrew Abbott, *Of Time and Space: The Contemporary Relevance of the Chicago School*, 75 Social Forces 1149, 1149-1182(1997).

市到社区再到路段的微观转向,微观地点是类实验研究的最佳分析单位,潜入微观层面体察犯罪分布、基于微观地点进行空间相关性分析成为城市犯罪学的核心议题。无论城市如何发展,首位城市及城市高密度区域均由各种微观地点组合而成,网格、路段、院落等微观地点构成城市犯罪学的基本分析单元和实现空间重构、秩序重建的应用着力点。相对于数量巨大、处于流动状态、不易被精准预测的高危人群,城市中微观犯罪热点的总体数量较为有限;相对于针对高危人群的系统性心理干预和综合性社会预防,针对少数微观地点的治理措施更具直接性、可行性和有效性。

第二,宏观层面的城市视角。面向宏观的城市视角是对"芝加哥范式"学术传统的回归。"芝加哥研究"是对美国20世纪上半叶城市化导致犯罪暴增问题最为敏捷的理论反思。当前,城市化变迁引发的城市扩张、局部失序、传统社区的"转型—瓦解—重建"、人口密度过大等"城市病"仍是影响犯罪发生的重要因素,分析犯罪现象不能抽离城市变迁的时代背景,城市视角则是对上述时代背景的理论回应。城市犯罪学并非只见树木不见森林,其分析框架不仅重视微观地点,还关注城市发展、城市议题与犯罪的相关性,尤其是城市化对犯罪的影响。

一般来说,人们更倾向认同城市吸引犯罪、城市化提高犯罪率的观点,如社会解组理论对社区秩序瓦解的人类生态学分析。"改革开放以来,我国刑事犯罪立案数增长10.4倍。城市化率平均每增加一个百分点,刑事犯罪立案数增加17.7万起。"[42]随着北美犯罪率在21世纪以来持续走低,城市更新和发展能够抑制、预防犯罪的观点悄然流行,如学者以两阶段最小二乘法建立回归模型,发现社区中移民增加能显著减少犯罪。[43] 实际上,"城市化并不必然导致犯罪率的提高,因为真正意义的城市化不仅意味着长期居住在城市,同时能够获得平等的就业机会,并享受城市公共产品与社会福利。随着城市社会福利的提高,犯罪的机会成本将更高,对犯罪的疏导效果也更为明显"。[44] "高质量的城市化可以抑制犯罪,低质量的城市化与'半城市化'问题的加重导致刑事犯罪率的提高。"[45] 面向宏观的城市视角既承认城市化率与犯罪率高度正相关的事实,更重视以高质量的城市化抑制犯罪,通过城市内涵式发展和更好的城市治理预防犯罪。

微观"情景范式"与宏观城市视角均聚焦于探究"什么是影响、吸引犯罪的城市变量"这一"芝加哥范式"的根本问题,城市犯罪学分析实现了犯罪学理论的重新对标与定位,有助于犯罪学在社会治理、城市治理中承担更重要的理论使命。

---

[42] 吴鹏森、章友德主编:《城市化、犯罪与社会管理》,社会科学文献出版社2013年版,第3页。
[43] See MacDonald J. M., Hipp J. R. & Gill C., *The Effects of Immigrant Concentration on Changes in Neighborhood Crime Rates*, 29 Journal of Quantitative Criminology 191, 191-215(2013).
[44] 王安、魏建:《城市化质量与刑事犯罪》,载《山东大学学报》(哲学社会科学版)2013年第3期,第81页。
[45] 同上注,第72页。

(二)方法论:"芝加哥范式"助推计量犯罪学走向深入

没有数学,就无法揭示犯罪规律的本质和看透犯罪学理论的深度。"芝加哥范式"切准了当代社会科学的发展脉搏,引入类似自然科学的实验分析(如分组对照实验),在"实验—理论—验证"思路下,通过 GIS 软件进行犯罪制图,以犯罪空间计量等方法沟通理论与经验事实,使犯罪学研究从经验描述到计量分析、从解释到预测、从理论犯罪学步入计量犯罪学。

从聚类标签看,以韦斯伯德、雷切克利夫、格洛夫、布拉加为中心的各主要学术共同体大量使用类实验设计方法。学者以犯罪地图在分组对照实验中探索犯罪空间分布的犯罪聚集性、热点稳定性及犯罪转移性;以地理加权回归测算美国房屋止赎权与居民区盗窃关系的空间异质性,探讨止赎权对临近区域盗窃的溢出效应[46];设计涉枪犯罪地图,探索犯罪空间特征及优化警力部署[47];以最近邻指数检验空间聚类、以偏态系数量化罪犯出行特征,验证被害的空间聚集与罪犯出行距离衰减假设[48];以点模式、热点制图、邻近—重复和风险地形模型的联合分析,探讨暴力犯罪地点预测的有效性[49];以时空扫描统计法、离散泊松模型探测毒品犯罪时空热点[50]。

在类实验研究百花齐放的基础上,犯罪学"荟萃分析"得以绽放。"荟萃分析"[51](Meta-analysis)最早由美国教育心理学家吉恩·格拉斯在 1976 年提出,这种思路在医学领域大放异彩,并发展出"循证医学"。荟萃分析不是基础性的类实验分析,而是将以往类实验研究成果在后续应用中的实际效果进行收集、整理、评估和研判,以此评价哪种类实验分析更科学、更具可行性。荟萃分析解决了以往研究主观色彩偏重、实验有效性存疑、应对措施效果不明的问题。一种实验研究是否科学,不仅取决于实验思路、方法和过程是否无懈可击,更取决于实验成果是否有实效。荟萃分析对实验分析相对客观的对比与评估,是关于特定犯罪治理策略的循证研究。荟萃分析的典范莫过于布拉加对各种关于地点警务有效性的实验进行的系统评估。布拉加验证了针对犯

---

[46] See Zhang H. & McCord E. S., *A Spatial Analysis of the Impact of Housing Foreclosures on Residential Burglary*, 54 Applied Geography 27, 27–34(2014).

[47] See Mohler G., *Marked Point Process Hotspot Maps for Homicide and Gun Crime Prediction in Chicago*, 30 International Journal of Forecasting 491, 491–497(2014).

[48] See Birks D., Townsley M. & Stewart A., *Emergent Regularities of Interpersonal Victimization an Agent-Based Investigation*, 51 Journal of Research in Crime and Delinquency 119, 119–140(2014).

[49] See Caplan J. M., Kennedy L. W., Piza E. L., *Joint Utility of Event-dependent and Environmental Crime Analysis Techniques for Violent Crime Forecasting*, 59 Crime & Delinquency 243, 243–270(2013).

[50] See Linton S. L., Jennings J. M., Latkin C. A., et al., *Application of Space-Time Scan Statistics to Describe Geographic and Temporal Clustering of Visible Drug Activity*, 91 Journal of Urban Health 940, 940–956(2014).

[51] See G. V. Glass, *Primary, Secondary, and Meta-Analysis of Research*, 5 Educational Researcher 3, 3–8(1976).

罪热点的地点警务的科学性,提出犯罪控制的效益扩散效应,论证了问题导向的警务策略更具有效性,还指出警民关系对地点警务实施的积极影响。[52]

在大数据时代,基于物联网、互联网的连接效应,城市中人口、交通、出行、居住、城规、社交、治安等领域的"数据宇宙"日趋膨胀,大数据技术将城市转换为数据世界,为预知、预测、控制犯罪提供了基础条件。计量犯罪学向以大数据为基础的"计算社会科学"[53]发展。"计算社会科学可对社会进程、城市生活进行建模和模拟,从而充分理解与今日世界相关联的、极其复杂的远距离间的相互关系,并用于支持政策制定者的决策。"[54]基于 GIS 的数学建模、决策树分析、神经网络分析、城市计算、爬虫软件等技术获得广泛使用。学者针对邻近重复犯罪现象,设计犯罪预测算法,孵化出大名鼎鼎的 PredPol 软件。学者引入"环境人口参数"(the ambient population),以环境人口为犯罪空间计量基础,捕捉和预测特定空间 24 小时内的风险人口,实现犯罪时空预测。如美国弗吉尼亚大学助理教授马修·耶贝尔(Matthew Gerber)发现推特(Twitter)平台上推文和犯罪行为之间的关系,通过观察推特上发推文时自带的 GPS 定位和人群密集的热度地图,预测最可能发生犯罪的地点并通知警方提前部署警力。[55]

可以说,针对城市复杂系统的犯罪计量分析是揭示犯罪规律的必由之路。随着大数据的血液融入"芝加哥研究",新方法推动了新分析框架的形成,大数据技术推动犯罪时空计量走向深入;而计量犯罪学及计算社会科学亦成为犯罪学发展的历史必然。

(三)价值论:"芝加哥范式"追求空间正义和城市权利

"芝加哥范式"并非仅着眼于从技术层面改进警务策略,当代"芝加哥研究"透过问题看本质,将视线投注到城市失序和社区集体效能瓦解的根源,如对美国城市公共住房社区犯罪高发问题进行城市社会学反思。[56]"芝加哥范式"对地点的关注也并非仅体现为对特定地点的监控和高危风险感知,"芝加哥研究"秉持"人是万物的尺度和城市空间的主宰"[57]的理念,关注城市空间安全感的营造和被害预防,如感知、消除潜在被害人对高危环境的被害恐惧研究。可见,"芝加哥范式"对犯罪的技术治理保持相对

---

[52] See Braga A. A., Papachristos A. V. & Hureau D. M., *The Effects of Hot Spots Policing on Crime: An Updated Systematic Review and Meta-Analysis*, 31 Justice Quarterly 633, 633-663(2014).

[53] Lazer David, Pentland Alex, Adamic Lada, et al., *Computational Social Science*, 323 Science 721, 721-723 (2009).

[54] Conte R., Gilbert N., Bonelli G., et al., *Manifesto of Computational Social Science*, 214 The European Physical Journal Special Topics 325, 325-346(2012).

[55] See Gerber M. S., *Predicting Crime Using Twitter and Kernel Density Estimation*, 61 Decision Support Systems 115, 115-125(2014).

[56] See Ben Austen, *High-Risers: Cabrini-Green and the Fate of American Public House*, Harper, 2019.

[57] 单勇:《走向空间正义:城市公共安全的技术治理》,载《中国特色社会主义研究》2018 年第 5 期,第 75 页。

清醒的认识,技术治理蕴含的工程学思维和全景式监控目标不宜作为犯罪治理的上层观念和价值导向。准确地说,"芝加哥范式"是反对犯罪治理"技术决定论"的,技术治理可能在很大程度上解决"怎么做"的问题,但最重要的"为什么做"和"做什么"的问题断然不能任由技术治理恣意,"芝加哥范式"所孜孜以求的空间正义和城市权利为后两个问题的解答指明了方向。

"'空间正义'是'空间中的社会正义'的缩写。"[58]根据美国地理学家爱德华·苏贾的理解,"空间与正义内在关联,空间包含正义,不是外在于正义的;正义必然需要空间,否则正义就是一种单纯的理念,不能落地生根"[59]。"空间正义包括对空间资源和空间产品的生产、占有、利用、交换、消费的正义。"[60]"城市是重构社会正义的空间所在"[61],空间性亦是城市权利的基本维度,城市权利是空间正义的外在体现。"城市权利特指由于城市发展所产生或带有鲜明城市性的权利,比如获得城市空间、参与城市管理、拥有城市生活的权利。城市权利是人与城市关系中的主体资格、主体素质与主体能力。"[62]

"没有人,何为城?"空间正义和城市权利是"芝加哥范式"的内在价值,为回答犯罪治理"为什么做"和"做什么"问题提供指引。"芝加哥范式"反对限制个人融入城市的治理策略,认为高质量的城市化是减少犯罪的良药;"芝加哥范式"摒弃线性、孤立的犯罪控制论,反对"堡垒社会"和空间隔离,主张将犯罪治理置于城市更新和空间重构的历史进程中考察,倡导人本主义的犯罪治理政策。城市是一个具有明确治理主体的情感共同体和利益共同体。城市权利是一种集体权利,犯罪治理应以各群体的共同福祉和整体利益为导向,而非仅维护户籍人口的利益;城市权利是一种底线权利,技术治理不能动辄以大数据决策或算法黑箱的名义对外来人口、低收入群体进行"算法歧视",更应考虑为弱势群体开展被害预防;城市权利还是一种积极权利,技术治理的实施离不开人民群众知情权、表达权、参与权、监督权的实现。

(四)实践论:"芝加哥范式"发展了犯罪的整体治理观

在理论层次上,犯罪治理包含治理思想和应用策略的二分,以往研究偏重应用策略,并未对二分层次做严格区别,直至当代"芝加哥研究"勃兴引发了对犯罪治理思想

---

[58] G. H. Pirie, *On Spatial Justice*, 15 Environment and Planning A: Economy and Space 465, 465–473 (1983).

[59] 强乃社:《城市空间化及空间正义化——一场围绕苏贾〈寻求空间正义〉争论的回顾与反思》,载《学习与探索》2016年第11期,第26页。

[60] 任平:《空间的正义——当代中国可持续城市化的基本走向》,载《城市发展研究》2006年第5期,第1页。

[61] Edward W. Soja, *Seeking Spatial Justice*, University of Minnesota Press, 2010, p.7.

[62] 陈忠:《城市权利:全球视野与中国问题——基于城市哲学与城市批评史的研究视角》,载《中国社会科学》2014年第1期,第87页。

和上层观念的深刻思考。尽管"芝加哥范式"促成了诸多应用策略的改善,如推动治理重心从罪犯向地点的转变,针对犯罪热点成因开展问题导向的警务模式,如城市公共空间的环境预防,再如通过犯罪地图对社会公开,打通民众在大数据时代参与犯罪治理的"数据接口"等;但当以文献计量拂去历史的尘埃,可发现具体战术优化的背后蕴含着一种犯罪的整体治理思想,即最好的城市治理政策就是最好的刑事政策。

德国刑法学家弗兰茨·李斯特从整体刑法学视角提出"最好的社会政策就是最好的刑事政策"[63]。"芝加哥范式"从城市犯罪学维度秉承并发展了整体治理观,在深刻认知城市本质和城市价值观、发展观的基础上,思考如何将城市营造为预防犯罪的堡垒,借力城市更新、科技进步和社会发展减少城市的犯罪引力,以整体治理方式实现更高水平、更智慧的犯罪治理。"芝加哥范式"认识到少数热点及问题区域在很大程度上影响城市整体犯罪率,特定城市空间有较强的犯罪引力。减少城市空间的犯罪引力需要战术层面的环境预防和警务应对,更需在战略布局和源头层面关注城市权利和城市福利,"城市化并不必然导致刑事犯罪率的提高,应更加注重城市化质量而非速度,打破户籍管制与提高城市福利可以在一定程度上克服城市化进程中的犯罪问题"[64]。在城市化持续推进的背景下,"芝加哥范式"既不拘泥于具体的环境预防,也非主张"地理环境决定论",而是秉持城市发展和社会进步决定空间环境中的犯罪行为的观念,认为"犯罪治理活动内嵌于社会治理的总体框架,社会治理、城市治理活动兼具或附带预防犯罪的功能"[65]。在旧城改造、城中村更新、商业综合体和新区建设、交通规划中,融入犯罪预防理念,以社区建设改善"原子化"社会的弊端,为流动人口和弱势群体提供社会支持,以治理问题地点的方式消除犯罪恐惧,实现"治政之要在于安民"的理想愿景。

面对数据管控型社会、全景式监控城市的日渐成型及技术治理的勃兴,秉持整体治理观的"芝加哥范式"并未陷入"技术万能论",而是对技术治理保持清醒和客观的认知。技术治理属于犯罪治理的应用策略,优势在于特定环境和条件下微观业务、具体事项的优化,在于治理组织和机制的改善;但技术治理离不开治理思想的形塑和指导,技术治理不能超越工具主义,更不能以算法中心主义解构人类中心主义。值得注意的是,即便在微观业务领域,技术治理也仅能实现有限理性,在人工明确规定目标任务的领域发挥作用,大数据分析结果是解释性和预测性的,但不是控制性、绝对性的。大数据仅能处理硬数据和进行冷识别,而对软数据和热识别无能为力。因此,技术治理须在城市治理和犯罪治理的整体框架下运行,技术治理的目标、对象、措施以及全景式监控城市的监管均离不开空间正义和城市权利理念的指引,离不开社会公众的知情、参与、监督,离不开基于城市共同体意识的开放式治理。

---

[63] 吴宗宪:《西方犯罪学》(第2版),法律出版社2006年版,第165页。
[64] 王安、魏建:《城市化质量与刑事犯罪》,载《山东大学学报》(哲学社会科学版)2013年第3期,第72页。
[65] 单勇:《城市高密度区域的犯罪吸引机制》,载《法学研究》2018年第3期,第133页。

铁路安全三级犯罪防控体系构建设想[*]

崔海英[**]

要 目

一、第一层次:情境预防
　(一)在铁路犯罪中引进情境预防的可行性分析
　(二)运用情境犯罪预防(SCP)理论的设计对策
二、第二层次:多机构协作的一体化预防
　(一)发挥主导:全路公安携手作战
　(二)依托行业:全国铁路系统一盘棋
　(三)路地合作:构建大公安格局
　(四)多机构协作:加强与地方政府、民政部门、基层组织等的协作
三、第三层次:社会预防
　(一)司法机关层面开展的社会预防
　(二)政府和国家层面开展的社会预防
四、结语

摘 要 对铁路常见犯罪的打击常常面临诸多困境。若囿于铁路常见刑事案件去探讨犯罪预防,未免视野狭窄;当我们定位于铁路安全,则可放眼全社会,提出更加宏观和全面的防控对策。本文拟提出构建我国铁路安全的三级犯罪防控体系的设想:第一层次是情境预防;第二层次是多机构协作的一体化预防;第三层次是社会预防。本文从铁路常见具体犯罪类型和情境预防的五大策略两个方面探讨铁路常见犯罪的情境预防设计。在一体化预防中,全路公安要携手作战,发挥预防主导作用;全国铁

---

[*] 本文系国家社会科学基金项目"中国未成年人犯罪危险评估研究"(项目编号:18BFX108)、河南省哲学社会科学项目"少年司法实务中的涉案未成年人危险评估研究"(项目编号:2017BFX017)的阶段性成果。

[**] 铁道警察学院副教授,法学博士。

路系统要依托行业,下好全国预防一盘棋;路地要密切合作,构建大公安格局;警方要加强与地方政府、民政部门、基层组织等的多机构协作。社会预防则从司法机关层面与政府和国家层面分别进行具体探讨。

关键词 铁路安全 三级犯罪防控体系 情境预防 一体化预防 社会预防

关于犯罪预防的重要性,刑事古典学派创始人贝卡里亚曾云:"预防犯罪比惩罚犯罪更高明,这乃是一切优秀立法的主要目的。"[1]犯罪困扰着整个社会,人们越来越认识到刑罚对于控制犯罪是杯水车薪,作用有限。严惩政策会花费纳税人更多的钱,国家需要投入更多的警力,建设更多的监狱,而罪犯矫治与改造效能却一直低迷,这种政策起不到预防和打击犯罪的作用。结果造成这样一幅虚假的司法繁荣景象:警察忙着抓人,公诉人忙着取证,法官忙着判决,律师忙着接案子,新闻记者忙着追头条,原本为受害人伸张正义的司法审判遭到了践踏,犯罪率却依然在高位徘徊。这种不顾社会服务部门的资源需求,一味地向刑事司法机关投入大量政府资源的做法,不仅无助于有效防治犯罪,而且还会造成资源的浪费。正如加拿大犯罪学家欧文·沃勒教授的书名《Less Law,More Order》[2]所言:少一点法律,多一点秩序。人类孜孜不倦地谋求预防犯罪良药的努力一直没有停止,但是,成熟高效的犯罪预防又谈何容易。正如英国犯罪学家埃克布洛姆(Ekblom)所言:"从很大程度上说,作为一个成熟的专业性原则,犯罪预防是人们为之奋斗的理想——但对实践者、研究者、评价者和政策制定者来说,也确实是一个不容低估的挑战。"[3]

铁路常见犯罪的预防同样是一件异常复杂的事情。铁路本身的点多、线长、面广、人员流动性大的特色,使得对铁路常见犯罪的打击面临诸多困境:人财物流动性大、侦查工作受制于运输全局;物证较难固定;人证难以查询;货盗受害地点与单位难以查清等。要防患于未然,避免刑事案件发生后陷入这些困境,就需要构建一个完整的犯罪防控体系。这样的犯罪防控体系需要具备超前性(建立在对犯罪特点和趋势认识的基础上)、对应性(与犯罪原因体系联系起来)和复合性(构建多方位、多角度的防控体系)。[4]但是,如果把视野囿于铁路常见犯罪的预防,那似乎会让人觉得犯罪预防只是铁路公安一家的事;而定位于铁路安全,则可放眼于全社会,在更广阔的社会背景下思考和探讨此问题,提出的防控对策也将更加宏观和全面。据此,笔者

---

[1] [意]切萨雷·贝卡里亚:《论犯罪与刑罚》,黄风译,北京大学出版社2008年版,第102页。

[2] 参见[加]欧文·沃勒:《有效的犯罪预防——公共安全战略的科学设计》,蒋文军译,梅建明译校,中国人民公安大学出版社2011年版,序言第3—4页。

[3] Ekblom, P, "Towards a Discipline of Crime Prevention: A Systematic Approach to its Nature, Range, and Concepts", in T. Benner (ed.), *Crime Prevention: The Cropwood Papers*, Cambridge: Cropwood, 1996, pp.87.

[4] 参见陈明添、郭敏峰:《关于犯罪预防体系的思考》,载《福建政法管理干部学院学报》2004年第3期,第34—37页。

提出构建我国铁路安全的三级犯罪防控体系的设想:第一层次是情境预防;第二层次是多部门协作的一体化预防;第三层次是社会预防。

一、第一层次:情境预防

在情境预防出现之前,犯罪学把犯罪预防的注意力都集中在犯罪人身上。而情境预防把目光投向了犯罪发生的时间和空间,关注的是犯罪情境和犯罪机会,是以犯罪(而非犯罪人)为基础的。最早的情境预防把注意力放在公共场所的犯罪上(这也是其关注的重点和优势所在),现在已经发展到几乎可以用于任何领域和任何犯罪类型,作为以公共场所为主的铁路犯罪自然非常适合运用情境预防。

(一)在铁路犯罪中引进情境预防的可行性分析

情境预防因具有针对性、可操作性和实效性强等特点而在西方国家的犯罪预防战略中占据着重要位置。情境预防理论能否运用于我国的铁路犯罪防控,需先进行可行性分析,而后才能据此作出情境预防设计。

1. 文化差异对我国情境预防的实施影响不大

情境预防作为舶来品,能否适应中国本土环境？本研究认为,情境预防作为世界上优秀的犯罪预防理论和实践完全适合中国环境,文化背景、社会制度、司法制度等方面的差异对其实施的影响不大。其原因主要在于情境预防关注的是犯罪发生的具体情境因素,与宏观社会环境因素关涉不大。这些情境因素包括犯罪时间、空间、具体的物理环境、防护力量、被害人等,都是犯罪发生的具体客观条件,不会因犯罪人的民族、国别不同而发生变化,也不易受社会制度、司法制度、文化传统等大的社会环境的影响。因此,尽管中国和英美的工业化程度、城市化水平存有差异,犯罪态势也不尽相同,但犯罪发生的具体条件却大同小异,情境预防适合世界上任何一个国家。有学者指出,情境预防主要从情境和环境因素中探寻影响犯罪行为发生与否的有利或不利情境,不像其他预防理论那么关注道德、文化、法制等外部环境,很多预防措施既具有很强的针对性、可操作性、实效性,也具有大众化、日常化、特定化、便利化、低成本化的特点,因此可移植性很高。[5]

2. 铁路犯罪的"时空"特点适合引进情境预防

铁路犯罪的时空特点非常明显,根据时空条件的差异,可将涉铁刑事案件分为铁路线路案件、铁路列车案件以及铁路内部单位案件,涉铁刑事案件大都发生在火车站、

---

[5] 参见张远煌主编、衣家奇副主编:《中国未成年人犯罪的犯罪学研究》,北京师范大学出版社 2012 年版,第 524—525 页。

列车上、铁路线路上以及铁路内部单位,这些发案地点大都属于公共场所。对街面等公共场所犯罪的防控是情境预防诞生之初的着力点,而且一直是情境预防的一大优势领域。情境预防早期的一个成功事例就是一个涉铁案例:1975年,在伦敦地铁的全部19个站台中,挑选最易受攻击的4个站台安装了闭路电视监控系统,安装12个月后进行评估,发现此4个站台盗窃行为的发生率下降了27%。[6] 由此可见,情境预防在涉铁领域早有成功运用案例,把它应用于我国的涉铁防控自然顺理成章。

3. 铁路犯罪的"机会"特点适合引进情境预防

笔者曾深入某铁路运输法院调研,并从法院判决文书中查取118份2016年5月24日至2017年5月21日约一年内宣判的案件的判决书。[7] 涉及的118名被追诉人中,犯盗窃罪的80人,占67.8%;犯拐卖儿童罪的10人,占8.5%;涉毒犯罪的6人,占5.1%;贪污犯罪的4人,占3.4%;犯职务侵占罪的4人,占3.4%;犯倒卖车票罪的4人,占3.4%;犯破坏交通设施罪的3人,占2.5%;犯故意伤害罪的3人,占2.5%;其他4人(挪用公款罪,掩饰、隐瞒犯罪所得罪,诈骗罪,伪造有价票证罪等各1人),占3.4%(如图1所示)。

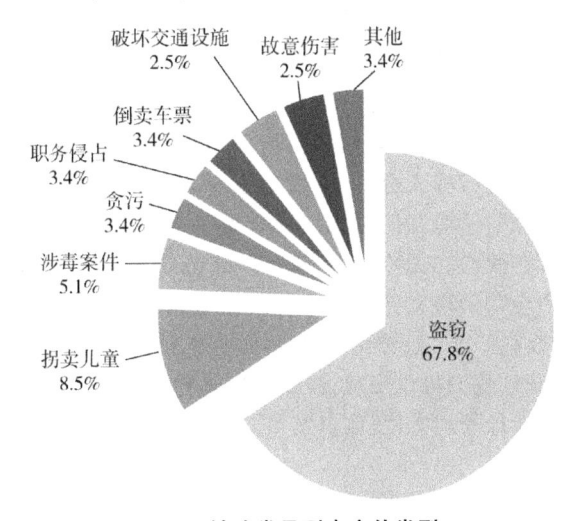

图1 铁路常见刑事案件类型

---

[6] 参见〔英〕戈登·休斯:《解读犯罪预防——社会控制、风险与后现代》,刘晓梅、刘志松译,中国人民公安大学出版社2009年版,第88页。

[7] 为了对不同的罪名以及不同的犯罪行为人分别予以研究,该"份"并非判决书的实际份数,而是将每个犯罪行为人单独认定为一份罪名,不同罪名的犯罪行为人再行计算。例如,共同犯罪案件同一份判决中有三人实施犯罪,按照三份判决计。此外,每一个判决中犯罪行为人每增加一项罪名,则相应视同增加一份判决。这样的定量细化分析,可以最大限度地客观反映涉及铁路管辖的刑事案件的案发人数与案件性质以及社会影响力、危害性的大小等诸多方面的情况。

涉铁刑事案件的盗窃犯很多是没有预谋、临时起意,遇到了(或者说是寻找到了)合适的犯罪环境和机遇才下手行窃的。同时,流动、拥挤的作案环境,不停上下的陌生乘客给破案带来了难度,但为作案人提供了方便条件,使得一些潜在的犯罪人抓住了犯罪的"有利时机",得以成功作案和顺利逃脱。铁路货物存放的地点疏于安全防范,看管货物和提货的工作人员责任心不强,也会给作案者可乘之机,最终导致被盗货物的地点与数量都难以查清,犯罪嫌疑人更无从追踪。排第二位的拐卖儿童案件,犯罪人有的是在火车站或列车上瞄准时机向儿童下手,有的是通过火车运输拐卖来的儿童,也带有很大的情境因素特点。研究表明,机会与环境因素是导致犯罪的主要因素。[8] 机会和环境等情境因素在涉铁刑事案件中占重要位置,而情境预防关注的就是犯罪的情境因素,涉铁刑事案件犯罪人的这一易受情境因素影响的特征正好与情境预防的主旨不谋而合。因此,运用情境预防理论来应对涉铁刑事案件不失为一种务实、高效、创新的手段。正是基于上述理由,为达致标本兼治、事半功倍的犯罪预防成效,我们有必要在铁路常见犯罪的防控中引进情境预防,以期带来铁路犯罪防控的新思路。

4. 铁路犯罪类型集中有利于情境预防的开展

开展情境预防要遵循的原则有关注特定类型的犯罪、关注犯罪热点和理解犯罪如何发生等,其中重中之重就是筛选出一个特定的犯罪问题。[9] 不同犯罪类型的情境因素千差万别,即便是类似的犯罪类型的情境因素也各不相同,因此需要对特定犯罪类型的情境因素和条件进行深入分析,系统地研究阻断犯罪机会的可能方式,才能制定出最可行和成本最低的情境预防措施。而针对一般犯罪现象泛泛制定的情境预防措施在实践中是很难奏效的。2009年度,武汉铁路公安局武汉处侦办的盗窃铁路运输货物案件共59起(占全部刑事案件的23%);侵犯旅客财产类案件53起(占21%);倒卖铁路车票案件28起(占15%);涉毒案件24起(占13%)。[10] 通过分析武汉铁路局的数据,再结合实证统计我们可以发现,涉铁刑事案件犯罪类型相对比较单一,高度集中在盗窃、拐卖儿童、涉毒等类案件,盗窃案依然是最常态刑事案件[11],而涉毒案件与

---

[8] 参见〔英〕罗纳德·克拉克:《情境犯罪的预防与青少年》,载《青少年犯罪问题》2000年第6期,第20—23页。

[9] See Ronald V. Clarke, *Situational Crime Prevention*: *Successful Case Studies*, New York: Harrow and Heston Publishers, 1997, p.4.

[10] 参见孙达:《铁路运输领域刑事犯罪现状及对策研究——以武汉铁路公安局武汉处辖内刑事案件为例分析》,贵州民族学院2011年硕士论文,第3页。

[11] 有学者通过调研,详细归纳了货盗案件频发的现状并进行了颇有见地的分析。郑州铁路刑事司法辖区内,在2002—2006年5年间的货盗案件发案数量、直接经济损失以及案件数量所占当年该公安处侦办案件总数的比例,其中案发数量最多的是2003年,共计3 105件货盗案件,而该处当年全刑事案件的数量为7 494件,货盗案件占全部案件的比例为41.4%;货盗案件占当年全部案件比例最高的是2005年,为52.4%,最低的年份为2006年,为34.2%。参见吕萍、张东方等:《盗窃铁路运输货物犯罪与追诉研究》,中国人民公安大学出版社2008年版,第41—42页。

拐卖儿童案是最严重刑事案件(如图1所示),这一方面为铁路刑事案件的防控指明了工作重点;另一方面也可以将有限的社会资源应用于重点问题的解决。因此,对我国涉铁刑事案件的防控运用情境预防具有可行性。

(二)运用情境犯罪预防(SCP)理论的设计对策

1. 针对具体犯罪类型的情境预防

根据笔者的实证调研,一般铁路刑事案件的类型有盗窃、拐卖儿童、涉毒犯罪(非法持有毒品、贩卖毒品、运输毒品)、职务侵占、倒卖车票、破坏交通设施、故意伤害等,多数案件主要集中于前三种类型。在上述犯罪中,职务侵占属于职务犯罪;倒卖车票随着实名制售票制度的全面实行已被逐渐"淘汰";涉毒案件主要是通过列车运输毒品,情境因素不明显;拐卖儿童犯罪大都不发生在列车和车站,犯罪人只是通过列车运送儿童,铁路部门是打击拐卖儿童犯罪的主力军但很难做到预防;破坏交通设施虽然发案率不是很高,但却能造成极其严重的损失,故本文仅对涉铁盗窃和破坏交通设施两类案件进行情境预防分析。只要认真研究这两类犯罪的生成机制并设计针对性的情境预防,涉铁一般刑事案件数量必将大幅度减少。

(1)涉铁盗窃案件的情境预防

盗窃犯罪一直以来就是铁路刑事案件的最主要犯罪类型,虽然其数量近年来有逐步下降的趋势,但仍然高居首位。当前涉铁盗窃犯罪具有以下几方面的情境特点:

其一,盗窃的目标物缺乏监管是重要诱因。涉铁盗窃案件又可分为盗窃货物案件(一般称货盗案件)和盗窃乘客财物案件。盗窃犯罪的手法一般是在被害人不知情或不在场的情况下,秘密窃取,占为己有,这就决定了行为人通常会选择被害人疏于防范和被害人不在场的情况作案,缺乏监管的财物更容易得手。在这类犯罪的生成中,有盗窃动机的犯罪人(本来就有犯罪动机的惯犯或临时起意的偶犯)在遇到合适的目标(该目标有价值、容易或能够被方便带走、有可接近性),而且该目标缺乏有能力的监控者(目标物的所有人、警察、保安、视频监控系统等)时,就很可能受到目标的诱惑而下手,而且成功的可能性很大,这也是情境预防的理论基础——日常活动理论的核心内容。铁路盗窃案件的犯罪人受情境因素影响很大,而且铁路运输的高速行驶、一日千里、人多拥挤、乘客互不相识等特点使得行为人的犯罪动机向犯罪行为转化的过程非常短暂,一旦目标和时机均合适,行为人会迅速下手并快速逃离。有些涉铁盗窃案件,并不是作案人苦苦寻觅目标而起,而是犯罪机会实在"诱人",即缺乏监管的"合适"的目标物就在眼前所致。

其二,涉铁盗窃案件的发案时间和地点有规律可循。货盗案件的发案时间多在春节、农闲时期,其中在货运编组场发生的货盗案件的发案时间一般在凌晨。[12] 货盗案件的发案地点主要集中在货运编组场、货运车站和货运列车上,并且一般远离铁路派出所,很容易被巡查民警忽略。其中,货运车站的盗窃案件集中在仓库和编组场内的货车上;铁路沿线的盗窃集中在贫穷落后地区的线路、弯路和坡路以及正在施工路段和货运车站进出区域,列车驶过这些路段时出于安全考虑都会减速慢行,这就给了犯罪分子可乘之机。

盗窃乘客财物案件的发案地点多在火车站和各类旅客列车上,尤其是基础设施较差的火车站和临时(春运、暑运、大型节假日临时加开)列车、普快列车。车站易发案地点多在售票口、检票口、出站口、候车厅、车门口、广场、报刊亭、电话亭、录像厅等。[13] 临时列车和普快列车发车密集、停靠站点多、人员流动性大,侵犯财产案件很难防控。列车上的易发案地点多在行李架、坐席底下、车门、车厢连接处等。[14] 盗窃乘客财物案件的发案高峰期多集中于每年的春运、重大节假日、学生开学和放假期间、旅游旺季。从每天的时间看,晚上10点到早晨6点在列车卧铺和硬座车厢最容易发生盗窃乘客财物案件。[15] 在作案地点的选择上,犯罪嫌疑人往往具有特定性和习惯性,铁路运输区域如车站、列车等极易形成犯罪热点区域。[16]

其三,涉铁盗窃案件的犯罪人作案手段职业化色彩浓厚。涉铁盗窃案件的犯罪人除少数是顺手牵羊的偶犯外,绝大多数是长期混迹于铁路上的惯犯,这些人少则几年多则几十年都以铁路盗窃为生,作案手法老练,职业化色彩浓厚。铁路货盗案件中有一些犯罪人是"专吃铁路"的职业盗窃犯,全家齐上阵,望风、盗窃、接应、销赃"一条龙",还有的和铁路职工勾结作案。2012—2017年,上海铁路公安局共抓获盗窃旅客财物的犯罪嫌疑人1 222名,其中已查证具有犯罪前科的共计588人,可见这部分犯罪嫌疑人长期流窜作案[17],专门"吃铁路"或者"路地通吃"。在盗窃乘客财物案件中,犯罪分子多利用人多拥挤的混乱状况,同伙之间相互掩护,"采用扒窃、拎包、摘挂、翻包、调包、抢夺等手段盗窃旅客财产"。[18] 场所不同,手段略有差异,在车站以扒窃、掂包、诈骗等为主,在普通列车上以扒窃、割盗为主,在动车组列车上以"掏芯"、掂包为主。[19]

鉴于涉铁盗窃案件的上述情境因素特点,我们在设计情境预防措施时就应当"对

---

[12] 同前注[10],第4—6页。
[13] 参见贾永生:《铁路旅财案件特点及侦查对策》,载《江苏警官学院学报》2004年第1期,第163页。
[14] 同上注。
[15] 同前注[10],第4—6页。
[16] 周永:《新形势下盗窃旅客财物犯罪打防对策思考》,载《铁道警察学院学报》2018年第5期,第70—73页。
[17] 同上注。
[18] 同前注[13],第162页。
[19] 同前注[16]。

症下药",在涉铁盗窃案件的重点发案地点设置防控措施,加强对有盗窃目标的被害人的重点监控。具体说来,主要包括以下四方面的措施。

其一,构筑立体全面的铁路情境预防技术体系。根据情境预防理论,结合铁路盗窃案件的特点,应当建立如下安全系统:一是视频监控系统。火车站主要是在站前广场、候车厅、售票厅、进出站口、站台等易发案地点设置摄像头;货运仓库和编组场要设置360°无死角的闭路电视监控系统;货运车站进出站的铁路沿线要设置摄像头;货运站安装货检货运安全监控系统,对进出站的货物列车进行自动、双面同步摄像,信息终端实现实时监控和记录[20];高铁在全程重点线段部位(如高架桥)安装监控系统[21];在列车车厢、车厢连接处等安装前置摄像头,信息统一传输到管理中心,这样乘警在网上巡逻即可[22]。二是出入口及周界防止越界报警系统。在火车站的进出口、铁路沿线的防护栏(网)、电缆槽等重点位置安装防护报警装置,并与铁路公安机关的智能化管理中心连接,一旦有犯罪分子图谋不轨,非法翻越或接触时,探测器即可将警情传至智能化管理中心,中心能对发案地点进行定位,便于铁路警方迅速、高效处置。三是民警巡线、巡查管理系统。民警巡线、巡查管理系统是在重点区域、重点线路以及重点地点等制定巡线、巡查线路,并安装巡更站点,民警携带巡更记录仪和警务宝典按既定路线和时间进行巡线和巡查,并将巡线、巡查情况进行记录,这样,巡线、巡查的信息可即时传到智能化管理中心。中心的管理人员可实时了解情况并及时与民警沟通,加强管理,提高效率。类似的高科技安全系统不一而足,可充分发挥我们的智慧和想象力,构建立体全面的情境预防技术体系。

其二,提高夜间反被盗防控能力。如前所述,不管是铁路货盗案件还是盗窃乘客财物案件,盗贼大都选择在夜间作案。白天这些场所人员密集,人们之间虽然大都陌生,但也能形成一种自然监督,使得盗贼在光天化日之下有所顾忌,不敢轻举妄动;但晚上不同,灯光昏暗,乘客酣然入梦,乘警疲惫不堪,盗贼们极易作案。对容易发生盗窃案件的货运仓库和编组站(场)内的货车要重点防范:出入口要严防死守,开放式的编组场[23]要尽量设防护栏和围墙;货运仓库要安装质量上乘的防盗门,门上安装安全的保险锁具,切忌使用明挂锁;无人值守的货运仓库夜间要适当开放照明,给人一种有

---

[20] 前注[11],第273页。
[21] 如武广高铁在全程防控设计上(尤其是在高架桥区段的贯通地线等)缺乏监控设施和报警装置,虽在"公跨铁"地段安装了摄像头,却无法监视到高架桥上的任何异动。盗窃案犯多选择在夜晚甚至是高铁尚在运行的时候作案,在高架桥上盗割贯通地线,贯通地线被盗后,待发现时可能已事隔数日甚至更长时间。参见袁平:《当前高铁刑事犯罪的特点、成因及预防对策研究——以衡阳铁路运输检察院办理的案件为视角》,湘潭大学2012年硕士学位论文,第10—11页。
[22] 2017年6月26日,中国标准动车组"复兴号"于京沪高铁正式双向首发,里面安装有视频监控系统,以后在列车上安装视频监控系统会成为一种趋势,这将有利于我们的犯罪预防。
[23] 如郑州北站作为亚洲最大的编组站系开放式货场,不时发生货物被偷、捡、拾、拿等违法犯罪行为。同前注[11],第43页。

人看守的错觉。德国1984年至1989年间的一项实证研究发现,晚上没有灯光的建筑物是最容易招致入侵的目标之一。无灯的场所往往预示着无人,实施犯罪不易被发现。[24] 要在候车大厅和列车车厢内作好宣传;携带贵重物品且有人同行时,同行人员要轮流值班,夜间不可全睡;单独出行的乘客一定要将贵重物品随身携带,并保持一定程度的警醒状态;民警要加紧巡逻和巡查,提高"见警率",对潜在的犯罪分子造成一定程度的震慑。

其三,加强对易被盗被害人的保护。有些被害人之所以被盗贼"相中",有其自身的因素。这些因素包括:一是露富(穿金戴银、穿名牌、手提属奢侈品的箱包等);二是疏忽大意,把贵重箱包放在脱离自己视线范围的地方;三是酣睡,候车或坐车即休息,不久即鼾声大作或呈明显入睡状。财物给潜在的盗贼带来物质刺激和诱惑,对财物的疏于看护使得潜在的窃贼抓住了"时机"。日常活动理论认为,窃贼一般会选择拥有较高价值的财物,而且该财物具有可移动性、可见性,行为人接触到被害目标后能够迅速逃离现场。[25] 民警要加强对此类潜在被害人的保护并给予善意提醒,使得此类人员能够消除自身存在的易被盗被害性。[26]

其四,加强对销赃场所的监管。很多盗窃铁路运输货物和盗割铁路电缆线、贯通地线等铁路设施的犯罪分子都是惯犯,他们之所以敢下手盗窃,是因为其有销赃渠道,得手后能够很快出手,获得现实利益。铁路货盗案件的货物大多为经济价值巨大的铜铁等金属和原料矿材,很少有能够直接用于生活的,犯罪分子经常和废品收购站点合作得很"默契",不少废品收购站点明知是赃物在巨大经济利益诱惑下仍然收购。[27] 这就需要地方公安机关加强对废品收购站点的监管,堵塞其销赃通道,使得犯罪分子所盗财物失去价值。丧失价值的财物就失去了对盗贼的吸引力,构不成其"中意"的目标,从而减少此类盗窃案件的发生。

(2)涉铁破坏交通设施案件的情境预防

我国《铁路法》规定,涉铁破坏交通设施[28]案件包括三类犯罪行为:破坏行车信号装置,设置线路障碍和盗窃行车设施零部件、器材。有的学者把涉铁破坏交通设施行为分为"关闭折角塞门、拔闸瓦钎、提拉车钩、摆放障碍、拆盗铁路器材(简称关、拔、提、

---

[24] 参见李玫瑾:《德国入室盗窃犯罪与预防研究》,载《福建公安高等专科学校学报——社会公共安全研究》2000年第2期,第28—31页。

[25] 参见曹立群、任昕主编:《犯罪学》,中国人民大学出版社2008年版,第65页。

[26] 被害性是被害人首要的基本特性,是指在一定的社会历史和自然条件下,由被害人的生理因素和心理因素,如性格、气质、素质、能力、人格倾向等诸主观条件所构成的,足以使其受害的总体内在倾向性。参见许章润主编:《犯罪学》(第3版),法律出版社2007年版,第125页。

[27] 同前注[10],第5页。

[28] 《铁路法》第61条规定:"故意损毁、移动铁路行车信号装置或者在铁路线路上放置足以使列车倾覆的障碍物的,依照刑法有关规定追究刑事责任。"第62条规定:"盗窃铁路线路上行车设施的零件、部件或者铁路线路上的器材,危及行车安全的,依照刑法有关规定追究刑事责任。"

摆、拆)"五类典型案件。[29] 破坏交通设施案件发案率高[30],其虽然在全部刑事案件中占的比例不大,但对铁路运输危害极其严重,轻则中断行车,造成一定程度的经济损失;重则发生列车颠覆、毁坏,造成重大财产损失,危及不特定多数人的生命安全。[31]不单单是中国的盗贼看上了含金属的电缆和贯通地线,发达国家的蟊贼也把目光紧紧锁定在铁道电缆上。英国民间流传着这么一种说法:如果说在两三年前,火车司机说出了信号故障,那可能就是信号真的出故障了;而今天,司机说出了信号故障,多半可以翻译成"又碰上信号电缆被割了!"[32] 当前我国涉铁破坏交通设施犯罪具有以下几方面的情境特点:

其一,目标缺乏监管,作案容易。在涉铁破坏交通设施案件中,主要表现为以谋财为目的的拆盗铁路运输设施行为[33],但也不乏行为人出于报复、破坏或颠覆列车等目的的故意破坏行为。[34] 拆盗铁路运输设施是指行为人故意拆卸、偷盗铁路钢轨、垫板、道钉、扣件、鱼尾板、电缆盒盖、通信线路及其他铁路设备零部件的行为。[35] 作案人针对的目标大都在警卫力量不能顾及的偏僻地段,这些地方大都没有监控设施,行为人作案后可以很方便地迅速逃离,作案成本极低。

其二,赃物利润丰厚,易于变卖。其实小偷并不追求"高难度作业",偷盗铁路电缆、贯通地线等是"低风险、高回报"的犯罪。行为人之所以敢公然破坏交通设施,除个别以破坏或颠覆列车为目的的行为外,大都是被拆盗或盗割铁路运输设施(如电缆、贯通地线等)的丰厚利润所吸引,而且有买方市场存在,很容易变现。近几年犯罪分子把

---

[29] 参见江宜怀:《铁路"五类典型案件"行为性质的探讨》,载《铁道警官高等专科学校学报》2006年第2期,第5页。
[30] 2003年全路共发生破坏铁路交通工具和设施、破坏铁路通信设备等案件1 044起,盗窃铁路器材案件3 951起。2004年上半年全路共发生破坏铁路交通工具和设施、破坏铁路通信设备等案件491起,盗窃铁路器材案件1 583起。同上注,第6页。
[31] 同前注[29],第6页。
[32] 英国盗割铁路信号电缆现象严重,英国交通警察局不得不抽调110名警官专职对付盗割铁路信号电缆的案件。东海岸线的一次信号电缆被割,造成了108列火车取消或误点,数万名乘客被堵达17个小时。英国铁路运营公司Network Rail说,过去两年中电缆被割给它造成的经济损失已经超过4 000万英镑。参见腾龙:《偷铜盗铁卖中国?》,载《海外星云》2012年第5期,第58页。
[33] 参见吴乾辉:《铁路运输领域破坏交通设施罪有关问题的研究》,载《行政与法》2011年第3期,第123页。
[34] 如案例:2005年5月,铁路部门对某火车站进行站场改造施工时,征用了农民高某家的苹果园用地,双方就赔偿问题几次磋商未果。于是高某便怀恨在心,于2005年12月25日凌晨携钢锯来到该火车站附近新修的铁路旁,先后锯断了5根信号电缆及附近一正在使用的电缆盒电缆,造成火车站行车室10号道岔信号灯失灵,导致一辆客运列车停车15分钟,两辆货运列车无法正常行驶达1小时15分钟。当天上午,高某发现被割坏的电缆都修好了,便到县里买了一把大铁锤,准备再次破坏,在回家的路上被公安人员抓获。铁路运输法院认为:高某锯断电缆,其破坏行为足以使进入被破坏区段的列车冒进信号并造成车毁人亡的惨剧,并以破坏交通设施罪判处该高某有期徒刑3年零6个月。同上注,第125页。
[35] 同前注[29],第6页。

目光瞄准了高铁的贯通地线、电缆铜线,盗窃数额动辄达上万元,甚至数十万元。如2011年2月,在武广高铁衡山至衡阳区间,案犯陈某某等七人在六座高铁桥上,先后四次盗窃贯通地线电缆5 501米,电缆价值高达302 555元。陈某某等人连续四次作案(每次拆盗价值数万元乃至十余万元),几乎将高架桥上能撬起的水泥盖板、可剪断抽出的贯通地线电缆"扫荡"一空,行为不计后果,极其猖狂。[36]

其三,作案具有规律性,夜间居多。一般来说,拆盗、割盗案发生在夜间的居多,高铁线路的发案时间段以高速列车停运后居多(即晚12点之后)。但若是中小学生作案,一般选择放学回家时间段;附近村民的作案时间则一般无规律。[37]

鉴于涉铁破坏交通设施案件的上述情境因素特点,我们在设计情境预防措施时就应当设计有针对性的措施,在涉铁破坏交通设施案件的重点发案部位设置防控措施等。具体说来,主要包括以下三方面的措施。

其一,完善工作机制,加强对易受侵害目标的防护。如上所述,正是因为目标物缺乏有能力的监护者,犯罪分子才有机可乘,屡屡得手。物防上,要设置防护网、防护栏,使其保持良好的防御能力。在实践中可创新防护措施,如在重点地段的防护网外种植马甲刺等植物,以及在防护网上加装带刀滚网或带刺铁丝,用T型铁等固定高架桥上电缆槽的水泥盖板;加高加固防护网防护栏,防护网、防护栏有破损的要及时修补,使其保持完好,以免发生"破窗效应"[38],给潜在的犯罪人留下"此地疏于防范,可以下手"的印象,对破损的防护设施要采取"零容忍"的态度并尽快修复;将电缆槽盖板用水泥等固定严实,防止被撬开;对贯通地线采用水泥覆盖加固等。技防上,在条件允许的情况下在重点地段安装视频监控系统和防破坏防拆盗报警装置。人防上,各铁路派出所要按照辖区警情情况,合理设置警务区和警务室,配足配强警力,实行24小时巡逻执勤制度,并根据易发案的重点路段和重点时间段优化执勤路线,执勤民警要配备警犬,配齐各种必备警用装备如警务宝典、GPS定位器、通话电台和对讲机、红外望远镜、强光手电等,采用实地查岗、电台点名以及GPS定位运动轨迹监控等方式确保巡逻执勤工作落地生根,巡出实效;要在关键要害地点,设立专门的执勤岗楼,配设值班室、强力探照灯、警犬室等,进行专业值守;对于闯入"禁区"的闲散人员,不管其是否有盗窃、破坏动机,一律以"零容忍"的态度严肃处理,不给潜在的犯罪人任何幻想。

其二,与地方公安协作,整治打击"买方市场"。犯罪分子之所以敢铤而走险,实施盗窃行车设施零部件、器材等犯罪行为,是因为存在买方市场使其可以将赃物变现,这

---

[36] 同前注[21],第6—7页。

[37] 参见汤谷初:《长沙铁路公安处管内武广高铁割盗案件的刑事技术分析》,载《铁道警官高等专科学校学报》2010年第5期,第70页。

[38] 破窗效应(Broken windows theory)是由詹姆士·威尔逊及乔治·凯林提出的一个犯罪学理论。一扇没人修理的破窗户是一个明显的信号,说明没人在乎它,可能将会招致更大的破坏。该理论认为环境中的不良现象如果被放任不管,会诱使人们仿效,最终会发展为更严重的犯罪。

就需要打击和整治买方市场,主要是废旧品回收行业。而对废旧品回收行业的整治绝非铁路公安一家可为,需要联合地方公安、地方政府等有关部门以及地方基层组织甚至基层群众,及时发现线索,从严查处运输、收购、出售涉铁赃物的犯罪行为,堵塞销赃渠道,形成打击合力,构筑一个立体化防控网络。

其三,妥善处理好各种涉铁事件、事故,防止矛盾激化。对于涉铁事故,要及时做好工伤人员和家属以及被处罚职工的安抚、疏导工作,防止其因一朝怨气郁结于胸,他日伺机蓄意进行报复性破坏。各种社会矛盾难免产生恶果,有人会因对社会不满而故意实施破坏交通设施行为,社会矛盾的化解同样重要。

2. 以情境预防五大策略为切入点的情境预防设计

(1) 增加犯罪难度的措施

其一,对重点路段、重点地点进行目标加固。铁路安全防范的面很大,货运仓库、编组站的货车都是重点防护目标,要对其防护设施进行目标加固。对火车站、列车、铁路线路等首先要划定重点地点,如对线路上的高铁高架桥、涵洞、偏僻的坡路、弯路等重点地点要进行目标加固,加高加宽防护栏、防护网,对埋设的电缆线、贯通地线等进行加固。

其二,对各种出入口进行严密控制。很多犯罪分子之所以最后能够得手,很大程度上是因为入口控制太松或没有入口控制甚至是开放的入口。入口这一关若把好的话,会直接阻断犯罪机会,甚至直接抓获罪犯。在火车站的出入口即实行严格的检查制度,高科技的查验手段配合"鹰眼",会迫使一部分犯罪嫌疑人当场"露出原形",如携带毒品者,怀抱、手牵被拐婴孩者。列车在每一站点出发和停车时比较混乱,这时的严密监控也相当重要,防止有些潜在的犯罪人"顺手牵羊"甚至"顺手牵孩"。货运仓库的入口要严防死守,人防、物防、技防都要跟上。编组站正是因为场地太大,没有入口控制,才使犯罪分子混杂其中,要想办法以围墙、护栏、多开几道入口或门的方式加强其入口控制。线路上的重点路段和重点地点外面的防护网即是入口控制,要时时检查和维护,使其发挥入口控制的作用,并在重点地点的防护网外通过增设带刺铁篱笆、种植带刺植物等形式加强入口控制,使潜在的犯罪人不能靠近防护网,更无望通过防护网接近入侵目标。对出口的控制同样不能放松,如出车站凭证件和车票,出编组站凭证件和相关手续等,对形迹可疑的人一定要严查。

其三,转移潜在犯罪人。对铁路沿线的盲流、无业人员要清理整顿,使其搬离铁路沿线。铁路公安与地方公安携手,对铁路沿线有劣迹的人员尤其是有涉铁犯罪前科的人员要加强日常监管,制定具体监管措施。

(2) 提高犯罪风险的措施

其一,扩大对目标物的监护。对携带贵重物品的乘客要提醒其加强监护(如随行人员帮助看护)。物品或货物要留下有人占用的标记,防止潜在的犯罪人将其当成无主之物。无人看守的仓库或重点地点应当点亮一盏灯,留下有人值守的印象。

其二,做好自然监督。自然监督要求有宽阔的视野和充足的照明,通过物理设计使可见度最大化。首先是改善夜间车厢内的照明、货物仓库和编组站的照明,尤其是易被拆盗地点的照明,便于警卫力量及时发现犯罪行为。其次是进行可防卫空间设计,对有碍自然监督的景观要移除或改善,如铁路沿线要改造设计得方便我们对防护目标(贯通地线、电缆线等)进行监督,对有碍监督的建筑物、景观等要进行改造,使得监督的视野开阔。最后是支持群众的检举揭发,对群众举报犯罪行为的,一经查实即给予重奖,养成良好社会风气。

其三,强化正式监督。首先,尽可能多地安装监控摄像头,对潜在的犯罪人形成一种无形的震慑和监督,也为以后侦查取证留下线索和证据。其次,在关键地点要安装自动警报系统,一旦犯罪分子接近或入侵即可报警,并将报警信号传至信息管理中心,便于警方迅速反应和出击。最后,发挥专业警卫力量的正式监督作用,组织专业警卫力量在重点路段、重点地点进行 24 小时或重点时间段的巡逻或值守。及时发现安全隐患,排查出危险因素,对不明闯入者要查明身份、果断制止。

其四,利用现场管理者。要充分利用现场的各种工作人员,使其发挥安全监督的作用,如火车站、列车上的乘务员、工作人员甚至保洁人员,仓库和编组站的管理人员等,使他们保持对犯罪侵害的警醒,及时发现犯罪苗头,使得防"贼"抓"贼"全员有责。同时,对于因警惕性高、责任心强而对防控犯罪做出成绩的工作人员要及时给予奖励,弘扬正气。

(3)减少犯罪收益的措施

其一,隐藏目标。对乘客做好宣传,使其不要显富、露富,要把贵重物品置于外人可见的视线之外。对在建的高铁等工程在埋设电缆线和贯通地线时要隐秘进行,清理路边无关人员,避免潜在的犯罪人发现可下手目标。

其二,财产标刻。对铁路贵重设施、设备和零部件等进行财产标刻并登记,使得盗窃得逞的犯罪分子不便使用和销赃,减少其犯罪收益;而且通过赃物我们很快能找到失盗位置,便于侦查破案。

其三,监管销赃"黑市"。对赃物流通变卖的黑市如废旧品收购行业、各种二手市场、一些不正规的矿厂、店铺,都要清理整顿,对有资质且有良好信誉的才颁发营业执照,在办证时就要严格把关;同时严厉打击收购赃物者,使得犯罪分子费尽心机盗得的财物价值顿时消失,使其犯罪收益减少或丧失,久而久之,犯罪分子由于无利可图自然就"金盆洗手"了。

(4)减少犯罪诱惑的措施

其一,营造良好的出行环境和氛围。铁路系统要竭尽全力提供优质高效的服务,尽力保证列车正点运营,工作人员要提高服务的质量和效率,热情、文明、礼貌、周到服务,为乘客提供一个温馨、舒适的出行环境。候车厅的座位要足够多,避免因座位之争而引发纠纷。候车厅和列车上可不时播放一些悠扬的音乐,舒缓乘客的心情。

其二,避免纠纷。要注意客流量,列车上、候车室不要聚集太多的乘客,以免人多嘈杂引发纠纷。不要出售过多的无座车票,必要时增加临客。处理涉铁事务、事故时,注意公正公平,讲究方式方法,避免群众和职工对铁路工作有怨气。

其三,减少诱惑和刺激。首先,要控制大众传媒中的暴力色情内容对公众的影响,减少此类内容的不良诱惑和刺激。不少人之所以走上违法犯罪道路,是受大众传媒中暴力色情内容的影响。因此,社会相关部门要控制大众传媒对暴力色情内容的报道和描述,对犯罪手段细节不可报道过细,大众传媒应谨持职业操守,坚持自己的底线,尽量减少对暴力色情内容的报道和描绘。[39] 其次,对在火车站、列车上、编组站等场所表现出来的尊老爱幼、互帮互助等行为要给予表扬和鼓励,对恶性行为如谩骂、打架、推搡等则坚决予以制止和处理。最后,禁止旅客之间因民族不同而出现的侮辱和歧视。

其四,阻止模仿。对乘客的不良、不轨行为要及时纠正和制止,防止其他乘客受其熏染。对故意破坏、乱涂乱画的痕迹要尽快消除,避免"破窗效应",防止其他人模仿。

(5)消除犯罪借口的措施

其一,制定规则。要制定详细周到的规则,禁止乘客在列车上和候车室内的不当行为,禁止铁路沿线居民和行人穿越和接触的区域,铁路职工的行为规范等,都要以规章制度的形式进行公告,明确规定哪些是严厉禁止的行为,使得乘客、职工、居民等的行为有章可循,避免其为越轨行为找借口。

其二,张贴告示和唤醒良知。在铁路的重要路段以告示的形式禁止公众的不当行为,如张贴"外人莫入""禁止出入""禁止穿行""禁止翻越""铁路设施事关列车安全和旅客生命,请爱护它""盗窃铁路设施可耻""破坏铁路交通设施祸国殃民"等,给予潜在的犯罪人警告,唤醒其沉睡的羞耻感和自责心理,使其能够自动放弃犯罪,中止犯罪。

其三,控制毒品和酒精。在候车厅和列车上配备必要的检测毒品和酒精的设施,对过量饮酒者要重点监管,防止其侵害他人和遭受他人侵害。对涉嫌吸毒者要一查到底,顺线深究,挖出更多的犯罪人和犯罪事实。

情境犯罪预防注重运用具体的犯罪预防策略,解决特定条件和环境下的犯罪问题。对于铁路常见刑事案件的犯罪防控问题,完全可以运用情境犯罪预防理论制定具有针对性和实用性的防控对策。但具体实效如何,还需要实践和评估予以改善。虽然情境犯罪预防理论在发展中面临过诸如犯罪转移等诘难,但其对这些批评之声均给出了具有信服力的解答,尤其是其理论注重实用性和具体方法具有伸缩性和灵活性,必

---

[39] 参见崔海英:《〈利雅得准则〉对我国防控未成年人犯罪的启示》,载《青少年犯罪问题》2014年第2期,第69页。

将会有更多的成功案例为其提供佐证,其也必将会为防控各类具体犯罪提供高效、务实的理念和方法。

二、第二层次:多机构协作的一体化预防

尽管从总体上说,犯罪是无法避免的。按照法国著名社会学家迪尔凯姆的观点,犯罪不仅是社会中的正常现象,还是社会所需要的现象。[40] 我国学者储槐植也认为:"迄今为止的历史经验表明,犯罪可以控制,但无法消灭。"[41] 尽管如此,人类始终行走在探求防控犯罪的道路上。

我国的政治体制决定了铁路安全必须依赖中央政府和国家机关在犯罪防控中发挥领导和主力军作用,即便是在情境预防中也是这样。但是仅凭情境预防是不够的,还需要犯罪防控的主力军——铁路公安机关与多机构合作,构建全方位、多层次和一体化的防控网络。多机构协作可能会与第三层次的社会预防有部分交叉重叠,这也可以理解,没有绝对可以分开的犯罪防控措施。这里的多机构协作,指的是由铁路公安机关和整个铁路系统、地方公安机关、其他司法机关、地方政府、民政部门、基层组织以及全路公安机关之间进行的有计划的、相互协调配合的防控犯罪和社会不良行为的模式。在工业社会中,社会控制的本质就是多机构参与和协作。[42] 多机构协作强调的是自上而下的中央和地方、地方和地方相结合的新型合作计划,是组织管理最严密的合作方式。

20世纪80年代,英国开始倡导多机构协作的犯罪预防模式,其在英国具有强大的政治吸引力,这要归功于它的"显著效果"和"简单而有力的判断"。[43] 1984年,英国保守党政府发表了名为《犯罪预防》的讲话,被认为是犯罪预防政策的一个分水岭,它强调各级政府必须把犯罪预防设定为公共政策的一个具有重要意义的、不可缺少的目标,指出所有的机构和公民都应该为犯罪预防贡献一份力量,预防犯罪是全社会的任务,这是多机构协作预防思想的正式确立。多机构协作预防犯罪理论经过几年发展后,1991年内政部发布了《摩尔根报告》[44],该报告指出:"犯罪预防一词通常被狭义解释,这强化了一种观点,似乎犯罪预防仅仅是警察的责任。相反,社会安全一词的含

---

[40] 参见吴宗宪:《西方犯罪学》(第2版),法律出版社2006年版,第85页。
[41] 储槐植、许章润:《犯罪学》,法律出版社1997年版,第268—269页。
[42] See Young, J., "The Idea of Community and the Politics of Difference", in L. Nicholson (ed.), *Feminism/Postmodernism*, New York: Routledge, 1991, pp. 155.
[43] 同前注[6],第103—104页。
[44] 1991年,内政部发起了"使社区更安全"活动,发布了《摩尔根报告》,其正式名称是《内政部犯罪预防常务会议关于"使社区更安全"的报告:地方政府参与多机构协作犯罪预防模式计划》。其主旨是:地方政府应与警察机关一同,在发展和促进由多机构参与的社区安全及犯罪预防项目方面,肩负起明确的法律责任。

义却非常广泛,强调社会安全能够调动社会各个部门的力量共同参与到打击犯罪活动中来。"[45]此外该报告还认为,地方政府是这一协作关系的天然中心,地方政府应加强同警察机构的合作,协调各方面广泛行动,提高社会安全。[46]

犯罪预防模式向多机构协作方向发展意味着预防犯罪将不再仅是警察的事,社会的相关机构如政府、司法机构、福利机构、公私企业等均可在犯罪预防系统中一展身手,发挥应有的作用。在接受这一新的犯罪预防理念之前,我们必须认识到这样一个事实:尽管报复性的刑罚预防方法仍然在我国根深蒂固,但报应主义和刑罚主义的刑罚预防对降低犯罪率效果甚微,对此必须转变思路。具体说来,我国铁路安全的多机构协作可以分为以下多种协作。

(一)发挥主导:全路公安携手作战

我们的多机构协作,是铁路警方占据主导地位的预防模式,这种预防模式仍然是古典主义犯罪学派的传统,既强调事先威慑,也强调事后制裁。警方占主导地位的观念可归结为他们自身打击犯罪的职责和其对法律和社会秩序的态度,也可归结为他们在打击犯罪活动中掌握了大量的犯罪信息,能够准确把握哪些犯罪机会是最应该预防并消除的。

铁路警方既然在一体化犯罪预防中占据主导地位,理应发挥其应有的主力军作用。我国铁路警察机关最早成立于1896年,距今已有近125年的历史。铁路公安机关相比于地方公安机关,在对铁路运输领域范围内的刑事案件的打击和防范上,应该更熟悉并且更具实战经验。[47]铁路系统点多、线长、面广的特色使得铁路公安机关在打击和防控犯罪方面必须站在全国的高度,统筹考虑问题。涉铁犯罪多系流窜犯罪,列车一日千里,案犯在A省的车上作案,待下车逃离时估计已是Z省了,全路公安机关的协作配合是必然的。在反恐、防爆、防破坏和预防各类刑事案件上,全国铁路公安机关必须在公安部铁路公安局统一领导和部署下,携手作战,形成合力,才能使犯罪预防取得实效,使得潜在的犯罪分子无从下手,不至于发生犯罪转移。公安部铁路公安局要立足全国,构建专业、实用的各类情报信息系统,实现全路公安资源共享,如货盗信息系统、货运信息系统、铁路设施信息系统等。依托铁路公安局域网,研发"铁路治安动态监测评估系统",实现对铁路治安动态的实时监测、评估和预报。健全铁路公安机关内部警务协调机制,建立优势警务资源互补共用机制。目前,我国铁路公安系统已经形成一定范围的警务协作机制,如打击旅财案件的"铁鹰"专项行动、春运援警、

---

[45] Britain G., Safer Communities: The Local Delivery of Crime Prevention through the Partnership Approach, in Home Office, "*Standing Conference on Crime Prevention*", London: Home Office. 1991, p.3.
[46] 同上注,第4页。
[47] 同前注[10],第3页。

援藏安保等,铁路公安机关的站车交接制度、列车就近警情报告制度等。[48] 这些铁路公安机关内部的警务协作,是一体化预防犯罪的基础和前提,也凸显了铁路公安机关在铁路安全中的主导性作用。

(二)依托行业:全国铁路系统一盘棋

由于涉铁刑事案件大都发生在铁路领域,预防犯罪必须依托铁路行业。甚至有些犯罪与行业不规范、行业有"内鬼"有直接关系,如货盗和倒票等案件。铁路系统内部应密切联系、互通信息。依托铁路行业具体需要做到以下几个方面:

其一,在全国铁路系统树立"预防犯罪,人人有责"的观念。结合各部门、各岗位具体情况,制定具体的规章制度,明确各部门、各岗位乃至每个人的预防职责,并与奖惩制度挂钩,奖励优秀者、惩罚不负责任者。要用发展的眼光看待铁路安全问题,把铁路安全看作是增强企业市场竞争力和体现企业管理能力的关键,犯罪预防人人有责。杜绝铁路系统的"铁老大"意识,强化整个铁路行业的服务意识,为顾客提供安全的环境,保障顾客不被犯罪侵害。如果铁路系统提供的服务越来越差,当铁路的垄断地位动摇时,终将会被其他的出行方式和货运方式所代替。

其二,铁路公安机关要加强与铁路各个部门尤其是与安保密切相关部门的联系。铁路公安机关要从与车站商检、货运、客运段、通信段、电务段、机务段、供电段等相关部门的联系中,掌握其安全防范情况,及时发现隐患,并组织各部门采取相应的整改措施,防患于未然。

其三,在重点、要害位置,铁路公安机关可与铁路系统相关单位建立以内部职工为主体的犯罪预防机制。如在大型货场、编组场内,铁路公安机关可联合站内各单位建立协作机制,以铁路系统职工为犯罪预防主力军。在一个大型编组站内,每天都有数千职工24小时作业,如果能与相关单位就本单位管辖区内的安全防范问题达成共识,把犯罪预防纳入其日常工作机制,使相关单位职工人人都参与安全防范工作,将会有力地促进本单位的犯罪预防工作,这样就会有许多眼睛在注视着管辖区内的风吹草动,对潜在的犯罪人形成巨大的震慑,使犯罪行为无从发生。具体可以这样操作:作业点周围50米以内严禁闲杂人员进入,工作人员要进行清理劝阻;工作人员对可视范围50米以外的闲杂人员也要主动清理,必要时向派出所执勤民警报告;工作人员要及时发现、掌握各类违法犯罪线索和暗藏犯罪的隐患并及时向公安机关报告;对积极履责的职工,要给予明确奖励[49],对不负责任造成安全后果的职工,则要给予惩罚。

其四,加强对铁路系统职工的法律意识教育。铁路职工队伍庞大,员工素质良莠

---

[48] 参见贾永生:《论警务协作视野下的铁道警察体制与警务机制》,载《铁道警官高等专科学校学报》2012年第5期,第20—28页。

[49] 参见吕萍:《货盗犯罪防控体系的构建》,载《铁道警官高等专科学校学报》2008年第5期,第98页。

不齐。铁路职工在列车上行窃,利用岗位之便监守自盗或甘做"内鬼"与闲杂人员里应外合实施盗窃等犯罪活动屡见不鲜;对货盗或其他犯罪活动视而不见,有案不报更是常态。即便有人发现了安全隐患,掌握了一些犯罪线索,因为无法律意识和相关知识,一般也不清楚怎么处理。我国有学者认为:"对铁路职工的公民意识、法律意识、职业素养都应当进行培养、提升。"[50]

(三) 路地合作:构建大公安格局

2018年12月28日,中央政法委召开行业公安机关管理体制调整工作部署会议,明确行业警种归属,铁路公安局被列为公安部内设机构,直属公安部,不再接受铁路总公司领导[51],从而结束了铁路公安双重管理[52]的历史。正如习近平总书记在2019年1月召开的中央政法工作会议上提出的明确要求:"政法系统要在更高起点上,推动改革取得新的突破性进展。"[53]这种管理体制的一个明显优势就是便于构建大公安格局,增强整体作战效能,便于全国一盘棋协同作战。我国地域辽阔,铁路贯穿全国,四通八达,人财物通过铁路运输得以迅速流转。地方治安与铁路治安早已是水乳交融、难分你我、互为依存、息息相关。全国治安"一盘棋"大局决定了全国公安必须是"一盘棋",这就需要铁路警察与地方警察的密切合作。这次改革后,因为同属于公安部领导,铁路与地方公安的合作必将更加顺畅。铁路与地方公安相互支持和配合能够发挥各自的优势,取长补短,达到整体警务资源效能的最优化。一体化犯罪预防视域下的路地警务合作,主要包括以下几个方面:

1. 建立健全路地警务合作信息共享机制

"情报信息在公安工作中处于基础性、先导性位置"[54],情报信息在公安机关实现犯罪的精确打击和防控上起着非常重要的作用。我国实施情报主导警务模式以来,地方公安、铁路公安的情报信息工作都取得了长足的发展和进步。路地警务合作的一个重要方面就是路地情报信息合作。首先,整合情报资源,建立情报信息综合应用平台,实现路地公安机关的情报信息共享,形成重要的信息系统互联互通的合作格局。其次,建立路地应急警务联动制度,一旦发生重大警情,路地联手防控犯罪转移和蔓延。最后,建立情报信息互动交流和会商机制,交流情报信息工作经验,互通铁路和地方治安防控各方面信息,提升情报信息综合利用率,提升信息研判能力,实施高效犯罪

---

[50] 同上注,第97页。
[51] 载搜狐网(https://www.sohu.com/a/347592286_120044552?_trans_=000014_bdss_dkzcbj),访问日期:2021年4月30日。
[52] 在此之前,我国铁路公安机关实行"双重领导、条块结合、以条为主"的双重管理体制,即接受公安部和铁路部门的双重领导,以行业管理为主。
[53] 《必须在更高起点推进公安改革取得新突破》,载《人民公安报》2019年1月27日,第004版。
[54] 同前注[11],第283页。

防控。

2. 路地合作,构建犯罪防控网络

铁路与地方公安机关的合作必须打破地区间和部门间的壁垒,破除狭隘的地方本位主义观念,犯罪预防和控制要从总体上统筹安排,路地公安紧密携手,共同构建一体化的犯罪防控网络。随着经济的飞速发展,社会的开放性、流动性、交融性特征愈发明显,铁路警方想凭一己之力来防控铁路犯罪是不可能的,需要借助更多外力,而地方公安机关就是最重要的外力,因为地方公安机关拥有更多的行政执法权,也行使着更多的刑事司法权,犯罪人来自各个地方,犯罪人在涉铁领域作案后也终归要回归地方,铁路公安必须联手地方公安才能做好铁路的安全防范。

铁路与地方公安机关共同构建犯罪防控网络,要积极探索、勇于实践,不断创新路地合作的方式,提高合作实效。按照"分工合作、高效协调、优势互补、互援共助"原则,共同构建犯罪防控一体化体系。对铁路安全防控方面存在的难点问题,铁路要与地方公安多沟通磋商,采取联合行动,堵住每一个漏洞;联手地方公安对流窜犯罪、拐卖儿童犯罪、毒品犯罪、涉枪涉爆犯罪等严重刑事犯罪进行专项打击和防控;与地方公安机关定期开展交流协商会议,就管辖区的重大治安防控问题及犯罪趋势等进行研讨,共商防控对策。如上海铁路警方主动与12个铁路沿线地方公安机关建立了协作机制,"联合巡逻、综合执法、共享情报"。[55] 再如自2007年起,杭州铁路公安处某线路警务室和衢州市公安局某派出所警务室共建联合工作机制,地方警务室主动将铁路区域纳入其日常治安防控范围,铁路警务室在线路巡查等治安防范工作中,主动把沿线地方治安防控工作纳入视线,[56],由此实现路地犯罪防控无缝对接。

3. 联手地方公安,清理整顿沿线重点场所和重点人员

(1)对废旧金属收购站等重点场所的清理整顿

许多涉铁盗窃案件的犯罪人都是通过废旧金属收购站、废品收购站以及一些二手市场、商品批发市场、零售店等销赃,获取丰厚收益。但是,对这些场所,铁路公安机关无法直接插手,只有地方公安机关才有管辖权。铁路公安机关只能和地方公安机关联合执法,对这些场所进行清理整顿。清理整顿要不定期进行,对于清查的重点,铁路警方应事先开列清单,使得清查清出实效,避免走过场;严格执行审批制度和安全检查制度;禁止这些场所销售犯罪所获赃物,一经查实,零容忍处理,构成犯罪的追究刑事责任;鼓励这些场所积极提供犯罪信息和线索。

(2)对重点人员的清查

货场之所以经常发生货物失窃案件,是因为货场周围聚集了大量闲散人员;有些

---

[55] 同前注[48]。
[56] 参见江辉、徐旭:《路地协作覆盖治安管控盲点》,载《人民公安报》2008年9月10日,第008版。

偏僻路段之所以频频发生列车货物被扒盗案件和高铁电缆割盗案件,是因为沿线居民"靠铁路吃铁路",所以对这些重点地点和路段的闲散人员必须彻底清查。铁路公安机关没有户籍管理权,清查起来很不方便,必须与地方公安机关联合执法。

对货场内和货场周围的"三无人员"要重点清理,彻底拆除废弃的和临时搭建的窝棚、工棚、库房,正是这些藏污纳垢的废弃场所为潜在的犯罪人提供了栖身之所,成了他们盗窃作案的根据地。但对于流浪乞讨人员,则可以按照国务院有关办法来处理,必要时联系民政部门。对于在货场和货场附近晃悠的闲散人员,则坚决清理出去,并对随身携带可疑工具的人员进行重点盘查。[57] 对易发盗窃列车运输货物犯罪的路段和割盗案件发案严重的沿线,清查的重点对象是那些没有正当职业和正常收入的闲散人员,地方公安机关要把其纳入视线,作为日常监控的重点对象。铁路公安和地方公安发挥各自优势,做好对这些重点人员的防控。

(四) 多机构协作:加强与地方政府、民政部门、基层组织等的协作

多机构协作是一种良好的工作模式,能够获得各种社会资源,集合众家之力进行铁路犯罪防控。铁路犯罪防控问题牵涉方方面面的社会问题,需要很多机构的通力协作,尤其需要得到地方政府、民政部门和基层组织等的支持和配合。

谁有能力调动学校、社会服务机构、房管部门、社区乃至公民?谁有能力解决那些存在犯罪隐患的家庭、学校、社区以及整个城市的病态问题呢?谁有能力进行大面积普及和推广犯罪预防项目并提供资金支持呢?毫无疑问,是政府。铁路犯罪预防项目是一个涉及面很广的系统工程,必须获得各级政府的支持,才能取得深层次的发展,解决根本问题。普通的警务工作无法解决大部分的犯罪诱因问题,这是本源性的问题,预防犯罪必须把更多的精力放在消除犯罪的危险诱因上。地方政府掌握着巨大的社会资源,而且能够对这些资源进行调配,政府是预防犯罪问题的关键。铁路安全防控必须依赖当地政府。对上述重点场所的清理、对重点人员的清理都需要地方政府的支持,政府出台相关政策和采取相关措施,积极解决这些闲散人员的就业和生活保障问题,使他们有活儿干、有饭吃、有衣穿,铁路犯罪情况可以大幅改善。多机构协作的铁路犯罪预防战略,不仅表现在更多的机构支持警方,还必须包括能够解决贫困和失业等根源性问题。

1991年在巴黎举行的第二届国际城市安全、毒品和预防犯罪会议提出有关犯罪预防的四项行动,时至今日仍旧具有指导意义和启示作用。这四项行动:"一是各国政府要投资于家庭安全,更多地满足风险青少年和离群青少年的需要;二是各国政府要建立国家级预防犯罪中心,提高国家政策的质量、开展预防研究和开发、促进城市实施预防措施;三是市级政府要动员住房机构、学校、家庭、社会服务机构、警察等采取严厉措

---

[57] 同前注[11],第277—278页。

施解决内因;四是政府和城市都必须确保公众参与到这些全面的预防犯罪工作中去,并理解其相关性。"[58]显然,四项行动把政府置于了犯罪预防的最高端,其发挥着统领全局的作用。

流浪乞讨人员和盲流是铁路治安防控的隐患,这就需要铁路警方与民政部门加强联系,解决这部分人的安置和出路问题,而不是简单的清理。同时,铁路警方要与基层组织积极联系,建立合作关系。如在案件多发路段,与当地村组织建立联防机制,由村委会选派一些责任心强的村民作为铁路护路联防队员,由铁路警方负责对他们进行巡线的业务培训,其工作职责是发现各类安全隐患、排除简单险情、预防可能发生的行车事故、提供案件线索、协助抓获违法犯罪分子等。不能让这些联防队员仅仅凭着一腔热情和责任心义务工作,而是需要为其提供丰厚的工资待遇作为联防制度的支撑和保障,至于工资来源可考虑由铁路和地方政府分担或独自承担,这同样体现的是多机构协作的精神。

警察、检察官、法官、各级政府公务员、社会工作者等应该接受跨机构合作的培训,以促进多机构协作的犯罪预防。同时我们还需要明白,地方政府和各个机构的努力必须得到国家政策的支持,国家在犯罪预防上能够提供更多的资金支持。在1991年巴黎的第二届国际城市安全、毒品和预防犯罪会议上发表的宣言曾呼吁:"只要在警察、法院和矫正机构增加了经费,就必须同时增加犯罪预防的经费。"[59]如果说一个国家想大幅降低整体犯罪率,那就必须把大量资金投在犯罪预防上,但是纵观全球,恐怕所有国家都被诟病在犯罪预防上的投入远远不够。

三、第三层次:社会预防

社会预防是指通过制定和执行合适的公共社会政策,避免和解决社会存在的种种弊病,如种族歧视、失业、贫富不均、教育不公、机会和资源的不公平分配等,消除、限制容易滋生犯罪的社会条件,从而达到预防犯罪发生的综合性犯罪预防方法。[60] 联合国特别强调犯罪预防尤其是社会预防的作用,其在第10届预防犯罪和罪犯处遇大会上通过的《犯罪与司法:21世纪所面临的挑战》决议中指出:"应当将为社会、经济和文化发展而采取充分措施作为有效预防犯罪的中心内容,应将社区参与纳入正规而不要将其作为例外对待。"[61]社会预防在国际社会中备受重视,美国犯罪学家丹尼斯·罗森鲍姆曾说:"我们进入了社会预防的鼎盛时期,在此之前,公民参与犯罪预防的观念

---

[58] 同前注[2],第161页。
[59] 同前注[2],第161页。
[60] 参见崔海英:《情境犯罪预防本体理论解读》,载《净月学刊》2014年第6期,第101—111页。
[61] 转引自李春雷、靳高风:《犯罪预防理论与实务》,北京大学出版社2006年版,第110页。

从未得到如此广泛的支持。"[62] 德国刑法学家李斯特的经典名句"最好的社会政策就是最好的刑事政策"是坚信社会预防的最好注脚。铁路刑事案件发生的背后有着深刻的社会原因,单单强调和突出情境预防和多机构协作的一体化预防是不全面的,必须强化社会预防,社会预防才是根本性的、本源性的预防,从根本上消除犯罪得以产生的深层次的社会土壤。社会预防力图把犯罪问题融入社会的自身发展和自身完善之中,社会预防的综合效益日益优化。

(一) 司法机关层面开展的社会预防

司法机关层面开展的社会预防是指由铁路公安、铁路法院、铁路检察院乃至地方司法机关发动或组织的,由社会公众广泛参与的以犯罪预防为主的各种形式的活动。现仅列举笔者认为应该由司法机关组织并且形式新颖、成效较显著的社会预防构想。

1. 开放办学:开展多种形式的公民警校

(1) 公民警校的价值取向与社会预防理念不谋而合[63]

公民警校起源于 1977 年英国的警察夜校(Police Night School),后来在美国发展壮大,美国很多警察局现在都开设公民警校。公民警校在加拿大、澳大利亚等国家也有相关实践。尽管如此,公民警校在这些国家也没有一个统一的概念。笔者认为,欧美国家开设的公民警校可以这样界定:公民警校是指由执法机构(主要是当地警察局)针对报名并通过资格审查的公民主办的学校或者培训班,目的是教育培训公民,使公民了解警察局的目标任务和工作职责,了解警务政策、法律法规、刑事司法体系以及犯罪预防的方法,从而使公民能够更深刻地理解警察和警务工作。[64] 公民警校的特点是公益性(非营利,公民免费参加)、自愿性(公民自愿参加)和社会性(整合社会优势资源)。

美国的警官和标准训练委员会认定的九类警察院校中就包括公民警校。显然,公民警校是美国警察教育培训体系中不可或缺的组成部分。[65] 因此,我们的公民警校应该定位为公安教育的组成部分和新生力量,公民警校培训教育公民会产生更好、更积极的功效,社会对犯罪的整体防控能力也会因此提升。我们以往公安教育的路径都是首先培训教育警察,然后再由警察教育公民或通过警务执法为公民提供服务。而采用公民警校这种教育方式,就少了中间环节,把需要百姓知道、了解的事情

---

[62] Rosenbaum D, Community Crime Prevention: A Review and Synthesis of the Literature, *Justice Quarterly*, Vol.5, No.3, 1988, p.323.
[63] 参见崔海英:《开放办学:公民警校未来走向之展望》,载《公安学刊(浙江警察学院学报)》2014 年第 2 期,第 64—66 页。
[64] 参见崔海英:《美国的公民警校及对我国的启示》,载《公安教育》2012 年第 10 期,第 73—77 页。
[65] See Michael J. Palmiotto, *Policing &Training Issues*, USA: Pearson Education, Inc., Upper Saddle River, New Jersey, 2003, pp.36-37.

直接告诉他们,消除了由警察向公民传授时由于民警素质不高或执法环境不良等因素造成的公民不理解、理解不全面甚至误解、曲解。而且,公民通过参加公民警校,亲身体验警察工作的艰辛,亲身感受怎样进行犯罪预防,会更加理解和支持警务工作;这些公民警校学员又会向他们的亲朋好友转述他们的所见所闻,那么警察在警务执法和实施犯罪防控措施时,无疑会得到社会公众最大程度的支持;而这些又是仅仅依赖教育警察和警校学生难以实现的,或者说能够实现但所需要的时间会比较久。培训教育公民,可以起到以点带面,辐射全社会的示范效果。在整体犯罪防控方面,培训教育公民是极富成效的路径。因此,可以说,教育公民比教育警察更直接,也更有成效,这正是公民警校所追求的价值取向。社会预防认为犯罪的根源在社会,必须通过一系列的社会政策和公共政策的实施,发动广大人民群众积极投身犯罪预防,才能从根本上防控犯罪。公民警校的这种价值取向与社会预防所倡导的依靠社会大众的理念正好契合。

公民警校这一公安教育新理念自2009年被笔者引进中国以来,上海警方、北京警方、深圳警方等已经有相关实践。2010年3月20日,上海警方以世博会为契机开办了中国第一个公民警校,首批公民警校学员是110名世博志愿者。上海市以公民警校为载体,开展丰富多彩的培训活动,如防身技能、法制教育等的培训。[66] 2011年11月26日,北京公民警校正式挂牌成立。2018年10月,深圳正式启动龙岗公民警校建设。上海、北京、深圳的公民警校社会反响良好,已初见成效。

(2)我国铁路警方开办公民警校的具体战略构想

①铁路公民警校的机构设置

由于公民警校是公安教育的组成部分,铁路公民警校的开办也必须依赖铁路公安教育。目前,铁路公安教育体系是这样的:1所全日制本科大学(兼顾在职培训)——铁道警察学院;18个铁路公安局都有自己的培训学校(专司职业培训)——铁路公安局警察训练学校或铁路公安学校等;铁路公安局下设的铁路公安处负责教育训练的则是教育培训中心或宣教中心或人训室等。

公安部铁路公安局宣传教育处在全路公民警校建设的热潮中,应当起到统帅全国、把握大局的作用,在一些铁路公安局先行试点,待建设成熟后再逐步向全路推开。铁道警察学院在全路公民警校的建设中,发挥的应是理论指导和高层培训的作用,它负责对公民警校的领导和骨干进行培训。由于铁道警察学院不直接培训公民,故它不是公民警校建制的组成部分,但它的作用却至关重要,在全路公民警校建设中起着灵魂统帅作用。全国铁路公民警校的建制可以设为三级制。考虑到我国铁路警察教育培训基地的设置其实是在铁路公安局和铁路公安处,公民警校的设置应该以这两级为主阵地,即第一级为各铁路公安局在公安局警察训练学校设立各铁路公民警校,第

---

[66] 参见韩文萍:《法治教育为"文弱"重点中学"强身"》,载《上海法治报》2016年1月19日,第B07版。

二级为各铁路公安处开设各铁路公安处公民警校,第三级为各基层所队设立公民警校联系点。每一级的公民警校都应建章立制,制定自己的工作规划、工作目标等,使各级铁路公民警校能够有序、高效运行,实现可持续发展。这样,全路的三级公民警校网络就建起来了,全国范围内铁路公民警校的规模效应马上就会凸显。

②铁路公民警校的学员构成及培训内容设计

美国、英国、加拿大的公民警校的学员构成非常多元化。上海公民警校的学员有世博安保志愿者、媒体记者、大学生、IT从业人员等。我们的铁路公民警校的学员可以分为三大类:第一类是铁路职工;第二类是流动乘客;第三类是案件多发地段的周边群众。

针对铁路职工的培训可以效仿美国商业警校的做法。美国的商业警校就是执法部门为商业界人士举办的一种培训班,开设特有课程,同时教给他们防控商业犯罪的方法和措施。商业警校努力促成执法机构和商业界之间富有成效的沟通交流,提高商业界人士的安防意识,最终达到降低商业犯罪率的目的。[67] 我国应该借鉴美国商业警校防控犯罪的经验,举办针对铁路职工的公民警校培训班,特色课程应该包括两方面:一方面是铁路的常见犯罪主要是财产犯罪的规律及其预防,如盗窃、扒窃、雇员监守自盗等;另一方面是犯罪预防,如情境犯罪预防的理念和具体做法、CPTED(通过环境设计预防犯罪)的理念和具体做法、制止犯罪的方法和策略、志愿者计划、保安力量的选择和培训、监控设施的运用、特殊时刻怎样自防自救等。

针对流动乘客的培训,可以在火车站站前广场、候车厅和列车车厢里进行。举办的形式可以多样化,可由公民警校教官亲自给乘客讲解,也可由车站和车厢的视频播放系统播放事先录制好的公民警校大课堂节目。授课内容可包括以下内容:铁路警务方面的常识、普通法律知识、旅行安全防范常识、犯罪预防小窍门、如何应对犯罪侵害等。

针对案件多发地段的周边群众开办的公民警校,可以与沿线或所在地地方公安局联合办学,主要宗旨是给当地居民提供法治教育,防止有犯罪动机的人演变为犯罪人;提升当地居民的法律素养,使其支持和配合铁路安全防范工作,敢于举报违法犯罪;发展其为志愿者,使其未来继续为铁路的犯罪防控做贡献。授课类型可以非常广泛,可分为讲授类课程、交流类课程、体验类课程和活动类课程等。讲授内容可涉及法律常识、当地警情通报、犯罪预防理论和具体操作(如情境预防和环境设计预防犯罪)等。交流内容主要是让学员了解铁路警察和铁路警务工作,发动大家为铁路安全献计献策。体验类课程是在民警带领下,由居民当一日"巡线警"或"乘警"等。活动类课程包括让其参与各类犯罪预防活动。

---

[67] See Aryani, Giant Abutablebi, Carl L. Alsabrook and Terry D. Garrett, "The Business Police Academy Commercial Loss Prevention Through Education", *FBI Law Enforcement Bulletin*, Vol. 72, 2003, pp.10-14.

③ 铁路公民警校的培训机制

全路的铁路公民警校体系一旦建立起来，就要建立长效培训机制。要想使公民警校的培训常态化，必须做到以下几点：一是认识要到位，我们的铁路警界上下、警察院校上下都要充分认识到公民警校带来的好处，这种好处将会是巨大的无形资产，提升铁路公安教育的内涵，能够充分体现和展示铁路公安教育的软实力和竞争力。二是制度要保障，各级铁路公安机关都要建章立制，对自己层面的铁路公民警校建设要统筹规划、全盘考虑、制订计划、形成制度、落实到人。三是师资要加强，办好铁路公民警校，比普通警校更强的师资力量才能有吸引力，才能使公民警校长期举办下去。除了挑选铁路警察训练学校教学经验丰富、实战能力强的优秀教官外，铁路公安战线实战经验丰富又能讲的专家型警官也是重要的师资来源，如优秀侦查员、业务骨干、一线能手等，同时还要聘请警局之外的专家学者如律师、法官、检察官、知名大学的教授以及行业专门人才等。各地在长期的办学实践中要建立自己动态的师资库，既要有固定的优秀教官长期任教，又要根据形势变化和需要不断补充新生力量。四是各方要协调，铁路公民警校培训内容除室内讲授外，还有参观体验项目，这就需要全路公安机关的各警种、各部门协调参与，建立全警参与、全警配合的工作机制。

④ 铁路公民警校与犯罪防控

铁路公民警校的实施意义重大，能够产生多重效果，但最重要的效果之一就是能够提升社会整体犯罪防控能力。在铁路公民警校培训班上，我们要传授给公民更多世界先进的预防犯罪的理念和具体做法，如介绍西方国家情境犯罪预防理论（SCP）中增加犯罪难度、提高犯罪风险、减少犯罪收益、减少犯罪刺激、排除犯罪借口的5种策略的各种具体方法，讲解通过环境设计预防犯罪的5种策略（自然监督、人口控制、领域强化、开展活动、地方保养）的具体实施例证，为公民传授防范各种犯罪的方法和技巧，使公民实实在在受益。我们通过实施公民警校战略，让群众更多地掌握必备的法律知识，提高安全防范意识，提高自我防范、自我解救和救助他人的能力，激发群众维护社会治安、防范犯罪侵害的责任感和积极性，从而能够有效提升社会整体犯罪防控能力。

2. 广挖民力：组织各种铁路犯罪预防志愿者组织

美国警方非常重视社区民众的力量，有各种各样的警务志愿者组织，如社区紧急反应大队、公民巡逻国家协会、警务服务志愿者项目等，由没有薪酬待遇、自愿向警方提供支持性或协助性服务的公民组成。社区紧急反应大队（CERT）通过课堂培训和模拟训练，教会人们如何应对突如其来的灾难，学会一些基本的应对技巧，当社区发生突发事件时，使其能于专业人士到达之前做一些先期处置。公民巡逻国家协会（NACOP）是美国的志愿者组织协会，是一个全国性的非营利组织，该协会在18个州都有公民巡逻组织（遍布80个城市），是公民志愿者组织中的精英。警务服务志愿者项目(VIPS)是一个全国性的公民志愿项目,凡是有志于发展和强化志愿者项目的执法机构均可以在网上注册其志愿者机构,吸收那些甘愿把时间、精力和技能奉献给社区的公民为警务志愿者。[68] 英国警方也非常注重吸纳社会成员(文职人员、志愿者)参与警务工作,这为警务工作赢取最广泛民众的支持和理解提供了基础与前提。英国伦敦至少有包括特殊警员、警务志愿者和少年志愿者在内的3种类型的社会志愿者。[69]

由于警力有限,民力无穷,我国铁路警方可在社会上最大范围地招募铁路犯罪预防志愿者。由于乘客的流动性太强,不便于后续工作的开展,故在乘客中发展铁路犯罪预防志愿者不太合适。与铁路公民警校的学员组成类似,志愿者可以由以下三类人员组成:第一类是铁路职工;第二类是案件多发地段的周边群众;第三类是热爱铁路犯罪防控的人士。首先可以在铁路公民警校学员中发展志愿者,使其持续为铁路警方服务。铁路公民警校成员由于经过培训,对铁路警务工作有了一定程度的了解,也更理解和支持铁路警务工作,做起铁路犯罪预防志愿者就会更加得心应手。

志愿者只有经过铁路警方的正式培训才能从事志愿者活动。志愿者可以以多种形式开展工作。志愿者在铁路警方的志愿者组织领导机构领导下开展工作,在铁路运输压力大的春运、暑运、重大节假日时,在安全隐患较大的车站、货场、仓库、编组站、重要路段等,可在正式民警组织带领下,参加一些简单易行的安全防范工作,如安全检查、查找安全隐患、进行犯罪预防宣传等。按照志愿者从事的志愿活动的不同,可将志愿者组织分为反扒志愿者大队、护路志愿者大队、护站志愿者大队、护场志愿者大队等。

在我国,有关警务工作或犯罪预防志愿者的招募、培训、管理、激励等尚未形成机制,规范化的志愿者体系远未建立,制度化远未实现。但志愿者将会是铁路犯罪社会预防的重要力量,这毫无疑问。

3. 羞耻感重建:以恢复性司法进行再犯防控

(1)恢复性司法的含义及其方案

恢复性司法(restorative justice)肇始于20世纪70年代的北美,经过几十年的发展,已经成为国际盛行的一种非正式犯罪处理模式。2002年,联合国预防犯罪和刑事司法委员会第11届会议通过了《关于在刑事事项中采用恢复性司法方案的基本原则》的决议草案,鼓励各成员国利用该决议。[70] 恢复性司法是指在刑事案件处理过程中,在关涉犯罪的各方当事人(犯罪嫌疑人、被害人、因犯罪遭受精神和物质损失的其他人)和社区等有关方面的直接参与下,在犯罪人和被害人之间建立对话关系,通过对

---

[68] 参见崔海英:《美国社区导向警务和警察教育培训视野下的CPAs》,载《铁道警官高等专科学校学报》2009年第3期,第115页。
[69] 参见公安部宣传局:《英国警方公共关系建设的启示》,载《人民公安》2013年第23期,第47—49页。
[70] 参见马贵翔:《刑事司法程序正义论》,中国检察出版社2002年版,第2页。

话和协商处理犯罪,消弭冲突,化解矛盾,以期使受损的社会关系得以恢复的一种刑事司法模式。恢复性司法的特征就是通过刑事和解促成社会和解,全面恢复被犯罪破坏的社会关系,强调对犯罪的预防和控制。[71]

恢复性司法模式主要适用于批捕前或提起公诉前,也有少部分学者认为在审判、执行阶段也同样可以适用恢复性司法。[72] 恢复性司法的运作程序是:①会面:引导双方对话,讨论犯罪及其后果,使犯罪人进行悔过;②补偿:犯罪人对被害人进行物质、精神方面的赔偿和补偿,使社区重获安全感;③重新整合:使受损的社会关系得以恢复、修整;④犯罪人得到原谅;⑤促使犯罪人早日回归社会,恢复正常社会秩序。[73] 一般认为,恢复性司法有四个特征:程序的非正式性、程序的非职业化、经自愿协商结案、实施地点为社区或者当地。

(2)我国涉铁刑事案件实施恢复性司法程序的有利因素

其一,我国传统文化与恢复性司法理念相契合。我国传统法律文化追求"和谐"(目的)、"无讼"(工具)和"伦理和谐"(终极)的价值理念。上下几千年的中国文化,始终贯穿着对和谐的追求和向往。将和谐视为宇宙的常态的老子提出"无为而治",墨子主张"兼相爱,交相利",孔子则主张用"仁(核心)、德(基础)、礼(规范)"的德性思想体系来构建和谐有序的社会。[74] 儒家认为和谐是人类的至上理想,而诉讼则是消极的社会现象,应尽量避免。几千年来,中国社会在儒家思想的熏染下,和谐、无讼、厌讼、劝讼、息讼等观念已深入民心。中国传统文化精神和恢复性司法理念刚好契合。

其二,调解是我国传统法律文化的重要组成部分。我国的传统法律文化已经形成了广泛的调解文化,人们对纠纷更多的是诉诸调解而非诉讼,调解制度深受儒家思想影响,很好地迎合了传统社会的需要。我国已经建成了人民调解制度,人民调解组织遍布各地基层,人民调解委员会制度得到了国家的各种资源支持,人民调解员积累了丰富的调解经验,这些都是我国实施恢复性司法的组织基础和群众基础。这种调解机制与恢复性司法在理念上有相通之处:一是价值追求相同,都倡导通过协商、对话的方式来解决问题,积极促成双方当事人和谐共处,促进社会的和谐与稳定[75];二是重视双方当事人的利益需求,努力达成物质补偿和精神补偿的双重效果;三是均为简便、灵活、经济的纠纷解决方式。

---

[71] See Umbreit, M. S., *Restorative Justice Conferencing: Guidelines For Victim Sensitive Practice*, Center for Restorative Justice & Peacemaking, 2001, p. 1.
[72] 参见刘路阳:《刑事犯罪惩罚理念的修正——浅议"恢复性司法"的预防和控制重新犯罪功能》,载《犯罪学论丛》(第五卷),第112—122页。
[73] 同上注。
[74] 参见潘丽萍:《中华法系的和谐理念》,法律出版社2006年版,第31页。
[75] 参见徐桂芹:《恢复性司法:从惩罚走向和解——处理犯罪问题的新视角》,载《东岳论丛》2010年第1期,第188页。

其三,涉铁刑事案件犯罪人绝大部分是轻微罪的特点适合适用恢复性司法。各国在具体的恢复性司法实践中,一般都把未成年人案件和轻罪案件纳入恢复性司法的视野。但值得注意的是,英美法系国家并非将恢复性司法限于轻罪案件,在一些重罪案件中也开始尝试恢复性司法模式。美国90%的未成年犯未入监,绝大多数适用的是恢复性司法;2000年,英国的1 700件重罪案是以"告诫"这种简单的恢复性司法程序结的案[76]。而在我国的涉铁一般刑事案件中,轻罪(5年有期徒刑以下)约占91.5%,这其中,微罪(1年有期徒刑以下)约占69%(其中被判处拘役的约占17%,单处罚金的约占11%),轻微罪(3年有期徒刑以下)约占86%,而重罪(5年有期徒刑以上)仅占8.5%。因此,从罪行的严重程度看,涉铁刑事案件非常适合适用恢复性司法模式。

尽管如此,恢复性司法在我国的实施仍然存在障碍:一方面,恢复性司法的社会本位价值观与我国刑事诉讼的国家本位价值观大相径庭。我国现行刑事诉讼是以国家利益为本位,把犯罪人置于对立面,是一种国家—个人的线性构造,体现的是国家本位的价值观,犯罪人接受追诉与刑罚是必然结果。而恢复性司法则是以社会为顶点,以被害人和犯罪人为两端的三角构造,体现的是以社会为本位的价值观,关注的是受损的社会关系能够得以修复,而非一定要置犯罪人于刑罚处置之下。另一方面,社会公众对犯罪行为人深恶痛绝,不能接受犯罪人和被害人进行协商与和解,他们更希望看到的是国家能够尽快用刑罚惩治作恶者。

(3)恢复性司法对于犯罪防控的作用

恢复性司法的宗旨与犯罪防控的总体目标相一致。恢复性司法通过被害人、犯罪人、社区成员、国家机关四方共同参与,协商解决犯罪问题的方案,建立理解并促进社会和谐,这正契合了犯罪防控的总体目标。

恢复性司法个性化的解决问题方式体现了犯罪控制策略的针对性。恢复性司法追求多元的价值目标,充分考虑具体犯罪案件的个性特征,让被害人满意,让犯罪人负责任,恢复受损的社会关系,促进社区安定团结,同时也维护了司法机关的公平正义,这是有的放矢的解决问题方式,充分体现了犯罪控制策略的针对性。研究表明,以恢复性司法程序结案的犯罪人的再犯率明显低于经过正式刑事司法程序的犯罪人的再犯率。美国一项恢复性项目研究发现,参加恢复性协商项目的未成年人的再犯率是33.1%,大大低于此前的72.2%的再犯率,而且罪犯在参与恢复性项目后不会很快再次犯罪,即使再犯,所犯罪行也比未参加项目者要轻。该项目实施以来,警方移交检方的案件数量也大大减少。新西兰1989年颁布的《儿童、青少年和家庭法》更广泛地推广恢复性司法的家庭团体会议,使得越来越少的青少年犯罪人最终被定罪(由之前每年的10 000—13 000个法庭案件下降到1990年的2 587件),新法颁布后被判刑入狱

---

[76] 参见〔英〕罗伯·艾伦:《起诉的替代方式》,吴丹红译,转引自吴学艇:《公共政策视野下的起诉裁量权》,载樊崇义主编:《刑事审前程序改革与展望》,中国人民公安大学出版社2005年版,第461页。

的青少年数量也缩减到原来的50%。[77]

恢复性司法所引起的犯罪人的"羞耻感重建"是犯罪防控领域最成功的防控犯罪模式。澳大利亚社会学家、犯罪学家约翰·布雷思韦特将"羞耻感重建"界定为：羞耻感重建是建立在尊重和羞耻感基础之上的，反对给犯罪人贴上犯罪的标签，应该关注的是行为本身的罪恶。谅解、道歉、忏悔对于使其真正改过自新、防止再犯至关重要。[78] 羞耻感重建在预防犯罪方面的成功取决于其对犯罪人内心良知的唤醒。正式的刑事司法程序通过排他性的处理方式如监禁，将犯罪人隔离于社会之外，并给其打上犯罪人的终身烙印；而羞耻感重建的目的却是接受犯罪人，使其重返社会，通过一种积极的重建过程来防止其未来再次犯罪。[79] 布雷思韦特认为，家庭对犯罪原因的产生和犯罪预防的影响远远大于警方的强制性行为。[80] 恢复性司法正是通过让家庭成员参与其中，让遭受犯罪侵害和受犯罪影响的人公开交流其感情和经历，成功地唤起了犯罪人的羞耻感和内心良知，因此成为最成功的犯罪控制模式。

对于涉铁一般刑事案件，因为多为轻罪案件，运用刑罚惩罚的方式不仅不一定能使犯罪人真正回头是岸，相反很有可能使其犯罪心理固化，学会更多的犯罪技能，成为职业惯犯。而恢复性司法则是一种善良的非正式司法模式，它充满着人性的仁爱和温馨，它流露着对犯罪人殷切的希望和关怀，它强调理解、宽恕和羞耻，能够真正触动和震撼犯罪人的心灵，而只有出自灵魂深处的悔悟才能使犯罪人彻底打消再次犯罪的恶念。因此，对涉铁刑事案件适用恢复性司法无疑是一种很好的选择。

（二）政府和国家层面开展的社会预防

犯罪是各种社会因素共同作用的结果，单凭司法机关采取社会预防措施显然远远不够，何况有些犯罪问题背后的社会原因是如此的深邃和复杂，司法机关的社会预防措施在复杂的犯罪问题面前显得是那么单薄和弱小，根本撼动不了犯罪的深厚的社会根基。只要政府和国家制定一系列的政策，解决了社会存在的顽疾，也就等于解决了犯罪的社会预防问题，涉铁一般刑事犯罪的社会预防同样如此。但是，蕴藏犯罪隐患的社会痼疾问题是如此的深邃和复杂，远远超出我们能力所能探讨的范围，故本文仅就与涉铁刑事犯罪原因密切相关的问题的社会防控对策做点睛式的引出，并不做深入讨论。

---

[77] 参见陈晓明：《修复性司法的理论与实践》，法律出版社2006年版，第198页。
[78] See Braithwaite, J, "Shame and Modernity", *British Journal of Criminology*, Vol. 33, No. 1, 1993, p. 1.
[79] Ibid., p. 2.
[80] See Braithwaite, J, "Inequality and Republican Criminology", in J. Hagan and J, Peterson (eds), *Crime and Inequality*, Stanford, CA: Stanford University Press, 1995, p. 283.

1. 对涉铁图财犯罪的社会防控

在涉铁一般刑事案件中，盗窃案件是最常见的刑事案件，实证调研显示，盗窃罪的比例约为68%，也就是一半以上的涉铁刑事案件都是图财类犯罪。诱发此类犯罪的情境可分为绝对贫困和相对贫困。对于因绝对贫困犯罪的，道德上尚有值得宽恕和同情的一面，单纯用刑解决不了问题，只有推行社会保障和社会救济等来使其脱贫，不至于再因生活所迫犯罪。具体说来，可通过以下措施实现：一是推行"济贫"的社会救济制度，如最低生活保障制度、扶贫计划、救灾制度；二是实行"防贫"的社会保险制度，如医疗保险、失业保险、养老保险[81]；三是提供就业和再就业岗位。第三项措施是最有力的措施。

相对贫困更容易导致犯罪，这也是国际社会得出的重要结论。涉铁财产犯罪大多可归结于相对贫困引发的犯罪，很多人在平均主义思维支配下，开始萌生图财类犯罪的念头。对相对贫困引发的涉铁犯罪的防控之策，其一是进行宣传教育，使其转变观念，别人富裕和国家的发展不能成为自己犯罪的理由；其二是强化税收的调解功能，尽量控制整个社会的贫富两极分化。

2. 对因"个体与社会联系"疏离而犯罪的社会防控

本次调研显示，除了职务犯罪以外，约90%的被追诉人处于无业或者"游手好闲"的状态，这种"虚无"的状态使得其与社会的联系日渐疏离，这是他们犯罪的一个重要诱发因素。社会控制理论认为，大多数人不犯罪是社会控制的结果，即社会控制预防和阻止了犯罪。[82] 而这些与社会联系疏离的人所受的社会控制必然匮乏，犯罪的可能性必然就大。赫希用依恋（attachment）、投入（commitment）、参与（involvement）、信念（belief）四大要素来解释犯罪。结合赫希的社会凝聚理论，可采取以下社会防控对策：其一是采取各种措施，强化这类"职业虚无"人员与社会的联系感、依赖感，使其感受到国家和社会的温暖，使社会保障和社会福利惠及最需要的人群；其二是使得这类"职业虚无"者有业可就或有谋生门路，给予他们更多的个人发展机会，使他们投入和献身于他们的事业中；其三是保障这类人有更多的社会参与，如在他们的社区或农村开展丰富多彩的活动，促进社区和农村自治水平的提高；其四是进行传统文化的再教育。

3. 对"道德滑坡"所引发犯罪的社会防控

道德滑坡是当前我国犯罪率居高不下的一个重要原因，涉铁犯罪中不乏因道德滑坡、道德式微而把罪恶的手伸向被害人、伸向国家铁路设施的犯罪人。对于我国的道德建设可采取以下措施：其一是政府要通过制定道德规范，融道德考核于党员干部提拔制度、考核制度之中来明确弘扬社会正气，引导和营造积极传统的道德氛围；其二是

---

[81] 参见翟中东：《犯罪控制——动态平衡论的见解》，中国政法大学出版社2004年版，第182页。
[82] 参见江山河：《犯罪学理论》，格致出版社、上海人民出版社2008年版，第104页。

大众传媒要发挥道德建设主阵地的作用,引领积极、健康、正能量的道德风尚;其三是社会和个人应当更加注重道德教育,防止"道德滑坡"。

4. 对因社会不公平因素而犯罪的社会防控

有些人犯罪是因为感受到了社会不公平,从而以犯罪来对抗社会不公,涉铁犯罪中也不乏此种心理者。社会不公的最根本原因就是公权私用,导致利益分配不公平,社会不公问题的核心也就是反腐败问题。笔者在此仅提出粗浅的见解以抛砖引玉。解决社会不公引发的犯罪问题的社会防控对策可总结如下:其一,中央领导绝对重视,中央集权制国家的性质决定了中央的绝对权力和权威;其二,限制国家公务人员权力,制定各行政部门行为规范,建立各种制衡制度,腐败的原因在于权力过大;其三,建立法治社会,以法律的绝对权威制衡恣意行使的权力;其四,强化舆论监督,使反腐向纵深发展;其五,建立健全公众与政府的对话机制,政府要多倾听民意、民情。

5. 对因危险人格或危险心结因素所引发犯罪的社会防控

我国犯罪学家李玫瑾教授把犯罪人分为危险人格和危险心结两大类:因人格因素而犯罪的称为危险人格,危险人格可分为两大类三种具体的人格,即先天禀赋为主的反社会人格,后天养成为主的犯罪人格和缺陷人格;因心结因素犯罪的称为危险心结,又可分为知结、情结、意结、瘾结。[83] 在涉铁刑事犯罪中,破坏交通设施的有些犯罪人是种种原因导致其把仇恨的矛头对准了铁路设施,出于泄愤的目的破坏铁路设施,甚至希望引发重大伤亡事故。在涉铁刑事犯罪中,破坏交通设施以报复社会者,以具有危险心结者居多;而盗窃和涉毒等的惯犯、累犯中则是以危险人格者居多;但涉及全部涉铁刑事案件,则可能危险人格和危险心结的类型都会涉及。

对于人格因素引发的犯罪,在定罪、量刑、行刑方面都要考虑人格因素,此属刑事司法防控,在此不做探讨。对于因人格因素而犯罪的社会防控则可考虑采取以下措施:其一,对于反社会人格人防控的关键在于及早发现并建立档案,反社会人格类似于龙勃罗梭所说的"天生犯罪人",几乎无法预防,但并非不可控制,需要家庭、社区、学校以及公安机关及时发现、关注并追踪此类人员,对于已经有犯罪行为的,进行终身监控和监护,这需要铁路公安机关和地方公安机关携手,对此类人员做到早发现、早防控。其二,对因生活所迫走上犯罪道路的具有犯罪人格人的的防控,一是对受到匮乏性抚养的未成年人的保护;对生而不养的父母,用法律和社会政策来制裁;对贫穷家庭超生的情况,可通过完善相关社会福利制度如以社会养老来控制;对早年辍学的,可通过完善《义务教育法》使16岁以下未成年人必须接受义务教育。二是对于已经具有犯罪人格的人(即已经有过前科的人),提供充分的社会支持,才令其不会重走犯罪的老路。其三,对溺爱型抚养导致的缺陷人格人的防控在于通过社会干预矫正家庭教育的缺

---

[83] 参见李玫瑾:《谁在犯罪》,中国人民公安大学出版社2019年版,第18—21页。

陷,首先是在小学和中学阶段识别此类人[84],其次是铁路公安机关通过社区或其他社会机构组织对其家庭进行干预以纠正家庭教育的偏差。成年人中的缺陷人格者,好多是因为性格缺陷,物质等欲望过高,缺乏正确的观念和信念对其不当行为进行制动。对此类人进行矫正的话要对症下药,把其置于专业的矫正机构中,让专业人士对其进行认知行为疗法等,纠正其错误的认知,让正确的观念在其行为有偏差的倾向时对其发挥制动作用。

对于因危险心结而犯罪的人的防控可采取以下措施:其一,大力普及心理学知识,推进全社会心理健康事业发展。家长须知道人在幼年时不仅需要物质抚养,更需要心理抚养和情感抚养;老师要明白性格与能力同等重要,成人比成才更重要;社会个体须谨记不仅要"养生"还要"养心"。其二,建立健全心理危机干预与社会支持系统。心理危机是很多人都会遇到的一种生活经历,感受轻重不同罢了,有些人正是由于心理危机产生了心理创伤,成为创伤性刺激源,成为以后诱发犯罪的源头。心理危机需要由专业人士给予干预(施以各种心理治疗手段),需要由社会支持系统(亲朋好友、单位、社区等)帮助当事人渡过难关。[85] 其三,完善社会冲突调解机制,及时消解不满情绪。冲突有很多种,涉铁刑事犯罪的冲突主要是人际冲突、经济纠纷冲突、个人与铁道部门的冲突等。完善社会冲突调解机制的最重要的措施就是完善社会沟通制度,通过信访、复议、诉讼等消解行为人的不满情绪,防止行为人因不满情绪的放大和膨胀而报复铁路部门乃至报复社会。

四、结语

在笔者提出的构建我国铁路安全的三级防控体系中,第一层次的情境预防是微观预防,属于具体操作层面的预防,注重以一些环境上的设计和改造等来换取犯罪预防上的突破;第二层次的多机构协作的一体化预防是中观预防,关注的是铁路公安机关与其他机构和组织的协作;第三层次的社会预防属于宏观层面的预防,把视线投向社会,着力于消减犯罪的深层次原因。铁路安全本身就是一个非常复杂的问题,单凭任何一个层次的预防都不足以解决全部问题,必须对这三个层面的预防通盘考虑,统筹规划,我们的犯罪防控体系才够严密、严实和系统全面,才经得起时间和实践的检验和拷问。

---

[84] 同前注[83],第256—262页。
[85] 同前注[83],第244—254页。

[专题研究]

论非法经营罪的保护法益
——破解"口袋罪"难题的新思路

蓝学友[*]

要 目

一、问题提出
二、行政许可制度法益观之批判
　（一）行政许可制度法益观指导下的非法经营罪
　（二）行政许可制度法益观的基础与缺陷
三、市场基础秩序法益观之证成
　（一）市场基础秩序法益观的内涵与优势
　（二）市场基础秩序法益观指导下的非法经营罪
四、结论

摘 要 保护法益不仅指导个罪构成要件内容的解释，而且奠定个罪构成要件的结构。在主流的行政许可制度法益观指导下，非法经营罪的四个构成要件呈平面并列式结构，并在司法实践中进一步异化为"违反行政许可+数额较大"，由此引发本罪处罚范围不当扩张。无论是出于规制本罪处罚范围的目的，还是基于适应现代市场经济的考量，都应该把非法经营罪的保护法益界定为市场基础秩序。在市场基础秩序法益观指导下，本罪的构成要件呈阶层递进式结构，先判断行政违法性再判断刑事违法性，先形式判断再实质判断，实质性判断程度逐层升高，分步实现处罚范围合理化。

关键词 非法经营罪　行政许可制度　市场基础秩序　口袋罪

---

[*] 清华大学法学院博士研究生。

一、问题提出

非法经营罪的"口袋化"是我国刑事司法的一大顽疾。在既有的理论研究看来,粗糙的立法技术[1]、罪行擅断的司法观念[2]、根深蒂固的社会危害性概念[3]、选择性司法[4]、风险骤增的社会环境[5]、法律工具主义理念[6]等因素都可能是本罪口袋化的成因。然而,由于这些因素都不是个案法官所能左右的,所以面对学界的"狂轰滥炸",实务界虽未置若罔闻,但依然无动于衷。其实,对于来自学界的批判和建议,实务界并非刻意充耳不闻,只是既有研究没有把准本罪司法异化的脉象,以至于开出了"头痛医脚"的药方。

相比之下,最高人民法院的做法更直接。最高人民法院 2011 年颁布的一项司法解释专门为本罪设置了逐级请示制度,试图通过收归解释权的方式来压制地方法院扩张适用本罪的冲动。[7] 此举虽然在短期内削减了本罪的适用量,但是从长期来看并未如愿地将本罪的处罚范围导向合理化。尤其是近年来,花样翻新的经营行为一再撩拨司法者扩张适用本罪的心弦。司法者一方面迫于逐级请示的压力而不得不尽力克制适用《刑法》第 225 条第 4 项兜底条款,另一方面又极力扩张解释《刑法》第 225 条前 3 项或既有的司法解释以满足处罚需求。有偿提供删帖服务[8]、组织刷单炒信[9]、制售游戏外挂[10]、出售城市违章建筑[11]、信用卡套现养

---

[1] 参见高翼飞:《从扩张走向变异:非法经营罪如何摆脱"口袋罪"的宿命》,载《政治与法律》2012 年第 3 期,第 37—38 页。
[2] 参见刘艳红主编:《刑法学》(第二版),北京大学出版社 2016 年版,第 184 页。
[3] 参见陈兴良:《刑法阶层理论:三阶层与四要件的对比性考察》,载《清华法学》2017 年第 5 期,第 12 页。
[4] 参见王立志:《非法经营罪之适用不宜无度扩张——以零售药店向医疗机构批量售药之定性为视角》,载《法学》2016 年第 9 期,第 159 页。
[5] 参见欧阳本祺:《论网络时代刑法解释的限度》,载《中国法学》2017 年第 3 期,第 165—166 页;武良军:《非法经营罪堵截条款异化之研究》,载《环球法律评论》2014 年第 5 期,第 38 页。
[6] 参见于志刚:《口袋罪的时代变迁、当前乱象与消减思路》,载《法学家》2013 年第 3 期,第 77 页。
[7] 2011 年最高人民法院发布的《关于准确理解和适用刑法中"国家规定"的有关问题的通知》规定,各级法院审理非法经营犯罪案件,要依法严格把握刑法第 225 条第 4 项的适用范围。对被告人的行为是否属于刑法第 225 条第 4 项规定的"其它严重扰乱市场秩序的非法经营行为",有关司法解释未作明确规定的,应当作为法律适用问题,逐级向最高人民法院请示。
[8] 2013 年最高人民法院、最高人民检察院发布的《关于办理利用信息网络实施诽谤等刑事案件适用法律若干问题的解释》第 7 条规定,以营利为目的,通过信息网络有偿提供删除信息服务,扰乱市场秩序,达到特定数额的,以非法经营罪定罪处罚。
[9] 参见浙江省杭州市余杭区人民法院刑事判决书,(2016)浙 0110 刑初 726 号。
[10] 参见四川省成都市龙泉驿区人民法院判决书,(2014)龙泉刑初字第 390 号。
[11] 参见北京市高级人民法院判决书,(2012)高刑终字第 596 号。

卡[12]、私家车从事客运服务[13]、职业高利贷[14]等越来越多的行为被纳入本罪的处罚范围。可见，非法经营罪"口袋化"问题并未根治，只是以更加隐蔽的形式存在。

仔细对比 2011 年前后的司法判决可以发现，虽然直接适用非法经营罪兜底条款的情形显著减少，但是本罪的定罪逻辑并未改变。具体而言，司法者普遍遵循如下三段论认定本罪：大前提是"国家法律法规在某一领域设置了行政许可制度"，小前提是"行为人未经许可在该领域从事经营活动且经营数额较大"，最后由此推论出行为人"违反国家规定""实施非法经营行为""扰乱市场秩序"且"情节严重"，构成非法经营罪。不难看出，这其中直接决定构成犯罪的关键要素是"违反行政许可"和"数额较大"。可以说，在司法者眼中，非法经营罪的不法构造就是"违反行政许可+数额较大"。[15] 在此情况下，但凡行为人违反行政许可实施某项经营行为，就会触发司法者适用非法经营罪的冲动。

只需比照我国《刑法》第 225 条非法经营罪的立法原文，便会发现司法实践中通行的定罪逻辑明显存在以下四个问题：

第一，违反由国家规定设置的行政许可并不一定符合《刑法》第 225 条中的"违反国家规定"。比如，在董杰、陈珠非法经营案中，法院认为被告人使用游戏外挂提供有偿代练升级服务，属于未经许可发行非法出版物，违反了国务院颁布的《出版管理条例》《信息网络传播权保护条例》，根据《非法出版物解释》第 11 条[16]认定被告人构成非法经营罪。[17] 诚然，《出版管理条例》《信息网络传播权保护条例》确属《刑法》第 96 条[18]的"国家规定"，但问题是只要符合《刑法》第 96 条的"国家规定"就都是《刑法》第 225 条中的"国家规定"吗？

第二，未经许可的经营行为并不一定就是《刑法》第 225 条中的"非法经营行为"。例如，在欧敏、关树锦非法经营长途客运案中，被告人未经许可组织经营往返于广东珠

---

[12] 参见江苏省无锡市滨湖区人民法院判决书，(2012)锡滨刑二初字第 46、47、57 号。
[13] 如喻江、李强非法从事出租汽车经营活动案，参见中华人民共和国最高人民法院刑事审判第一至五庭主办：《刑事审判参考》(总第 105 集)，法律出版社 2016 年版，第 44—50 页。
[14] 2019 年最高人民法院、最高人民检察院、公安部、司法部联合发布的《关于办理非法放贷刑事案件若干问题的意见》第 1 条规定，违反国家规定，未经监管部门批准，或者超越经营范围，以营利为目的，经常性地向社会不特定对象发放贷款，扰乱金融市场秩序，情节严重，依照《刑法》第 225 条第 4 项的规定，以非法经营罪定罪处罚。
[15] 参见陈兴良：《违反行政许可构成非法经营罪问题研究——以郭嵘分装农药案为例》，载《政治与法律》2018 年第 6 期，第 13 页。
[16] 1998 年最高人民法院发布的《关于审理非法出版物刑事案件具体应用法律若干问题的解释》第 11 条规定，违反国家规定，出版、印刷、复制、发行本解释第 1 条至第 10 条规定以外的其他严重危害社会秩序和扰乱市场秩序的非法出版物，情节严重，依照《刑法》第 225 条第 4 项，以非法经营罪定罪处罚。
[17] 参见《最高人民法院公报》2012 年第 2 期。
[18] 我国《刑法》第 96 条规定："本法所称违反国家规定，是指违反全国人民代表大会及其常务委员会制定的法律和决定，国务院制定的行政法规、规定的行政措施、发布的决定和命令。"

海和深圳两地的长途客运业务,法院认为虽无证据证明已发生客观危害结果,但被告人的行为具有激发他人犯罪心理、危害人民群众的生命财产安全、引发社会不稳定因素等潜在的社会危害性,遂以《刑法》第225条第4项兜底条款定罪处罚。可是,只需比较本案行为与《刑法》第225条前3项所列举的非法经营行为,便会发现虽然它们都是未经许可的经营行为,但是本案行为侵犯的是社会管理秩序,而《刑法》第225条前3项所列举的行为侵犯的是市场经济秩序。将本案行为纳入非法经营罪的处罚范围,明显与本罪处在《刑法》分则第三章"破坏社会主义市场经济秩序罪"的体系地位相悖。可见,司法实践中将违反行政许可的经营行为一概认定为非法经营行为的做法值得商榷。由此引发的问题是"非法经营行为"应当被同类解释为未经许可的经营行为吗?

第三,未经许可从事经营活动并不一定"扰乱市场秩序"。以王力军收购玉米案为例,被告人王力军未经许可擅自在临河区白脑包镇附近村组收购玉米并加价转卖给粮油公司,非法经营数额达21万余元,一审法院认定被告人构成非法经营罪。可事实上,被告人的行为"客观上在粮农和粮食收购企业之间起到了桥梁与纽带的作用,减轻了农民卖粮的负累,促进流通,有益于粮食市场"[19]。再审法院遂以"尚未达到严重扰乱市场秩序的危害程度"为由改判被告人无罪。可见,未经许可从事经营活动并不一定"扰乱市场秩序",司法实践中将"违反行政许可"等同于"扰乱市场秩序"的做法值得反思。

第四,经营数额较大只是判断"情节严重"的参考资料之一而非唯一。比如,在张建刚等非法经营案中,被告人未经许可生产、销售某种抗癌药,经营数额高达200余万元,法院认为被告人同时构成生产、销售假药罪和非法经营罪,并以较重的非法经营罪判处主犯有期徒刑4年6个月,并处罚金230万元。[20] 其中一个关键情节是,经上海市食品药品检验所检验,被告人所生产的药品有效成分达到同类正品标准,而且当时我国唯一批准进口的治疗肺癌的药物每瓶售价高达1.65万元,被告人生产的药品几经转手后每瓶仅售2 000—2 500元,这无疑减轻了大量患者的用药负担。类似的情节同样存在于轰动全国的陆勇案中,但多数被告人并没有像陆勇那样"幸运"。司法实践中,在唯数额论的情节认定思维主导下,药效真实性和减轻患者用药负担这类非数额情节对定罪量刑的影响微乎其微,甚至都"摆不上台面"。尽管定罪量刑应当考虑哪些情节尚有争议,但可以肯定的是只以数额定情节的做法并不合理。

通过以上梳理,可以发现司法实践中普遍采取的定罪模式并不符合《刑法》第225条非法经营罪的立法规定。然而令人疑惑的是,为何立法上明文规定的"违反国家规定+实施非法经营行为+扰乱市场秩序+情节严重"四要件在司法实践中反倒被不成文

---

[19] 最高人民法院中国应用法学研究所编:《人民法院案例选》(2017年第8辑),人民法院出版社2017年版,第53页。
[20] 参见江苏省淮安市中级人民法院刑事判决书(2011)淮中刑二终字第56号。

的"违反行政许可+数额较大"两要件所取代呢？显然，这种普遍且稳固的异化现象并非凭空产生，而是在一系列似是而非的理论观念指导下形成的。其中，主流的行政许可制度法益观可谓罪魁祸首。

二、行政许可制度法益观之批判

既有理论和司法实务普遍认为非法经营罪的保护法益是行政许可制度（或称市场准入制度）。其中，常见表述有许可经营制度[21]、国家特许经营制度[22]、国家关于经营活动的管理制度[23]、国家的市场交易管理秩序[24]、市场经营管理秩序[25]、市场准入秩序[26]。尽管形式上表述各异，但是实质上都是认为本罪保护某种行政许可制度，因此可以统一概括为行政许可制度法益观。在此种法益观指导下，非法经营罪的四个构成要件呈平面并列式结构，并在司法实践中进一步异化为"违反行政许可+数额较大"两要件。

（一）行政许可制度法益观指导下的非法经营罪

按照我国《刑法》第225条的规定，非法经营罪包含"违反国家规定""非法经营行为""扰乱市场秩序""情节严重"四个构成要件。理论上讲，这四个构成要件彼此独立，具有相对独立的实质内容。可实际上，一旦把本罪的保护法益界定为行政许可制度，就会导致前三个构成要件被偷换成"违反行政许可"。

首先，在行政许可制度法益观指导下，"违反国家规定"要件的实质内容被偷换成了"违反行政许可"。

孤立地看待"违反国家规定"要件，它似乎具有一定的独立内涵，尤其是结合《刑法》第96条有关"国家规定"的规定时，至少可以把地方性法规、部门规章等不是由全国人大及其常委会、国务院制定的规定排除在该构成要件之外。可是，一旦结合《刑法》第225条所列举的前3项非法经营行为，便会发现"违反国家规定"要件丧失了实

---

[21] 参见马克昌主编：《百罪通论》，北京大学出版社2014年版，第482—483页。
[22] 参见黎宏：《刑法学各论》（第二版），法律出版社2016年版，第200页。
[23] 参见陈兴良：《罪名指南》，中国人民大学出版社2007年版，第622页；最高人民法院中国应用法学研究所编：《人民法院案例选》（2014年第1辑），人民法院出版社2014年版，第113页。
[24] 参见高铭暄、马克昌主编：《刑法学》（第八版），北京大学出版社、高等教育出版社2017年版，第449页。
[25] 参见孙琳、康钦平：《非法经营罪司法认定中的常见实务问题研究》，载《政法学刊》2015年第4期，第69页。
[26] 参见王志祥、柯明：《网络非法经营犯罪规定的合理性评析——以非法经营罪的保护法益为切入点的思考》，载魏东主编：《刑法解释论丛》（第1卷），法律出版社2015年版，第158—160页。

体意义。详言之，在主流法益观看来，非法经营行为中的"非法"就是指"违反国家规定"[27]，具体是指《刑法》第225条前3项中的"未经许可"。也就是说，看似具有实质内容的"违反国家规定"要件，在经过"违反国家规定＝非法＝未经许可"的逻辑推演后，实际上已经被偷换成了"违反行政许可"。而这一系列逻辑推演就是在主流法益观指导下才发生的，正是因为把本罪的保护法益界定为某种行政许可制度，才会在解释非法经营行为的"非法"时只看到"未经许可"的一面，而忽视了其危害市场秩序的一面。其实，"未经许可"只是表明行政违法性，而危害市场秩序才是刑事违法性的实质内容。非法经营行为中的"非法"指的是刑事违法性，而不是行政违法性；真正表征行政违法性的要件是"违反国家规定"，而不是非法经营行为中的"非法"。可是，在主流的行政许可制度法益观指导下，表征刑事违法性的"非法"要件被混同于表征行政违法性的"违反国家规定"要件，最终造成"违反国家规定＝非法＝未经许可"的异化结果。

由此反观，既有研究一方面坚持主流的行政许可制度法益观，另一方面试图借助《刑法》第96条来限制本罪处罚范围，无疑是南辕北辙。因为在主流法益观指导下，"违反国家规定"已不再具有实体意义[28]，其实质内容已经被替换成了"违反行政许可"，但凡违反行政许可的行为都会被认定为违反国家规定的行为。即便加上《刑法》第96条的限制，要求这里的行政许可必须是由全国人大及其常委会、国务院设置的也于事无补。因为根据《行政许可法》第15、16条规定，除了法律和（国务院制定的）行政法规可以设定行政许可外，地方性法规、省、自治区、直辖市人民政府规章也可以"根据上位法"设定行政许可。也就是说，行政许可制度本身存在"法律、行政法规—地方性法规—规章"的规范体系，虽然地方性法规和规章本身不属于《刑法》第96条所指的"国家规定"，但是行政许可是根据上位的法律、行政法规等"国家规定"而设置的。在此情况下，单纯在形式上要求法官必须援引"国家规定"的做法并不足以限缩本罪的处罚范围，因为即便不援引地方性法规或规章，法官照样可以通过援引相应的上位法来达到入罪的目的。而且，与地方性法规、规章相比，上位的"国家规定"往往更抽象，在是否违反国家规定的问题上，法官反而获得了更大的自由裁量空间，最终很可能是扩大处罚范围而非缩小处罚范围。[29]

其次，在主流法益观指导下，"非法经营行为"也被偷换成"未经许可而从事经营的

---

[27] 参见陈兴良：《口授刑法学》（第二版），中国人民大学出版社2017年版，第578页；中华人民共和国最高人民法院刑事审判第一、二、三、四、五庭主办：《中国刑事审判指导案例3：破坏社会主义市场经济秩序罪》（增订第3版），法律出版社2017年版，第529—532页。
[28] 参见张明楷：《刑法分则的解释原理》（第二版），中国人民大学出版社2011年版，第562—563页。
[29] 当然，实践中有些地方性法规和政府规章逾越了上位法设置的行政许可范围，增设行政许可，违反这类行政许可的行为当然不属于违反国家规定，不过这种情况并不多见。因此，试图通过《刑法》第96条有关"国家规定"的规定来限制本罪处罚范围的做法意义十分有限。

行为"。

以保护法益为指导解释构成要件,就是把保护法益作为构成要件的解释目标,使符合构成要件的行为确实侵犯了所要保护的法益。[30] 主流法益观认为非法经营罪的保护法益是某种行政许可制度,以此为指导解释"非法经营行为"这一构成要件,就是要使符合"非法经营"要件的行为确实侵犯了行政许可制度,于是非法经营行为就不可避免地被解释为"未经许可而从事经营的行为"。表面上看,法条文本表述似乎支持此种解释方案,因为《刑法》第 225 条所列举的前 3 项非法经营行为都与某类许可制度相关,尤其是第 1、3 项还有"未经许可""未经……批准"的表述,而第 2 项中买卖经营许可证或批准文件的行为可以被理解为间接侵犯了许可制度[31],所以根据同类解释规则,非法经营行为的本质是侵犯许可经营制度的行为[32],或者不符合市场准入条件而经营的行为。[33]

然而,这种看似逻辑自洽的解释方案其实经不起推敲。所谓同类解释并不是一种文字表述上的归类。同类解释中的"类"显然不是指行为的表述形式,而是指行为的性质。对于值得刑罚处罚的行为而言,其最重要的性质就是法益侵犯性,而且这里的法益必须是值得刑法保护的法益。如果按照主流法益观的解释,非法经营行为的性质是违反行政许可,但问题是为什么对违反行政法的行为要用刑法来处罚呢?显然,把非法经营行为解释为违反行政许可的行为并不能体现出这类行为在刑事法意义上的法益侵犯性。对此,反对者可能会认为,用刑罚处罚"严重"违反行政法的行为并无不妥,法定犯不都是用刑罚在处罚"严重"违反行政法的行为吗?笔者并不否认法定犯是动用刑罚处罚"严重"违反行政法的行为,但如反对者所言,这类行为必须达到一定的"严重"程度,而这种严重性恰恰是在进行同类解释时需要表达出来的。显然,把非法经营行为归类解释为"违反行政许可的行为"并没有表达出这类行为值得刑罚处罚的严重性。相反地,如此解释反倒会模糊"刑行"界限,导致很多不值得刑罚处罚的行政违法行为被纳入非法经营行为之中。反对者可能会进一步辩解道,《刑法》第 225 条在"非法经营行为"之后还规定了"扰乱市场秩序"和"情节严重"两个要件,所以即便把不值得刑罚处罚的行政违法行为纳入非法经营行为之中,也可以通过其后的两个要件予以出罪,不会导致"刑行"界限模糊化。但是,如后所述,"扰乱市场秩序"要件在主流法益观指导下也异化为了"违反行政许可"。至于"情节严重"要件,即便不考虑唯数额论的倾向,完全依赖情节要素出入人罪,无疑会使本罪的处罚变得随机和恣意。

最后,在主流法益观指导下,"扰乱市场秩序"被解释为"扰乱市场'准入'秩

---

[30] 同前注[28],第 353 页。
[31] 参见孙万怀、邓忠:《非法经营保安业务实践定性的合理性质疑》,载《甘肃政法学院学报》2013 年第 1 期,第 81—82 页。
[32] 同前注[21]。
[33] 参见郑勇:《非法经营罪的扩张:原因及其对策》,载《中国刑事法杂志》2018 年第 1 期,第 103 页。

序",最终也被偷换成了"违反行政许可"。

主流法益观之所以把本罪的保护法益界定为具体的某种行政许可制度,一个很重要的原因是为了限制解释"市场秩序"。一般认为,市场秩序包括准入秩序、交易秩序和竞争秩序。但是,即便作如此分类也难以使抽象的"市场秩序"概念具体化。于是,主流法益观进一步将"市场秩序"限制解释为市场"准入"秩序,而由于我国市场准入与否由行政许可决定,所以行为人是否扰乱市场(准入)秩序就可以通过其是否取得行政许可这一相对具体的标准来认定。不可否认,这种解释方案的确使原本抽象的"市场秩序"概念得以具体化,也在一定程度上限制了本罪的处罚范围,至少把那些没有违反行政许可的行为排除在外。但是,该种方案其实是通过直接削减"市场秩序"概念的内涵而不是通过缩小概念外延的方式,来达到限制解释的目的。就"市场秩序"这一概念而言,准入秩序、交易秩序和竞争秩序三者并无地位上的差别,它们都处在概念的核心语义范围内,没有理由为了坚持主流法益观而径直删去其中的交易秩序和竞争秩序。相反地,实践中行为人在取得行政许可之后做出严重扰乱市场秩序行为的事例并不少见,如果因其有行政许可而不加以处罚的话,那么行政许可就会沦为行为人肆意扰乱市场秩序的挡箭牌。

此外,将"市场秩序"解释为"市场'准入'秩序",虽然排除了那些没有违反行政许可的行为,但同时也纳入了很多不值得刑罚处罚的行政违法行为。如果考虑到我国行政许可制度的庞杂性和广泛性,就会发现该种解释方案其实是扩大了而非缩小了本罪的处罚范围。其实,有论者已经意识到将所有违反行政许可的行为都纳入非法经营行为之中并不妥当,于是试图把这里的行政许可进一步限缩在特别行政许可(特许经营)的范围内。[34]但是,这种做法也是通过削减"市场秩序"固有内涵来达到限制解释的目的,同样难以避免出现上述行政许可沦为行为人恣意扰乱市场秩序挡箭牌的后果。

综上可知,在主流的行政许可制度法益观指导下,《刑法》第225条所规定的"违反国家规定""非法经营行为"和"扰乱市场秩序"三个要件都异化成"违反行政许可"。再加上实践中情节认定的唯数额论倾向,非法经营罪的不法构造就从立法上的四个要件异化为了司法实践中的"违反行政许可+数额较大"两要件,处罚范围也随之扩张。其实,行政许可制度法益观的支持者并不是没有看到这种司法异化,但为何还要坚持认为非法经营罪的保护法益就是行政许可制度呢?为何从不怀疑行政许可制度法益观本身才是本罪"口袋化"的罪魁祸首呢?

(二)行政许可制度法益观的基础与缺陷

显然,行政许可制度法益观也不是凭空产生的,其背后也有着一系列看似坚实的

---

[34] 参见郑伟、葛立刚:《刑行交叉视野下非法经营法律责任厘定》,载《法律适用》2017年第3期,第72页。

学理基础。其中,较为有力的论据有:(1)《刑法》第225条第1项至第3项对专营专卖物品、经营许可证以及经营金融业务等方面列举式规定的都是违反经营许可制度的行为,根据同类解释规则可以推出设置本罪的目的就是保护经营许可制度[35];(2)将本罪的保护法益界定为(国家对特种商品的)经营许可制度有助于明确本罪的构成要件,防止本罪被滥用[36];(3)保护行政许可制度有助于克服市场经济自身的盲目性[37],实现社会资源合理配置,保证国民经济的稳步发展和市场经济的健康成长。[38]然而,这些看似有力的论据其实都经不起推敲。

第一,将《刑法》第225条前3项非法经营行为归类为违反行政许可的行为,是误用同类解释的做法。

从文义上看,《刑法》第225条所列举的第1、3项非法经营行为的确都违反了行政许可,但是认为第2项非法经营行为也具有同类特征就显得过于牵强。支持者也已经意识到第2项与第1、3项有所不同,所以在论证方法上不得不对第1、3项和第2项作区别对待,认为第1、3项是对行政许可制度的"直接"侵犯,而第2项则是对行政许可制度的"间接"侵犯。[39] 可是,这种区别对待的做法恰恰说明了不能够片面地将《刑法》第225条前3项规定统一归类为违反行政许可制度,否则既不尊重立法,也违背了同类解释原理。单从文义表述上看,"本罪前3项虽然都与经营许可制度相关,但管控物品、许可文件和金融业务此三者缺乏可进一步被归为同类的特征和条件;而且,前3项都已各自构建起处于闭合或者完结状态的完整行为类型,它们中的任何一项都可以从非法经营罪中独立出去而成为一种新的犯罪"[40]。在此情况下,单凭语义上的归类根本无法得出非法经营行为的共性。更何况,同类解释也不是一种单纯语义上的归类。

其实,同类解释并不是一种孤立的解释方法,在进行同类解释时不应把归类对象抽离出具体的法条语境,而应当结合法条前后文的规范内容,综合运用文义解释、体系解释、目的解释等多种解释方法,才能准确且全面地归纳出目标对象的共性。具体就本罪而言,首先根据文义解释可以肯定的是非法经营罪的构造是"违反国家规定→实施四项非法经营行为之一→扰乱市场秩序→情节严重"。其中,前两个要件是行为要件,后两个要件是结果要件,而需要进行同类解释的是第2个行为要件。联系该要件所处的上下文,一方面结合该要件之前的规范内容(即"违反国家规定"),可以得出本条所列举的四项非法经营行为应当具有"违反国家规定"的行为属性(此为行政违法

---

[35] 同前注[4],第153页。
[36] 同前注[2],第180—181页。
[37] 参见马宁、王瑀:《非法经营罪的认定和适用研究》,载《甘肃政法学院学报》2014年第6期,第61页。
[38] 同前注[23],陈兴良文。
[39] 同前注[21]。
[40] 葛恒浩:《非法经营罪口袋化的成因与出路》,载《当代法学》2016年第4期,第73页。

性),另一方面结合该要件之后的规范内容(即"扰乱市场秩序"),可以得出本条所列举的四项非法经营行为应当具有"威胁市场秩序"的结果属性(此为刑事违法性)。所以,非法经营行为的共性应当完整地表述为"违反国家规定且威胁市场秩序的经营行为"。

遗憾的是,在主流的行政许可制度法益观指导下,多数论者只看到了非法经营行为"违反国家规定"的行为属性,而忽视了其"威胁市场秩序"的结果属性,又由于"违反国家规定"的实质内容被替换成了"违反行政许可",所以才会笃定非法经营行为的共性就是未经许可而经营的行为。事实上,与"违反国家规定"这一行为属性相比,"威胁市场秩序"这一结果属性更为根本,因为前者只表征行政违法性,而后者才能反映出这类行为的刑事违法性。相比之下,结果属性也能够为界定非法经营行为提供更加实质的判断根据。因为我们不能脱离某一行为可能造成的结果来界定该行为的属性,"所有的'行为反价值'都是依据'结果反价值'进行定义的,指向恶结果的举动是恶的'行为'"[41]。比如,单纯的举枪行为可能是捕猎、练靶、伤人甚至是杀人,如果没有结合结果,就无法认定该举枪行为到底是正当的娱乐活动、伤害行为还是杀人行为。[42]同理,当我们在归纳非法经营行为的共性时,也应当更加看重"威胁市场秩序"这一结果属性。可见,认为《刑法》第225条前3项的共性是违反行政许可的主流观点并不成立,以此为根据的行政许可制度法益观并不具有文理根据。

第二,试图借助行政许可制度来使非法经营罪的构成要件明确化以防止本罪被滥用,无疑是南辕北辙。

由于本罪既有空白罪状又有罪量要素,同时还有兜底条款,几乎汇集了所有与刑法明确性相悖的立法方式[43],所以有必要以保护法益为指导来使本罪的构成要件明确化。不过诚如前述,在行政许可制度法益观指导下,"违反国家规定""非法经营行为"以及"扰乱市场秩序"等要件都纷纷异化为了"违反行政许可"。这种通过"简化"构成要件的方式来使构成要件明确化的做法,不但难以防止本罪被滥用,反而可能导致有些取得行政许可之后严重扰乱市场秩序的行为被排除在外(应当入罪者不入罪),而有些没有扰乱市场秩序的行为仅仅因为未经许可就被纳入其中(不应入罪者入罪),如此一来反倒加剧了本罪的司法异化。

况且,我国的行政许可制度并不像有些论者所设想的那样明确,其范围也不像有些论者所设想的那般可控。事实上,我国行政许可制度的覆盖范围十分广泛,内容也

---

[41] 〔日〕松宫孝明:《"结果无价值论"与"行为无价值论"的意义对比》,张晓宁译,载《法律科学(西北政法大学学报)》2012年第3期,第196页。
[42] 参见许玉秀:《主观与客观之间——主观理论与客观归责》,法律出版社2008年版,第99页。
[43] 参见陈兴良:《刑法的明确性问题:以〈刑法〉第225条第4项为例的分析》,载《中国法学》2011年第4期,第120—121页。

十分庞杂。[44] 尽管自2013年以来,国务院及相关部委接连取消大量的行政审批事项。[45] 但是,既有的行政许可项目中仍有不少是为方便一时管理而设置的,其中有些早年设置的行政许可与当前社会发展严重脱节。在此情况下,如果将非法经营罪的保护法益界定为行政许可制度的话,非但达不到限制处罚范围的初衷,反而造成处罚范围不当扩张。

第三,试图通过保护行政许可制度来"克服市场经济盲目性""优化资源配置",显然是缘木求鱼。

不可否认,市场经济具有一定的盲目性,所以有必要进行行政调节。但是,目的正当并不意味着手段适当。实际上,行政许可制度只能在市场准入环节确保取得许可的主体具备相应的生产条件,但是并不能确保这些主体进入市场以后不会作出盲目决策,更无法确保资源得到优化配置。比如,实践中有些企业为了能够顺利取得行政许可而安装了相应的净化设备,但是在获得行政许可后的生产过程中并没有启用这些净化设备,导致严重污染环境的后果。可见,保护行政许可制度这一手段与"克服市场经济盲目性""优化资源配置"等目的之间并不存在对应关系。其实,对于保护市场秩序、优化资源配置而言,行政许可制度的作用十分有限,那种认为只要把好准入关就万事大吉的想法并不符合实际。而一旦我们认清行政许可制度作用的局限性,便会发现它并不值得动用严厉的刑罚手段加以保护。

此外,所谓行政许可制度其实是运用行政手段把相关行业的资源定向配置给那些能够取得许可的企业主体。对于那些关系到国计民生的行业领域而言,采取这种行政性分配方式并无不妥。但是,对于绝大多数市场经济领域而言,让市场本身决定资源配置才是最优选,在准入环节人为地设置行政许可并动用严厉的刑罚手段加以保护,无疑会阻碍市场经济的发展。以新兴的共享经济为例,2016年2月17日国家发展和改革委员会联合其他多个部门发布的《关于促进绿色消费的指导意见》中明确提出支持发展共享经济,但是目前很多共享经济模式与现行行政许可制度相违背,比如"网

---

[44] 我国《行政许可法》第12条规定下列事项可以设定行政许可:(1)直接涉及国家安全、公共安全、经济宏观调控、生态环境保护以及直接关系人身健康、生命财产安全等特定活动,需要按照法定条件予以批准的事项;(2)有限自然资源开发利用、公共资源配置以及直接关系公共利益的特定行业的市场准入等,需要赋予特定权利的事项;(3)提供公众服务并且直接关系公共利益的职业、行业,需要确定具备特殊信誉、特殊条件或者特殊技能等资格、资质的事项;(4)直接关系公共安全、人身健康、生命财产安全的重要设备、设施、产品、物品,需要按照技术标准、技术规范,通过检验、检测、检疫等方式进行审定的事项;(5)企业或者其他组织的设立等,需要确定主体资格的事项;(6)法律、行政法规规定可以设定行政许可的其他事项。

[45] 2016年的行政审批制度改革以"放管服"改革为主线展开。截至2016年年底,中央政府累计分6批取消行政审批事项579项,其中,取消13项国务院部门行政许可事项,取消152项中央指定地方实施行政审批事项,取消职业资格许可和认定事项222项,清理、规范1 992项国务院部门行政审批中介服务事项。参见宋林霖:《行政审批制度改革与行政服务中心建设情况报告》,载朱光磊主编:《中国政府发展研究报告(2017年)》,南开大学出版社2018年版,第22页。

络约车"服务就与现行有关出租车行业的行政准入制度相冲突。"如果强行将共享经济模式纳入行政规制,那么共享经济模式的效率优势将受到掣肘。"[46]如果因为该种经营模式违反行政许可制度就发动刑罚加以处罚的话,那么富有创新性的共享经济模式很可能会被扼杀在摇篮之中。必须承认,"传统的管理方式和行业许可制度并不适应新经济发展"[47],在此情况下,将非法经营罪的保护法益界定为行政许可制度,不仅无助于优化资源配置,反倒会阻碍我国社会经济发展。

更何况,刑法不应处罚"单纯的不服从"行为,"不能为了追求单纯的规范服从而推动规范的服从"[48]。我国改革开放的历史经验已经表明,单纯强调市场主体服从行政管理非但无助于经济发展,反而可能导致经济衰退。应当承认,在从计划经济走向市场经济的过渡时期,行政许可制度法益观在一定程度上契合了社会现实需求。特别是在人们还不了解什么是市场经济、如何建设市场经济的时期,匆忙放开所有领域的市场竞争确实很可能引发灾难性后果,彼时采取逐步放开市场竞争的缓进策略可谓明智之举。但是,经过40余年的改革开放后,我国经济形势已经发生了深刻变化,特别是在供给侧结构性改革成为宏观经济政策的主线索之后,宏观经济调控的实施必须脱出政策性操作的局限而伸展至体制机制层面。[49]"供给侧结构性矛盾的原因是要素配置扭曲,是体制机制障碍。"所以,"要完善市场在资源配置中起决定性作用的体制机制,深化行政管理体制改革,打破垄断,健全要素市场,使价格机制真正引导资源配置"[50]。随着"市场在资源配置中起决定性作用"的确立,过渡型的行政许可制度法益观也已经完成了它的历史使命。随着市场在资源配置中的决定性作用日益增强,通过刑法保护行政许可制度的正当性势必日渐减弱。因此,适时地调整非法经营罪的保护法益乃此时的明智之举。

由上可知,主流法益观的支持理由看似有力实则无理。不仅如此,主流的行政许可制度法益观还存在以下两方面的缺陷。

一方面,主流法益观可能导致罪与非罪的界限模糊化。诚如前述,在主流法益观指导下,司法实践中普遍采取"违反行政许可+数额较大"的定罪方式。在此定罪模式之下,行政违法与刑事违法的区别就是数额要件。抛开司法解释有明确规定入罪数额

---

[46] 北京大学法治研究中心编著:《新征程:迈向现代化的国家治理》,中信出版集团股份有限公司2018年版,第112页。
[47] 中国国际经济交流中心编著:《中国经济分析与展望(2017~2018)》,社会科学文献出版社2018年版,第406页。
[48] [德]伊沃·阿佩尔:《通过刑法进行法益保护?——以宪法为视角的评注》,马寅翔译,载赵秉志、宋英辉等主编:《当代德国刑事法研究》(2016年第1卷),法律出版社2017年版,第79—80页。
[49] 参见高培勇:《理解和把握新时代中国宏观经济调控体系》,载《中国社会科学》2018年第9期,第32—33页。
[50] 参见中共中央文献研究室编:《习近平关于社会主义经济建设论述摘编》,中央文献出版社2017年版,第115页。

的情形不论,对于那些没有明确入罪数额的非法经营行为而言,罪与非罪可能全在司法者一念之间。尽管理论上有观点认为行政违法性与刑事违法性之间只有"量的差别"[51],但是这里的"量"指的是不法量,而非单纯的数额量。另外,在行政许可制度法益观指导下,非法经营罪成为保护行政许可制度的兜底罪,司法者逐渐形成行政处罚不力就用刑事处罚的观念。比如,在欧敏、关树锦非法从事长途客运一案中,法院就认为"行政处罚效果不佳体现出对非法从事大巴客运营运活动具有刑事处罚的必要性"[52]。但问题是,非法从事长途客运的行为与《刑法》第225条前3项的非法经营行为相去甚远,其主要侵犯的是社会管理秩序而非市场经济秩序。这种以牺牲处罚正当性为代价来满足处罚必要性的做法,只会混淆罪与非罪的界限,而主流法益观正是这类做法的滥觞。

另一方面,主流法益观还可能造成此罪与彼罪相混淆,导致罪刑失衡。比如,行为人甲在承接了乙的烟酒店以后,借用乙的烟草经营许可证从当地烟草局购进质量合格的真烟转售,在主流法益观指导下,这类转证经营行为都会被认定为未经许可而经营,经营数额较大者,构成非法经营罪。[53] 另有行为人 A 在取得烟草经营许可证以后,从其他非正规渠道购进质量不合格的假烟冒充真烟销售,按照主流法益观的见解,由于 A 属于有证经营,不构成非法经营罪,而构成生产、销售伪劣产品罪。相比之下,A 的行为的不法程度要比甲的行为的不法程度更重,但结果对 A 的处罚反而轻于对甲的处罚[54],这明显罪刑失衡。又如,行为人丙未取得药品经营许可,以 60%~80% 的返现比例收集他人的医保卡,并使用医保卡从各地药房购买质量合格的药品转售牟利,在主流法益观指导下,行为人构成非法经营罪。[55] 另有行为人 B 在取得药品经营许可之后销售质量不合格的假药,由于 B 属于有证经营,所以按照主流法益观的定罪思路,B 只构成销售假药罪。但问题是,非法经营罪基本犯的法定刑高于销售假药罪[56],销售真药的丙只因未取得许可证就被处以重罪,而销售假药的 B 只因取得行政许可就被定轻罪,所谓行政许可岂不沦为不法行为的挡箭牌?类似罪刑失衡的情形还

---

[51] 参见田宏杰:《行政犯的法律属性及其责任——兼及定罪机制的重构》,载《法学家》2013年第3期,第55—57页。
[52] 中华人民共和国最高人民法院刑事审判第一至五庭主办:《刑事审判参考》(总第105集),法律出版社2016年版,第38—43页。
[53] 参见马春晓:《使用他人许可证经营烟草的法教义学分析——以集体法益的分析为进路》,载《政治与法律》2016年第9期,第56页。
[54] 在有期徒刑的范围内,非法经营罪的法定刑高于生产、销售伪劣产品罪的法定刑。
[55] 参见江苏省无锡高新技术产业开发区人民法院判决书,(2012)新District初字第0153号,本案收录于最高人民法院中国应用法学研究所编:《人民法院案例选》(2012年第4辑),人民法院出版社2012年版。
[56] 非法经营罪基本犯的法定刑是5年以下有期徒刑或者拘役,并处或者单处违法所得1倍以上5倍以下罚金,而销售假药罪基本犯的法定刑是3年以下有期徒刑或拘役,并处罚金。

存在于非法经营罪与销售侵权复制品罪当中。[57] 究其根本,将非法经营罪这一重罪的保护法益界定为行政许可制度的做法本身就有违罪刑相适应原则。

综上可知,主流的行政许可制度法益观既得不到立法上的文理支持,也难以实现其宣称的限制处罚范围、克服市场经济盲目性以及优化资源配置的目的,而且还可能导致罪与非罪、此罪与彼罪的界限模糊化。为此,重新界定非法经营罪的保护法益,才能使本罪的处罚范围合理化。

三、市场基础秩序法益观之证成

无论是出于限制本罪处罚范围的目的,还是基于适应现代市场经济的考量,都应该将本罪的保护法益调整为市场基础秩序。不同市场领域的基础秩序有所不同,同一市场领域在不同历史阶段值得刑法保护的基础秩序也不完全相同。所谓"市场准入秩序"只不过是在特定历史阶段个别市场领域的基础秩序。随着市场在资源配置中的决定性作用日益增强,市场准入秩序逐渐丧失其基础性地位,越来越多的市场领域(如金融市场)形成了新的、值得刑法保护的基础秩序。现行《刑法》第225条的弹性立法恰好为容纳这些新型市场的基础秩序预留了空间,市场基础秩序法益观不仅具有坚实的学理基础,而且有助于实现本罪处罚范围的合理化。

(一)市场基础秩序法益观的内涵与优势

市场基础秩序是指在特定时空背景下确保特定市场得以存续和发展的秩序。这些基础秩序关系到身处市场之中的所有参与者的利益,一旦遭到破坏,相关市场轻则混乱,重则瓦解。比如,"质量真实"是食品药品市场的一项基础秩序,而此前的"毒奶粉事件"和"假疫苗事件"就严重侵害了该基础秩序,以至于国产奶粉市场和国产疫苗市场遭受重创,几近崩溃。因此,在确定市场基础秩序的具体内容时,可以采取反向思考的方式,即如果某一秩序遭到破坏会引发特定市场混乱甚至瓦解的,那么该秩序就是该市场的基础秩序。

显然,不同市场领域的基础秩序有所不同。对于(国民直接食用的)产品市场而言,"质量真实"是确保市场正常运行的一项基础秩序。倘若市场上充斥着假冒伪劣产品,那么国民参与相关市场活动的积极性势必减弱,相关市场也就难以存续和发展。与之不同的是,对于金融市场而言,"投资者的信任"才是确保金融市场正常运行的基

---

[57] 有论者发现司法实践中,行为人销售盗版光盘,违法所得10万元的,构成销售侵权复制品罪,处3年以下有期徒刑,但如果行为人违法所得只有3万元,达不到销售侵权复制品罪的定罪标准,就会被认定为非法经营罪,处5年以下有期徒刑。罪行轻者反而受到重判,明显违反罪刑相适应原则。参见高晓莹:《论非法经营罪在著作权刑事保护领域的误用与退出》,载《当代法学》2011年第2期,第51页。

础秩序,历史上丧失投资者的信任而引发"银行挤兑""股灾""金融危机"等事件便是最好的例证。即便是同一市场领域,在不同的历史阶段需要刑法保护的基础秩序也可能有所不同。在严格的计划经济时代,一切经济活动都要服从行政计划,"市场准入秩序"成为几乎所有市场领域的基础秩序,我国1979年《刑法》中的投机倒把罪保护的正是该种秩序。但是,随着计划经济逐渐向市场经济过渡,绝大多数市场领域不再依靠统一的经济计划运行。相反地,统一的行政计划反倒可能阻碍市场的存续和发展。于是,市场准入秩序逐渐丧失其基础性地位,退出历史舞台。与此同时,各个市场领域也逐渐形成了符合自身发展规律的基础秩序,这些基础秩序取代了原来的市场准入秩序,成为值得刑法保护的基础秩序。

市场基础秩序法益其实是一种框架性法益,其具体内容需要司法者结合特定时空背景以及特定市场领域予以确定。这是因为经济领域瞬息万变,经济交往的方式、手段也变动不居,所以经济刑法只能保护某种经济上的秩序框架。[58] 至于秩序框架的具体内容,则需要司法者结合特定的市场领域以及特定的时空环境填充。具体就非法经营罪而言,不同市场领域内的"经营"行为所要遵守的基础秩序有所不同,比如在《刑法》第225条第1项所规制的药品市场中,经营行为必须遵守"质量真实"的基础秩序,而在第3项所规制的证券、期货、保险等金融市场中,"投资者的信任"才是值得刑法保护的基础秩序。即便是同一市场领域在不同时空背景下的秩序内容也不完全相同,比如《刑法》第225条第3项所规定的"资金支付结算业务"一开始是为了打击经营"地下钱庄"的行为[59],但近年来被广泛用于打击利用POS机刷卡套现、养卡的经营行为。显然,立法者在立法时根本无法预知将来可能出现的经营方式,因此只能提供一种框架性法益。《刑法》第225条之所以采取"空白罪状+兜底条款+情节要素"的弹性立法模式,也是为了建构出市场基础秩序这一框架性法益。

当然,把非法经营罪的保护法益界定为框架性的市场基础秩序,可能面临如下质疑:(1)市场基础秩序法益缺乏明确的内容,有违明确性原则,而且由司法者自由填充秩序内容很可能造成司法恣意;(2)将抽象的"秩序"作为刑法的保护法益,会造成法益概念抽象化,进而引发处罚范围的不当扩张;(3)市场基础秩序法益缺乏可操作性。相比之下,主流的行政许可制度法益显得更加明确、具体、易操作,司法者只需看行为人是否取得行政许可就可以清楚地判断出行为人是否侵犯了法益。

其一,市场基础秩序法益既不违反明确性原则,也不会造成司法恣意。所谓明确性原则并不是一个孤立地考察概念语义的原则。因为孤立地考察任何一个概念,其语义都是不明确的。以"人"这个概念为例,表面上看它是一个再明确不过的概念,在绝

---

[58] 参见〔德〕克劳斯·梯德曼:《德国经济刑法导论》,周遵友译,载赵秉志主编:《刑法论丛》(2013年第2卷)(总第34卷),法律出版社2013年版,第8—9页。

[59] 参见周光权主编:《刑法历次修正案权威解读》,中国人民大学出版社2011年版,第226页。

大多数故意杀人案中也不会专门讨论被害人是不是人的问题。可是,如果孤立地来考察"人"的概念,便会发现它的语义也是极不明确的,比如胎儿是不是人？尸体是不是人？这一系列问题就暴露出了"人"的概念的不明确性。事实上,明确性原则并不要求概念本身要有绝对明确的含义;只要在特定时空背景下,结合所处的语境,能够确定某一概念的具体内容,就符合明确性原则。具体就市场基础秩序而言,一国的经济政策、历史传统、社会现实是影响"市场基础秩序"这一概念内容的重要背景因素。[60] 如果脱离这些特定的背景因素,孤立地看待"市场基础秩序"概念,当然会得出其内涵不明的论断。可是,一旦结合我国改革开放的历史实践、市场决定资源配置的经济政策、鼓励创业创新的社会现实等背景因素,特定市场所需要保护的市场基础秩序是可以明确的。另外,明确性原则的一个重要目的在于确保国民的预测可能性。[61] 由于市场基础秩序关系到特定市场的所有参与者的利益,所以不论市场基础秩序如何变化,身处其中的国民都能认识到这些基础性秩序及其重要性;反过来讲,连国民都认识不到的市场秩序,那自然也不能称为基础秩序。因此,保护市场基础秩序并没有违反明确性原则,也不会破坏国民的预测可能性。

其二,市场基础秩序法益不是抽象法益,既不会造成法益概念抽象化,更不会引发处罚范围的不当扩张。秩序法益之所以被误认为是抽象法益,是因为在客观世界中很难找到"秩序"这一概念的对应物,所以在保护秩序性法益的场合,行为客体(即犯罪行为直接作用的对象)与保护客体(即法益)明显分离。但是,这种分离现象并非秩序性法益所独有,在人身、财产等利益性法益中也存在行为客体与保护客体相分离的情况。比如,在盗窃罪、诈骗罪等财产罪中,行为客体是财物,而保护客体却是(被害人对财物的)占有。与客观实在的财物相比,"占有"显然是一个更加抽象的概念。只不过在传统的人身、财产犯罪中,行为客体与保护客体的分离程度相对较低,而在非法经营罪这类经济犯罪中这种分离程度相对较高;所以,与前者相比,后者显得更抽象一些。也就是说,以具体实在的行为客体为参照,保护法益都具有一定程度的抽象性,所谓具体法益与抽象法益之间并不存在一道"质"的界限,只在抽象程度的"量"上有所不同。那种简单地把具体法益与抽象法益对立起来,并一刀切地认为所有的秩序性法益都属于抽象法益的做法,既不符合立法实际也不利于保护法益。其实,问题的关键不是秩序法益是否属于抽象法益,而是抽象到何种程度的秩序法益才值得刑法保护。如果像传统的市场秩序法益观那样,把过于抽象的市场秩序(包括市场准入秩序、市场交易秩序和市场竞争秩序)作为保护法益,当然会引发法益概念的抽象化和处罚范围的不当扩张。但是,本文所主张的市场"基础"秩序仅指那些确保特定市场存续和发展的基础性秩

---

[60] 参见王世洲:《德国的经济政策与经济刑法、经济犯罪互动关系研究》,载《中外法学》1999年第6期,第98—101页。
[61] 参见[日]山口厚:《刑法总论》(第三版),付立庆译,中国人民大学出版社2018年版,第18—19页。

序,这些基础性秩序关系到所有市场参与者的利益,正是这种基础性和利益关联性使得市场基础秩序成为值得刑法保护的法益,与此同时,将处罚范围严格限定在侵犯"基础"秩序的行为,从而有效规制处罚范围。

其三,市场基础秩序法益也不缺乏可操作性。市场经济的高度不确定性使得立法者只能在非法经营罪这类经济犯罪中提供框架性法益。虽然市场基础秩序是一种框架性法益,但是这并不意味着它没有具体内容。司法者只要结合个案所涉及的特定市场领域及相关时空背景,就能明确市场基础秩序的具体内容。以王力军收购玉米案为例,本案涉及的是粮食市场,结合我国补贴粮食生产的经济政策,可以确定"确保粮食价格稳定"是粮食市场的一项基础秩序。在粮食收购领域设置行政许可的目的也是确保粮食价格稳定这一基础秩序。而被告人王力军未经许可从粮农手中收购粮食并加价转卖的行为,确实有抬高粮食价格,破坏粮食价格稳定秩序的危险;只不过由于被告人的经营数量相对较少,且当年粮食产量充足,被告人的居间收购行为反倒促进了粮食流通,价格波动的危险没有被现实化。本案再审改判被告人无罪的理由是被告人"尚未达到严重扰乱市场秩序的危害程度",这里的市场秩序就是指粮食市场的"粮食价格稳定"秩序。可见,本文所主张的市场基础秩序法益并不缺乏可操作性,只不过是要求相关司法者具备必要的经济素养。事实上,市场基础秩序的识别也无须高深的经济学理论,因为司法人员也可能是相关市场的参与者,如果连作为市场参与者的司法人员都认识不到的秩序,那也称不上是市场"基础"秩序了。反观主流的行政许可制度法益观,不管所处市场领域以及特定时空背景,一概以行为人是否取得行政许可为判断标准,其实是以牺牲刑罚正当性为代价来换取形式上的统一性,以简单易行的外表掩盖了错漏百出的内里,实不可取。

其四,需要进一步澄清的是本文主张的市场基础秩序法益与主流的行政许可制度法益之间的关系,以及如何解释《刑法》第225条明文规定的"未经许可""未经批准"要素。首先可以肯定的是,违反行政许可的行为不一定扰乱市场秩序。行政许可制度只是政府保护市场秩序的一种手段而非目的。之所以采取这种手段,是因为特定的历史背景,尤其是从计划经济逐步走向市场经济的过渡阶段,行政许可制度在一定程度上有助于确保市场的存续和发展。在这个意义上,可以说行政许可制度法益是特定历史阶段的市场基础秩序。随着市场对资源配置的决定性作用日益增强,不同市场领域逐渐形成各自的基础秩序,行政许可制度法益也逐渐丧失了基础性地位。非法经营罪的保护重心也随之从原来的行政许可制度(或市场准入秩序)转移到各个市场领域中新形成的基础秩序。如今,单纯强调行政许可制度的服从性已经不足以解释刑罚的正当性,必须从特定市场领域的基础秩序出发来重新解读《刑法》第225条所规定的"未经许可"和"未经批准"要素。《刑法》第225条第1项所规定的"未经许可"涉及的是专营、专卖、限制买卖的产品市场领域,由于这些产品都是关系到国计民生的物品,"质量真实"和"价格稳定"是这类产品市场的基础秩序。基于该种基础秩序,"未经许可"

要件并不是表明本罪保护行政许可制度,而只是为了确保相关产品市场领域的"质量真实"和"价格稳定"。《刑法》第 225 条第 3 项中的"未经批准"要件也不是表明本罪保护有关主管部门的批准权,而是通过批准程序增强投资者对证券、期货、保险和资金支付结算等金融市场的信任;或者说是让主管部门为这些金融市场领域背书,从而保护投资者的信任,而这种信任正是金融市场领域的基础秩序。总之,行政许可制度法益只是过渡型法益,《刑法》第 225 条所规定的"未经许可""未经批准"并不表征本罪保护行政许可或特定主管部门的批准权,而是需要结合特定市场的基础秩序加以理解。

实际上,市场基础秩序法益观除了能够有效弥补行政许可制度法益观的缺陷外,还具有坚实的学理基础和实践优势。

首先,与主流的行政许可制度法益观相比,市场基础秩序法益观其实更加符合非法经营罪的立法规定。这点可以从《刑法》第 225 条明确规定"扰乱市场秩序"这一结果要件当中得到佐证。主流法益观枉顾"扰乱市场秩序"的明文规定,而仅仅根据"未经许可""未经批准"等字样就推定本罪所要保护的是行政许可制度,未免过于片面。当刑法没有规定结果要件或者刻意删去结果要件时,确实需要解释者根据犯罪行为的性质归纳出其所要保护的法益;可是当刑法已经明确规定了结果要件时,解释者显然不能无视该结果要件而仅仅根据行为性质界定保护法益。以生产、销售假药罪为例,在《刑法修正案(八)》之前,《刑法》第 141 条生产、销售假药罪明文规定了"足以严重危害人体健康"这一结果要件,在此情况下显然不能抛开"人体健康"这一重要法益而片面地认为本罪只保护国家对药品的管理制度;即便是在《刑法修正案(八)》删去该要件以后,由于《刑法》第 141 条第 1 款中段和后段仍保留"对人体健康造成严重危害"和"致人死亡"这两个结果要件,所以也不能认为修改以后的生产、销售假药罪只保护药品管理制度。就非法经营罪而言,"未经许可"和"未经批准"只是限定本罪处罚范围的要件,而非决定本罪处罚范围的要件,它们的作用是排除那些取得许可的行为,而不是决定非法经营行为的性质。值得一提的是,在界定个罪法益时重视结果要件并不是结果无价值论的立场使然,即便是行为无价值论者在界定个罪法益时也必须充分考虑刑法明文规定的结果要件。

其次,从体系解释的角度看,非法经营罪处在《刑法》分则第三章"破坏社会主义市场经济秩序罪"第八节"扰乱市场秩序罪"之中,据此将本罪的保护法益界定为市场基础秩序符合体系上的一致性要求。而且,与主流法益观有所不同的是,市场基础秩序法益观不会导致罪与非罪、此罪与彼罪的界限模糊化。一方面,市场基础秩序法益观要求行为人的行为确实扰乱了市场基础秩序(不包括市场准入秩序)才能入罪,这与单纯违反行政许可的行政违法行为有着本质上的区别,所以不会因为模糊"刑行"界限而混淆罪与非罪;另一方面,考虑到非法经营罪乃重罪,所以将它的保护法益界定为市场"基础"秩序可谓罚当其罪,不会出现轻罪重罚、重罪轻罚的失衡结果。比如,对于未取得行政许可但销售真烟、真药者,由于其没有扰乱产品市场的基础秩序,所以不构成本罪;而对于那些取得行政许可但销售假烟、假药者,虽然其因没有违反国家规定而不构成本罪,但可以按照销售伪劣产品罪和销售假药罪定罪处罚。如此一来,非法经营罪与销售伪劣产品罪和销售假药罪等罪名之间的界限得以明晰。需要指出的是,与分则第三章其他破坏社会主义市场经济秩序罪的基本犯相比,非法经营罪的基本犯法定刑相对较高,这是因为非法经营罪所保护的市场秩序具有"基础性"。所以,某一行为在不法程度上连其他罪名都达不到的话,就更不可能达到非法经营罪的不法程度。在此情况下,就不会出现用非法经营罪这一重罪处罚那些连其他轻罪都不构成的行为,亦即不会导致轻罪重判的失衡结果。

最后,市场基础秩序法益观更加符合现代市场经济的发展规律。其实,就保护市场秩序这一目的而言,主流法益观与本文主张的市场基础秩序法益观并无不同,两者都认可刑法应当保护市场秩序。只是在市场秩序的内涵上,两者的认识有所不同。与强调市场准入秩序的主流法益观不同的是,市场基础秩序法益观把刑罚处罚的重心放在了市场主体的行为上,而非市场主体的"身份"或"资质"上。实践表明,一个有"身份"的市场主体同样会做出扰乱市场秩序的行为,而一个没有"身份"的市场主体也可能做出推进市场发展的行为。所以,刑法关心的应当是市场主体的行为,而非市场主体的身份。尤其是在"市场在资源配置中起决定性作用"的观念已经深入人心的社会中,人们仅仅因为不具备某种"身份"而受到刑罚处罚,这样的刑罚无论如何都不可能具有正当性。正当的刑罚必须要考虑国民的规范意识[62],"如果人们有顾虑地将一定的行为定义为违法的、可责难的、社会无法接受的行为,而该定义可能得不到大家的认可,并进而质疑该定义的衡量标准,那么这就是一个明确的信号,即这个存在问题的行为并不是犯罪行为"[63]。经过改革开放40余年的发展,我国国民早已从计划经济的思想中解放出来,市场决定资源配置的观念已经成为普遍共识。在此情况下,非法经营罪的保护法益也应该及时地从原来的行政许可制度调整为市场基础秩序,以适应现代市场经济的需求。

(二)市场基础秩序法益观指导下的非法经营罪

虽然保护法益的界定需要参照个罪构成要件的立法表述,但是保护法益本身不是构成要件。保护法益是通过指导构成要件的解释来决定处罚范围的。[64] 需要指出的是,以往运用法益指导构成要件解释时,普遍关注的是法益对构成要件"内容"的指导作用,很少考虑到法益对构成要件"结构"的指导作用。在本文看来,对于包含四个构

---

[62] 参见〔日〕前田雅英:《刑法总论讲义》,曾文科译,北京大学出版社2017年版。

[63] 〔德〕沃尔夫冈·弗里希:《国家刑罚的前提和界限》,赵书鸿译,载赵秉志、宋英辉等主编:《当代德国刑事法研究》(2016年第1卷),法律出版社2017年版,第190页。

[64] 参见车浩:《占有不是财产犯罪的法益》,载《法律科学(西北政法大学学报)》2015年第3期,第123页。

成要件的非法经营罪而言,保护法益不仅指导构成要件的内容,而且奠定了构成要件的结构。具体而言,在市场基础秩序法益观指导下,"违反国家规定→实施非法经营行为→扰乱市场秩序→情节严重"这四个构成要件之间呈阶层递进式结构,从行政违法性递进到刑事违法性,实质性判断程度逐层升高,逐步实现处罚范围的合理化。

第一,没有违反旨在保护市场基础秩序的"国家规定"的行为,不符合《刑法》第225条中的"违反国家规定"。

"刑法应当对预先确定的法益加以保护,而不是打击违反特定国家规定的行为。这些国家规定并不保护任何前实证的法益,而仅仅服务于公共秩序和福利。"[65]也就是说,并非任何形式上符合我国《刑法》第96条的"国家规定",就都是《刑法》第225条中的"国家规定"。在市场基础秩序法益观指导下,并非所有符合《刑法》第96条效力要件的"国家规定"都属于《刑法》第225条中的"国家规定",后者只包括那些旨在保护市场基础秩序的"国家规定"。至于那些为了方便行政管理、应对临时性突发状况等不是以保护市场基础秩序为目标的行政许可,无论是否由国家规定所设置,都不属于《刑法》第225条中的"国家规定"。需要强调的是,市场基础秩序必须同时具备两个要素:一是"市场",二是"基础"。社会管理秩序不属于"市场"秩序;个别利益主体受保护的秩序也不是"基础"秩序。

由此反观文首提到的董杰、陈珠使用游戏外挂有偿代练案,法院以行为人的行为违反《出版管理条例》《信息网络传播权保护条例》为由认定其"违反国家规定",并根据《非法出版物解释》第11条认定被告人构成非法经营罪。按照市场基础秩序法益观的见解,国务院颁布的《出版管理条例》《信息网络传播权保护条例》虽然符合《刑法》第96条有关国家规定的效力要件,但因为它们并不是旨在保护"市场"基础秩序而设置的,所以不属于《刑法》第225条中的"国家规定"。所以,本案被告人的行为并不符合《刑法》第225条的"违反国家规定"要件,不构成非法经营罪。至于是否构成侵犯被害人权益(如游戏公司的著作权等)的犯罪则另当别论。其实,本案辩护人曾提出:"《刑法》第225条所规定的'违反国家规定'只能是国家关于市场交易秩序管理的有关规定,公诉人在法庭辩论中所提出的《计算机信息网络国际联网安全保护管理办法》《计算机信息系统安全保护条例》和《信息网络传播权保护条例》均不是国家关于市场交易秩序管理的法律法规。"[66]遗憾的是,法院并未对此作出正面回应。

第二,违反国家规定但没有威胁市场基础秩序的行为,不属于《刑法》第225条规定的"非法经营行为"。

如前所述,在主流的行政许可制度法益观指导下,非法经营的"非法"被等同于"违

---

[65] [德]伊沃·阿佩尔:《通过刑法进行法益保护?——以宪法为视角的评注》,马寅翔译,载赵秉志、宋英辉等主编:《当代德国刑事法研究》(2016年第1卷),法律出版社2017年版,第52—53页。

[66] 《最高人民法院公报》2012年第2期。

反国家规定",并进一步被等同于违反行政许可(即"违反国家规定＝非法＝违反行政许可"),最终促成了本罪的司法异化。但是,在市场基础秩序法益观指导下,"违反国家规定"表征行政违法性,只有在违反了旨在保护市场基础秩序的行政许可且该许可系由法律、行政法规等国家规定设置的情形中,违反行政许可才能推导出"违反国家规定"。而非法经营中的"非法"则表征刑事违法性,具体指的是"威胁市场基础秩序",这也是《刑法》第225条列举的前3项非法经营行为的共性,根据同类解释规则,该条第4项"其他"非法经营行为也必须是威胁市场基础秩序的行为。

在文首提到的欧敏、关树锦非法经营长途客运案中,法院认为,虽无证据证明已发生客观危害结果,但潜在的社会危害严重,具体表现在:(1)危害人民群众的生命财产安全;(2)引发社会不稳定因素,如暴力抗法、涉及多宗抢劫杀人案件等;(3)破坏正常的市场秩序,具体指非法营运公司不缴纳税费造成国家税收损失,损害合法营运者的权益,没有纳入正常的管理体系导致相关部门平时也无法对其进行有效管理;(4)激发潜在的犯罪心理,如不有效遏制会激发更多的非法营运车辆参与非法营运。在本文看来,法院列举的上述四项危害都不属于"威胁市场基础秩序",其中没有缴纳税费损害的是国家税收征管制度,损害其他合法经营者权益属于侵犯个人财产法益的犯罪,相关部门难以有效管理损害的是社会管理秩序,这些都与市场基础秩序无关。所以,在市场基础秩序法益观看来,本案被告人虽然违反了国家规定,但是没有实施"威胁市场基础秩序"的非法经营行为,不构成非法经营罪。至于是否构成其他妨害社会管理秩序或者侵犯个人财产的犯罪则另当别论。

第三,违反国家规定且威胁市场秩序的经营行为,如果没有造成扰乱市场秩序的后果,也不构成非法经营罪。

在市场基础秩序法益观指导下,"扰乱市场秩序"要件中的"市场秩序"被限定为关系到所有市场参与者利益的基础秩序。与行政许可制度法益观不同,市场基础秩序法益观并不是通过削减"市场秩序"概念核心内容的方式来达到限制解释的目的,而是通过缩小概念外延的方式来实现限制解释的目标。有必要指出的是,不同市场所需的基础秩序会有所不同,同一市场在不同历史阶段所需的基础秩序也会有所不同。对于产品市场而言,基础的秩序就包括价格稳定、质量真实等内容,一旦相关市场充斥伪劣商品或者产品的质量真实性受到普遍怀疑,那么该产品市场就可能面临崩塌。比如,自从"毒奶粉事件"以后,国产奶粉的质量真实性就饱受质疑,国产奶粉这一产品市场可谓遭受重创。与之不同的是,对于金融市场而言,国民对国家金融体系的信心才是基础秩序。从纵向历史角度看,在我国尚未建立股票交易所之前,金融市场的基础秩序内容主要是指国民对银行(特别是国有银行)的信任,而随着股票市场的建立和发展,金融市场的基础秩序内容就拓展到了国民对上市公司的信任或信心,一旦没有这种信任基础,相关金融市场就可能崩塌。历史上,国民对国家金融体系丧失信心而引发的"钱荒""挤兑""股灾"甚至"金融危机"的事例便是最好的例证。因此,有必要动用严厉的刑罚手段来保护这些关系所有市场参与者利益的基础秩序。

当然,实施"威胁市场基础秩序"的非法经营行为只是制造了风险,从该风险行为到产生"扰乱市场(基础)秩序"的结果之间,还存在着一个风险实现的过程。有时行为人实施了非法经营行为,但该行为被及时制止,没有达到扰乱市场基础秩序的程度。比如,文首提到的王力军收购玉米案,被告人违反国家规定擅自从粮农手中收购玉米并加价转卖,这类行为确实存在扰乱市场基础秩序的风险。因为一旦允许这类行为广泛存在的话,可能会引起粮食价格升高。在产品市场中,尤其是农产品市场,价格稳定是关系到所有市场参与者切身利益的基础秩序。所以,违反国家规定擅自收购玉米并加价转卖的行为属于"威胁市场基础秩序"的非法经营行为。但是,具体就本案而言,被告人的行为并没有真的造成粮食价格升高的后果,相反地,还在客观上促进了当地粮食流通。所以,可以认为行为人实施非法经营行为所创设的风险并没有现实化为扰乱市场基础秩序的结果。因此,在市场基础秩序法益观看来,被告人的行为不符合"扰乱市场(基础)秩序"的要件,不构成非法经营罪。由此反观,再审以"尚未达到严重扰乱市场秩序的危害程度"为由改判被告人无罪,隐约可见市场基础秩序法益观的身影,但是在构成要件之外根据社会危害性概念为其出罪的做法有违反罪刑法定原则之嫌。

第四,违反国家规定且扰乱了市场基础秩序的行为,如果情节显著轻微,危害不大的,不构成非法经营罪。

严格来讲,如果把本罪的保护法益界定为行政许可制度,那么就只有"违反与不违反"之分,并无情节轻重之别。也就是说,在主流的行政许可制度法益观的指导下,《刑法》第225条规定的"情节严重"要件成为了游离在证明法益侵犯性之外的要件,因为行政许可制度这个法益并不能为"情节"要素提供内容上的指导。也正因如此,"情节严重"要件才会在唯数额论的影响下异化为"数额较大"。与之不同的是,在市场基础秩序法益观的指导下,"情节严重"要件的功能被具体限定为证明行为人的行为"严重"扰乱了市场基础秩序。诚如前述,市场基础秩序的基础性表现为关系到所有市场参与者的利益,因此这里的"严重"程度就可以通过利益受损者的数量多寡以及受损程度的高低来判断。如此一来,"情节"要素便有了数额以外的丰富内容。当然,必须承认,"情节严重"要件是本罪四个要件中实质化判断程度最高的要件,因为个案情节千差万别,立法者难以统一规定,需要司法者结合个案具体内容判断。不过,可以肯定的是经营数额只是表征行为人扰乱市场基础秩序程度的情节之一而非唯一。

比如,在文首提到的张建刚等非法经营案中,行为人的经营数额虽然高达200余万元,但是值得注意的是,经检验,被告人生产的药品有效成分达到同类正品标准,而当时我国唯一批准进口的治疗肺癌的药物每瓶售价高达1.65万元,被告人生产的药品几经转手后每瓶售价仅为2 000—2 500元。也就是说,被告人的行为在侵犯药品管理秩序的同时,也在客观上帮助了很多无力支付高昂药费的癌症患者。这一情节应当被纳入决定行为人的行为是否"情节严重"的判断过程之中。其实,类似本案与陆勇案的案件不在少数。在陆勇案中,法官以被告人陆勇的行为系代购而非销售为由认定其不构成犯罪,单就个案而言如此做法可谓变通之举,但是更根本的问题是动用刑罚处罚这类行为的正当性何在？本文认为,就非法经营罪而言,考虑到我国目前的药品市场现状,值得刑罚保护的药品市场的基础秩序包括药品质量的真实性,但不宜包括药品专利的受保护性。对侵犯药品专利的行为可以采取其他行政、民事或轻罪(如生产、销售假药罪)方式处理。[67] 具体就本罪的构成要件符合性而言,可以通过情节要件否定这类案件的符合性。

四、结论

在主流的行政许可制度法益观指导下,非法经营罪的不法构造从立法上的四个要件异化为司法中的"违反行政许可+数额较大"两个要件,导致罪与非罪、此罪与彼罪的界限模糊化,并由此引发处罚范围的不当扩张。行政许可制度法益观其实是特定历史背景下形成的过渡型法益观,随着"市场决定资源配置"的现代市场经济的发展,行政许可制度法益观赖以生存的社会环境不断消解。无论是基于适应现代市场经济的考量,还是出于规制本罪处罚范围的目的,都应该把非法经营罪的保护法益界定为市场基础秩序。市场基础秩序是指特定时空背景下确保特定市场得以存续和发展的秩序。不同市场的基础秩序有所不同,同一市场在不同历史阶段、不同社会背景下的基础秩序也会有所差异。在市场基础秩序法益观指导下,非法经营罪的四个构成要件呈阶层递进式结构,从行政违法性递进到刑事违法性,实质性判断程度逐层升高,分步实现处罚范围合理化,从而化解非法经营罪"口袋化"之难题。

---

[67] 生产、销售假药罪基本犯的法定刑是3年以下有期徒刑或者拘役,并处罚金。结果加重犯要求"对人体健康造成严重危害或者有其他严重情节""致人死亡或者有其他特别严重情节",这类生产、销售质量合格的低价药的行为,一般不会对人体造成伤害,所以认定为生产、销售假药罪也是一种调和处罚正当性与处罚必要性的可选方案。

自杀违法的辩护与新论说
——作为参与自杀处罚路径的探讨

黄小飞[*]

要　目

一、问题意识
二、处罚参与自杀的合宪性与合理性
　　(一)合宪性:生命权及其国家保障义务
　　(二)合理性:"自杀秩序"及其司法治理
三、对不罚论两个观点的否证
　　(一)对自我答责说的否证
　　(二)对法外空间说的否证
四、实务做法评析
五、自杀违法论的反思与再造
　　(一)自杀违法论的规整与检讨
　　(二)自杀违法的根据
　　(三)自杀不可罚、参与自杀可罚的解套
六、结语

摘　要　参与自杀的刑法评价在我国刑法学中是较为特殊的问题,仍有讨论的意义。处罚参与自杀是宪法价值贯彻于刑法适用以及司法机关积极参与治理"自杀秩序"问题的表现,具有合宪性以及现实的合理性。自我答责说与法外空间说未能观照现实因素,且理论前提及论证方式也颇有疑问,不处罚参与自杀的立场不能成立。实务中流行的单独正犯说以及异化的"不作为犯"思路也不值得肯定。教义学框架下唯一能够考虑的只有共犯论路径的自杀违法论。自杀违法的根据在于:自主的价值本源决定了其无法优越于生命本身,国家无法承认自杀权,自杀举动不能以自主性理由排除国家干预;人性尊严这一宪法最

---

[*] 四川大学法学院助理研究员,专职博士后。

高规范(价值)包含生命与自主两个面向,生命处于更高等级,从人性尊严中可推导出"生命不受任何人侵犯"的规范判断,自杀因破坏生命而具备违法性。至于自杀违法但不处罚自杀("未遂")者是因为支持法秩序的价值体系在发挥作用。未来也可考虑增设教唆、帮助自杀罪,以减轻现有学理上的解释负担。

关键词　　参与自杀　　处罚路径　　自主　　人性尊严　　自杀违法

一、问题意识

参与自杀(教唆、帮助自杀)的刑法评价在我国刑法学中是一个较为特殊的问题。一方面,对于明显不属间接正犯、对死亡结果不起决定作用的参与自杀行为,司法实践[1]与刑法学通说[2]历来主张按故意杀人罪(情节较轻)处罚,但是其在说理上存在重大缺陷。以邓明建故意杀人案为例,邓明建为其母李术兰自杀提供农药,李术兰自行饮下农药中毒死亡,司法人员的说理为:虽然帮助自杀不同于直接动手杀人,但是帮助自杀行为侵犯了死者的生命权,与死亡结果存在因果关系,且邓明建主观上有放任死亡的故意,应当按故意杀人罪处理。[3] 通说的立场也是,因为"教唆、帮助行为与死亡结果存在因果关系""被害人生命权被侵犯""行为人有故意",所以参与自杀构成故意杀人罪。[4] 照此看,实务和通说似乎为参与自杀专门制定了"简版"构成要件,只要满足三个要件,参与自杀即构成故意杀人罪。但是有两个疑问被有意遮蔽:其一,为何处于边缘位置的教唆、帮助者能够按故意杀人罪的正犯处理;其二,自杀者自主决定的死亡结果为何能归属于其他人。

另一方面,当前教义学对参与自杀问题的解决并不成功。在教义学的框架下,有反对处罚参与自杀的观点,也有肯定处罚参与自杀的观点。反对处罚参与自杀,基本

---

[1] 早期著名的邵建国诱发并帮助其妻自杀案是典型例证,该案发生于1997年《刑法》颁布之前。参见最高人民法院中国应用法学研究所编:《人民法院案例选》(刑事卷)(1992年—1996年合订本),人民法院出版社1997年版,第279—283页。2012年最高人民法院在《刑事审判参考》中专门刊载的第810号指导案例邓明建故意杀人案,相当于重申了这一立场。参见中华人民共和国最高人民法院刑事审判庭第一、二、三、四、五庭主办:《刑事审判参考》(2012年第6集·总第89集),法律出版社2013年版,第19—23页。近年来参与自杀构罪的事例也不少见,根据笔者对近几年可查阅的裁判文书的考察,实践中处罚的参与自杀行为主要是"帮助自杀",几乎没有处罚单纯的"教唆自杀"的事例,但存在"教唆并且帮助自杀"的事例。前者事例可参见山东省武城县人民法院(2015)武刑初字第10号刑事判决书,云南省禄丰县人民法院(2015)禄刑初字第145号刑事判决书,广东省深圳市中级人民法院(2018)粤03刑初1031号刑事判决书等。后者事例可参见江西省景德镇市中级人民法院(2015)景刑一初字第35号刑事判决书,黑龙江省牡丹江市中级人民法院(2016)黑10刑初46号刑事判决书。

[2] 参见苏惠渔主编:《刑法学》(第六版),中国政法大学出版社2016年版,第375页。

[3] 同前注[1],中华人民共和国最高人民法院刑事审判庭第一、二、三、四、五庭文。

[4] 参见高铭暄、马克昌主编:《刑法学》(第八版),北京大学出版社、高等教育出版社2016年版,第458页;张军主编:《刑法(分则)及配套规定新释新解》(第9版),人民法院出版社2016年版,第960页;王作富主编:《刑法分则实务研究》(中),中国方正出版社2009年版,第814页。

出发点在于参与自杀没有故意杀人罪的实行行为,按故意杀人罪处理违反罪刑法定原则。[5] 但是对实行行为的质疑可以通过共犯论的路径予以化解,所以在说理内部,有学者提倡自杀属自我答责的合法行为(自我答责说)[6],也有学者主张自杀处于法外空间(法外空间说)[7]。这样,教唆、帮助自杀没有可从属的违法主行为因而不可罚。相应地,肯定处罚参与自杀的观点,则只能依据共犯论的路径,将自杀解释为违法行为,教唆、帮助自杀作为杀人的共犯行为而证立可罚性。[8] 但是这些观点都存在明显的疑问,任一疑问都可被对手作为否证的依据。首先,一味指责司法实践和通说的观点违反罪刑法定原则,并不完全合适。因为,虽说在1997《刑法》颁行之前,司法实践可通过类推之方式将参与自杀以故意杀人论处,但此后《刑法》明确规定了罪刑法定原则却仍然要处罚参与自杀,这说明司法机关一定有重要的现实考虑。其次,将自杀视为自我答责的行为,是对自主(自主决定权)至上原则的贯彻,但自主至上这一价值前提并不为实定法秩序所承认,同样,自杀属法外空间的说法也经不起推敲(法外空间理论自身不被承认)。最后,将自杀解释为违法,在我国法文化语境下还难以得到国民认同,相关论者也未对"自杀违法"进行有效辩护。笔者注意到,近年来有理论法学者参与讨论并给出意见[9],还有社科法学者乘机对教义学思维的有效性表示质疑[10]。这都说明,关于参与自杀,教义学的各种立场都难以令人满意。

不得不承认,目前司法实践已经固定了处罚参与自杀的立场[11],对于处罚根据并无太大的理论需求,如何圆满回答该问题更多是理论性质的探讨。但在刑法学走向体系化、精细化的今日,不允许残留参与自杀这种"烂尾"的问题。因此,参与自杀这一深刻纠缠"生命(权)与自主(权)""法律与伦理"的问题,究竟该走向何处,本文试图再次

---

[5] 参见陈兴良:《判例刑法学》(下卷)(第二版),中国人民大学出版社2017年版,第161—163页。
[6] 参见王钢:《自杀的认定及其相关行为的刑法评价》,载《法学研究》2012年第4期,第154—174页。
[7] 参见周光权:《教唆、帮助自杀行为的定性——"法外空间说"的展开》,载《中外法学》2014年第5期,第1164—1179页。
[8] 参见钱叶六:《参与自杀的可罚性研究》,载《中国法学》2012年第4期,第99—111页;朱彦:《自杀行为"违法性"的双向证成——兼论自杀参与行为的刑事可罚性》,载《法学》2019年第2期,第183—192页;蒋太珂:《人格主义法益观视角下自杀关联行为的评价》,载《现代法学》2019年第2期,第196—209页;刘杰:《自杀关联行为的入罪路径探讨》,载《刑法论丛》2014年第1期,第192—207页。
[9] 参见郑玉双:《自我损害行为的惩罚——基于法律家长主义的辩护与实践》,载《法制与社会发展》2016年第3期,第181—192页。
[10] 参见戴昕:《"教义学启发式"思维的偏误与纠正——以法学中的"自杀研究"为例》,载《法商研究》2018年第5期,第80—92页。
[11] 对于这一点,看一下近年实务人员公开发表的意见即可明白。参见王永兴、夏俏骅:《协助近亲属自杀构成故意杀人罪》,载《人民司法》2019年第17期,第15页;(中华人民共和国最高人民法院刑事审判庭第一、二、三、四、五庭主办,见前注[1],法律出版社2012年版,第19—23页);解兵:《将帮助自杀行为认定为杀人罪的法理根据》,载《检察日报》2010年10月22日,第003版。

探索。就基本观点而言,笔者肯定实务的立场,认为自杀违法论是具有相对合理性的解释路径,值得维护。所以在文章安排上,笔者先揭示出司法实践处罚参与自杀的道理所在,并对不处罚参与自杀的主要观点(自我答责说、法外空间说)进行否证,再检讨当前实务做法的弊端,最后对自杀违法论进行辩护,提出自杀违法的另一解释进路,以期推动学理探讨并有益于司法实践。

二、处罚参与自杀的合宪性与合理性

参照国外自杀关联罪的立法例,其实我国多数学者都有一个潜在的共识,即参与自杀值得刑法处罚。[12] 只不过当前我国《刑法》只规定了故意杀人罪,罪刑法定原则应该被贯彻到何种程度或者说法益保护与人权保障应该在何种程度上达致妥协,这一刑法本质论的拷问,迫使学者必须在"直接按故意杀人罪处理"与"等待立法增设参与自杀罪"之间做出选择。这一争论可以在学理上充分展开,但司法机关必须解决现实的社会治理需求。从实务的立场来看,因参与自杀具有严重的"社会危害性"(也即处罚必要性),即使将参与自杀解释为故意杀人罪有类推解释的风险,也必须认为"这种行为实质上是杀人行为"。[13] 但这种"社会危害性/处罚必要性"是如何建构起来的,没有人正面回答,传统的法益理论似乎也无法提供有力说明,这才使得部分教义学者滑向不罚论的立场。其实,这完全可以从以下两方面释明。

(一)合宪性:生命权及其国家保障义务

生命权是人类权利的基础,在"宪法权利清单"中居于首位。由于基本权利理论的发展,生命权由消极的防御功能发展至积极的保障功能,国家不仅不得非法剥夺生命,在多数场合还必须采取积极措施应对复杂情形的生命保护需求。宪法保障生命权的伦理基础有生命神圣论和生命质量论这一对立范畴。前者强调生命自身的神圣性、特殊性,禁止杀人、自杀以及自杀协助,后者则认为有质量的生命才是有意义的,应当

---

[12] 例如陈兴良教授虽然反对现阶段将参与自杀按故意杀人罪处理,但是对增设参与自杀罪的立法建议表示赞同。参见陈兴良:《判例刑法学》(下卷)(第二版),中国人民大学出版社 2017 年版,第 156 页。周光权教授也认为自己提出的法外空间说的比较优势是为未来中国立法增设参与自杀罪预留一定空间。同前注[7],第 1174 页。

[13] 参见张军、姜伟等:《刑法纵横谈(分则部分)》,北京大学出版社 2008 年版,第 139 页。

尊重没有质量的生命主体自主决定死亡的权利。面对安乐死、自杀协助[14]等难题，两者会出现激烈争论，但争论的结局通常是生命神圣论占据基础和主导地位。[15] 社会伦理道德的约束[16]，生命的神圣性以及任何人无权（以任何形式）剥夺他人生命等理由的存在，使得安乐死遭到坚决反对，没有哪一国家以立法直接认可该制度。[17] 同样，帮助自杀也并非法外之地，而是受到刑事制裁的威慑和管控。例如，美国曾发生 Washington v. Glucksberg 和 New York v. Quill 两起著名的帮助自杀事例，被告人 Glucksberg 和 Quill 作为医师应绝症患者的要求提供自杀便利而遭到起诉，经过州法院初审、上诉审直到联邦最高法院终审，美国联邦最高法院最终得出的结论是：帮助自杀不是美国宪法第 14 条修正案所承认的一项基本自由，各州处罚帮助自杀不违反宪法，因为"禁止自杀协助与州的合法权利合理相关这一宪法准则在此无疑是统一的，这些权利包括禁止谋杀和保护人的生命；禁止涉及公众重大健康问题的自杀，尤其是事关年轻人、老年人和遭受病痛或精神极度痛苦以及其他心理紊乱者；保护医学界的职业完整性和职业伦理，以及维持医生作为病人守护者的角色；保护穷人、老人、残疾人、濒危病人，保护其他遭受冷漠和偏见、受到巨大心理压力和金钱压力而唯求一死的弱势群体；避免造成自愿甚或非自愿安乐死的倾向。在这些众多的权利中，我们无法衡量孰轻孰重，因为它们无疑都合法而且很重要，而争议中的法律与促进和保护这些权利之间的关系至少是协调的"[18]。

我国《宪法》第 33 条规定的"国家尊重和保障人权"包含了生命权的内容。在早期政法语境下，人们就认为"公民的生命是公民的其他人身权利和民主权利的基础，没有生命，就不可能享有其他人身权利和民主权利，因此《刑法》对公民的生命给予特殊保护"[19]。此后，刑法理论与实务也循着生命权至上性、不可侵犯性的话语逻辑，强调

---

[14] 需要提醒读者，安乐死与自杀协助（帮助自杀）是极容易发生混淆的概念。安乐死可以分为多种类型，大体上分为积极的（直接的）安乐死与消极的安乐死，消极的安乐死又可以分为间接的安乐死与尊严死。积极的安乐死可以分为两种，一种是医师接受患者嘱托直接注射致死量的药物，这属于"受嘱托杀人"，第二种是医师根据患者的要求提供一定的药物，患者自己服用而死，这才是"帮助自杀"（参见[日]中山研一：《安楽死と尊厳死》，成文堂 1999 年版，第 192 页）。在医疗、伦理领域，区分安乐死与狭义的帮助自杀没有太大意义，但是在刑法学领域区分二者有重大意义。因为受嘱托杀人类型的安乐死具有刑事可罚性没有太大争议，但是帮助自杀类型的安乐死是否具有可罚性恰好是争议最激烈的地方。为避免混淆，本文的相关讨论是在安乐死与狭义的帮助自杀进行严格区分的意义上进行的，即安乐死仅指受嘱托杀人类型。
[15] 参见上官丕亮：《生命权宪法保障的理论基础研究》，载《环球法律评论》2007 年第 6 期，第 25—27 页。
[16] 这尤其表现在具体的职业、专业领域的伦理道德。如医学的本质是帮助病人延长寿命、提高生存质量，医生提供药物与治疗是关注于疾病本身而不是患者的要求，并非患者想死医生就必须顺应他。为患者提供自杀便利本身与医学的本质相违背，所以安乐死、帮助自杀无法在医学伦理上获得支持。
[17] 参见汪进元：《生命权的构成和限制》，载《江苏行政学院学报》2011 年第 2 期，第 123 页。当然，反对安乐死的理由不仅仅有生命神圣论，还涉及政府存在的根本目的、社会主流价值观、文化心理因素等。
[18] 黄丁全：《医疗、法律与生命伦理》，法律出版社 2004 年版，第 76 页。
[19] 李光灿等：《故意杀人罪》，群众出版社 1983 年版，第 79 页。

"非法剥夺他人生命的方法是多种多样的,行为人采用什么样的方法,不影响故意杀人罪的成立"[20],也即"非法剥夺他人生命的行为并不限于行为人故意亲自实施的杀人行为,教唆他人自杀、帮助他人自杀也是非法剥夺他人生命的行为"[21]。不难发现,在参与自杀"社会危害性/处罚必要性"的建构中,生命权至上的理念("生命神圣性")发挥着重要作用。参与自杀侵犯生命权是形式的(但并非不重要的)法律论证,实质理由在于参与自杀挑战生命权至上的宪法价值(普遍观念),给人以漠视生命、不尊重生命的印象,作为生命权保障功能的辐射效应,国家有义务禁止参与自杀。[22]

(二)合理性:"自杀秩序"及其司法治理

我国是世界上自杀率最高的国家之一,每年的自杀人数不容小觑。这其中尤其值得注意的是农村老年人的自杀问题。根据社会学者的研究,在中国南方的一些农村里,已经形成了"自杀秩序":自杀成为老年人晚年生活的一种选择,静态来看自杀是稳定的,同时,老年人自杀是可预测的、连续的。[23] 也就是说,在一些农村地区形成了老年人自杀的社会习俗,自杀成为老人生命的自然演绎和当地生活逻辑的必然结果,老年人自杀与老年人正常死亡没有区别。[24] 大多数中年人也持有"老了过不下去就喝农药自杀"的未来规划。对这一现象成因有多种视角的解读,但都指向了同一个原因:孝道衰落。[25] 难以否认,当前年轻人更关注自己现实的生活,子辈越来越不愿意承担赡养父辈的义务,对老年人的重视程度多取决于老年人对自己是否有用;一旦老人患病或丧失劳动力,其便成为家庭的负担,子女打骂、虐待老人的事例随之发生。老人要么为子女着想、不想成为拖累而选择自杀,要么出于反抗、让子女良心受责而自杀,又或者是单纯为了摆脱痛苦而自杀。

可以想见,有一些老人自杀与子女的言语或行动刺激有直接关系,还有一些明明是杀人但因为"自杀秩序"的存在,周围人默认"老了就该死,所以老人是自杀死亡的"荒唐逻辑,因此隐匿不报,产生犯罪黑数。学者陈柏峰曾提及通过访谈某村村民获知

---

[20] 郎胜主编:《中华人民共和国刑法释义》(第六版),法律出版社2015年版,第381页。
[21] 同前注[11],解兵文。
[22] 参见韩大元:《中国宪法学应当关注生命权问题的研究》,载《深圳大学学报》(人文社会科学版)2004年第1期,第25—28页。
[23] 参见刘燕舞:《自杀秩序及其社会基础——基于湖北省京山县E村老年人自杀的个案研究》,载刘燕舞主编:《华中村治研究:农民自杀问题研究》(2017年第2期),社会科学文献出版社2018年版,第29页。
[24] 参见杨华、范芳旭:《自杀秩序与湖北京山农村老年人自杀》,载《开放时代》2009年第5期,第105—121页。
[25] 参见颜廷健:《社会转型期老年人自杀现象研究》,载《人口研究》2003年第5期,第76—77页;刘燕舞:《自杀秩序及其社会基础——基于湖北省京山县E村老年人自杀的个案研究》,载刘燕舞主编:《华中村治研究:农民自杀问题研究》(2017年第2期),社会科学文献出版社2018年版,第29—38页;杨华、范芳旭:《自杀秩序与湖北京山农村老年人自杀》,载《开放时代》2009年第5期,第114—120页。

的三个事例:其一,某老人生病,在外打工的儿子、儿媳以为老人将死便赶回家,结果一个星期过去了,老人还没死,儿子和儿媳就大为不满:"你怎么还不死呢,都一个星期了,早知道你不死,我们就不用回来了。"其二,某人为了摆脱母亲的拖累,在重病的母亲床边放了一瓶农药,并对母亲说:"你还是喝药死了吧,不然我怎么出去打工。"这两位老人的死都被当作自杀。其三,某人因为母亲生病拖累自己打工,便将其母活活勒死,却对外宣称母亲自杀。村里人心知肚明,但谁也没管这件事。[26] 显然,面临这些事例,司法机关不可能选择坐视不理;如果不对参与自杀进行一定的刑事处罚,农村地区形成的"自杀秩序"将难以扭转,尊重生命、善待老人的规范将不断被突破,还会产生如前述事例的隐匿犯罪事实、增加犯罪黑数的后果;在一般意义上(不仅是"自杀秩序"中的老人自杀),在被害人已经死亡、事实查明依赖于口供的情况下,参与自杀不构成犯罪的话,极有可能为罪犯逃脱法律制裁提供合法渠道,会使得大量的有罪案件变为无罪。[27] 这对公民生命权的保护以及社会的良性发展是极为不利的。

据此而言,处罚参与自杀是宪法价值贯彻于刑法适用以及司法机关积极参与社会问题治理的表现,具有合宪性也具有现实的合理性。如何将这些现实考虑嵌入教义学应是学理研讨的重心。然而,我国大多数学者对此充耳不闻,只是自顾自地以自己认同的理论前提进行封闭的逻辑演绎。当前否定处罚参与自杀的立场有自我答责说与法外空间说两种观点,从观照现实因素这一层面来看,两说便凸显不足,而且在理论证立的层面,各自的前提和论证其实也都存在问题。

三、对不罚论两个观点的否证

(一)对自我答责说的否证

自我答责说的主旨是,自杀属自杀者自主决定权的行使,属合法行为,从自我答责和法益侵害的角度都应当认为参与自杀的行为不具刑事不法,不应处罚。[28] 核心论点有二:其一,自杀是被害人行使自主决定权的结果,不可归责于教唆、帮助者;其二,法益不仅仅意味着某种属于权利人的对象物或客体的客观存续,也包含权利人根据自己的意志对对象物或客体加以处分的自由,成立法益侵害必然以特定行为侵犯权利人对特定物或对象加以利用的自由为前提,但教唆、帮助自杀没有妨害自杀者的自由,也就没有法益侵害。笔者认为这两个论点不能成立。

首先,自我答责说认定自杀合法的依据是"自主决定/自由"这一价值前提,但是对

---

[26] 参见陈柏峰:《代际关系变动与老年人自杀——对湖北京山农村的实证研究》,载刘燕舞主编:《华中村治研究:农民自杀问题研究》(2017年第2期),社会科学文献出版社2018年版,第17页。
[27] 参见黎宏:《刑法学各论》(第二版),法律出版社2016年版,第218页。
[28] 同前注[6],第164—166页。

于自主决定/自由为何能够建构自杀的合法性,论者没有给予回答。于是其论证就变为"因为自主决定/自由,所以合法"的强行推论。疑问在于:其一,虽然自主或自由的价值立场在当今法治语境下难以撼动,但是没有一种法秩序承认不受限制的自由,密尔式的标准("不害他人")可以帮助我们限缩自由概念的合理范围但无助于划定其边界。何种情况下属于自主/自由,只能依据论者自身的先验理解,自杀合法也就成为论者单纯的价值表达。[29] 正因此,论者只有通过严格定义自杀的方式,强化"自主决定/自由的自杀"的印象,试图以一种"移情理解"的方式唤起价值共鸣,让读者忽略掉对自主前提的反思。结论或许为人接受,但其方法论不值得肯定。其二,自主具有内在价值(Intrinsical Value)和工具性价值(Instrumental Value)。在语义上,自主不因其内在价值就显得比其他价值项目(如生命、名誉等)更优越,在许多场合对自主进行限制都是有必要甚至必须的;自主之所以具有价值,在于其自身的工具性价值,亦即只有自主促进个人的利益(Well-being)时才具有价值。[30] 其三,自主优于生命,只可能对现实的、一时的自主而言才成立,但是,生命作为自主决定权的"生物学基础",不仅提供了现实的自主,也保证未来的自主。自杀虽然实现了现实的自主,但也否定了未来的、可能的自主。[31] 当自主损害其所依附的生命之时,无论从自主的价值本源还是自主与生命的"计量性对比"来看,自主的绝对性地位根本无从建立。因此,自主本身导不出自杀的合法性。对这一点,下文还将展开论述。

其次,将法益侵害的重心置于对个人自由的妨害,其实与Keßler的心理主义的利益说、Marx继承自Sina的法益关联构造论[32]如出一辙,但不具有合理性。这类观点强调法益对象只有与人发生心理上的关联性时才被保护;关联性是指人对法益对象的自由处分性,也只有自由处分性才是真正受侵害的客体。根据这种观点,生命如同财产一样可以自由处分,在个人同意生命侵害时,因个人对生命的自由处分性未被侵害(不如说是自由处分权的行使),生命也就丧失了法益的适格性。但这种观点的问题在于:其一,法保护的对象独立于个人的利益感受,同意的法效果不由个人意思决定,而是由法规中客观化的共同体意思决定。任何对象无论对于个人而言有多高的主观价值,只有其在得到共同体承认而成为一种法益的时候才能被保护。反之,即便个人认为某个对象没有法保护的必要,共同体价值观也会要求其不可放弃。在此意义上,应当否定那种排除社会关系的极端个人主义倾向的法益观。[33] 其二,如果将这种观点贯彻到底的话,受嘱托杀人也不具有刑事可罚性,但这不符合国内外的立法和司法实

---

[29] 同前注[10],第83页。

[30] See Konstantinos Kalliris. "Self-Authorship, Well-being and Paternalism". *Jurisprudence*, 8:1, 2017, pp. 29-31.

[31] 参见[日]福田雅章:《刑事法における強制の根拠としてのパターナリズム》,载《一橋論叢》103卷1号,第15页以下。

[32] 参见[日]谷直之:《自殺関与罪に関する一考察》,载《同志社法学》44卷6号,第164—166页。

[33] 同上注,第170页。

践。《德国刑法典》至今没有删除第 216 条受嘱托杀人罪也证明 Keßler、Marx 一类的观点不具可采性。其三,这种观点在体系上也是不协调的。未满 14 周岁的人承诺性行为属个人自由的行使,但刑法不会放弃强奸罪、强制猥亵罪的适用。如果反论未满 14 周岁的人没有性自由,则已间接承认自由并非法益侵害的决定要素。

最后,根据自我答责说的逻辑,自杀成为一种基本权利,但这不可能成立。如果把自杀视为一种行动自由,那么任何人都没有义务去干涉或协助自杀,但如果把自杀视为一种基本权利,那么,其他人就有义务去协助自杀者结束生命。[34] 因为,如果承认自杀权的话,杀害请求权便是应有之义,根据权利和义务的对应关系,国家或他人(如医生、护士、亲属等)就负有杀害义务。这不仅得不到法秩序的认可,也与个人的道德感严重抵触。再者,自杀成为一种基本权利,公共机关的施救举措便成为自杀者的反抗对象,于是,面对自杀事件,政府只能"见死不救"。这显然引起了评价矛盾。

(二) 对法外空间说的否证

法外空间说的立论起点也在于自杀的法性质,但该说援引考夫曼的"法外空间"理论,超越了自杀合法与违法的对立,将自杀划入"法外空间",即法不禁止也不提倡、不予评价的领域;并且还主张,在刑法未增设参与自杀罪之前,自杀不违法,参与者亦不违法,倘若增设此罪,则自杀原本就"不合法",参与行为即具有违法性。[35] 应当说,法外空间说的用意良好:一方面充分尊重自杀者的自由,避免自杀者被冠以"违法"的污名评价,另一方面否定自杀权的存在基础,避免法秩序释放鼓励自杀的信号;结局上,参与自杀行为因没有可从属的违法主行为而不可罚,也为立法增设参与自杀罪预留理论空间。但是"法外空间"理论自身存在诸多疑问[36],目前并未得到普遍承认,即便承认法外空间的存在,基于以下理由,将自杀划入法外空间也并不妥当。

其一,自杀其实不在"法外空间"的范围内。考夫曼认为的法外空间不同于没有法律规定的"真空领域",而是"法律免于评价",这说明"法外空间"其实仍属法律领域。在考夫曼看来,"免除法评价的领域"是指现实的紧迫情况,例如同价值的法益(一命换一命)或者同顺位的义务(生命救助义务)冲突的事例。[37] 在这些情形中,必然存在一个牺牲者,他的牺牲是不可避免的、急迫的。将这些情形认定为法外空间符合"紧急时无法律"的法思想。但是,自杀事例不属于紧急情况,自杀场合也不存在同价值的法益冲突事例。即便是冲动自杀,也是因为长时间积累矛盾而诱导触发,不能说是紧迫

---

[34] 参见罗艳:《伦理视野下的自杀权》,载《北京社会科学》2014 年第 8 期,第 64 页。
[35] 同前注[7]。
[36] 对法外空间说的经典批判,主要来自三方面:其一,在法律范围上,根本不存在法不介入的领域;其二,在概念功能上,法外空间的内涵与外延极为模糊;其三,在形式逻辑上,法外空间违反排中律。参见王钢:《法外空间及其范围:侧重刑法的考察》,载《中外法学》2015 年第 6 期,第 1548—1549 页。
[37] 参见[德]考夫曼:《法律哲学》,刘幸义等译,法律出版社 2004 年版,第 321 页以下。

事例。[38]

其二,法外空间说使得自杀救助行为的法性质处于尴尬的境地。如果将自杀评价为违法,自杀救助可以因防卫而正当化。即使将自杀评价为合法,也不会使得自杀救助行为具有违法性。因为,根据违法一元论,刑法上的正当化事由存在于整体法秩序[39],我国《民法典》规定有"见义勇为"条款[40],阻止自杀的行为因"见义勇为"而排除民事违法,自然不再具有刑事违法性。但是将自杀认定为法不评价的行为,自杀的法性质就不确定了,当救助行为侵犯了自杀者的身体或者自由时,如何评价救助行为,法外空间说只能语塞。[41]

其三,法外空间说没有比较优势,在解释论的范围内不具有竞争力。论者认为法外空间说可以为域外处罚参与自杀的立法例提供更说得通的根据,也能为中国未来增设相关犯罪预留理论空间,即,在没有设置参与自杀罪之前,因为自杀本不是违法的,所以不能处罚参与自杀,但是在设置参与自杀罪之后,因为自杀本就是不合法的,所以参与行为可以成为违法行为。这被认为是该理论的比较优势。事实上,在规定自杀关联罪的国家,自杀没有被免予法律评价。例如《日本刑法典》第202条规定了参与自杀罪,关于该罪的处罚根据历来存在自杀合法说与自杀违法说的争论。[42] 其实,所谓为立法增设参与自杀罪预留理论空间,只是表面上的说辞,实质是把难题推给立法者;在适用效果上,法外空间说与自我答责说没有区别,除了展示一个"折中"的姿态外,没有任何理论收益。[43]

自我答责说、法外空间说的论者或许是真挚地想放过那些因疾病、困苦等发生的自杀协助事件,最大限度尊重个人自由、克制刑法的处罚范围。但是站在国家的立场,自杀具有负价值性,不值得肯定和鼓励,国家应当积极作为、努力防止自杀,履行生命权的保护义务[44],不能因部分可矜悯的事例就放任所有促进自杀的行为。禁止他人参与自杀,目的即在于孤立自杀者,以发挥间接保护生命的作用。这样,在法政策上就有理由将参与自杀作为犯罪处理。[45]

---

[38] 参见〔日〕上田健二:《自殺——違法か、適法か、それとも何か》,载〔日〕大谷实ほか编《宮澤浩一先生古稀祝賀論文集》(第二卷),成文堂2000年版,第263页。

[39] 参见〔日〕松宫孝明:《刑法総論議義》,成文堂2017年版,第113页。

[40] 《民法典》第183条:"因保护他人民事权益使自己受到损害的,由侵权人承担民事责任,受益人可以给予适当补偿。没有侵权人、侵权人逃逸或者无力承担民事责任,受害人请求补偿的,受益人应当给予适当补偿。"第184条:"因自愿实施紧急救助行为造成受助人损害的,救助人不承担民事责任。"

[41] 周光权教授曾在课堂上表示,自杀仍然存在结果无价值,只是没有行为无价值,救助行为仍然可因正当防卫而正当化。但这种评价已经与法外空间理论相矛盾,因为结果无价值也属违法评价。

[42] 参见〔日〕曾根威彦:《刑事違法論の展開》,成文堂2013年版,第113—119页。

[43] 同前注[10],第84页。

[44] 参见王贵松:《自杀问题的国家立场》,载《北方法学》2009年第5期,第64—70页。

[45] 参见〔日〕井田良:《講義刑法学·各論》,有斐閣2016年版,第30—31页。

四、实务做法评析

前文指出,实务认定参与自杀构罪采取的是三要件论证法,只要求满足死亡结果、因果关系、主观故意三个要件,便不再细究实行行为的判断问题,因为在实务人员看来,参与自杀是有"行为"的,而且是与死亡结果有因果关系的"行为"。这种定罪思路与参与自杀行为具有处罚必要性而我国《刑法》又没有规定参与自杀罪有关,也与传统犯罪论没有实行行为的类型性观念有关。但在阶层论语境下,将边缘的、间接因果性的教唆、帮助自杀的行为理解为故意杀人罪的实行行为,很难得到认同。

笔者注意到,单独正犯说其实在实务中也发生了"异化"。实践中存在一种非常隐蔽的"不作为犯"思路。例如,在邓明建故意杀人案中,实务人员在论证提供农药的行为属非法剥夺他人生命的行为时,有意提及了几个事实:①邓明建对被害人李术兰有赡养义务;②李术兰请求帮助自杀,邓明建没有劝阻,反而为其提供农药;③邓明建在李术兰喝下农药后没有实施救助。[46] 在另一个案情大体相似的案例中(冯刚故意杀人案),法官认为冯刚为被害人刘爱美(系祖母与孙女婿关系)提供自杀药物的行为是故意杀人"行为",理由也在于,"对于他人要求自杀的行为提供帮助,且在自杀行为施行后未履行抢救义务"[47]。有实务人员专门撰文指出:"在理解教唆、帮助自杀行为也是一种故意杀人行为时,可以借助于先行行为引起的义务理论和不作为行为状态下的故意杀人罪的构成要件来加以解释。当行为人实施了自杀的教唆或者帮助行为,导致被害人的生命处于一种更加危险的状态,则负有法律上的排除危险状态的义务。如果行为人不积极履行排除危险状态的法律义务,造成他人自杀的法律后果,不论是自杀未遂或者既遂,行为人的教唆或者帮助自杀行为就可以认定为不作为的故意杀人罪,此时行为人的教唆或者帮助自杀行为也是一种故意杀人行为。"[48]这样看,表面上司法实践采取的是纯粹的单独正犯说,但实质上采取的是单独正犯与不作为犯的混合说——参与自杀之所以是杀人,不仅因为参与行为对死亡结果施加了原因力,而且因为先前的参与行为引起了救助义务但行为人又没有救助,最终导致死亡结果发生。

不得不说,实务的这种思路显示出了相当的司法智慧。既然将单纯的教唆、帮助自杀行为解释为杀人实行行为存在疑问,那么"不作为犯"的补足似乎可以消除这种疑问。但问题是,如果说参与自杀具备实行行为性是因为有后续不救助行为的补足,那行为人究竟是作为犯还是不作为犯?

如果认为仍然是作为犯,那么为什么作为犯的实行行为性因后续不救助的情节得

---

[46] 同前注[1],中华人民共和国最高人民法院刑事审判庭第一、二、三、四、五庭文,第21页。
[47] 山东省武城县人民法院刑事判决书,(2015)武刑初字第10号。
[48] 同前注[11],解兵文。

以补足,这不仅令人费解,根本上也很难成立。实行行为必须是以结果发生具有现实危险性为内容的行为。[49] 教唆、帮助自杀行为不具有致人死亡的现实危险,因为在教唆、帮助行为实施之后,自杀者的生命不是立即遭受危险,其间还有一个过程存在。倘若认为在教唆、帮助行为实施之后,因为设定了一个危险源,行为人有义务予以消除,这也改变不了已经发生的教唆、帮助行为的危险性。将先前行为与后续的不作为视为一个行为,只是司法实践长久以来习惯整体考察法的一个表现,但没有合理的根据。

倘若认为是不作为犯,其认定思路其实也不符合不作为犯的一般原理。我国《刑法》没有对不作为犯作原则性规定,只在分则规定少数的真正不作为犯,不真正不作为犯只能极为例外地得以认定;动辄以不真正不作为犯发动刑罚,会使得国民行为过度萎缩,总会存在是否符合罪刑法定原则的疑问。所以,学界对不真正不作为犯的一个基本态度是,尽量限制其认定范围。如黎宏教授的分析:只有在行为人主动设定面向法益侵害的原因,并且对法益侵害流程具备排他性支配时,才可以消除不作为和作为之间的结构性差异,进而将该不履行作为义务的行为视为作为,按作为犯的条款处罚;通常的见危不救不宜按不作为犯处理,个别情形应该直接按作为犯处理,例如丈夫诱发和帮助妻子自杀的行为,实质上是教唆、帮助他人自杀的行为,符合《刑法》第232条情节较轻的故意杀人罪的犯罪构成。[50] 在邓明建案、冯刚案中,司法人员强调行为人与被害人具有赡养关系,以及行为人提供自杀帮助后产生了消除该行为引起的危险的义务,这只论证了行为人具有救助义务,但没有论证该不救助的行为是否可以等同于作为。现在来看,答案是否定的。因为,可以认为行为人先前的帮助自杀设定了法益侵害的原因,但死亡流程并非处于行为人的支配控制之下,行为人没有断绝被害人获得救助的条件,被害人最终死亡也是由其自杀导致,行为人后续的不救助行为无法视为支配死亡结果发生的作为。因此,用不作为犯理论解决参与自杀者的刑事责任是不妥当的。

五、自杀违法论的反思与再造

(一)自杀违法论的规整与检讨

至此来看,如果要为司法实践的立场进行辩护,同时又不与教义学的解释规则发生严重冲突,唯一能够考虑的只有共犯论的路径,即,将教唆、帮助自杀者解释为杀人的共犯。此时问题的焦点是,自杀者是杀人的正犯亦即自杀违法这一前提如何得以

---

[49] 参见〔日〕大塚仁:《刑法概説(総論)》,有斐閣2008年版,第171页。
[50] 参见黎宏:《排他支配设定:不真正不作为犯论的困境与出路》,载《中外法学》2014年第6期,第1588—1590页。

成立。

依据笔者所看到的文献,目前国内明确赞成自杀违法的论者相对较多,论证自杀违法的路径也各不相同。有两种观点较具代表性:其一,法律家长主义说。钱叶六教授是自杀违法论的典型代表。在自杀违法的论证策略方面,钱叶六教授立足于法律家长主义的立场,认为从生命是包括自己决定权在内的一切权利或者价值的本源或者基础,因而有必要给予最为厚重的保护的立场出发,应例外地允许家长主义的介入,也就是说,即便是自己自主地处分自己的生命,也是对个人生命法益的侵犯,从而不为法所允许。[51] 其二,人格主义法益说。蒋太珂博士认为,将自杀解释为杀人,需要从人格的角度理解"生命"这一概念。在他看来,人格是一个发展的概念,既包括现在的人格也包括继续形成中的未来的人格。自杀行为只是自杀者现在的人格之实现,但也剥夺了自杀者正在发展中的人格。自杀行为也因为剥夺了正在形成中的人格之物质载体,而能被理解为剥夺"他人"生命的行为。也因此,参与自杀行为也能够被作为故意杀人罪的共犯行为加以处罚。[52] 但是,这两种观点仍然存在疑问。

人格主义法益说的技巧性大于说服力,该说其实在日本、德国学者的论述中能找到原型,可以置入原语境一并考察。《日本刑法典》于第 202 条规定了参与自杀罪,关于该罪的处罚根据大体分为自杀合法说(包括放任行为说)与自杀违法说,自杀违法说在违法的根据上又存在林林总总的说法。其中,小林宪太郎通过将自杀解释为杀害"将来的自己"证立自杀违法。其援引森村进的论述:"人格与心理具有关系,在心理和人格的连结性比较匮乏的时候,根据其稀薄程度的不同而产生不同人格……现在的称之为'我'的人格与将来的'我'的人格虽然有一定的继续性,但不具有同一性。"[53] 由此得出,人是由现在的自己和将来的自己构成的。也许现在想自杀,但在未来可能就会"后悔",觉得过去的自己居然有过这么愚蠢的想法。所以,现在想自杀的"我"与将来不想自杀的"我"构成了不同的人格,自杀就是对后者人格的侵害。至于对当事人未来"后悔"可能性的判断,则取决于其信仰、价值观。[54] 德国为贯彻共犯从属性,《德国刑法典》没有规定狭义的参与自杀罪,自杀关联罪原本仅有第 216 条受嘱托杀人罪。[55] 对该罪处罚根据的思考涉及生命承诺的有效性问题,关于这一点也存在着肯定说与否定说的对峙。持后者立场的 Stratenwerth 认为被害人承诺的思想根底在于尊重个人自主,但是在处分生命法益的场合,这种自主不值得考虑。因为,自主可以分为

---

[51] 同前注[8],钱叶六文,第 103—107 页。
[52] 参见蒋太珂:《人格主义法益观视角下自杀关联行为的评价》,载《现代法学》2019 年第 2 期,第 204—207 页。
[53] 〔日〕森村進:《権利と人格:超個人主義の規範理論》,創文社 1994 年版,第 93 页。
[54] 参见〔日〕小林憲太郎:《被害者の関与と結果の責任》,载《千葉大学法学論集》第 15 卷 1 号,第 164—165 页。
[55] 德国于 2015 年增设了第 217 条业务帮助自杀罪,似乎推翻了通说的观点,导致德国学界陷入论战中。

"一时的自主"和"终身的、包括性的自主",而后者意义上的、包含未来自主可能性的自主才更应该保护。自杀实现了现在的自主,却是对未来自主的侵犯,所以应当否定个人有生命的处分权(也即生命不可承诺侵害)。[56] 对这类观点的疑问是:其一,现实中一个人的想法是可以一成不变的,亦即人格是不变的,完全存在现在想自杀、未来依旧想自杀的事例,那么现在的自杀就没有侵犯未来的人格。如果根据当事人的信仰、价值观判断,自杀者未来不会后悔,那么他的自杀就是合法的,这就是把那些"未来不会后悔的人"排除在刑法的保护之外,有违反平等原则的嫌疑[57];其二,未来的自主比现实的自主更优越,这是难以证明真伪的判断,以此不足以说明法秩序对生命处分权的限制;其三,根据这类观点的逻辑,故意杀人罪或受嘱托杀人罪的保护法益不是生命本身,而应是抽象的人格或自主,这违反体系解释规则。

值得注意,这一类观点的方法论基础其实仍然是法律家长主义的思考模式。关于法律家长主义正当化的解释模型,中村直美归纳为:①自由最大化模型;②任意性(自由性)模型;③被干预人未来同意的模型;④理性的人类形象模型;⑤没有外在障碍就应该会表示同意的模型。[58] 田中成明则总结为:①功利主义的原理;②自由最大化原理;③任意性(自由性)基准;④同意原理。同意原理又分为:④-1 事前的现实的同意;④-2 介入时只要有表示同意的机会就可以期待的同意;④-3 有很大可能的事后同意;④-4 真实的同意;④-5 正常人都会表示的假定的同意。[59] 其中,中村的"③被干预人未来同意的模型"和田中的"④-3 有很大可能的事后同意"都是指能够得到本人同意而使得干预正当化的原理,这一原理成立的前提必须是,依据现在人格的判断和依据将来人格的判断可能出现不同结局。[60] 也就是说,法律家长主义得以正当化的解释模型之一,就是以"将来人格"为基准——因为将来的人格会同意法律的介入,所以即使侵犯现在人格的自主或自由也可以被允许。由此来看,法律家长主义的一个思考向度就是将人格或自主进行区分考察,无论是人格主义法益说还是小林宪太郎或是 Stratenwerth 的论述,实质都只是法律家长主义的一个侧面。

那么,将法律家长主义运用于参与自杀,究竟存在什么样的问题?自我答责说和法外空间说的论者都对法律家长主义表示严厉拒绝,前者回溯考察法律家长主义在政治哲学中遭受的诟病,认为法律家长主义与集权主义的国家形象紧密相关,带有深刻的法治风险,难以被贯彻到刑法之中[61];后者则认为,承认法律家长主义会导致国家

---

[56] 参见〔日〕谷直之:《自殺関与罪に関する一考察》,载《同志社法学》44卷6号,第166页。
[57] 参见〔日〕深町晋也:《危険引受け論について》,载《本郷法政紀要》9号,第125页。
[58] 参见〔日〕中村直美:《パターナリズムの研究》,成文堂2007年版,第37页以下。
[59] 参见〔日〕田中成明:《現代法理学》,有斐閣2011年版,第182页以下。
[60] 参见〔日〕若尾岳志:《刑法上のパターナリスティックな介入とその限界》,载〔日〕高橋則夫ほか編:《曾根威彦先生、田口守一先生古稀祝賀論文集》(上卷),成文堂2014年版,第50页。
[61] 参见王钢:《自杀行为违法性之否定——与钱叶六博士商榷》,载《清华法学》2013年第3期,第148—156页。

权力无孔不入,在现代法治国家显得不合时宜[62]。直观上,这些批判具有压倒性的说服力,但借助自由主义、法治主义的强势话语的分析,显得过于专断。如果说法律家长主义一无是处,那意味着自 20 世纪中叶以来西方学者开展的对密尔《论自由》的再检讨运动是一场没有任何收益的"误会"。其实,考察钱叶六教授的论述可以发现,将法律家长主义运用于参与自杀,最大的问题是其具有与自我答责说同样的结论先行的弊病。家长主义作为一种法律干预模式固然可以得到承认[63],但是为什么要采取法律家长主义,除了强调生命自身的重要性之外,钱叶六教授没能给出更实质的说明。其论证因此也成为"因为生命重要所以要采取法律家长主义(所以自杀违法)"的强行推论。无怪乎社科法学者借机指责教义学者进行的是一场无谓的争论,因为无论是基于法律家长主义立场得出自杀违法的结论,还是依据自主/自由价值前提得出自杀合法的判断,都只是论者在用修辞对其认同的价值判断和法律适用结论做出确认和重复,其说服力天然受限于其先前默认或后期调整的价值立场本身所为人接受的程度。[64] 既然如此,要想在根本上解决参与自杀的问题,并且回应社科法学者的批判,只有开放价值讨论,进行更实质的论证。

(二) 自杀违法的根据

1. 价值理据:自主的非至上性

自我答责说主张自杀合法的价值前提是自主的至上性,而自杀违法说的前提是生命本身的价值重大性,自主与生命之间究竟孰轻孰重,是绕不开的问题。

自主在政治哲学中是指自治(Autonomy)或自我管理(Self-authorship),作为一种极为重要的政治价值而存在。刑法学讨论的自主是指"自己决定权",主要属违法性的内容。其一,被害人承诺原则上阻却行为人行为的违法性,根据在于被害人承诺属自己决定权的实现,当被害人自主放弃某项法益之时,法律保护的必要性自然就不存在。其二,自我答责的原理主张被害人自己支配、决定结果发生的场合,该结果属于被害人自己答责的领域,行为人对此不负责。依据也在于,被害人决定结果发生是行使自己决定权的表现,从尊重个人的原则出发,法秩序通过排除对他人的结果归属或者否定他人的正犯性,以确证该结果是被害人"自己的决定"而不是"他人的决定"。这样看,自主具有排除国家刑罚权的机能。若进一步追问自主为何具有这样的机能,回答通常是,自主是宪法保护的重要价值,国家负有保护、尊重个人自主的义务。[65] 自主虽然是一种极为重要的、值得刑法保护的价值或者说利益,但不意味着宪法预设了自

---

[62] 同前注[7],第 1169—1170 页。
[63] 参见黄文艺:《作为一种法律干预模式的家长主义》,载《法学研究》2010 年第 5 期,第 3—17 页。
[64] 同前注[10],第 82—83 页。
[65] 参见车浩:《自我决定权与刑法家长主义》,载《中国法学》2012 年第 1 期,第 89—92 页。

主(自由)至上的价值前提,不受限制的自主(自由)是不存在的。但是,对于限制自主的根据或者说方式是什么,在理论上聚讼纷纭。要想彻底叙述清楚这一点,需要至少一本专著的篇幅。以下,本文尝试走一条中间道路,在不妄言的情况下做略微高于通识的论述,目的在于述清自主和生命的位阶关系。

在宪法学上,以动态的、发展的人格概念为基础的人格的自主权说,主张将自主分为综合的(包括的)自主和个别的(一时的)自主。综合的自主由现实的以及未来的自主决定权构成。而个别的自主则是指现实性自主决定权。两者之间的关系在于,综合的自主优于个别的自主,在具体事项上可以综合的自主为由对个别的自主进行限制。根据这一观点,由于综合的自主是发展的、动态的,生命是其不可欠缺的基础,所以在行使个别的自主决定权有害于生命之时,就可以对自主本身加以限制。[66] 但是,综合的自主包含了未来的自主,而未来的自主是看不见的、抽象的,以一个看不见的、抽象的自主为由,去限制一个现实的自主举动,存在很大疑问。毕竟,对一个普通人来说,现实的自主选择或许更有意义。因此,该观点或许具有方法论的启迪意义,但是在具体问题的分析上不具有较强的说服力。于是,我们只能考虑另一条路径,即从自主的价值本源进行分析。

自主之所以重要,是因为其具有价值。目前得到承认的是,自主的价值可以分为:①行使自己决定权自身所具有的形式的程序价值;②通过行使自己决定权而得到的实质的实体价值或利益(生命、身体、财产等)。[67] 也即是,自主具有内在价值和工具性价值。内在价值是指自主因其自主性(Autonomousness)而具有的价值,其价值性的征表不依赖于自主的任何产出,而是行使自主决定权的过程,所以又被称为程序价值。而工具性价值则是指自主作为个人利益(福利)的贡献者而具有的价值,其表明自主的价值性不在于行使自主决定权的过程,而是行使自主决定权的结果。也即是,自主的价值存在于其促进的实体利益之中。但是,这种对自主价值的二元划分存在争议。例如,约瑟夫·拉兹(Joseph Raz)就强烈否认自主具有内在价值,而仅承认自主的工具性价值。在他看来,只有自主有助于自主者的福利,我们才重视自主,我们把一个生活是自主的这个事实看作增加了他的福利。[68] 因为,虽然自主的内在价值在个别问题上具有强烈的说服意义,例如主张安乐死合法化的重要论据就是安乐死彰显了个人的自主性,但是,一方面这种说服意义很大程度上仅仅来自于自主话语的情感呼吁功能;另一方面,以什么标准、由谁来判断一个人的举动是出于必要且足够的自主性,这都是选择内在价值、程序价值立场之后不可避免且难以轻松应答的问题。然而,也有学者认为,承认自主的内在价值仍然是有意义的,因为一个自主而且成功的选择比不自主虽

---

[66] 参见〔日〕佐藤幸治:《宪法》,青林书院1995年版,第460页。
[67] 同前注[31],第12页。
[68] 参见〔英〕约瑟夫·拉兹:《公共领域中的伦理学》,葛四友译,江苏人民出版社2013年版,第141页。

然也成功的选择更有吸引力。例如，A 自己选择学钢琴并且通过了等级考试，B 被迫选择学钢琴也通过了等级考试，可能一般人会认为 A 的生活是更美好的；而且，自主产生自我负责的道德责任，也就是说，如果一个人的选择是自主的，那么他就应该为自己的选择负责而没有责怪他人的权利。[69] 笔者认为承认自主的内在价值、程序价值具有方法论意义，但内在价值不能构成自主的价值本源。因为，内在价值毕竟只是形式价值，自主的真正价值终究来其对好的生活的贡献，自主本身并非最终目的。[70]

既然自主的内在价值只是一种形式性的程序价值，不包含某种实体利益，那么对自主的限制就无法从内在价值中找寻根据，而只能从自主的工具性价值（实体性价值）着手。[71] 无法否认，在通常情形下，个人的自主实践因为彰显了自主的内在价值（程序性价值）——因为"自主性"理由的存在——而免受国家干预，其包括两种情形：①明显增加了个人的整体利益；②减损了个人的整体利益但尚不严重（不足以击败"自主性"理由）。但是，当个人的自主实践导致丧失的实体利益极为重大，以至于自主的内在价值（正数）与未实现的自主的工具性价值（负数）形成巨大差额时，自主即失去价值本源，从而不再具有免除国家干预的机能；基于对实体利益的保护，对自主进行限制甚至否定也就是可能的。例如，国家承认个人对财物有处分权，无法干预个人毁坏自己财物或者同意他人毁坏自己财物的行为，因为此种情形实现的自主的内在价值（假设为 10 个单位的利益）比失去的财物的价值（假设为 5 个单位或者更少的利益）更优越。但是，国家无法承认一般性的自杀权，也无法承认在他人的帮助下实施自杀的权利。因为，生命在实体利益的价值位阶上处于最高级的地位，是一切实体利益的前提性存在，自杀虽然实现了自主的内在价值（假设为 10 个单位的利益），但与丧失的生命价值（假设为 100 个单位的利益）相比，自主（内在价值）体现的积极意义不值一提，所以国家可以无视"自主性"理由的存在，对个人的自杀举动实施干预。换言之，自己决定权行使的边界与实体利益存在紧张关系：实体利益价值越小，越能够承认自己决定权的优先性；而实体利益价值越重大，就越难以承认自己决定权的优先性。因此，自主的价值本源决定了，其无法凌驾于生命之上。

2. 规范根据：作为宪法最高原则的"人性尊严"

与自主、生命权紧密相关的概念是"人性尊严"。人性尊严又称人的尊严，是指人作为人所具有的基本价值和品格。在宪法秩序中，人性尊严可以定位为基本权利的一种，但学者倾向于将其作为"基本权利体系之出发点"或是"最上位之宪法原则"。[72] 国家权力运行必须以人性尊严为基础，否则会丧失正当性与合法性。根据各

---

[69] 同前注[30]，第 34—37 页。
[70] See Steven Wall, *Liberalism, Perfectionism and Restraint*, Cambridge University Press, 2007, p. 145.
[71] 同前注[42]，第 94 页。
[72] 参见汪进元：《论宪法的人性尊严原则》，载《河南财经政法大学学报》2012 年第 4 期，第 60 页。

国宪法立足的人权理论，人性尊严的内涵可以分为"人格主义"与"个人主义"两种路径的阐释。前者以德国基本法为代表，后者以日本宪法为代表。

《德国基本法》于第 1 条第 1 款规定"人性尊严"，康德哲学被认为是该规定的理论支柱。根据康德的人格主义学说，人是道德自主且负有伦理责任的人，具有人格的自主性和自我负责性；人作为人格的前提性存在，"人性尊严性"就是"人格的自主性"。人格主义视角下的人性尊严，有两点特征：其一，人性尊严的核心内涵在于个人的自主，这是"人为目的而非手段"命题的终极内涵；其二，人格主义下的"人"不是集体主义下的个人，也不是"国家—市民"二元对抗结构下的独立自主的个人，而是生活在社群中与他人互动并要承担自己责任的一般意义上的"人"，或者说"人格"（Persönlichkeit）。[73] 在康德的"道德自主"思想的意义脉络下，从"人性尊严"中很容易得出"自主至上"以及"生命乃至其他法益都是作为实现自主的手段而存在"的结论。例如，Marx 即认为个人享有自杀权的实质根据在于"人性尊严（自主至上）"这一宪法最高价值。[74] 但事实上，在经过一系列有关安乐死、堕胎等宪法实践之后，德国法院已经赋予生命权更高的等级。如学者评论："人性尊严是《德国基本法》的最高价值，但并不意味着在基本权利冲突的价值权衡中处于绝对最高的地位，因为人性尊严与生命权的地位高低无法衡量，或者也可以将生命权视为人性尊严保障的'核心基础'。《德国基本法》第 2 条第 2 款的生命权不可避免要与第 1 条第 1 款的人性尊严联系到一起，这种联系在德国联邦宪法法院的一系列判决中已经得到证实。因此，生命权是《德国基本法》第 1 条第 1 款所保障的人性尊严的一个侧面，或者说是最重要的一个侧面。从人性尊严条款在《德国基本法》中产生的历史背景来看，这一点也是毫无疑问的。"[75] 所以，有学者如 Schmidhäuser 虽然也立足于人性尊严，但否认个人具有自杀权，因为在他看来，无论自杀还是他杀都是非自然地终结生命，都属于违反人性尊严中"尊重生命"这一要求的不法行为。[76]

《日本宪法》受美国个人主义、自由主义宪政思想的影响，也引入了"个人尊严"的观念，于第 13 条规定"全体国民作为个人而受尊重"，由此确立"个人尊严"在宪法上的最高价值地位。公认的是，美国个人自由的人权理论立足于古典自由主义的"个人形象"，并且吸收了新自然法学派的权利理论，属于"立足于社会的独立个人与国家二元对抗的个人主义的权利论"[77]。这是其与德国的人格主义人权论的显著差异。受此

---

[73] 参见林来梵：《人的尊严与人格尊严——兼论中国宪法第 38 条的解释方案》，载《浙江社会科学》2008 年第 3 期，第 48—49 页。

[74] 参见[日]谷直之：《自殺関と罪に関する一考察》，载《同志社法学》44 卷 6 号，第 166 页。

[75] 参见李忠夏：《人性尊严的宪法保护——德国的路径》，载《学习与探索》2011 年第 4 期，第 116—117 页。

[76] 参见[日]佐藤陽子：《被害者の承諾—各論の考察による再構成》，成文堂 2011 年版，第 69—70 页。

[77] 余军：《"个人自由"与"人性尊严"——美国与德国宪法人权保障基础原理的比较》，载《法哲学与法社会学论丛》2009 年（总第 14 卷），第 195 页。

影响,日本学者认为"个人尊严"与德国的"人性尊严"有所不同。最直接的表现是,"人性尊严"的本质在于"人格的自主性",其中容易导出"自主至上"的结论,而"个人尊严"则被认为具有"自主和生命两面性"。如恒藤恭教授认为,"个人尊严是成立自由的基础","人类的精神存在和身体存在具有密切的依存关系,形成不可分的统一体,因此,具有根本性格的个人的现实存在是作为全体的个人尊严的基盘。当然前提是,个人的现实存在还必须与一定的价值意识相关联"。据此,出于对个人自主的尊重,个人处分生命以外的法益可以免受国家干预,但是国家无法承认个人对生命的处分权,否则便会陷入由人性尊严(尊重自主)否定人性尊严(尊重生命)这一自我矛盾之中。[78]

"人性尊严"在我国宪法秩序中也是一项重要规范或基本价值,只不过在规范根据及其解释方法上学者有所争执。[79] 具体到我国语境,人性尊严的内涵应该是"人格主义"还是"个人主义",或许无关宏旨。毕竟,"人格主义"与"个人主义"只是人权理论中关于自由主义的两种不同诠释进路,显示的只是两种不同的解决自由和社群关系的路径。[80] 已经证明,自主无法凌驾于生命之上,同时参照德国、日本的界定,人性尊严的内涵就应以自主为主要内容,同时自主的边界受到生命这一实体利益的限制,也即包括自主和生命两方面。若承认这一点,就不难得出这样的结论:国家实施的任何侵犯自主的行为都会因违反人性尊严而无效,但在个人的自主实践侵犯生命的场合,无论是对于涉己(自杀)还是涉他(杀人)的行为,国家都能以保护生命权为由予以干预。由此也可明确,文献上向来所谓"生命权绝对保护"原则的真实意涵,不仅在于"生命平等保护"也在于"生命不可放弃"。[81] 也就是说,生命权既不受他人侵犯,自己侵犯也无法得以正当化。

自杀行为包含面向自杀的"自己决定"和由自杀导致的"生命丧失"两个要素。自杀行为的违法性可以分两步得以证立:其一,自主无法优越于生命本身,国家无法承认自杀权,自杀举动不能以自主性为由排除国家干预;其二,人性尊严作为宪法最高规范(价值),以生命与自主两个面向为实质内容,其中生命(权)处于更高等级,根据这一价值逻辑,国家对一切破坏生命行为的干涉都不违反人性尊严,反过来可以从人性尊严中推导出"生命不受任何人侵犯"的规范判断,那么自杀就不是合法的自主性实践,而是与杀人一样,属于破坏生命的违法行为。

(三)自杀不可罚、参与自杀可罚的解套

在证明自杀违法之后,作为共犯的参与自杀者则因共犯的从属性原理而具有违法

---

[78] 同前注[32],第175页。
[79] 参见李海平:《论人的尊严在我国宪法上的性质定位》,载《社会科学》2012年第12期,第101—110页。
[80] 同前注[77],第213页。
[81] 参见陈和君:《权利视角下之自杀、加功自杀罪与安乐死》,元照出版公司2016年版,第98—99页。

性。此时剩下的问题在于,如何处理作为正犯的自杀者不可罚而作为共犯的参与者却要处罚这一悖论。

如果承认可罚的违法性理论,应认为自杀和自杀参与在违法程度上有所不同,根据在于直接的自己决定和间接的自己决定的价值的差异。[82] 自杀是自己处分生命,直接地实现自己决定,但是,自杀参与者是间接地实现"自己决定",从参与者来看,自杀者的自己决定不过是他人决定。因此,自杀者实现自主的内在价值和失去的生命的价值比起来产生之差值,不足以使自杀的违法性达到可罚的程度。相反,参与者因为仅仅是间接实现他人(自杀者)的自主的内在价值,其与失去生命的价值比起来,所产生之差值则足以使自杀参与行为的违法性达到可罚程度。如果不承认可罚的违法性理论,其实完全可以认为自杀虽然违法但自杀者不具有期待可能性,或者从刑事政策的角度主张处罚自杀者不具有预防效果。当然,在自杀者已经死亡的场合,自杀者当然不可罚。

值得注意的是,在"自杀未遂"的场合,自杀者实现了自主的内在价值,但生命这一实体利益仅仅受到威胁没有产生实害,换言之,自杀举动虽然没有发挥自主的工具性价值,但也没有使自主的工具性价值被完全否定。此时,自杀举动虽然威胁了实体利益,但不足以使自主性理由被击败,自杀举动体现出的自主性仍然具有重要意义。质言之,不能以没有受到实害的实体利益为由限制自己决定权的优先性。在此种情况下,不仅自杀未遂本身不可罚,作为从属的参与自杀行为想必也难以受到处罚。根本上,将自杀视为违法但不处罚自杀(未遂)者是因为法秩序的价值体系在发挥作用。

六、结语

对于参与自杀究竟是促进他人自主实践的合法行为,还是破坏生命这一实体利益的违法行为,学理上的讨论仍然是开放的。但是放任参与自杀潜在的多种社会问题,迫使司法机关选择后者立场。因此,自杀违法的路径既兼顾了教义学的体系要求,同时契合了司法机关的现实性考虑,值得赞同。但也必须承认,自杀违法论仍然存在"硬伤"。其在于,不同于西方国家,我国没有处罚自杀的立法史以及文化传统,让国民接受自杀违法可能存在一定的障碍。如果采取一种建构性的态度,这种障碍其实也可以容忍。倘若确实无法容忍的话,则只有求于立法。事实上,近年来也有不少学者呼吁增设参与自杀罪。[83] 当然,这并不意味着教义学在参与自杀的问题上已经失

---

[82] 同前注[42],第121页。
[83] 参见刘仁文:《论规制自杀关联行为刑法的完善》,载《法商研究》2018年第2期,第150—158页;陈世伟:《我国故意杀人罪立法完善的体系性思考》,载《中国刑事法杂志》2007年第1期,第42—52页。

效,而是发挥了教义学的独特机能——在穷尽各种教义规则后依然无法对既有的司法现象给出令人满意的解释之际,教义学即拉响警报,提醒立法者应该立法或修法。因此,在未来,司法机关不仅要保持对参与自杀的一如既往的处罚态度,甚至应更加克制[84],同时立法部门应当增设参与自杀罪,以减轻现在学理上的解释负担。

---

[84] 在肯定参与自杀值得处罚的立场及路径之后,还需要建立起更下位的判断标准,即在何种情形下教唆自杀、帮助自杀才具有刑事可罚性。本文限于主题和篇幅暂予搁置,留待另文讨论。

"去识别化的个人信息"不受刑法保护吗？

李 昱[*]

要 目

一、问题的提出
二、论侵犯公民个人信息罪的法益
    （一）超个人法益说之否定
    （二）混合法益说之否定
    （三）隐私权进路之否定
    （四）个人信息权说之倡导
三、去识别化信息的刑法要保护性之证立
    （一）相关司法解释的来源与目的
    （二）相关司法解释的误区所在
    （三）法益与去识别化个人信息保护之关联
四、去识别化个人信息保护的教义学建构
    （一）对去识别化个人信息提供者的规制
    （二）对去识别化个人信息接收者的规制
五、结语

摘 要 当下我国刑事司法实务界与刑法学界对于个人信息去识别化以及再识别化等极有可能侵犯公民个人信息的行为严重缺乏关切，但去识别化个人信息应当受到刑法保护。侵犯公民个人信息罪的法益既不是超个人法益，也不是混合法益或隐私权法益，而是个人信息权。个人信息权的核心包括两个方面：公民对"敏感信息"的支配权、自我决定权与防御权，以及公民对"一般信息"的防御权。在既有的"侵害+概率"标准的基础上，应当添加"一般社会交往"标准用于界分"敏感信息"与"一般信息"。去识别技术的不彻底性以及我国规制去识别以及再识别等行为的规范与标准的匮乏，使得公民

---

[*] 清华大学法学院刑法学硕士研究生。

个人信息权始终面临着被侵害的巨大风险。公民对于个人信息的支配权、决定权和防御权决定了去识别化个人信息必须受到刑法保护。再识别行为及其难易程度是去识别化个人信息与可识别个人信息之间的关键联结点，刑法应当将去识别化个人信息提供者和接收者作为被规制的主体，在确立个人信息去识别化"法律—技术"标准的基础上，对"公民个人信息"和"非法获取"等构成要件要素进行适当的扩张解释，以此建构去识别化个人信息刑法保护的完善模式。

关键词 公民个人信息 去识别化 侵犯公民个人信息罪 个人信息权

一、问题的提出

随着最高人民法院和最高人民检察院联合发布的《关于办理侵犯公民个人信息刑事案件适用法律若干问题的解释》（以下简称《个人信息解释》）的出台，《刑法》第253条之一规定的"侵犯公民个人信息罪"[1]的诸要件日益成为国内刑法学界激烈讨论的问题之一。可以认为，以刑罚的方式适度增强我国对个人信息的保护，学界已广为接受。[2] 但在既有的研究中，着墨于《个人信息解释》第3条第2款之规定的文章却屈指可数。该款解释认为，信息收集者一旦对其合法收集的个人信息实施了所谓"不能复原的去识别化处理"，即使没有经过被收集者的同意，也能在信息市场中向他人提供而免于刑罚。[3] 然而，一方面如后文所述，在信息社会与大数据时代，从技术上对个人信息彻底地去识别化且达到无法复原的程度，很可能是司法解释者的"黄粱一梦"；另一方面，在有关个人信息去识别化处理的法律规范与技术规范尚处于"蹒跚学步"阶段的我国，简单粗暴地在具有重要引领作用的司法解释中作出诸如"去识别""不能复原"的规定，无异于向司法实务界表明了去识别化可以成为侵犯公民个人信息罪的"正当化事由"，也向数据和信息行业违法处理大规模个人信息提供了"温暖的避风港湾"。以上质疑得到了审判实务的印证：现有刑事判决并无一例涉及"去识别化个人信息"或"匿名化信息"。[4] 司法的失语在一定程度上折射出《个人信息解释》将个人信息去识别化的行为予以简单得出罪化所蕴含的巨大风险：个人信息去识别化技术的运用成为数据收集者们公开出售、提供甚至泄露公民个人信息的避风港，而法律界却束手无

---

[1] 为了论述的简洁性，下文中提及的"本罪""此罪""该罪"等均意指侵犯公民个人信息罪，特此指出，以免带来不必要的误解。
[2] 在"中国知网"上以"侵犯公民个人信息罪"为关键词进行检索，仅发表于核心期刊上的文章便有90篇，发表于全部期刊上的文章更有400余篇之巨。其中，多数文章肯定了当下公民个人信息保护的重要性。
[3] 《个人信息解释》第3条第2款规定："未经被收集者同意，将合法收集的公民个人信息向他人提供的，属于刑法第二百五十三条之一规定的'提供公民个人信息'，但是经过处理无法识别特定个人且不能复原的除外。"
[4] 此为笔者在"无讼"案例库、"把手"案例库、"中国裁判文书网"以及"北大法宝"数据库中以"匿名信息""去识别个人信息""去识别""去标识"等关键词作为搜索条件得出的结果。

策,既无法从技术上认定去识别化是否达到了"无法复原"的程度,亦因为司法解释而不能通过刑法对去识别化等行为进行规制。

那么,去识别化公民个人信息在刑法领域所面临的无人保护之窘境,是否值得引起刑法学界的关切？或曰,去识别化个人信息是否应当受到刑法保护,未经公民同意而提供、占有、接收甚至对去识别化个人信息进行再识别等行为是否应当被科处刑罚？

对于这一问题,我国法学界中仅有寥寥数位学者从个人信息去识别化的技术风险以及我国现有法律规范等角度进行了一些论述。其中,陈璐教授通过概述美国相关技术研究指出,任何程度上的去识别化个人信息(或称"匿名信息")都不具有绝对的安全性,将去识别化个人信息与特定个人联系起来在技术上并非难事。[5] 张涛博士和韩旭至博士放眼域外,对欧盟、美国、英国等国家和地区关于个人信息匿名化的法律规范与技术规范进行了较细致的比较法研究。[6] 张勇教授则更进一步,明确提出刑法对于去识别化个人信息应当采取积极应对的姿态,并且对刑法保护去识别化个人信息的缘由、方式以及出罪事由等问题进行了相对系统化的研究。[7] 当下,刑法学者们能够将研究视野投向去识别化个人信息,便已经在个人信息保护的道路上前进了一大步。然而必须要指出的是,去识别化个人信息的保护关涉巨量级公民个人信息安全与流通的重要价值,蕴含着错综复杂的利益关系,绝非以上星星点点的研究成果所能妥善应对。实际上,刑法保护去识别化个人信息的正当性基础是什么？如何理解《个人信息解释》中所谓"无法识别特定个人且不能被复原的信息"？以及从刑法解释学的角度应当怎样建构去识别化个人信息的保护模式？对于这些问题,无法从现有的研究中找到令人满意的答案。

以上问题同时也构成了本文的问题意识。在写作脉络上,本文首先界定侵犯公民个人信息罪的保护法益。之后,从法益保护的角度出发,结合我国有关个人信息去识别化的技术方式与标准规范,论证"不可复原"的去识别化个人信息在技术上的不可能性与在刑法上的要保护性,借此回答刑法保护去识别化个人信息的正当性基础是什么的问题。接着,通过审慎地扩张"个人信息"内涵边界的方式力求达到去识别化个人信息保护与信息流通之间的价值平衡,并在此基础上将去识别化个人信息的提供者与接收者作为规制对象,在根本上建构去识别化个人信息的刑法保护模式。

---

[5] 参见陈璐:《个人信息刑法保护之界限研究》,载《河南大学学报》(社会科学版)2018年第3期,第74页。

[6] 参见张涛:《欧盟个人数据匿名化治理:法律、技术与风险》,载《图书馆论坛》2019年第12期;张涛:《欧盟个人数据匿名化的立法经验与启示》,载《图书馆建设》2019年第3期;韩旭至:《大数据时代下匿名信息的法律规制》,载《大连理工大学学报》(社会科学版)2018年第4期,第67页以下。

[7] 参见张勇:《个人信息去识别化的刑法应对》,载《国家检察官学院学报》2018年第4期,第91页以下。

二、论侵犯公民个人信息罪的法益

众所周知,法益作为刑法教义学中的重要概念,对于刑法各论的研究意义不言而喻。罗克辛教授曾运用同性恋性行为、为自己使用而持有毒品、生者器官捐献、兄妹乱伦、否认历史事实以及青少年淫秽物品罪等六种争议极大的行为论证了法益概念对于界定刑法处罚范围的关键方法论作用。[8] 张明楷教授也指出,法益是个罪构成要件解释的最终目标,对法益的不同解释会导致对同一构成要件的理解产生偏差,进而影响到刑法处罚范围的宽窄。[9] 在个人信息保护问题上,也只有准确界定侵犯公民个人信息罪所欲保护的刑法法益,才能说明去识别化个人信息是否处于刑法保护范围之内。

实际上,对于本罪法益,学界自2009年《刑法修正案(七)》颁布以来已经做了大量讨论。现有观点大致可以分为三类:个人法益说、超个人法益说和混合法益说。主张个人法益的学者大体分为"隐私权"进路和"个人信息权"进路。前者认为本罪法益是公民的隐私权,包括公民的个人隐私不被侵犯以及个人享有私生活安宁的权利[10];后者主张法益应当是公民的信息权利,譬如"公民个人的信息自由和安全"[11]、"公民个人对信息的处分权"[12]

---

[8] 参见[德]克劳斯·罗克辛:《对批判立法之法益概念的检视》,陈璇译,载《法学评论》2015年第1期,第56—58页。

[9] 参见张明楷:《法益初论》,中国政法大学出版社2003年版,第216页;张明楷:《刑法分则的解释原理》(第二版),中国人民大学出版社2011年,第347页。

[10] 参见赵秉志主编:《当代刑法学》,中国政法大学出版社2009年版,第616页;刘艳红主编:《刑法学》(下),北京大学出版社2014年版,第105页;李洁主编:《刑法学》(第二版),中国人民大学出版社2014年版,第442—443页;王作富主编:《刑法》(第六版),中国人民大学出版社2016年版,第397页;王昭武、肖凯:《侵犯公民个人信息犯罪认定中的若干问题》,载《法学》2009年第12期,第149页;江耀炜:《大数据时代公民个人信息刑法保护的边界——以"违反国家有关规定"的实质解释为中心》,载《重庆大学学报》(社会科学版)2019年第1期,第157—158页;胡胜:《侵犯公民个人信息罪的犯罪对象》,载《人民司法》2015年第7期,第41页;李林:《出售、非法提供个人信息罪若干问题研究》,载《内蒙古大学学报》(哲学社会科学版)2011年第5期,第113—114页;付强:《非法获取公民个人信息罪的认定》,载《国家检察官学院学报》2014年第2期,第117页。

[11] 参见高铭暄、马克昌主编:《刑法学》(第七版),北京大学出版社、高等教育出版社2016年版,第482页;刘宪权主编:《刑法学》,上海人民出版社2016年版,第602页;杨春洗等主编:《中国刑法论》(第五版),北京大学出版社2011年版,第377页;郑高键主编:《刑法学》,法律出版社2013年版,第452页;赵秉志:《公民个人信息刑法保护问题研究》,载《华东政法大学学报》2014年第1期,第118页;

[12] 参见韩玉胜主编:《刑法学原理与案例研究教程》(第三版),中国人民大学出版社2014年版,第399页;

或者"公民个人信息权"[13]等。还有个别学者从隐私权角度出发,将本罪法益进一步引申为人格尊严与人格自由[14]。超个人法益说内部观点分歧更严重。有观点认为本罪保护的是公权及其关联主体对公民个人信息的合法占有(或法定主体对其保有的个人信息的专有处分权)[15];有研究者主张法益是公共信息的安全[16];有学者泛化保护法益的内涵,主张刑法设立本罪的根本目的是保障公民个人信息的管理制度和社会作为整体对个人信息的处理方式[17];亦有文章指出社会成员对个人信息安全的信赖感是本罪设立之要旨[18]。简言之,超个人法益说对于将个人信息作为私权的观点进行了批判,意图将个人数据信息定性为公共物品并进行规制[19] 相形之下,混合法益说则显得简洁明快,认为本罪法益是个人性法益和公共性法益的集合体,论点区别只在于是个人法益属性优先于超个人法益属性[20],还是给予个人法益属性与超个人法益属性同等保护[21]。

应当承认,以上众多法益观中的任何一种在学理上都不容忽视,均对侵犯公民个人信息罪乃至更广泛意义上个人信息保护的教义学研究有所贡献。然而,一旦与现实情况相结合,便会发现以上数种观点都存在着或多或少的缺陷。本文认为,纯粹公共法益或者混合法益并非本罪保护目的,个人法益说更资赞同。而在个人法益说内

---

[13] 参见贾宇主编:《刑法学》(第3版),中国政法大学出版社2017年版,第346页;黎宏:《刑法学各论》(第2版),法律出版社2016年版,第269—270页;刘宪权、方晋晔:《个人信息权刑法保护的立法及完善》,载《华东政法大学学报》2009年第3期,第120页;于志刚:《"公民个人信息"的权利属性与刑法保护思路》,载《浙江社会科学》2017年第10期,第11页;于冲:《侵犯公民个人信息罪中"公民个人信息"的法益属性与入罪边界》,载《政治与法律》2018年第4期,第20—22页;陈伟、熊波:《侵犯公民个人信息罪"行为类型"的教义分析——以"泛云端化"的信息现象为研究视角》,载《宁夏社会科学》2018年第2期,第63页。

[14] 参见高富平、王文祥:《出售或提供公民个人信息入罪的边界——以侵犯公民个人信息罪所保护的法益为视角》,载《政治与法律》2017年第2期,第47页;李婕:《刑法如何保护隐私——兼评〈刑法修正案(九)〉个人信息保护条款》,载《暨南学报》(哲学社会科学版)2016年第12期,第120页。

[15] 参见赵军:《侵犯公民个人信息犯罪法益研究——兼析〈刑法修正案(七)〉的相关争议问题》,载《江西财经大学学报》2011年第2期,第111页;敬力嘉:《大数据环境下侵犯公民个人信息罪法益的应然转向》,载《法学评论》2018年第2期,第122—124页;张鸿霞、郑宁:《网络环境下隐私权的法律保护研究》,中国政法大学出版社2013年,第223页。

[16] 参见王肃之:《被害人教义学核心原则的发展——基于侵犯公民个人信息罪法益的反思》,载《政治与法律》2017年第10期,第35页。

[17] 参见凌萍萍、焦冶:《侵犯公民个人信息罪的刑法法益重析》,载《苏州大学学报》(哲学社会科学版)2017年第6期,第70页。

[18] 参见江海洋:《侵犯公民个人信息罪超个人法益之提倡》,载《交大法学》2018年第3期,第154页。

[19] 参见吴伟光:《大数据技术下个人数据信息私权保护论批判》,载《政治与法律》2016年第7期,第129页。

[20] 参见曲新久:《论侵犯公民个人信息犯罪的超个人法益属性》,载《人民检察》2015年第11期,第7页。

[21] 参见最高人民检察院检察理论研究所课题组:《互联网领域侵犯公民个人信息犯罪问题研究》,载《人民检察》2017年第2期,第12页;杨帆:《个人金融信息的刑法保护初探》,载《上海金融》2009年第7期,第71页。

部,个人信息权而非隐私权的立场更加符合立法与司法之态势。

(一) 超个人法益说之否定

1. 超个人法益的来源与内涵

"法益"被德国学者宾丁与李斯特确立为刑法体系中最基本性的概念,历经了百年洗礼,早已在现代刑法学中占据了核心地位。[22] 相应地,法益概念之内涵也从立足于个人主义与自然主义的个人法益扩张为可同时容纳个人法益与超个人法益在内的法益概念。如今,无论在持何种法益观的学者那里,超个人法益都是一种实然性的存在。[23] 关于超个人法益的分歧只在于:超个人法益是否必须能够被还原为个人法益。换言之,超个人法益是否只能为个人法益之集合。对此,法益一元论者认为超个人法益通过直接或者间接的方式能够被还原为个人法益;而法益二元论者则将个人法益与超个人法益同等看待,认为二者之间相互独立,存在着无法推导与还原的质的差异。[24] 有学者总结认为,法益二元论相较于法益一元论,反映了"社会本位"的独立思考方式。[25] 简言之,法益一元论者认为,超个人法益在最根本的意义上仍是个人法益。法益二元论者主张,超个人法益并不被个体法益所决定,而是有其独立存在之意义。

具体到侵犯公民个人信息罪的诸种法益观点,可以发现,超个人法益论者所主张的不是个体意义上的公民个人信息不应受到刑法保护,而是通过对公共法益的界定,才能够给个体意义上的公民个人信息以更好的刑法保护。易言之,相关论者同样认为个体意义上的具体个人信息才是该罪设立之基础与最终目的,而保护超个人法益则仅仅是最有效的一种手段与方式。譬如,凌萍萍教授承认对公民个人信息的保护是本罪设立的初衷[26];敬力嘉博士认为,对法定主体对于自己所占有的公民个人信息的专有权进行保护,是为了间接保护个人信息自决权[27];王肃之博士通过对侵犯公民个人信息的数量和本罪法定刑设置的严厉性的深入研究,得出了作为个人信息之集合的公共信息安全才应当被作为法益对待[28];江海洋博士则主张通过将法益界定为公众

---

[22] 参见张明楷:《法益初论》,中国政法大学出版社 2003 年版,第 29 页。
[23] 参见舒洪水、张晶:《近现代法益理论的发展及其功能化解读》,载《中国刑事法杂志》2010 年第 9 期,第 18 页。
[24] 参见杨萌:《德国刑法学中法益概念的内涵及其评价》,载《暨南学报》(哲学社会科学版)2012 年第 6 期,第 68—69 页。
[25] 参见舒洪水、张晶:《法益在现代刑法中的困境与发展——以德、日刑法的立法动态为视角》,载《政治与法律》2009 年第 7 期,第 107 页。
[26] 同前注[17],第 71 页。
[27] 同前注[15],敬力嘉文,第 116 页。
[28] 前注[16],第 35 页。

对个人信息安全的信赖以求实现对个人信息的间接保护[29]……,这便意味着尽管以上学者均持本罪法益为超个人法益之观点,却都认为此超个人法益并不具有独立性与本体性,甚至必须还原到个人层面,才能解释清楚本罪之目的与任务。

然而,立法者与司法者的实践却表明,超个人法益论者对本罪最终目的的判断无疑是正确的,对本罪所采取手段的判断却并不准确。

2. 对法益超个人性质的批判

首先,从立法技术与刑法体系解释的角度出发,难以认为公共性质(超个人性)是本罪的法益属性之一。个人信息类犯罪自从被增设以来,便位列"侵犯公民人身权利、民主权利罪"一章。2015年《刑法修正案(九)》扩大了个人信息犯罪主体范围,一般主体亦可成为本罪主体,负有相应职责与义务的特殊主体犯本罪应当从重处罚,但并未变动本罪之体系地位。而在"侵犯公民人身权利、民主权利罪"一章规定的罪名中,仅有第249条、第250条以及第251条等涉及民族问题的特殊罪名的保护法益具有一定程度的公共性质。[30] 其他罪名均是为了保护作为个体之公民的人身权利或民主权利。"侵犯公民个人信息罪"列于该章之中,从体系解释的角度,便应得出其法益乃为个体性的结论。因为根据"体系秩序的要求,法律规定的编排都是有意义的"[31]。刑法分则将某个罪安置于分则的某一章节,就是基于编排与体系秩序的考虑。[32] 因此,倘若将本罪的法益理解为超个人法益,则会导致侵犯公民个人信息罪与刑法分则中"侵犯公民人身权利、民主权利罪"一章所规定的其他罪名之间产生紧张关系,导致刑法体系内在的不协调,实乃无谓之举。

其次,在最基础的文理解释意义上,也应当认为超个人法益的观点在理论与实践中无立锥之地。理由在于,无论是《刑法修正案(七)》增添的"非法提供公民个人信息罪"与"非法获取公民个人信息罪",还是经过《刑法修正案(九)》修改的处罚范围更宽广的"侵犯公民个人信息罪",立法机关与司法机关在确定罪名之时都强调了"个人"一词。这一义项的设置与保留意味着,本罪的设立与修改原本就是针对个体公民信息,而非针对作为群体的公民信息。文理解释的正当性可以从立法原意中觅得。立法机关在对"情节严重"的构成要件进行说明时指出,出售公民个人信息获利较大以及公民的个人信息被他人使用之后带来了经济方面的重大损失或者破坏公民正常生活秩

---

[29] 同前注[18],第154页。

[30] 《刑法》第249条、250条、252条分别为"煽动民族仇恨、民族歧视罪""出版歧视、侮辱少数民族作品罪""侵犯少数民族风俗习惯罪"。而根据颇具一般性的观点,"煽动民族仇恨、民族歧视罪"的法益是少数民族群众的平等权和尊严,"出版歧视、侮辱少数民族作品罪"的法益是少数民族整体的尊严和名誉,"侵犯少数民族风俗习惯罪"的法益是少数民族保持或改革本民族风俗习惯的自由与权利。参见周光权:《刑法各论》(第3版),中国人民大学出版社2016年,第68—73页。

[31] [德]英格博格·普珀:《法学思维小学堂》,蔡圣伟译,北京大学出版社2011年版,第56页。

[32] 同前注[9],第58页。

序的,应当构成本罪。[33] 言下之意是,即使是侵犯单个公民的信息,同样可能构成犯罪。尽管立法者对于罪名的说明并不具备法律效力,却能反映出立法者制定或修改本法时的意图。在适度尊重立法原意与法律的民主性的意义上,也应当认为本罪法益是个体性的。

最后,司法解释与司法审判的实务做法也证立了法益的个体属性。《个人信息解释》第5条第1款第1项规定说明,行为人只要出售或者提供公民个人行踪轨迹这一重要性极高的信息达到一条以上,被他人用于犯罪的,即构成本罪。而在司法审判中也不乏以侵犯单个公民的信息为由认定侵犯公民个人信息罪成立的案例。如詹美锋犯侵犯个人信息罪一案,被告人詹美锋在不知他人犯罪意图的情况下,私自将公安机关内部网络中登记的公民(赵某)个人轨迹的电子信息提供给詹某,最终导致赵某被詹某杀害,被告人詹美锋被判构成本罪[34];再如马某犯侵犯个人信息罪一案,被告人马某以1500元的价格帮助邓某定位张某的手机位置,向邓某提供张某的行踪轨迹信息,后张某被邓某杀害,被告人马某同样被判构成本罪[35]。在此类案件中,仅存在单条被侵害的公民个人行踪轨迹,也仅有单个公民的个人信息被侵害,但根据司法解释的凿凿态度和司法实务的现实做法,此种行为均能构成侵犯公民个人信息罪。尽管被害人死亡的结果增加了这类行为的严重性,但毋庸置疑,以上案件中被侵犯的仅为单个公民的信息。[36] 并且,被告人的行为既没有导致公共信息安全的破坏,也没有侵害公共信息管理制度,亦未侵犯法定主体对于公民个人信息的专有权。至于是否侵害了公众对于个人信息安全的信赖,本文认为回答也应当是否定的。因为在马某犯侵犯个人信息罪案以及相当一部分侵犯公民个人信息案中,并不存在负有"被公众信赖"义务的主体。这是本罪的主体要件从特殊主体被扩展为一般主体所导致的结果。换言之,本罪从身份犯扩张为非身份犯,此时要求一般主体承担被公众信赖之义务,无疑给全体国民添加了不必要的负担,没有法理上的正当性。再者,将本罪法益认定为公众对于个人信息安全的信赖,会显著缩小本罪的处罚范围:倘若侵犯公民个人信息的行为采取的是公众事前、事后并不知道的隐秘方式,公众也无从产生信赖被破坏后的失落感与不安全感。但在这种情形下,出于刑法的正义性与平等适用性,并不能否认该罪的成立。为此,难免有学者指出,对于制度的信赖感因为模糊、不明确、充满恣意性和随意

---

[33] 参见臧铁伟主编:《中华人民共和国刑法修正案(九)解读》,中国法制出版社2015年版,第119页。
[34] 参见浙江省宁波市镇海区人民法院(2017)浙0211刑初482号刑事判决书。
[35] 参见山东省汶上县人民法院(2018)鲁0830刑初2号刑事判决书。
[36] 在吴昊犯非法拘禁罪、强奸罪一案中,被告人王克炯向被告人吴昊出售被害人王某1的行踪轨迹,导致王某1被吴昊非法拘禁并强奸。在判决书中,法院指出:行为人出售行踪轨迹信息,不要求明知他人欲利用该信息实施犯罪。即使只是单纯的出售,也应当构成侵犯公民个人信息罪。参见江苏省南通市通州区人民法院(2017)苏0612刑初694号刑事判决书。

性而不具备法益适格性。[37]

综合以上,超个人法益的观点,无论在立法实践、司法实务还是刑法学理上均存在无法解释的死角,不足取。

(二)混合法益说之否定

主张侵犯公民个人信息罪的法益糅合了个人法益与超个人法益的学者,一般是从公民个人信息保护所产生的效果入手论证的:侵犯公民个人信息实际上与侵犯公共信息制度紧密相关。其理由主要有二:其一,部分"个人信息"所具有的非隐私性和公开性;其二,侵犯公民个人信息的行为同时亦会侵犯业已建立的信息保护制度以及社会的安全稳定。[38] 在学术根源上,此种多元法益论的研究进路发端于日本刑法学界,即认为一些罪名意欲保护的法益并不止一种。在多元法益论内部,又可细分为"多重法益论"与"主副法益论(或称阶段法益论)"。多重法益论是指仅仅对某一罪名意欲保护的法益种类进行平行式的列举,对于法益之间的位阶先后关系,则并不考究。[39] 相反,主副法益论则明确法益间的位序关系,认为相较于主法益而言,副法益仅仅起到辅助认定犯罪的作用。只有当副法益遭受侵害的程度达到对主法益的侵扰时,才有发动刑罚的必要性。[40] 换言之,副法益存在的目的是判定行为的社会危害性是否达到了侵害主法益的程度,其意义在于作为刑事处罚的门槛。

日本一般认为同一罪名意图保护的多元法益中的国家法益或者社会法益为主法益,个人法益为副法益。其中,国家、社会法益优先于个人法益而受到刑法保护。国家、社会法益往往被视为刑法所欲保护的一种规范秩序,而个人法益则充当了证明此种规范秩序受到严重侵犯的关隘。[41] 这种做法值得肯定,毕竟作为超个人法益的国家法益和社会法益,是一个良善共同体得以正常运转的基础与前提,较之单独的个体性法益自然具有更高的要保护性。此种位阶上的区分意味着,只有当作为副法益的个人法益受到一定程度的侵害时,方能认为国家、社会法益受到侵害,也才产生了发动刑罚权的必要性。倘若认为本罪既保护个人信息之法益,又保护国家或社会中运行的信

---

[37] 参见谢煜伟:《论金融机构特别背信罪》,载《台大法学论丛》2016年第4期(第45卷),第2044页;谢煜伟:《交通犯罪中的危险犯立法与其解释策略》,载《月旦法学杂志》2012年第210期,第122页。

[38] 参见曲新久:《论侵犯公民个人信息犯罪的超个人法益属性》,载《人民检察》2015年第11期,第7页;最高人民检察院检察理论研究所课题组:《互联网领域侵犯公民个人信息犯罪问题研究》,载《人民检察》2017年第2期,第12页;杨帆:《个人金融信息的刑法保护初探》,载《上海金融》2009年第7期,第71页。

[39] 参见张小宁:《论制度依存型经济刑法及其保护法益的位阶设定》,载《法学》2018年第12期,第155—156页。

[40] 参见李茂生:《刑法新修妨害电脑使用罪章建议(上)》,载《台湾本土法学杂志》2004年第54期,第244页。

[41] 参见李茂生:《风险社会与规范论的世界》,载《月旦法学杂志》2009年第173期,第152页。

息制度法益,便可以合理地认为只有在个人信息受到一定程度的侵害,又导致了公共信息秩序的破坏的情况下,才能对行为人进行定罪和处罚。

然而,在侵犯公民个人信息罪的问题上,我国主张混合法益论之观点的学者采取的却是模糊不清的"多重法益论"的进路,将个人法益与国家、社会法益不加区分地等量齐观,也并不深究两种法益的并列对于构成要件解释有何影响。价值判断上的失序不仅使得本罪的入罪标准混乱化,也让法益概念失去了对刑法处罚范围的批判作用与方法论作用;法益内涵的填充不仅没有限制处罚范围,反而无节制地扩张了处罚范围。"多重法益论"的本意是通过对个人法益的明确化与具象化,防范国家、社会法益的空泛化与抽象化导致的刑法谦抑性的丧失。简言之,同一罪名所要保护的不同法益,应当是相互制衡、相互印证的关系。而侵犯公民个人信息罪的混合法益说在处罚范围上却南辕北辙:无论是侵犯公民的个人信息,还是侵犯社会的信息保护制度,均应当被科处刑罚。在这里,个人法益与超个人法益之间是割裂与并行的关系。不考虑法益之间的逻辑关系而一味堆积法益数量的做法,让本罪面临着定罪无节制与量刑随意化的巨大风险。

实际上,上文对超个人法益说的批评已经表明,本罪的根本目的是保护个体公民的个人信息,混合法益论者希望保护的超个人法益仅仅是刑法保护个人法益所带来的附属效果。只要刑法能够做到对公民个人信息的保护,对所谓信息制度安全的保护便水到渠成。出于维持刑法理论的统一性与明确刑法处罚范围的需要,不应当主张法益具有混合属性。

(三) 隐私权进路之否定

经过以上论证,本文已经说明了侵犯公民个人信息罪法益的个体属性。接下来的主要问题便是在作为隐私权的个人法益与作为个人信息权的个人法益之间进行权衡。

通过隐私权界定本罪法益的做法实际上是我国立法与司法采取的传统思路之一。《刑法修正案(七)》出台之后,《关于加强网络信息保护的决定》(以下简称《决定》)于2012年在第十一届全国人民代表大会常务委员会第三十次会议上通过,其中明确规定了"个人信息"的两大关键性特征:"公民个人身份识别性"和"公民个人隐私性"。应《决定》采取的做法,最高人民法院、最高人民检察院和公安部于2013年共同发布的《关于依法惩处侵害公民个人信息犯罪活动的通知》也作出了类似的规定。[42] 可见,当时的立法者与司法者均希望采取"可识别性+隐私性"的混合方式界定公民个人信息。然而,随着现实生活和网络世界中侵犯公民个人信息的情况愈演愈烈,隐私权

---

[42] 最高人民法院、最高人民检察院、公安部《关于依法惩处侵害公民个人信息活动的通知》规定:公民个人信息包括公民的姓名、年龄、有效证件号码、婚姻状况、工作单位、学历、履历、家庭住址、电话号码等能够识别公民个人身份或者涉及公民个人隐私的信息、数据资料。

进路在保护个人信息上渐露疲态。为此,2016年出台的《网络安全法》扩张了公民个人信息的概念,将个人信息的特征限缩为"可识别性"一项,其中包括单独识别性和结合识别性两种情形。[43] 与之呼应,最高人民法院与最高人民检察院在《个人信息解释》中认为"能够单独或者与其他信息结合识别特定自然人身份或者反映特定自然人活动情况的信息"是个人信息。这意味着公民个人信息与隐私权彻底地"分道扬镳",不仅"涉及公民个人隐私"这一特征不再是侵犯公民个人信息罪的认定标准,而且"可识别性"的内涵也从单纯的身份信息扩张到"身份+活动"信息。

法律形式概念的转换有其社会压力与社会需要的依据[44],公民个人隐私与公民个人信息在学理上原本便存在着不可弥合的鸿沟。王利明等学者很早就对个人隐私权与个人信息权作了区分,认为二者在客体范围、权利性质、权利内容、保护方式、刑法积极介入与否等方面均存在着显著差异。[45] 张新宝教授的研究指明了以上差异产生的根源之一:隐私权概念源于个人在日渐膨胀的公共权力之下对保持独处的追求,聚焦于消极自由的向度。隐私权的目的在于促成个人的自主以及对抗和限制现代民族国家无处不在的行政权力。[46] 正如美国学者James Q. Whitman所言:隐私权是一种通向自由而免受政府干预的权利,尤其是在一个人自己的家中……他们倾向于在自己的围墙之内极力保持一片不可被侵犯的私人领土。[47] 可见,隐私权自从被Samuel Warren和Louis Brandeis提出之后[48],保持了概念内核的相对稳定性,始终侧重于维护个人私生活安宁,本质上是一种主要用于消极抵抗公权力的精神性人格权。显然,以此种特征为核心的隐私权概念涵摄范围过小,无法容纳公民个人信息所具备的丰富意义。正如Edward J. Eberle教授认为的那样:隐私权说并未捕捉到信息社会中至关重要的安全与自由的议题。[49] 当刑法不仅保护不欲人知的"账号密码"抑或"财产状况",而且保护用于公开交往的公民个人姓名以及展露于公共场合的公民"行踪轨

---

[43] 《网络安全法》第76条第1款第5项规定:个人信息,是指以电子或者其他方式记录的能够单独或者与其他信息结合识别自然人个人身份的各种信息。

[44] 参见〔美〕弗里德曼:《选择的共和国:法律、权威与文化》,高鸿钧等译,清华大学出版社2005年版,第206页。

[45] 参见王利明:《论个人信息权在人格权法中的地位》,载《苏州大学学报》2012年第6期,第72—73页;王利明:《论个人信息权的法律保护——以个人信息权与隐私权的界分为中心》,载《现代法学》2013年第4期,第66-68页;又见前注[17],第67—69页。

[46] 参见张新宝:《从隐私到个人信息:利益再衡量的理论与制度安排》,载《中国法学》2015年第3期,第41页。

[47] See. James Q. Whitman, "The Two Western Cultures of Privacy: Dignity Versus Liberty" *Yale Law Journal* Vol. 113, 2004, pp. 1151-1221.

[48] See Samuel D. Warren and Louis D. Brandeis, "The Right to Privacy", *Harvard Law Review*, Vol. 4, No. 5. 1890, pp. 193-220.

[49] See Edward J. Eberle, "The Right to Information Self-Determination" *Utah Law Review* Vol. 4, 2001, pp. 965-1016.

迹"时,很难认为隐私权进路能够为个人信息保护提供有效帮助。在大型数据收集企业将经过公民个人同意的身份等信息进行出售与提供时,也不能认为其侵犯了公民的隐私权:既然你都知道我的信息,又何来隐私与对抗之说呢? 即使是在对隐私权极为强调的美国,其最高法院对隐私的主流观点也是公民不将自己的个人信息告知第三人。概言之,隐私权的核心含义就是保持隐秘性而不为人知。[50] 因此,个人隐私与个人信息之间,更接近于交叉关系而非重合关系,其交叉部分,正是个人隐私中能够识别公民个人身份或者反映公民特定活动的部分信息。对于交叉部分之外的个人信息的保护,隐私权进路则显得力不从心。

(四) 个人信息权说之倡导

从上文对各类法益观的剖析可以看出,无论是超个人法益还是混合法益抑或隐私权说,都或多或少与刑法理论、立法以及司法实践有所抵牾。相比之下,个人信息权说尽管处于少数派地位,却是更好的选择。

1. 个人信息权的历史源流

一般认为,个人信息权的法哲学基础之一是德国的"自我表现"理论,该理论认为生发于自身的个人信息是社会成员与外界进行交流的唯一方式,所谓"自我表现"的实质便是自我将个人信息对外界的使用。既然社会交往是人作为社会一份子为谋求人格健全发展所必须实施的行为,那么个人理应对个人信息拥有自我决定权,否则便不能认为实现了《德国基本法》第 2 条第 1 款所规定的对于人格自由发展的要求。[51] 这一理论被德国司法界吸收,"资讯自决权"(informationelles Selbstbestimmungsrecht) 的概念由德国联邦宪法法院在 1983 年 12 月 15 日作出的"人口普查案"的判决书中正式提出,并位列于一般人格权之后,处于《德国基本法》第 2 条第 1 款规定的人格自由以及第 1 条第 1 款规定的人格尊严的保障范围之内,作为一项基本权利。"资讯自决权"的权利内容为每位公民均有权自行决定是否将个人信息交付以供利用,个人信息未经本人同意则不得被任意收集、存储、运用、传输,且仅有重大公共利益方得限制之。[52] 而在 2008 年德国联邦宪法法院作出"网上搜查案"的判决后,"个人信息自决权"的内涵被进一步扩展为保障公民个人信息的秘密性与完整性以及个人应当自主地决定如何对个人信息进行公开与使用。[53] 伴随着有"史上最严个人数据保护条例"之称的欧盟《一般数据保护条例》的生效,信息自决权这一基本权利在欧洲已经基本站稳了脚跟。

---

[50] 参见张民安主编:《隐私合理期待分论——网络时代、新科技时代和人际关系时代的隐私合理期待》,中山大学出版社 2015 年版,第 391 页。
[51] 参见谢远扬:《信息论视角下个人信息的价值——兼对隐私权模式的检讨》,载《清华法学》2015 年第 3 期,第 102—103 页。
[52] 参见李震山:《人性尊严与人权保障》,元照出版公司 2011 年版,第 221—225 页。
[53] 参见贺栩栩:《比较法上的个人数据信息自决权》,载《比较法研究》2013 年第 2 期,第 66 页。

经此条例的规定,公民个人对于自己的信息有了访问权(right of access)、纠正权(right to rectification)、被遗忘权(right to be forgotten)、限制处理权(right to restriction of processing)、数据携带权(right to data portability)、反对权(right to object)以及不受自动化处理/分析的决定权(right not to be subject to a decision based solely on automated processing, including profiling)等真正意义上的自主决定权。[54] 需要说明的是,在国外,个人信息自决权并未浅尝辄止于侵权法或者行政法的层面,其在最严厉的刑法上也有体现。德国于2003年1月1日颁布的《联邦数据保护法》第44节即关于"刑事犯罪"的条文,规定了以交换获取报酬或充实自己(他人)为目的触犯第43节(2)款规定(如未经授权而访问、收集或处理个人数据)的,构成犯罪,最高可以判处2年监禁刑。[55]《德国刑法典》第202a条与第202b条分别规定了"窥探资料罪"与"截取资料罪",对于无故侵犯他人非公开的电子资料信息的行为处以有期徒刑或罚金刑。[56] 有不少国家和地区采取了与德国类似的做法。[57]

2. 个人信息权的本土建构

相比于国外已经十分成熟与完善的法律体系,我国的个人信息保护进程才刚刚起步。随着2016年《网络安全法》的出台以及2017年《民法总则》的生效,个人信息已经成为行政法和民法保护的对象[58],在此基础上,我国部分刑法学者对作为刑法法益的个人信息权进行了尝试性的建构,着力点在于个人信息权的权利内涵、权利内容与权利性质。其中,于志刚教授的研究最具有启发性,其认为个人信息自决权的权利客体为公民自身信息,是人格权的重要构成部分;个人信息权的权利内容分为两部分:公民自己能够积极使用并且决定是否许可他人使用自身信息的权利和消极性抵抗他人侵害的权利;在权利性质上,传统的人格权以及财产权均为个人信息权的法律属性。[59] 陈伟教授细分了个人信息权的各种权利侧面,包含安全决定权、自由决定权、收益决定

---

[54] See General Data Protection Regulation, Article 15, Article 16, Article 17, Article 18, Article 19, Article 20, Article 21, Article 22.
[55] See Federal Data Protection Act, § 44.
[56] 参见《德国刑法典》,李圣杰、潘怡宏编译,元照出版公司2017年,第271—272页。
[57] 日本施行的《个人信息保护法》,丹麦施行的《个人数据处理法》,英国施行的《数据保护法》,以上行政性质法律中均含有具体的刑法处罚条款,从最轻微的从业禁止到有期徒刑不等。参见吴苌弘:《个人信息的刑法保护研究》,上海社会科学院出版社2014年,第74—103页。
[58]《网络安全法》第41条规定:网络运营者收集、使用个人信息,应当遵循合法、正当、必要的原则,公开收集、使用规则,明示收集、使用信息的目的、方式和范围,并经被收集者同意。《民法总则》第111条规定:自然人的个人信息受法律保护。任何组织和个人需要获取他人个人信息的,应当依法取得并确保信息安全,不得非法收集、使用、加工、传输他人个人信息,不得非法买卖、提供或者公开他人个人信息。
[59] 参见于志刚:《"公民个人信息"的权利属性与刑法保护思路》,载《浙江社会科学》2017年第10期,第10页。

权、隐私决定权和尊严决定权。[60] 于冲教授则主张,在信息时代与大数据时代的背景之下,民法已经实现了对个人信息权的保护,刑法亦应顺势而为,将个人信息权作为一种新型法益进行保护。[61]

  本文认为个人信息权应当是侵犯公民个人信息罪的保护法益,这一判断符合我国立法与司法实践的基本情况。《个人信息解释》强调个人信息的认定标准为"可识别性",包含直接识别性与间接(结合)识别性,也说明了这一点:任何能够对应到特定公民个人的信息,即使看上去十分无关紧要也应当受到保护[62],只要该信息能够指向特定个体。这显然说明,信息本身就是值得法律保护的客体与对象。尽管如此解释带有一定程度上的保护公民人身权利和财产权利的"事前预防性倾向",也不能否认其在根本上的保护附着于公民所有具备可识别性个人信息之上的个人信息权之目的。而在司法审判中,部分法院早已明确了个人信息权正是侵犯公民个人信息罪的法益。在靳某某、刘某某侵犯公民个人信息罪一案的判决书中,法院指出被告非法获取公民姓名、电话等信息的行为侵犯了公民的个人"专属信息权"[63];在彭魏等侵犯公民个人信息罪一案中,法院认为被告出售以及提供他人个人信息的行为,侵犯了公民的"个人信息权"[64]。尽管这些司法机关没有对个人信息权的内容进行进一步明确,但其表露出的坚定立场与态度说明个人信息权作为法益具备相当程度的司法实务逻辑和实践理性。[65] 事实上,将本罪法益认定为个人信息权,一方面不会出现前述他种法益观所存在的不能解释的问题,另一方面也与信息社会和大数据时代加强个人信息保护的国际立法趋势相符合。

  遗憾的是,"个人信息权"的概念尽管在学界已经逐渐被接纳,现有研究中却鲜有成熟的理论成果。即使是目前对个人信息权研究最为完善的于志刚教授,也未能说明"个人信息权"作为刑法法益,究竟是如何发挥作用的。实际上,关于个人信息权的客体、内容与性质的既有研究尽管具有重要意义,却仅具备认知上的意义,也即告诉我们"个人信息权大体上是什么"。此种充满模糊与不确定性的学术概念,不能作为法益对

---

[60] 参见陈伟、熊波:《侵犯公民个人信息罪"行为类型"的教义分析——以"泛云端化"的信息现象为研究视角》,载《宁夏社会科学》2018年第2期,第63页。
[61] 参见于冲:《侵犯公民个人信息罪中"公民个人信息"的法益属性与入罪边界》,载《政治与法律》2018年第4期,第21页。
[62] 参见杨芳:《隐私权保护与个人信息保护法——对个人信息保护立法潮流的反思》,法律出版社2016年版,第49页。
[63] 参见河南省宝丰县人民法院(2016)豫0421刑初275号刑事判决书。
[64] 参见海南省儋州市人民法院(2016)琼9003刑初150号刑事判决书。
[65] 此类判决还有很多,如四川省岳池县人民法院(2018)川1621刑初23号刑事判决书,安徽省马鞍山市中级人民法院(2017)皖05刑终195号刑事判决书,海南省儋州市人民法院(2017)琼9003刑初118号刑事判决书,福建省诏安县人民法院(2016)闽0624刑初209号刑事判决书,湖南省新晃侗族自治县人民法院(2017)湘1227刑初31号刑事判决书,安徽省阜阳市中级人民法院(2018)皖12刑终31号刑事判决书,等等。

待。刑法作为最严厉的部门法，必须具有高度精确性与可预测性。相应地，作为刑法保护的最终目的，法益的二重作用在于指导分则构成要件的解释与限制刑法处罚范围，因此要求法益也必须具有明确性与精确性。这说明，应当在现有研究基础上进一步深化个人信息权之概念。

界定个人信息权，首先也最重要的是明确这种权利的功能与效用何在。换言之，个人信息权对于公民而言，意味着他能以此种权利做什么？本文认为，个人信息权的核心应当至少包含两个方面：一方面是积极权能，表现为公民对于本人信息的支配权与自我决定权，即公民个人有权对产生于自身的信息进行积极的支配与控制，能够许可他人占有和利用；另一方面是消极权能，表现为公民对于能够识别本人的信息的消极性防御权，即公民有权防止能够识别自身的信息被他人不合理地使用。需要说明的是，个人信息权的积极权能与消极权能之间并不是单纯的镜像对应关系，二者在适用范围上并不一致。这是因为信息本身所独有的特质。信息与传统意义上的物权客体具有本质上的不同之处：作为物权客体的对象物具有完全意义的排他性，一个主体对特定物的占有几乎必然排斥其他主体的占有（除非存在极为特殊的共同占有情形）。而个人信息，无论是自然性的个人信息（如相貌、血型、身高体重、基因等）还是社会性的个人信息（如姓名、身份、电话、电邮、单位、上网痕迹、账号密码等）都不具有排他性。某一主体的占有并不意味着他人便无法占有。事实上，既然人类社会依赖信息进行交流与运行，那么信息天生就必须具有共享性质与社会公益性。[66]

个人信息的共享性与社会性意味着，单纯的支配与自我决定难以单独作为个人信息权的核心，否则便是简单粗暴地将传统物权保护模式生搬硬套在个人信息权这种新型权利之上。本文认为，对个人信息权应做区分性的考量。就支配与自我决定这一积极权能而言，其适用的作为权利客体的个人信息应当仅限于"敏感信息"（personal sensitive information）。而所谓"敏感信息"，根据《信息安全技术——公共及商用服务信息系统个人信息保护指南》（下称《信息保护指南》）的界定，是指"一旦遭到泄露或修改，会对标识的个人信息主体造成不良影响的个人信息"，比如中国公民所独有的身份证号码、手机号码、基因特征等信息。此外，《信息安全技术—个人信息安全规范（征求意见稿）》（下称《信息安全规范》）对"敏感信息"泄露、非法提供或者滥用可能导致的"不良影响"作出了进一步明确的规定："危害人身和财产安全，极易导致个人名誉、身体和心理健康遭受损害或歧视。"譬如，公民独有的征信档案、地理位置和行踪轨迹、交易信息、身体健康信息等。以上信息，对公民个人的正常生活具有极其重要的意义，一旦不受公民个人的支配，便极有可能导致大规模的财产侵害甚至人身侵害的风险，还会引发公民人格尊严丧失的可能。因此，他人想要获得公民的敏感信息，必须经过公民的

---

[66] 参见刘迎霜：《大数据时代个人信息保护再思考——以大数据产业发展的公共福利为视角》，载《社会科学》2019年第3期，第106页。

真实有效同意。公民个人对于此部分信息施加较强控制，并不会导致正常社会交往的阻隔与中断，因为这些信息的个人属性明显强于其社会属性，公民之间完全可以在缺少这些信息的情形下进行深入的社会交往。由此，赋予公民个人对这些信息以支配性权利，是正当且合理的。实际上，在现实生活中，公民对于生发于自身的敏感信息本就具有支配与控制力；这些信息一般仅有公民自己或者极为亲密的亲属朋友明知，他人想要获取，便需要通过询问公民本人，在征求其同意的基础上才能得到。他人在获取此类敏感信息后，根据社会生活和交往中的一般性准则，只有在该公民同意的前提下才能提供给他人。

而就公民个人的"一般信息"（personal general information）而言，由于不具有敏感性特质，并且是社会交往中必须透露和显现的信息（如姓名、相貌、身高等），要求他人在获取这些信息时必须经过公民个人的允许与支配，既不现实，更无必要。对于此类信息，他人完全能够不经公民同意而合法地掌握和使用，但不应超出合理使用之范畴。这是个人信息权的消极防御侧面的体现。换言之，这部分个人信息的社会公共属性明显强于个人属性，是开展社会交往的基础，只要能够确保其他主体的使用是处于正常社会交往秩序之中，不会危及个人的财产安全与人身安全，便能够认为实现了妥当保护。需要说明的是，个人信息权消极防御的权能，并非局限于"一般信息"层面上，"敏感信息"同样处于其发挥作用的范围之内，这是刑法解释的当然结论：既然"一般信息"便能受到消极防御权的保护，对于公民个人而言更重要的"敏感信息"更应如此。但是，根据学界对于个人信息自我决定权的一般观点，自我决定权的内涵中原本即包含了消极防御他人侵害的权利。本文认同此种观点。

由此，个人信息权的主要内核便初露端倪。就敏感信息而言，公民个人享有支配权、自我决定权，信息的获取与提供以公民的允许与同意为前提，且对敏感信息的使用不得超出公民个人同意的范围；就一般信息而言，公民个人仅享有消极性防御权，只要自己的这些信息不被他人滥用，便可以认为个人信息权并未遭受侵犯。那么余下的问题便是：如何科学合理地界分"敏感信息"与"一般信息"。

在我国，一些学者通过研究指出，有关"敏感信息"的界定方法主要分为两类进路：一为"法律列举式"，认为应该基于某些信息的性质特征，直接在法律中将其列举为一种敏感信息，对其进行特殊保护；一为"综合判断式"，即考察一项信息是否具有敏感性，需要综合信息收集与处理的特定情境或者特定目的，通过司法的方式在个案中进行具体的判断。[67] 由此看来，我国《信息保护指南》与《信息安全规范》在敏感信息的定义上采取了折中论的做法：一方面认为应当结合信息遭受泄露后可能引发的后果进

---

[67] 参见胡文涛：《我国个人敏感信息界定之构想》，载《中国法学》2018年第5期，第245—246页；同前注〔6〕，韩旭至文；汤敏：《个人敏感信息保护的欧美经验及其启示》，载《图书馆建设》2018年第2期，第44页。

行综合性的判定,另一方面又对敏感信息进行了相应列举。在我国信息安全保护的法律体系与基础设施尚未健全之时,折中进路无疑更具有灵活性与可操作性,是我国个人信息立法与司法活动中应当坚持的方法论。但问题在于,立法者给出的"综合判断"标准是否能够有效指导"敏感信息"的认定。对此,上文已经说明,"敏感信息"的要害在于,一旦泄露便会给公民个人带来人身和财产安全的风险、名誉和身心健康的破坏等诸多不良影响。然而,这种"后果式"定义与分类方法尽管指明了解释的方向,却不能告诉我们究竟应该如何从事前的角度对个人信息进行判定。缺少类型的概念是空洞无力且不具有指导性意义的[68],因此,个人信息"敏感"与否的判断,还需要添加其他实质性的类型化标准。

本文以为,以上两部规范中确立的标准可以被概括为"侵害+概率"标准,即通过判断特定个人信息泄露可能导致的侵犯人身、财产以及精神性利益的结果以及结果发生的概率高低,认定敏感性。但这种结果导向的认定标准的缺陷在于:结果的发生具有偶然性,在一些情况下,信息的泄露并不会导致结果的发生。此时,若不对侵犯个人信息的行为施加刑罚,便意味着个人信息仍然只是人身利益和财产利益的附庸。因此本文主张,从事前预防的角度,应该在对敏感信息的综合界定中添加"一般社会交往"标准,与原先的"侵害+概率"标准并列。这一标准意在指明如果一些公民个人信息是正常社会中人与人之间展开基本的交往所必需的,便不应当被视为敏感信息,因为这部分个人信息承载的特质更多的是社会性与公共性,而非个人性,这是作为社会性之动物的人,生活于作为整体的社会之中需要付出的成本和代价。需要说明的是,社会交往有多种形态,如亲密朋友之间的交往与陌生人之间的交往在程度上差异鲜明。本文强调的社会交往标准应当具有一般性,也即在一个社会的伦理秩序与交往习惯中,普遍认为应当提供的个人信息。由此可见,不同的社会对个人信息态度的不同,会影响敏感信息的认定。例如,在对个人信息保护更为注重的欧洲社会,敏感信息的范围更宽泛。而在"熟人社会"的痕迹尚十分明显的中国社会,认定敏感信息时必然会显得相对保守。在方法上,此种认定需要法官在司法过程中进行具体而审慎的考量。需要注意的是,通过"一般社会交往"标准得出的个人信息敏感与否的结论,与通过"侵害+概率"标准得出的结论在相当程度上是重合的,区别在于采取事前判断的方法还是采取事后判断的方法。实际上,司法在对个人信息具备敏感性与否进行考量时,应当综合运用以上两种标准,在特定的社会交往情境之下,根据历史案例,对当下案例中的个人信息作出属性上的决断。

另外应当指出,个人信息权具有宪法权利的性质,其实证基础在于我国《宪法》第

---

[68] 参见[德]阿图尔·考夫曼:《类型与事物本质——兼论类型理论》,吴从周译,学林文化事业有限公司1999年版,第43页。

38条前半句规定的"人格尊严不受侵犯"条款。[69] 因为具有可识别性的个人信息实际上承载了公民最基本的人格价值,公民只有能够对其中的敏感性信息进行支配与控制,且能够防止一般性信息被他人滥用,才能保持主体性而避免沦为某些主体实现目的的工具,才能在现代社会中保存自己人格的不可侵犯性。[70] 也即康德所言:"人无论对自己还是对他人都是目的,而且他既无权把自己也无权把他人仅仅当作手段来使用。"[71] 在刑法层面上,对个人信息享有支配权、自我决定权与防御权意味着,在缺少重大公共利益或者有利于当事人等法定事由阻却违法性的情况下,违反当事人意志对个人敏感信息进行搜集、处理或者运用以及对个人一般信息进行不合理使用等行为具有显著的法益侵害性。

三、去识别化信息的刑法要保护性之证立

需要说明的是,本文所谓"去识别化"个人信息,指的是《个人信息解释》第3条第2款规定的"经处理无法复原"的信息。该解释的逻辑简单明了:既然可识别性已经被确立为个人信息的根本属性,经过技术手段去识别化且不能复原的信息便丧失了个人性,不应处于刑法的保护范围之内。然而可以很容易地发现,该款所关注的重点仅在于具有单独可识别性的个人信息,而对于具有结合可识别性的个人信息则未予以重视。因为从大数据技术与算法技术的角度看,只要将一定数量的去识别化信息进行相互结合,即能在茫茫人海中精准地指向信息主体。如此,即使具有单独可识别性的个人信息经历了彻底的去识别化处理,也难以避免个人信息权遭受侵害的危险。正因此,本文认为,《个人信息解释》的做法不宜被理解为去识别化个人信息不受刑法保护,这应当是基于个人信息权的法益观的应然解释结论。

(一)相关司法解释的来源与目的

根据最高人民检察院法律政策研究室对《个人信息解释》所作的说明,《个人信息解释》第3条第2款的解释思路,源于《网络安全法》的相关规定[72],也即《网络安全

---

[69] 类似于《刑法》第252条"侵犯通信自由罪"与第253条"私自开拆、隐匿、毁弃邮件、电报罪"对应于《宪法》第40条保护公民通信自由与通信秘密,"侵犯公民个人信息罪"则对应于《宪法》第38条的人格尊严条款。

[70] See Edward J. Eberle, "The Right to Information Self-Determination", Utah Law Review, Vol. 4, 2001, pp. 965-1016.

[71] 李秋零主编:《康德著作全集第6卷——纯然理性界限内的宗教 道德形而上学》,中国人民大学出版社2007年版,第408页。

[72] 参见缐杰、宋丹:《〈关于办理侵犯公民个人信息刑事案件适用法律若干问题的解释〉理解与适用》,载《人民检察》2017年第16期,第37页。

法》第42条第1款。[73] 与《网络安全法》的此类规定适配,《信息安全规范》第3节规定了去识别化的两种方式。一为"匿名化"(anonymization),是指"通过对个人信息的技术化处理,使得信息主体无法被识别到,且经过处理之后的信息不能被复原的过程";一为"去标识化"(de-identification),是指"经由对个人信息采取一系列的技术化处理,使其他人在不借助外部信息的情况下,不能识别信息主体的过程"。去标识化的技术是指建立在个体基础上,保留个体颗粒度,采用假名、哈希函数等方法替换对个人信息的标识[74];由上可以看出,"匿名化"技术较之"去标识化"技术对可识别性的破坏更彻底。因为去标识化技术并未彻底消除信息中携带的个体颗粒度,经由假名、哈希函数等方法和途径处理的个人信息只是在单独保存的情况下无法指向特定个人,一旦结合了其他特定信息进行分析和处理,则会恢复可识别性。简言之,去标识化后的个人信息仍然具有个人属性与可识别性,是《网络安全法》保护的对象。[75] 而"匿名化"处理所强调的"不能被复原"无疑是《网络安全法》与《个人信息解释》要求的,也是个人信息去识别化技术的主体部分。

最高人民检察院政策研究室阐释了《个人信息解释》对侵犯公民个人信息罪作如此解释的原因:个人信息并非不可交易或不可流动,只要经过被收集者同意或者对个人信息进行了去识别化的技术处理,提供行为便不应当被纳入刑法的打击范围。[76] 可以认为,司法解释者意图在"保护公民个人信息安全"与"促进大数据时代个人信息的正常利用"两种利益较量之间达致微妙的平衡:具有可识别性的个人信息必须经过公民个人有效的同意方可交易与流动;而不具有可识别性的个人信息(此时已经被认为不具有个人性)则可以绕过公民个人同意的环节直接涌入大数据市场之中,为信息社会的快速发展加油助威。这种利益衡量的思考方式符合法律的本质特征。正像鲁道夫·冯·耶林所论,法律是用以衡平个人目标与群体目标、调和个体性利益与群体性利益的社会机制。[77] 我国学者张新宝教授也于2015年提出了关于个人信息保护著名的"两头强化、三方平衡"的框架,认为应当综合考量个人信息的敏感程度,并在此基础上衡平信息主体、信息利用者以及国家三方对于个人信息的利益关系。[78] 然而,利益衡量的过程是极具主观性的,十分依赖于衡量者自身既有的价值判断。[79] 因此,在利益衡量的过程中极易因考虑不全而失衡,从而导致法律的虚无或恣意。本文

---

[73] 《网络安全法》第42条第1款规定:网络运营者不得泄露、篡改、毁损其收集的个人信息;未经被收集者同意,不得向他人提供个人信息。但是,经过处理无法识别特定个人且不能复原的除外。

[74] 《信息安全技术—个人信息安全规范》GB/T 35273-20XX,3.13,3.14。

[75] 参见王融:《数据匿名化的法律规制》,载《信息通信技术》2016年第4期,第39页。

[76] 同前注[72]。

[77] 参见〔爱尔兰〕J.M.凯利:《西方法律思想简史》,王笑红译,法律出版社2018年版,第281页。

[78] 同前注[46],第50—52页。

[79] 参见梁上上:《利益的层次结构与利益衡量的展开——兼评加藤一郎的利益衡量论》,载《法学研究》2002年第1期,第55页。

认为司法解释者对于去识别化个人信息涉及的两种价值的判断是十分准确的,但其对于去识别化(匿名化)技术对个人信息的保护能力以及信息收集、提供者与信息接收者遵守规范的意愿与动机存在错误预计,使得去识别化技术成为数据巨头们的避风港,公民个人信息权也暴露于大规模侵害的风险之中。

(二)相关司法解释的误区所在

1. 对个人信息去识别技术的错误认识

《个人信息解释》关于"不能复原"的规定意味着,司法解释者认为存在着能够完全消除信息的个人性的技术手段。实际上,对于单条个人信息(如家庭住址)而言,或许能够做到彻底地去识别化。然而,《个人信息解释》不仅规定了可单独识别自然人身份或活动情况的信息(直接识别性),还规定了"与其他信息结合识别"(间接识别性)特定自然人身份或者活动情况的各种信息。而在大数据技术盛行的信息时代,存在能够对具有结合识别性的个人信息进行完全去识别化处理且不能复原的技术,几乎是天方夜谭。

研究反匿名化危害的法学专家 Paul Ohm 教授的研究结果表明,信息技术的发展使得匿名化的个人信息实际上可以被以令人讶异的简单方式"再识别化"(reidentify)或者"去匿名化"(deanonymize),其通过对匿名化技术与再识别化技术的对比,得出了"简单的再识别化技术便能够使得保护隐私与个人信息的法律过于宽泛(overbroad)和没有束缚力(boundless)"的结论。[80] 这一论断的背后,折射出个人信息去识别化技术在大数据时代的深深无奈。

在目前世界范围内的信息技术研究中,数据发布中的去识别化技术主要分为匿名技术与差分隐私(different privacy)保护技术。匿名技术通过隐藏或者模糊信息主体的身份、地址等高度敏感性数据的方式以求达到隐私保护的目的。[81] 匿名化技术又可以分为"静态匿名技术"与"动态匿名技术",前者主要包含"K-anonymity 匿名技术""L-diversity 匿名技术"与"T-closeness 匿名技术";后者是应对大数据所具备的持续更新之特点的产物,包括"数据重发布匿名技术""m-invariance 匿名技术"和"基于角色构成的匿名技术"等。[82] 为了将以上匿名技术现实化,在具体操作层面上需要采取泛化技术、抑制技术、聚类技术、分解技术、数据置换技术以及干扰技术。以泛化技术与

---

[80] See Paul Ohm, "Broken Promises of Privacy: Responding to the Surprising Failure of Anonymization", *UCLA Law. Review*, Vol. 57, 2010, PP. 1741.

[81] 参见刘雅辉等:《大数据时代的个人隐私保护》,载《计算机研究与发展》2015 年第 1 期(第 52 卷),第 238 页。

[82] 参见方滨兴等:《大数据隐私保护技术综述》,载《大数据》2016 年第 1 期,第 5—6 页。需要说明的是,在以上匿名技术模型中"K-anonymity"技术最成熟,在世界范围内的应用也最普遍。其基本方法是,在攻击者获取匿名信息时,至少将获得 K 个分属于不同个体的记录,由此增加再识别化的难度。

置换技术为例,泛化是指以概括化和抽象化的结果替代匿名前的个人信息。如将居住地"北京"泛化为"中国",将月收入"25 000 元"泛化为月收入"20 000—30 000 元"等;置换技术是将个人信息进行分组,将组内具有敏感属性的数据进行随机性交换[83],如将"张三是北京大学 2015 级经济学博士、李四是清华大学 2017 级法学硕士"的信息置换为"张三是清华大学 2017 级法学博士、李四是北京大学 2015 级经济学硕士",以此实现个人信息的去识别化。但是专业人士指出,个人信息匿名的状态并不具有绝对性。在信息量急剧暴涨的大数据时代,任何单个信息碎片,只要能够与足够多的外部信息进行关联与结合,均有被再识别化的可能性。大规模、多样化的信息来源让现有匿名技术应接不暇、手足无措。[84] 正如 2006 年 Arvind Narayanan 和 Vitaly Shmatikov 两位研究人员通过对 Netflix(美国最大 DVD 租赁商)公司数据库中的 480 189 名用户的 100 480 507 条经过精心匿名化处理的租赁记录进行比对,成功实现了再识别化,恢复了 DVD 租赁记录与用户个人身份之间的对应性。而他们的研究结论表明,实际上只需要 8 部电影的排名和日期(其中还容许存在不少误差)等辅助性信息,就可以实现对该数据库中 99% 的用户记录的精确识别。[85] 新近以来麻省理工学院的应用数学家 Yves-Alexandre de Montjoye 的研究也表明,只需要获悉一个人的 4 次地理定位,即可做到 90% 的高度身份识别率;此外,获悉一次交易的价格则会使得再识别的风险平均增加 22%。[86] 因为数据发布中的匿名化技术在已经到来的大数据时代中存在以上严重缺陷,差分隐私保护技术逐渐成为当下研究热点。差分隐私技术设置隐私参数 ε 限定攻击者(再识别者)能够从个人信息中获得结论的范围,通过在数据集中加入随机噪声的方式控制了隐私泄露的危险。即使攻击者具备大量背景性信息和知识,也很难计算和获得精确的个体信息。[87] 应该认为,由于防范了攻击者采用巨量且多元化的个人信息进行结合性识别,差分隐私保护技术相比于匿名技术更加适合大数据时代的个人信息保护。但是差分隐私技术作为一项新兴的隐私保护技术,目前还停留在模型搭建阶段,应用性研究尚浅。大数据技术研究专家指出,差分隐私技术在应用上至少存在两种问题:一方面很难设定合理的隐私参数 ε 来平衡个人信息保护与信息可用性的关系,无法维持信息保护和信息利用这两种重要利益之间的平衡,稍有不慎便会导致"信

---

[83] 参见马静:《大数据匿名化隐私保护技术综述》,载《无线互联科技》2019 年第 2 期,第 139—140 页;刘湘雯、王良民:《数据发布匿名技术进展》,载《江苏大学学报》(自然科学版)2016 年第 5 期,第 566—567 页。

[84] 参见范为:《大数据时代个人信息定义的再审视》,载《信息安全与通信保密》2016 年第 10 期,第 74 页;孟小峰、张啸剑:《大数据隐私管理》,载《计算机研究与发展》2015 年第 2 期,第 273 页。

[85] See Arvind Narayanan and Vitaly Shmatikov, "Robust De-anonymization of Large Sparse Datasets", IEEE Symposium on Security and Privacy Vol. 1, 2008, pp. 111-125.

[86] See De Montjoye, Y.-A., L. Radaelli, V. K. Singh, and A. Pentland, "Unique in the shopping mall: on the reidentifiablity of credit card metadata", Science Vol. 347, No. 6221, 2015, pp. 536-539.

[87] 参见熊平等:《差分隐私保护及其应用》,载《计算机学报》2014 年第 1 期,第 102 页。

息无用化"或者"信息泄露化";另一方面现实中大量存在的相互关联的数据集与差分隐私技术所预设的相互独立的数据集之间存在着相当大的差别,这两大矛盾使得该技术的应用前景显得并不乐观。[88] 此外还存在一种"数据加密技术",但由于该技术主要应用于云平台的数据存储加密而不涉及去识别化个人信息的提供、出售等流动性问题,并非本文讨论重点,在此不加赘述。

从对去识别化技术的讨论可以看出,在信息时代,去识别化技术与再识别化技术都在发展,真正能够抵御再识别化技术的去识别化技术实际上并不存在。《个人信息解释》对于"不能复原"的规定并不现实。更令人忧虑的是,在我国去识别化技术规范与相关标准尚未建立的情况下,该规定无异于给具备强大技术能力的数据采集者们指明了规避刑法制裁的"正途"。

2. 对我国有关规范与标准的盲目乐观

既然已经说明了所谓"不能复原"的去识别化是不可能的,与其仍然求助于此种泡沫般的幻想,不如将解决问题的重点放在个人信息去识别化本身。即在法律层面上,对去识别化个人信息的技术手段和程度进行规制。倘若信息保有者对个人信息实施的去识别化达到了"相当"彻底的程度,便在法律意义上认为信息的个人性已经消逝,此类行为便不予处罚。遗憾的是,司法解释者对于去识别化技术的错误认识不仅反映在对去识别化程度的认识偏差上,还反映在对我国现有的去识别化技术规范与标准的盲目乐观或者选择性忽视上。缺少与技术发展情况相适应的规范与标准的指引,便让刑法单独应对去识别化技术,无疑使之陷入"孤立无援"的境地。

在我国,涉及对公民个人信息进行匿名化技术处理的规范性文件主要有以下两部:《信息安全规范》和《信息安全技术—个人信息去标识化指南(征求意见稿)》(下称《去标识化指南》)。前者仅对匿名技术和去标识化技术进行了原则性的规定,后者则具体规定了各类去标识化技术所采用的手段。因此,在实质意义上,我国涉及去识别化技术的规范与标准目前只有《去标识化指南》一部。《去标识化指南》指明了个人信息匿名化处理的五个标准化步骤,即"确定目标""识别标识""处理标识""验证批准"以及贯穿于整个过程中的"监控审查"。[89] 韩旭至博士将以上匿名化技术措施概括为事前阶段"处理识别符"、事中阶段进行"个案风险评估"与事后阶段"反对再识别"三大步骤,是十分准确的。[90] 然而,《去标识化指南》尽管进行了一系列的技术性规定,却并未制定个人信息匿名化程度的具体法律标准。换言之,在对个人信息进行发布之前,匿名化究竟应当达到何种程度?经过匿名化处理的个人信息,在面对采取再

---

[88] 参见张啸剑、孟小峰:《面向数据发布和分析的差分隐私保护》,载《计算机学报》2014 年第 4 期,第 946 页。
[89] 《信息安全技术—个人信息去标识化指南(征求意见稿)》,GB/T 37964-,5.。
[90] 同前注[6],韩旭至文,第 70—72 页。

识别技术手段的攻击者时应该有何种表现？《去标识化指南》对这些问题不置可否，只是提出了一些模糊的目标，即应当控制再识别化的风险，使得再识别化的风险不会随着新的个人信息的发布而升高，并且确保个人信息接收者之间的串通行为不会增加再识别风险。[91] 在信息技术领域，标准的缺失意味着法律没有任何可用以规制的抓手。《个人信息解释》的粗放式规定与《去标识化指南》的模棱两可，无异于朝向处于技术优势地位的信息采集者洞开侵犯公民个人信息的大门。"匿名化处理"实际上成为信息采集者们在大数据市场中交易、提供个人信息的"构成要件符合性阻却事由"。在中国当下所处的信息环境之下，信息采集者本身便处于强势地位，"知情同意"在保护公民个人信息上已经渐趋失灵[92]，很难通过它实现对个人信息的自我控制与自我管理。[93] 而"匿名即免责"的做法无疑使得法律对于公民个人信息权的保护雪上加霜。

相比于我国，欧盟、美国等政治经济体对于个人信息去识别化技术的法律标准则有着相当成熟的建构。欧盟《一般数据保护条例》在其前言第26条中为个人信息匿名化程度制定了"所有合理可能性措施"（all the means reasonably likely）的法律标准，也即"信息控制者（controller）或者其他任何人，使用任何具有合理可能的技术措施，都不能直接或者间接地对信息主体进行再识别"。此外，该条例还认为对于"所有合理可能措施"的判断应该采取动态变化的标准，变量如成本、时间以及当时技术之发展情况等。[94] 详言之，这一标准分为三部分：主体标准是"信息的控制者或者其他任何人"，技术手段标准是"穷尽具备合理可能性的技术措施"，再识别化手段标准是"直接识别或者间接识别"。[95]《一般数据保护条例》并未堵死个人信息利用的空间，而是认为只要信息控制者实施的匿名化程度达到了需要攻击者（包含信息控制者自身）采取并不合理的技术手段方可再识别化时，在法律意义上，信息的个人性便消失了，无须个人的同意即可在信息市场中自由流动。

不同于欧盟较为抽象的匿名化法律标准，美国于1996年通过的《健康保险流通与责任法案》（Health Insurance Portability and Accountability Act）针对涉及公民个人的健康等较为敏感之信息的匿名化技术，采取了更为明确化与具体化的"专业人士标准"和"删除特定识别符标准"。"专业人士标准"是指经过匿名化处理后的个人信息，需要在一个具备适当（appropriate）的统计科学知识和经验的人士，运用相关原理和方法，确定匿名化的个人信息被再识别化的风险是非常小的时候，就认为已经达到了匿名化处理

---

[91] 《信息安全技术—个人信息去标识化指南（征求意见稿）》，GB/TXXXXX-XXXX，4.1.。
[92] 参见范为：《大数据时代个人信息保护的路径重构》，载《环球法律评论》2016年第5期，第94页；姬蕾蕾：《论个人信息利用中同意要件的规范重塑》，载《图书馆》2018年第12期，第85页。
[93] See Daniel J. Solove, "Introduction: Privacy Self-Management and the Consent Dilemma", *Harvard Law Review*. Vol. 126, 2013, pp. 1880-1903.
[94] See General Data Protection Regulation, Rectial 26.
[95] 同前注[6]，第4页。

应有的法律标准;而"删除特定识别符标准"则是指只要信息控制者将涉及个人的姓名,所有小于州的地理分区(如街道、城市、乡村等),所有直接关涉个人的日期(如生日、死亡日期、年龄等),电话号码,纳税号码,电子邮箱地址,社保号码,医疗记录号码等18种被列举在该法案中的标识符全部删除,即认为已经达到了匿名化所要求的法律标准。[96] 需要说明的是,"专业人士标准"与"删除特定识别符标准"是或然性的关系,只要信息控制者做到了以上两种标准之一,即认为满足了匿名化处理的法律标准。

技术标准的制定是信息采集者遵守其保护个人信息之法律义务的前提,而遵守义务与否则决定了法律的干预是否具有正当性与合理性。没有明确的技术标准,刑法要么不作为,任由形式上匿名化的个人信息大规模流通于信息市场;要么乱作为,对信息采集者施加过于严厉的惩罚,从而妨碍信息的有效利用。从司法审判中无一例涉及匿名化或去识别化个人信息的现状来看,我国无疑正处于前一种情况之中。哈佛大学法学院 Lawrence Lessig 教授在其著作中总结了隐私保护的四种基本方式:法律、市场、社群规范与事物架构本身。[97] 将此理论工具应用于外延更广泛的个人信息保护上,同样妥帖。在法律方面,我国缺少个人信息匿名化技术的标准与规制方法,《网络安全法》与《个人信息解释》亦有着"匿名即免责"的规定;在市场方面,个人信息匿名化程度与其经济价值成反比,且再识别化技术成本低廉;在社群规范层面,现有的大型信息采集者如腾讯、阿里巴巴、美团、百度等已经陷入激烈的个人信息争夺战之中,个人信息已经成为相当一部分互联网企业发展的重要战略资源;而在匿名化的个人信息自身架构方面,其很容易被大数据时代的再识别化技术攻克。面临如此四面楚歌之危局,寄希望于通过匿名化技术实现对个人信息的保护无异于痴人说梦。

(三) 法益与去识别化个人信息保护之关联

如上文所述,司法解释者希望通过去识别化技术在个人信息保护与利用之间达致平衡。然而再识别化技术的迅速发展以及我国相应技术规范与标准的缺位,使得个人信息仍然处于被大规模侵害的风险之中。而一旦此类风险转化为现实,无疑会给公民个人甚至社会整体带来难以想象的混乱与侵害。人身与财产、自由与安全等中国社会孜孜以求的价值目标之实现必然遭到一定程度的阻碍。刑法作为法律体系中最严厉也最有效的规制手段,自然应当在罪刑法定原则的框架内尽力承担起捍卫上述价值的重大任务,这是信息社会用以考验现代刑法的第一道难题。在目前的中国刑法体系中,最有可能承担起以上重大责任的罪刑规范,莫过于《刑法》第253条之一:侵犯公民个人信息罪。那么,去识别化之后的个人信息,是否是该罪的保护对象呢?本文认

---

[96] See Health Insurance Portability and Accountability Act, §164.514.(b).(1) and (2).
[97] 参见〔美〕劳伦斯·莱斯格:《代码2.0——网络空间中的法律》(修订版),李旭、沈伟伟译,清华大学出版社2018年版,第143—240页。

为,既然《网络安全法》属于侵犯公民个人信息罪所要求的"国家有关规定"之一,并且明文规定了去识别化之后的个人信息不再具备个人性质,根据法秩序统一性原理的要求,难以认为去识别化的个人信息能够直接受到刑法保护。但是,提供未达到相应标准的去识别化个人信息的行为以及针对去识别化个人信息的再识别化行为,理应落入该罪的打击范围。这是个人信息权作为侵犯公民个人信息罪的法益的逻辑结果,也是刑法对去识别化个人信息所提供的"间接保护"路径。

有研究认为,经过去识别化处理之后的个人信息之所以应当受到刑法保护,是因为其不仅仍然具备人格性利益以及由此而来的财产性利益,还会涉及社会层面的公共秩序稳定以及国家层面的信息主权独立以及国家安全。[98] 换言之,去识别化个人信息的应受刑法保护性并不依赖于个人信息权这一法益,而是基于其自身的重要性。此种观点尽管注意到了去识别化个人信息在当下大数据时代作为一种战略资源的重要作用,却难免存在矫枉过正之嫌疑。一方面,《网络安全法》与《个人信息解释》对个人信息与去识别化个人信息的价值位序的排列已经说明了个人信息应当受到比去识别化个人信息更加优先和有力的保护。认为去识别化个人信息不仅具有个人法益性质,而且具备社会乃至国家法益的性质的观点,无异于直接否定了现有实证法秩序对个人信息的态度,难以在司法实践中产生影响;另一方面,在刑事罪名的适用上,认为去识别化个人信息直接作为侵犯公民个人信息罪保护之对象的观点,面临着构成要件符合性层面上的解释难题:去识别化个人信息如何能够被直接认定为"公民个人信息"? 以上两大问题可以说完全否定了去识别化个人信息兼具个人、社会与国家三重法益属性之论断的合理性。本文认为,对去识别化个人信息的保护,在根本上应当依托于对具有可识别性的公民个人信息的保护,是保护可识别性个人信息的辐射效果,在本质上应当被理解为一种"预防性举措"。换言之,对去识别化公民个人信息进行保护是为了保护具有可识别性的公民个人信息。侵犯具有可识别性的公民个人信息的行为是对个人信息权的直接侵害,而侵犯去识别化公民个人信息的行为则是对个人信息权的间接侵害。

接下来的问题是,去识别化的个人信息与侵犯公民个人信息罪所欲保护的个人信息权之间的联结点是什么? 只有明确这一点,才能为刑法保护去识别化的个人信息提供正当性的法理基础。

实际上,立法者之所以在刑法中设立本罪,并非要禁止公民个人信息在信息市场中的流动。相反,大数据交易产业在中国已经成为最繁盛的行业之一。据不完全统计,截至2017年7月,全国较为知名的大数据交易所或(中心、平台、网站)数量便已经

---

[98] 同前注[7],第100—101页。

达到 24 个。[99] 根据《2018 年中国大数据产业发展白皮书》提供的数据,2017 年中国大数据产业的规模已经达到接近 4 000 亿元,到 2020 年的预计产业规模甚至会超过 8 000 亿元。[100] 毋庸置疑,大数据产业以及大数据交易已经成为驱动中国经济与社会发展的重要动力之一,而公民个人信息正是大数据的重要组成部分。刑法应充当信息经济与大数据高速公路上的管理员之一。这名管理员所关注的,不是公民个人信息是否流动,而是公民个人信息是否"合法流动"。对于具有可识别性的个人信息,是否存在信息主体的同意或者重大公共利益等法定事由是关注重点;对于无须公民同意即可被提供于信息市场中的去识别化个人信息,刑法着意的是其是否会对个人信息权造成威胁。

前文已经指出,个人信息权的核心是公民对自身生发之信息的支配权、自我决定权与防御权。由此,对个人敏感信息的采集、利用与传输等行为应当征求信息主体(即公民)的同意,对于个人一般信息则不得滥用。因为"同意"行为是自我决定权的核心体现,也是保护和实现个人信息权的重要途径。[101] 正如弗里德曼所言:"'知情同意'与意思自治和个人选择联系在一起;他们与同意本身一道,是现代社会中最受偏爱的使事务具有合法性的因素。"[102] 公民个人决定自己的信息能否被目前的信息采集者提供给其他的信息接收者,如同处分自己的财产法益与部分轻微人身法益,都是决定自身人格和尊严的具体形式。而在去识别化个人信息流转于信息市场的过程中,由于无须具备个人同意的前置性要求,公民便无从对这些始于自身的信息进行支配与自决。在信息提供者对个人信息进行了十分严格的去识别化处理且信息接收者无意使用再识别技术恢复信息的可识别性的情况下,公民的个人信息权并不会受到侵害。然而,在信息提供者仅仅在名义上对个人信息进行了去识别化处理,或者信息接收者采用大数据技术手段对个人信息进行再识别化之时,公民无论是对敏感性信息还是一般性信息,无疑都失去了任何意义与程度上的支配、自决以及防御的可能性。如此,承载着公民人格特征的信息无须公民的同意便实现了近乎"零阻力"状态的自由流动,而所谓个人信息权也随之土崩瓦解。结合 Lawrence Lessig 教授总结的四种规制方式,可以认为在后一种情况下,公民个人信息权遭到侵害的概率极高。可知,针对去识别化个人信息的再识别行为存在与否以及对去识别化个人信息进行再识别化的难易程度,是

---

[99]《全国各大数据交易所/中心/平台/网站盘点罗列》,载搜狐网(https://www.sohu.com/a/154678091_354989),访问日期:2021 年 5 月 3 日。

[100]《2018 中国大数据产业发展白皮书发布》,载搜狐网(https://www.sohu.com/a/246438031_820034),访问日期:2021 年 5 月 3 日。

[101] 参见张涛:《大数据时代个人信息匿名化的规制治理》,载《华中科技大学学报》(社会科学版)2019 年第 2 期,第 81 页。

[102] [美]弗里德曼:《选择的共和国:法律、权威与文化》,高鸿钧等译,清华大学出版社 2005 年版,第 221 页。

公民个人信息权与去识别化个人信息的关键联结点,其决定了公民个人信息权是否会遭受侵害。

在这一联结点的两侧,分别是去识别化个人信息提供者与去识别化个人信息接收者。个人信息提供者是去识别化技术的使用者,影响着个人信息再识别化的难易程度;个人信息接收者是潜在的再识别化技术的使用者,主导着再识别化技术的使用与否。在缺乏法律规范和技术指引的市场条件下,去识别化个人信息提供者与去识别化个人信息接收者之间甚至有可能达成秘密的"共同侵权协议"。即信息提供者尽管对个人信息进行高度匿名化的技术处理,但是保留再识别化的唯一密钥并向信息接收者提供,信息接收者通过该密钥对接收到的信息进行再识别化处理。这加剧了个人信息权的被侵犯程度以及保护难度;去识别化信息接收者在此种情形下甚至能够完美地对去识别化个人信息进行再识别,且技术成本更低廉,法律风险更低。事实上,以上两主体与旨在保护去识别化个人信息的刑法规范共同刻画出了个人信息权在去识别化个人信息问题上的受保护图像。

图 1　刑法对于个人信息权的应然保护图像

然而,令人遗憾的是,根据《个人信息解释》对侵犯公民个人信息罪所作的几乎是"去识别化即免责"的狭义解释,在目前的刑法典中无法找到有效规制去识别化个人信息的罪刑规范,这也使得个人信息权暴露于被大规模间接侵害的风险之中。

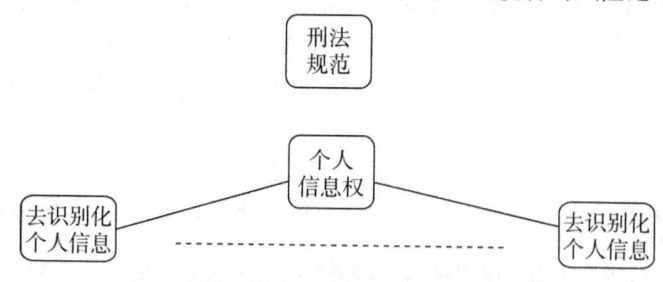

图 2　刑法对于个人信息权的实然保护图像

综合以上,支配权、自我决定权与消极防御权作为个人信息权的关键内核,要求刑法必须对经过去识别化技术处理的个人信息进行强有力的保护。因为公民有要求已经去识别化的个人信息不被再识别化的权利,这是个人信息权的辐射效果,是保证公民拥有对个人信息的支配、控制和防范不合理使用的权利的逻辑前提。而对去识别化个人信息进行保护的方式和目的,应当是通过对去识别化个人信息的提供者与去识别化个人信息的接收者设置行为规范和义务规范,达到个人信息的保护与利用之间合理的平衡。由于"侵犯公民个人信息罪"已经于2015年颁布的《刑法修正案(九)》所修改,且最高人民法院与最高人民检察院于2017年7月才通过《个人信息解释》。于此种立法与司法情势之下,立法论意义上的对策研究无疑是"远水解不了近渴"。[103] 那么,下一步的工作便是如何在刑法教义学和刑法解释学的层面上实现对去识别化个人信息的保护。

四、去识别化个人信息保护的教义学建构

实际上,在刑法之外,其他的部门法早已开始探寻对去识别化个人信息的法律保护。在《民法总则》颁布之后,民法领域便有学者主张在去识别化个人信息被识别后,信息主体应当能够主张侵权法上的救济。[104] 也有学者认为应当在行政法领域完善政府部门对去识别化行为与再识别行为的规范。[105] 这种努力在构建去识别化个人信息的多元化法律保护框架上具有积极作用。然而,民法所具有的补偿性质以及行政法的惩罚性质的轻微性对于遏制个人信息再识别化行为,仅能起到相当有限的作用。在再识别化技术对个人信息权产生巨大威胁的情况下,有且仅有刑法能够做出足够有力的回应。

在立法论无法及时发挥作用的情势下,在罪刑法定的范围内探求新的法条解释结论无疑是刑法保护法益的重要手段。在前文已经论证了将个人信息权作为侵犯公民个人信息罪法益的正当性与必要性的情况下,对侵犯公民个人信息罪诸构成要件要素的解释必须与个人信息权的保护紧密相关。换言之,法益对于构成要件要素的解释具有目的导引的功能,法益保护是构成要件解释所要达到的重要目标之一。[106] 因此,对构成要件要素的解释必须能够体现法益品性。本文以为,法益概念指导构成要件之解释的方法论功能,具体到侵犯公民个人信息罪上,集中体现在"公民个人信息"与"非法获取"两要素之上。如上文所述,既然保护去识别化个人信息的关键前提是对去识别化行为设置相应的"法律—技术"标准以及禁止再识别化技术手段的应用,关键主体是去识别化个人信息的提供者与去识别化个人信息的接收者,由此便可以推导出,刑法

---

[103] 参见王肃之:《侵犯公民个人信息罪行为体系的完善》,载《河北法学》2017年第7期,第156—159页。
[104] 参见张晨原:《数据匿名化处理的法律规制》,载《重庆邮电大学学报》(社会科学版)2017年第6期,第57页。
[105] 同前注[101],第82页。
[106] 参见高巍:《刑法教义学视野下法益原则的畛域》,载《法学》2018年第4期,第36—37页。

保护去识别化个人信息的关键方法应当不可避免地聚焦于对"公民个人信息"与"非法获取"两构成要件要素进行适度的扩张解释。否则,在《个人信息解释》的现有规制思路下,个人信息权不可能抵挡住数据企业利用去识别化技术与再识别化技术发起的攻势。反之,刑法解释者只有充分理解目的解释的需要,大胆采用扩张解释的方法和技术,才能为规制通过去识别化技术与再识别化技术侵害公民个人信息权的行为找到妥当的进路。

因应上文的论述,下文将以去识别化个人信息的规制主体为论述主线,详尽地阐述在刑法教义学上,为什么以及应当如何对侵犯公民个人信息罪的构成要件要素进行扩张解释。

(一)对去识别化个人信息提供者的规制

需要说明的是,本文所谓去识别化个人信息提供者,仅指合法收集公民个人信息,但未经公民同意而进行去识别化处理并向他人提供的主体。违反国家有关规定(如在缺乏公共利益理由而未经公民个人同意的情况)收集公民个人信息的行为,已经落入"窃取或者以其他方法非法获取"的规制范围之内,无须赘述。对于前一种情况,本文认为,由于去识别化个人信息提供者是去识别化个人信息的源头,掌握着大量的个人信息,能以多种行为方式侵犯公民个人信息权。因此,通过界定行为类型的方式进行规制无疑事倍功半。通过界定经过何种程度的去识别化处理,信息的"个人属性"方能被认为消失殆尽,应当是更好的选择。如此,一方面为去识别化个人信息提供者划定了行为规范,使其能够在履行了相应义务后发挥和利用信息的价值;另一方面也为刑法提供了保护去识别化个人信息的抓手。下文首先界定对个人信息采取去识别化技术的"法律—技术"标准,接着在标准的基础上通过扩张"公民个人信息"内涵的方式达致对去识别化个人信息提供者的刑法规制。

1. 去识别化"法律—技术"标准

去识别化个人信息提供者是去识别化技术的使用者,因此,其属于个人信息去识别化的"法律—技术"标准的主要适用对象。前文已经对欧盟以及美国的去识别化标准进行了介绍,可以看出,欧盟所设立的抽象标准更加严厉,更倾向于对个人信息的保护。而美国法案采取的标准则更类似于一种"安全港/避风港"规定,只要删除特定的识别符,便在法律上认为达到了去识别化的标准,这种模式相比于欧盟采用的"所有合理可能措施"的标准显然更有利于个人信息的流通。在欧盟代表的抽象标准与美国代表的具体标准之间,本文认为中国应当结合实际情况,做出最能促进个人信息保护与信息利用均衡发展的理性选择。

首先,本文认为美国《健康保险流通与责任法案》采取的"专业人士标准"与"删除特定识别符标准"难以作为我国个人信息去识别化的"法律—技术"标准。原因在于:

第一,该法案规定的"专业人士标准"所考察的仅仅是具有适当的统计科学知识的人士。一方面,很难确定所谓"适当的统计科学知识"究竟意味着何种程度的专业性知识;另一方面,根据一般性的统计学专业人士的标准进行判断,无疑会忽略一些具有大量背景性知识和关联性信息的攻击者,从而导致再识别化的风险明显升高。[107] 第二,该法案规定的"删除特定识别符标准"同样不具有可行性。尽管其事无巨细地列举了多达18种识别符类型,但是在这18种识别符之外,其他能够识别出特定主体的标识依然存在,更遑论大数据技术手段正处于日新月异的发展过程中。例如有学者指出,以上18种识别符之外,还存在着如"医院名称"或者"诊断信息"等完全具有可识别性的标识。[108] 倘若我国采取类似于美国1996年通过的《健康保险流通与责任法案》的所采用的标准作为去识别化的"法律—技术"标准,在日新月异的再识别化技术面前的节节败退将是预料之中的结果。

其次,欧盟《一般数据保护条例》在前言第26条中确立的"所有合理可能性措施标准"亦存在值得商榷之处。本文认为主要引发争议的焦点在于:在主体标准中,数据控制者(也即去识别化个人信息提供者)是否能够采取技术手段对自己合法采集但是经过去识别化处理的公民个人信息进行直接或者间接的再识别化。《一般数据保护条例》给出了否定的回答。然而此种做法缺少正当性基础。由于去识别化个人信息提供者所控制的公民个人信息均是合法采集而来的,在进行去识别化处理后再进行可识别性的恢复,并不会产生公民个人信息的泄露等风险,也没有导致公民的个人信息权遭到侵害与减损。如果认为一旦进行了去识别化的处理后便不得由个人信息控制者进行再识别化,无异于剥夺了个人信息控制者所掌握的部分重要资产,也扼杀了个人信息控制者对个人信息进行去识别化的动力,而个人信息去识别化是实现信息流动与信息利用的重要前提之一。因此,相对折中化的处理应当是更好的选择:对于去识别化个人信息提供者而言,其对个人信息的去识别化处理相对于其他主体而言,必须达到"所有合理可能性措施"之标准,即"其他任何人,使用任何合理可能的技术措施,都不能直接或者间接地对信息主体进行再识别"。而去识别化个人信息提供者自身则可以保留再识别化的唯一技术密钥并不得向他人透露。本文的这一观点得到了英国信息专员公署的确证,公署认为,即使存在一个组织能够对去识别化的个人信息进行再识别化处理而得以连接到特定主体,只要该组织不会泄露任何关于该再识别化方式的信息即可。[109]

而在与之对应的具体技术手段标准上,根据现有的去识别化技术手段与再识别化技术手段的较量,去识别化个人信息提供者应当对直接识别符(根据直接识别符,可以

---

[107] 同前注[6],韩旭至文,第69页。
[108] See Ann Cavoukian, Khaled EI Emam, "Dispelling the Myths Surrounding De-identification: Anonymization Remains a Strong Tool for Protecting Privacy", EB/OL. (2011-06-16)2018-03-30.
[109] See ICO, "Determining what is personal data", v1.1, 20121212, pp. 27.

凭借单一信息对主体进行单独识别,如居住地址)进行不可逆的删除,对间接识别符(根据间接识别符,需要结合不同信息才能对主体进行识别)采取前文提及的泛化技术、抑制技术、聚类技术、分解技术、数据置换技术以及干扰技术等,消解其所具备的间接识别性。[110] 如此,尽管不能完全消除去识别化个人信息的再识别可能性,也需要攻击者采取"异常以及不合理"的技术手段进行再识别,市场条件下通行的"成本—收益"原则便在一定程度上为个人信息权提供了保护。本文认为,通过对直接识别符的删除以及对间接识别符的技术性处理,可以达致个人信息利用与个人信息保护之间的平衡:间接识别符的保留意味着信息的可利用性与价值性,对直接识别符的不可逆删除以及对间接识别符的技术处理则意味着在保留信息可用性的情况下所能做到的最彻底的去识别化。在去识别化达到以上标准后,便可以在法律上认为该信息失去了"可识别性"与"个人性"。需要说明的是,技术标准并非一成不变,而是需要随着去识别化技术与再识别化技术的发展不断更新。但是,法律标准("所有合理可能性措施标准")却应当保持稳定,用以指导技术标准顺应时势地持续演进。

2. 对"公民个人信息"的扩张解释

个人信息去识别化的"法律—技术"标准同时也是去识别化个人信息提供者应当遵守的义务标准,符合该标准的,可以认为其提供行为不满足侵犯公民个人信息罪的法定构成要件,也即不存在"个人信息"。一般而言,违反该标准的行为可以概括为以下三种类型:第一,不具有符合标准的技术能力,对个人信息进行形式意义上的去识别化处理的。第二,具有符合标准的技术能力,但出于技术成本以及信息接收者的要求而故意不达到该标准的。第三,具有符合标准的技术能力,并且进行了符合标准的去识别化技术处理,但是与去识别化个人信息的接收者共享再识别化的技术密钥的。前两类行为在刑法上并不存在本质区别。在第一种情形下,个人信息控制者应当遵守的法律义务是在没有获得公民个人同意的情况下,不提供或者披露公民个人信息。在第二种情形下,个人信息控制者应当遵守个人信息去识别化的"法律—技术"标准,方能提供去识别化个人信息。但是,刑法对于此两种情形的关注重点不是信息控制者是否拥有达到标准的技术能力,而是其是否提供了不符合标准的去识别化个人信息。因此,前两种情形在刑法面前应当受到一致对待。而在第三种情形中,尽管去识别化个人信息提供者对个人信息的处理达到了标准所要求的程度,却对个人信息权的法益造成了更严重的侵害:信息接收者可以对个人信息实现近乎零技术难度的完美再识别化。因此,向信息接收者提供技术密钥的行为也应被纳入不符合标准而提供去识别化个人信息的行为类型中。此时,去识别化个人信息提供者的法律义务是保密义务:不得透露任何关于该密钥的信息。

---

[110] 在我国学者中,采取类似观点的有张勇教授、韩旭至博士。参见前注[7],第104页;前注[6],韩旭至文,第70页。

本文认为,对于前两种类型的行为,应当通过扩张解释侵犯公民个人信息罪中的"公民个人信息"这一构成要件要素的方式追究其刑事责任。申言之,应当将"公民个人信息"扩张解释为"未经去识别化处理的公民个人信息,以及经去识别化处理但不符合'法律—技术'标准的公民个人信息"。本文所做的扩张解释的正当性基础在于法益保护原则,其合理性基础在于遵循了罪刑法定原则。在法益保护方面,提供不符合"法律—技术"标准的去识别化个人信息的行为对于侵害公民个人信息权这一法益的简易性与严重性,前文已有长篇论述。在罪刑法定原则方面,扩张解释时常被诘难为类推解释,毕竟扩张解释与类推解释的区分始终是笼罩在刑法解释学之上的一片阴霾。然而,扩张解释与类推解释虽然并非泾渭分明,却也不是单纯的用语区别。换言之,扩张解释并不等同于违反罪刑法定原则,其只是与平义解释、宣言解释、限制解释相提并论的解释技巧中的一种,在具有处罚合理性与必要性的前提下,甚至可以做出不利于被告人的扩张解释。[111] 这是保护法益、维护社会秩序稳定的必然要求,也是刑法作为社会防卫法应对社会急速变革的重要方式。[112] 而判断扩张解释是否存在类推解释的嫌疑,需要综合考察刑法规范之目的、处罚必要性、刑法条文含义的预测可能性以及解释结论与刑法用语核心含义之间的距离等诸多因素才能得出恰当的结论。[113]

具体到"公民个人信息"这一构成要件要素之上,如果认为处罚侵犯公民个人信息罪的目的是保护以支配权、自决权和防御权为核心的个人信息权,就应当肯定以上扩张解释的实质合理性,因为在再识别化技术大行其道的信息社会,只有对个人信息的去识别化设定相当程度的法律与技术标准,才能防范弥足珍贵的个人信息权受到再识别化技术的威胁。提供不符合标准的去识别化个人信息,与提供未经去识别化的公民个人信息,仅有一步之遥,同样具有处罚必要性。公民对于刑法条文含义的预测可能性以及解释结论与用语核心含义之间的距离属于刑法解释的形式合理性范畴。

首先,在"公民个人信息"的核心含义方面,没有达到一定程度的去识别化个人信息,可识别性仍然十分明显,与公民个人仍然有着强烈的连接性。不能认为只要在形式意义上实施了去识别化,公民个人信息的个人性与可识别性便消失殆尽。其次,对于作为拥有个人信息权的绝大多数个体公民,其并非利用去识别化技术侵害公民个人信息权的主体,此扩张解释实际上增加了对他们的保护力度。因此,对于受侵犯公民个人信息罪保护的公民而言,很难认为扩张其权利范围的解释超出了预测可能性范围;实际上,有技术能力和有意愿对公民个人信息进行去识别化技术处理的主体一般是较大型的市场企业组织体。对它们而言,在合法收集、获取和利用公民个人信息的过程中,就要受到《网络安全法》第40条以及第41条规定的"对用户信息严格保密"

---

[111] 参见张明楷:《实质解释论的再提倡》,载《中国法学》2010年第4期,第55页。
[112] 参见〔日〕大谷实:《刑法讲义总论(新版第2版)》,黎宏译,中国人民大学出版社2008年版,第57页。
[113] 同前注〔9〕,第102页。

"遵循合法、正当、必要原则""不得泄露、篡改、毁损其收集的个人信息"等义务条款的约束。换言之,刑法应当对于此类主体提出更高的注意义务的要求。并且,《网络安全法》第42条规定了"无法复原"的信息方能未经个人同意而提供与流动,尽管现实中尚不存在"不能复原"的去识别化技术,但"不能复原"的严苛要求在文义上显然能够被理解为个人信息去识别化的程度应当达到相当的程度和标准。因此,在此基础上应当认为将不符合标准的去识别化个人信息纳入公民个人信息的概念之中,不会超出其预测可能性的范围。于是,对"公民个人信息"的扩张解释在形式合理性方面亦得到了满足。

因此,未经公民同意而向他人提供不符合法律和技术标准的去识别化个人信息的行为,理应被归入侵犯公民个人信息罪中"向他人提供"的行为类型。至于提供符合法律和技术标准的去识别化个人信息但同时与去识别化个人信息接收者共享再识别技术密钥的行为,通过扩张解释"公民个人信息"的路径并不能妥善入罪化,因为在提供的过程中并不存在"个人信息",不具有构成要件符合性。但这并不意味着对个人信息权存在着极大威胁的分享技术密钥的行为不受刑法处罚,本文认为,对于此类行为,应当结合再识别行为的刑事责任,以共同犯罪的形式处罚。

(二)对去识别化个人信息接收者的规制

与去识别化个人信息提供者不同,去识别化个人信息接收者侵犯个人信息权的行为方式较少,主要是通利用再识别技术手段的方式。因此,刑法只要对再识别及其周边行为亮出红牌,便能有效实现规制目的。下文首先介绍在现有解释方式下,刑法能够用于规制去识别化个人信息接收者的手段,并指出其存在的不足之处。然后对症下药,力求提出更全面的解决方法。

1. 刑法现有规制方式的狭隘性

对于个人信息的接收者,刑法条文实际上已经设置了相应的规制方式:倘若行为人"窃取"或"以其他方式非法获取"个人信息的,便有可能构成侵犯公民个人信息罪。从上文对"个人信息"的扩张解释可以得知,以"窃取"的方式从他人处获得具有可识别性的公民个人信息或者未达到前述"法律—技术"标准的去识别化个人信息的,直接以本罪论处即可。如果以"窃取"的方式从他人处获取了达到"法律—技术"标准的去识别化信息,由于不具有构成要件符合性,不能直接以本罪论处。由此看来,刑法似乎出现了一定的处罚漏洞。但需要指出,达到标准的去识别化个人信息的可利用性大大降低,单纯获取此类信息的行为也很难给个人信息权造成侵害或威胁。而一旦窃取者实施了再识别行为,则可以通过下文的规制思路妥善处理此类问题。再者,窃取达到"法律—技术"标准的去识别个人信息的行为,亦可能通过侵权法以及反不正当竞争法等民事法与行政法或者刑法中的盗窃罪等传统财产罪名进行规制。

另外,根据《个人信息解释》第 4 条,所谓"以其他方法非法获取"的数种类型是指,违反规定,通过购买、收受、交换等途径获取个人信息。由于未达到相应"法律—技术"标准的去识别化个人信息,应当属于侵犯公民个人信息罪的保护对象,那么根据《网络安全法》等规定,未经公民个人同意便不得提供和接收该种个人信息。由此,个人信息接收者明知信息提供者所提供的是未达到相应"法律—技术"标准的去识别化个人信息而仍然接收的,可以直接纳入本罪第 3 款规定的"以其他方法非法获取"的行为类型。因为这种情况正包含于《个人信息解释》第 4 条所规定的行为类型之中。之所以要求信息接收者的"明知",是因为本罪的罪过形式明显应当是故意而非过失。尽管部分学者主张增添"基于过失的侵犯公民个人信息罪",[114] 但是《刑法》第 15 条第 2 款规定"过失犯罪,法律有规定的才负刑事责任"。本罪的罪状中既没有明文规定过失要件,亦不存在文理上解释的可能,基于尊重人权与刑法谦抑性的要求,[115] 应当认为本罪是故意犯罪,只有在信息接收者具备明知的前提下才能构成。

然而,现有的规制思路具有相当的局限性。一旦个人信息接收者对所接收的符合"法律—技术"标准的去识别化个人信息进行再识别化处理,或者通过与去识别化个人信息提供者共享技术密钥的方式进行再识别化,抑或个人信息接收者在并不明知的情况下对不符合"法律—技术"标准的去识别化个人信息进行再识别化,依照《个人信息解释》的态度,刑法均无能为力。然而,以上列举的数种行为对于公民个人信息权的侵害程度,并不比单纯接收不符合"法律—技术"标准的去识别化个人信息的行为低。刑罚必须与犯罪行为对社会造成的危害程度相称,赏罚分配不当无疑会导致刑法自身的不正义。[116] 只有在罪刑法定的背景下,努力寻找可能的规制方式,才能实现侵犯公民个人信息罪在适用上的公平性与周延性。

2. "非法获取"与再识别行为

前文已经指出,刑法现有的规制思路无力应付针对去识别化个人信息的再识别化行为。本文认为,基于再识别化行为侵害个人信息权的严重性,以及再识别化行为与"窃取"行为类型本质上的同一性,完全可以将再识别化行为纳入"非法获取"的行为类型之中。实际上,对于本罪行为类型的扩张化解释,理论界已有成例。如陈伟教授基于网络犯罪的特点以及网络信息存储方式的"云端化",得出了应当将本罪类型化为"交易型""泄露型"与"刺探型"的结论。[117] 可以认为这是在信息社会中对于增强个人信息保护强度的有益尝试。然而,此种解释结论仍不能解决再识别化行为侵害个人

---

[114] 参见胡江:《互联网时代惩治侵犯公民个人信息犯罪的困境与出路》,载《山东警察学院学报》2016 年第 5 期,第 77 页;参见刘梦觉:《大数据时代如何规避侵害个人信息犯罪》,载《人民论坛》2018 年第 14 期,第 83 页;同前注[57],吴苌弘文,第 161—162 页。
[115] 参见张明楷:《刑法学》(第五版),法律出版社 2016 年,第 282—284 页。
[116] 参见[意]切萨雷·贝卡里亚:《论犯罪与刑罚》,黄风译,北京大学出版社 2008 年版,第 17—19 页。
[117] 同前注[60],第 63—67 页。

信息权的问题，只有更进一步，将刑法的触角延伸至再识别化行为上，才能予个人信息权以更全面与实质的保护。

如前所述，个人信息权的核心内涵之一是公民对自身信息的支配与自我决定。再识别化行为主体通过避开公民同意的方式，直接获取大量具有可识别性的公民个人信息。在此过程中，公民无法对个人信息进行任何意义上的支配与控制，所谓信息自决不过是空头支票。正因此，德国《联邦数据保护法》规定了对于经过去识别化处理的个人信息，应当在使用合理的技术、时间以及人力成本的情况下，无法识别到特定个人，反对再识别行为。[118] 再识别化技术对于个人信息权的威胁，可见一斑。本文认为，将再识别化行为纳入"非法获取"的行为类型之中，不仅具有上述实质必要性，也不会造成处罚范围的过度扩张，亦不会导致对罪刑法定原则的违背。

将再识别化行为解释为"非法获取"行为类型中的一种，所面临的挑战主要来自对刑法条文内部协调性的质疑：侵犯公民个人信息罪第3款明文规定了"窃取"与"非法获取"的种属关系，而再识别化行为与窃取行为之间似乎存在着巨大的解释鸿沟，如何能够认可此种解释的合理性？毕竟，对于刑法条文中的并列性构成要件，应当进行同等解释。[119] 既然"窃取"是"非法获取"的一种，那么"窃取"的特征自然应当为"非法获取"所具备。此外，《个人信息解释》列举的"购买""收受""交换"三种"非法获取"类行为与"窃取"具有相当程度的亲缘性：均有"从其他主体处获得"之意。而对去识别化个人信息进行再识别化的行为，难以认为具有此种内涵，再识别化技术使用者只是从去识别化个人信息中挖掘出具有可识别性的个人信息，而非从他人处获取具有可识别性的个人信息。如此看来，本文的解释结论似乎存在违背罪刑法定原则的嫌疑。

然而，需要说明的是，尽管"窃取""购买""收受"以及"交换"等行为均具有"从他处获得"之意，却并不意味着含义更宽泛的"获取"一词同样需要具备此种含义。根据《现代汉语字典》的解释，"获"本身即有"取得""得到"之意。正如《小尔雅·广言》所云："获，得也。"[120] 并且不应当认为，只能从他处"得到"。实际上，"获"字完全涵盖了从自己处"得到"之意，这在古代汉语和现代汉语中都是十分常见的用法。试举一例，如《盐铁论·诛秦》中提及："初虽劳苦，卒获其庆。"[121] 意指尽管战争初期需要付出一些代价，最终能够得以庆贺。根据语境，难以认为值得庆贺之事是从他处得到，而只能是从自己付出的努力与代价中得到。再如，我们日常生活中也会频繁地使用诸如"甲同学通过反省自身获得了内心的平静"等语句，也很难认为此处的"获"字应理解为"从他处得到"。因此，应当认为侵犯公民个人信息罪中的"获取"一词至少包含两种含

---

[118] See Federal Data Protection Act, § 3.5.(6).
[119] 参见王作富、刘树德：《非法经营罪调控范围的再思考——以〈行政许可法〉若干条款为基准》，载《中国法学》2005年第6期，第143页。
[120] 《小尔雅·广言》。
[121] 《盐铁论·诛秦》。

义:"从他处得到"与"自己通过某种手段得到"。如此,行为人通过大数据技术对去识别化个人信息进行再识别化处理,则应被认为属于"获取"的其中一种行为类型,具体而言是上述后一种含义。

这样一来便很容易认识到,侵犯公民个人信息罪规定"获取"的行为类型,表明其关注的重点绝非行为人从何处取得个人信息,而是行为人占有个人信息是否合乎国家有关规定。实际上,个人信息的特点决定了此种理解方式的合理性。个人信息不同于财物或者财产性利益,并不具有经济学意义上的竞争性,一个主体使用个人信息并不会减少或影响其他主体对于个人信息的使用。[122] 换言之,个人信息并不具有"零和性质",市场中可能同时存在着合法占有某一公民个人信息的众多主体。倘若刑法将关注焦点置于某一主体是从何处得到个人信息的,无疑会导致侦查资源的巨大浪费,甚至根本无从下手查证。反之,刑法聚焦于某一主体占有公民个人信息能否提供"合法化事由",如公民个人同意以及其他法定事由的证明等,则可以增强侦查的有效性,避免司法资源的浪费。那么,通过再识别化技术手段而占有公民个人信息的,由于过程中并不存在有效的公民个人同意或者其他法定事由,应当被认为是"非法获取"公民个人信息的"其他方法"之一。做出以上解释同样不会妨碍"窃取"等行为非法性的认定,因为在"窃取""交换""收受"以及"购买"的过程中,占有公民个人信息的主体同样不具备公民个人同意等法定事由,完全可以肯定其行为的不法性质。再识别化行为与窃取的不法性,均是因为占有个人信息的非法性,本质上符合体系解释之要求,达致了本罪内部的协调性,维持了刑法规范的稳定性与可预见性。

3. 密钥提供行为与再识别行为

将再识别化行为纳入"非法获取"的一种,是具有实质合理性的扩张解释,有效地解决了部分侵犯个人信息权的行为无法被规制与惩处的问题。接下来便是如何应对去识别化个人信息提供者与去识别化个人信息接收者达成"共同侵权协议"的问题。也即去识别化个人信息提供者向去识别化个人信息接收者提供符合"法律—技术"标准的去识别化信息,同时向其提供唯一的技术密钥,以协助其进行再识别化行为。由于在此过程中并不存在不符合标准的去识别化个人信息,难以被认定为"提供"行为。但是由于再识别化行为本身构成"非法获取"类侵犯公民个人信息罪,协助行为则理所应当地构成本罪的共犯。由于使用技术密钥进行再识别化的技术难度极低,会给公民个人信息权带来巨大损害,可以认为其对本罪构成要件的实现起到关键作用,亦支配了个人信息权的侵害流程,[123] 去识别化个人信息提供者因此构成"发挥重要作用的共同正犯",应当以侵犯公民个人信息罪处罚。

---

[122] 参见〔美〕曼昆:《经济学原理》(第7版),梁小民等译,北京大学出版社2015年版,第234页。
[123] 同前注〔115〕,第397—398页。

五、结语

本文对刑法第253条之一规定的侵犯公民个人信息罪的主要法益观进行了深入评析，揭示了个人信息权作为本罪法益的正当性与合理性。本文还指出，个人信息权的核心内涵包含对敏感信息的支配权和自我决定权，以及对一般信息的消极防御权。个人信息权的以上权能，决定了刑法学界应当摈弃《个人信息解释》基于对去识别技术与再识别技术的错误认知所导致的对去识别化个人信息的冷漠态度。相反，保护去识别化个人信息应当是保护具有可识别性的公民个人信息的辐射效果，应当积极将侵犯去识别化个人信息的行为纳入刑法处罚范围之中。如此，方能从事前预防的角度实现对具有可识别性的公民个人信息的全面保护。而在具体的保护方式上，应当以个人信息去识别化技术的标准制定与反对再识别化行为作为核心，从提供去识别化个人信息的主体与接收并对去识别化个人信息实施再识别的主体入手进行规制。提供不符合标准的去识别化个人信息的行为，应当被解释为侵犯公民个人信息罪的"提供"行为；再识别行为本质上则是"非法获取"的一种；提供者与再识别者达成共同侵犯公民个人信息协议的，应当以本罪的共同正犯论处。

本文的研究力图弥补我国对于去识别化个人信息保护的缺漏，以求在信息社会与大数据社会中对脆弱但至关重要的公民个人信息实现更好的保护。本文得出的主要规制思路是对侵犯公民个人信息罪的构成要件要素进行适度的扩张解释，达致信息保护与信息流通的利益平衡。尽管法律中的利益衡量是十分主观的行为，却不得不付诸实施。也希望本文的薄弱研究能够为公民个人信息的保护贡献些微智识力量，取得抛砖引玉之效。

最后，尽管篇幅不短，本文对去识别化个人信息刑法保护的讨论却依然是十分粗浅的，一些重要却受人冷落的问题还未尝涉及。譬如，如何确定去识别化个人信息入罪过程中的"量"的要素？是否存在适用于提供、出售以及对去识别个人信息进行再识别等行为的出罪事由？如此等等。这提示我们，在个人信息保护上，法学界应当保持理性而谦卑的态度。刑法想真正实现对于去识别化个人信息的妥善保护，还需要源源不断的理论研究与实践经验的支撑。

《刑事法评论》征稿启事

《刑事法评论》(Criminal Law Review)是由北京大学法治与发展研究院刑事法治研究中心主办、江溯教授主持的大型刑事法学类出版物。研究内容包括:刑法学、刑事诉讼法学、刑事侦查学、犯罪学、刑事证据学、监狱法学等。

编辑宗旨:竭力倡导与建构一种以现实社会关心与终极人文关怀为底蕴的、以促进学科建设与学术成长为目标的、一体化的刑事法学研究模式。

我们欢迎各位关注刑事法学学术成长和刑事法学理论进展的有志同仁加盟,欢迎原创性的、富有思想性的鸿篇巨制汇入。《刑事法评论》以质论稿,择优录文;篇幅不限,但简练为佳。为保证论文品质,本刊恕不接受二人以上(包括二人)署名的作品。《刑事法评论》已加入"中国期刊全文数据库",所有在《刑事法评论》发表的文章均同步收入,如作者不同意,请在来稿时声明保留。

我们诚邀您加盟《刑事法评论》。

通信地址:北京大学法学院

收信人:江溯　**邮编**:100871　**电子邮件**:crlr@163.com

附:《刑事法评论》基本注释体例

一、中文引证体例

(一)一般规定

1. 注释为脚注,每篇稿件编号连排。文中及页下脚注均用阿拉伯数字。
2. 注文中的信息顺序为:作者、文献名称、卷次(如有)、出版者及出版年份、页码。
3. 定期出版物的注释顺序:作者、文章名、出版物名称年份、卷次、页码。
4. 引文作者为外国人者,注释顺序为:国籍(外加六角括号)、作者、文献名称、译者、出版者及版次,页码。
5. 页码径用"第 N 页"或"第 N—N 页"字样。

6. 引用之作品,文章名、书、刊物、报纸及法律文件,用书名号。

7. 同一文献两次或两次以上引用者,第二次引用时,若紧接第一次,则直接用"同上注,第 N 页"即可;若两次引用之间有间隔,则注释顺序为:作者姓名、见前注〔N〕、页码。作者如为多人,第二次引用只需注明第一作者,但其名后应加"等"字。

8. 正文中引文超过 150 字者,应缩排并变换字体排版。

9. 非引用原文者,注释前加"参见";直接引用非原始出处者,注释前加"转引自"。

10. 引用古籍的,参照专业部门发布之规范;引用外文的,遵循该语种的通常注释习惯。

11. 若引用网上资料,须标注"最后访问日期"。

(二) 范例

1. 著作:〔1〕苏力:《送法下乡》,中国政法大学出版社 2000 年版,第 55 页。

再次引用,如中间无间隔:同上注,第 65 页。

中间有间隔:苏力,见前注〔1〕,第 78—80 页。

非直接引用原文者,注释前加"参见"。

2. 论文:〔2〕陈瑞华:《程序性制裁制度的法理学分析》,载《中国法学》2005 年第 6 期,第 155 页。

非直接引用原文:〔3〕参见陈瑞华:《程序性制裁制度的法理学分析》,载《中国法学》2005 年第 6 期,第 150—163 页。

3. 文集:〔4〕白建军:《犯罪定义学的理论方法与实证刑法学》,载陈兴良主编:《刑事法评论》(第 15 卷),中国政法大学出版社 2004 年版,第 328 页。

4. 译作:〔5〕〔德〕马克斯·韦伯:《社会科学方法论》,杨富斌译,华夏出版社 1999 年版,第 282 页。

5. 报纸类:〔6〕姜明安:《多些民主形式,少些形式民主》,载《法制日报》2007 年 7 月 8 日,第 14 版。

6. 港台类:〔7〕王皇王:《刑法总则》,新学林出版股份有限公司 2018 年版,第 58 页。

二、英文引证体例

1. 论文:作者、论文题目、期刊名称、卷册号、年份、页码。

例如:Richard A. Posner, "The Decline of Law as an Autonomous Discipline: 1962-1987", *Harvard Law Review*, Vol. 100, No. 4, 1987, pp. 761-780.

注意:文章名须加引号,所载期刊须斜体。论文所载期刊名不要简写。

2. 专著或教科书:作者、书名、出版社(包括出版社地址)、出版年份、页码。

例如:Albert H. Y. Chen(ed.), *Constitutionalism in Asia in the Early Twenty-first Century*, Cambridge: Cambridge University Press, 2014, p.39.

3. 文集:作者、论文题目、编者或者编辑机构、文集名称、出版社(包括出版社地址)、出版年份、页码。

例如:Michel Foucault, "What is an Author", in Donald F. Bouchard (ed.), Language, *Counter-Memory, Practice*: *Selected Essays and Interviews*, Ithaca:Cornell University Press, 1977, pp. 113-118.

4. 法典与判例请参考该法域文献注释习惯。

5. 重复引用可以省略部分信息。

例如:见前注,Malcolm M. Feeley, supra note 4;同前注,ibid., at 312.

注意:"supra""ibid"若位于句首,则首字母大写;否则,小写。supra、ibid、see 等均无须用斜体。

三、德文引证体例

1. 教科书:作者、书名、版次、出版年份、章名、边码或页码。

例如:Jescheck/Weigend, Lehrbuch des StrafrechtsAllgemeinerTeil, 5. Aufl., 1996, §6, Rdn. 371/S. 651 ff.

2. 专著:作者、书名、版次、出版年份、页码。

例如:Roxin, Täterschaft und Tatherrschaft, 7. Aufl., 2000, S. 431.

3. 评注:作者、评注名称、版次、出版年份、条名、边码。

例如:Crame/Heine, in: Schönke/Schröder, 27. Aufl., 2006, §13, Rdn. 601 ff.

4. 论文:作者、论文题目、刊物名称、出版年份、所引页码。

例如:Schaffstein, SozialeAdäquanz und Tatbestandslehre, ZStW 1960, 369.

5. 祝贺文集:作者、论文题目、文集名称、出版年份、页码。

例如:Roxin, Der Anfang des beendetenVersuchs, FS-Maurach, 1972, S. 213.

6. 一般文集:作者、论文题目、编者、文集名称、出版年份、页码。

例如:Hass, Kritik der Tatherrschaftslehre, in: Kaufmann/Renzikowski (Hrsg.), ZurechnungalsOperationalisierung von Verantwortung, 2004, S. 197.

7. 判例:判例集名称或者发布判例机构名称、卷册号、首页码、所引页码。

例如:BGHSt 17, 359 (360); BGH NJW 1991, 1543 (1544).

8. 见前注:Kindhäuser(Fn. 19), §19, Rdn. 2.或者 Kaser/Hackl, a. a. O., S. 35.

四、其他外文引证体例

遵循该语种的通常注释习惯。